"十三五"国家重点出版物出版规划项目

经济科学译丛

公共政策分析的微观经济理论

李·S.弗里德曼（Lee S. Friedman） 著
张 伟 王新荣 杨密芬 李秋淮 张齐南 等 译
许光建 王新荣 校

The Microeconomics of
Public Policy Analysis

中国人民大学出版社
·北京·

《经济科学译丛》
编辑委员会

学术顾问

高鸿业　王传纶　胡代光　范家骧　朱绍文　吴易风

主　编

陈岱孙

副主编

梁　晶　海　闻

编　委（按姓氏笔画排序）

王一江　王利民　王逸舟　贝多广　平新乔　白重恩
朱　玲　刘　伟　许成钢　李　扬　李晓西　李稻葵
杨小凯　汪丁丁　张宇燕　张维迎　林毅夫　易　纲
金　碚　姚开建　钱颖一　徐　宽　高培勇　盛　洪
梁小民　樊　纲

《经济科学译丛》总序

中国是一个文明古国，有着几千年的辉煌历史。近百年来，中国由盛而衰，一度成为世界上最贫穷、落后的国家之一。1949年中国共产党领导的革命，把中国从饥饿、贫困、被欺侮、被奴役的境地中解放出来。1978年以来的改革开放，使中国真正走上了通向繁荣富强的道路。

中国改革开放的目标是建立一个有效的社会主义市场经济体制，加速发展经济，提高人民生活水平。但是，要完成这一历史使命绝非易事，我们不仅需要从自己的实践中总结教训，也要从别人的实践中获取经验，还要用理论来指导我们的改革。市场经济虽然对我们这个共和国来说是全新的，但市场经济的运行在发达国家已有几百年的历史，市场经济的理论亦在不断发展完善，并形成了一个现代经济学理论体系。虽然许多经济学名著出自西方学者之手，研究的是西方国家的经济问题，但他们归纳出来的许多经济学理论反映的是人类社会的普遍行为，这些理论是全人类的共同财富。要想迅速稳定地改革和发展我国的经济，我们必须学习和借鉴世界各国包括西方国家在内的先进经济学的理论与知识。

本着这一目的，我们组织翻译了这套经济学教科书系列。这套译丛的特点是：第一，全面系统。除了经济学、宏观经济学、微观经济学等基本原理之外，这套译丛还包括了产业组织理论、国际经济学、发展经济学、货币金融学、公共财政、劳动经济学、计量经济学等重要领域。第二，简明通俗。与经济学的经典名著不同，这套丛书都是国外大学通用的经济学教科书，大部分都已发行了几版或十几版。作者尽可能地用简明通俗的语言来阐述深奥的经济学原理，并附有案例与习题，对于初学者来说，更容易理解与掌握。

经济学是一门社会科学，许多基本原理的应用受各种不同的社会、政治或经济体制的影响，许多经济学理论是建立在一定的假设条件上的，假设条件不同，结论也就不一定成立。因此，正确理解掌握经济分析的方法而不是生搬硬套某些不同条件下产生的结论，才是我们学习当代经济学的正确方法。

本套译丛于1995年春由中国人民大学出版社发起筹备并成立了由许多经济学专家学者组织的编辑委员会。中国留美经济学会的许多学者参与了原著的推荐工作。中国人民大学出版社向所有原著的出版社购买了翻译版权。北京大学、中国人民大学、复旦大学以及中国社会科学院的许多专家教授参与了翻译工作。前任策划编辑梁晶女士为本套译丛的出版做出了重要贡献，在此表示衷心的感谢。在中国经济体制转轨的历史时期，我们把这套译丛献给读者，希望为中国经济的深入改革与发展做出贡献。

《经济科学译丛》编辑委员会

序 言

本书为了特定的目的系统地梳理和发展了中级水平的微观经济理论。这一目的就是培养读者在微观经济建模以及将福利经济学的基本原理应用于政策分析方面的技能。尽管本书易于被用来进行某一个方面（或多个方面）的较高水平的学习，但是并不需要先修任何课程。

本书的任一章节都以提出中级微观经济理论的一些原理为开端，然后使用这些原理建模，并在某种程度上把这些模型应用于分析一个或几个公共政策问题。我们选择的政策问题多种多样，涵盖了公共财政、城市经济、产业组织以及劳动经济等传统应用领域。总体来说，本书阐释了如何将微观经济模型作为制定公共政策、预测公共政策的效果以及评估公共政策的工具。

我认为，很多特定领域包括福利经济学、房地产经济学、卫生经济学及环境经济学的专家们将会高兴而意外地发现他们的研究领域已为本书所涉及。作为专家，他们会发现本书所建立的模型比他们在专业杂志上所构建或研究的模型要简单。我所认识的许多专业领域的专家都认为，在他们各自的领域内能轻易举例说明政策干预的合理性原因或者研究政策干预的危害。例如，教育经济学家要解释垄断性学校、教室的外部性、受过良好教育的公民作为一种公共物品的属性、导致各方难以就教育服务达成一致意见的信息不对称性以及财政系统的公平性要求等。然而，本书每次都只提供一种失灵模型（市场失灵或政府失灵）供读者学习。我认为这是详细解说失灵类型以及学习如何对失灵进行矫正的最好方式。我希望这些专家能够赞同我的观点。

我曾经将本书用做本科生（主要是那些学习经济学或公共政策的学生）和研究生（来自不同专业和不同职业领域）一个学期课程的基础教材。但是，本书的所有内容很难在一个学期内完全掌握。为此，我提供了一个"可供参考的课程设计"部分，介绍了使用本书的不同方法，以构建一个学期长度的标准课程。大多数时候当我使用本书时，并不把中级微观经济理论作为先修课程；在这种情况下，我就不会试图教授所有的内容，而是跳过大多数标有上标"S"的补充部分。然而，当我教授高级课程时，我就会花很少的时间在基础微观经济理论上，代之以侧重于这些理论的应用。

《公共政策分析的微观经济理论》各章节的安排与一般的中级微观经济学课程的微观经济原理保持大致相同的排序：个人决策、供给者决策、把市场当做一个组织、市场和政府失灵。每章的后面都附有习题，我建议读者通过习题来掌握、应用和检验分析技能。

虽然本书经常讨论一些实证性模型，但读者并不必具备专门的数学基础。这些证明过程中的数理推导非常简单。部分选修内容和附录内容运用了微积分原理，其中有些习题也需要一定的微积分知识；所有这些都标有上标"O"。除了这些之外，其他的微积分都被放到脚注中了。那些需要在专业课程中使用微积分的读者可以从本书的这些部分中得到帮助。

最后，我希望读者在认识到现有模型和方法所存在的缺点之后仍然能够关注它们的优点，并且能够对微观经济理论作为公共政策分析工具所做出的广泛而深刻的贡献印象深刻。同时我也希望微观经济理论模型暴露出了不足的领域能够激励读者做出一些改善。在此，我强调对大部分政策问题来说都很重要的两个领域：(1) 在很多情况下，表明现实中的个人行为与公认的效用最大化大相径庭的越来越多的证据；(2) 当所有的方面都不完善时，评估应对市场失灵的可供选择的策略（或制度）的分析存在的困境。本书虽然提出了考虑有关特定问题的模型所面临的挑战，但并没有详细论述哪些方面尚未被完成或者尚未被很好地应用。确切地说，本书从始至终强调的都是成功的"角色"模型：它们说明了微观经济理论如何对公共政策分析做出了建设性的和重要的贡献。

致 谢

那些曾就读于加州大学伯克利分校理查德和古德曼公共政策学院的研究生一直是我写作灵感的不竭之源。尽管我怀疑自己的教学水平能否赶上他们毕业后所取得的成就，但我很享受这种尝试，而本书是我努力的一个重要部分。对于他们所给予的支持，以及他们在本书编写过程中提出的建设性意见，我非常感谢！

伯克利分校的同事们尤其是尤金·巴达克（Eugene Bardach）、史蒂夫·拉斐尔（Steve Raphael）和尤金·斯莫伦斯基（Eugene Smolensky）为本书的创作做出了大量的重要贡献。对于他们的建议、智慧、鼓励以及耐心，我表示衷心的感谢！南加州大学的伊丽莎白·格雷迪（Elizabeth Graddy），新学院的大卫·豪厄尔（David Howell）、明尼苏达大学的小塞缪尔·迈尔斯（Samuel Myers，Jr.）以及其他一些匿名专家对本书的草稿提供了宝贵而详尽的反馈意见，大大改进了本书。修改过程中的手稿的大胆使用者，包括乔治·华盛顿大学的约瑟夫·科德斯（Joseph Cordes）和佛罗里达大学的约瑟夫·德萨尔维奥（Joseph Desalvo），也给我提供了很多改进的建议，在此一并感谢！

普林斯顿大学出版社的编辑彼得·多尔蒂（Peter Dougherty）在本书的原稿审读到设计、清样和出版的过程中做了大量的专业工作。对于他所提的合理建议和鼓励，以及为出版本书组织的一流团队，我非常感谢！同样要感谢的还有公共政策学院的同事们——默尔·汉考克（Merle Hancock）、克里斯廷·科尔洛夫斯基（Kristine Kurovsky）和特雷莎·黄（Theresa Wong），他们为书稿的准备提供了体贴而耐心的帮助。

尽管得到了这么多有力的帮助,但我本人对本书内容的任何瑕疵全权负责。编著本书的过程充满乐趣,我希望它能够有助于推进微观经济学与公共政策交叉领域的发展。

可供参考的课程设计

《公共政策分析的微观经济理论》可供具有不同的经济学背景以及带有不同目的来学习这门学科的人使用。尽管本书内容丰富，足以满足不同人的需要，但是我们并不能奢望任何一门课程都能够涵盖本书的所有问题。在很多章节，教师们在教那些没有经济学背景的学生时，应将更多的时间花在基本理论的讲解上，而将相对较少的时间用于详细的政策实例分析。教师和学生可能对某些他们想侧重了解的政策领域或微观经济学层面有着不同的偏好。为了帮助他们做出更好的选择，下表列出了每一章建议授课的课时。表中所列明的范围如 1～2 是建议教师可以根据需要选择讲授其中的全部或部分内容。大部分教师应该用 26～28 次讲授来完成 30 次讲授的标准课程的授课内容。

章节	课时
1	1/2
2	1/2
3	2
4	2
5	2
6	2

续前表

章节	课时
7	2
8	1~2
9	1~2
10	1~2
11	1~2
12	2
13	1~2
14	1~2
15	1/2~1
16	1*
17	1~2*
18	1~2*
19	1*
20	1*
合计	24 1/2~33

＊第十五章是对市场失灵和政府失灵的概述，它们构成了第十六章到第二十章的主题。在讲授完第十五章以后，一些教师可以考虑从后面几章中挑出两到三章进行深入的讲解。

目 录

第一部分 公共政策分析的微观经济模型

第一章 公共政策分析的微观经济学导论 ……………………………… 3
  公共政策分析与资源配置 ……………………………………………… 3
  政府的各种经济行为 …………………………………………………… 6
  政策制定和微观经济政策分析的作用 ………………………………… 9
  本书的组织结构 ………………………………………………………… 14
  小结 ……………………………………………………………………… 16

第二章 建模导论：需求、供给和成本-收益分析 ………………………… 17
  建模：一个微观经济政策分析的基本工具 …………………………… 18
  需求、供给和成本-收益分析 …………………………………………… 23
  小结 ……………………………………………………………………… 30
  习题 ……………………………………………………………………… 31

第三章 效用最大化、效率和公平 ………………………………………… 32
  个人资源配置模型 ……………………………………………………… 33
  效率 ……………………………………………………………………… 40

  公平 …… 51
  小结 …… 58
  习题 …… 59
  附录：消费者交易的微积分模型º …… 60

第二部分　利用政策分析中的个人决策模型

第四章　分析福利计划的个人决策模型 …… 69
  标准讨论：实物福利转移是无效的 …… 70
  对收入和价格变化的反应 …… 74
  政策强加的选择限制 …… 82
  关于相互依存的偏好的讨论：实物转移支付可能有效 …… 98
  小结 …… 102
  习题 …… 103
  附录：收入效应和替代效应的数学分析 …… 104

第五章　公平标准分析：在政府间拨款中的应用 …… 106
  公平目标 …… 107
  政府间拨款 …… 116
  不同拨款项目设计的效果 …… 117
  学校财政中的公平 …… 125
  小结 …… 135
  习题 …… 137
  附录：用社会福利函数评价学校财政政策的练习º …… 139

第六章　成本-收益分析的补偿原则：收益衡量与市场需求 …… 145
  相对效率的补偿原则 …… 147
  衡量收益和成本：市场统计值与消费者剩余 …… 153
  一个应用说明：消费者保护法案的模型细则ˢ …… 164
  衡量个人收益时遇到的问题ˢ …… 168
  小结 …… 176
  习题 …… 178
  附录：对偶性、柯布-道格拉斯支出函数以及个人福利尺度 …… 179

第七章　不确定性与公共政策 …… 185
  期望值和期望效用 …… 187
  风险控制和风险转移机制 …… 198
  不确定条件下个人行为的替代模型 …… 205

道德风险与医疗保险 214
　　信息不对称和隐藏行动：20世纪80年代储蓄和贷款危机与非自愿性
　　　失业 220
　　小结 222
　　习题 224
　　附录：估算不确定性成本 225

第八章　跨期配置和指数化 235
　　跨期分配和资本市场 236
　　投资资源的供求 244
　　不确定的未来价格与指数构造 251
　　小结 257
　　习题 259
　　附录：连续期间折现 260

第三部分　生产和供给决定的政策层面

第九章　政策分析的成本方面——技术约束、生产可能性和成本概念 267
　　技术可能性和生产函数 269
　　成本 282
　　小结 304
　　习题 305
　　附录：二元性——生产函数和成本函数之间的一些数学关系[O] 306

第十章　私人营利性组织：目标、能力与政策含义 313
　　厂商的概念 314
　　私营利润最大化的厂商 316
　　组织目标和能力的可替代模型[S] 334
　　小结 347
　　习题 349

第十一章　公共和非营利性机构：目标、能力与政策含义 351
　　非营利性组织：医院资源配置模型 353
　　公共部门和公共企业 361
　　公共企业行为的经验预测：BART的定价决策 363
　　公共企业定价的规范性模型：有效价格结构 369
　　小结 377
　　习题 378

附录：拉姆齐定价模型的数学分析 ································· 379

第四部分　竞争市场和公共政策干预

第十二章　效率、分配和一般竞争分析：税收的代价 ··············· 387
　　经济效率和一般竞争均衡 ··· 388
　　一般竞争分析和效率 ··· 404
　　小结 ··· 418
　　习题 ··· 419
　　附录：竞争性一般均衡模型的推导 ································· 421

第十三章　在某些市场中谋求公平的价格控制 ······················ 425
　　农业的最低限价 ··· 426
　　公寓租金控制 ··· 432
　　用暴利税进行租金控制 ··· 455
　　小结 ··· 457
　　习题 ··· 459

第十四章　通过配给和代金券进行分配控制 ························ 462
　　配给券 ··· 463
　　代金券和配给-代金券 ·· 468
　　配给兵役 ··· 470
　　短缺期间的汽油配给 ··· 480
　　其他的定量配给政策 ··· 488
　　小结 ··· 490
　　习题 ··· 492

第五部分　市场失灵的原因与制度选择

第十五章　市场与政府配置的困难 ································ 497
　　市场失灵 ··· 499
　　政府失灵 ··· 508
　　小结 ··· 514
　　习题 ··· 515

第十六章　公共物品的问题 ······································ 517
　　公共物品的有效水平 ··· 517
　　需求显示的问题 ··· 519

住房调查的例子 ··· 521
　　需求显示的机制 ··· 522
　　公共电视台的例子 ··· 524
　　小结 ··· 528
　　习题 ··· 530

第十七章　外部影响及使其内部化的政策 ································ 531
　　对控制空气污染的标准批评 ··· 532
　　科斯定理 ··· 534
　　有效的组织设计和集中决策程度 ····································· 536
　　重新考虑控制空气污染的办法 ······································· 541
　　小结 ··· 547
　　习题 ··· 549

第十八章　产业管制 ··· 550
　　寡头垄断与自然垄断 ··· 551
　　回报率管制 ··· 559
　　特许经营投标：有线电视案例 ······································· 563
　　激励管制 ··· 570
　　小结 ··· 574
　　习题 ··· 576

第十九章　跨期资源分配的政策问题 ··································· 578
　　完全竞争与实际资本市场 ··· 579
　　社会贴现率 ··· 581
　　作为资本投资的教育 ··· 583
　　自然资源的分配 ··· 587
　　小结 ··· 598
　　习题 ··· 599

第二十章　不完全信息与制度性选择 ··································· 601
　　信息不对称 ··· 602
　　非营利性组织与日托服务的提供 ····································· 609
　　信任的价值 ··· 618
　　小结 ··· 619
　　习题 ··· 622

后　记 ·· 624

第一部分
公共政策分析的微观经济模型

第一章 公共政策分析的微观经济学导论

公共政策分析与资源配置

公共政策分析涉及运用社会科学知识去分析和处理有关公共政策的事务。一项政策分析的具体任务主要取决于以下几个因素：打算了解政策的哪些方面、谁想了解以及对政策分析的速度有什么要求。对于许多人来说，这门学科的魅力在于它经常能被运用到复杂的政策实践中，因为进行政策分析是政府实际决策过程的一个组成部分。在这个过程中，进行政策分析的目的就是提出一些对具体决策者有用的建议，毕竟这些决策者日后的种种举动都是建立在政策分析结论的基础上。而对于其他人来说，这门学科的魅力则更多地来自一种纯智力方面的挑战：让更多的人去了解公共政策是怎样制定的以及应该怎样来制定。尽管解释和评价已有的政策更倾向于是一种学术性的探讨，但无论是政策分析的哪种应用（指导政策实践或学术性探讨），所需掌握的基本知识和技能都是相同的。

微观经济学是公共政策分析的基础理论和基本方法之一，为政策的设计和评估建立了一套评价标准。这很容易理解，因为绝大多数的公共政策都涉及资源配置问题。实际上，任何一项公共政策的实施都意味着：要么直接耗费重要的资源，要么严格地约束经济主体（即个人、厂商或政府机构）对资源的使用。这些资源［劳动力、建筑物、机器设备以及自然资源（如水、石油和土地等）］是稀缺的，并且不同的人对如何使用资源有着不同的看法。比如，有人提议修建一座大坝，因为这样做可以让那些缺水的农户维持基本的生产经营，与此同时，这样做会毁坏一条独一无二的河流或峡谷，而它们对于那些大自然爱好者和要在该处产卵繁殖的鱼类来说是不可替代的。再比如，地方政府可以使用其手中的地区规划权（powers of zoning）来决定其辖区内的某片或全部区域只能用于居民居住，这对于那些打算盖一些厂房从事生产的厂商（他们可能会雇用当地居民，并且增加地方税收收入）来说可能是件不幸的事情，而对这块区域周围的地产产权所有者来说则是一件令人兴奋的事情，此前他们一直担心厂房的修建会降低房地产的价值。正如这些案例所反映的，公共政策的制定常常要做出艰难的选择。如果说微观经济学是一门研究资源配置决策的学科，那么公共政策分析的微观经济理论就是一门专门研究政府（资源配置）决策的学科。

要熟练地进行政策分析，就必须掌握比一般微观经济学基础教程所涵盖的更多的微观经济理论知识和分析方法。一般说来，微观经济学基础教程的大部分内容用来解释和评价私人市场体系的运行状况。这里的私人市场是指由那些独立的、私有的经济单位进行自由竞价和自愿交易而形成的市场，这些经济单位在其中扮演资源、商品和服务的买者或卖者。与之相反，公共政策意味着市场行为受集体决议的影响或控制，而不再完全由市场上的经济个体所决定。当然，这并不意味着公共政策与市场运行机制背道而驰。正如我们将看到的那样，公共政策分析的主要任务在于在资源配置过程中建立一种集体决策与市场决策有效结合的机制。因此，要进行有效的微观经济政策分析，就要深刻理解采取集体行动究竟需要哪些外部条件，就要清楚地知道究竟有哪些政策方案可供选择，同时还要掌握一套评价备选方案的标准（或指标）以便做出最优选择。

为了对政策分析过程有一个大概的了解，我们可以思考下面这段假设的、非正式的对话。

政府官员：我们必须采取一些措施来治理开车上下班的车辆进城所造成的交通堵塞、环境污染等问题。为什么我们不能对载有四名或四名以上乘客的车辆实行免费通行政策呢？

分析家：这个建议很有意思，并且在其他一些地区已经取得了某种程度的成功。但是，我能提出另外一套方案吗？因为这个"四人免费"方案有两个重要的缺陷：一方面，它减少了我们迫切需要的收入；另一方面，它既没能鼓励两人或三人出行共享一辆汽车，也没能鼓励他们出行乘坐公共交通工具。据说，旧金山采用这套方案后，实际上反而恶化了当地的交通状况，因为为了享受这项拼车免通行费的政策，许多人已经不再使用公共交通工具了。

我建议以在交通高峰时段提高车辆通行收费的标准取而代之。"高峰提价"方案不但会帮助我们解决财政赤字问题，而且，更为重要的是，它能鼓励人们出行时共享一辆汽车（无论是两人、三人还是四人或四人以上），或者鼓励人们出行时使用公共交通工具（而不是驾车出行），或者明智地避开高峰时段驾车出行。

在上面的这段对话中，分析家立即会意识到环境污染和交通堵塞现象正是经济学中所谓的外部效应问题（为乘车上下班活动配置资源而产生的副作用）。分析家知道，要提高经济效率就必须找到一种能够让外部效应内部化的办法，而"四人免费"方案实际上偏离了这种指导思想，但"高峰提价"方案的设计则全面反映了这一经济学原理。

再看第二个案例。

市长： 我们遇到了一个棘手的问题。还记得那个愿意资助公立中学前50名的贫困生攻读四年职业护理学校的基金委员会吗？第一批受助生现在已经就读三年级了。然而，最近一份研究报告指出，每名护理专业学生完成学业平均需要花费56 000美元，他们只有在完成学业后才能为社会创造效益，但是，每名护士所带来的收益似乎只值48 000美元。因此，基金委员会正在考虑是否要取消这个资助计划。而且，据说他们还打算终结已经启动的资助项目。

顾问： 是的，这确实很棘手。我会尽快核实这份报告的准确性。但是，我确信我们可以阻止这家基金委员会做出错误的决定。

市长： 什么错误？

顾问： 我想我们可以用他们的逻辑让他们明白他们不应该终止已经启动的资助项目。

市长： 什么意思？

顾问： 花费在在校的受助生身上的资金已经花出去了，不能再用于其他用途了。目前最重要的是，比较一下他们今后完成学业还需要的费用与这样做所能带来的收益。对于三年级的学生，最后一年只需花费14 000美元，但在他们获得护理学位后就能创造48 000美元的收益。因此，终止资助这些学生将导致34 000美元的净损失，这简直是在犯罪！

同样的逻辑在其他年级已经开始接受资助的学生身上也是成立的。即使是一年级的受助生，完成学业所创造的48 000美元收益也要大于剩余三年所需花费的费用42 000美元。如果这家基金委员会按照成本收益原则办事，那么继续资助已在校的受助生并使他们完成学业是明智的投资决策（在此并未考虑该项目为其带来的良好公众形象）。

在第二个案例中，顾问很快识别出了经济学中所谓的沉没成本问题（或者叫做已经发生的成本问题）。可能正如报告所指出的那样，挑选新的申请者参加资助项目是一种不明智的决策，但是继续资助在校的受助生让他们完成学业只需再花费一小笔费用，却可以产生更大的收益（尽管这样做还要消耗一部分社会资源，这部分资源还可以被用于其他用途）。在这个案例中，与完成护理教育的收益相比，还没有发生的成本很低。幸运的是，在这种情况下，基金委员可以提高它的公众形象！①

在现实生活中，这些对话可能会进一步考虑有关备选方案的问题：新的备选方案的设计，对采用备选方案所产生的经济效果的仔细评估预测（比如，特定的收费对当地财政预算的影响，基金委员会修改方案后的成本-收益分析），采用一系列更为宽泛的价值标准（如公平性、合法性、政治可行性以及行政可行性等角度）而不是局限于效率标准对方案进行评价。本书将致力于帮助读者培养一些必备的微观经济学分析技能，以便他们能够运用这种技能去分析和处理一系列公共政策问题。

政府的各种经济行为

为了更清楚地说明微观经济政策分析的主旨，我们先来简略了解一下政府的各种经济行为。这一了解过程还可以向我们展示政府管制在资源配置方面的扩展。尽管我们已经说明了大多数公共政策都涉及资源配置，但是理解一种反向关系同样重要，即所有的资源配置活动都要受到公共政策的影响。这种影响可以通过多种途径产生：或通过政府特定的直接购买或供应活动，或通过对市场活动的管制，或通过对法律制度的修改和维系，或通过对国民收入的再分配。接下来我们将逐个分析这些途径。

2000年，在美国国内生产的所有商品和服务的总价值——被称为国内生产总值或GDP——大约是10万亿美元。其中大约17%，即价值1.7万亿美元的国内生产总值由政府购买组成（用来为公民提供各种商品和服务）。这里所指的政府包括联邦政府、州政府、地方政府以及为市民提供服务的各种地方权力机构。它们开办学校、医院和公园，负责垃圾清理、消防以及国防，修建水坝，养护公路，资助治疗癌症的研究，以及购买大量能够使公民受益的商品和服务等。什么能够解释这些商品和服务由政府而不是市场来提供呢？为什么不让消费者像看电影和购买食品一样自己到市场上去寻找这些商品和服务呢？我们能够从中了解到不同安排模式究竟会产生怎样不同的经济效果呢？

这样的问题仍然十分普遍。在占比为17%的被政府购买的商品和服务中，大约有11%是由政府机构和国营企业（如邮局）直接提供的，余下的6%是通过签订合同或政府补贴的方式提供的（例如地方政府可以向市民征税以便提供垃圾清理服务，政府可以与私人企业签订合同，让它们来具体承担这项工作）。②那么政府应该何时提供这些商品，又该何时与私人企业签订合同以确保这些商品的供

---

① 在其他案例中，令组织机构感到窘迫的是：它在项目中已经投入了沉没但可见的成本，而按照经济标准应停止该项目。尽管面临经济困境，组织机构仍可能会尽力摆脱这种窘境，尤其是当组织机构并没有面临经济损失的压力时。例如，部队可能发现实施建造新型直升机的计划在经济上远非理性，但考虑到在建样机的沉没成本、训练及维护所花费的基础准备费用，以及之前为使原计划获得批准所做的游说工作，它很可能宁愿继续这个项目而不使它的支持者们失望。

② 2000年，在1.748万亿美元的政府购买中，有1.087万亿美元由政府直接提供，占了政府购买的62%。正文中的11%大约是17%的0.62。

应呢？如果政府与私人企业签订合同，那么合同条款应该怎样拟订才能保护最终付款的市民们的经济利益呢？如果政府自己来生产商品或提供服务，那么又存在什么样的机制来促进生产过程中的费用节约呢？

为了提供这些服务，政府就必须筹集资金。政府收入中的绝大部分来源于税收，只有一小部分来源于个体使用费（如停车管理费）。那么，什么时候应该征收使用费（而不是税收），以及应该征收多少呢？如果一定要征税，那么谁应该缴税，每个纳税人又该缴多少税？

到目前为止，我们列举的这些经济政策问题都出现在政府承担了商品和服务供给的责任时。然而，政府还可以通过制定和执行各种管制机制对更多的商品和服务产生影响。在这些情况下，市场中的私人经济主体对于购买或出售商品的品种和数量仍保留有相当大的决策权，尽管他们的选择要受到某些规章制度的限制。政府的管制机制可以影响市场上交易的商品和服务的价格、数量和质量，以及消费者对这些信息的可得性。

很多行业都受制于对其产品的价格管制。这类管制的形式多种多样。例如，一些行业的价格间接地受制于管理委员会的某些规定，这些规定限定了产品生产者从其投资中所能获得的回报。天然气和电力行业就是很好的例子。有时候，出租房屋的价格要受到租金管制政策的限制，过去家庭用油的价格也受到过限制。另一种形式的价格控制通过税收和补贴的形式实现。这在国际贸易领域十分常见，很多国家都制定了通过征收关税来减少进口与通过补贴来鼓励出口的政策。在国内贸易的范围内，往往会通过对烟酒产品征税来提高这些产品的价格，以期减少对此类商品的消费（很多国家正在考虑向排放碳化合物的商品征收新的税种，以缓解温室效应）；灾难保险、对小企业的贷款以及大学教育都可以获得政府的补贴，以鼓励其发展。尽管很难给出受价格管制影响的经济活动的具体数值，但是我们仍然可以得出一个合理的估计值，即另外还有 20%～25% 的 GDP 受这类公共政策影响。

价格管制可能是最不常用的管制形式，而对商品质量和数量的管制（产品管制）却应用得很广泛，它们一般用来保护环境或者维护消费者的利益。这类限制中有些管制标识非常明显，比如汽车的安全标准和药品销售的处方要求；而有些管制标识却不为我们所注意，如针对食品部门（如饭店、超市、冷冻食品厂）的公共健康标准，以及对儿童服装抗燃烧性的要求等。还有关于空气和水资源的清洁标准，工人的健康和安全标准，房屋建造的标准，对诊所和汽车修理厂的从业资格证书的要求，对出租车服务业及广播业的经营资格的要求。另外，对某些商品和服务的供应还有年龄限制，最常见的就是对酒精饮料消费者年龄的限制。按照《多边纤维协议》(Multi-Fiber Arrangement) 的规定，发达国家能够从发展中国家得到的纺织品商品的数量存在进口配额限制。可见，形式各异的产品管制几乎影响着每一个行业。

除了价格管制和产品管制，产品信息也是受到管制的。证券交易委员会规定某些信息必须被提供给新股票及基金的潜在购买者；借贷机构要服从诚实租借法 (truth-in-lending laws)；环保局每年都要检验新型汽车的燃料消耗率，并且公布检验结果；另外，烟草产品的包装上必须注明"有害身体健康"。

什么样的经济环境可以使这些管制令人满意？这样的环境在目前受管制的行业中出现了吗？人们如何知道何时应该进行价格、产品或信息管制，以及管制应该采取哪种形式？这些政策的社会目标或社会收益可能很明显，但是它们的成本往往没有那么一目了然。例如，当电力生产必须采用无污染技术才能进行时，电力生产的成本就会上升，从而导致电力产品的价格上升。因此，对公用事业单位的污染进行限制的决策要以较高的电价为代价。而微观经济政策分析的一个任务就是考察成本，并且设计出能以最低成本实现降低污染目标的污染控制政策。

公共政策对资源配置产生重大影响的另外一个重要领域是制定并完善相关的法律。法律体系对"产权"和"责任"的定义贯穿于经济主体的所有交易过程中。如果没有法律来确认所有权，那么人们将无法买卖商品，也无法阻止他人将自己的商品夺走。如果没有专利法来保障发明人的所有权，那么人们进行发明创造的动力就会小得多，虽然现有的专利法能否进一步完善是一个很值得研究的问题。一个有关产权责任（property responsibility）的政策变化的例子就是交通事故无过错处理原则（no-fault automobile accident liability）的推广。按照原来的规定，交通事故中有过错的一方要承担受伤害一方的全部损失。保险的费用既涵盖了损失额，也包括判定哪一方为过错方所需的司法处理费用。这些司法处理费用在保险额中占有很大比重。交通事故无过错处理原则背后的理念就是通过免去在某些情况下需要判定谁是过错方这一环节而省掉这种处理费用。这项制度的确立节省了消费者在汽车保险费项目上的大笔开支。这些例子表明法律领域的分析是微观经济政策分析的另一重要领域。

政府行为的另一个非常重要的作用也可以被放入微观经济学分析的过滤器中：政府可以实施再分配计划来影响商品和服务在公民中的分配。当然，所有的资源配置决策都会对国民间的福利分配产生影响，分配的公平性也是政策分析应该考虑的。在这里，我们感兴趣的是那些将公平目标作为考虑重点而实施的计划。2000年，在3.1万亿美元（GDP的31%）的联邦政府、州政府和地方政府的税收及收费收入中，有1.1万亿美元被作为转移支付重新分配给个人。另一种没有包含在上面直接支付数字中的常用的再分配是通过"税式支出"减免特定群体（如老年人和残疾人）的应税数额来实现的。

政府再分配计划包括福利、食品券、医疗救助计划、农业补贴以及社会保障计划等。这些计划通常将资源从境况较好的人那里转移到社会上最贫困的那部分人手中。但是，有些计划看起来就像是强迫人们将自己的支出在不同的时间段里进行重新分配：社会保障计划在我们工作时拿走我们的部分收入，然后在退休后把这笔钱还给我们。其他的公共政策——如农业补贴、对学生接受高等教育的补助以及石油耗减赋税补贴（oil depletion allowances）——却可能将资源从穷人那里重新分配给富人。既然再分配计划成功与否往往严重依赖相关经济主体所做的资源配置决策，那么微观经济政策分析将为这些计划的设计和评价提供有用的方法和工具。

到目前为止，有一点应该已经十分清楚了，那就是所有的资源配置决策都受公共政策的影响，至少在某种程度上是这样。政府通过直接购买和提供商品与服务、对某些经济行为进行管制、制定和完善法律法规以及各种再分配计划等来影响对资源的配置。以上提到的所有公共政策行为都表明，一系列公共政策活动都可以运用本书中的方法进行分析。在进行这类研究时，考察分析其在政策制定过程中的作用以及政策如何影响分析的目标十分重要。接下来的一节包括了对这些问题的一般讨论。

政策制定和微观经济政策分析的作用

公共政策的制定是一个复杂的过程。政策是带有不同动机和掌握不同信息的人们所进行的一系列决策行为的产物。政策分析除了用于纯粹的学术研究以外，还对以下群体有所帮助——政府官员、公共职位的候选人、不同利益集团的成员（包括那些想要代表公共利益的集团）以及选民。不足为奇的是，即使非常了解某些政策，不同的人在关于这些政策的看法上也不会达成一致意见，因为他们的价值取向不同。政策分析并不能解决这些基本的冲突，但是，不管怎样，政治过程（分歧、冲突与妥协）本身就包含着解决问题的内在机理。

认识到政治过程严重地影响着政策分析的类型以及这些政策分析能够在多大程度上被使用非常重要。基于这个原因，任何出于提建议的目的而对学习政策分析技能感兴趣的人都应该尽力理解这个过程。这种理解可以帮助我们更好地认识分析工作可能做出的贡献及其可能存在的局限性。下面我们将对这一主题中的一些主要思想进行简略的介绍，我们强烈建议读者完整地阅读这些（思想来源的）原始材料。

林德布鲁姆（Lindblom）在 1965 年的时候提出了民主政体政治过程的一个乐观模型。[1]他将类似于我们的政治体制的体制描述为不同的利益集团（例如工会、政府当局、公司、消费者群体和专业团体）之间进行一种党派性的相互调整。按照他的观点，不同集团（无论是政府内部还是外部）在追逐各自的利益时通过派系相互之间的结盟与宣战最终总是可以产生一个适当的、相互妥协并可行的解决方案。

在这个多元化过程中，没有人曾经设定国家目标或指出实现这些目标的方法。[2]相反地，整个过程由一个又一个的试错过程组成。例如，由一个组织提出的法律法规，在由立法小组委员会（legislative subcommittees）、主要立法机构到执行机构的讨论与审读过程中艰难前行，不得不进行反复的修改。每一个阶段的修改都反映出相关利益集团之间力量对比的变化及对它们提出的修改意见的妥协。

法律法规颁布后，在执行过程中，不同的利益集团仍然不断地影响着新法案实施的效果。这些集团也将监督政府的实施程序。整个过程可能没能产生预期的

---

[1] Charles E. Lindblom. The Intelligence of Democracy. New York：The Free Press，1965.
[2] 我们所说的"国家目标"是为了简化说明，同样的逻辑也适用于州、地方或其他用来代表民主政府形式的政治团体。

结果，或者有人还可能设计出更好的方案。如果修改法案的建议能够获得足够的支持，那么这些集团就会要求考虑重新进行立法。

林德布鲁姆认为，在混乱中摸索向前要优于任何事先设计出来的备选方案，无论这些备选方案是采用了简单的方法还是复杂的方法。例如，清楚而具体地描述目标可能会有利于对备选方案进行更为准确的评价，但是在政治上也会加大使大多数人达成政治联盟的难度。利益集团之间存在分歧就是因为它们在目标上存在实质性差别，它们不可能对这些差别置之不理。相反地，它们只会在那些对实质性内容作用甚微的目标描述方面（例如，"这项法规是为促进国家安全、提高国家福利而制定的"）达成一致意见，而且根本不会着力去评估政策效果。受立法建议影响的集团只关心最后的结果。从政治的角度来讲，先围绕某个备选方案达成一个联盟然后再去考虑如何（用一种足够温和的方法）描述它要达到的目标更为简单可行一些。[1]

实际多元化过程的"智能化"的乐观主义观点并未得到广泛的认同。很多人认为，现实与林德布鲁姆在1965年提出的观点存在很大差距（而且可能是不可避免的）。例如，一个明显的担忧就是实际政策制定过程是否过度地偏向于"有产者"（例如能够请得起有影响力的说客以及分析家的人），而远离了"无产者"。在随后的一本书中，林德布鲁姆写道：美国的"商业特权"导致了一种"扭曲的互相妥协模式"。[2]在研究政策制定过程中的资源配置效率问题时，那些来自微观经济学"公共选择"分支的作者们经常质疑投票决断政策机制的合理性，并认为行业管制可能维护的是企业的利益而不是消费者的利益。[3]

舒尔茨（Schultze）认为，"扭曲"产生的另一个主要原因在于有关效率和公平的问题并没有被清晰地纳入政治博弈的视角中。[4]舒尔茨承认多元化进程的价值，也同意"在充斥着冲突和价值取向尚未明了的背景下"必定会产生某种特殊的利益主张及为此进行的政治交涉这一观点。[5]但是他认为，在这一过程中政策分析扮演着一个非常重要的角色，并且改进了整个过程的"智能化"。政策分析可以识别出一般价值取向（尤其是效率和有效性）和特定项目特征的内在联系——这种联系绝非对任何人来说都是显而易见的。因此，他提出了有关政策分析的以下观点：

> 分析能否被交涉过程中的所有参与者完全接受并非十分重要。我们并不奢望……一项好的分析一定能被普遍接受。但是通过分析可以帮助我们将讨

---

[1] 沃尔达夫斯基（Vildavsky）也提出过这种一般性观点。参见 Aaron Vildavsky. The Political Economy of Efficiency：Cost-Benefit Analysis, Systems Analysis, and Program Budgeting. Public Administrative Review, 1966, 26 (4)：292-310。也可参见 D. Braybrooke and C. Lindblom. A Strategy of Decision：Policy Evaluation as a Social Process. New York：The Free Press, 1963。

[2] Charles E. Lindblom. Politics and Markets. New York：Basic Books, 1977：348。

[3] 我们在本书的很多章节都涉及这些理论，例如，第十一章的官僚行为，第十五章的政府失灵论证，以及第十八章的产业管制困境。

[4] 参见 Charles L. Schultze. The Politics and Economics of public Spending. Washington, D.C.：The Brookings Institution, 1968。

[5] 同[4]。

论集中于不同价值取向的真正差异,并做出必要的政治决断。它能够产生更好的备选方案,消除或者至少是最小化不良解决方案的数量。因此,通过对所讨论的主题的深化,系统的政策分析可以极大地提高政策的质量。①

将政治过程当做一个整体来看待有助于我们理解分析的次优化的不可避免性:从系统整体的角度来考虑,任何单个分析家所能处理的问题都只是问题的一个部分,因此,从更大的范围来讲,任何分析家提出的解决方案都不一定是最优的。例如,在卡特政府执政时期,总统分别指派了两个独立的分析小组策划福利改革计划,他们分别来自劳工部和卫生与公共服务部(Health and Human Services)。毫不令人奇怪,来自劳工部的小组提出的福利制度改革方案十分注重工作劳动内容,而来自卫生与公共服务部的小组提出的福利制度改革方案则强调给予现金补助。这既反映了不同政府部门的利益,也是每个小组专家自然得出的结论。②与此类似,国会的分析家或不同利益集团的分析家对福利问题的理解也会各不相同。

次优选择的不可避免性会产生很多重要的后果。显然,决策过程作为一个整体,其科学性不仅取决于分析人员的个体努力,而且取决于分析团队集体的努力以及分析任务的合理分配。例如,分配任务一定程度的交叉重合可以发挥检验与平衡的功效。然而,过度重复的分析(问题的一面)可能会导致对问题的其他重要方面分析的疏漏。另外,当"真正的"社会目标很难实现时,我们将面临对政策分析过度依赖的风险。例如,尽管政策分析经常可以帮助我们在思考有关国防方面的问题时取得一些收获,但是它却不能真正判断国防体制的真实效率。然而,一旦国会认为我们应该具备在数日内就在阿拉斯加输油管道附近迅速集结一定数量部队的能力,那么政策分析家们就可能帮助我们摒弃那些较高成本的方案而提出更低成本的备选方案。③

在多元化政治过程中,有关分析所做贡献的脉络还可以进一步延伸。尼尔森(Nelson)认为,分析家有能力并且应该在明确问题的本质及关键的价值取向、合理权衡这些价值取向以推荐备选方案等方面发挥重要作用。④他认为,如果没有分析,那么政治过程将在很大程度上在对效率和公平结果的认识的"理智黑暗区"内运行。因此,尼尔森和舒尔茨都赞同多元化过程的方法,但是都认为如果能在多元化过程中加入一些分析则会更好。

尼尔森还提出,大部分的分析都应该摆脱其所处政治环境的限制,这一点很重要。政府也如同其他行业一样,需要不断地研究和改进,以完善其产品。在庞大的政府组织内进行的分析应该致力于对已有的政府活动进行改进。实现这些改进十分重要,但是在一个能够提供更多自由去重新检验基本假设和方法的环境下

---

① Charles L. Schultze. The Politics and Economics of Public Spending. Washington, D. C. : The Brookings Institution, 1968: 75.

② 这场特殊的论战预示着20世纪80年代到90年代在福利政策方面的重大进展,最著名的有1988年的《家庭支持法案》和1996年的《个人责任与工作机会协调法案》。接下来我们在正文中还要多次分析当前福利政策的不同方面。

③ 关于次优化在国防方面的应用的很好的阐释见 C. Hitch and R. McKean. The Economics of Defense in the Nuclear Age. New York: Athenum, 1967。

④ 参见 Richard R. Nelson. The Moon and the Ghetto: An Essay on Public Policy Analysis. New York: W. W. Norton & Company, 1977。

进行政策分析可能是重要的新观点的主要来源。

上述关于政治过程的观点帮助我们理解了公共政策分析的作用。在此，我们分别按照四个不同的目标将它们列举出来。我们已经提出，分析可以帮助人们加深对问题的理解，这些问题在制定政策的过程中可能并没有被参与制定政策的人清楚地意识到，或者这种认识只是模糊的。我们还提到分析的一个非常重要的作用是识别或设计新的政策提议。政策分析还有下面两个重要作用：(1) 识别政策建议可能产生的结果；(2) 按照某种较广泛的社会目标对这些结果进行规范性的评估。下面，让我们来区分一下这两项分析目标。

识别结果是一项积极主动的或者说需要以事实为根据进行的工作。比如说它包括对以下问题的回答："如果过桥费从1美元上涨到2美元，那么这一举措可以在多大程度上缓解交通堵塞的问题（假设从此以后过桥的机动车数量会有所减少）？""如果我们将两所地方学校合并成一所较大的学校，那么此举会对教育成本产生怎样的影响？""如果我们保证每个成年人都能得到每年最低9 000美元的收入，那么这将会对愿意工作的成年人的数量产生怎样的影响？"这些问题都很难完全肯定地回答，但是分析却往往能够提供一些合理的预测。利用这些对政策提议的结果所做的预测，政策制定者可以更好地做出是否支持这些政策的决定。

评估是一项规范性的、判断性的工作。它涉及"应该不应该"的问题，比如："过桥费是否应该从1美元上涨到2美元？""国家是否应该有这样一项政策来保证每个成年人都能得到最低9 000美元的年收入？"这些问题的答案往往取决于判断标准。分析家们在评估政策时所使用的标准并不是单一的或规定好了的，他们对于判断标准的选择可以是随意的。[①]然而，在实践中某些标准却对所有分析都适用，如效率、公平或公正、政治可行性以及行政可行性。效率和公平是常被用到的标准，因为几乎所有人都在意这两点。由于从微观经济学分析中得出的结论将直接运用这些概念，因此本书将着重对这些概念进行介绍。政治可行性也是一项常用的评估标准，因为就算一项政策是公平和有效的，如果它在政治过程中没能得到足够的肯定，分析者就不会对提议这项政策感兴趣。在我看来，这项标准与其他标准的区别就在于单单出于它本身的目的来追求这种标准的实现是毫无意义的：它其实是一种限制，而非目标。虽然推荐那些能满足社会目标却没有考虑政治可行性的政策有些天真，但是如果我们的政策提议只注重政治可行性而不考虑对社会目标的影响，那么也是一种不负责任的行为。

尽管不同的人会按他们各自不同的个人判断来考虑政治可行性，但是我们必须清楚在分析时考虑政治可行性是非常合理的。如果某人正在考察一项需要美国国家安全局批准的政策，但是据悉俄罗斯坚决反对这项政策，并且将行使否决权，那么提出这项政策的唯一目的就是实现它的象征性价值。有些时候，象征意义可能是重要的，它可能为未来的行动做好铺垫。但是，分析家应更好地利用时间以寻找既有利于社会又具有政治可行性的政策。

这里我们要强调的一点是，优秀的政策分析通常应该包括对所分析政策的政

[①] 这就解释了为什么这项工作被称为是规范性的。如果分析家们并不是必须部分依赖他们自己的价值观去选择标准，也没有选择如何操作这些标准的自由，那么我们就可以把评估工作看成是独立于分析家的。

治前景所做的诊断。政策分析可能需要对政策能否在主要立法委员会通过的前景提出质疑，比如一些有影响力的说客会不会支持（或反对）政策提议的通过，以及这些政策的潜在支持者会不会因为他们的这种立场而在下一次竞选中获得选票。经济学家约瑟夫·斯蒂格利茨（Joseph Stiglitz）在担任克林顿总统的经济顾问委员会主席时写的关于一些好的经济政策建议的成功与失败的文章中，指出了几种重要的而且看起来会反复出现的政治障碍。例如，他提到了政府在向牛奶生产者提供一项比现有的牛奶价格支持更优惠的信贷承诺时遇到的困难，最终没能获得他们的政治支持。[1]尽管本书的微观经济分析中不时地会出现一些政治思想中的真知灼见，但是关于政治可行性的一般分析超出了本书所讨论的范围。对出于非学术目的的政策分析的应用感兴趣的读者还应该在这一领域进行更深入的研究。[2]

行政可行性也是一个重要的标准。与政治可行性相似，它实际上是一种限制，而不是从它自身出发所要实现的社会目标。即使通过了效率、公平还有政治可行性检验，政策也不一定能正确地发挥作用，除非负责实施这项政策的机构能将它们与其他的社会目标结合起来实施。很多原因可以解释为什么可能出现偏差，而优秀的分析家会将考察出现偏差的可能性作为他们工作的一部分。

会出现偏差的部分原因是一些组织在信息、计算以及执行方面的能力是有限的。一个典型的例子是作为抵制不利于健康的行为的一种方法而出现的对空气污染征税的提议。如果行政机关不能计量和确切掌握应该纳税的不同污染源产生的污染量（或者在某些情况下这样做代价很高），那么分析家就应该反对这项提议。这似乎是显而易见的，但是这样的考虑却往往被提出建议而不负责实施的出色的学者们所忽略，此时，政策分析家们则承担着评估这些提议的行政可行性的责任。

导致偏差的另一个原因是政策执行机构的目标可能与政策制定者或支持者的目标之间存在差异。也就是说，尽管执行机构具备公平有效地执行政策的能力，但是它有可能出于某些原因而不这样做。假设某个州的交通部门主要由倾向于修很多公路的工作人员组成。这个部门可能参加联邦政府一项旨在鼓励其他运输方式的拨款项目，但还是把钱几乎全部用在了修公路上。因此，政策分析家们在评估行政可行性时通常会考虑执行机构的目标和政策的目标是否一致。

就像政治可行性一样，组织行为学中有大量的文献可能会对政策分析有所帮助，但是这同样超出了本书所讨论的范围。[3]还有很多例子可以证明微观经济学分析的确对理解行政可行性做出了杰出的贡献，本书后面会提到这些应用。

除了到目前为止提到过的那些一般标准外，对于某些具体的问题，其他的标准可能也十分重要，比如一些政策可能致力于促进个人自由或发扬集体精神，政

---

[1] 参见 Joseph Stiglitz. The Private Uses of Public Interests: Incentives and Institutions. Journal of Economic Perspectives, 1998, 12 (2): 3-22。

[2] 例如，参见 John W. Kingdon. Agendas, Alternatives and Public Policies. New York: Harper Collins College Publishers, 1995; Aaron Vildavsky. Speaking Truth to Power: The Art and Craft of Policy Analysis. Boston: Little, Brown, and Company, 1979。

[3] 关于政治可行性的讨论参见 David L. Weimer and Aidan R. Vining. Policy Analysis: Concepts and Practice. Englewood Cliffs, N.J.: Prentice-Hall, 1999。

策必须符合现有的法律（尽管从长期来看，法律应该与好的政策相一致！）。对这些政策所进行的卓越的分析，至少应该使分析的使用者清楚地了解这些标准。因为这些方面很少在微观经济学分析中予以阐明，在这里我们也不再赘述，只提醒大家要重视这些标准，并且对它们的重要性时刻保持清醒的认识。

本书的组织结构

本书的任务在于说明如何扩展微观经济学理论，并将其与公共政策的制定和分析相结合。本书自始至终都强调一个主题，即对经济主体的实际行为进行深刻理解对于政策制定和分析来说十分重要。这种理解一部分来源于对私人经济主体的研究：他们的动机和能力，以及公共政策对他们的经济机遇所产生的影响。一旦了解了个体层面的行为，考虑组织的问题——如何设计和评估影响经济主体之间相互作用的不同体制——就容易得多了。因此本书首先集中讨论个人行为，然后才是组织行为，共包括五个互相关联的部分。

第一部分属于导言部分，包括本章及接下来的两章，主要是帮助读者熟悉分析中常用的经济模型。第二章介绍了作为分析的一个程序的"建模"概念，并且说明了在使用模型时可能出现的一些问题。其中的讨论围绕经济学中简单的"需求-供给"模型以及它在理解成本-收益分析中的应用而展开。第三章介绍了效率和公平的规范性概念，并且构建了被称为"效用最大化"的个人决策模型，以预测行为并评价相应行为在公平和效率方面的结果。这些章节给出了关于主题的一个纵览，同时也介绍了微观经济政策分析所用方法的一些理论基础。

第二部分重点关注个人的资源配置决策。个人选择理论的各个方面都被进一步完善，以展示它们在政策分析中的作用和重要性。我们从个人选择理论的标准层面——预算限制、收入和替代效应——入手，然后将这些概念与具体政策的制定联系起来，如劳动所得税信用制度（Earned Income Tax Credit）和政府间补助。这涉及关于一般模型的扩展，包括对个人选择的不同限制的模型。接下来我们将详细介绍公平标准，并且考虑怎样将个人选择模型运用到学校财政政策的设计中，从而实现这些公平标准。

然后我们将探讨个人选择与消费者需求函数之间的关系。我们引入了成本-收益分析的方法论，以集中讨论需求函数在公共政策收益估计中的实际应用。之后，我们将个人选择模型扩展到不同的情况，在这些情况下，政策的结果在进行决策时是未知的（例如决定如何投资一个人的退休金或购买什么样的保险）。在这些扩展模型中，我们考察了不确定性、个人选择和公共政策之间的联系，其中包括预期效用最大化、博弈论以及有限理性（bounded rationality）。我们还举了一些政策方面的例子，如国家健康保险和灾难险补贴，来说明这些观点。

最后，我们将考察跨时期个人资源配置状况。这一部分将分析储蓄、借款以及由投资创造的资本，并且讨论用于比较不同时期资源配置的贴现的概念。我们考察了指数的构建（如消费者价格指数）以及旨在降低跨时期不确定性（intertemporal uncertainty）的指数调整政策。第二部分中讨论的所有问题都与追求个人满足和效用最大化的个人行为有关。

第三部分涉及经济主体为将稀缺资源转化为商品和服务所做的努力，也就是经济中的生产任务。很多政策能否有效都取决于追求自身利益的个人和集团对其所做出的反应，如医生和营利性医疗机构对医疗保障方案即将使用的支付系统做出的反应。其他一些政策的成败取决于公共机构或私人非营利组织的行为，例如，公共交通系统的定价政策对使用该系统的人所产生的影响。

经济主体的生产能力受现有技术的影响，政策分析就担负着通过估计生产可能性曲线和相关成本来揭示技术限制的任务。这样，潜在的生产能力就可以与实际情况或政策设计时的预计情况进行比较。在将一般的产出-成本分析方法扩展到公共部门时必须更为谨慎，因为对公共部门的产出进行衡量缺乏有效的标准，并且可能缺少假定以最低成本进行生产的对偶关系。我们将给出几个涉及这些问题的分析作为例子。

我们不仅需要了解实际的技术状况，还需要预测具有不同动机和能力的个人或公司对一项公共政策的反应。第三部分将介绍用于这种用途的不同模型。在绝大部分情况下，经济理论都将每个生产实体看做一个独立的决策单元，例如，一个公司会尽可能实现利润最大化。然而这种处理方式忽略了一个事实，即公司和机构通常都是由许多不同的个人组成的集体。作为协调个人决策的一种组织形式，对公司的讨论可以帮助我们将第一部分和第二部分的分析与第四部分和第五部分关注的组织政策问题结合起来。

第四部分集中讨论在完全竞争市场中，相互竞争的供应商的供给和众多购买者的需求之间的相互作用。我们将建立这类市场在不同情况下的运作模型，既包括消费者购买商品和服务的市场，又包括生产者购买投入品和生产要素的市场。在没有具体政策干预的情况下，该模型预测资源配置将是有效率的。但是也存在其他原因，通常是公平方面的原因，促使对资源配置进行政策干预。问题是对市场在多大程度上的公共控制是可取的，以及可以用来实现不同程度控制的政策手段分别是怎样的。

我们以对有效市场所需条件的回顾作为第四部分的开始，然后将这些条件应用到一个完全竞争的一般均衡框架中。我们使用这一框架来说明征税的效应如何才能被预测及估计出来。我们同时也展示了征税通常会导致"市场失灵"或者无效率。接下来我们转向讨论一些更具体的市场。通过使用对农业的价格支持、对房租的控制、保证服兵役人数的方法以及汽油配给这些广泛的例子，我们检验能够使具体的商品市场更公平和更有效率的各种政策方法。在这些例子中，政策执行和行政管理细节对于政策的成功起到了重要作用——在第五部分中我们将继续介绍其重要性。

第四部分的讨论局限于竞争性的市场环境，第五部分考虑通常被称为市场失灵的情况——这种情况是指试图用竞争市场的分配过程来配置稀缺资源，结果却导致资源配置的无效率。我们以对导致市场失灵和政府失灵的各种原因的讨论来开始第五部分。在试图缩小市场失灵范围的努力中，始终存在一个中心思想，即经济组织的每种备选方案存在弱点的同时也都有其相对的优势。

这一部分接下来的几章分别讨论市场失灵的各种不同形式。我们以电视广播节目和公共电视台的作用为例考察公共物品的供给问题。其中，公共物品是指由消费者群体共同享有的商品。接下来我们探讨外部性问题，或者将其称为资源配置的副作用问题。在由此展开的一个例子中，我们分析应对空气污染问题（大量的工业生产、驾驶汽车及其他行为产生的副作用）可能会采取的几种办法。接着我们转向讨论如寡头市场和垄断市场之类的限制性竞争问题。我们详细分析了在这些市场中限制无效率情况发生的可供选择的管制方案，例如那些对电信和电力事业的管制。

接下来讨论的市场失灵情况出现在跨时期的资源配置中。这些市场失灵包括资本市场没能向那些想对自己投资来接受更高层次的教育以确保有一个光明前途的人提供贷款的情况，还包括市场没能满足后代希望保留我们濒临耗尽的资源的需要的情况。最后，我们讨论由于关于商品和服务质量的严重的信息不对称而产生的市场失灵。具体的例子包括在劳动力市场中由于雇主难以了解应聘者的素质而产生的歧视，以及必须外出工作的父母雇人照看自己的孩子时无法直接看到他们的孩子所接受的照顾的质量而产生的信息不对称。

每一种市场失灵都与具体情况有关，在这些情况下，一个或多个市场参与者的个人动机与能产生有效资源配置的个人动机发生了偏离。我们可以用已有的微观经济学理论来很好地识别并解释这些动机问题。然而，在所有这些市场失灵的情况下，用于设计、比较和评价这些不完善的备选方案的方法却仍处于发展和完善中。因此，第五部分在由此扩展的例子中包括了各种各样的方法，它们被用来比较试图解决或缓和市场失灵的不同的组织方法。

这些方法包括用于检验备选方案的"试验法"，一种是旨在确定地方分权的合适程度、所考虑的规则和执行程序的方法，还有一种是帮助确定合适的合同条款、被称为"交易成本经济学"的方法。这些方法中还包括虚拟模型、对经济史的考虑，以及使用"退出、声音与忠诚"框架和重要的多元质量特性来识别传达对商品和服务的需求的经济方法。这些方法可以对市场失灵问题的组织解决方案提供很多新的思路，也可以评估可供选择的解决方案的优缺点。

小结

在本章，我们对公共政策分析和微观经济学研究的关系进行了概述。公共政策通常被理解为与公共资源配置的过程相关。事实上，几乎在所有经济领域都存在干预。微观经济政策分析试图预测和评价集体行为的结果，并且可以应用到对这些行为的设计中，还能够指出公共政策在哪些方面可以做进一步改进。尽管没有规定哪套固定的评价标准必须被用于政策分析中，但是本书将着重介绍两种常用的标准：效率和公平。通过使用和扩展微观经济学分析的一般规则，我们将试着探索用这些标准对更大范围内的公共政策进行分析的技巧。

第二章 建模导论：需求、供给和成本-收益分析

微观经济政策分析的两个主要任务是预测和评价。本章和下一章将在初等水平上解释根据微观经济理论建立的模型是如何被用来帮助完成这两个任务的。

在实践中，预测和评价具体的政策方案的结果需要相当多的技巧。后面的章节以微观经济学理论为基础逐步提出更加复杂的建模技巧，并且说明它们在具体政策环境中的应用。然而，即使预测和评价是使用最可行的分析方法得出的，判断出错的可能性也仍然存在。我们将尽量解释为什么在所得的结论具有不确定性的情况下，分析还是如此地重要。

本章以对建模的一个总体讨论为开端。接着，我们转而介绍一个多少有些不同寻常的模型：一个故事。介绍这个故事的目的之一是引入一些基本的经济学概念——供给与需求，同时也介绍政策分析中常用的成本-收益分析。在后续的章节中这些概念都将更加详细地慢慢展开，并且会有更多的应用。但是在开始的时候这些概念有助于我们对分析问题的方向有一个大体的认识：我们会介绍一些需要逐步掌握的工具以及这些工具的应用。介绍这个故事还有其他的目的。它有助于我们认识建模——以模型为基础易于进行预测和评价。它还会介绍人们用于评价模型的一些非正规的方法，提出一些关于经济学中价值的概念的问题。它同时还会预示依据分析家所用的模型而制定出的政策的风险。在适当的时候，本书还会给出有关这些问题的扩展、约束条件和详细说明。

建模：一个微观经济政策分析的基本工具

建模是预测政策结果的一种有效的方法。模型是对真实世界某些特殊领域的本质的一种抽象。这就类似于孩子可以通过观察飞机的塑料模型而对飞机有一个很好的认识。一个理科学生可以通过简单地使用地球引力模型的数学公式来预测地球引力是如何影响从不同高度落下的各种物体的。在后一个例子中，模型中的公式是对地球引力的一种假定，由这些公式得出的结论可以通过事实进行检验。

但是，微观经济学理论是否能足够准确地模拟资源配置决策，以帮助测定所提议的政策的结果呢？答案是肯定的。经济学家们已经建立了一些模型，这些模型的假设条件在多数情况下是可以被接受的，而且这些模型的预测也经常被真实的消费者行为所证实。作为一门社会科学，经济学旨在预测人类的行为，而且我们不必惊讶，其准确性不如那些用来描述物理定律的模型高。人们的行为并不总是相同的，因此不存在能够完美地预测每个个体的经济决策的终极模型。尽管如此，许多经济决策还是显示出了很强的共性。而这些共性正是我们想通过模型努力认识和理解的，也是我们要据以预测未来经济决策的（例如对一项新政策的预期）。

当然，预测都或多或少带有目的性。定性的预测（如"随着民用燃油价格的上涨，消费者会减少对民用燃油的消费量"）没有定量的预测（如"随着民用燃油价格上涨20%，消费者每年会减少消费民用燃料油5%"）准确。而后一种表述又没有在其后再加上一句"这会引起价值20亿美元的效率损失"的预测准确。由于越准确的预测来源于越难构建的模型，并要求掌握越详细的信息，因此分析家们必须考虑解决具体政策问题所要求的准确程度。

尽管在建模过程中存在关于对精确度的分析选择的探索，但重要的是，从一开始我们就要认识到所有的模型都只是接近现实。一般而言，对于使用者来说，模型的有效性取决于它在多大程度上提高了其使用者对现实的认识与理解（而不是剩余多少尚未解释）。这就类似于塑料飞机模型不会因为它不能够飞行而被认为是失败的。或者我们来考虑表征空气动力学规律的科学模型。尽管根据这些模型预测的结果是大黄蜂一定不能够飞行，但在20世纪早期，这些模型仍被应用于飞机设计中。正是由于人们并未因为这种明显的模型失灵而丧失对科学的尊重，飞机（像大黄蜂一样）飞行才能得以成功。

正如上面的例子所示，模型总会存在"一些失误"，但是这种认识并不妨碍我们使用模型。我们会具体问题具体分析，而不是用全盘否定来代替局部应用的成功。当将早期的空气动力学模型应用于大黄蜂时，我们需要"更好的东西"来取代这种模型。① 经济模型也是这样:"好的"模型能足够好地进行预测以增进我们对某种情况的了解,尽管它们可能无法进行完全准确的预测或者预测的结果并未如我们所预料的那样好。

在上一个例子中,我们预测平均的民用燃油购买量会减少5%,但实际上一部分人的购买量只减少了2%,而另外一部分人的购买量则减少了8%,这种情形在某些情况下可能"不重要"(只要平均减少量是5%)。我们期望看到实际决策的分布围绕着预测的平均水平。然而,只有当实际决策紧紧集中在模型预测值周围时(模型预测更准确地"接近"个人决策),模型才会更加有效。在某种程度上,模型的效果取决于建模时的分析(相应地,这种分析又取决于拥有一个更强大的模型有多大的价值)。但是,人的本质决定了在某些决策中可能没有模型能够做出有效的预测。

当一个模型的中心趋势或者它所做出的平均预测与实际行为相比出现了系统的差异时,会更加令人迷惑。如果模型预测几乎所有的户主都会投资于阁楼隔热层(因为它不多的成本能够很快被大大节约的燃料费用所补偿),但事实上很少有人会真的投资,这就说明一个不同的模型可能会更准确一些。这些在预测中未能完全解开的"谜"刺激着人们进行新的研究,从而产生更好的模型(如果运气好的话)。正如自然科学一样,改进的过程是连续不断的。

尽管所有的模型都是不完美的,但是模型不完美的地方却各不相同。模型所能解释的现象的种类不相同,而且解释某一特殊现象的准确性也不相同。在消费者对民用燃油价格上涨做出反应的经济学案例中,我们建议建立一些可供选择的模型,这些模型既旨在提高对消费者反应程度进行的估计的准确性(例如,民用燃油使用量减少的具体百分比),又旨在揭示这种反应所体现的更加广泛的含义(例如,与之相关的效率的提高或降低值)。即使是最简单的预测——如果民用燃油的价格上涨,消费者就会减少对它的消费量——也可能是解决某一特殊问题所必需的。

例如,假定为了使供给方保留更多的存货而征税,就会引起民用燃油消费价格的上升,而现在的问题是要减轻由于征税而给低收入家庭增加的经济负担。我们经常能听到一些仅对那些低收入家庭降低价格的政策建议(例如,对低收入家庭免税),但又与最初的目标相反。

在第四章我们会证明这些建议不如那些不降低民用燃油的价格而提供相同金额的援助的建议好。② 这个结论是从带有最弱的目的性进行预测的模型得来的。它主要依赖于一个定性的预测:消费者会在民用燃料油价格上涨时消费少些,而

---

① 正如一位专家所言:"过去常常认为昆虫飞行能够在固定翅膀空气动力学的基础上加以理解,但实际上许多昆虫包括大黄蜂的飞行更多地是以直升机动力学原理为基础的。"见 Bernd Heinrich. Bumblebee Economics. Cambridge, Mass: Harvard University Press, 1979: 39. 甚至这个更为精炼的模型也是不完美的:"当翅膀拍打时,波动或非连续流动模式一定发生……但我们只是刚刚开始了解问题的本质以及动物是如何利用这种非连续流动的。"Torkel Weis-Fogh. Energetics and Aerodymamics of Flapping Flight: A Synthesis. in R. Ralney, ed.. Insect Flight. Oxford: Blackwell Scientific Publications, 1976: 48-72.

② 在这个案例中,不好是指在给定税收减免额的前提下却获得了较少的存货。该结论可由第四章中所提出的几个重要原因来证明。例如,模型没有考虑为确定每个家庭的税收负担而引起的信息问题。

在民用燃料油价格降低时消费多些。这个模型的建立并未使用数值数据，它完全是以微观经济学理论为基础建立起来的。

此外，假定政策问题是如何在规定时间内达到使民用燃油消费量下降5％的主要目标。从最简单的模型中我们可以得到一个解决这一问题的途径：提高民用燃油的价格，但是要提高多少呢？[①] 提出这个问题容易，但回答它却很难。为了解决这个问题，我们必须利用模型进行具体的数值预测。

建立这种模型所要求的实证技能超出了本书的范围。在模型的建立过程中需要使用一些数量方法，如统计学和计量经济学。[②] 但是，要想精确地运用这些实证技巧又必须懂得我们提到的微观理论模型的知识。此外，由这些理论建立的模型经常能够直接应用于可得的经验证据（来自过去的研究），正如本书后面要阐述的例子所表明的那样。

上述两个例子都假定政策目标是降低燃油的消费量。但是假设某人试图考虑其是否应当成为政策目标。也即，假定我们问一个更基本的问题：公民对燃油的消费相对于对其他相关物品的消费存在适当的水平吗？或者燃油的价格要变化（有可能是上升，也有可能是下降）多少才能解决问题？[③] 即使唯一的标准是选择有效数量，模型也需要解释两个现象：收取多高的价格才会导致燃油的各个可能的消费量？这个消费量是否有效？如果这些信息不能与对效率的影响相联系，那么关于价格-数量组合所做出的精确预测也就没什么用处了。这就如同塑料飞机模型既要有合适的尺寸，也要能够飞。

我们在整个过程中应该强调的主题之一是模型设定的重要性：用来建立模型的一系列特定的对现实的抽象选择。建立模型的障碍在于模型假定。对飞机的塑料模型而言，假定模型是由物理成分组成的，这些物理成分包括非集成的零件和组装说明，也包括模型建立者解释或修改它们的方式。在微观经济政策分析中，这个系统典型地包含了一些政策目标、可供考虑的政策选择、受政策影响的经济主体（群众或机构）的动机或目标，以及对行为人资源配置决策的约束。

模型设定的一个重要方面是对已有研究成果的使用，这些已有成果对现象进行了模型化。这解释了为什么许多（但很少是全部）被用于政策分析的具体假定是传统微观经济学或新古典主义微观经济学理论的一部分。建立在那些理论基础上的模型已成功地预测了资源配置变化的方向，这些变化是经济主体对大量经济激励所做出的反应。此外，它们不需要过多的信息来预测变化，因为模型较为简洁。因此，一个合理的有关微观经济学政策分析的策略是：普遍以传统理论为起始点，并根据每个问题的具体情况做出调整。

传统理论并没有强大到使它的所有含义都能无批评地被接受。事实上，正如上一章描述的那样，在一个经济体中，公共政策的多方面作用并不能被纯粹的传

---

① 为达到这个目的，除了简单地提高价格以外还有其他可供选择的方法。第十四章提供了一个对配额方法的较为充分的讨论，其中包括燃料配额的一个应用。

② 例如，参见 Robert Pindyck and Daniel Rubinfeld. Econometric Models and Economic Forecasts. Boston：Irwin/McGraw-Hill Book Company，1998。

③ 为使此模型保持简单，我们继续假设由唯一的政策工具决定价格。政策工具是指政府用来影响经济行为的特定方法，在这个例子中指消费者的燃油可得量。

统模型详细解释。为了了解任何理论都有其局限性,让我们来看一个由米尔顿·弗里德曼(Milton Friedman)提出的例子。[①]他注意到一个台球能手似乎精通物理知识。因此,通过基于物理规律的模型来计算,人们可以准确地预测这些台球能手的击球。这解释了弗里德曼的观点,即一个理论应该通过其预测的实际有效性来判断,而不是通过它的假定来判断。

只要这个理论的唯一目标是预测一个台球能手如何控制球的路线(或一个新手为何不能够控制球的路线),那么假定明显不准确也是无关紧要的。然而,理论一般是被用来预测或解释各种现象的。例如,假设一个人打算基于上面的理论通过比较申请者的台球分数来评价他是否能够得到物理学家的职位(也就是说,只有精通物理知识的人才能得到台球高分)。这个预测工作成功可能性的方法不一定很好。[②]换句话说,假定不准确严格限制了理论所能成功解释或预测的现象的种类。

几乎没有分析家认为传统微观经济学理论(传统微观经济学理论认为每一个经济主体都是高度理性的)中所使用的假定本身是高度准确的。有时一种"好像"的逻辑被用来证明假定的正确性。例如,公司真地不知道如何实现利润最大化(它们假定的目标),但是那些在市场竞争中生存下来的公司必定以利润最大化为准则行事。[③]既然由此理论得出的指导性预测已经被很多现象所证实了,那么那些围绕着这个目标的假定看来也是可以接受的了(至少在提出更好的假定之前是可以接受的)。然而,这些理论的其他用途则可能需要对假定本身更有"信心"。

例如,让我们看一下可评估的效率概念。为了得到有效的配置,消费者必将做出对他们而言最为理性的选择。(我们简单地复习一下。)传统理论假定人们是以这种方式来做出选择的。但是为了说明由消费者的选择得出的配置是有效的,人们必须相信假定是正确的。

然而,看一看下面的类比:假定所有的台球选手都是比赛能手,接受这个假定是因为通过使用这个假定可以准确地预测出选手的击球方向。然后人们被迫做出解释,即新手的低水平击球可归因于失误。对许多类型的选择而言,也许消费者很少有失误。但是确实有些抉择要比其他的更难以做出(例如,购买复杂的保险、法律服务或二手车),人们应该认识到不好的选择会导致无效率。例如,消费者在拥有利率为5%的储蓄存款的同时却以18%的利率支付信用卡债务,我们真地能假定他做出了明智的选择吗?

建立关于特定假定的优点和弱点的判断是不够的。一个基本的分析技巧是能够识别与一个特定的政策分析相关的似是而非的其他选择。关键是要理解一个政策结论在多大程度上依赖特定的假定。例如,通过大量的合理的假定可以得出相

---

① M. Friedman. The Methodology of Positive Economics, in *Essays in Positive Economics*. Chicago: University of Chicago Press, 1953: 3-46.

② 我们所指的问题是哪些被雇用者在工作中不会干得出色。还存在另一个问题:一些非常棒的物理学家在申请工作过程中没有通过考核。但是,后一个问题不是模型假定所导致的。模型假定所有的台球能手都是物理学家,而不是假定所有的物理学家都是台球能手。

③ 企业行为将在第十章讨论。

同的结论，在这种情况下能够增强我们对政策结论的信心。

为了培养设定模型的技巧，后面的每一章中都包含了与特定政策情境相关的可供选择的设定的例子。除了每个例子的特殊经验以外，还可以从对这些例子的学习中得出两个普遍的设定经验。第一个经验是，政策结论往往对政策本身被模型化的方法的变动非常敏感。因此，分析家在决定如何对政策加以模型化（或想评价别人的模型）之前必须认真理解每个特定方案的细节。第二个经验是，在特定的政策分析中，反复对"该假定在多数情况下是否标准、适用"进行检验往往成为中心环节。总的来说，正是它们在特殊情况下的不适用才帮助我们理解了公共政策在经济中的重要而多变的角色，例如在上一章提到的那些情况。

最后让我们提出建模过程中的一个一般性问题：模型采用的形式。前面列举的例子已经说明了模型可以采用不同的形式，例如塑料飞机模型和地球引力的数学模型。有时我们通过文字描述来建立经济模型，有时通过几何表述来建立经济模型，有时则通过数学公式来建立经济模型。模型也可以采用短故事或其他抽象形式。是什么决定了模型建立者所选择的模型形式呢？在所提及的各种不同的经济模型形式中，暗含在行为中的本质是相同的。用不同的方式来表述这个本质的目的是什么？

我们注意到这样一个区别：模型化是模型建立者学习的一种方式，也是与其他人交流（或教其他人）的一种方式。对政策进行分析的重点是认识到：分析家在开始时并不知道结论，他们通过可以用来作为专业标准进行评估的逻辑方法寻找一个结论。用于学习的模型形式并不需要像用于交流的模型形式那样恰当。如果政策分析会影响政策，那么有效的沟通就特别重要。

作为一个总的规则，政策分析应该以比用于与决策者交流时更具技术性的形式来进行。分析家彼此之间通过技术模型（例如那些专业期刊上的模型）的表述可以非常全面、有效地进行交流。然而，大多数对特定分析感兴趣的公务员、管理者和政治家更偏好简明、清楚、没有专业术语的模型表述。[①]

从某种程度上说，本书中的大部分资料都有些朝向相反的方向，我们提出并扩展技术性的概念，是为了了解微观经济学理论是如何用来进行政策分析的。通过逐步介绍的方式，我们讲的第一个模型是一个故事。这个故事是关于初次学习公共政策的学生的第一堂课的故事。它会介绍一些基本的经济学概念——经济物品的需求和供给，也会强调这些概念与通常用于政策分析的成本-收益分析之间

---

① 分析的形式是为每一个特定的使用者量身定做的。理查德·诺伊施塔特（Richard Neustadt）提供了一个极端的例子，理查德·诺伊施塔特曾被肯尼迪总统邀请分析1962年取消斯凯博尔特导弹计划这个有争议的决策的制定过程。决策产生了意想不到的令人为难的外交关系后果，总统希望诺伊施塔特能够从中总结一些经验教训，以便政府提高以后的政策制定能力。

诺伊施塔特感到肯尼迪若要从他的分析中吸取经验教训就必须阅读一份冗长的文稿（这违反了华盛顿的KISS规则，即简短、简单规则）。但是总统的日程表通常不允许有阅读冗长文稿的时间。因为总统是伊恩·弗莱明（Ian Fleming）小说的忠实读者，诺伊施塔特就将自己冗长的分析改为吸引一个忠实读者的形式。他于1963年11月15日将报告递交给总统，而肯尼迪于1963年11月17日就阅读完了，这说明诺伊施塔特的策略非常成功。诺伊施塔特将这段历史插曲整理后发表了出来。参见 Richard E. Neustadt. Report to JFK: The Skybolt Crisis in Perspective. Ithaca，N. Y.: Cornell University Press，1999。

的密切联系。它会促使你从本质上去思考经济学中价值的概念。它会促使你思考模型，比如如何使用模型，如何评价模型。

需求、供给和成本-收益分析

星期一　早晨 6：45

芭芭拉·布莱克斯通正在安详地熟睡，平时悦耳的莫扎特乐曲此时却变成刺耳的音乐从收音机传到她的耳朵里，传到她的脑子里。她睁开了眼睛。她从被子里伸出手，拼命地伸向收音机，想在收音机将自己真正吵醒之前把它关掉。可是太晚了。她闭上眼睛，收音机也已经安静了，但是她又陷入了保护睡眠不受新的一天开始的冲击的斗争。她又睁开了眼睛。新的一天确实开始了。这是她第一天在公共政策研究所上课。

在过去两年里，自她从伊利诺伊大学毕业并拿到教师资格证以后，她就以极大的热情在芝加哥一所较差的高中工作（那里的学生更喜欢叫她 Ranger Blackstone，这个滑稽的名字得自芝加哥一个声名狼藉的团伙）。她知道，至少对于她的一些学生来讲她是重要的。但同时她也知道对于她来说这还不够。整个国家的公共系统——包括各个层面：联邦、州、地方的规章制度，对资金和课程的管制，政府官僚机构与工会领导层之间的权力斗争等——就像一个不可信的、深不可测的沼泽，这个系统每天都在运转，阻碍和清除老师及学生的创新性思想。肯定有更好的办法，但是怎样才能使政治领导人、政策制定者和校方当局做得更好呢？

芭芭拉决定改善这个系统。但是她知道她需要为这次出击做更多的准备。她需要对学校资金运转的经济学有更好的理解，需要对促使变化发生的政治学有更好的理解，需要对组织的动力学有更好的理解，需要对经常甩到她面前的、被当做借口以回避她所提出的建议的各类数字有更好的理解。然后，几个月前的一个晚上，在一家小饭店里吃饭时（她回忆起馅饼和好喝的生啤），芭芭拉的朋友苏珊兴奋地向她讲述着她那个环保主义者哥哥纳特的新工作。

纳特毕业于公共政策专业，受雇于华盛顿特区环境保护局，他所从事的工作是关于二氧化硫排放的可交易许可证系统的，这个系统是在 1991 年《洁净空气修正案》中规定的。芭芭拉和苏珊事实上并不真正明白交易污染权为何对环境有益，但是她们知道纳特对这份工作有着极大的热情。纳特说若没有一个在经济上有效的安排，那么环保力量想要战胜强大的工业说客，从而通过立法使每年的排放量下降 1 000 万吨是不可能的。芭芭拉突然意识到纳特的技能正是她所要寻找的。几乎一年以后，经过长时间的申请过程和令人痛苦的等待之后，她被接纳了，准备开始这项计划。事实上，如果她继续躺在床上想的话，她就对开始这项计划完全没有准备。她起床了。

星期一　上午 9：00

韦斯教授站在学生们的面前。他看起来有一双友善的眼睛。或者有可能是友善的、温和的，总之就是那样。他耐心地站在那里，等着新学生进来坐好。在按照惯例进行完自我介绍、拼写姓名、分发讲义后，他想了一会儿说：

"在接下来的时间里，我会向大家介绍一下我们这一年所要学的内容的50%。当然，这有点像向别人展示一件制作了一半的汽车模型。我并不是一定要你确信这辆汽车是非常好的。但我希望能够让你对汽车的制造感兴趣。"

芭芭拉对他所说的内容感到非常奇怪。难道我误选了机械自动化课程？但是他转向白色书写板，写下了一些曾在学校文献中出现的经济学术语——市场需求、市场供给、效率和成本-收益原理，然后继续说：

"在克林顿总统执政前期，废除了前总统布什的一项行政命令，并恢复了一种名为'不确定性评价'的用来评价环境危害的方法。之所以需要这种方法，是因为在大多数情况下无论是政府内部还是政府外部都存在这样一个问题：特定的环境资源到底价值多少？一个基于不确定性评价的研究估计从阿拉斯加海岸的瓦尔迪兹号油轮上溢出的石油造成了 30 亿美元的环境危害。政府凭借这份研究报告向埃克森公司提起法律诉讼，后因埃克森公司同意赔偿 10 亿美元而达成庭外和解了。到底是依据什么得出这些数值的？"

韦斯教授似乎并不期望得到学生们的回答，因为他仅仅停顿了一下，又接着说：

"我今天并不打算给你们展示不确定性评价方法的具体例子。但我想谈一谈经济评价的更一般的方法。我打算初步介绍一下货币持有人的支付愿意与更为宽泛一些的资源配置效率原则之间的关系，这是许多经济评价的基础。我还想说，重要的可观察到的关于人们支付意愿的信息经常能在用于刻画市场环境下经济活动的供给和需求曲线中找到。也就是说，与瓦尔迪兹号油轮溢油损失的争论和解决属于同一类型的关于价值的争论虽然实际上也同样存在，但对于在市场上交易的其他资源来说，却是通过不同的、客观的方式来解决的。好的政策分析师知道如何利用关于价值的信息。"

韦斯教授在白色书写板的一边写下了以下内容：

课程

1. 个人评价与效率相关联。
2. 可观察到的供给和需求曲线揭示了评价。

曾在上课前向芭芭拉做过自我介绍的雷吉·汤普森——坐在芭芭拉的左侧——向芭芭拉露出迷惑的表情。他对石油溢出的例子非常感兴趣。但是教授似乎要谈点其他的。他要谈些什么呢？什么时候才会回到这个话题？

"在分析工作中，我们使用供给和需求曲线的概念来刻画商品、服务买卖的市场。这些曲线包含的信息与效率评价有关。我会立刻给大家画一些这样的曲线来定义一个市场均衡，并评价它的效率水平。我也会介绍成本-收益分析原则，看一看它是如何被用来测度效率变化的。在这个过程中，这些基本的步骤会被重复许多次。当然，我们所研究的行为会很快地引申出重要的公共政策问题。在第一个案例中，我们将研究一种普通的私人物品，但是我们也会研究公共服务，比如说教育（芭芭拉睁大了眼睛，教育？她聚精会神地听着）和环保等受管制的服务。进而，分析方法继续扩展，开始考虑第一个案例中所未考虑到的新的因素。实际上，牢固掌握经济学概念只是我希望你们学习的第一步，你们必须远远超越这一步，精通政策分析的微观经济建模的艺术性和科学性。"

韦斯教授转过身去，开始在书写板上画图（见图2-1）。

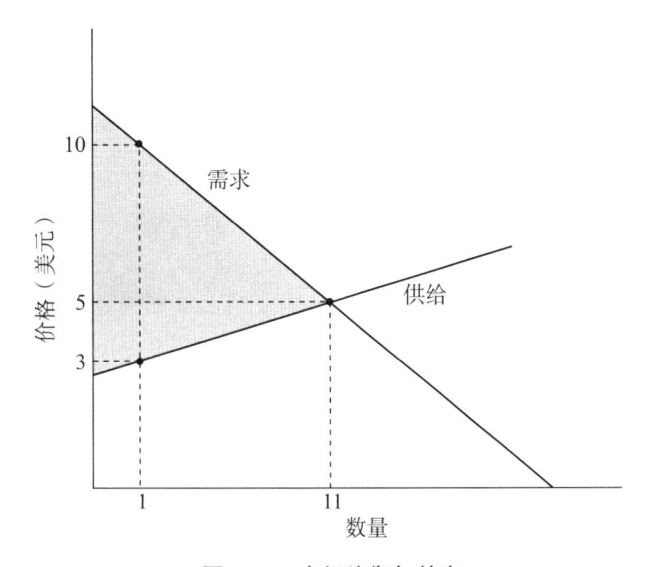

图2-1 市场均衡与效率

"让我们从需求的概念开始讲起，需求曲线表示在可能的单位价格下消费者所愿意购买的某一特定物品的数量，其中，横轴代表数量，纵轴代表价格。需求曲线向下倾斜。价格越低，需求量越大。"

于是芭芭拉开始考虑，如果费用降低，她会更加经常地飞回芝加哥吗？她想：如果时间允许的话，她会；即使她不会，其他人也会。是的，有道理。

"假设在某一特定价格下消费者所购买的数量或需求数量正是基于他（或者她）目前状况的最佳选择，那么需求曲线就揭示了消费者对该商品的以美元衡量的评价。为证明这一点，假定需求曲线仅仅显示了一个消费者的需求，该消费者名叫珍尼，需求曲线表示如果单位价格为10美元，那么珍尼将只购买1单位商品。

"这意味着：对于珍尼来说，第2单位商品的价值或者她的最大支付意愿一定小于10美元，如果支付意愿高于10美元，比如说12美元，那么珍尼选择的数量就不是基于她目前状况的最优选择。也就是说，珍尼为了得到第2单位的该商品而愿意支付必需的12美元，而实际上她只需要花10美元就可以得到第2单位商品，既然她没有这么做，那么她对第2单位商品的评价一定小于10美元。"

芭芭拉举起了手。

"什么事?"韦斯教授问道。

"是否有可能珍尼对第 2 单位商品的评价为 12 美元或者更高,而她却没有足够的钱?或者说,因为她贫穷?"

"问得好!"韦斯教授答道,"再次请问你叫什么名字?"

"芭芭拉·布莱克斯通。"

"我知道了。答案是不可能,原因在于经济价值的特殊定义方式。我们所说的支付意愿来自珍尼所拥有的资源禀赋……是在给定她的预算约束或财富水平下,她为了得到第 2 单位的商品而愿意放弃的其他商品的数量。我们克隆一个珍尼,除了更为富裕外其他完全相同,她会对第 2 单位商品、每一单位商品有着较高的支付意愿。但是这条需求曲线——珍尼的需求曲线——告诉我们珍尼感到需要把 10 美元花在更为重要的其他事情上而不是花在第 2 单位商品上。"

韦斯教授停顿了一下,环顾教室周围。"这意味着什么呢?"他继续说道,"这意味着我们所观察到的需求曲线可能与公平无关,在总收入既定的条件下,珍尼做出最明智的选择,但是我们不一定必须认同她的财产水平,这是我们在整个课程中所应当关注的,我们应当在明确考虑公平或公正问题时表现出我们的关注,而非在评价效率时。"

他所指的"评价效率"是什么呢?芭芭拉有些困惑,但韦斯教授继续往下讲。

"需求曲线也表明珍尼在 5 美元的价格下会购买 11 单位的商品,这意味着,按照前面的逻辑,其对第 11 单位商品的评价至少为 5 美元,而对第 12 单位商品的评价必然少于 5 美元。对这个逻辑进行引申,我们将会看到珍尼对每单位商品的评价可由该单位商品所对应的需求曲线的高度来表示。用经济学术语来讲,我们说需求曲线的高度表示每单位商品的边际价值或边际收益。一个消费者的需求曲线相当于该消费者的边际价值表。对市场需求曲线也可以做出类似的解释,即,市场需求曲线表示在每个可能的价格下所有消费者愿意购买的商品数量,其高度表示每一单位商品的边际价值,尽管不是某一个特定的消费者所得到的边际价值。

"到目前为止我们所做的事情是从两个不同的方面观察图中的同一条曲线,对'需求'的解释就是:在图中用横轴来表示的在每个可能的价格下消费者将要购买的数量;对'边际收益'的解释就是:在图中用纵轴来衡量的可能消费的每一单位商品的边际收益。注意,需求曲线向下倾斜意味着边际收益递减:所购买的第一单位商品具有最大的价值,而随后消费的每一单位商品的价值都比前面的价值要小。"

听起来十分有道理,芭芭拉想道,他在布置一个陷阱吗?

"下面我们介绍供给曲线,它表示在每个可能的价格下生产者所愿意提供的商品数量。我们可以在同一张图上把它表示出来,"他接着在图上又添加了另一条曲线,"供给曲线通常被画为向上倾斜,意味着在较高的价格下,生产者愿意提高产量从而增加市场上的总供给数量。举例来说,玉米的生产就是这样。在低价格下,只有需要最少照料的最肥沃的土地被用于生产玉米,稍微贫瘠一点的土地将会无利可图，因为照料的成本——灌溉、施肥、犁耕等事务——将会大于出售农产品的收益。随着价格的上升，农民发现将不太肥沃、需要更多照料的土地用于生产玉米是合算的，即有利可图，因此提高了玉米的总供给。"

韦斯教授扫视了一下整个课堂："我知道对于你们中间那些初次接触经济学的学生来讲内容有点多，可能你们中间只有主修过经济学专业的学生对此比较熟悉，但是我们会慢慢熟悉的。"然后他继续往下讲：

"供给曲线的高度表示每单位供给的边际成本。也就是说，每一单位商品对应的高度表示对于生产者来说用于生产该单位商品所消耗的资源的成本。假设生产者按收益最大化原则来行事，我们可以考虑一下把相同的资源用于其他用途所获得的最大价值，经济学家称此价值为边际机会成本，或简称边际成本。当供给1单位商品所获得的收益超过边际成本时，生产者将会为市场多提供1单位商品。我们将边际成本定义为把资源用于其他用途时生产者可得到的最大收入。"

"我想我明白了"，芭芭拉心想，"假如我拥有土地（当然，并不与我的储蓄账户保持平衡），如果玉米价格较低，那么我宁愿放牧也不愿种玉米。但是如果玉米价格足够高，那么我还是愿意种玉米。"她开始思索这与课程如何相关，但是韦斯教授又开始画图了。

"假定在3美元的价格下生产者愿意供给1单位商品，这意味着第2单位的边际成本一定大于3美元。在5美元的价格下，假设供给11单位商品，这意味着第2单位至第11单位商品的边际成本介于3美元和5美元之间。注意，向上倾斜的供给曲线对应着递增的边际成本。

"在此，我们引入市场均衡的概念：市场达到均衡时，消费者的需求量与生产者的供给量恰好相等。这发生在需求曲线与供给曲线相交处——价格为5美元而数量为11单位。假设市场价格不是5美元，比如说是10美元。在该价格下消费者只需要1单位，但是生产者却为市场提供了大量商品。[①] 生产者不能实现所期望的利润，因为消费者没有购买商品。既然生产者意识到在产量既定的条件下获得更多的收入要好于较少的收入，那么他们会愿意以低于10美元的价格出售商品。随着价格的下降，需求逐渐增加而供给逐渐减少，市场价格不断变化直到供给量与需求量相等。只有在两条曲线相交时供给才会与需求相等：价格为5美元而数量为11单位。

"最后，让我们把市场均衡与效率的概念联系起来。非正式地，我们来考虑利用资源使经济参与者所生产的商品和劳务实现价值最大化。在这个简单的例子中，市场均衡也是一个有效配置。所有这些生产和出售的商品给消费者带来的边际收益（需求曲线的高度）是大于边际成本（供给曲线的高度）的。这实现了价值最大化，因此是有效的。谁能解释为什么？"

韦斯教授怀着希望环顾整个课堂，大多数学生也是如此。正当教授似乎要放弃希望的时候，雷吉·汤普森试图将手举到高于脑袋几英寸的地方——动作开始时比较快，然后退却了，再然后又慢慢举到刚刚超过耳边的高度，正当他的手又

[①] 图2-1没有延长到足以显示价格为10美元时的供给量，利用下一个脚注里的供给曲线的公式，我们发现供给量为36。

要退却之时，韦斯教授迅速向他点点头说道："请讲。"

"我是雷吉·汤普森，尽管我不知道最大价值是多少，但10单位不是最大值。在第11单位之上，需求曲线高于供给曲线，这意味着它的收益高于成本，或者说拥有它提高了总价值。不管10单位商品的总价值是多少，11单位的总价值一定更高。"雷吉停下来，他拿不准这是否就是教授所寻求的答案。

"你的观察完全正确，"韦斯教授回答道，"按照同样的逻辑，10单位的总价值一定大于9单位，9单位的总价值一定大于8单位。换句话说，至少一直到第11单位，总价值都在增加。按照雷吉的逻辑，我们能够通过生产第12单位的商品从而进一步使总价值增加吗？"

芭芭拉盯着白色手写板上的图，忽然不自觉地脱口而出："不！"

"为什么不，芭芭拉？"韦斯教授问道。

"因为生产第12单位商品的成本——用它对应的供给曲线的高度表示——大于用需求曲线的高度表示的收益，生产第12单位的商品会减少总价值，如果生产更多数量的商品会使总价值减少得更多，你不可能得到比11单位商品的总价值更高的总价值！"

韦斯教授点头表示同意。"是的，唯一的不可能通过改变产量取得更多收益的配置点位于第11单位处，在该点边际成本等于边际收益，这意味着总收益达到最大，因此是一个有效配置。注意，边际收益等于边际成本的位置就是需求曲线与供给曲线的交点。"

另一名学生米兰妮·加西亚举起了手，她问道："您是说市场总是有效的吗？我不相信。资本主义企业为达到自己的目的控制消费者，我们国家的贫穷率令人感到耻辱，而这是市场造成的，这属于您所讲的'有效'吗？"

韦斯教授手托下巴，思索着如何回应这个挑战。米兰妮明显认为对他们来讲这是个圈套，她拒绝落入这个圈套。学生们面面相觑，他们感觉到问题远比他们所想象的更加复杂。

"我喜欢你的问题，米兰妮，因为你将这个简单模型与真实世界联系到了一起。我不知道今天能否给你一个满意的回答，但我会尽力。你还记得在课程开始的时候我所做的那个类比——将这个引导性讨论与向某人展示半成品的汽车模型相比较——吗？我并不是要使你相信这个特定的模型是完全合意的，而是使你对经济建模感兴趣。随着课程的进行，我们将会讨论大量的市场。在某些特定环境下，我会详细证明市场或类似市场的配置过程要优于其他过程。在其他特定环境下，我会证明从总体上讲市场配置不如政府引导的配置。无论是哪种情况，我都会事先表明我要说什么和为什么。"

"不，我并不是说市场总是有效的，"他接着说，"例如，我不认为非自愿性失业率达10%的国家劳动力市场是十分有效的——这会引发贫困，使我们感到不快。当然，这只是我的个人观点，你们可以不赞同。模型中的特定市场是有效的，但我并不是说它能很好地代表所有的真实市场。"

"很高兴你想验证这个观点：模型能够代表真实状况。但是每个好的分析家，"韦斯教授在此停顿了几秒钟，环顾教室以确认每个学生都在全神贯注地回应这个含蓄的挑战，"都有责任批判地评价一个特定模型对于一种特定状况的适用性。这是一个实证与判断的问题。注意,我并没有给你们任何强有力的证据以表明该模型适用于某些真实情况。我敢打赌你们中间许多人没有对'为什么'进行足够的思考,却接受了这个模型,而不是像米兰妮一样。"

现在芭芭拉真是迷惑了:"他似乎没有反击米兰妮的批评,也没有为自己辩护,而是同意她的观点。我毫无批判地接受这个模型错了吗?每个部分都通过了基于我的直觉的'检验';我的确对机票价格和使用土地种植玉米进行了思考,我想要相信这个教授。他不想要我们相信他吗?那么,这节课有什么意义呢?如果不能应用于真实世界,为何我还要努力学习这么复杂的模型呢?"

韦斯教授好像已经知道了芭芭拉的想法,他接着说:"事实上,我认为有许多理由促使你们认真学习这个特殊模型。一个理由就是,这是微观经济政策分析中最常用的模型——即使你认为它在某些特殊情形下并不合适,你也必须说服他人这个模型更合适。另一个理由是,此模型的不同部分经常很有用,尽管模型整体并非如此。最后一个理由是,我想在许多情况下,总体来讲,此模型要优于其他模型,有助于分析者进行推断思考。

"使你们每个人掌握必要的技巧以便独立进行分析评估,需要一段时间。因此,我希望在时间有限的情况下能够得到你们的信任。我不希望你们认为我会告诉你们何时应用一个特定模型,我希望你们能够培养独立批判的能力,我真地希望你们相信我会全力以赴帮助你们掌握微观经济政策分析的方法。"

说到这里,他停下来直视米兰妮,至少目前她看起来是满意的。他环顾教室里的其他同学,每一双眼睛都注视着他。他走回到图前,继续说道:"还有最后一个概念,我想要加入我们目前所建的模型中。有一个非常有用的方法可以用来考虑市场配置过程和其他配置过程以及其与效率的关系,用术语来讲就是'收益-成本原则'。在前面的讨论中雷吉和芭芭拉已经使用过。一个行为若使收益的增加大于成本的增加,那么就会提高效率;如果使收益的增加小于成本的增加,就会降低效率。在我们的例子中,向市场提供第 1 单位商品的行为提高了效率:对于最后的支付来说,10 美元的收益超过了 3 美元的成本,提供 2 单位到 11 单位商品的行为都提高了效率,因为每单位商品的收益均大于成本。但提供第 12 单位商品的收益小于成本,所以将会降低效率。

"我们可以衡量有效程度,图 2-1 中的阴影面积表示与根本不生产相比,用我们的资源生产 11 单位该商品所得到的净收益。生产 11 单位商品的收益用需求曲线下的面积来表示,成本用供给曲线下的面积来表示。因此,收益减去成本——或者净收益——就是阴影部分。使用一些几何知识可计算出,那部分面积等于 42.35 美元。"[①]

韦斯教授继续演示着,然后说,对于一天来说他所讲的知识已经足够多了,并宣布下课。芭芭拉和雷吉相互看了一下,虽然疲倦但是很高兴。

"这是一门不错的课,不是吗?"雷吉说。

---

① 假设需求曲线与供给曲线是直线,每两点决定一个方程以及在价格轴上的截距。供给曲线的方程是 $Q=21-2P$,其截距是 $P=10.50$ 美元。供给曲线的方程是 $Q=5P-14$,其截距是 2.80 美元,直线 $P=5$ 美元将阴影部分分成两个直角三角形,每个三角形以数量 11 为高,上三角形和下三角形分别以价格 5.50 美元和 2.20 美元为底。

"是啊。"芭芭拉答道,"我认为这门课将会非常有趣。我希望我能跟上,有时对我来说进度太快,以前从没有发生过这种事情。"

雷吉笑着对她说:"对我来说能够像你一样去做就好了。"

韦斯教授无意中听到这段小插曲,暗自微笑着离开了教室。他们做得都很好,教授想,整个班级也会做得很好,能够有这样好的学生是他的幸运。带着这些人的想法,教授从视线中消失了。

小结

预测所提出的政策的后果时最常用的分析方法是建模。模型旨在刻画真实经济的某些特定方面;它与生俱来地具有非真实性,它的有用性依赖它能在多大程度上提高人们的知识水平或理解能力。模型预测的准确度和广度有赖于模型的特性:对一系列抽象因素的选择和建模的前提假定。进行政策分析的一个基本技能就是,能够区分与某个政策分析相关的似是而非的其他假定,能够理解分析得到的结论如何依赖假定。

本章为介绍一个模型而讲了一个故事。在故事中,引入了微观经济学模型中的一些基本概念。其中之一是需求曲线,它表示一种关系,即在每个可能的商品价格下某个消费者(或一群消费者)愿意购买的商品数量或需求量。在正常情况下,价格越低,消费者需求量就越大。另一个基本概念是供给曲线,它表示这样一种关系:在每个可能的商品价格下某个生产者(或一群生产者)愿意提供的商品数量。典型地,价格越高,生产者供给量就越大。需求曲线和供给曲线都是由对拥有一定资源的个人根据自己的判断做出最优选择的观察结果引申而来的。第三个基本概念是市场均衡:当消费者的需求量与生产者的供给量恰好相等时就达到了市场均衡。

在这个故事里面,这三个基本概念也通过一种非常特殊的方式与经济价值的概念联系在一起。需求曲线可以被视为边际收益表,它的高度可以解释为某人为得到每一单位额外商品所愿意放弃的最大货币量。相似地,供给曲线可以被视为边际成本表,它的高度可以解释为为了使供给者愿意向市场上提供每一单位商品所必须支付给他的最小货币量。接着,被拿到市场上的每一单位商品的收益和成本就可以进行比较了,于是该故事引入了成本-收益分析的思想。

此外,此故事非正式地引入了经济效率的思想,它用来描述一个经济体利用其资源的水平。在该故事中,效率随着商品生产(供给者使用社会稀缺资源进行生产)和消费的数量而变化。如果配置行为导致收益大于成本,那么效率提高;如果配置行为导致成本大于收益,那么效率下降。市场均衡是一种特殊的资源配置状态,它最大化了收益与成本的差额,因此它是一个经济上的有效配置。

经济学中两个重要的实质性问题在这个故事中由学生提了出来。问题之一是:寻求效率与寻求公正或公平是否存在冲突?当一名学生认识到一个消费者的财富影响他的需求曲线时,这个问题就出现了。这意味着当从一个消费者手中拿走一单位的产出配置给另一个消费者时，财富也会影响对收益的评价。因此，财富也会影响对经济效率的评价。

另一个实质性问题是关于通过市场体系配置资源的效率的。模型表示市场结果是有效的。但一个学生反对说，市场结果包括高失业和控制消费者。这个故事并不打算完全解决这些重要的实质性问题，尽管在本书的后续部分会提到这些问题。

最后，该故事提供了对经济模型的重要而深刻的见解。其中一个学生通过问自己如果商品价格下降她是否会购买更多的商品，"检验"了听起来似乎合理的需求曲线向下倾斜。实际上，她是在通过看经济模型能否准确预测她的决策来检验经济模型的一般性。她还做了类似的对向上倾斜的供给曲线的检验。前面提到的持反对意见的学生讨论的焦点在于模型是怎样评价效率的，并关注如何证明真实市场的总体有效性。学生们试图理解模型能够多么好地代表真实市场，教授对此十分满意。他提醒学生一个模型只有在用于某些特定目时才能够被评价好坏程度，他重申，提出这个模型的首要目的是引起学生对于经济建模的兴趣。

习题

2-1 你对韦斯教授关于价值的经济概念的解释有何看法？你喜欢和不喜欢其中哪些内容？你怎样看待效率的概念？作为一个公共政策目标，你如何看待它的优点与不足？

2-2 你认为消费者会购买最适合自己状况的商品或劳务数量吗？什么因素会给他造成困难？如果消费者没有购买最需要的商品，那么这会对需求曲线用价值表示的解释产生影响吗？

2-3 在这个模型中，一个生产者的行为与利润之间的关系是什么？你能想到一种情况使生产者的行为发生改变吗？

2-4 课堂上的学生们应当怎样评价韦斯教授提出的模型的有用性？你怎样看待芭芭拉所使用的评价模型的因素？你应当把对市场行为的预测功能和对市场效率的评价功能区分开来吗？

第三章　效用最大化、效率和公平

　　本章作为导言部分的最后一章，首先介绍了一个个人选择的标准模型，即效用最大化模型。个人必须在预算约束的限制下决定消费什么物品，在这样的情况下，我们引入了这个模型。随着我们越来越多地将个人行为、公共政策和总产量联系在一起，这个标准模型和其他可供选择的模型将在后面的章节中被用来预测行为。但是在本章，我们主要是运用这一模型初步介绍一些关于政策分析中效率和公平的标准化目标的主要观点。

　　我们在一个非常简单的框架下提出效率的概念，在这种情形中，既存的经济活动仅限于不同人之间的商品交换。我们将说明关于有效资源配置的推论是如何从效用最大化模型的行为预测中得到的。需要强调的是，效率的评价要考虑到经济体中所有个体的福利，这种福利通常用消费者主权的原则来加以评价，即每一个人都是他（她）自己福利的评判者。我们强调存在很多不同的有效配置资源的方式，而且这些资源配置方式根据个人境况的好坏也有很大的不同。

　　我们把像帕累托最优这样的效率概念与用来比较两种（或更多种）具体的资源配置方式的相对效率的概念区分开来。在后一种概念中，如果不和公正或公平的评估标准一起使用，就可能会引起争议。我们将介绍一些公平的资源配置的概念，并阐释它们和前面讨论过的交换方式之间的关系。补充部分举例说明了如何以社会福利函数的形式将对效率和公平的衡量结合在一起。在简要的附录中，我们用微积分形式解释了效用最大化模型，并给出了交换效率的实现条件。

个人资源配置模型

我们先在这里回顾一下关于个人资源配置选择的最通常、最一般的假定。这些假定构成了人类的决策模型即效用最大化模型。在后面的章节中，我们将讨论这一模型的衍变形式，如有限理性模型（第七章），并说明政策建议关键性地取决于那些更符合正在研究的情况的模型。然而，效用最大化模型在很多情况下已经被证明是有深刻见解的，而且是十分有用的，包括本书下一部分将要讨论的政策分析。此外，理解这一最常见模型的构造也是着手培养构造和使用不常见模型所必需的技能的好方法。不过读者应该事先知道，效用最大化模型通常隐含地假设个人是非常有能力的决策者，因此可能在那些把能力作为关键因素的情况下并不适用（例如，在复杂的不确定情况下，或在情绪高度紧张的时候）。

效用最大化模型可以由四个假定来描述。我们先从字面上来介绍这些假定，然后再给出它们的图形解释。第一个假定是，每一个消费者都有一个偏好排序。这包含两层含义。一层含义是消费者能够比较任意两个可能的消费束或者任意两个商品和服务的集合，而且将会偏好其中一个或者认为它们是无差异的（这排除了那些"我不知道"或"我不能决定"的回答）。另一层含义是消费者的选择是一致的，即如果消费束 A 优于或无差异于消费束 B，并且消费束 B 优于或无差异于消费束 C，那么消费束 A 一定优于或无差异于消费束 C。

第二个假定是，每一个消费者的偏好都是非饱和的。概略地说，这意味着消费者偏好的一个属性是，在其他条件相同的情况下，消费者更愿意要更多的商品而不是更少的商品。消费者当然也是物品相对好坏的判断者。如果一个消费者不喜欢空气污染或者街道犯罪，那么相对应的商品就应该是清新的空气和安全的街道。消费者可以把对他人的施舍看成一种商品，这样就绝不会被认为是自私的了。

但是，难道消费者真地不会满足吗？考虑将半熟的（但不是生的）汉堡包作为商品的情况，你可能只要一个，我可能想要两个，并且我们可能都知道有需要更多汉堡包的人，但难道不是每个人都有一个极限吗？回答当然是肯定的。在任何特定的时期中，消费者对特定商品的需求可能都会有一个极限。[①] 考虑到这些极限，可以用更为准确的方式来表述非饱和的假定：总是至少存在一种商品，对消费者来说还没有得到满足。

事实上，个体受到他们有限预算的限制，而不能购买包含所有他们可能想要得到的物品的消费束。即使非常富有的人可能也会希望有更多的休闲时光、更多的别墅或是更多的慈善捐款（如果他们不必放弃他们已经拥有的东西）。当然，

[①] 很显然，这个极限取决于时间段。例如，相对于每餐所需的汉堡包，每年所需的汉堡包的极限要大很多。一般来说，经济活动必须包含一个完好定义的时间维度。因为我们大部分的说明都没有一个特别的时间段的要求，所以经济活动可以被简单地认为是在每一个时间段中。

大部分人都希望能够买得起更多的（以数量或更好的品质来体现）目前正在消费的商品。更为简洁的概括就是，在我们讨论的可选择的消费束中，消费者被认为是不会对任何商品满足的。我们经常运用这一非饱和性假定（有时在专业著作中这一假定也被称为严格单调），但是当研究的焦点是一些明显有可能获得满足的商品的时候（例如，每学期的微观经济政策分析课），我们就不能再使用这一假定了。

第三个假定是，每一个消费者的偏好都是严格凸的。或者可以通俗地表达为，消费者喜欢多样性的消费。假定我们知道有一个消费者认为这样两个消费束是无差异的：一个消费束是拥有较大的住宅而几乎没有娱乐，另一个消费束是拥有较多的娱乐而几乎没有住宅。第三个假定表明，如果有由前两个消费束中的住宅和娱乐以任意比例组合（加权平均）而成的第三个消费束，则消费者一定会严格偏好第三个消费束。举例来说，一个消费束由第一个消费束中 1/3 的住宅和娱乐加上第二个消费束中 2/3 的住宅和娱乐组成，这就是一个比例组合。

这一观点的意思是消费者偏好更加"均衡"的消费束而不是任何一种极端的情况。这试图表达这样的经验现实，即大部分人消费多样性的商品而不是极端地消费一两种商品。既然没有什么阻止他们选择那些不太均衡的消费束，那么一定是那些不太均衡的消费束和那些更加均衡的消费束相比不是那么令人满意。像第二个假定一样，这仅仅是一个在大多数情况下正确的经验概括，但也有例外（例如，某人可能认为在两个地方中的任何一个地方度过一周的假期是无差异的，但是认为在每一个地方度过半周假期更糟糕）。

第四个假定是，每一个消费者都依照他（她）的偏好排序来做出资源配置的选择。这意味着消费者不仅是利己的而且是精明的（指他们知道做出哪一个选择是最好的）。这四个假定一起构建了理性消费者决策最一般的模型。第一个和第四个假定界定了模型的理性特征，第二个和第三个假定概括了偏好的特征。

这一模型的前三个假定通常用序数效用函数进行理论上的描述，第四个假定即是说消费者追求效用最大化。想象一下消费者在心里仔细考虑了所有可能的商品消费束，并且将它们从最好到最坏按顺序排列起来。进一步想象依照如下原则将一定的数值（效用水平）分配给每一个消费束：更加偏好的消费束比那些不太偏好的消费束分配到更大的数值，相同偏好的消费束分配到相同的数值。这是一个序数排列，因为除了表示消费者的偏好之外，序数没有任何意义。[①] 在数学中，我们可以把效用函数写成 $U(X_1, X_2, \cdots, X_n)$ 的形式，表示在一个消费束中有 n 种商品或服务，X_i 表示第 i 种商品或服务的数量，并且这一函数值表示由 $X_1, X_2, \cdots, X_n$ 组成的任何消费束的效用水平。

要注意到，该效用函数仅仅表示消费束的偏好序或者排列。当一个不同的效

---

① 这一排列告诉我们两个消费束哪一个是消费者所喜欢的，但并不表示在多大程度上更偏好哪一个。在序数排列中两个数字之间的距离是没有意义的。相反，基数顺序能同时揭示偏好序和消费束（像温度一样）之间的距离。然而，构成个人偏好的基数排列需要知道比前述讨论的四个假定更多的关于消费者的知识。特别地，当个人消费另一些消费束的商品时，基数效用需要一个能够衡量心理效用或愉悦程度变化的尺度。我们不知道如何可靠地来衡量这一变化，幸运的是（也非常成功的是）大部分经济模型并不需要为了实现这一目的而需要获得的信息。

用函数的效用水平约为该效用函数绝对水平的 2 倍即 $V(X_1, X_2, \cdots, X_n) = 2U(X_1, X_2, \cdots, X_n)$ 时,它仍然表示相同的偏好序。实际上,如果对于原函数的任何变换都保持了消费束原有的排序,那么它就表示了相同的偏好序。因此绝对效用水平本身并没有意义。效用函数仅仅是一个概念上的构想,既不能直接被量度,也不能用来比较两个不同消费者的效用水平(因为数量的水平是任意的)。即便如此,它仍然为许多实际应用的理论提供了基础。

我们也可以用无差异曲线的图形来描述消费者的偏好。假定消费束仅由两种商品构成,即肉(M)和番茄(T),因而代表效用水平的函数也仅由它们构成——$U(M, T)$。任何数量的肉和番茄的组合都可以在图 3-1(a)中用一个点来表示。例如,A 点表示 5 磅肉和 4 磅番茄,B 点表示 4 磅肉和 3 磅番茄。无差异曲线可以被定义为代表偏好程度相同(或是有相等的效用水平)的所有消费束的点的轨迹。在图 3-1(a)中,U_A 表示与 A 点有相同效用水平的所有消费束,U_B 表示与 B 点有相同效用水平的所有消费束。

在 A 点,两种商品的数量都比 B 点多,因此 A 点一定(根据非饱和性的假定)代表了更高的效用水平($U_A > U_B$)。当图中一点向上并向右移动时,效用水平也随之提高。图中的每一点肯定都有一条(且只有一条)无差异曲线通过。这遵循了消费者有一个偏好序的假定。每一个消费束(或是图中的点)都表示某一效用水平(在某条无差异曲线上),并使得它能够和任何其他的消费束进行比较,来看一看是不是有一个更高、更低或者相等的效用水平。因此存在无数条无差异曲线,每一条都代表相应的可能的效用水平。

为什么通过每一点的无差异曲线只有一条呢?如果两条无差异曲线同时通过同一点并因此相交[见图 3-1(b)],那么这将会违背偏好序中的一致性假设。这意味着一个消费束(交叉点 G)和其他的消费束(E 点和 F 点)是无差异的,但实际上消费者认为 E 点和 F 点所代表的消费束并不是无差异的。为了解释这一矛盾,注意 F 点比 E 点包含更多的商品,根据非饱和性的假定得到 $U_F > U_E$。如果 E 点和 G 点在同一条无差异曲线上($U_E = U_G$),那么一致性假定要求 $U_F > U_G$,但是这样 F 点和 G 点就不能在同一条无差异曲线上(意味着 $U_F = U_G$)了。

无差异曲线的斜率是负的(其绝对值从左向右递减),这是非饱和性假定的结果。假定消费者开始在图 3-1(a)中的 A 点,减少一些肉时他(她)的境况就会恶化。减少一些番茄时,消费者的境况也会恶化。要让消费者重新回到效用 U_A,我们必须增加番茄的数量来补偿肉的减少。这就导致无差异曲线的斜率为负。

边际替代率 $MRS_{M,T}$ 表示商品 M 对另一种商品 T 的边际替代率,是消费者愿意放弃一单位的商品 T 能交换的商品 M 的最大数量。边际替代率保证消费者通过其自身的判断,认为在初始位置和交换之后的位置之间恰好是无差异的。我们注意到,$MRS_{M,T}$ 和效用水平不同,是一个可以在不同消费者之间进行比较的数值(我们很快就能够用上这一点)。$MRS_{M,T}$ 正式的定义是无差异曲线斜率的相反数(斜率本身是负的,因此 MRS 是正的)。

在图 3-1(a)中,无差异曲线从左到右逐渐平缓。MRS 是递减的,即沿着无差异曲线,随着消费者拥有的肉的增加,他(她)将愿意放弃越来越少的番茄来获得额外的一磅肉。我们将在图3-2中更加明确地解释这一点。

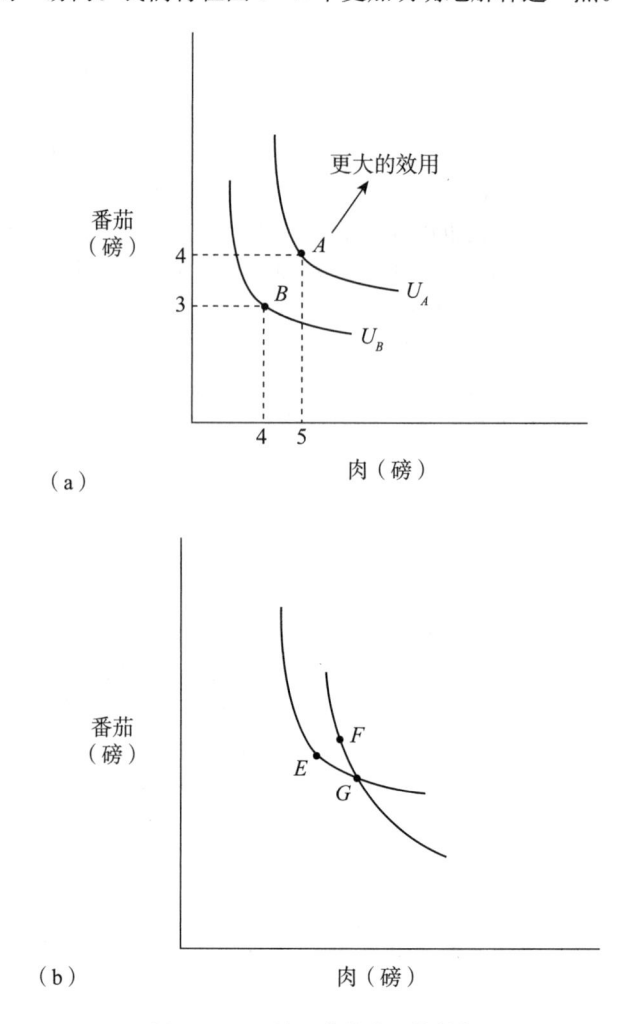

图3-1 无差异曲线表示的偏好

(a) 无差异曲线的形状和位置反映了偏好序的假定；(b) 无差异曲线不能相交（$U_G=U_F$ 和 $U_G=U_E$ 意味着由一致性有 $U_F=U_E$，但根据非饱和性却有 $U_F>U_E$）。

如图3-2所示，在 C 点，消费束包含数量相对较多的番茄和数量较少的肉，消费者愿意放弃 ΔT_C 单位的番茄（Δ 意为变化量）去换取 ΔM 单位的肉。但在 B 点，消费束包含较少的番茄和较多的肉，消费者将不会放弃和之前一样多的番茄去换取同样的 ΔM 单位的肉。此时，个体将只会放弃 ΔT_B 单位的番茄。无差异曲线上某点的斜率（负值）为 $\Delta T/\Delta M$，其相反数（正值）$-(\Delta T/\Delta M)$ 即边际替代率 $MRS_{M,T}$。沿着一条无差异曲线，一种商品相对于另一种商品的逐渐减少为边际替代率递减提供了一个直观的基本原理。如果我们想知道 $MRS_{T,M}$ 的值（也就是颠倒下标的顺序），则从定义可以知道其为 $-(\Delta M/\Delta T)$，因此 $MRS_{T,M}=1/MRS_{M,T}$。

边际替代率递减也可以看做严格凸性假设的结果。在图3-2中，考虑偏好

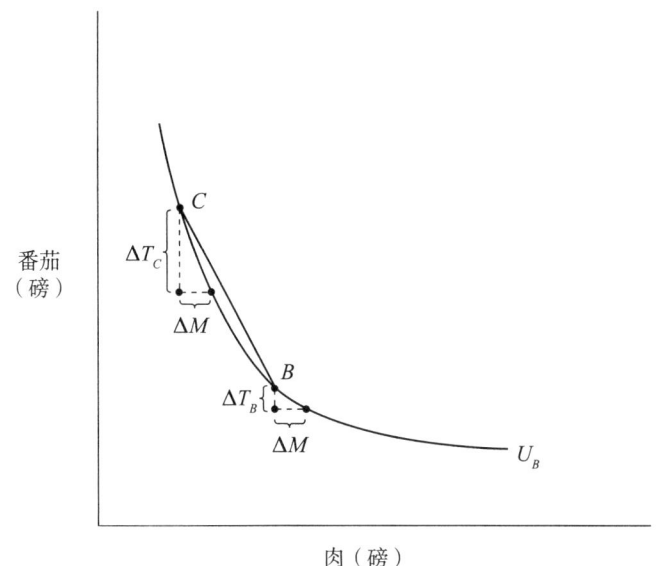

图 3-2　边际替代率递减

程度相同的两个消费束——消费束 B 和消费束 C。以一定比例组合的消费束 B 和 C 的消费集对应着 BC 连线上的点。① 根据严格凸性的假设，相对于 B 和 C 而言，该消费集中的每一个消费束都更受偏好。因此，通过任意两个被偏好程度相同的消费束——如消费束 B 和 C——的无差异曲线一定在线段 BC 之下。仅当无差异曲线的斜率从 C 到 B 逐渐平缓这样的情形才有可能实现这一点。

同时考虑到非饱和性，无差异曲线的斜率在其右下端不会完全水平，在其左上端也不会完全垂直。如果发生无差异曲线的斜率在其右下端几乎是水平的这样的情况，就意味着 $MRS_{M,T}=0$。如果在增加少量的肉之后，不需要减少番茄的量来保持效用不变，那么这说明效用没有随着肉的增加而增加。但是这违背了非饱和性的假定。

---

① 将消费束 B 表示为 (M_B, T_B)，消费束 C 表示为 (M_C, T_C)。令 α（$0<\alpha<1$）为 B 的比例，则 $1-\alpha$ 为 C 的比例，按一定比例组合的消费束 B 和 C 可以这样定义：
$$M_\alpha = \alpha M_B + (1-\alpha) M_C = M_C + \alpha(M_B - M_C)$$
且
$$T_\alpha = \alpha T_B + (1-\alpha) T_C = T_C + \alpha(T_B - T_C)$$
我们能够证明点 (M_α, T_α) 一定在 BC 连线上。线段 BC 的斜率为
$$\frac{\Delta T}{\Delta M} = \frac{T_B - T_C}{M_B - M_C}$$
点 (M_α, T_α) 和点 C 连线的斜率为
$$\frac{\Delta T}{\Delta M} = \frac{T_\alpha - T_C}{M_\alpha - M_C}$$
将 T_α 和 M_α 的定义直接代入上述等式我们可得
$$\frac{\Delta T}{\Delta M} = \frac{T_C + \alpha(T_B - T_C) - T_C}{M_C + \alpha(M_B - M_C) - M_C} = \frac{\alpha(T_B - T_C)}{\alpha(M_B - M_C)} = \frac{T_B - T_C}{M_B - M_C}$$
因此点 (M_α, T_α) 和点 B 都在通过点 C 且斜率为 $(T_B - M_C)/(M_B - M_C)$ 的直线上，所以它们在同一直线上。

无差异曲线包含了效用最大化模型的前三个假定（偏好排序、非饱和性和凸性）。为了说明模型的最后一个假定，即个人依据他（她）的偏好序（或者采取等效的行动来实现效用最大化）进行选择的假定，有必要引入一个关键性的概念：预算约束，即个人拥有的能够用于消费的钱的数量。当个人决定消费什么的时候，他们要受到预算大小的约束。假定一个人有数量为 B 的美元来购买价格为每磅 P_M 的肉和价格为每磅 P_T 的番茄。给定这些固定的参数，只要总花费在预算之下，这个人就可以选择任何数量的肉（M）和番茄（T）：

$$P_M M + P_T T \leq B$$

为了便于分析，我们继续假定肉和番茄是现在仅有的两种商品，并且消费者的问题是在服从预算约束的条件下选择肉和番茄的数量（M，T）从而实现效用最大化。在图 3-3（a）中，我们用图形来表示预算约束。如果全部预算用来买肉，则个人可以购买消费束（M_B，0），如横轴（肉）截距所示，$M_B = B/P_M$。如果全部预算用来买番茄，则个人可以购买消费束（0，T_B），如纵轴（番茄）截

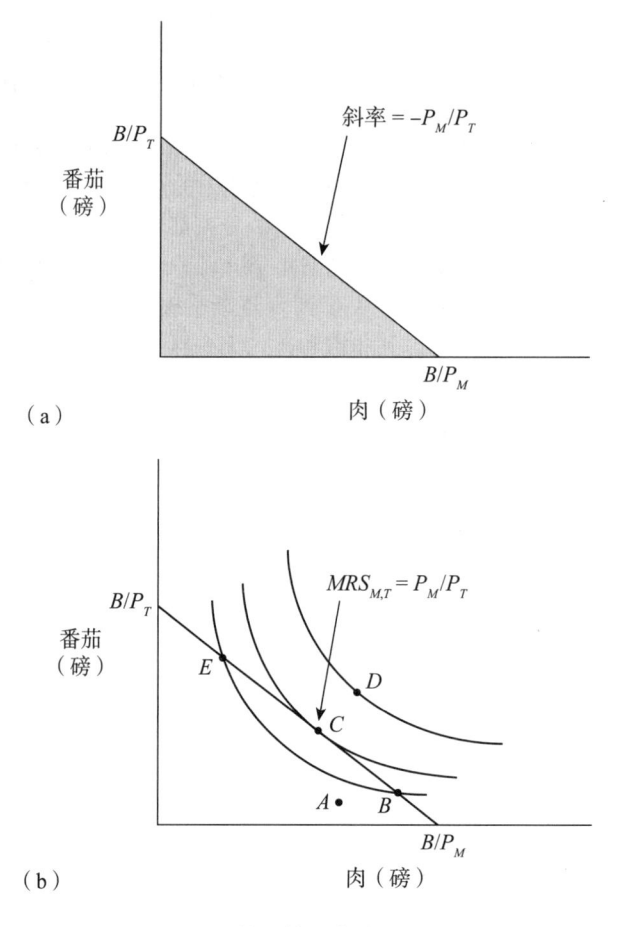

图 3-3 服从预算约束的效用最大化

（a）预算约束 $P_M M + P_T T \leq B$ 使选择局限于阴影部分；（b）无差异曲线和预算约束线的切点决定了一个效用最大化点（C 点）。

距所示，$T_B = B/P_T$。

这些截距是表示预算全部花掉时的不同消费束（M，T）的线段的端点。考虑到这一点，为了表示T随M的变化而变化，我们改写上面的预算约束式：

$$T \leqslant -(P_M/P_T)M + B/P_T$$

上式取等号时（当预算全部花掉时），这表示一条斜率为$-(P_M/P_T)$、纵截距为B/P_T的直线。为了方便接下来的应用，我们要注意预算约束线的斜率取决于两种商品价格的比率。因此个人预算约束可以用图形表示为阴影区域：他（她）可以选择在预算约束线上和预算约束线之下的任意消费束，但是却没有足够的钱来负担预算约束线外的消费束。

在这一预算约束情况下，个人选择可能的最优消费束（或者实现效用最大化）到底意味着什么呢？个人到底将会选择哪一个消费束？个人可能选择一个在预算约束线下如图3-3（b）中A点这样的点吗？这样的选择将会和我们的模型相矛盾。这是为什么？对于任意一个在预算约束线之下的点，总会有一个在预算约束线上的点比它包含更多的两种商品（如B点），因此根据非饱和性的假定，B点一定带来更大的效用。所以A点不可能是可以实现的最优消费束，效用最大化的消费束一定是预算约束线上的点而不是预算约束线下的点。

为了知道预算约束线上的哪一点是效用最大化的点，我们在图中引入一些个人无差异曲线。如图3-3（b）所示，B点不是效用最大化的点，因为C点是可以实现的而且位于一条更高的无差异曲线上。D点能比C点产生更高的效用，但是D点的消费束是消费者负担不起的。C点实现效用最大化的关键特征是通过它的无差异曲线恰好和预算约束线相切。① 回忆一下，负的预算约束线斜率是两种商品价格的比率。因为相切表示斜率相等，所以在效用最大化的点，消费者购买的两种商品的边际替代率将会等于两种商品的价格之比：

$$MRS_{M,T} = P_M/P_T$$

在预算约束线上的其他点，如B点，$MRS_{M,T} \neq P_M/P_T$，消费者可以通过其他的消费束实现更大的效用。为了证明这一点，假设肉的价格是4美元/磅，番茄的价格是1美元/磅。如果$MRS_{M,T} \neq$ 4美元÷1美元，则消费者就没有达到效用最大化。假定在B点上，$MRS_{M,T} = 3 < P_M/P_T$，例如消费者认为现在的分配和多得3磅番茄并失去1磅肉的分配是无差异的。消费者可能会放弃1磅肉并节省4美元，用其购买3磅番茄而花去3美元，还有1美元剩余，这样比最初的分配增加了效用。换句话说，沿着预算约束线从B点朝C点移动时，消费者能够获得更大的效用。而像E点这样的点，$MRS_{M,T} > P_M/P_T$，消费者通过沿着预算约束线向C点移动也可以获得更大的效用，在这种情况下是放弃一些番茄而去买更多的肉。② 为了达到效用最大化，消费者对两种商品的消费一定满足$MRS_{M,T} = P_M/P_T$。

本节所介绍的四个假定构建了这样一个经济选择模型：个人有一个效用函

---

① 这一例证假定效用最大化不在任一截距处达到。达到效用最大化可能是在一个截距点（即消费者选择彻底不购买其中一种商品），在这种极端的例子中，相切的条件将不会满足。我们稍后讨论这种情况。

② 应该相信在假定E点的$MRS_{M,T}$为6并且能够使消费者获得更大效用的前提下，这是有可能的。

第三章 效用最大化、效率和公平

数，并努力使其达到最大化。我们现在想要说明（在一个非常简化的框架下）这一模型是如何被用来推导效率的。为此，我们必须首先解释效率的概念。

效率

一般概念

人类社会被赋予了这样的特质，对于丰富多样的资源，只能提供有限的供给，比如人口、土地、空气、水、矿藏和时间。人类社会面对的一个基本的经济学问题就是如何使用资源。如果资源不是稀缺的，那么将没有经济学问题了；因为今天任何人需要的所有东西都可以被提供，明天无限的资源仍能满足人们的欲望。但是，尽管人们的需求和欲望可能是无止境的，但资源的稀缺性限制了我们去满足这些需求和欲望的能力。稀缺性表明任何特定的资源配置都存在机会成本，或者说为了在某一活动中使用某资源而放弃的其他可供选择的机会的价值。举例来说，如果更多的资源被分配给了教育，那么只能分配给卫生保健、食品生产、公路建设以及其他商品和服务更少的资源。

由于个人想法不同，因此人们对稀缺资源的使用也不同。然而，我们普遍认同资源是宝贵的，不能浪费。如果资源配置方式的改变能够改善某人的境况而不损及其他任何人的利益，那么目前的资源使用就存在浪费。有效率意味着不存在这样的浪费。在有效的资源配置方式下，任何人经济状况的进一步改善，都需要以他人境况的恶化为代价。有时这也被称为帕累托最优，它是以意大利经济学家维尔弗雷多·帕累托（Vilfredo Pareto，1848—1923）的名字命名的，是他首先提出了这一定义。

为了论证公共政策中效率的实际意义，考虑一下世界人民把资源用于国防的情况。[1] 为了简化分析，我们假定每一个国家都为本国公民着想，为了防范他国军事入侵，各国只寻求生产一种产品"安全"。于是对于世界来说，有效的国防政策是不拥有任何的军队资源。这样任何人在任何地方都不会面临军队的威胁，并且由此节省的资源可以用于增加食品、居所、衣服或者其他重要的商品和服务的供给。[2]

然而，每个国家对其他国家都是不信任的，它们会分配一些资源用于国防，

---

[1] 例如，据保守估计，美国1999年用于国防事业的经费约占GDP的4%。资料来源：Economic Report of the President. Washington, D. C.: U. S. Government Printing Office, 2002: 288。

[2] 国防的有效水平大大高于零，至少有两个重要原因使得不拥有任何军队资源的假定将被取消：(1) 一些国家或集团发动侵略性的军事行动是出于攻击性的目的而不是防御性的目的；(2) 一些国家可能对非军事威胁（例如，强调对一种自然资源如土地的所有权）也会采取军事回应。任何一种可能性都将使得国家为国防分配一些资源。然而，上述原因并不影响我们所举例子的观点，即为了提供想得到的保护水平，防御开支肯定会大大高于必需的基本开支。

并将其作为保险的一种形式。但是这种做法使每一个国家都感到威胁增加了,导致它们继续增加国防开销,并由此进一步加剧了之前的威胁,进而导致更多的防范开支,并循环下去。简言之,在一个无效率的武装竞赛中,防御政策变成了其中的赛跑选手。① 进一步说,单方面的军事退出是不能实现效率的:如果仅有某国放弃武器装备而其他国家不这么做,那么该国公民可能会觉得情况变得更糟而不是更好了。这说明效率不仅仅是一个重要的目标,效率的实现更需要不同的经济主体(在这个例子中指的是国家)之间相互协调。这是谈判中的首要目标,例如美苏削减战略武器条约(START I 和 II)和涉及 120 多个国家的化学武器削减条约。

效率的利己主义解释

效率的定义涉及人们的境况是变好还是变坏。为了在实际问题中应用这一定义,必须有一个判断某个人的福利是改善了还是恶化了的办法才行。一种解决的途径是使用消费者主权原则,即每一个人都是其自身福利的唯一判断者。② 基于这一原则,经济学家们想出了大量的分析方法,以得出在不同的资源配置方式下关于个人认为自己的福利状况变好还是变坏的结论。

尽管上述分析原则在大部分西方社会的经济分析中被普遍应用,但这并不是构成合乎前文定义的效率概念的唯一合理方法。另一种途径是让其他人(如一个哲学泰斗)或者一个政治程序(如民主社会主义)对每一个人的福利水平进行评判。效率的概念就可以用评判者的价值和标准来评估,这比用那些易受影响的个人的价值和标准来评估要好。

本书中除非另行明确说明,效率将一直以消费者主权原则来评判。在公共政策分析中,如果一个人不以此标准来评判效率,则会影响其结论的接受度,因为这代表了大部分人的价值标准。值得一提的是,尽管如此,还是有大量背离概念的情况也被普遍认为是合理的。典型的情形是个人拥有不完全或不正确的信息,或者不能获得有用的信息。

这类背离概念的情形的一个明显的例子是关于孩子的:父母大多替他们的孩子做出判断。另一个例子是关于公共政策的:我们不允许供应商卖镇静剂,即使一些消费者在被允许时可能会去购买镇静剂。一些医疗药物是合法出售的,但是消费者必须有医师开具的处方才能购买。在这些例子中,社会机制是用来尽力保护那些判断能力不完全的消费者的。③

在使用消费者主权原则时,区别消费者的判断和消费者的行动是很重要的。

---

① 这里描述的行为可以被认为是在第七章中所分析的房东困境或囚徒困境的另一个版本。在第七章中,我们将讨论其在城市重建和医疗保险方面的应用。

② "消费者主权"这一术语中"消费者"有些不恰当。这一原则试图用于所有影响个人福利的资源配置的决定:投入品的供给(如拥有特殊工作的价值)及产出品的消费。

③ 事实上,个人对自己福利状况的评判可能是有缺陷的,但这未必意味着一定存在更好的方式来做出评判。在之后的章节中,我们将要讨论一些像这样的信息难题,并分析针对这种情况的不同对策。

在这种效率的定义中，我们只依赖判断的主权。实际上，本书将会列举很多由消息灵通的消费者的主权行为所产生的非有效配置的例证。前面给出的国防的例子就是这样的：各国国民都知道军备竞赛是无效率的，但是当各国都为自己的利益着想时，这种无效率就是难以避免的。问题不在于人们关于如何评价安全的判断，而在于如何实现这一点的协调机制。

交换经济模型中的效率

为了阐明对效率的分析，我们将运用一个高度简化的经济模型——纯交换经济模型，在此模型中只有两个追求效用最大化的消费者和两种不同的商品。在这一经济中，我们假定除了追求效用最大化的行为之外，没有涉及谈判、议价或其他交易安排的成本，这是一个忽略交易成本的假定。为了简化分析，假定商品已经生产出来，越过了要生产多少商品和用什么技术进行生产的重要问题。然而，效率的基本原理对于更复杂的经济也是适用的。此外，它还强调了效率和关于人类满足感的消费者主权定义之间的重要关系。

我们将要构建的原理是：在交换经济中，当且仅当对于每一个消费这两种商品的消费者来说，一种商品对另一种商品的边际替代率都相同时，该经济体的资源配置才是有效率的。[①] 为了更清楚地理解这一原理，想象在史密斯和琼斯两个人之间任意的初始资源配置，每个人有不同的 $MRS_{M,T}$ 并分别有一些这两种商品。我们假设史密斯的 $MRS_{M,T}^S = 3$（也就是 3 单位 T 换 1 单位 M），琼斯的 $MRS_{M,T}^J = 2$。再想象从琼斯那里拿走一磅肉给史密斯，从史密斯那拿走 3 磅番茄，史密斯的效用因此没有改变。现在还有 3 磅番茄需要分配，让我们给琼斯 2 磅番茄，她现在也回到了初始的效用水平。他们都拥有了和开始一样的效用水平，但仍有 1 磅番茄可以在他们之间分配。无论这最后一磅如何分配，至少有一个人的福利变好了而且另一个人福利没有变坏（按他们自己的判断标准）。因此，初始的分配方式是无效率的。

一方面，如上所述，只要两个消费者对两种商品有不同的 MRS，就存在"交易的空间"；另一方面，如果两个消费者有相同的 MRS，那么就不可能使得一个人的福利变好而不使另一个人的福利变坏。尽管这一例子只包括史密斯和琼斯两个人，但同样的道理可适用于从经济体中随机抽取的任一对消费者。因此，效率要求两种商品的所有消费者都有相同的 $MRS_{M,T}$。此外，在这个例子中，肉和番茄没有什么特殊性，肉和水果也一样可以用在这个例子中，水果和服装也一样可以。所以，效率要求经济体中任意两种商品的 MRS 相等——对于所有消费这两种商品的人来说。

我们已经知道在纯交换经济中实现效率需要什么条件，回想一下我们曾经说过的，到目前为止还没有什么机制让社会能够用来使其公民实现有效率的配置。

---

① 这稍显简单化了，因为它忽略了消费者只消费一种商品的情况。在本章的稍后部分中，我们将说明对于消费一种商品 T 的消费者，只需要其 $MRS_{M,T}$ 不大于只消费商品 M 的消费者的 $MRS_{M,T}$，即可实现效率。

如果只有两个消费者，那么他们可以通过实物交易或者交换来实现资源的有效配置。[①] 既然交换可以提高每一个人的效用水平，那么我们预测两个消费者一定会进行交换。我们还注意到 MRS 的值取决于消费者消费束中的（所有）商品，并且 MRS 的值随着消费束在交换中的改变而改变。因为边际替代率递减规律，效率将会达到一个均衡点，这将在下面进行证明。

在史密斯和琼斯的例子中，史密斯获得了肉而损失了番茄（琼斯则相反）。史密斯在第一次交换之后，将会拿出少于 3 磅的番茄来换取另 1 磅肉，因为对他来说，番茄已经变得相对贵了。琼斯的肉比刚开始少了，现在将会需要多于 2 磅的番茄来交换 1 磅肉。随着他们进行交换，史密斯的 $MRS_{M,T}^S$ 从 3 逐渐缩小，而琼斯的 $MRS_{T,M}^J$ 从 2 逐渐增大（或者说 $MRS_{T,M}^J$ 缩小）。[②] 在某一点上，两人的 $MRS_{M,T}$ 恰好相等，此时他们将不能相互达成进一步的交易。他们之间将会实现资源的有效配置。

在这个模型中，注意到边际替代率的知识使我们能够预知贸易的方向。依据抽象的效用概念，我们不需要知道史密斯是不是比琼斯更喜欢肉。[③] 我们所比较的是一个相对的并且可度量的值：每个人为了得到更多的肉而在边际上愿意放弃番茄的磅数。开始时，在交易中史密斯会得到肉，因为对于交换更多的 1 磅肉史密斯比琼斯愿意放弃更多的番茄。在绝对意义上，史密斯可能没有琼斯那么喜欢肉。另一种可能是，在绝对意义上，史密斯没有琼斯那么喜欢番茄（但他们一样喜欢肉）。或者他们都有完全一样的绝对偏好，但是在开始时史密斯拥有的番茄比琼斯多，而拥有的肉比琼斯少。幸运的是，效率只要求我们使得消费者的 MRS 在边际意义上相等，我们不需要知道绝对意义上的个人偏好情况。

当只存在两个消费者、两种商品时，效率可以通过实物交易的过程来实现，但是面对由许多消费者以及大量不同的商品和服务所构成的现实世界时又应该怎么办呢？存在什么机制来推动不同的经济机构之间的交流和协调？这一关于组织的问题将会是第四部分和第五部分讨论的重点，但也有必要先介绍一下，价格作为一个简单的协调机制对此会有帮助。

假设每一种商品只有一种价格，所有的消费者不论是购买商品还是出售商品都要依从这一价格。在纯交换经济模型中，每一个消费者都被认为有一条预算约束线，预算约束线是在初始禀赋中通过把每种商品的数量和价格相乘再加总所有商品的价值得到的。也就是说，预算约束是在给定价格下每个人初始禀赋的市场价值。我们已经知道，购买任意两种商品 X 和 Y，消费者将会尽可能地把他（她）的预算这样来分配：

$$MRS_{X,Y} = P_X/P_Y$$

既然所有的消费者都面对相同的价格，那么他们都会试图达到相同的 $MRS_{M,T}$。如果他们成功实现这一目标，资源配置的结果就是有效率的。因此价

[①] 回忆一下，我们假定存在可以忽略的交易成本。在实际的公共政策问题中，交易成本往往是很重要的，而且可能在决定效率时起关键作用。
[②] 回想在一条标准的无差异曲线上的任意一点，都满足 $MRS_{M,T} = 1/MRS_{T,M}$。
[③] 这不仅需要基数效用的量度，而且需要能够在史密斯和琼斯的效用之间进行比较的方法。

格是一个非常有效的协调机制。

需要注意的是，如果对于同一种商品，消费者面对不同的价格，并且他们能够购买他们想要的任一数量，那么最终每个消费者的 MRS 值将会不同。这表明了一个与政策设计相关的一般性结论（在本书其他部分会解释例外的情况）：如果一个政策使得对于同一种商品，至少有一个消费者和其他消费者支付的价格不同，那么这一政策通常是无效率的。[1]

有没有和这一原则相关的政策呢？政策之一是1936年的《罗宾逊-帕特曼法案》，这一法案禁止公司对消费者实施价格歧视。[2] 然而，许多政策也使得不同的消费者面对不同的价格。我们将在下一章讨论福利计划时考虑这样的一些情况。援助低收入者的计划经常降低接受者所面对的商品或服务的价格，因为只有一些人有资格获得这些低价，所以我们认为其资源配置的结果是缺乏效率的。考虑到计划的细节，其他更详细的模型会使得这一问题变得更复杂一些。当然，福利计划的一个目的就是帮助那些穷人，以效率为代价去达到公平的目标也是有可能的。这些问题会引起对倾向于特定人群利益的诸多计划的质疑，例如住房津贴、发给失业者或贫民的食品券、给退伍军人的教育补助、医疗保险和公共医疗补助。

在此提出这些问题的主要目的是证明政策的效率结果可以通过模型来实现这一重要观点，即使没有解决它们也没有影响。我们不需要去问每一个（或是所有）消费者他（她）是如何受到价格歧视的影响的。把行为的效用最大化模型应用到效率的定义中，我们可以得到价格歧视是无效率的结论。在此以非常初步的形式表示出来的推理类型，可以被扩展到非常复杂的分析形式中去。

所有这些分析都遭到了同样类型的批评：如果消费者行为的潜在模型是错的，那么分析的结论也可能是错误的。如果一些人不是追求效用最大化者，那么使所有人面对同样的价格不一定能得到对于两种商品每个人的 MRS 都相等的结论。最后，要记住模型不能被期望是完全正确的。还有一个在这个例子中没有提出的相关的问题：这个模型是否足够准确？答案在一定程度上取决于用于比较的不同分析方法。

通过价格进行协调的理论例子仅仅说明了价格系统的协调潜能的一部分。它没有考虑在给定价格下如何保证某种商品的购买数量和这一商品的出售数量相等的问题（仅有的可用商品是那些消费者初始禀赋中拥有的商品）。举例来说，如果一种商品的价格太低，那么这种商品的需求数量就会超过供给数量。但价格也可以解决这一问题：在需求过剩时提高商品的价格，并在供给过剩时降低商品的价格，直到每一种商品的需求和供给都恰好平衡为止。均衡价格就是将会使得上述例子中的消费者能够真正实现效率的价格，任何其他的价格都将导致一些消费

---

[1] 例外通常基于以下三种考虑之一：(1) 购买边际单位商品的价格对于每个消费者一定是相同的。(2) 消费者不能或是不愿意改变购买的数量。(3) 这一政策弥补了在经济其他方面发生的非效率。当运用这一结论时，保证真正是针对同一商品来比较价格是非常重要的。例如，一台经销商提供安装服务的电视机的价格没有必要和一台以现购自运方式销售的同样的电视机有同样的价格。送货方式、运输成本和保修不同也是导致同种商品价格不同的普遍原因。

[2] 价格歧视是指，在现实中卖方对相同的商品以不同的价格出售。我们将会在第十章考虑这一实际问题。

者不能购买到必需数量的商品来实现其效用的最大化。①

模型的几何表示

在交换经济中，效用的概念也可以通过使用埃奇沃思盒这样的几何图形来解释。在史密斯和琼斯的简单例子中，令 $\overline{M}$ 为肉的总量，$\overline{T}$ 为番茄的总量。这些总量决定了埃奇沃思盒的大小，如图3-4所示。

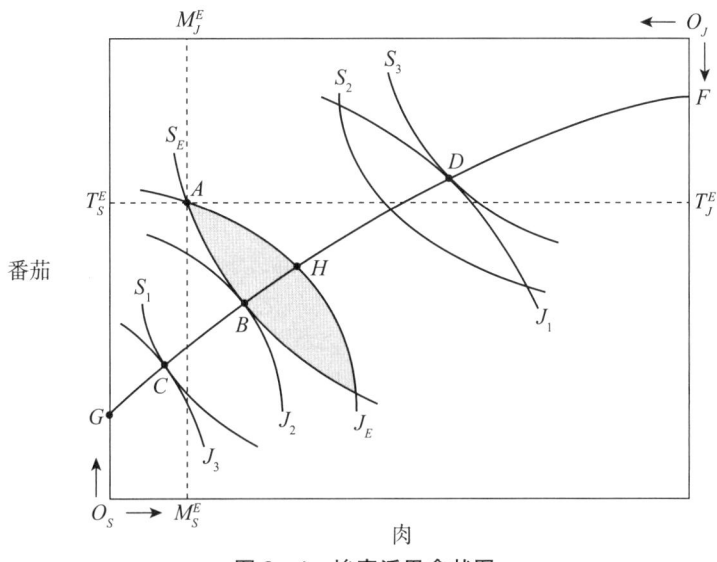

图3-4 埃奇沃思盒状图

令左下角的点 O_S 代表史密斯消费量的原点。A 点表示史密斯的初始禀赋，即拥有的肉和番茄的数量分别为 M_S^E 和 T_S^E。令右上角的点 O_J 表示琼斯消费量的原点，肉的消费量用 O_J 左端的水平距离来表示，番茄的消费量用 O_J 之下的垂直距离来表示。在给出盒子的构造方法之后，我们知道 A 点也可以表示琼斯的初始禀赋。既然总量为 $\overline{M}$ 和 $\overline{T}$，史密斯初始时拥有的产品数量为 M_S^E 和 M_S^E，则琼斯开始时拥有的产品数量应该为

$$M_J^E = \overline{M} - M_S^E$$

且

$$T_J^E = \overline{T} - T_S^E$$

事实上，在史密斯和琼斯之间两种商品的所有可能配置都可以用埃奇沃思盒中的一点来表示。举例来说，在 O_S 点史密斯什么都没有，琼斯拥有所有的东西；在 O_J 点琼斯什么都没有，而史密斯拥有所有的东西。因此，在史密斯和琼斯之间

---

① 我们应当注意到所提及的两种协调机制即价格和START条约之间的重要区别。价格协调允许分散协调，消费者不需要相互商量每个人买多少商品。START条约是一种集中协调的方式，每一方同意不购买某些武器是基于其他方承诺不购买某些武器。因此，可以通过分散和集中的制度程序来实现效率。在政策设计中一个非常有趣且微妙的问题是关于集中和分散的选择过程的，我们将会在第五章关注这一问题。

每一种可以想象到的交易都可以在埃奇沃思盒中表示为从 A 点到另一点的移动。

我们也可以引入无差异曲线来表示每个人的满足程度。令 S_E 为在初始禀赋状态反映史密斯满足程度的无差异曲线（因此 A 点在这条曲线上）。曲线 S_2 和 S_3 表示史密斯更高的效用水平，S_1 表示低一些的满足程度。当然，图中已画出的曲线只是例证性的，在埃奇沃思盒中的每一点，都有一条史密斯的无差异曲线通过。

由于埃奇沃思盒的构造方法，琼斯的无差异曲线都是向相反方向弯曲的，越远离 O_J、越接近 O_S 的点表示琼斯的消费量越大。令 J_E 表示在初始禀赋状态代表琼斯的效用水平的无差异曲线（因此 A 点在这条曲线上）。J_2 和 J_3 表示更高的满足程度，J_1 表示低一些的满足程度。

因此埃奇沃思盒结合了两个人的无差异曲线，每一个人的无差异曲线都和我们之前画的图形一样。史密斯的偏好在图中和之前表示的一样：左下方为原点，纵轴代表番茄的数量，横轴代表肉的数量，右上方表示更高的效用水平。如果把埃奇沃思盒上下颠倒过来，这些对琼斯也都是一样的。

注意，S_E 和 J_E 之间的阴影部分表示的是所有能使史密斯和琼斯都觉得自己的境况比初始分配状态要好的分配方式。如果我们把在 S_E 和 J_E 上的点也包括进严格在无差异曲线 S_E 和 J_E 之间的点中，那么它们表示能够使得至少一个人境况变好同时没有人境况变坏的所有可能的点的集合。

考虑在埃奇沃思盒中的任意一点上，我们能够进行经济交换（让每个人选择可能的初始禀赋）的可能性。在大部分点上都会有使得每个人的境况都变好的贸易存在。对于每一个像 A 点这样通过无差异曲线交点的点，贸易带来改善是可能的。但另一些点，如 B 点，在那里无差异曲线没有相交而是恰好相切。要注意，每一个单独地能使琼斯的满足感提高并高于 B 点水平的点都在无差异曲线 J_2 的下方（向着 O_S 的方向）。在每一个这样的点，史密斯的情况都将比 B 点的更坏，因此其不会同意任何的交换提议。同样地，琼斯也不会同意移动到能够使得史密斯情况变好的任意点。因此 B 点是一个有效率的资源配置点：从这一点上不可能找到在不使对方境况变差的前提下使得一个人境况变好的贸易方式。进一步地，就是像之前所说的，在 B 点史密斯和琼斯的 $MRS_{M,T}$ 值相等，因为无差异曲线在这一点相切。

还有其他一些有效率的点，如图 3-4 所示的 C 点和 D 点（尽管 $MRS_{M,T}$ 在 B 点、C 点和 D 点处可能互不相等，但在其中任意一点处，两个消费者都会有相同的 $MRS_{M,T}$）。想象一下找到所有这样有效率的点，我们把交换有效率的点的集合定义为契约曲线。契约曲线是连接 O_S 点和 O_J 点穿过埃奇沃思盒的一条曲线。契约曲线说明存在很多有效的资源配置方式。

当然，如果史密斯和琼斯的起始点在 A 点并能够相互交易，那么效用最大化原则表明他们将在阴影部分内交易。他们的交易将一直持续到达到契约曲线中线段 BH 上的点为止（没有更深入的假设，我们不能预测到底是哪一点）。此外，我们能够看到史密斯将获得肉失去番茄，琼斯的情况则正好相反。①换言之，我们之

---

① 在 A 点，无差异曲线的斜率表明 $MRS_{M,T}^S > MRS_{M,T}^J$。

前用文字描述的在史密斯和琼斯之间的交易行为也可以在埃奇沃思盒状图中表示。

注意，契约曲线上的一些点在埃奇沃思盒的边界上。在 O_SG 和 O_JF 部分的点不满足边界内有效率的点的相切条件。虽然在边界部分的点也是有效率的，但是史密斯和琼斯并没有都消费所有的两种商品。仔细考察这些点是非常有趣的，因为它们表明了为什么尽管是在严格凸的偏好假设下，消费者仍然不购买其中的一些商品。原因很简单，就是他们认为价格太高了。

在图3-5中，为了看得更清楚一些，埃奇沃思盒的左下角被放大了。在 G 点，史密斯的效用水平为 S'，琼斯的效用水平为 J'。每个人的无差异曲线的实线部分在可交换区域中（在盒子的边界内）。J' 的虚线延长部分表示琼斯的消费束和 G 点有同样的效用水平，但是在经济体中没有足够量的番茄来实现这些消费束（同样，从史密斯的角度来看，虚线部分上的点也是不存在的，因为它们包含了负的数量的肉）。

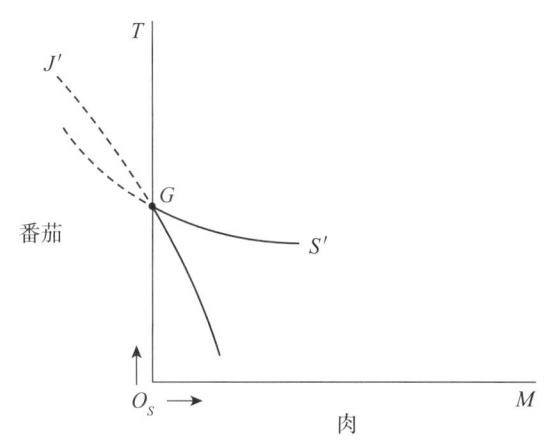

图 3-5 埃奇沃思盒一角的有效资源配置

尽管无差异曲线 J' 和 S' 在 G 点非常明显地没有相切，但是在这点上并没有令他们相互都满意的交易可以进行。史密斯只有番茄可以用来交易，并且 $MRS^S_{M,T} < MRS^J_{M,T}$。这意味着琼斯仅仅愿意卖掉1磅肉来换取比史密斯愿意提供的更多的番茄。史密斯认为琼斯提出的肉价（相对于番茄来说）太高了，琼斯对于番茄的价钱（相对于肉来说）也有同样的感觉。

至于契约曲线上的其他点，每一个能使琼斯境况变好的点（那些在 J' 之下的点）都会使史密斯的境况变坏，反之亦然。因此 G 点是一个有效率的点，尽管它并没有满足相切的条件。这可以被解释为受到边界（沿着边界至少一个消费者只消费两种商品中的一种）影响而产生的限制。

这种两个消费者、两种商品的分析方法可以像之前一样推广到多种商品、多个消费者的经济体中。效率要求每一对消费者对于每一对商品的交易都应该在契约曲线上。因此，我们可以用埃奇沃思盒象征性地表示整个社会的交换效率。

在纯交换经济中，我们已经从文字和几何模型两个角度研究了效率的概念。文字模型从直观上提供了对交易动机的理解，并解释了交易过程如何导致以交易者之间 MRS 相等为特征的资源有效配置。几何模型让我们更加清楚地知道，通常情况下有效的资源配置方式有无限多种。有效的资源配置会因每个不同的交易者在这些资源配置中的富有状况不同而变化很大。第三种关于纯交换经济的模型的普遍形式是采用数学等式和微积分的方法，将在附录中介绍。[①]

相对效率

效率的帕累托概念是一个绝对概念：每一种资源分配的方式要么有效要么无效。然而，这一概念对于评价相对效率通常也是非常有用的：一种配置和另一种配置的效率进行比较。也就是说，我们想知道一种配置是不是比另一种配置相对更有效率，或者一种配置的改变是否提高了效率。

相对效率的方法被提出并经常被用于政策分析中。这些方法是有争议的，并且比绝对的帕累托最优的标准更加复杂，我们把大部分正式探讨推后至第六章。下面，我们简要介绍作为相对效率方法基础的一些大致思想。

帕累托法则的一个自然延伸可以被用来对相对效率做出判断。一种配置是另一种配置的帕累托改进被定义为，当且仅当这种配置使得在没有人境况变坏的前提下至少一个人境况变好。在图3-6中，两个坐标轴分别表示史密斯和琼斯的效用水平。A点表示史密斯的效用水平为S_E，琼斯的效用水平为J_E（这样选择是为了与图3-4中他们的无差异曲线通过A点的效用水平相一致）。阴影区域表示与A点相比是帕累托改进的所有效用水平的集合。

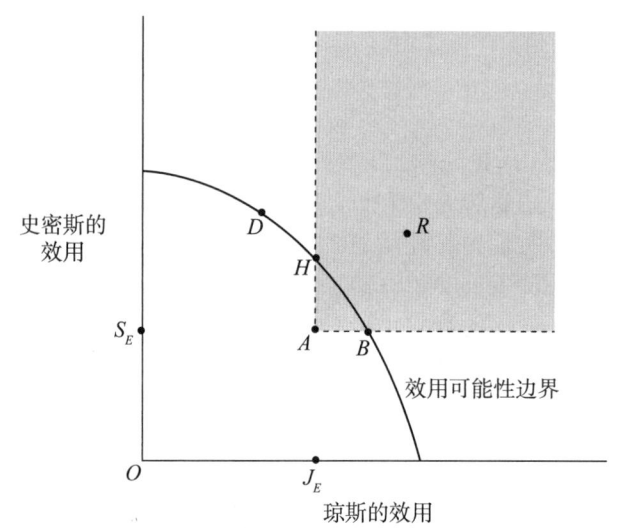

图3-6 阴影部分对于A点来说是帕累托改进

作为参考，在图3-6中我们画出了效用可能性边界：与经济的帕累托最优配置相关的效用水平的轨迹。这些水平对应着图3-4中通过契约曲线上每一个点的无差异曲线的效用水平。在图3-6中，阴影部分ABH对应着图3-4中阴

[①] 推荐给研究生参考。

影部分所表示的资源配置的效用水平。这些是在经济中切实可行的帕累托改进点。在图3-6中，R点相对于A点是帕累托改进，但是如果肉和番茄的总数量仅等于如图3-4所示的埃奇沃思盒的大小，R点就不可行了。在给定经济资源的条件下，有效的资源配置是指不能再做出任何帕累托改进的情况。

帕累托改进的概念本身是没有争议的。然而，如果有人打算把它规范性地作为制定政策的标准，那么可能就会引发争议。例如，假定有人认为所有政策的改变都应该实现帕累托改进。在图3-6中，从A点移动到阴影部分中的配置时，这可能会限制对效率的追求。

我们上面提出的这一原则伴随着这样的问题：它通过使得一些人境况变好（也许一些人境况会变好很多）同时另一些人境况变坏（也许少部分人境况只是稍微变坏）而消除了所有的改变。但是在现实经济中，大部分分配方式的改变，尤其是那些由公共政策引起的改变，恰恰是以这些混合影响为特征的。评价这些改变不可避免地涉及人与人之间的对比，而这些正是帕累托最优和帕累托改进的概念所试图回避的。

举一个例子，政府可能为了缓解交通压力，使两个或更多城市之间的商业畅通，正在考虑修建一条新的绕过一座小城镇的高速公路。新公路的使用者将会获得好处和利益，毗邻公路的土地所有者可以将土地用于为新公路提供服务，他们也将会获得好处和利益。但是小城镇里的加油站、饭店和汽车旅馆的所有者、雇员以及本地居民将可能因为交通量的减少而遭受损失。可是，如果利益获得者获得的利益足够多，并且利益损失者损失的利益足够少，那么从社会全体来看，这一改变可能会被认为是公正的。

使一些人获益而另一些人损失的分配方式导致的改变确实会引发公平和公正方面的问题。然而，让我们把这些问题暂且搁置，先考虑在这些环境中能不能做出关于相对效率的客观评价。例如，考虑一下图3-6中从A点到D点的改变。这种改变清楚地将整个经济从无效的资源配置移动到有效的资源配置，我们可能认为任何关于相对效率的客观衡量都应该能够表明这一改变是有效的改进。

需要注意的是，对效率或者帕累托最优的检验标准并不取决于是否有人境况已经变坏（在上例中的琼斯），仅取决于能否在不使其他人境况变坏的前提下，使得一些人的境况变好。效率涉及是否还有改进空间的问题，人们可能希望效率的尺度仅仅表明可以用来改进的空间的稀缺程度（如与效用可能性边界的接近程度）。那么我们就可以说，如果一种资源配置存在相对较少的改进空间，那么它就比另一种资源配置更有效率。对于任意初始给定的资源配置，更有效率的资源配置集合应该不仅包括帕累托改进点，而且包括其他的点。

一个有关避免帕累托改进限制的衡量标准的例子是总效用（或加总效用）。[①] 在图3-7中，通过A点并且斜率为-1的直线是总效用为常数且和A点效用水平相等的点的轨迹。任何在这条直线之上的点都代表更高的总效用，并且据此衡量标准，这些点被认为是相对更有效率的点。所有相对于A点存在帕累托改进

---

① 之所以选择了一个稍微有些不常见的例子，是因为这个例子很容易解释，并且大部分常用的衡量标准（基于希克斯-卡尔多补偿标准）都可以被看做这一例子的简化形式。

的资源配置的点都有一个更高的总效用水平（因为至少有一个人的效用水平提高了，并且没有人效用水平降低）。根据这一检验标准，这些点被认为是更有效率的。我们可以看到 D 点是有效率的点且不存在帕累托改进，但仍被认为比 A 点更有效率。因此，这一检验标准相比帕累托改进的检验标准限制要少一些。

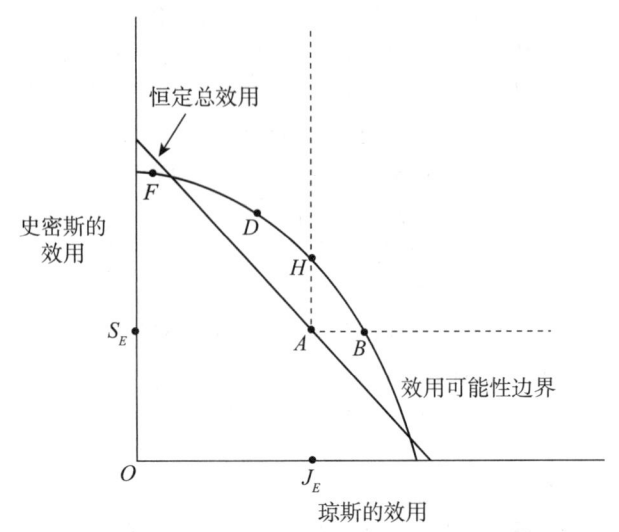

图 3-7　A 点的加总效用作为相对效率的量度

然而，这一衡量标准也存在问题。正如我们之前所指出的，效用在个人之间既不可衡量也不能比较。因此，这一标准并不很实用。在本章的稍后部分，我们将综述构建解决可衡量性问题的相关指数的方法。事实上，第二章关于成本-收益推理的描述就是基于这一构想。① 之后我们必须面对余下的问题：这一衡量标准中暗含的人与人之间的判断（和之后要讨论的相关衡量标准）从道德的角度看是武断的。

举例来说，考虑图 3-7 中的 F 点。像 D 点一样，F 点是帕累托最优点，但是根据总效用的检验标准，F 点和 A 点相比就被认为是相对无效率的。为什么呢？一个原因是检验标准被单独地定义为效用可能性边界。除非检验线的形状和效用可能性边界的形状是一样的，否则不同的帕累托最优点的相对效率排序是不会一样的。总效用检验标准被认为不是试图测度至效用可能性边界的距离，而是测度到原点的距离，即其测度的是我们达到了多远，而不是还需要多远才能到达。既然更好地利用资源确实使我们从原点移动得更远，那么这种距离的衡量可以被理解为一种效率指标。

即使我们接受了从原点度量距离的想法，总效用的检验标准仍然提出了人与人之间的判断问题：为了保持相对效率固定不变，某人损失的 1 单位效用要刚好被另一个人获得的 1 单位效用弥补。但是为什么这种判断能够被接受呢？为什么社会评判标准不是别的什么？比如说，如果损失比获得更重要，那么也许 2 单位

---

① 以一美元带来的个人边际效用的倒数为权重的加权效用总和与成本-收益分析的希克斯-卡尔多标准（用货币单位来度量）是等价的。这将在第六章中被证明并解释。

效用的获得只能够弥补1单位的损失。那么相应地应该考虑比 A 点更有效率的一个十分不同的资源配置集合。

最后说明的这一点规范地表明了，如果有人不同意其中暗含的道德判断，那么相对效率的量度就会有争议。与模糊这样的判断标准相反，这里推荐的策略是把公平或者公正作为政策分析中的外在标准，并从效率和公平两个角度来评价政策。相对效率的标准化衡量方法这样一来就十分有用了，但是仅当与外在的道德观念结合在一起评判时，它们才具有规范性的意义。为了说明这些，我们必须引入公平或公正的标准。

公平

在之前的埃奇沃思盒的分析中我们就清楚地知道，存在很多有效的资源配置方式。以契约曲线上的点表示的这些配置方式和其他可能的分配方式相比占据着显著的优势地位。对于任何不在契约曲线上的资源配置，契约曲线上至少存在一点使得在没有人境况变坏的前提下一个或多个人的境况变好。因此如果一个社会能够为其经济选择任何的资源配置方式，那么一定会选择在契约曲线上的配置。但是到底是哪一个呢？

回想一下，效率是一个社会目标，但只是其中之一。另一个重要的社会目标是公平：在一个经济体中，人们之间分配商品和服务的公正性。然而，没有统一的效率概念被广泛地确定为公共政策制定中的概念，我们将在后面引入一些明确的概念（如绝对平均或通用最小量），以比较它们在特殊问题的分析中的含义。①在这一阶段我们希望首先清楚一点，分析需要考虑效率的多种概念。

结果均等是对公平的一种理解

尽管在图3-8中契约曲线上所有的点都是有效率的，但是它们在福利分配上又是不同的。实际上，契约曲线提供了一种连续的分配可能性。沿着契约曲线从 O_S 到 O_J，史密斯获得了总商品和服务中越来越多的份额，并且相对于琼斯他的境况变得越来越好。有时候，相对份额是对公平的一种考虑方式。我们可以直观地看出，位于契约曲线中部的分配方式比那些在两端的分配方式代表了更公平的结果，并因为这一原因，曲线中部的分配方式在基于公平的考虑下被认为是更可取的。根据这一理解，相对份额均等是最公平的分配。

把相对份额均等作为标准，我们仍需面对这样一个问题："是什么的份额？"如果福利或者满足感均等是我们的目标，那么它指的是效用的份额应该在数量上

---

① 大部分特定的概念将在第五章中介绍。公平价格的概念将在第十三章中才介绍，这是为了使得价格系统的工作优先开展起来。

相等。但因为效用既不可以被量度又不能在人与人之间进行比较，所以实际上我们通常退而求其次，用诸如收入或者财富等近似指标加以衡量。

举例来说，图3-8中 A 点是正好给予每个人一半财富（肉和番茄）的资源分配点。因为不能量度或比较效用，所以做出这一关于初始禀赋的分配可能是我们能够保证相等的相对份额的最好选择。这必然忽视了两人中的一个（比如史密斯）的确不喜欢肉或者番茄的可能性，并且可能需要给史密斯两倍于琼斯的数量来保持可比较的效用水平。此外，两个消费者从 A 点通过自愿交易达到的有效资源配置是很难根据公平进行辨别的，即契约曲线的 BC 段。一些用来公平地衡量史密斯和琼斯之间交换肉和番茄的客观标准是必需的。①

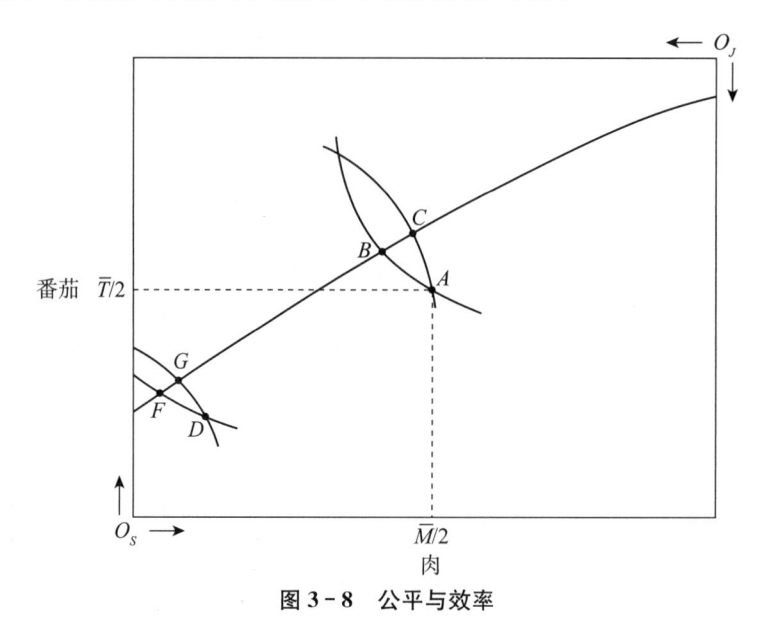

图 3-8 公平与效率

机会均等是对公平的另一种理解

一些人不觉得结果均等应该作为一个非常重要的社会目标。另一种观点认为仅仅过程应该是公平的。例如，这种观点的一个典型原则是所有人应该拥有均等的机会。下面我们来解释这一观点。

---

① 为了理解为什么这样的自愿交易可能会改变分配的公平性，让我们考虑从 A 点到 B 点的移动。根据定义，在 A 点的资源分配是完全相等的，在 B 点琼斯的福利有所增加而史密斯的福利没有改变，我们一定可以得到这样的结论，即现在琼斯的境况比史密斯要好。很明显，在线段 BC 上一定存在一点和 A 点是一样公平的，但问题是这一点能否客观地找出来。一个可能的办法是使用价格作为权数。如果在一个价格系统下使用均衡价格达成交易，那么资源禀赋的市场价值和最终消费束的市场价值应该相等（因为没有人的花费能够超过他自身的资源禀赋，同时，若花费少于资源禀赋，则不会达到效用最大化）。因此我们可以把这些均衡的最终消费束定义为保持配置公平的消费束，以区别于像 A 点那样的点，并利用均衡价格来衡量在埃奇沃思盒中任意资源配置的相对价值。这些价格的重要特点是，在经济中，当从商品完全均等的配置开始时，能够达到一种有效均衡。

如果我们的经济是从零开始的，那么在 A 点的均等禀赋分配可能被认为是公平的，但是在现实中，我们总是从一些给定的初始配置开始的，例如 D 点。在 D 点处，很明显，琼斯更加富有（琼斯拥有的肉和番茄都比史密斯多）。考虑一下你的公平感是否被我们从 D 点开始的原因所影响。

假设史密斯和琼斯有同样的能力、机会、知识和运气，但是 D 点是在产出上所付出的不同努力的结果。就是说，琼斯通过非常努力去生产它们，获得了较富有的初始禀赋，然而史密斯却非常懒。那么你可能就会认为在 D 点的分配是非常公平的，并且通过自愿交易达到 FG 部分的一些资源分配也同样是公平的。此外，你可能认为任何朝着平均分配（A 点）的目标重新分配的政策都是不公平的。

换一种想法，假设你觉得从 D 点开始是因为过去我们对史密斯的歧视。琼斯上过最好的农业学校，但是史密斯的家庭太穷了以至于支付不起学费并且不能贷款。或者最好的学校排斥少数民族或妇女，或者有一些其他的你认为是不公平的原因使得史密斯不能得到这一机会。当他们工作得一样努力时，琼斯知道所有的最好的生产方法而史密斯不知道。在这个例子中，你可能认为从 D 点朝向 A 点的重新分配有助于增进公平。你对最公平分配的感觉取决于你认为对过去的歧视琼斯应该负多大的责任。[①]

这两个不同的公平原则（结果均等和机会均等）的例子绝不是想详尽无遗地列出关于公共政策和分析的公平概念，而是试图证明公平的不同概念能够被用做评价标准，并且关于政策公平基于不同的考虑最终能够得出非常不同的结论。它们反映了任何社会都必须面对的公平的实际问题。从影响上说，公平结果的分析评价必须对政策制定过程中运用的不同的公平原则非常敏感。这样做的方法在本书稍后的具体案例部分将会被证明。

把公平-效率评价加入社会福利函数中[S]

假定我们目前的有效资源配置位于 G 点（见图 3-8），但是那些在 A 点附近的资源配置点却被认为更加公平。再假定经济中的一些约束使得我们不能达到 BC 段上任何的有效资源配置点，但是可以达到 A 点。[②] 这两个点应该选择哪一个呢？为此，必须在效率和公平之间做出权衡。

做这样一种权衡当然需要进行社会评判，但这不是政策分析要解决的实际问题。然而，分析工作能够弄清楚进行权衡所使用的可供选择的方法所产生的结果。我们在此介绍的其中一种方法是基于社会福利函数的概念，即社会成员之间效用水平的分配和对分配使得整个社会达到的满足程度（社会福利水平）的判断之间的关系。我们可以用数学形式表示这一函数：$W=W(U_1, U_2, \cdots, U_m)$。

---

① 这个例子提供了对为什么那些与初始点相比是帕累托改进的分配改变不应该被限制的另一种解释。
② 这近似于考虑收入维持计划的情况：每一种向境况不好的社会成员转移资源的办法都至少会导致一些非效率。收入维持将在第四章中进行讨论。为收入维持提供资金的税收的无效率以及其他的公共开支，将在第十二章中进行讨论。

其中，U_i是第i个人的效用水平，$i=1, 2, \cdots, m$，代表经济体中个人的数量。

为了弄清楚社会福利函数的意义，我们考察史密斯和琼斯的两人经济模型。此时社会福利是他们两个人效用水平的函数：

$$W = W(U^S, U^J)$$

图3-9中画出了三条通过A点的社会无差异曲线，每一条都代表一个不同的社会福利函数。两个坐标轴分别表示史密斯和琼斯的效用水平。为了证明的方便，假定我们能够用可以比较的单位来衡量效用水平。每条曲线都表明一个不同的史密斯-琼斯联合效用组合的概念，其中每个组合都带来和A点相同的社会福利水平。

源自社会福利函数的标为W^B的曲线考虑了相对效率，但它在平等程度方面无差异。其具有代表性的社会无差异曲线是一条斜率为-1的直线。这一形状表明，史密斯和琼斯之间的单位效用转移（从而保持总效用水平不变）不会影响社会福利水平，不管这一转移是否会改变分配的均等性。不管是谁得到了更多的效用，任何加总效用的增加总是会增进社会福利。这有时候被称为边沁社会福利函数，它是以杰里米·边沁（Jeremy Bentham）的名字命名的。1978年，边沁提出将最大化满足感的总和作为社会的目标。① 从数学上讲，边沁社会福利函数可以简单地表示为$W = U^S + U^J$。举例来说，根据此函数，从A点到D点的移动能够增加社会福利（位于更高的社会无差异曲线上，在此未画出）。

W^R = 罗尔斯社会福利函数
W^M = 中间道路社会福利函数
W^B = 边沁社会福利函数

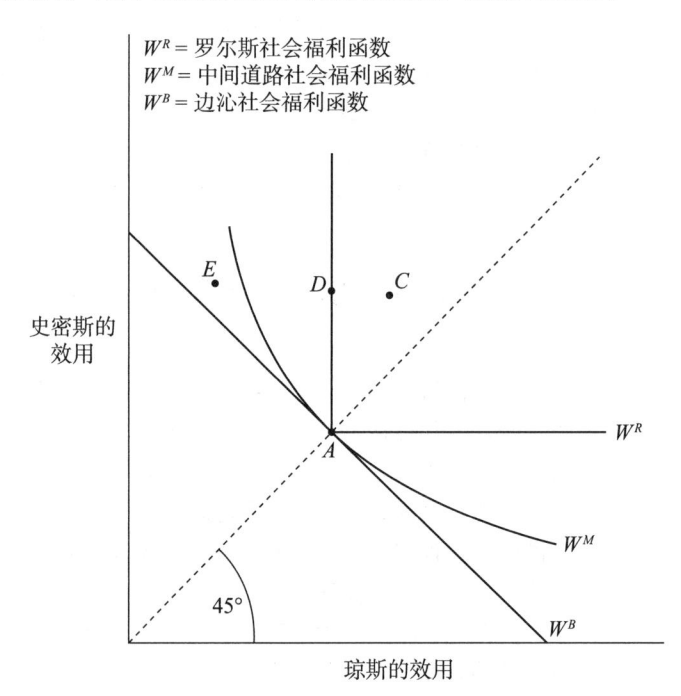

图3-9 可能的社会福利函数

---

① Jeremy Bentham. An Introduction to the Principle of Morals and Legislation. London: Oxford University Press, 1907.

曲线 W^R 表示一个非常平等的函数。其具有代表性的社会无差异曲线的形状是一个直角，拐角在 45°线上。从 A 点处的平等分配开始，仅仅增加一个人的效用不会使社会福利增加。增加社会福利的唯一途径是同时提高两个人的效用水平（如 C 点）。从任何不相等的分配（如 D 点）开始的话，只有提高境况不好的人（琼斯）的效用水平，社会福利才能够增加。

有时候 W^R 被称为罗尔斯社会福利函数，是以哲学家约翰·罗尔斯（John Rawls）的名字命名的。罗尔斯提出，只有改善境况不好的人的福利时带来的社会不公平才能被容忍。[1] 罗尔斯社会福利函数在数学上可以表示为 $W=\min(U^S, U^J)$。[2] 我们应该注意到，从 A 点到 E 点这样的改变在边沁函数中增进了福利，但是在罗尔斯标准下却减少了福利，这是因为罗尔斯标准取决于境况最不好的人的最小效用水平。

曲线 W^M 表示了一种中间道路的函数，它位于边沁社会福利函数和罗尔斯社会福利函数之间。其社会无差异曲线是常见的形状，并且其在与 45°线的交点处斜率为 -1。这表明，对于任意给定的总效用水平，社会福利增加的同时也更加公平。[3] 然而，即使分配不那么公平，总效用足够大的增加也能够增加社会福利。从 A 点到 C 点的改变说明了后一种情况。但是，根据这一函数，从 A 点到 E 点的改变却是一种社会福利的减少，因为总效用的增加不足以弥补平等的降低。

为了了解社会福利函数是如何结合公平和效率来做出判断的，让我们仔细观察图 3-10，其中效用可能性边界表示了经济体中可能的帕累托最优的效用水平。现在让我们回到本节开始时提出的问题：我们如何在所有的资源配置中选择一种？

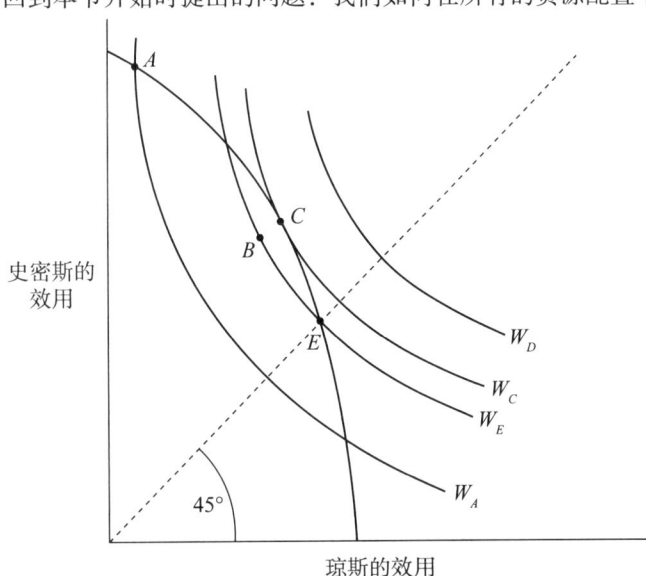

图 3-10 社会福利和效用可能性边界

---

[1] John Rawls. A Theory of Justice. Rev. Ed.. Cambridge: Harvard University Press, 1999.
[2] 函数 $\min(X_1, X_2, \cdots, X_n)$ 的值等于自变量 $X_1, X_2, \cdots, X_n$ 的最小值。例如，$\min(30, 40) = 30$，$\min(50, 40) = 40$。
[3] 总效用不变的点的轨迹是一条斜率为 -1 的直线。在这一轨迹上，最大的社会福利在社会无差异曲线与之相切处取得，作图时就在 45°线上。

在图 3-10 中我们也画了一些社会无差异曲线，每一条都根据中间道路社会福利函数表示了一个不同的社会福利水平。随着向右上方移动，社会福利水平不断提高。举例来说，经济现在处于有效状态 A 点，社会福利水平为 W_A。然而，无效率的 B 点比 A 点有更高的社会福利水平，B 点反映了社会更加公平的重要性。所能达到的最大化的社会效用如 C 点所示，此时社会无差异曲线和效用可能性边界正好相切。如 W_D 这样的社会福利的更高水平在经济有限的可用资源下是不可能实现的。

如图 3-10 所示，社会福利可能的最大值并不是一个平等的点，也就是说，它不在 45°线上。在其他条件不变的情况下，即使这种情况发生了，社会也会偏好（在这种福利函数中）更多的平等而不是更少的平等。对其的解释就在于效用可能性边界的形状。为了说明的需要，我们选取具有以下特征的一个点：在现有的可用资源及史密斯与琼斯的偏好既定的条件下，和琼斯相比，经济更加容易增加史密斯的幸福感（比如琼斯可能不是很喜欢肉和番茄）。这样能达到的最平等的配置是 E 点的资源配置，但是社会认为从平等的角度讲，C 点总效用的获得比平等的损失更多。

这三个不同的社会福利函数的最后一个比较如图 3-11 所示，复制了图 3-10 中的效用可能性边界，并且标示了和每一个不同的社会福利函数相关的最大福利。每一个福利函数可能达到的最高的社会无差异曲线已经画出来了。中间道路函数的最大值位于 C 点，和图 3-10 中相同。但是罗尔斯函数的最大值位于 E 点，在 E 点处从原点出发的 45°线和效用可能性边界相交，因此史密斯和琼斯的效用相等。① 边沁社会福利函数在比 C 点更不公平的效用分配处达到最大值，即

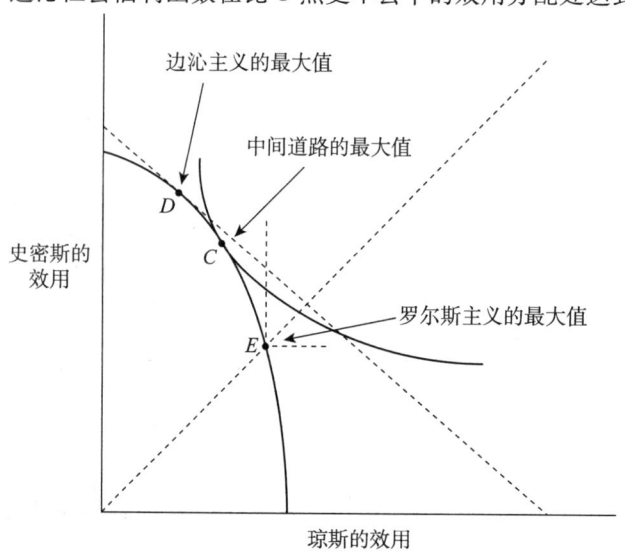

图 3-11 用不同福利函数得出的福利最大化导致了不公平程度的不同

---

① 对于任意在 45°线上方的边界内的点，琼斯是境况差的人，任何在边界内向右移动的改变都是一个罗尔斯改善。一个人所能达到的不超过 45°线的向右最远的点就是 E 点。相同地，对于任意在 45°线下方的边界内的点，史密斯是境况差的人，任何在边界内向上移动的改变都是罗尔斯改善。能够达到的最高点就是 E 点。因此，无论从哪里开始，E 点都将是罗尔斯社会福利函数所能达到的福利最大的点。

效用可能性边界上的 D 点。我们解释如下：

因为边沁社会无差异曲线是一条斜率为－1 的直线，所以当效用可能性边界的斜率也是－1 时，它们才能相切。我们知道效用可能性边界在 C 点的斜率小于－1（更陡），因为中间道路社会无差异曲线和效用可能性边界相切处的斜率也是－1，和 45°线的相交，且沿着向 C 点的方向更加陡。因此在效用可能性边界上斜率为－1 的点一定位于比 C 点更平坦的部分，或者说在 C 点的左边。①

在政策分析中使用社会福利函数时存在很大的局限，一个明显的问题就是因为效用既不可度量又不可以在人与人之间进行比较，所以不能根据经验辨别每个人的相对满足程度。然而，在一些情况下社会福利函数的解释还是有用的。典型的情况是政策以一些可以观察的特征（如收入水平）为基础来影响个人的满足程度。所有有相同特征的人都将被同样地对待，不管他们的个人偏好如何（例如所有人都交同样的税）。我们在第五章将提供一个这样的例子，它是学校财政政策分析的一部分。

第二个问题更多地是从概念上而不是经验的角度来考虑的，即关于什么是合适的社会福利函数没有达成一致的意见：社会中的每一个人关于什么是合适的都可能有他（她）自己的观点。我们已经说明了有很多种关于社会如何平衡总效用和公平的社会福利函数（如罗尔斯函数和边沁函数）。但是其他的效率和公平的概念却没有在那些社会福利公式中反映出来，它们也应该受到同样的重视。

例如，应当注意社会福利函数和效用可能性边界的相互独立性。在图 3－10 中，很明显地可以知道，与分配相关的社会福利水平并不取决于效用可能性边界的位置（也就是说，社会无差异曲线是在不知道效用可能性边界的情况下画出来的）。但是只有效用可能性边界表示了有效或帕累托最优的资源配置（对应着埃奇沃思盒中的契约曲线）。因此社会福利水平没有揭示是否存在更大的改善空间（也就是说，是否我们在效用可能性边界内部）。然而，知道一个备选方案是不是一个帕累托最优是很重要的，因为这可能会提高找到一个新的更优的备选方案的可能性。

类似地，机会均等的公平概念也没有在我们列举的社会福利函数中反映出来。确实如此，包含它就失去了实际应用的可能。有关效用水平结果的知识还不充分：一个人必须决定确定起点的程序公平和对应于每一种对结果做特定改变的方法的过程公平。这个特定改变就是一个可能使得史密斯因一些非常不同的原因而相对于琼斯境况改善的改变。比如说，也许史密斯比琼斯工作努力从而得到额外的奖金，也许琼斯被不公平地对待因此失去了机会，而这一机会恰好给了史密斯。为把公平的机会均等标准纳入社会福利函数之中，我们需要知道结果和解释结果的过程的公平性。

---

① 上述结果取决于效用可能性边界的形状，但是如果将效用可能性边界画成琼斯获得远比史密斯多得多的效用，那么和其他两个社会福利函数相比将会得到相似但更加不平等的结果。中间道路函数曲线将与效用可能性边界相切于罗尔斯主义的最大值点的右侧，其斜率比－1 更平坦。效用可能性边界上斜率等于－1 的部分（而这样将包含与边沁社会无差异曲线的相切点）也必将进一步位于右边更陡的位置上。

这些问题表明，尽管将社会价值整合于一个社会福利函数中有着诱人的简洁性，但这种方法也并不会普遍地取代分别根据效率和公平的一般标准对社会价值做出明确评价的方法。明确的效率和公平概念的多样性应该值得注意。在对这些概念中哪一个适用和如何整合那些确实适用的标准缺乏预先一致的社会意见的情况下，政策分析通常最多能帮助使用者得到有见地的标准化的结论，通过清楚地安排它的预测和根据不同的标准化的（评价）要素（例如效率、相对效率、公平、机会均等）对预测进行评价。当然，非技术性的使用者会发现，相对于社会福利函数的思想，上述每一个（评价）要素都更加熟悉或者至少更容易理解。

在接下来的章节中，为了逐步获得在特定政策背景中关于前面方法的应用技巧，我们将更加彻底地依赖这里所介绍的一般性概念。

小结

因为我们可以获得的数据有限，所以经济学专业的中心任务就是创造工具使得分析者能够利用较少的数据正确地得出结论。本章引入了一种工具，即个人决策的效用最大化模型，这一模型在经济政策分析中被广泛应用。该模型基于以下假设条件构建：每一个人都有一个可能的消费选择偏好排序，可能的偏好排序是一致的、凸性的并且非饱和的，人们都要根据偏好排序来做出选择。

偏好排序和做出选择都可以用一个普通的效用函数来表示，在这一函数中人们追求个人效用最大化。虽然效用既不能量度也不能在人们之间进行比较，但是我们能观察并度量个人边际替代率 $MRS_{i,j}$——在保持效用无差异的前提下，他（她）为了获得一单位更多的商品 i 而愿意放弃的商品 j 的数量。$MRS_{i,j}$ 随着个人消费的商品组合的变化而变化——它不仅取决于偏好序，还取决于在消费者的消费束中每一种商品的相对富足或稀缺程度。我们证明了效用最大化的个人在预算约束条件下，将会选择两种商品的组合，由此消费束中任意两种商品 i 和 j 的 $MRS_{i,j}$ 将等于它们价格的比率 P_i/P_j。

模型中使用的假定不是为了文字分析的正确，而是为了在做多种决策时产生正确的预测。分析者往往对模型是否对政策可能影响到的特定选择起作用持保留意见。在我们的研究中，读者将看到效用最大化模型的很多用途，但在本章中这个模型的主要用途是介绍效率和公平的重要规范性概念。

效率或者帕累托最优被定义为资源配置达到要想改善某人的境况必须以他人境况的恶化为代价的状态。在一个经济体中，效率涉及人们之间相对福利的分配。在政策分析中，这两个概念的应用包含了预测政策如何影响个人福利、整体的满足程度或效用水平。在做出这些可估计的预测的过程中，我们一般要遵循消费者主权的原则：每一个人都是他自己福利的判断者。基于利用这一原则的预测，分析者试图推测出现有的或提议的政策是否有效而且公平。

我们开始了在纯交换经济背景下研究效率和公平的概念，纯交换经济中消费者追求效用最大化而且忽略交易成本。主要的成果是交换效率要求经济中任何两种商品的所有消费者都必须有相同的关于这两种商品的边际替代率。我们以实例证明了，实物交换中的两个人从一个无效的初始分配通过自愿的商品交换达到有效率的分配；这之所以发生，是因为每个人都试图最大化其效用，而且交换的结果使每个人的边际替代率趋同。同时我们也指出，通过价格体系，每个效用最大化的个人会使其所消费的任何两种商品的边际替代率等于这两种商品的价格比率。因此，就有可能通过一组适用于所有个人的价格体系，在一个包含许多个人和许多商品的复杂经济中实现效率。

效率是否合意取决于公平是否也同时实现。通过使用埃奇沃思盒状图，我们可以清楚地看到，无限数目的有效率的分配是可能的；契约曲线上的每一个点都是有效的。这些有效分配有着各不相同的公平含义：每个人的相对福利都可以从极端（一人拥有一切而其他人一无所有）变化到更加均衡的分衡（商品更加均匀地分布于所有人之间）。如果可以在埃奇沃思盒中任选一个分配，那么至少在理论上同时实现结果的效率和公平是可能的。

分析上的一个困难源于没有普遍认同的原则可以推出结论说，某一个分配比另一个更公平，因为不同的人，即使有充分的和一致的关于某一分配的信息，也可能对这一分配的公平性有不同的意见。当我们意识到一个经济当前总是会处于埃奇沃思盒的一个特定点，而一个政策变化总是等同于建议从这个点移动到另一个点时，上述困难就会变得明显起来。考虑何谓公平不仅依赖初始分配点在哪里，而且取决于为什么那会是初始分配点，比如，它在多大程度上代表一个以"仅仅是奖赏"或简单的运气或不公平的歧视为特征的"过去"？我们举例证明了两个不同的关于公平的原则即结果均等和机会均等是如何导致对一个（政策）变化的公平性的判断发生冲突的。

作为帕累托最优的效率的定义没有什么争议，因为有效率的分配的集合跨越了一个很大的分布范围，因此几乎不与分配均等的观念产生冲突。但是，公共政策的改变不可避免地使一些人的境况得到改善而使其他人境况变得糟糕。相对效率的度量和社会福利函数的构造是已经逐步形成并用来帮助阐明上述一些政策变化的标准化结果的分析技巧，但是它们在某种程度上确实涉及公平判断。尽管可能存在分析政策时公平不起决定性作用的情况，但是分析者必须清楚公平作为一个社会目标的潜在重要性和它对政治可行性的影响。

习题

3-1 在一个由两个消费者、两种商品构成的纯交换经济中，亚当的初始禀赋为15颗无瑕的一克拉钻石（$D_A=15$）和5加仑饮用水（$W_A=5$）。贝恩没有钻石（$D_B=0$）但是有20加仑饮用水（$W_B=20$）。

a 在解释他们的偏好时，亚当说他喜欢他的初始禀赋（$D_A=5$，$W_A=10$），他还认为（$D_A=5$，$W_A=10$）和（$D_A=12$，$W_A=5$）是无差异的。这些偏好和效用最大化模型的标准假定是否一致？

  b 在这个经济体中，表示可能的资源配置方式的埃奇沃思盒是什么样的？请画出来。

  c 在埃奇沃思盒中指出表示初始配置的点。这些初始配置可能是有效的资源配置吗？

 3-2 考虑这样的经济体：两个消费者只消费两种商品 X 和 Y。甲初始时拥有 $X_1=30$，$Y_1=120$。乙初始时拥有 $X_2=180$，$Y_2=90$。他们各自的效用函数分别为 $U_1=X_1Y_1$，$U_2=X_2Y_2$。

  a 根据这一经济条件画出埃奇沃思盒。

  b 甲乙两人通过初始禀赋的无差异曲线方程是什么？画出相应的无差异曲线。提示：总效用是如何沿着一条无差异曲线改变的？

  c 用阴影标出对初始禀赋的帕累托改进的轨迹。

  d 在这一经济体中契约曲线的方程是什么？在图中画出来。提示：回想一下边际替代率可以表示边际效用的比率，并且一种商品的边际效用是这种商品一单位数量的增加导致的效用水平的提高。

  e 找出与初始禀赋相比是帕累托改进并且在契约曲线上的点。

  f 假定一市场管理者宣布所有的交易都必须以 $P_X=1$ 美元和 $P_Y=2$ 美元的价格执行。此外，管理者拿走了每一个人的初始禀赋并用现金价值来代替。管理者指导每个人购买在预算约束下最大化其效用的 X 和 Y 的数量：(1) 甲和乙的购买量分别是多少？管理者能够用其所搜集到的初始资源禀赋来供应订单吗？(2) 用 $P_X=2$ 重做一遍练习，并解释为什么结果是可行且有效的。

附录：消费者交易的微积分模型[o]

  用数学形式来研究到目前为止所涉及的交易原则是有用的。经验上的实际应用经常涉及数学，因此要想具备使用、评估和执行分析的能力，就必须掌握一些进行数学分析的工具。但是为了理解所给出的数学推导过程，需要预先具备一些微积分的基础知识。[①]

  用 $U(X_1, X_2, \cdots, X_n)$ 代表在有 n 种商品的经济中某一消费者的效用函数。为了数学分析的简便，我们假设这个函数是平滑连续的，而且商品是无限可分割的。商品越多越好（严格单调）的假定可以表示如下：

  $\dfrac{\partial U}{\partial X_i} > 0$，对于所有的 i

---

 ① 通常包含了导数、偏导数、求最大值和最小值的方法等，微积分基本课程为理解本书所介绍的选修内容提供了足够的基础知识。对与经济最相关的微积分内容的两个简洁的阐述是 W. Baumol. Economic Theory and Operations Analysis. 4th Ed.. Englewood Cliffs, N. J.：Prentice-Hall, Inc., 1977：1-71；W. Nicholson. Microeconomic Theory. 7th Ed.. Hinsdale, Ⅲ：The Dryden Press, 1998：23-65。

式子左边的项是个偏导数。它表示保持其他商品的消费不变，消费束中商品 X_i 消费量的一个微小增加所带来的边际效用。这个表达式说明这个消费增加带来的边际效用为正，或等价地，当消费的 X_i 增多时，总的效用会增加。

我们已将效用无差异集合（当只有两种商品时是一条曲线，而当多于两种商品时就是一个曲面）定义为能够给消费者提供同等效用水平的所有消费组合的轨迹。如果 $\bar{U}$ 代表某个固定的效用水平，那么当消费的商品组合 X_1，X_2，…，X_n 沿着无差异曲面 $\bar{U}$ 变化时，可以肯定的是

$$\bar{U} = U(X_1, X_2, \cdots, X_n)$$

随着 X_i 消费量微小改变的发生，效用函数的全微分会告诉我们效用在多大程度上也发生了改变。如果我们仅仅考虑沿着无差异曲面的 X_i 的改变，那么总的效用就不会发生任何改变。假定我们考虑的仅仅是 X_1 和 X_2 的消费量的改变而其他的 X 都保持不变，那么当我们沿着无差异曲线移动时，有

$$d\bar{U} = 0 = \frac{\partial U}{\partial X_1} dX_1 + \frac{\partial U}{\partial X_2} dX_2$$

或者

$$-\left.\frac{dX_1}{dX_2}\right|_{U=\bar{U}} = \frac{\partial U/\partial X_2}{\partial U/\partial X_1}$$

式子左边的项只是无差异曲线的斜率的相反数；我们已定义其为边际替代率 MRS_{X_1, X_2}。右边的项是每种商品的边际效用之比。因此在任何一点上 MRS_{X_1, X_2} 都可以被看做边际效用之比 MU_{X_2}/MU_{X_1}。

效率要求每一个消费两种商品的消费者关于两种商品都有相同的边际替代率。这里我们希望此条件可由数学推导得到。

考虑史密斯和琼斯两个消费者，他们关于肉和番茄的效用函数分别是 $U^S(M_S, T_S)$ 和 $U^J(M_J, T_J)$。用 $\bar{M}$ 表示经济中肉的总量，而 $\bar{T}$ 表示经济中番茄的总量。如果对于任何给定的史密斯的效用水平，琼斯都能趋近于效用最大化，那么经济就是有效的（在契约曲线上）。为了实现这个最优，我们可以以任何我们想要的方式来自由分配可供分配的商品，只要我们能保证史密斯的效用水平 $\bar{U}^S$ 固定不变。我们将从数学上找到这个最优点，而且证实此最优的等式同时也意味着史密斯和琼斯必须有相同的 MRS。

注意到在两人经济中，琼斯消费某一商品的信息将允许我们以此去推导史密斯对此商品的消费情况，例如 $M_S = \bar{M} - M_J$。这样我们就知道，琼斯对肉的消费的增加会导致史密斯对肉的消费的下述改变：

$$\frac{\partial M_S}{\partial M_J} = \frac{\partial(\bar{M} - M_J)}{\partial M_J} = -1$$

在下面的对效率命题的推导中我们使用了这一结论。

从数学上来说，问题就是去选择两个变量的值，即肉和番茄的消费量，来最大化琼斯的效用水平，我们表示如下：

$$\max_{M_J, T_J} U^J(M_J, T_J)$$

如果没有其他限制条件和非满足性假设，这一问题的解就是无限量的肉和番茄。但是，实际问题当然是要在总的真实资源为 $\bar{T}$ 单位的番茄和 $\bar{M}$ 单位的肉这

一预算和史密斯必须得到足够的资源来获得 $\overline{U}^S$ 的效用水平这两个限制条件下来实现（效用）最大化：

$$\overline{U}^S = U^S(M_S, T_S)$$

如下式所示，总的资源约束可以通过替换其中的 M_S 和 T_S 被直接纳入上面的方程之中：

$$M_S = \overline{M} - M_J \quad T_S = \overline{T} - T_J$$

于是所有的约束条件可以在一个式子中表示出来：

$$\overline{U}^S = U^S[(\overline{M} - M_J), (\overline{T} - T_J)]$$

为解决只有一个约束条件下的最大化问题，我们使用拉格朗日乘子这一工具。我们构造拉格朗日表达式 $L(M_J, T_J, \lambda)$：

$$L(M_J, T_J, \lambda) = U^J(M_J, T_J) + \lambda\{\overline{U}^S - U^S[(\overline{M} - M_J), (\overline{T} - T_J)]\}$$

等式右边的第一项正是我们想要最大化的函数。第二项总是由拉格朗日乘子 λ 与预算约束的隐式相乘构成。① 注意在满足预算约束时，第二项为零而且 L 的值等于 U^J 的值。因此在所有满足预算约束的 (M_J, T_J) 组合中，那个最大化 U^J 的组合也最大化 L。

除了我们开始时讨论的两个变量 M_J 和 T_J 外，我们把 λ 当做第三个变量。我们如何在预算约束下找到最大化初始函数的变量的值？解此问题需要对拉格朗日表达式中的三个变量分别求偏导数，令每一个都为零（这样对每一个未知变量产生一个方程），再联立求解这些方程。② 下面我们通过使用求偏导数的链式法则，

---

① 一个方程的隐式可以通过重写方程使得一边为零而得到。如果我们有一个比如说 $F(X, Y) = Z$ 的预算约束，我们就总是可以重写这个方程为

$$Z - F(X, Y) = 0$$

从而定义其隐式 $G(X, Y)$：

$$G(X, Y) = Z - F(X, Y)$$

因而预算方程的隐式就是

$$G(X, Y) = 0$$

这在数学上等价于最先的表达式 $F(X, Y) = Z$，也就是说，当且仅当 $F(X, Y) = Z$ 时，$G(X, Y) = 0$。

② 我们尝试从直观上来对此进行解释。想象一下你面前有座山，你的目标是最大化你所在的海拔高度，而变量就是你沿直线所走的步数（步伐一致）。自然地，你会沿着直达山顶的直线走。只要你每多走一步海拔就提高，你就会选择再多走一步。这就像是说海拔高度对脚步的导数为正，而且往山上走的每一步都有这个特征。如果你走得太远，则每多走一步海拔就会降低：导数为负，即你在下山。如果海拔随着你往上走而提高，随着你往下走而降低，那么肯定是不升不降正好在山顶。因此在最高点导数为零。

这可扩展至多变量情形中，其中的变量可能是代表往特定方向走的步数。正好在山顶的时候，相对于每一个特定方向所走的步数的偏导数一定为零。这个类推在说明为什么最大化效用可以通过找出使所有偏导数都为零的点来确定。

从技术上说，我们仅仅讨论了一阶条件或者说必要条件，它们确定了拉格朗日表达式的内在关键点。但是并不是所有的关键点都是最大化点，例如在函数最小值点上也是所有偏导数都为零。大多数我们使用的函数将只有一个我们要寻找的关键点。然而一些函数同时有最大值和最小值点（就像在我们的类比中假设在我们直线行走的起点和山顶之间有一个山谷）。用来确定最大化 L 的 M_J 和 T_J 的值的二阶条件要更加复杂。作为对二阶条件的一个回顾，可参看 H. Varian. Microeconomic Analysis. 3rd Ed.. New York: W. W. Norton & Company, 1992。

来做前两部分工作。①

$$\frac{\partial L}{\partial M_J} = \frac{\partial U^J}{\partial M_J} - \lambda \frac{\partial U^S}{\partial (\overline{M}-M_J)} \frac{\partial (\overline{M}-M_J)}{\partial M_J} = 0 \tag{1}$$

$$\frac{\partial L}{\partial T_J} = \frac{\partial U^J}{\partial T_J} - \lambda \frac{\partial U^S}{\partial (\overline{T}-T_J)} \frac{\partial (\overline{T}-T_J)}{\partial T_J} = 0 \tag{2}$$

$$\frac{\partial L}{\partial \lambda} = \overline{U}^S - U^S[(\overline{M}-M_J), (\overline{T}-T_J)] = 0 \tag{3}$$

注意，方程（3）要求满足预算约束，或者说史密斯要最终具有 $\overline{U}^S$ 的效用水平。只要使用拉格朗日方法就总会如此，使预算约束进入拉格朗日表达式的形式保证了这一点。因此，当联立方程同时求解时，$L(M_J, T_J, \lambda)$ 的值就会等于 $U^J(M_J, T_J)$ 的值。

我们也可以根据埃奇沃思盒来考虑方程（3）。这要求解一定是史密斯的效用水平是 $\overline{U}^S$ 的无差异曲线上的某一点。有了这个方程，前两个方程就可以确定能最大化琼斯的效用的无差异曲线上的点。为了弄清这一点，回想一下 $M_S = \overline{M} - M_J$，$T_S = \overline{T} - T_J$ 和先前我们所指出的

$$\frac{\partial (\overline{M}-M_J)}{\partial M_J} = \frac{\partial (\overline{T}-T_J)}{\partial T_J} = -1$$

因此方程（1）和（2）可简化如下：

$$\frac{\partial L}{\partial M_J} = \frac{\partial U^J}{\partial M_J} + \lambda \frac{\partial U^S}{\partial M_S} = 0 \tag{4}$$

$$\frac{\partial L}{\partial T_J} = \frac{\partial U^J}{\partial T_J} + \lambda \frac{\partial U^S}{\partial T_S} = 0 \tag{5}$$

同时从每一方程的两边减去含有 λ 的项然后用方程（5）除以方程（4），可得

$$\frac{\partial U^J/\partial M_J}{\partial U^J/\partial T_J} = \frac{-\lambda(\partial U^S/\partial M_S)}{-\lambda(\partial U^S/\partial T_S)} = \frac{\partial U^S/\partial M_S}{\partial U^S/\partial T_S}$$

或者

$$MRS^J_{M,T} = MRS^S_{M,T}$$

即前两个方程要求史密斯和琼斯有相同的 MRS，或者他们的无差异曲线相切。这正是我们试图推导出的效率条件。我们也可以认为前两个方程确定了契约曲线，而且因此，根据这两个方程，第三个方程确定契约曲线上史密斯的效用水平为 $\overline{U}^S$ 的点。

我们也在前面正文中提到当一个价格体系被执行时，每一个消费者都会以这样一种方式来分配他或她的预算：任何两种商品 X_i 和 X_j 的边际替代率等于这两种商品的价格比率 P_i/P_j。如下文所示，这可以从数学上进行推导，其中 B 代表

---

① 求导的链式法则是这样的：如果 $Z=G(Y)$，$Y=F(X)$，那么
$$\frac{dZ}{dX} = \frac{dZ}{dY} \frac{dY}{dX}$$
当 $G(\cdot)$ 和 $F(\cdot)$ 也是 Y 和 X 之外的变量的函数时，求偏导时将应用与上述同样的法则。在上面的经济问题中，函数 $U^S(\cdot)$ 扮演的就是 $G(\cdot)$ 的角色，而函数 $(\overline{M}-M_J)$ 和 $(\overline{T}-T_J)$ 则分别在（1）式和（2）式中扮演 $F(\cdot)$ 的角色。

将要被分配的总预算。①消费者想在下面的预算约束下选择最大化其效用的 X_1, X_2, …, X_n:

$$B = P_1X_1 + P_2X_2 + \cdots + P_nX_n$$

我们构造包含 X_1, X_2, …, X_n, λ 共 $n+1$ 个变量的拉格朗日表达式：

$$L = U(X_1, X_2, \cdots, X_n) + \lambda(B - P_1X_1 - P_2X_2 - \cdots - P_nX_n)$$

为了找到最大化效用的 X，必须写出所有 $n+1$ 个变量的偏导数方程。仅以这些方程中的第 i 个和第 j 个方程为例，我们有

$$\frac{\partial L}{\partial X_i} = \frac{\partial U}{\partial X_i} - \lambda P_i = 0 \quad \text{或} \quad \frac{\partial U}{\partial X_i} = \lambda P_i \tag{6}$$

$$\frac{\partial L}{\partial X_j} = \frac{\partial U}{\partial X_j} - \lambda P_j = 0 \quad \text{或} \quad \frac{\partial U}{\partial X_j} = \lambda P_j \tag{7}$$

以上面的方程相除，我们可以得到

$$\frac{\partial U/\partial X_i}{\partial U/\partial X_j} = \frac{P_i}{P_j}$$

我们至今没谈到 λ 值的重要意义，这个 λ 产生于有约束的最大化问题。但是从上面的方程我们可以看到

$$\lambda = \frac{\partial U/\partial X_i}{P_i}, \text{对于所有的 } i = 1, 2, \cdots, n$$

这可以大致解释如下：

$$\lambda = \frac{每单位 X_i 的边际效用}{每单位 X_i 的美元数} = 每美元的边际效用$$

即 λ 可以解释为消费者将从一美元的预算约束的额外增加中得到的边际效用的量。通常，λ 意味着通过一个增量（本例中增加一美元预算）来放松预算约束所能带来的对应某一目标（本例中的效用）的边际收益。这有时被称为带来预算约束的资源的影子价格，它是一个用来评价资源对其使用者价值的有用方法。

一个数值例子也许可以帮助阐明有约束的最大化问题的求解方法。假定一个消费者的效用函数为 $U = M \cdot T$。还假定预算约束为 100 美元，P_M 为 5 美元/磅，P_T 为 1 美元/磅。那么为最大化其效用，这个消费者应该买多少肉和番茄？这个消费者想要最大化 $M \cdot T$，服从 $100 = 5.00M + 1.00T$ 的约束条件。我们构造拉格朗日表达式 $L(M, T, \lambda)$：

$$L = M \cdot T + \lambda(100 - 5.00M - 1.00T)$$

求每一个偏导并令其分别为零，我们有

$$\frac{\partial L}{\partial M} = T - 5.00\lambda = 0 \quad \text{或} \quad T = 5.00\lambda \tag{8}$$

$$\frac{\partial L}{\partial T} = M - 1.00\lambda = 0 \quad \text{或} \quad M = 1.00\lambda \tag{9}$$

---

① 如果一个消费者从一个初始禀赋 X_1^E, X_2^E, …, X_n^E 开始，那么总预算就是

$$B = \sum_{i=1}^{n} P_i X_i^E$$

$$\frac{\partial L}{\partial \lambda} = 100 - 5.00M - 1.00T = 0 \qquad (10)$$

分别用 5λ、λ 替换方程（10）中的 T、M，我们立刻得到

$$100 - 5.00\lambda - 5.00\lambda = 0$$

据此有

$$\lambda = 10 \quad M = 10$$
$$T = 50 \quad U = 500$$

即这个消费者通过购买 10 磅肉和 50 磅番茄来得到 500 单位的最大效用。根据这个解，预算的影子价格是 10 util（用来测量满意度的单位）。这意味着增加 1 美元的预算将使消费者多得到约 10 util 的效用，或者说达到 510 util 的效用水平。让我们验证一下。假定预算为 101 美元而且我们根据这个预算约束来最大化效用。方程（8）和（9）不受影响，因此我们可以对方程（10）做同样的替代：

$$101 - 5.00\lambda - 5.00\lambda = 0$$

据此有

$$\lambda = 10.1 \quad M = 10.1$$
$$T = 50.5 \quad U = 510.05$$

如同我们可看到的，效用水平确实提高了大约 10 util。作为对我们最初的解的最后一个检验，它应该是

$$MRS_{M,T} = \frac{P_M}{P_T} = 5$$

根据效用函数，有

$$\frac{\partial U}{\partial M} = T = 50$$

$$\frac{\partial U}{\partial T} = M = 10$$

因此

$$MRS_{M,T} = \frac{\partial U/\partial M}{\partial U/\partial T} = 5$$

第二部分
利用政策分析中的个人决策模型

第四章 分析福利计划的个人决策模型

在导论中,我们回顾了微观经济建模总体的预测性和评估性,现在加以详述。在本章,我们提出各种针对策略应用的模型描述方法。我们可以利用个人消费决策模型来分析所涉及的问题。这些问题在某种程度上存在着相似之处但却彼此不同,它们创造了一种能够分析新环境中新问题的建模工具。该建模过程着重强调预算约束和基于收入效应和替代效应的预测。我们同时也解释效用最大化行为是如何导致消费需求曲线以及劳动供给曲线的。

本章中的所有分析都来自同一方针政策:政府计划。政府计划为单个家庭提供家计调查式福利补助。福利援助是最重要的政府职能。一般来说,援助范围取决于经济的贫乏程度和社会对援助的反应。一组简单的统计数据能够很好地反映该项目的实施成果。

在1998年,在3 400多万美国人中,大约15%的人口的收入(包括福利援助)低于官方制定的贫困线。在1960年,大约4 000万人口为贫困人口,这个数字占到人口总数的22%。所以,在这38年中,贫困人口的数量和比例都有所下降。然而,在1973年时下降的速度有所停滞,在该年贫困人口占到总人口的11%。该比例一直保持到20世纪70年代中后期,然而,在80年代以及90年代早期该比例却上升到14%~15%。在1993年,贫困人口数量达到最高点,为3 900万(约占总人口的15.1%)。而在1993—1998年,贫困人口的下降幅度非常小。我们还不清楚导致这些变化的根本原因,然而可以肯定的是,各种致力于减少贫困的政府计划都有着重要的作用和影响。①

人们普遍认为，在降低老年人口的贫困比例方面，我们取得了巨大的成就，主要是由于实施了"社会安全和医疗"等非家计调查类计划。然而，人们同时也认为，在降低非老年人口的贫困比例方面收效甚微。本章以后者为主来分析各种计划，同时通过家计调查来考察它们的合格性。在1998年，用于主要家计调查转移类项目的联邦经费达到了2 770亿美元，同时州经费也增加了1 140亿美元。② 然而，有研究表明，美国福利计划的实施仅能消除20%的非老年贫困人口。③ 虽然花费了巨大的资源，但仍然还有诸多的贫困问题，如何有效地花费每一美元显得尤为重要。

这里所用到的方法能够帮助实现这一目标。在本章，我们着重介绍如何有效地利用一定数目的福利金额。以策略设计为重点，我们研究各种设计的特点，这些设计决定了各种策略的运行。同时我们着重强调不同模型间的比较，而非单单列举某一个模型来做出说明。

所有的分析都包括消费决策模型的各种不同因素以及如何将它们合为一体。我们的分析涉及这些限制性因素的性质，它们限制了个体效用以及效用职能本身。我们主要考虑福利接受者预算约束的各种变化，以及模型中效用职能形式的变化。我们利用这些不同的因素来预测个体对这些政策的反应，同时评估这些预测结果的有效性。

首先，我们引入一项标准分析，该项分析证明实物转移均无效。然后我们开始政策分析的实质性内容。实际的策略设计包括标准模型所不具备的各种特征，同时了解这些内容如何影响分析结果是非常必要的。为了使我们能够更精确地分析更多的特征，我们首先讨论效用最大化对收入和价格变化的反应，即收入效应和替代效应。然后我们采用标准模型来合并食品券和公共住房计划的决策限制，同时测算这些预测的反应的变化及其效率。同样，我们还会回顾用来解释劳动供给的劳动-休闲选择的标准微观经济学。然后我们考察福利计划和工作动机之间的关系，包括一项现金补助计划所得税抵免的各个方面。

标准讨论：实物福利转移是无效的

在美国经济中，各级政府都通过各种各样的计划提供的福利补偿来减少低收入者的人数，这种补偿转移实际上是它们从纳税者那里取得购买力再将其转移给

---

① 在对近期变化的讨论中，可以注意到很难将福利改革和经济的强劲增长区分开来，请参看Rebecca Blank. Fighting Poverty: Lessons from Recent U. S. History. Journal of Economic Perspectives, 2000, 14 (2): 3-19。

② 联邦资助包含41%的医疗保险，27%的现金补助（例如所得税抵免和辅助性保障收入），12%的食物保险（例如食品券计划），10%的住房保险，以及更小比例的教育、其他社会服务和能源援助。

③ Isabel V. Sawhill. Poverty in the U. S.: Why Is It So Persistent?. Journal of Economic Literature, 1988, 26 (3): 1073-1119.

福利受益者。其中的一些计划例如所得税抵免和由贫困家庭临时救助（TANF）拨款支持的计划将提供现金补偿；其他的一些计划例如食品券、医疗补助和住房津贴会提供各式各样的转移支付（例如，有些转移支付仅仅用于特定物品的购买）。① 在 1989—1998 年的 10 年间，如表 4-1 所示，主要家计调查计划的支出实际上升了 46%，直到 1994 年用于食品和住房援助的实物支出才超过现金援助。② 在 2000 年每月平均有 1 700 万的低收入人口（刚刚超过全部人口的 6%）加入食品券计划。③ 很显然，各种各样的项目反映了联邦政府对贫困的反应，然而持传统观点的经济学家认为这种类型的转移是无效的。

表 4-1　　　　　1989—1998 年所选定的福利计划的联邦支出
（十亿美元，以 1998 年价格计算）

财政年	食品补助	住房补助	现金补助
1989	27 410	20 950	43 628
1990	29 803	21 909	45 502
1991	33 545	22 712	50 634
1992	38 142	25 486	56 635
1993	39 266	27 051	60 245
1994	39 739	26 574	69 774
1995	39 365	26 689	72 662
1996	38 622	26 497	72 758
1997	35 927	26 853	72 971
1998	33 451	26 897	73 872

证明这个观点通常依据两个密切相关的模式中的一个：(1) 将一定量的税收转移给贫困者，如果转移的是现金而不是实物，则接受者的效用水平会提高；(2) 要使既定的接受者的效用水平提高，如果以现金而不是实物形式转移，那么所需要的税收将更少。任何一种说法都能够充分地证明实物转移的低效率，因为它们都表明了这样一种可能性：使一些人的经济状况好转，而没有使其他人的经济状况恶化。我们将通过两个模式中的第二个来证明这一结论。

在图 4-1（a）中，AB 表示月收入为 400 美元的低收入者的预算约束线，纵坐标和横坐标分别表示某一特殊商品的数量，但是要适当地在图中表示消费者的各种可能性，所有可行的支出选择都必须显示出来。如果消费者能够选择诸如

---

①　1996 年立法中止了对有子女家庭的联邦救助，取而代之的是由各州实施的计划，这个计划的部分资金是由联邦政府发给地方的固定拨款。然而，关于它们计划的设计，各州都拥有很大的自由裁量权，联邦立法强制规定一个家庭所能享受到的福利的时间期限。
②　真实美元（real dollar）意指去掉通货膨胀影响以后的名义美元。我们将在第八章讨论这个过程。
③　食品券计划的参与率可以在美国农业部食品与营养局的网站（http://www.fns.usda.gov/pd/fssummar.htm）上获得。

衣服和橘子之类的其他物品,那么前文所表示的肉和番茄的坐标轴将是不合理的,因此这些坐标轴将把所有可能的商品分成两种可耗尽的类别,最后将焦点集中到我们关心的交换问题上。

在这个例子中,我们要研究的是食物和所有其他商品的交换。我们假设消费者会在这两个类别中和任一单个类别中做出效用最大化选择,并将每个坐标轴上的数量单位看做价值 1 美元的食物和价值 1 美元的所有其他商品。[①] 通过这一定义,$OA=OB=400$ 美元。预算约束线的斜率等于每一坐标轴上商品的价格比率的相反数,在这个具体的例子中,每一类别的额外一单位的价格是 1 美元,这样 AB 的斜率就是 -1。

现在假设我们引入一个食品券计划,允许符合条件者以 0.5 美元/张的价格购买票面价值为 1 美元的食品券,数量没有限制。食品商必须接受这些食品券以面值购买食品。政府对食品商得到的食品券给予现金补偿。从个人角度看,这一变化将使预算约束线从 AB 移动至 AC,C 点将代表价值 800 美元的食品,也就是说,符合条件的食品券消费者能够用他所有的预算来购买食品,即消费两倍于以前的食物——价值 800 美元的食品(OC 段)。然而如果消费者仅仅购买其他商品,则最大购买力将会如前一样,为 $OA=400$ 美元。因此,从一个符合条件的消费者的角度来讲,这个计划等于食物的价格降低(好像在这个市场中所有参与该计划的食品商都在大减价,实际价格仅为市场价格的一半)。预算约束线的斜率将由 -1 变为 $-1/2$。

为使效用最大化,我们假设消费者的购买量在 D 点,无差异曲线正好相切于新的预算约束线,显示消费者会收到价值 120 美元的食品和价值 340 美元的所有其他商品。在这个例子里,消费者对这些食物支付 60 美元,政府支付其余的 60 美元,这个数量在图中用带阴影的线段 DE 表示:在食品券计划下用于购买所有其他商品的 340 美元与正常市场价格下用于购买相同商品的 280 美元之间的差。总之,纳税者花费 60 美元使得消费者达到无差异曲线 U_F。

为了证明这是无效的,我们必须证明存在使一些人受益而不使其他人受损的可能。我们要问在现金福利补助的条件下,需要多少纳税者的资金才能使消费者的效用水平达到 U_F 的水平。我们在图 4-1(b)中对此进行说明。在这种类型的补助中,接受者不会面临任何价格改变,预算约束线的斜率保持不变,但它会向右平移直到与 FG 重合,并正好与 U_F 相切,FA 就是以美元表示的现金补助的数量。

现在我们虽然不知道 FA 的具体数量,但是知道其少于 60 美元,首先已知 $IE=FA$(因为两条平行线间的垂直距离不变)。从图中可以清楚地知道,IE 小于 $DE=60$ 美元,但是为什么出现这种情形?需要注意的是预算约束线 FG(其

[①] 正式地,这种情况允许我们将这两种总的商品的每一种都看做可确认的商品,这被称为希克斯分解。这种情况可适用于每一组的相对价格都没有发生变化的情形。唯一被允许的价格变化是那些能够使每一组内的商品相对价格发生同比例变化的价格变化。只要包含在食物类别中的单个食物项目被食品券计划所覆盖,我们的分析就会满足希克斯分解的要求。想要了解更多关于分解的讨论,请看 Hal. R. Varian. Microeconomic Analysis. 3rd Ed.. New York:W. W. Norton & Company, Inc.,1992:147-150。

图 4-1 实物转移是无效的

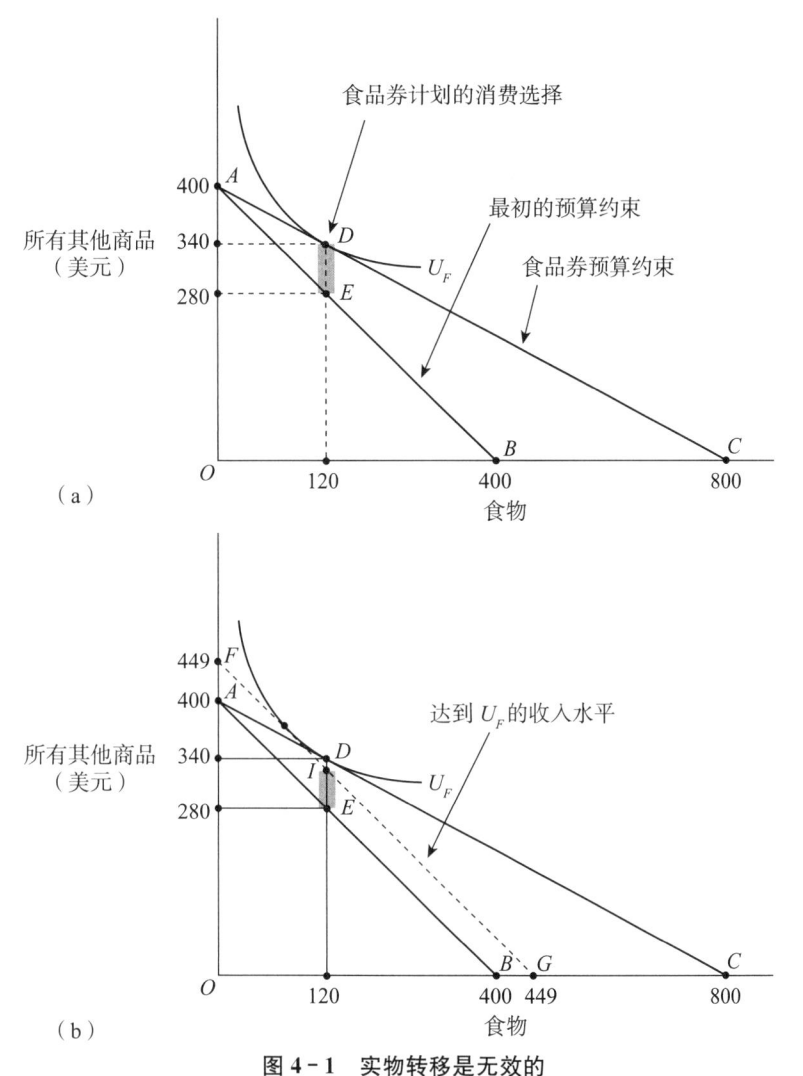

(a) 纳税者花费 60 美元能使用价值 120 美元的食品券；(b) 60 美元的食品券补助相当于给这个消费者 49 美元的收入补助。

斜率是由市场价格决定的）比食品券约束线 AC 陡峭。U_F 上在 D 点左边的所有点的斜率比 AC 陡峭，因此，U_F 与 FG 在 D 点左边相切。但是 FG 必须经过 DE，如果 FG 与 DE 所在直线的交点在 D 点以上，那么相切的条件就无法满足。至此完成证明过程：因为现金福利补助能让纳税人以低于食品券的成本达到 U_F 的水平，所以食品券计划是无效的。

注意，这个结果的一些特征对我们很有用。首先，成本较低的现金福利项目在达到相同的效用时，将会使个体消费更多的食物而消费较少的其他物品。其次，我们知道食品券受益者与现金福利补助 IE 所带来的效用是无差异的，或者说食品券花费的纳税人的成本为 DE，因此我们可以说食品券受益者节省了每位纳税者花费在食品券上的成本，即 IE/DE，或者说每个纳税者花费在食品券上的金钱是 100－IE/DE 或者是 DI/DE。根据 20 世纪 70 年代早期的一项研究成果（此项研

第四章 分析福利计划的个人决策模型

究中的某些变化将在后文讨论),受益者们平均每价值 1 美元的现金补贴相当于大约 0.82 美元的食品券补贴。① 把这一数据代入图 4-1 中,我们可以得到,大约 49 美元的现金补助给消费者带来的效用相当于 60 美元的食品券补贴。

实物福利转移无效的基本结论并不令人吃惊。考虑食品对其他商品的边际替代率,受益者选择边际替代率等于 AC 的斜率的倒数的一点。但是并不是每个消费者都能够选择边际替代率等于市场价格比率或 AB 的斜率的倒数的计划。因此,交换效率的条件并不满足,并且存在交易的空间。上面的证明简单阐明了一个可能的交易,它能够使一些人(纳税者)的情况变好而不使其他人(食品券补贴的受益者)的情况变坏。现金福利计划让所有的消费者面临相同的市场价格,并且在效用最大化消费行为的假设条件下,将不存在交易的空间。照此推论,使得受益者和非受益者对于相同商品面临不同价格的实物福利计划是无效的。

对收入和价格变化的反应

为了扩展分析能力,我们检验另外一些推论,这些推论能够基于效用最大化行为和一些经验信息得出。② 这些推论涉及个人对价格和预算水平变化的反应,它们被称为收入效应和替代效应。

对收入变化的反应

我们简单地将预算水平看做"收入"。③ 图 4-2 (a) 描绘了在不同的预算约束线所代表的不同收入水平下个人的效用最大化选择。这种约束仅仅在总的预算规模上有所不同,相同的斜率反映了价格固定不变的假设。每一个可能的预算约束水平下的效用最大化的点就构成了收入扩展线。

对每一个可能的收入或预算水平(在给定的价格水平下),我们需要知道个人将会购买多少数量的商品 X。图 4-2 (b) 将反映这个关系,我们称之为恩格尔曲线,其中④横轴表示每一个可能的收入(或预算)水平,纵轴表示 X 的数量,曲线表示在每一个可能的预算约束或收入水平下个人购买的商品 X 的数量。

---

① K. Clarkson. Food Stamps and Nutrition. Evaluative Studies No. 18. Washington D. C.:The American Enterprise Institute for Public Policy Research,1975. 这个研究的一位评论者认为,对这种浪费的评估有所夸大,因为我们不可能准确地核算接受者的收入。请看 J. Barmack. The Case Against In-Kind Transfers:The Food Stamp Program. Policy Analysis,1977,13 (4):509-530。

② 这里的解释并没有用到微积分学。本章最后的附录将给出微积分的简单推导过程,同时将解释价格变化所导致的收入效应和替代效应的 Slutsky 等式。

③ 在后面我们将更加详细地讨论个人预算约束线的决定因素。如果没有借贷或储蓄,那么假定时期的个人预算约束水平就等于这期间的个人收入(包括净赠予和遗产)。然而,借贷和储蓄的存在使得实际预算约束的决定因素变得很复杂。

④ 有的时候我们较为便利地将纵轴定义为 $P_x X$,即在 X 上的支出水平,这个关系被称为恩格尔支出曲线。

图中的曲线向上倾斜,斜率为正,表示此商品是一种正常物品,即随着收入的增加,个人对该商品的购买量随之增加。有一些商品,例如细面条和土豆,其恩格尔曲线可能向下倾斜(至少在一个较大范围的预算水平下是这样的)。这类商品被称为劣等品,即随着收入的增加,个人对它的购买将会减少。

需要注意的是,一种商品对一个个体来说可能是正常品,而对另一个个体来说可能是劣等品。这是一个简单的个人喜好问题。然而,经验调查显示,一些商品被多数人当做正常商品,而某些商品通常被多数人视为劣等品。适度了解这些知识对于预测消费者对政策变化的反应很重要。

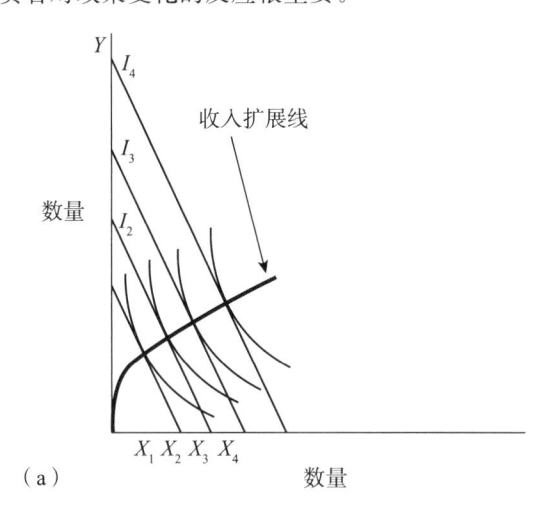

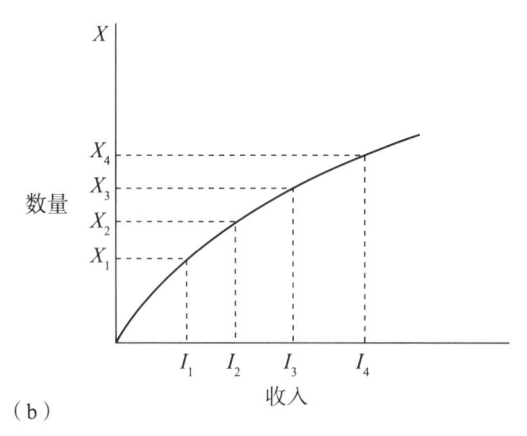

(a)

(b)

图 4-2 消费者对收入变化的反应

(a) 效用最大化选择;(b) 恩格尔曲线。

为了更加准确地度量 X 的消费量对收入变化的反应的灵敏度(假定其他的因素都固定不变),我们引入弹性这一重要的概念。一个变量 X 关于另一个变量 Z 的弹性,用 $\varepsilon_{X,Z}$ 表示,是指 Z 发生 1%的变化时,X 发生变化的百分比。用数学公式我们可以写为

$$\varepsilon_{X,Z} = \frac{\Delta X/X}{\Delta Z/Z}$$

其中，Δ 表示变量的变化，例如，分式 $\Delta X/X$ 表示变量 X 变动的百分比。上述弹性的表达式通常可用另一个等式重新表示如下[①]：

$$\varepsilon_{X,Z} = \frac{\Delta X}{\Delta Z} \frac{Z}{X}$$

因此，X 关于收入 I 的弹性可表示为

$$\varepsilon_{X,I} = \frac{\Delta X}{\Delta I} \frac{I}{X}$$

正常品和劣等品的属性可以通过收入弹性来进行描述：正常物品就是收入弹性为正的物品，劣等品就是收入弹性为负的物品。

在正常品中，有时有必需品和奢侈品之分。必需品是指收入弹性小于 1 的正常品，即随着收入增加花费在它上面的比例将会减少。人们通常将食物和医疗服务当做必需品。我们把食物视为必需品意味着随着收入的增加个体花费在它上面的比例将会减少（其他条件保持固定不变）。[②] 奢侈品就是收入弹性大于 1 的正常物品。对许多人来说，体育、汽车和游艇都是奢侈品。我们要谈到的一种有趣的商品是"一切"，其收入弹性为 1，所以它是正常品，因为相同比例（100%）的预算将会花费在它上面。[③] 提到这一点是为了说明商品集合包括的范围越广，其弹性越接近于 1，它将越像正常品。

关于正常品和劣等品的经验信息对预测预算约束线变化所引起的反应很有帮助（例如，那些由新政策引起的预算约束线的变化）。图 4-3 通过食物消费（家庭中）的例子说明了这一点。一个低收入家庭每年预算为 10 000 美元，A 点表示其起始花费在食物上的支出为 1 800 美元。假定这个家庭得到 3 000 美元的收入补贴，那么预算约束线将会向外平行移动到纵轴对应点 13 000 美元。这一变化会对食物消费带来什么影响呢？

如果我们知道食物是一种正常品，那么食物消费将会增加，反映在新的约束线上，即效用最大化选择将落在 B 点的右边或在 BC 上。如果假设其他的物品也是正常品，那么它们的消费同样也会增加，从而我们可以把食物消费预期缩小在 BD 段，此时两种商品的数量都在增加。

假定我们掌握的更多的信息表明食物是必需品。如果其收入弹性正好等于 1，那么从原点出发经过 A 点的直线就是收入扩展线：它表示在像 A 点一样的所有的消费集合中，食品的价值占了整个消费集合的 18%（按当前的价格水平）。这条直线就成为必需品和奢侈品的分界线。其与新的约束线相交于 E 点，此处食物支出是 2 340（=0.18×3 000）美元。如果食物是必需品，就意味着其收入弹性小于 1，这样我们可以预测食物消费的对应点必须位于分界线的左侧或在 BE 段上。

[①] 弹性的定义同样可以用微积分术语来表示：$\varepsilon_{X,Z} = (\partial X/\partial Z)(Z/X)$。

[②] 有时候，将特定商品看成一个集合是有用的；事实上，我们已经在若干情况下这样做了。"食品"不是一种单一商品，而是指诸多商品的集合。我们怎么才能知道一个人是否消费了更多的食物呢？通常情况下，我们计算出在食物上的花费，并且测算出一条恩格尔支出曲线。

[③] 储蓄当然具有合理的可能性，它可以被认为是对未来消费的商品的花销，所以它被包括在"一切"之中。

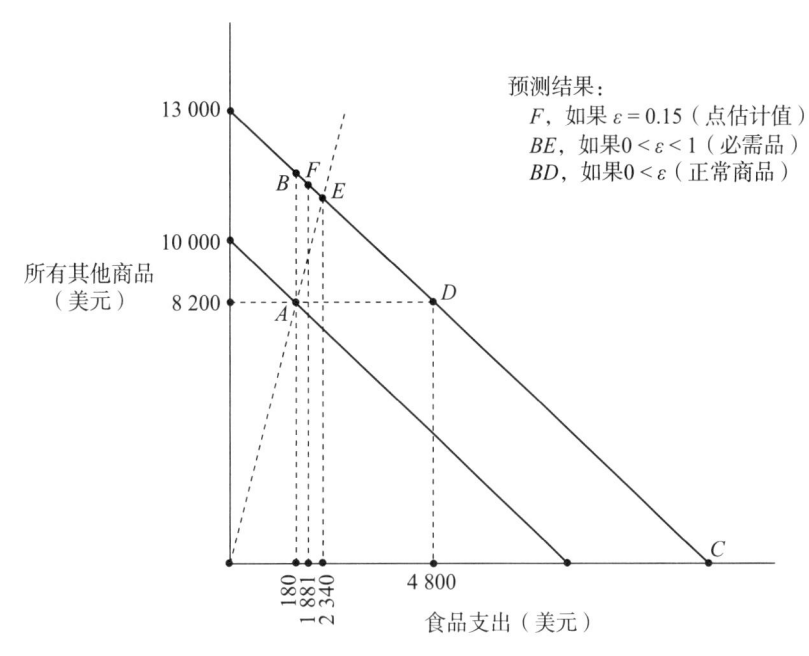

图 4-3　根据收入弹性的经验信息预测收入增加所引起的食物支出新水平

最后，假定我们估计得出某一家庭对食物的实际收入弹性是 0.15①，那么就能够计算出新的约束线上特定点的估计值。由于收入增加了 30%，我们估计食物花费的增加量是 0.15×30%＝4.5%，或者达到 1 881 美元，即 F 点。当然我们很少能够准确地知道某一收入弹性。统计方法通常被用于计算估计点周围的"置信区间"，在这个区间内找到真实的反应的可能性很大。② 这些例子表明更多的经验信息通常有助于进行更精确的预测。

对商品价格的反应

一旦我们从概念意义上理解了收入变化对消费结构的影响，那么推导价格变动的影响就相对比较容易了。价格变化可以从同时产生的两种不同的反应进行理解：替代效应和收入效应。在图 4-4 中，假定个人消费两种物品 X 和 Y，初始均衡点为 A 点，收入预算为 I_0，商品 X 的消费数量为 X_0。然后假定 X 的价格下降，这样导致收入预算线 I_0 绕着它与纵轴的交点向外移动到 I_1。随着 X 消费量的增加（此时消费量为 X_1），个人新的效用最大化点将会移动到 C 点。如果价格下降，那么这个模型是否可以预测商品的消费将会上升呢？回答是否定的，如

---

①　这是关于美国家庭在 1992 年食物消费的一个近似估计，它是作者根据相关文献中更详细的估计方法计算得到的。参见 G. D. Paulin. The Changing Food-at-Home Budget: 1980 and 1992 Compared. Monthly Labor Review, 1998, 121 (12): 3-32.

②　例如，统计学中的标准正态分布的"经验法则"指出，一个 95% 的置信区间的两端近似等于均值估计或点估计两边的标准差。

果我们将对价格变化的反应分为两种效应,那么原因就能变得很清楚。为此我们假设个人消费的变化经历两个步骤,即首先从 A 点到 B 点,然后从 B 点到 C 点。

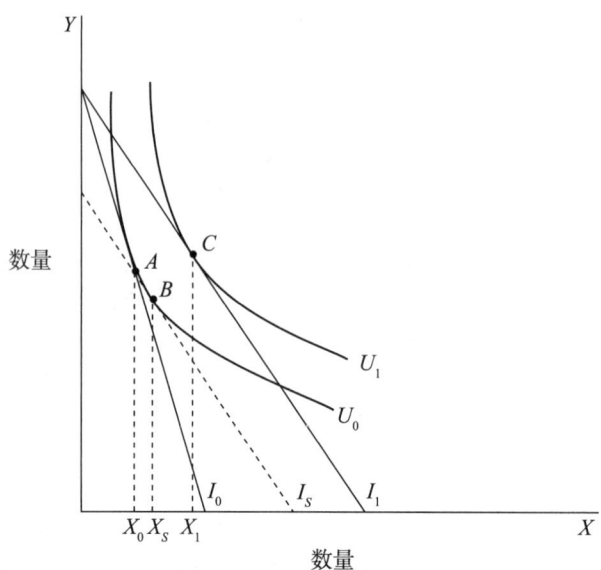

图 4-4 商品 X 的价格下降所产生的收入效应和替代效应

第一步从 A 点到 B 点,表示替代效应。如果个体需要维持初始的无差异曲线,那么作为对新价格的反应,商品 X 的消费数量的变化为 X_S-X_0。替代效应也被称为纯价格效应或价格补偿效应(因为效用水平保持不变)。我们可以找到这样一条预算约束线,其与 I_1(反映新价格水平)有相同的斜率且恰好与 U_0 相切。这条预算约束线就是虚线 I_S,因此要使效用保持在最初的水平,应从预算中减去 I_1-I_S 美元。

一种商品价格降低对另一种商品消费的替代效应往往是正值,该商品的消费量将会上升。为了证明这一点,在图 4-4 中可以观测到商品 X 的价格下降通常会使新的预算约束线比原来的平缓,这就意味着补偿预算线 I_S 与 U_0 的切点必须在 A 点的右边(X 的消费增加),因为 U_0 上所有比 A 点的斜率小的点都在 A 点的右边(因为边际替代率是递减的)。同理推断,价格上升的替代效应通常是负值,对价格上升的商品的消费量会减少。因此替代效应与商品价格的变化负相关。

消费量的变化的第二步,即从 B 点到 C 点,用 X_1-X_S 表示。这被称为收入效应,是指纯粹由预算变化引起的商品消费量的变化,预算的变化会改变个体初始的效用水平(价格保持不变)。在图 4-4 中,效用水平的变化为从 I_S 到 I_1。① 在推导恩格尔曲线时,我们已经分析过此种变动。如果 X 是正常品,那么其收入效应为正值。如果 X 是劣等品,那么其收入效应则为负值。在图 4-4 中,收入效应是正的,正如我们假设的那样,X 是正常品。

价格变化产生的总效应包括了收入效应和替代效应,因此,如果没有商品的相关信息,那么总效应是很难准确预测的。如果我们知道该商品是正常品,收入

---

① 如果一种变化会导致效用水平的改变,那么这种变化就会产生收入效应。

效应和替代效应的方向相同，那么消费量的变化和价格变化的方向相反。然而，如果该商品是劣等品，收入效应和替代效应作用的方向相反，那么在这种情况下，替代效应通常大于收入效应，价格和数量将朝相反的方向变动。但是仍然有少数的商品，例如吉芬商品，其收入效应大于替代效应，我们将得到一个不常有的结论，就是价格和数量朝着相同方向变动。①

在这点上，一个简单的延伸就是考虑个体对各种可能的价格变动会做出怎样的反应。关于纯收入变化的类似问题可以用来得出恩格尔曲线，价格的变化可以得出需求曲线。需求曲线反映了个人在任一可能的价格水平下消费的商品数量。这些将用图4-5进行说明。图4-5（a）表示随着 X 的价格逐渐降低，效用最大化原则下的消费选择是怎样变化的。图形4-5（b）表示基于这些选择，消费者在每一可能的价格水平上选择的 X 的数量，即需求曲线。

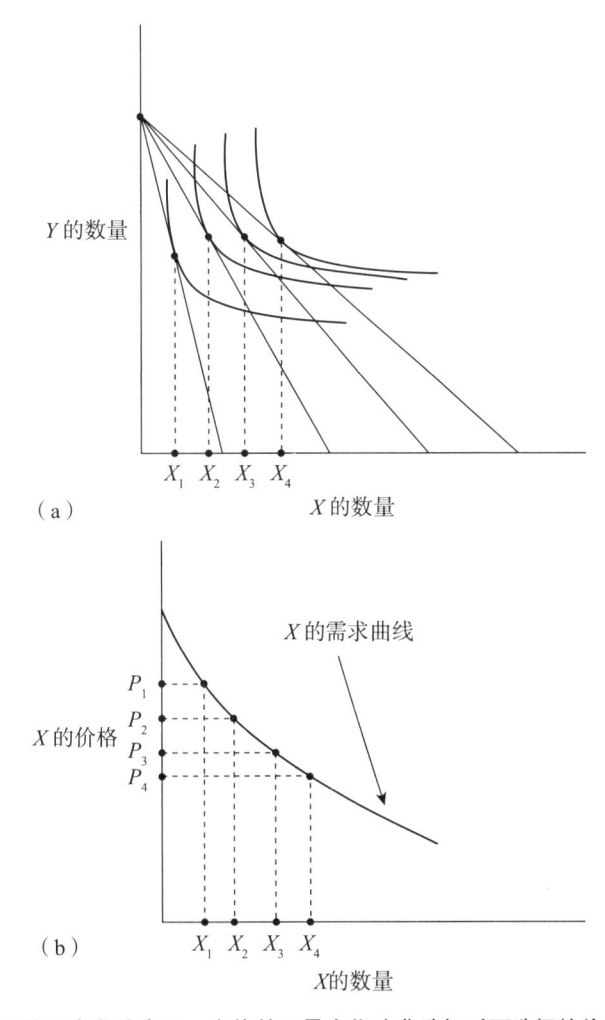

图4-5　普通的需求曲线表明了个体效用最大化消费选择对可选择的价格水平的反应

---

① 吉芬（Robert Giffen）先生是一位英国经济学家（1837—1910），他观察发现，在爱尔兰土豆价格的上升导致了对其需求量的增加。

除了吉芬商品,需求曲线都是向下倾斜的,或者说普通的需求价格弹性是负值,即价格上升将会减少需求量。值得注意的是,随着商品 X 的价格下降,个人效用不断增加。①

在图 4-6 中,我们对比两条需求曲线。需求曲线 D_E 富有弹性的,即价格较小的变化会使需求量产生较大的变化。当价格弹性 $(\Delta X/\Delta P)(P/X)$ 小于 -1,例如等于 -1.5 或 -2 时,我们说需求是有弹性的。需求曲线 D_I 是缺少弹性的,即随着价格的波动,需求量不会发生较大的变化。当价格弹性介于 0 和 -1 之间,例如等于 -0.1 或 -0.7 时,我们说需求是缺乏弹性的。因此,依据个人消费偏好,需求曲线呈现出各种不同的形状。在以后各章里,我们将会广泛地用到需求曲线,但在这里我们主要讨论借以推导出需求曲线的收入效应和替代效应的作用机理。

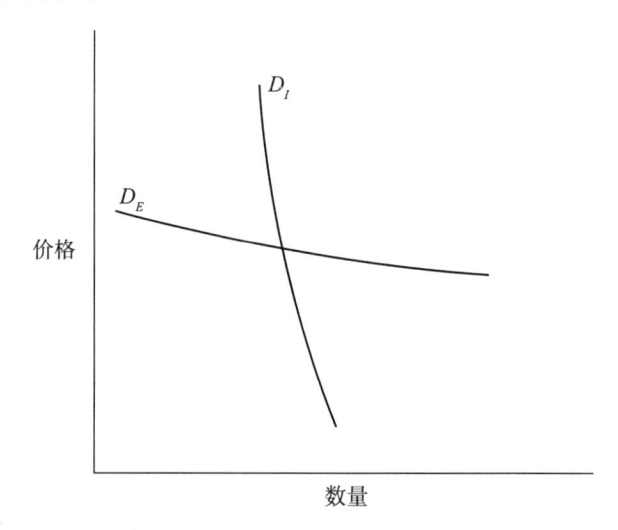

图 4-6 需求曲线可能富有弹性 (D_E) 也可能缺乏弹性 (D_I)

对相关商品价格变化的反应

上述分析关注的是收入水平变化和商品自身价格变动时该商品的消费是怎样变化的,然而商品需求同样受到与它相关的商品价格变化的影响。这同样也可通过收入效应和替代效应进行说明,虽然这种分析并不是那么直接。理由是,正在改变的价格可能是替代品或者互补品的价格,这两种商品所产生的效应是不一样的。

替代品是指那些在某种程度上可以相互取代的商品,比如汉堡包和热狗。互

---

① 与普通需求曲线紧密相关的是被构造出来的补偿需求曲线,除非如表 4-3 所示只以替代效应为基础,那么它可以类似的方法得到。因为个人仍然保持在相同的无差异曲线上,所以沿着补偿需求曲线移动,效用是固定不变的。需求的补偿价格弹性总是负的。补偿需求曲线将在第六章附录部分被发展和应用。

补品就是放在一起使用的商品，像芥末和热狗。如果热狗的价格上升，那么汉堡包的消费将会上升，但是芥末的消费量会下降（假定制做额外的汉堡用的是番茄酱而不是芥末）。

如果商品 Y 价格上升引起商品 X 的消费上升（$\Delta X/\Delta P_Y>0$），则商品 X 被定义为商品 Y 的总替代品。类似地，如果商品 Y 的价格上升引起商品 X 的消费下降（$\Delta X/\Delta P_Y 0$），则商品 X 是商品 Y 的互补品。图 4-7 描绘了导致个人对热狗的需求曲线 D 移动的这些效应。如果汉堡的价格上升（其他商品的价格保持不变），对热狗的需求将会向右移动至 D'，即无论热狗的价格是多少，对热狗的需求总是比汉堡较便宜时多。如果取而代之的是芥末的价格上升（其他商品的价格保持不变），那么对热狗的需求将会从 D 向左移动至 D''，即无论热狗的价格是多少，对热狗的需求会比芥末较便宜时少。[①]

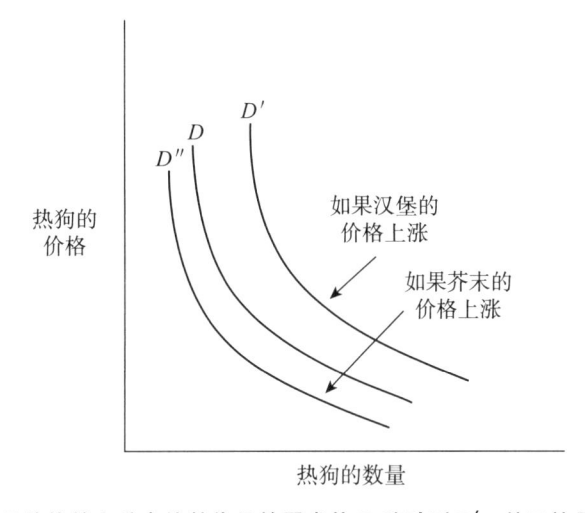

图 4-7 一种商品价格的上升会使替代品的需求从 D 移动到 D'，使互补品的需求移动到 D''

我们可以用交叉价格弹性的概念来表达这一定义。测度商品 X 对另一商品 Y 的价格变化的反应程度用交叉价格弹性，即 $\epsilon_{X,P_Y}\equiv(\Delta X/\Delta P)(P_Y/X)$ 来表示。在这个价格弹性定义中 P_Y/X 总是正值，因此，对于总替代品，$\epsilon_{X,P_Y}>0$，对于总互补品，$\epsilon_{X,P_Y}<0$。

接下来让我们回到福利政策的分析上来。

---

① 一个与总替代（或互补）很相近的概念是希克斯替代或净替代。如果一种商品的纯价格或补偿价格上升的影响会增加（减少）另一种商品的消费，那么这两种商品就是希克斯替代（互补）的或者净替代（互补）的。因此，总替代包含了任何价格变动的收入效应，而希克斯替代或净替代则并非如此。根据总量意义上的定义，商品 X 可能是商品 Y 的总替代品，同时可能商品 Y 是商品 X 的总互补品。如果咖啡的价格上涨，那么对奶油的需求将会减少：奶油是咖啡的总互补品。但是，如果奶油的价格上涨，并且如果人们只喝"黑"咖啡，那么对咖啡的需求将会增加：这时咖啡是奶油的总替代品。根据希克斯或者纯粹的定义，将会产生对称性结论：如果 X 是 Y 的净替代品，那么 Y 也是 X 的净替代品。

政策强加的选择限制

前面几章指出相当多的无效率可能是因为实施了类似于食品券政策的实物福利计划项目。这些讨论是基于微观经济分析中的传统模型设定的，但是这些模型设定是否适用于实际计划呢？在本部分，我们将更加仔细地分析模型中预算约束线的性质。替代的和更符合实际的预算约束的模型设置影响了依据其得出的政策的有效性。

更具体地说，我们希望强调在设计和评估一项政策时非常重要的两个普遍因素：（1）政策设计的实际细节；（2）在政策运作和实施过程中必要的信息和交易成本。这两个因素对个人的实际选择方案都有很重要的影响，所以在模型中对个体的不同选择做出假设时，应该把这两个因素考虑在内。我们将以食品券计划、福利住房和辅助性保障收入计划为例说明这两个因素。

食品券的选择限制：最大化分配

标准模型中的无效率结果的主要驱动因素是对食品券接受者（而不是其他人）食物价格的改变。正是这一点创造了交易空间。但是正如以上所述，标准模型假定符合条件的个体能够购买他们想要的所有食品券。类似这样的政策很容易导致非法交易这样的严重问题，即一些个体购买超过自身需求的食品券是为了通过卖给其他不能合法取得这些食品券的人以获取利润。解决这一问题的办法是，根据既定的家庭成员数量合理地将食品券限制在一定的数量。实际的食品券项目基于农业部对低成本的营养饮食的评估设置了数量限制。但是这样就以一种重要的方式改变了预算约束。

图 4-8 描绘了几个预算约束。AB 表示无食品券补助计划情况下的预算约束，AC 如前所述代表无限制的食品券项目下的预算约束，ARS 表示有限制的预算约束。在有限制的预算约束下，个体能够用食品券购买到 OT 数量的食物，但是一旦超过这一数量，必须对额外的食物支付正常的市场价格。因此从 A 点到 R 点，预算约束线的斜率反映了食品券补助，从 R 点到 S 点的斜率等于 AB 的斜率。预算约束线的转折点出现在食品券数量的限制点。

个体是怎样对有限制的食品券计划做出反应的呢？答案取决于个体的初始状态（在 AB 上）与 OT 的关系。假定个体最初在 U 点，对食物补助的消费量超过了计划的限制。因此这个项目只产生收入效应。也就是说，假设食物的消费量在 U 点时，边缘部分的额外食物的价格没有变化。在食物和其他物品都是正常品这一非常可信的假设条件下，个体新的效用最大化点介于 W 点与 D 点之间（在这些点上，两种商品的消费量都增加了）。在这种情况下，不存在因食品券计划而产生的无效率。如果附加限制线 QRS 的现金转移支付计划得以实施且现金总量是 QA，那么它等于最大化分配的补助规模。

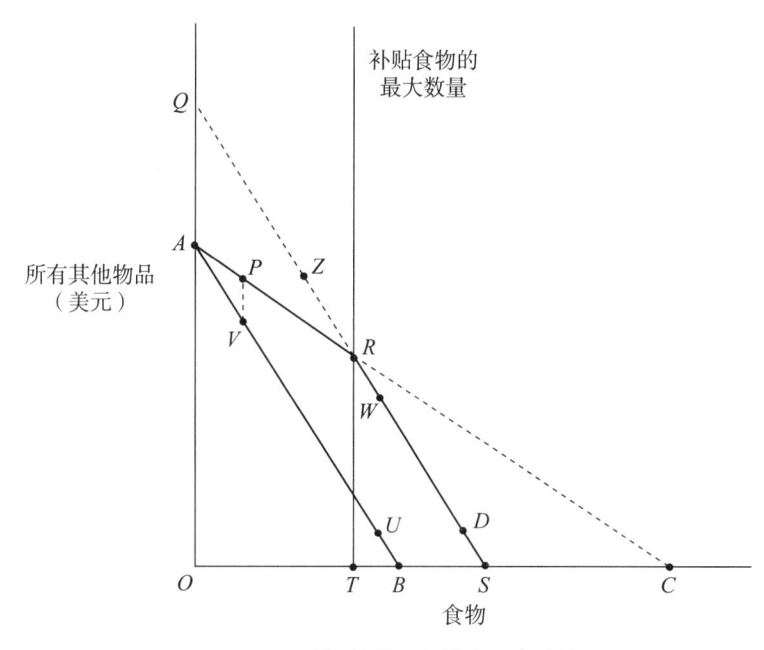

图 4-8 附加数量限制的食品券计划

然而，假定个体面临如 V 点这样的补助限制点。那么新的最大化选择必须是在 ARS 中 PR 的部分。① 我们将这一预测的解释分为以下两部分：第一，相对于 AP 上的其他点，个体偏好于 P 点；第二，相对于 RS 上的其他点，个体偏好于 R 点。总之，这些偏好意味着个体在 ARS 上的最优选择点落在 PR 段上。

第一部分相对比较容易。因为从 V 点开始额外食品的价格不断下降，替代效应作用使食品消费增加。因为食品是正常品，所以正的收入效应使食品消费增加。两个效应作用于相同的方向，这样食物消费将从 V 点的水平开始增加。因此，个体将会在 ARS 上选择这样一个点，它比 V 点有更多的食物或在 P 点的右边（这个点不可能出现在 AP 上 P 点的左边，因为它们代表的食品数量比 V 点少）。

第二部分稍微复杂一点。其他物品的收入效应将使得其消费量从 V 开始增加，因为它同样也是一种正常品。但是它的替代效应却使得其消费量降低。这两种效应是反方向的，从而我们不知道其他商品的消费量是增加还是减少。然而，即使它是减少的，它的数量也不会低于 R 点，得出这一结论是因为我们知道初始位置是在 V 点，而且两种商品都是正常品。

为了弄清楚这一点，设想个体将 QRS 作为预算约束线，即相比 AB 纯收入是增加的。然后依据正常属性，效用最大化的消费选择将落在 QR 上，比如 Z 点，它比 V 点有更多的两种商品。随着我们向下移动，从 Z 点开始沿着 QRS 向右，个人的效用水平将稳定地趋于递减（如图 4-9 所示），因此 R 点的效用比

---

① 这个观点受 V 点选择的影响，在这里其他所有点的数量都要比 R 点更多。一个相关的说法是关于初始点的，即在这个初始点，在 ARS 上的其他所有的点所代表的数量必须至少和这个初始点所代表的数量相等。

第四章 分析福利计划的个人决策模型

RS 上其他任何一点的效用水平都高。因为 RS 部分在实际食品券预算约束 ARS 的条件下是可以实现的,所以,如果个体的消费选择处在这段的话,那么他或她将会选择 R 点。

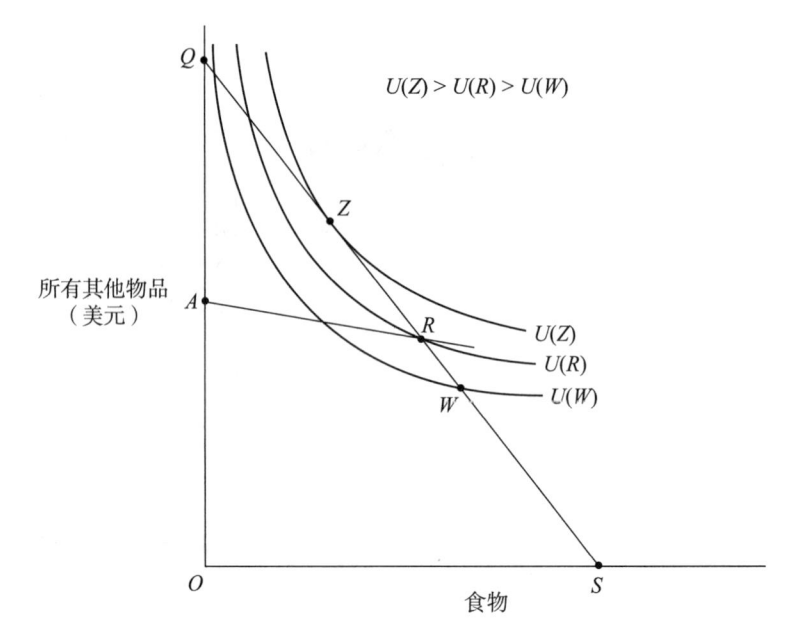

图 4-9　效用水平沿着普通预算约束线随着离效用最大化点的距离的增加而递减

同样看图 4-9,当预算约束线为 ARS 时,拐点 R 将是个人效用最大化的普遍选择点。我们画出无差异曲线以表示 R 点作为个体面对这一限制时的效用最大化选择点。它并不是一个切点,而是一个角点解。无论无差异曲线在 R 点的斜率是等于 AR 和 RS 的斜率,还是落在 AR 和 RS 的斜率之间,R 都将是效用最大化点。这就像一个陷阱。当可获得的选择从 S 点向上移动时,个体希望能超越 R 点(至 Z 点)但却做不到。当同一个个体选择从 A 点向右移动时,他希望能越过 R 点,但却做不到。不论沿着哪个方向移动,当超过角点时,情况都将变得更糟糕。因此对大量个体来说,R 点将是效用最大化点。(所有个体在 R 点的边际替代率等于 AR 或 PS 的斜率的绝对值,或介于两者之间。)

总结一般性结论,那些从 V 点开始并有一条新的预算约束线 ARS 的个体将会选择 PR 上的点。AP 上点的效用比 P 点本身要小,RS 上的点的效用将比 R 点本身小,因此效用最大化的点一定在 PR 上。

这些例子说明,当适用于一个家庭的食品券数量面临限制时,食品券计划的效用将会提高。下面我们将对此做出解释。若一个家庭开始时消费少量的食物——意味着数量低于这个限制,则其可能会选择如图 4-8 所表示的 PR 段上的一个消费点。对于这个家庭,在标准分析模型中,无效率确实会发生,即比食品券补助少的现金补助可使得这些家庭能够购买更少的食物和更多的其他商品,从而维持相同的效用水平。

然而,若一个家庭开始时消耗大量的食物——意味着数量超过了这一限制,则其会将食品券补助视同现金补助。对于这些家庭而言，由此导致的分配是有效的，即纳税者没有更廉价的方式使这些家庭达到同样的效用水平。因此，对食品券补助设置一个限制会提高总效率，即食物消费量较低的家庭不会受到这一限制的影响，但食物消费量较高的家庭的效用将会上升。这一项目仍然没有纯粹的现金补贴有效，但也已经相当接近。

让我们来反思一下这个结论。如果食品券计划的唯一变化是对针对每一个接受者的补贴规定一个上限，那么总的纳税成本就会减少。低食物消费水平的接受者最终会得到与没有限制的情况相同的补贴和相同的效用水平。因此，高食物消费水平的家庭得到的补贴必然会减少。对其来说每一单位补贴的真正价值会更高。因此，这些家庭最终所得到的效用水平会低于不存在数量限制的情况。在没有限制的情况下，他们可能选择与有限制情形下同样水平的消费量，因为他们不这么做，所以没有限制情况下的选择一定会比有限制情况下的选择产生更大的效用。（图 4-8 说明得很清楚，初始位置在 U 点的家庭偏好于选择线段 RC 上的某点而不是线段 WD 上的任一点。）

由于这一限制，如果一些人损失了效益（符合条件的高食物消费家庭）而另外一些人提高了效益（纳税者），那么我们该如何评价效益增长呢？回想第三章我们关于相对效益的讨论。我们已简单地指出这一限制会导致经济参与者间的潜在交易变少（除了纳税者和高食物消费食品券接受者之间的交易，所有的潜在交易都不会受这一限制的影响）。人们考虑这一变化是否合意还取决于这一变化的公正度。在后一种情况中，要注意食物消费量较高的家庭始终比食物消费量较低的家庭得到更多的补贴。

但是这一变化的满意度在这儿并不是问题所在。问题在于如何对食品券的影响建立模型。实际的食品券计划的确包括对每一接受家庭的可用补贴的限制。因此考虑到这些限制的分析模型更接近现实，从而更加精确。这样，相比那些不切实际的标准模型，它将会产生更高的效率。

对补贴限制效应的这一考察表明，在应用微观经济理论进行有效分析时需要考虑到政策设计的特定性。对食品券计划的补贴限制会对接受者的选择集合和预算约束线产生重要的影响，因此会影响到计划的有效性。一个模型如果忽视了这一特性，就像我们开始的分析模型一样，就是错误的。

食品券选择限制：转售的禁止

模型设计要考虑的另一个因素是政策实施及执行所必需的信息和交易成本。标准模式并没有明确地考虑这一点。例如，隐含的假设条件是接受者都遵循计划实施的规则。但是接受者也可能不遵循计划实施的规则，他们存在参与非法转售食品券的动机。为说明这一结果对预算约束的影响，我们解释如下。

在图 4-10（a）中，我们画出食品券的预算约束线 ARS，其特征如前所述。接受者家庭的选择为价值 120 美元的食物和 340 美元的所有其他商品，其前提条件是以 0.5 美元出售价值 1 美元食品券并且设置一个最高只能购买价值 180 美食品券的上限。那么，最高补贴是 90 美元，尽管家庭显示出接受的补贴是 60 美元。

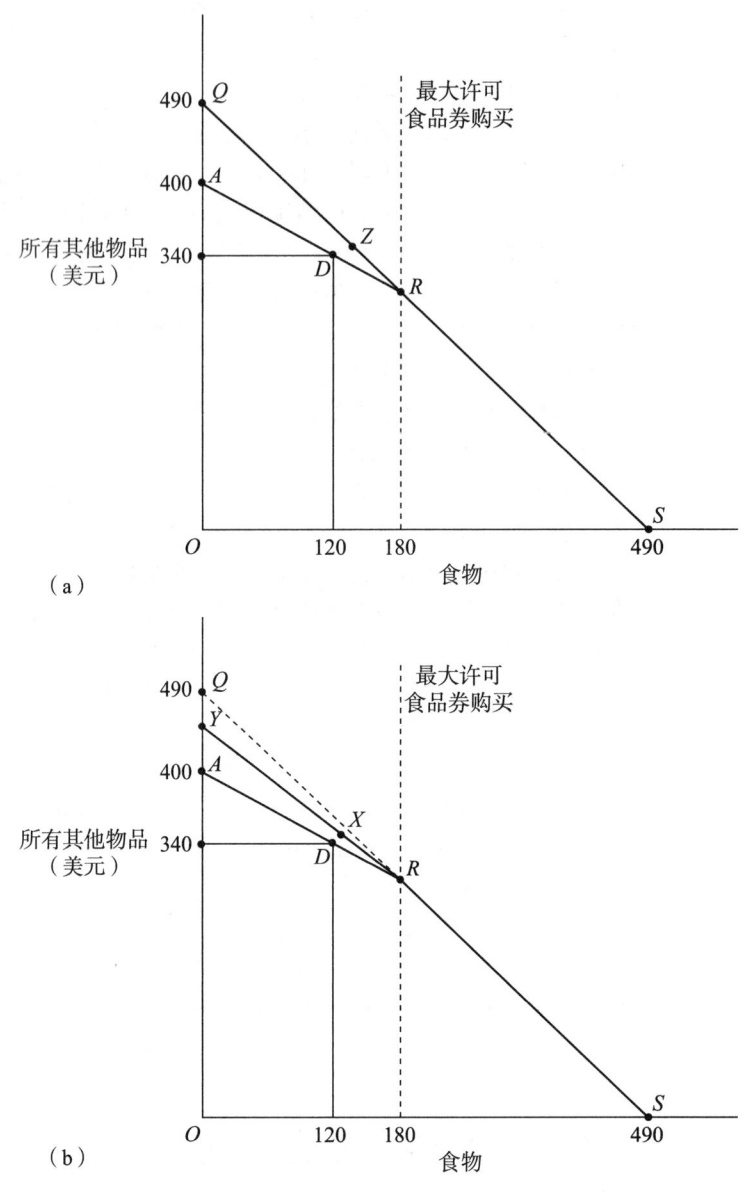

（a）

（b）

图 4－10　转卖补贴食品券的动机

（a）食品券的合法转卖有利于改善接受者的状况；（b）食品券的非法转卖机会可能会引诱某些接受者参与交易。

考虑如果食品券能够在个人之间自由转让，那么接受者将怎么做。因为他享有用 0.5 美元购买 1 美元食品券的特权，所以他将一直购买食品券直到达到最大许可购买量。任何不用于自己食物消费的食品券都可以以市场价格转售以获取利润。市场价值则近似于 1 美元，因为任何试图获得更多折扣（比如说 0.9 美元）

的人的出价都会低于那些满足于我们认为微不足道的小折扣的人。

这个新的交易机会是如何改变预算约束线的形状的呢？线段 RS 没有发生变化；家庭自己消费了价值 180 美元的所有食品券，超过最大配给量之外的任何食物消费都按正常的市场价购买。然而，在 R 点的左边，预算约束线变成线段 QR。在 R 点处放弃价值 1 美元的食物消费，消费者能够出售一张食品券而多花 1 美元在所有其他消费品上，放弃价值 2 美元的食物消费，消费者能够出售两张食品券而多花 2 美元在其他消费品上。但是这只是普通意义上的市场均衡，新的预算约束 QRS 相当于每个家庭获得 90 美元的现金补助（最大分配额和家庭获得补助所花费的成本之差）。

我们的样本家庭起初的选择点为 D 点，而此时将要选择线段 QR 上的点，如 Z 点。在 Z 点上，消费者会消费更多的其他商品，因为收入效应和替代效应在此时作用的方向是相同的。食物支出将会下降或者上升（收入效应使之上升，替代效应使之下降），但是效用最大化原则下新的选择点必将在 QR 线上，此时会拥有 340 美元或者更多的所有其他商品。

当然，食品券是不可以随意转卖的。实际上，食品券的接受者将他们的食品券转卖给其他人是非法的，不合法的家庭持有食品券同样是非法的。大部分人都会遵守这种规则，但是还是会有一些人被引诱从事这种转让交易。食品券的接受者会被引诱将不用的食品券以高出成本的价格转让给寻求者。潜在的购买者不会支付公允的市场价格，因为交易背后存在着被抓住的风险，但是购买者完全可能以一个高出卖者成本的价格购进食品券。正如图 4-10（b）所示，食品券接受者的有效预算约束不是 QRS 线，而是 YRS 线，即非法食品券交易在正常的家庭补贴约束线 AR 的斜率和一般市场价格线 QR 的斜率之间产生了一个新斜率。

在分析中如何将信息和交易成本纳入其中呢？预算约束线 YRS 的斜率部分地取决于政府为了制止非法交易而分配的资源的数量。在一种极端的情况下，政府花大力气加大执法力度进行制止，从而使有效约束靠近 AR 线（被惩罚的极大可能性或者使非法购得的食品券不能使用，让非法的食品券市场渐渐萎缩）。在另一种极端情况下，政府很少或不采取什么措施，这样的话就使得预算约束线靠近 QR（非法购得的食品券很容易在市场上流通，这必将抬高食品券在市场上非法交易的价格）。

非法交易可能会产生什么影响呢？符合条件的高食物消费家庭将不会受到任何影响，因为如前所述，这样的家庭倾向于将得到的最大配额全部用于自己家庭的消费。然而，对于符合条件的低食物消费家庭情况就不一样了，这些家庭不会完全消费掉自己获得的配额。假设这样的家庭会从事非法交易并会在 YRS 的 X 点上达到均衡。显然，无论是购买者还是出售者都将感到交易过后自己的效用水平提高了。然后，我们能够看出 X 点与 Z 点越靠近［在图 4-10（a）中，如果食品券交易是合法的，Z 点就是双方的最优选择点］，交易双方的交易效率就越高。那么为什么要禁止食品券交易呢？

原因之一可能是纳税人的成本的升高。如果符合条件的家庭的选择点是在 R 点左边的 AR 线上的某处，那么非法交易是通过增加食品券的购买及因此增加纳税人的成本来完成的。然而，如果符合条件的家庭在 R 点不从事任何食品券交易,那么转售行为将在没有任何附加成本的情况下发生。(所有的补贴是在没有任何非法交易的情况被使用的。)从公平角度来看,同样符合条件的家庭根据其食物购买量而得到不同的补贴是不明显的。实际上,食品券计划变革的讨论会从本质上消除这一担心,因为它保证同样符合条件的家庭都能获得最大化的补贴。

截至目前,我们所讨论的模型最近似地代表了从1964年到1978年这段时间里实际实施的食品券计划,在此期间参与该计划的家庭被要求购买食品券。然而,1977年实施的《食品券法案》消除了1979年的购买需求。每个家庭根据其收入以及家庭规模大小被给予一种月度免费的食品券配置。在此原则下,我们可以得出如下两个推论:(1)食品券的非法交易没有提高纳税人对接受者的补贴;(2)非法交易明确地减少了食物消费。

图4-11解释了上述推论对家庭的影响。其中,AB是初始的预算约束线。ARS是在原来的食品券计划下的预算约束线,AJK是在改革后没有购买需求的食品券计划下的预算约束线。在AJK约束下,家庭的选择点总是在JK段。从A开始到J点,家庭不用放弃任何东西就能将其食物消费提高到OT。

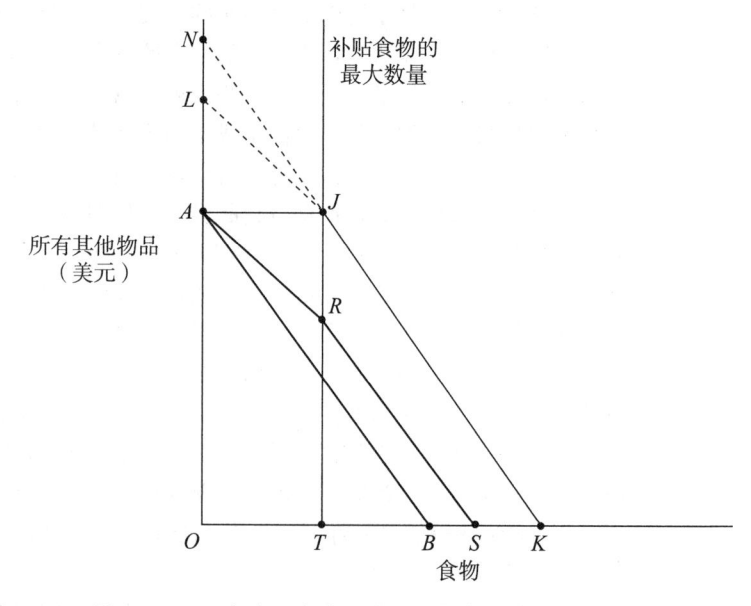

图4-11 没有食品券购买需求的家庭预算约束线是AJK

将约束线NJK视为一项不受限的现金补助。如果家庭在约束线上选择一个低于J点的位置,那么其非法交易食品券的行为将与我们前面所讨论的高食物消费的家庭一样。也就是说,其更愿意将所有配给用于自身的食物消费。如果此家庭对食物的偏好较低,更倾向于在线段NJ上J点往上的位置进行消费,那么J点就是无非法交易的食品券配给情形下的最佳选择点。① 如果LJ代表非法的

---

① 根据一项统计结果,10%~15%的食品券接受者表现出这一特性。参见 Thomas M. Fraker et al.. The Effects of Cashing-Out Food Stamps on Household Food Use and the Cost of Issuing Benefits. Journal of Policy Analysis and Management, 1995, 14 (3): 372-392。

市场交易机会，那么该家庭可能会利用这一机会并减少自己的食物消费。在修改后的食品券计划下，因为所有的家庭都使用了全部的配给，所以任何从事非法食品券交易的家庭都将减少其自身的食物消费。然而，政府在这个交易中却没有承担任何额外的补贴成本。

从经验来看，无法准确知道有多少非法交易发生，但其存在是毫无疑义的。一项研究表明，1995年有4.2%的超市和12.8%的杂货店进行非法交易。1994年的调查显示，价值224 503美元的食品券以124 779美元的价值卖出，这表明每一美元食品券的价格是0.56美元。[①] 加利福尼亚Oakland的一份报纸同样报道了这种非法交易，指出人们以0.5美元的价格卖出他们的食品券。根据此报道，买者作为中间人将食品券卖给超市和杂货店以挣取微利，然后这些商店又将食品券全价卖给政府。

这里关于食品券的讨论所得出的结论与前面所讨论的标准模型有明显区别，而且有必要对这些区别进行总结。标准模型指出，由于有效食品价格在参与者和非参与者之间是不同的，所以食品券相对于现金补助来说是低效率的。因为原有的食品券计划没有直接产生标准模型所分析的价格差异的类型，所以该模型在本质上并没有把握现代食品券计划所导致的任何无效率。而我们应讨论选择的限制性条件：每一户的食品券限制以及禁止接受者转卖食品券的法规。在存在因实物补贴计划而引起的价格差的情况下，有效的限制性条件通常就是决定计划有效性的主要因素。

食品券的限制性条件是影响其有效性的主要因素。潜在的无效率只有当家庭意愿的食物消费在其限额以下时才能出现。限额越小，就会有越多家庭的食物消费需求高于限额。这些家庭会充分利用这些食品券，以市场价格来支付其边际食物消费，从而不会出现低效率。因此，潜在的无效取决于（统计意义上）相对于限额来说符合条件的家庭之间食物偏好的分配（即多少家庭希望在多大程度上低于这一限额）。

假设潜在的无效率的实现取决于这些家庭进行非法交易的规模。非法交易越多，无效率就越少！既然政府阻止非法交易的成本高昂，那么人们会想为什么政府要耗费精力来阻止这些交易呢（或者，如果接受者们愿意的话，那政府为什么不干脆允许他们转卖食品券呢）。

实际上，尽管考虑了食品券的限量以及非法转卖的问题，推导政策有效性意义的模型仍过于简单。我们所讨论的不同模型设置的差异只体现在接受者的有效预算约束上。所有这些变量都假设接受者按照他们的最大喜好（效用最大化）来行事，并且接受者的消费选择不会影响到不接受者的效用水平。然而，有理由期待这些假设的限制条件也应被放松并纳入分析框架。关于这一点，我们在此不再给出正式的分析模型，而只是简要对这些问题进行阐述。

对于这一问题，我们交叉使用了"接受者""住户""家庭"这些词。其中暗含的假设条件是接受食品券的那些个人（比如，一个母亲）是按照他们所照顾的

---

① 这些数据引自E. Regenstein. Food Stamp Trafficking：Why Small Groceries Need Judicial Protection from the Department of Agriculture (and from Their Own Employees). Michigan Law Review, 1998 (96)：2156-2184。

人（比如，母亲、她的孩子以及任何其他家庭成员）的最大利益来行事的。我们假定存在住户或家庭效用方程，用来表示它的成员的偏好。但是正规经济学中的效用最大化理论是基于个人行为而不是集体行为的。[1] 如果一些接受者不是按照他们家庭成员的最大利益行事的，比如说，为人父母者交易食品券的目的是吸毒，而只给子女们（或者为她自己）买回少量的食物，那么情况会怎样呢？这种考虑使得将转卖食品券视为非法并强制禁止变得更加合理。

在经济学中，激励某个经济主体为了另外一个经济主体或其他经济主体的利益而行事的问题被称为委托-代理问题。在这个例子中，通过政府来纳税的人是委托者，领取食品券的人是代理人，家庭成员就是委托人想要保护的利益的享用者。食品券计划的规章制度就是委托人和代理人之间从事交易的合同。假定大部分代理人按照他们家庭成员的最大利益来行事。不过，从委托人的方面来讲，"不准转售"的提出是合理的。然而，这种限制可能会阻止确实为了成员的最大利益而做出的行为，例如，在食物消费上的精打细算是为了更好地满足医疗或教育需要。作为分析者，我们想知道这种限制对于家庭成员来说是否是得大于失。

对于我们的政策阻止接受者选择一个低于配额的食物消费水平，是否还存在其他的原因呢？如果我们说效用依赖于接受者如何使用他们的食品券的话，那么将出现什么情况呢？如果我们愿意为提高他们的食物消费而支付合理的费用，那么这将为接受者创造一个提高他们食物消费量的机会。在本章的补充部分我们将探究交叉偏好的意义。虽然其实证意义依然仍需深入研究，但它在理论上为一个集体对另一集体针对特定消费选择进行补助或惩罚的行为提供了另一种合理的解释。

关于食品券还有一些问题需要关注，例如行政成本、提高食物消费量与提高营养摄入量之间的区别。但是我们的主要目的是培养微观经济政策分析方面的技能。我们已用食品券的例子解释了消费者行为模型的不同规范如何对政策分析产生影响。

不同的模型假设深入分析了消费者对食品券计划如何反应以及如何对这种反应做出评价。

公众住房选择的约束

在公众住房计划中存在另一种选择约束。在该计划中，一个家庭可能面临"要么接受，要么放弃"的选择。在图 4-12（a）中，我们将解释这种选择如何影响预算约束。假设不实施任何计划时家庭的初始预算约束线是 AB，家庭的初始最大效用点为 C 点，因此住房的消费是 OG。（这里认为每单位的住房消费以标准质量表示，那么高品质的住房按更多标准单位来计量。）公众住房机构告诉各家各户，他们可以住在一个跟当前一样大小但是有更高质量的公寓里，而且它

---

[1] 有关家庭经济学的调查，请参考 T. C. Bergstrom. Economics in a Family Way. Journal of Economic Literature, 1996, 34 (4): 1903-1934。

的租金还要比现在的便宜（因为有住房补贴）。那么家庭面临的新的预算约束仅仅是在原来的基础上加上 E 点（注意在 E 点，家庭因为减少了租金支出，所以能消费更多的其他物品）。按照越多越好的逻辑，家庭将更愿意选择 E 点而不是 C 点，并且会接受所提供的公共住房（假设质量是更好的）。那么这是有效还是无效的呢？

我们要论证的是"要么接受，要么放弃"的选择不是必然无效率的。我们要弄清的是，是否存在一条通过 E 点并且斜率与 AB 一样的无差异曲线，或者说消费者在 E 点是否存在一个等于市场价格比率的 MRS。如果确实存在的话，那么就不存在交易的空间，公共住房计划也是有效率的。[①]

为了证明这一结论，我们构造一条假设的预算约束线 AJ 来表示一个具有与 E 点同样比例的补贴并且没有约束的住房补贴计划。在 AJ 线上要识别两个点：在其中一个点上，因为房子数量太多而导致无效率（通过该点的无差异曲线的斜率要比 AB 线的斜率更小），在另一个点上，因为房子数量太少而导致无效率（通过该点的无差异曲线要比 AB 线更陡峭）。在其中的一点沿着 AJ 线向另一点移动的过程中，通过这两点的无差异曲线的斜率逐渐发生改变。因此，在这两点之间肯定存在一点，在该点的切线的斜率必然与 AB 线相等，并且此时既没有太多也不会有太少的住房。这一点就是有效率的点，并且它就是 E 点。

首先，我们在 AJ 线上画出一点，在该点上有太多的房子，所以是无效率的。这种情况我们现在已经熟悉，即家庭在 AJ 线上自由选择的效用最大化点。在图4-12（a）中我们将其标为 F 点，此处无差异曲线与 AJ 线相切。这种情形与我们前面讨论过的食品券的标准模型是相同的。因为家庭所需的其他商品对住房的 MRS（无差异曲线斜率的绝对值）小于普通消费者所支付的市场价格（没有补贴），所以仍存在交易的空间。该家庭将在一个对不享受补贴家庭具有吸引力的价格上愿意放弃住房以换取现金（其他商品）；如此一来，这两个家庭都将通过交易使自身状况变好。F 点是无效率的，因为给定市场价格后，相对于其他商品来讲，家庭在该点所拥有的住房太多。

现在来看另一个点。假设住房管理机构只对流通的公寓提供补贴（沿着 AJ 线移动，补助比例不变），在图上表示为 D 点。这点也是无效率的，但是这是因为住房过少而导致的。为了说明这一点，在图4-12（b）中我们加入了一条经过 D 点的现金转移计划线 KL 线。因为家庭的初始均衡点在 C 点，所以只要两种商品都是正常品，该家庭就会沿着 KL 线向右移动，选择一个低于 D 点的点。[②] 因此，D 点不是 KL 上的效用最大化点，因为它位于 KL 线上最大化点的上方，经过 D 点的无差异曲线必定比 KL 更陡峭（等于 AB 线的斜率，表示市场均衡比率）。在 D 点，家庭会在一个对不享受补贴的家庭有吸引力的价格上用现金（或其他物品）来交易住房；如此一来二者的状况都将变好。给定市场价格下，因住

[①] 此处我们忽略掉了后文要讨论的交叉偏好的可能性。
[②] 关于这种论证的一种简化版是在不依赖物品是否属于正常品的情况下做出的。找到通过 C 点的无差异曲线与 AJ 线的交点（在 D 点的左边）。在这一点，用于消费的住房数量过少（该处的无差异曲线的切线要比 C 点的陡峭，因此比现金转移支付计划线 KL 要陡）。其余的论证都与上面的一样。

图 4-12 公共住房选择的约束

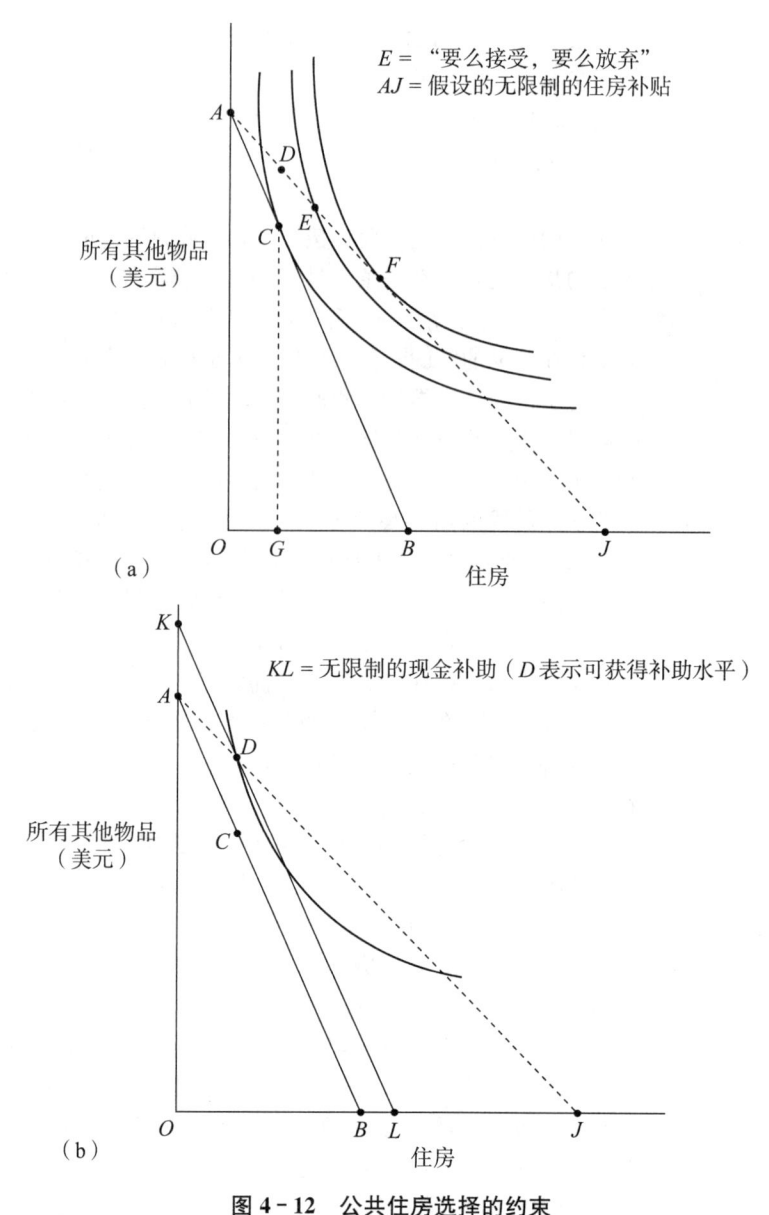

(a) F 点因为有房子太多而无效率；(b) D 点因为房子太少而无效率。

房相对于其他商品而言过少，因此 D 点无效率。

我们已证明，通过 AJ 线上 F 点的无差异曲线的斜率太小，所以 F 点是没有效率的；通过 AJ 线上 D 点的无差异曲线的斜率太大，所以 D 点同样是没有效率的。但是当我们沿着 AJ 线从 F 点移动到 D 点时，无差异曲线的斜率逐渐变大。因此已证明，我们在 F 点和 D 点之间可以找到一个点，通过该点的无差异曲线的斜率刚好等于 AB 线的斜率，市场在此达到均衡，此时的分配是有效率的。如果公共住房机构将其作为"要么接受，要么放弃"的选择，那么公共住房分配就是有效的。

实际中的公共住房计划是否有效需经过实证验证，上述分析只提供了一种发现问题的方法。关于联邦住房计划的一项研究表明，无效的程度可能低于5%（平均来讲，公共住房接受者放弃1美元的住房补贴将得到至少0.95美元的现金）。[①] 正如食品券一样，任何过度分配的无效性都将为相互依存的偏好所抵消。同时我们发现，微观经济理论可以被用来分析"要么接受，要么放弃"的选择，这是公共政策在某些情况下所产生的另一种类型的预算约束问题。

收入维持和努力工作

到目前为止，对部分均衡问题的分析存在另一种过度简单化的现象。简单来说，即集中分析资源配置选择中受计划影响的一种选择行为。我们至今一直只集中分析交易效率问题。当然，效率所涉及的其他问题，例如是否生产出了合适的产品以及是否利用合适的资源来生产这些产品等，也同样重要。一般均衡分析要求必须考虑受到特定计划影响的所有资源配置选择。在以后的章节中，我们将继续对与效率有关的其他问题进行一般性分析，在此为便于理解，我们将通过对接受者关于"劳动-闲暇"选择的分析来阐述其中的一个方面。通过这一选择，所有转移支付计划都能够产生影响并导致无效状态。[②]

本部分的主要目的是强化理论对政策设计和评估的正确引导作用，尤其是，我们通过所得税减免措施来为低收入家庭提供援助并激发其工作热情。首先，我们回顾一下所有人都会面临的一般性的劳动-闲暇选择问题，然后探讨当前的福利计划是如何阻碍工作的，最后我们将阐述所得税减免如何缓解当前计划所导致的工作抑制。

劳动—闲暇选择

关于这一问题，我们已假设个体面临预算约束或拥有初始禀赋，然而对于这些约束或禀赋的来源并未进行详述。个人财富的基础来源往往是与生俱来的，包括物质资料（如遗产）、童年抚育（如学校教育）以及自然禀赋（如个人智商）。随着时间的推移，劳动者可以凭借这些禀赋进一步改变他们的财富状况，如可以通过劳动或资产投资（后者包括技能发展或人力资本投资，如接受高等教育）[③]来增加财富，或者通过消费减少财富。

现在我们只关注劳动者的劳动市场决策，似乎它们是财富的唯一来源。劳动者在赚取劳动收入的过程中所面临的约束便是其所获取的工资，然而更重要的约束则是时间。一个人所拥有的可用时间是有限的，如果利用这些时间工作，那么就不能用它来做其他事情，在此我们将其他事情简化为"闲暇"。从工作中获得

---

① 关于这个问题在实证方面的进一步讨论，请参考 H. Aaron and G. Von Furstentberg. The Inefficiency of Transfers in Kind: The Case of Housing Assistance. Western Economic Journal, 1971 (9): 184-191.

② 我们注意到，纳税人的选择也受到转移支付计划的影响，因为所有的税收方式都会导致价格扭曲，否则价格会朝着有效的方向变化。该问题将在第十二章中加以探讨。

③ 在第八章和第十九章中将会进行进一步探讨。

的收入，也就是放弃"闲暇"的机会成本，每个劳动者都对花费多少时间工作具有各自的偏好。①

我们利用图4-13（a）来说明劳动—闲暇选择。横轴表示闲暇，纵轴表示其他物品的价值量（用美元表示）。预算约束为AB线，其斜率等于负工资率。闲暇的单位价格等于工资。约束线的位置取决于分析者所选取的时间结构。如果我们选择1年期，则闲暇的最大值为1年，由OB线表示。B点上的垂直虚线表示不可能选择其右边的任一点。C点则表示某些人的效用最大化选择。

我们以增加工资率为例来探讨单个劳动者对工资率变化的反应。该变化会导致预算约束线移到类似DB线的位置。劳动者会如何反应呢？这明显是一个涉及收入效应和替代效应的价格变动问题。工资的增加即闲暇价格的增加（相对于其他物品来说），所以替代效应会减少闲暇（或增加工作）。工资增加导致实际收入也会增加；如果闲暇为正常商品的话，那么收入效应会增加其消费量（或减少工作）。②所以，收入效应和替代效应的作用方向是相反的，不能单纯通过理论依据来预测净效应。

单个劳动者的劳动供给曲线是在任一可能的工资率水平下工作时间选择点的轨迹。从经验角度来讲，该曲线一般是"向后弯曲的"，如图4-13（b）所示。也就是说，当工资从一个低的初始水平开始增加的时候，替代效应会超过收入效应：个体劳动者发现，赚取收入来满足基本的生活需要比不努力工作及无所事事显得更为重要。但是，当工资提高到超过某个值的时候，收入效应则开始超过替代效应：单个劳动者将愿意花费更多的时间来放松和享受自己劳动收入的回报。

当前福利计划所产生的工作抑制

我们现在来分析低收入和低财富群体的选择行为，他们或许符合享有我们所提及的福利计划的条件，例如贫困家庭临时救助（TANF）计划（代替之前的"对未成年人家庭的资助"计划，即AFDC）、食品券、医疗补助以及当地住房补助等。从历史的角度来看，大部分该类计划都以这样的方式设计，即随着接受者收入的增加，其所接受的救助会相应减少。这种情况导致了接受者的一些奇怪动机。

例如，假设一个家庭在原有模型中同时享受AFDC救助和当地住房补贴。如果一份业余工作提供给家庭成员中的一人，那么不但AFDC救助会随着其收入的增加而减少，而且住房补贴也将减少；如果接受工作，那么家庭将会失去双倍于他们所挣来的钱！不用说，福利接受者将很难通过道德鼓励使自己热心于"自立"。

---

① 许多人仅从事兼职工作，而其他人则同时从事两种工作。有些工作比其他工作有更多的带薪假期。有时，对某一职业的选择在很大程度上受到时间因素的影响。例如，大部分教学类工作的工作时间为9到10个月（同时支付相应的报酬）。如果某人在整个生命周期内规划其职业，则他将会面临何时开始和何时退休这两个重要决定。关于在失业阶段如何努力地寻找新的工作，劳动者有着多种选择。通常人们会选择在工作期间努力地工作；另一些人则会选择较轻松地工作，而这种方式则会降低升职的机会，因为升职与努力程度相辅相成。简而言之，在劳动和闲暇之间存在着多种选择方式。

② 闲暇通常被认为是正常商品，因为它是所有高度集合商品（毋庸置疑，它是正常品）即消费的互补品。更简单地说，通常消费越多，花费的时间越多（例如看戏、餐饮、购物、假期旅行、阅读等）。

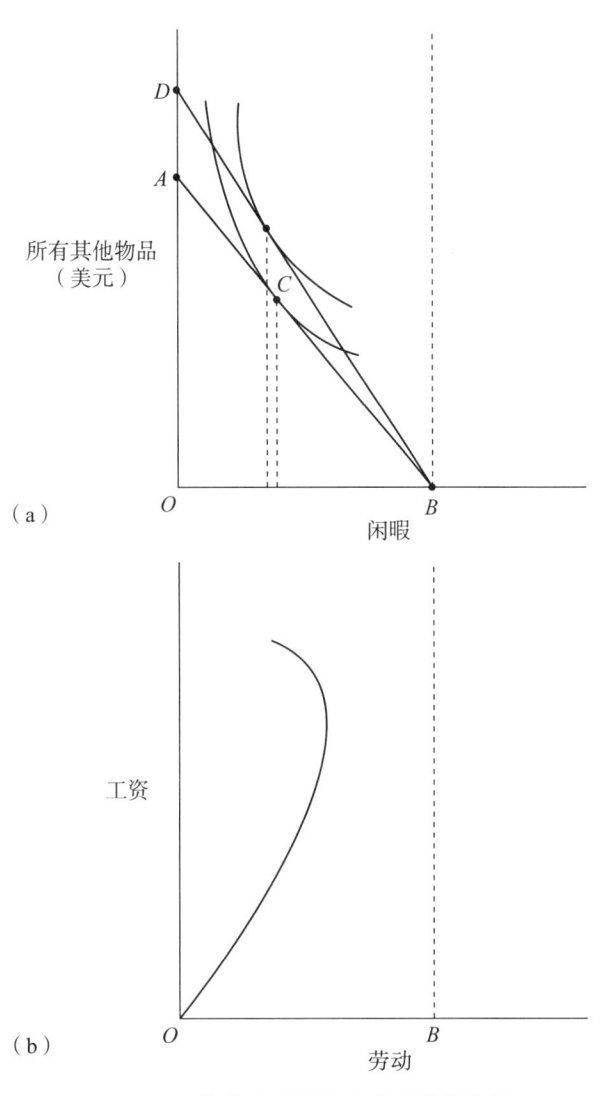

图 4-13 劳动-闲暇选择和劳动供给曲线

我们可以通过劳动-闲暇图来表示上述情况所产生的影响。图 4-14（a）中，一个低收入家庭的一般预算约束线为 AB。在没有福利计划的条件下，这个家庭也许会选择 C 点，也就是说在该点，母亲在空闲时间工作但却花费大多数时间来照顾她的两个小孩。假定我们说当前的混合计划可以用 DE 代替，这就意味着即使这位母亲不工作，这个家庭每年仍能取得 7 000 美元的收益。随着她的工作努力程度从 E 增加到 D，净收入仍停留在 7 000 美元处（净福利收益会随着收入的增加而减少）。在 D 点，她的福利收益将会减少到 0，家庭将失去福利，因此当额外的工作努力程度从 D 上升到 A 时，剩余的全部是收入。

在 E 点，这个家庭通过从劳动力市场完全撤出而实现效用最大化就不足为奇了。收入效应和替代效应的共同作用增加了闲暇（较高的实际收入会增加闲暇，而较低的有效工资则降低闲暇的价格，从而增加它的消费）。因此，这个家庭将会选择新的有效约束线 ADE 上的一点，这个点比 C 点有更多的闲暇，这意味着这个点将在 DE 段上。随着这个家庭沿着 DE 向右移动，效用水平将会增加，但是绝不会到达切点的位置，相反地，其将在 E 点达到边界条件，在这点可获取的效用最大。

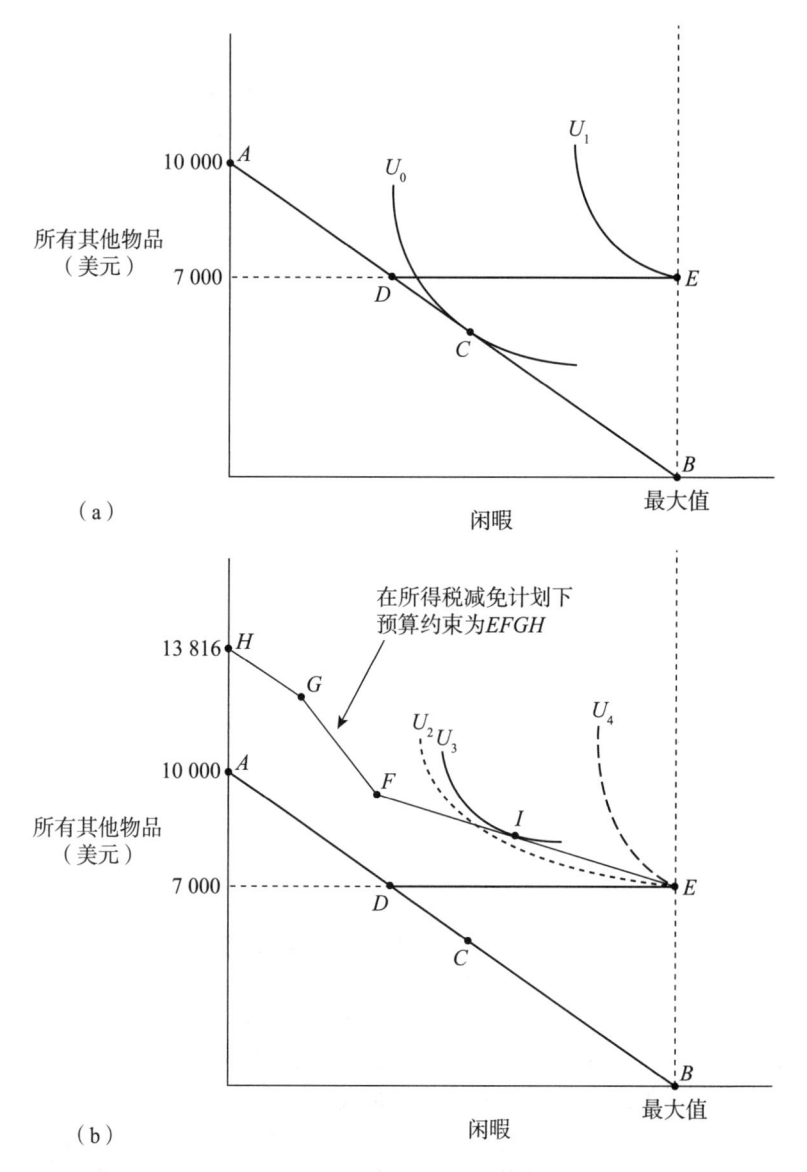

图 4-14 福利和工作动机

(a) 传统福利计划缺少工作动机；(b) 所得税减免计划增强了享受福利家庭的工作动机。

所得税减免计划（EITC）

实施 EITC 是为了给低收入家庭的努力劳动以补偿，同时希望有助于减少贫困。1975 年最初实施此计划是为了减少低收入家庭的社会安全保障税负担，1993 年的《综合预算调节法案》里，这一计划得到了较为广泛的运用。EITC 覆盖了所有低收入的纳税者，包括那些没有孩子的家庭（尽管减免额度取决于家庭规模）。如果家庭有两个或更多的孩子，EITC（按照1999年的水平）就会提供给其相当于工资水平40%的税收减免。如果收入水平为9 540美元，那么税收减免最大可达到3 816美元。当收入高于12 460美元时，这笔税收减免占收入的比例会逐渐降低到21.06%；当收入高达30 580美元时，此减免额完全消失。

对于由一个母亲、两个孩子所组成的家庭，EITC的预算约束线用图4-14（b）中的HGFE表示。正如前面所述，BE表示不参加工作时的福利水平，金额为7 000美元，当收入达到7 000美元时，收入每增加一美元，福利将相应地减少一美元。然而EITC会提供40%的收入减免税。因此当母亲开始工作时，净收入不是等于而是会高于7 000美元。在7 000美元的收入水平上，福利是0，但所得税减免额为2 800美元，这样总收入是9 800美元（F点）。从F点向左移动到G点，总收入是工作赚取的收入的140%（因此FG比没有EITC时的约束线AB陡峭）。在G点的左边，工作赚取的收入为9 540美元，所得税减免额达到最大值3 816美元，额外的工作努力会按通常的市场工资率增加收入，因此GH与AB平行。

从总体上讲，EITC能够提高享受福利的家庭的劳动积极性。然而特定的享受福利的家庭是否改变其行为则取决于其偏好。考虑在传统福利计划下不参加工作的家庭（即初始点为E）的两种可能的偏好。一种可能性用无差异曲线U_2表示，它的关键特征是它在E点的斜率比在EITC条件下EF的斜率平坦。这个家庭能够沿着EF向左移动（通过劳动），到达到一个更高的效用水平，直到在U_3上的I点实现效用最大化。① 然而，这个家庭可能会有一个不同的偏好结构，其用通过E点的无差异曲线U_4表示，它的关键特征是在E点的斜率比EF陡峭。在EITC条件下，效用最大化点仍会在E点。在E点的斜率比EF段的斜率平坦的那些家庭会被诱导参加工作，那些比EF斜率陡峭的家庭仍不参加工作。

总之，对于那些先前没有工作但享受福利的家庭，EITC毫无疑问会提高其参加劳动的积极性，其提高的幅度取决于两个因素：(1) EITC激励的强度（EF斜率的陡峭程度）。(2) 偏好的分布特征（在E点闲暇对其他物品的边际替代率MRS小于而不是大于EF的斜率的家庭的数量）。

然而EITC同样也会影响已经参加工作的家庭的劳动积极性，并且对于许多此类家庭，其动机是在很大程度上减少工作量。那些处在较平坦的GH段的家庭拥有通过劳动赚取的收入，收入效应使之增加闲暇，而处于福利补助区间之外（图中未标出）的家庭将通过收入和替代效应来增加闲暇。一些家庭所期望的工作量的减少和另一些家庭所期望的工作量的增加如何进行比较，我们并不清楚。

以上分析是在设计一项福利政策时应考虑的众多因素中的一个。在EITC的分析框架内并没有讨论实施税收减免的成本、用以识别目标群体的条件等问题。当然，除EITC和工作动机之外，还有许多其他重要的福利问题，为了进一步了解福利经济学，我们应该广泛查阅可获得的更深刻的研究资料。

---

① 在EF上的最大效用的工作努力比在C点时小：收入和替代效应同时使闲暇增加。这样，对一些收入较低且不享受福利的家庭而言，EITC将会降低其工作努力程度。

需要注意的是，我们在讨论劳动力市场对政策的影响的过程中，并没有集中考虑效率问题。而且我们注意到，当前的福利体系仍然存在着一个问题，并且我们已经找到一种解决此问题的可供选择的方案。这个问题被称为工作动机缺乏。我们仅仅使用有关收入效应和替代效应的知识来理解它，从理论上形成一个解决这一问题的想法。如果不可能准确地确定效率的影响（回想我们在讨论相同政策时所提到的决定效率的所有其他因素），那么我们将退而求其次，从那些看起来得到认同的较大的项目中找出一个来，将其当做问题，然后对它进行研究。

关于相互依存的偏好的讨论：实物转移支付可能有效

在效用最大化模型中另一个可能的设计漏洞是效用的来源，即效用函数的变量。前面讨论的行为模型暗含了自私偏好的假设：个人效用的唯一来源是其对商品和劳务的直接消费。在理性行为模型中，暗含个人都是自私的，因此不存在问题。相互依存的偏好看起来完全是有可能的：一个个体的效用水平受到其他人消费的影响。如果你邻居家的厨房刚刚被一场火灾摧毁，那么你给他一些食物你也会感觉很好。如果你给邻居与食物等值的现金，那么你也许会感到更加高兴。社会组织成员也会捐钱给为"倒霉"的受害家庭提供基本必需品的组织，这个组织可能是教会或慈善机构，也可能是政府。

政府作为一个组织进行这些转移支付肯定会引发公平性问题：所有权的本质是什么？接受者对基金的所有权（如果存在）是怎样转移的呢？从上面的例子中可以看到，我们可以简单地认为，初始所有权完全属于捐赠者，其选择的特定资源被给予了接受者。

因此，政府承担了实施转移支付的职责，仅仅是出于组织的便利性。但是事实上，某些人被迫作出贡献，这意味着转移支付是作为现存社会契约的一部分强制实施的。后面的解释将会影响我们考虑交叉偏好程度的方式。

在关于社会契约的解释中，所有社会成员对他们的财富（如税收）享有未定权益，并且对财富（如转移支付）具有或有所有权。权益或所有权取决于个体未来的经济环境，例如，如果富有则会纳税，如果贫困则会接受转移支付。所有权和债务的大小取决于社会契约的规定。在居民知道他们自己的经济成功水平之后，他们的偏好未必会反映出这些情况。事实上，如果考虑"将来"的情况，那么我们将认为存在特定的偏见。绝大多数最终负有债务而不是拥有所有权的人在知道谁将转移支付给谁之前，更倾向于在转移的时候支付比他们同意支付的少的金额。① 这有助于解释为什么法律体系有时有必要充当社会裁判：解释合同，判断合同的有效性并执行合同。根据社会契约的解释，合适的交叉偏好是当有效合同签订时所表现出的偏好。这可能更接近实际偏好（与纯粹的捐献的解释相比），

---

① 这就像在知道是否会发生车祸后，询问人们在多大程度上愿意购买车险。

这个偏好可以被认为是在每一个人都不知道最终谁将贫穷而谁不会贫穷的情况下表现出的。

尽管转移支付的大小确实受上述两种情形中哪种情形和现实更接近的影响，但相互依存的偏好在两种情况下都存在。如果相互依存的偏好涉及特定商品的消费，那么任一消费者对任意两种商品的消费的 MRS 相等的情况将不再是有效的。[1] 我们回到前文关于史密斯和琼斯（作为诸多消费者中的两个消费者）消费肉和番茄的例子中。在此，我们假定相对于史密斯来说琼斯十分贫穷，并且随着琼斯对肉的消费的增加，史密斯将从中获得满足（其他条件维持不变）。这就等于是说史密斯的效用函数是

$$U^S = U^S(M_S, T_S, M_J)$$

在这里，随着琼斯对肉的消费的增加，史密斯的效用水平也会增加。

假设开始时对每一个人来说，番茄对肉的边际替代率 $MRS_{M,T}=4$（4 磅的番茄对应 1 磅的肉）。然而，为了让琼斯对肉的消费增加 1 磅，史密斯同样宁愿放弃 1 磅的番茄（$MRS^S_{M_J,T_S}=1$）。将这些信息告诉琼斯之后，史密斯和琼斯与第三个消费者交易，他们给第三个消费者 4 磅的番茄，其中 3 磅来自琼斯，1 磅来自史密斯，用来交换 1 磅的肉。第三个消费者的效用水平未发生变化。琼斯保留了这部分肉，并且史密斯的效用水平也未发生变化。但是琼斯的状态会变得更好，他仅放弃了 3 磅番茄就获得了 1 磅肉。因此，最初的位置不可能是有效的，尽管根据他们的消费水平，所有的消费者都有相同的边际替代率。[2]

在这个例子中，若要使交易是有效率的，则应使史密斯为多消费 1 磅肉而放弃的番茄的数量等于琼斯为多消费 1 磅肉而放弃的番茄的数量。如果假设消费者对肉具有相互依存的偏好，而对番茄不存在相互依存的偏好，那么我们就能对这

---

[1] 如果相互依存的偏好是对于一般福利而不是像食物或房子这样的特殊商品而言的，那么将不需要用补贴来维持一个有效的分配水平。普通的价格将能够实现这种目标。这一结果可以通过第三章附录中的数学运算得到。一个有效的分配可以看做在给定史密斯的效用水平 $\overline{U}^S$ 的情况下使琼斯实现效用水平最大化。我们建立像第三章附录那样的拉格朗日方程，注意，因相互依存的偏好的出现，史密斯的效用函数产生了微小变化：

$$L(M_J, T_J) = U^J(M_J, T_J) + \lambda[\overline{U}^S - U^S(M_S, T_S, U^J)]$$

因为 $M_S = \overline{M} - M_J$，所以 $\partial M_S/\partial M_J = -1$，同样因为 $T_S = \overline{T} - T_J$，因此 $\partial T_S/\partial T_J = -1$。为了找到使 L 最大化的 M_J 和 T_J，需要同样的程序：分别求 L 对 M_J、T_J 和 λ 的偏导数，令它们都等于零，从而同时求出它们的解。这里为表示效率条件，只写出两个这样的等式：

$$\frac{\partial L}{\partial M_J} = \frac{\partial U^J}{\partial M_J} - \lambda \frac{\partial U^S}{\partial U^J} \frac{\partial U^J}{\partial M_J} - \lambda \frac{\partial U^S}{\partial M_S} \frac{\partial M_S}{\partial M_J} = 0 \qquad (i)$$

$$\frac{\partial L}{\partial T_J} = \frac{\partial U^J}{\partial T_J} - \lambda \frac{\partial U^S}{\partial U^J} \frac{\partial U^J}{\partial T_J} - \lambda \frac{\partial U^S}{\partial T_S} \frac{\partial T_S}{\partial T_J} = 0 \qquad (ii)$$

将每个等式（简化后的公式）的最后一项移到方程另一边，并用（i）除以（ii），可得到

$$\frac{(\partial U^J/\partial M_J)(1-\lambda \partial U^S/\partial U^J)}{(\partial U^J/\partial T_J)(1-\lambda \partial U^S/\partial U^J)} = \frac{-\lambda \partial U^S/\partial M_S}{-\lambda \partial U^S/\partial T_S}$$

将分子分母的同类项消掉，结合 MRS 的定义，我们得到

$$MRS^J_{M_J, T_J} = MRS^S_{M_S, T_S}$$

[2] 注意，相互依存的偏好的存在并没有影响到消费者的决策权。每一个消费者仍然是根据自己的判断，对初始资源进行交换以使自己的效用水平最大化。有时在文献中看到的认为相互依存的偏好影响消费者的决策权的观点，可能是把公平问题误当做了效率问题。

一点给出更一般性的解释。对经济中的 m 个消费者中的消费者 i 和消费者 j，有

$$\sum_{k=1}^{m} MRS_{M_i, T_i}^k = \sum_{k=1}^{m} MRS_{M_j, T_i}^k$$

也就是说，为使消费者 i 多消费 1 磅肉，m 个消费者放弃的番茄的总量等于为使消费者 j 多消费 1 磅肉，m 个消费者放弃的番茄的总量。在我们的例子中，在所有的消费者中仅有的相互依存的偏好是史密斯的效用与琼斯消费的肉的数量相关。

$$MRS_{M_i, T_i}^k = 0, \quad k \neq S$$

$$MRS_{M_j, T_i}^k = 0, \quad k \neq S \text{ or } J$$

因此上述效率条件将分解为

$$MRS_{M_i, T_i}^S = MRS_{M_j, T_i}^J + MRS_{M_j, T_i}^S$$

其中最后一项反映了为了增加琼斯对肉的消费，史密斯愿意放弃的番茄的数量。① 初始情况并不满足如下条件：

$$4 \neq 4 + 1$$

对这一条件的违背就给我们所讨论的交易创造了空间。

需注意的是，这是关于正的消费外部性的阐述。史密斯从琼斯增加对肉的消费中获取了快乐或外部利益。换个情况，这个外部性可能是负的。② 因此，标准情况可以看做正外部性和负外部性之间的中间区域。在所有存在外部性的情况中，关键点是一些主体自己的行为对他人的利益或成本产生了溢出效应。

为了将相互依存的偏好同实物福利项目联系起来，我们首先考虑如下问题：如果所有的消费者都以相同的市场价格相互影响地进行买卖，那么能实现效率吗？因为没有办法让史密斯影响琼斯的消费，所以此举将难以实现效率。根据个人消费，每一个人会选择一种消费形式，使得 MRS 等于市场价格比率，因此每个人的 MRS 都是相同的，而上面的相互依存的条件都将是无效的（因为 $MRS_{M_j, T_S}^S > 0$）。即使能够提出一种办法使史密斯将现金转移给琼斯，这种无效仍存在，因为两者都会根据市场价格按其新的预算支出进行选择。

---

① 为了证明这一点，我们沿用先前的模型，但在史密斯的效用方程中用 M_J 代替 U^J：

$$L(M_J, T_J \lambda) = U_J(M_J, T_J) + \lambda [\overline{U}^S - U^S(M_J, T_J, U^J)]$$

像前面一样我们写出两个求最优解的方程，得到

$$\frac{\partial L}{\partial M_J} = \frac{\partial U^J}{\partial M_J} - \lambda \left(\frac{\partial U^S}{\partial M_S} \frac{\partial M_S}{\partial M_J} + \frac{\partial U^S}{\partial M_J} \right) = 0 \tag{i}$$

$$\frac{\partial L}{\partial T_J} = \frac{\partial U^J}{\partial T_J} - \lambda \left(\frac{\partial U^S}{\partial T_S} \frac{\partial T_S}{\partial T_J} \right) = 0 \tag{ii}$$

简化成

$$\frac{\partial U^J}{\partial M_J} = \lambda \left(\frac{-\partial U^S}{\partial M_S} + \frac{\partial U^S}{\partial M_J} \right) = 0 \tag{i'}$$

$$\frac{\partial U^J}{\partial T_J} = \lambda \left(\frac{-\partial U^S}{\partial T_S} \right) = 0 \tag{ii'}$$

用 (i') 除以 (ii')，并结合 MRS 的定义，得

$$MRS_{MJ, TJ}^J = MRS_{MS, TS}^S - MRS_{MJ, TS}^S$$

② 负的相互依存的偏好会在很多情况下会发生。例如，如果邻居在自来水短缺的时候洗车，你将会感到生气。或者，你也仅仅会因为其他人的好运气而心生嫉妒。

然而，假定我们可以设定一种情况，使史密斯和琼斯面临不同的价格，令 P_M 和 P_T 代表市场价格，且琼斯对每一磅肉的消费都得到 S_M 的补偿。所以，每一单位的肉对琼斯的实际价格就是 $P_M - S_M$，其所选择的消费模式将是

$$MRS^J_{M_J, T_J} = \frac{P_M - S_M}{P_T} = \frac{P_M}{P_T} - \frac{S_M}{P_T}$$

因为史密斯会据此安排购买计划，所以 $P_M/P_T = MRS^S_{M_s, T_s}$，上面的等式可表示为

$$MRS^J_{M_J, T_J} = MRS^S_{M_s, T_s} - \frac{S_M}{P_T}$$

如果 S_M 被选择，并使得 $S_N = P_T MRS^S_{M_J, T_J}$，则有

$$MRS^J_{M_J, T_J} = MRS^S_{M_s, T_s} - MRS^S_{M_J, T_J}$$

这是一个相互依存的效率需求。这表明如果正确地选择补贴率，那么像食品券计划这样的实物补助计划也可以是有效的。

在这个例子中，正确的补贴率就是史密斯为了使琼斯增加 1 单位肉的消费而放弃的番茄的美元价值。这对效率的分配均衡很必要，在每一个人面临真实的相对价格的情况下，不存在改变消费束的动机。①

这个例子表明，对特定商品（而不是一般商品）存在相互依存的偏好时，实物转移支付可能是有效的，而现金转移通常是无效的。因此标准讨论依赖能使消费者实现效用的特定因素，即没有一个效用函数包括一个代表其他人对特定商品的消费量的参数。②

上面的分析提出了几个问题。第一，关于特定商品的消费的相互依存性如果存在，其程度如何？第二，给定特定商品有关的相互依存度，实际补贴是否会产生有效的需求量？这是当前无法解决的经验问题，尽管某些分析家已经提出一些预测答案的方法。③

最后，要注意的是本部分所应用的理论并没有解决问题。它提出了实证问

---

① 这个例子中，我们忽略了补贴的融资问题是如何解决的。如果我们必须对史密斯征税，那么，将会改变史密斯面对的价格（税后），并且使均衡陷入困境。我们将在第十二章通过一般均衡模型讨论税收的这些影响及其他影响。在拥有众多关心他人的消费者的更一般的情况下，对第 i 个消费者的正确的补贴比率等于每一个其他消费者为使第 i 个消费者多消费一单位肉而愿意放弃的货币数量。此时达到的市场均衡将是一个有效分配，给第 i 个消费者补贴的数量如下：

$$S^i_M = P_T \sum_{k \neq i} MRS^K_{M_i, T_k}$$

当然，除第 i 个消费者外还有其他有此需要的人，并且愿意捐献（或提供补贴）给一个消费者的意愿可能取决于其人数。

② 关于这一主题的更一般性的分析，请参阅 H. Hochman and J. Rodgers. Pareto Optimal Redistribution. American Economic Review，1972，62（1）：131-138。

③ 证明相互依存的偏好的重要性的实证研究是 A. Kapteyn et al.. Interdependent Preference：An Econometric Analysis. Journal of Applied Econometrics，1997，12（6）：665-686。然而，另一项研究认为，它们似乎是不重要的。请参阅 J. Andreoni and J. K. Scholz. An Econometric Analysis of Charitable Giving with Interdependent Preferences. Economic Inquiry，1998，36（3）：410-428。更早一些的文献包括 Henry Aaron and Martin McGuire. Public Goods and Income Distribution. Econometrica，1970（38）：907-920；Joseph Desalvo. Housing Subsidies：Do We Know What We Are Doing?. Policy Analysis，1976，2（1）：39-60；H. Aaron and G. von Fursentberg. The Inefficiency of Transfers in Kind：The Case of Housing Assistance. Western Economic Journal，1971（9）：184-191。

题，要不然这些问题根本就不会被提及。有时候，阐明和质疑一项政策判断所暗含的假设是分析最重要的作用。

小结

本章运用个人选择模型对政府福利计划进行了分析。尽管每个模型在细节设定上有所不同，但都满足行为效用最大化的前提假设。从模型中推导出的结论的有效性取决于这些特定的模型设定。上述分析主要是为了利用这些不同类型的模型发展出一个工具，并将之应用于其他情况。在传统微观经济学中，我们集中研究预算约束在限制个人效用方面的作用。我们发现，公共政策能够通过不同的方式来影响个人预算约束线的形状。

我们从一个标准的讨论开始，用以阐述涉及价格补贴的一些实物福利计划的低效率，比如1964—1968年实施的食品券计划。该项补贴造成该计划参与者与其他食物消费者面对不同的食品价格。按照标准模式，这种价格差为食品券交易提供了空间，因此导致无效率。相反，现金补贴是有效率的。每一个政策分析人员都应该了解这一重要的一般性观点，而且要认识到，评估实际政策的效果常常更加复杂。

这种正统观点没有考虑典型的由实物福利计划所施加的选择限制。这些限制有着重要的影响，值得进行着重分析。为了能够分析大范围的选择限制对预算约束线形状的影响，我们解释了收入效应和替代效应，它们被用来分析个人对收入和价格的变化的反应。随着收入的变化，个人对某一特定商品的消费量的变化轨迹被称为恩格尔曲线；随着某一特定商品价格的变化，个人对此商品的消费的变动轨迹即为需求曲线。这一消费还受到相关商品价格的影响，其中相关商品包括替代品和互补品。消费变化对这些变化的反应程度常被归纳为收入弹性、价格弹性和交叉价格弹性，并且我们所获得的相关经验数据越多，就越能精确地预测消费者的反应程度。

接下来我们说明了在福利计划中，一些选择限制能够防止或减轻由传统分析所指出的低效率问题。这是食品券配额限制和公共住房"要么接受，要么放弃"选择的一个特点。我们还分析了禁止食品券倒卖交易的措施，其效果好坏取决于政府推行的力度。在传统模型分析中，家庭被当做个人来处理，据此我们证明了无须对食品券转卖进行禁止：这种选择限制减少了持票者的效用而对于其他人毫无益处。然而，传统模型既不能解释接受者从全体家庭成员利益出发做出选择的委托-代理问题，也不能解释不享受食品券的消费者关心参与食品券计划的个人的食物消费的相互依存的可能性。这两个问题所考虑的两个方面的收益是否能够抵消交易禁令的执行成本，是一个需要解决的经验性的问题。

我们也考虑了用来分析消费和交换效率的这些模型的局部平衡性。如果不注意相同政策的其他重要效果，这些分析结果就可能会产生误导。福利计划不但会影响消费选择，而且会影响工作努力程度。我们构建了一个关于劳动-闲暇选择的简单模型，分析发现，在一些参与相关政府计划的家庭中，目前实施的混合福利计划对工作积极性的抑制效应非常强烈。接下来我们分析发现，所得税减免激发了不参加工作的福利接受者的工作积极性，尽管降低了其他一些符合条件的接受者的工作积极性。认识到诸如此类的激励效果对很多公共政策的设计至关重要。

本章从几个方面致力于提高读者的分析能力。首先，我们熟悉了在预算约束条件下效用最大化的逻辑关系。其次，我们强调了，为了精确地模型化某项特定政策，关注模型的设置条件非常重要。最后，我们看到，在做出一定选择时，公共政策常会改变个人的动机。好的分析人士不仅在分析现有政策时会关注这些因素，而且在设计新的政策时也会考虑这些因素。

习题

4-1 假设一个社区中的符合条件的低收入家庭能领到房租补贴，补贴额相当于市场房租的25%。

  a 画图表示一个符合条件的家庭所面临的租住房屋和购买其他商品的预算约束线，总金额为1 000美元。

  b 假定住房消费是一种正常品，在没有补贴时，低收入家庭通常会把收入的一半用于支付房租。在存在房租补贴的条件下的预算线上，找出一点，使住房消费等于其他所有消费品的消费。这一点在横轴和纵轴上的价值均为约571美元。在正常偏好的条件下，这一点是受补贴家庭的均衡点吗？请解释在这一点上，住房消费数量是否合适，是太少还是太多了。

  c 对于存在房租补贴的预算约束线上该家庭可能最偏好的任一点，如果租金补贴被代之以等价的房租代金券（类似于免费食品券，是一种以美元标价的凭证，且只能用于房租），那么该家庭的住房消费将会怎样变化？

4-2 所得税减免计划使成千上万收入低于贫困线的美国人受益，并且刺激了当前没有参加工作的人员的就业积极性。但是，对于许多有工作但收入仍低得足以获得该项补助的家庭，其有着不同的激励效果。本题的设计主要是用来说明后一种激励的情况（以一种简单的方式），也用来说明任何零碎的经济信息怎样被有效地用来对政策效果做出严谨的估计。

  Val是一名"有工作的穷人"。她每小时的工作收入为8美元，并且选择每天工作8小时，每周工作5天，每年工作50周（即每年工作2 000小时），尽管其雇主同意她每年工作任意多少时间。由于要养活一大家人，她不需要支付所得税，并且即使她提高工作努力程度，比如20%，也不必支付所得税（因此在接下来的分析中不考虑一般的税收）。

  a 作图画出Val的预算约束线，其中纵轴表示年收入，横轴表示每年的闲暇时间（假设每年用于工作或闲暇的时间为8 760小时，用 OK 表示大于4 500小时的闲暇与相应收入的点）。将其当前的收入-闲暇选择点标记为 A，在该点，Val的每小时闲暇对收入的边际替代率是多少？

b 给定一个新的所得税减免计划，按照 Val 原有的家庭规模，每 2 美元的收入将得到 1 美元的减免，最大减免量为 4 000 美元。对于大于 12 000 美元的总收入，减免额减少超出部分的 25%（直到减免额降为 0）。画出在此所得税减免计划下 Val 的预算约束线。在此预算约束线上，Val 会选择哪一点，使得其收入和闲暇组合与不存在所得税减免的情况下（除了完全不工作之外）所做出的选择相同？记该点为 C，即打破均衡的点。（答案：28 000 美元。）

c 你能预测所得税减免计划将怎样影响 Val 的工作时间吗？注意，按该计划实施前她的工作时间，她被该计划排除之外。（答案：会减少其工作时间。）

d 假定闲暇是一种普通商品，Val 能够选择一点，使该点的闲暇对收入的边际替代率不等于 6 美元吗？（答案：能够。）

e 财政部部长在关于所得税减免计划的演讲稿草案中，计算得出 Val 的收入将每年增长 3 000 美元。另外，有 2 000 万和 Val 相似的人，估计政府每年负担的成本在 600 亿美元左右。这种补贴成本是基于 Val 当前的工作时间得出来的。这是对 Val 年补贴收入的估计恰当吗？请做出解释。假定闲暇是一种正常品，政府承担的成本的可能范围是多少？（答案：600 亿～800 亿美元。）

f 为了更准确地估计政府为实施所得税减免计划而承担的成本，进行了一次社会实验。在此实验中，在既定家庭单位中，固定的减免额是变动的，但是对超过 12 000 美元以上的收入部分的减免额削减 25%。主要的结论是，相比没有该项计划的情况，家庭同样满足于最大减免额 1 440 美元和每天工作 7 小时（每周 5 天，每年 50 周）。假定从计划提出到实际实施所得税减免计划，不存对闲暇的收入效应，请估算政府每年的成本。

g 从该实验中得到的第二个结论是，对于这些个人，闲暇是一种必需品，其收入弹性小于 0.5。沿着预算约束线上减免额递减的部分，计算任一可支配的收入-闲暇组合以美元计量的实际收入（闲暇以实际价格计算，即为了享受闲暇而必须放弃的其他商品和服务的价值总量）。如果闲暇的弹性为 0.5，在实际实施的所得税减免计划中，你预期闲暇的数量为多少？

h 基于（f）和（g）的答案，构造一个取值范围，使政府实施所得税减免计划的年度成本必定会落在这个区间内。（答案：700 亿～763 亿美元。）

附录：收入效应和替代效应的数学分析

对一个给定的效用公式，要计算效用最大化选择，我们需要知道所有的商品价格和预算约束水平。我们知道，个人对某一特定商品 X 的需求量会随着其他任一参数的变化而变化，例如，上述提到的价格和收入水平的变化。这种反应可归纳为一个一般性的需求函数：

$$X = D_X(P_1, P_2, \cdots, P_X, \cdots, P_n, I)$$

其中 P_i 代表每一种商品（包括 X）的价格，I 是收入或预算水平。当然，需求曲线的形状取决于个体的消费偏好。然而，对于追求效用最大化的任何个人，需求函数的某些方面都会表现出来，与个人特有的偏好无关。这正是我们打算要通过收入效应和替代效应来阐述的一般性特征。

需求对每单位收入增量的反应，用需求函数对收入的偏导数来表示，即 $\partial X/\partial I$。若偏导数为正，则这种商品就是正常品。反之，若偏导数为负，则该商品是劣等品。收入弹性的定义为

$$\varepsilon_{X,I} = \frac{\partial X}{\partial I} \cdot \frac{I}{X}$$

其中 $\varepsilon_{X,I}$ 表示变量 X 对变量 I 的弹性。既然 I 和 X 都为正数，那么收入弹性和偏导数 $\partial X/\partial I$ 的符号相同。注意，弹性并不一定是固定值，其大小取决于所观测的消费点。举一个例子，在某一收入水平下的低档品可能在一个更低的收入水平下变成正常品。

需求对每单位价格上升的反应，用需求函数对价格的偏导数来表示，即 $\partial X/\partial P_X$。价格变化引起的总效应可被分解为收入效应和替代效应两部分，用 Slutsky 方程表示如下：

$$\frac{\partial X}{\partial P_X} = \frac{\partial X}{\partial P_X}\bigg|_{U=U_0} - X\frac{\partial X}{\partial I}$$

其中等式右边的第一项是替代效应（效用水平保持在初始水平 U_0 不变），第二项是收入效应。[①] 注意，收入效应总量与个人对商品 X 的初始消费量成比例。

需求的价格弹性定义为

$$\varepsilon_{X,P_X} = \frac{\partial X}{\partial P_X}\frac{P_X}{X}$$

除了吉芬商品，价格弹性总是负的（P_X 和 X 是正的，$\partial X/\partial P_X$ 是负的）。

当进行实证分析时，使用弹性的概念常常容易一些。因为对比价格和收入变化条件下的偏导数，弹性被认为更加"稳定"。Slutsky 方程可以写成价格弹性和收入弹性的形式。两边都乘以 P_X/X，最后一项再乘以 I/I，则有

$$\frac{\partial X}{\partial P_X}\frac{P_X}{X} = \frac{\partial X}{\partial P_X}\bigg|_{U=U_0}\frac{P_X}{X} - X\frac{\partial X}{\partial I}\frac{P_X}{X}\frac{I}{I}$$

或者

$$\varepsilon_{X,P_X} = \varepsilon^S_{X,P_X}\frac{P_X X}{I}\frac{\partial X}{\partial I}\frac{I}{X}$$

其中 ε^S_{X,P_X} 就是替代弹性，或者

$$\varepsilon_{X,P_X} = \varepsilon^S_{X,P_X} - \frac{P_X X}{I}\varepsilon_{X,I}$$

注意，P_X/I 就是花费在商品 X 上的收入的比例。

[①] Eugen E. Slutsky（1880—1948）是第一位推导出这个等式的苏联经济学家。这里使用了将要在第六章附录里介绍的二元性理论关于这一等式的简单推导，参见 Philip J. Cook. A one line Proof of the Slutsky Equation. American Economic Review, 1972, 62 (1/2): 139。

第五章 公平标准分析：在政府间拨款中的应用

本章将进一步探讨模型描述方面的技巧，并展示如何使用这些技巧来理解现实政策制定或执行中存在的公平问题。一项政策公平或公正与否总是难以评价，因为对于公平或公正的标准的选择，社会总是难以达成共识。然而，这并不意味着对公平结果的分析就全是分析家们的随意之举。在本章，我们将介绍几种公平标准，并且将这些标准运用到对学校财政政策的讨论中。这些标准可以被广泛地应用于对政策的常规分析，也可以被应用于立法领域。

本章的结构如下。首先，系统地介绍一些公平原理，例如绝对平均、最低量保证、机会均等、完全中性、有条件的机会均等和中性，以及横向公平和纵向公平。其中一些原理描述资源配置结果的公平，而另一些则描述过程本身的公平。接着，我们再将这些原理应用于对学校财政政策的分析。在这一部分，我们会温习有关政府间拨款的标准分析，还会提及社会公众对学校财政的拨款政策的种种忧虑，最后，我们将公众的忧虑与公平标准联系起来，思考如何改进政府间拨款项目机制以实现社会公平。另外，在附录中我们还给出了一个练习，试图说明社会福利函数在评价学校财政政策中的作用。

公平目标

总的说来，公平或公正所涉及的是在一定的经济环境中福利在人们之间的相对分配状况。但是，尽管这个定义明确地界定了主题，但是没能告诉我们什么才是公平的。有很多通用的公平原理可以用来指导我们的分析，但是分析家们必须认识到在某些特定的情况下，关于哪种原理是最适用的并不能达成共识。[1] 然而，分析家们可以根据被认为最贴切的公平概念来描述政策制定或执行的效果。

使用公平概念的准确定义，不仅可以帮助政策分析者更好地理解他们所关心的政策的效果，而且可以避免在政策分析方法选择上的随意性。尽管有时分析家会感到对某项政策的分析，并没有哪条常见的标准是适用的，但是这些原理仍然被作为分析的依据。而当其他的一些非常规标准确实比那些常规标准合适时，我们就必须借助一些逻辑推导过程证明我们的假设。

在第三章我们区分了公平概念的两大分类：结果均等和过程均等。公平的结果概念关心的是个人所得的份额是否存在总量上的差异。公平的过程概念则关心个体之间份额分配所依据的规则和方法是否公平。要记住，这两种概念是评判资源配置系统的不同标准；一个资源配置系统可能在其中一方面做得很好，而在另一方面却不能令人满意。而且，根据一种标准做出的系统改进可能会导致另一种标准所认为的系统退化（当然可能对系统效率还会产生负面影响）。稍后，我们将用学校财政的例子来说明这一点。

有关份额的问题应该根据公平标准来详细讨论。一种观点认为我们感兴趣的应该是政策如何影响分配的总体情况，即效用在经济中的总体分配或者可衡量的效用代表量（如收入、财富等）的分配。另一种观点认为我们应该关心的是具体的平等，比如某些商品和服务分配的公平性，如卫生保健。[2] 具体的平等的潜在哲学依据是：尽管让大多数的商品完全依据市场力量进行配置和分配可能是好事，但是对于某些商品和服务来说，最好运用一些与之不同的规则。对于生活必需品（如食品、住所、衣服、必要的医疗保健用品），应该保证人人都能得到；对于公民的权利和义务（如选举权、义务兵役、陪审团义务），不应完全依据市场力量进行分配。[3] 下面讨论的大部分公平概念都既可以用于总体的再分配，又

---

[1] 关于本部分分析框架的初次讨论，参见 Lee Friedman. The Ambiguity of Serrano: Two Concepts of Wealth Neutrality. Hastings Constitutional Law Quarterly, 1977 (4): 97-108; Lee Friedman and Michael Wiseman. Understanding the Equity Consequences of School Finance Reform. Harvard Educational Review, 1978, 48 (2): 193-226。关于学校财政公平问题的深度分析，可参考 Robert Berne and Leanna Stiefel. The Measurement of Equity in School Finance. Baltimore: Johns Hopkins University Press, 1984.

[2] 详见 James Tobin. On Limiting the Domain of Inequality. Journal of Law and Economics, 1970 (13): 263-278.

[3] 在此需要注意，这可能暗含了对功利主义的否定。例如，我们可以想象允许买卖选票的情形，并且据此可以提高个人的福利水平。但是，法律禁止选举权的自由转让，这表明了一个潜在的标准，即一张选票被用于选举权本身的分配，而不是由此带来的个人效用的分配。

可以用于某些商品和服务的分配。

另外，这些公平概念必须应用于已经明确界定的人群。通常，人群是按地理区域划分的，如某一个国家、州或者城市的居民。但是也可以使用一些非地理标准来界定。例如，大多数关于学校财政的讨论运用的都是管辖范围内公立学校学生之间费用的差异（因此私立学校学生的费用不在考虑范围之内）。又例如，我们还可能对老兵所得到的医疗服务的公平性感兴趣（这就需要对"老兵"加以准确定义）。

有了商品和服务的准确定义，也有了对相关人群的界定，我们就可以来看要使用的不同的公平概念了。有两个公平的结果概念常被用到：绝对平均和最低量保证。绝对平均标准认为所有人都应该得到相等的份额。有许多方法可以被用来度量特定制度满足这项标准的程度。其中最常用的方法是画一条洛伦兹曲线（Lorenz curve）并且计算相应的基尼系数（Gini coefficient）。

洛伦兹曲线描述的是变量 X 和 Y 之间的关系，其中 X 和 Y 的含义分别如下：

X＝所考察人口占总人口的百分比（从 0 到 100），按占有的商品和服务的数量由少到多排列

Y＝X%的被考察人口占有（或提供）的商品和服务占商品和服务总量的百分比（从 0 到 100）

例如，在1997年美国家庭收入洛伦兹曲线上的一点代表收入最低的20%的人口，其收入占总收入的3.6%（见图5-2，我们将稍后讨论）。每一条洛伦兹曲线都起始于原点，终止于 X＝Y＝100% 这一点（100%的人口占有全部收入）。当收入满足绝对平均标准时，洛伦兹曲线是一条45°线（每 X%的人口都占有 Y%＝X%的收入）。如果一个人独占所有的商品和服务，而其他人一无所有，那么洛伦兹曲线就是一个大直角，在 X 到达 100 之前与横轴重合，然后在 X＝100 这一点变成一条垂线（到 Y＝100 的高度处终止）。

为进一步说明，图5-1展示了一条假想的"年陪审团义务"洛伦兹曲线。横轴代表的是履行陪审团义务的人口占有资格履行陪审团义务的人口总数的百分比，按照履行义务从少到多的顺序排列。纵轴代表相应人口履行陪审团义务的数量占陪审团义务总量的百分比。如图所示，有25%的人根本没有履行这项义务，接下来25%的人口履行了占总量10%的义务，再接下来25%的人口履行了占总量15%的义务，最后25%的人口履行了余下的占总数75%的义务。[①]

有时，对公平程度的实际度量是很有用的，一个常用的系数就是基尼系数。基尼系数是由洛伦兹曲线得出的，如图5-1所示，区域Ⅰ和区域Ⅰ＋Ⅱ面积的比值就是基尼系数。由此可以看出，洛伦兹曲线越偏离45°线，基尼系数

[①] 在此需要注意，在此例中，如果我们重新定义所考察的时间跨度，例如用两年代替一年，那么洛伦兹曲线的形状可能会发生大幅改变。很明显，这并不意味着时间跨度越长，洛伦兹曲线越平坦，这两条不同的曲线都描绘了相同的分配情况，并且其平坦程度必定是相同的。分析家必须注意辨别被用于分配的特定概念的单位对分析所产生的影响，并且在进行比较分析时要确保这一单位固定不变。

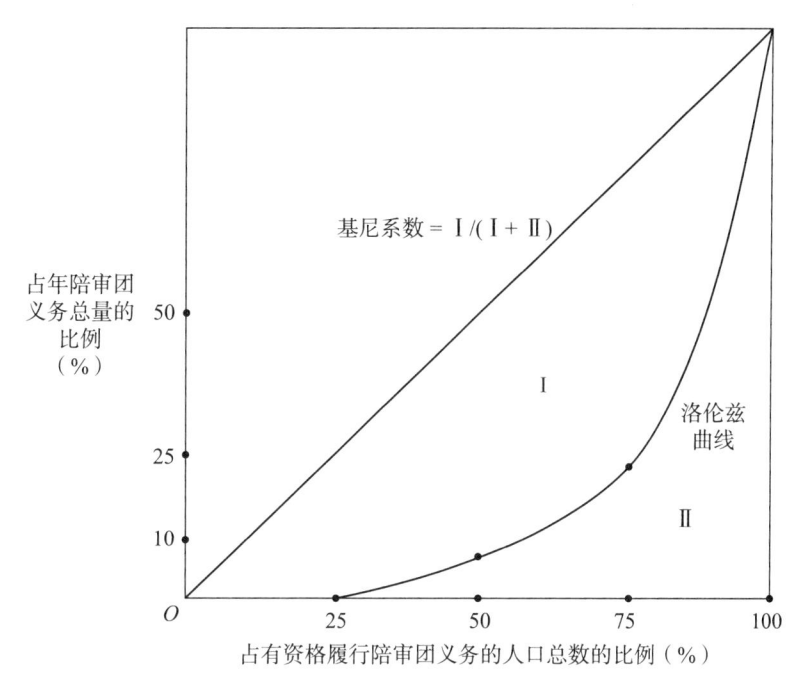

图 5-1 洛伦兹曲线是一种衡量结果均等的方法

就越大。[1] 如果在符合标准的人口中每个人都履行了等量的陪审团义务，那么洛伦兹曲线就会与45°线重合，区域Ⅰ的面积就会变为0，这样，基尼系数也将为0。在另一种情况下，如果一个人履行了全部的陪审团义务，那么洛伦兹曲线就会与区域Ⅱ的外边线重合，基尼系数将为1。[2] 因此，基尼系数可以衡量绝对平均标准被满足的程度：如果完全满足绝对平均标准，则基尼系数为0；如果存在任何不公平，那么基尼系数将为正，并且随着不公平程度的提高逐渐趋向于1。如果一项备选政策的洛伦兹曲线完全位于另一项备选政策洛伦兹曲线的内部，那么毫无疑问前一项更加公平，并且基尼系数较小。

洛伦兹曲线可以很好地描述公平程度，并且画在同一个坐标系内的两条或多条洛伦兹曲线可以用于不同分配状况的比较（比如纽约的陪审团义务履行情况比波士顿更平均，或者纽约1999年的陪审团义务履行情况比1989年的更平均）。

---

[1] 从数学上来看，如果 $d_1, d_2, \cdots, d_n$ 表示符合条件的人口中的 n 个人中每个人充当陪审员的天数，则基尼系数等于 $\dfrac{\sum_{i=j}^{n}\sum_{j=i}^{n}|d_i-d_j|}{2n^2\bar{d}}$，其中 $\bar{d}$ 为 d_i 的平均数。

作为一个例证，假设只有4个人，每个人的陪审天数从高到低依次为75、15、10和0。那么，陪审服务的总天数为100，每个人的平均陪审天数为 $\bar{d}=100/4=25$。基尼系数计算公式中的分母为 $2n^2\bar{d}=2（4^2）（25）=800$，分子为 $\sum_{i=j}^{n}\sum_{j=i}^{n}|d_i-d_j|=|75-75|+|75-15|+|75-10|+|75-0|+|15-75|+|15-15|+|15-10|+|15-0|+|10-75|+|10-15|+|10-10|+|10-0|+|0-75|+|0-15|+|0-10|+|0-0|=460$。因此，基尼系数等于460/800=0.575。

[2] 在这种情况下，基尼系数等于 $(n-1)/n$，n 越大，尼基系数越接近1。

为了说明这一点，让我们放下假想的例子，来看一个十分重要的、真实的例子。图 5-2 展示的是美国 1997 年（用实线表示）和 1967 年（用虚线表示）家庭收入的洛伦兹曲线。① 横轴代表家庭人口总数，按收入由少到多的顺序排列，纵轴代表美国家庭的总收入。在 1997 年，占总数 20% 的最贫困家庭的收入占总收入的 3.6%，然而占人口总数 20% 的最富裕家庭的收入占总收入的 49.4%。1997 年的基尼系数是 0.459。

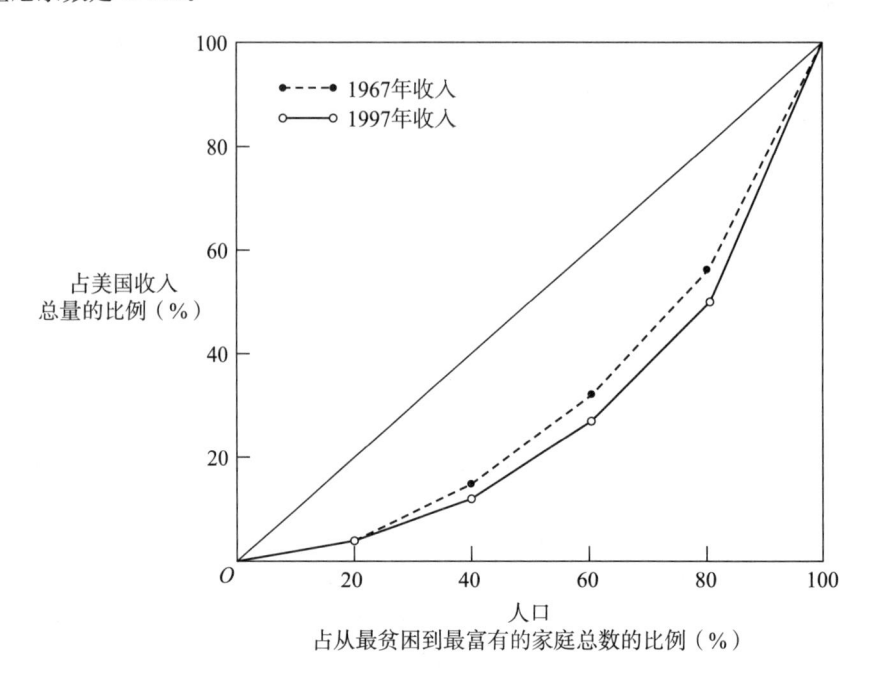

图 5-2 美国家庭收入的洛伦兹曲线

你可能已经发现，1967 年的洛伦兹曲线完全位于 1997 年洛伦兹曲线的内部：在这 30 年的时间里，收入的分配明显变得越来越不平均了。在 1967 年，最贫困的、占总数 20% 的家庭的收入占收入总量的 4.0%，而最富裕的、占总数 20% 的家庭的收入占收入总量的 43.8%。1967 年的基尼系数是 0.399。通过这个方法，我们发现 1997 年收入的不平均程度比 1967 年高了 15%。很多有关美国收入不平均状况的研究已经表明，从 20 世纪 70 年代中期开始，不平均程度就在逐渐地提高，一直持续到 20 世纪 90 年代中期；在接下来的几年中（1997—2000 年），收入的不平均程度基本保持稳定。

收入分配不平均程度的提高是人们没有预料到的，并且引起了很多人的关注。它是出乎人们意料之外的，因为从 20 世纪 40 年代开始一直到将近 60 年代末，经济都处于快速增长阶段，同时，收入分配的不平均程度逐步降低。人们认为 1967—1997 年的 30 年间不平均程度的长期上升主要有两个原因：(1) 那段时间发生的技术进步使对技术工人的需求不断增加，导致了工人中收入分配的不平

---

① 论述中所涉及的数据以及描绘这些曲线所依据的数据都来源于美国人口统计局的报告。

均；(2) 由单身妇女组成的家庭所占比重大幅上升（从 10% 上升到 18%），这些家庭的收入往往低于其他家庭，因为一方面这样的家庭中赚钱养家的人较少，另一方面女性的工资总是低于男性。尽管如此，收入分配不平均程度变化的原因仍是一个没有解决的问题，有待于我们进一步研究。

在我们所举的例子中，洛伦兹曲线没有相交。但是它们是可以相交的，而且两条相交的洛伦兹曲线可以有相同的基尼系数：一条曲线可能代表收入在低收入人群中分配的不平均程度较高，而另一条曲线则代表收入在高收入人群中分配的不平均程度较高。与其他所有度量不平均程度的单参数标准一样，基尼系数并不总是能反映不平均的真实分布情况。[1] 因此，用基尼系数或其他单参数标准比较两种完全不同的分配方案时必须谨慎。这也说明了为什么将所要比较的分配方案的洛伦兹曲线放在一个图中总是很有帮助，或者，我们还可以画一个表，来比较不同分配方案之间每五分之一或十分之一人口获得的份额。就算通过观察，发现收入最低的 20% 的家庭所占收入的比重较小，那也并不一定意味着这些家庭的处境就一定较为艰难，如果收入的总量很大，那么即使所占份额较小，其仍将是一笔可观的收入。[2]

另一个公平的结果标准是最低量保证，它指的是每个人都应分得一定的份额，并且这个份额至少要达到规定的最低标准。与绝对平均不同，这一标准的实现需要先确定一个最低量标准。在尼克松政府期间，国会曾讨论过一个有效保证最低收入的议案，尽管大多数人都支持这个议案，但它最终还是没能通过。这项议案被称为负所得税议案，就像所得税抵免制度那样——当一个人没有工作或任何收入时获得的抵免额最大，随着收入的增加，抵免额逐渐降低。这个最大的抵免额其实就是最低收入保证。由于赞成这项议案的人无法就最低标准的数额达成共识，因此他们在国会中由绝大多数变成了少数，导致议案最终没有通过。

一旦最低标准被确定下来，我们就可以计算处于最低标准以下的人口数或其所占的比重，还可以算出将所有人拉到最低标准线以上所需的总费用。通常分析家们都会选择几个备选的最低标准，看看如果最低标准升高会导致多少"公平成本"，这个过程往往要比人们想象的复杂。

一个问题是，对处在最低标准以下的人群进行补贴所需的资源是否要从最低标准以上的人群那里获得，所需的商品和服务是否可以由其他商品和服务转化而来。比如说，现在面临的问题是每个孩子的最低教育资源保障，我们就不需要从教育条件较好的孩子那里剥夺他们已有的教育资源，而是可以减少其他商品和服务来增加教育资源的供给。换一个角度来看，如果出现了紧急缺水的情况，可能就需要对水资源进行重新分配，减少对平时耗水量较大的人的供给（如拥有游泳池的人），将节省下来的水分给缺水的人使用。也就是说，相关时期的水资源供给量可以是固定不变的，或者说是完全缺乏弹性。当所讨论商品的供给有弹性

---

[1] 另一种通用的衡量方法是变异系数，其值等于标准差除以平均数。在完全平等的情况下，其值为零，并且随着收入分配不平等程度逐渐提高，其值趋于增加。关于收入不平等衡量方法的一般性讨论，可参考 A. B. Atkinson. On Measurement of Inequality. Journal of Economic Theory, 1970 (2)：244-263。

[2] 不幸的是，在这 30 年期间，美国最贫困的人口中未曾出现过这种情况。

时，就不需要直接进行重新分配。在供给有弹性的情况下，不难发现，与对现有数量进行重新分配相比，使用通过扩大产量来达到最低标准的方法所需的效率成本（efficiency cost）更低。①

成本不仅与达到最低标准的方法有关，而且取决于最低标准是否比绝对平均更可取。例如，我们可以思考在对私人创造的 GDP 进行分配时，确保分配的绝对平均是否合适。如果市场上资源（劳动资源和非劳动资源）的所有潜在供应者都知道他们的最后所得将是相等的平均份额，与他们的个人决策无关（每个人对总产出的影响都是很小的），那么他们的动力就会变小，GDP 水平就会急剧下降。实现绝对平均对于个人行为完全自主的市场经济来说并不是一个讲求实效的目标，但是这并不是说向这个目标努力就不重要。② 相反地，公平程度的降低与效率成本的降低相比是不值得的。换一个角度来看，合适的最低量保证在经济达到总体的绝对平均分配之前就可以被满足了。因此，有关成本的考虑会影响公平标准的选择。

当然，公平标准的选择也可以被归结为一种道德判断。在上面所举的教育的例子中，最低量保证标准被选定为目标。但是，很多人认为其并不是最贴切的标准，他们可能坚持认为所有的孩子都应接受同等的教育。在这种情况下，分析家的任务就是向人们说明存在着不同的公平标准，并且说清楚达到各种标准可能导致的各种结果。

讨论过一些与公平的结果标准的选择有关的问题之后，现在让我们来看公平的过程标准。过程标准适用于允许分配的最终份额不相等的情况。在这里，我们关心的不是分配的结果是否平均，而是分配的过程是否公平。抽奖活动中可能只有一个获奖者，却有众多失败者，但只要所有人的参与方式都是一样的，并且每个人都有同等的中奖机会，那么我们就认为这种分配完全是公平的。

经济中的行为人都可以被看做是相似的。当个人在经济系统中做出资源配置决策时，结果往往是不确定的。例如，让我们来考虑通过上大学来进行教育投资所要做的一些决策，如选择专业或毕业后选择工作。这些代表了一系列不确定的决策，它们会影响但不会完全决定一个人的收入情况。在所有的决策都进行完之后，我们通过观察发现，一般来讲，有大学文凭的人的收入往往高于那些没有大学文凭的人，某些专业的大学毕业生的收入高于其他专业的大学毕业生，从事某一个行业的人的收入往往高于同等受教育程度的从事其他行业的人。整个过程是否被认为是公平的，取决于大学入学、专业选择、行业选择的机会是否均等，也取决于整个过程的每一部分如何分配回报。如果由于性别的关系，女性不能被最好的大学录取，并且在某些行业不能得到晋升，那么我们就可以认为这个资源配置过程是不公平的。

---

① 假设对每个人都征收高于最低标准的税收，使得总税收所提供的资源能够使所有人都达到最低标准。然后，赋予纳税人以其现有产品或者以同等价值的现金自由支付税金的选择权。那么，所有纳税人将倾向于用现金缴税，而这些现金又会被用来生产更多的产品。因此，在扩大生产方面，现金支付比资源重新配置更有效。

② 回顾第四章关于收入所得税减免计划的讨论，其说明了福利援助计划或多或少会降低个人的工作努力程度，但降低程度则取决于计划本身的设计。

可以借助几种标准来实现过程的均等。其中最主要的一个标准是机会均等：每个人获得特定份额的机会都应该是相等的。但是，在现实中总是很难判断某个人是否获得了与别人均等的机会。例如，政府总是定期发行石油彩票，作为对国有土地上石油租借权（oil leasing rights）的补偿，每位市民只要支付少量的费用就可以购买彩票。如果一个在这种活动中没有中奖的人宣称他或她的号码没有获得与其他号码一样的中奖机会，那么人们怎样来判断事实的真相呢？因为往往人们只是偶尔进行决策（如购买彩票），所以很难说结果到底是随机产生的还是因人们被剥夺了均等的机会而产生的。从另一角度来看，如果一个人在轮盘赌中试了很多次运气，那么就有可能通过统计规则判断这个游戏是否被人动了手脚。

假设石油租约彩票确实有假，有利于某些购买彩票的人，那么能不能通过对结果进行检查发现问题呢？如果某一组彩票购买者（如反对石油公司的市民）没有获得他们按照公平标准应得的份额，这就可能是作假的有力证明。但若是没有这种大量的数据作为证据，舞弊行为就很可能不被人注意。因此，有必要用对一组参与者中奖结果的检验来判断每个人彩票中奖概率的均等性。如果每个人的机会确实是均等的，那么若将参与者分成两组，则每组应该分得近乎相同的份额。[1]

事实上，有时我们会用"对各类群体的不偏不倚"来代替"对个人的机会均等"这样严格的概念。也就是说，如果一个资源配置过程没有在任何层面上歧视某些特定群体，那么我们就认为这个分配过程是公平的。在进行样本选取时，我们会选取以前遭到过歧视的群体作为考察对象。例如，法庭往往实行严格审查制度，以免在案件中出现按种族或财富分类而导致的违反机会均等或平等对待标准的现象。[2] 这种审查制度的创立与两个司法裁决有关：一个司法裁决是人头税（poll taxes）制度的设立是违反宪法精神的；另外一个司法裁决是国家必须为犯有严重罪行的穷人提供辩护律师。在这两个裁决中，讨论的重点就在于财富被怀疑是产生歧视的原因，并且政府的行为阻止了穷人享有与其他人同等的机会。让我们来笼统地看一下在某些社会层面上被认为值得怀疑的群体，并且给完全中性下个定义：被怀疑的群体内部份额的分配应该与其他群体内部份额的分配完全相同。

只要存在机会均等，就可以认为是完全中性的。如果每个人都有与其他人相同的机会去获得相同的份额，群体之间的分配就是完全中性的。每个群体都会获得几乎相等的份额，并且每个群体内部分配所得的平均数量也应该近乎相同。

但是反过来，完全中性并不一定意味着机会均等。比如说，胖人往往会受到歧视，因而没能获得与其他人均等的机会。只要每个种族内的胖人比例大致相等，这种歧视就没有影响种族意义上的中性。因此，完全种族中性的标准能够被满足，但同时，机会却不一定对每个人来说都是均等的。由此可见，完全中性标

---

[1] 通过这种方式，我们运用有关结果的信息来判断过程。在此需要注意，这完全不同于通过结果标准本身所做出的判断。

[2] "严格审查"是一个法律术语，是对合宪性的一种特殊形式的公平性检验。根据其定义，与其他检验方法相比较，法律较难经得起"严格审查"的公平性检验。

准不如机会均等标准严格。

关于机会均等和完全中性两个标准有一个合理并且常见的异议，即分配份额上的差异有可能是由某些合理的原因导致的。例如，体重过重可能是不能从事警察职业的一个原因。那么体重就成了一个异常因素，一个影响分配结果的正当理由。所有的申请人都会被同样考虑，只要他们的体重处于要求的范围之内。为了描述这种由异常因素导致的对机会均等的合理偏离，我们引入了有条件的机会均等概念：每个异常因素相同的人获得一定份额的机会都是相同的。

继续刚才警察的例子，从种族的角度来考虑中性。如果按种族分类的申请者所具有的各种条件都差不多，只有高加索人总体来讲偏胖，那么完全中性的标准就不能满足（高加索人获得这份工作的比例低于其他人种）。但是，可以满足有条件的中性：对于异常因素相同的人来说，被怀疑群体内的分配应与其他群体内的分配相同。因此，可疑因素是不被允许的导致分配差异的因素，而异常因素则是被允许的导致分配差异的合理因素。

当被考察群体的异常因素存在差异时，完全中性和有条件的中性提供了不同的评判标准（一个系统不可能同时满足这两个标准）。有条件的中性标准比完全中性标准更为宽松，因为它允许不同群体分得的份额存在较大的差异。即使人们发现一个分配系统是有条件的中性的，检验异常因素的影响仍然是明智的。由异常因素导致的差异在多大程度上是被允许的取决于分析的具体情况。

有两个标准被用来估计由异常因素所导致的差异的公平性：横向公平和纵向公平。这两个标准最常见的应用是评估税收系统的公平性。在典型的情况下，需要考虑的因素是应付税款和税前收益。[①] 横向公平指的是相似的事物应该被相似地对待。由于税额往往是由收入及其他因素（如导致税收减免的因素，或者销售额等非收入税基的使用）决定的，主要的问题是除了收入以外，其他的异常因素是否要被用来评估公平性。也就是说，"相似"应该仅由收入来界定还是也要看其他指标是否相似？[②]

例如，假设有两个收入相同的家庭住在同一幢公寓楼里，并且住房的费用也相同。这两个家庭之间唯一的区别是一个家庭的住房是租住的，而另一个家庭是业主。根据当前的联邦法律，对于业主，可以从收入中扣除按揭利息（mortgage interest charges），并且纳税额也较低。许多经济学家都认为这种差异违反了横向公平标准，尽管它已经存在了很长时间。其他由联邦税法的规定所导致的差异还包括年龄（对65岁以上的老年人的额外税收减免）、医疗费用和收入来源（如对从州或者地方公债上获得的利息收入免税）。这些税收减免影响了公平：为了保证收益总额不变，每一项减免都导致税率的提高，进而扩大了征税对其他分配决策的影响（如我们在前一章所举的劳动-闲暇选择的例子中所看到的那样）。

一个值得特别注意的问题是，个人从政府公共物品或服务中受益算不算一个异常因素？把受益当做异常因素被称为按受益原则征税，而把收入当做异常因素

---

① 结论也可以通过效用来加以定义，在本章附录中将对此进行详细说明。
② 在不存在税收的情况下，诸如收入这样的经济指标并非是一个例外的特征。例如，在涉及刑事案件的严重性与因此接受的惩罚之间关系的刑事量刑政策中，就存在横向公平和纵向公平的问题。

则被称为按支付能力原则征税。如果政府通过对所提供的物品和服务征收使用费或者其他费用来增加收入，那么它们遵循的是受益原则。汽油税和烟草税被认为是合情合理的，因为它们征自那些从道路和与吸烟有关的疾病的医疗服务中受益最多的人。以横向公平为基础所进行的区分的合理性是政府制定财政制度时要考虑的重要因素。

纵向公平指的是允许在异常因素不同的人们之间存在公平的分配份额差别。在联邦税收的例子中，关于高收入者应该缴纳较高税款这一观点人们已经达成了共识。按照税收的原则，税收可以是成比例的（税收随着收入的增加成比例地增加）、累进的（税收随着收入的增加而增加，并且税收的增加快于收入的增加）或累退的（税收随着收入的增加而增加，但是税收的增加慢于收入的增加）。为了说明这一点，假设对10 000美元的收入征税1 000美元。那么当收入是20 000美元时比例税是2 000美元，累进税高于2 000美元，累退税则低于2 000美元。

有一种评估方法试图评价同一种税对不同人群产生的相对负担，它被称为税收归宿。对美国联邦所得税税收制度的大部分研究都得出结论，即所得税的税率是适度累进的，而相反地，销售税和工资税（payroll tax）则通常是累退的。然而，对税收归宿的分析是很复杂的，而且结果也由于税负转嫁的原因有很大的不确定性：法律上的征税对象不一定是最终承担税收负担的人（例如，如果一个地主用来缴纳财产税的税款完全出自其收得的地租，那么这项税收就被转嫁给了佃农）。在第十二章中我们将回过头继续讨论税负转嫁问题，现在只要注意到它使得对纵向（有时是横向）公平的分析复杂化了就行了。

除了税收政策，横向公平和纵向公平的概念还可以应用于许多政策问题。例如，在法律上，向被起诉的罪犯提供辩护律师以及量刑的合理性都涉及公平。又例如，许多人都认为医疗保健应主要立足于医疗需要，而不应考虑人们的支付能力。[①] 在另一个领域，国会已经下令，命令联邦通信委员会（Federal Communications Commission）设法保证妇女、少数民族和小企业都能在个人用无线电许可证的使用中获得公平的份额。[②]

对公平的判断可能是十分困难的，使用我们在这里讨论的概念进行分析性研究，可以使现有政策以及对现有政策所做的改变可能产生的结果变得清楚易懂。当然，关于公平概念的使用、度量和延伸还有许多问题，这些问题也是我们正在研究的课题。[③] 但是，现在先来看一些实际应用。我们从关于政府间拨款的一些介绍性分析入手，然后来看一个仍在研究中的关于政府对学校拨款的公平性的问题。

---

① 关于这一问题的有意思的讨论，开始于 Julian Le Grand. The Distribution of Public Expenditure：The Case of Health Care. Economica, 1978（45）：125-142. 可参考 A. Wagstaff, E. Vandoorslaer, and P. Paci. On the Measurement of Horizontal Equity in the Delivery of Health Care. Journal of Health Economics, 1991, 10（2）：169-205。

② 详见文献 U. S. Opens Air Waves to Women, Minorities. San Francisco Chronicle, 1994（30）。

③ 例如，可参考 John E. Roemer. Equality of Opportunity. Cambridge：Harvard University Press, 1998；Edward Zajac. Political Economy of Fairness. Cambridge：The MIT Press, 1995；Amartya Sen. Inequality Re-examined. Cambridge：Harvard University Press, 1992；William J. Baumol. Superfairness. Cambridge：The MIT Press, 1986。

政府间拨款

在 2000 年，大约有 2 350 亿美元以拨款的形式从联邦政府转移到州政府和地方政府手中。① 这些资金来源于各种各样的项目，如针对无家可归者的医疗保健支持、城市交通建设补助和社区发展分类财政补贴。州政府也通过拨款为地方政府提供资金，其中最引人注意的就是对学校财政的拨款。大约三分之一的州政府支出都是政府间援助，并且这一支出水平相当于地方政府收入的三分之一。②

尽管不同的拨款有不同的目的，但是它们在经济学上的理论依据却与外部性和公平性有关。下面是一个关于外部性的例子。学校往往不愿意承担开发新教育技术的费用，因为一旦开发成功，由此带来的利益往往主要被学区外的其他学校赚得（它们可以模仿但却不用花钱）。因此，尽管研究开发新教育手段的社会收益大于成本，但是对于单个学校来讲却可能是不划算的。③ 为了改善这种状况，州政府制定了《初等和中等教育法》（*Elementary and Secondary Education Act*），为创新示范项目提供资金支持。

在本章的最后一部分，我们将设计一个拨款项目来实现公平目标：当地财富对当地学校财政影响的"中性化"。另一个用公平标准判断可能具有合理性的拨款项目是针对城市的联邦总体利益共享计划。④ 无论任何城市都不能在其辖区内实施过重的税收制度，否则不堪重负的居民将选择搬出所在城市。在区际赋税均等的情况下，政府不用再担心由于避税而产生的居民迁离问题了。这样，联邦政府就可以扮演收税者的角色，并且通过利益共享机制，对某些服务给予更大力度的资助。里夫林（Rivlin）提出了一个能够实现这个目标的制度，该制度以各个州之间税收共享为基础，与德国的体制相似。⑤

政府间拨款除了应严格遵循经济基本原则外，政治上的基本原则也要考虑。例如，一些人认为，如果中央政府掌握过多的决策权，那么个人的自由将受到威胁；尽管中央政府使收益提高了，但他们更希望地方政府能多掌握一些控制支出的权力。

---

① Economic Report of the Present. Washington D. C.：U. S. Government Printing Office，2001：371.

② 可参考 Helen F. Ladd. State Assistance to Local Governments：Changes During the 1980s. Economic Review，1990，80（2）：171-175.

③ 在私有市场制度框架下，这些社会收益往往被创新主体通过申请专利权而获得，即外部性的"内部化"。在第十七章，我们将集中讨论外部性。

④ 该项计划在里根政府执政期间的一项改革运动中被终止，这项改革不同程度上迫使大量的特殊拨款计划被合并为少数较大范围的计划。一般收入分配是进一步合并后实施的一项计划。

⑤ 里夫林主要关注生产率，但是她建议征收累进税。

不同拨款项目设计的效果

在本节,我们将讨论与政府间拨款项目不同设计相关的经济后果,通常分成三类:收入效应、价格效应和选择约束。对这三类效应的分析可以结合一个接受拨款者决策行为的模型进行讨论。我们先假设接受拨款者作为一个整体可以被看做一个效用最大化的个体。从这个角度来看,对政府间拨款的分析与前一章中对福利政策的分析是一样的(福利支付制度也是政府拨款的一种形式,但它针对的是家庭而不是下级政府)。然后,我们将讨论在决策过程中影响"社区效用最大化"的变量。

收入效应和非配套拨款

非配套拨款(Nonmatching Grants),指的是拨给经济单位使用的数额固定的资金。一般来讲,这类拨款由上级政府拨给下级政府,它们可能被限定用途,也可能不被限定用途。拨款主要通过改变接受拨款者所得到的能用在任何商品和服务上的资金数量而对其产生影响——纯收入效应。这一点可以在图5-3中体现出来,图中展示了社区将预算在公共物品和私人物品间进行协调分配的问题。在这里,公共物品指当地政府提供的用税款资助的所有商品和服务,而私人物品则指社区成员用他们的税后收入在市场上购买的商品和服务。私人物品和公共物品都用为获得它们而支付的美元数额来衡量;两者的支出总和等于社区的预算水平。

用 AB 线代表拨款前社区的预算线,假设社区最初处在 C 点上。然后中央政府向社区提供一笔利益共享资金,这笔资金用于当地的公共物品供应。[①] 拨款后的新预算线是 ADE。也就是说,社区所能得到的私人物品仍然不能超过 OA,但是在不减少私人物品购买的情况下,公共物品的数量增加到了 D 点对应的量(AD 是拨款的数量),超过 D 点,如果要增加公共物品的供应就必须减少私人物品的购买。因为拨款并没有使公共物品和私人物品的价格发生变化,所以线段 DE 与 AB 是平行的(如同纯收入增加)。如果公共物品和私人物品都是正常商品,那么拨款后社区将处于新预算线上的一点如 F 点上。

注意,上面所说的拨款被限定用于购买公共物品,却有增加社区私人物品消费的效应。如图5-3所示,在 C 点上私人物品的消费量是 OG,在 F 点上私人物品的消费量是 OH。比值 GA/OA 是拨款前社区征税的税率,也就是为获得公共物品所放弃的私人财富的比例。比值 HA/OA 是拨款后社区征税的税率,它

---

① 在本章中,我们将不考虑被用于拨款的那部分中央政府收入的来源。在中央政府收缴税款之后,地方政府核算其拨款之前的预算。

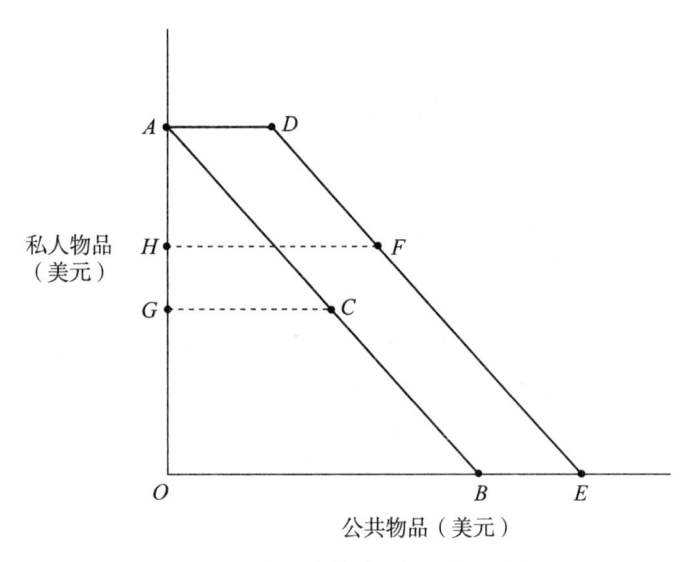

图 5-3 非配套拨款就如同收入增加

低于社区最初的税率。因此，社区满足了拨款只能用于购买公共物品的要求，而且使用于公共物品购买的当地财富减少了。

为了进一步弄清楚分配的结果，下面想象一下社区的反应。假设对拨款的第一反应是降低税率，以确保提供的公共物品与拨款前的数量保持一致，这一点符合拨款的要求。但是现在社区除了保持与拨款前等量的私人物品消费以外，还有多余的资源可以用来购买任何物品。这些额外的资源就像额外的收入，社区的行为也会像个人的行为一样：它对所有正常商品的购买都增加了一点，包括公共物品。因此，对社区的利益共享拨款与中央政府等量的减税具有同样的分配效应。利益共享拨款的净效应是增加了对公共物品的购买，但是增加的幅度并没有达到拨款的数量。

在这个例子中，拨款只能被用来购买公共物品的要求并没有起很大的作用；相对于没有任何约束时社区将用于公共物品购买的资金数量，拨款的数额较小。图 5-4 展示了一种强有力的限制：拨款的数量大于社区自由选择时将用于公共物品购买的资金数量。当拨款的数量（用 AD 来表示）足够大，能够穿过收入扩展线 OCK 时就会发生这种情况。① 如果 ADE 是拨款后的预算线，那么社区将把 D 点作为它的最佳点：与同等收入增加的情况相比，拨款涉及商品的数量更多。② 在利益共享拨款中，这种情况发生的可能性不大，但是当（给定数额）拨款的应用范围被缩小，如只能用来购买新的消防器材时，这种情况就更有可能发

---

① 收入扩展线是指在所有价格水平保持固定不变的前提条件下，在任意可能的收入水平上的效用最大化消费选择的轨迹。

② 在此需要注意的是，D 点的斜率要比 J 点（分类限制被取消的情况下倾向于选择的点）的斜率平缓。从正常预算约束条件下的效用最大化点开始向右移动，与预算约束线相交的无差异曲线的斜率逐渐变得相对平缓；如果向左移动，则变得相对陡峭。随着距离 J 点越来越远，不论向右移动还是向左移动，效用水平都将趋于递减。因此，D 点代表可获得的最大效用水平，并且在分类限制放松的情况下，拨款商品的购买量会增加。

生。当拨款被规定只能用于指定商品时,这种拨款被称作分类拨款或选择性拨款(a categorical or a selective grant)。

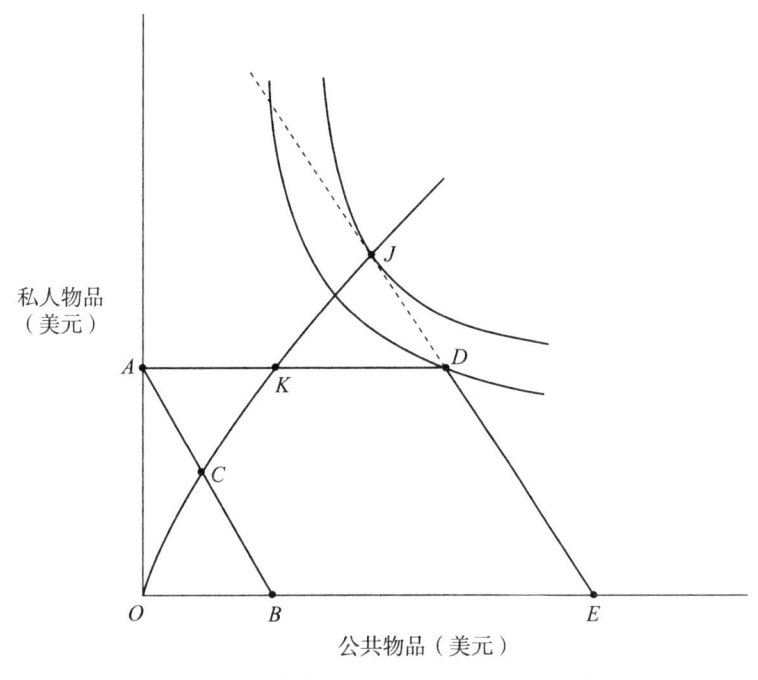

图 5-4 非配套拨款的类别限制可能具有较强的约束力

价格效应和配套拨款

对拨款体系中配套要求的效应所进行的分析与对食品券项目的分析是一样的。配套拨款为用在拨款项目所含商品上的总支出承担一定比例的资金,这个比例由接受拨款者事先选定。例如,在一个完善城市交通设施的项目中,对于当地政府支出的用于当地交通设施建设的每 1 美元,联邦政府将提供 9 美元的拨款。该项目的配比是 9 比 1。在其他的配套拨款项目中,配比可能没有这么大,对于接受拨款政府每支出的 1 美元,拨款政府可能只提供 0.1 美元的拨款($m=0.1$)。配比还有可能是负值,这实际上是对当地在某种商品上的支出所征的一种税。①

为了研究从拨款接受者的角度看,配套拨款如何影响所含商品的价格,我们假设接受拨款者又多购买一单位的该种商品。如果市场价格是 P_0,那么当地政府的支出加上配套拨款一定等于 P_0。我们把当地政府每单位商品的支出记作 P_S,那么每单位的配套拨款就应该是 mP_S。描述三者关系的等式为

$$P_S + mP_S = P_0$$

或者

---

① 为地方学校筹集资金的地区权利平等提案具有这一特征,这将在本章的后面部分加以讨论。

每单位的当地资金＋每单位配套拨款＝每单位市场价格

解出 P_S，我们发现对于每单位商品，当地需要支付的价格是

$$P_S = P_0/(1+m)$$

因此，配套拨款改善了社区用拨款所含商品与其他商品进行交换的贸易条件。在前一章举过的关于食品券的例子中，拨款项目对接受拨款者支出的每 1 美元提供 1 美元的配套资金。因此，配比为 1，转化成对价格的影响相当于降价 50%。接受拨款者只需放弃价值 0.5 美元而不是 1 美元的其他商品，就可以得到价值 1 美元的食物。

配套拨款可以是限额的，也可以是非限额的。在非限额拨款项目中，拨款政府愿意提供的资助是没有数额限制的。图 5-5 中的 AC 表示的就是非限额拨款；AB 是拨款前的预算线。相反地，在限额拨款项目中，拨款政府愿意提供的资助是有数额限制的。在图 5-5 中，限额拨款用预算线 AFG 表示，并且在 F 点达到最高限额。这两种情况可以被认为与前一章中有关食品券的分析（见图 4-8）类似。对拨款规定限额的后果，要么是减少对应商品的购买和资助的总额（如果社区选择 FC 上的一点，那么由于限额将无法实现），要么是毫无影响（如果社区选择 AF 上的一点，那么就仍然可以实现）。

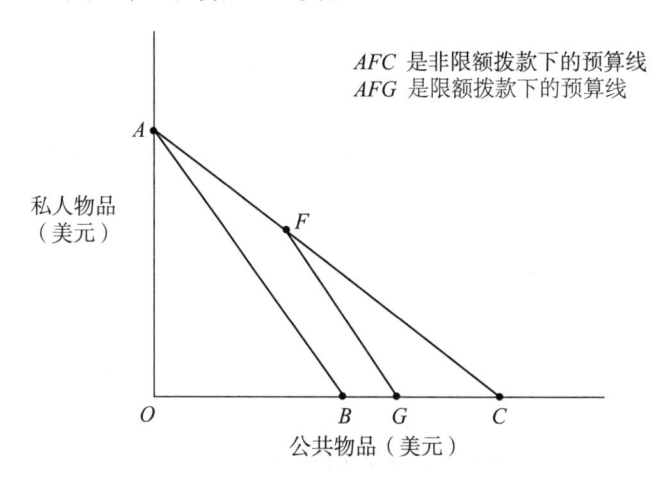

AFC 是非限额拨款下的预算线
AFG 是限额拨款下的预算线

私人物品
（美元）

公共物品（美元）

图 5-5　配额拨款可以是限额的（AFC）或非限额的（AFG）

为了研究配套供应的效应，我们来比较两个资助总额相等的非限额配套拨款和非配套拨款。在图 5-6 中，非限额配套拨款用 AC 来表示，假设社区选择 F 点。然后我们构建一个等量的非配套拨款（同样经过 F 点），用 ADE 来表示。注意 D 点一定位于 F 点的左侧（DE 平行于 AB）。

我们将用显示性偏好的推理来说明 ADE 上的效用最大化点不会在线段 FE 上。一般来讲，如果满足如下两个条件，那么商品和服务组合 $X=(X_1, X_2, \cdots, X_n)$ 与 $Y=(Y_1, Y_2, \cdots, Y_n)$ 相比是更被显示性偏好的：(1) 根据预算线，Y 是能支付得起的；(2) X 是实际上被选择的商品和服务组合。如图 5-6 所示，如果社区想选择 FE 上某点而不是 F 点本身所代表的商品和服务组合，那么在非限额计划 AC 中社区就已经选择该点了。因为社区没有选择那样一点，所以 F 点是被

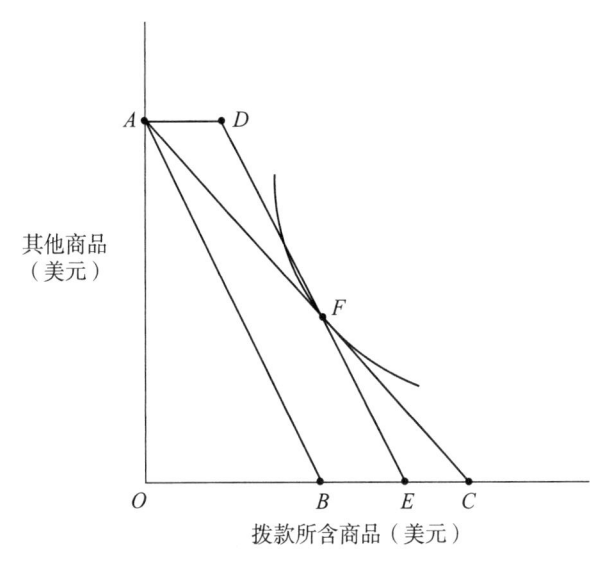

图 5-6 比较等量的配套拨款和非配套拨款

显示性偏好的点,其效用超过 FE 上任何一点。但是 F 点并不是 ADE 上的效用最大化点:经过 F 点的无差异曲线与 AC 相切,因此不可能与 DE 相切。这样一来,在 ADE 上就存在着效用大于 F 点的其他点,并且它们不在 FE 上:它们一定在 F 点左侧。

如果分类限制是具有约束力的,那么 D 点就是效用最大化点;但是由于 D 点总位于 F 点左侧,这就意味着这种拨款所含商品的数量总是低于非限额配套拨款。因此,非限额配套拨款与等量的非配套拨款相比,会导致对拨款所含商品的更多消费。可以看出,对于中央政府来讲,还有一种成本更低的配套拨款,可以产生和非配套拨款等量的对拨款所含商品的消费。

以上结果表明,当一项拨款的目的是改变某种商品的分配情况时,配套拨款更具有优势。这一目标使拨款具有修正外部性的特点。配套拨款通常被认为在这些情况下适用是因为配比改变了接受拨款者所面临的价格,并且如果配比选择恰当,就会使接受拨款者分配决策的外部成本和收益内部化(一个例子就是第四章讨论过的存在相互依存的偏好时的最佳食品券补贴)。公平目标也可能要求对某种商品相对分配情况的改变,如本章稍后将讨论的学校财政问题,对这样的政策目标,配套拨款也可能是合适的。相反地,非配套拨款则对普遍再分配目标更为适用。[1]

---

[1] 关于拨款的一般性经济政策问题更为详细的讨论,可参考 George F. Break. Financing Government in a Federal System. Washington, D.C.: The Brookings Institution, 1980; Wallace Oates. Federalism and Government Finance. in John Quigley and Eugene Smolensky, eds.. Modern Public Finance. Cambridge: Harvard University Press, 1994: 126-151.

选择约束的作用

我们已经介绍了在政府间拨款中常见的几种选择约束：所含商品的范围和能获得的配套补助的最大数量。它们的重要性不仅取决于我们刚才讨论的分配效应，而且取决于拨款管理和实施的信息与交易成本所产生的制度效应（institutional effects）。我们通过对另一个约束——维系努力（maintenance of effort）——的介绍来阐明这一点。它的意思是只有当接受拨款的群体对拨款商品的消费量已经达到与以前相同的水平，并且愿意把资金用于对这种商品的追加购买时，才能得到这些拨款。

图5-7中展示了一个例子，即与非限额配套拨款相比，带有维系努力要求的非配套拨款如何用较低的成本实现公共物品供应的增加。社区最初的预算线是AB，并且最初选择的是C点。一个配额拨款项目使预算线变为AD，与此同时社区的选择变为E点（与等量的现金转移相比，此时获得的拨款商品较多），补助成本为EG。与OH等量的拨款商品也可以由成本更小的非配套拨款产生，这种非配套拨款带有维系努力要求，用预算线$ACFJ$表示。

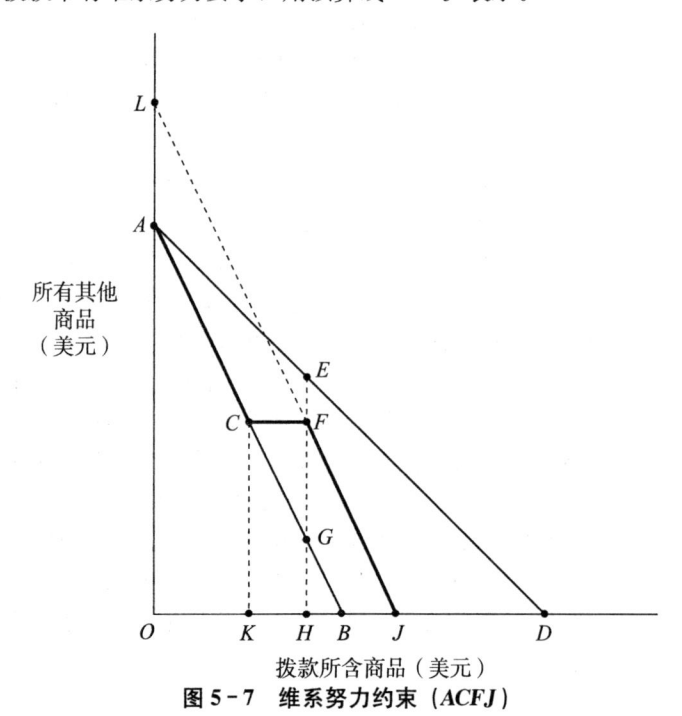

图 5-7 维系努力约束（$ACFJ$）

$ACFJ$的形状可以解释如下。假设社区从A点出发，它在购买拨款所含商品时支付的是市场价格，并且随着购买量的增加沿AB线移动，直至C点。在C点，拨款商品的数量是OK，正好使社区达到维系努力要求的消费量，这个消费量是按照社区以前在这种商品上的支出量决定的。这之后要购买拨款商品就不用再放弃其他商品了，因为现在社区已经具备了获得拨款的资格，拨款会支付全部费用。因此社区从C点水平向右移动，直到拨款被用光为止。

我们谨慎地选择了允许的最大购买量为 CF 的拨款，这项拨款可以使对拨款商品的消费量达到 OH（选择配套拨款 AD 时会达到的数量）。这项拨款的成本是 FG，小于配套拨款的成本 EG。超过 F 点，社区如果还想增加对拨款商品的消费量，就必须放弃对一定量其他商品的消费，因此，FJ 的斜率与 AC 的斜率相同。

在预算线为 ACFJ 时，根据个人选择理论可知社区会选择 F 点。如果它在预算线 AB 上，则会选择 C 点，很明显 F 点更具有偏好性，因为在这一点上一种商品更多而其他商品也没有减少。那么我们又怎么知道 FJ 上没有更好的点呢？因为每个坐标轴所代表的商品都是正常商品，当收入增加时，社区会同时增加对这两种商品的购买。也就是说，收入扩展线会与 LJ（FJ 的延长线）相交，到达 FJ 的左侧。因此，F 点比 FJ 上任何一点都更靠近 LJ 上的最佳点，所以 F 点一定是被偏好的。社区选择了 F 点；在这点上社区对拨款商品的消费量是 OH（与配套拨款时一样）；而对于拨款政府来说，其成本却低于配套拨款的成本（FG＜EG）。

这强调了这个限制所产生的巨大影响。然而这并没有改变我们前面所下的结论，即每 1 美元补助所产生的配套需求有更大的刺激作用。只要其他因素都相同（包括限制），这个结论就成立。① 这表明，除非限制条件相似，否则我们不应该指望配套拨款有更大的刺激作用。但是，相关文献已经表明，政府间拨款项目的限制性条款的有效性是无法预测的；它取决于在限制条款的管理和实施方面所具有的能力和付出的努力。② 这一告诫值得深入讨论。

回忆一下以前学过的知识，只要一个消费者对两种商品的边际替代率与另一个消费者不同，就有进行交易的可能性。当经济行为人进行消费（或生产）选择时，他们往往以当时的市场价格为依据。然而，由于拨款接受者总是受制于配套规定和一定的限制，因此他们的边际替代率不等于市场价格比，相应地，就产生了交易的动机。这正是我们在第四章关于个人食品券拨款和食品券非法交易市场的讨论中所看到的。接受拨款者可以通过以当时的市场价卖出食品券使效用增加，获得的收入则可以被用来购买任何能使接受拨款者效用最大化的商品。

利用边际替代率的差异获取利益的愿望不仅适用于个人，而且适用于团体。如果接受拨款者能找到办法使潜在的交易变为现实，那么任何政府间拨款项目只要含有能导致这种差异的规定就很难实现它的初衷。因此，一个拨款项目成功与否，不仅取决于到目前为止我们已经讨论过的分配效应，还取决于拨款的管理水平和执行力度。

假设一个社区收到了一笔带有维系努力要求的拨款。它可以保持当地的预算水平不变，同时改变预算资金所购买的商品组合。例如，一个社区可能亟须为当地的医院配备一些医疗设施，但目前能得到的唯一拨款是带有维系努力要求的对司法部门的拨款。社区决定将一部分医院的保安算作警察，这样这笔拨款就能被用于增加警力开支，但是效果却如同被用于医院的保安，医院的收入虽然没变，

---

① 要想证明这一点，需要读者对配套拨款和非配套拨款（两种拨款都带有维系努力的要求）所产生的影响进行比较。
② 例如，可以参考 Martin McGuire. A Method for Estimating the Effect of a Subsidy on the Receiver's Resource Constraint：With an Application to U. S. Local Governments 1964—1971. Journal of Public Economics，1978（10）：25-44.

但是因为用于保安的开支降低了，因而支出也减少了。因此医院用这笔拨款购买了新的医疗设备，尽管与有关记录显示的情况不同。

如果一个拨款项目已经持续了很多年，那么选择限制就有可能变得越来越难执行。例如，维系努力要求可能在第一年十分明确，但是没人确切地知道在接下来的几年里如果没有任何拨款，社区能花什么钱。如果社区的收入增加了，那么即使没有拨款项目，人们的支出也会随着时间的推移而增加。这样，如果维系努力要求没有任何变化，其就会变得越来越不重要，政策的效果也会越来越像没有限制的分类拨款。

举这些例子，目的就是表明认识到由一定拨款设计产生的动因是很重要的。任何针对拨款项目的政策分析，一部分目的都是想要知道拨款的有关规定是否能被实际实施和执行；如果不能确保这一点，那么拨款的目的可能就很难达到。关于执行的难与易并没有标准答案，它取决于商品的性质。食品券的黑市交易往往很难避免，因为食品券的转手很难被禁止和察觉。

接受者决策的备选方案说明

到目前为止，我们都假设在偏好或选择消费组合这样的问题上可以把社区当做个人来对待。但社区毕竟不是个人。社区是选择居住在同一个地区的居民个体的总和，并且居民随时可以按照他们的想法重新选择居住地。通常社区还包括公共或私人组织机构，这些机构可以雇用非本地居民进行工作，或者被非本地居民拥有；这些非本地居民就像本地居民一样，会被社区所能得到的拨款考虑在内，同时也会受这些拨款的影响。

我们一直在使用的社区选择观点通常是以中间选民的概念为理论根据的。按照这种观点，当地的决策反映的是中间选民的偏好。例如，不妨设想一下，我们对学校支出进行了一系列投票：在对每个支出水平都投票表决之后，一个新的、稍高的支出水平被投票表决，这是要征得大多人支持的最后一个支出水平。如果将选民按照他们同意的最高支出水平进行排序，就很容易发现处于中间位置的选民决定了总体支出水平。简言之，社区的偏好可以用中间选民的偏好来代表。①

应用于地方选择时，这一理论在很多研究中都被证明在实践中是十分有用的。② 然而，认识到一点很重要，即随着时间的推移，个人和公司都可以在某个地区内的不同社区之间选择自己的居住地。查尔斯·蒂伯特（Charles Tiebout）假设居民们以"用脚投票"的方式迫使社区在有可能的情况下提供最具有吸引力

---

① 这一分析处理只用于解释为什么社区选择理论能够准确地预测集体决定。我们不打算证明集体选择的有效性；实际上，我们完全有理由相信，民主选举过程不会被用来实现有效率的资源配置。可参考我们将在第十五章进行的讨论。还可参阅 Kenneth Arrow. Social Choice and Individual Values. New Haven：Yale University Press，1951.

② 详见 Edward Gramlich. Intergovernmental Grants：A Review of the Empirical Literature. in Wallace Oates, ed.. The Political Economy of Fiscal Federalism. Lexington，Mass.：Lexington Books，1977。

的公共服务（包括税收），以免它的居民搬到别处去。① 当然，随着人们的迁移，某个社区内中间选民的特征也会发生变化。因此，社区之间的竞争是又一个影响社区决策的重要因素，它在长期内的影响要大于在短期内的影响。

第二个质疑社区选择观点的原因来自官僚主义行为理论。这种观点认为任何接受拨款的部门就像捕蝇纸一样：拨款一碰到那里就马上被黏住。让我们回到刚才举过的例子，社区寻找资金想要购买一些新的医疗设备，但是却只能得到带有维系努力要求的对司法部门的拨款。我们建议将医院的保安算作警察，这样既可以满足拨款的要求，又可以用医院节省的开支（本应用到保安身上的费用）购买新的医疗设备。

但是，如果警察局长不喜欢这个主意，该怎么办呢？特别是当警察局也坚持说它需要这笔拨款来购买直升机的时候。似乎并没有什么有效的政治机制能阻止警察局这样做。当然，这要看警察局相对于其他部门（它们可能赞成也可能不赞成）的政治力量和公众的意见。也许公众的意见从长期来讲所占的分量较重（例如，通过对官员进行重新选举，这些官员有任免警察局长的权力）。因此，在短期内，由于当地政府的支持，拨款会收到它的设计者想要达到的那种效果；而在长期内，收入的转化效应将更有可能占主导地位。

事实上，对拨款所产生的影响的经验性研究有力地证明了捕蝇纸效应确实存在，并且持续着。按照海因斯（Hines）和泰勒（Thaler）的说法，在大多数拨款项目中，长期内纯收入效应都会增加用在拨款所含商品上的花费，大概每1美元非配套拨款会使此项花费增加0.05~0.1美元（该数值与收入弹性相一致）。但是实际上估算出的收入效应通常更大，介于0.25~1美元之间。②

因此，拨款中的政治和官僚效应可能很大，在预测拨款项目的影响时其应该被考虑在内。我们之前曾在个人选择理论的基础上提出非配套拨款与等量的税收减免对社区的影响是相同的，证据反驳了这一观点，它表明非配套拨款与等量的税收减免相比，能刺激对拨款商品的更多支出。

学校财政中的公平

在本节，我们将拨款理论和公平概念同时运用于公立学校的财政问题。我们将主要讨论加利福尼亚州的制度，它曾因1976年的塞拉诺对普里斯特诉讼案（Serrano vs. Priest）而被州最高法院宣判违反了宪法。之后，很多州都遇到了相

---

① 详见Charles Tiebout. A Pure Theory of Local Expenditure. Journal of Political Economy，1956，64（5）：416-424。关于这一假设条件以及中间选民的检验，可参考Edward Gramlich and Daniel Rubinfeld. Micro Estimates of Public Spending Demand Functions and Test of the Tiebout and Median Voter Hypotheses. Journal of Political Economy，1982，90（3）：536-560。

② 可参考James R. Hines，Jr.，and Richard H. Thaler. Anomalies：The Flypaper Effect. Journal of Economic Perspectives，1995，9（4）：217-226；Shama Gamkhar and Wallace Oates. Asymmetries in the Response to Increases and Decreases in Intergovernmental Grants：Some Empirical Findings. National Tax Journal，1996，49（4）：501-512。

似的问题，但是却很难找到好的解决方法。在 2001 年，纽约州的制度也被其最高法院宣判违反了宪法，同样的事情也发生在了新罕布什尔州。新泽西州的最高法院宣判该州的制度与塞拉诺案件类似，也违反了宪法，1993 年得克萨斯州的选民否决了一项财富共享计划，这项计划与对塞拉诺进行补救的某些提议相似。首先我们将回顾加利福尼亚州那套被认为有缺点的制度和法院的公平要求，然后我们将讨论什么样的制度可以满足这些要求。

塞拉诺案件中的公平缺陷

在图 5-8 中，我们分别画出了富裕学区的预算线（下标为 R 的线）和贫困学区的预算线（下标为 P 的线）。每个孩子的公共教育费 E 用横轴表示，每个孩子占有的其他财富 W 用纵轴表示。[①] 虚线代表一个假想的纯地方性的学校财政制度；按照这个制度，州政府对学区不提供任何财政支持。在这样的制度下，人们会毫不惊奇地发现富裕地区花费在每个孩子身上的教育费用明显高于贫困地区，只要公共教育是正常商品，这个结论就成立。

实际上被宣判违反了宪法的制度并不是纯地方性的。就像其他很多州一样，加利福尼亚州过去一直在实施一项被称为基础计划的学校财政制度。在这项制度下，每个学区都能得到州政府的补贴。所获补贴的数量是地区中每个孩子所占有的财富的反函数。[②] 所有地区都得到每个孩子至少 125 美元的补贴，这个数量被称为基本补贴。这也是富裕地区能得到的仅有的补贴。贫困地区则可以通过均等化补贴的形式获得更多的资金，越是贫困的地区，得到的均等化补贴就越多。

在图 5-8 中，实线代表两个有代表性的地区将州政府的补贴算在内的预算线。拨款的数量与专用于教育开支的非配套拨款数量相等。如图所示，富裕地区所接受的拨款数量少于贫困地区。这项计划本应使两个地区的支出趋于相等，因为拨款的数量越大产生的收入效应就越大，但是却没有理由认为这项制度能使支出相等。如果要实现这个目标，那么贫困地区得到的拨款数量必须十分大，因为

[①] 在此需要注意的是，在图 5-8 中，富裕学区和贫困学区拥有相同的无差异曲线和不同的总财富，其中财富水平取决于每个地区可以进入公立学校的孩子数量。在此使用"每个孩子"是为了便于分析，但必须对此保持谨慎：某一学区对其拥有的总财富的变化以及学校学生数量的变化，都会做出一定的反应，并且对总体反应水平的实证分析还需要除此之外的更多信息。考虑初始条件完全相同的两个学区，其中一个学区所拥有的财富增加为原来的两倍，另一个学区公立学校的学生数量降为原来的 50%。那么，二者在图 5-8 中的预算约束线将继续保持一致，但是根据经济理论，它们没有理由选择预算约束线上的同一个点。最终选择点将取决于二者教育支出相对于其他商品消费支出的财富弹性。在此为了实现这一分析目标，我们假设两个学区所拥有的孩子数量保持固定不变。

[②] 因为通常情况下，财产税（property tax）中的大部分被用于增加地方教育基金，法院及其他政府机构衡量学区财富的标准是该学区所拥有的财产的总估算值。这种近似估计法的合理性将在本章后面的部分加以讨论。

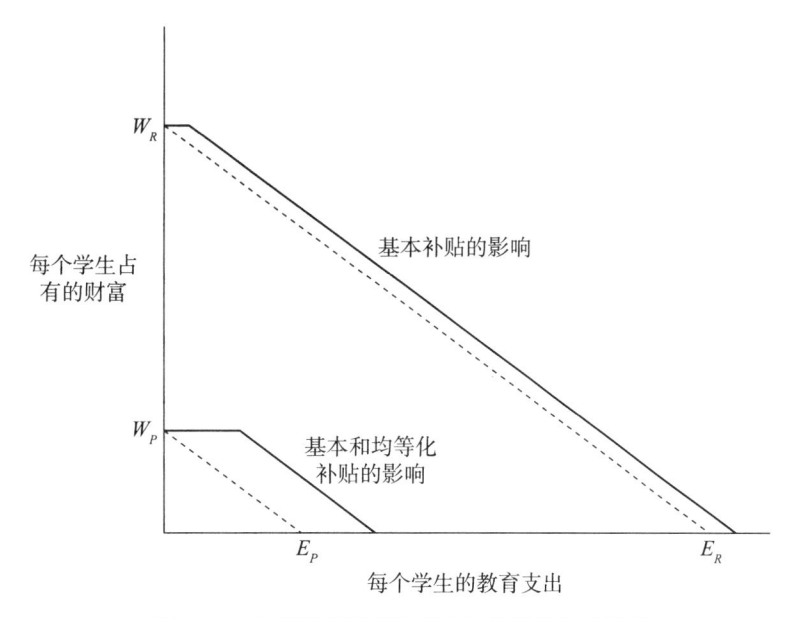

图 5-8 加利福尼亚州违反宪法的学校财政计划

加利福尼亚州富裕地区的支出是贫困地区支出的 4 倍，甚至更多。① 注意，这个拨款体制没有价格效应，我们在前面已经说明，要刺激某些商品的消费可以用配套拨款来很好地实现（配套拨款利用的就是价格效应）。但是，我们仍没有讨论在这种情况下哪种公平标准是适用的。

为什么法院认为，正如对塞拉诺案件的判决那样，我们描述的那种制度没有"平等对待"同一个州的学生呢？② 地区与地区之间存在支出水平差异这一事实并不是法院感到违反宪法的地方，判决已经清楚地表明法院要求的并不是绝对平均。而且，尽管判决的确对贫困地区学生教育的低支出水平表现出了特别的关注，但是法院也并没有要求最低量保证。因此，在这种情况下，公平的两个结果标准都不适用。

但是，法院却认为该州制定的这套学校财政制度违反了财富中性的原则。居住在贫困地区的孩子（被考察群体）获得的平均的公共教育费用少于居住在其他

---

① 这一额度的拨款肯定会使得拨款接受地区选择位于预算约束线上的消费束。为了说明这一点，假设一个学区非常贫困，教育支出占以财产价值估算的财富总额的 10%（这已经是一个很高的比例）。如果我们向这个学区拨款，数额比其现在的支出规模大两倍，也就是说，是上述 10% 这一比例的三倍，那么其财富将增加 30%。在无约束的条件下，该地区用于教育的支出增加多少将取决于其财富弹性。相关实证研究结果表明，财富相对于教育支出是缺乏弹性的。根据估计，若该学区能自由地支配其拥有的财富，则其将把新增的 30% 的财富中的 3% 花在教育上。但是，拨款的限制条件是，教育支出必须至少占拨款额度的 30%，因此必须附加预算约束。在这一不附加约束条件的例子中，财富弹性应该位于 7 左右的水平。这显然是不合理的。考虑到初始假设的用于教育开支的比例，寄希望于将仅仅三倍于初始教育支出水平的拨款全部用于教育支出，从而实现平等，就更为不合理了。

② 值得注意的是，关于"对待的平等性"和"公平的机会"的法律解释完全不同于其作为分析概念的一般性定义。例如，很少有人会认为，公益辩护人的设置能够确保实现中立性或者我们所定义的公平的机会。这可能会实现一个通用最小量，但是按照法律标准，法院会满意于公益辩护人在保证"公平的机会"这方面的作用。为了维持这些名词在定义上的差异性，对于法律含义的引用我们将用引号进行标注或者使用不同的术语。

地区的孩子。法院认为，一个孩子所接受的教育（用每个孩子占有的学校支出来衡量）不应该与他们的父母和邻居拥有的财富构成函数关系，其中，父母和邻居的财富由学区内每个孩子所占有的财产税税基来衡量。

这个公平标准的选择其实是很有意思的。它涉及居住在某个地区的孩子相对于其他地区的孩子所需的费用。从理论上来讲，对这一标准的违反可以通过三条途径来纠正：一是提高原来预期支出水平低的地区的支出水平；二是降低原来预期水平高的地区的支出水平；三是同时采取这两种措施。对总人口的平均支出水平没有进行限制（没有规定最低量），而且对绝对平均标准的一定程度的偏离是被允许的，对总体的分配水平也没有限制。唯一的要求就是贫困地区的孩子作为一个整体，应该与那些居住在其他地区的孩子拥有同等的受教育的机会。

这样一项一般的政策为什么要满足中性标准呢？如果我们回过头来看我们对公共概念所进行过的讨论，就会发现基础教育——正如食物、衣服和居所一样——已经成为现代生活的一项基本要求。即使退一步讲，基础教育也是我们想要保证每个人都能获得的商品之一。但是这种推理需要最低量保证，并且因为教育资源的供给是有弹性的，所以根本没有必要关心不同孩子的相对教育支出。[1]

在教育方面需要考虑公平的另一个原因是，人们相信接受不平等的教育有可能影响一个人一生中其他机会的获得，而社会有责任保证人们在获得这些机会上的平等。基于这种推理，教育被看做达到目的的一种手段；诸如补偿性教育这样的政策也有可能由此产生。这种观点的确涉及了教育的相对支出水平，但是这并不意味着教育支出要求绝对平均、机会均等或者中立。尽管它们可能代表着一种对现状的改进，但是这样的要求有可能会妨碍平等地获得生活中的其他机会（例如，在有必要进行补偿性教育时）。

另一个与上述推理有所不同的观点更强调政府"左右手并重"的重要性，特别是在涉及市民的切身利益时。也就是说，我们可以说教育是很重要的问题，州政府可以对其内部地方政府提供的教育施加影响，因而它就必须保证它对州内所有孩子的影响都是不偏不倚的。[2] 由于是州政府划定了地区的边界，并且制定了各地方政府都要遵循的财政政策，因而它就必须选择那些能保证每个地区的孩子都获得同等教育机会的制度。

当然，州政府可以通过很多渠道来影响地区的行为，并且作为一种价值判断标准，人们可能希望将"左右手并重"的理论运用到所有由州政府施加的影响中。但是，法院所关心的范围却狭窄得多，它只关注受州政府的财富分类（也就是地区边界）所影响的机会。因此，当可疑分类涉及人们的切身利益时，对州政府"左右手并重"的潜在要求就成为中性标准产生的理论基础。在对塞拉诺案件的判决中，就体现了法律在这方面的考虑。

---

[1] 在此没有讨论的一个重要的问题是，在教育支出、实际教育资源和孩子们所接受的教育数量之间存在多大程度的关系。大部分相关领域的研究认为三者之间的关联程度较弱。例如，可以参考 E. Hanushek. Assessing the Effects of School Resources on Student Performance：An Update. Educational Evaluation and Policy Analysis, 1997, 19（2）：141-164；The Economics of Schooling. Journal of Economic Literature, 1986, 24（3）：1141-1175。

[2] 这也许可以通过其弹性的概念来加以解释。在某些情况下，如果允许存在对"左右手并重"原则的例外，则必须提供充分的令人信服的理由，例如义务教育。

财富中性制度的设计

现在,让我们来考虑如何设计一个能满足财富中性标准的学校财政制度。任何能保证支出均等的州立制度——如州统一财政(full-state financing)——都是财富中性的。然而,当地政府对学校的控制是使这条标准在政治上失去吸引力的重要因素。[①] 人们也可以重新划定地区边界,这样所有的地区就都能拥有相等的财富了。但是,这样做有两个严重的缺陷:(1) 这从政治的角度来讲是不受欢迎的,因为它威胁到了很多教育系统雇员的地位(如地方教育局的局长),同时也会使那些以学区特点为依据选择居住地的家庭感到不安。(2) 在与现有地区规模相近的那些地区中,地区间的相对财富在几年中可能发生巨大变化(这会迫使重新分区不断进行下去)。一个州可能被划分为若干个比以前规模大得多的地区单元,如此,又会产生许多与采用州统一控制相似的弊端。

作为一段有趣的旁白,上面提到了居住地选择理论,这一理论说明了实现财富中性的蒂伯特方法:如果家庭确实能够自由地选择居住地,那么无论州政府怎样划定地区边界,或者不论不同的地区都接受了怎样的拨款,我们都可以认为财富中性要求已经得到了满足。很显然,法院不能接受这种推理,否则该制度就会由于州立宪法的缺陷而被认为合法了。尽管几乎没有人会说居住地的选择(根据学区)是与财富无关的(例如,分区规划的规定阻止了低成本房屋的建造),但是另一个使财富的影响中性化的办法是开放式注册(open enrollment)。也就是说,如果每个孩子都可以在地区内代表不同支出水平的学校间自由地进行选择(无额外成本),那么我们就可以说这个制度是财富中性的。到 20 世纪 90 年代末,很多州都引入了相当自由的开放式注册入学制度。然而,奥顿(Odden)指出了在这种制度下实现财政公平的种种问题。[②]

我们现在有了既能保持原有地区划分不变,又能使财富的影响中性化的备选方案。现在,是时候考虑这样一个问题了,即我们要求的中性到底是完全中性还是有条件的中性。法院的判决对这个问题的回答模棱两可,尽管正如在其他备选方案中的应用那样,这两个概念之间存在着很大的差别。[③] 我们构建了学校支出决策和拨款效应的简单模型,来说明公平标准之间的差异。要满足任

[①] 尽管新墨西哥实施了与州内统一财政制度相当的制度,但是夏威夷(Hawaii)是唯一严格实施州内统一财政制度的一个州。(夏威夷政府严格要求在州内实行统一的支出水平以及统一的税率,所有的地方政府必须照此执行。)可能有人认为可以明确地区分资源筹集决策与资源使用决策,但是多数人仍坚持认为,州政府对财政的统一安排将会削弱当地政府的控制能力。

[②] 详见 Allan R. Odden. Financing Public School Choice:Policy Issues and Options. in Allan R. Odden. ed.. Rethinking School Finance. San Francisco:Jossey-Bass, Inc., 1992:225-259。

[③] 地区财富中存在很多的特定来源基金,诸如针对有障碍儿童提供的联邦基金,其可作为总支出的一部分,并通过其额外指标来分析其合理性。此处,为了简化分析,我们在所考察的支出基础中完全不考虑这些特殊来源基金,而只考虑一般性目的基金的公平性。然而,我们可以通过将这些特殊来源基金包括在支出基础中,将相同的选择描述为关于有条件中性的两个备选设定之间的选择。特殊来源基金的公平性的确值得详细审查。关于这一主题的观点,可以参考 Friedman 和 Wiseman 的论文 *Understanding the Equity Consequences of School Finance Reform*。

何一个标准,拨款制度的实际设计都要考虑许多重要因素,这些因素在我们这里使用的这个简单模型中是被忽略的,但是在接下来的内容中我们会涉及它们中的一部分。

完全财富中性要求学区的财富和用于每个公立学校学生身上的支出水平之间不存在任何函数关系。这就暗指处于某财富阶层的一个地区的预期支出水平应该等于处于其他财富阶层的一个地区的预期支出水平。①

在图 5-9 中,我们展示了完全中性的目标。图中有两条需求曲线,每一条都代表一组地区的平均需求:D_H 代表富裕地区,D_L 代表贫困地区。在没有拨款制度的时候,所有地区每一单位教育支出的价格都是 1 美元。② 图中显示,富裕地区平均每个学生的花费是 6 300 美元,贫困地区平均每个学生的花费是 1 800 美元。图中显示的只是每组地区的平均值,认识到这一点很重要。例如,我们并不是说富裕地区每个学生的花费不多不少刚好是 6 300 美元。

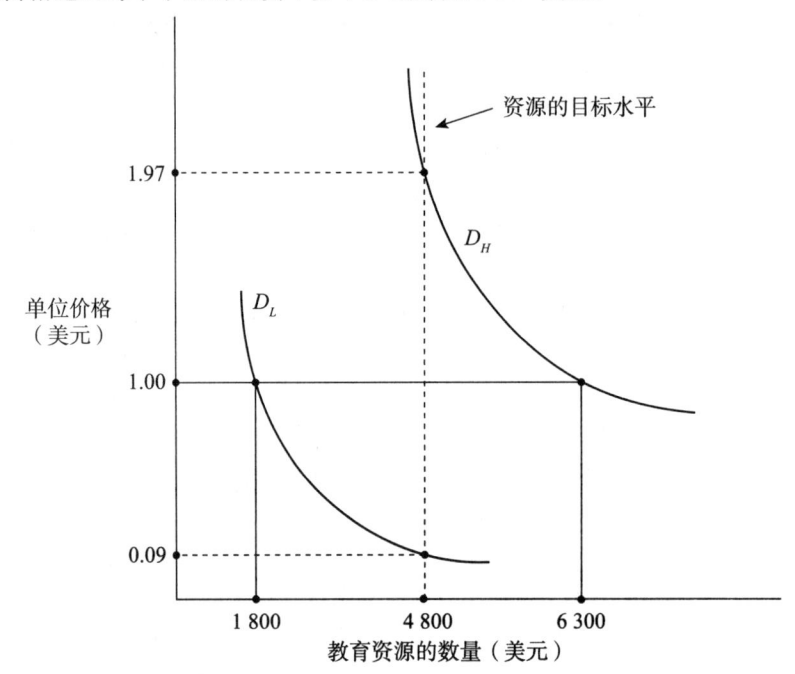

图 5-9 通过适当的配套拨款实现完全财富中性

---

① 关于完全中性的早期案例是通过两个分组来说明的,但是基本原理同样适用于多个分组的可疑分类。在对地区财富分类的阐述中,我们将财富水平视为一个独立且连续的分类。此处的假设条件是,如果相对于其他地区,中等财富地区或者中上等财富地区存在系统缺陷,那么法院也会生气。

② 地区需求曲线以假设的函数形式 $E=0.015\,P^{-0.4}W$ 表示,其中 E 表示在每个孩子身上的教育支出,W 是每个孩子所拥有的财富,P 表示每单位教育的价格。采用这一假设形式是为了简化分析。尽管文献中关于价格弹性的估计值各不相同,基本上介于-1 到 0 之间,但是取值为-0.4 的价格弹性是合乎事实的。真实的财富弹性将低于单位弹性,并且根据相关文献中可以查到的相关估计,其取值可能介于 0.25 和 0.5 之间。例如,Hoxby 对美国大城市地区收入弹性的估计值为 0.54,这可能比较近于财富弹性的值,因为在 Hoxby 之后没有研究对财富弹性进行过单独的分析。可参考 Caroline M. Hoxby. Does Competition among Public Schools Benefit Students and Taxpayers. American Economic Review, 2000, 90 (5): 1209-1238.

为了实现这两组之间的完全中性，州政府可以任意选择一个学校支出的平均水平作为目标。图中显示的目标是每个学生 4 800 美元。这样州政府就必须设计一个拨款方案，确保每个组都会选择平均每个学生 4 800 美元的支出水平。为了实现这个目标，如图所示，贫困地区面临的教育支出价格是每单位 0.09 美元，而富裕地区面临的价格是每单位 1.97 美元。

由这两个价格决定的配套拨款的配比可以很容易地由前面所给的公式得出

$$P_S + mP_S = P_0$$

对于贫困地区，这意味着

$$0.09 + 0.09m = 1.00 \quad \text{或} \quad m = 10.11$$

也就是说，对于地方政府支付的每 1 美元，州政府将提供 10.11 美元。这一配比使州政府在每个学生身上的花费达到 4 368 美元（每个学生的总花费是 4 800 美元，其中地方政府支付 432 美元）。对于富裕地区，等式为

$$1.97 + 1.97m = 1.00 \quad \text{或} \quad m = -0.49$$

也就是说，州政府所定的配比是负的！这个配比要求地方政府为教育每支付 1 美元，就要返给州政府 0.49 美元，实际上只有 0.51 美元被用在了当地的教育支出上。按照这个配比，州政府在富裕地区平均可以从每个学生身上得到 4 611 美元（每个学生的支出是 4 800 美元，而当地在每个学生身上的支出却达到了 9 411 美元）。

很自然地，州政府在确定目标水平的时候会考虑它愿意从财政收入中为配套拨款提供多少资金，还有通过负的配比它可以收回多少资金。而且，为了降低寻找能够实现中性的适当配比的不确定性（因为我们并不确切地知道实际的财富需求函数），州政府还可以使用如前所述的一些选择约束。

到目前为止，我们只讨论了完全财富中性。另一种可能是以地区税率选择为异常因素的有条件的财富中性。[1] 也就是说，法院给财富中性下的定义可能是选择了相同税率的地区应该具有相同的支出水平。这就要求各个地区牺牲相同比例的地区财富来购买等量的教育资源。这种说法与加利福尼亚州法院的观点有共通之处，那就是地区势力均衡（district power equalizing, DPE）制度是可以令人接受的。[2]

在 DPE 计划中，州政府会制定一个表格，为每个可能的支出水平匹配一个财产税税率。任何地区如果想在每个孩子身上支出一定的费用，就必须按表格中相应的税率对自身征税，比如说，当每个孩子的花费是 5 000 美元时，按照表格中的相应税率，就要对自身按 1% 的税率征收财产税。如果一个地区按照 1% 的

---

[1] 加利福尼亚于 1978 年通过的第 13 号提案将地方税率规定为财产估计价值的 1%。这一举措有效地废除了自由选择当地税率的权利。现在，加利福尼亚州的学校财政经费主要通过州政府来筹集，其中地方财产税对学校收入的贡献比重不足 25%。在 20 世纪 80 年代，加利福尼亚法院做出裁决，认为这一财产税制度是财富中性的，并于 1989 年宣布终结了塞拉诺案件。在 1997—1998 年期间，据州政府统计，分布在不同学区的学生中的 97.91% 服从塞拉诺财富中性标准。同时，根据《教育周刊》（Education Week）公布的结果，加利福尼亚州在美国各州关于教育资源充足性的排名中倒数第一，这在很大程度上说明了财富中性标准与通用性最小值标准之间存在差异。

[2] 另一种使法院接受 DPE 作为可能的解决方案的缓和性方式是，简单地假设（其实是不正确的）实施 DPE 会导致完全财富中性。关于这一问题的讨论，可参考 Friedman 和 Wiseman 的论文 *Understanding the Equity Consequences of School Finance Reform*。

税率征税所得税款总额不足以为每个孩子提供5 000美元的支出，那么这个差额将由州政府以补助的形式补齐。如果按照相应税率所征税款总额超过了为每个孩子提供5 000美元所需的费用，那么州政府将收缴超额部分的款项。但是，一个地区想为每个孩子提供5 000美元的费用，唯一的途径就是按照规定的1%的税率对自身进行征税。

有条件的中性的优势在于设计一套能达到标准的制度相对来讲较为容易。正如上面所说，这种方法不需要知道地区的需求函数。但是这种方法也有一定的成本。人们肯定会问，为什么地区税率选择会是一个异常因素？

其中一个原因可能完全是从纳税人公平这种观点出发得出的。希望在教育上多花些钱的富裕地区因为州政府收缴了多余的款项而导致实际财政负担增加，而同样富裕的其他地区如果没想在教育上花那么多的钱就避开了这种负担。为什么富裕程度相同的地区为州政府的收益做出的贡献却不相同呢？纳税人可能认为这种现象有失公平。[①]

也许更重要的是，财富仍然是决定用在孩子们身上的教育费用的一个重要因素。也就是说，人们可能不同意纳税人公平说，相反地，他们会提出自己的观点：花费较高的富裕地区承受相应的负担是为了通过使财富对教育支出决策的影响中性化来保护孩子。但是并不确定可以做到这一点。

为了进一步说明，图5-10中展示了由DPE制度得出的预算线。如图所示，如果所有地区都对其本身以100%的税率征税，那么所有的预算线都将终止于横轴上的同一点。作为一项政策，州政府可以选择横轴上的任意一点作为公共点；这一点越是靠右，总支出就越多，州政府的援助也就越多。在一个极其简单的DPE制度中，新预算线可以用直线来表示，并且与纵轴相交于地区财富水平点上。这就是州政府选择了共同财富基础（与横轴的交点）后达到的均衡，这时地区的教育支出等于地区选择的税率乘以共同财富基础。[②] 我们的目的的重要特点就是州政府制定的表格决定了所有地区的新预算线（因此也决定了价格和配比）。

从数学的角度来讲，一般的DPE规则就是每个孩子的支出E由函数$F(\tau)$决定，$F(\tau)$是由州政府确定的公式，它只与每个地区的税率选择（τ）有关：

$$E = F(\tau)$$

其中$\Delta E/\Delta \tau \geqslant 0$。

图5-10中的直线预算线有一个特定公式：

$$E = \tau W_C$$

其中W_C代表州政府确定的共同财富基础。在实践中，使用诸如DPE这样的制度的州会选择更为复杂的函数形式。[③] 但是用这个简单的公式，可以很容易地看

[①] 纳税人的公平问题也取决于一个地区的财富是如何定义的，我们将在后面讨论这一问题。

[②] 预算约束线可以不是直线的形状。例如，随着税率的提高，该州增加或者减少共同财富基础，从而使得预算约束线不表现为直线的形状。此外，该州还可能将税率限制在特定范围之内（例如，介于2%和3%之间）。

[③] 如果在此方程中加入常数项，则表示非配额拨款数额。在实际操作中，这种情况是普遍存在的，同时针对税率的选择设定较窄的波动区间。这两种特征都会限制学校支出方面的不平等程度。

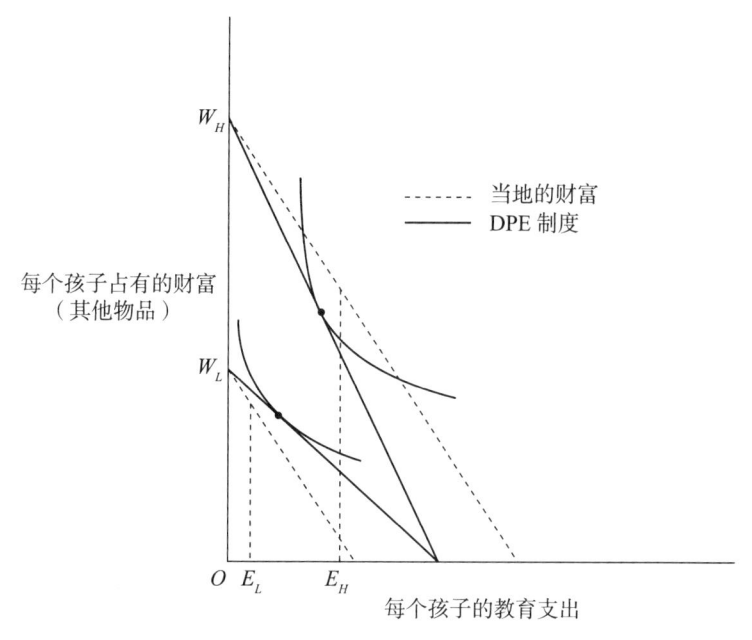

图 5-10 地区势力均衡不能保证完全财富中性

出财富为 W_i 的地区每单位教育的价格是①

$$P_i = W_i / W_C$$

因此 DPE 规则决定了一组价格，但是没有考虑需求函数，这些需求函数决定了确保完全财富中性的必要价格。也就是说，DPE 制度无法保证完全财富中性。

假定某个州想实行 DPE 制度达到前面例子中的地区那样的结果，即使两个处于不同财富阶层的地区都达到 4 800 美元的平均支出水平。假设该例子中的地区的实际平均财富是贫困地区每个孩子 120 000 美元，富裕地区每个孩子 420 000 美元。我们已经知道（从图 5-9 中的需求曲线得出），如果富裕地区每单位教育的价格是 1.97 美元，那么它将选择在每个孩子身上花费 48 00 美元的教育支出。在 DPE 表格中对应于这个价格必须选择下面的公共财富基础 W_C：

$$1.97 \text{ 美元} = W_H / W_C = 420\,000 \text{ 美元} / W_C$$

或者

$$W_C = 214\,217 \text{ 美元}$$

那么州政府制定的每个孩子的教育支出一定是

$$E = \tau \times 214\,217 \text{ 美元}$$

然而，通过这个 DPE 表格，我们知道贫困地区的平均支出不会是 $E = 4\,800$ 美元。为了使平均支出达到这个值，它们面临的教育资源的价格 P_L 必须是 0.09 美元（也是由图 5-9 得出的）。但是按照表格计算出的它们所面临的价格却是

---

① 根据定义，地方贡献为 $P_i E$；税率为 τ，等于在地方财富基础上所实现的地方贡献，即 $P_i E / W_i$。在上述公式中用 $P_i E / W_i$ 代替 τ，那么 E 就会被抵消，从而得出上述结果。

$$P_L = W_L/W_C = 120\,000 \text{ 美元}/214\,217 \text{ 美元} = 0.56 \text{ 美元}$$

这个价格显然太高了。在这个价格下，它们会选择 2 270 美元的平均支出水平，远远低于富裕地区 4 800 美元的平均支出水平。[①] DPE 计划将不符合完全财富中性标准。

这个例子表明 DPE 要求不能保证完全财富中性。这并不表明没有 DPE 制度能够实现这个标准，但是在实际情况中，这将是一个十分艰巨的设计任务。重点就在于学校财政的完全中性要求与有条件的中性要求有很大差别。

学校财政公平的其他问题

在解释塞拉诺案件的问题时，我们经常通过描述贫困地区孩子的恶劣境况来展示不公平。然而我们还要认识到有很多贫困家庭并不居住在贫困地区。例如，在加利福尼亚州，大部分来自贫困家庭的孩子都居住在富裕地区；旧金山就是这样的一个例子，那里的财富总量比州平均值的两倍还要多。在一个既能满足中性标准又可以使整个州的平均花费基本处于相同水平的计划中，这些孩子的情况实际上变得更糟了。分析家们很有必要仔细考虑在实行类似塞拉诺案件所要求的那些标准时如何避免或减轻这种或其他隐含的危害。下面是对研究这些问题的分析家们的一些建议性指导，但是，它的目的并不是详尽讨论与学校财政问题有关的所有公平问题。

第一，学校财政计划中来自非配套拨款的资金相对于来自配套拨款的资金的比例对中性的妨碍并不是固有的。在前面的讨论中我们已经阐明州统一财政可以同时满足中性的两个标准，有可能创建一种既可以保留某些地方选择权又完全依靠非配套拨款的中性制度。例如，州政府可以从财政中拿出 4 000 美元提供给所有学生，同时允许地方政府通过配套拨款制度享有最多额外 2 000 美元的自主选择权。这会减轻由州政府收回的资金对地方预算所产生的压力（假设州政府的一般收入来自各种税收），至少与完全配套拨款制度相比是这样。而且，通过缩小有可能由地方决策导致的支出变化的范围，可以更加容易地控制这种变化。如果实际的地区价格和财富弹性不确定，那么想要实现完全财富中性，这就是一个非常重要的设计要素。

第二，分析家应该仔细考虑用什么样的标准来衡量地区的财政能力，即其产生税收收入的能力。没有规定要求将财产税的税基作为衡量地区财富的手段，也没有什么经济理论表明总财产价值才是衡量地区财政能力的合理手段。例如，大多数分析家都认为一个地区的个人收入水平是决定其真实财政能力的重要因素。因此，可以构建一个既依赖财富基础又依赖个人收入的财富衡量标准。这种混合

[①] 此结果是根据前文假设的需求曲线计算得出的。在这个例子中，DPE 计划低于完全财富中性标准所要求的水平。但是，如果对公共教育的需求对价格富有弹性但对财富缺乏弹性，那么 DPE 计划将会诱使欠富裕地区比富裕地区支出更大规模。可以参考 M. Feldstein. Wealth Neutrality and Local Choice in Public Education. The American Economic Review, 1975, 65 (1): 75-89.

而成的标准可以毫不令人惊奇地帮助那些拥有大量低收入人口的城市。之所以会考虑这样一个问题,是因为仅靠资产财富并不能准确描述财政能力。

还有另一种可能性,即根据对不同财产征税的潜力是不同的这种说法,商业财产、工业财产和居民财产应该被区别对待。例如,如果某种产业更有可能重新选择地理位置,那么与居民财产相比,对该产业的财产征税的可能性就较小。许多社区为了吸引新产业的进入都提供了减税优惠。[①]

第三,名义上的美元支出水平可能不是衡量由学校提供的教育机会的最佳标准。尽管这种看法可能捅了马蜂窝(例如,什么时候一种教育机会优于其他机会?),但是在提供同等资源的情况下,地区与地区之间的确存在着成本差异。例如,在加利福尼亚州北部,冬天如果要将教室内的温度保持在 65°F~68°F,那么成本要大大高于该州的其他地区。相似地,一个教学能力很强的人在城市里的学校教书可能比能力相近的人在乡村学校教书需要的薪水更高。因此,可能很有必要调节支出的数值以反映获得教育资源的成本差异。[②]

第四,考虑到每个地区合适的教育资源这个问题,财富相等的地区的学生人数实际上很可能存在很大差异。例如,某个地区来自非英语家庭的孩子、在生理上或智力上存在障碍的孩子或者就读高中的学生可能占了很高的比重。因此,我们必须仔细考虑如何把这些差异考虑在内。伊利诺伊州使用的一个方法是建立一套学生权重制度,哪个地区学生的相对教育费用较高,就给该地区赋予较高的权重。

第五,要牢记一点,即任何学校财政政策在长期内的影响都有可能与在短期内观察到的情况不同。随着时间的推移,居民或企业可能因为改革而改变居住地。随着改革使公立学校的吸引力发生变化,私立学校相对于公立学校的入学情况也会发生改变。所有这些因素都会影响一个地区对公立教育的偏好和该地区的财富基础,从而导致人们认为地区对拨款制度的反应也会发生变化。因此,很有必要建立一个关于长期效应的分析性模型。

小结

为了加强一般政策分析中对公平的理解,在分析的框架中必须引入一系列重要的公平概念。一个概念上的区分就是公平的结果在多大程度上仅仅指对一般福利分配的影响(也就是对效用水平的净效应),或者在多大程度上包括了特定的人人平等的目标(例如陪审团义务的平等分配)。在这两种情况下,公平都可以

---

① 例如,可以参考 Helen F. Ladd. State-wide Taxation of Commercial and Industry Property for Education. National Tax Journal, 1976(29): 143-153. 考察塞拉诺解对各地区组织吸引工业进驻本地区的意愿的影响是非常有意义的。在由 DPE 计划的 "共同财富基础" 决定的支出水平上,每个地区组织吸引工业入驻本地的积极性并不高。

② 关于如何进行这种处理的操作指南,可参考 William Fowler, Jr., and David Monk. A Primer for Making Cost Adjustments in Education. Washington, D.C.: National Center for Education Statistics, Publication 2001323, 2001.

用结果标准或过程标准来衡量。

结果标准指的是个人所得份额（如收入、食品）在数量上的差异。这一类型中两个常用的标准是绝对平均和最低量保证。除了道义和感情上的因素以外，另一个影响标准选择的因素（同样也影响做出这些选择的方法）是所考察商品的供给弹性。洛伦兹曲线和基尼系数就是衡量结果的公平程度时所使用的方法。

公平的过程标准关心的不是总量的差异，而是将份额分配给个人的规则和方法。一旦人们认为会产生不平等，这类概念就有了用武之地；主要的问题就在于人们最后分得的份额是不是由一个公平的分配过程得到的。一个最基本的过程标准是机会均等：每个人获得特定份额的机会都应该是相等的。在实践中，要判断某个人是否获得了均等的机会往往是很困难的，我们有时试着通过比较一大组人预期的分配结果和实际的分配结果的统计数据来检验是否满足了机会均等的要求。

在某些情况下，我们用相对宽松的对某些群体（被怀疑群体）中性的概念来代替对所有人的机会均等。完全中性的意思是份额在被怀疑集团内部的分配应与在其他集团内部的分配相同。通常还会有某些异常因素，导致对完全中性标准的一些正当的偏离。（例如，如果上班是不履行陪审团义务的正当理由，那么陪审团成员中老年人的比例将会过高。）如果这种偏离出现，有条件中性的概念就有了用武之地：如果被怀疑集团内成员与其他集团内成员的异常因素相同，那么份额在每个集团内的分配就应该是相同的。

一旦异常因素与过程均等相关联，那么就应该考虑公平的另外两个概念：横向公平和纵向公平。这两个概念用来评估由异常因素所导致的差异公平与否。横向公平的意思是相似的事物应该被相似地对待，重点就在于界定哪些人应该被相似地对待时所使用的异常因素的确定。例如，在税收公平方面，一个问题就是征收所得税的数额是否应该取决于收入的来源（如将工资收入和股息收入相区分）。纵向公平的意思是异常因素不同的人们其分配所得的份额的差别应该是公平的。在所得税的例子中，问题就是随着收入的增加所产生的额外的税负（累进的程度）。

分析家们通过检验备选公平标准的结果来为公共政策的讨论做出贡献。我们通过在学校财政中的应用阐明了这一点。首先我们发展了政府间拨款的基础理论，主要依据是之前建立的效用最大化模型。基于这个理论，拨款类型的一个重要区别就在于是否存在配套要求：带有配套要求的拨款的效应与价格发生改变时的效应类似，而非配套拨款或块状拨款则只有收入效应。然而，这一基本分析必须考虑到选择约束而加以修正，这些选择约束是实际拨款项目设计的共同特点：选择性的大小，拨款是限额的还是非限额的，以及维系努力方面的要求。这些约束的有效性取决于它们的管理和实施情况。分析家们应该认识到，拨款接受者总是想把拨款转化为等量的纯收入。

一条在这些模型的范围内基本适用的结论是配套拨款通常会比等量的非配套拨款（其他条件也相同）引致更多的用于所含商品的支出。这表明，当拨款的目的是减少外部性的时候，配套拨款可能更适用；而当拨款的目的是一般的再分配时，非配套拨款较为合适。

其他使这些模型的预测合乎逻辑的原因建立在一种认识的基础上，即社区不是单一思想的最大化者。蒂伯特的模型使我们认识到，个人居住地的选择通过影响社区的内部结构影响社区的决策；政策的变化又会引起居住地模式的变化，从而影响对政策效果的预测。官僚主义模型表明，决策权并不是居民和选民专有的；拨款有可能像被捕蝇纸黏住一样被接受拨款的部门黏住，因此阻止或减缓了拨款产生收入效应的过程。

掌握了拨款理论和一些关于公平的概念之后，我们将其运用到了一个关于学校财政的实例中。在对塞拉诺案件的判决中，加利福尼亚州学校财政的基础制度被认为违反了宪法，这项制度就是一项非配套拨款制度，它降低了由当地制度所产生的总体的不公平程度。但是，法院并不关心不平等的总体情况。这一制度之所以是违反宪法的，是因为州政府没能提供一种财富中性制度：居住在贫困地区的孩子享有的支出水平比其他地区的孩子低得多。类似的问题在许多州都出现过。

在关于是要求完全财富中性还是有条件财富中性的问题上，法院的态度是模棱两可的；这种模棱两可在于地区税率的选择是否被看做异常因素。许多学校财政制度比如州统一财政都可以同时满足完全中性和有条件中性的要求，但是考虑到政治上的原因，大多数州的现有地区可能更愿意在个人支出水平上保有一定的自主权。在这些情况下，任何一个（而不是两个）中性标准都可以通过配套拨款得到满足。其中完全财富中性较难实现一些，因为这需要知道每个地区的需求曲线。有条件的中性容易实现一些，但可能导致地区财富和地区支出间发生相互作用。

在设计平等的学校财政政策时还有许多其他的问题必须考虑。例如，中性原则的简单应用可能会不经意间导致居住在大城市贫困家庭中的孩子接受教育的状况更糟，因为那些地区被认为是富裕地区。仔细考虑州政府为配套拨款提供资金的支持的大小、一个地区真实的财政能力、各个地区提供相同的教育资源时成本的差异、对学生需求的度量以及改革的长期效果，会使财政制度更为公平，并会使寻求更大程度的公平时意料之外的反作用更小。

习题

5-1 明尼苏达州的议会正在讨论如何减轻未来越来越高的供暖费用给穷人带来的经济负担。第一条建议是每户居民与前一年相比任何供暖支出的增加都直接由州政府来承担。第二条建议是给每户居民都颁发一张供暖补贴证书（一项仅用于供暖的非配套拨款），补贴的数额等于去年供暖费用的开支与今年价格上涨后和去年等量的供暖所需费用之差。这两条建议都将给每户居民提供比去年更高的效用，但其中只有一条有利于能源的节约。解释原因。

5-2 有时拨款的政治含义并不像表面看起来那样，曾经有一次，议会自由党的成员提出了一个对地方社会服务增加资金支持的议案。令人惊奇的是，保守党竟然建议以两党同时支持通过这项议案。正是这些保守党长期以来一直抨击在社会服务上的开销，说这完全是一种浪费；然而现在，他们意识到在他们的选民心目中，他们已经变成了没心没肺的人。鉴于当地政府财政的艰难处境，他们建议降低自由党提出的配套要求。这会使他们从这一法规中得到一定的赞许，从而改善他们没心没肺的形象。自由党欣然应允了。

a 这些保守党软化了吗？你能否把他们的行为和他们的长期目标结合起来解释一下？提示：借助图表，假设一些社区的选择是在配套拨款项目下做出的，然后设计一个成本相同的非配套拨款计划。

b 有人向自由党的一名成员指出了问题 a 的答案。她轻轻地笑了一下，摇了摇头，然后神秘地回答道："永远不要低估社会服务部门的固执。"这名女议员在想些什么呢？

5-3 联邦政府一直在为某社区提供一项 10 亿美元的非配套拨款，为长期失业人员（失业六个月以上的人）提供培训。在这个拨款项目之前，该社区没有在培训上进行过任何投入。

a 画图表示社区的预算线和在拨款前、拨款后社区所做的不同选择。

b 在议会的新一轮选举后，立法观念发生了改变。更多的议会成员认为联邦政府不应当过多干预地方政府的行为。他们建议改变拨款的条款，这样当地政府就既可以将这笔拨款用做培训费用，又可以将它用于公共雇佣（public employment）。除了总预算 2 500 亿美元，社区已经在公共部门雇员的工资上多花了 250 亿美元。你认为这项建议会对培训支出产生什么样的影响？使用政府间拨款的标准理论作答。

c 假设提议被通过了，并且据你观察用于培训的支出几乎没有发生变化。什么理论可以解释这种现象？

5-4 某地区每个孩子的公共教育支出的需求 $E=0.03P_E^{-0.4}W$，其中 P_E 代表每单位教育的价格，W 代表每个孩子占有的地区财富。假设该州只有两个地区，两个地区每个孩子占有的财富分别是 20 000 美元和 70 000 美元。目前，学校财政完全是地方性的，并且 $P_E=1$ 美元。如果每个地区孩子的数量相同，那么请设计一个可变的配套拨款项目，使得州政府可以通过引入这个拨款项目使教育支出相等，同时对州财政不产生任何净效应。提示：州政府收回的资金必须等于补贴的资金。使用计算器进行计算。（答案：当州政府对 70 000 美元的地区使用 -0.478 18 美元的配比，对 20 000 美元的地区使用 10.958 83 美元的配比时，两地的教育支出相等，数值是每个孩子 1 618.92 美元，并且对州政府来说没有净成本。）

附录：用社会福利函数评价学校财政政策的练习[O]

在第三章我们介绍了用社会福利函数进行公平和效率综合评估的想法。在本部分，我们将演示构建社会福利函数的一些机理，这些机理主要用于学校财政拨款制度评估。任何成功的分析都离不开带有经验性说明的实例和对参数的仔细、适当的选择这一艰巨的分析性工作。在此，我们希望尽量使说明浅显易懂，因此大量选取了本章中使用过的例子以简化论述。但是，在尝试使用这项技术之前，我们强力推荐先看一些实际应用。①

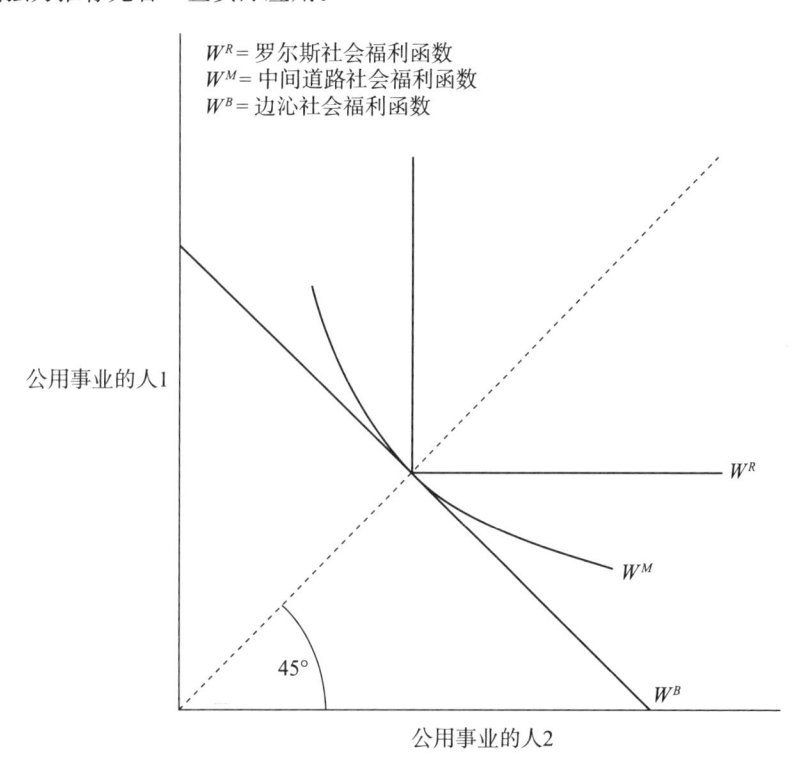

图 5A-1　社会福利函数选择

图 5A-1——如图 3-9 那样——展示了三条社会无差异曲线，它们分别代表对效率和公平的不同侧重（边沁主义者用直线 W^B 表示，罗尔斯主义用直角折线 W^R 表示，中间道路 W^M 表示）。尽管我们知道对于什么样的福利函数才是最合适的这个问题社会没有达成共识，但是政治家个人和利益集团的代表们可能都

---

① 在此给出的这个简单的练习例子源自关于纽约学校财政改革的一项意义深刻的模拟研究的启示。详见 R. P. Inman. Optimal Fiscal Reform of Metropolitan Schools. American Economic Review, 1978, 68 (1)：107-122。在另外一个政策领域运用社会效用函数的例子，可以参考 N. H. Stern. On the Specification of Models of Optimum Income Taxation. Journal of Public Economics, 1976 (6)：123-162。

有着各自的社会偏好,这些偏好都分别有较为相近的函数形式。因此,如果政策可以用代表决策人利益的函数来评价,那么这样的分析将会对决策者在决定支持什么样的政策时有所帮助。[①] 当政策实施的结果较为复杂的时候,这种分析最有可能是有用的:以不明朗的方式分配给不同利益集团的不同份额的得与失。

为了推测任意一条社会无差异曲线的基本形状,可以构建社会福利函数,如图5A-1所示。假设有一个拥有如下社会福利函数的家庭:

$$W = (\sum_{i=1}^{n} U_i^\delta)^{1/\delta}$$

其中 $\delta \leqslant 1$。如果我们让 $\delta = 1$,社会福利函数就与边沁主义者效用的数量相等。随着 $\delta \to -\infty$,函数越来越趋向于均匀并接近罗尔斯主义标准。中间道路函数是通过让参数 δ 取两个极值之间的值得到的。参数 δ 仅说明每个人的权重;δ 的值越小,表明对效用水平低的人越偏重。因此,一旦知道了作为社会福利函数的自变量而进入该函数的个人效用水平的值,人们就可以知道一个政策计划是否对较大范围内的 δ 值排名都较好。(如果是这样,就意味着这项政策会获得广泛的支持。)

人们怎样才能知道进入社会福利函数的个人效用水平的值呢?毕竟,效用在不同的人之间是无法衡量、无法比较的。现在我们走出消费者的独立王国,去寻求一种比较效用的方法,以反映分析的潜在使用者的社会判断。

通常来讲,假设前提是:政策制定者会认为可见特征相同的人具有相同的效用。对于学校财政的例子,我们假设每个家庭的效用水平都可以公平地用函数 $U(E, B_T)$ 来表示,其中 E 指的是该家庭消费的教育量(用花在孩子身上的教育支出来衡量),B_T 是家庭可用于所有其他商品的教育税后财富(把每个孩子占有的财产税税基作为一个代理变量来对支付的税收进行调整)。这两个变量都是可见的,E 和 B_T 的值相同的家庭可以被看做具有相同的效用。

具体选择的效用函数的形式要求对所有人都一样,并且使可见特征能够保证政策制定者以理性的方式进行判断。这里,真实世界的统计数据提供了有用的向导。在这个关于学校财政的例子中,我们使用如下函数形式:

$$U = B_T^{0.985} E^{0.015}$$

这个等式的含义是家庭会选择将其财富的1.5%用在教育上。[②] 这个比例是我们从本章的正文中假设的改革前的地区观察到的。也就是说,平均每个孩子占有的财产税税基为120 000美元的地区选择1 800美元的学校支出水平(每个孩子),而平均每个孩子占有的财产税税基为420 000美元的地区在每个孩子身上的花费是6 300美元。在这两种情况下,支出和税基的比例都是0.015(=1 800/

---

① 从这种类型的分析中得出的政策结论及其有力的支撑必须通过非技术性的方式来进行说明。例如,分析家可能会意识到特定拨款计划对当地每一美元的配额比率大于2美元,根据功利主义准则确定的排序会迅速下降。分析家将必须认识到,功利主义规则最适用于大规模的中间阶层(因为每个人的效用水平被赋予相同的权重)。因此,分析家可以用决策者们能够理解的语言来陈述结论并对其做出解释,例如,"对于当地每一美元,拨款的配额比率不能超过两美元。否则,国家财政水平必须进一步提高,并且来自纳税人联合组织(Taxpayer's Association)的关键支持也会受到损害。"

② 这种形式是更一般的形式 $U = B_T^\alpha E^{1-\alpha}$ 的一个特例,其中 α 表示在实现效用最大化的情况下在 B_T 上的支出占总预算的比例,$1-\alpha$ 代表在 E 上的支出占总预算的比例。该函数被称为柯布-道格拉斯效用函数。

120 000＝6 300/420 000)。意识到这种相等关系的政策制定者可能会下结论说家庭偏好这个比例，并且希望分析能够使人们认识到那些由政策导致的对这个比例的偏离是没有道理的。[①]

假设在我们的例子中每个地区都由只有一个孩子的单一类型的家庭组成（这就使例子尽可能地简化了）。一个地区中每个家庭向当地政府缴纳的税款都等于花在他们孩子身上的教育支出（没有州政府的干预）。如果一个地区内每个家庭的税前财富都是 B_0，那么本章使用的行为需求函数表明它会将 1.5% 的 B_0 用在教育上。因为在我们的例子中一个地区的所有家庭都被假定为是相似的，因此作为当地选民，他们会一致同意在财富为 120 000 美元的地区，每个孩子在教育上花费 1 800 美元，而在财富为 420 000 美元的地区，每个孩子在教育上花费 6 300 美元。

现在我们已经差不多为比较前面介绍的三种政策做好了准备：什么也不做；以 4 800 美元的目标花费来实现完全财富中性；以富裕地区 4 800 美元的花费实现有条件的中性。首先我们要明确在下面的计算中会用到的一些其他的假设。

我们假设两个地区的人口相等，并且该州只有这两个地区。州财政总是收支平衡。假设每次改革产生的盈余（收回资金超过拨款量的盈余）都以等额报酬的形式发给了本州的每个家庭（例如，对每个有孩子在学校上学的家庭实施的税收抵免）。这种再分配的收入效应很小，忽略不计。我们仍然不考虑家庭的位置改变以及私立学校对公立学校的替代作用，这样，地区对改革的反应就可以保持与本章正文中所表明的情况一样。

前面讨论过的三种政策对家庭的影响在表 5A-1 中总结了出来。第一列给出了没有改革的影响时富裕家庭和贫困家庭的情况。因为在这种情况下一个家庭缴纳的税款等于当地为每个孩子支付的教育费用，所以贫困地区的 B_T 是 118 200 (＝120 000－1 800) 美元，富裕地区的 B_T 是 413 700 (＝420 000－6 300) 美元。效用水平 U（这一列和其他列）是通过将 B_T 和 E 的值代入先前选定的效用函数中计算得出的。例如，贫困地区每个家庭的效用是

$$U = 118\ 200^{0.985}(1\ 800^{0.015}) = 111\ 009$$

第二列和第三列中展示了对本章正文中说明的完全财富中性和有条件的财富中性提案的相似计算。唯一需要解释的输入值是 B_T 的值。回忆一下，在完全财富中性的条件下，贫困地区在州政府的配套拨款中得到了 4 368 美元，只从自身财富中拿出了 432 美元以达到 4 800 美元的支出水平；富裕地区拿出了 9 411 美元，州政府从中收回了 4 611 美元。这样，州政府在每两个家庭上的盈余就是 243 (＝4 611－4 368) 美元，或者每个家庭 121.50 美元。在我们的假设条件下，州政府返还给每个家庭 121.50 美元。因此，贫困地区家庭的税后财富 B_T 是

$$B_T = 120\ 000\ \text{美元} - 432\ \text{美元} + 121.50\ \text{美元}$$
$$= 119\ 689.50\ \text{美元}$$

相似地，对在富裕地区有

[①] 如同在该例子中所分析的那样，在之后的模型构建中，我们不再对这个社会选择的效用方程进行复杂的设计。这与本章中用来分析需求方程的关于价格弹性的假设条件并不一致。

$$B_T = 420\,000 \text{ 美元} - 9\,411 \text{ 美元} + 121.50 \text{ 美元}$$
$$= 410\,710.50 \text{ 美元}$$

表 5A-1　　　　　　　　　　学校财政政策对家庭的影响

	学校财政政策			
	改革前	完全财富中性（配套拨款）	有条件的财富中性（DPE）	支出相等（州统一财政）
贫困地区				
E	1 800	4 800	2 270	4 800
B_T	118 200	119 690	120 535	117 867
U	111 009	114 052	113 563	112 341
富裕地区				
E	6 300	4 800	4 800	4 800
B_T	413 700	410 711	412 396	412 533
U	388 531	384 195	385 747	385 874

用以实现有条件的财富中性的 DPE 计划的税后财富值可以通过相似的计算方法得出。[①] 注意，在所有的情况下，两个地区的教育支出和两个代表性家庭税后财富的总和都是 540 000 美元（联合预算线）。

表 5A-1 的第四列包含一个新的、以前没有提到过的备选政策：通过在整个州的范围内征收财产税的州统一学校财政，实现每个孩子的花费相等。每个孩子 4 800 美元的统一支出是由州政府的收益决定的。选定这个水平是为了与完全财富中性提案具有可比性。这就意味着同时运用于贫困地区和富裕地区的州政府税率 τ 必须为每两个家庭创造 9 600 美元的收益：

$$120\,000\tau + 420\,000\tau = 9\,600$$
$$540\,000\tau = 9\,600$$
$$\tau = 1.778\%$$

贫困地区的每个家庭为州政府贡献 2 133（$= 0.017\,78 \times 120\,000$）美元，富裕地区的每个家庭为州政府贡献 7 467（$= 0.017\,78 \times 420\,000$）美元。这些数字被用来确定每个地区的税后财富。

逐列地看过来，我们发现这些提案中没有哪一个明显优于其他提案。而且，单从可见变量的角度来看，它们对任何一个地区的影响都不明显。例如，DPE 提案与州统一财政相比几乎没有增加贫困地区的教育支出，但是它的排名却更靠前：较大的税后财富超过了较低的教育支出。

当然，排名是所选择的效用函数产生的结果。记住，这种选择具有一定的合理性：据观察，每个财富阶层的家庭似乎都偏好将其财富的 1.5% 用于教育。在州

---

① 在 DPE 计划下，贫困地区平均需求的确切值通过需求曲线来计算，在 $P = 0.56$ 美元这一点上，$E = 1\,800\,P^{-0.4}$。

统一财政计划中贫困地区的家庭将税后财富总额（122 667 美元＝4 800 美元＋117 867 美元）的 3.9% 用于教育，而在 DPE 计划中这一比例是 1.8%。

表 5A-2 展示了分别用三个社会福利函数评价时四个备选提案的排名情况：边沁主义（Δ＝1），罗尔斯主义（境况最差家庭的效用水平），中间道路函数（Δ＝0.1）。回忆一下，边沁主义函数就是效用水平的简单加总，中间道路函数（用下标 L 和 H 分别代表来自贫困地区的家庭和来自富裕地区的家庭）是

$$W^M = (U_L^{0.1} + U_H^{0.1})^{10}$$

表 5A-2　　　　　　备选学校财政改革的社会福利排名
（1＝最优，2＝次优，3＝第三名，4＝第四名）

	学校财政政策			
	改革前	完全财富中性（配套拨款）	有条件的财富中性（DPE）	支出相等（州统一财政）
家庭效用水平[a]				
U_H	388 531	384 195	385 747	385 074
U_L	111 009	114 052	113 563	112 341
社会福利函数[b]				
边沁主义	1	3	2	4
中间道路	4	2	1	3
罗尔斯主义	4	1	2	3

注：a. H＝富裕地区；L＝贫困地区。
b. 运用不同的福利函数得出的备选提案的实际得分是不具有可比性的，因为函数形式是变化的。

通过观察表 5A-2，我们发现利用每一个社会福利函数评出来的排名第一的提案都不相同。尽管关于哪个提案是最佳的人们难以达成共识，但是我们注意到完全财富中性和有条件的财富中性提案都相对于州统一财政提案占优势（也就是说，前两者在三种评价方法中都比州统一财政提案排名靠前）。因此，除非政策制定者对每个孩子教育支出的相等具有很强的社会偏好，否则我们基本上可以把这一提案排除在考虑范围之外。[①] 我们还可以看到除了边沁主义者以外，人们在某种程度上都想结成一个联盟，试图将改革前的制度淘汰出局。（他们宁愿采取任何一项改革措施也不愿完全不进行改革。）

从某种程度上来讲，这个练习对社会福利函数的用处的说明只是开了个头。一个更为有效的应用是设计备选提案。我们对具体计划的挑选是相当主观的：例如，为什么我们只在 4 800 美元这个支出水平上考虑州统一财政提案呢？其他的支出水平可能会使这个提案在一个或更多社会福利函数中排名更靠前。可以发现，根据边沁主义的规则（实际上是任何社会福利规则），最佳的州统一财政提

---

① 回顾一下，中立性和教育平等不仅是社会福利标准，而且是社会价值。

案应该把支出水平定在 4 050 美元，州财产税税率为 1.5%，$U_L = 112\ 237$，$U_H = 385\ 964$，$W^B = 498\ 332$。[1] 在计算机模拟试验中，人们可以根据不同的社会福利函数确定每一种改革的最佳财政计划。用实际数据进行模拟试验是为严肃的政策考虑选择最具前途的备选提案的一种有效方法。[2]

---

[1] 关于州内统一计划，任一地区的某一家庭所缴纳的税收总额必须等于被选择的支出水平的两倍（为了实现财富收支平衡），即

$$120\ 000\tau + 420\ 000\tau = 2E$$

$$\tau = \frac{E}{270\ 000}$$

因此，位于贫困地区的家庭总是会支付 4/9E 的税金（= 120 000E/270 000），而位于富裕地区的家庭支付的税金为 14/9E。根据功利主义规则，要选择 E，以实现 $U_L + U_H$ 最大化，即

$$\text{Maximize} \left(120\ 000 - \frac{4E}{9}\right)^{0.985} E^{0.015} + \left(420\ 000 - \frac{14E}{9}\right)^{0.985} E^{0.015}$$

上述问题的解为 E=4 050 美元；实际上，这是每个地区都倾向于选择的全州计划下的支出水平，因此在使用任何社会福利函数的分析中，这一点都是最优选择点。

[2] Inman 的论文 *Optimal Fiscal Reform of Metropolitan Schools* 对此进行了精确的模拟检验。同样地，Stern 的论文 *On the Specification of Models of Optimum Income Taxation* 对最优所得税率的决定进行了模拟检验。

第六章 成本-收益分析的补偿原则：收益衡量与市场需求

解决相对效率问题是最重要的分析任务之一。比如，分析者最初坚决主张撤销对飞行服务的管制，因为他们认为这样有利于增进效率。分析者知道，某些人获益，那么其他人有可能要遭受损失，但事实上他们仍一致宣称撤销管制是有利于提高效率的。这些争论在很大程度上促成了1978年的《解除航空管制法案》的出台，这项法案决定在1985年前逐步取消民用航空局，把选取航线和设置费用的权力归还给航空公司。事实上，相似的激烈的争论也在诸如通信、能源和其他工业部门进行过。1977—1988年间，这使这些部门占美国经济的比重从17%减少到了6.6%，其效率提高产生的收益每年为360亿~460亿美元。[①] 这个例子显示应该减少政府干预，但其他一些例子表明，相对效率的取得源于政府的积极行为。在本章，我们将考虑这个相对效率的概念，并在一个新的程度上达成共识。

我们介绍了相对效率的基本判定方法即补偿原则。本质上，这个原则考虑受益者的收益是否能够在补偿损失者的损失之后仍有剩余。这个原则不仅可以推导出上述例子的本质分析结果，而且是政府大量使用的重要的分析方法——成本-收益分析方法——的基础。补偿原则是由1936年的《洪水控制法案》首先提出

---

① 参见 C. Winston. Economic Deregulation: Days of Reckoning for Microeconomists. Journal of Economic Literature, 1993, 31 (3): 1263-1289。

的，这项法案是为了评估诸如大坝等联邦水利工程的经济价值而颁布的，后来补偿原则被应用于所有关于支出和管制的决定。

例如，一些分析家认为一些管制标准（如水污染限制或污染物防治）在制定的时候并没有充分考虑到相对效率。里根总统向监管机构发布了一项行政命令，要求在制定新管制标准和审查旧管制标准时必须使用成本-收益分析法。他在其《总统经济报告1982》中解释道："在制定新管制标准时引入成本-收益分析是为了通过在公共部门项目中使用私人部门的效率测试方法，实现政府资源更加有效的分配"。实际上，我们强调市场的效率并通过成本-收益分析来介绍补偿原则。

但是当我们说一种分配比另一种分配更有效或者分配的改变提高了效率时，这究竟意味着什么？回忆一下第三章我们提到的效率的定义。从结果公平的角度来看，效率或帕累托最优是一个不偏不倚的中性概念。从这个意义讲，个体之间任何方式的分配都是有效率的。但是，效率不是一个相对的概念，而是一个绝对的概念：要么可能在不损害其他任何人的利益的前提下提高一个人的收益，要么不可能。

大多数公共政策所导致的分配格局的变化都会使一些人的境况变好，而使另外一些人的境况变坏。判定分配变化是否会提高效率的相对效率标准通过一种特定方式在个人之间进行比较，因此在公平方面会引发争议。在本章，我们介绍一种基本的相对效率的判定法——补偿原则——并明确其中的公平含义。

本章还有第二个主题。除了补偿原则之外，我们用以理解公共政策结果的理论还包含个人选择理论。然而手头的（可获得的）政策分析数据更多的是市场数据，这些信息往往是个人选择的加总，而非个人选择本身。例如，我们可以获得总的市场需求曲线，而不是形成这条曲线的每一条个人需求曲线。为了理解从市场数据中获得的推论，我们往往必须在市场观察和个人决定之间建立起更多的逻辑联系。为了很好地利用这些逻辑联系，我们需要具备构建模型的技能，并在补偿原则的应用中考虑下述问题：如何并且何时用市场需求曲线的信息来推导相对效率？

我们从补偿原则的介绍开始，然后说明其在需求和收益方面的应用（第九章将详述成本方面）。我们定义一个特殊的概念——消费者剩余，然后演示对消费者剩余改变的测量如何被应用于成本-收益分析。我们考虑市场需求曲线中是否包含我们所寻找的信息，并将这些信息应用于三种不同的公共政策的成本-收益分析中：征税、汽油配给和消费者保护立法。在补充的部分里，我们考虑了衡量消费者剩余的三个变量及其在应用中的困难，通过多种研究方法探讨其应用，本书还特意介绍了条件价值评估法及其在环境问题中的实际应用。本章附录阐述了这些衡量工具与效用需求函数的数量关系，其中还介绍了消费者选择的对偶理论。

相对效率的补偿原则

相对效率标准的设立目的

如大家所知,各种备选公共政策都将导致人们福利的改变。更进一步说,实际上,每一次政策变动都将使一些人的境况得到改善,而使另一些人的境况变差。我们都认可公共政策的决策是经过政治过程来完成的,那么我们所要提出的问题是:在此过程中,所进行的分析是否能够就各备选政策的相对效率得出有用的判断?

在第三章中,我们讨论了设定一个衡量标准在分析中的价值。无论是帕累托改进标准,还是帕累托最优标准,都不能帮助我们解答一次政策变动中一些人的福利所得是否足以弥补另一些人的福利损失。[①] 帕累托改进标准仅适用于以下情况:一次政策变动使一些人受益,而没有人遭受损失;或者一些人遭受损失,而没有人获益。从现实看,这不能刻画实际政策变动所产生的影响的特征。而从道德角度看,没有什么有说服力的理由来限制那些能实现帕累托改进的政策变动。而实际上,不但在现实中这是不可能的,而且由于过去不公平的差别待遇所造成的现状等原因,出于公平的考虑,社会更偏好通过牺牲一些人的福利来使另一些人的福利提高。

我们能仅将帕累托最优作为效率标准吗?如果达到或保持帕累托最优配置状态很容易,我们就没必要担心实现帕累托最优配置的过程了。然而,在复杂、动态的经济中,我们所能做得最好的也只是朝这个目标奋进。每年各级政府都要考虑许多政策变更,这些变更中的每一个都会与那些它会影响的人群密切相关。例如,在某一地区应该修建新的高速公路吗?在公立医院新设备购置资金有限的条件下,什么设备最值得购置?要求航空公司降低机场附近的噪音水平是个好主意吗?如果我们有机会能减税,减少哪种税收受益最大呢?这些问题的决策者试图通过评价不同备选政策的利弊来解决这些问题。

相对效率标准设立的目的就是提供一种系统的、衡量和比较政策利弊或收益与成本的方法。在政策分析中使用一致的方法的意义在于,它使得任何专业分析人员都可以对此方法的任何一次具体运用进行详细考察,从而判断其准确性。除此之外,反复使用同一方法还有助于分析者了解此方法的优点和缺点,因为相对效率分析法难免将一些人的收益与另一些人的损失相比,这就好像是在运用某一社会福利函数,但并不是每个人都会同意决策应在此基础上进行。实际上,我们之所以推荐使用相对效率分析法,是因为我们认为它重要,而不是认为它足以作为评价备选政策价值的唯一指标。

---

① 帕累托改进是指,改变分配状态,使得至少一个人的境况变好而不使别人的境况变坏。帕累托最优是一种分配状态,除非使其他人的境况变坏,否则不能使任何一人的境况变好。

20世纪90年代末的两个例子阐明了相对效率标准的用途。[①] 联邦政府的许多机构都试图制定一些它们认为会提高全体公民福利水平的规章制度。我们已经看到，总统的行政命令要求这些机构对它们所提议的政策的成本和收益进行量化。[②] 致力于减少化石燃料消费的能源部（DOE）强制实行了一项政策，即《冰箱与冷藏机的耗能标准》。DOE为了对八类冷藏器（如那些具有自动解冻功能的冷藏机或顶级冷藏机）中的每一类分别设定能获得最大净福利收益的标准，制定了至少12种备选性能标准，并分别计算了对每类冷藏器实行这些标准后会产生的福利损失和收益。经计算，这项政策的实施每年要花费34.4亿美元，但收益高达76.2亿美元。收益的评估主要基于自然环境的改善，如二氧化碳和氮氧化物排放的减少，对这些污染物的减少进行量化是基于公众愿意为减少污染买单。

第二个例子来自卫生与公共服务部（HHS）。1999年4月，《乳腺透视质量标准法案》开始生效，这个法案对乳腺检查机生产商提出了很多质量要求。食品和药品管理局（FDA）应用了成本-收益分析来判定这个法案是否有利。结果显示，这个法案可以带来每年1.82亿～2.63亿美元的价值，而每年只需花费3 800万美元。这个法案可以使乳腺癌在早期被发现，从而更容易治愈。这个法案的收益是生命得到挽救，而这部分"生命"量化后的收益是480万美元（根据其他研究结果）。[③] 同时，食品和药品管理局表示，新标准可以带来5%的质量提高，其中只需2%就可以弥补其实施成本。

在这些例子中，新的标准并非为了实现最佳的资源分配，而是为了实现更加有效的分配结果。然而，关于这些例子还有一些问题。如何判断社会愿意支付这些成本？如果新的乳腺检查机质量标准的收益不足以弥补成本，那么这个法案还应该推行吗？另外一个联邦机构职业健康和安全管理局被最高法院裁决禁止用金钱来量化人的生命和病痛。那么这些评估是如何得出的？我们该怎样看待这些评估？为什么有的机构可以而有的机构不可以进行评估？为了回答这些问题（本章或下章中的），我们还有很多工作要做。让我们首先搞清楚我们理论的基础：如何衡量相对效率？

希克斯-卡尔多补偿原则

相对效率标准首先是由英国经济学家约翰·希克斯（John Hicks）和尼古拉

[①] 这些例子在1998年Office of Management and Budget的题为Report to Congress on the Costs and Benefits of Federal Regulation的报告中被讨论过。

[②] 克林顿总统沿袭了这一做法，要求政府机构在法律允许的范围内最大限度地运用收益-成本分析。

[③] 当在一群人中挽救一个人的可能性增大的时候，"统计意义的"生命被挽救，即使没有人知道这个具体的人是谁。例如，假如有一种医疗手段用于1 000个人中，能将死亡率从0.07降到0.03，那么我们会期望有30个人而不是70个人死于疾病。数据表示，这种疗法在统计意义上能医治40个人。挽救数据显示的价值和挽救特定人的价值是不一样的。关于衡量生命价值的更多的信息请参考W. K. Viscusi. The Value of Risks to Life and Health. Journal of Economic Literature, 1993, 31（4）：1912-1946。

斯·卡尔多（Nicholas Kaldor）提出的，后来被广泛应用于分析工作中。[1] 其基本概念补偿原则是以帕累托最优的思想为基础的。其基本原理是：有效的分配是指政策变化后，得者所得弥补失者所失之后仍然有剩余。每个个人的得失被假定可以得到补偿，而每个人（根据他们个人的判断）都不反对这个改变。

极为重要的一点是，补偿并非实际发生，因为如果补偿能实际兑现，那么这种改变就真的是帕累托最优了，从而补偿原则就成为潜在帕累托最优的检测方法了。把政策变化中的好处看成收益，把损失看成成本。把净收益定义为总收益减去总成本。如果说一个政策变化提高了效率，那么就是说其净收益为正。考察政策变化是否满足补偿原则的分析被称为成本-收益分析。通常，成本-收益分析用于分析两个互相排斥的选择，比较哪个能产出更多的净收益。实现净收益最大化也就是使相对效率最大化。

在介绍关于成本-收益分析的更多细节之前，首先讨论追求相对效率是否公平是很重要的。

补偿原则的使用之争

关于补偿原则的大多数争论的主要焦点是各自隐含的公平判断。一些分析干脆忽视了公平原则，而把补偿原则作为做决定的依据。其中一个原因是，人们希望通过特定的政策组合来调整总体分配效果。然而，这种观点低估了某项具体政策改变时过程公平的意义，并且高估了政策制定者在政策运行以后对政策效果的影响能力。

仅仅依靠补偿原则做决定的第二个原因在于以下这种观念，即对公平的考虑是毫无根据的：如果大量政策的改变是按照补偿原则确定的，那么每个人都将会得到实际的好处。即使这个观点是正确的，其在公平方面也非常含糊，从而限制了关于重新分配的考虑。（例如，也许应该让有些人的境况逐渐变坏，从而让其他一些人的境况逐渐变好。）先不考虑这些，我们先直接考虑这个观点本身。

如果把某人因一项政策变动而得到的支付情况看做抛硬币，即正面得到 2 美元，反面失去 1 美元，那么，他每次抛时都有可能遭受损失，但长期来看，其情况将变好。但是这个推论在很大程度上依赖从这项政策中得到的收益和损失的分布是随机的这一假设，而这一假设备受争议。如果不是随机的，那么损失者（获益者）如何做才会损失（获益）呢？至少作者判断，补偿原则不能代替对公平原则的明确考虑。

第三个原因关注分析者在决策过程中的角色。此观点认为，分析者没有必要考虑公平与否，因为在政策制定过程中这些考虑被其他决策参与者（例如竞选的官员、利益群体的游说团）完全忽略了；分析者只需考虑效率而不用考虑其他目

---

[1] 参见 J. R. Hicks. The Valuation of the Social Income. Economica, 1940 (7): 105-124; N. Kaldor. Welfare Propositions of Economics and Interpersonal Comparisons of Utility. Economic Journal, 1939 (49): 549-551。

标,否则效率将无人关心。这种观点是否为人所接受与以下论断有关:缺乏分析数据的政策制定过程只代表效率而非公平。进而,这种观点认为,分析数据能为重要却被忽视的效率目标"说话",却不能类似地为重要却被忽视的公平目标"说话"。

把关于是否应该将公平考虑进来的争论放在一边,一些人认为,被广泛使用的货币度量标准反映了一种隐性的、无法接受的公平判断。补偿原则意味着:受益者1美元的收益可以恰好抵消损失者1美元的损失。当受益者是富人,损失者是穷人时,这是一个特殊情况下的社会福利函数,并被经常使用。为了描述这个函数,我们先从仅包括两个人的情况检验补偿原则。

我们用 H_i 来表示对个人 i 的假定补偿。稍微加变化,可以表达为效用的形式:

$$H_i = \Delta U_i / \lambda_i$$

其中,ΔU_i 代表效用的变化,λ_i 代表 i 从额外1美元中获得的边际效用。分子表示效用的总变化,分母表示每1美元的效用。总的来看就表示,用价格表示效用的变化。例如,某人获得了10美元,而其额外增加1美元的边际效用是2,那么可以得出总效用增加了20 util:

10 美元 = 20 util/ (2 util/美元)

在两个人的情况下,总的假定的补偿是

$$H_1 + H_2 = \Delta U_1 / \lambda_1 + \Delta U_2 / \lambda_2$$

上式也表示政策实施前和实施后的效用水平的差异。定义 A 是实施前的效用水平,B 是实施后的效用水平,那么 $\Delta U_i = U_i^B - U_i^A$,上式可改写为

$$H_1 + H_2 = [U_1^B / \lambda_1 + U_2^B / \lambda_2] - [U_1^A / \lambda_1 + U_2^A / \lambda_2]$$

上式中括号内的部分可以看做社会福利水平。社会福利函数是每个人效用的简单加总,并且以每个人货币的边际效用的倒数为权重。从这个角度看,基于公平的补偿原则的目标就清楚了。如果财富的边际效用递减,那么穷人多获得的一单位效用在社会价值上就少于富人多获得的一单位效用。

在图 6-1 中,我们用社会无差异曲线说明上述结论。假设个人 1 和个人 2 具有同样的效用函数,从而他们效用水平上的所有差异就只取决于其财富水平的不同。在第三章我们看到的边沁社会福利函数 W^B 和罗尔斯社会福利函数 W^R 通常被用于描述社会判断的极端情况。但社会无差异曲线与落在这些极端情况之外的补偿曲线 W^C(其凹向原点)是对应的。我们接下来将进行阐述。

任何一条社会无差异曲线的斜率都是 $\Delta u_2 / \Delta u_1$,其中 Δu_2 表示当个人 1 的效用水平发生小幅变化(Δu_1)时,为了维持社会福利水平不变,个人 2 的效用水平所必须做出的变动。那么,根据补偿原则,社会无差异曲线满足

$$\frac{\Delta u_2}{\lambda_2} + \frac{\Delta u_1}{\lambda_1} = 0$$

或者

$$\frac{\Delta u_2}{\Delta u_1} = -\frac{\lambda_2}{\lambda_1}$$

在效用相等的点,$\lambda_1 = \lambda_2$,社会无差异曲线的斜率是 -1。但当我们从等效

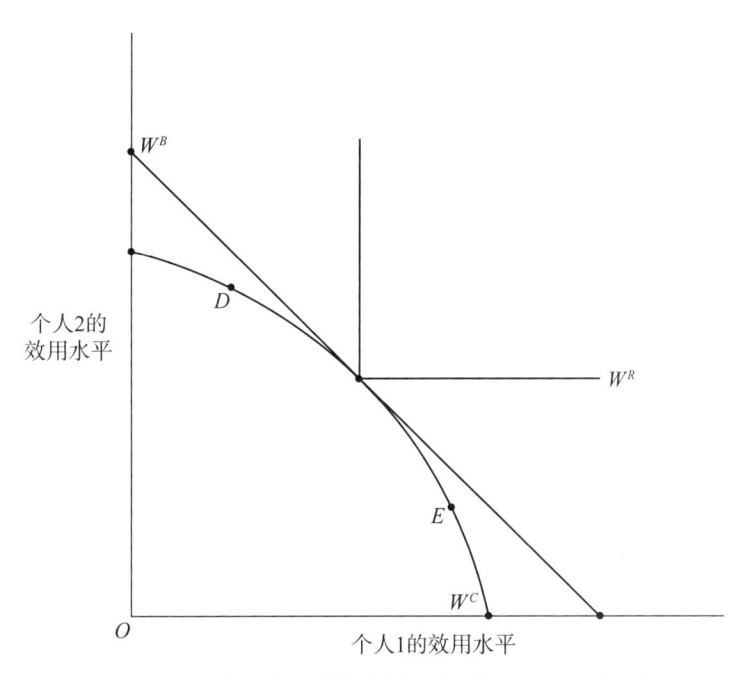

图 6-1 符合补偿原则的社会福利函数是反平均主义的

用点沿着社会无差异曲线移动时,受益者的 λ 下降而损失者的 λ 上升。例如在 D 点,$\lambda_2 < \lambda_1$,此时无差异曲线较平缓,或斜率的绝对值较小($-\lambda_2/\lambda_1 > -1$)。在 E 点,个人 1 的境况相对变好,$\lambda_1 < \lambda_2$,此时社会无差异曲线较陡峭,或斜率的绝对值较大($-\lambda_2/\lambda_1 < -1$)。

这样,遵循补偿原则的社会无差异曲线凹向了原点。如果边沁福利函数符合公平原则,那么补偿原则可以看做是反平均主义的。这就解释了为什么很多分析家希望对效用的改变——赋予"道德"权重(或者更具体地,依据每个人的财富或收入水平对他们的货币衡量单位赋予道德权重)。[①]

当然,公平目标对于补偿原则持有异议主要是反对把补偿原则作为完善的评价政策的标准。我们也已经指出补偿原则只能和其他的公平评价准则(帕累托改进)相结合。我们不能忘记其他的一些用来衡量我们社会总效用的统一标准也是有用的。进而,从重要性来说,补偿原则比简单地考察国民产出值是否增加了要更有意义。

像国内生产总值(GDP)这种统计一个国家国民产出的方法在一些方面有缺陷,例如没有把诸如闲暇之类的重要商品和诸如污染之类的厌恶品统计进去。但是,事实充分证明,这种即使存在缺陷的衡量方法也得到了决策者的莫大青睐。通常,这些指标的增加是合意的,而减少是不合意的。即使忽略掉未统计到上述物品的缺陷,GDP 统计方法也还是有其他的缺陷。例如接下来的例子将展示,

---

① 关于如何实现这一点,可以参考 Anthony Boardman et al.. Cost-Benefit Analysis: Concepts and Practice. Upper Saddle River, N. J.: Prentice-Hall, Inc., 2001; Edward M. Gramlich. A Guide to Benefit-Cost Analysis. Englewood Cliffs, N. J.: Prentice-Hall, Inc., 1990。

广泛地使用 GDP 的统计方法有点过于乐观了，即使所有的人境况都变坏了，统计的结果可能还是好的。① 可是，基于补偿原则的评判标准就没有这些缺陷，这说明补偿原则的方法相比 GDP 的统计方法效率更高。理论上，与衡量社会总产出增加的通用方法相比，补偿检验是一种核算过程，准确度更高。② 不论人们怎么看待运用补偿原则来分析政策，用社会总产出的方法总是要少很多争议。

简单来讲，希克斯-卡尔多补偿原则已经被广泛地运用于进行以下比较：一项政策改进是否有效率在于得者所得是否在弥补失者所失之后还有所剩余。虽然这一原则的道德评判并不高，但这个方法是进步的，它可以判断哪种分配方式可获得最大的社会总效用。相比只看国民产出的方法，关注社会效率也是一个很大的改进。我们知道，很多人将这种方法用做效率的指示器。这样一来，把公平和效率放在一起考虑，使政策制定者获得了更多的有用信息。

在具体的政策执行过程中，补偿原则将会比仅仅在理论上讨论得到更多验证。政策制定过程和政策分析之间的联系非常重要，而且影响很大。政策必须小心设计，而且必须对其结果进行仔细分析，这其中政策专家扮演了重要角色。这取决于专家是否能自信地完成工作，并且支持政策分析中的其他参与者。如果分析的过程既不能使其他参与者把想知道的情况搞清楚，也不能增加新的内容，那么政策分析就是无用的。分析者试图把补偿原则用于协调分歧很大的选择，却发现这项工作可能会被忽视掉（不管他喜欢与否）。

---

① 参考第八章关于拉氏数量指数的解释。图 8-7 说明的是拉氏数量指数只对一个人的影响是正的的情况，尽管个人的境况可能变坏。即使扩展到许多人的情况中，也会出现同样的结果。

② 对于这种情况，我们考虑国民产出包括所有物品，可以得出下面的结论是成立的：如果一项政策改变通过了补偿检验，那么以当前价格计价的物品的价值必须随着改变而增加。尽管这个过程包含了一些读者可能不熟悉的数学表达，但是证明不是特别困难。

我们假定向量 $\boldsymbol{X}$ 代表经济中各种商品的集合，$\boldsymbol{X}_A$ 代表政策改变前的总数，$\boldsymbol{X}_B$ 代表政策改变后的总数。矢量就是一行或一列的数字。在这个例子中，$\boldsymbol{X}$ 代表的是构成消费束的 n 种不同物品 $X_1, X_2, \cdots, X_n$ 的特定数量。向量 $\boldsymbol{P}$ 代表每一种商品的单价 $P_1, P_2, \cdots, P_n$。$\boldsymbol{P}_A$ 代表政策改变前的价格集合，$\boldsymbol{P}_B$ 代表政策改变后的价格集合。两个向量的乘积 $\boldsymbol{PX}$ 代表的是消费束的总市场价值 $P_1X_1 + P_2X_2 + \cdots + P_nX_n$。

在数学意义上，我们认为

$$\text{如果} \sum_i H_i > 0, \text{那么} \boldsymbol{P}_A\boldsymbol{X}_B > \boldsymbol{P}_A\boldsymbol{X}_A$$

如果 $\sum_i H_i > 0$，那么消费者之间总会存在商品集合 $\boldsymbol{X}_B$ 的一种分配使得所有的消费者至少会得到与 $\boldsymbol{X}_A$ 的实际消费分配所带来的效用水平相同的效用。假设 $\boldsymbol{X}_B$ 的分配使得每一个人的境况都严格变好。现在考虑第 i 个人。因为我们假定效用最大化，所以

$$\boldsymbol{P}_A X_B^i > \boldsymbol{P}_A X_A^i$$

也就是说，第 i 个人在政策改变前必然买不起 X_B^i，否则，这个人就会通过购买而增加效用（我们假定在政策改变前每一个人都可以购买假设的消费束，尽管那时经济不能满足所有人都同时购买）。因为每一个人的情况都是一样的，所以

$$\boldsymbol{P}_A \sum_i X_B^i > \boldsymbol{P}_A \sum_i X_A^i$$

但是，每一个人分配的加总必须接近于总分配，即

$$\sum_i X_B^i = \boldsymbol{X}_B, \quad \sum_i X_A^i = \boldsymbol{X}_A$$

所以，我们替换掉 $\boldsymbol{X}_A$ 和 $\boldsymbol{X}_B$，得到

$$\boldsymbol{P}_A\boldsymbol{X}_B > \boldsymbol{P}_A\boldsymbol{X}_A$$

策分析者对各自更加明确的细分部分的问题加以分析。由于补偿原则更广泛地用于更多类别的分配中，其政策意义变得模糊，因此我们应该减少对补偿原则验证的依赖。比如，在关于防洪工程和城市重建等项目的各类组合的决策中，我们就应该减少对补偿原则的使用。但是，这种分析仍旧经常被用于辨别在每种类别中哪个项目更好。其他一些微观经济学政策分析可能对分配决策产生更宽泛的影响，但当这些政策分析发生作用的时候，分析家可能会在决策过程中满足其他政策参与者的诉求。

衡量收益和成本：市场统计值与消费者剩余

实际上，我们在衡量收益和成本时会遇到许多问题。首先，信息的需求看起来是巨大的：分析者怎样找出一项政策改变所影响的每一个个体的收益和损失？答案是，理论上，至少在一些情况下，所有相关信息基本可以包含在通过详尽实证研究被合理量化的对象之中。特别是，许多信息都包含在市场需求和供给曲线中。

本章不探讨供给曲线和需求曲线估算的统计问题。但是，这并不意味着统计问题的探讨不可行，至少在一些情况下，探讨统计问题是可行的。然而，统计每个市场主体的信息，显然是不可能的。我们的案例在不考虑统计问题的前提下，假设拥有关于需求曲线的确切信息，这样，我们才能通过需求曲线集中研究成本和收益的衡量方法。我们用一个简单的不考虑税收的模型来说明相关的衡量方法。

成本-收益分析的价值取决于模型衡量的精确性。正如我们所看到的，模型不需要十分完美地提供有价值的信息。再者，模型可以处理比这里展示的例子更复杂的情况。这样，一个一开始看起来复杂得难以完成的工作就一点儿也不令人绝望了。然而，实施一个好的成本-收益分析在许多情况下需要很高的分析技巧。在下面的部分我们将分析收益方面的几个难题，并介绍这几个问题的分析方法。[①]

我们将以研究个人和市场的需求曲线的关系开始。回忆一下，需求曲线是指在保持支出和其他商品价格不变情况下，一个人在每一个可能的价格水平上会购买的商品的数量。[②] 我们在第四章知道这个关系是效用最大化的结果，通过图 6-2（a）和图 6-2（b）可以看出。

[①] 我们不准备广泛地讨论成本-收益分析问题的本质。但是，当我们用微观经济学来分析公共政策的时候，大多数的成本-收益问题都会被讨论。本章主要是讨论收益，下一章主要讨论的是减少不确定性的收益。第九章主要讨论成本。第八章和第十九章主要讨论在经济中时间的重要性以及不考虑成本和收益的情况下不同时间的作用。

[②] 这是普通需求曲线的定义。在后面的章节中，我们会定义补偿需求曲线。补偿需求曲线是保持效用不变的需求曲线。

(a)

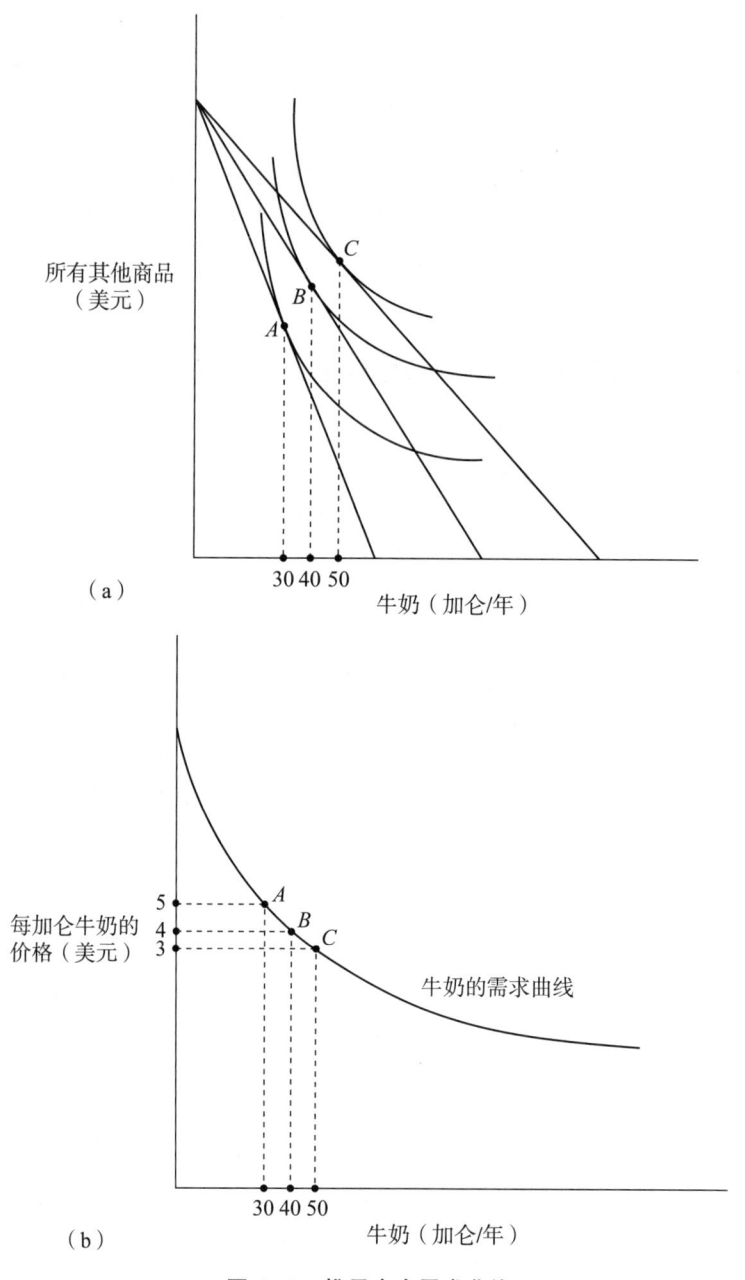

(b)

图 6-2 推导个人需求曲线

(a) 代表性无差异曲线；(b) 代表性需求曲线。

图 6-2 (a) 显示了在几种不同的预算约束下为了达到效用最大化，个人的牛奶和所有其他商品的消费数量。这些约束使得总的预算水平和所有其他商品的价格保持不变（这样纵截距保持不变）；预算约束的变化代表不同的价格水平下牛奶的消费数量（牛奶越便宜，横截距越大）。A 点、B 点和 C 点表示在不同的预算约

束下效用最大化的选择。当牛奶价格更低时，人们将买更多的牛奶。①

图6-2（b）是根据图6-2（a）绘制的。纵轴是每加仑牛奶的价格［图6-2（a）中预算约束线的斜率的绝对值］。横轴显示的是每年消费的牛奶的数量。图6-2（b）中的A、B、C点是与图6-2（a）中的A、B、C点相联系的价格（称为p_A、p_B、p_C）和牛奶的数量。如果想在所有可能的价格水平上描述效用最大化的牛奶消费量，那么结果就是在图6-2（b）中通过A、B、C点的曲线。② 这条线就是个人需求曲线。

用这条曲线解释在每个可能的价格水平上的消费量是很常见的。但是，同样正确的是需求曲线的高度表示每一单位的增量对于个人的价值：为了获得这一增量，他们肯付出的最高价格。例如B点，此时价格是4美元/加仑，此人买了40加仑。在图6-2（a）中，根据相切条件，个人的MRS就是在这一点的4美元，根据定义，MRS是个人为了得到第40加仑牛奶所愿意放弃的其他商品（在本例中是美元）的最大数量。因此，在需求曲线上的每一点的高度都表示个人为获得下一单位的某种商品愿意支付的最高价格。通常情况下，曲线的高度随着数量的增多而降低：第50加仑牛奶对消费者的价值只有3美元。

换句话说，个人需求曲线也是一条边际收益曲线，表示个人为获得每一单位商品愿意支付的最高价格。对需求的解释是，数量（横轴距离）是价格的（纵轴距离）的函数。对边际价值的解释是，边际收益（纵轴的距离）是消费数量的（横轴距离）的函数。这是对同一条曲线的两种不同的分析角度。

但是，边际收益的解释给我们带来了一个有趣的测量具体分配对消费者的价值的方法。假设我们增加了所消费的每一单位的边际收益。此时，牛奶的价格为5美元/加仑，我们增加所消费的这30加仑的每一单位的边际收益是为了得到总的效用。从几何上来看，这等于计算$Q=30$到原点之间的在需求曲线下方的面积。下面我们来解释它。

在图6-3中，我们在相同的底边上画一系列长方形来说明这个理论。如果底边是1加仑牛奶，那么就会有30个长方形（只画出了5个），我们把30个长方形的面积加总，就得到了消费者的总效用。但是，我们选择加仑作为衡量的单位会导致最后有轻微的低估。根据边际效用递减规律，对每一加仑牛奶，第一滴牛奶对于消费者的价值要大于第二滴，第二滴要大于第三滴，依此类推，直到最后一滴。这样，我们的长方形的高度只相当于每一加仑的最后一滴的效用，前面的每一滴都被稍稍低估了一些。

为了减少这个误差，我们可以使用更小的底边做单位：夸脱可以形成120个长方形，这样可以使误差更小；用盎司作单位可以形成3 840个微小的长方形，

---

① 除了吉芬商品之外，所有商品的需求曲线都是向下倾斜的。回顾第四章收入效应和替代效应的讨论就能解释为什么消费者的需求曲线是这样的形状。

② 实际上，一个消费者的需求曲线的平滑程度依赖于特殊物品或服务是只在离散单元（例如长裤，相机）上有价值还是在连续单元（例如汽油的加仑数、汉堡的重量）上有价值。半个相机是没有价值的，但是半个汉堡是有价值的。离散物品的需求曲线是一个阶梯状的函数——从左往右看好像一系列下降的阶梯。同时，随着每增加一单位商品而通常递减的"延伸"的阶梯代表了递减的边际价值。如果一个消费者在某一时间购买了许多单位的离散物品，那么需求曲线可能（同时便于分析）就接近一个连续的函数而不是一个实际的阶梯函数。

从而会进一步缩小误差。图 6-3 显示对于第一加仑，阴影部分表示用半加仑做单位所减少的误差。随着长方形的无限细分，它们的和就越来越接近于实际的值，此时误差就趋近于零。但最后我们可以得出推论：个人的总效用或个人最大的支付意愿等于需求曲线下方所消费的单位对应的面积。这种方法（与长方形加总不同）同样可以不用考虑选择计算的单位。

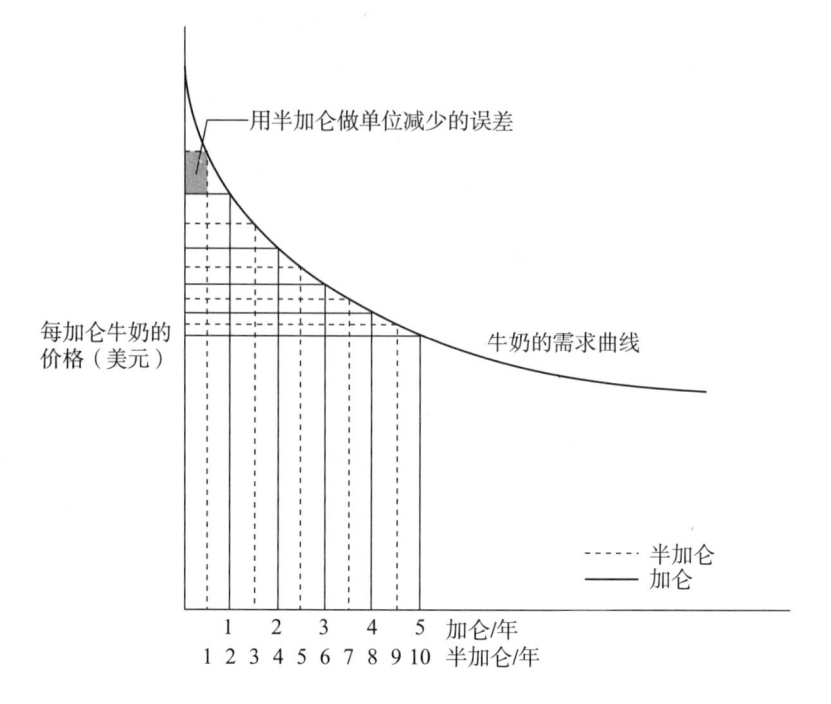

图 6-3　用不同数量的长方形的面积之和近似计算消费者的总效用

在图 6-4 中，为了便于计算区域的面积和介绍一个新的概念，我们把需求曲线简化为一条线段。需求曲线下方 30 加仑所对应的面积可以通过矩形 OABC 和三角形 ABE 的面积相加计算出来。矩形的面积是 150 美元（＝5 美元/加仑×30 加仑），三角形的面积是 45 美元 ［＝0.5×（8 美元/加仑－5 美元/加仑）×30 加仑]。这样，对消费者而言，30 加仑的总价值就是 195 美元。

这里的总价值并不是消费者的净效用或者净收益，因为这其中并没有考虑消费者为了获得这些商品而付出的价值。消费者剩余被定义为消费者愿意支付的总价格减去消费者的支出。在这种情况下，消费者对 30 加仑牛奶每加仑支付 5 美元或共支付 150 美元（矩形 OABC），消费者剩余是 45 美元（三角形 ABE）。消费者剩余的产生是因为消费者愿意支付高于 5 美元的价格购买三角形区域内的牛奶，但是以 5 美元的市场价买到每个单位。因此这个由水平的价格线、纵轴以及需求曲线所围成的区域通常就是消费者剩余。[①]

注意，30 加仑是当牛奶的价格为 5 美元/加仑时可以使消费者剩余最大的

[①] 在后面的章节中我们将会讨论一些例外。之所以存在例外，一般是因为非统一定价（nonuniform price）或者非价格配给（non-price-rationing）。

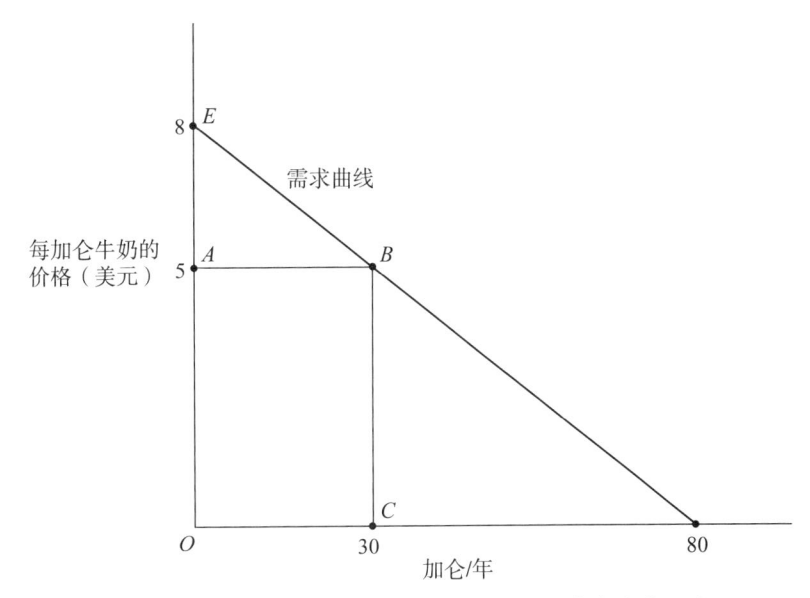

图6-4 消费者剩余为消费者的总效用与消费者成本之差

量。如果消费者仅仅选择了29加仑，那么需求曲线上对应的价格就将超过5美元，剩余将会随着增加1加仑的购买而增加。如果消费者选择了31加仑，对应的价格低于5美元，那么第31加仑会减少剩余（获得的边际价值低于边际成本），消费者会减少一加仑的消费以使消费者剩余增加。因此，消费者剩余最大化的选择也就是效用最大化的选择。这表明，净收益的最大化与现实市场中经济参与者追求的最大化极为相似。

回到我们最初的目标，我们想知道如何计算出总收益和总成本。这就要求我们将关注的焦点从个人的需求曲线上转到整个社会的需求曲线上。在这里我们关注收益部分，而且把市场需求曲线看做一个具体的信息来源。市场需求曲线被定义为所有个体在任意给定价格水平下需求的加总。假设我们有一个由两人组成的简单的线性经济：

$Q_1 = 80 - 10p$
$Q_2 = 160 - 20p$

那么市场需求曲线就是二者之和：

$Q_m = 240 - 30p$

这三条需求曲线都在图6-5（a）中画出来了。这是一个用于说明目的的特殊例子，稍后我们会考虑一般情况。

如果市场价格是 $p=5$，那么 $Q_1=30$，$Q_2=60$，$Q_m=90$。由需求曲线、价格轴和市场价格线包围起来的每个消费者的消费者剩余是

$CS_1 = 1/2 \times (8-5) \times 30 = 45$
$CS_2 = 1/2 \times (8-5) \times 60 = 90$

因此实际上总的消费者剩余是135（=45+95）美元。现在让我们来看一看市场需求线下方的消费者剩余（CS_m）是否等于135美元：

$CS_m = 1/2 \times (8-5) \times 90 = 135$

这说明了一个重要的结论——至少在某些情况下,市场需求线下方的消费者剩余等于每个个体的消费者剩余之和。

现在我们假设政策出现了以下变化:对所购买的每单位商品征收 1 美元的消费税。消费者此时面对的价格将是 6 美元,总的购买量等于 60①,如图 6-5 (b) 所示,那么在补偿原则下,这个政策将遭遇什么呢?为了正确回答这个问题,必须考虑到这个政策引起的所有变化。我们应分析市场中的每个参与者的消费者剩余的变化。但是,很多变化会相互抵消,在特定条件下,我们需要知道的信息全都在这个市场中。在这个市场中,市场需求曲线下方的新的消费者剩余(CS_m')是

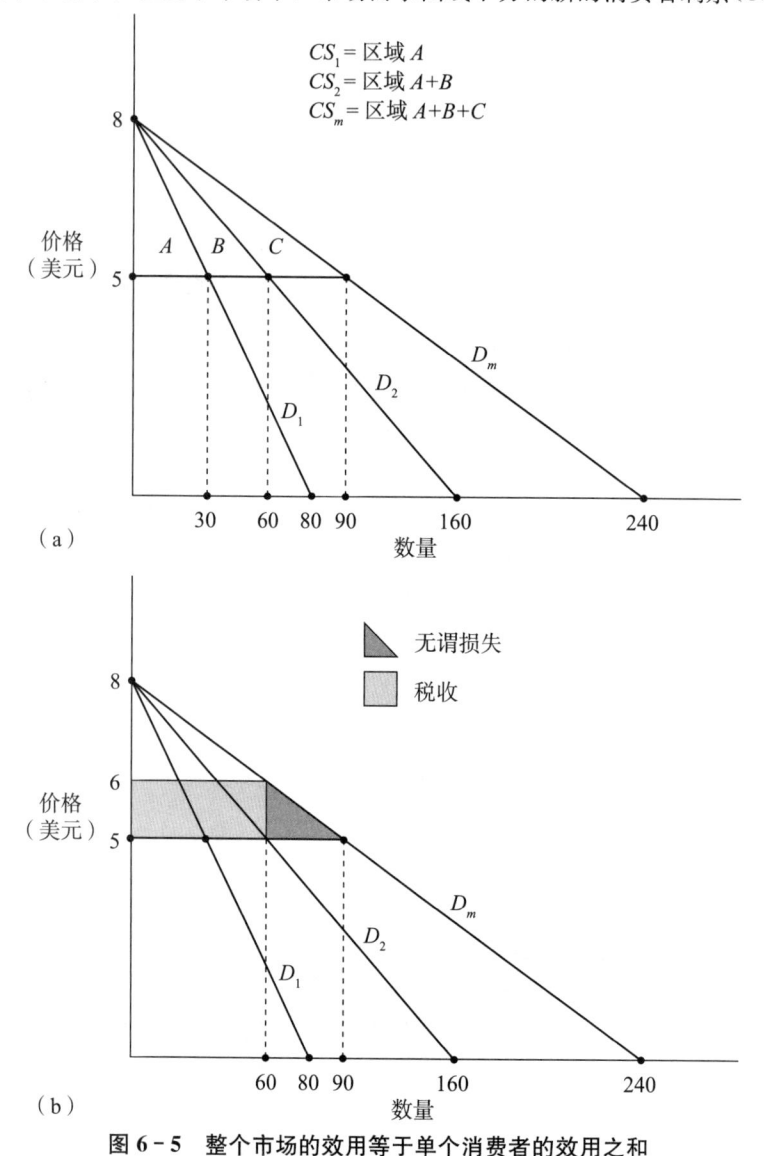

图 6-5 整个市场的效用等于单个消费者的效用之和

---

① 为了简化这个问题,我们假定,商品的供给具有无穷的弹性。关于供给情况和补偿原则的关系将在第九章中详细讨论。税收归宿将在第十二章中详细讨论。

$$CS'_m = \frac{1}{2} \times (8-6) \times 60 = 60$$

因此，总的消费者剩余的减少是 75（=135−60）美元。毫无疑问，消费者是损失者，但是没有获益者吗？还有两个效应需要考虑：对税收收入来说发生了什么？产业的产出之前为 $Q_m=90$ 而现在为 $Q'_m=60$，实际资源发生了什么？

我们可以从图 6-5（b）中看到总税收是 60 美元（60 加仑牛奶，每加仑 1 美元的税）。我们假设税收被全部给了需要的人，从而将其看做一种纯粹的转移支付，即一种从一部分人到另一部分人的财富再分配，而这不会影响实际资源的使用效率。

这就像把钱从一个人（纳税人）的口袋中掏出来，放进另外一个人的口袋。这种转移支付本身不会对消费和生产的效率产生明显的影响，所有资源还和转移支付发生前一样被有效地使用着。① 消费者所缴纳的 60 美元的税款被分配给了其他人；纳税人会要求 60 美元的补偿以求平衡；如果纳税人能够收到 60 美元的补偿，就会觉得无差异。这样总的补偿就是零。

那么，剩下的 15 美元损失是怎么回事呢？在图 6-5（b）中它被表示为阴影三角形的面积。这部分消费者剩余的减少被称为无谓损失，也就是说，这部分损失没有其他的收益来抵补。税收导致的无谓损失，有时指超额负担，可以被定义为政府税收和他人损失之间的差。在特殊的假设下就是这样的。那部分原来用于生产第61~90加仑牛奶的资源被用于别的方面了（除了牛奶之外的其他日常生产）。资源所有者得到的补偿（机会成本）被认为是一样的，所以他们的支出约束并没有改变。进而，生产新的产品没有带来更多的消费者剩余；原来释放出来的资源被均匀地用于生产新的产品了。所以每种产品的产量变化很小，仅仅是在需求等于价格的边际上变化了一点。所以在各个行业内，需求曲线和价格之间的区域的边际变化是极小的。

在这个特殊的假设条件下，我们可以计算出，征税 1 美元引起的总消费者剩余的减少是 15 美元。这一结果值得一提的是计算的简洁。我们知道的条件只有价格、税和市场需求方程。显然，并不需要在这个模型中做经济最大化的假设。例如，我们在下章将会看到，供给的价格稳定不变时，更常见的做法是用估计的供给曲线替代供给价格不变的假设；这很容易通过消费者剩余的概念进行补偿分析。

但是，不是上面所有的假设都很容易被取代，取决于研究背景。同往常一样，微观经济政策分析的方法和艺术是建立一个抓住现象本质特点的模型，并且精确研究这个模型以改进决策的制定。对于一种复杂的关系，分析难度是非常大的。这个简单的例子阐释了一种情况，即一开始看上去毫无希望的探讨（找出所有的个人补偿），最后或许是一项很有用的尝试。

为了更好地进行进一步的观察，我们指出前述分析中税收的本质。决定无谓损失量的一个因素是需求曲线的弹性：弹性越大，无谓损失就越多。所以，在效率方面，税收对于无弹性商品更有效。需求无弹性的商品一般都是必需品。低收入家庭将其大部分支出花在购买必需品上，这样一种税很可能是累退税。这样，

---

① 实际上，向贫困的人提供资源的项目可能通过提供更好的医疗或教育来提高其生产率。在某种程度上，这些不是纯粹的转移支付。更一般地，通过征税对实际资源进行再分配将不会是纯粹的转移支付。

在决定如何提高税收时，效率和公平之间就有了真正的矛盾。

现在，我们撇开补偿原则的其他方面，来继续看从市场需求曲线还可以得出什么信息。在之前提到的特殊情况中，我们观察到消费税带来的个人消费者剩余的减少之和等于总市场曲线情况下消费者剩余的减少。把这个结论推广一下就是：价格水平的变化也适用于上述规律。验证这个原理最简单的方法是考察对应于 ΔP 消费者剩余的变化量 ΔCS_i：

$$\Delta CS_i = \Delta P Q_i^1 + 1/2 \Delta P(Q_i^0 - Q_i^1)$$

其中 Q_i^0 是最初的需求量，Q_i^1 是价格上涨后的需求量。第一项是价格上涨后消费者增加的支出，第二项是无谓损失。我们用之前例子中第一个消费者的数据在图 6-6 中举例：

$$25 = (6-5) \times 20 + 1/2 \times (6-5) \times (30-20)$$

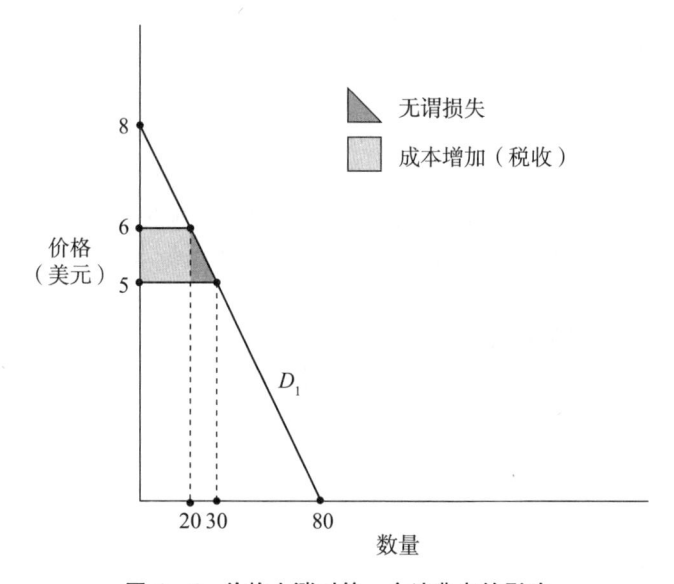

图 6-6　价格上涨对第一个消费者的影响

也就是说，第一个消费者交了 20 美元的税（消费者为了购买商品而多付的钱），同时产生了 5 美元的无谓损失（由于价格上涨而不再购买第 21~30 单位的商品所导致的消费者剩余的减少）。

可以将这个结论一般化。我们加总这个市场中所有 r 个消费者的这一数量，则

$$\Delta CS = \sum_{i=1}^{r}[\Delta P Q_i^1 + \frac{1}{2}\Delta P(Q_i^0 - Q_i^1)]$$
$$= \Delta P \sum_{i+1}^{r} Q_i^1 + \frac{1}{2}\Delta P \sum_{i=1}^{r}(Q_i^0 - Q_i^1)$$
$$= \Delta P Q_m^1 + \frac{1}{2}\Delta P(Q_m^0 - Q_m^1)$$

在市场需求曲线下的这两个部分恰好与每个消费者需求曲线下的那两个相关的部分类似（在前面的例子里税收是 60 美元，无谓损失是 15 美元）。因此，将

这个价格变化应用于所有的消费者，市场需求曲线之下的两个区域准确地告诉了我们消费者剩余的总变化。

如果政策变化可以归结为统一的价格变化效应，就像施加消费税的情况一样，那么市场需求曲线就可以用来解释消费者剩余的净改变。但是一些政策改变并非那么简单。如果政策改变引起了个人需求曲线的移动（而非沿着个人需求曲线的移动）和价格的变化，那么需求曲线下方的区域就不会显示我们之前看到的信息。如果政策改变之前或之后产生了无效率，那么将出现同样的图中缺乏对应信息的情况。

例如，20 世纪 70 年代出现石油危机后，美国全国很多地方实行了定量供给的办法——每次加油只加 10 加仑，星期天不营业，甚至实施单双号限制，以致于车辆只能隔天加油。[①] 与此同时，汽油价格却不停地上涨。实施这些措施是为了使短期的需求减少。通过对这一时期的所有的行为的观察、仔细的统计，可以合理地估计出（观察期间的）普通需求曲线，甚至可以观察到管制的价格效应。但是，没有原始的数据，很难做出关于消费者剩余损失的无偏估计。[②]

为了说明原因，让我们考察另外一个简单的两人汽油市场线性需求体系：

$$Q_1 = 10 - 2p$$
$$Q_2 = 20 - 4p$$

市场需求曲线等于二者之和：

$$Q_m = 30 - 6p$$

我们假设最初的市场价格是每加仑汽油 2 美元，由于供应短缺，政府批准油价上涨到每加仑 3 美元——1 美元是税收，2 美元给销售商。[③]

另外，附加的管制是每次最多购买 4 加仑。根据需求方程可得每个人在更高的价格下的需求量：

$$Q_1 = 10 - 2 \times 3 = 4$$
$$Q_2 = 20 - 4 \times 3 = 8$$

但是，由于限量为 4 加仑，第二个人只能加 4 加仑。因此需求的总量就是 4+4=8 加仑。这样，因为管制政策，总需求的数量偏离了市场真正的需求（$p=3$ 时，$Q_m=12$）。

图 6-7 显示了市场统计数据发现不了的需求曲线。我们观察到的两个市场结果是起初的配置是（$p=2$，$Q_m=18$），最后的配置是（$p=3$，$Q_m=8$）。我们需要避免的错误是认为需求量仅仅由价格决定，即普通需求曲线通过这些点。如果一个人犯了这个错误，通过错误的需求曲线（虚线）来计算消费者剩余的变化，那么

$$\Delta CS_M^L = 1 \times (8) + \frac{1}{2} \times 1 \times 10$$
$$= 13$$

一个好的分析者将会意识到虚线违反了其他条件均相同的假设，即除了价格

---

① 配给供应计划是第十四章的主题。
② 在这个例子中，短缺会引起消费者剩余的损失。政策问题以一种公平的、保持最少损失的方式来应对短期短缺。这里所举的这个例子仅仅评估特定选择的一个方面。
③ 我们特意淡化了供给情况；就像之前所提到的那样，它们的相关性和重要性将在后面的章节中学习。

$$Q_m = 30 - 6p$$
或
$$p = 5 - Q_m/6$$

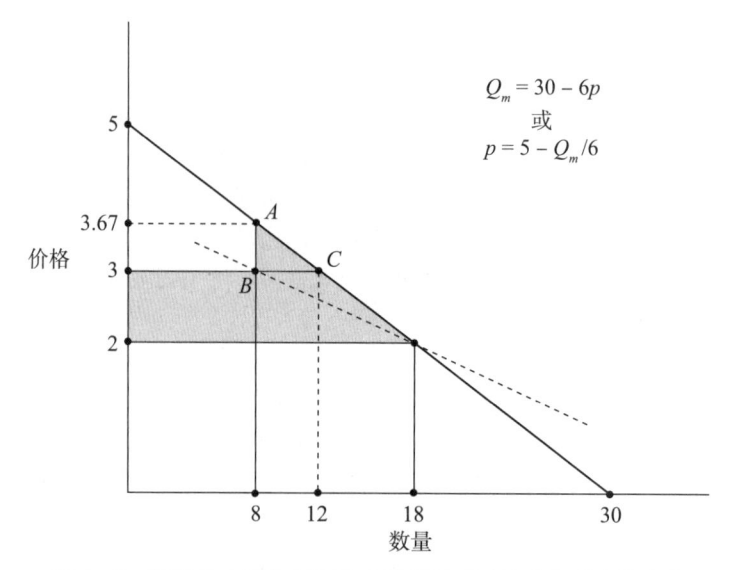

图 6-7 限量供应时市场需求曲线并不反映消费者剩余的变化

之外的因素都保持不变,因为政策限制改变了。经过一些研究,发现图 6-7 中的普通需求曲线(实线)以前被正确地估计了。[①]

另一个易犯的错误是认为消费者剩余的改变可以基于上述精确的市场情况图计算出来。在图 6-7 中,认为消费者剩余的损失是阴影部分看上去是正确的。这个阴影部分看起来由两部分组成:为所购买的单位多支付的成本和因为没有购买的单位而失去的剩余。这里不同于一开始我们所分析的消费税带来的三角形 ABC。这个三角形是限量管制政策带来的;如果没有管制,当价格为每加仑 3 美元(包括税收)时,会多购买 4 单位。为了求出 A 点的高度,我们用真实的市场需求曲线来找出消费者购买 8 单位时的价格:

$$8 = 30 - 6p$$
$$p = 3.667$$

那么三角形 ABC 的面积是

$$ABC = 1/2 \times (3.667 - 3.00) \times (12 - 8)$$
$$= 1.33$$

市场曲线下方的消费者剩余的另一部分损失是 15 美元[②]。二者相加,我们错误地认为消费者剩余的损失为 16.33 美元。

上面的分析的错误在于假设交换是有效的,但是管制政策引起了交换的无效率。由政策管制引起的 4 加仑的减少不是通过价格上涨实现的。当价格为每加仑 3.667 美元而没有政策管制时,$Q_1 = 2.67$,$Q_2 = 5.33$($Q_m = 8$)。当价格为每加仑 3 美元时,$Q_1 = 4$,$Q_2 = 8$,效率的变化为:第一个人减少了 1.33 加仑,第二

[①] 在进行政策分析时回顾之前的文献是为了更好地使用以前同种类型的经验研究。可是,很多因素在评估正确性或者将之前的研究用于不同情况的时候要加以考虑并小心谨慎。例如,观察需求的时间长度(例如,一个月或者一年)应该是相等的,一个地区的价格敏感度和其他地区是不可比较的。

[②] $15 = (3-2) \times 12 + 1/2 \times (3-2) \times (18-12)$。

个人减少了 2.67 加仑。消费者剩余的额外损失则是三角形 ABC 的区域。

但是，最终实际的结果是 $Q_1=4$，$Q_2=4$，发生了一个比理论上大的损失。而这是无法只从市场数据中获得的。为了计算实际的损失，我们需要具体消费者的信息。实际的消费者剩余的损失在图 6-8（a）和图 6-8（b）中用阴影部分表示。第一个人的行为并没有受到限量管制的影响，其损失和简单的消费税例子中的损失一样：

$$\Delta CS_1 = 1 \times 4 + 1/2 \times 1 \times 2 = 5$$

第二个人因限量管制而遭受的损失就比简单的消费税例子中的损失多很多；额外损失是三角形 EFG。三角形 EFG 和三角形 ABC 相似。E 点的高度是 4，所以三角形 EFG 的面积是 2。

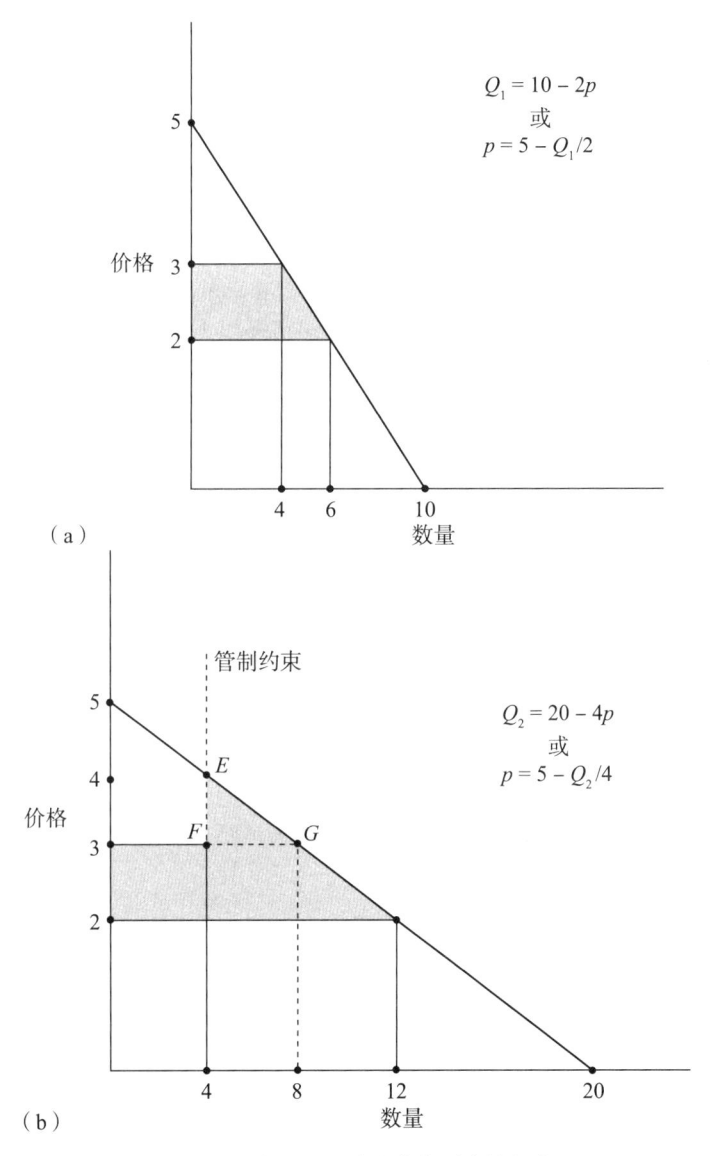

图 6-8　个人实际的消费者剩余的损失

第二个人仅仅因税收而发生的消费者剩余的损失为 10＝〔（3－2）×8＋1/2×（3－2）×（12－8）〕。这样，$\Delta CS_2=12$，消费者剩余的实际损失是 17 美元，包含 8 美元的税收和 9 美元的无谓损失。这个例子说明，市场曲线下方的区域一定低估了实际的损失。不要被这个例子中小的低估所误导；在实际情况中，误差可能非常之大。

一个应用说明：消费者保护法案的模型细则[S]

一个研究者曾试图用我们讨论过的方法估计消费者保护法案在处方药方面的价值。简单回顾一下方法论是有益的。[①] 1962 年，《食品、药品和化妆品法案》的《基福弗-哈里斯修正案》增加了（在其他条款中）现有法案的效率证明要求。这个修正案最主要的目的是减少消费者由于对药品效果不了解而遭受的伤害以及由此产生的浪费。在国会举证的时候，制造商提出了许多不能被证明存在的证据。人们希望新的法案不仅可以改善市场上现有药品的使用，而且可以阻止那些并没有什么新改进的"新药"进入市场。

图 6-9（a）很简明地展示了知情在研究中的应用的概念框架。图中有两条实线：不知情需求 D^U 和知情需求 D^I。这里我们假设一个医生为了治疗一个特殊病人而对一种新药存在需求。当不知情时，医生和病人认为这种药会创造奇迹。渐渐地，医生和病人发现（也许是通过试错，也许是通过其他医生，也许是通过公开报道）这种药并不那么有效。因此医生和病人知情之后，需求曲线就变成里面的那条了。[②] 为简单起见，我们假设只有知情和不知情两种情况。

假设我们问病人如何评价在一开始时完全知情的价值。在图 6-9（a）中，阴影部分表示信息的价值。在不知情的情况下，价格为 OC 时，消费者购买了 OB 单位。在知情后，消费者减少了 AB 单位的购买量，最后购买了 OA 单位。真正的收益总是在知情需求曲线 D^I 之下，即使消费者在不知情的情况下没有意识到这一点（也就是说，消费者在不知情的情况下错误地估计了收益）。在一开始时知情会阻止对 AB 单位的购买；这一部分的成本（AEFB）比收益（AEGB）大 EFG。因此，消费者愿意为一开始知情支付的最高价格就是 EFG。为了找到完全信息的总价值，我们只需要把所有个体的三角形相加。

当然，新的药品管制并不是要达到完全信息。它的目的是在开始时获得改善

[①] 关于方法论更详细的回顾，读者应该参考更加专业的文献。可参阅 S. Peltzman. An Evaluation of Consumer Protection Legislation：The 1962 Drug Amendments. Journal of Political Economy, 1973, 81 (5)：1049-1091；T. McGuire, R. Nelson, and T. Spavins. A Comment. Journal of Political Economy, 1975, 83 (3)：655-667。这里没有讨论关于这个争论的另一个重要的方面，即这一法案是否延迟了新药物的应用。尽管之前的研究高估了这种延迟，但是证据表明确实存在延迟。参见 D. Dranove and D. Meltzer. Do Important Drugs Reach the Market Sooner?. RAND Journal of Economics, 1994, 25 (3)：402-403。

[②] 因为药物在有些情形下是有用的，所以需求曲线不会完全消失。

的信息，从而可以让需求曲线下降为虚线 D^R。① 如图所示，消费者一开始将会购买 OH，多买了 AH，然后等完全知情之后购买 OA。因此，这个管制的效果是在一开始避免错误地购买 HB，其成本 $HJFB$ 比收益 $HKGB$ 大 $KJFG$。因此 $KJFG$ 就是新的药品管制的价值。

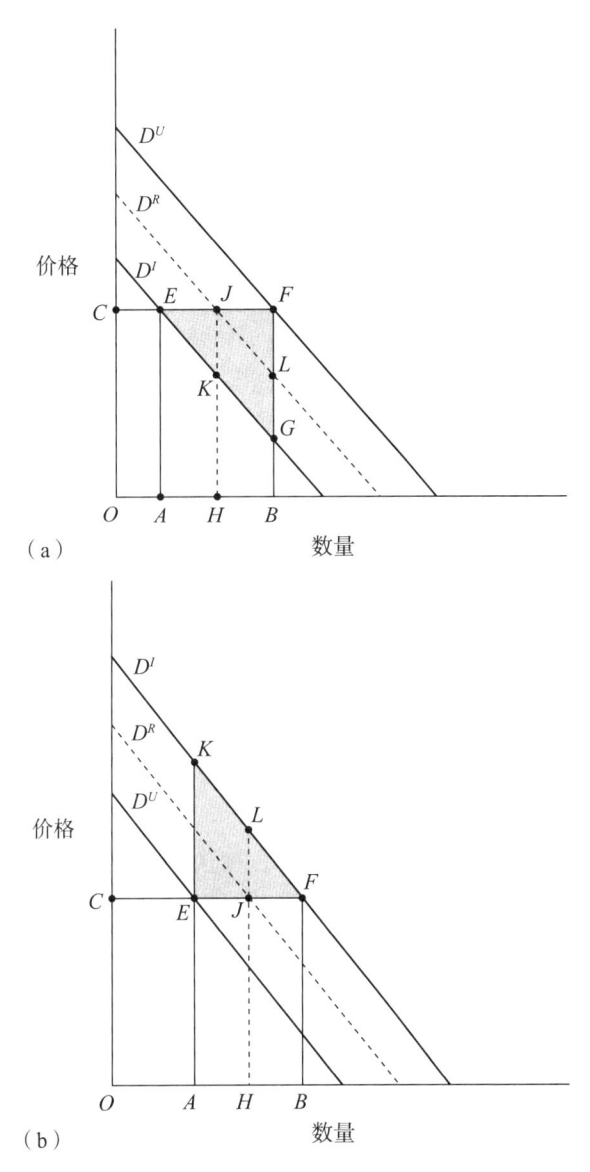

（a）

（b）

图 6-9 消费者高估或低估了药品的效用

这一研究继续估计市场需求 D^U、D^R、D^I，并报告说市场需求曲线下方的

---

① 尽管看似不合理，但是仍有这种可能，即政府管制实际上扭曲了信息。因为医药公司告诉消费者他们实际想知道的，但是管制阻止他们按照他们知道的信息来行动。这个争论不影响这里的讨论：关于市场需求曲线移动的信息不包含进行合理补偿测试的信息。

$KJFG$ 是其对于消费者的总价值。最后这一步错了，它错误地估计了一个不为人知但可能价值极高的因素的信息价值。为了说明这一点，我们看图6-9（b）。这些需求曲线是第二组医生和病人的需求曲线。它们与第一组有一个重要的不同之处：不知情需求曲线和知情需求曲线调换了。考虑一下，这种情况的存在貌似和前面描述过的一样真实。在这种情况下，医生和病人成为了谨小慎微的决策者。由于过去听过太多错误的宣传欺骗，这次医生和病人一开始非常不情愿尝试新的药物。但是，新药要比想象的有效，过了一段时间，需求向外移动了。

在图6-9（b）中，消费者在不知情的情况下最初购买了OA，当知情时购买了OB。真正的收益总是源于知情需求曲线之下实际消费的量。如果信息一开始就是充分的，那么消费者就不会少购买AB的量。这些单位的消费带来$AKFB$的收益，但仅仅花费$AEFB$，所以消费者的净收益是EKF，如图中阴影部分所示。消费者一开始为获得完全信息愿意支付的最大值是EKF。和以前一样，并不能期望该方案在一开始就使信息变得完全充分。在信息更加完善的情况下，需求曲线是虚线D^R，消费者一开始会买OH，因此避免少买AH。药品法案的价值就是$EKLJ$。

如果这时市场中只有两个消费者，那么这个法案的总价值就是图6-9（a）中的$KJFG$加图6-9（b）中的$EKLJ$。但是现在让我们考虑市场需求曲线是如何掩盖这些益处的。如果我们假设OH——在法案实施之后，每个消费者最初购买的数量——把错误减小了一半（即两个图中都有$AH=HB$），我们就会看到一个清楚的例子。在这种情况下，最初的市场购买量是

$$Q_m^U = OB + OA$$

在法案通过之后，最初的市场购买量是

$$Q_m^R = OH + OH$$

因为$AH=HB$，我们可以在式子的右边加上和减去它们：

$$Q_m^R = OH + HB + OH - AH$$
$$= OB + OA$$

也就是说，最初的市场需求曲线在法案颁布后根本就没有移动！第一个消费者减少的过量购买恰好把第二个消费者减少的购买不足抵消掉了。研究者发现，药物管制对消费者的购买没有影响，而且信息的价值是零，但是很明显，信息的价值是很大的。如果我们有1亿消费者，分成两个阵营，5 000万是谨慎的消费者，5 000万是乐观的消费者，那么管制将不会对市场需求曲线造成影响。这里存在的一个严重的缺陷就是一部分消费者剩余的节约会被另一部分消费者剩余的浪费所抵消。

这个缺陷并不是通过极端的例子人为夸大的。如果在管制之前乐观的消费者多一些，则最初的市场需求曲线会左移；如果谨慎的消费者多一些，则最初的市场需求曲线会右移；两者恰好相等的情况基本不会发生。关键在于，所有例子中这些由管制引起的需求曲线的变动显示了一个群体的收益减去另一个群体的收益后剩下什么。因此，市场需求曲线没有包含进行补偿测试所必需的信息。

思维敏捷的读者可能会注意到市场曲线的应用和汽油配给问题存在相同的缺陷。为了说明它，我们把最后一个缺陷放在一边，假设没有人购买不足。主要的问题是，不是所有的消费者都犯大小相同的错误。考虑一个简单的例子，在一个

仅由两个人组成的市场中，消费者一开始犯错误，但在管制之后不犯错误了。现在比较两种情况：(1) 在图 6-9 (a) 中，消费者 1 和 2 一开始多买了 AH 的量。(2) 消费者 1 一开始多买了 AB 的量，消费者 2 没有犯错误。在这两种情况下，消费者起初多买的数量是一致的，管制阻止了错误，所以市场曲线因为管制而产生的变化也是一样的。

但是从阻止错误中所获得的收益却是不同的。在第二种情况下，管制的价值就比较大。第一种情况下管制的价值较小；市场曲线的运用相当于假设起点是第一种情况。在图 6-9 (a) 中，情况 1 可以被看成每个消费者都多买了 AH，损失了 EJK；阻止上述错误的价值是两倍的 EJK。情况 2 可以被看成其中一个消费者多买了 AB 的量（两倍于 AH），但多买的 HB 所带来的损失要大于情况 1，所以在情况 2 下总的损失要大于两倍的 EJK。①

市场需求曲线是这样构建的：在任何价格下，都是价值最高的单位会被购买。如果一种商品的价格过低，那么多买的情况就会出现，但是仅仅多买下一个价值最高的单位。这会使总的错误量最少。但是由消费者的大意所导致的多买的情况很难保证所犯的错误被减少到最少。因此，在一定程度上第二个缺陷也会导致对管制带来的收益的错误估计。

这个进一步的例子强调了模型设定的重要性。经过对药品立法价值的评估方法的深思熟虑，我们得出，市场统计数据不能在任何合理范围内限制真正收益的不确定性。如果用于其他方面，如税收或评价垄断带来的损失，市场需求曲线就可能能够提供所需要的准确的信息。分析技巧的很重要的一个方面是知道什么时候展示正确的关联。

在结束本节之前，思考一下一个关于药品管制的准确的补偿测试的解释是有用的。假设我们没有药品管制，而且我们知道（其实我们不知道）使药品管制通过就可以同时使补偿测试通过。这一点对一个分析者的重要性是什么？最直接地受这个法案影响的是药品的生产者和使用者。消费者得到的收益可能惠及相当多的人——每个使用处方药的个人。这个政策不是那种使一小部分人从另一小部分人那里获益的政策。受损者也可能是很大的一个群体，比如苦杏仁素（以及其他疗效不能被证明的药品）的使用者。假设收益会轻松超过损失，而且没有什么原因喜欢苦杏仁素的人超过了其他消费者，则一个人可能会很依赖补偿测试，将之作为建议应该通过该法案的理由。

另外一个可能是，供给方的收入将会改变。假设苦杏仁素的生产商被强制关门。通常这些供应商在地理上都很分散，并且每一个都是当地经济的一小部分。如果情况是这样，那么其劳动力和资本将很快地被其他公司或产业雇用、使用，只承受很小的短暂的痛苦（而且可能被失业保险所减轻）。或者，所有的苦杏仁素生产商都集中在一地，当地的全部经济都依靠生产苦杏仁素。在这种情况下，就很有可能选择第二种立法了，例如通过迁移援助来补偿损失者的损失。

这些思考仅仅是为了表明，准确的补偿测试在这种情况下对分析者非常重

---

① 正如所画出的那样，因为所有的需求曲线都有同样的斜率，所以总的损失是 EJK 面积的四倍（三角形 EFG 的底和高都是三角形 EJK 的两倍）。实际可能会有一些误差，这取决于需求曲线的形状。

要。当然，实际操作时需要与这里所给出的相比更多的信息和更复杂的分析过程。而且，大多数的分析者都不希望只有两个选项。

衡量个人收益时遇到的问题[S]

让我们把注意力转向市场需求曲线包含有关总收益计算的信息的情况。在本节，我们回到一个基础的问题：个人收益的测量。我们已经使用的普通需求曲线下方的区域只是一个大概的测量。现在我们将介绍两种新方法，每一种都很准确，但各不相同，因为运用了两个不同的初始参照点。我们解释过为什么我们已运用过方法测算的只是它们的近似值。在大多数情况下，近似值是好的，因为这两个准确值本身就很接近，而近似值又在它们两者之间。但是，我们仍然要讨论很难（如果不是不可能）得出好的近似值的情况。在很多政策领域将会出现分析的困难，尤其是在环境和健康政策领域。

对个人福利变化的三种衡量方法

我们知道个人普通需求曲线之下的区域揭示了个人所消费的商品和服务的价值的大量信息。但是，沿着普通需求曲线上的每一个点，个人的效用水平在不断地变化。比如，随着商品的价格上涨，通常消费者会减少购买，同时效用水平也比一开始时有所降低。但是，成本-收益分析的补偿原则要求我们找到使这个变化（价格上涨）对消费者来说无关紧要的补偿。为了这么做，我们介绍个人补偿需求曲线的概念：该曲线是一条特殊的需求曲线，表示预算水平不断调整以保持效用在给定的水平不变的情况下，个人在任一价格水平上所购买的数量。

让我们用图形说明一下。在图 6-10（a）中我们画了一条个人对电力的普通需求曲线 AF。在最初的价格 p_0 处，消费者买了 q_0，其效用是 u_0。当价格上涨到 p_1 时，消费者买了 q_1，其效用下降到 u_1。图 6-10（b）给出了关于消费者选择的无差异曲线。

在图 6-10（b）中，我们定义了补偿变化，即个人为了使效用重新回到最初的水平（u_0），在新情况（价格＝p_1）下预算变化的量。当消费者在 B 点上时（价格上涨之后），为了使消费者的效用重新回到 u_0 需要多少额外的收入？也就是说，保持价格即 DB 的斜率不变，让我们设想增加收入来使预算约束向外移动，最终与 u_0 相切于 C 点，如图中虚线 EC 所示。收入量的要求在纵轴上表示为 DE，这就是补偿变化。注意，这就是与价格上升时收入效应 $q_1 - q_1^c$ 相关的收入。

为了在图 6-10（a）中显示补偿变化，我们必须先构建一条补偿需求曲线，即一条除去了收入效应的普通需求曲线。比如，让我们构建一条与 A 点的效用 u_0 相关的补偿需求曲线。在图 6-10（b）中，我们已经定位了另一个效用为 u_0

的价格-数量组合，就是 C 点，价格为 p_1，数量为 q_1^c，我们也在图 6-10（a）中标出了 C 点。

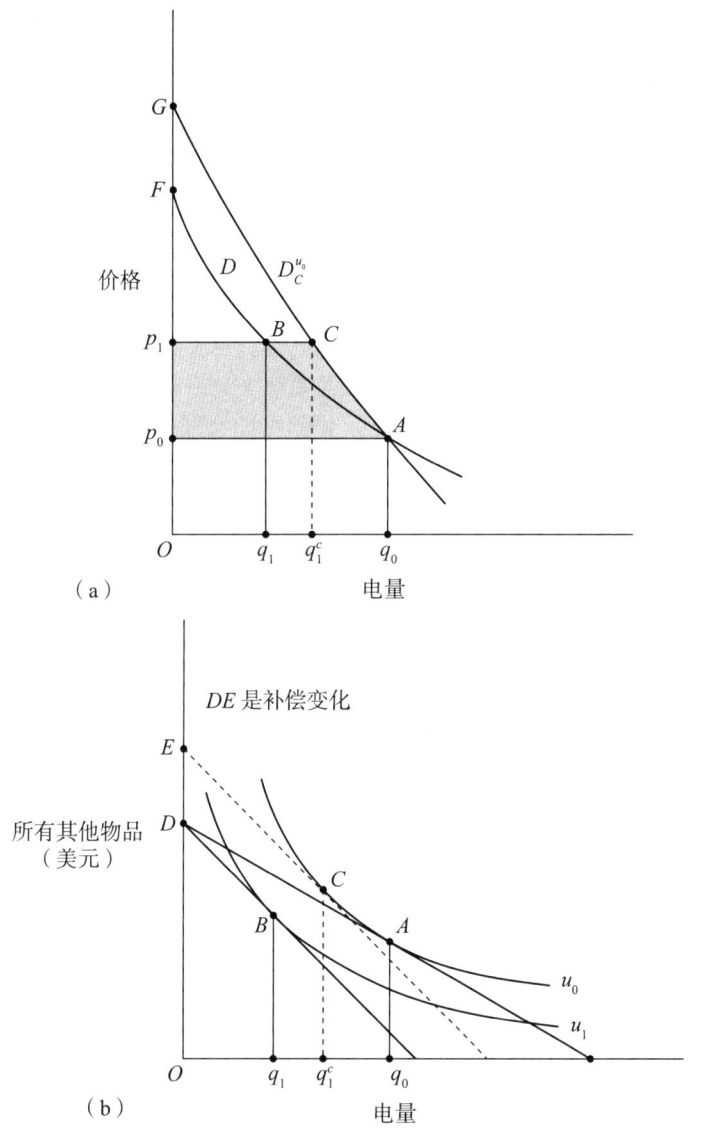

图 6-10 补偿需求曲线和补偿变化

实际上，图 6-10（b）中有补偿需求曲线的所有价格-数量组合：在无差异曲线 u_0 上的任何一点处，电量和相应的价格（由曲线的斜率可知）所对应的点都在补偿需求曲线上。该曲线在图 6-10（a）中用 $D_c^{u_0}$ 表示。对于一种普通的商品，补偿需求曲线比普通需求曲线陡峭。如果价格上涨到 p_0 以上，则未得到补偿的消费者自然得到较低的效用。补偿要求消费者被给予额外的收入，对于正常的商品，相比没有补偿的情况，消费者有更多消费。当价格低于 p_0 时，我们将减少收入，以保持消费者的效用水平为 u_0，所以与没有（负）补偿的情况相比，消费者购买的会少一些。

现在考虑图 6-10（a）中与补偿需求曲线相关的消费者剩余。这个消费者剩余可以被解释为补偿变化。比如，假设当价格是 p_1 时我们禁止消费者买电。消费者不用花费 $p_1q_1^c$，但是失去了 p_1GC 的消费者剩余。我们需要支付的补偿这个消费者的（为了在新情况下保持效用为 u_0 而支付的）钱数是 p_1GC；因此，这个数量就是补偿变化。

最后，对于价格从 p_0 变化到 p_1，补偿变化是什么呢？最初，在补偿需求曲线下方的消费者剩余是 p_0GA。在价格上涨后重新回到最初的效用水平时，消费者剩余就只有 p_1GC 了。因此，使消费者的效用回到最初值的补偿的数量必然是消费者剩余的减少量，即阴影部分 p_0p_1CA。这部分补偿加上新的消费者剩余等于原来的消费者剩余。因此，价格改变带来的补偿变化是介于最初价格线、新价格线之间由保持最初效用的补偿需求曲线和价格轴围成的区域。

最后还有一个难点需要解决。补偿变化的计算是基于新的更高的价格是有效的这一假设的。但是，我们可能会换个角度考察补偿的问题。为了阻止价格上涨，个人最多愿意付出多少？这部分货币量等于使个人在初始价格下获得的效用水平与价格上涨后获得的效用水平一样的预算变化量。换言之，我们定义等价变化为可以使初始条件（价格 $=p_0$）下的效用与变化之后的效用（u_1）相等的预算变化的量。

图 6-11（a）和图 6-11（b）显示了等价变化，使用了与先前相同的普通需求曲线和无差异曲线，消费者初始位于 A 点，价格上涨后移动到 B 点。在图 6-11（b）中，等价变化表示为 DK 的长度。这部分的收入可以被拿走——如果价格保持在初始水平（因此变化没有发生）使得消费者的情况不比改变发生后差。我们把预算约束线平行向下移动直到与 u_1 相切于 J 点。

在计算新无差异曲线产生的替代效应时，DK 是与价格上涨的收入效应（$q_1^E - q_0$）相关的收入。回忆一下，补偿变化是与用一般方法衡量的收入效应相关的收入。这就解释了为什么我们早些时候提到的补偿变化和等价变化的不同是由不同的收入效应的计算方法引起的。

在图 6-11（a）中，我们建立了和以前一样的补偿需求曲线，只不过这里曲线与效用 u_1 相关。① 它通过了普通需求曲线上的 B 点，价格 p_0 和数量 q_1^E 相关[来自图 6-11（b）中的 J 点]。由于相同的原因，它也比普通需求曲线陡峭。曲线上每一点的高度都表示，额外减少一单位用电量时，可以使消费者保持效用 u_1 的收入。

等价变化是当价格在初始水平时，使消费者的效用从 u_0 降到 u_1 所减少的收入。但是注意，价格的改变并没有改变消费者的预算水平。B 点的消费者的预算等于 A 点的水平。因此，同样地，如果价格降到 p_0，那么我们可以问要保持消费者的效用为 u_1，下方需要从 B 点变化多少。但是我们已经发现，这是在补偿需求曲线下方的消费者剩余的变化（p_0p_1BJ）。因此，价格改变的等价变化是在初始价格和最终价格之间由保持最终效用的补偿需求曲线和价格轴围成的部分。

---

① 所有的补偿需求曲线都与每一条普通需求曲线（对应于每一个效用水平）相关。

在图 6-12 中，我们画出了普通需求曲线和两条补偿需求曲线。很明显，价格上涨后，等价变化的绝对值小于补偿变化的绝对值。对于正常物品，这是正确的；对于劣等物品，大小关系相反。

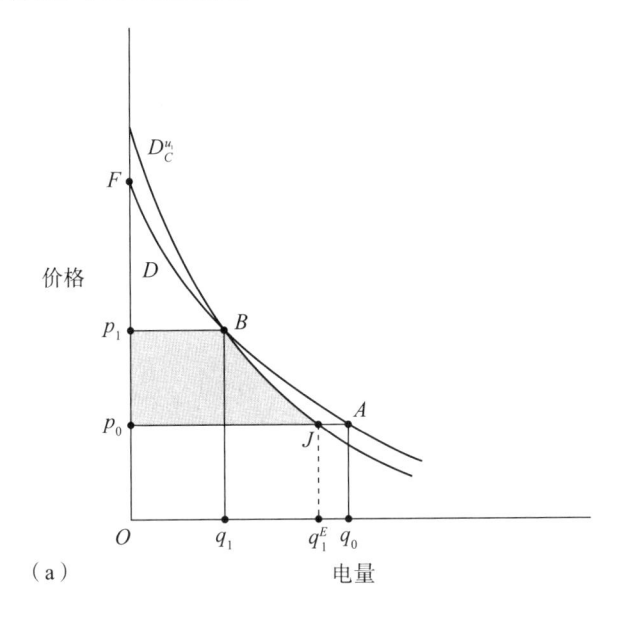

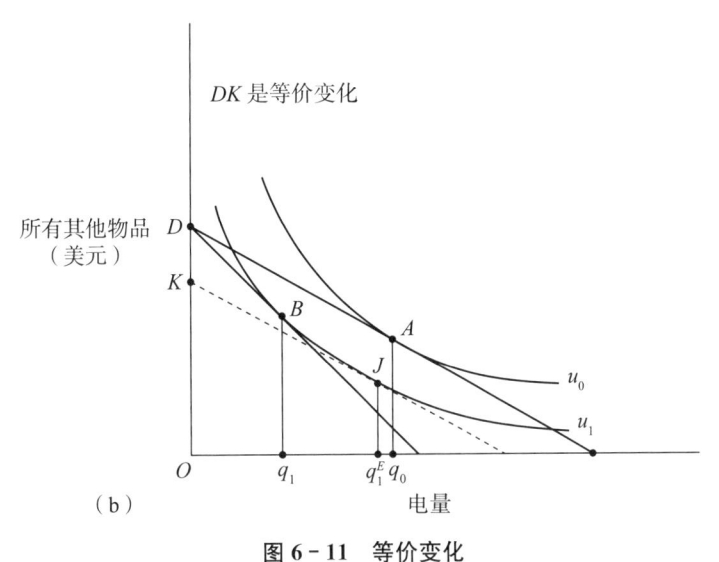

图 6-11　等价变化

请注意，我们并没有针对哪一种测算方法更好进行说明。这两者都是测量福利变化的准确方法；它们的区别仅仅在于使用初始点还是结束点作为参考点。有些观点认为，补偿变化可能更好些，因为它假设消费者有"权利"将初始点作为参考点，而不是将情况发生改变后的点作为参考点，这样更合理。但是，很明显，这更倾向于或者接受维持现状的分配，而且我们不需要接受这样的原因。为了能准确地计算出二者的值，需要有关补偿需求曲线的信息。由于在现实的不补偿的情况下这是不可观察的，因此很难（但不是不可能）对它们做出估计。

第六章　成本-收益分析的补偿原则：收益衡量与市场需求

幸运的是，有第三种具有两个优点的货币衡量方法：可以直接用普通需求曲线计算，并且结果总是介于补偿变化和等价变化之间。它就是普通需求曲线下方的消费者剩余（普通消费者剩余）的变化。在图 6-12 中，在价格 p_0 处的普通消费者剩余是三角形 p_0FA，在价格 p_1 处的普通消费者剩余是三角形 p_1FB。由于价格上涨而导致的普通消费者剩余的损失是两个区域的差，即 p_0p_1BA。这个值大于等价变化，小于补偿变化。①

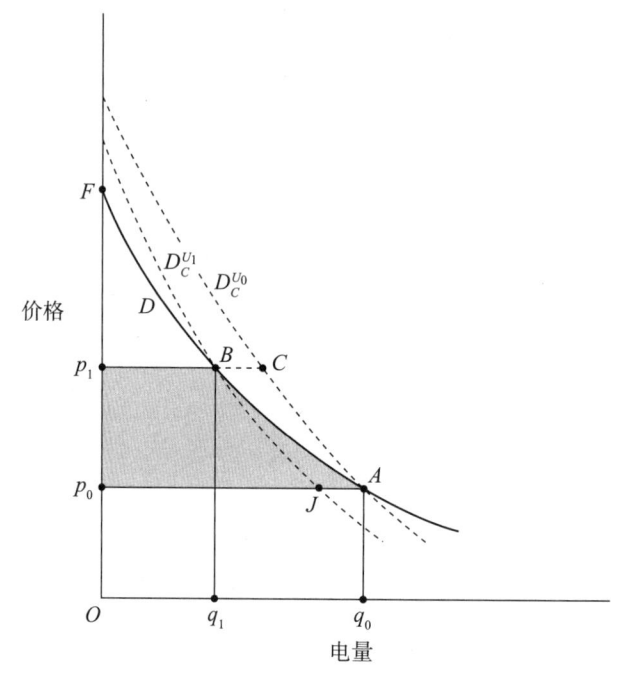

图 6-12　普通消费者剩余的变化、补偿变化和等价变化的比较

实际上，普通消费者剩余的变化比其他两种衡量方法都常用。确切地说，不同方法的差距有多大，取决于变化本身的特点。在一篇有趣的文章中，威利格（Willig）揭示：几种方法都非常接近，除了占消费者预算很大部分的商品，或者收入弹性非常大的商品。② 这是因为，收入效应引起了测算量的不同；如果收入效应是 0 的话，那么所有的测算量都一样。

简单地概括一下本节，我们介绍了衡量政策改变对个人福利的影响的在货币上等价的三种方法：补偿变化、等价变化以及普通消费者剩余的变化。虽然三者稍有不同，但三者都试图揭示在个人效用不变的前提下一般购买力的变化。在本章的附录中，我们在阐明（通过引入对偶理论）所观察到的现象（如需求与效用最大化选择理论之间的一些联系）之后给出了一些说明性的计算。但是，我们现在转向本章的最后一部分内容，探讨一些现实情况，在这些情况中，不同的衡量方法会得出差异极大的结果。

---

① 如果现在价格从 p_1 降到 p_0，价格上升的补偿变化就成为了价格下降的等价变化，同样地，价格上升的等价变化就成为了价格下降的补偿变化。消费者剩余的改变也是这样，它保持在一个中等的范围内。

② R. D. Willig. Consumer's Surplus without Apology. American Economic Review, 1976, 66 (4): 589-597.

实证：衡量方法的巨大差异

前面的表述主要是针对个人福利的相对较小的经济变化（一般消费品价格的变化）。即使是这样，还是有两种精确但不同的计算保持个人效用不变的补偿的方法，其不同之处在于是选取初始点还是变化点作为参考点。但是，我们可以想象，可能存在极大地改变个人的福利水平的变化。在这种情况下，没有理由相信，两种不同的方法可以得出相同的结果。

例如，假设一个人受到疾病的威胁，其可能拥有接受医疗救治的权利。如果没有接受治疗的权利，这个人就只能出钱购买治疗。他愿意支付的最大数额受限于他的财富，对于一个穷人来说，其财富可能会非常少。但是，假设一个人有权利接受治疗，除非他把这项权利卖给其他人，否则不能被拒绝治疗。在这种情况下，个人愿意放弃这项权利来换取的货币数额无穷大（无论多少钱，个人都不会放弃治疗的权利）。

之所以存在两个不同的数值是因为我们在计算时改变了我们的参照点。在第一种情况中，穷人没有获得治疗的权利；在第二种情况中，个人拥有同样的资源，除此之外还拥有治疗的权利。个人如果有治疗的权利，就会有一个（高）效用；个人如果没有治疗的权利，就会有另外一个（低）效用。这两个效用水平是一样的，无论选取哪一点作为参照点。但是我们衡量补偿个人从一个效用水平移到另一个效用水平所需的钱数的方法却取决于我们所采用的参照点。①

在方法间有巨大不同的情况下，必须认真地阅读法律以做出采用哪种方法的决定（事实上谁有这个权利呢？）。但是，在很多情况下，权利的归属并不明确，而且没有简单的解决方法。例如有些物品并不属于某个人，而是公共物品。谁拥有世界上的空气、海洋、野生动物或者外层空间？在这种情况下，人类在利用这些自然资源的时候就产生了很多冲突。稀少的湿地是应该开发以提供住宅，还是应该保留成为野生动物的栖息地？建立一家可以提供更多工作和更多产品但会进一步污染空气的工厂更重要，还是改善空气质量更重要？如果把巨大的成本和收益问题也牵扯到分析中来，那么收益的计算将更加复杂，决定将更加难做。

关于这些"难题"，有一个有趣且重要的心理学问题。在某种程度上，两种方法在实际中的差别很难说是大还是小。在很多情况下，很大一部分不同可能来自个人是否真正认识到了他们的反应的影响。这些困难很少在个人做出结果明确的选择时出现，比如在市场上经常购买普通的物品和服务。但是，有些物品——比如上面例子中的空气——对个人非常重要，但一般不直接花钱购买。分析者经常会被问到这类物品对受影响群体的价值。

分析者有很多巧妙的方法可以用来发现人们如何评价这些非市场物品的价

---

① 这两个数值的不同实际上就是前面提到的补偿变化和等价变化的差异。如果没有权利，愿意为这种权利所支付的就是补偿变化，接受失去这个权利的意愿就是等价变化。如果受到治疗的权利被分配给个人，那么同样的衡量方法可以转换角色：愿意为这项权利所支付的就是等价变化，接受失去这项权利的意愿就是补偿变化。

值。例如，有人对居民如何评价他们房屋周围的空气质量感兴趣。分析者们通过对比除了空气质量不同外其他条件类似的房屋的售价来进行评估。① 其他条件相同，我们认为人们会花更多的钱购买空气比较好的地方的房子。这样，房子价值的区别就可以间接揭示比较好的空气质量的价值了。同样地，我们不能直接观察到人们愿意付出多高的代价在国家公园上，但我们可以研究人们为了到国家公园而花费多少（休闲的收益至少是那么多）。② 这些基于人们的现实选择的研究一般不会导致衡量结果出现巨大不同（从观察到的大量人群的选择推出一般的价格和收入弹性，就可以近似得出补偿需求曲线）。

然而，有些有价值的东西无法直接或间接地通过市场观察得出。例如，人们即使没有打算去黄石国家公园，也珍视黄石国家公园的存在。又如，人们看重巴西雨林存在的价值和保护斑点猫头鹰的价值，即使人们没有机会参观或者使用。这些价值被称为"存在价值"或者"非应用性价值"。理解这些巨大价值的存在可以影响与这些自然资源有关的政策。为了显示这些价值的巨大，经济学家们建立了"条件价值评估"这个程序来评估这些价值。评估的方法包括询问人们愿意为政府推出资源保护法案付出多大代价。这一方法被用于阿拉斯加州的一桩法律诉讼中，用来评估市民对埃克森·瓦尔迪兹号油轮的原油泄漏所造成的海岸环境损害的评价，估计造成的损失约 30 亿美元。③

由于一些原因，条件价值评估的效力引起了激烈的争论。其中一个反对理由认为，因为没有要求实际支付，研究对象可能没有讲实话（那些喜欢项目的会高估支付意愿，那些不喜欢项目的就会低估支付意愿）。但是，条件价值评估的结果完全符合事实，这一点令人吃惊。④ 第二个反对理由从心理学角度展开分析，认为各个研究对象给出的结果极为不一致，这使得给出一个合理的解释变得非常困难。特别地，我们曾经讨论的两种福利衡量方法得出的结果之间存在很大差异，极不合理。条件价值评估主要问对增加一个项目的支付意愿（WTP）和对减少一个项目的受偿意愿（WTA）。当 WTP 的增加和 WTA 的减少相同时，就得出补偿变化和等价变化了。

卡尼曼（Kahneman）和特沃斯基（Tversky）的研究就出现了结果严重不一

---

① 为清晰起见，我简化了这一例子。我们比较的房子是不同的，但是通过统计技术它们是可以比较的。有许多因素会造成一栋房屋和另一栋房屋具有不同的价值（例如大小、建筑质量、邻居或者像学校这样的当地公共服务的质量），所以为了分离出空气质量的影响而控制所有其他的因素是一个棘手的统计问题。可是，有无数详细的研究可以评估这个价值。尽管这些评估是不确定的，但我仍可以帮助我们理解真正的价值的合理范围是什么。对于这个问题及相关内容的讨论请参考 K. Ward and J. Duffield. Natural Resource Damages: Law and Economics. New York: John Wiley & Sons, Inc., 1992: 247-256。

② 关于旅游成本的研究，请参考 V. K. Smith and Y. Kaoru. Signals or Noise? Explaining the Variation in Recreation Benefit Estimates. American Journal of Agricultural Economics, 1990 (72): 419-433。

③ 这个研究是 Richard Carson et al.. A Contingent Valuation Study of Lost Passive Use Values Resulting from the Exxon Valdez Oil Spill. Report to the Attorney General of the State of Alaska, prepared by Natural Resource Damage Assessment, Inc. La Jolla, Calif.: 1992。在 1991 年埃克森同意支付 11.5 亿美元，结束了法律诉讼。

④ 参考 Peter Bohm. Revealing Demand for an Actual Public Good. Journal of Public Economics, 1984 (24): 135-151。

致的情况。① 他们在一个可控实验中用不同的方式问受试者他们喜欢两个项目中的哪一个。在他们的例子中，600 人受到了疾病的威胁。一个项目可以救 200 人，却不能救另外 400 人。另一个项目可以有三分之一的机会救所有的 600 人，却有三分之二的机会一个人也救不了。当这两个项目从拯救生命的角度来描述时，72%的人选择确定的可以救 200 人的项目。但是当从失去生命的角度来描述时，78%的人选择了不确定的、有机会救所有的 600 人的项目。受试者的不同选择叫做"框架效应"，因为这仅仅取决于问题是怎么提出的。因为这类似于等价变化与补偿变化的区别——对得到商品或服务的支付意愿，对失去相同商品或服务的受偿意愿，所以我们可以预期，这样的框架效应将影响条件价值评估的结果。

实际上，经济学家已经通过实验探索了这个问题。布鲁克希尔（Brookshire）和库斯（Coursey）进行的一项研究说明了该问题。② 他们想研究 WTP 和 WTA 两种衡量指标在三种启发式方法中的不同，即用于条件价值评估研究中的实地调查方法，用货币激励对实地调查方法加以修正以让消费者诚实地显示他们的偏好的方法，以及具有相同的货币激励的实验室方法，但由参与者多达五轮的讨论决定。③ 第一种和第二种方法的特色在于强调参与者激励的变化，第三种方法的特色在于强调从事件结果中汲取教训，并做出相应的调整。第三种方法更像在市场上购买普通商品，消费者可以从试错中学习。

布鲁克希尔和库斯研究的对象是公园里树的数量，不同的提议千差万别。树的数量从 150 棵到 250 棵不等，200 是参与者接受询问时所考虑的基数。结果显示三种方法得出的 WTP 是很稳定的。例如，第一、二、三种方法计算增加 50 棵树的 WTP 分别是 19.40 美元、15.40 美元、12.92 美元。但是，WTA 就不是很稳定了，三种方法计算出的结果差异很大。例如，三种方法计算减少 50 棵树的 WTA 分别是 1 734.40 美元、1 735.00 美元、95.52 美元。此外，因为没有 WTP 和 WTA 在此实验中应该相等的理由，所以这么大的差异也没有经济学方面的原因。即使我们认为多次实验的结果是"真实的"（即 WTP 为 12.92 美元，WTA 为 95.52 美元，即使考虑到正常的偏好，边际价值的差距仍然很大），但很明显，条件价值评估所得出的结果差距很大（WTP 为 19.40 美元，WTA 为 1 734.40 美元）是由于诸如框架效应这样的心理现象而非真实偏好。

上面的例子并没有说明条件价值评估方法是无用的。事实上，上面这项研究的结果表明，由条件价值评估方法得到的 WTP 可能是价值的合理指标。美国内政部和其他部门应用了这项研究。由国家海洋和大气管理局组建的蓝丝带小组关于这一方法的结论是，条件价值评估法"可以得出可靠的估计结果作为环境污染

---

① Amos Tversky and Daniel Kahneman. Rational Choice and the Framing of Decisions. in D. Bell, H. Raiffa, and A. Tversky. eds.. Decision-Making: Descriptive, Normative and Prescriptive Interactions. Cambridge: Cambridge University Press，1988；167-192.

② David S. Brookshire and Don L. Coursey. Measuring the Value of a Public Good: An Empirical Comparison of Elicitation Procedures. American Economic Review，1987，7（4）：554-566.

③ 在本书的后面我们将研究对公共物品的偏好的诚实显示问题。

损害的司法审判程序的起点，包括'非应用性价值'"①。然而，关于这些研究的应用仍然存在争议。②

总之，在有些情况下我们会看到等价变化和补偿变化的巨大不同。有时这些不同真实存在，特别是当所研究的变化对个人有巨大经济意义的时候。但是，有时也需要用怀疑的眼光来看待这些巨大的差异。这些情况并不是从市场观察中发现的，一些"商品"并不存在正常买卖的场所。对人类意义重大的普通自然资源适用于这一点，这些资源的价值常常用条件价值评估方法来评估。这种方法涉及询问人们假定的抽象而复杂的经济选择，这些选择不同于在现实中的决定。实验证据表明做出抽象的决策非常困难，这些困难导致两种衡量指标出现了巨大差异。关于条件价值评估的使用尽管还存在争议，但看起来对WTP的估计十分可靠，而对WTA的估计就没有那么可靠了。

小结

在本章我们介绍了在做决策时最常使用的分析原则：希克斯-卡尔多补偿原则。这个原则确立了成本-收益分析方法的分析技巧的基础。这是一个潜在帕累托改进的测试；它想检查政策变化中受益者的所得在弥补损失者的所失后是否还有剩余。因为补偿是假定的，所以认真考虑是否、为何以及什么时候依赖此原则是非常重要的。这种方法由于抓住了社会现实的重要特点，而且没有其他方法可以替代，所以很常用。

人们对帕累托最优和帕累托改进这两个标准的争议相对较小，但是这两个标准没有反映政策改变前后的实际经济状况，因而在政治决策中用处不大。然而，帕累托改进的替代分配方式非常多，其中一些获得了广泛的赞同，这是因为分配得更好。从这个角度来看，用补偿原则进行分析更有吸引力。我们并不认为这个原则是人们必须遵循的理性决策原则。尽管不完美，但补偿原则仍被视为相对有效率的社会判断指标。它并不试图做出公平的评判，因此常常应该区分结果公平和过程公平。

在改变仅仅涉及普通市场物品时，那些能够通过补偿测试的改变可以增加初始阶段评估的国民产值。这个例子表明，补偿测试更像是一个指示器而不是一种国民产值的衡量方法（虽有缺陷，但仍被广泛使用）。在考虑根本不同的资源（从而价格也就根本不同）的分配的时候，这个对比没有意义，但在比较微小改变的时候，这个原则就体现出了它的作用。最常用的地方是比较导致受益者和损失者数量差不多的两种不同的政府政策。

---

① 这份报告发表在1993年1月15日的《联邦公报》上。这个专门小组的工作由诺贝尔经济学奖获得者肯尼思·阿罗（Kenneth Arrow）和罗伯特·索洛（Robert Solow）主持。

② 关于条件价值评估方法，一个更普遍的参考是Robert Mitchell and Richard Carson. Using Surveys to Value Public Goods：The Contingent Valuation Method. Washington，D. C.：Resources for the Future，1989。

为了执行补偿测试，必须能够计算受益者的所得和损失者的所失。一种普通的方法是评估消费者剩余的变化，这可以通过普通需求曲线和消费者成本计算出。在本章的一个补充部分，我们把这种普通的方法演化成两种确切的货币衡量方法，即补偿变化和等价变化。这两种方法旨在确定消费者效用不变的前提下预算的变化。在大多数情况下，两种方法相差不大。但是，两者都无法直接从普通需求曲线得出。因为普通消费者剩余的变化经常介于两种方法的结果之间，所以在实际中普通消费者剩余是最常用到的。

另一个补充部分讨论了这两种具体的方法所得出的结果相差巨大的情况。一种是变化对消费者有巨大经济意义的时候，比如昂贵的治疗的供给。另一种是商品和服务并不是通常在市场上交易的物品时，此类物品没有可直接观察到的需求曲线。在很多情况下，分析者避免了潜在的问题，从其他可以观察到的地方间接获得了需求曲线（接着是相对效率方法），如运用房屋的价格来估计清洁空气的价值和交通成本，从而估计湖泊或者公园等休闲设施的价值。但是，还是有一些物品和服务的价值既不能直接也不能间接地估计出来。

最明显的例子是一些公共财产、自然资源，诸如海洋和野生动物栖息地的存在价值。对于后者来说，条件价值评估方法可能被用到。这些评估引起了很多争议，而且面临着各种困难。其中之一是一种心理框架效应（而非真实的偏好）可以导致等价变化和补偿变化之间的巨大差异。然而，小心地运用条件价值评估法，特别是在估计支付意愿时，可能提供有用的信息。

效用函数、需求函数和上面提到的个人福利的计算方法之间的数学关系会被某种程度地涉及。在后面的附录中，我们在一个效用函数——柯布-道格拉斯函数——中导出了它们，并且给出了数字计算。我们介绍了消费者选择的对偶理论的概念、支出函数和间接效用函数，而且给出了通过它们得出福利计算值的方法。

在本章我们不试图研究通过成本-收益分析进行补偿测试所引发的所有问题，而是集中讨论其中重要的部分：使用从市场需求曲线中得到的信息。我们可以看到，在某些情况下，市场需求曲线可以提供计算总补偿的所有数据。在其他情况下，市场需求曲线实际上是没有用的。

这些例子表明的最重要的东西如下：分析技巧的发展在很大程度上取决于对不同模型设定的理解。人们假设的普遍存在于纯粹个人市场的关联并不存在于所分析的特定的政策设定内。例如，在本章，我们给出了当消费者不知情并做出了错误的购买决定时，个人消费者剩余和市场需求曲线下方的区域之间的联系消失的例子。但是恰恰在公共政策决策中，消费者信息很可能严重不足。政策分析的创立者和使用者必须深谙模型的内在逻辑，这样才能更有效地利用和说明模型。

习题

6-1 如图所示为两个城市间的铁路服务的需求（D）和供给（S）。起初的价格是每张票 4 美元，此时每周有 1 000 个乘客。当每张票收税 2 美元时，供给增加到 S′，乘客的数量减少到 800。

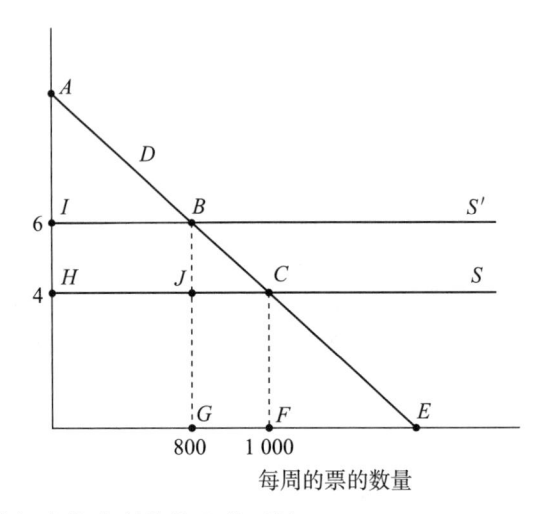

a 在图中标出代表税收收入的区域。

b 什么是消费者剩余？在图中标出征税后的消费者剩余。

c 在图中标出由于征税带来的无谓损失（或相等于效率成本），并解释其定义。

6-2 在一个经济活动中有 40 个消费者，他们买一种药来减轻关节炎的痛苦。他们认为只有 Nambrand 是有效的药。可是，同样的药可以通过它的化学名称 acethistestamine 购买，缩写为 ace。不管叫什么，这种药的制造成本是 2 美元；在这个价格下，任何数量的需求都能提供。制造 Nambrand 的公司利用消费者的无知，每单位要价 6 美元；也就是说，消费者以每单位 6 美元来购买 Nambrand，而没有意识到只需要 2 美元的 ace 是对其的完美代替。这 40 个不知情的消费者的总需求曲线是 $Q=400-40P$。

a 消费者知道 ace 和 Nambrand 是一样的这一情况的价值是多少？（答案：960 美元。）

b 因为消费者缺乏完整的信息而导致的无谓损失是多少？（答案：320 美元。）

6-3 有且只有两个消费者 Smith 和 Jones，他们购买一种质量不确定的商品。当两个人都被告知质量的时候，他们有相同的需求曲线：

$$P=100-Q/4$$

市场价格 $P=50$ 美元。假定他们没有告知，则有下列不知情的需求曲线：

$$P = 125 - Q/4$$
$$P = 80 - Q/4$$

a 计算对于 Smith，没有准确信息情况下的消费者剩余的损失。对 Jones 做出相类似的计算。

b 计算不知情的市场需求曲线。同样计算知情的市场需求曲线。

c 在市场知情曲线和不知情曲线之间，被无谓损失三角形衡量的消费者剩余是多少？（答案：25 美元。）

d 由于信息缺乏，消费者剩余的实际损失是多少？（答案：2 050 美元。）

附录：对偶性、柯布-道格拉斯支出函数以及个人福利尺度

柯布-道格拉斯支出函数（Cobb-Douglas Expenditure Function）是一个相当简单的效用函数，常被用于分析之中。在只存在两种商品的经济之中，其形式为

$$U = X_1^{\alpha} X_2^{1-\alpha}$$

其中 $0 < \alpha < 1$[①]。源于该函数的普通需求曲线的特点是需求的价格弹性恒定，这有时代表着实际行为表现良好。需求曲线的方程如下：

$$D(X_1) = \alpha B / P_1$$

和

$$D(X_2) = (1-\alpha) B / P_2$$

其中，B 为消费者预算。需求的预算弹性为 1。该预算用于 X_1 的比例为 α，用于 X_2 的比例为 $1-\alpha$。通过将一般预算约束下的效用函数最大化，可以得出需求曲线。我们构建拉格朗日函数如下：

$$L = X_1^{\alpha} X_1^{1-\alpha} + \lambda (B - P_1 X_1 - P_2 X_2)$$

为了最大化约束下的效用，我们将 X_1，X_2 和 λ 的偏导数设定为 0，同时求解如下方程组：

$$\partial L / \partial X_1 = \alpha X_1^{\alpha-1} X_2^{1-\alpha} - \lambda P_1 = 0 \quad \text{(i)}$$
$$\partial L / \partial X_2 = (1-\alpha) X_1^{\alpha} X_2^{-\alpha} - \lambda P_2 = 0 \quad \text{(ii)}$$
$$\partial L / \partial \lambda = B - P_1 X_1 - P_2 X_2 = 0 \quad \text{(iii)}$$

解方程时，首先将方程（i）的等号两边同乘以 X_1，化简为

$$\alpha X_1^{\alpha} X_2^{1-\alpha} - \lambda P_1 X_1 = 0$$

或

$$\alpha U - \lambda P_1 X_1 = 0$$

或

$$X_1 = \alpha U / \lambda P_1 \quad \text{(i')}$$

同样，将方程（ii）等号两边同乘以 X_2，化简为

$$(1-\alpha) X_1^{\alpha} X_2^{1-\alpha} - \lambda P_2 X_2 = 0$$

[①] 在存在 n 种商品的经济中，$U = X_1^{\alpha_1} X_2^{\alpha_2} \cdots X_n^{\alpha_n}$，$0 < \alpha_i < 1$，$\sum \alpha_i = 1$。

或
$$(1-\alpha)U-\lambda P_2X_2=0$$
或
$$X_2=(1-\alpha)U/\lambda P_2 \qquad (\text{ii}')$$

现在,把(i')(ii')代入(iii),得到
$$B-P_1\alpha U/\lambda P_1-P_2(1-\alpha)U/\lambda P_2=0$$
或
$$\lambda B=\alpha U+(1-\alpha)U=U$$
或
$$\lambda=U/B \qquad (\text{iii}')$$

最后,把(iii')代回到(i')(ii'),得到
$$X_1=\frac{\alpha U}{P_1}\frac{B}{U}=\frac{\alpha B}{P_1}$$
$$X_2=\frac{(1-\alpha)U}{P_2}\frac{B}{U}=\frac{(1-\alpha)B}{P_2}$$

将单一价格和预算弹性的定义运用于上述需求方程中即可推导出单一价格及预算弹性。注意:通过将需求方程等号两边同时乘以价格,我们可以看到 X_1 和 X_2 的支出在预算中的比例分别等于常数 α 和 $1-\alpha$。

很多研究致力于找到更简单的方法将效用最大化选择理论与诸如需求这样的显性现象联系起来。我们在本部分介绍并运用的一种方法以数学的对偶性为基础。为了阐述对偶法的概念,需要注意,我们已经用公式将消费者选择问题表示为预算约束下的效用最大化问题。为了用公式表示该问题,还可以将必需的支出最小化以达到一定的效用水平,这与上述方法本质上相同。在这道对偶题中,我们运用的是效用约束下的支出函数而不是预算约束下的效用函数。在相当一般的条件下,知道支出函数与知道效用函数所能揭示的消费者信息是相同的[①]。

为了说明上述对偶法,我们定义了一个间接效用函数和一个支出函数,之后将其应用于柯布-道格拉斯的模型,用于计算前述福利尺度的值。

有时候使用间接效用函数很方便——作为价格和预算水平的函数,它表示了消费者所能达到的最大效用。在只存在两种商品的经济中,我们用 $U=U(B_1,P_1,P_2)$ 表示该函数。对于柯布-道格拉斯函数,可用需求方程代替普通效用函数中的 X_1 和 X_2 从而得到间接效用函数。

$$U=X_1^\alpha X_2^{1-\alpha}$$
$$=(\alpha B/P_1)^\alpha[(1-\alpha)B/P_2]^{1-\alpha}$$
$$=\alpha^\alpha(1-\alpha)^{1-\alpha}BP_1^{-\alpha}P_2^{\alpha-1}$$

或令 $\delta=\alpha^\alpha(1-\alpha)^{1-\alpha}$,可得
$$U=\delta BP_1^{-\alpha}P_2^{\alpha-1}$$

[①] 对偶法既可应用于供给侧,也可应用于需求侧。我们在第八章介绍供给侧的对偶性。关于对偶性在经济学中的应用,有一个很好的介绍供参考,即哈尔·R. 范里安《微观经济分析》(诺顿出版社,1992)。第九章中提供了其他参考文献。

间接效用函数可以改写为与我们通常所说的支出函数同样的形式。支出函数 $B(U, P_1, P_2)$ 表示在价格为 P_1, P_2 时,要达到效用水平 U 所需的最小预算和支出。对柯布-道格拉斯函数而言,
$$B = UP_1^{\alpha} P_2^{1-\alpha}/\delta$$

从支出函数可以很容易地发现补偿需求曲线。回想一下,补偿需求曲线是指在效用水平恒定为 $\bar{U}$ 时,在每一个可能的价格水平上要购买某种商品的数量。谢泼德引理称这个商品数量等于价格的支出函数的偏导数[1]:
$$X_i = \partial B(U, P_1, P_2)/\partial P_i \quad i = 1, 2$$

用于柯布-道格拉斯支出函数表示即为
$$X_1 = \partial B/\partial P_1 = \alpha \bar{U} P_1^{\alpha-1} P_2^{1-\alpha}/\delta$$
$$X_2 = \partial B/\partial P_2 = (1-\alpha)\bar{U} P_1^{\alpha} P_2^{-\alpha}/\delta$$

我们将在下面的补偿曲线中运用这些等式。我们同时注意到,从间接效用函数中导出普通需求曲线要比从普通效用函数中导出该曲线简单。这是因为罗伊恒等式。该等式可表示为[2]
$$X_i = -\partial U(B, P_1, P_2)/\partial P_i / \partial U(B, P_1, P_2)/\partial B \quad i = 1, 2$$

在柯布-道格拉斯函数中,我们发现 X_1 的普通需求曲线为
$$\partial U(B, P_1, P_2)/\partial P_1 = -\alpha \delta B P_1^{-\alpha-1} P_2^{\alpha-1}$$
$$\partial U(B, P_1, P_2)/\partial B = \delta P_1^{-\alpha} P_2^{\alpha-1}$$

这样,根据罗伊恒等式有
$$X_1 = \alpha B/P_1$$

当然,这与我们之前通过求解一个联立方程组得出的结果是一样的。

为了说明我们前面已经描述过的福利尺度,我们假设一个消费者的柯布-道格拉斯函数为
$$U = X_1^{0.1} X_2^{0.9}$$

然后我们假定支出为 10 000 美元,$P_1 = 2.00$ 美元,$P_2 = 1.00$ 美元。针对第一种商品,消费者购买了
$$D(X_1) = 0.1(10\ 000)/2 = 500$$

假设该商品价格上涨到 4.00 美元,那么消费者购买了
$$D(X_1) = 0.1(10\ 000)/4 = 250$$

---

[1] 相关证明在第九章中介绍。
[2] 以下内容来自范里安的《微观经济分析》第 106~107 页。从等式来看,可以用间接效用函数来表示一个给定的效用水平 $\bar{U}$:
$$\bar{U} = U[P_1, P_2, B(\bar{U}, P_1, P_2)]$$
也就是说,在任何价格,如果给予消费者达到 $\bar{U}$ 所必需的最低支出,那么消费者都能达到 $\bar{U}$。但这种价格表达的导数必须总等于 0:
$$\partial \bar{U}/\partial P_i = \partial U/\partial P_i + \partial U/\partial B \cdot \partial B/\partial P_i = 0$$
可以写成
$$\partial B/\partial P_i = \partial U/\partial P_i / \partial U/\partial B$$
但是从谢泼德引理中我们知道等号左边等于 X_1。这使我们得到罗伊恒等式:
$$X_i = -\partial U/\partial P_i / \partial U/\partial B$$

我们在图 6A-1 中展示了初始情况和变化情况。让我们找出普通消费者剩余（CS）、补偿变化（CV）以及等量变化（EV）的变化。消费者剩余的变化是 ABCE 区域。确切的范围是①

$$\Delta CS = \int_{2.00}^{4.00} X_1 dP_1$$
$$= \int_{2.00}^{4.00} 0.1(10\,000)/P_1 dP_1$$
$$= 1\,000(\ln 4.00 - \ln 2.00)$$
$$= 693.15$$

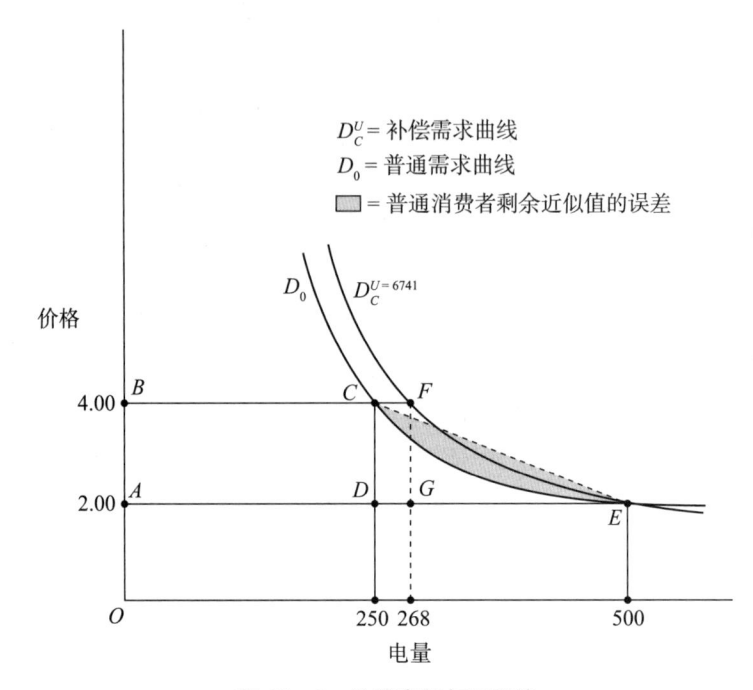

图 6A-1 补偿变化与近似值

事实上，需求曲线常常通过直接观察估测得出，所以 CS 也是估测值。有时，我们能够掌握的信息只有最初和最后的价格与数量。在这种情况下，通常会假设需求曲线相对于"相关范围"而言近似于直线。这种假设在价格变动较小时有效，但当价格变化变大时，将会导致较严重的估测误差。我们把线性假设应用于现实的大幅度价格变化的情况（比如百分之百的变化）中，我们计算的区域仍然是 ABCE，我们把边界 CE 在图 6A-1 中用虚线表示。在此种情况下，用下标 L 表示线性假设，那么

$$\Delta CS_L = ABCD + CDE$$
$$= 500 + 1/2(2)(250)$$
$$= 750$$

这样我们将普通消费者剩余高估了 8.2 个百分点——对于这么大的价格变化

---

① 可以结合价格轴或数量轴来计算 ABCE 的面积。本例中，结合价格轴更加方便。

来说也不算坏。这个误差可以看做是由实际需求曲线的不确定性造成的。

现在让我们来计算一下补偿变化。我们的方法需要两个步骤：(1) 找出相关的补偿需求曲线。(2) 利用计算普通消费者剩余时所用的积分法计算出补偿变化。相关的补偿需求曲线是图 6A-1 中通过 E 点的曲线，该点上的效用恒等于初始水平。因为已经知道了效用函数，所以我们可以通过插入最初的消费量 X_1，X_2（或将预算水平和初始价格插入间接效用函数中，二者的效果是一样的）求得最初的效用水平。我们知道 X_1 最初为 500。通过将已知参数 $B = 10\,000$，$1-\alpha = 0.9$，$P_2 = 1.00$ 代入 $D(X_2)$，很容易地将 X_2 定为 9 000，那么，

$$U_0 = 500^{0.1}(9\,000^{0.9})$$
$$\approx 6\,741$$

与该效用水平相关的补偿需求曲线较容易求得。我们仅仅需要将其代入从支出函数得出的补偿需求等式：

$$X_1 = \alpha \overline{U} P_1^{\alpha-1} P_2^{1-\alpha} / \delta$$
$$= 0.1(6\,741) P_1^{-0.9}(1^{0.9})/0.1^{0.1}(0.9^{0.9})$$
$$= 933.05 P_1^{-0.9}$$

这是通过 E 点的补偿需求曲线的方程。当 $P_1 = 4.00$ 时，如果消费者得到补偿，则 $X_1 = 268$，如图 6A-1 中点 F 所示，补偿变化为 $ABFE$ 区域，计算过程如下：

$$CV = \int 933.05(P_1^{-0.9}) dP_1$$
$$= 933.05 P_1^{0.1}/0.1 \Big|_{P_1=4.00}^{P_1=2.00}$$
$$= 717.75$$

这种情况下，补偿变化仅比普通消费者剩余大了 3.54 个百分点。注意：如果在这里我们使用线性近似值，则 CV_L 的估计值为

$$CV_L = ABFG + FGE$$
$$= 2(268) + 1/2(2)(232)$$
$$= 768.00$$

这种方法适用于仅知初始和最终位置，且通过已知的收入效应的估测值可大致确定 F 点位置的情况。这些实证例子有助于解释为何在某些情况下，根本不用为了运用什么样的尺度而进行抽象的辩论；实际需求曲线的不确定常常是导致潜在误差的主要原因。

上面所用的计算补偿变化的方法解释了如何确定补偿需求曲线方程。但是稍微想一想支出函数的意义，我们就会发现一条有趣的捷径。如果状态的改变关乎价格，那么补偿变化可简单地表达为

$$CV = B(P_1^1, P_1^2, U_0) - B(P_1^1, P_1^2, U_1)$$

当 P_j^i 是第 i 种商品在 j 时期内的价格时，U_j 即为 j 时期内的效用水平。等号右侧第一项指的是在新的价格下为达到最初的效用水平所需的最小预算，第二项指的是新状态下的实际预算（例如，在实际价格下，为了达到实际效用水平所需的最小开支）。它们之间的差额恰好就是我们所定义的补偿变化。

值得注意的是,因为价格变化不影响消费者的支出规模,所以有
$$B(P_1^1, P_1^2, U_1) = B(P_0^1, P_0^2, U_0)$$
也就是说,在新状态下的实际预算等于初始预算。然后,我们可以将其代入补偿变化的表达式中:
$$CV = B(P_1^1, P_1^2, U_1) - B(P_0^1, P_0^2, U_0)$$

在我们的例子里,$P_1^2 = P_0^2$。该表达式完全可用于求当价格从 P_0^1 变化到 P_1^1 时,$U = U_0$ 的补偿需求曲线上消费者剩余的变化。我们不用实际计算该需求曲线,而是可以用柯布-道格拉斯支出函数和上述表达式直接推导出补偿变化:
$$CV = U_0 (P_1^1)^\alpha (P_1^2)^{1-\alpha}/\delta - U_0 (P_0^1)^\alpha (P_0^2)^{1-\alpha}/\delta$$

将我们的例子中的参数值 $\delta = 0.722\,467$,$U_0 = 6\,741$,$P_1^2 = P_0^2 = 1$,$P_1^1 = 4$,$P_0^1 = 2$ 代入,我们得到
$$CV = 6\,741 \div 0.722\,467 \times (4^{0.1} - 2^{0.1})$$
$$= 717.75$$

运用同样的推导,我们可以将价格变化的等价变化(EV)表达为
$$EV = B(P_0^1, P_0^2, U_0) - B(P_1^1, P_1^2, U_1)$$

第一项是实际预算,第二项是在初始价格下,为达到新的效用水平所需的最小预算。我们将这两项之间的差额定义为等价变化。同样,因为价格变化不影响消费者预算,所以我们有
$$EV = B(P_1^1, P_1^2, U_1) - B(P_0^1, P_0^2, U_1)$$

当 $P_1^2 = P_0^2$ 时,该表达式与 $U = U_1$ 时的补偿需求曲线下的消费者剩余是一致的。在我们的例子中,我们计算出 $U_1 = 6\,289$,根据上面的参数,有
$$EV = 6\,289 \div 0.722\,467 \times (4^{0.1} - 2^{0.1})$$
$$= 669.62$$

与我们所预计的一样,这要少于一般消费者剩余 693.15 美元的损失。

第七章 不确定性与公共政策

本章我们将介绍用于阐释不确定性对个人经济行为的效应的模型。分析者们已经日益认识到，不确定性并非仅限于一些相互独立的稀少怪事，而是一种普遍的现象。不确定性已被广泛用于对个人行为的解释中，已成为政策设计的一个主要考虑因素。

考虑一下对犯罪行为的威胁的担忧，以及我们个人和政策对这种担忧的反应。作为个人，我们会尽可能减少可能导致自己成为被害者的危险行动。我们会在门窗上上锁。在一些地方，我们会叫出租车上门服务，因为我们认为这样做能够减少步行或在公共汽车站等车时可能存在的危险。我们会为相对来说"安全"的居住小区支付一些额外费用。我们会购买保险，这样当遇到盗窃或其他可能的损失时，保险可以给付一些补偿。虽然以上这些行动都无法保证我们的安全，但是却减少了我们可能遭遇的损失。正是这种不确定性的减少，值得我们做出这些防御性的支出。

对远离犯罪、拥有安全的渴望并非仅仅反映在我们个人的行动上。我们拥有警察、检察机构、法院、监狱、拘留所等形式的公共设施来保证我们的"街道安全"。还可以从降低风险这一角度来考虑其他的一些政策，这些政策包括"社会安全网"计划（例如用于防范收入意外减少的失业保险、健康保险），减少环境污染危险的方案，以及要求商用飞机的驾驶员必须拥有驾驶执照的规定。这些计划的价值一部分取决于人们愿意支付多少来避免或减少这种不确定性，一部分取决于较之其他方式，这些计划的成本有多高。这些例子说明了为什么分析者们必须能够对与所提议的政策有关的不确定性的水平和成本的改变做出评估。

为了做出评估，我们要对人们该如何应对不确定性达成共识。我们首先回忆一下期望值和期望效用的概念，再考虑一下个人实现期望效用最大化这样一个命题。这一命题被称为期望效用定理，它有助于我们理解不确定性的经济成本。接着，我们会在"风险控制和风险转移机制"这一节中考虑面对不确定性时人们可能的选择。

在许多情形下，人们对不确定性做出的反应似乎无法用期望效用定理来做出很好的解释。有时候，用个人博弈论可能会更好地做出说明。我们用城市住房问题的房东困境来说明这一点。相似地，它也可以描述国际贸易的一些问题。其他情况下的行为可以利用有限理性假说来较为完善地模型化。在涉及食品标签要求、政府在洪水易泛滥地区推行附补贴的灾难保险以及股票和债券的投资组合等问题的部分，我们会进一步考虑这一假说。在"不确定条件下个人行为的替代模型"这一节，我们会详述后面这些模型。

人们对不确定性的反应不仅取决于各自的想法，还取决于其可能的应对集。在本章，我们主要分析的是这样的情况，即个人无法改变不确定性的总量，但是却可以减轻不确定性对自己的影响。[①] 例如，现在耕作的农民面对着将来收获时粮食价格的不确定性，农民不能够改变价格的不确定性，但是他或她却可以通过期货合同（即现在就确定将来卖粮的价格）来减少这一风险。

人们设计了各式各样的社会机制以减少风险的成本。在本章，我们不会刻意做出一个详尽彻底的描述，但是我们会随阐释的推进而提及一些社会机制并加以解释。它们背后的一个基本原则是：进行风险转移以使得其成本最小。风险分担和风险分散是用于达到此目的的两个基本过程。保险、股票市场和期货市场正是这些社会机制的例子。

公共政策的一些机制（比如有限责任和前面提到的附补贴的灾难保险）被用于改变风险的配置。而诸如职业资格制度、产品安全标准和工厂健康标准这样一些政策则尝试去更直接地控制风险。这些政策的适度性之所以是一个难以解决的问题，在很大程度上是因为对于人们究竟如何对这些政策做出反应无法进行确定的分析。

关于不确定性的一个很有意思的领域是健康政策，尤其是国民健康保险或类似的险种。随后，在本章涉及医疗保险的部分你将看到，医疗服务的价格螺旋式上升，在很大程度上是由于保险覆盖面的扩大在不经意间导致的。医疗保险在减少风险的同时，也扭曲了人们对于稀缺资源的保存动机。在本章，对于道德风险

---

① 此处将注意力集中在了风险转移的价值上。个人当然也可以直接减少不确定性，而不是简简单单地将它转移出去。防御性支出如购买灭火器会减少火灾的可能损失。虽然火灾保险既不能够降低火灾发生的可能性，又不能减轻发生火灾的危害，但是它却可以将投保人的风险转嫁给保险公司。本章的讲述将有助于我们理解这两种不同的情况。在回顾了市场机制的作用并对市场信息的作用有了一个认识之后，我们将对其展开讨论。例如，债权人和雇佣者在履行债务或雇佣合同之前，会搜集债务人和被雇佣者的相关信息。类似的一些强调市场信息的重要性的例子，我们会在第四部分和第五部分进行讨论。

问题，我们则应用了 20 世纪 80 年代的储蓄和贷款危机以及持续的非自愿性失业问题这两个例子进行了深入的分析。附录展示了评估风险的一些计算方法，用于估计医疗保险风险减少的程度的一种经验方法也包含在附录中。

期望值和期望效用

当一个人做一项经济决策时，我们通常假定他确定地知道并理解所有可以选择的经济决策。但是在许多甚至有可能是大部分的情形下，人们对一项经济决策的结果是不确定的。例如，花时间来阅读这本教科书就好比在打一个赌：对于某一位读者来说，本书可能毫无意义。[①] 一辆新车可能是劣质品；一项工作可能会使工人易于受伤。在以上的例子中，决策人事先根本不知道会有什么结果。

这种不确定性并不能够修订普遍存在的供需定律。例如，在其他条件不变时，人们认为含有风险的商品的价格上升会导致对其需求的减少。然而，我们之所以要研究不确定性，是因为我们通过观察发现，人们会对结果的可能性进行感知和判定，而这种感知和判定决定了他们对于含有风险的商品的消费意愿。一辆车的购买者会对这辆车实际上是劣质品的可能性进行主观判断，随着主观判断其"是劣质品"的可能性越来越大，他所愿意付出的价格会越来越低。这正是我们想重点强调的地方：人们如何对这些由主观判断得出的可能性的变化做出反应，以及社会机制如何能够影响这些主观判断。

在我们考虑不确定条件下个人行为的可选模型之前，一些基本的概念必须澄清。其中一个概念就是结果：产生于导致不确定性的过程的不同的、相互排斥的结果。例如，投掷一枚硬币可能出现两种结果——正面朝上或者背面朝上。投掷一枚骰子时，因为骰子有六个面，所以会有六种可能的结果。这些结果在一定程度上取决于所考虑的问题。如果在一次骰子投掷中你押了 3，那么将有两种结果与你相关——3 或者不是 3。对于一个学生来说，一门大学课程的不确定性结果可能是这些分数中的一个——A−、B+、C+ 等，而对于另一个学生来说却是通过与未通过，这依赖于人们所选择的博弈结果。

另一个基本的概念是一个结果出现的概率。如果投掷一枚重量均匀的硬币，那么出现正面和背面的概率都是 1/2。如果投掷一枚重量均匀的骰子，那么每一面出现的概率都是 1/6。如果你打赌骰子会出现 3，那么有 1/6 的概率出现 3，有 5/6 的概率出现的不是 3。

一个结果的客观概念及相应的概率和人们对其的主观判断在许多应用中是很有争议的。一个事件是否真的是随机的是一个哲学问题。如果一枚硬币每次都以相同的方式投掷（例如在一个固定的环境中使用机器投掷，没有风），那么它每一次落地都会是相同的面：在这些情况下没有不确定性。基于物理法则和完整信

[①] 请注意，对于其他的教科书也是如此。

息,一个人几乎可以确定地预测出结果。换句话说,在客观意义上,世界上是没有不确定性的。

为什么我们都同意足球比赛之前投掷硬币出现正面和背面的概率是相同的呢?对于这个问题的解答有两点。首先,硬币不能每次都以相同的方式投掷,而且我们缺乏信息和必要的计算时间来用基于物理法则的模型预测结果。所以,不确定性的产生是因为我们缺乏信息和/或者缺乏处理信息的能力。

其次,我们有一些信息,比如历史证据,我们观察到在许多次没有控制或没有规则的硬币投掷中,出现正面和背面的概率几乎相同。我们可能说,当硬币投掷的实际决定因素(例如力量、速度和投掷距离)的选择是随机的的时候,客观地说,投掷结果有相同的概率。而且,如果我们主观认为足球裁判投掷硬币时相关的因素是随机选择的,那么我们就会得出每一种结果出现的概率都是1/2的结论。

我们意识到对概率的理解在很大程度上取决于我们所掌握的知识,我们现在考虑弗兰克·奈特(Frank Knight)提出的"风险"和"不确定性"的区别。[①]他认为,风险是指每一种结果的概率是知道的,不确定性是指每一种结果的概率是不知道的。硬币投掷是有风险的,但是明年是否会发生一起灾难性的原子核事件是不确定的。在手术中有出现一些特殊医疗问题的风险,但是减少地球大气中的臭氧层会有什么样的结果是不确定的。之所以我们认为一些情形是不确定的,是因为对它们缺乏经验;我们不能像投掷硬币一样进行反复的试验来对臭氧层的减少进行观察。

我们现在要理解这样一个观点:知识差异可能造成同样的情况,而这一情况是由不同的人用不同的观察方法来观察的。在你阅读本书之前,你可能不确定你是否喜欢本书。我可能基于对以前读者的调查认为你有可能喜欢本书。但是对于你是否喜欢本书的估计,我们都是有风险的。而且,我们有不同的概率估计方法,你的概率基于更好的知识(迄今你自己的反应)。由此得出,我们对于这件事的主观判断是不同的。

在许多经济模型中,个人决策取决于关于可能性的主观理解。我们分两步来分析上面的观点。首先,人们对将发生哪一种结果有疑问是因为缺乏知识。其次,因为人们有不同的知识背景,所以主观判断往往不同。

此时,我们可能更深入地研究主观理解力是怎样建立的。例如,个人可能通过获取额外的知识来改变他们的判断,他们可能根据对收益和成本的理解来决定该怎样做。关于主观判断形成的不同分析假设导致了关于行为的不同预测和十分不同的政策建议。可是,在本节,我们关注像硬币投掷这样的情形来避免那些更加复杂的情况。个人把世界理解为是有风险的,主观的概率估计和客观事实是一致的。因此,我们在一个无争议的情况下得出了一个事件的概率。

---

① 在今天非正式的使用中,不确定性被用来代表结果不确定的所有情形。所以这里的引号是用来强调奈特所认为的含义的。参见 F. H. Knight. Risk, Uncertainty, and Profit. Boston: Houghton Mifflin Company, 1921。

另一个基本概念是每一种可能的情况的回报（payoff）。假定当投掷一枚硬币时，如果出现正面，则获得 2 美元；如果出现反面，则失去 1 美元。每一种情况的报酬或者奖励叫做回报。现在，我们定义一种风险结果的期望值：期望值是以每一种结果发生的概率为权重的各种结果的回报的总和。如果有 n 种可能的结果，每一种结果 i 有 X_i 的回报，发生的概率是 Π_i，则期望值 $E(V)$ 是

$$E(V) = \sum_{i=1}^{n} \Pi_i X_i$$

在硬币投掷游戏中，$E(V)$ 是

$$E(V) = \frac{1}{2} \times (2) + \frac{1}{2} \times (-1) = 0.50$$

如果正确考虑所有的结果，那么

$$\sum_{i=1}^{n} \Pi_i = 1$$

这就是说，所有可能的结果中的一个一定会发生。当我们投掷硬币时，一定会出现正面或者反面（我们不计算硬币竖立的情况）。

如果我们同意投掷 100 次硬币，每次的报酬都和上面例子中的相同，那么新游戏的 $E(V)$ 是 50 美元［每次投掷的 $E(V)$ 的 100 倍］，因为这 100 次投掷中的任何一次都是独立的不相关事件。许多人将愿意付一些进入价格（entry price）来玩这个游戏。假定进入价格是 50 美元，或者说每次投掷 0.50 美元，那么这个进入价格等于玩这个游戏的 $E(V)$，或者净期望收益是 0。进入价格等于 $E(V)$ 的游戏叫作公平的游戏。

对于个人来说，拒绝玩公平的游戏是很常见的。我们回到上面介绍的那个投掷一次硬币的简单游戏中。进入价格是 0.50 美元，这使得这个游戏是公平的，而风险厌恶者将不愿意玩这个游戏。风险厌恶者喜欢不玩游戏的确定性，而这样和玩游戏有相同的净期望值。可还是有一些人愿意冒风险玩游戏。但是如果一次单独投掷的回报变为正面 200 美元，反面 -100 美元，进入价格是 50 美元，那么将很少有人玩。所有的这三种情形有相同的净期望值，所以，肯定有一些其他的因素来解释为什么随着赌注的增加，愿意玩的人会减少。这个其他的因素就是风险。

这个重要的认识是由 18 世纪的数学家伯努利（Bernoulli）提出的。他认为个人不是重视期望货币，而是重视从中得到的期望效用。如果一个人的效用函数是用递减的货币的边际效用来描述的，那么获得 100 美元的期望效用将低于失去 100 美元的期望效用。所以，接受一个两种结果可能性相同的赌博所获得的效用的期望改变将是负的：一个人将会拒绝这个公平的赌博。现在，我们更加仔细地研究这个观点。

我们可以这样定义期望效用：一种风险情形的期望效用是指以每一种情形发生的概率为权重来衡量的所获得效用水平的总和。如果我们用 W_0 来代表最初的财富，E_0 代表进入价格，$U(W)$ 代表效用函数，那么期望效用 $E(U)$ 可表示为

$$E(U) = \sum_{i=1}^{n} \Pi_i U(W_0 - E_0 + X_i)$$

期望效用理论简单地说就是个人为了最大化期望效用，在所有可以选择的情形中进行选择。[1]

当我们讨论这个定理的时候，我们要记住实证分析和规范分析之间的区别。实证问题关注的是理论预测力，即在多大程度上实际的行为和理论的含义是一致的；而规范问题关注的则是人们是否应该遵照理论来行事，即使理论预测不对。

也就是说，在不确定情况下可能个人不总是懂得他们选择的结果，如果他们按照期望效用最大化来行事，则他们的福利可能会增进。除非我们特别申明，通常我们会认为期望效用的增加是可取的。

这个观点最主要的应用是它针对为什么人们会愿意支付一些东西来避免风险提供了一种解释。换句话说，这个观点解释了许多不能被期望值单独解释的行为，例如购买各种保险、投资组合多样化以及在提高期望值之外增加一些安全措施。为了说明这个理论暗含的行为，我们首先画一幅图来说明一个想要实现期望效用最大化的人如何评价风险选择。

假定有一个时刻，一个人参加了一次彩票抽奖活动，这个抽奖活动只有两种情况：获得50 000美元，或者什么都没有。如果有一个选择，那么很自然地人们会选择有更高可能性获得50 000美元的彩票。最好的彩票是中奖概率为1的彩票，最差的彩票是中奖概率为0的彩票。我们指定最好彩票的效用值是1（一定有50 000美元），最差的是0（一定有0美元）。

在图7-1中，横轴显示的是货币回报，纵轴显示的是效用水平。我们画出两种极端彩票的效用水平和回报，A点代表最好的彩票，原点代表最差的彩票。用这两个点作为参考点，我们现在建立一个对于个人的特殊效用指数。这个指数能够用来显示所有可能风险情形中的个人偏好排序（最好和最差之间可能的结果），假设这个人是一个期望效用最大化的人。

考虑0~50 000美元之间的任意一个数额，比如说10 000美元，我们确定提供这笔钱给个人。显然，最好的彩票优于确定的10 000美元。类似地，确定的10 000美元优于最差的彩票。所以，一定有一个中奖概率在0~1之间的彩票的价值被个人认为与确定的10 000美元是一样的。

我们要求这个人来定义这个概率，假定是0.4。那么我们把0.4的概率作为这个人确定地获得10 000美元的效用值。这个就是图7-1中的B点。如果我们

---

[1] 除了第二章所介绍的以外，要从行为假设中导出期望效用理论，需要一些关于人们决策的假设。详尽的文献回顾参见 K. Arrow. Essays in the Theory of Risk-Bearing. Chicago：Markham Publishing Company，1971. 包括风险结果的效用的衡量最初源于 John von Neumann and Oskar Morgenstern. Theory of Games and Economic Behavior. Princeton，N.J.：Princeton University Press，1944.

可能另外一个最有争议的假设是一个人对于两个彩票是没有偏好的，这两个彩票都是一样的，除了彩票的奖金是不同的，但对于这个人来说，是没有区别的。如果一个人对A和B没有偏好，那么这个假设就是

$$\Pi_A U(A) + (1-\Pi_A)U(C) = \Pi_A U(B) + (1-\Pi_A)U(C)$$

但是在调查和实验中我们发现，个人对于这两个彩票不是没有偏好的。例如，参见 Jacques Dreze. Axiomatic Theories of Choice，Cardinal Utility and Subjective Utility：A Review. in P. Diamond and M. Rothschild. eds.. Uncertainty in Economics. New York：Academic Press，1978：37-57. 也可参阅 Mark J. Machina. Expected Utility Analysis without the Independence Axiom. Econometrica，1982（50）：277-323.

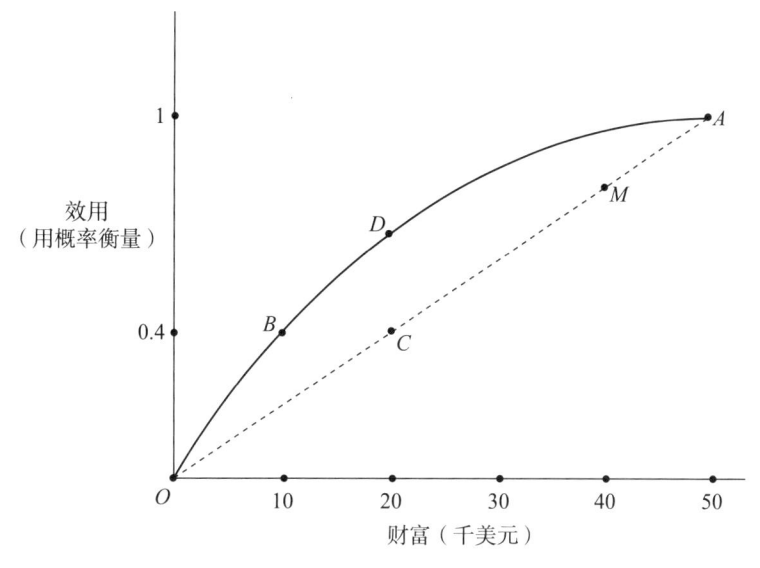

图 7-1 用于评估风险情形的诺伊曼-摩根斯坦效用指数

把 0~50 000 美元之间的所有数额按照这个过程画出来,那么我们就得出了一条显示个人效用水平与财富的函数关系的曲线。① 这条曲线的高度或者说效用水平等于对个人来说彩票和横轴上显示的财富数量没有区别的中奖概率。这个概念以它的创造者的名字命名为冯·诺伊曼-摩根斯坦(von Neumann-Morgenstern)效用指数。②

连接 A 点和原点的虚直线显示的是对于每一个可能的概率彩票的期望值(横轴)和期望效用水平(纵轴)。例如,有 0.4 的机会获得 50 000 美元的彩票的 $E(V)$ 是 20 000 美元:

$$E(V) = 0.4 \times 50\,000 + 0.6 \times 0$$
$$= 20\,000$$

这个彩票的期望效用是

$$E(U) = 0.4 U(50\,000) + 0.6 U(0)$$
$$= 0.4 \times 1 + 0.6 \times 0$$
$$= 0.4$$

这个点就是 C 点。它的高度或者 0.4 的期望效用水平不应该令人惊讶,因为效用指数被建立在这样的认识下:人们认为这个彩票和有 0.4 的效用水平的确定的财富(10 000 美元)是一样的。彩票和它确定的财富等价物应该有相同的效用水平。因此,C 点代表的是 0.4 的中奖概率的期望值和期望效用。有较高概率获得 50 000

---

① 这是间接效用函数;这个效用不是直接来自财富,而是来自用财富购买的商品和服务。
② 这个指数可能被错误地解释为基本的效用刻度。对于一个线性变换,它是非常重要的。可是,它不能衡量偏好的程度。例如,我们不能认为一个 $E(U)=2$ 的风险情形的可取性是一个 $E(U)=1$ 的风险情形的两倍。所有的指数是按照风险情形排列的。相关讨论,请参看 William J. Baumol. Economic Theory and Operations Analysis. 4th Ed.. Englewood Cliffs, N. J.: Prentice-Hall, Inc., 1977:431-432。

美元的彩票的期望值和期望效用在 OA 虚线上 C 点的右边,反之,则在 C 点的左边。

效用指现在被应用于风险情形的等级的评定,因为它允许计算和比较它们的期望效用。假定个人实际确定有 20 000 美元,则现在的位置就是 D 点。我们现在假定进行一个公平的游戏:我们允许这个人冒险参加抽奖,这个人有 0.4 的概率获得 50 000 美元,但是进入价格为 20 000 美元(彩票的期望值)。这个人拒绝了,因为从赌博中获得的期望效用(C 点的高度)小于确定的 20 000 美元的效用(D 点的高度)。一个拒绝任何公平游戏的人被称为风险厌恶者。

这不能表明风险厌恶者将拒绝任何赌博。假定同样是 20 000 美元的进入价格,若有 0.8 的概率获得 50 000 美元,则这个人会参加抽奖。这就是图 7-1 中的 M 点。它的期望值是 40 000 美元,我们可以看到,从赌博中获得的期望效用(M 点的高度)超过了现在 D 点对应的期望效用。所以这个厌恶风险但同时又期望效用最大化的人将会接受这次赌博。它的吸引点在于它有远远大于进入价格的期望值(不像公平的赌博)。这表明即使是财务上保守的人也可能在股票市场上投资。

上面所述的风险厌恶是凹性效用函数的结果。这也意味着斜率是递减的。只有当财富的边际效用递减的时候,效用函数的斜率才递减。这样,财富的边际效用递减的人就拥有凹性的效用函数,而且是风险厌恶者。效用函数凹陷的程度越大,厌恶风险的程度就越高。(我们将通过一个简短的证明来说明这一点。)我们在图 7-2 中显示了具有不同风险厌恶程度的效用函数(OBDA,OHEA)。

当然,有些人不是风险厌恶者。如图 7-2 所示,效用函数 OGFA 的特点是财富的边际效用递增。拥有该效用函数的人认为公平游戏的效用(C 点的高度)比确定的 20 000 美元的效用(G 点的高度)高。换句话说,这个人将会出 20 000 美元来参与这个抽奖游戏。风险爱好者是愿意参加任何公平游戏的人。类似地,具有直线效用函数 OCA(财富的边际效用不变)的人对抽奖是不关心的。风险中立者是指那些对任何公平游戏都不支持也不反对的人。

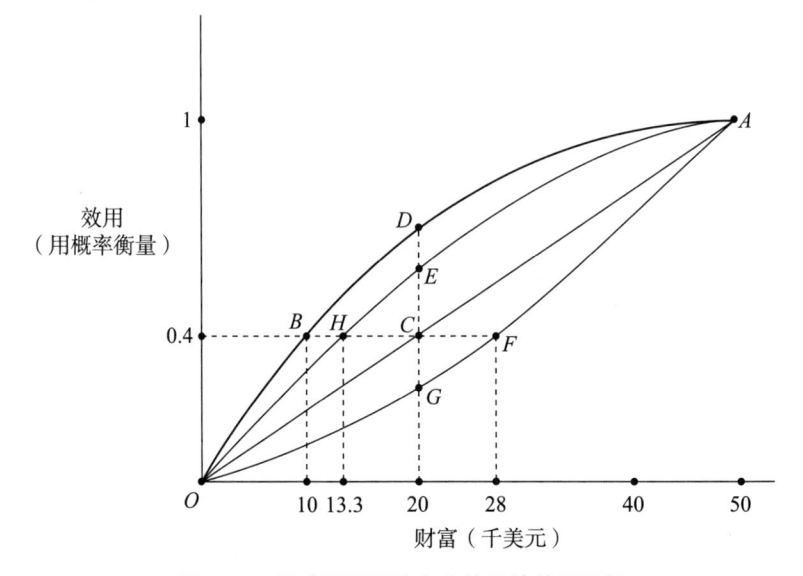

图 7-2 反映不同风险态度的凹性效用函数

一种度量对一场赌博的风险厌恶的程度的方法是看其纯风险成本。为了理解这种方法，我们使用了确定财富等价物的概念。确定财富等价物是提供和风险情形相同效用的确定财富的总和。在图上，它是这样一个财富水平，即其效用函数的高度等于测量的期望效用的高度。纯风险成本是指一种风险情形的期望财富和它的确定财富等价物之间的差额。为了说明此概念，我们从另一个角度来看图7-2。

假设每个人拥有50 000美元的珠宝，同时有0.6的可能性被偷。让横轴原点代表从一些其他渠道获得的未指定数量的财富，那么横轴衡量的就是从珠宝中获得的额外财富，而且这取决于被偷还是没有被偷哪种情况发生。纵轴衡量的是效用水平；和以前一样，范围从最坏的结果0（被偷）到最好的结果1（没有被偷）。C点代表期望的财富是20 000美元，等于$0.4 \times 50\,000 + 0.6 \times 0$，这种风险情形的期望效用是0.4，等于$0.4 \times 1 + 0.6 \times 0$；对于四条不同的效用曲线，这一模型设计是相同的。

对于每个人来说，他们的确定财富等价物等于他们的效用曲线上高度是0.4的财富水平。对于这四个效用函数来说，每一个都是不同的。首先考虑拥有效用曲线$OHEA$的消费者。这个人对于风险情形中的20 000美元的期望效用（C点）和拥有13 300美元的财富（H点）是无差异的。这样，纯风险成本就是6 700美元（=20 000美元期望值－13 300美元确定财富等价物）。也就是说，这个人为了避免风险最多愿意支付6 700美元的期望值。

风险厌恶者会为了减少损失而支付费用。这种为了避免风险而支付的意愿是保险业和其他风险降低机制存在的原因。例如，这个人会为了全额珠宝保险支付36 700美元（期望损失和纯风险成本相加）；这样就确保了从珠宝中获得的纯收益在两种情况下都是13 300美元，所以就避免了所有的风险。如果有保险公司能够提供接近30 000美元（期望损失）的进入价格的保险，那么就有交易的空间。

回顾之前我们所说明的，拥有更加凹陷的效用函数$OBDA$的消费者厌恶风险的程度更高。现在，我们看到他或她估计的纯风险成本是10 000美元（=20 000美元的期望财富－10 000美元B点的确定财富等价物），高于相同风险情形下$OHEA$效用函数6 700美元的纯风险成本。这个人将会支付40 000美元用于全额珠宝保险。风险中立者没有风险成本，将不会为了避免风险而减少期望价值（例如，不会在进入价格为30 000美元时购买保险）。风险爱好者拥有负8 000美元的风险价格，因为确定财富等价物（在F点）是28 000美元。也就是说，因为后者喜欢风险，所以期望值必须增加8 000美元来说服个人避免风险（即使在公平的进入价格下，这个人也会不买保险）。

上面的讨论表明，可观察的风险成本是风险偏好的函数。现在我们希望说明各种风险对个人的影响。在图7-3中，我们把图7-2中的效用函数$OBDA$复制过来。C点显示了上面讨论的珠宝的期望效用和期望值。

让我们把这种情况和另外的情况做比较，即只有40 000美元的珠宝存在风险，而另外10 000美元是安全的。这样，个人就会处在B点（珠宝被偷）或A点（没有被偷）。直线BA代表的是所有基于失窃概率的期望财富（在横轴上）

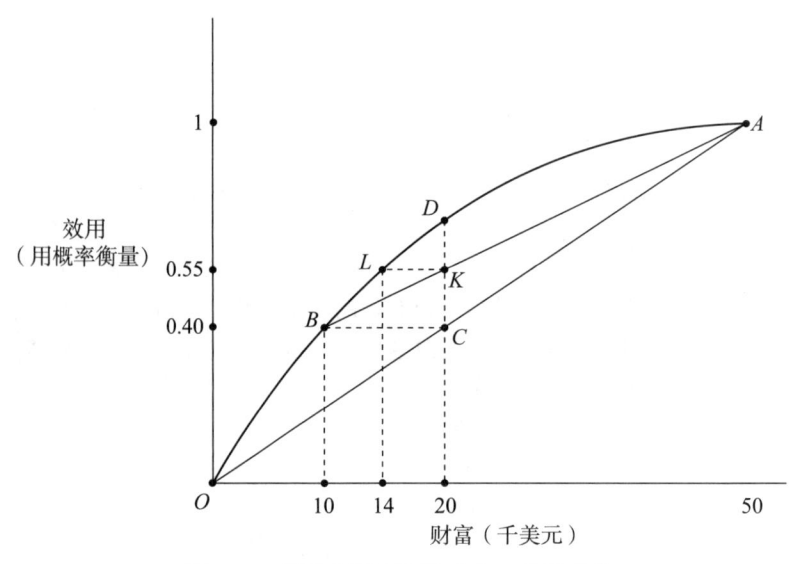

图 7-3　风险厌恶者更喜欢小一些的赌博

和期望效用（在纵轴上）可能的组合。①

我们注意到 BA 在 OA 之上。这是因为，在某种重要意义上，风险在 BA 上较低：对于一个期望财富来说，"远离" BA 位置的可能性被降低了（也就是说财富没有机会少于 10 000 美元）。换句话说，对于任何期望财富来说，BA 表示的赌博小于 OA 所表示的赌博。对风险厌恶者来说，有两个一般的含义：(1) 对于任何期望财富（在横轴上），小的赌博的期望效用大于大的赌博的期望效用。(2) 同样地，对于任何期望财富来说，较小的赌博有更低的纯风险成本。

我们用下面的例子来说明这个问题。假定盗窃概率具体为 0.75，和先前一样把期望值定在 20 000 美元。也就是说这时有

$$E(V) = 0.25 \times 50\,000 + 0.75 \times 10\,000$$
$$= 20\,000$$

期望效用是

$$E(U) = 0.25 U(50\,000) + 0.75 U(10\,000)$$
$$= 0.25 \times 1 + 0.75 \times 0.4$$
$$= 0.55$$

这就是在 BA 直线上的 K 点。新情况中的期望效用（K 点的高度）比最初的情况（C 点的高度）高，即使期望值相同。而且，较小赌博的风险价格仅仅为 LK 或 6 000 美元，比大赌博的风险价格 BC 或 10 000 美元小。这个几何说明帮助我们解释了为什么在我们先前所举的投掷硬币的游戏里，虽然期望值一样，但是随着赌注的增大，人们将越来越不爱玩这个游戏。②

不依赖个人的偏好来测量风险水平是非常有用的（纯风险成本就是）。没有

---

① 回顾一下，期望值和期望效用都是用它们在 A 点和 B 点各自的函数值的加权平均值来衡量的；每一点的权重都是不变的，分别等于 A 点和 B 点的概率。

② 回顾一下，如果赌博有足够高的正的净期望值，那么风险厌恶者也会参与赌博。

唯一的方法，而且对于任何方法来说，个人不需要对其做出相同的反应。然而，在度量结果的分散程度方面比较成熟的一般方法可能是方差。方差 Var(X) 是这样定义的：

$$\text{Var}(X) = \sum_i \pi_i [X_i - E(V)]^2$$

其中 $i=1, 2, \cdots, n$，表示不同的可能的情况，X_i 是第 i 种情况的结果，π_i 是其概率，$E(V)$ 是期望值。对于任意一个期望值，当一个结果"远离"BA 的可能性增大时，方差变大。而且，在附录中我们将解释这样一个结论，即纯风险成本和方差大致是成比例的。

为了说明这个公式，我们把第一个关于珠宝的例子的方差定为 Var（1），有 50 000 美元财富时被偷的概率是 0.6，那么

$$\text{Var}(1) = 0.6 \times (0 - 20\,000)^2 + 0.4 \times (50\,000 - 20\,000)^2$$
$$= 600\,000\,000$$

把第二个关于珠宝的例子的方差定为 Var（2），有 40 000 美元财富时被偷的概率是 0.75，那么

$$\text{Var}(2) = 0.75 \times (10\,000 - 20\,000)^2 + 0.25 \times (50\,000 - 20\,000)^2$$
$$= 300\,000\,000$$

第二个方差比第一个方差低，因为其结果接近于期望值的概率更大。

因为方差可能很大，所以用方差的平方根即标准差来说明问题是非常方便的。在上面的例子中，情形 1 的标准差是 24 495 美元，情形 2 是 17 320 美元。在许多有大量不同的可能结果分布在期望值周围的情况中，一个有用的经验法则是有接近 90% 的机会实际结果是分布在期望值的两个标准差的范围之中的。[①]

在实际情形中，有许多可能性和不同的风险来源，这样就有一些其他的方法来刻画风险的程度。例如，穆迪（Moody）和标准普尔（Standard & Poor）用"字母等级"来表示公司债券——公司对债权人承诺偿还的债务（利息和本金）——的信用度。例如，21 世纪初，一只被标准普尔评为 A+ 的债券在 2008 年到期，其年收益率是 7.24%，而另一只债券的到期时间与其相似，评价等级只有 BBB−，其年收益率是 7.70%。所以，更高的收益是对持有更大风险的债券的人的补偿。

在 20 世纪，股票的平均年收益率超过债券 5%～6%，难道投资债券的人傻吗？不是的，因为投资债券的风险一般来说比较低。通常股票价格的波动大于债券的价格。持有的时间越长，股票的实际收益超过债券的可能性就越大（例如，在 10 年以上，美国股票市场总是比债券市场表现得要好）。但是在一个较短的时期（例如两年或更短）股票的表现可能比债券差很多。虽然所有的投资都是有风险的，但在任何一个时间间隔内，相比于股票市场而言，债券投资的变现值都可能接近于其期望值。股票更高的平均收益率是对持有这种有更大风险的资产的补偿。在后面的章节我们会进一步考虑二者的不同。现在我们注意到，潜在的股票投资者用标准差、贝塔系数（Beta coefficient）和夏普比率（Sharp ratio）来衡量

---

① 这个经验法则适用于可以使用正态分布近似统计的情形。

个人股票风险的大小。①

就像我们所看到的，期望效用模型允许风险偏好的多样性。但是，上面关于持有风险更高的财产有更高的回报率的例子表明，从经验上看，风险厌恶行为是占优势的。可能风险厌恶最重要的证据是所有人都使他们的投资组合多样化。这也就是说，财富不是全部配置在一种资产上，而是分散在不同的股票、债券、房地产、存款、退休金和其他资产上。下面我们将说明这样一个多样化的投资的主要目的是减少风险。风险中立者或者风险爱好者将不会以这种方式行事。

另外，当个人因拥有房屋和驾驶汽车而面临重大风险时，他们通常会支付多于公平价格的钱来分散风险。几乎所有购买保险的行为都源于风险厌恶，因为保险费至少和期望支出相等。②例如，许多驾车的人购买的保险都超过政府规定要求的最低额。

如果风险厌恶是占主导地位的，那么我们如何解释通常观察到的如下现象——个人愿意参与对他们是不利的（例如净期望值是负的）风险活动？例如，很多人似乎喜欢在亚特兰大或者拉斯维加斯度过一晚或者在赛马场度过一天。除了一些专业的赌徒外，对这些行为最好的解释是其直接消费价值。这也就是说，人们可能从赌博的过程中获得效用，就像对其他商品和服务的消费一样。参与的主要动机不是从和赌博相关的财富变化中获得预期的间接效用。

一些人可能参与不公平的赌博，因为他们对风险有有限制的偏好，即使他们主要还是风险厌恶者。也就是说，对于一个风险爱好者来说，在某些财富范围内，他可能是个风险厌恶者，同时在另一个范围内，他是一个风险爱好者。在图 7-4 (a) 中，我们说明了这种可能性。③

一个人现在有 50 000 美元的财富。可是这笔财富包括一幢价值 25 000 美元的房子，而这幢房子可能会因为火灾或其他偶然发生的自然灾害被摧毁。这个人同时也有机会投资 2 000 美元到一个网络公司。如果投资成功，将会有 10 000 美元的收益。图 7-4 (a) 显示这个人就拥有的财富来说是一个风险厌恶者，但是，如果财富的获得可能性足够大，他就愿意参加一些小数额的赌博。像图中所显示的那样，即使投资不是一个公平的赌博，这个人也会购买精算公平保险，也会投资网络公司。④

---

① 在股票投资中，一些公司的股票的未来价格可能比其他公司更易变或者有更大的不确定性。贝塔系数把股票价格的波动和标准普尔 500 指数相比较。夏普比率把给定标准差的股票的收益和几乎没有风险的资产（如 3 个月的美国短期国库券）的收益相比较。关于金融投资的介绍、风险的重要性和一些用于评估的指标可参阅 Burton G. Malkiel. A Random Walk Down Wall Street：Including a Life-Cycle Guide to Personal Investing. 6th Ed.. New York：W. W. Norton & Company，1996。

② 当讨论风险厌恶的时候，我们把雇主提供的保险考虑在内。私人医疗保险在由雇主提供的时候就是一种无税收的收入。一般来说，以这种方式提供的 50 美元的医疗保险，就期望医疗服务来说（忽略风险成本），会对个人产生 50 美元的收益。如果这 50 美元是以课税收入提供的，那么缴税之后就只有 25～40 美元（依赖于个人的税收层次）能用于消费。所以，当医疗期望收益（除了风险减少）超过个人保险成本（就过去对其他物品的消费而言）时，这就是最好的税收待遇。

③ 可参阅 M. Friedman and L. Savage. The Utility Analysis of Choices Involving Risk. Journal of Political Economy，1948（56）：279-304。

④ 我们没有确定网络公司成功的可能性。如果这是一次公平的赌博，那么很明确，这个人将会投资，因为期望效用超过了目前的效用。所以，这个投资可以稍微有一些不公平，这时这个人仍然会投资。然而，成功的概率可能会很小，使得期望效用低于目前的效用，导致个人即使对风险有偏好也不会进行投资。

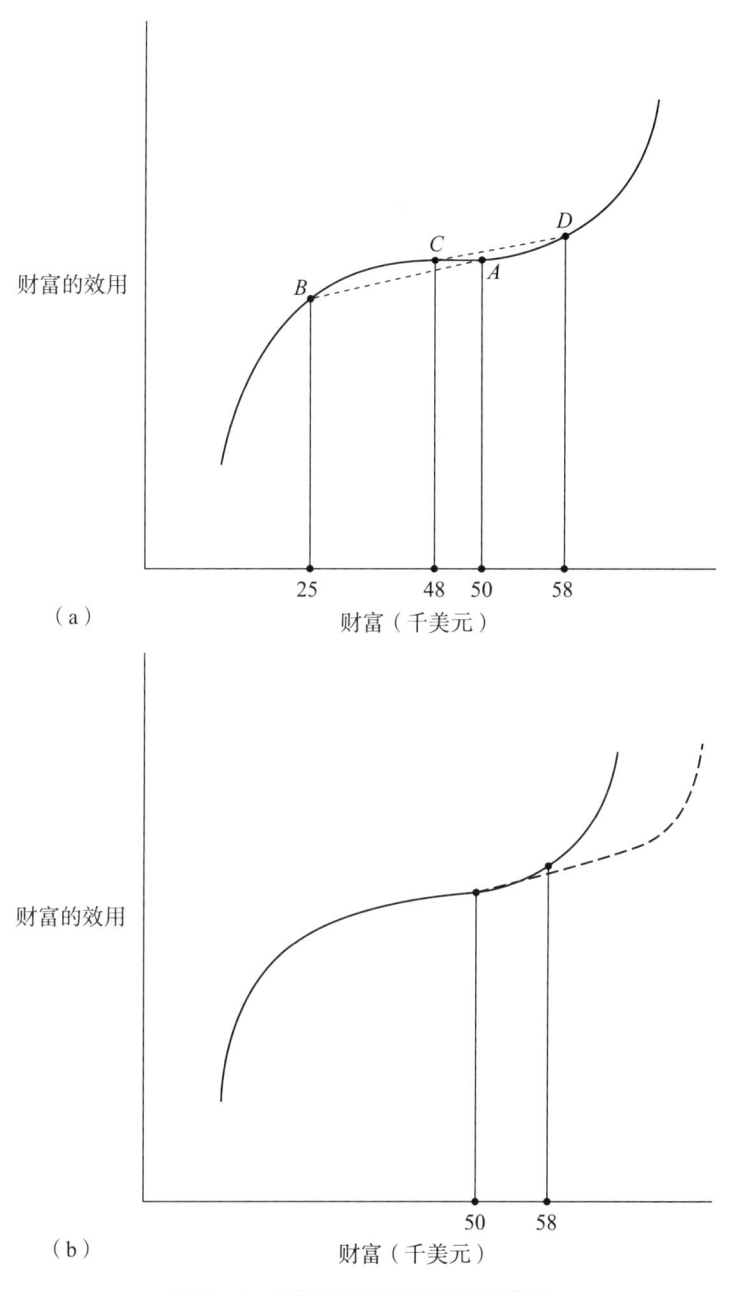

图 7-4 效用函数适用于不同的情形?

(a) 个人可能既投保又接受不公平的赌博;(b) 适用于新财富的个人效用函数。

尽管图 7-4（a）中的效用函数的形状似乎不能解释我们所观察到的一些行为，但是它提出了一些其他的问题。假定上面对网络公司的投资盈利了，那么现在这个人就有 58 000 美元。为了与个人会保持所占有的财富这个观点相吻合，这个人的效用函数现在转移到了如图 7-4（b）中虚线所显示的那个位置。在大多数经济理论中，我们一般假定效用函数是固定的。但是这个例子说明，在某些情况下，考虑一个自适应效用函数的可能性是非常重要的（效用函数取决于发生的结果）。

总的说来，上面的讨论试图说明在我们的社会中，风险被认为是社会成本而不是社会收益。所以当公共政策选择包含不同的风险时，有更多风险的情况是不会被偏好的，除非其他因素对有关它们的偏好有影响（例如有足够高的期望值）。在本章的附录中，我们将展示一种用于评估政策变化（包括健康保险）的风险成本的经验主义方法。

风险控制和风险转移机制

人们一般认为风险的成本很高。意识到这一点之后，我们在本部分会考虑一些影响风险成本的机制。用于降低风险成本的基本机制有两个：风险分担和风险分散。下面我们首先讨论这两个机制，然后讨论影响风险成本的公共政策。

风险分担和风险分散

在一群人中，虽然每个人面临的风险都独立于其他人面临的风险，但如果大家都同意共担损失（或共享收益），那么此即为风险分担。我们这里先非正式地提出风险分担这一概念，在本章之后的附录中还会详细讨论。假定有很多家庭，每个家庭都有 5 000 美元的财富，而且这笔财富很容易被偷。同时假定每个家庭都是独立的，财富被偷的概率为 0.2。[①]我们考虑一下如下情形：保险公司提供给每个家庭一份公平买入价格为 1 000 美元［在保险行业内被称为实际公平保费（actuarially fair premium，即保费等于预期损失）］的全额保险。保险公司不像这些家庭，它不关心谁的财富被偷，它关心的是它所能收到的总保费是否能够（至少）抵偿所有被偷财产产生的总成本。

大数定律统计数据显示，随着相同但相互独立的随机事件数量的增加，实际平均结果接近于预期结果的可能性也在变大。这一准则同样适用于投掷硬币的游戏：投掷的次数越多，总体上出现正面的概率就越接近 1/2。对于保险公司而言，几乎可以确定的是，约 20% 的投保家庭会提出索赔，而保险公司面临的索赔总额将与其收到的总保费大致持平。因此通过把风险转移给保险公司集中起来，风险成本消散了。只要这种"集中"足够大，保险公司的风险成本就会变得无足轻重，而与预期损失相等的保费也就能充分满足索赔要求。

让我们举一个简单的例子来说明风险分担是如何降低风险成本的。我们假定有两个同样规避风险的人。每人都拥有 50 000 美元的财富，其中 5 000 美元易遭盗窃；且两个人被盗的概率均为 0.2。最初两人独立承担风险，或者说独立投

---

① 独立是指每个家庭发生盗窃的可能性与其他家庭是否发生盗窃不相关。

保。在这种情况下，可能会出现两种结果：以 0.8 的概率获得 50 000 美元，以 0.2 的概率获得 45 000 美元。每个人的预期财富都是 49 000 美元 [＝0.2 (45 000)＋0.8 (50 000)]。

现在假定这两个人同意将他们的风险集中起来，这样如遭盗窃，盗窃损失亦能在二人之间平均分摊。那么现在就有三种可能的结果或状态：

(1) 两人均未遭受盗窃损失（W＝50 000）。
(2) 两人均遭受盗窃损失（W＝45 000）。
(3) 一人遭受盗窃损失，一人未遭受盗窃损失（W＝47 500）。

在上述简单的安排下，两个人最后都拥有 45 000 美元的唯一情况是两人均遭受盗窃损失。但发生这种情况的概率只有 0.04＝0.2×0.2。与之相比，独立投保时发生这种情况的概率是 0.2。当然，每人获得 50 000 美元的概率也很小，因为这只发生于两人均未遭受损失的情况下，而两人均未遭受损失的概率是 0.64＝0.8×0.8；独立投保时，该概率为 0.8。剩下的可能的结果，即每个人最后拥有 47 500 美元，概率是 0.32（三种结果的概率之和必须等于 1）。

通过这种安排，极端结果发生的概率降低了，而中间结果发生的概率增加了，但是预期财富保持不变：

$$E(W)=0.64(50\,000)+0.04(45\,000)+0.32(47\,500)$$
$$=49\,000$$

因为预期财富不变且最终达到预期财富的概率增加了，所以风险降低了。例如，标准差从单独投保时的 2 966 美元减少到了两人分担时的 1 414 美元。[①] 这说明了风险分担是如何在不影响期望值的前提下降低风险的。

如果有更多的人加入进来，就可以进一步降低风险成本。当这种"集中"扩大时，出现接近于期望值结果的概率会增加，同时出现极端结果的概率会降低。这恰好是构成保险基础的概念：一大群人同意在他们中间分担任何损失。在这一概念中，保险公司是中间人：它组织了这个风险集中活动，在跟踪成员和其所投保财产的损失以及进行必要的货币转移的过程中产生了交易成本。做上述这些事情可以采取一个相对简单的方法，那就是，从一开始就向每位成员收取等于预期损失加上每个成员按比例摊派的交易成本的费用，然后在出现损失时赔偿损失。随着越来越多的人"集中"进来，风险成本和交易成本（均按比例分摊）变得更低，甚至可以忽略不计，那么保费就接近于保险精算的公平水平（即预期损失）。

当可以得到实际公平保费时，倾向于规避风险的个人当然会购买保险。但对于某些项目而言，运营的交易成本分散到个人后仍无法忽略不计，那么向个人收取的保费会大大高于预期损失。很多人因此会根据自己规避风险的程度选择独立投保。

例如，人们很少投保低成本的项目，因为这样做的交易成本要高于预期损失。交易成本包含下列因素：确定某个项目的价值及该项目遭受损失的概率，确

---

① 四舍五入到个位后，2 966 美元是 88 000 000 美元方差的平方根，后者通过以下公式求出：0.8 (50 000－49 000)² ＋0.2 (45 000－49 000)²，1 414 美元是 2 000 000 美元的平方根，后者通过以下公式求出：0.64 (50 000－49 000)² ＋0.32 (47 500－49 000)² ＋0.04 (45 000－49 000)²。

认实际损失的发生,确保该损失不是因为遭到项目所有者或其他负责人忽视而产生的。在高交易成本这一方面,有一个有趣的例子——汽车保险。当发生交通事故且事故涉及不止一辆车时,为了确定一方是否有过错,常常会产生高额的法律费(如果没有法律上的"过错",那么所有保费将会降低)。[1]

规避风险的个人可能选择单独投保的另一个原因是政府的税收政策。如果纳税人决定自己列出详细清单而不是接受标准扣除额,那么在计算应缴联邦所得税时,未投保的意外事故和盗窃损失(高于最低值)是可以扣除的。如果一个人的边际税阶是31%,那么其所遭受的可扣除的盗窃损失中,每美元损失将会减免其税单0.31美元。对于私人保险来说,1美元可以找补回来,但是对于税收来说0.31美元会损失掉。所以从保险中得到的下一次预期收益就只有0.69美元,大大低于1美元的公平保费。换句话说,因为收益随着收入成比例增加,所以政府保险鼓励个人独立投保。

在这一章的后面,我们将研究保险的其他方面。现在我们要先回到主要问题上:我们须理解风险分担和风险分散是如何降低风险成本的。前面已经指出保险的本质是风险分担。其他社会机构的本质也是风险分担,意识到这一点同样重要。例如,当业务互不相关的公司合并成一个企业集团时,风险分担是一个必须考虑的因素。通过分担每个公司独立承担的风险,投资的平均回报率更有可能接近于期望回报率。这有助于降低公司获得投资基金的成本(因为它"更安全")。当然,还必须根据管理互不相关的企业的难度来权衡这一效果。

资产多样化的一般原则可以看做风险分散的一个例子。也就是说,一个人所持有的多样化投资组合就是风险的集中。这种风险的集中与保险公司所持有的盗窃保险政策之风险的集中很像。试比较一个倾向于规避风险的个人在两种不同情况下的期望效用:一种是投资一定资金在一个公司里,另一种是投资相同数额的资金在十个不同的公司里,且这十个公司面临着相似但又相互独立的风险。(注意:同一个行业中的公司不会完全符合这一标准。虽然每个公司的成败在某种程度上互不相干,但一些影响整个行业的因素可能会导致它们面临共同的不确定性。)

上面所描述的现象在这里同样适用。这就像比较以下两种情形:一种是投掷硬币十次,每次赌注相同,都相对较小;另一种是投掷硬币一次(同样的硬币),但赌注是上述情形的十倍。两种情形的期望值是一样的(对于股票投资而言,假定该期望值是正的)。但随着投掷次数的增加,实际结果接近于期望值的可能性也随之增加(标准差下降),所以风险降低。任何规避风险的投资者都更愿意进行多次、小数额的单独投资。这些投资的总期望值等于一次大的投资的期望值。可参阅附录中的具体数例。

现在,我们举例说明风险分散的好处。当不同的人分担同一风险情形下的收

---

[1] 关于这一点,有一个有趣的理论分析,可以参阅圭多·卡拉布雷西(Guido Calabresi)所著的《事故成本:法律和经济分析》(*The Cost of Accidents: A Legal and Economic Analysis*)(耶鲁大学出版社,1970)。罗伯特·考特(R. Cooter)和托马斯·尤伦(T. Ulen)在其所著的《法和经济学》(*Law and Economics*)(Scott Foresman and Company,1988)第463-472页中列举了关于这个问题的一些经验观点。

益时，就会发生风险分散。关于风险分散有一个明显的例子，那就是公司通过股票市场将其所有权多样化。通过发行普通股，一个公司使得许多个人能够分担其总风险中的一小部分。这样每位持股者面临的风险成本的总和就大大低于公司独立持股时所面临的风险成本的总和。风险分散的一个好处就是能够降低总风险成本。

研究风险分散的好处最容易的办法就是利用我们之前提到的结论（在附录中我们还将复习该结论），即风险成本与方差近似成正比。我们现在将证明风险分散会成比例地减小方差从而降低风险成本。

假定一项大额投资被分为十项规模相同的小额投资，且两种投资方式下期望值一样。现设想有十个风险规避程度相同的投资者，每人持有上述十项小额投资中的一项。如果 X_i 代表的是第 i 次大额投资的结果，那么十个投资者每人在 i 状态下将会有 $X_i/10$ 的结果。每个投资者经历的方差即为

$$\mathrm{Var}(X/10) = \sum \pi_i [E(X_i/10) - X_i/10]^2$$

析出因数 $\dfrac{1}{10}$，变成了

$$\mathrm{Var}(X/10) = (1/10)^2 \sum \pi_i [E(X_i/10) - X_i/10]^2 = (1/100)\mathrm{Var}(X)$$

也就是说，分散之后，每个人获得期望值的 $1/10$，但方差只有原来的 $1/100$——远远低于成比例减少的 $1/10$。因为风险成本与方差近似成正比，所以小额投资的风险成本远远低于原单人大额投资的风险成本的 $1/10$。换句话说，投资分散后，其风险成本的总和的十倍仍远远低于单人大额投资的风险成本。或者再换一种说法，在这样一项风险投资中，十个人组成的投资团体肯付出多于他们任何一人单独投资的数额。

当财富的边际效用降低时，人们就会采取风险分散策略。我们已经看到，如果期望值恒定，则风险规避者倾向于选择小规模赌注。例如，风险规避者更喜欢用一美元而不是两美元做赌注投掷匀质硬币。单次赌注大不仅代表着总赌注更大，而且代表着边际风险成本更大。赢得第二个一美元的期望收益要小于赢得第一个一美元的期望收益，而输掉第二个一美元的期望损失要大于输掉第一个一美元的期望损失——这很简单，因为财富的边际效用递减。所以，边际风险成本随着赌注的增加而增加。两个人平均分担风险事件中的风险时，其各自所担负的总风险成本要低于一个人独自面对该风险事件时所担负的总风险成本。

另一个促进风险分散的机制是期货市场。举例而言，一个谷物种植户不愿意当年种植谷物但承担来年谷物成熟时收益不确定的全部风险。在期货市场上，他当前可以以一个特定的价格卖掉将来部分谷物。因此，如果来年价格发生变化，谷物种植户通过现在提前卖掉一部分谷物放弃了可能的损益，而作为回报，他通过期货合同获得了确定性收入。

所有这些例子中的保险、期货合同和股份都可以被认为是或有商品，即价值有赖于事实状态的商品。比如盗窃保险合同，如果没有发生盗窃，则无须支付任何价值；如果发生盗窃，则需支付投保物品的价值。如果来年谷物价格下降了，那么谷物购买者将面临损失；如果价格上涨，那么他将获得收益。一只普通股可以

被认为是对相关公司未来价值的认领,它的价值依赖于相关公司的收益率状况。[1]

理论上,人们需要各种或有商品市场以确保不确定条件下的最优资源配置。但实际上,人们只建立了很少的这样的市场。一个人可能想为他的收入投保通货膨胀险,但目前尚未出现基于消费者价格指数水平的期货合同。这样的市场没有建立起来的原因很多,其中与政策分析相关的原因是:建立这样的市场需要集体行动,而人们还没有充分想好该如何去做。因为不确定性太普遍、太昂贵了,所以值得投入大量的时间和精力来创建有效机制,减少风险成本。

政策层面的风险转移和风险控制

这一部分,我们将简单举例证明一些政策对于风险成本及其分布有着重要的作用。为此目的,首先很有必要提及风险与资源分配之间关系的一个方面,这一方面至今仍被我们所忽视:风险成本影响风险情形下的资源配置量。

在说明风险分担和分散时,我们关于风险总量做如下假设:不管是否做出风险承担的安排,风险事件都会发生。也就是说,不管有没有保险,人们都要购买珠宝和其他"不安全"的财物;不管是不是合伙经营,存在风险的高科技公司都要运转。做这样的简单假设是为了强调,随机事件的风险成本不是由事件本身决定的,而是在很大程度上依赖于制度安排。这些制度安排能够将风险从一个经济主体转移到另一个经济主体。为保证效率,应对风险进行分配,从而降低其成本,否则就会出现已经解释过的那些交易。诸如保险、股票市场等这样的机制允许风险分担和风险分散,从风险分配一开始就降低了风险成本。

但降低风险成本的机制还包含另外一个重要的方面——它们增加了对风险创造事件的资源分配。如果没有盗窃保险,那么对于容易遭受盗窃的物品,无论其价格如何,人们的需求都会降低。如果不允许公司通过发行股票来分散风险,那么它们的规模将会受到限制,而这种限制从经济角度讲是不恰当的(例如,公司因此可能无法利用规模经济的优势)。如果人们不能购买通货膨胀险,那么他们在那些价值主要依赖于通货膨胀的活动(特别是投资)中分配到的资源会更少。

下面要提到的政策例子用来说明影响风险成本的其他制度方法。类似分担和分散机制等的政策对资源配置有重要的影响。我们注意到了其中的一些影响,但我们的重点仍然是更加深入地认识用于应对风险的社会机制。

由公共政策创造的一个有趣的风险转移机制是有限责任公司。也就是说,公司只承担与其拥有的资产净值相当的义务。公司的所有者或股东的资产是没有风险的,这个有限性不适用于非公司企业。例如,在非公司企业中,合伙人可能被迫变卖房屋以偿还商业债务。有限责任使得公司有强烈的动机组建公司企业。

通过限定公司所有者需承担的责任,可将公司承担的一部分风险转移给其他人。在特定的情形下,这可能会提高也可能会降低资源分配的有效性。比如可能

---

[1] 杰克·赫舒拉发(J. Hirshleifer)和拉尔斯(J. Riles)在《不确定性和信息分析》(*The Analytics of Uncertainty and Information*)(剑桥大学出版社,1992)一书中,对不确定性和或有商品做了严谨的研究。

会刺激新产品开发,这种新产品开发预期回报好,但同时根据销售情况,可能存在很高的伴随性风险。从社会角度看,虽然没有结果但平均收益是正的的项目是理想的。而且从社会观点来看,很多此类项目的总风险是可以忽略的。但如果必须通过增售股票来分散利润,那么持新观点的人可能会认为不值得投入时间。有限责任和债务融资相结合能适度融合个体回报预期和风险,对于个体而言是非常理想的选择。

如果太过限定责任,那么可能刺激过度冒险。假定一个公司决定冒险,而该冒险行为可能会给其他人带来灾难性的结果,比如建造核反应堆。类似的决定是根据公司的预期收益和成本做出的。公司了解这很可能是一个重大灾难性事件,但在这个事件中它只需承担与自己资产相应的责任,所以公司所计算的预期损失小于实际的预期社会损失。尽管预期社会回报为负,公司可能还是会很愿意冒此风险。[1] 这个例子和我们就 20 世纪 80 年代的储蓄和借贷危机进行的论述相关。

除了风险转移的方法,还可以通过采取一系列其他方法来控制风险的生成。举一个简单的例子来说,赛马赌博的合法化使得赛马在总体上没有风险,只有赌马者需承担风险。因为赌马的奖金中赌注总额所占比例固定,而剩下的都根据标准公式分配给赢家,所以赛马场本身没有赌输的风险。[2] 同样还有一个例子,各州通过彩票系统生成和售卖风险来增加财政收入。在这些州彩票系统中,每美元有 50 美分的负预期价值,其运行主要依靠公众中受教育较少的那部分人,这部分人是主要的彩票购买者。[3]

另一种涉及公共政策的综合风险控制形式与犯罪和威慑有关。在之前盗窃保险的例子中,我们认为盗窃的概率是外生给定的。但事实往往是,无论在哪个领域,配置给刑事司法活动的资源都可能影响盗窃的概率。也就是说,道路照明程度、警察巡逻的频率、公民的合作程度(比如迅速报告涉嫌犯罪的行为)都可能影响潜在小偷真正实施盗窃的可能性。[4]

在前文中,我们提到,通过做出类似安装防盗报警器来保护房屋安全,乘出租车而不是步行来减少街头暴力等决定,个人行为影响着个体成为受害者的概率。因此,那些能最大限度地降低风险的决定都是相互关联的。也就说,要达到

---

[1] 《普莱斯-安德森法案》(Price-Andeson Act)更进一步地限制了原子核反应堆事件中的责任,使得该案例中的问题变得更加严重。参见杜宾(J. Dubin)和罗斯维尔(G. Rothwell)1989 年 6 月发表于《社会科学杂志》(Social Science Journal)第 3 期的文章《核电站安全性:〈普莱斯-安德森法案〉和州监管委员会下的经济动因》(Safety at Nuclear Power Plants: Economic Incentives under the Price-Anderson Act and State Regulatory Commissions)。

[2] 这么说有点夸张。在大多数情况下,赛马场每赢得 1 美元至少要支付 0.05 美元。有时候,当一匹众望所归的马赢得比赛时,若赌输了的赌马者投入的赌注不够支付赢家赢得的钱,赛马场就得自己填补两者之间的差额。这种情况很少发生。

[3] 参见查尔斯·克劳特菲尔特(Charles Clotfelter)和菲利普·库克(Philip J. Cook)1990 年 8 月发表在《经济展望杂志》(Journal of Economic Perspectives)第 4 期上的文章《州彩票经济学》(On the Economics of State Lotteries)。

[4] 例如,可参考布莱克(D. Black)和内根(D. Nagin)1998 年 1 月发表在《法律研究杂志》(Journal of Legal Studies)第 1 期上的文章《携枪权相关法律能威慑暴力犯罪吗?》(Do Right-to-Carry Laws Deter Violent Crime?);霍普·科曼(Hope Corman)和南希·摩卡(H. Naci Mocan)2000 年 5 月发表于《美国经济评论》第 3 期的《纽约市犯罪、威慑和毒品滥用的时间序列分析》一文;H. 汤臣(H. Tauchen),A. 威特(A. Witte)和 H. 格利辛格(H. Griesinger)1994 年 8 月发表于《经济学和统计学评论》(Review of Economics and Statistics)第 3 期的文章《刑事威慑:出生年代下的问题重审》(Revisiting the Issue with a Birth Cohort)。

降低风险的特定目标，成本最低的方法往往是将公共支出、私人保护支出和保险支出相结合。① 在将要展示的健康保险的例子中，我们会分析一些由此类相互关系导致的相关问题。

风险控制的另一种政策形式是质量认证。想象一下，对执照不做要求的医护行业会是什么样子？如果对执照不做要求，那么任何一个想成为医生的人挂上牌子就可以提供医疗服务。寻求医护服务的个人对其所接受的医护服务的质量会非常忐忑。因此，社会上才有了从医执照要求，要求医生至少展示一下其所受到的医疗培训情况。这样就以一种特定的方式降低了消费者的不确定性。虽然人们对医疗护理的质量还是不很确定，但该制度通过减少那些不合格的医疗护理人员的人数提高了医疗护理的平均水平。

至于这些执照要求的效益是否大于其成本，这是另外一个问题。米尔顿·弗里德曼（Milton Friedman）认为这些执照要求是无效的。② 它为人们进入该行业设立了障碍，使得服务提供者具有一定的垄断权，与不受监管的市场相比，这样会导致价格更高、服务量更少。他还称，在不受监管的市场中，各种竞争将会淘汰不合格的医护服务提供者。只有那些称职的医护服务提供者才能吸引患者。

肯尼斯·阿罗（Kenneth Arrow）则认为如果一项制度不受管制，那么其不确定性成本可能很大。③ 消费者了解产品质量的最主要的方法是反复尝试。因为消费者不是经常性地购买医疗服务，而且每次购买医疗服务的原因也不尽相同，所以竞争机制可能是一个不甚完美的保障措施。这样，大量不称职的人员能够存留下来，而对于不知情的消费者而言，每次寻求医疗服务都会变成风险赌博。

这些理论争论未能解决一个基本的实证问题：减少不确定性的效益是否能超过供给限制的成本？④ 现实生活中，关于医护行业的政策辩论尚未在如此广泛的范围内考虑过该问题，而对于真正经过认真考虑的执照问题，定义又很狭隘。例如，是否应该要求相关人员在持有执照后才能实施特定种类的外科手术？或者是否应该对持证医生进行定期考试以确保其医疗知识不断更新？是否应该取消针对某些微型医疗救治的执照或重新颁发此类执照并将伞兵医务人员及护士包括在内？

同样的问题会出现在所有有专业执照要求的领域，比如汽车技工、房地产代理商、牙医和教师等，同时还会出现在诸如油漆和微波炉等产品的安全要求中。在各种情形下，单纯分析不合格交易的数量是不够的，还必须考虑因可能发生的

---

① 伊戈尔·厄里克（I. Ehrlich）和加里·贝克尔（G. Becker）在其1972年发表于《政治经济杂志》（*Journal of Political Economy*）第4期的《市场保险、自我保险与自我保护》（Market Insurance, Self-Insurance, and Self-Protection）一文中对此进行了更加全面的讨论。

② 参考米尔顿·弗里德曼所著《资本主义和自由主义》（*Capitalism and Freedom*）（芝加哥大学出版社，1962）的第4章。

③ 参考阿罗所著的《风险分担理论》的第8章。

④ 关于该问题的实证研究案例，可参考 W. D. 怀特（W. D. White）1978年春发表于《人力资源杂志》（*Journal of Human Resources*）第1期的《临床实验室人员执业许可证的影响》（The Impact of Occupational Licensure of Clinical Laboratory Personnel）一文。

不满意结果而导致的需消费者承担的纯风险成本。① 在本章的附录中，我们提出了一些将美元价值加于风险成本的方法。

上面提到的这一点值得强调，因为它常常会被人们所忽略。设置标准是用一种清晰的方式提高一项服务的预期价值。例如，汽车安全标准可减少汽车事故。事故数量的减少是一个很容易达到的效果，但设置标准之后能达到的效果更好：对于每一个开车的人而言，开车的纯风险成本降低了，这种利益更加巨大。

另一个值得深入考虑的问题是备选政策所覆盖的范围差别很大。因为许可问题，某项服务的供给者范围可能很宽泛，也可能很狭窄。如果没有许可，那么有认证证书也可以。要提供服务，不一定非得有认证（比如会计不一定非得是注册会计师）。

为了更好地理解这些政策所涉及的问题，我们必须拓展我们对于不确定性下个人行为的理解。我们已经简要地认定个人行为都是为了将预期效用最大化，但关于该模型在多大程度上能够粗略估计实际行为，是存在争议的。

不确定条件下个人行为的替代模型

贫民窟房东困境和战略性行为

我们迄今为止所提到的很多不确定性案例都是奈特所认为的"存在风险的"一类，即可能出现的各种状况的概率是已知的。但在某些不确定的情况下，概率是未知的。这类情况的一种称为策略博弈，比如下象棋，甚至核武器策略。博弈各方会从所有可能的策略中选择某一策略以达到各自期望的效果。在这里，博弈方在意义上大致等同于经济主体，因为博弈方可能是个人、公司、政府单位或者其他决策主体。在核武器的例子中，国家被视为同心协力的"人们"，通过防御性手段确保摧毁攻击者，并对核打击行为进行震慑。博弈理论是理解策略博弈的精深尝试。②

---

① 有时也代表事前（ex ante）和事后（ex post）之间的区别。事后代表一个人可以看到结果，但此时已无风险。社会成本包括事前的风险成本。

② 有关博弈论和策略选择的经典读物，可参阅邓肯·鲁斯（R. D. Luce）和霍华德·雷法（H. Raiffa）所著的《游戏和决定》（*Games and Decisions*）（约翰威利出版有限公司，1957）一书以及托马斯·谢林（Thomas C. Schelling）所著的《冲突的策略》（*The Strategy of Conflict*）（哈佛大学出版社，1960 年）一书。现代的观点包括罗伯特·吉本斯（Robert Gibbons）所著的《应用经济学家博弈理论》（*Game Theory for Applied Economists*）一书（普林斯顿大学出版社，1992）以及 H. 斯科特（H. Scott）和路易斯·费尔南德斯（Luis Fernandez）所著的《博弈论的经济应用》（*Game Theory with Economic Applications*）一书（Addison-Wesley 出版有限公司，1993）。

贫民窟房东困境就是这种类型的有趣博弈。① 假设有两个贫民窟住所的所有者——拉里（Larry）和莎莉（Sally），其房屋相邻。两人都很清楚：如果两人都投资翻修他们的房屋，那么他们的房子将会是城市里最好的廉租房并且他们的投资也会带来高回报（比如，每个人都会得到额外的 5 000 美元的回报）。但如果拉里修葺了房屋，莎莉没有，那么拉里将倾家荡产而莎莉将赚得盆满钵满。

因为存在外部效应，所以这种情形很可能发生。也就是说，因为存在负的外部效应，即拉里的房屋紧邻贫民窟，租户对于租住拉里的房屋的需求只有些微增长，翻修房屋的成本远远高于房租，所以拉里的净利润减少了 4 000 美元。但莎莉发现，虽然没有对自己的房屋进行一分钱的投资，因为邻近地区条件好这个外部优点，租户对于她的房屋的租住需求反而增大了，她的利润增长了 6 000 美元。如果仅仅是莎莉投资了，则会出现相反的情形。

这种情况正如图 7-5 所示。问题是，两人会怎么做？房东拉里可能会想："如果莎莉投资，那么我最好别投资（6 000 美元＞5 000 美元）。如果莎莉不投资，那么我最好别投资（0 美元＞负债 4 000 美元）。不论哪种情况下我的最佳选择都是不投资，所以我就不投资了。"那么对于拉里而言，不投资是占优策略：在每种情况下都会带来最好的结果。莎莉也进行了相同的推理。她考虑了对自己最好的做法，然后得出结论——不投资对她是有利的。

		贫民窟房东莎莉	
		投资	不投资
贫民窟房东拉里	投资	（5 000 美元，5 000 美元）	（－4 000 美元，6 000 美元）
	不投资	（6 000 美元，－4 000 美元）	（0 美元，0 美元）

图 7-5 贫民窟房东困境：（A 美元，B 美元）中的数字是拉里和莎莉各自的纯收益

由此，莎莉和拉里最后的利润都不会改变，但两人很显然失去了一个使各自利润增长 5 000 美元的绝佳机会。为什么会这样？为什么两个人不合作且都进行投资呢？

问题在于两个人都有一个被误导的动机，而另一个人同时也知道这一动机。如果你正在考虑投资 10 000 美元去翻新一个贫民窟，但是否能成功取决于你隔壁的邻居，那么你会相信你隔壁的房东吗？也就是说，在这场博弈中，虽然各方都同意去投资，但各方都不确定对方是否真的会投资。举一个更真实的例子，有 10 到 20 套房屋由不同的房东拥有，每套房屋的成功都取决于房东对其进行投资。房东之间的相互不信任可能导致现实情况没有一丁点儿改善。

如何解决这个问题呢？像所有由外部效应引起的问题一样，解决办法就是通过某种方式把外部效应内部化。但是如何克服因为缺乏信任而导致的不确定性呢？如果相邻的房屋只有一个房东，那么很明显房东会进行投资。最初的两个房

---

① O. 戴维斯（O. Davis）和 A. 温斯顿（A. Whinston）1962 年在《政治经济学杂志》（*Journal of Political Economy*）上发表了《外部效应、福利和博弈论》（Externalities, Welfare, and the Theory of Games）一文，首次提出了囚徒困境的概念，参见该杂志 1962 年 6 月总第 70 期第 241-262 页。

东中有一个可能会被说服将房子卖给另一个房东（这样的交易空间当然是存在的）。但是，需要协调的房东人数越多，一个房东把其他房东的房子都买下来的可能性就越低。在这种情况下，政府希望通过行使国家征用权买断这些房产。这样就可以由政府对其进行整体改造或由政府将其卖给一个开发商进行整体改造。这个过程更像旧城区改建。

值得注意的是，在这场博弈中，人们都没有将预期效用最大化。没人知道各种结果出现的概率。在很多不同的情形下都会出现这种情况。人们最初描述博弈这一概念时，称其为囚徒困境。长官逮捕了两名犯罪嫌疑人，然后将其分开关押，敦促他们招供。每个犯罪嫌疑人都有两种策略：招或是不招。如果两人都不招供，则两人将因为轻微犯罪而被从轻判处；如果两人都招供，则都将遭受中等程度的刑罚；但是如果其中一个招供而另一个不招供，那么招供的囚犯将得到缓刑释放，而没有招供的囚犯将被判终身监禁。因为两人互不信任，所以两人都有招供的动机。

这种博弈也被应用于国际贸易政策这一重要领域。最常规的经济分析强烈赞成自由贸易，认为其很有效率（其所基于的逻辑类似于一个经济体允许个体间自由交易）。但是，几乎所有国家都有大量的保护性关税和出口补贴，因而并非自由贸易。当然，原因有很多，比如一国某受保护行业的政治力量（尤其是当该国消费者遭受的损失比该国生产者获得的收益大时，一个好的候选人就会凸显出很大的政治力量）。我们现在主要集中于一种解释——从实现国家净收益的角度看，这种解释很合理。

假设自由贸易会将世界净收益最大化。如果一个（并且只有一个）国家实施了进口关税（或出口补贴），则通常其消费者会遭受损失，而生产者和纳税人会从中受益。在某些情况下，收益大于损失，这样该国整体将会很富裕。但其他国家会因为该国实施关税而遭受利益损失，所以将通过实施报复性关税来减少各自的损失。这种情况很容易变成贫民窟房东困境：实施关税不能带来最好的福利，但由于各国都有征收关税的倾向，因此最终每个国家从中获得的福利净值都很低。这就解释了为什么各国要签订合作协定例如《关税和贸易总协定》（GATT）以减少或取消关税。[①]

作为这种博弈的最后一个例子，想象一下，如果一群人要去饭店吃饭而且提前约定好费用均摊，那么会发生什么？所有的参与者可能都想点比平时自己单独吃饭时要贵的菜。有人可能会点大牛排，因为大牛排虽然贵，但需要个人支付的部分很小。即便如此，个人需要支付的那部分账单金额也会很高，因为没人能控制其他人点餐的费用。这样，点贵菜就代替了点普通菜而成为点菜时的占优策

---

① 这个例子非常简单，实际中对贸易策略及其应用的博弈理论分析是一个非常重要的研究领域。例如，可参考弗里德里克·梅耶（Frederick W. Mayer）1991 年春发表于《政治分析和管理杂志》（*Journal of Policy Analysis and Management*）第 2 期上的《国际贸易中的国内政治和策略》（*Domestic Politics and the Strategy of International Trade*）一文。如需更多分析，可参考保罗·克鲁格曼（Paul Krugman）和阿拉斯戴尔·史密斯（Alasdair Smith）等所著的《贸易政治策略的经验研究》（*Empirical Studies of Strategic Trade Policy*）一书（芝加哥大学出版社，1994）。

略,最后,这群人享用了一顿盛宴,但除了饭店老板之外,没人会觉得钱花得值。① 我们马上会看到,在医疗保险覆盖范围上也存在同样的困境,且构成了医疗服务领域内最严重的政治问题之一。

为了强调人与人之间和人与自然之间博弈的区别,我们重新设定拉里可能获得的产出,如图7-6所示。一会儿我们再讨论拉里的"对手",现在我们先指出,这次拉里没有占优策略。如果发生情形A,则他最好投资;如果发生情形B,则他最好不投资。

		情形 A	情形 B
拉里	投资	5 000 美元	负债 1 000 美元
	不投资	2 000 美元	0 美元

图7-6　拉里所选的策略有赖于出现了情形A还是情形B或他人选择了情形A还是情形B

考虑一下拉里会怎样推理另一个人是如何有意识地选择情形A或情形B的。另一个人的回报和拉里得到的回报相同,但不允许两个人相互交流。② 从战略上推理,拉里会意识到"另一个人"有占优策略:无论拉里选择什么策略,情形A都要好于情形B。另一个人因此将选择情形A,而拉里因此会选择投资。③

现在让我们把拉里的对手由人变为自然:在拉里选择了投资策略以后,不管他选择什么策略,情形A或情形B都有可能发生。例如,情形B可能是地震,会摧毁拉里的房屋;情形A可能是没有发生地震。或者情形A和情形B是由和拉里没有直接关系的人为因素造成的,例如情形B可能是公职人员罢工。无论拉里投资与否,罢工可能都会妨碍垃圾收集,从而增加拉里的清理成本,而且在城市建筑监察员复工之前也会耽误翻修后房屋的租赁。在这些情况下,拉里会怎么办?

在这些情况下,最大最小值规则是受推崇的决策原则:选择能在最坏的情况下将回报最大化的策略。如果拉里不投资,则最坏的结果是分文不赚;如果拉里投资,则最坏的结果是负债1 000美元。因此,不投资的策略将拉里的投资在最坏的情况下最大化了。

最大最小值规则是一种极端的风险规避策略,完全不取决于拉里主观上对每种情形发生概率的估计。假设拉里认为不发生地震或罢工的概率是0.9。那么拉里投资的预期利润为

---

① 不是所有人都认为这顿大餐吃得不值得。一些人享受的是吃饭的过程;另一些人基于彼此信任认为这样一顿大餐也是正常的。这个例子让人们认识到人们的动机会变,会带来压力;同时让人们明白许多人可能会成为这种现象的牺牲品。

② 当拉里和另一个人分别代表垄断市场的两个寡头公司,受法律所限不能联合起来采取行动时,这样的假设同样成立。

③ 理解这一结果的一个有用的概念就是纳什均衡:只要他人不改变策略,一个人就无法改善自己的状况。在这个例子中,没有人可以通过单方面改变策略来独自获得5 000美元的报酬,所以是纳什均衡。虽说纳什均衡是这场博弈的"最好"结果,但贫民窟房东困境中两个人都不投资不一定是纳什均衡。而且,尽管这两个博弈各自都有一个纳什均衡,但是在策略博弈中,有些是有多个纳什均衡的,有些则一个也没有。然而,当不合作策略盛行的时候,这个概念的使用和前面提到的国际贸易中候选人选择采取保护措施是类似的(因为确保履行合作协定是非常困难的)。

$$E(\Pi)=0.9(5\,000)+0.1(-1\,000)$$
$$=4\,400$$

如果他不投资的话，那么拉里的预期利润会低很多：
$$E(\Pi)=0.9(2\,000)+0.1(0)$$
$$=1\,800$$

正如我们所看到的，即使是规避风险且期望效用最大化的人也很容易选择投资的策略。

让我们考虑一下另外一种可能的策略：搜集更多信息。举个简单的例子，假设拉里花费了一番工夫和努力得到了公职人员是否会罢工的确切消息。那么这个消息值多少钱？对于一个将预期效用最大化的人，完全信息的效用价值就是当前（信息不完全）情况下的预期效用和能够在任何情形下选择最佳战略的预期效用之间的差额。

为了说明这一点，假设拉里现在有45 000美元，风险规避的效用函数为
$$U=-e^{-0.000\,2W}$$

在信息不完全的情况下，拉里更愿意选择投资。选择这种策略的预期效用为[①]
$$E(U)=0.9U(50\,000)+0.1U(44\,000)$$
$$=-0.000\,055\,933\,2$$

其对应的实际财富收益为48 956.76美元。

如果拉里发现，不管是否罢工，他都可以根据现实情况做出决定，那么他的这一发现的预期效用价值为
$$E(U)=0.9U(50\,000)+0.1U(45\,000)$$
$$=-0.000\,053\,200\,9$$

此时，实际财富收益为49 207.17美元。换句话说，拉里愿意支付最多250.41美元（49 207.17－48 956.76）去获得罢工的确切消息。

要在上述的例子中采取效用最大化策略，拉里必须对各种情况发生的概率有主观感知。个人是否有此主观感知，此主观感知是如何形成的以及此主观感知是否起作用等都是我们尚未讨论的重要问题。下一部分我们将具体展开讨论。

有限理性

当人们所做的决定明显地存在风险时，比如通过抛硬币做决定，他们通常会持有以下观点：个人行为与预期效用是一致的。但如果做决策的情形更为复杂且不经常发生，实际行为就会很不一样。要解释这一现象，就要意识到决策本身是

---

① 不投资的预期效用为
$$E(U)=0.9U(47\,000)+0.1U(45\,000)$$
$$=-0.000\,086\,796\,2$$
该策略的实际财富收益为46 759.94美元。

很昂贵的，而个人只会花费其资源的一小部分来进行决策。人类的理性是有局限性的。[①] 为了用一个明显的例子说明这一点，我们来考虑下一字棋和下象棋时走子的区别。要成为一个专家级的一字棋玩家很简单。多玩几次，下棋的人就很清楚怎么走子能避免输棋。也就是说，玩家通过反复尝试就可以成为专家。要想获得最佳结果，不是通过脑力比较所有可能的走子步骤及其结果，然后从中决定走哪一步最佳，因为人没有足够的脑力做如此大量的运算。棋手们必须学会一套常规的攻击和防守策略。

例如，在九种可能的开局着法中，新手很快就会知道其实只有三种不同的情况：中间、角、边。也有常规走子的方法：如果对手从中间开局，那么我便从角上开始。一字棋非常简单，简单到所有人都能学会不败的策略。每个人其实都可以很快成为一字棋专家，通过观察棋手的行为，棋手好像已经考虑了所有可能的着法并且做出了最佳选择。无论棋手怎样走子，人们都会认为棋手们是要将他们取胜的机会最大化。

因为计算能力有限，所以在一字棋中，棋手无法对所有可能的着法进行系统考虑。这也适用于国际象棋。没有任何人（甚至迄今为止最大的计算机）能够计算所有可能的走子着法及其后续着法，然后做出最佳选择。下象棋和下一字棋一样，棋手都是主要通过反复尝试学会常用的进攻和防守策略。也就是说，其遵循的解决问题的步骤类似于解决复杂问题时所遵循的步骤，即将一个复杂的问题尽量简化成许多可以解决的小问题（标准程序），最终解决整个问题。

但是，一字棋和象棋之间有一个很大很明显的不同之处：虽然几乎所有人都能找到下一字棋的最佳策略，但至今没人能够找到下国际象棋的最佳（不可击败的）策略[②]，只是找到了让人基本满意的常规走子着法，即在给定的时间内，只要走子着法是棋手所知道的最佳着法，且不会导致输棋，那它就是基本令人满意的。但人们也意识到还有更好的走子着法。因此，大多数棋手仍在努力提高自己的棋艺。

在做经济决策时，人们需要面临很多情形。在这些情形下，或者作为个体，人们有常规的最佳做法，或者存在令人基本满意的常规做法；或者这些情形是人们所不熟悉的，或者这些情形下不存在常规做法。比如，我们买肉的时候，不难发现超市里包装好的肉制品有少量我们不想要的部分（比如肥肉），但因为包装问题，我们看不到；在购买的过程中，我们可以不断地做出判断。这样，消费者在附近社区就能购买到价格和质量都非常好的肉制品。选肉就像下一字棋。人们每次去商店买肉时，并不清楚具体怎样挑选肉制品，他们因此会遵循简单的购物原则，但结果可能跟他们遵循最优原则时一样。

此外，选什么样的肉制品可能和消费者本身也有关系。消费者决定买肉制品

---

① 这部分的许多观点与赫伯特·西蒙（Herbert Simon）有关。例如，可参见西蒙的《经济和个人科学的决策理论》（Theories of Decision-making in Economics and Behavioral Science），载《经济理论调查》（Surveys of Economic Theory）第三卷（圣马丁出版社，1967）。也可以参考同一作者的著作《有限理性模型》（Models of Bounded Rationality）（麻省理工学院出版社，1982）。

② 用数学方法已经证明这样的方法是存在的。可参阅赫伯特·西蒙的《人工智能学》（The Sciences of the Artificial）（麻省理工学院出版社，1969 年）一书 63 页。

时，很难判断肉的好坏，例如可能看不出来肉的新鲜程度。商家之间的竞争会迫使不新鲜的肉撤出市场，或与新鲜的肉分开。但商家竞争仅对消费者的选择做出反应。在日常购买肉制品时消费者总会发现有商家经常性地、有组织地销售不新鲜的肉，通过不去购买此类肉制品，他们迫使此类商家无法继续经营。但有的经销商很聪明，只是偶尔出售不新鲜的肉，倒也能侥幸成功。

这种情况下，公共政策或许可以改善市场操作。例如，可以设置相关规定，要求所有肉制品都必须标注法定销售期限。要想有实际效果，制定者在评估肉的新鲜程度方面的能力一定要比消费者强，这一点很重要。如果制定者认为所有的肉都应该在切割和包装后两天内卖出，而几乎所有的消费者都认为之后第三天买肉也没什么问题，那么这个规定损害的将是消费者的利益。虽然减少了不新鲜肉制品的销售，但它同时也影响了新鲜肉制品的供给（新鲜的肉制品变得更贵了），由此带来的损失可能大大超出收益，得不偿失。

在上述例子中，为什么不只保留标注日期的要求而不限定销售期限呢？这取决于消费者选择的复杂性和多样性。如果消费者需要的只是肉的相关信息或者消费者对肉的食用期限的认知各不相同，那么最好为其提供纯粹的信息政策。因为监管者不清楚消费者的偏好，所以给消费者提供信息但不限制消费者的选择这种做法会更有效。此外，消费者在处理信息，即利用信息做出决定时可能遇到困难。如果很多消费者对于肉新鲜与否没有自己的标准（因为不经常遇到不合格的肉），那么对肉的销售期限做出规定的利大于弊。

最后这个关于肉的例子具有教育意义。假设肉中加入了一些用于提色或改善口感的化学物质，这些物质具有致癌性。在摄入一定量的该物质20或30年之后，人有可能罹患癌症。这一点就像肉的新鲜程度一样，在消费者买肉时很难对其做出判断。与新鲜程度不同的是，个人消费者无法及时观察到化学添加剂的后果从而做出不同的决定。即使平心静气地把这些事实告知消费者，消费者因为没有经验，可能做决定时也是稀里糊涂的。

这就好像我们虽然听了鲍比·菲舍尔（Bobby Fischer）关于下象棋的精彩演讲，但在第一次同时也是仅有的一次下象棋时是不太可能战胜对手的，尤其是如果我们面对的是一个经验丰富的对手。如果赢得比赛很重要，新手就会更希望鲍比·菲舍尔代替他（她）下象棋。同样地，在考虑食品添加剂问题时，消费者或许也希望有专家能帮他们做决定。在这种情形下，监管机构利用权力禁止特定产品，将会提升效率。

当理性受限时，这个限度本身会导致不确定性。在最后这几个例子中，消费者拥有的信息是一台超级计算机做出最优策略选择所需的所有信息，问题是消费者没有完善的做法或计划去处理这些信息，确定最优策略。在这类情况下，规则性政策能提高消费者满意度。

当然，在现实生活中，消费者能否在特定情形下通过公共政策改进决策是一个经验性的问题（不仅取决于消费者的实际选择和最优选择之间存在的偏差，而且取决于利用规则减小这种偏差的可能性）。但是，现有的关于个人消费者决策的实证证据表明，即使在简单的决策环境中，实际行为也经常和预期效用最大化很不一致。①

调查人员曾对消费者购买灾害保险进行了入户调查，该项调查非常有趣。②调查对象为易发生灾害地区大约 3 000 户家庭，其中一半家庭都没有投保。调查过程中设计的问题包括：受调查家庭对灾害发生的可能性的主观判断，发生灾害时他们可能会遭受的损失以及他们对可选保险的了解程度。当很多人说他们不清楚相关信息时，那些知道相关信息的人似乎严重偏离了预期效用最大化的原则。在这个群体中，39%的没有投保的家庭本应该购买保险（以期将预期效用最大化），而几乎同样比例的购买了保险的家庭本不应该购买保险。

从政策的角度看，在这项研究的结果中，虽然居住在灾害多发地区，但不到10%的样本家庭选择了不投保。这些家庭中有一半都不知道保险的存在，更不知道他们的洪水保险 90%是由联邦政府补贴的。剩下的家庭极大地、不现实地低估了灾害发生时他们能获得的赔偿金。是政策有什么问题吗？如果一个人对预期效用模型不加怀疑地接受，那么当然没有理由为他/她提供保险补贴。其实该模型很好地解释了为什么不应提供补贴：如果选择住所地时不考虑需承担的实际代价，那么人们会过多地定居到有政府补贴的地区。

但该模型忽略了有限理性揭露出的一个问题：人们之所以居住在这里，是因为他们不知道灾害发生的概率或者他们没法处理此类信息，也不知道一旦发生灾害谁会遭受重大损失。保险补贴或许能稍微缓解这一问题（取决于人们对保险补贴需求的价格弹性），但同时也会带来上面提到的住所地问题。

强制性的无补贴保险效果可能会好一点，因为它既能解决未在保险范围内的群体的问题，同时也能发出信号，引导人们基本正确地选择定居地，当然，"人们"不包括那些不买保险而愿意冒险的人。要保护消费者的选择并且使得消费者的选择更加理性，最好的政策是信息政策或者帮助消费者处理信息的政策。

最后一个例子是股权溢价之谜。它把我们带回到前面曾提到的一项研究发现：长期来看，投资股票的收益率比投资债券的收益率要高出五到六个百分点。问题是这个差别作为理性预期效用最大化参数选择的结果来说实在太高了。③ 为

---

① 关于这一点的研究和文献信息，请参考马修·拉宾（Matthew Rabin）1998 年 3 月发表于《经济文献杂志》（*Journal of Economic Literature*）第 3 期上的《心理和经济》（Psychology and Economics）一文。据此进行的一个很好的实验研究的案例，可参阅大卫·格雷瑟（David M. Grether）和查尔斯·普洛特（Charles R. Plott）1979 年 9 月发表于《美国经济评论》（*American Economic Review*）第 4 期的文章《选择和偏好反转现象的经济理论》（Economic Theory of Choice and the Preference Reversal Phenomenon）。这篇文章揭示了与普遍意义上的偏好理论不一致、不仅仅是预期效用最大化的反转行为。李·弗里德曼（Lee S. Friedman）在其文章《有限理性与标准效用最大化：一个关于能源价格反应的试验》（Bounded Rationality versus Standard Utility-Maximization：A Test of Energy Price Responsiveness）中也提到了一些可以选择的模型，见福克斯（J. Fox）和高达（R. Gowda）所编的《判断、决策和公共政策》（剑桥大学出版社，2002）一书的第 138–173 页。

② 参考霍华德·昆路德（Howad Kunreuther）1976 年春发表于《公共政策》（*Public Policy*）第 2 期的《有限知识和保险保护》（Limited Knowledge and Insurance Protection）一文。

③ 这个观点首先由梅赫拉（R. Mehra）和普雷斯科特（E. Prescott）在其 1985 年 3 月发表于《货币经济》（Monetary Economics）第 2 期的文章《公平保费：一个难题》（The Equity Premium：A Puzzle）中提出。之后，塞勒（R. Thaler）、特沃斯基（A. Tversky）和卡尼曼（D. Kahneman）以及斯沃茨（A. Schwartz）在其 1997 年 5 月发表于《经济学季刊》（*Quarterly Journal of Economics*）第 2 期上的《缺乏远见与损失规避对冒险的影响：实证测试》（The Effect of Myopia and Loss Aversion on Risk Taking：An Experimental Test）一文中对此进行了更进一步的研究。

达到平衡，投资者不应介意自己投资的最后一美元是投到了股票市场上还是投到了债券市场上。但鉴于股票投资的收益率如此之高，投资者规避风险的平均程度会高得难以置信：比在其他普通情况下高出 30 倍。①

塞勒给出了一个解释，貌似更有道理。该解释取决于两种特别的有限理性：损失规避和缺乏远见。损失规避是指相较于财富的增加，人们对财富的减少更加敏感。研究表明，财富减少在人们心中的权重要比财富增加所占的权重大两倍还多（这是边际效用递减定律远远无法解释的）。② 为了说明这一点，塞勒提出这样的偏好可以用下面的分段效用函数 $U(\Delta W)$ 代表，ΔW 是指财富从初始水平的变化：

$$U(\Delta W) = \begin{cases} \Delta W & \Delta W \geqslant 0 \\ 2.5\Delta W & \Delta W < 0 \end{cases}$$

该效用函数表明，如果从不同的起点开始计算，那么同一个人可能有各种财富结果（例如最终财富为 100 000 美元）。这样，如果一个人有机会以 0.5 的概率获得 200 美元的净收入，同时有 0.5 的概率损失 100 美元，那么根据该效用函数，这个人会拒绝这次机会。③

假设这个人可连续投资两次（第二次投资结果和第一次投资结果相互独立），他将如何反应？他如果对整个事件进行估算，那么会发现有三种可能：两次都赢的概率为 0.25，两次都输的概率为 0.25，一次赢一次输而获得 100 美元的概率为 0.5。预期效用是正的，他从而会接受这次机会：

$$U(\Delta W) = 0.25(400) + 0.25(2.5)(-200) + 0.5[100] = 25$$

也有可能这个人缺乏远见，通过推理计算得出的结论是第一次投资不值得，从而拒绝接下来的投资。缺乏远见是指根据短期后果做出长期决定（关于决策效果，我们在第六章相关部分已经介绍过了）。把这两次投资看做"今年投资股票市场"和"明年投资股票市场"。如果把这个选择看做一个系列，并在第二年年底时对其进行总体价值评估，那么做决定的人会选择投资。但如果一个人缺乏远见，那么其考虑这个问题时会选择不投资。

塞勒等人做了一个实验，发现投资者在对股票和债券进行投资组合时所做的决定都具有损失规避和缺乏远见这两个特点。这有助于解释股权溢价之谜，也与个人控制退休账户的政策相关。而且，塞勒等也提到，在这种背景下，提供的信

---

① 西格尔（Siegel）和塞勒解释了这一点。假定一个个体面临着这样一种不确定性：财富翻倍的机会为 50%，财富减半的机会也是 50%（预期变动）。如果该个体对投资股票还是投资债券不甚介意，那么他不仅愿意付钱来避免上述情况，而且为了避免上述情况，即使损失掉 49% 的财富也愿意。因为上面的例子中最差的结果就是损失 50% 的财富，所以损失 49% 的财富来避免风险没什么区别。参考西格尔和塞勒 1997 年冬发表于《经济展望杂志》（*Journal of Economic Perspectives*）第 1 期的论文《公平保费难题》（The Equity Premium Puzzle）。

② 参考杰克·奈奇（Jack L. Knetsch）1995 年冬发表于《政治分析与管理杂志》（*Journal of Policy Analysis and Management*）第 1 期上的《假设、行为发现和政策分析》（Assumptions, Behavioral Findings and Policy Analysis）一文。这种行为是否应被描述为有限理性是一个语义学话题，但它确实有悖于有独立偏好顺序的假设。可以这么看待它：在抽象范围内要知道一个人的偏好很难，根据不同的情形改变偏好要相对容易。

③ 同样的一个人，如果初始财富少 1 000 美元，现在他/她有两种选择——一种是确定性地收到额外的 1 000 美元，另一种是参与一个赌博，其中赢得 1 200 美元的概率为 0.5，赢得 900 美元的概率为 0.5，那么这个人会接受后者。可能的结果及各种结果的可能性与上文提到的拒绝赌博一样。

息越多（投资结果的反馈越频繁），投资者越缺乏远见。因此"信息更多"可能会起反作用。

奈奇承认上述行为蕴含的价值评估具有有效性，认为许多公共政策因为没有解释清楚从而导致了严重的后果，比如"会不恰当地助长对环境和社会具有负面影响的行为，会制定不恰当不严谨的伤害保护标准"①。这些都不是通过传统经济模型得出的结论。这就提醒人们要保持开放的思想对待政策分析中的模型。②

道德风险与医疗保险

我们每个人都面临着很多可能性，其中一个比较严重又具风险的可能性就是需要昂贵的医疗护理。所以，许多人选择购买医疗保险就不足为奇了。医疗保险实在是太普遍了，以至于它经常作为员工的附加福利出现。③

许多人认为，应该为每个人都提供普遍的医疗护理最低保障；所以，政府通过医疗保险和医疗补助项目为老人和低收入群体（主要是那些接受福利救济的人）提供保险。但仍有许多人被这些项目所"忽视"（例如，自主创业和轻度就业的人）。扩大医疗保险的责任范围一直是政策性辩论的主题。虽然目前还有待确定其具体形式，但医疗保险的责任范围最终会更广，这一点似乎是不可避免的。

医疗成本的大幅增长使得政府减缓了扩大医疗保险责任范围的速度。自1965年医疗保险制度建立至1993年，医疗支出在国内生产总值中所占的比例从6%上升到14%，并且自此之后一直保持在该水平。最初，分析人士认为医疗成本之所以增加，最主要是因为在医疗保险和医疗补助制度中，病人有了新需求。但随着医疗通货膨胀持续不停，文献资料和数据越来越多，分析人士越来越认识到医疗保险责任范围本身也是一个重要因素——不仅将相对死板的保险提供给更多的人，而且人均占有的实际资源（劳动和资本投入）从1960年到1990年也增长了近3倍。大约在同一时期（1965—1991），（包括公共保险和私人保险的）保险赔款与给付在医疗保险总支出中所占的比例从24%增长到了62%，同时预算外支出所占比例从46%降到了20%。④

---

① 参见奈奇的《假设、行为发现和政治分析》一书的第74页。

② 其他一些关注有限理性的政策含义的研究包括 C. Camerer 和 H. Kunreuther 1989 年秋发表于《政治分析与管理杂志》第4期的文章《低概率事件的决策过程：政策含义》(Decision Processes for Law Probability Events: Policy Implications) 与 Lee S. Friedman 和 Karl Hausker 1988 年发表于《消费政策杂志》(Journal of Consumer Policy) 第11期的文章《居民区能源消费：消费者行为模式及其消费率设计的含义》(Residential Energy Consumption: Models of Consumer Behavior and Their Implications for Rate Design)。

③ 我们之前已经注意到以这种形式收到部分工资在税收方面的好处。雇主的出资是没税的，但如果同样数目的钱列入工资之后，则领工资的人必须缴纳所得税。因此，公共政策就好像是（通过雇主）为个体提供医疗保险配套拨款，此时高收入者获得的配套拨款更多（省下的税更多）。

④ 如需更多数据和更加全面的讨论，请参考1993年和1994年的《总统经济报告》（美国国家印刷办公室，1993，1994）。

为了更好地理解为什么医疗保险能引起这个问题，我们回到相当简单的、传统的经济行为模型中。正如我们所知，保险能够通过风险转移和风险分担降低风险成本。但在我们最先提到的盗窃保险的例子中，我们假定保险公司提供的保费大致等于没有保险时的预期损失。随着贫民窟房东困境的出现，我们意识到上面的例子对于医疗保险而言是个假命题。[①] 保险改变了每个人的经济动机，导致人们行为各异。

出现这样的问题是因为医疗支出与生病或受伤不同，不是随机事件。诚然，个人需要的医疗护理量依赖于某医疗问题出现的随机性事件，但同时它也依赖于个人（其医生）的收入、偏好以及服务的价格。如果必须住院的话，那么是住私人病房，还是半私人病房，取决于价格。如果价格足够便宜，那么可能为了安全起见"多住一天"；如果价格太高，那么可能会特别急切地想出院。如果病人比较穷，则医生可能只提供基本服务帮其降低费用；如果病人比较富裕，则医生提供的服务可能具有"凯迪拉克式的质量"。

这与保险有什么关联？全额保险就是把个人所接受的服务的价格从普通市场价降低为零。投保之后，投保人接受保险范围内的服务时都是"免费的"。因此，一个人投保后的医疗支出要高于其没有投保时的医疗支出。而医院知道大多数病人都有医疗保险（且不受任何规定约束），所以在购买医疗设备时不太考虑价格高低，并且只要觉得有必要，医生就会给病人用昂贵的医疗设备，主要因为这部分开支可以作为"必要"支出由保险公司报销。全额保险使得整个医疗行业缺少一种根据消费者需求来控制成本的常用机制。事实上，该行业基本也没有什么方法来控制成本。

只有当投保的服务项目比较死板时才能提供全额保险。为了说明这一点，我们看一下图7-7。假定一个人有两种状态：健康或生病。如果突然生病（50%的可能性）并且没有保险，那么我们从图中可以看到该人会购买50个单位的医疗护理服务，市场价格为每单位医疗护理服务1美元。这个人的预期成本为25美元。假定（在这种状态下）对这些服务的需求是完全定死的，就好像针对每种病都有一种独特而固定的治疗方法，那么给其他情况类似的病人提供保险的预期成本也将是每人25美元。这样，风险规避者将更愿意支付该均衡保费购买保险。

现在我们放宽刚才的假设，假定病人对上述服务的需求不是定死的，实际需求如图7-7中 EAG 所示，且没有购买保险的病人行为不变。因为可以享受免费服务，所以已经购买了保险的病人会要求100个单位的医疗护理服务。保险公司收到的将会是100美元的账单，所以给类似的病人提供保险的预期成本是每人50美元 $\left[\frac{1}{2}(0)+\frac{1}{2}(100)\right]$。所以个人面临的选择是：要么不买保险，个人承担风险，会有25美元的预期损失；要么为了转移风险，明确放弃50美元。在这个例子中，病人可能更倾向于不买保险。

---

① 首先提出这一观点的是马克·保利（Mark Pauly），可参考马克·保利1968年发表于《美国经济评论》(*American Economic Review*) 第58期的《道德风险的经济学》(The Economics of Moral Hazard) 一文。

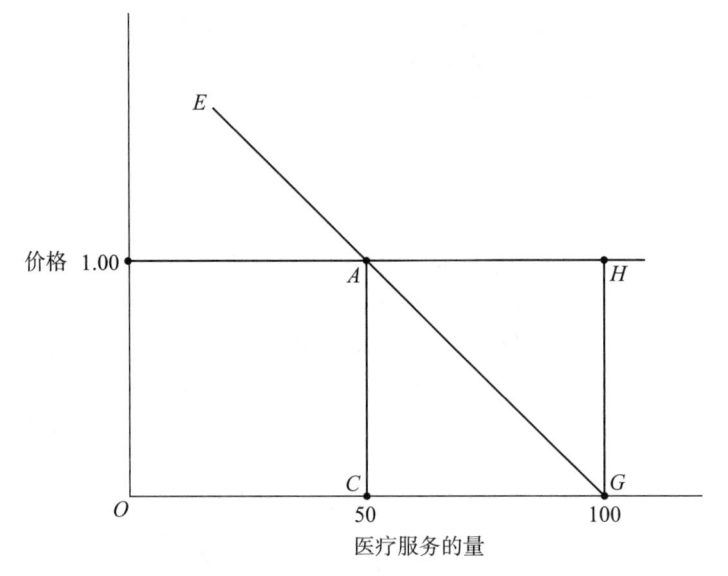

图 7-7 全额医疗保险的道德风险

注意，这里存在贫民窟房东困境。保险公司仍收取均衡保险费，甚至均衡保险费会突然下跌。每个人可能都会觉得自己的过度使用导致了（服务需求没有定死的情况下）保费的增加。但实际上，每个人控制的都只是保费成本中微不足道的一小部分。如果我病了，想控制一下自己对服务项目的需求，那么由此省下来的钱也不会给我而是平均分摊给所有投保人。我仍然要支付因其他人过度使用而分摊给我的保费份额。如果我确实超额消费，那么超出的成本会在所有投保人中平均分摊，而我只需负担一小部分。所以，"过度"消费服务的策略对我更划算。当然，大家最好都不过度消费，这样对每个人都划算！

为了将最后一点解释得更清楚，我们回到图 7-7 中。在全额保险下，51～100 个单位的医疗护理服务的社会成本超过了其社会收益。CAHG 区域表明其成本为 50 美元（通过保费支付），而通过需求曲线下面的 ACG 区域估量出其对于消费者的价值为 25 美元。所以风险规避者只在消费这些边际服务的预期效益损失低于整体风险降低的预期收益时才会购买保险，否则他们会认为不买保险更划算。我们知道禁止过度消费保险项目的保险价值最高，因为它既有降低风险的效益，又没有过度消费保险项目的预期损失。因此，所有的风险规避者都最偏爱利用某种社会机制阻止过度消费其保险项目的保险。

事实上，在生病的情形下，这个问题会扩大到过度消费以外的行为，其中包括那些影响生病概率的行为。没有购买保险的人会采取一系列健康预防措施来避免各种疾病，包括购买健康服务，比如定期体检，避免使用（或减少使用）"存在健康风险的"商品，例如烟酒类产品。但购买了保险的人没有这么强烈的动机采取这些恰当的预防措施，因为不管其行为会导致什么样的疾病，这些人都不用承担医疗费，他们的医疗费从保险金库里出。

在保险文献中，过度使用和缺乏预防措施被称为道德风险。我们可以用纵火这个典型的例子说明这个问题：如果某建筑所有者可以以任何价格为自己的建筑投保，那么他（她）可能以该建筑市场价值两倍的价格为其投保，然后秘密安排房屋"烧毁"！这个例子清楚地定义了道德风险，但它具有误导性，因为撇开道德不说，它低估了经济动机的作用。也就是说，我们经常认为，如果价格低，那么人们会理所当然地增加消费或加大投资，而这也诱发了医疗保险投保人或潜在纵火犯在投保之后的行为。另外还有一些例子，包括地震险投保人没能像未投保人那样维护房屋，盗窃险投保人没能像未投保人那样采取安全措施。

医疗保险问题能解决吗？有一种方法虽然不能解决这个问题，但可以缓解它，那就是设置免赔额和共同保险。免赔额要求在保险责任生效之前，投保的个人为一定量的医疗服务提前付费；这样做主要是防止投保人用保险来报销"小"病医疗。共同保险则要求投保人每花费一美元，个人支付一小部分。共保率是指个人支付的比例（例如，共保率为25%意味着，对于每一美元的支出，个人负担25%，保险公司负担75%）。

我们可以在图7-8（a）中看到各种方法的效果。假定前60个单位的医疗护理服务是保险免赔的，且投保人生病了。不清楚投保人是否会提出使用医疗保险。投保人可以选择像未投保人那样购买50个单位的医疗护理服务，也可选择使用医疗保险，全额支付前60个单位的医疗护理服务费用，然后免费使用超出部分（61到100个单位）的医疗护理服务。

三角形AEF计算的是消费者必须支付的超出部分的前10个单位医疗护理服务的纯成本，三角形FGJ计算的是剩余可免费使用的40个单位医疗护理服务的纯收益。如果FGJ＞ALF，那么投保人将提出使用医疗保险。在该例中，$FGJ = \frac{1}{2}(0.80)(40) = 16$美元，$AEF = \frac{1}{2}(0.20)(10) = 1$美元，所以免赔额无法改变投保人的行为。

为了更全面地理解免赔额的作用，请想象一种疾病从轻微到严重的各种可能的状态，并画出一条医疗护理服务需求曲线表示各种状态。随着疾病不断加重，相关的需求曲线逐渐向右移动，具体见图7-8（b）。在需求曲线向右移动的过程中，免赔额是一个固定的矩形，医疗收益也在稳步增加。所以，可以看到，投保人不大可能在疾病比较轻的时候提出使用医疗保险。当超过某一点之后，免赔额对投保人是否提出使用医疗保险就不再有什么影响了。

为了研究共同保险的效果，假设图7-8（a）中投保人的共保率是10%。假设投保人生病了，会购买95个单位的医疗服务（到H点）。需求的价格弹性越小，共同保险的限制作用越小（首先是道德风险越小）。注意，共同保险可以吸引那些对全额保险不感兴趣的人。尽管只是转移部分风险（取决于共保率），但共同保险所转移的是更贵的那部分（例如，它阻止了财富的边际效用较大时导致的损失），而且它减少了消费者对超出部分中价值最低的服务项目的消费。① 所以部分保险在降低风险方面的收益很有可能超过"过度"使用保险带来的预期成

---

① 如图7-8所示，共同保险使得投保人不去购买第96～100个单位的医护服务，从而将生病的预期成本降低了2.5美元，同时还将"补贴"过度消费导致的预期消费者盈余减少了0.125美元［=(0.5)(0.5)(0.10)5］。因此，消费者的预期收益为2.375美元，在某种程度上与其只享受部分保险导致的风险增加相互抵消。

本，全额保险做不到这一点。

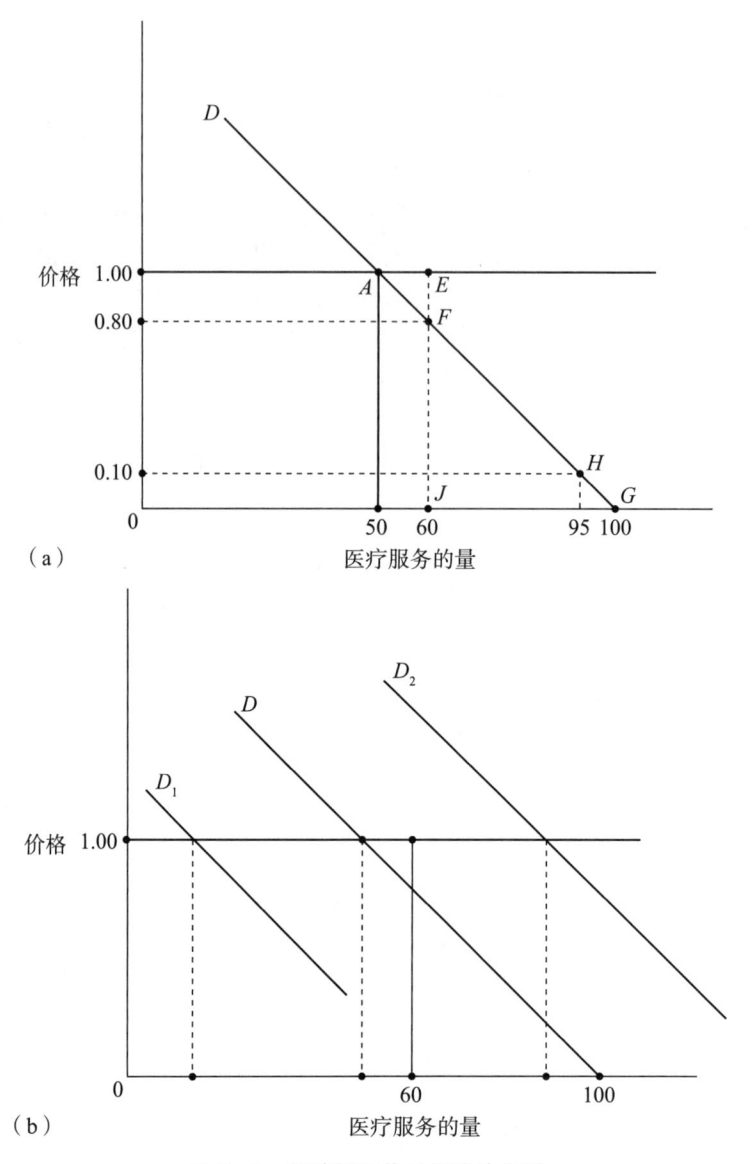

图 7-8　免赔额和共同保险的作用

(a) 免赔额和共同保险可以限制投保人对保险的使用；(b) 免赔额使得投保人无法进行小额索赔。

上述分析表明，要解决医疗成本问题，可以试着更多地依赖免赔额和共同保险。在国民健康保险提案吸纳了这种观点后，一般会将其修订为按收入比例支付。也就是说，低收入家庭没有足够的能力享受甚至部分保险。

但我们通过这部分内容只是想进一步揭示我们所经历的医疗成本激增这一现象的本质。尽管我们无法对各种规范的含义进行全面讨论，但研究其中一部分有助于我们进行客观分析。

因为种种原因，人们通常难以使用可观测数据计算我们在图中提到的社会收益和成本。例如，社会成本是指社会在分配资源提供医疗服务的过程中需要放弃的价值。如果行业竞争充分，那么社会成本可粗略估计为市场价格。但在医护领域，准入限制（例如，差额录取符合条件的医学院新生，控制其数量）毫无根据，观测到的成本可能会高于社会成本。如果真是这样，最理想的医疗护理量就应高于投保人所选择的医疗护理量。在图中，这相当于在 0.8 美元的水平而不是 1.00 美元的观测值水平上画社会边际成本线，同时以该线和需求曲线的关系为基础计算社会收益和成本。

但是，用需求曲线本身来判断社会福利并不可靠。人们对于医护和健康之间的关系知之甚少，或许人们追求的只是健康。这就很难弄清楚医疗服务量提供得是否恰当。医生之间对于同一个病人到底需要多少医护服务总是存在分歧，这种现象也很常见。而且出于（医护）公平性的考虑，必须慎重使用补偿检验。如果病人的收入影响了需求曲线的位置，则需分别分析不同收入群体的收益和成本。

我们讨论的问题很大程度上因为医疗服务收费供给而恶化。医生应该是消费者的代理人，为消费者提供专业建议，增进后者的医疗权益。之所以出现代理人，是因为人们普遍意识到消费者在自主选择医疗服务方面能力不足。但这就把提供收费服务的医生放在了一个尴尬的位置，因为他（她）既为病人提供服务，又从所提供的收费服务中获得提成收入。如果病人没有保险，则利益冲突可能会导致其过度消费；如果病人有保险，那么利益冲突也会恶化这一趋势。

除了收费服务系统，还可实施健康保险机构系统。在后面这个系统下，消费者通过支付一定的年费即可"免费"享受所需的健康服务。供给者因此会节约使用资源（实施"管理式医疗"）、增强竞争力以及完善医生规范，确保根据消费者需求恰当地为消费者提供其所需的医疗服务。[①] 虽然 80% 的享有联邦医疗保险的美国人仍在使用收费服务系统，但健康保险机构系统在美国已获得迅速发展，同样，许多医院现在已经不再使用收费服务系统，而是根据"诊断相关组"一览表在病人入院时确定收费。还有一种方法是像瑞典或英国那样实施国民医疗服务，但这种方法在政治上不大可行。

尽管我们在道德风险分析中通过规范性推理得出的这些警示只是暗示了和健康政策相关的一些复杂性，但这里所做的分析还是值得的。医疗成本问题仍将会受到广泛关注。我们澄清了它的一个来源，这是很重要的贡献。而且，同样的模型对如何完善政策形成了一些有用的见解（比如免赔额和共同保险的作用）。

[①] 可参考库特（D. Cuter）、麦克兰德（M. Mcclellan）和纽豪斯（J. Newhouse）2000 年秋发表在《兰德经济学杂志》（*Rand Journal of Economics*）第 3 期上的《管理式医疗是如何做到的？》（How Does Managed Care Do It?）一文。如果想更多了解其他报销计划，则可参考纽豪斯 1996 年 9 月发表在《经济文献杂志》第 3 期上的文章《偿付健康计划和健康提供者：选择与生产中的效率》（Reimbursing Health Plans and Health Providers: Selection Versus Efficiency in Production）。辛格（S. Singer）和伊多芬（A. Enthoven）在其 2000 年发表于《加利福尼亚管理评论》（*California Management Review*）第 1 期的《加利福尼亚州管理式医疗的结构性问题和一些改善建议》（Structural Problems of Managed Care in California and Some Options for Ameliorating Them）一文中分析了管理式医疗的一些问题。

信息不对称和隐藏行动：20世纪80年代储蓄和贷款危机与非自愿性失业

我们在前一部分解释了医疗保险领域的道德风险问题。道德风险问题同时也存在于其他许多政策领域中。道德风险的出现有两个必要条件：首先，愿意"签订契约"（即建立某种经济关系）的两方或多方之间必须信息不对称。其次，这种信息不对称必须包含隐藏行动，即订立契约之后，一方做出了影响最终结果的行为。这表明，结果是由其他一些未知因素所决定的（例如随机事件），否则结果本身就会揭示该方的隐藏行为。道德风险因此可以被定义为：合同一方有动机采取隐藏行动，而该隐藏行动会对合同另一方产生不利结果的情形。

如果把采取隐藏行动的这个人称为"代理人"，把另一个人称为"委托人"，那么一旦产生委托人-代理人关系，就会产生道德风险。在医疗保险案例中，保险公司是委托人，投保人是代理人，隐藏行动是投保人生病时对医疗服务的过度消费（而疾病真正的轻重程度是一个随机事件，委托人也不知道）。去饭店吃饭，如果"平均分担费用"，就会导致过度点餐（隐藏行动），这又是一个道德风险问题（就餐群体是委托人，用餐者个人是代理人，委托人不知道代理人真正的个人偏好）。

公共政策曾造成一个非常严重的道德风险问题并在一定程度上导致了20世纪80年代爆发的储蓄和贷款危机。在那场危机中，一些不受管制的机构因为贷款不健全而破产。在这个时期，政府关闭了近1 200家储蓄贷款机构，耗费的纳税人成本超过1 000亿美元。在银行机构的例子中，把存款者看做委托人，把银行机构看做代理人。代理人的工作是通过借出存款给存款者创造利息，同时保持存贷平衡。这其中的隐藏行动是银行机构借钱给一些借款者，而这些借款者是否具有偿还能力是存款者所不知道的。委托人不知道发生贷款拖欠是因为借款者运气不好还是因为借款者过度冒险。

为了吸引委托人，代理人必须使委托人相信其存款是安全的。多年来，联邦存款保险一直发挥着这一作用，同时导致了一种常见的道德风险，即投保机构愿意冒比贷款更大的风险。从20世纪30年代到20世纪70年代，因为国家限制了贷款类型和存款利率上限，从而限制了储蓄贷款机构的资金供给，所以这种道德风险是可控的。

1980年，美国通过了《存款机构解除管制和货币控制法案》。该法案将每个账户的联邦存款保险从40 000美元增至100 000美元，取消了许多针对贷款类型的限制并逐渐解除了曾经抑制存款竞争的利率上限。相关机构因而开始通过提高利率来吸引资金，因为有存款保险，所以存款者也不用担心贷款（隐藏行动）。运转得不太景气的银行开始进行具有异常风险的贷款；因为有存款保险，同时因为存款充足，所以这些银行自身的财产损失很小。从风险贷款付还中获得的巨额回报能使其恢复正常运转。因此，20世纪80年代的行业表现可以理解为由于存款保险费增加了，行业管制解除了，从而导致道德风险增加了。1989年，美国又通过了《金融机构改革、复兴和整顿法案》，暂时遏制了这种种现象。①

关于道德风险的最后一个例子尤其有趣，主要是因为这个问题很重要——非自愿性失业。常规的微观经济模型中是不存在非自愿性失业的（因为市场总是强制工资位于供求一致的水平上）。但失业率是衡量一个国家经济表现的最重要的观察指标，并且所有市场导向型经济都要经历非自愿性失业发展成一个严重的国家问题这一时期。尽管许多宏观经济理论试图从总量上解释这个现象，但人们对这一现象仍是知之甚少。因此，非常有必要了解这一现象的微观经济基础。

效率工资这一术语有助于解释非自愿性失业。它指的是具有双重目的的工资。上述双重目的为：第一，吸引劳动力；第二，激发劳动者的动力，提高劳动生产率。因为劳动生产率存在不确定性，所以效率工资存在第二个目的，而正是它的第二个目的与道德风险相关。解释这个问题最简单的方法就是想一想一个人对工作的投入程度。更简单地说，假定一个人决定或者在工作中"投入"或者在工作中"不投入"，这种决定就是一种隐藏行动。在很多情况下雇主（委托人）很难知道某个员工（代理人）工作到底有多投入（其他一些委托人未知的因素也是导致这种结果的决定性因素）。如果不惩罚这种工作"不投入"的现象（例如没有被解雇或失业的风险，升迁机会也没有减少），那么许多员工都将会选择工作的时候"不投入"。②

如果一个员工刚刚因为工作时"不投入"被解雇，马上又被另一家公司以同样的市场工资雇用（"没有失业"的情况下），那么该员工就没有因为"不投入"工作而受到惩罚。雇主如果知道这个情况，就会根据员工"不投入"工作时的生产率提供相应的工资。在失业的例子中，如果认为市场会在工人丢掉工作时为其提供全额失业保险（比如，工人丢掉工作后马上又会得到一个同等的工作机会），那么道德风险就会导致过量失业和低工资形式下的高额"保费"（表明生产率较低）。大家都愿意更加投入地工作，赚得高工资，充分就业，但一个人工作"投入不投入"不是由个人决定的，而是以"保险费"小额增加（例如市场上工资的降低）的形式由所有工人决定的。所以，许多工人工作时都"不投入"，导致所有工人的市场结算工资都很低。这个道德风险的例子与贫民窟房东困境类似。

假设我们引入共同保险的等同物：让员工也承担工作"不投入"的部分成本。如果一个人被解雇后没有马上被其他公司重新雇用而是经历了一段时间的失业，那么会怎样？根据失业的严重程度，这在一定程度上会刺激员工避免失业，"努力"工作。员工提出的"要求"数量会降低，员工的工资和平均生产率会提高，道德风险的程度也会减轻。我们论证的要点是：如果一开始面临的市场工资比较低，就业比较充分，每家公司就都会提供高于现行工资水平的工资。为什么？因为如果员工被解雇的话，会遭受损失（公司工资与市场工资之间存在一定

---

① 关于这一现象的论文很多。弗雷德里克·米什金（Frederic S. Mishkin）在《银行改革的财政计划评估》一文中对此做了很好地总结。该文载于《经济展望杂志》1992年冬第1期第133-153页。

② 认为工作"投入"会有更大效用的员工当然会选择这个方法。

第七章 不确定性与公共政策　**221**

差额），所以为了避免损失，它们的员工就会在工作中倍加努力（提高生产率）。但随着所有公司都开始增加员工的工资，惩罚性措施又消失了。公司继续哄抬工资率直至其高出市场结算工资水平（即对劳动力的需求小于供给），员工因此面临着丢掉工作的惩罚性后果，也因此会设法避免这种后果。即使有员工失业，各家公司在支撑自家公司运转的工资率水平上也会处于平衡状态：虽然公司可以降低工资，从失业人口中再雇用员工，但公司从中获得的利益恰好与其现有员工工作投入程度的降低相互抵消。[1]

小结

不确定性是一个普遍现象，某种程度上存在于所有的经济选择情形中。不确定性的源头很多且各不相同，包括自然、人的互动、信息缺乏或选择本身的复杂性。不同的情形无法被完全归于某一类别。

不确定性是昂贵的。不确定性是个偏好问题，大多数人不喜欢不确定性，因而愿意付费来避免或者降低不确定性。我们称之为风险规避。在那些会产生风险的活动中，风险规避深刻地影响着资源分配。

人们是如何应对他们所理解的不确定性的？公共政策是如何影响人们的观点的？了解这些很重要。在不确定条件下应用最广泛的行为模型是预期效用最大化模型：在遇到风险选择的情形时，个人会尽量做出将预期效用最大化的决定。为了理解这一点，我们回顾了概率和期望值的概念。

我们列举了简单的硬币投掷游戏来说明期望值并非决策的充分观测值。即便市场进入价格是公允的，许多人仍会拒绝冒险。财富的边际效用递减可以表明这种风险规避现象自然导致了人们关心期望效用这种认知。

风险是有成本的，所以那些能够将风险转移到成本较低的地方的社会机制很重要，我们提到过风险分担和风险分散这两个机制。风险分担是保险的本质。保险公司收到的各种索赔的合计风险成本远远低于个人需单独承担的风险成本总额，这即为大数定律的推论。此外，风险分散的优点在于如果由不同的人分担风险，一个风险事件的总风险成本就会低很多。一个公司将其所有权分给几个合伙人或者通过发行股票将其所有权分给许多持股者就是风险分散的一个很好的例子。个人也可以通过期货市场来实现这一目的。例如，农民不愿承担其所种植的谷物成熟之后售价不确定的所有风险，因此可能会通过期货市场以当前一个已知的价格卖掉其对现在所种谷物的一部分权利。

---

[1] 关于效率工资，最佳的参考资料是乔治·A. 阿克洛夫（George A. AKerlof）和珍妮特·L. 耶伦（Janet L. Yellen），所编辑的《劳动市场上的效率工资模型》（剑桥大学出版社，1986）。有两篇论文对这个概念提供了经验支持，分别为柯宁斯（J. Konings）和沃尔什（P. Walsh）的《英国公司水平面板数据中效率工资给付证据》（Evidence of Efficiency Wage Payment in UK Firm Level Panel Data）［载《经济杂志》（*Economic Journal*）1994 年 5 月第 424 期］和坎贝尔三世（C. Campbell）的《公司支付效率工资吗？公司水平数据证据》（Do Firms Pay Efficiency Wages? Evidence with Data at the Firm Level［载《劳动经济学杂志》（*Journal of Labor Economics*）1993 年 6 月第 3 期］。

保险市场、股票市场和期货市场降低风险成本的能力只是众多风险现象中的极少数。在后面的章节中，我们将看到自由市场中减少风险的其他机制，比如做员工而不做企业家就是一种减少风险的方法。另外，还有许多公共规则和规定被认为是试图减少风险成本的集体努力。

通过法律体系，我们已经有了有限责任的概念，这个概念迫使部分风险转移。当冒风险可能导致灾难性后果时，有限责任就不适用了。关于这个问题有个有争议的例子，即《普莱斯-安德森法案》（*Price-Anderson Act*），该法案明确限制了私人生产者在核反应堆事故中的责任。刑事司法体系的部分功能就是震慑潜在的违法者，从而减少人们遇到的相应类型的风险。为了降低风险，可以考虑设置各种涉及产品或服务质量的规定，比如执业许可或认证、标识要求和安全标准等。

当我们转向政策考量因素时，要意识到风险就像其他我们试图避免的不良现象一样，而我们是否愿意避免这些现象取决于我们所必须放弃的事物。如果在一个社会里连穿行马路和开车都被禁止，那么即便这个社会没有风险，可能也没有谁会喜欢。

在后面的章节中，我们会更加全面地研究一般成本考量因素。在本部分，我们仅关注个人决策模型。因此本章下面要强调的一点是政策分析家必须批判性地考虑用预期效用最大化假设能否塑造特定选择的情形。像贫民窟房东（囚犯）困境这样的情形可能会被理解为存在不确定性而不是存在风险。人们所做的决定可能是经过了战略推理而不是计算了不同情形的概率。前述关于博弈的假设适用于城市房屋租赁和国际贸易，它或许能提供政策的合理性，包括房屋翻新和减少关税的贸易协定。

有限理性模型常常被用来替代预期效用最大化模型。该模型认为人们获取信息的能力有限，在某些情形下可能无法理解对预期效用最大化做出的估算。这种模型不是只适用于某些人，而是适用于所有人。虽然人们知道国际象棋比赛中存在至少一种最优策略，但至今没人能够发现它。至于人们面临特殊决策情形时，是否在这些情形下能找到最优策略，或者换句话说，这种情形是否更像是下象棋或一字棋，这是一个经验问题。但大多数经验仍然表明，人们在不熟悉的环境中无法将预期效用最大化，即便这种环境十分简单。

通过有限理性的例子，我们可以看到虽然人们通过反复试验不一定能找到最优策略，但通常能够找到一个令人满意的解决问题（或做决策）的策略。经过反复试验和学习，再加上本身的独创性，人们能够解决异常复杂的问题。但也有一些时候，或者是因为问题太复杂，或者是因为缺乏从失败中学习的试验，人们会做出很糟糕的决定。人们会犯许多十分严重的错误，这些错误就构成了制定监管标准和公共政策的潜在依据。

在洪水和地震易发地区购买灾难保险的例子很好地说明了这一点。如果人们遵循预期效用最大化假设，那么可能会存在缺乏客观信息这一问题，但除此之外不会产生公共政策问题。但研究证据表明，人们买保险时一般不会遵循这种假设，许多人的购买策略与其自身偏好相比并不好，在这种情况下将有限理性考虑在内的公共政策或许能帮他们做出更好的决定。同样地，股权溢价之谜表明，因为缺乏远见和厌恶损失，许多人不能很好地把类似于退休金的基金很好地分配在诸如股票和债券这样的金融资产上。政策分析研究最重要的一个方面就是更加详细地探索不同的决策模型下政策评价的不同之处。

正像道德风险问题所显示的那样，减少风险的机制可能会产生负面作用。无论何时，只要存在委托人-代理人合同关系和潜在的信息不对称且委托人不知道代理人的行为结果将会产生什么样的影响，就会出现这个问题。在医疗保险案例中，这种合同关系存在于保险公司（委托人）和投保人（代理人）之间。保险的存在改变了每个人决定购买医疗服务时所持有的动机。全额保险项目把服务价格降至零，这样就导致了囚徒困境，在这种困境中，每一个人都会过度消费医疗服务（隐藏行动）。

随着人口的增长，我们扩大了医疗保险的覆盖面，随之而来的一个副产品是我们建立的医疗系统缺乏有效的成本控制机制。因为是按服务收费，所以医生不会向那些享受医疗保险的病人提供实惠的医疗服务。预付费系统（健康保险制度）在一定程度上缓解了这种现象。但大多数联邦医疗保险的受保人仍处于按服务收费的系统下。我们也逐渐意识到免赔额和共同保险在上述情形及其他保险情形下能够抑制道德风险。道德风险问题为我们提供了基本思路，有利于理解为什么20世纪80年代会爆发储蓄和贷款危机以及为什么市场存在竞争时会出现非自愿性失业现象。

本章附录提供了一些运算来说明风险评定的不同方面。我们考虑了圣彼得堡悖论——为什么即使一些博弈的期望值很高，人们也不愿意支付太高的报名费去参加。另外，附录还介绍了一些风险规避的方法及其在风险成本实证估算中的应用。在前面关于道德风险那一部分，我们确认了风险的减少量和医疗服务的过度消费量之间的平衡。在附录中，我们运用一个十分简单的模型对这种平衡中的成本减少量做了计算。通过常识和以往的经验划定风险规避的界限，可以对其量级有所了解。在设计全民保险时，这样的运算有助于政策分析。

习题

7-1 一个收入为 Y 的消费者，其收入的冯·诺依曼-摩根斯坦效用指数为

$$U(Y)=10Y-\frac{Y^2}{100\ 000}$$

如果她生病了，那么她对医疗服务的需求 Q 为

$Q=200-4P$

P 是每单位医疗服务的美元价格，当前为 25 美元。该消费者生病的概率为 0.15，当前收入为 10 000 美元。为了将问题简化，假设消费者"生病"时需 100 个单位的医疗服务才能恢复"健康"。对超出部分医疗服务的消费被认为是对普通商品或服务的消费。在医疗支出和保费由消费者盈余补充之后，在健康点之上，每一种状态的效用水平都有赖于消费者的收入水平。（在上述案例中，消费者通常会选择充足的医疗服务以恢复健康。）

a 如果没有保险，那么这个消费者的期望效用是多少？（答案：$U=95\ 316$。）

b 政治候选人A提议实施全民全面综合健康保险，建议保费比上述消费者的精算公平水平高出10个百分点（以弥补交易成本），那么在此保险计划下消费者应支付多少保费？此保险计划的预期效用水平又会是多少？（答案：825美元；$U=92\,746$。）

c 政治候选人B提议实施灾难保险计划，前2 750美元的医疗支出由消费者个人支付；消费超过2 750美元时，按实际全额报销。同样，该提议也建议保费高于该消费者的精算公平水平10个百分点。在这种保险计划下消费者应支付多少保费？产生的预期效用水平是多少？（答案：约为371美元；$U=93\,150$。）注意：该消费者在保险计划A和保险计划B下获得的医疗服务上有何不同？是什么原因造成预期效用不同？

d 政治候选人C提议实施综合险，无免赔额，但有60%的共同保险率（对于每一美元的医疗支出，消费者需支付0.6美元）。该提议所建议的保费也比该消费者的精算公平水平高出10个百分点（以弥补交易成本）。在这种保险计划下消费者应支付多少保费？产生的预期效用水平是多少？（答案：231美元；$U=94\,821$。）

e 假定花50美元看医生预防疾病可将生病的概率降低至0.075。如果这个消费者没在保险范围内，那么他会为了预防疾病花这50美元看医生吗？（答案：会。）如果消费者享受计划C中的保险，那么当保费调整到新的预期成本再加10%的水平，消费者会为了预防疾病而花钱看医生吗？（答案：会。）

7-2 假设有人提议实施一项覆盖新工人群体的联邦失业保险计划，而且问到你的观点。未投保时，每个工人每年的平均失业时间是两周，最长的可达52周。该保险计划允诺每个工人的保险收益为其失业52周的工资，同时提议从工人的周工资里征税以筹集保险资金，然后计算出需要征收4%的税（4%×平均每年50周的工作时间＝2周的工资）。

a 道德风险是什么？

b 这个保险计划中的道德风险是什么？

c 你认为4%的税收收入等于预期支出吗？请解释原因。

d 针对降低道德风险提出你的建议。

附录：估算不确定性成本

我们在本章中已经强调了不确定性是有成本的。在本附录中，我们会进一步看一下不确定性成本的几种估算方法。在第一部分，我们会回顾圣彼得堡悖论，我们并不是通过该悖论最初的预期效用结论解决该悖论，而是依靠收益约束的强大作用。在第二部分，我们会展示风险分担和风险分散收益值的一些详细运算。在第三部分，我们会介绍一个非常简单的方法，用于衡量政策情形下风险成本的数量级。该方法旨在表明，因为平均医疗共保率提高了，所以可以对由人口造成的风险成本增设一些界限。这项工作非常利于国家医疗政策的设计。

现实制约因素和圣彼得堡悖论

圣彼得堡悖论常常被用来说明预期值不是绝对行为的必然观测值,但这个例子不是很恰当。思考这样一个游戏:投掷一枚质地均匀的硬币,掷出正面游戏结束。如果第一次投掷就掷出正面,则投掷者获得奖金 2 美元;如果第一次未成功,第二次投掷掷出正面,则投掷者获得奖金 $2^2=4$ 美元;如果直到第三次投掷才掷出正面,则投掷者获得奖金 $2^3=8$ 美元。依此类推,如果直到第 i 次才掷出正面,则投掷者获得奖金 2^i 美元。因此,如果很"快"掷出正面的话,则收益相对要低,但在正面出现之前投掷的次数越多,收益呈指数式增长。从另一个角度考虑,游戏"迅速"结束的概率也相对较高。在第一次投掷后游戏结束的概率为 $\frac{1}{2}$,在第二次投掷后结束的概率为 $\left(\frac{1}{2}\right)^2=\frac{1}{4}$,在第三次投掷后结束的概率为 $\left(\frac{1}{2}\right)^3=\frac{1}{8}$,依此类推。游戏在第 i 次投掷后结束的概率为 $\left(\frac{1}{2}\right)^i$。因此,游戏的期望收益如表 7A-1 所示。

由于这个游戏在理论上可以一直继续下去,所以预期值是无限的。也就是说,

$$\sum_{i=1}^{\infty} \prod_i X_i = 1+1+1+\cdots=\infty$$

但当被问到愿意花多少钱来玩这个游戏时,人们的回答总是一个有限的数值。大多数人不会花一百万美元来玩这个游戏。事实上,没人肯花超过 20 美元来玩这个游戏。这是一个悖论:为什么预期值如此之高,人们却不愿意花钱去参与?

这就需要引入财富的边际效用递减原理。如果连续投掷所产生的预期效用收益递减(不像预期货币收益那样稳定),就会是一个有限和。因此人们不肯多花钱来玩这个游戏显得非常合理。[①]

---

① 例如,假定第 i 次投掷所得收益的效用值是 $\left(\frac{3}{2}\right)^i$,那么玩游戏的预期效用 $E(U)$ 为

$$E(U)=\sum_{i=1}^{\infty}\left(\frac{1}{2}\right)^i\left(\frac{3}{2}\right)^i=\sum_{i=1}^{\infty}\left(\frac{3}{4}\right)^i=3$$

因为 $r<1$,无穷数列 $a, ar, ar^2, \cdots, ar^n, \cdots$ 的和等于 $a/(1-r)$。上面公式中,$a=\frac{3}{4}$,$r=\frac{3}{4}$。我们尚未讨论将该人的预期效用增加 3 个效用单位后的货币值,但我们应该清楚,该值肯定会很高。

因为 $X=2^i$,$U=\left(\frac{3}{2}\right)^i$,所以对每个等式取对数,然后两者相除推导得出

$$\ln U = \frac{(\ln X)\left(\ln \frac{3}{2}\right)}{\ln 2}$$

或

$$U=X^{0.58496}$$

我们把这个等式理解为从额外收入获得的效用增加。当 $U=3$ 时,等式中 X 等于 6.54 美元。如果这个人遵循预期效用最大化定理,6.54 美元就是他为了玩这个游戏最多肯花的钱。

表 7A-1　　　　　　　　　　　　　无限期望值游戏

投掷次数	概率	收益	预期收益
1	$\frac{1}{2}$	2	1
2	$\frac{1}{4}$	4	1
3	$\frac{1}{2}$	8	1
4	$\frac{1}{16}$	16	1
…			
…			
…			

然而，上述推理并不能解释为什么大多数人只肯花少量的钱来玩这个游戏，在这个意义上，预期效用最大化的观点并没有真正解决该悖论。答案其实与边际效用递减毫无关系。真正的答案是游戏运营商没有资金设置更高的回报。

例如，假设美国政府担保支付高达 10 万亿美元的奖金——几乎是美国一年的经济产出。在前 43 次中的任何一次投掷中出现正面，就可以获得这笔奖金。但如果出现正面的次数多于一次，那么最多也只能得到 10 万亿美元。那么这个游戏的期望值将只有 44 美元。因为貌似没有游戏运营商有实力担保如此高的奖金额，实际奖金额的期望值大大低于 44 美元。如果奖金最高是 1 000 万美元，那么该游戏的期望值约为 24 美元。

计算风险分担和风险分散的价值

我们用一个简单的例子说明风险分担如何降低风险成本。该例子包括两个风险规避程度一致的人。每人拥有 50 000 美元的资产，其中 5 000 美元容易被偷。每人面临的被偷的概率为 0.2。这里我们进一步假定每人都有一个特定的财富效用函数 W[①]：

$$U(W) = -e^{-0.000\,2W}$$

通过这个函数，我们可以计算实际财富收益和纯风险成本。当这两个人独立承担风险或对风险"自保"时，每个人的预期效用为

$$E(U) = 0.2U(45\,000) + 0.8U(50\,000)$$
$$= 0.2(-e^{-9}) + 0.8(-e^{-10})$$
$$= -0.000\,061\,001\,9$$

[①] 该效用函数中包含财富的边际效用递减。其特点为轻微风险规避：个体不甚介意到底是收到确定性的 900 美元还是以 50% 的概率赢得 2 000 美元。后文会进一步解释这一问题。自然常数 e=2.718 28。

通过求解
$$-0.000\,061\,001\,9 = -e^{-0.000\,2W}$$
我们求得了实际财富收益（W_c）：
$$W_c = 48\,523.03 \text{ 美元}$$

每个人的预期财富为 49 000 美元[=0.2(45 000)+0.8(50 000)]，风险成本 $[E(W)-W_c]$ 为 476.97 美元。换言之，为了消除自我担险的风险，每个人都将放弃相当于 476.97 美元的预期值。

如果这两个人同意分担风险，则将会出现三种情形和结果：

(1) 两个人都没有因为被盗而遭受损失（$W=50\,000$），概率为 0.64。

(2) 两个人都因为被盗而遭受损失（$W=45\,000$），概率为 0.04。

(3) 其中一人遭受损失，而另一人没有遭受损失（$W=47\,500$），概率为 0.32。

预期财富仍为 49 000 美元，与"自保"时一样。期望效用出现了什么变化呢？因为虽然期望值不变，但是保留较大财富的可能性增大了，所以风险减少了，预期效用提高了（较小负值）：

$$E(U) = 0.64U(50\,000) + 0.04U(45\,000) + 0.32U(47\,500)$$
$$= -0.000\,057\,944\,9$$

通过以下求解之后，可以算出实际财富收益：
$$-0.000\,057\,944\,9 = -e^{-W_c}$$

因此有
$$W_c = 48\,780.09$$

我们可以看到这种简单的风险分担将每个人的风险成本从 476.97 美元降低到 219.91 美元，增加了预期效用。另外，我们还可以从赔偿原则的角度看待这一问题，即从自担风险到分担风险这一变化所带来的收益是否大于成本。每个人对最初情况的估值为 48 523.03 美元，在分担风险时对该情况的估值为 48 780.09 美元。因此，每个人都愿意支付 257.06 美元的差额来做出改变。这个变化带来的纯收益为 514.12 美元，这样每个人的情况都会好一些。

回想一下，资产多元化的一般原则可以看做风险分担的一个例子。让我们用上面的效用函数来比较上述两种情况下风险规避者的预期效用——第一种情况下，将钱投资在一个企业中；第二种情况下，将同样的钱投资在与第一种情况下的公司类似的十个不同且独立的公司中。

假定有一种投资战略是对一个有风险的高科技公司投资 1 000 美元，成功的概率为 0.8，将带来回报 5 000 美元；失败的概率为 0.2，将不会有任何回报。假如一个人最初有财富 46 000 美元，那么其效用为

$$U(46\,000) = -e^{-9.2} = -0.000\,101\,039\,4$$

这样投资的预期值显然比参与成本要大：
$$0.8(5\,000) + 0.2(0) = 4\,000 > 1\,000$$

首先，我们来看一下这样投资是否能够提高投资人的预期效用水平（如果不能提高个人的预期效用水平，投资人也就不会做出如此投资了）：

$$E(U) = 0.8U(50\,000) + 0.2U(45\,000)$$

这与我们在自保的例子中所计算的预期效用相同,我们发现
$$E(U) = -0.000\ 061\ 001\ 9$$
实际财富收益为
$$W_c = 48\ 523.03$$
因此,在不投资和这个投资之间,个人更倾向于后者。风险成本与之前一样,为476.97美元。

现在,我们来看看资产多元化是否能够降低风险成本。第二种投资策略是将1 000美元分成十个100美元,分别投资到十个不同的公司中。我们所选的投资公司在风险方面与第一种情况下的公司类似:每个公司的成功概率为0.8,成功所带来的回报为500美元;失败的概率为0.2,将不会有任何回报。我们选择的是不同的公司,这些公司的成败没有任何关联。[①] 每个投资的预期值为400美元,即0.8×500美元加上0.2×0美元;因为这些投资是相互独立的,所以总预期值为4 000美元,或10×400美元。

表7A-2中列出了用来计算预期效用的数据。因为投资成功的次数可以从0到10,所以有11种可能的结果。因为投资各家公司成功的概率均为0.8,所以成功次数的概率可以用二项式概率法计算得出。[②] 我们按照常用的方法来计算预期效用:将每种可能的结果出现的概率乘以各自的效用水平,然后将其相加。

表7A-2　　　　　　　　多元化投资组合的预期效用

投资成功的次数	概率	财富值	预期效用*
0	0	45 000	0
1	0	45 500	0
2	0.000 1	46 000	0.000 000 010 1
3	0.000 8	46 500	0.000 000 073 1

---

① 如果投资组合中的一些投资相互依赖,它的多样化程度就会减弱。举一个极端的例子,假定建筑公司的收益率仅由利率高低决定。如果利率低的话,则对新建筑的需求会增加;如果利率高的话,则需求减少。把资金以小额投资的形式投资到十家建筑公司和把相同的资金投资在十家公司中的任何一家没有区别:十家公司要么都有收益,要么都没有收益。

如果在分担风险时,资产相互独立,那么计算预期值和期望效用就会更加复杂。如果想看关于能源投资情境下对该问题的讨论,请参考达斯古普塔(P. S. Dasgupta)和希尔(G. M. Heal)所著的《经济理论和可耗竭资源》(*Economic Theory and Exhaustible Resources*)一书(James Nisbet & Co. 出版社和剑桥大学出版社,1979)。

② 若有 n 个相互独立的风险事件且各事件成功的概率为 Π,那么概率 Π_r(即有 r 次成功的概率)可由下面的概率二项式计算得出:
$$\Pi_r = \frac{n!}{r!\ (n-r)!} \Pi^r (1-\Pi)^{n-r}$$
$n!$ 代表的是 $(n)(n-1)(n-2)\cdots(1)$。例如,$4! = 4(3)(2)(1) = 24$。为了说明表7A-2中的计算,在10次投资中有8次成功的概率为
$$\Pi = \frac{10!}{8!\ 2!}(0.8^8)(0.2^2)$$
$$= \frac{10(9)(0.006\ 71)}{2}$$
$$= 0.301\ 99$$

续前表

投资成功的次数	概率	财富值	预期效用*
4	0.005 5	47 000	0.000 000 455 0
5	0.026 4	47 500	0.000 001 976 1
6	0.088 1	48 000	0.000 005 966 9
7	0.201 3	48 500	0.000 012 336 4
8	0.302 0	49 000	0.000 016 746 4
9	0.268 4	49 500	0.000 004 876 0
10	0.107 4	50 000	0.000 055 906 9
总数	1.000 0		

注：* $U(W)=-e^{-0.000\,2W}$。

从表7A-2中，我们可以看到，多元化投资组合比单一投资组合的预期效用要高（较小负值）。可以通过下面的等式计算出预期效用水平的实际财富收益：

$$-0.000\,055\,906\,9=-e^{0.000\,2W}$$

因此

$$W_c=48\,959.11$$

通过多元化投资组合，风险成本从476.97美元减少到只有40.89美元。此外，这个风险分担策略降低了极端结果出现的概率，增大了与预期值相近的结果出现的概率，所以是有效的。在这个例子中，投资人最终获得48 000美元到50 000美元的财富的概率为96.72%。

最后，通过再次解释我们曾经用过的实证案例，我们可以很容易地看到风险分散的优势。我们假定投资一个有风险的高科技公司，往该公司投资1 000美元，投资成功的概率为0.8，回报为5 000美元；投资失败的概率为0.2，此时无任何回报。让我们来考虑一下，独资公司和由十个投资人共同投资的合伙公司哪个更有效率？为简单起见，我们假定潜在股东是类似的，都倾向于规避风险，投资前每人都有46 000美元的资产，其效用函数与我们一直使用的效用函数相同。

我们已经知道，独立投资的情况下，其头寸的资产等价物为48 523美元。也就是说，一个有既定偏好的投资人不会介意是收到确定性的2 523美元还是拥有公司。接下来，让我们来解释一下十个投资人组成的合伙公司会有更高的现金等价物。

为了筹集1 000美元运作这个公司，每个合伙人都要出资100美元，所以如果失败的话，每个投资人最后的资产为45 900美元，如果成功的话，每个投资人最后的资产为46 400美元。那么，该头寸的预期效用为

$$E(U)=0.8U(46\,400)+0.2U(45\,900)$$
$$=-0.000\,095\,233$$

计算其资产等价物，得出

$$-0.000\,095\,233=e^{-0.000\,2W_c}$$

因此
$$W_c = 46\ 295.92$$

换言之,各个合伙人并不介意是收到确定性的 295.92 美元还是拥有公司。但是一起的话,合伙关系使公司价值增大到原来的十倍,达到 2 959 美元;单一股东时,该值仅为 2 523 美元。通过补偿原则,我们知道从单一股东到合伙公司的转变将会提高效率:合伙人以一定价格买下单一股东的股份会让大家都更富裕。"社会效益"是 436 美元——风险成本从独资公司面临的 477 美元减少到合伙公司面临的 41 美元 [10×(46 300－46 295.92)]。

评估风险成本的方法

在上一部分,我们设定了一个具体的效用函数说明如何计算风险成本。现在,我们希望建立一个更具普遍性的方法来衡量这些风险成本。首先,我们定义两种衡量风险规避程度的方法:

(1) 绝对风险规避 $a(W) = -U''(W)/U'(W)$

(2) 相对风险规避 $r(W) = -WU''(W)/U'(W)$

注意,当一个人的财富效用函数以风险规避为特征时,$U''(W) < 0$,当然 $U'(W) > 0$。这样,存在风险规避时,两种风险衡量方法所得到的结果均为正值。而且,第二种衡量方法中的 $r(W)$ 只表示财富边际效用的弹性。这就是说,边际效用变化迅速时或效用函数更凹时,风险规避的程度更大。此外,效用函数为直线时,在两种衡量方法下分子均为零 ($U''=0$),表现出风险中性。

为了试着解释这些衡量方法,我们使用普拉特提出的一个近似值。让我们来回顾一下风险成本的定义:风险成本即风险环境下预期财富与实际财富收益之间的差额。普拉特表明,风险成本 C 可由以下公式近似得出,该公式由泰勒级数展开推导得到:

$$C = \frac{1}{2} a(\overline{W}) \sigma_w^2$$

其中 $\overline{W}$ 是期望财富,σ_w^2 是财富方差。因此,对于拥有同样的期望财富,并且面临同样的不确定性的个体而言,绝对风险规避程度越高,为了避免风险付出的就越多。绝对风险规避程度与个体愿意为避免公平赌博而付出的金额成比例。同样地,我们可以用风险成本占期望财富的比率表示相对风险成本:

$$\frac{C}{\overline{W}} = \frac{1}{2} a(\overline{W}) \frac{\sigma_w^2}{\overline{W}}$$

或

$$\frac{C}{\overline{W}} = \frac{1}{2} r(\overline{W}) \left(\frac{\sigma_w^2}{\overline{W}^2}\right)$$

右侧圆括号里的项有一个标准的统计学解释:变异系数的平方。最后一个方程表明,个体为了避免确定性风险而愿意放弃的财富份额与其相对风险规避程度成正比。

在前面的章节中，我们已经看到，在不知道精确的参数值，同时又有理由相信其很可能位于给定区间时，可以使用一些模拟技术。在这种情况下，我们不知道特定个体风险规避程度的值。不过，我们可以运用常识。

在涉及风险规避的实证案例中非常有用的参数形式效用函数有两个，其中一个是

$$U(W) = -e^{-\alpha W}$$

其中，α 大于 0 并且由一个与 α 相等的恒定绝对风险规避值表示。为了理解这一点，我们利用一阶和二阶导数得出

$$U'(W) = \alpha e^{-\alpha W}$$
$$U''(W) = -\alpha^2 e^{-\alpha W}$$

所以，运用绝对风险规避的定义，我们发现

$$\alpha(W) = \frac{\alpha^2 e^{-\alpha W}}{\alpha e^{-\alpha W}} = \alpha$$

另一个收益函数表示的是与 r 相等的恒定相对风险规避值：

$$U(W) = \frac{W^{1-r}}{1-r}$$

其中 $r > 0$ 且不等于 1。为了说明这一点，我们再次利用导数得出

$$U'(W) = \frac{(1-r)W^{-r}}{1-r} = W^{-r}$$
$$U''(W) = -rW^{-r-1}$$

运用相对风险规避的定义，我们得出

$$r(W) = \frac{rW^{-r}}{W^{-r}} = r$$

现在，让我们通过恒定绝对风险规避函数来求 α 的合理值。假设现在问人们这样一个问题：如果他们要赌博，赌输和赌赢 1 000 美元的概率一样大，他们肯花多少钱打赌？赌注为多少时他们不会介意？粗略观察发现，现实中这个金额的下限是 50 美元。也就是说，低于 50 美元的话，很少有人会接受，大部分人都会要求更高的赌注。

要想知道 α 所代表的绝对风险规避程度有多大，我们必须求解下面的方程，它表示当前赌博中财富 W 的效用等值：

$$U(W) = \frac{1}{2}U(W+1\,050) + \frac{1}{2}U(W-950)$$

对于绝对风险规避的例子而言，

$$-e^{-\alpha W} = -\frac{1}{2}e^{-\alpha(W+1\,050)} - \frac{1}{2}e^{-\alpha(W-950)}$$

最初的财富水平显而易见，简化等式之后，我们得到

$$2 = e^{-1\,050\alpha} + e^{950\alpha}$$

用计算器可求解该方程，得到 $\alpha=0.0001$。①我们假设赌注的上限为 333 美元；这样参与打赌的人赢得 1 333 美元和输掉 667 美元的机会各占一半，所以可能更充分地吸引更多的投资者。按上面的方法求解方程，得到 $\alpha=0.007$。

为了说明在仿真共保对医疗保险的作用时，个体如何运用这些上下限，我们进行一个很简单的解释性计算。该算例最主要的是假定每个家庭只有两种状态：健康（$\Pi_H=0.9$）或生病（$\Pi_I=0.1$）。在真实仿真中，个体将使用标准统计分布来模拟各个家庭面临的众多真实的可能性。②我们假定，没有投保的家庭会购买价值 5600 美元的医疗服务，且需求的价格弹性为 -0.5。

W_c 代表确定性等值，该值使得"普通"家庭不甚介意当前未投保和有风险状态。也就是说

$$U(W_c)=EU(W)=0.9U(W)+0.1U(W-5\,600)$$

或者对于特定的效用函数，有

$$-e^{-aW_c}=-0.9(-e^{-aW})+0.1(-e^{a(W-5\,600)})$$

可简化如下：

$$e^{a(W-W_c)}=0.9+0.1e^{a(5\,600)}$$

取对数后得

$$W-W_c=\frac{1}{\alpha}\ln(0.9+0.1e^{a(5\,600)})$$

通过代入上述 α 的上限和下限，我们发现

$$W-W_c=\begin{cases}723.83 & a=0.0001\\ 2\,542.31 & a=0.0007\end{cases}$$

因为完全没有投保的人的风险成本是 $W-W_c$ 减去预期医疗成本 $[560=0.1(5\,600)]$，所以我们可以看到每个家庭的风险成本位于 163.83 美元到 1 985.31 美元之间。

现在，如果每个家庭购买保险，存在共保条款，共保率为 50%，那么家庭成员生病的时候会购买更多的医疗服务。我们假定 P 初始为 1.00 美元时，$Q=5\,600P^{-0.5}$。如果投保共同保险，则 P 跌至 0.5 美元，而 $Q=7\,920$（道德风险因素）。一旦有患病情况发生，保险公司和用户均将向医院支付 3 960 美元。保险公司每张保单收费 396 美元，不管在哪种状态下，个人都要付这笔费用。为了找出单个家庭的残余风险成本，我们需要找出是什么样的确定性财富 W_c^* 能带来与目前所期望的同样的效用：

---

① 一些通过反复试验解决问题的方法虽粗鄙，但非常实用。对于那些不熟悉这些方法的人，下面介绍一下如何能得到该值。我们知道，当存在风险时，α 为正数，结果肯定大于 0。因为指数符号为负，第一项肯定是个分数，α 越大，分数越小。因为 $e\approx 2.72$，任何一个大于 1 的指数都会使得第二项的值特别大或使得 $\alpha>\frac{1}{950}=0.001$。所以我们很快知道 $0<\alpha<0.001$。通过反复试验，人们可以精确到任何一个小数点。取该区间的中间点 0.000 5，把它用到右边的项里，0.59+1.61=2.20，所以 0.000 5 太大了，因此 $0<\alpha<0.0005$。按照这种方式一直运算直到两个限值之间的差额对你来说可以忽略不计。

② 该练习题是马丁·费尔德斯坦（Martin Feldstein）在其文章《过度医疗保险的福利损失》中所设计的真实练习题的简化。这篇文章发表于《政治经济学杂志》1973 年 3 月/4 月刊第一部分第 251-280 页。在实际的费尔德斯坦仿真中，每个家庭的住院次数被假定近似服从泊松分布，而每次住院的长度被假定近似服从伽马分布。

$$U(W_c^*)=0.9U(W-396)+0.1U(W-396-3\ 960)$$

或者使用与上面一样的代数形式：

$$W-396-W_c^*=\frac{1}{\alpha}\ln(0.9+0.1e^{\alpha(3\ 960)})$$

代入我们设定的 α 的上下限值，我们计算出：

$$W-396-W_c^*=\begin{cases}474.43 & \alpha=0.000\ 1\\ 1\ 308.44 & \alpha=0.000\ 7\end{cases}$$

如上所述，残余风险成本是这些数据与各个家庭的期望实支医药费成本 396 美元之间的差额，所以它介于 78 美元和 912.45 美元之间。因此，因投保部分保险而降低的风险额为每个家庭 85.4 美元至 1 072.87 美元（风险成本总额和残余风险成本之间的差额）。

需要强调的是，这个练习是为了演示在数学仿真中运用风险规避衡量法的过程。要展示实际仿真，需要更多的细节和敏感性实验，这不太适合本书的写作目的。然而，研究和理解像这样的练习应该能够为人们提供必要的勇气努力克服类似问题，从而改进这种类型的工作。

第八章　跨期配置和指数化

经济决策常常会对做出这些决策的个体及整个社会的未来福利产生重大影响。例如，决定在当期投资学校教育，就将对个人的未来收入产生重大影响。为了当期投资学校教育，许多学生需要借款来负担当期消费，之后再用未来的收入偿还贷款。而个人工作时当期收入中用于储蓄的金额又会对其退休时的收入或未来所能获得的其他收入产生重大影响。为了做出这些决策，个人必须以某种方式平衡当前和未来的需求和机会。本章将引入一些有助于理解和分析这些决策的模型和对其产生影响的一些重要公共政策。

投资意味着资本存量的增加。这里资本指可用于生产未来消费流的耐用资源。例如，原材料、土地和劳动力可用来建造一座新工厂。未来，该工厂将用于织布，建造一家工厂就是一种投资，它增加了总资本存量，也增加了未来可用于消费的布的数量。同样，也可以投资在个人身上，从而增加"人力资本存量"。例如，医学院新增添一个学生就是一项投资，因为它将增加未来医生的存量和未来医疗服务总量。

当一个社会投资时，意味着为了未来消费而放弃了当前消费。例如，那个医学院学生本可以在餐馆里工作、做饭，而不是去上学。所有用于投资于未来的资源本可以被直接用于增加当期消费。任何个人在决定是否投资时，必须考虑该投资会对其当期和未来的收入和消费产生哪些影响。那位医学院学生上学不仅放弃了在餐馆工作的收入，还必须支付学费并留存足够的住宿和餐饮费用。他必须将这些成本与他将来当医生得到的收益相权衡，从而做出选择。

投资者只有当能够在当期借到可用未来收入偿还的资金（如，学生贷款）时，才会开始投资。也就是说，个人投资者不一定要为了投资而推迟当前的消费。另外一些人也许会愿意出借或省下他们当前的部分购买力。投资需求是为了未来消费而非当前消费而使用实际资源（学生在支付学费的同时，盼望相应得到老师和教室）。储蓄供给则是对用于未来而非当前消费的实际资源的供给（个人将他或她自己"提供"出来做学生）。利率是影响投资需求（投资是利率的递减函数）以及储蓄供给（储蓄是利率的递增函数）的价格。为了理解供给和需求是构造个人决策的基础，我们先介绍一个简单模型，这一模型显示个人会执行所有在给定利率下净现值大于零的投资。

因为各种原因，除了这个模型之外，其他模型也许可以更好地解释跨期资源分配的实际决策，但我们的主要目的是介绍跨期分配资源的重要性和用于比较不同时期价值的"折现"概念，而这个初始模型清楚地阐述了这些。之后，我们将回顾一些关于个人跨期分配实际行为的证据。我们还将用一定的篇幅阐述个人在做跨期决策时遇到的不确定性问题。

跨期的不确定性的一个重要来源是通货膨胀的高低，它使未来价格和当前价格之间的关系变得模糊。尽管通货膨胀的原因不在我们的分析范围内，但我们会解释怎样运用不同的指数化方法来应对通货膨胀，从而减少个人面临的不确定性。在回顾了指数的构造原理后，我们将思考构造和运用指数化方法过程中出现的现实问题。这些问题和一些政策有关，如政府债券发行、社会保障金支付、学校融资等。它们也可以被视为将决策和任何社会指标（如犯罪率、健康统计数据）联系起来时碰到的普遍问题中的一个特殊子集。

跨期分配和资本市场

对大多数人来说，他们获得财富收入的时间与他们希望的消费或支出的时间不完全匹配。尽管他们可以时时刻刻考虑这个问题，但首先考虑平均寿命和生命周期才是最有意义的。图 8-1 描绘的是一个家庭在近 60 年内的收入和消费方式。值得注意的是，该图最重要的特征是消费比较平稳，而收入相对起伏较大。

图 8-1 接近我们所观察到的现实。当一个家庭成员二十多岁时，他或者正在学校读书或者刚开始工作，收入通常较低。此后，其收入通常会稳定上升，直到他们五六十岁时，收入达到顶峰。此后，随着退休，收入会急剧下降。而同时，早期消费很可能会超过其收入，因此，购房和养小孩的费用通常都靠借款来筹集，并用家庭周期中期时自然增长的收入存款来偿还。相类似，这些存款也被用于退休后低收入年头的消费。换句话说，这些事实表明家庭更喜欢按其"永久"收入水平（约为其一生中的平均收入）进行消费，而不是随着多变的家庭年

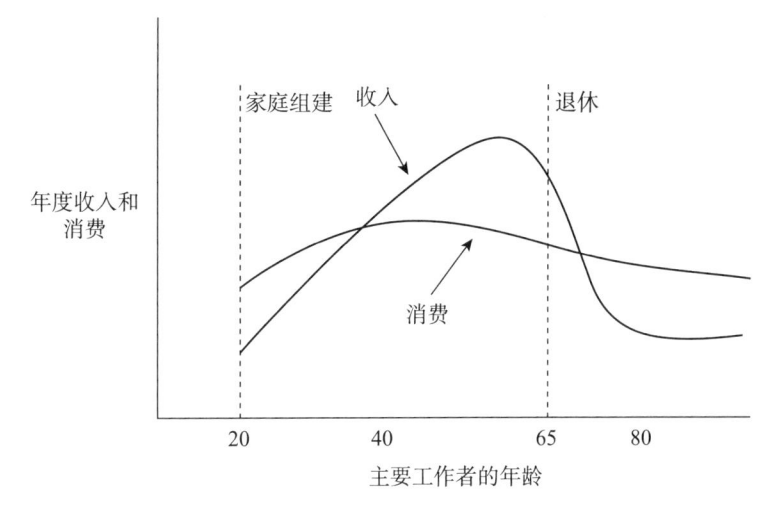

图 8-1　典型生活方式中的家庭收入与消费

收入来调整消费。①

有储蓄机会时的个人消费选择

现在想做的是建立一个更系统的能反映个人跨期分配资源欲望的模型，并考察资本市场的交易是怎样使个人跨期分配成为可能及怎样促进跨期分配的。首先假想一位消费者拥有一笔固定财富，可分配到两个时期消费。现在要构建的这个模型和下一个模型的重点是更广泛地考虑消费者预算约束的决定因素，并认识到消费者预算不仅取决于当期收入，还取决于其财富存量。

图 8-2 画出了几条显示个人在两个不同时期消费偏好的无差异曲线：当期消费 C_0（前半生消费），未来消费（后半生消费）C_1。在这个模型中，两期的消费品除了在时间上有不同外，其他方面均无差异，都是正常消费品（把它们都想成由许多种不同商品和服务构成的一个小篮子）。几条无差异曲线都被画成弯的，

---

① 永久收入和暂时收入的区分对政策评价的公平性原则常有深远的分析作用。例如，考虑税收（如房产税）的累进程度或累退程度时，如果将房主支付的房产税与他的年收入相比，结果就可能偏向累退。

为理解这一点，我们发现许多家庭住的房子的房产税与他们一生收入的初期或末期的低收入相比高得多。所缴税收占这些家庭永久收入的比例则要低得多。与此相似，住在条件相当的房子里但处于其生命周期中高收入阶段的家庭所缴的房产税则仅占其当期收入的较小一部分，尽管用永久收入计算会发现房产税占其永久收入的比重会高得多。换言之，与住房价值成正比的房产税与家庭的永久收入也大致成正比，但与当期收入相比则会表现出累退趋势。因此，无论财产税的实际影响是什么，倘若用当期收入来衡量，那么它看起来就是累退的。对这种差异的详细计算可见 S. Sacher 的《成长周期框架下的住房需求和财产税率》一文。Herry Aaron 在其《对财产税率的新观点》一文中首次注意了这种现象。

这并不意味着财产税对同一时期当期收入低的家庭和当期收入高的家庭的负担是相同的。负担不同是因为资本市场不完美。例如，一对老夫妇可能拥有一套已大幅升值的房子，且抵押贷款早已付清。这可以把他们置入一种尴尬的处境：财产多，但流动收入很少。他们可能希望放弃部分住房产权来缴纳其房产税，但方便他们借贷的途径（即反向抵押贷款）却往往没有，或者不能以合适的利率获得。

而不是直的,且各曲线弯曲点接近一条假想中从原点起始、与横轴夹角为 45°的射线。这反映了大众更偏好平稳的跨期消费。(也就是说,在预算约束曲线可能的斜率范围内,无差异曲线与预算曲线的切点将接近这条 45°的射线。)

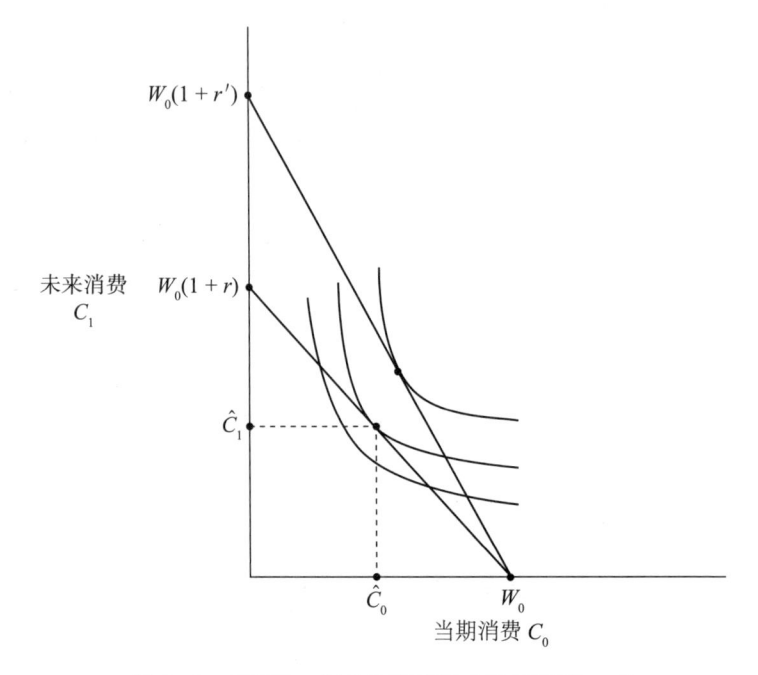

图 8-2 利率为 r 时的两期模型中的储蓄 W_0-C_0

所画曲线的形状取决于其所适用的消费品的范围。没有理由相信在一个涵盖更多商品的模型中,某些特定商品的跨期消费无差异曲线的形状彼此间不会相差很大。比如,助听器可能只会在未来才会被强烈地偏好,而滑雪则可能正好相反。而一般商品的跨期无差异曲线的斜率,有时被称为边际时间偏好率。它仅仅是一种边际替代率,会沿无差异曲线变化。

用 W_0 表示财富禀赋,其中每单位财富都可用于购买今天的 1 单位消费品。然而,必须确定剩下的预算约束部分。选择 $C_0=W_0$,则 $C_1=0$,得到无差异曲线的一个极点,即在当期将所有财富消费掉。另一个替代的极点是推迟当前财富的消费,将所有财富存起来,用于未来消费。这样的话,这些财富可存于银行,也可投资政府债券,或用于其他存款工具,并获得市场利率 r。① 这里,可能实现的最大未来消费为 $C_1=W_0(1+r)$,而 $C_0=0$。当然,个人也可以选择两极点连线上的任何一个消费组合,这条连线就是预算约束线。对于其上面的任意一点,储蓄都是推迟的消费量 W_0-C_0。在获得利息后,储蓄资金又被用于购买未来消费品 $C_1=(W_0-C_0)(1+r)$。这就是预算约束方程:对给定的 W_0 和 r,任何 C_0 和 C_1 的组合都使这一等式关系成立。

---

① 我们忽视了限制银行提供市场利率的管制约束。我们所指的是无风险利率。但其实总有一些借款和存款风险相对较高,所以事实上任何时候总存在一系列利率。

像通常一样，为使效用最大化，个人会选择预算约束线上刚好与跨期无差异曲线相切的点。图 8-2 中，个人当期消费为 $\dot{C}_0$，储蓄为 $W_0-\dot{C}_0$。因此，具体选择储蓄多少不仅取决于初始的财富禀赋和偏好，而且取决于利率，或是说储蓄所得回报的大小。这就引出了要阐述的另一个要点：把利率解释为一种相对价格。预算约束线的斜率等于其纵轴截距（未来消费）与横轴截距（当前消费）的比率（负值）

$$-W_0(1+r)/W_0=-(1+r)/1=-1/[1/(1+r)]$$

我们知道含两种商品的普通预算约束线的斜率是这两种商品价格的比率（负值），这样来解释这条预算约束线的斜率就很自然了。分子 1 是一单位当前消费的价格。分母 $1/(1+r)$ 是一单位未来消费的价格。需要注意的是，如果放弃 1 单位当前消费，我们就能得到 $1+r$ 单位的未来消费。为了购买恰好 1 单位的未来消费，我们必须放弃 $1/(1+r)$ 单位的当前消费，这就是未来消费的代价。后面这个数有时也被称为 1 单位未来消费的现值或折现值。把它想成为了购买 1 单位未来消费当前必须存入银行的钱，利率 r 就可被称为折现率。如果折现率为 0.10，其含义就是 1 美元未来消费的现值为 0.91 美元（即为了得到 1 单位未来消费所要放弃的当前消费）。

另一种理解方法是将预算约束重写，像求解 W_0 一样：

$$W_0=1C_0+\frac{1}{1+r}C_1$$

这看起来像普通预算约束线：

$$W=P_XX+P_YY$$

跨期预算约束线方程中的价格和消费量对应为

$$P_X=1 \quad X=C_0$$
$$P_Y=\frac{1}{1+r} Y=C_1$$

按这个公式，预算约束线就是任何使消费流现值等于财富的 C_0 与 C_1 的组合（注意，只对未来消费折现；当前消费已经是现值）。

在此模型中，利率上升显然会使个人生活水平提高。因为它等价于在其他价格保持不变时，未来商品的价格下降。预算约束线将绕 W_0 点向外转，如图 8-2 所示，这也就意味着个人能达到一个更高的无差异曲线。产生这个结果的原因是此模型中个人只能储蓄，而没有机会借款。C_0 必须小于或等于 W_0。利率上升无疑会使 C_1 增加：替代效应和收入效应都是正的。但我们不能判断储蓄是否会增加，因为对 C_0 的收入效应是正的，而替代效应是负的。

存在储蓄和借款机会时的个人消费选择

将前述模型运用到现实中并允许个人借款时，利率上升的福利效应就不存在了。为了引入借款，我们用收入来代替财富禀赋。某个人拥有一定的实际资源储备，我们称之为资本。资本产生收入流，本期获得收入 Y_0，未来获得收入 Y_1。

他的财富就是该资本的资产价值，等于资本创造的收入流的现值。个人必须在这些收入价值的限制下，决定一定的消费模式。现在我们假设本期可以按市场利率借入、借出（储蓄）资本资源。这样模型就假设 r、Y_0、Y_1 为固定参数，个人消费 C_0、C_1 则为两个变量，受 r、Y_0、Y_1 限制。

图 8-3 展示了这个更精确的模型。个体开始时在 (Y_0, Y_1) 点，从而其可以选择 $C_0=Y_0$，$C_1=Y_1$。但预算约束线看起来会是什么样子呢？在极端情况下，个人可以将 Y_0 存起来，放在银行里，在未来得到 $Y_0(1+r)$ 作为回报，而消费 $C_1=Y_1+Y_0(1+r)$，即预算约束线在未来消费轴（纵轴）上的截距。在另一个极端情况下，个人可以靠未来收入借款，将当前消费提高到 Y_0 以上。银行将贷给他现值 $Y_1/(1+r)$，在未来时期获得 Y_1 的还款。当前消费就可以等于收入的现值。因此，当 $C_1=0$ 时，$C_0=Y_0+Y_1/(1+r)$，即预算约束线在当前消费轴上的截距。预算约束线就是这两个极点的连线，预算约束线方程为①

$$C_1=Y_1+(Y_0-C_0)(1+r)$$

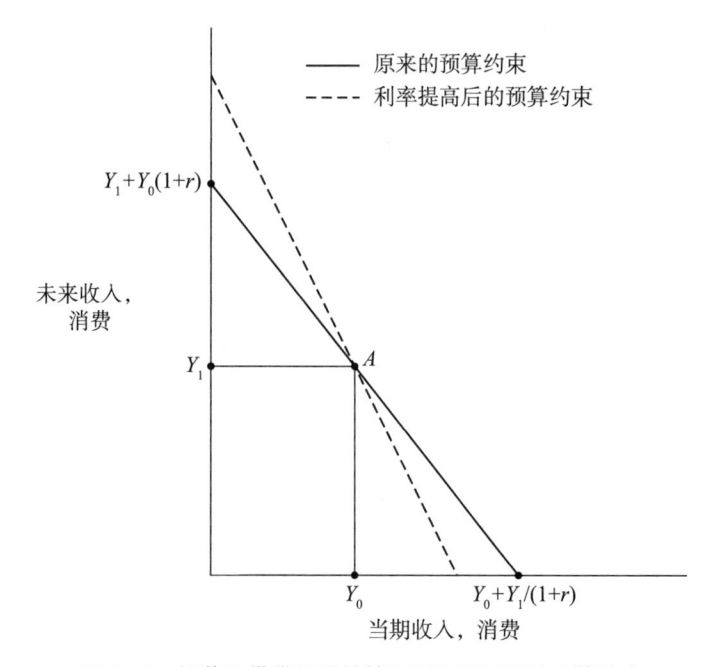

图 8-3 储蓄和借贷可能的情况下跨期配置的预算约束

试想一下，个人可以选择任何等于未来收入加上储蓄价值的未来消费水平。等式右边第二项代表 $C_0<Y_0$ 时储蓄的未来价值。但是，个人也可以选择在当期借款，而不是储蓄，这就会使第二项变为负，$C_0>Y_0$。在这种情况下，等式右边第二项仅表示借款的成本，即未来偿还贷款时将减少的未来消费。预算约束线

---

① 令 $C_1=mC_0+b$，其中 m 和 b 分别是预算约束线未知的斜率和截距。从点 $C_0=0$，$C1=Y_1+Y_0(1+r)$，我们知道 $b=Y_0+Y_1/(1+r)$ 和 $C1=0$，我们知道 $m=-b/C_0=-[Y_1+Y_0(1+r)]/[Y_0+Y_1/(1+r)]=-(1+r)$。因此，$C_1=b+mC_0=Y_1+(Y_0-C_0)/(1+r)$。

的斜率仍为$-(1+r)$，同前面一样。①

预算约束方程也可以重新整理成下面的等式，并解释为预算约束即任何满足消费现值与其财富（即收入现值）相等的C_0和C_1点的组合：

$$C_0+C_1/(1+r)=Y_0+Y_1/(1+r)$$

像之前提到的那样，个体可能是一个储蓄者或借款人，这取决于个人偏好。在预算约束线上，A点右边的任意点都代表借款（$C_0>Y_0$）。A点左边的任何点则代表储蓄（$C_0<Y_0$）。利率上升会使预算约束线绕A点顺时针旋转至图 8-3 中的虚线的位置：未来收入的现值变低（即借款收益将减少），而当前收入的未来价值上升（因储蓄收益增加）。

如果个人起初是一个储蓄者，他的福利就会提高，因为他可以比以前消费更多的商品。而如果个人起初是一个借款人，其福利水平就会降低，除非其新储蓄带来的新消费机会超出借款并使消费前景不佳。无论他是储蓄者，还是借款人，替代效应都是增加C_1而减少C_0。这对储蓄者的收入效应为正，因此C_1增加，而C_0的变化不确定，像前面一样。而对借款人，我们并不知道其实际收入是上升还是下降了，同时也就不能预测其收入效应。

个人的投资与消费选择

我们已经演示了个人运用借款或储蓄来选择跨期消费的模式。现在我们采用第三种办法：进行生产性投资。为了说明这一点，我们先回顾一下对上个模型的描述：个人可以在当期赚取Y_0，在未来赚取Y_1。假设这些收入部分来源于劳动力（即人力资本的回报），部分则以净房租（房租减去所有运行费用）的形式来自其拥有的一座办公楼的租户。

第一个生产性投资机会也许是教育。个人可以不将当期所有劳动力全部投入工作，而是将其中一部分用于入学读书。这就是一种人力资本投资。它会减少当期收入，但会提高未来收入，因为个人可以得到比原来更好的工作。需要注意的是，教育的主要成本可能不是学费，而是其放弃的当期收入。支付学费则进一步减少了可用于当前消费的收入。图 8-4 中，此投资机会可用A点到B点可支配收入的变化表示。

第二个生产性投资机会是当期将办公楼翻新，使它对商用房租户更具吸引力，从而未来得到更高的净租金。这是一项普通的资本投资。它的成本包括因翻新而放弃的当期净租金，还包括翻新办公楼耗费的劳动力和材料的成本，由于办公楼所有者自己必须先支付这两项翻新费用，因此这就进一步减少了他可用于当前消费的收入。在图 8-4 中，这项投资可被理解为从B点到C点的移动。

---

① 我们也可以用微积分求偏导：

$$\frac{\partial C_1}{\partial C_0}=\frac{\partial[Y_1+(Y_0-C_0)(1+r)]}{\partial C_0}=-(1+r)$$

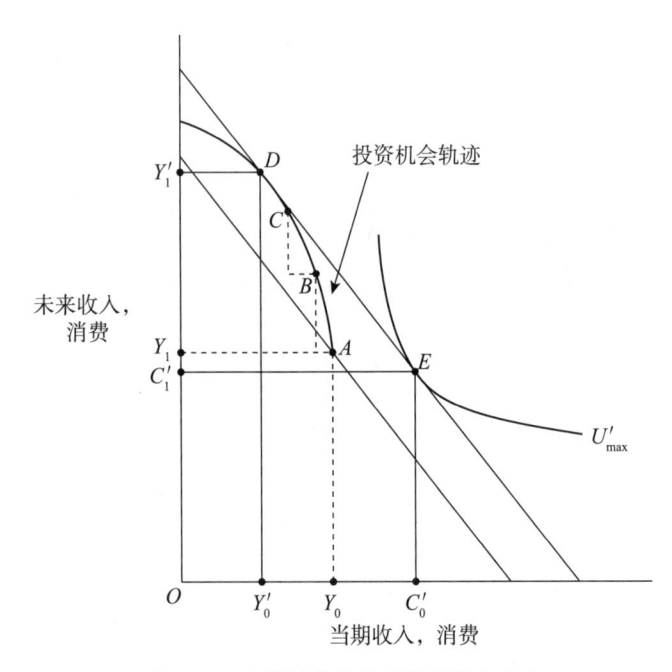

图 8-4 跨期消费选择的投资机会效应

以上两例中的共同观点是个人掌握着可用于当期生产并赚取资金流 Y_0 的实际资源。他（她）也可以选择从生产当期消费品的实际资源中保留一部分，并用于不同的生产用途。① 投资意味着长时间对实际资源的占用而不能用于当期诱人的消费，其成本等于放弃的当前消费。投资过程有时也称实际资本的形成。投资量就是已有资本存量的增量（如人的技能、建筑、机器设备）。

假设有人面对一系列投资机会。个人考虑将实际资源从当期消费和生产中转移出来（从 Y_0 点开始向左移动），分配到最好的投资中去（即能得到最大的未来可能收入）。图 8-4 绘出了投资机会路径（轨迹）：离未来消费轴越近，曲线越平坦（边际投资能赚的钱更少）。

接着，我们考虑一下这些可选投资机会怎样影响个人的消费可能性。投资机会路径上的任意一点都能被选择，预算约束线像我们在上个模型中一样准确地被确定。自然，个人会寻找具有最佳消费可能性的预算约束，即距离原点最远的那条。因为预算约束线的斜率由市场利率决定，所以个人将选择一个投资组合，使预算约束线恰好与投资机会路径相切。我们用 D 标出此点。这样，就会得出以下结论：效用最大化的必要条件是选择使市场利率下收入现值最大的投资机会。

上述原则等价于选择按市场利率计算现值为正的所有投资。D 点处，投资机会路径的斜率为 $-(1+r)$。D 点右侧，该曲线更陡峭；D 点左侧则更平坦。如果我们再进行一项投资（移向 D 左侧），从绝对值看，有

---

① 在我们使用的正式模型中，每一单位实际资源都是同质的，因此个人没有必要从市场中购买投资投入品。我们举的例子让个人生产当期消费品并将一部分收入用于购买投资投入品，从而增强了现实性。

$$\Delta Y_1/\Delta Y_0 < 1+r$$

或者，重新整理为

$$\Delta Y_1/(1+r) - \Delta Y_0 < 0$$

因为不等式左边是新增投资项目的净现值，所以我们可以看出 D 点左边的项目现值为负，而 D 点右边的项目现值为正。

一旦做出投资决策，个体就可以通过资本市场借款或以当前实际资源使用权来放贷，从而选择预算约束线上的任何消费可能性。我们绘出最佳消费机会 E 点，此时个人借款为 $C_0^I - Y_0^I$。注意，我们可以任意将部分借款列为投资，另一部分列为消费：借款或储蓄量由投资所得可用于当前消费的存量、未来收入的现值和消费偏好共同决定。换言之，我们从未真正观察到 Y_0 的值，从而允许我们将可观察到的借款划分成两部分，一部分为 $Y_0 - Y_0^I$，用于投资，另一部分为 $C_0^I - Y_0$，用于消费。允许住房贷款利息进行税收抵扣（以鼓励住宅消费）而对佣金贷款（经纪业务贷款）利息不予抵扣的公共政策促使个人更多地进行住宅抵押借款，从而获得便宜的资金用于股市投资。

在此模型中，效用最大化被分为两部分：一是使财富最大化的投资选择；二是选择怎样在跨期消费曲线上花掉这些财富。有时这也被称为产权分离。财产的一个含义是雇用的代理人可以在不知道财产所有者的个人偏好的情况下，选择和监管投资项目，代理人的目的只是最大化财富。例如，购买一家公司的股份，实际上是将特定的投资决策权委托给公司经理（如购买哪种机器）。作为投资者的股东仅仅关心投资的结果（分红加上股票的升值）。[①]

当所有者的效用受投资影响从而导致部分成本和收益的产生只是心理上的而非金钱上的的时候，上述产权分离就不能维持了。这在人力资本投资中尤为真实。例如教育，它有金钱上的成本和收益，还有对效用的直接影响。这就是为什么个人一般不放弃对自己的人力资本投资的控制权。效用也可能受物质资本投资的直接影响。一个常见的例子是人们通常偏好于投资那些"对社会负责的"公司，尽管他们主要还是会依靠代理人来选择投资。这种复杂性意味着很多个人不会仅仅以货币财富最大化为目标进行投资选择（因为对效用的直接影响可能会使其他投资相对来说更有吸引力），但这不会改变未来影响折现的基本思想和利率在折现过程中的重要性。

---

① 为了让我们的跨期模型尽可能简单，我们没有考虑不确定性及其影响。实际上公司也会追逐那些具有特定风险偏好的投资者。例如，人们对投资那些过去很长时间未中断分红的公用事业公司、新设立的生物技术公司及前途未卜的网络公司的态度还是有所区别的。一本有用的股票市场定价指南是 B. 马尔基尔（B. Malkiel）的《漫步华尔街：个人投资的生命周期指南》(*A Random Walk Down Wall Street: Including a Life-cycle Guide to Personal Investing*) 一书，该书由诺顿公司 1996 年在纽约出版。关于金融市场的更多讨论见 H. 霍撒克（H. Houthakker）和 P. 威廉姆森（P. Williamson）的《金融市场经济学》一书。

投资资源的供求

从上面的讨论中不难看出,从总量上看,对投资资源的需求会随着利率降低而增加。给定任一利率,在我们的简化模型中,每个人都会选择投资可能性曲线上新增项目现值为零的那一点。利率越高,意味着在财富最大化点处坡度越陡,或更接近于图 8-4 中的 A 点,从而投资越少。市场投资需求是每个可能利率下所有个人投资需求的总和,因此市场投资需求曲线是向下倾斜的,如图 8-5 所示。

投资资源的供给也可通过我们讨论过的个人行为来理解。但是总供给应是(那些当期消费小于其当期收入的)个人储蓄扣除(那些当期消费超过其当期收入的)个人负储蓄后的净值。这个净值通常是正的,虽然它不一定必须如此。图 8-5 中,这一供给曲线先上升然后向后弯曲。当利率上升时,个人发现当前消费比未来消费更贵,这样,替代效应使当前消费的需求减少,或者说,使储蓄者增加储蓄,并使负储蓄者减少负储蓄(如,大学生可能会为了少借款而压缩消费)。如果只考虑替代效应,就意味着一条正常上升的投资资源供给曲线。

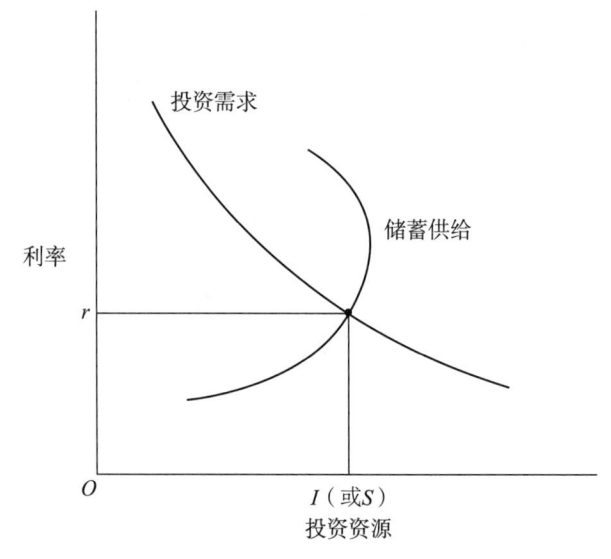

图 8-5 用于投资的资源供给和需求

然而,收入效应是模糊的。许多负储蓄者将因为利率上升而状况变差,因而拥有与替代效应同向变化的收入效应,即减少当前消费(从而增加总储蓄)。但另一些人(储蓄者)的状况会变好,他们的收入效应为增加当前消费(即减少总储蓄)。如果正储蓄大于负储蓄,则储蓄供给的净收入效应是负的。总收入效应将超过替代效应吗?回想一下,收入效应的大小取决于总预算中商品的重要程度。这样,当总储蓄增大时,投资供给反应为负的可能性会更大。这是供给曲线先向上升然后向后弯曲的原因,但向后弯曲是否会发生,或在哪一点发生,还是一个尚未解决的实证问题。①

尽管图 8-5 描述的导致供求相等的利率为正,但并不是必须如此。没有理论根据解释为什么均衡利率必须为正。为达到教学目的,我们可以以鲁滨逊·克鲁索经济(单个人的经济,没有星期五,没有他人与之交易)为例加以阐释。图 8-6 展示了克鲁索当期和未来消费的生产可能性曲线。A 点处的斜率为 -1 或者利率 r 等于零(沿着曲线移动,A 点右边 r 为正,左边 r 为负)。可以在同一张图中画出克鲁索的无差异曲线。为使效用最大化,克鲁索必须选择生产可能性曲线与他的无差异曲线相切的一点。没有理由认为该点不可能出现在 A 点的左边,如利率为负的 B 点。这种情况发生的可能性取决于克鲁索的偏好和消费转换曲线(生产可能性曲线)的斜率。

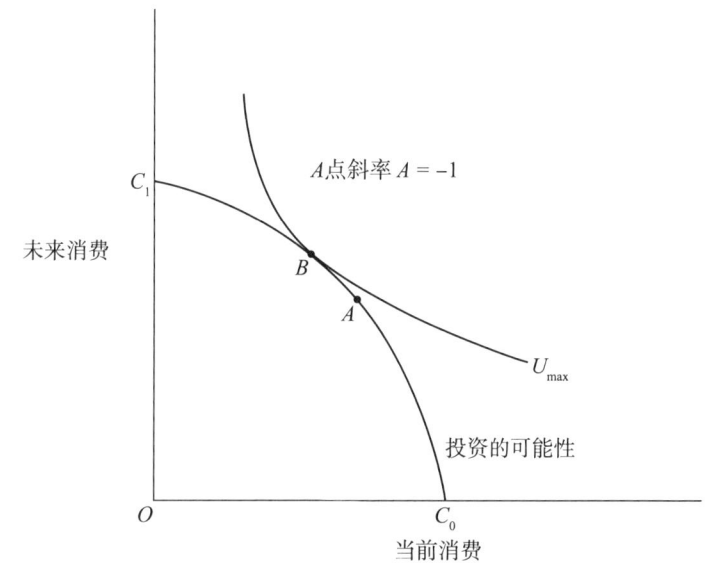

图 8-6 实际利率可能是负值

实际利率通常被认为是正的,生活中多数情形下的确如此。因为:(1)就偏好来讲,消费者缺乏耐心,当他们推迟一单位当前消费时,也会给自己超过一单位的未来消费。(2)就消费品而言,投资项目的产出多于投入的可能性很大,因为时间本身允许增长(如,一棵成长的树的木材量)。② 但是,实证研究发现,利率并不总是为正。有时候我们会观察到负利率下的交易,像 1998 年日本的一些短期利率那样。③ 大多数时候利率为正数,但是受通货膨胀影响,实际利率也

---

① 实证研究发现储蓄的利率弹性较低,虽然对它的各种估计低至接近 0,高至 0.6。例如,马金(Markin)和库奇(Couch)估计私人储蓄的利率弹性仅为 0.04。
② 第一点应被解释为无差异曲线上平稳的消费组合附近的边际时间偏好率。如果生产出更多食品的可能性很小,而食品储备必须维持两期使用,那么人们无疑会偏好省下相当大一部分(给第二期)。
③ 伦敦《金融时报》报道 1998 年 12 月初西方的银行一直对银行间日元账户支付负利率。

可能是负的。①

表 8-1 提供了 20 世纪 90 年代两种存款工具的名义利率和实际利率。这一时期美国经历了大约 3% 的通货膨胀率。表中消费者价格指数（对生活成本的一种量度）的年百分比显示了这一变化。② 这两种存款工具都是按确定的时间表定期返还固定利息且违约可能很低的工具：六月期美国国库券和穆迪评级为 Aaa 级的长期公司债券。它们的名义利率（未经通胀率调整）和实际利率（经通胀率调整后）如表 8-1 所示，下文将进一步解释。

表 8-1 实际利率（名义利率减去通胀率）可能是负值

	CPI 变化率 (%)*	年利率				
		六月期美国国库券		Aaa 级长期公司债券	
		名义税后利率	实际税后利率	名义税后利率	实际税后利率
1990	5.4	5.38	−0.02	6.71	1.31
1991	4.21	3.95	−0.26	6.31	2.10
1992	3.01	2.57	−0.44	5.86	2.85
1993	2.99	2.26	−0.73	5.2	2.21
1994	2.56	3.36	0.8	5.73	3.17
1995	2.83	4.02	1.19	5.46	2.63
1996	2.95	3.66	0.71	5.31	2.36
1997	2.29	3.73	1.44	5.23	2.94
1998	1.56	3.49	1.93	4.7	3.14
1999	2.21	3.43	1.22	5.07	2.86

注：* 按 $(CPI_t - CPI_{t-1})/CPI_{t-1}$ 计算。

因为从这些金融工具所得到的收入要缴纳联邦收入税，其投资者按税率 28% 缴纳（当时如此），所以，投资人最终就只能保留 72% 的利息收入（这里忽略任何州税种）。表 8-1 列出了这些税后所得。税后利率与通货膨胀率的差值为实际利率。如表所示，这一期间，长期公司债券拥有年 2%～3% 的税后正实际利率。总体上看，国库券也拥有税后正的实际利率，但只在很少年份高于 1%，且一些年份（表中阴影部分）税后实际利率为负值。两种金融工具的利率差别很明显，这是因为：(1) 公司债券的风险更大（公司在给定时间长度下，比美国政府的可靠性差。而在较长时期内，可能发生异常情况）；(2) 联邦证券免收州税。

---

① 如果经济经历的是通货紧缩，而不是通货膨胀，即物价大体随时间下降而不是上升，则名义利率可以在为负的情况下仍提供正的实际回报率。例如，一个名义利率为 −2% 而物价降低 5% 的经济可以提供 3% 的实际利率。

② 对这一指数及其构造只做简短讨论。

多期模型中的个人选择

以上的两期模型很好地介绍了个人跨期资源分配的原则。但是，大多数人通常不会把他们的生命分为当期和未来两段。相反，在考虑可能的投资项目时，其常以年为分期框架。我们常看到的利率也是以年为期限表示的，如表 8-1 中的利率。在此，我们考察多期的经济筹划。

记住一点：有限长的一段时间常常可以被分为任意多个短期间。当然，利率必须相应变化，尽管未发生任何实际变化。这样来看，多期模型不过是对粗糙的两期模型所做的更精细的数学分解。例如，多期模型的预期行为必须加起来与相应的两期模型相同。①

让我们复习一下跨年的复利与折现的数学方法。定义 r 为一年期单利，即若将 1 美元存入银行，则一年后可获得 $1+r$ 美元。假设借贷以利率 r 进行。这样，一年后偿还 1 美元就意味着当期贷款额应为 1 美元的当期折现值，即 $1/(1+r)$ 美元。

如果存款人把这 1 美元继续存入银行达两年，且利率保持不变，实行复利（即利滚利），那么第二年年末就可获得

$$A = 1(1+r)(1+r) = (1+r)^2$$

如果 1 美元被放在银行里 n 年，那么 n 期末

$$A = (1+r)^n$$

同样地，如果借款人准备在得到贷款两年后用 1 美元偿还贷款，则当期贷款额将等于偿还额的现值（PDV）：

$$PDV = 1/(1+r)/(1+r) = 1/(1+r)^2$$

如，0.83 美元为折现率为 10% 的情况下，两年后偿还的 1 美元的现值。如果到 n 年末才偿还 1 美元，则这 1 美元的现值为

$$PDV = 1/(1+r)^n$$

如果某人从现在起的 n 年后偿还 D 美元，则其现值为

$$PDV = D/(1+r)^n$$

最后，如果某人分期每年支付一笔现金流，即 D_0（首付），D_1，D_2，…，D_n，则该现金流的现值为

$$PDV = D_0 + D_1/(1+r) + D_2/(1+r)^2 + \cdots + D_n/(1+r)^n$$

最后这个等式非常重要，因为它将任一跨期支付的现金流（或有的时候是社会成本或社会收益）换算成一个现值。比如，假设某人购买一栋房子，向银行借款 10 万美元，偿还期 30 年，贷款年利率为 10%。如果借款人希望从借款后第一年始，直至第 30 年止，每年偿还同样的金额，那么支付额会是多少？我们必须

---

① 当一个人考虑一年中的跨期分配和一生中的跨期分配时，其实际行为必须在模型化时不同，这与数学上的事实是不同的。

找出能满足下面等式的年抵押贷款偿还额 M[①]：

$$10\,000=M/(1+0.10)+M/(1+0.10)^2+\cdots+M/(1+0.10)^{30}$$
$$10\,000=M/1.1+M/1.1^2+\cdots+M/1.1^{30}$$
$$=M(9.426\,9)$$

即

$$M=10\,607.92 \text{ 美元}$$

下面是第二个例子。本章开始时我们讨论了永久收入的概念。现在可以更准确地定义它：永久收入是现值等于当期实际收入现值的一笔固定收入现金流。例如，假设某人工作 40 年，开始时年薪 30 000 美元，此后每年涨 4%，折现率为 10%。当他工作到最后一年时，年薪涨到 138 491 美元。那么个人的永久收入水平是多少呢？首先计算出实际收入流的现值：

$$PDV=30\,000(1+1.04/1.1+1.04^2/1.1^2+\cdots 1.04^{39}/1.1^{39})$$

括号中的式子是一个几何数列，乘数为 0.945 45=1.04/1.10，数列总和为16.388 57。因此 $PDV=491\,657$。为计算出等价的永久收入 Y_p，我们必须满足下式：

$$491\,657=Y_p(1+1/1.1+1/1.1^2+\cdots+1/1.1^{39})$$

括号中的式子为几何数列，只是这次乘数为 0.909 09=1/10，加起来等于 10.756 96。这样，Y_p 等于 45 706 美元。

很容易将现值计算方法扩展到支付流无限期延续的情况。有些金融工具具有这种特征，例如通常在英国出售的永续债券（也称统一债券）。如果债券发行人承诺永久性地每年支付 M 美元，且市场利率为 10%，那么该债券当期的市场价值就是永续年金的净现值[②]：

$$PDV=M/1.1+M/1.1^2+\cdots+M/1.1^n\cdots$$
$$=M/0.1=10M$$

每年支付不变的 M 的永续年金流的通用现值公式具有以下形式：

$$PDV=M/r$$

假设统一债券年付 10 607.92 美元（我们之所以用这个数，仅仅是因为它与前面的抵押贷款的例子有关）。那么该统一债券的现值（按 10% 的年利率计算）为 106 079.20 美元。注意，当我们将 10 万美元抵押贷款的例子中 30 年的支付流扩展到统一债券的例子中的永续年金时，现值增加得如此微小！这是因为在遥远将来才会进行的支付的折现值十分微小。例如，第 31 年支付的 10 607.92 美元的现值仅为 552.66 美元，而第 60 年的则仅为 34.94 美元。

但是，需要认识到，折现率可以使计算出的长期现金流的现值产生很大差异。如，若市场利率从 10% 降到 5%，则年支付 M 美元的统一债券的现值将倍增至 20M 美元。较低的折现率下，未来支付的每美元的当期价值都变大了。

[①] 在这个计算里我们使用了集合数列的求和公式。如果数列为 a，ad，ad^2，$\cdots$，ad^{n-1}，则和为
$S=a(1-d^n)/(1-d)$, $0<d<1$
上式中，$a=d=1/1.1$，$n=30$

[②] 无穷数列 a，ad，ad^2，$\cdots$的和为
$S=a/(1-d)$, $0<d<1$

怎样将基础模型（无通货膨胀、无不确定性、存贷款利率不变）拓展到多期投资选择，也就非常明了了。选择投资项目的原则（沿着多期投资可能性曲线）与两期情况一样：所有现值为正的投资应当执行（即，应以财富最大化为目的进行投资决策）。这一多期投资现值等式不仅适用于个人，而且适用于社会成本-收益分析。下面几章中将详细研究成本概念，以下用收益与成本发生在不同时期的公共投资建议来解释此等式。

假设政府正在考虑是否在一个荒芜的地区建设（或批准私人建设）一个水电厂。进一步的假设分析导致下面的成本收益估算[①]：（1）社会收益从该项目开始投资后的第三年产生，之后 48 年间每年可以得到价值为 1 400 000 美元的新增电力产出（超出生产经营成本的部分）。（2）社会成本包括 3 000 万美元的建设成本（第 1 年 1 000 万，第 2 年 2 000 万）。（3）社会成本还包括从项目启动后 50 年每年放弃的 800 000 美元的休闲项目收益（如水电厂破坏了用于钓鱼、远足和打猎的环境）。那么，该项目是否能提高相对效率呢？这取决于其带来的收益是否能超过成本。

为了计算方便，我们将收益和成本流换算成简单现值，像上面等式中那样。如果社会折现率不变，且等于每年 3%，那么

$$PDV（电力收益）=\frac{1\ 400\ 000}{1.03^2}+\frac{1\ 400\ 000}{1.03^3}+\cdots+\frac{1\ 400\ 000}{1.03^{49}}$$
$$=34\ 343\ 100 \tag{1}$$

$$PDV（建设）=10\ 000\ 000+20\ 000\ 000/1.03$$
$$=29\ 417\ 480 \tag{2}$$

$$PDV（放弃的休闲收益）=800\ 000+\frac{800\ 000}{1.03}+\cdots+\frac{800\ 000}{1.03^{49}}$$
$$=21\ 201\ 330 \tag{3}$$

该项目的净现值为（1）－[（2）+（3）]，即

$$PDV（净）=收益-成本=-16\ 275\ 710$$

因此，根据效率原则，该项目失败：该项目的社会成本比社会收益高出 16 275 710 美元。

本节中的例子涉及单利，但在同样期间用连续复利计算会更方便。本章附录中我们详述了复利的计算方法。

折现率选择

关于跨期资源分配还有很多问题没有讲到。最重要的一个就是现值计算中的折现率选择。跨期模型暗示着任何两个时期间都会有一个市场利率，个人可使用

[①] 此例因一项被高度重视的研究而起。研究中，为了得到各种各样的收益和成本，付出了相当大的努力。关于在蛇河井峡建设水电厂的研究见 A. Fisher，J. Krutilla 和 C. Cicchetti 1972 年 9 月发表于《美国经济评论》第 4 期的《环境保护经济学：理论与实证分析》一文。

该利率进行任何两期之间的折现。但是，模型对大量不同市场利率进行了简化。更进一步，怎样进行具体的投资决策？华尔街的能手和公司金融专家可能完全理解贴现，但普通人（在没有顾问时）对这些概念不一定熟悉，甚至全然不知。试图解开这些难题的研究很多，我们在这里只对两个方面进行简要阐述，其他问题留给后面的章节。

由于存在众多可观察到的市场利率，选择的折现率应考虑投资的时间和风险程度。市场利率非常重要，因为它代表投资人可供选择的其他机会的回报，也就是机会成本。但是什么样的市场投资机会才是可比的呢？可比的投资应具有相同的发生时期和风险程度。

我们已在表8-1中看出短期利率与长期利率的不同。我们观察到的利率中有短期的，如隔夜贷款利率，也有长期的，如统一债券利率。对一项长达20年的无风险投资，个人可以使用同期的美国政府债券的当前利率（2001年5月名义利率为5.95%）。在任何时期内，风险较高的投资应用较高的折现率折现。20年或更久的公司债券中，那些被穆迪评为Aaa级的在2001年5月的名义利率为6.47%，而同期那些被穆迪评为A级的公司债券名义利率为7.30%。公司股权投资的风险比这还要高（投资期很长，平均年实际回报率约达10%）。[①]当政府在考虑诸如新基建项目投资（如高速公路）或按监管要求进行的投资项目（如空气污染控制）时，联邦预算与管理办公室目前指定使用7%的实际折现率。

而从实际行为看，研究表明许多人的行为似乎都使用了比市场利率高得多的折现率。例如，我们见证了一场自然实验：20世纪90年代，60 000多名美国军人在退役时被给予了两种选择，即接受一次性支付的退休金或领取退休年金——在一定时期内每月得到固定款项。在后一种情况中，"一定时期"等于个人服役年数的两倍。退休金包含相当大一笔资金，其一次性支付总额最低约17 000美元（对服役期限不超过7年的征召入伍军人），最高约94 000美元（对服役15年的军官）。

军队向个人提供的信息显示：按7%的折现率计算的年金折现值远高于一次性支付——至少高出50%，多数情况下高出约100%。例如，一群军龄为12年的现役军人，可以选择35 549美元的一次性支付，或按7%的折现率计算现值为72 710美元的年金。在表8-1中，可以看到这个时期的高等级长期公司债券的利率约为6%，而同期的政府担保的年金支付安全性更高。因此，政府为了帮助个人决策而提供的这一对比，即将按7%的折现率计算的年金折现值与一次性支付额对比，是更合理的。然而，88%的人选择了一次性支付，个人年金折现值与一次性支付额相等的折现率为19.6%。换句话说，选择一次性支付的那88%的人似乎在使用高于20%的折现率。

在其他研究中也发现了类似的结论——个人使用的折现率偏高。为什么个人

---

① 只有不可分散的风险，即不可以通过多样化投资组合分散、排除的风险，才会提高折现率。资本资产定价模型经常被用于计算公司证券的合理折现率。该模型运用一种统计量（称为 β_i）来度量证券收益率 i 与证券市场总体的关联度。用 r 来表示无风险利率，r_m 表示市场总体的利率，某一特定股票的折现率 r_i 则大约为 $r_i = r + \beta_i(r_m - r)$。等式的第二项称为风险溢价，加在无风险利率之上。对于市场总体，r_i 在历史上为8%（$r_m = 0.10$，$r = 0.02$）。

有这样的行为呢？如果他们是打算投资基金，那么很明显，年金与相应的基金相比，能提供的回报更具吸引力。即便投资于一只涵盖多种证券组合的基金且为期10年甚至更长时间，虽然风险高得多，但也只能保证10%的年回报率。那么，他们可能是因为想用这笔钱来买房子、买车或上大学，从而需要这笔现金吗？大多数情况下，他们可以借到利率远低于20%的资金（如，那时家庭抵押贷款利率仅约8%）。也就是说，他们可以选择年金，举借资金，来使福利状况变好。但不可否认，流动性约束可以解释为什么一些人偏好一次性支付（即，一些人需要一大笔现金，又不能通过常规途径借到这笔资金），但是它不能解释为什么现实中多数人都选择一次性支付。

不确定的未来价格与指数构造

跨期资源分配的一项重要成本是通货膨胀导致的未来价格水平的不确定性。现在用 5 000 美元投资，可以在 5 年后确定返还 1 000 美元，但是 1 000 美元在 5 年内又能换取多少消费呢？这取决于通货膨胀率。是低到美国 1993 年到 1998 年的年均 2% 那样，还是高到美国 1978 年到 1983 年的年均 7.5% 的水平，或是更高，比如 1990 年到 1995 年墨西哥的年均 18%，匈牙利的年均 24%，白俄罗斯的年均 267%？这种不确定性使跨期资源分配的选择非常困难。如果实际回报率不确定，那么个人怎么能决定储蓄多少或进行什么投资呢？

应对这种不确定性的一种常用方法是指数化。大体来说，这是一种调整一段时间的名义美元金额，使其购买力保持不变的方法。例如，社会保险支付额每年根据指数调整，就像联邦所得税收入确定等级方式一样。许多其他公共或私人项目也有指数化支付额，如食品券、养老金计划、劳工合同、州对地方公立学校的补助。指数化的政府债券会调整名义利息支付额，以保持正的实际回报，如美国 I 型国库券。所有这些指数化计划都使未来收入和消费的实际水平更为确定，从而使个人对自己的财富有了更清楚的感知，也对可选的跨期资源分配方案以及结果有了更清晰的认识。

然而，关于这些指数的构建往往存在争议。例如，社会保险根据 CPI（消费者价格指数）的变化进行调整。但是该指数是否准确地反映了退休后个人生活成本的变化并不清楚。事实上，美国消费者价格指数顾问委员会 1996 年曾指出 CPI 很可能总体每年高估了通货膨胀 1.1%，使下一个 10 年的联邦赤字增加了约 90 亿美元/每年。[1] 这之后，发生了多次针对指数构造的修改。在本部分，我们将介绍指数构造的一些基本原则和实践中困扰指数构造的一些问题。

要理解指数构造，先来看拉氏和帕氏指数，因为它们适用于两种商品的经济

---

[1] D. 贝克（D. Baker）等的《让价格正确：消费者价格指数之争》一书重载了该报告。该书还包括对该报告的批评性讨论。

情景中个人偏好不随时间改变的情形。① 图 8-7 中，我们用 E 点表示时期 1 中个人对商品 X、Y 的选择。此时，X、Y 价格分别为 P_{X_1}、P_{Y_1}。时期 2 时，我们观察到，个人在 F 点以 P_{X_2}、P_{Y_2} 的价格购买 X_2、Y_2。我们能在不知道无差异曲线的确切位置的情况下估计出个人的福利状况变好了还是变坏了吗？

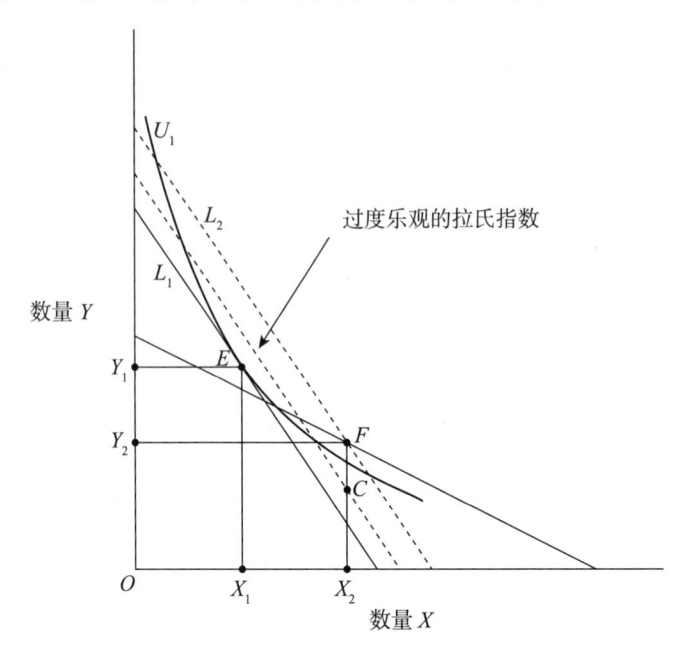

图 8-7 拉氏数量指数

拉氏数量指数（价格不变，数量变化）可以帮助我们对此进行对比。用第一期的价格作为基础，我们计算

$$L_1 = P_{X_1} X_1 + P_{Y_1} Y_1$$
$$L_2 = P_{X_1} X_2 + P_{Y_1} Y_2$$

也就是说，L_1 为第一期的实际支出，L_2 为第二期价格保持在第一期的水平不变的情况下，第二期的消费需要花费的成本。然后，我们定义拉氏数量指数：

$$L \equiv \frac{L_2}{L_1}$$

图 8-7 中，我们看到 L_1 为基期个人选择 E 点时的实际预算约束线，这时个人选择了 E 点。L_2 为与基期斜率（价格）相同且通过点 F 的预算约束线。如果 $L = L_2/L_1 > 1$，则根据拉氏检验，发生的变化为福利改进。在 F 点显然是这种情况，因为 L_2 是一个高于 L_1 的预算约束。但是，显示为福利改进的拉氏指数是过于乐观的，而且其有可能是错的。如果第二期的消费为 C 点（仍然是 $L > 1$），这就意味着福利减少（即效用降低）。但是在 $L < 1$ 的情况下，可以肯定的是，福利一定是降低的（新的资源分配点一定为旧预算约束线 L_1 的内点）。

---

① 它们还被用于估计个人不在意价格变化（即保持实际收入不变，这理论上意味着是在同一条无差异曲线上）补偿的实证工作中。

帕氏数量指数则采用第二期的价格,缺陷与拉氏数量指数相反。帕氏指数显示为福利改进的变化是准确的,而显示为福利降低的变化则是过于悲观的。为理解这一点,我们计算

$$P_1 = P_{X_2} X_1 + P_{Y_2} Y_1$$
$$P_2 = P_{X_2} X_2 + P_{Y_2} Y_2$$

这种情况中,P_2 是第二期的实际支出,P_1 则表示价格为第二期的价格时第一期的支出。我们定义帕氏数量指数:

$$P \equiv \frac{P_2}{P_1}$$

这回,$P>1$ 意味着旧的消费商品束一定在新的预算约束线 P_2 之内,当期的福利一定高于原来。如果 $P<1$,则帕氏检验表示福利降低。图 8-8 中所画的就是这种情况。过 F 点的实线为第二期的预算约束线,即 P_2。P_1 为过 E 点、与第二期预算约束线斜率相同(价格相同)的预算约束线。它比 P_2 离原点更远。

但是,由于第一期消费的商品量在 E 点,因此即使 $P<1$,第二期的预算约束也允许福利提高(如在 F 点)。因此,帕氏指数反映的福利降低过于悲观,也可能是错的,正如在此例中看到的。请注意,从 E 点到 F 点的变化,拉氏方法判断为福利提高,帕氏方法判断为福利降低,因此在不知道无差异曲线的情况下,"事实"是无法被判断的。

同样的定义法适用于拉氏和帕氏价格指数(固定数量,价格变化)的构造和使用。图 8-9 中,一位靠社保金生活的退休人士,起初(时期1时)处于 A 点。下期的价格变化、名义社保收入相同,导致预算约束线通过 B 点(必须做出选择时,退休人会选择的点)。但是,政府想对个人生活成本的提高进行补偿。以第一期的消费量为基数,计算得出

$$L_1 = P_{X_1} X_1 + P_{Y_1} X_2$$
$$L_2 = P_{X_2} X_1 + P_{Y_2} Y_1$$

定义拉氏价格指数为

$$L \equiv \frac{L_2}{L_1}$$

于是政府给退休者 $L_2 = L \times L_1$ 的社保金——恰好使个人能以当期价格买到上期的消费量(A 点)。

当然,这过于慷慨了;个人的当期福利状况至少与前期一样好,或者如果他(她)选择不同的消费方式(消费组合),那么其福利状况一定会更好。实际生活成本指数测量的应是为保持基期效用水平不变,名义收入所需变化的百分比。它将产生图 8-9 中的预算约束线 L_T。因此,拉氏价格指数高估了生活成本的上升。相反,帕氏价格指数低估了生活成本的上升。

与确定并定期更新指数所含商品和服务范围这种现实问题相比,这些常用的指数化方法的理论缺陷问题也许并不突出。我们已介绍了一个人、两种商品、两个时期情形下指数的构建方法。但大多数指数构建需拓展到包括许多人、许多种商品和多期的情形。

即使个体的名义预算约束总和上调至与拉氏价格指数一致,这也并不意味着

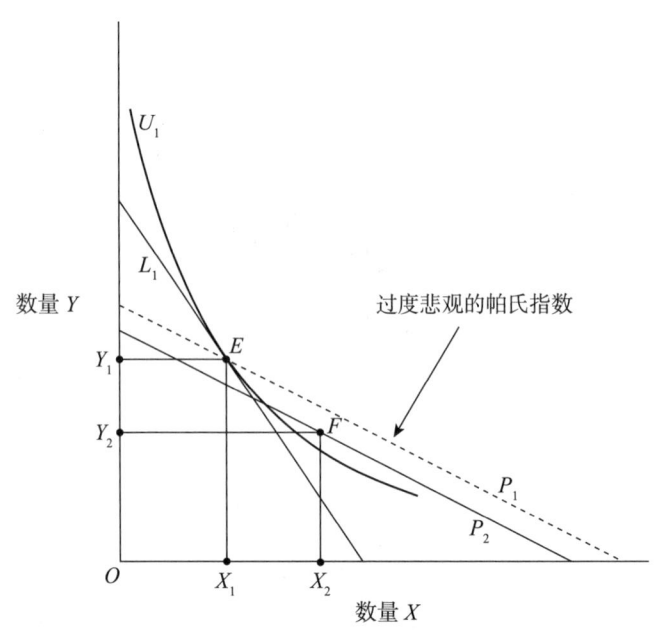

图 8-8 帕氏数量指数

每个人的福利情况会比以前改善。每个人的福利取决于个人的预算约束怎样随时间变化、总消费组合中特定商品的价格如何变化以及个体对消费组合中不同商品的偏好。当某大学全体教职员被告知他们的生活成本会提高 5% 时，其中的一些人的公寓租金也许会涨 10%，而另外一些人可能只涨 2%。资深教职工工资也许会涨 7%，而初级教职工工资可能只会涨 3%。哪些商品应该用于判断群体平均生活成本的变化呢？怎样确定代表平均水平的社保保障的退休人员或代表平均水平的低收入家庭的生活成本的组成呢？如果长期跟踪这些组成部分的价格，那么多长时间后应重新考虑这些组成呢？

我们最熟悉的价格指数 CPI 由劳动统计局采用拉氏方法计算。所有政府层面的立法都将对个人补贴的年增长率与 CPI 挂钩，例如社会保险、食品补贴、福利支付、政府养老金等。美国 I 型国债（指数化国债）也与 CPI 挂钩调整。许多私人劳动合同也将工资增长与 CPI 挂钩。这使得 CPI 的计算细节尤为重要。

CPI 是一个固定权重指数，其所含各种商品和服务的价格的权重来自不定期的城市家庭支出调查。1997 年，这一固定权重的基期是从 1982 年到 1984 年。例如，在 CPI-U 中，住户租金、住房所有者等价租金、在校住宿三类占 27.3% 的权重。[①] 虽然对各类项目的价格每月测量一次，但它们在总指数中的权重保持不变，一直为 27.3%，直到最近一次调查后这一固定权重才有了改变。CPI 中共有 206 种不同的项目分类；每月对 44 个不同城区的各类各项价格进行测量，然后根据上次普查的人口比重加总，形成全国的价格指数。

---

① CPI-U 代表所有城市消费者的消费者价格指数，是最常用的 CPI 指数版本。CPI 的另一个版本 CPI-W 是城市工薪收入者和职员的消费者价格指数，被用于指数化社会保险福利。

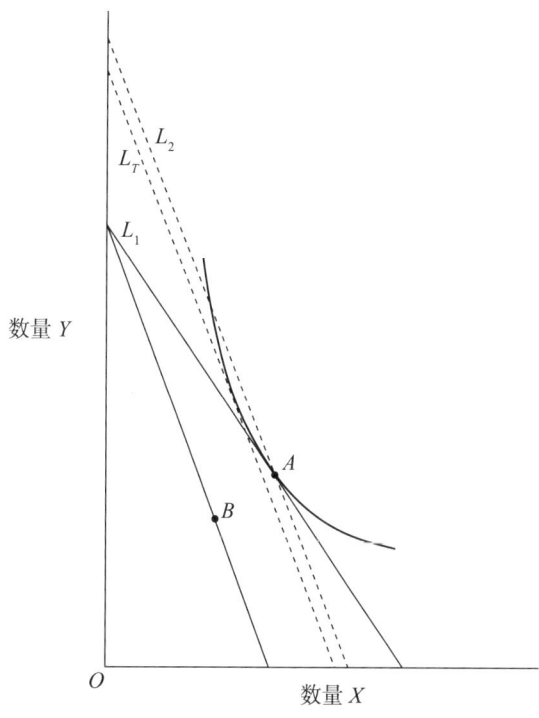

图 8-9 拉氏价格指数高估了生活成本的上升

这样的固定权重指数面对的一个问题是，随着时间推移，固定权重会与消费者变得越来越不相关。例如，相对于其他商品的价格，牛肉的价格可能已明显上涨，但消费者可以减少牛肉支出而增加猪肉支出来应对。这是我们早先在图 8-9 中看到的一个例子：得到固定效用水平的成本并不总是和用原有商品与服务消费组合获得这一水平所需的成本增长得一样快，因为消费者可以用其他商品替代那些变得相对较贵的商品，从而用低于指数化的成本来达到原有的效用水平。这一过度补偿的源头是"替代偏见"（对替代的偏见）。这样，一定时期价格指数的概念就与生活成本指数的准确性相违背了。

一种使拉氏价格指数更好地度量生活成本的方法是将其变成环比。例如，用 1982—1984 年的权重，CPI 可度量 1996—1997 年的价格变化。这里用 $P_i Q_j$ 代表对指数中 n 种商品的加总 $\sum_{k=1}^{n} p_{ik} q_{jk}$。

$$L_{98} = \frac{P_{98} Q_{84}}{P_{84} Q_{84}}$$

$$L_{97} = \frac{P_{97} Q_{84}}{P_{84} Q_{84}}$$

$$\frac{L_{98}}{L_{97}} = \frac{P_{98} Q_{84}}{P_{97} Q_{84}}$$

但用环比价格指数来计算，则

$$\frac{L_{98}}{L_{97}} = \frac{P_{98} Q_{97}}{P_{97} Q_{97}}$$

⋮   ⋮

$$\frac{L_{85}}{L_{84}}=\frac{P_{85}Q_{84}}{P_{84}Q_{84}}$$

当然，这需要一种方法来识别消费结构每年的变化（记住，精确的调查是非常昂贵的）。

1998年，劳动统计局公布了1993年到1995年的支出权重并将其作为新的支出权重开始使用。更重要的是，它还宣布2002年将使用1999年到2000年的支出权重，此后每两年更新一次支出权重（例如，2004年的CPI将以2001年至2002年的支出权重作为基础）。因此，未来的CPI指数将更接近环比指数，而非一个固定权重指数。

为了减少替代偏见而对CPI进行的另一项重要调整在1999年开始实施。构成CPI的任何一大类中，各项目的价格采集自不同的样本商店，并且每月测量一次。这些测量值像过去构建大指数时一样，按不定期支出调查确定的固定权重进行加总。从1999年起，多数大类中各分项按最近一次支出调查中的权重加总。这样，如果一品脱冰淇淋相对一品脱冰冻酸奶价格上涨，新方法为了保持分项支出权重同基期一样，那么，购买的冰淇淋数量将减少，而购买的冰冻酸奶数量增加。这种方法称为几何平均估计，它不需要新的数据，但在多数情况下，却能更好地反映消费者群体是怎样应对类似替代品的价格变化的。注意，这一方法并没有扩展到项目种类之外，只是在项目种类内应用。①

指数存在的另一个问题是难以控制质量变化。尽管我们知道从1972年到1998年的27年间平均年通胀率为近5%，但是一个拥有2 000美元的个人是偏好用钱购买1972年版的蒙哥马利·华德产品目录（Montgomery Ward Catalog）上的商品，还是1998年版目录上的商品却并不容易判断。一个例子是，计算机技术变化很快，以至于今天的台式电脑比几年前卖的电脑要先进得多。另一个例子是在牙科手术中为了提高质量而进行的控制，如使用激光手术工具和设备。当然，也有质量可能降低的例子，如1984年放松管制以来一些航空线路的质量明显降低了。② 所有这些质量变化都应该在指数中予以考虑，但是这又常常不可能。

CPI是一个涵盖很广的指数，但它不一定能反映特定群体经历的生活成本变化（如，特定州的家庭或是收入很低的家庭）。例如，1995年，国家研究院的一份报告指出，将贫困线与一个集中反映必需品（如食品、衣服、住房）价格的指数挂钩，而非与CPI挂钩也许更合适。但是，这是一个存在争议的命题。那些试图构造单独针对低收入家庭的指数的研究，常发现CPI会低估贫困的变化，尽管其他人的发现恰好相反。无论如何，人们希望为特殊政策目的而采用特殊指数的想法还是非常重要的。

另一个特殊指数在地区政策中得到使用的例子是教育。第五章中，我们回顾

---

① 几何平均估计被用于CPI-U指数中61%的种类。该新方法排除掉的类别包括住房服务、公用行业和政府服务以及医疗服务。前两类被排除是因为消费者对这些服务进行替代很难。第三类被排除则主要是因为估计医疗服务的需求弹性较低。

② 当管制阻碍价格竞争时，各航空公司就通过非价格福利，如更大的空间、更多的空中旅行时间选择、免费的电影来进行竞争。由于竞争的有效方式越来越多，因此这些福利已可在较低的价格下获得。

了学校融资中的公平问题。其中提到的一个问题是各地区名义美元支出常常不能直接比较。例如，在加州，为了使教室保持合适的温度，一些地区可能要比其他地区花费更多的钱。

假如我们希望在州融资计划下每个儿童得到的实际教育资源达到财富中性，则我们必须对可观察到的名义货币关系进行调整，以解释得到实际资源的成本差异。但这要求我们必须有一个用以对比的教育资源篮，并且不能将地区中每个观察到的价格与这些资源的机会成本混淆。例如，教师工资也许会很高，或者是由于地方对教师的需求很大，或者是因为以前的教师补贴通过捕蝇纸效应改成了薪水。解决这些效应带来了非常棘手的统计问题。

关于指数构建和使用中的问题，需要阐述的最后一点是：影响指数计算的政治压力非常大。争论并希望对其进行技术改进（使其更接近于一个实际生活成本指数）的分析家们必须深知任何修改建议都很有可能使一些人受益而另一些人受损，也会因此激起一些政治力量寻求保护其自身利益。因此，弄清楚提议修改的技术根据及可能会遇到的实施障碍和政治阻力非常重要。一个政治记者认为 20 世纪 90 年代末对 CPI 的诸多改进之所以发生，并非仅仅是因为分析性的争论，在某个意义上，这些改进是为使人们就财政收入更多、补贴更少的财政预算达成一致而导致的民主党和共和党之间的博弈的一种妥协。

小结

本章我们探索了跨期资源分配中的问题，复习了个人选择理论，因为它与储蓄、借款、投资相关联。我们认为储蓄和借款的动机都是个人为了应对其一生中收入自然增长又不平稳的情形——与之相比，个人通常更偏好于平稳的消费结构。我们认为投资，即资本的创造过程，是对增加财富的机会的应对。我们看到个人可以通过投资创造物质资产（如厂房、办公楼），也可以通过教育进行人力资本投资来增加财富。投资收益就是其增加未来收入的幅度（或直接增加未来效用的幅度），其成本就是其减少的可供当期消费的资源。

因为所有这些决策（储蓄、借款、投资）都包括某些形式的当期与未来机会的交换，所以有必要进行跨期比较。利率是影响这些比较的价格。我们用一个简单的两期模型对其进行了阐释。我们看到，在较低利率下，个人通常愿意进行投资，但低利率一般会抑制用于满足投资需求的储蓄供给。

对任意给定的市场利率，我们可以想成，个人通过折现方法来做出使其效用最大化的跨期决策。折现是一种将任意未来价值转换成等价现值的方法。从折现角度看，个人会选择所有收益现值大于成本的投资，以达到效用最大化。在产权分离理论适用的范围内，即投资对个人的收益和成本全都以美元来计量且不直接影响效用时，这就纯粹是个财富最大化问题，这时个人可以较容易地雇用专业经理人来指导或实施投资（如通过购买股票或者雇用投资顾问）。

当然也有一些投资，特别是那些涉及人力资本的投资，如教育，会直接影响投资者的效用（和他/她的收入）。在这种情况下，个人应将这些非货币收益和成本考虑进去。但在这两种情况下，基础模型都暗示个人会将未来收益和成本折现，并努力实施那些使其效用最大化的投资。一旦选择了投资，个人接着就在预算约束（消费流的现值不超过其财富）下，选择消费流，使效用最大化。

从较抽象的两期模型转到更熟悉的多期框架时，这一折现观点仍然有用。个人仍然会遵守并执行所有净现值大于零的投资规则。我们用一些不同的计算解释了折现规则的运用，其中一个例子解释了这一规则在成本-收益分析中运用的原理。

但是，个人到底在多大程度上真正像上述折现行为一样行动，并不明确。一些研究表明个人有时似乎会用比市场利率高得多的折现率进行折现。例如，20世纪90年代成千上万的退役军人得到基本福利时，被给予两种选择，或接受一次性付款，或接受年金，年金的现值按市场利率计算比一次性付款高出50%到100%。年金现值的计算方法向他们进行了解释。但是，多数人还是选择了一次性支付，这意味着他们好像是在按超过20%的个人折现率（当时市场利率仅为7%）采取行动。虽然其中一些人可能需要一大笔现金却不能从其他途径获取，但为什么那么多人都做出了按常理会让他们少得到约30 000美元的选择呢？这仍然是一个谜。

如果差的跨期决策是合法的公共政策关心的问题，那么简化这些问题的政策就会很有价值。我们考虑了从根源上解决跨期选择复杂性的一项政策，即旨在消除因通货膨胀导致的未来美元实际购买力不确定的指数化政策。如社会保险支付、许多私人养老保险计划、食品券、美国I型国库券都与指数挂钩，以保证不管通货膨胀率是多少，购买力都会大致不变。为达到这一目的，我们回顾了常用的一般指数构建方法。

度量个人的实际生活成本的指数是为了获取同基期相同的效用水平名义收入所需变化的百分比。为了近似地表示出这一概念，可以构造拉氏价格指数和帕氏价格指数来估计这些变化。拉氏指数计算在新时期的价格下购买基期的消费量需要多少钱。它会高估必需的货币增长，因为尽管个人能够买到原有的消费组合，但这时有一个不同的消费组合可以产生比前期更大的效用。这种过度补偿有时也被称为替代偏见，因为它不能解释个人可以用那些相对便宜的商品或服务去替代相对较贵的商品或服务。帕氏指数计算价格变化时个人（原来）要购买新时期的消费量所需多付的钱。它的缺陷与拉氏指数相反，会低估保持效用不变所需的钱数。

与确定并定期更新指数中所含商品和服务的范围这一现实问题相比，拉氏和帕氏指数方法的理论缺陷可能不那么重要。我们考察了构建对我们来说最重要的指数即消费者价格指数（CPI）时遇到的实践性问题。CPI被实际用于调整社保金和经济中许多其他的名义支付额。这些调整在政治上非常敏感，因为它们会影响成千上万的人。

CPI是由劳动统计局编制的固定权重拉氏指数。它的权重由劳动统计局每两年进行一次的支出调查来确定，以减少替代偏见。CPI建立在206个不同的项目分类基础上，每月在许多不同市区对各类中特定项目的价格进行测量，然后进行平均以估计每项的价格变化。为了减少替代偏见，劳动统计局假设每类中各项支出（而非消费数量）的比重保持不变。最后发现，因为没有考虑许多调查项目的质量变化，该指数是有缺陷的。对许多项目而言，这是普遍问题，劳动统计局已采用计量方法对计算机产品质量变化进行了专门考虑。

跨期资源分配对经济增长具有深远影响。对个人怎样做出这些决策、公共政策怎样改善它们，我们理解得越深，所得福利会越高。本章中使用的福利最大化模型是帮助我们理解利率的重要性和折现概念的有用起点。许多人在决策时可能碰到的困难将挑战我们的模型并促使我们对公共政策模型加以改进。由于指数构建会使个人对其实际补助和退休福利持有更高的确定性，因此它减少了个人关于决定储蓄多少的困惑。指数构建还可被用于其他用途，如在州援助预算中使用教育成本指数来保证各地区之间的公平。

习题

8-1 在不受控制的市场（自由市场）中，出租一栋房子，可获得利润为本期20 000美元，下期20 000美元（只有两期）。

a 如果市场利率为10%，你预期房产投资者最多愿意出多少钱买该房子？请解释。

b 假设投资人以他愿意出的最高价购买了该房子，然后就接到了租金限制令，只允许新房屋所有人每期收取营运费用和额外的5 000美元。新房主因担心租金控制会影响他的利润，考虑卖掉此房，房产投资者现在愿出的最高价是多少？

8-2 劳动部部长关心像史蒂芬·伊文这样的年轻人的人力资本投资。史蒂芬住在银行不愿贷款的内城区，因而抑制了他继续接受高等教育的想法。但他很聪明，充满潜力。他现在做的工作稳定，但收入低。当前收入（Y_1）为10 000美元（$Y_0=10$）。如果他不通过高等教育投资提升自己，那么他的未来收入仍将保持在10 000美元。其生产可能性曲线是$Y_1=30-2Y_0^2/10$，期间存款、借款市场利率为$R=0.20$。

a 如果史蒂芬继续留在现在的工作岗位上，他的财富现值的数量等式是什么？

b 假设史蒂芬在他的生产可能性曲线上选择了$Y_0=5$，$Y_1=25$的点，解释在什么意义上他正在投资，他投资了多少？

c 史蒂芬的消费偏好为在任何利率下，严格偏好稳定的消费。假设没有人借给他钱，他会投资多少？（提示：画出包含给定信息的图，仔细考察史蒂芬无差异曲线的形状。答案是0。）

d 假设劳动部部长时刻准备着做市场不会做的事：以当下的利率借钱给史蒂芬这样的人。那么史蒂芬现在会投资吗？

（提示：注意生产可能性曲线在点（10，10）的斜率为−4。）

附录：连续期间折现

在这个附录中，我们将回顾连续收益流的概念，它常被用于分析性计算，也需要一些完整的微积分知识。接下来，将逐步展开这种方法。我们首先从区别单利计算和复利计算入手，然后考察时间间隔非常短的时候复利计算所具有的特殊性质。

这一章的例子均包括单利，但在某些情况下，在同样的时期，采用复利计算会更方便。假设我们先在银行存入 P 美元，每半年支付一次复利，年利率为 r。这就相当于我们把钱保管在银行里经过两个 6 个月，每期单利率为 $r/2$，则

$$A = P\left(1+\frac{r}{2}\right)^2$$

换言之，复利计算时年单利保持不变，只是重新定义的利息计提区间更短。这两种方法的不同在于，复利的计算方法是从利息中获得了利息。6 个月后挣得的利息为 $Pr/2$，它被加到账户余额上；到第二个 6 个月时，我们将会获得的总利息为初始本金所获得的利息 $Pr/2$，加上最初 6 个月所得利息所产生的利息 $(Pr/2)(r/2) = Pr^2/4$。为了检验这一点，注意以下等式：

单利 $\quad A = P(1+r) = P + Pr$

每半年计算一次的复利 $\quad A = P\left(1+\dfrac{r}{2}\right)^2 = P + Pr + \dfrac{Pr^2}{4}$

如果我们把最初存入银行的 P 美元连续 t 年、每半年计提一次复利，那么，我们将得到

$$A = P\left(1+\frac{r}{2}\right)^{2t}$$

复利计算次数越多（单利固定不变的条件下），投资者获得收益的越多。如果每季度计算一次复利，并持有 t 年，则

$$A = P\left(1+\frac{r}{4}\right)^{4t}$$

同理，如果储蓄每年以复利计算 n 次，并持有 t 年，则最终收益为

$$A = P\left(1+\frac{r}{n}\right)^{nt}$$

现在如果我们让 n 趋向于无穷大，连续计算复利，那么会发生什么呢？为了回答这个问题，我们首先要定义 e[①]：

$$e = \lim_{n\to\infty}\left(1+\frac{1}{n}\right)^n \approx 2.718$$

---

① 如果不熟悉数字极限，则试着用计算器来计算，计算当 $n=10$ 时 $\left(1+\dfrac{1}{n}\right)^n$ 的值，然后计算 $n=100$ 时 $\left(1+\dfrac{1}{n}\right)^n$ 的值，会发现它接近 $e = 2.718$。

这个数字的经济含义是投资 1 美元，持续 1 年，利率为 100%，且连续计算复利时，投资所得的收益。单利利率 r 不等于 100% 时，我们采用下面的式子来计算连续复利收益：

$$e^r = \lim_{n \to \infty} \left(1 + \frac{r}{n}\right)^n$$

表 8A-1 说明了储蓄或借款按复利计息或折现的频率的影响。

注意，如果存入 P 美元，年利率为 r，连续计算复利，持续 t 年，则期末收益为

$$A = P(e^r)^t = Pe^{rt}$$

如果我们要问，将来的 A 美元今天的现值是多少，那么也可以表达为连续折现的形式：

$$PDV = Ae^{-rt} = P$$

我们可以发现，收益流的现值等于每项收益的现值之和，如果有人每年获得收益 A_t，持续 n 年，则用连续折现方法，该收益流现值为

$$PDV = A_0 + A_1 e^{-r} + A_2 e^{-2r} + \cdots + A_n e^{-nr}$$

表 8A-1　复利对收益和现值的影响

在 10% 的年利率下将 1 美元存 1 年	公式	收益	同等单利
(a) 单利	1(1+0.10)	1.100 0	10.00
(b) 半年复利	1(1+0.10/2)²	1.102 5	10.25
(c) 每季复利	1(1+0.10/4)²	1.103 8	10.38
(d) 连续复利	1($e^{0.10}$)	1.105 2	10.52
按 10% 年折现率在 1 年内偿还 1 美元	公式	现值	同等直接折现率
(a) 简单折现	1/(1+0.10)	0.909 1	10.00
(b) 每半年折现	1/(1+0.10/2)²	0.907 0	10.25
(c) 每季折现	1/(1+0.10/4)⁴	0.906 0	10.38
(d) 连续折现	1/($e^{0.10}$)	0.904 8	10.52

为便于分析，最后还需阐述一个重要的思想：每年支付的 A_t 美元可以用分期付款的形式支付，就像一年的租金常按月付；每年 100 美元可按季付 25 美元，或每周付 1.92 美元，或按其他频率支付。我们关注的支付频率是每一时刻的支付！举一例子说明我们为什么对此感兴趣。假设某人拥有一棵树，并希望在它现值最大时将它砍掉，卖掉木材。这棵树每一刻按它的自然速度生长，它增加的木材像连续支付流一样，改变着它的现值。或者，一台机器可以被想象成连续跨时折现，产生瞬间负支付流。下面的运算对找出这些例子及相似例子中的现值是有用的。

这里，我们称 $A(t)$ 为第 t 时刻的瞬时付款持续整整一年的年付款额（美元），称 Δt 为支付实际持续的一年中的那部分。这样，获得支付流 $A(t)\Delta t$，而且它们的持续折现值为

$$PDV = [A(t)\Delta t]e^{-rt}$$

$$PDV = A(t)e^{-rt} = 100e^{-0.05t}$$

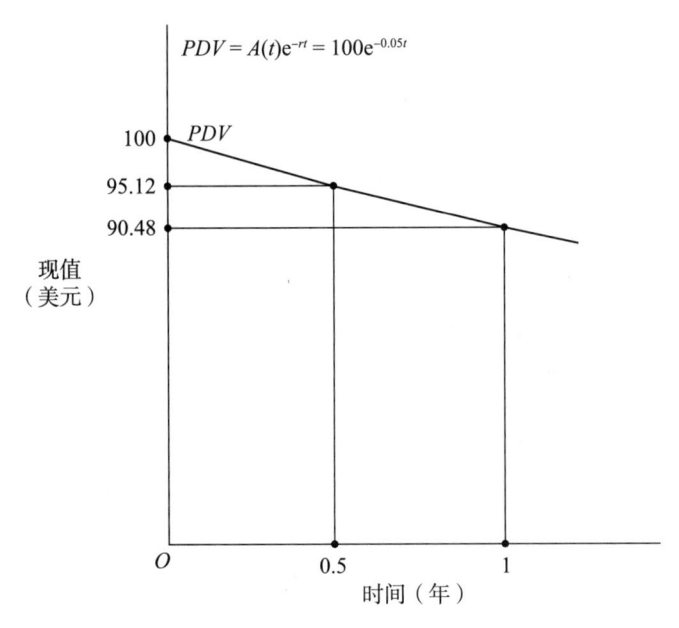

图 8A-1 不断支付流的折现值

如果我们有持续 T 年的瞬时收益流，且年利率为常数，而 Δt 为一年中的每一小部分时段，则整个收益流的现值可被认为是每一小时段收益之和的折现值。所有的时间间隔数量为 $T/\Delta t$。

$$PDV = \sum_{t=0}^{T}[A(t)\Delta t]e^{-rt}$$

现在，如果我们使间隔 Δt 趋向于 0，则上述表达式可变成一个整体（积分形式）：

$$PDV = \lim_{n\to\infty}\sum_{t=0}^{T}[A(t)\Delta t]e^{-rt} = \int_{t=0}^{T}A(t)e^{-rt}dt$$

为便于理解以上方法的含义，让我们用一些数例进一步说明。令 $A(t) = 100$，如果它只是在年末时的单笔支付，则 $\Delta t = 1$，若年利率为 10%，持续折现，则该收益流的现值为

$$PDV = [A(t)\Delta t]e^{-rt}$$
$$= 100e^{-0.10} = 90.48$$

如果将 100 按两个 6 月期分期付款，则 $\Delta t = \dfrac{1}{2}$，那么 $A(t)\Delta t = 50$，则其现值将由两部分组成：

$$PDV = 50e^{-0.10(0.5)} + 50e^{-0.10(1)}$$
$$= 47.56 + 45.24$$
$$= 92.80$$

我们可以想象，用越来越多的分期付款支付这 100 美元，直至间隔期间为瞬时，那么若 100 美元按瞬时分期付款形式支付，则其现值为

$$PDV = \int_{t=0}^{t=1} 100\mathrm{e}^{-0.1t} dt$$
$$= \frac{100\mathrm{e}^{-0.1(1)}}{-0.1} - \frac{100\mathrm{e}^{-0.1(1)}}{-0.1}$$
$$= -904.84 + 1\,000$$
$$= 95.16$$

我们在图 8A-1 中给出了对上述计算的几何说明。图中向下倾斜的直线表示 100 美元从现在到一年后任意时间点的持续折现值，按单利计算的收益是 $t=1$ 时，直线上对应的长为 90.48 美元、宽为 $\Delta t = 1$ 的矩形的面积。相应地，两期收益计算值对应的则是两个长方形面积之和。取宽为 $\Delta t = 0.5$，长分别是 $t=0.5$、$t=1$ 时收益流的折现值，即 95.12 和 90.48 美元。注意，这次计算比第一次更接近直线下方从 $t=0$ 到 $t=1$ 的整个面积。如果我们将时间间隔分为分 4 次、8 次、16 次支付，那么，我们（的计算结果）就能更接近整个曲线下的面积。在区间无穷小时，取瞬时支付的极限，对应的面积就是曲线下的整个区域的面积。积分是计算在相关期间（$t=0$ 到 $t=1$）内给定曲线下面积的一条简单途径。

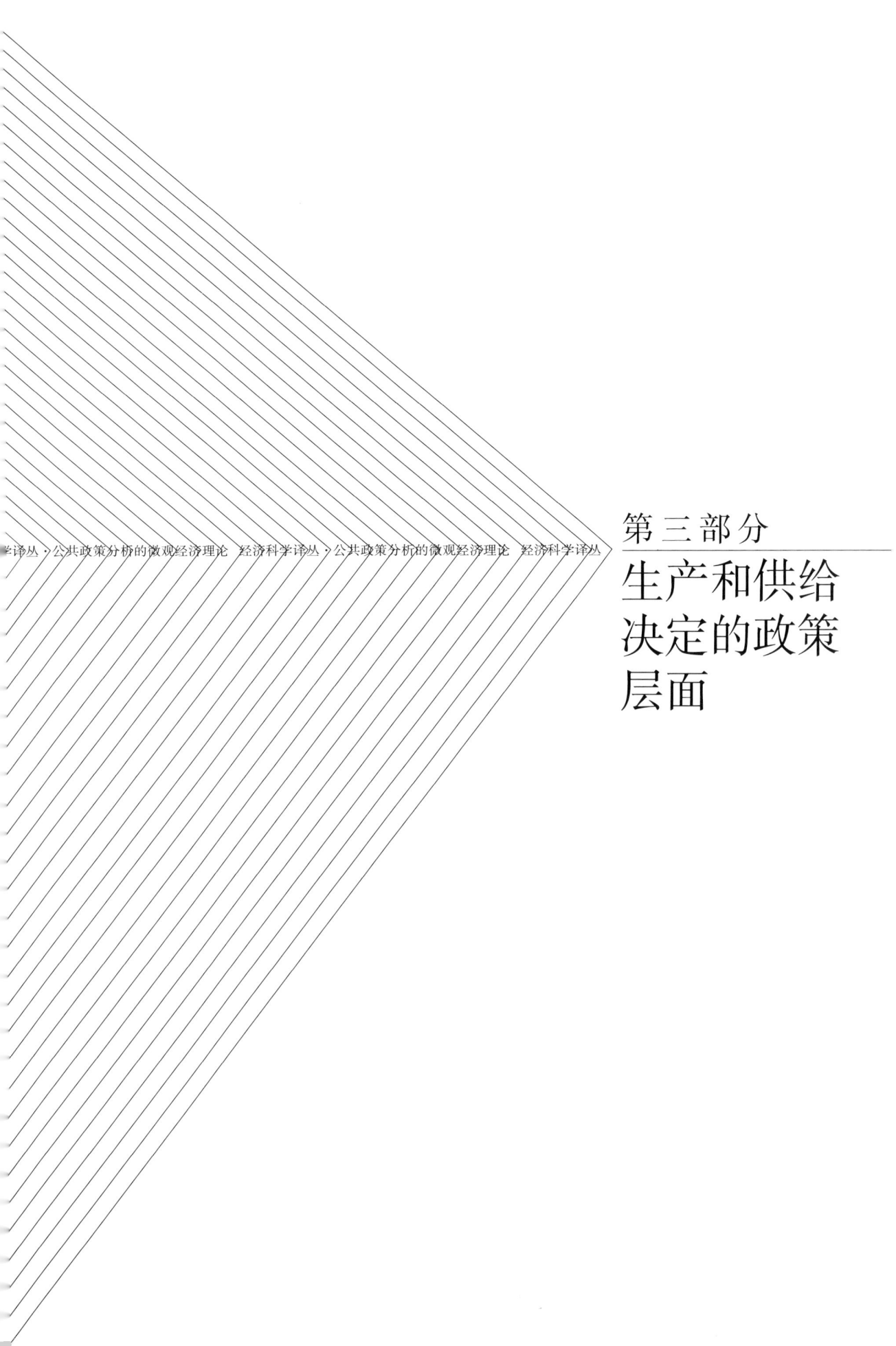

第三部分
生产和供给决定的政策层面

第九章 政策分析的成本方面——技术约束、生产可能性和成本概念

在这一章，将考察一些属于生产理论和成本理论范畴的概念。这对我们从直观的供给行为推导出相关的政策有所帮助。首先，它们是生产者行为预测模型的重要组成部分，用于理解供给者会提供什么产出，以及这些产出是由什么资源生产出来的。其次，它们对于规范地分析评价供给行为的效率十分重要。在概述这些效用之后，我们将介绍本章是如何组织、如何通过这些理论中的基本概念展开分析的。

为了预测供给者的行为，经济模型对其目标、能力、环境约束进行了具体的说明和规范。环境约束是指外生于供给者的因素，或者说是供给者不能直接控制的因素，包括产品生产的技术可能性、不同生产方法需要投入的资源成本，以及对供给者产品的需求。[①] 在这一章，我们将使读者熟悉技术和成本这两个供给约束。在以后的章节里，我们再详细说明供给者的目标和能力，并将环境约束纳入分析，以预测供给者针对各种政策的反应。当然，抛开供给者的目标和能力而孤立地通过经验来推导技术和成本是不可行的，这里有必要澄清这一点。

首先考虑技术约束，即将投入转变为产出的各种可行的方法。显而易见，在给定投入的情况下，我们不能期盼供给者生产出超过其技术可能的产出。因此，

---

① 当供给者具有垄断或者买方垄断能力时，它自身的行为可能会影响到其投入的成本或者产品的需求。我们会在以后的几章里重点分析这些情况。但是，诸如资源的稀缺性、消费者的偏好等外生因素仍然是重要的约束。

理解约束条件对预测是有所帮助的。在工程学意义上有效的技术（即给定投入下可最大化产出）有时在模型中通过生产函数的形式来表示。在分析中通常用到的是基于供给者投入和产出的观测值估计出的生产函数。

在某些活动中，技术可能性是比较容易理解的。比如在农业中，我们能够很清楚地看到产出是谷物，用来进行生产的投入品是土地、劳动力、肥料、资本、设备、天气等。但即使是在这个相对来看比较明朗的例子中，如果想在投入和产出之间建立起联系，还是有一些困难的。比方说，更少的肥料不会降低谷物的产量，而是会降低其糖分。在这种情况下，只比较产量而忽视质量就会得出错误的结论，认为使用了较少肥料的方法在技术上更先进。对于谷物爱好者来说，这就像是在比较两种不同的事物。

由此可以想象，理解其他一些重要供给者的技术约束是何等地困难。如何定义学校、警察局或者精神病院的产出？什么是决定这些产出的投入？也许你会说，孩子们的语言和算术能力就可以看做学校的产出，此外，它们可以用标准化考试的分数来衡量。但是，一个社区可能会把市民学做勇于担当的人作为学校教学的一个重要目标，这样产出就不一定能够通过标准化考试的成绩反映出来。该社区学校的小学生们可能会在考试分数上进步很小，但我们不能说他们在同样资源投入的条件下和其他学校的学生相比技术上更低效，因为差别在于教学的目标而非技术上的效率。

本章重点讨论的另外一个环境约束是成本。供给者的技术选择取决于其对成本的理解。在市场上观察到的货币成本可以在一定程度上代表这种理解，但并不完全。对于一个标准的追求利润最大化的厂商，货币成本就是该厂商所理解的成本。比如，厂商可利用能够让其必需的投入的货币成本最小化的技术来生产任何水平的产出。在这种情况下，成本函数这一关系式便能够用于预测任何给定投入品价格下各种产出的总成本。有关成本函数的知识有助于预测供给者将如何对各种各样的政策变化做出反应，比如税收和各种规章制度的变动。

但是，如果供给者是负有雇用那些很难就业的人的责任的公共机构，那么它会更倾向于采用劳动密集型的技术，而不是货币成本更低的资本密集型技术。更确切地说，除货币成本以外，它可能会把因使用更多资本而失去的就业机会也看做成本。

有些供给者是在政治成本作为主要成本的情景中进行生产的，比如地方检察官办公室。为了获得相关的证据，它就需要警察部门的协作。但警察部门自身要处理很多重要的事情，这些事情有轻重缓急之分。因此地方检察官办公室就要支付一定的政治成本，比如同意及时起诉警方逮捕的嫌犯，以在证据收集上得到警方的合作。

以上所举的例子说明，理解技术可能性和成本对于预测供给者的行为的意义是重要的，但是也必须谨慎考虑这些约束条件在具体情况中是如何应用的。现在我们将简要介绍这些生产和成本理论中的概念的规范运用，讨论它们同帕累托最优以及成本-收益分析概念的关联。

我们还没有分析帕累托最优这一概念是如何在复杂经济中应用的。在复杂的经济中，必须决定生产多大的产量以及相应地要投入多少资源。当然，我们会将这一讨论的大部分内容推迟到第十二章，但有时我们也会指出什么时候存在"交易的空间"。比如说，效率要求每一个水平的产量都用技术上有效的方法来生产，即采用给定投入下能实现最大可能产出的方法来生产。也就是说，运用有效率的技术就能使同样的投入在其他要素不减小的情况下带来更多的产出。增量产出会被分配给任何人，从而在其他人境况不变坏的情况下一些人境况会变好。因此，帕累托最优的必要条件就是要运用技术上有效率的方法来生产。

有关生产函数的知识对于评价供给者的技术效率是有帮助的，我们将通过评估一个公共就业项目来举例说明这一点。有关生产函数的一部分知识是通过经验事实来说明的，它们也被用于评价技术效率随时间的变化。

本章还将对成本-收益原则的应用进行规范分析。第六章已经讨论了该原则的"收益"方面，本章重点讨论的则是"成本"方面。本章的要点在于阐述有关成本的知识，它能提供大量的信息，当成本变动时，可据以判断获利的人是否能补偿失利的人，这是至关重要的。在明确了这一点之后，将阐述如何通过成本-收益分析和成本函数的具体应用来掌握这一知识（以及由此产生的一些困难）。具体的例子包括公共就业项目、对货物运输放松管制以及公用事业的高峰定价法。

本章的结构是这样的。首先，回顾技术可能性与生产函数概念的关系。通过对一项公共就业项目的分析，揭示在政策制定中如何进行生产函数的预测分析和规范分析。我们还会举例说明，在做生产函数研究时，通常来说应如何引入横截面数据来做推论。当然，在运用这一方法时会有缺陷，我们会提请读者避免。

在考察了技术约束之后，我们将比较和对比各种不同的成本概念：会计成本、私人机会成本、社会机会成本。我们会分析如何运用有关社会机会成本的知识，通过补偿原理来检验相对效率。在分析公共就业项目时，会计算它的成本和收益，以此来说明不同的成本概念各自的用途。通过这些计算，预测分析和规范分析的原理都将被阐明。

在评价了成本的各种概念后，将探讨成本和产出之间的关系。我们会解释成本函数的概念，通过两个例子展示其应用，一个是对跨州货运企业规制的改革，另一个是公共就业项目。接下来，我们会讨论另一种成本-产出关系，即联合成本问题，并通过公用事业的高峰定价问题来分析其应用。在本章的附录中，我们使用对偶性代数来分析技术和成本函数之间存在的某些关联，并引入了经验分析中通常使用的一些成本函数。

技术可能性和生产函数

生产函数是对技术可行性的概括

生产函数概括汇总了各种将投入或生产要素转变为最大产出的技术可能性。

例如，如果Q代表产出，投入的要素包括资本K和劳动L，生产函数就可以表示为

$$Q = F(K, L)$$

这里体现的思想是，由于产出可以由两种要素的各种组合生产出来，那么给定生产函数以及K和L的具体数值K_0、L_0，我们就能推导出在这种要素组合下可能的最大产出Q_0。通常来说，如果一种生产要素的数量增加，那么产出也会增加。用数学符号可以表示为$\Delta Q/\Delta K > 0$以及$\Delta Q/\Delta L > 0$。

可以把一项具体的技术看做使一定的投入转化为产出的一组指令，就如制造飞机模型的组装说明。各种各样的零件是投入，而飞机模型是产出。在这里要注意，"技术"的经济学意义要比通常意义上所指的某种机器类型这一概念要宽泛；对一些技术来说，投入的要素可能仅仅是劳动，而更一般的情况是，劳动者接收到的指令的变化就是技术变化的重要来源。

例如，可以设想将编写的各种电脑程序（Q）卖给别的公司（这种程序可以用来跟踪应收账款的情况）。我们有10名程序员（L）和5台计算机终端设备（K），在特定的生产期间内，这些就是可以投入的要素。可以想象，有许多方法可以将这些投入组织起来进行生产：或许一些程序员专门负责编写初步的程序，另外一些人则专攻程序的调试和修改；也可以让每个程序员都完整地编写一个程序；还可以让他们中的一些人只负责财务计划，另外一些人编制目录。如果将劳动力分为两组，轮流使用终端设备，那么就可以充分利用终端设备。以上每一种方法都意味着不同的生产技术。

如果这里的生产函数可以表示为前面提到的形式，即$Q = F(K, L)$，那么仅有的信息是，最大产出可以由两种生产要素来生产。此外，可能会考虑将10个单位的劳动分为两组，比如可以让6名程序员负责编写初步的程序（L_P），让另外4个人负责修改程序（L_D）。这样，生产函数就可以用三种投入来表示：

$$Q = F(L_P, L_D, K)$$

我们还可以将程序员进一步分为白天M和晚间E两组：

$$Q = F(L_{PM}, L_{PE}, L_{DM}, L_{DE}, K)$$

于是，是否能够通过生产函数来识别技术变化的效应，就取决于该函数是如何定义的：输入的变量越粗略，就越难得到有关技术变化的信息。

通常情况下，人们认为分析者应根据经验确定生产过程所使用的具体技术。这就需要对生产函数进行统计估计。虽然统计分析的具体过程并不在本书所包含的范围内，但我们还是需要考虑与分析有关的理论和现实。

这里仅举一例。评估由非营利性的野猫服务公司负责的纽约公共就业试验项目，该项目雇用了一些曾经是瘾君子和罪犯的人，让他们广泛参与到城市的各项公共服务之中。其中一组雇员负责清理城市消防站，他们已经工作了6个月左右。问题是，工人们的生产率是否有所提高？

实际上，回答这一具体的问题对评价整个试验只有次要作用。在正式的试验开始以前，这个特定的项目就已经开始了，而且参与者并不是随机选取的。然而，运作和资助项目的官员们却对请来的经济评估分析师不甚了解，因此他们力

求用这个特定项目来验证分析师的工作是否有帮助。[1] 通过该特定项目来测试评估质量的风险较小,换句话说,解决这个特定问题在某种程度上能够检验分析师的技能,而且是他未来的分析和建议能够被采用的决定性因素。

用来清理建筑物的投入品的精确数据是可获得的。这并不意味着大量的数据已经准备好了,也并不是数据已经躺在某个布满了尘土的书桌上等着分析师来使用。但负责日常管理的项目经理们确实掌握了各种相关记录,供分析师建立数据库,以完成分析任务。项目被分给几个小组来完成,这样就能保证他们可以在不同地点同时工作。他们每天的考勤都会被记录下来,作为工资水平的考核标准之一。每天分配给各小组使用的喷水机和化学品的数量也被记录下来。此外,清洗干净的建筑物外表面积的数据也可以通过现场检查精确得到。

效率,而非生产率是目标

首先,来考察一下何谓生产率提高。假设生产过程是,产出 Q 由投入品 K 和 L 来生产。定义劳动的平均产量 AP_L 为平均每单位劳动带来的产出:

$$AP_L = Q/L$$

在讨论生产率时,通常用人均产量这一标准来衡量。市长们往往都会努力寻找提高城市雇员生产率的种种方法。在更大的范围里,这一衡量标准也十分重要,因为它可以用来分析私营部门的经济总量。1947—1973 年的 27 年间,美国私营部门的实际生产率每一年都实现了增长。生产率平均每年增长 2.91%。但 1973—1980 年,实际生产率平均每年只增长了 0.58%,而且在其中一些年份还出现了负增长。相似地,该指标在 1980—1991 年也仅实现了 1.01% 的年均增长,而且在末期再次出现了负增长。我们还不十分清楚生产率的增长在这 20 年间为什么减速,尽管从 20 世纪 90 年代初开始,它又开始加速,在经济重新回到快速稳定增长轨道的 1995—1999 年,实现了年均 2.8% 的增长。[2]

然而,生产率最大化并不一定是值得遵循的明智且有效率的策略。为了说明这一点,我们画出了投入品的总产量、平均产量和边际产量曲线的标准图示。这些曲线说明了在一种投入品的数量发生变动并维持其他投入品不变的情况下产出是如何变动的。图 9-1 (a) 和 (b) 展示了随着劳动投入的变化产出是如何变化的。如果其他投入品增加,比如资本增加,那么三条劳动产出曲线都将向上移动。(一般来说,每名工人掌握的资本越多,人均产量就越大。)

劳动的总产量曲线 TP_L 表示的是,在保持其他投入品不变的情况下,不同劳动投入对应的总产出水平。如图 9-1 (a) 所示,总产量曲线起初迅速上升(因为有了足够的劳动力,这样资本才能够被充分运用),然后缓慢上升,到达 L_T 这一点后又开始下降。(如果车间里涌入了太多工人,那么生产能力反而会下

---

[1] 我对此了如指掌,因为我就是那位分析师。
[2] 在有关表格中,总产出是用商业部门的实际国内生产总值来衡量的,用它除以该部门全体从业人员的总工时,就得到了生产率。

降。）总产量增速的下降是边际生产率下降的结果。劳动的边际产量 MP_L 是指增加一单位的劳动所带来的产出变化。在 9-1（a）中，它等于 TP_L 曲线的斜率（$\Delta TP_L/\Delta L$）。它起初会上升，在 L_M 点到达最大值，然后开始下降，如图 9-1（b）所示。

在图 9-1（a）中，劳动的平均产量 AP_L 是从原点到 TP_L 曲线上任意一点所绘成直线的斜率（斜率＝三角形的高/底边＝总产量/劳动）；它在 L_A 点达到最大值，从原点到 L_A 点的直线正好和 TP_L 曲线相切。图 9-1（b）中的 AP_L 曲线是由图 9-1（a）中的 TP_L 曲线推导得出的。

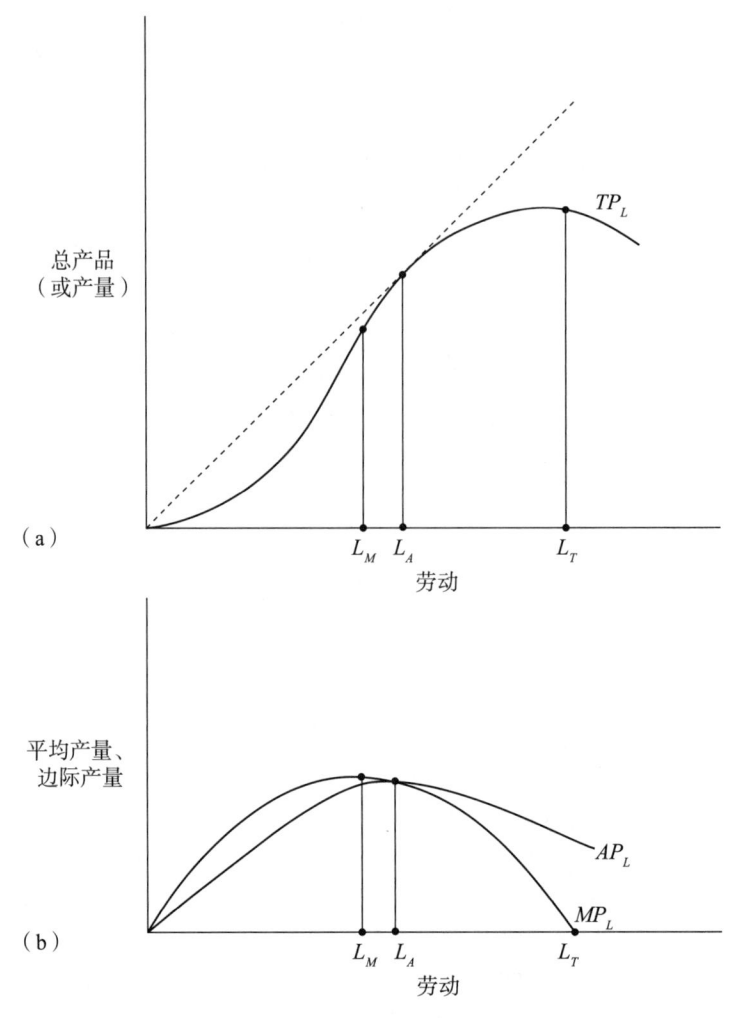

图 9-1 劳动的总产量曲线（TP_L）、边际产量曲线（MP_L）和平均产量曲线（AP_L）

MP_L 曲线在 AP_L 曲线之前达到最高点，而且 MP_L 曲线总会和 AP_L 曲线相交于后者的最高点，如图 9-1（b）所示。也就是说，当边际产量大于平均产量时（$MP_L>AP_L$）时，它会拉升后者，当它小于平均产量时（$MP_L<AP_L$），它又会将后者向下拉。当二者相等时，AP_L 曲线既不处在上升阶段，也不处在下

降阶段；在这一点，AP_L 曲线的斜率为零，因此达到最大值。

从上述分析中可以看出，当非劳动投入固定时，最大生产率对应的劳动处于 L_A 这一点。但这是我们想要的结果吗？一般来说，答案是否定的。设 L_A 点的边际产量 MP_L 是每小时 3 个单位，劳动工资是每小时 6 美元，每单位产品的销售价格是 3 美元。这样，如果再雇用一个小时的劳动，虽然会增加 6 美元的成本，但也会额外增加 9 美元的产出。放弃这个机会是没有效率的，因为其显然仍有增产的空间（消费者和新增的劳动力都会增加福利，而没有人的福利减少）。生产率下降与否并不重要，需要考虑的是效率：如果边际产出的价值大于其成本，在实现最大生产率后继续生产就能增加效率。在本例中，在边际产量 MP_L 下降到每小时 2 个单位以前，应该一直增加劳动投入。一般来说，这一点会在 L_A 点的右侧。①

指出最大生产率无效率的原因之一在于（除了它与随后即将讨论的公共就业项目有关以外），它是一个非常容易犯的错误。为了响应市长们提高生产率的恳求，项目经理们通常会在既定资产存量水平下减少劳工的使用，两个工人用一辆垃圾车每天可以收集 2 吨垃圾；三个工人用同样的一辆垃圾车每天只能收集 2.5 吨，所以"生产率"降低了。但与此相关的更重要的问题是效率：每次多清理的 0.5 吨垃圾带来的额外清洁导致的成本增加是否更值得？

当然，还有一些其他方法也可以改变生产率的水平：可以通过增加资本等非劳动投入品，也可以通过技术进步（比如引入新技术，使既定投入下能比运用原有技术时生产出更大的产量）。就像改变劳动的投入量一样，这两种方法都不是可以随便使用的。增加资本需要人们减少目前的消费，以储蓄更多。技术进步则是将资源投入研发后产生的结果。在任何经济活动中，运用这些方法的前提是我们（个人和集体）愿意为此付出。不过，1973—1991 年相对较低的美国生产率确实与世界性的萧条匹配，尽管对此已经有了一些研究，但其中的原因仍然是难以捉摸的。这就需要进一步的研究，弄清其到底是由资源配置的"错误"导致的，还是由于研发工作中运气不佳，抑或仅仅是由于在我们生活的这个世界中，获得生产率的增长"更为昂贵"。②

上述讨论怎样才能应用到纽约工作试验项目中呢？首先，一般意义上，想让工人们能"生产更多"是什么意思？在这里，实际上是指在保持其他条件不变的情况下让工人做出更多的贡献。这就意味着工人们要更准时，要更专注于所负责的工作，完成任务更加娴熟。因此在不同的时期内，工人们的生产率就不能简单地用 AP_L 来定义；因为工人生产率的改变可以由很多与工人生产率无关的因素的变化引起（例如可用资本设备的变化）。我们想知道的是，在给定非劳动投入品的情况下，随着时间的变化，工人们是否能够创造更多的产出。有人可能会认

---

① 我们假设投入和产出的价格都不变。在 L_A 左侧，AP_L 是递增的，平均产出成本递减，单位产出的利润递增。因此，通过雇用更多的劳动力，仍有增产的空间。在 L_A 右侧，单位产出的利润开始下降，但起初下降得比较慢，因为产量仍然在平缓地上升，所以总利润还是递增的。最后，单位产出的利润下降到足够使总利润不再上升；这时就达到了最有效的产量点。

② 对全球范围生产率下降最主要的解释是 1973 年能源价格的急剧上涨（导致大部分消耗能源的资本存量变得没有效率）和低估了服务业的技术进步（例如电脑的普及）带来的生产率增加，这两方面数据缺乏。

为这是一个技能提高或者"人力资本"增加的问题：随着时间的推移，每个工人小时都意味着劳动力的增加。或者，有人也可能认为这是一个技术进步问题：同样的投入会生产出更大的产量，因为生产过程变得更加精炼了。这是劳动增长型技术进步的一种情况。

设 $a(t)$ 为技术进步函数（t 表示时间），我们就可以假设[①]：

$$Q = F[K, a(t)L]$$

$a(t)$ 可以看做对名义劳动量的调整（比如实际工作的时间），这样就能说明劳动效果随时间的变化而变化了。现在，如果能够估计出生产函数，那么我们就能知道，在保持其他条件不变的情况下，随着时间的变化，劳动投入是不是能带来更多产出。换句话说，我们想知道，对 $t_1 > t_0$，是否有 $a(t_1) > a(t_0)$。如果 $\Delta a/\Delta t > 0$，也就是说随着时间的推移劳动越来越有效，那么前面的式子就成立。比如说，如果 $a(t_0) = 1$，$a(t_1) = 1.2$，那么在 t_1 时期内每一小时的劳动和 t_0 时期每 1.2 小时的劳动产生的效果相同。

根据经验数据选择生产函数的具体形式是很有必要的。理论上的论证提供了函数的基本形式，而具体的数值表达式的选择取决于数据的匹配。我们首先介绍理论背景，这有助于了解哪些基本形式有可能是合适的，然后用经验数据将其具体化。

构造不同的生产函数

我们先从等产量曲线这一概念入手。等产量曲线是生产同一产量所投入的不同要素组合形成的轨迹。它和效用理论中的无差异曲线类似。在图 9-2 中，A、B 两点表示能够生产出 30 个单位产量的两种不同的要素组合：A 点 $K=10$，$L=5$；B 点 $K=5$，$L=15$。因为 A 点的资本投入相对于劳动来说要大于 B 点，所以我们称 A 点"资本密集"。等产量曲线的斜率通常为负值，这是因为当一种要素投入（比如资本投入）减少时，就需要投入更多的另一种要素（劳动力），以维持产量不变。等产量曲线斜率的绝对值被称为边际技术替代率（在这里是劳动对资本的边际技术替代率），记作 $RTS_{L,K}$。它的经济含义是，在保持产量不变的情况下，增加一单位一种要素（劳动）所能替代的另一种要素（资本）的数量。

一般来说，$RTS_{L,K}$ 沿着等产量曲线从左到右是递减的。当资本充足而劳动稀缺时（等产量曲线的左上半部分），资本的边际产量低，而劳动的边际产量高。所以在产量不变时，增加一单位的劳动投入可以替代很多单位的资本，这时的曲线比较陡。反之，在等产量曲线的右下半部分，资本稀缺而劳动充足，劳动的边际产量低，而资本的边际产量高。这样，维持产量不变，增加一单位劳动投入能够替代的资本就比较少，曲线这时就比较平缓。

上面的论述说明，在要素的边际产量和边际技术替代率 RTS 之间存在着某种关

[①] 如果是资本增长型技术进步，就可以表示为 $F[a(t)K, L]$；若是中性的技术进步，则可表示为 $a(t)F(K, L)$。

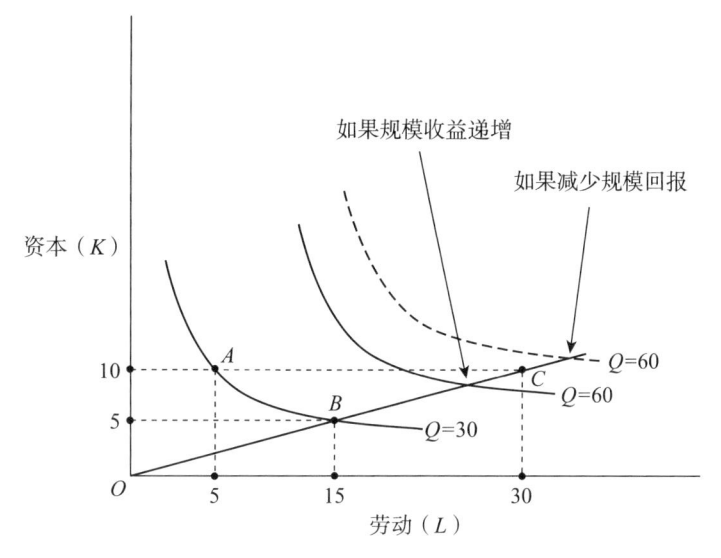

图 9-2 规模报酬与生产函数：如果代表 $Q=60$ 的等产量曲线穿过 C 点，则规模报酬不变

联。不论投入的要素发生多小的变化，我们都可以通过下面的方程来表示产量的变化：

$$\Delta Q = MP_K \Delta K + MP_L \Delta L$$

也就是说，产量的变化是由两个部分组成的。一部分是单位资本变化带来的产量变化（MP_K）与资本变化数量（ΔK）的乘积，另一部分则是单位劳动变化带来的产量变化与劳动变化数量的乘积。现在考虑要素组合变化的一种特殊类型，即要素组合从一点移动到同一条等产量曲线上相邻的另一点，此时 ΔQ 肯定为零。这样上面的方程就能写成下面的形式：

$$0 = MP_K \Delta K + MP_L \Delta L$$

或者写成

$$-\Delta K/\Delta L = MP_L/MP_K$$

方程左边的表达式就是等产量曲线斜率的相反数，即我们前面定义的边际技术替代率 $RTS_{L,K}$，因此

$$RTS_{L,K} = MP_L/MP_K$$

现在再进一步讨论这一关系，先继续分析生产函数。生产函数有两个重要的特征，即规模报酬和替代弹性。简单地说，规模报酬考察的是当所有要素投入均增加时产出会如何变化。一般地，更高水平产出的等产量曲线会在相对较低产出的等产量曲线的右上方（更多的要素投入带来更大的产量）。规模报酬考察的是，当所有要素同比例增加时，产量增加的比例是大于、等于还是小于要素增加的比例（相应地

为规模报酬递增、不变,以及递减)。① 为了下面分析的方便,把它们分别记作 IRTS、CRTS 和 DRTS。

在图 9-2 中,从原点发出并通过 B 点的射线表示所有和 B 点的资本劳动比 (K/L) 相同的要素组合。我们想知道需要沿着这条射线向右上方移多远才能达到 $Q=60$ 的产出水平。C 点的要素投入是 B 点的两倍,如果代表 $Q=60$ 的等产量曲线和射线的交点在 C 点下方,如图中用实线绘出的等产量曲线,那么生产函数是 IRTS,即规模递增的(要素投入没有翻倍,产量翻了一番)。反之,如果代表 $Q=60$ 的等产量曲线和射线的交点在 C 点上方,如图中用虚线绘出的等产量曲线,那么生产函数是 DRTS,即规模递减的。CRTS 规模报酬不变的情况是,代表 $Q=60$ 的等产量曲线正好和射线相交于 C 点,这一情况没有绘出。

替代弹性衡量的是等产量曲线的弯曲程度,用 σ 表示,定义如下:

$$\sigma = \frac{\%\Delta(K/L)}{\%\Delta RTS_{L,K}}$$

替代弹性是指边际技术替代率沿着等产量曲线每变动一个百分点所引起的资本劳动比变动的百分比。如图 9-3 所示,如果等产量曲线的弯曲程度很高(资本劳动比 K/L 的变动),那么从曲线上的一点到另一点斜率变化是非常大的,这样要想使斜率变动 1%,就不用在曲线上移动很远,即替代弹性较低。② 极端的情况是,等产量曲线呈一个直角,这时替代弹性为零。相反地,如果等产量曲线的弯曲程度比较低,斜率变化较小,那么要使斜率变动 1%(资本劳动比 K/L 的变动)就要沿等产量曲线移动一个较长的距离。因此,弯曲程度低的等产量曲线替代弹性较高。极端情况是,等产量曲线是一条直线,此时的替代弹性无穷大(无论资本劳动比 K/L 如何变化,都不能让斜率为常数的等产量曲线产生 1% 的变化)。③ 图 9-3 分别描绘了等产量曲线呈直角和直线的情况,以及 $\sigma=1$ 的一种介于两者之间的情况。

---

① 规模系数 Φ 可以部分地刻画生产函数 $F(K,L)$ 的特征。当报酬递减、不变、递增时分别记为 $\Phi<1$,$\Phi=1$,$\Phi>1$。Φ 等于产出对每一种要素的弹性之和:

$$\Phi = \varepsilon_{Q,L} + \varepsilon_{Q,K}$$

规模系数可以通过求导及简单的计算得到。对生产函数求全微分,可得

$$dQ = \frac{\partial Q}{\partial L}dL + \frac{\partial Q}{\partial K}dK$$

方程两边同除以 Q:

$$\frac{dQ}{Q} = \frac{\partial Q}{\partial L}\frac{1}{Q}dL + \frac{\partial Q}{\partial K}\frac{1}{Q}dK$$

方程的左边是产量的变化,现在设所有要素发生同比例的变动 α:

$$\alpha = \frac{dL}{L} = \frac{dK}{K}$$

将前面的方程两边同除以 α 或者和它相等的表达式:

$$\frac{dQ/Q}{\alpha} = \frac{\partial Q}{\partial L}\frac{1}{Q}L + \frac{\partial Q}{\partial K}\frac{1}{Q}K$$

方程左边的表达式是同比例要素变化带来的产出变化,即 Φ;方程的右边是要素弹性,因此可以得出

$$\Phi = \varepsilon_{Q,L} + \varepsilon_{Q,K}$$

② 当等产量曲线呈直角时,生产函数被称为固定投入比例生产函数,或者固定系数生产函数,其数学表达式为 $Q = \min(aK, bL)$,其中 a 和 b 为常数,取值为正。"min"表示产量是 aK 和 bL 二者中较小的一个。

③ 等产量曲线为直线的生产函数被称为线性生产函数,其数学表达式为 $Q = aK + bL$,a 和 b 为常数,取值为正。

替代弹性越大，用一种要素替代另一种要素就越容易。对直角型的等产量曲线来说，弹性为零，这样在顶点处，增加一种要素的同时减少另一种要素，就不能维持原先的产量。而对直线型的等产量曲线来说，有无穷多种组合可以在增加一种要素、减少另一种要素时保持产出水平不变（和坐标轴的交点除外）。

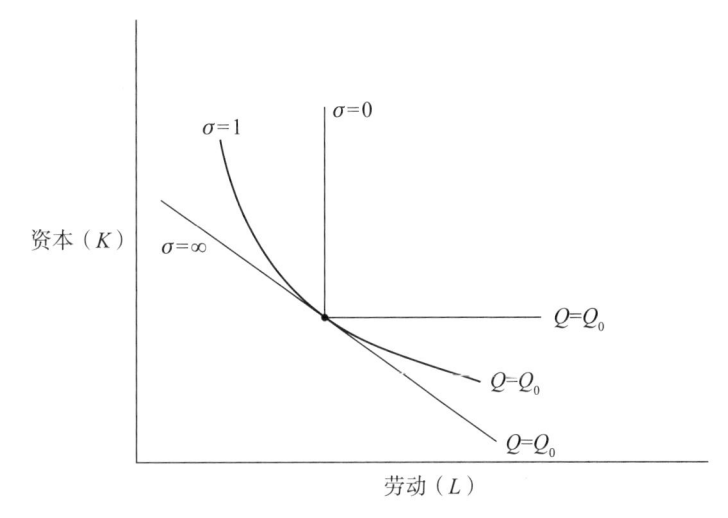

图9-3　用替代弹性来描述等产量曲线的弯曲程度

理论上讲，规模报酬和替代弹性在不同的生产点上都可以取不同的数值，但很多经验研究假定它们是不变的，无论所考察的生产函数如何变化。如果生产函数满足这一假设条件，其就被称为替代弹性不变（CES）生产函数，这种生产函数已经被广泛用于类似的各种生产过程中。①

如何通过上述分析为野猫公司雇用工人清洁消防站这一项目选择具体的生产函数形式呢？现场检查为此提供了基础。替代弹性 σ 的两种极端情况都是不合适的：喷水机是不能自己操作自己的（$\sigma \neq \infty$），而且要素之间是可以相互替代的，因为如果使用更多的洗涤剂就能相应地少喷一些水（$\sigma \neq 0$）。对于规模报酬，如果数据显示的实际情况与规模报酬不变背离，那就会很奇怪。因为让两组工人同时清洗一栋较大的建筑和让一组工人清洗一栋较小的楼这二者的操作程序不会有什么大的差异。

可以用来描述上述特点的是柯布-道格拉斯生产函数：

$$Q = AK^{\alpha}L^{\beta} \quad A>0, \; 0<\alpha, \; \beta<1$$

该函数的规模报酬始终等于 $\alpha+\beta$，通常所使用的是限制条件更严格的形式 $\beta=1-\alpha$（即规模报酬不变）。这个函数的替代弹性等于1。使用CES函数并不会对估

---

① CES生产函数具有下面的形式：
$$Q = A[\delta K^{-\rho} + (1-\delta)L^{-\rho}]^{-\alpha/\rho}$$
其中替代弹性 $\sigma=1/(1+\rho)$，参数的约束条件为 $-1<\rho<\infty$，$A>0$，$\alpha>0$，$0<\delta<1$。规模报酬由 α 决定，$\alpha<1$ 为 DRTS，$\alpha=1$ 为 CRTS，$\alpha>1$ 为 IRTS。

计的结果产生显著影响。①

推导到这一步以后，似乎只要运用标准的统计方法就能很容易地估计出 A、α 和 β 的数值，只要把不同的 Q（清洗的面积）、K（清洗建筑所用的喷水机的运转时间）以及 L（工人工作的时间）的实际观测值代入就可以了。但是，还有一个非常重要的问题没有解决，即不是所有的建筑物都同样容易清洗，仅仅知道清洗的面积是不能反映完成这项任务的难度的。这些建筑的高度从一层到四层不等，清洗较高的建筑时，或者需要竖立起脚手架，或者需要租用吊车才能使工人们够到较高的地方。一些建筑的表面是石灰质的，清洗起来就更难，而且需要特殊的化学物质处理。

为了解决这一问题，我们首先假设存在一个（观测不到的）标准产量 Q^s，它是用柯布-道格拉斯技术生产出来的：

$$Q^s = AK^\alpha L^\beta$$

然后我们假设标准产量 Q^s 是可观测产量 Q 与衡量工作难度的因素的乘积。② 如果只有一个因素 D，则

$$Q^s = Q(D)^{-\omega}$$

其中 ω 是一个未知的常数，取值为负数（在给定 Q 的情况下，D 越大，Q^s 就越大）。

将上面两个方程联立就得到了一个新的方程，在这个方程中，所有变量都是可观测的，而且在做统计估计时还能得出生产函数的相关参数（还能评价各种假设的具体函数形式拟合程度的优劣）：

$$Q = AK^\alpha L^\beta D^\omega$$

最后，由于做这项分析的目的是看一看是否随着时间的变化，工人们的效率有所改进，因此一种简便的方法就是假设存在一个时间因素 t 作用于劳动：

$$Q = AK^\alpha L^{\beta+\delta t} D^\omega$$

其中 δ 是每单位时间里 β（产量对劳动的弹性）的增量。如果 δ 为正数，那么随着时

---

① 要证明这两点，首先要写出边际产量的方程：

$$\frac{\partial Q}{\partial K} = MP_K = \alpha AK^{\alpha-1}L^\beta$$

$$\frac{\partial Q}{\partial L} = MP_L = \beta AK^\alpha L^{\beta-1}$$

通过这两个方程可以推导出要素的弹性：

$$\varepsilon_{QK} = \frac{\partial Q}{\partial K}\frac{K}{Q} = \alpha AK^{\alpha-1}L^\beta \frac{K}{Q} = \frac{\alpha Q}{Q} = \alpha$$

$$\varepsilon_{QL} = \frac{\partial Q}{\partial L}\frac{L}{Q} = \beta AK^\alpha L^{\beta-1}\frac{L}{Q} = \frac{\beta Q}{Q} = \beta$$

前文已经证明规模系数是要素弹性之和：

$$\Phi = \alpha + \beta$$

再回到边际产量方程，用第一个方程去除第二个方程：

$$\frac{\partial Q/\partial L}{\partial Q/\partial K} = RTS_{L,K} = \frac{\beta}{\alpha}\frac{K}{L}$$

把这个方程代入 σ 的定义可得

$$\sigma = \frac{\Delta(K/L)/(K/L)}{\Delta RTS_{L,K}/RTS_{L,K}} = \frac{\Delta(K/L)/(K/L)}{(\beta/\alpha)\Delta(K/L)/(\beta/\alpha)(K/L)} = 1$$

② 这种形式的函数被称为特征方程，它说明生产函数具备一些特殊的属性，需要知道这些特殊属性才能准确估计真正的生产函数。

间的变化，劳动的生产能力越来越强。

在这里我们并不想给出估计的具体过程，但需要注意将上面的方程转化为对数形式时的变化：

$$\ln Q = \ln A + \alpha \ln K + (\beta + \delta t)\ln L + \omega \ln D$$

这样一来，方程就成了线性的形式，也就可以用标准的电脑程序进行多元回归分析了，只要把各变量的对数值当做观察值代入。在实际的估计中，我们有 25 组观察值（即 25 座建筑），都被划分为两个时段：如果建筑在项目的前三个月内被清洗，则记 $t=0$；如果在后三个月清洗，则记 $t=1$。估计出来的标准生产函数为

$$Q = 50.217 K^{0.60} L^{0.45-0.07t}$$

其中，K 为喷水机运转的时间，L 为工人工作的时间。估计出来的规模报酬接近于 1，这符合我们的预期。注意 t 的系数为负数，说明劳动在第二个时段的生产能力下降了。[1]

这一结果并不出人意料之外。原始数据已经显示，未经调整的 AP_L 有所下降，但一开始我们觉得也有可能是因为工作的难度在增大。然而在控制了工作难度的影响后，生产函数分析排除了这种可能性：维持其他条件不变，劳动的生产能力降低了。

关于上述结果，有两个问题需要分析师来回答。第一，方程的预测是否符合现实？第二，是否有可能存在一些真正影响工作难度的因素，但它们却被忽略了，导致结果被扭曲？为了回答第一个问题，分析师做了一些样本预测，它们让项目监督者都比较满意，因为预测里的每一个因素都有合理的效果（根据他的经验）。对于第二个问题，项目监督者同样起着关键作用：他想不出有什么其他因素没有包括在方程中。这样，决策者们接受了这个结果，他们相信分析工作揭示了他们以前不知道但却对他们来说很重要的事。[2] 因而分析师通过了测试。[3]

显而易见，这个公共就业项目的案例告诉我们，分析工作的成败主要取决于能否从理论中找出抽象的概念，并想方设法通过有意义的方式将其运用到纷繁复杂的现实中。在这个案例中，摒弃不适用的典型生产率衡量标准能使理论本身得到认同，而且还能提供相应的方法，使我们能找到要素之间能够相互替代的某种投入产出关系的形式。要想应用有关的概念，以柯布-道格拉斯生产函数为基础，并考虑到清洗每个建筑所花费的吊车租金，就需要清楚地知道所研究的实际工作的事实真相。

通常来说，纯理论中的一些联系是不能直接应用到现实中的，相应地，也必须谨慎地解读结果。例如，理论中生产函数所用的技术都是工程学意义上有效的

---

[1] 实际估计的方程，各项指标都符合我们的预期。R^2 为 0.81。衡量工作难度的指标有三个（每座建筑）：建筑的层数、吊车的租金，以及用于清理石灰质的溶剂占所用溶剂总量的比重。当然，吊车变量的系数显著性较强（t 统计量大于 2），其他两个要素和时间变量也通过了显著性检验。

[2] 随后我们发现，并不是所有参与清洗工作的人都得到了同样的报酬，这影响了第二阶段的士气。结果是更细致的招聘和晋升规则被制定出来了。

[3] 分析师的客户们也通过了一项测试，他们接受了消极的项目结果。大多数运作项目以及推荐资助这一项目的官员都希望项目取得成功。但政策评估并不是要满足他们的愿望，而是要客观。有时官员们会反对这样做，这就是为什么优秀且诚实的分析师遵循以下格言："随时准备回家！"

技术的总和。但我们估计出来的方程描述的是投入和实际产出之间的关系。没有理由相信实际产出就是最大可能产量。然而，可以推断出关于该项目技术效率的一些东西。

如何进行这一推断呢？第一时段（$t=0$）的观测值估计出了真实生产函数的下限：最大可能产量至少和实际产出一样大。假设工人的实际技术水平不随时间下降是合理的。如果劳动的系数在第二时段（$t=1$）增大的话，那么是工人的实际技术水平增加了还是项目经理们提高了清洗工作的技术效率？这一点并不明确。但观测到的劳动生产率下降肯定意味着技术效率的降低，因为技术水平至少是没有变化的。[1]

在前面所举的例子中，用于研究技术的观测值来源于一个投入产出数据非常丰富的机构。通常来说，生产同一种商品的企业的横截面数据往往较多，但关于投入和产出具体情况的数据较少。比如，我们很容易就能从美国国家统计局发布的《制造业年鉴》获得数据，其中产出是每个行业全年产量的总和，劳动要素这样的投入则用行业全年总生产工时来衡量。即使用这些不具体的总量数据，往往也能做出关于技术的推断。[2] 但在分析公共就业项目时同样必须对此保持谨慎。

例如，在使用总量（行业）数据时通常会用一个假设条件，即组成总量的每一个机构都是在技术上有效的。如果假设不成立，估计出来的方程就不能认为是生产函数。为了阐明这一点，在表 9-1 中列出了两个矩阵，其中的数据分属两个行业，它们的生产过程都非常简化。在每一种情况中我们都假设真实生产函数规模报酬不变，而且是固定投入比例（替代弹性为零）生产函数，这有时也被称为里昂惕夫技术[3]：

$$Q = \min(aK, bL) \quad a, b > 0$$

这一函数适用于以固定比例（$=b/a$）投入要素的生产过程，例如一个拖拉机手开一辆拖拉机。假若我们取 $a=4$、$b=4$，则有

$$Q = \min(4K, 4L)$$

如果 $K=20$、$L=10$，那么产出就是（80，40）中较小的值，即 $Q=40$。我们称这种情况是劳动"瓶颈"，更多的资本并不能增加产量，但在劳动从 10 单位增加到 20 单位的过程中，每一单位劳动增量都会使产量增加 4 个单位。请注意，在这一技术下，技术上有效率的企业只会按照 1∶1 的比例投入要素，否则只能生产出相对较少的要素所能实现的产量。上例中，若想保持 $Q=40$ 的产量水平，只需将 K 从 20 单位减少到 10 单位。

---

[1] 有人也许会说，项目的当期产出（即已经被清洗的建筑）并不是项目唯一的目的，劳动生产率降低可能是因为增加了对参与者的技能培训，这会带来未来的回报。这种观点只是部分正确。当然，项目既要创造当期的收益，又要在未来也有回报，这一点是正确的。但前面的分析仅把工人清洗建筑的实际工作时间计算在内，此外，它控制了在这些时间里的监督，这样将劳动生产率降低归因于技术效率下降的结论就能够经得住这种非难。在本章随后的部分，我们会讨论作为项目额外产出的未来收益。

[2] 有一个对犯罪审判体系中的审前豁免机构进行横截面数据研究的例子。这些机构利用分数制度和传唤要求的技术非常成功地创造了产出（即应该出庭却被豁免的被告）。

[3] 瓦西里·里昂惕夫建立了一个国家范围内的生产模型，描述了资源和产品在各个行业之间的流动。这被称作投入-产出分析，其特点是假定每个行业都总是以固定投入比例来使用要素。

表9-1　　　　　　　　　　　　　行业生产数据

	技术上有效率的供给者		
	产量	资本	劳动
观测不到但实际存在的			
供给者1	80	20	20
供给者2	160	40	40
观测到的			
全行业	240	60	60
	技术上无效率的供给者		
	产量	资本	劳动
观测不到但实际存在的			
供给者1	40	20	20
供给者2	200	40	40
观测到的			
全行业	240	60	60

现在回到表9-1，我们假设可以用来进行分析的只有行业的总量数据，我们需要推导出每一个行业里昂惕夫技术中的未知系数 a 和 b。在我们设计的例子中，两个行业的总产量是相同的，但其背后的生产函数却不一样。在表9-1的上半部分，我们假设两个供给者都是在生产函数上的某一点进行生产的，这就意味着对每个供给者来说，分别有（下标1、2分别代表供给者1、供给者2）：

$$aK_1 = bL_1 = Q_1$$
$$aK_2 = bL_2 = Q_2$$

两式相加得到全行业的总产量：

$$a(K_1 + K_2) = b(L_1 + L_2) = Q_1 + Q_2$$

通过观察可知，因为 $K_1 + K_2 = 60$ 且 $Q_1 + Q_2 = 240$，所以必有 $a = 4$。相应地也可以推导出 $b = 4$。这样，根据全行业的数据和我们所做的假设，可以得出生产函数为 $Q = \min(4K, 4L)$。

把同样的推导过程应用于表9-1的下半部分，可以得出同样的全行业生产函数。但实际上得出的结论是错误的。实际情况是，供给者2的实际生产函数为

$$Q = \min(5K, 5L)$$

而供给者1的生产过程在技术上是无效率的。如果他进行有效率的生产，那么投入20单位的 K 和20单位的 L 应该能够生产出100单位的产品。因此在给定的投入下，整个行业实际上只生产了80%的产量（240/300）。

总量数据仅能揭示整个行业投入和产出关系的平均状况。在技术上有效率的情况中，平均值符合最大产量，因为每一个生产单位都实现了最大产量。但如果其中一些生产者没有达到技术上有效率的水平，那么总量数据就不能反映出生产函数。

在现实生活中，实际上很难判断供给者是否在技术上是有效率的。一般来说，只有私营竞争性行业的公司才被假定是有效率的。因为在这一行业的环境中，只有那些能够实现最小成本的企业才能生存下来，因此它们在技术上一定是有效率的。然而并不是所有经济学家都认为现实的竞争压力足够促使这种情况发生，或者随着时间的流逝能让企业有能力达到和保持技术有效率的生产水平。当环境发生变化时，比如生产者是公共机构，就更难归纳出总体情况了。这样一来，要想估计出标准理论中谈到的生产函数，就要运用一些能够解决技术效率变动的方法。

此外，辨别投入和产出实际上的平均关系也是十分必要的，我们所举的公共就业项目的例子就给出了一种思路。如果使用的是行业总量数据，这种平均关系就可以用来预测行业中所有企业以同样的比例增减要素投入时的产量变化。当然，努力改进企业的运营效率也是必要的，这一点有时会被忽视，比如，当不考虑实际情况而不假思索地根据要素的历史数据推导生产函数时。

成本

在对比各种选择时，成本概念绝对是最基本的视角。确实，一次行动、一个决定、一种配置都会因存在其他资源使用方式而显得昂贵，这是最基本的成本概念（"世上没有免费的午餐"）。在本章的这一部分，我们将回顾政策分析者们经常遇到的而且必须理解的各种成本概念，分析它们在预测和规范分析中的作用。

第一，我们将引入社会机会成本的标准概念，说明如何在成本-收益分析中应用这一概念。第二，我们引入会计成本和个人机会成本的概念，将它们与社会机会成本进行比较。第三，我们会展示如何将这些概念应用在公共就业项目的成本-收益分析中。第四，我们会分析成本和技术之间的联系。其中，一种联系存在于成本函数中，我们将分析成本函数在货车运输业管制中的应用。另一种联系存在于两种或两种以上产品共用一种要素时，我们会阐述如何将成本-收益分析应用于这一联合成本问题，以确定最有效的资源配置方式。在本章附录，我们会通过数学中的对偶性来分析生产函数与成本函数的关系，并介绍一些在实证分析中经常用到的成本函数形式。

社会机会成本和成本-收益分析

某一行为的社会机会成本，是指所放弃的将相同资源用于其他最优替代用途所能得到的收益。如图9-4（a）所示，假设全社会的资源是一定的，而且只能用于生产食物 F 和房屋 S 这两种产品。生产可能性曲线表示的是在既定资源和技术条件下所能实现的最大产出组合。如果所有资源都投入房屋建造中，而且使用了最好的技术，S_M就是可能实现的最大房屋产出。生产S_M单位的房屋的社会机会成本①是F_M，即用最好的技术和全部资源实现的最大食物产出。

首先考虑从A点到B点将发生怎样的变化。如果当前的生产处于A点（对应的产量是F_A和S_A），那么增加生产ΔS单位S的机会成本就是ΔF单位的F。因此，增加一单位S的机会成本就是$\Delta F/\Delta S$。如果增加的量足够小，就可以将其机会成本看做生产可能性曲线在当前生产点斜率的相反数。这一数值被称为边际产品转换率（$RPT_{S,F}$），即为增加一单位某一产品（房屋）的产量必须放弃的另一种产品（食物）的最小产量。

生产可能性曲线凸向右上方的形状可以这样直观地解释。实际经济中要素存量的比例为K_0/L_0，而生产各种产品的最佳技术组合可能并不能和实际经济中的要素禀赋一致。比如生产食物的最佳技术相对来说是劳动密集型的（K/L的值较小），这样在生产可能性曲线与坐标轴的两个交点（F_M和S_M）上就使用了"低效率的"K/L比率（$=K_0/L_0$）。如果坚持用K_0/L_0的比例进行生产，假定规模报酬不变，那么生产可能性曲线就变成了连接这两个交点的直线。② 然而我们都知道，如果使用技术上最优的资本-劳动比率，则完全可以实现比这条直线更大的产量，只要生产两种产品的资本-劳动比率的加权平均值等于K_0/L_0。因此生产可能性边界凸向右上方。

一个有趣的问题是，如果我们现在处于C点，增加生产ΔS单位房屋的社会机会成本是什么？C点在生产上是无效率的，或者因为一些资源没有得到利用，或者因为使用的要素没有能够实现可能的最大产量（由于技术上的原因或者是要素组合的无效率）。通常的理解是，社会机会成本为零，因为不需要放弃F，就可以由C点移到B点。但是，社会机会成本概念关注的是资源的最佳使用方式，而不是使S增加ΔS单位。最好的解释是在前一例中从使F增加ΔF单位的角度来考虑机会成本。

其实这两种理解都是正确的，只不过它们所回答的问题略微有所不同。第一种理解回答的问题是："在C点和B点生产S的机会成本以及资源使用分别有什么变化？"既然在C点和B点都放弃了$F_M-(F_A-\Delta F)$单位的F，那么社会成本的变化就是零。社会成本没有增加，因为在C点我们已经为ΔS付出了成本，尽管我们没有获得它们。而第二种理解正确回答了"ΔS的社会成本是什么？"这个问题，但它不是由C点移到B点所产生的新成本。

图9-4（b）描绘了另一种社会成本的表示方式。我们仍用横轴来表示房屋的数量，但纵轴表示的则是$RPT_{S,F}$，即每增加一单位房屋所放弃的食物。用实线表示的曲线就可以看做每单位房屋的最小社会边际成本（用放弃的食物来衡量）。边际成本以下和一定产量以左的面积可以看做该产量下的社会总成本，因为它正好是生产该产量房屋的边际成本之和。比如，图中的阴影部分是S_A单位

---

① 社会机会成本通常简称为社会成本。
② 如果存在没有限制的连续规模经济，在前述假设下，生产可能性边界将凸向原点，一旦离开两个交点，我们也将离开这一规模经济状况。但根据实际经验，规模报酬递减或者不变的情况更多地存在于这种（想象）极端的社会资源的使用中。

图 9-4

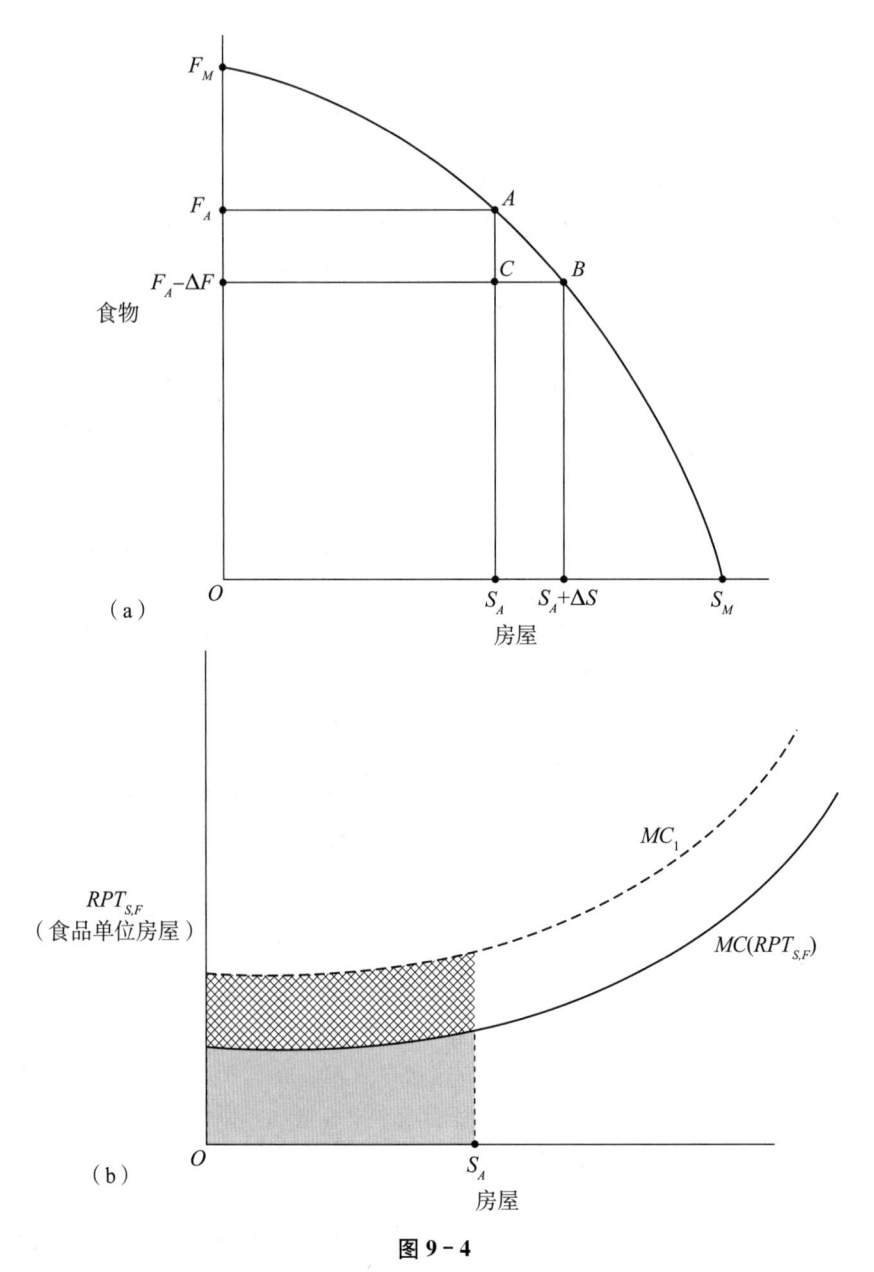

(a) 社会机会成本和生产可能性；(b) 边际产品转换率（RPT），即社会边际成本（MC）。

的社会成本，它等于图 9-4（a）中的 $F_M - F_A$。如果使用了无效率的生产方式，则经济资源的分配处于图 9-4（a）中的 C 点，可观察到的边际社会成本［比如图 9-4（b）中的 MC_1］就会处于最小社会边际成本之上，二者的差（用交叉线表示）就是生产无效率的程度。

现在将社会成本纳入成本-收益分析中的补偿原则。在第六章，我们通过选取消费者剩余的净变化就能反映所有必要变化的例子回避了成本的问题。从原理上说，如果所有由资源配置的变化引起的消费者预算约束的变化都能被纳入考虑，那么这种处理就总是可行的。在前面的例子中，除了有抵补转移支付以外，其他条件都保持不变。但是，资源配置的变化通常会导致个人预算约束发生不能抵补的变化，需要分析者发现并研究这些问题。

在很多情形中，有关市场价格和社会成本的知识给了分析者衡量这些预算约束变化的尺度，这一衡量尺度叫做生产者剩余。补偿原则的更一般的表述是，如果消费者剩余和生产者剩余之和增加，变化就是相对有效率的。但这与社会收益和社会成本之差的表述方式是一样的，因此还可以将补偿原则表述为：如果社会收益超过社会成本，资源配置的变化就是相对有效率的。在下面的一个简单模型中，我们会试图解释这些概念。

图 9-5（a）、图 9-5（b）和图 9-4（a）、9-4（b）相似，只是添加了需求方面。像在第八章中那样，我们假设一个没有星期五的鲁滨逊·克鲁索经济（即只有一个人的经济）。图 9-5（a）描绘了克鲁索的无差异曲线。因为没有人能和克鲁索进行交易，所以他选择的生产点必须同时是他的消费点。他在 C 点能达到最大效用 U_{max}，在这一点，无差异曲线和生产可能性边界相切。最优产量、最优消费量是 F_C 和 S_C。下面我们将用一些新的概念来分析这一问题，这些概念在对更复杂且参与者更多的经济进行成本-收益分析时是非常重要和有用的。

两条曲线在 C 点相切，它们的斜率相等，即在克鲁索实现最大效用时有 $RPT_{S,F} = MRS_{S,F}$。这个特点经常被用来分析多个参与者的经济如何确定每种产品的产量。它是产品组合有效率的条件，也是实现帕累托最优的一个必要条件，我们将在第十二章中更详细地分析这一点。这里要说明的是，该规则与选择能使社会收益和社会成本之差最大（或者说能使净社会收益最大）的资源配置在本质上是一样的。

要将这个规则纳入成本-收益分析，就需要一个能够衡量每一单位房屋给克鲁索带来的边际收益的尺度。在生产可能性边界（即他的有效预算约束线）上的任何一点，都有一条无差异曲线穿过（就像标注为 U_0 的曲线穿过 A 点）。无差异曲线在这一点的斜率表示的恰好是克鲁索为了增加一单位房屋所愿意放弃的食物消费量——这就是我们要找的衡量边际收益的尺度。在 F^* 附近，MRS 的值较大（斜率较大），沿着生产可能性边界向 S^* 移动，它将逐渐减小。比如，无差异曲线在 B 点的斜率要比在 A 点的斜率小得多。

我们在图 9-5（b）中对应生产可能性边界绘出了克鲁索的 $MRS_{S,F}$。随着房屋的增加，他的边际收益（以食物来衡量）不断下降。我们也绘出了 $RPT_{S,F}$，和以前一样，它表示的是每一单位房屋的最小边际成本（以食物来衡量）。边际收益曲线必然在 S_C 点穿过边际成本曲线，因为在这一点有 $RPT_{S,F} = MRS_{S,F}$。

下面我们来看一看，作为唯一的收益获得者和成本负担者，克鲁索是如何分析的。假设他起初处在生产可能性边界左上方与纵轴的交点 F^* 处，需要考虑的是，为了房屋的边际增加（沿着生产可能性边界向右下方移动）而减少相应的食物是否值得。对于每一单位的房屋，他都要考虑其边际收益（他愿意放弃的最大食物数量——由无差异曲线的斜率决定）是否超过其边际成本（他必须放弃的最小食物数量——由生产可能性边界的斜率决定）。如果边际收益超过边际成本，那么他将会选择继续增加房屋的生产和消费以增加净收益。但他不会生产超过

S_C 的房屋，因为超过之后，边际成本就超过了边际收益，这样净收益会减小。在 S_C 点，净收益达到最大值，等于 GHJ 的面积。这种边际成本-收益分析揭示了效用的变化，净收益达到最大值时效用也实现了最大化（即在这种经济中实现了帕累托最优配置）。

这一分析可以通过一个两步骤的过程进一步延伸，以解释多个参与者的经济。克鲁索保持原先的生产可能性曲线不变，但产品必须在市场中进行买卖，因此房屋是有价格的（仍然用食物来衡量）。这使他可以把生产决策从消费决策中分离出来。他会以预算最大化为目标来决定生产，利用最大化的预算可以选择他最偏好的消费组合。假设市场价格为 P_C，不必是 $MRS=RPT$ 的水平。

作为生产者，克鲁索会生产并向"市场"出售所有机会成本低于市场价格的房屋，即 S_C 个单位。如图 9-5（a）所示，假设他选择了生产可能性曲线上处于 S_C 左边的一点进行生产，比如 A 点，他在市场中的预算线为穿过 A 点并且斜率为 P_C 的虚线。① 请注意，这条预算线并不和生产可能性边界相切，因此他只要选择 A 点右边的点进行生产就能实现更高的预算水平。在 C 点，预算线正好和生产可能性边界相切，这是他能达到的最高水平。而在生产可能性边界上位于 S_C 右边的点，比如 B 点，其预算线会在穿过 C 点的预算线下方。

在图 9-5（b）中可以看到相同的分析逻辑，只是形式上略有不同。生产第一个单位的房屋意味着要放弃生产 OJ 单位的食物（即机会成本），但他可以在市场中卖掉这一单位的房屋，换回 P_C 单位的食物（大于 OJ）。市场价格和机会成本之差（$P_C - OJ$）就是因生产房屋而非食物而使他得到的"利润"，亦即"剩余"，这提高了他的预算水平。② 同样地，他会发现在 S_C 点以前每增加一单位房屋的生产都是有利可图的，因为这会带来更多的"剩余"，从而增加他的"购买力"。但如果超过 S_C 点，生产房屋的机会成本会过大（超过了 P_C），克鲁索将放弃过多的食物生产，而通过生产和销售房屋得到的收益不能补偿这一成本，购买力下降。这样一来，我们可以再次看出，在 S_C 点，购买力和预算水平都达到了最大（实现了效用最大化）。

作为生产者，克鲁索得到了生产者剩余，或者经济利润，即生产者所得高于机会成本的部分。他会以生产者剩余最大化为目标来决定生产行为。在图 9-5（b）中标示为深色的阴影部分 JP_CH，是生产 S_C 单位的房屋（以及 F_C 单位的食物）而非最优替代的选择（不生产房屋，生产 F^* 单位的食物）所得到的预算水平的增加。请注意，如果克鲁索使用了无效率的生产方法（即不在生产可能性边界上），则边际成本曲线将向上移动（就像我们前面看到的那样），生产者剩余减小，消费预算水平下降。

类似地，在描绘了需求方面的图 9-5（b）中，作为消费者的克鲁索会在市

---

① 对于任何生产选择 (S, F)，其预算水平为 $B = P_C S + F$，其中食物的价格为 1。
② 他的初始预算水平（没有生产房屋）为 F^*。生产一单位的房屋后，他得到 P_C 但损失了 $RPT_{S,F}$（$=OJ$），此时其拥有 $F^* + P_C - OJ$。因此他的净预算变化为 $P_C - OJ$。

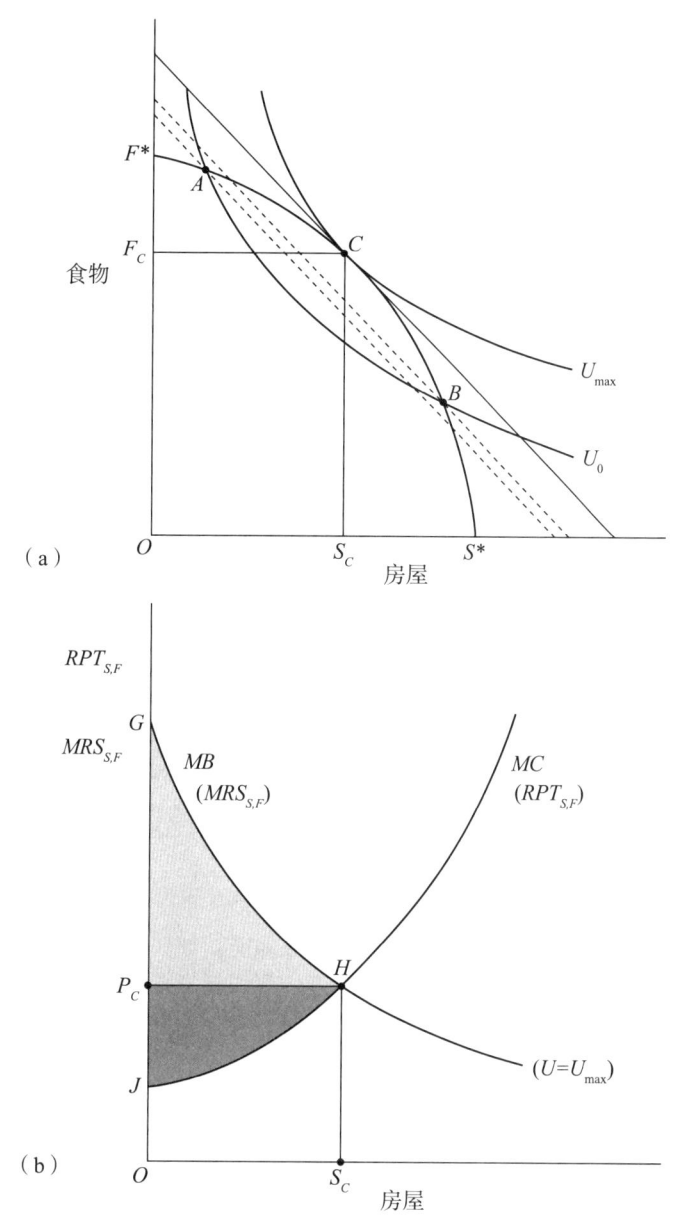

图 9-5 克鲁索帕累托最优的资源配置 (a) 等同于社会收益与社会成本之差的最大值 (b)

场中购买所有边际收益超过市场价格的房屋，即 S_C 个单位。① 他以消费者剩余最大化为目标来决定消费行为。他的消费者剩余是图中浅色阴影部分 $P_C GH$ 的

---

① 这一模型与前面提到的不存在市场价格的情况略有不同，因为它给出了与其他人交易的过程中所产生的收益。在该模型中，克鲁索的消费可能性比其他人要好：除切点 C 外，直线预算线上的每一点都高于生产可能性曲线（也是前一个模型中的消费可能性曲线）。但是我们有意使用了这个只有一个市场价格 P_C 的例子，以使克鲁索不能从市场交易中获得任何收益。注意，在以后的分析中，任何 $P \neq P_C$ 的市场价格都会使克鲁索消费更多的产品，获得在自己生产的情况下不能达到的更高的效用（即交易会带来更多的福利）。

面积。这一分析最主要的是说明了总的净收益 GHJ 能被看做生产者剩余和消费者剩余两个部分的和。净社会收益是消费者剩余和生产者剩余之和。在社会成本-收益分析中，消费者剩余变动 1 美元和生产者剩余变动 1 美元是没有差别的，二者是一样的。

现在进行第二步的分析，即有许多人在消费和生产房屋（有些人既是生产者又是消费者，另外一些人可能只是单一的需求者或者供给者）。下面我们将边际收益（需求）和边际成本（供给）曲线纳入有多个参与者的经济中，并且假定不存在第六章讨论过的加总问题。在给定市场价格下，市场需求曲线反映的是所有单个消费者剩余之和（对任意数量的房屋消费），类似地，市场供给曲线反映的是所有单个生产者剩余之和（对任意数量的房屋生产）。两种剩余之和在需求与供给的交点处达到最大值（因为在这一点边际收益等于边际成本）。

在上面两种产品的例子中，房屋的社会成本是以放弃的食物的数量来衡量的。要在众多产品构成的经济中应用这一概念，我们就得用货币来衡量成本和收益。也就是说，投入资源生产房屋的机会成本是使用这些资源"生产其他产品（不只是食物）所能得到的货币"。这里仅关注生产房屋所使用的资源，并隐含地假设在该经济体中"生产其他产品所能得到的货币"部分，资源的配置是有效的。在后面的几章，将考虑分析者解决各种问题的不同方法。市场需求曲线和市场供给曲线可以在各种情况中，用来衡量资源配置的变化带来的收益大于成本的程度（即消费者剩余和生产者剩余之和增加了多少），或者说，根据补偿原则相对效率提高了多少。

在成本-收益分析的框架中引入社会成本的显性会计，并不会改变我们在第六章中给出的社会成本的意义的条件。关于效率的总体定义，以及在分析中将它作为标准的含义，也存在同样的问题。在这里我们要说明的是，当资源供给者获得不是最小机会成本而是收益时，如何计算收益和成本。在经济中，每个人都既是资源供给者又是消费者，我们必须考虑到这两个方面的效应，才能弄清楚个体以及整个社会是如何受到某种变化的影响的。

会计成本和私人机会成本

到目前，这一部分所有讨论都是围绕社会成本这个概念展开的。对于分析者来说，这个概念最适合估价时使用，但是可获得的成本数据与它相符么？通常来说，记录下来的成本与社会成本是不同的，因为二者背后的概念不一样。成本的会计概念出于簿记员的观点，即记录在企业和团体的预算和财务报表上的数据。它以购买时的实际价格入账，有时会因为（耐用品）折旧而按照各种各样的惯例进行修正。我们可以用很多例子来说明这两个概念之间的重要区别。

20 世纪 70 年代当美国实行全体国民志愿入伍的政策时，人们认识到为了吸引志愿者，政府必须支付更高的工资和薪水。那些认为这项政策将对政府预算有很大影响的人，反对会计成本这个概念，因为它"太昂贵"了。但是，会计成本与社会成本是反方向变动的。对于被征召入伍的人来说，他的机会成本往往远大于在军队获得的工资。因为许多被征召入伍的人即使在支付更高的工资的情况下也不会选择志愿参军,所以军队使用征召入伍士兵的社会成本要超过使用同样数量志愿入伍士兵做其他事情的社会成本。对于志愿者来说,总的社会成本不会超过入伍带来的总收益:如果一个志愿者有更好的选择,他或她很可能就不会选择志愿参军。

把军队工资设置在等于社会成本这一点而不是低于它是有好处的:(1)国家现在对提供国防的资源成本有了一个更准确的看法,这经常会影响到它寻求提供国防力量的决策。(2)在国防建设的投入组合上,人们偏向投入更多的人员而不是资本,因为劳动力看起来便宜些。上面提到的那种偏见也已经逐渐消除。当然,征召入伍与志愿入伍之间的争论还引起了许多其他问题。比如说,高收入的人能更容易地避免参军入伍可能带来的生命危险,这是否公平?把军队服役看成全体公民应尽的义务是否更正确?

显示跟劳动有关的社会成本与会计成本的区别的其他例子大量存在。比如说,陪审义务在这一点上与征兵制相似:社会机会成本比支付给陪审员的工资要高。在医院、选举和其他一些非营利性活动中,志愿者可能根本没有工资,但是这并不意味着使用他们的劳动没有社会成本。同样,一个可以赚 30 000 美元的企业家,可能在某地分文未取地经营一个最终只能得到 25 000 美元会计利润的企业。如果把经济利润定义为收入高于机会成本的部分,那么经济学家会认为,这其中有 5 000 美元的损失。①

第三个成本概念,即私人机会成本,其定义为一种资源要保持目前的使用状态所需要给予的支付。这和社会成本非常类似,通常被认为是一样的。当资源的价格没有反映社会成本的时候,私人机会成本和社会机会成本的差别就产生了。在上面的军队例子中,征召入伍士兵的私人机会成本与社会机会成本是相同的。但是对于军队来说,征召入伍士兵的私人机会成本等于会计成本。上面例子中的企业家如果生产化学产品并且使环境受到了污染(外部性),那么对这个企业家来说,产品生产的社会成本就超过了私人成本(社会不仅失去了把用于该企业生产的资源用于其他用途的选择,而且还失去了以前拥有的清洁空气)。

在上面的两个例子中,虽然与社会成本有差别,但企业的私人机会成本还是等于会计成本的。不过一般来说,私人成本与会计成本是有差别的。比如说,上面提到的企业家所面临的获得 25 000 美元利润的机会和一个可以得到 30 000 美元的工作机会之间的差别。另外一个非常普遍而且重要的例子是对资产类资源如设备或厂房的处理。会计师通常利用初始购买价格减去每年的折旧的方法来计算会计成本,其中的折旧是通过公式计算的。② 但是,初始购买价格是一个沉没成本,它与决策制定没有关系。使用一台机器一年的机会成本应该是现在没有卖给出价最高的买家(这台机器的其他使用者)而舍弃的那个价格。

---

① 既然这些成本都是自愿支付的,那么志愿者至少会获得同等的其他好处。比如说,医院的义工肯定会认为志愿服务的好处会大于成本。如果一个企业家宣称喜欢运营一个企业胜于获得高工资,那么必有一些非货币收获抵消了财务上的损失(比如说作为老板的满足感)。

② 折旧的规则一定意义上来说是主观臆断的。比如说,直线折旧法是一种常用的方法,这种方法首先估计一台机器的寿命是 n 年,然后每年扣除总成本的固定比例 $1/n$,直到完全扣除为止。

这一机会成本包括两个部分。一个是真实的经济折旧，它是这台机器在一年内价格的下降。这种减少是因为机器"更少了"（随着时间推移，机器老旧了）。有时候真正的经济折旧可以用会计上的折旧方法粗略地计算。第二个部分是放弃的利息，是用于购买机器的资金的收益，也是最初用于购买这台机器的资金的机会成本（两个部分之和，是这台机器的租赁价格，即租用这台机器一年必须支付的价格）。① 对于第二个部分，会计师是不会加以考虑的。尽管它既是企业使用这台机器的私人机会成本，又是社会成本。

最后这一点对于政策分析家来说显得尤为重要，他们往往把项目预算作为一项政府项目成本的一个信息来源。但是除非政府机构确实租赁了它所使用的全部资本（从其他企业），否则它的资本的社会成本是不会出现在预算上的。因此，分析师必须考虑到这些因素。

总之，对于会计师而言，成本的概念是历史性的。它经常与机会成本的概念大相径庭，后者代表的是将资源用于其他用途时所能产生的最大价值。而社会机会成本与私人机会成本之间的差别是对成本进行理解的另一个角度。社会成本是把整个社会看做一个大家庭，所以使用一种资源所必须放弃的其他东西都被看做成本的一部分。私人机会成本，即一种资源要保持目前的使用状态所需要的支付，也就是从资源的使用者角度来看，把资源用于其他替代选择所能产生的最大价值。分析家们对机会成本的概念最感兴趣，因为一般认为，个人决策者是基于对成本（私人机会成本）的理解而行动的，而社会成本绝大多数则是与效率相关的。

成本-收益分析的一项应用

对试验期间纽约野猫服务公司的早期评估，可用于阐述使用成本概念时应注意的很多要点。四种对于成本的不同理解都表明，它们与政策具有某种相关性。表9-2给出了项目的社会成本和收益数据（在试验第二年年末可以知道的数据）的汇总。计算社会成本和收益的过程就相当于使用补偿原理进行检验：成本和收益只是组织和概括汇总项目（政策的变化）各种各样结果的一种简便方式。在计算社会成本和收益的时候，我们往往关注的是在一个经济体的所有成员中，赢家的所得（收益）是否超过了输家的损失（成本）。②

在表9-2中，可以把收益看做项目产出的价值。项目的产出由实际生产的、作为项目一部分的商品和服务以及其带来的外部效应两部分组成。计量的外部效应包括工人未来（在项目结束之后）收入流的增加、工人犯罪率的减少、戒毒人数的减少以及工人身体健康情况的改善。在所有的情况中，外部效应都是通过与试验控制组相比较来衡量的。该群体是由能担责任但以抽彩票的形式随机抽取的

---

① 放弃的利息实际上是对放弃的资源的一种货币衡量。资源使用的真正变化是，消费者把资源用于制造这台机器就必须放弃一部分当期消费。

② 一个有趣的问题是，我们是"站在"谁的角度计算社会收益和成本的。比如，重刑犯的偏好应该和大多数公民一样重要吗？更一般的情况是，在全球经济中，国家 X 认为自己的行动所带来的成本和收益与国家 Y 一样吗？

工人组成的。如果没有这一试验控制组做比较，想要知道项目是否有效果几乎是不可能的。

表9-2　纽约公共就业项目试验：试验期间每人每年的社会收益和成本

收益	
项目生产的公共商品和服务的增加值	4 519美元
项目结束后产生的试验收益	1 154美元
与犯罪相关的成本节约	
系统	86美元
犯罪率的减少	207美元
戒毒项目的参与率	—
健康	(285美元)
总社会收益	5 681美元
成本	
参与公共就业项目的雇员的机会成本	1 112美元
员工与非人事支出	2 362美元
总社会成本	3 474美元
净收益	2 207美元

资料来源：Lee. S. Friedman. An Interim Evaluation of the Supported Work Experiment. Policy Analysis, 1977, 3 (2): 165.

表9-2中列出的收益的计量方式倾向于低估其真实的价值量。比如，项目之外收益的增加只包括试验开始第一年内试验组与控制组之间的差异部分。大致推测，这部分差异至少可以持续到未来的一段时间，因此真实收益实际上要比计量出来的收益多。造成这种低估的原因，在于如何分析判断并处理精确的收益水平的不确定性。如果不存在不确定性，也就没有必要进行这一步骤了。

由上面的分析可知，项目的收益是大于成本的，我们可以通过有意设计一些针对这一结论的保守（不利）假设来检验它的可信度。同时，由于这一结论在收益值被低估的情况下仍然正确，因此尽管存在不确定性，我们仍可以进一步确信该结论的正确性。有时稍微对假设做些修改，就会导致相反的结论，分析家就会认为收益是否大于成本是难以确定的。当然，分析的一个重要组成部分就是学会如何最小化与事实相关的不确定性的范围，将可用的数据转化为信息。

在表9-2中，可以看出成本是远远小于收益的。表中计算成本的部分，与本章前面对成本概念的讨论相关，涉及雇佣人员参加项目而产生的社会机会成本。雇员得到的实际工资远远高于这1 112美元的社会机会成本，但这部分成本与机会成本无关。在这个项目中，我们想知道为雇用这些工人而付出的代价是什么。对这一代价的衡量，传统的方法是假设将这一项目的雇佣成本用于其他项目能产生多大的价值，它们可以用控制组产生的实际收益精确地衡量，其计量结果可以大致反映参与项目的雇员创造的边际产品价值。换句话说，雇佣成本太低是收益远大于成本的原因之一：控制组的工人大部分时间内都处于失业状态，因此在这项由野猫公司提供的公共就业项目中，社会只需要支付少量的成本就可以雇用这些劳动者。①

把可衡量的社会收益和成本简单汇总，一般来说并不足以作为解释和展现项目所有社会效应的基础。一些决策者可能对某一部分的收益或成本更感兴趣，并希望能够知道更详细的情况。比如，我们已经详细讨论了商品和服务的价值。但是继续探讨未来收益与项目产出之间是否存在替代关系可能是非常有用的。我们还可以进行其他有趣的研究，如：参与这一项目的工人是否比控制组的工人身体更差？或者对于某种疾病，他们是否接受了更多的医疗服务？② 当然还有其他一些非常重要但是不能以一种有效的方式对其价值进行估计的情况，如该项目对参与项目的工人家庭生活的影响。但是在这里，我们只是想强调对成本和收益的不同理解所带来的各种影响。

回想前面对社会成本和收益的计算，其结果并没有反映盈利者或损失者在价值上的差异。但是，社会并不是一个大家庭，因此社会成本和收益对于某一个团体来说，可能有特殊的重要性。如依据政治体制，纳税人对政府的支出决策就有相当大的影响。因此我们想知道站在纳税人的角度，应该如何看待野猫公司负责的项目。

表9-3给出了纳税人的主要成本和收益。从纳税人的角度与从社会的角度来看社会成本和收益的区别在于，后者内部相互抵消的某些转移支付在这里必须明确地进行体现。在收益方，纳税人的福利支出减少了，并且由于增加了新的纳税人，他们的税负减轻了。这一部分变化在计算社会收益时并没有考虑，至少作为一级近似值，这些支付只是购买力的转移（工人因缴纳税收而失去的1美元被纳税人得到的1美元抵消了）；在成本方，与纳税人有关的是公共就业项目中支付给工人的实际工资。

表9-3 纽约公共就业项目试验：试验中纳税人每人每年的收益和成本

收益	
生产的公共物品和服务	4 519美元
福利开支的减少	1 797美元
增加的收入税	311美元
犯罪减少带来的成本节约	
系统	86美元

---

① 这一问题比上面的讨论反映的问题要复杂得多。这里出现了机会成本的另一部分：工人不仅失去了通过其他工作机会能够赚取的收益，而且失去了休闲的时间。而对他们来说，休闲是有价值的。因此可以认为如果控制组的工人可以自愿选择失业，那么他们全职工作时的工资率（当正常工作时）就是社会机会成本（这里假设控制组在劳与休闲之间做最优选择）。但是，大多数分析家都认为由于劳动市场不完善，很多失业情况都是非自愿的。通过明确并计算这种效应的会计成本，分析出的结论可以得到进一步的完善。大部分类似项目的评估也都忽略了休闲的价值。

在这个特殊的例子中，对休闲价值的会计成本的计算很难改变已经得出的结论。所有控制组的工人都反映他们会选择参与这一项目而不是选择失业。这意味着，他们会为了第一年摸得着的1 703美元净增加的收益而放弃休闲。尽管这排除了期待未来收益的增加也是部分诱因的事实，但工人的这种态度也会导致收益的增加大于成本的增加。此外，工人放弃的东西还包括继续犯罪而可能带来的私人收益以及健康的身体（所以1 703美元并不完全只是休闲的机会成本）。

② 这项研究有意假定参与项目的工人更容易生病，因为根据给出的数据，他们每年在医院的时间平均来说稍多。但是，这一平均数据是建立在住院治疗相对较少的基础上的。

续前表

收益	
犯罪减少带来的收益	207 美元
全部纳税人的收益	6 920 美元
成本	
公共就业项目的成本	6 131 美元
净收益	789 美元

资料来源：Lee S. Friedman. An Interim Evaluation of the Supported Work Experiment. Policy Analysis, 1977, 3 (2): 167.

有时候纳税人理解的社会成本和收益会被看成政府预算面临的压力。但这二者之间是有差异的：纳税人的理解反映的是私人机会成本，然而政府预算面临的压力却是用会计成本来衡量的。在这个案例中，由于项目的资本很少，因此二者的差异较小。我们还可以进行一个更加重要的简化，即把纳税人看成一个同质的群体：俄亥俄的联邦纳税人不会享受纽约居民获得的特有的公共物品和服务。我们还可以把这种效应进一步延伸到纽约的纳税人与其他州的纳税人之间，这对于决定各个纳税人应该如何承担项目的成本是非常有用的。

下面我们把某个特定机构对成本和收益的理解的具体实例作为理解成本和收益的第三种角度加以说明。纽约福利部门是公共就业项目的资金资助方之一。它向参与项目的工人每小时支付 1.19 美元，在理论上这代表没有这个项目时纽约福利部门必须支付的费用（支付给每个工人）。这笔费用总计每年为 1 237 美元。此外，该部门还承担了工人获得的直接收益 2 079 美元中的 842 美元。但是，该部门同时还必须把收益中的 2 639 美元支付给控制组。这样，纽约福利部门做成了一笔划算的交易：对应于投入公共就业项目的每 1 美元，它的福利支出减少了 1.27 美元。

最后，第四个重要的理解成本和收益的角度就是对参与项目的工人的理解。我们来计算一下工人可支配收入的变化：试验组的每个工人平均能够获得 3 769 美元的工资收入和额外收益，1 154 美元项目之外的收益，总计 4 923 美元。为了获得这些收益，他或她的福利收入减少了 1 797 美元，税收增加了 311 美元，由于失去其他就业机会而减少的收益为 1 112 美元，因此总成本为 3 220 美元。这样，增加的可支配收入为 1 703 美元。这一计算结果与野猫公司的工资制定有关。如果工人的可支配收入较大，则政府可能会要求纳税人缴纳更多的税，以满足净社会收益的目标；如果工人的净收益很小或为负，则野猫公司就很难吸引符合条件的工人申请参加这一项目了。

注意，上面四种成本-收益的计算结果中，只有一种有具体的规范意义：对社会成本和收益的分析能够反映该项目是否使一个经济体变得更有效率，而其他三种计算可以看成从各种选民团体的角度来看成本和收益而得出的项目效果的概括汇总。比如说，通过站在不同选民团体的角度计算成本和收益，我们可以推测这些团体是否会赞成该项目，或者我们可以根据计算结果来评估项目的公平性。这些计算结果还可以说明对项目做某些改变时，增强或减弱不同选民团体的支持力度的程度。一般来说,这些计算过程适用于任何项目,但需要判断哪个选民团体在其中是比较重要的。[1]

在这个案例中,不需要在成本概念和生产函数之间建立任何联系。但是在其他情况中,了解二者的联系可能正是关键所在。在下面这一部分中,我们会对此做一些解释。

成本-产出关系

在这一部分中,我们把机会成本(这里假设私人机会成本等于社会机会成本)看做产出的函数,讨论它是如何随着产出而变化的。生产者和分析家都对以最小成本进行生产非常感兴趣,并且大多数标准的成本曲线都建立在这样的假设上,即生产是以或者将以最小成本进行的。但是在许多情况中,实际观察到的成本都不是最小可能的成本。

然而,努力弄清楚观察到的成本和生产函数之间存在的某种固定关系是极为有用的。其中的一个主要原因是,得到成本的相关数据比获得所有不同投入要素的数量可能要容易得多。为此,我们给出两个有关决策的例子,它们都取决于对生产函数规模报酬特征的确定。第一个例子涉及货运行业管制的放松,第二个与国家公共就业工程有关。在这两个例子中,规模报酬都是从成本函数而不是生产函数中推导出来的。

在货运行业的例子中,行业的规模经济特征影响着该行业是否应该被管制。[2] 如果货运服务总需求的大部分都存在规模报酬递增的现象,那么既能够满足需求又只会使用最少资源的方式,无疑就是只让极少数企业或机构提供这项服务。但如果由追求利润最大化的私营企业来提供这项服务,就很难保证市场上存在充分有效的竞争,以促使企业的定价接近机会成本,或者保证企业能够提供足够的服务。对这种情况的典型处理方式,就是由公共事业单位对企业收取的价格进行管制。1994年,美国41个州都对跨州货运企业进行了管制,并且早在1980年以前,州际商贸委员会(Interstate Commerce Commission,ICC)就对跨州货运企业的价格进行了管制。联邦法律已经在很大程度上废除了这些法令。

根据联邦法规,有很多而不是小数目的跨州货运企业都存在明显的规模经济现象。[3] 建议进行管制的人认为,ICC制定的价格已经足以让大多数企业生存和

---

[1] 20世纪70年代,曾经有一位联邦高级分析家让他的所有同事至少从两个角度计算成本和收益:一个是站在社会的角度,另一个是从路易斯安那居民的角度。该分析家来自北方,但是1965年到1980年期间参议院金融委员会权力非常大的主席拉塞尔·朗(Russell Long)则来自路易斯安那。

一项有趣的研究对几种不同的,但较为普遍的政治观点进行了讨论,这些政治观点以特殊的方式扭曲了人们对成本和收益的看法。见 A. Boardman, A. Vining, and W. G. Waters, II. Costs and Benefits through Bureaucratic Lenses: Example of a Highway Project. Journal of Policy Analysis and Management, 1993, 12 (3): 532-555。

[2] 垄断行为将在下章讨论,与自然垄断有关的公共政策将在第十八章讨论。这里我们仅介绍规模报酬问题的一个大致轮廓,以便有利于成本分析。

[3] 根据托马斯·穆尔(Thomas Moore, 1978)的统计,1974年,共有14 648家货运企业被管制。

相互竞争，如果没有管制，该行业就会变得极为集中（即只有很少几家企业），并出现上面所提到的问题。反对管制的人认为，该行业并不存在明显的规模经济，如果没有价格管制，则会有大量竞争性企业继续存在，从而可以使消费者得到更低的价格而享受的服务基本上不会有变化。假设这些企业都在生产可能性边界上运营（即技术上是有效率的），有关生产函数规模报酬特征的信息就可以反映我们所期望了解的行业集中度。获得这个信息不用进行生产函数估计，只需要研究企业的成本函数就可以了。

下面我们来解释这一点。一般来说，生产任何产量的总成本 TC 是用于生产这一产量的投入要素的机会成本之和。平均成本 AC 可以通过总成本除以总产量得到。边际成本 MC 是再生产1单位产品所需投入资源的机会成本。假如我们有一个简单的生产函数 $Q=F(L)$，即劳动是唯一的投入要素。同时假设企业可以以当前的工资水平 w 雇用任何数量的劳动力。这样，生产任何数量产品的总成本 TC 为 wL，AC 即为

$$AC=\frac{TC}{Q}=\frac{wL}{Q}=w\frac{1}{AP_L}$$

如果企业在技术上是有效率的，则上式可以写为

$$AC=\frac{wL}{F(L)}$$

在上面的式子中，企业的平均成本很明显是随着唯一的因素平均劳动生产率反向变化的。在 AP_L 达到最大的产量上，平均成本肯定最低。这表明，企业达到平均成本最小时的产量取决于生产函数的形状（以及技术效率）。

当存在多种投入要素时，企业的平均成本曲线与生产函数之间的关系就变得更加复杂了。但二者之间存在某种关系的事实可以扩展到存在许多投入要素的一般情况。假如企业使用的投入要素为 $X_1, X_2, \cdots, X_n$，相应的价格为 $P_1, P_2, \cdots, P_n$。我们构造三种可能的生产函数，它们具有不同的规模报酬特征，分别用上标 I，C，D 来表示规模报酬递增、不变和递减，用 m 代表某个正的常数。假设生产函数用下面的式子来表示：

$$m^2Q=F^I(mX_1, mX_2, \cdots, mX_n)$$
$$mQ=F^C(mX_1, mX_2, \cdots, mX_n)$$
$$\sqrt{m}Q=F^D(mX_1, mX_2, \cdots, mX_n)$$

当 $m=1$ 时，三个方程都有相同的产出水平。由于投入要素都是一样的，因此它们的总成本（TC_0）都相同：

$$AC_0=\frac{TC_0}{Q}=\frac{\sum_{i=1}^{n}}{Q}$$

但是现在我们来考察一下，如果我们以将所有投入要素都同时扩大 m 倍（m 大于1）的方式扩大产出，那么平均成本 AC 会如何变化。这时有

$$AC^I=\frac{TC}{m^2Q}=\frac{\sum_{i=1}^{n}P_imX_i}{m^2Q}$$

$$=\frac{m(\sum_{i=1}^{n}P_iX_i)}{m^2Q}=\frac{AC_0}{m}<AC_0$$

类似地，有

$$AC^C=\frac{TC}{mQ}=\frac{\sum_{i=1}^{n}P_imX_i}{mQ}=AC_0$$

以及

$$AC^D=\frac{TC}{\sqrt{m}Q}=\frac{\sum_{i=1}^{n}P_imX_i}{mQ}=\sqrt{m}AC_0>AC_0$$

因此在给定投入要素价格的情况下，随着企业运营规模的扩大，对于仍将以最小成本生产的企业或机构来说，AC 增加、不变或减少，取决于生产函数是规模报酬递减、不变还是递增的。

另一个与规模报酬相关并对理解多产品企业起关键作用的概念就是范围经济：当在一家企业内部生产两种（或多种）产品的成本低于在单独的企业分别生产同样数量的相同产品的成本时，就出现了范围经济。如果我们用 $C(Q_1, Q_2)$ 代表在一家企业内部生产 Q_1 和 Q_2 的最小总成本，那么范围经济就可以用下式表示，即

$$C(Q_1, Q_2)<C(Q_1, 0)+C(Q_2, 0)$$

范围经济的例子非常普遍：大多数小汽车制造企业同时也生产卡车；大部分面包店都同时售卖蛋糕、饼干、面包和烤卷；很多计算机软件公司都生产两种以上的软件产品；大多数警察局既执行日常的巡逻活动，也进行案件调查；相当多的大学都同时提供教学和研究服务。在所有这些情况中（大致推测），生产者都尽量使一些投入要素（专业的管理技能、烤箱、程序、有关犯罪行为的知识、教授）得到最有效的利用，以便使通过一个生产者提供多种产品的成本低于多个生产者单独提供同样产品的成本。[1] 当然，我们可以进一步探讨多产品企业是否存在"规模"经济（即"较少"的多产品企业是否比"许多"多产品企业生产成本更低）。

将规模经济与货运行业的问题相联系，企业以最小成本生产的必要规模（以它生产的产品来衡量）取决于生产函数的规模报酬特征：规模报酬越大，行业中的企业规模也应该越大。此外，观察到的平均成本和产出水平（针对以最小成本生产的生产者，且保持投入要素的价格恒定）之间的关系也反映了规模报酬的特征：随着企业产量的增加，AC 与规模报酬将呈反向变化。因此，通过考察成本与产出的关系，我们可以找到规模报酬的迹象。

---

[1] 我们可以用下式来衡量范围经济的程度（Φ_S）：

$$\Phi_S=\frac{C(Q_1, 0)+C(0, Q_2)-C(Q_1, Q_2)}{C(Q_1, Q_2)}$$

W. Baumol，J. Panzar 和 R. Willig 的著作 *Contestable Markets and the Theory of Industry Structure*（Harcourt Brace Jovanovich，1998）对范围经济及其相关问题进行了详细的研究。

这也正是斯帕蒂（Spady）和弗瑞德莱恩德（Friedlaender）在一项关于货运行业管制的研究中所做的事情。① 在对每个企业的产出进行计量的过程中还存在一些问题——类似于野猫公司的例子。每家企业的货运量都未经调整，但是都转化为了标准的货运量，即在考虑了每次拖运的长度、装船的规模以及其他导致有效产出差异的质量因素后，企业之间的货运量才能进行比较。比如，某家企业在高速公路上的一次运输可能达到了 1 000 英里，而另一家企业运输了 1 000 次但每次可能只在 1 英里以内。这两种情况的货运量是一样的，但是产出却有很大的不同，它们给消费者带来的价值以及花费的成本是不可能相同的。类似地，同样是满载运输，与运输许多小的货物的企业相比，装船货物运输的企业的产出自然也是不同的。由于这些因素是持续变化的，即每个企业都不是小规模、离散地生产一系列不同的产品，因此把这些因素纳入考虑的话，就需要建立一套连续地调整有效产出的计量方法（类似于野猫公司例子中，通过调整建筑物的清洗面积来衡量工作难易程度的方法。经过调整后，在清洗面积一样的情况下，清洗一栋很高的建筑物所带来的产出就与清洗两栋较低建筑物的产出不一定相同了）。对上面这两位经济学家的分析还有另一种等价的理解，即把它看做是对多产品企业的成本函数进行估计的过程。②

图 9-6 描述了斯帕蒂-弗瑞德莱恩德分析的结果。图中画出了 AC 函数的两种具体的形式：一种假设产出是一个特征值（质量变量），并且在估计成本的过程中必须考虑它的质量因素；另一种假设未经调整的货运量已经足以估计成本函数（即产出不是一个特征值）。统计检验表明，第二种形式即非特征值的情况是错误的。

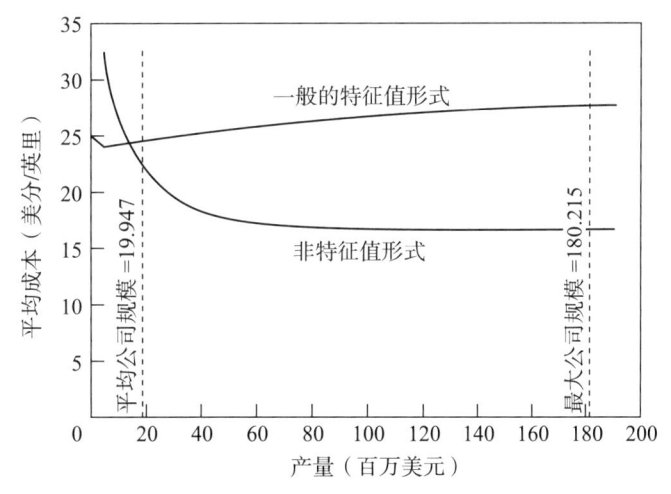

图 9-6 平均成本函数

资料来源：Richard H. Spady and Ann F. Friedlaender. Hedonic Cost Functions for the Regulated Trucking Industry. Bell Journal of Economic，1978，9（1）：172.

---

① Richard H. Spady and F. Friedlaender. Hedonic Cost Function for the Regulated Trucking Industry. Bell Journal of Economic，1978，9（1）：159-179.
② 在本章的附录，我们提供了对成本函数很多技术上的细节的介绍。

从这一分析中,我们应该意识到一个非常关键的地方,即弄清楚函数形式的重要性。在上面错误的 AC 函数形式中,似乎存在着明显的规模经济:随着企业规模从目前的平均水平扩大到该行业中规模最大的企业的水平,AC 是逐渐下降的。但是在特征值形式的理论模型函数中(通过了统计检验),企业当前的平均规模已经非常接近最小的 AC,即不可能再存在规模经济,因此企业不会继续扩大规模。

斯帕蒂-弗瑞德莱恩德的分析支持了赞同放松对货运企业的管制的政策观点。当然这一分析也考虑了这项政策的许多其他方面。我们在这里只想说明成本-产出关系与某项政策决策之间的联系。1980 年,美国颁布了《机动车载人法案》(*Motor Carrier Act*),这项法案消除了对进入货运行业的管制,并明显削弱了 ICC 制定价格(固定价格)的权力。1994 年,美国国会进一步通过了禁止各州(1995 年有效)对州际除搬家以外的运输服务的价格、路线进行管制的法律。

成本函数的另外一个有趣的应用与野猫公司的试验有关,可以简单解释如下。在纽约的公共就业项目取得阶段性成功后,联邦政府机构的一个财团决定赞助这一项目,使之扩大到 15 个城市,这就是有名的国家公共就业工程。该项目实行后的第二年(启动成本已经不再是影响因素),每年支付给每个参与该项目的工人的平均成本明显大于纽约单独实行该项目时的成本(前者为 13 562 美元,后者为 9 853 美元)。这一结果一直使人感到非常疑惑,直到分析家找出与每个地方的项目规模有关的每年的成本才弄明白,其中每个地方的项目规模用每年投入该项目的人时来衡量。①

在这个例子中,大城市具有明显的成本优势,主要是因为其相对"固定"的管理费用可以由大城市相对较多的工人来分担。该项目每年的管理费用,小城市每人每年高于 6 000 美元,而较大城市则每人每年低于 3 000 美元。因此,很多城市都不是在平均成本曲线的最低点上运营的。

分析家意识到如果没有更多的信息,那么这个例子是无法得出明确的政策结论的。首先,也可能最重要的是,该公共就业项目的产出不能用每年投入该项目的单位人时来衡量,很可能不同的城市每个工人一年之内创造的社会价值是不同的,这又一次解释了衡量产出时需要考虑质量因素的原因;其次,最好认为每个项目需要的工人数目是根据边际收益与边际成本决定的。但即使这样,这种分析也是非常有用的,因为它提供了一种计算成本的方法,而且更重要的是,它引起了人们对这一问题的注意。

为了清楚地说明这一点,通过图 9-7(a)和(b),我们比较了公共就业项目和货运行业这两个例子。这两个例子都要求每一单位产出都在边际收益(需求曲线的高度)大于边际成本的点上生产,二者的最优产出都由图中的 Q_E 给出。图 9-7(a)是公共就业项目的具体情况。图中假设在任何点上,当只有一个生产者时,生产都更有效率(自然垄断的情形)。这可能是因为,这类就业项目可以带来社会收益的潜在雇员是有限的。这在图中表示为,需求曲线是靠近而不是远离原点的。假如某个生产者的 AC 和 MC 曲线如图中所示,则最有效率的产出

---

① 见 David A. Long et al. An Analysis of Expenditures in the National Supported Work Demonstration. Princeton, N. J.:Mathematica Policy Research, Inc., March 6, 1980。

水平由需求曲线和边际成本曲线的交点来决定。① 就像我们前面提到的垃圾运输车人员生产率的例子，AC 曲线在其他不同的产量水平上能否得到改善并不重要，因为只要产出大于 Q_E，增加的产出的价值就都不会超过边际成本。

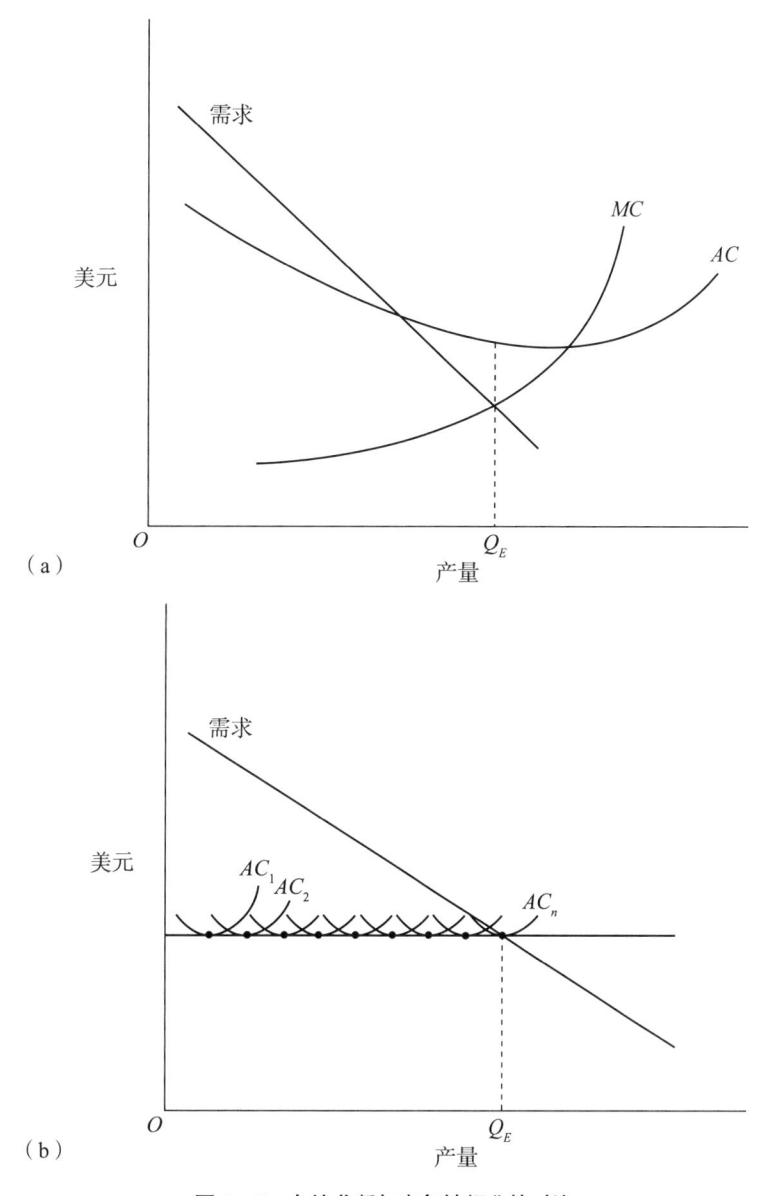

图 9-7 自然垄断与竞争性行业的对比
(a) 公共就业可能是一种自然垄断行业；(b) 货运行业可能为竞争性行业。

图 9-7 (b) 是货运行业的情况。图中假设应该由很多企业来提供货运服务，每一条 U 形曲线都代表由一家企业提供服务时的 AC 曲线。如图中所示，如果由

---

① 这里做了简化处理，即假设总收益大于总成本，并忽略次优选择。次优选择将在第十一章和第十五章讨论。

一家企业单独提供，则在达到能够满足市场需求的服务量之前，显然存在着明显的规模不经济。但另一方面，通过建立相同的企业，该行业却可以以不变的 AC 曲线扩大规模。显然，在这种情况下，要实现以最小成本生产，只需要每家企业都在 AC 曲线的最低点生产即可。为了避免对案例的过于简化可能导致的问题，斯帕蒂-弗瑞德莱恩德分析也试图弄清楚货运行业的成本结构是否如图 9-7（a）和（b）所示。

联合成本和峰-谷定价[s]

联合成本是公共政策分析中经常出现的另一种成本-产出关系。当某些要素用于两种或两种以上分散生产的产品时，联合成本问题就产生了，也就是需要判断产出的边际成本是大于还是小于边际收益的问题。有关这一问题的一个典型的例子，就是羊的两种产物羊毛和羊肉。我们或许可以精确地计算额外一单位羊毛带来的边际收益，但是我们怎么把喂养一只羊的边际成本在羊毛和羊肉之间进行分配呢？要解决这一问题，最明智的办法就是用两种产品的边际收益之和与边际成本进行比较，从而回避这一问题。

从公共政策的角度来看，一个关于联合成本的更有意思的例子就是我们通常所说的高峰负荷定价问题。我们通过一个发电厂的例子来对这一问题进行解释，该发电厂把同样的要素用于生产两种不同的产品：日间供电（高峰时间）和晚上供电。由于这两种产品是发电厂在不同时间提供的，因而它们是非竞争性产品：电厂增加或减少用于生产某种产品（日间供电）的原料的数量，并不会改变可用于生产另一种产品的原料的数量（晚上供电）。假如给出日间用电和晚上用电的需求量以及建造和运营电厂的成本，那么我们应该怎样确定这两种供电量，才能使边际收益等于边际成本呢？我们应该对这两种不同的供电方式收取怎样的价格，才能使用户完全利用供电量？

其他类似的存在联合成本的行业还包括道路、桥梁、公共汽车、机场、电信和互联网，这其中的每一个行业都对处于高峰期的用户和非高峰期的用户提供非竞争性服务。[①] 高峰定价原则在现实生活中也有很多应用，比如，旅馆价格在"旺季"和"淡季"存在差别，工作日与晚上和周末相比，电话费价格较高。但是这

---

① 非竞争性特征是联合成本区别于共同成本的地方。共同成本是指可用于生产几种产品的某种要素的成本。如一家加工土豆的工厂可以提供生产不同产品的土豆原料（比如土豆片、土豆泥）。这家多产品企业必须确定如何在不同的产品之间分担这些成本。但是这些产品是竞争性的：如果工厂把土豆用于生产土豆片，它就不能再生产速溶土豆泥了。在一般情况下，效率要求对每单位原料（比如，每单位削皮的土豆）收取固定的价格，而不管把原料用于生产哪一种产品。上面的电厂也具有共同成本的特征。公用事业单位通常认为它们提供的电可以分为居民用电、商业用电和工业用电（三种不同的产品），它们也需要决定电厂对每种服务收取何种价格。就像加工土豆的工厂一样，发电厂在给定时间内，对每兆瓦时的供电收取的价格应该是一样的，而不管消费者是哪类用户。但与加工土豆的工厂不一样的是，用户在不同时间上（比如晚上和白天，夏天和冬天）对电的需求有着明显的差别。因此从整个时间上来看，发电厂存在联合成本，而在某一段时间内，则存在共同成本。铁路运输在这方面与电厂存在着某些类似的地方：货物运输与旅客运输之间存在共同成本，但是从整个时间上来看，还存在联合成本（旅客对白天旅行和晚上旅行有着不同的需求）。

一原则却很少出现在公共部门,但其中也有一些有趣的例外,包括加利福尼亚桔郡一条公私合营修建的高速公路对高峰时期通过的车辆收取的通行费,法国马赛和挪威奥斯陆的海底隧道收费,新加坡道路使用收费。[①] 不幸的是,公共部门并没有更多地利用高峰定价这一原则。如在2000—2001年的加利福尼亚电力危机中由于电力短缺而导致连续断电,部分原因就是没有在高峰期对大部分消费者收取较高的价格,以致消费者很少有积极性节省或减少他们的用电。

我们假设一个发电厂提供每千瓦时电力的(单独的)运营成本为每天3美分,联合成本为每天4美分(在电厂整个经营期内平均分担的资本成本)。电厂遵循的经营原则是向消费者提供所有边际收益大于边际成本的电量。为了弄清边际收益和边际成本,我们必须分两步来进行。第一步,对于每一组消费者,我们必须明确除了运营成本之外,消费者还愿意为每单位电量支付的费用为多少。比如,如果一位日间供电的消费者愿意为增加的1千瓦时电量支付(即边际收益为)10美分,则其中有3美分是用于弥补运营成本的,剩下的7美分($=10-3$)才是消费者愿意为每单位电量支付的可用于弥补发电成本的费用,这7美分是与电厂的发电量相符合的边际收益。第二步,把日间与夜间用电的消费者愿意为用电量支付的所有费用相加(因为他们可以共同承担每一单位发电量的成本),判断这些费用的总和是否超过了边际成本,并找出边际费用之和等于边际成本时的发电量。我们用图9-8(a)和(b)来加以解释,其中D代表白天的用电需求曲线,N代表夜间的用电需求曲线。[②]

$$P_D = 10 - \frac{1}{250}D \quad 0 \leqslant D \leqslant 2\,500$$

$$P_N = 8 - \frac{1}{250}N \quad 0 \leqslant D \leqslant 2\,000$$

前面曾经提过,需求曲线也可以看成边际收益曲线,因此,我们得到下面的表达式:

$$MB_D = 10 - \frac{1}{250}D \quad 0 \leqslant D \leqslant 2\,500$$

$$MB_N = 8 - \frac{1}{250}N \quad 0 \leqslant N \leqslant 2\,000$$

在图9-8(a)中,我们画出了边际收益曲线和边际运营成本曲线(但没有画出联合资本成本曲线)。对于每一组消费者,与发电量相符合的边际收益为(日间及夜间)边际收益曲线与边际运营成本之间的垂直距离之和。比如,第750千瓦时电力给日间用电消费者带来的边际收益为7美分,因此发电带来的边际收益是4美分(7-3)。类似地,提供给夜间用电消费者的第750千瓦时的电量带来的边际收益为2美分(5-3)。由于二者之和为6美分,超过了4美分的

---

① 有好几篇文章都提到了新加坡道路使用费的定价问题。如S. Phang and R. Toh. From Manual to Electronic Road Congestion Pricing: The Singapore Experience and Experiment. Transportation Research Part E——Logistic and Transportation Review, 1997, 33 (2): 97-106.

② 为了简化分析,我们假设每一个时段的用电需求都与另一个时段的价格无关,这一假设并不符合实际。这一简化有利于解释问题,但是未必能够说明成本到底对分配资源有多大的影响。

发电成本，因此，为所有消费者提供750千瓦时的电量是有效率的。

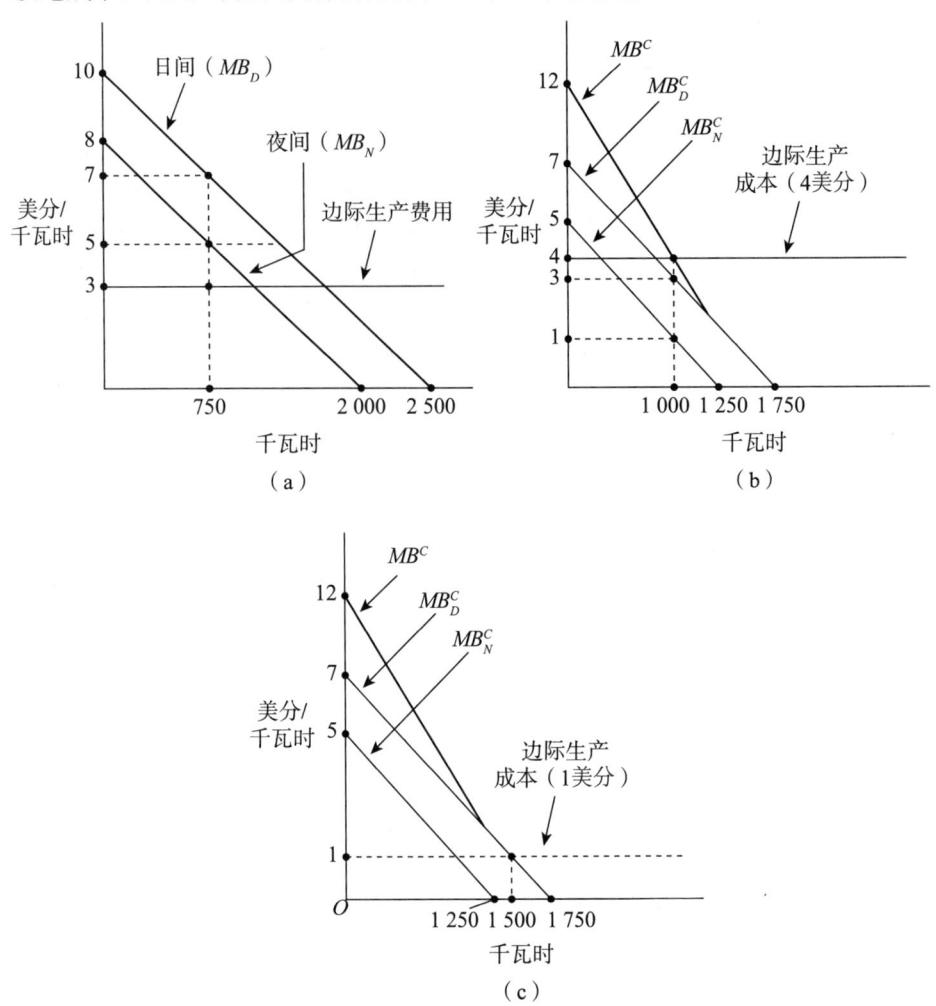

图 9-8 联合成本带来的效率——电力的高峰定价问题

(a) 日间与夜间的用电需求；(b) 最有效的供电量（1 000）在 MB^C（$MB_D^C+MB_N^C$）等于边际供电成本的点上；(c) 如果边际成本仅为1美分，那么最有效的供电量是1 500千瓦时。

在图 9-8（b）中，我们画出了为每一组消费者供电的边际收益（MB_D^C + MB_N^C）。我们也画出了把这两条收益曲线的纵向距离相加后得到的曲线，用于代表供电的总边际收益（MB^C），因此供电量应该在总边际收益曲线与等于4美分的每单位供电的资本成本曲线相交的点上，即1 000千瓦时。我们也可以通过计算得到相同的答案。通过在原来的边际收益方程中减去3美分的运营成本，我们可以得到向每一组消费者供电的边际收益方程，这里用 Q^C 代表供电量：

$$MB_D^C = \begin{cases} 7 - \dfrac{1}{250}Q^C & 0 \leqslant Q^C \leqslant 1\ 750 \\ 0 & \text{其他情况} \end{cases}$$

$$MB_N^C = \begin{cases} 5 - \dfrac{1}{250}Q^C & 0 \leqslant Q^C \leqslant 1\,250 \\ 0 & \text{其他情况} \end{cases}$$

将上面的两个方程相加，我们可以得到供电的总边际收益（MB^C）①：

$$MB^C = \begin{cases} 12 - \dfrac{1}{250}Q^C & 0 \leqslant Q^C \leqslant 1\,250 \\ 7 - \dfrac{1}{250}Q^C & 1250 \leqslant Q^C \leqslant 1\,750 \\ 0 & \text{其他情况} \end{cases}$$

为了得到 MB^C 等于边际成本时的供电量，把 $MB^C=4$ 美分代入上面的第一个分段方程，可以得到②

$$MB^C = 12 - \dfrac{2}{250}Q^C = 4$$

这时有

$$Q^C = 1\,000$$

因此，最有效率的供电量为 1 000 千瓦时。但是应该让消费者如何使用这些电量以及如何制定电价呢？为了回答这一问题，我们把 1 000 千瓦时的供电量代入方程解出其他未知数：

$$MB_D^C = 7 - \dfrac{1}{250}(1\,000) = 3$$

$$MB_N^C = 5 = -\dfrac{2}{250}(1\,000) = 1$$

注意，根据我们的设计，上面两个方程得出的边际收益之和为 4 美分，刚好等于供电的边际成本。根据这些方程我们还可以继续往后推，注意，如果日间供电的边际收益等于 3 美分，那么一般边际收益（MB_D）为 6 美分（再加上 3 美分的运营成本），类似地，MB_N 为 4（=1+3）美分。在开始给出的需求方程中，当相应的价格 P_D 等于 6 美分且 P_N 等于 4 美分时，总供电量刚好等于 1 000 千瓦时。这时，发电量在日间和夜间都得到了充分的利用，日间（高峰期）供电的价格为 6 美分，（非高峰期）夜间供电的价格为 4 美分。当减去运营成本后，日间供电可以带来 3 美分的收益，夜间供电可以带来 1 美分的收益。在这个特殊的情况中，由于假设边际供电成本恒定为 4 美分，因此所得到的收益刚好弥补了成本。

对上面的例子稍微做些改动，我们可以得到一个有趣的结论。假设单位供电成本仅为 1 美分而不是 4 美分［见图 9-8（c）］，则与市场支付意愿相关的分段

---

① 注意，依照通常的方法，在水平方向上加总需求曲线时，我们经常把数量放在方程的左边，而把价格表达式放在方程的右边。将方程相加是为了方便找出对应给定价格的总产量。但为了找出垂直距离之和，我们改变了方程的形式：把价格写在左边，而数量表达式写在右边。这就方便地给出了对应于任何给定的产量增量，消费者总的支付意愿是多少。但只有当不同消费者的收益来源相同时，我们才做这样的变动。

② 如果把 $MB^C=4$ 代入第二个分段方程 $MB^C 7 - \dfrac{1}{250}Q^C$ 中，则 $Q^C=750$，但是这一供电量并不在该分段方程的适用范围 $1\,250 \leqslant Q^C \leqslant 1\,750$ 内，因此这是一个无效解。

方程就是夜间消费者边际支付意愿为 0 的方程，即

$$MB^C = 7 - \frac{1}{250}Q^C = 1$$

这时

$$Q^C = 1\,500$$

还有

$$MB_N^C = 0$$

在这种情况中，夜间用电消费者并不承担任何供电成本：边际供电的出现只是因为日间用电消费者愿意支付电费。当然，两组消费者都还必须支付运营成本，所以 $P_D = 4$ 美分，$P_N = 3$ 美分。这时，白天的发电量得到了充分的利用（$D = 1\,500$），但是夜间的发电量没有得到充分利用（$N = 1\,250$）。

小结

在这一章中，我们探讨了技术和成本作为约束条件，对某个组织供给决策的影响。政策分析家经常把这些概念广泛地运用于预测和评估中。在分析公共部门的技术效率时，我们提到了一种重要的方法。比如，在一项职业培训项目中，看看参与人的技能或劳动生产率是否得到了改善，就有必要通过成本与产出之间的技术关系，单独考察受训人员的变化。这需要了解生产函数理论和所研究问题运作过程方面的知识并掌握某些统计技能（本章未提及）。

我们还解释了以规模报酬和替代弹性表现生产函数的特征。从纯理论的角度来说，这有助于理解效率和生产率这两个概念之间的差异。在解释这一点时，我们考察了城市管理者或市长易犯的错误，即试图最大化生产率而不是效率。

在寻找投入-产出关系的经验事实的过程中，我们遇到了很多现实的困难。在关于清洗建筑物和货运行业的两个例子中，我们提到的困难之一就是考虑产出中的质量差异的重要性。我们也简单地介绍了处理这些差异的特征值方法。另外一个困难经常出现在公共部门中，就是对产出的计量问题。我们用教育的例子解释了这一难题，但是这一问题还可能出现在其他很多领域（如我们怎么计量公共消防部门的产出）。在研究国家公共就业项目中成本与工人工作年份的关系时，在对把工人工作的时间当做产出的不充分性保持警惕的前提下，分析家发现了很多管理方面的规模经济存在的可能性。

成本是经济选择中一个基本的概念，在考虑多种选择的政策分析中，几乎都会用到这一概念。本章我们解释了在社会成本-收益分析中，社会成本与补偿原则是如何关联的。我们还考察了社会机会成本、私人机会成本和会计成本之间的重要区别。在分析纽约公共就业项目时，我们分别说明了不同成本概念的使用，这其中也包括对社会成本和收益的计算（用于度量相对效率的变化）以及从不同选民类型的角度计算成本和收益，这可以用于预测他们对项目变化的反应。后者虽与效率无关，但是在设计项目的可行性与公平性时是非常有用的。

机会成本与生产函数之间存在很重要的联系,这些联系最可能出现在生产者以有效技术生产的环境中,通常假设适用于私人营利性企业,如被管制的货运行业。企业的成本与生产函数之间的关系可以简化对某些问题的分析。

通过说明斯帕蒂-弗瑞德莱恩德分析如何从成本函数中推导出了货运行业的技术规模收益,我们简单地对此做了解释。该分析支持了放松货运行业管制的政策,因为它说明一般企业的扩张并不会带来明显的规模经济。在附录中,我们对成本和生产函数之间存在的对偶关系做了更多技术上的细节说明。

我们还考察了另一种成本-产出关系:联合成本问题。在高峰定价问题中,我们给出了解决联合成本问题的最有效的方法。联合成本问题很可能出现在公用事业、桥梁和隧道通行、往返铁路或道路运输定价问题中,而成本-收益理论经常用于解决这些问题。

习题

9-1 旧金山的一项公共就业工程为最近释放的一些罪犯提供工作,每周付给这些工人 225 美元。但是一项研究表明,每位雇员每周只能使产出增加 140 美元。因此,该项目的社会收益小于社会成本。
 a 评论社会成本的计量方法。
 b 评论社会收益的计量方法。

9-2 某个小城市公共就业服务部门的主管去年赞助了两个不同的项目,每个项目都有一个规模报酬不变的生产函数。去年这位主管不清楚这两个项目生产函数的具体形式,但是他希望今年能够把资源更好地在这两个项目之间进行分配。这两个项目在去年三个时期的有关生产数据由下表给出:

	项目 A			项目 B		
	K_A	L_A	Q_A	K_B	L_B	Q_B
1	24	26	48	25	25	50
2	24	28	48	25	36	60
3	24	22	44	25	16	40

 a 项目 A 有固定比例的生产函数。它是什么?〔答案:$Q = \min(2K, 2L)$。〕在第 3 个时期,资本和劳动的边际产量分别是多少?在第 2 个时期,产出对劳动的弹性是多少?(答案:0。)
 b 项目 B 的生产函数形式是柯布-道格拉斯生产函数。它是什么?(答案:$Q = 2K^{1/2}L^{1/2}$。)在第 3 个时期,资本和劳动的边际产量分别是多少?在第 3 个时期,产出对资本的弹性是多少?
 c 假设第 3 个时期中用于两个项目的资本都是固定的,但是你可以在两个项目之间任意分配 38 个单位的劳动力。如果项目 B 使用的每单位 Q_B 在价值上与项目 A 使用的每单位 Q_A 相同，你会如何分配劳动力，以最大化产出的总价值？（答案：$L_A=24$；$L_B=14$。）

d 假如你可以使用两个柯布-道格拉斯生产函数（用 C 和 D 表示）生产同样的产出：

$$Q_C = K_C^{1/3} L_C^{2/3} \quad Q_D = K_D^{1/2} L_D^{1/2}$$

如果你有 100 单位的资本和 105 单位的劳动，你会怎样把这些资本和劳动力在这两个生产函数之间进行分配，以使总产出最大？（答案：$K_C=47$，$L_C=67$，$K_D=53$，$L_D=38$。）

e 假如你有足够雇用 100 单位资本或劳动的预算，并且资本与劳动的单位成本相等。生产函数形式为 $Q_D = K_D^{1/2} L_D^{1/2}$。假设产出至少为 30，你最多可以雇用多少劳动力？（答案：$L=90$。）

9-3 假如你是某个大城市交通局的分析家。他们让你分析购买更多的公共汽车是否有利于改善交通效率。如果是，应该购买多少辆？目前，他们已经有 80 辆公共汽车。白天每辆公共汽车的运营成本为 30 美元，晚上则为 60 美元，因为晚上必须给司机和其他工作人员支付更高的工资。不管有没有工作，每辆公共汽车每天的资本成本均为 10 美元，乘客和汽车站在白天和晚上的 12 小时内对公共汽车的总需求分别用 D 和 N 来表示，即

$$Q_d = 160 - P_d$$
$$Q_N = 80 - P_N$$

最有效的公共汽车数量是多少？应该如何制定价格才能使公交服务有效率？晚上应该让所有的公共汽车都工作吗？（答案：120 辆汽车；$P_D=40$ 美元，$P_N=60$ 美元；不是。）

附录：二元性——生产函数和成本函数之间的一些数学关系[o]

在这章的附录里，我们简要地考察当供给者以最低成本运营时，生产函数和成本函数之间的一些数学关系。这一部分内容有助于理解（和运用）一些方法，如斯帕蒂-弗瑞德莱恩德分析。

在给定生产函数的情况下，选择最低成本投入的问题通常可以用类似图 9A-1 这样的图来解释。给定生产函数 $Q=F(K,L)$ 和要素价格 P_K 与 P_L，假设我们被要求以最低成本生产产出 $Q=30$。$Q=30$ 的等产量曲线如图 9A-1 所示。等成本线是投入组合的轨迹，在该曲线上 $P_K K + P_L L$ 不变，其斜率为 $-P_L/P_K$。因而，从几何图形上来说，我们希望在最低可能等成本线上达到值为 30 的等产量曲线。这刚好是在等成本线和等产量线相切的时候。在这一点上，边际技术替代率（$RTS_{L,K}$，等产量曲线斜率的相反数）等于要素价格比 P_L/P_K。

回忆一下，在任一点上，RTS 等于边际产品的比率。为理解这一点，要记住沿着等产量曲线的产出变动 dQ 是等于零的，即

$$Q=F(K,L)$$

在等产量曲线（取全微分）上，还有

$$dQ=\frac{\partial F}{\partial K}dK+\frac{\partial F}{\partial L}dL=0$$

这个方程可以改写成

$$-\left(\frac{dK}{dL}\right)_{Q=\text{const}}=\frac{\partial F/\partial L}{\partial F/\partial K}=\frac{MP_L}{MP_K}$$

方程左边是等产量曲线斜率的相反数，而按照定义，它等于$RTS_{L,K}$，因此

$$RTS_{L,K}=\frac{MP_L}{MP_K}$$

根据求解生产 Q 单位产品的最低成本 C 的一般方法，我们可以构造函数如下：

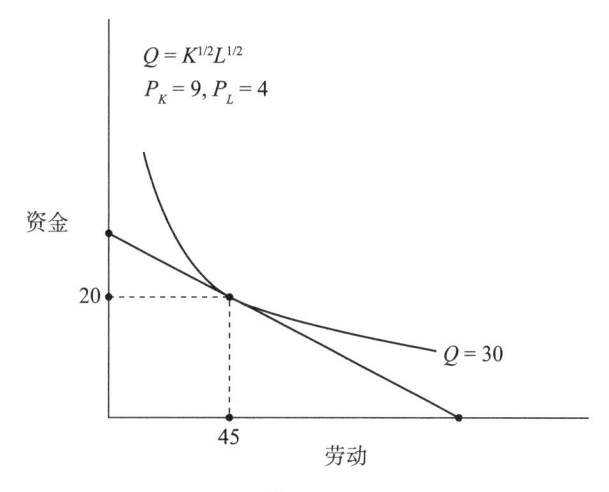

图 9A-1

$$C=P_K K+P_L L+\lambda[Q-F(K,L)]$$

对成本求一阶导数有

$$\frac{\partial C}{\partial K}=P_K-\lambda\frac{\partial F}{\partial K}=0$$

$$\frac{\partial C}{\partial L}=P_L-\lambda\frac{\partial F}{\partial L}=0$$

$$\frac{\partial C}{\partial \lambda}=Q-F(K,L)=0$$

稍加整理后，用第二个方程除以第一个方程，我们就可以得到该几何结论的微积分证明：

$$\frac{P_L}{P_K}=\frac{\partial F/\partial L}{\partial F/\partial K}=\frac{MP_L}{MP_K}=RTS_{L,T}$$

这再次证明了以最小成本生产的点将在等产量曲线斜率等于要素价格之比的相反数的点上。

这个推断可以让我们在给定具体的生产函数、要素价格和期望产出水平的条件下，找到使成本最小化的要素投入选择。例如，假设生产函数是柯布-道格拉

斯生产函数：
$$Q = K^{1/2} L^{1/2}$$
且 $P_K = 9$，$P_L = 4$，期望产出为 30。

这样，我们就知道等产量曲线上满足最小成本生产的点的斜率是 $-\frac{4}{9}$。为了找出以 K 和 L 形式表达的等产量曲线的斜率，我们先直接从生产函数中推出边际生产率的方程，然后把它们结合起来：

$$MP_L = \frac{\partial Q}{\partial L} = 1/2 K^{1/2} L^{-1/2}$$

$$MP_K = \frac{\partial Q}{\partial K} = 1/2 K^{-1/2} L^{1/2}$$

$$RTS_{L,K} = \frac{MP_L}{MP_K} = \frac{K}{L}$$

因此，K/L 必须等于 $4/9$，或者 $K = 4L/9$。现在我们把它直接代入生产函数，并在 $Q = 30$ 时求解：

$$30 = K^{1/2} L^{1/2}$$
$$30 = (4L/9)^{1/2} L^{1/2}$$
$$30 = 2L/3$$
$$45 = L$$
$$20 = K$$
$$360 = C = P_K K + P_L L$$

回到我们构造的函数：

$$C = P_K K + P_L L + \lambda [Q - F(K, L)]$$

注意到 $\partial C / \partial Q = \lambda$；也就是说，$\lambda$ 可以理解为每增加一单位产出带来的边际成本。我们从一阶条件下的第一个方程（或第二个）可以得到

$$\lambda = \frac{P_K}{\partial F / \partial K}$$

因此，在前面的具体问题中，通过把已知数代入正确的表达式，我们可以得到边际成本：

$$\lambda = \frac{9}{1/2(20^{-1/2})(45^{1/2})}$$
$$= \frac{9}{1/2(1.5)}$$
$$= 12$$

也就是说，每增加一单位产出就要多支出 12 美元（在最小成本条件下）。

但是，上述用微分形式替代一般几何图形的解决方法，又带来了一个问题，即它看起来多少有点冗长乏味。如果有一种更简单的方法可以找到答案，那当然很好。利用对偶代数方法的经济学家把一个成本函数和每个"表现良好的"（well-behaved）生产函数联系起来，往往可以更简单地找到解决问题的办法。

当然，如果成本函数每次都只能从生产函数中推导出来（我们在下面就是这样做的），这种方法就不会显得简单了。但是，成本函数的一般形式也可以像生

产函数的一般形式那样表达。这样，记忆柯布-道格拉斯成本函数就会与记忆柯布-道格拉斯生产函数一样容易。①

我们首先给出成本函数的一般定义：成本函数 $C(Q, P_1, P_2, \cdots, P_n)$ 是指每一组产出水平与以最低成本生产该产出水平的要素投入价格之间的关系。

一旦成本函数已知，就很容易推导出标准的成本曲线。比如说，

$$MC(Q) = \frac{\partial C}{\partial Q}$$

和

$$AC(Q) = \frac{C(Q, P_1, P_2, \cdots, P_n)}{Q}$$

为了更好地理解成本函数，我们试从柯布-道格拉斯生产函数中推导出成本函数：

$$Q = K^a L^{1-a}$$

为了得到成本函数，我们必须在一般条件下解出最小成本②：

$$C = P_K K + P_L L + \lambda [Q - K^a L^{1-a}]$$

一阶条件为

$$\frac{\partial C}{\partial K} = P_K - a\lambda K^{a-1} L^{1-a} = 0 \tag{i}$$

$$\frac{\partial C}{\partial L} = P_L - (1-a)\lambda K^a L^{-a} = 0 \tag{ii}$$

$$\frac{\partial C}{\partial \lambda} = Q - K^a L^{1-a} = 0 \tag{iii}$$

这种解决方法要求成本仅是产出水平和要素投入价格（以及固定参数）的函数。由于 $C = P_K K + P_L L$，我们可以把一阶条件代入该方程来替代 K 和 L。

重新整理后，用（i）除以（ii），可以得到

$$\frac{P_K}{P_L} = \frac{[a/(1-a)]L}{K}$$

或者

$$P_K K = \frac{a}{1-a} P_L L$$

或者

$$K = \frac{[a/(1-a)] P_L L}{P_K}$$

因此

$$C = P_K K + P_L L = P_L L \left(1 + \frac{a}{1-a}\right) = P_L L \frac{1}{1-a}$$

现在我们只需要把上式中的 L 去掉即可。为了做到这一步，我们利用条件（iii） $Q = K^a L^{1-a}$，将从条件（i）和（ii）得到的 K 代入 Q，可以得到

---

① 这种供给方的对偶方法与在第六章附录中介绍的需求方的对偶方法是类似的。
② 注意，在推导与柯布-道格拉斯效用函数相联系的支出函数时，用的也是同一个式子。

$$Q = \left(\frac{\alpha}{1-\alpha}\right)^{\alpha} \left(\frac{P_L}{P_K}\right)^{\alpha} L^{\alpha} L^{1-\alpha}$$

$$Q = \left(\frac{\alpha}{1-\alpha}\right)^{\alpha} \left(\frac{P_L}{P_K}\right)^{\alpha} L$$

$$L = Q \left(\frac{\alpha}{1-\alpha}\right)^{-\alpha} \left(\frac{P_L}{P_K}\right)^{-\alpha}$$

现在我们把 L 代入上面的成本方程,得到

$$C = P_L L \frac{1}{1-\alpha}$$

$$= P_L \left(\frac{P_L}{P_K}\right)^{-\alpha} \left(\frac{\alpha}{1-\alpha}\right)^{-\alpha} \left(\frac{1}{1-\alpha}\right) Q$$

$$= P_L^{1-\alpha} P_K^{\alpha} \alpha^{-\alpha} (1-\alpha)^{\alpha-1} Q$$

或者,令 $\delta = \alpha^{-\alpha} (1-\alpha)^{\alpha-1}$,可以得到

$$C = \delta P_L^{1-\alpha} P_K^{\alpha} Q$$

当然这个表达式推导起来也很冗长,但重要的是,它的推导过程不需要再重复:这个表达式和生产函数本身一样容易记忆。

现在,我们来解决刚开始时提出的问题,我们假定 $Q=30$,$P_K=9$,$P_L=4$,且 $\alpha=1/2$($\delta=2$)。通过简单地将数字代入函数式,就可以得到最小成本:

$$C = 2(4^{1/2})(9^{1/2})(30)$$
$$= 360$$

但是要素投入分别是多少呢? 它们是成本函数对价格的偏导数的值。即,如果我们让 $X_i(Q, P_1, P_2, \cdots, P_n)$ 代表给定产出 Q 和要素投入价格的条件下,第 i 种要素投入的最优水平,则根据谢泼德引理(Shephard's lemma),我们可以得到[①]

$$\frac{\partial C(Q, P_1, P_2, \cdots, P_n)}{\partial P_i} = X_i(Q_1, P_1, P_2, \cdots, P_n)$$

换句话说,成本函数的这一简单微分结果可以用来反映在产出水平和其他价格不变的条件下,任何要素的派生需求曲线(即它是一种"补偿"的派生需求曲线)。

为使这一点更具体,我们把谢泼德引理运用到柯布-道格拉斯这个例子中:

---

① 范里安的《微观经济分析》提供的谢泼德引理的一种证明是很有启发意义的。设 $\hat{X}$ 为投入向量,它是价格水平 $\hat{P}$ 和产出水平 Q 下的最小化成本。现在考虑其他使成本最小化的投入向量 X,X 对应不同的价格 P,但是有同样的产出水平。把价格为 P 时 X 与 $\hat{X}$ 的成本差定义为 $CD(P)$:

$$CD(P) = C(P, Q) - P\hat{X}$$

由于 C 是价格为 P 时的最小成本,所以 C 总小于 $P\hat{X}$,除了 P 等于 $\hat{P}$ 这一点外(在该点二者相等)。因此,函数 $CD(P)$ 在 $\hat{P}$ 时达到它的最大值(为零),并且它的偏导在这一点上必须都等于零(求最优的一般一阶条件)。因此,

$$\frac{\partial CD(\hat{P})}{\partial P_i} = \frac{\partial C(\hat{P}, Q)}{\partial P_i} - X_i = 0$$

$$\frac{\partial C(\hat{P}, Q)}{\partial P_i} = X_i$$

$$L = \frac{\partial C}{\partial P_L} = (1-\alpha)\delta P_L^{-\alpha} P_K^{\alpha} Q$$

$$K = \frac{\partial C}{\partial P_K} = \alpha\delta P_L^{1-\alpha} P_K^{\alpha-1} Q$$

这两个式子给出了在产出水平为 Q 的条件下的最优投入。对于我们这个特定的例子来说，假定除了 P_L 以外，其他都给定，那么派生需求曲线就是（$Q=30$，$P_K=9$）：

$$L = 1/2(2)P_L^{-1/2}(9^{1/2})(30)$$
$$= 90 P_L^{-1/2}$$

这个式子告诉了我们任一 P_L 下 L 的最优水平（其他因素给定）。如当 $P_L=4$ 时，$L=45$。

类似地，我们可以求得该问题中最优的 K：

$$K = 1/2(2)(4^{1/2})(9^{-1/2})(30)$$
$$= 20$$

我们很容易就能推导出标准的柯布-道格拉斯函数的成本曲线：

$$MC(Q) = \frac{\partial C}{\partial Q} = \delta P_L^{1-\alpha} P_K^{\alpha}$$

对我们这里设定的函数，有

$$MC(Q) = 2(4^{1/2})(9^{1/2})$$
$$= 12$$

也就是说，与柯布-道格拉斯技术条件相联系的边际成本曲线是不变的。当然，这对规模报酬不变的生产函数来说，总是对的。因此，平均成本必然有相同的方程：

$$AC(Q) = \frac{C}{Q} = \delta P_L^{1-\alpha} P_K^{\alpha}$$

本书主要部分已经提过，绝大多数经验研究都假设生产是在柯布-道格拉斯或者 CES 技术条件下进行的。这一函数可能是对经验事实的一种很好的解释，但选取这一假设更多地是因为它简化了统计判断，而不是人们坚信有不变的技术替代弹性。但是，这样就使成本函数的获得有了更大的自由度：已经讨论过的几种成本函数形式可以更容易地在统计上进行估计，但是对成本函数背后的生产函数类型的限制更少了。这里简短地介绍两种形式。第一个是一般化的里昂惕夫成本函数。[①]

$$C(Q, P_1, \cdots, P_n) = Q \sum_{i=1}^{n} \sum_{j=1}^{n} a_{ij} P_i^{1/2} P_j^{1/2}$$

这里 $a_{ij}=a_{ji}$，a_{ij} 指函数中的固定参数。

对于两要素的生产技术来说，函数形式可以写成

$$C(Q, P_K, P_L) = Q(a_k P_k + a_L P_L + 2a_{LK} P_L^{1/2} P_L^{1/2})$$

这个一般化函数的参数是线性的，所以很容易用统计方法检验。当 $a_{ij}=0$，$i\neq j$

[①] 引自 W. Diewert. An Application of the Shephard Duality Theorem: A Generalized Leontif Production Function. Journal of Political Economy, 1971, 79 (3): 481-507。

时，它对应于固定比例的里昂惕夫技术。[①]

第二个经常用到的成本函数是超越对数成本函数（the translog cost function），斯帕蒂和弗瑞德莱恩德在货运行业的研究中使用过。

$$\ln C(Q, P_1, \cdots, P_n) = Q(a_0 + \sum_{i=1}^{n} a_i \ln P_i + 1/2 \sum_{i=1}^{n} \sum_{j=1}^{n} a_{ij} \ln P_i \ln P_j)$$

其中，所有的 a 都是参数，并且满足以下约束条件：

$$\sum_{i=1}^{n} a_i = 1, \quad \sum_{i=1}^{n} a_{ij} = 0, \quad a_{ij} = a_{ji}$$

如果刚好所有的 a_{ij} 皆为 0，那么超越对数函数就变成了柯布-道格拉斯函数。

[①] 读者有兴趣的话，可以证明一下，作为练习，可以这样做：找到两条派生需求曲线，用它们找出 K 和 L 之间的关系。由于这是等产量曲线，因此产出水平 Q 是不变的，对每条派生需求曲线来说也是一样的。当 $a_{LK} = 0$ 时，等产量曲线就变成了一个直角。

第十章 私人营利性组织：目标、能力与政策含义

在本章与接下来一章，我们来探讨将要素投入转化为产出的组织：属于私人营利性部门的企业、私人非营利性组织（如某些医院和学校）、公共事业部门（如消防和卫生局）、公营企业如大众交通运输系统。[①] 以上这些组织都必须自行决定生产何种产品、每种产品的生产水平以及生产每种产品所使用的技术。在前一章，我们考察了技术可能性以及与之相关的成本概念，它们是这些组织做出各种决定时必须考虑的约束条件。类似地，这些组织还受另外一些影响着它们收益的因素的约束，如销售、自愿捐赠或政府资助。我们先不考察这些限制条件。它们部分源于消费者（包括政府）对产品的需求，部分源于其他提供相同或类似产品的生产者的行为。

如果简单地把所有外部约束作为以上组织的生存环境，那么可以认为，这些组织的行为是它们的目标、能力和所处环境的函数。本章的目的是考察在对私人营利性厂商的行为建立模型的过程中，对厂商的目标、能力所做的分析性假设起了什么作用。我们将先从私营厂商模型开始，因为与其他供应者组织模型相比，它们在专业文献研究中最受关注，发展更为完善，也经受了更多的检验。本章要讨论的行为模型对预测各种组织对政策变化的反应非常有用，比如税收、补贴计

[①] 公共事业部门与公营企业的区别在于，前者的费用开支来自政府拨款，后者的资金则来源于产品的销售。事实上，大部分公共供应组织可以在收取使用费的同时获得政府的补贴，因此二者的区别只是一个度的问题。

划、管制、反托拉斯法和其他法律要求等。

在本章中，我们将讨论厂商的概念，着重强调不确定性、信息成本和交易成本对解释厂商形成的重要性。然后我们对标准的厂商模型加以考察，该厂商是一种追求利润最大化，并且在环境约束下，有足够的能力完成目标的组织。这种标准厂商的行为是难以预测的，我们将通过深入讨论厂商如何在价格歧视下做各种选择来加以解释。在这一过程中，我们会考虑不同类型的价格歧视、它们的规范性后果、与价格歧视相关的公共政策以及决定何时进行价格歧视的行为因素等。与后者相联系，我们着重讨论厂商与顾客之间的信息交流和各种交易所起到的作用。

在后面的部分里，我们进一步讨论将厂商的不同目标和能力因素纳入考虑的模型。先假定厂商的生产能力恒定，我们考虑厂商选择不同目标的后果。在现代企业中，经理与分散的股东之间存在着大量的信息不对称，经理可能会偏离股东的利润最大化目标，而追求其他一些有利于自身利益的目标。我们将讨论收益（销售）最大化模型，也会提及在特定情形中可能追求的其他目标。我们还会阐述征税、反垄断领域中与这些行为相关的一些政策和关于信息披露方面的要求。最后，我们考虑厂商生产能力的变化并讨论一个组织可能是有限理性的（boundedly rational）的观点：组织是一个追求满意者而不是利润最大化者。为此，我们提出了一个简单的成本加成定价的经验法则行为模型。通过这一模型，我们阐述了在特定的环境中，一个追求满意程度的厂商与追求利润最大化的厂商相比较，它们的表现也可以是一样的。但是，这并不总是正确的。

以上这些模型都可以运用于特定的情形中。通过研究它们之间的不同之处，我们就可以清楚地明白设计和利用制度达到某种特别目的的细微差别。一个了解这些竞争模型的分析家，在提出依赖这些模型中的任何一个的政策建议时会更加谨慎。

厂商的概念

当论及市场经济运转时，我们就隐含地假设个人拥有所有潜在的可以被用于生产的资源，且掌握着资源的使用权。但我们很少会质疑为什么个人一般把这些资源的控制权授予不带个人感情的、被称为厂商的中间机构。这些机构往往能把要素投入转化为产出，再把生产的产品在市场上出售。类似地，我们也很少质疑为什么这样正式地对中间机构的授权在需求方很少存在。

我们一般假设单个消费者可以做出最优的分散性的决策，也就是说，他们可以自己决定购买何种产品，并能从供应者那里购买到商品。我们很少愿意把消费预算的一部分交给某个消费组织，然后从该组织集中购买的商品中得到应该分配给自己的部分。[1] 但是为什么我们会认为，放弃自己的部分劳动使用权而成为一名雇员或者把资金的使用权交给某个厂商而得到股权证或债券很正常呢？为什么我们不以分散决策的方式，像我们购买一样供给？为什么我们愿意把资源的控制权交给被称为厂商的机构，选择更为集中的决策方式？

首先想到的答案就是规模经济。事实上，工业革命之前，我们确实是像购买一样供给。当时许多家庭都是自给自足的经济单位，它们生产的产品主要供自己消费。当然，也存在一些专业化分工，如一些人从事狩猎，一些人以做裁缝为生，等等。但是直到工厂发展起来，个人才开始大规模离开家，白天在其他地方以成群或者协作的方式工作。这些经济现象在当时都是可以理解的。亚当·斯密（Adam Smith）在18世纪的著作中，就非常清楚地说明了通过大型企业进行专业化分工的优势。[2] 与小工厂生产相比，在给定劳动和资本数量时，大型企业用流水线生产出来的总产出通常要多些。

但是从另一个重要的方面来看，这个答案是值得怀疑的。为了经营一家大型企业，可能需要很多单个资源单位之间相互进行协调。但是为什么这种协调通常发生在企业内部，而不是发生在企业之间？后者如很多企业选择从专业的律师事务所获取法律服务。如果要生产一架飞机，则可以是一家企业专门生产飞机引擎，其他企业生产飞机的其他零部件，也可以一家企业就生产整架飞机，这些都是完成同一任务的不同组织方式。因此资源单位之间需要相互协作生产出最终产品这一事实，并不意味着这种协作必须发生在企业内部。

我们可以想象一种极端的情况，即一种产品生产过程的每一个部分都由单一的个体"厂商"完成，这种厂商只对自己的资源有控制权，即生产决策权完全分散化。此时所有协调事务都通过厂商之间的安排进行。从另一个极端来看，也可以想象一个社会所有的劳动力和资本资源都由一家巨无霸厂商拥有，该厂商在内部协调所有的活动，即生产性经济活动完全集中化。[3] 我们常见的一般企业存在于这两个极端之间，它们代表了一种对决策权在何种程度上应该集中而不是分散的自愿性选择。

影响厂商做出这些选择的关键解释因素与信息、交易和不确定性的成本有关，这些成本出现在有其他组织安排的情况下。如一些人可能更偏好于稳定的收入，从而选择做一名雇员而不是一个自我雇用的承包商；有的人可能委托一家企业管理自己的资本资产，因为对于个人来说，使资产利润最大化使用的必要信息过于昂贵。但如果一家厂商使用的某种中间产品在交付时间上变化不定，而厂商又想得到该产品的准时交付（如安装在汽车上的发动机），在这种情况下，与通过谈判频繁地制定新的合约安排外包给外部供应者生产相比，在厂商内部生产这种中间产品交易费用要小得多。所有这些例子都提醒我们，市

---

[1] 事实上在很多情况中，我们确实允许某些组织使用我们预算的一部分，政府就是一个明显的例子。家庭也可以看做一种集中成员资源，然后做共同的消费决定的组织（尽管大多数情况下，经济理论都把家庭看做个人）。其他自愿性质的组织，如教堂、消费者合作组织和社会俱乐部，某些情况下也具有这种功能。
[2] 参见他在《国富论》中对别针工厂的描述（The Modern Library，1937）。
[3] 我们将在第十七章指出即使在一家厂商内部也存在相当多的分散决策，并讨论其中的原因。

场交易并非毫无成本。资源集中带来的规模经济可以用于解释为什么单个个体会选择把自己的资源委托给被称为厂商的集权化契约机构。但也正是由于这些要素集中（超过了内部增长的临界点）导致的不经济，限制了厂商规模的扩张。

意识到厂商只是一种中介组织后，我们就可以更加清楚地得出一个有趣的结论，即结果公平一般并不适用于厂商。也就是说，厂商不是社会福利函数当中的自变量，社会福利函数只计算个人的福利。这就是在第六章介绍补偿原则和解释成本和收益的计算时并没有谈及厂商的原因。在知道（在每一种状况下）可提供的商品数量与个人预算约束的情况下，与厂商"福利"相关的所有效应都可以计算出来。上一章谈到的生产者剩余是很重要的，因为它反映了个人（资源所有者）预算约束的增量。因此，当我们讨论一种政策对厂商行为的影响时，在政策的效果被正确评估出来之前，我们必须追踪这种政策对个人的影响。

理解厂商概念对于政策分析的其他重要作用，将在这本书接下来展开的几章中逐步变得清晰。在这一章中，我们只简单地指出，政策在影响经济组织方面扮演着重要的角色，并且在推断各种政策的后果时通常需要注意它们的交互影响。例如，我们会揭示，设计保护环境减少空气和水污染的政策就关键取决于对这些概念的理解，对自然垄断行业进行规制也是一样。但是在进一步推广这些应用时，我们必须了解另外一些概念，这些概念与理解经济体的生产相关。对厂商的本质做过这一简短的介绍后，我们再考虑如何根据厂商的目标和能力对厂商的行为建立模型。

私营利润最大化的厂商

利润最大化要求边际收益等于边际成本

在标准的微观经济学理论中，私人市场上的厂商只依据利润最大化的目标函数来指导自己的行为。也就是说，厂商无异于一个非常能干的职员。它会考虑所有的产品生产方法，并在生产要素价格和产品需求的约束下，选择其中可以使利润最大化的方法。我们用收益函数 $R(Q)$ 来代表需求，它表示一定的产量 Q 可以带来的收益。成本用成本函数 $C(Q)$ 表示，则利润 $\Pi(Q)$ 是收益与成本之差。假设厂商要选择产量 Q，使下式最大化：

$$\Pi(Q) = R(Q) - C(Q)$$

假设产量 Q 增加了很小一部分 ΔQ，我们可以用下面的式子来表示这种变化：

$$\Delta \Pi(Q) = \Delta R(Q) - \Delta C(Q)$$

也就是说，利润的改变等于收益的变化减去成本的变化。我们也可以用单位产出增加所带来的利润变化来表示，只需要在上式的等号两边同时除以产出的增加量 ΔQ 即可：

$$\frac{\Delta \Pi(Q)}{\Delta Q} = \frac{\Delta R(Q)}{\Delta Q} - \frac{\Delta C(Q)}{\Delta Q}$$

我们把 $\Delta R(Q)/\Delta Q$ 定义为边际收益，即增加单位产出所带来的收益变化。在前一章我们曾给出了边际成本 $\Delta C(Q)/\Delta Q$ 的定义，即增加单位产出所带来的成本变化。以上二者之差 $\Delta \Pi(Q)/\Delta Q$ 就是由增加的单位产出带来的利润变化。

在利润最大化的产出水平上，增加一单位产出所带来的利润变化肯定为0。因为当产出低于最优水平时，增加产出可以带来利润的增加（使总利润增加）；当产出超过最优水平时，增加产出会导致利润减少（使总利润减少）。因此只有在最优水平上时，利润才既不会增加也不会减少，我们用公式表示如下：

$$\frac{\Delta \Pi(Q)}{\Delta Q} = \frac{\Delta R(Q)}{\Delta Q} - \frac{\Delta C(Q)}{\Delta Q} = 0$$

或者

$$\frac{\Delta R(Q)}{\Delta Q} = \frac{\Delta C(Q)}{\Delta Q}$$

也就是说，在利润最大化的产出水平上，边际收益必须等于边际成本。

图10-1（a）和（b）用图形对这一结论做出了解释。图中的收益函数是一条直线，这相当于假设厂商会以现行的市场价格卖出每一单位产品。根据收益函数，我们可以得到图10-1（b）中的边际收益曲线 $MR(Q)$ 和平均收益曲线 $AR(Q)$，平均收益是用总收益除以总产出而得到的。直线型的收益函数意味着 $MR(Q)$ 在任何产出水平上都是一个常数，并且等于市场价格 P_M，因此 $AR(Q)$ 总是与 $MR(Q)$ 相等。图中的成本函数反映了在一定产出水平 Q_A 之前存在规模经济，但超过该产出水平之后，就开始出现规模不经济。因此利润为正$[R(Q) > C(Q)]$的产出范围为 Q_0 至 Q_1。在每一产出水平上，利润为 $R(Q)$ 与 $C(Q)$ 曲线之间的垂直距离，如图10-1（a）中的利润函数 $\Pi(Q)$ 所示。在产出 Q_{Π} 水平上，利润达到最大。此时，利润函数曲线 $\Pi(Q)$ 的斜率为0，并且 $MR = MC$。

追求利润最大化的垄断厂商

在应用标准的厂商行为模型时，通过改变约束厂商行为的外部或者环境因素，我们可以对这一模型做进一步的认识。例如，考虑某种商品只有一个卖者的情形，即只有一个垄断者。至于垄断的危害，我们可以很容易地通过对上面的分析进行扩展而推导出来。为了说明这一点，首先应该看到上面厂商的产品需求曲线[1]就是平均收益曲线，即对于任何数量的产品，平均收益就是单位产品的价格。因此，如果有很多竞争者都在卖同样的产品，那么直线型的收益函数就意味

---

[1] 值得注意的是，厂商的产品需求曲线一般并不等于消费者对该产品的需求曲线，因为消费者还可以从其他厂商那里购买产品。

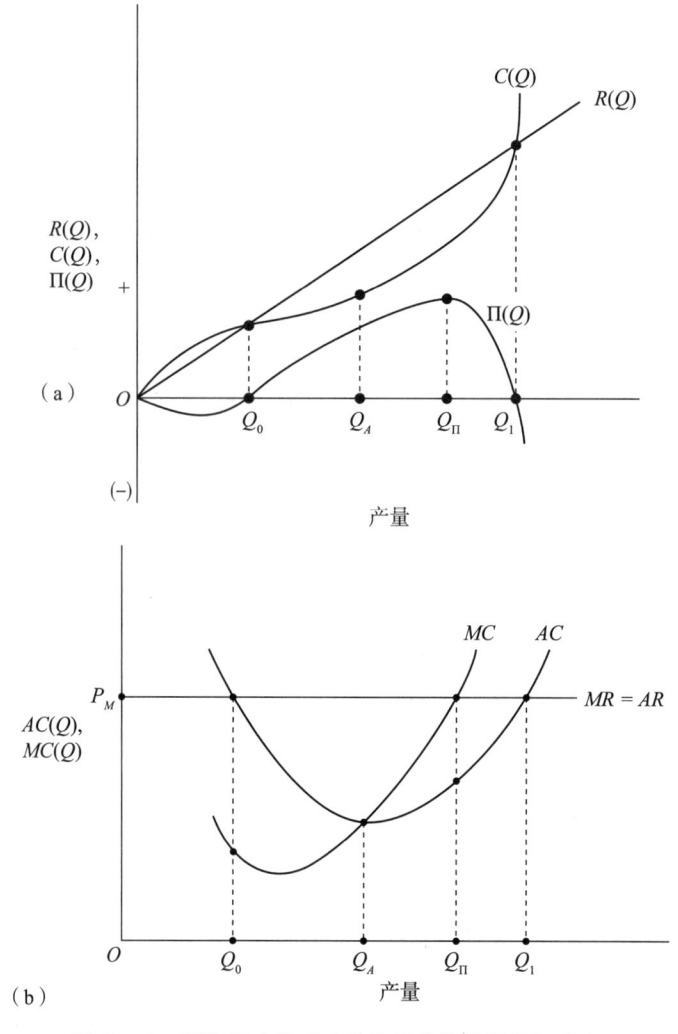

图 10−1　利润最大化意味着边际收益等于边际成本

(a) 厂商的收益曲线、成本曲线、利润曲线；(b) 当边际收益等于边际成本时，利润达到最大。

着每一个厂商都面临着水平的需求函数（也就是说，厂商处于完全竞争市场中，这将在第十二章讨论）。如果厂商制定的价格低于市场现行价格 P_M，该厂商就会获得所有的产品需求（该需求量在轴右边，直至需求曲线不再向下倾斜为止）。但是如果厂商试图制定一个高于 P_M 的产品价格，它所面临的需求量就会降为 0，因为此时消费者会以 P_M 的价格从该厂商的竞争者手中购买产品。①

---

① 有时候假设厂商需求曲线并不完全是平坦的，而是稍微向下倾斜，更容易理解图形：价格 P_M 的轻微上升，就会使需求量大量减少；反之，P_M 轻微下降，就会带来需求量的较大增长。某行业越具有竞争性，该行业厂商面临的需求曲线就越平坦。当产品的价格低于 P_M 时，需求量也并不会无限增长，只是因为在该价格水平上，整个市场的需求量相对于厂商的产品数量是如此大，以至于在图形显示的范围内，需求曲线可以看做是平坦的。事实上，在完全竞争的市场上，当市场价格低于 P_M 时，厂商面临的需求曲线就等于市场需求曲线；当市场价格等于 P_M 时，厂商面临的需求曲线为水平的市场需求曲线；当市场价格当高于 P_M 时，厂商面临的需求为 0。

在只有一个垄断者的情形中,厂商面临的是向下倾斜的整个市场的需求曲线。图 10-2 极其简单地描述了垄断者在面临线性需求曲线(也即平均收益曲线)并遵循规模报酬不变的条件下所做的各种选择。在这种情况中,厂商的边际成本是常数,并等于平均成本;厂商的边际收益曲线在需求曲线的下方,因为为了使消费者多购买一单位的产品,厂商需要降低所有单位产品的价格。[①] 利润最大化意味着垄断厂商将选择生产 Q_M 数量的产品(此时 $MR=MC$)。产品将以价格 P_M 出售,垄断厂商所获利润如长方形 $P_E P_M AB$ 所示(即等于卖出的产品数量乘以单位产品价格与单位产品平均成本之差)。

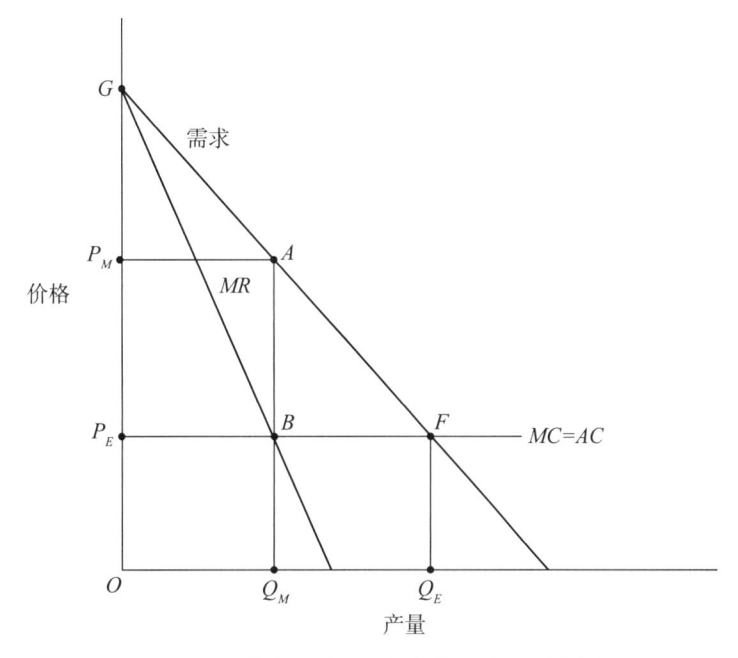

图 10-2 非价格歧视垄断条件下的利润最大化

但是,垄断厂商提供的最有效率的产品数量是 Q_E。[②] 也就是说,假如边际成本曲线反映了产品的边际社会机会成本,那么只要产品需求曲线的垂直高度超过了边际成本曲线,厂商就应该继续生产产品。回想一下,需求曲线的垂直高度实际上是消费者再购买一单位产品所得收益的一种货币度量,即某人愿意为所购单位产品支付的最高价格。而边际成本曲线的垂直高度度量的是用于生产该单位产品所消耗资源的社会机会成本,或者说是某人若想以其他方式使用这些资源所必须支付的最高价格。因此当产出低于 Q_E 时,市场上就仍然存在着交易空间,所以这样的产出水平必然是无效的。

[①] $MR=\partial TR/\partial Q=\partial PQ/\partial Q=P+Q(\partial P/\partial Q)$。其中,第一项 P 等于需求曲线的垂直高度,对于第二项,只要厂商面临的需求曲线是向下倾斜的,这一项就是负的($\partial P/\partial Q<0$)。这可以看成厂商为了多卖出一单位产品而导致的价格降低,使卖出第一单位产品的收益减少了。

[②] 记住资源所有权(即财富)的分配通过影响需求曲线和成本曲线,会影响对最有效产品生产数量的决定。我们将在第十二章中更加明确地加以讨论。

比如，考虑那些用于生产超过 Q_M 产量的资源。在这些资源的其他使用方式中，它们的价值仅为 BQ_M（即边际社会成本）。但是此时市场上仍然有消费者愿意为额外增加的 1 单位产品支付 AQ_M（$>BQ_M$），该消费者愿意支付的价格比 BQ_M 高。如果与该消费者达成交易，资源供应者的状况就会变得更好一些，其他使用这些资源的生产者就会被漠视（既不会有产出，也不用支付这笔成本）。当产出水平增加到高于 Q_E 时，则会带来相反的推论。在这种情况中，市场上其他的资源使用者比消费者对资源估价更高。因此只有在产出水平 Q_E 上，市场上再也没有可以交易的空间。

因此上面这类垄断行为会导致资源的无效配置：厂商生产的垄断产品数量太少。资源的无效配置导致的无谓损失就是三角形 ABF。这一结果是在对生产者的目标、能力和需求函数做出假设后推导出来的。

有经验的产业组织分析家可能会说"不要过早地妄下结论"。上面对标准垄断厂商行为的描述存在值得质疑的地方（也许与现实存在巨大的差距），这可以从之前在有信息和交易成本的情况下，对厂商概念的讨论中看出来。得出有关厂商的行为和资源配置无效率的结论，在很大程度上依赖于对组织的信息和交易成本的假设。经济学中一般假设厂商拥有完全的信息并且交易成本为零。但如果是这样，垄断厂商就不会如上文提到的那样行动了。在这样的条件下，厂商会通过对所有的消费者实行完全价格歧视达到利润最大化的目标（厂商会利用完全的信息和自己的势力毫无代价地防止转售）。换句话说，垄断厂商会为了自己的利益而开拓上面我们已经提到的交易空间。

垄断厂商的价格歧视类型

一个实行完全价格歧视的垄断厂商可以对每一个消费者索取最高的价格，这一价格也是消费者愿意为每单位产品付出的最高价格。这样，生产 Q_E 单位产品时，垄断厂商就可以获得需求曲线下方所有的区域，并得到三角形 $P_E GF$ 区域大小的利润（见图 10-2）。此时，尽管垄断厂商占有了交易中所有的收益，但资源配置也得到了改善，达到了有效率的水平。消费者虽然购买了产品，但是他们的效用水平几乎没有变化[①]：资源供应者得到了资源的机会成本补偿，因此他们的收入恒定，而毫无代价地组织了这些交易的垄断厂商则带走了所有的剩余。注意这种行为与 $MR=MC$ 规则的一致性，我们只是强调每单位产品的边际收益都应该等于需求曲线高出边际成本曲线的部分。

完全价格歧视有时也称为一级价格歧视，是指每单位产品都以等于消费者全部边际价值的价格出售。这可能是对在拍卖会上购买某种同类产品个别单位的一种生动的写照：出价最高的投标者赢得标的，并为他所投中的（不同的）产品数量付款。比如，1994 年，联邦通讯委员会（Federal Communications Commission）将交互式录像数据服务（Interactive Video Data Services）部分收音频道的经营权

---

① 这里假设一般需求曲线下，消费者剩余接近于补偿性质的、等价的变动（第六章）。

利进行了拍卖。每个大城市中两个出价最高的中标者分别为自己的标的支付了标价,并获得了相同的执照。当然,拍卖方式的使用本身就意味着卖者并不知道消费者所愿意支付的价格的完全信息,但事实上,拍卖是一种意图获得和利用这种信息的高明机制。值得注意的是,如果赢家可以在随后以市场出清的价格迅速转售这种拍卖产品,那么没有人会愿意对这类拍卖物品出高价。[①]

一级价格歧视之外的其他价格歧视形式更为常见。建立这些价格歧视模型的初衷来自对垄断厂商的认识:垄断厂商不具有完备的信息且需要为获取更多的信息支付成本,并且垄断厂商如果想阻止转售行为发生的话,就必须付出交易成本。这些因素会阻碍垄断厂商实行价格歧视,并且其重要性会随着产品或服务类型的变化而变化。比如,垄断厂商阻止传送到每家每户的电的转售几乎是毫无代价的,但如果制造商想防止打印机的墨盒的转售,则贵得会让人望而却步。进一步来说,只要实行价格歧视的费用低于垄断厂商可从中获取的边际利润,追求利润最大化的垄断厂商就会采取价格歧视。

其他类型的价格歧视通常被归类为二级或三级价格歧视。在二级价格歧视中,厂商给所有的买者同样的价格,但是平均价格(以及边际价格)随着所购商品的数量而变化。这在水和电的销售中最为常见。它有时隐蔽地出现在被称为"搭配出售"的销售方式中。在这种方式中,一项服务如复印,复印机以租赁的方式提供,但消费者必须同时购买与复印机相关联的复印纸。三级价格歧视是指卖者将市场分割为不同的群体,然后对每一群体收取不同的价格。除了防止不同群体之间发生转售行为之外,不同群体之间的需求弹性差异是另一个影响垄断厂商分割市场的关键因素。

为了弄清这一点,考虑垄断厂商面临的难题:如何选择一个产出水平以及决定是否把产品在两个群体之间进行划分,并对不同的群体收取不同的价格?为了使利润最大化,垄断厂商必须选择一个产出水平,然后在两个群体之间进行分配,使两个群体的边际收益相同($MR_1 = MR_2$),并都等于共同的边际成本(MC)。如果$MR_1 \neq MR_2$,那么通过把一些产品移动到边际收益较高的地方就可以获得更多的收益(在成本相同的条件下)。为了明确其中的含义,首先我们分析一下厂商非常感兴趣的更具有一般性的结论:

$$MR = P\left(1 + \frac{1}{\varepsilon}\right)$$

这里的P是单位产品的价格,ε是需求价格弹性。

这个公式在经验研究中十分重要,因为我们可以从现有的价格和需求弹性中推出MR。它的推导过程非常简单。在图10-3中,我们给出了需求曲线上最初的价格P和产量Q。如果我们增加产量ΔQ(价格因此必须减少ΔP),总收益的

[①] 市场出清价格是指当供给等于需求时的价格。在某些情形中,包括允许不受限制的转售现象存在的情况下,从有价格歧视的拍卖中获得的预期收益,无异于从以相同的价格出售同种商品的拍卖中所获得的预期收益。如果想进一步了解有关拍卖经济学的研究,则可参阅Paul Milgrom. Auctions and Bidding: A Primer. Journal of Economic Perspectives, 1989, 3(3):3-22。

变化 ΔR 就是图中两个带阴影的长方形的面积之差,即①

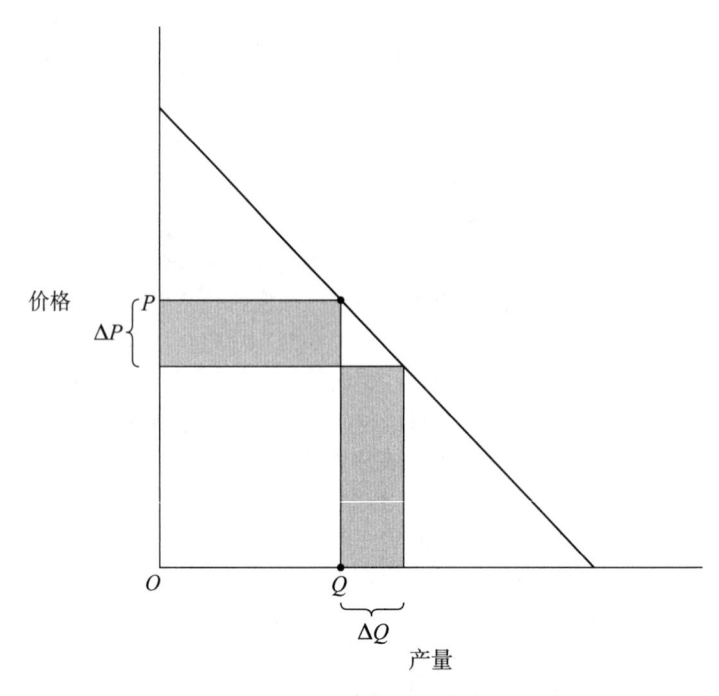

图 10-3 产量增加带来的总收益变化

$$\Delta R = \Delta Q P - \Delta P Q$$

将上式两边同时除以 ΔQ 时,方程左边就等于边际收益(根据定义):

$$\frac{\Delta R}{\Delta Q} = MR = P - \frac{\Delta P}{\Delta Q} Q$$

上式可以写成

$$MR = P \left(1 - \frac{\Delta P}{\Delta Q} \frac{Q}{P} \right)$$

想到前面把价格弹性定义为负数,所以有

$$MR = P \left(1 + \frac{1}{\varepsilon} \right)$$

注意,要想使上式为正,弹性必须小于-1(也就是说,必须富有弹性,如等于-2)。因此追求利润最大化的厂商会把产量定在消费者需求曲线富有弹性的点上。现在,回到垄断者存在价格歧视行为的假设中,并暂时忽略分割市场的成本,此时要使利润最大化,需要 $MR_1 = MR_2 = MC$,或者满足

$$P_1 \left(1 + \frac{1}{\varepsilon_1} \right) = P_2 \left(1 + \frac{1}{\varepsilon_2} \right) = MC$$

---

① 得到的结果只是近似值。方程右边的第一项实际上是 $\Delta Q (P - \Delta P)$,这里我们假设 $\Delta Q \Delta P$ 近似为 0,这一近似值在微积分计算中可以忽略:

$$\frac{\partial TR}{\partial Q} = MR = \frac{\partial (P \cdot Q)}{\partial Q} = P + \frac{\partial P}{\partial Q} Q = P \left(1 + \frac{1}{\varepsilon} \right)$$

这样，垄断厂商只有当 $\varepsilon_1 = \varepsilon_2$ 时，才会对每一个消费者群体收取同样的价格。只要整个市场可以被分割成不同的群体，并且每一个群体有不同的需求弹性，厂商的总收益（在给定的产出水平上）就会增加。被分割的某个群体需求弹性越小，厂商对该群体收取的价格就会越高。只要增加的总收益超过了分割市场所需要的成本，垄断厂商就会乐意采取价格歧视。当然依照同样的原理，垄断厂商会发现，进一步细分市场将更加有利可图。并且从市场可以无限分割的角度来讲，这样做的厂商才是实行最彻底的价格歧视的垄断厂商。

价格歧视的常规结果

为了把这些例子纳入政策考虑之中，我们首先简短地解释一下对具有垄断力量的组织实施的价格歧视的一些常规的、一般性的反应。价格歧视基本上在许多不同的情形中都可以发生。就它的公平性或者效率而言，也没有一般性的结论（与非价格歧视的垄断行为相比）。接下来我们对这一结论的不明确性加以解释。

我们先考虑公平性。价格歧视会使收入从消费者手中转移到垄断者手中。如图10-2所示，实行完全价格歧视的垄断厂商将获得全部消费者剩余。此外，即使是不完全的价格歧视者，也会比不实行价格歧视的厂商得到更多的消费者剩余。因为如果得不到更高的利润，厂商就不会实行价格歧视。如果有一家提供水和天然气的公用事业单位对居民收取的价格大大高于其边际成本，那么这种类型的收入转移不可能是社会所希望的（平均来看，公用事业单位的股东一般比普通居民要富裕）。

此外，相对富裕的消费者作为一个群体通常比其他人的价格弹性要小一些。例如，一些航空公司可能在某些航线上拥有垄断权。这些航空公司就可以利用对头等舱和经济舱的定价权力实行二级价格歧视。当然这些商品并不完全是一样的——头等舱更舒服，更宽敞，有更好的食品和饮料服务。但是，如果只是把头等舱简单地看成比经济舱有"更多的服务"或"更多的商品数量"，那么当坐头等舱旅行的价格不合理地高于它的边际成本时（与经济舱相比），这也是一种价格歧视行为，但此时主要是从那些已经相对较为富裕的人手中抽取剩余价值。如果拥有航线垄断权的航空公司获得了这些剩余，并且其股东也属于已经相对富裕的人群，这时收入分配就主要会发生在富裕阶层内部而不是不同的收入阶层之间。虽然这种情况仍然可能引起社会的关注，但可能性会比前一种情况小。

如果我们考虑到价格歧视确实可以产生收入效应（即改变消费者所购买的商品的数量）的情况，那么实际上社会也可能会赞同收入再分配。举例来说，假如某个乡镇的一位医生通过向当地的富人收取高于成本的费用为（不包括在公共医疗补助制度中）穷人提供价格低于成本的服务。如果没有这种价格歧视，那些穷人可能根本得不到医疗服务。① 这同样适用于通过价格歧视为穷人和富人提供法律服务的情况。

现在我们来进一步分析价格歧视对效率的影响。正如我们将要看到的，关于价格歧视对效率的影响很难得出一般性的结论。价格歧视有时候会提高效率，有时候又会降低效率。但在价格歧视有利于提高效率的情况下，总产出水平往往会增加。② 前面我们提到的关于完全价格歧视的例子是可以提高效率的（与非价格歧视利润最大化相比），下面我们会介绍一种有着类似结论的更加有趣的情况。

在某些情况下，即使不存在有利可图的单一价格，一种商品或服务也可以被有效地提供，如在平均成本在与需求相关的产出范围内呈下降趋势的情况中。城市交通运输系统就可能属于这种类型：启动成本很高，但接下来的运转成本很低，相对于总成本来说，其需求是适度的（相对于总成本）。当然我们用于评估这种情况的规则仍然是：如果总收益与总成本之差为正，生产产品就可以提高效率，而且最有效的产出水平就是使净收益最大化时的产出水平。

举例来说，假若修建一座桥需要 600 000 美元，但当桥建好后，就可以以每次 1 美元的固定边际成本提供服务（如为了支付维修费）。这时，每次过桥的平均成本从 600 001 美元开始算起，并随过桥次数的增加而减少。假如过桥服务的需求曲线由下面的方程给出：

$$P = 21 - Q/5\,000$$

图 10-4 画出了过桥的需求曲线和边际成本曲线，但起始成本 600 000 美元没有标出来。最有效的过桥次数是 100 000 次，此时需求曲线（或称边际收益曲线）与边际成本曲线相交。在这一点上，1 000 000 美元的消费者剩余 $[1/2\,(21-1)\,(100\,000)]$ 远远超过了 600 000 美元的起始成本，获得正的净收益 400 000 美元。③ 但是，非价格歧视厂商是不能有效地提供这种服务的：为了提供 100 000 次过桥服务，它每次只能收取 1 美元的价格，这样它的起始成本就不能收回了。实际上，即使该非价格歧视厂商追求利润最大化，它也会得出最好不建这座桥的结论。

如果非价格歧视厂商真的修建了这座桥，该厂商就会根据边际收益曲线和边际成本曲线的交点，找出使利润最大化的产量，如图 10-4 所示。边际收益曲线是从需求曲线推出来的，并满足如下的方程④：

---

① 值得注意的是，只有病人才会经常看病。有人可能认为向所有的富人都提供补贴更好，而不应仅仅只包括生病的富人。

② R. Schmalensee. Output and Welfare Implications Third-Degree Discrimination. American Economic Review, 1981, 71 (1)：242-247.

③ 如果净收益为负，最有效的方法就是放弃建桥。

④ 我们已经知道边际收益是指增加 1 单位产出所带来的总收益的变化。在微积分上，这可以表示成

$$MR = \frac{\partial P(Q)Q}{\partial Q} = P + \frac{\partial P}{\partial Q}$$

对于任何线性需求曲线 $P = a - bQ$，边际收益 $MR = a - 2bQ$，为了弄清这一点，注意到 $\partial P/\partial Q = -b$，因此有

$$P + Q\frac{\partial P}{\partial Q} = a - bQ = a - 2bQ$$

在我们的例子中，$a = 21$，$b = 1/5\,000$。这意味着边际收益 $MR = 21 - 2Q/5\,000$。

$$MR = 21 - 2Q/5\,000$$

当 $Q=50\,000$ 时,边际成本等于 1 美元。提供这么多次过桥服务的(非歧视性)价格必须是每次 11 美元(当 $Q=50\,000$ 时需求曲线的垂直高度)。但是在这一价格水平上,扣除边际成本,厂商只能得到 500 000 美元 $[=(11-1)(50\,000)]$,仍然不能补偿 600 000 美元的起始成本。如果这已经是厂商最好的选择,那么厂商当然会选择不提供这种商品,因为没有收益总比遭受损失好,虽然从社会的角度来看,提供这项服务更有效率——650 000 美元的总成本(=600 000 美元起始成本+50 000 美元的维修费用)低于 800 000 美元(需求曲线下方从纵轴直到 50 000 次服务的区域范围)的总收益。因此非价格歧视私营厂商不会提供任何这类产品,尽管提供该项服务的社会利益超过了社会成本。

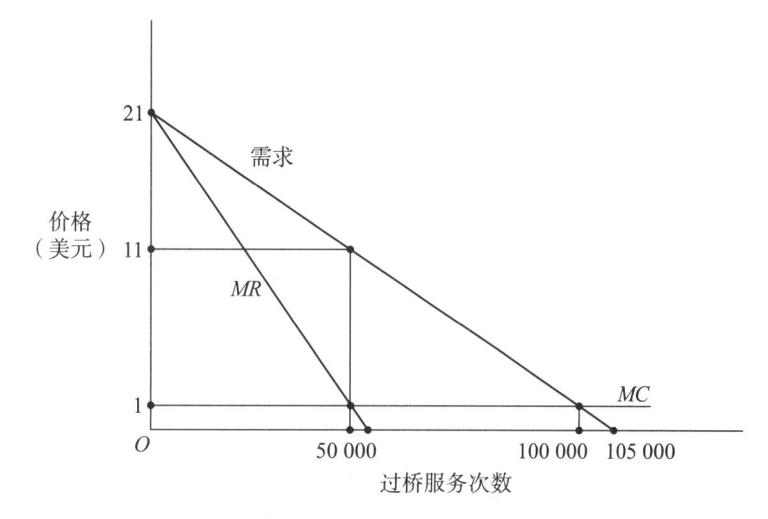

图 10-4 在给定高起始成本时,非价格歧视下的利润最大化($MR=MC$)是不盈利的(未在图中表示出来)

在这种情况中,价格歧视可以使资源配置效率得到改善。比如,如果厂商可以实行完全价格歧视,其就会提供 100 000 次过桥服务。但即使厂商不能实行完全价格歧视,其也可能通过对需求弹性较小的消费者收取较高的价格而获得足够的利润,使经营变得有利可图。

举例来说,假如有两种车有过桥的需求:卡车和汽车。这里,把整个市场分割成卡车组和汽车组两个子市场是很容易的,且消费者很难再把过桥的权利转卖给别人。① 为了使例子尽可能地简单明了,我们假设总需求曲线上最初的 50 000 次过桥服务是卡车过桥的需求。通过已知的需求曲线,知道该分割市场利润最大

---

① 如果过桥的权利是以支付通行费的方式在消费时购买的,那么转售行为基本上是不可能发生的。但是如果过桥的权利可以提前购买(如可以通行 20 次的带有息票的月票),那么此时,垄断者必须采取一些措施阻止不同群体之间发生转卖行为,如通过设计不同大小和颜色的票券(比如卡车组的是大的红色的票券,汽车组的则是小的绿色的票券)。

化时的价格是 11 美元，它可以补偿起始成本中的 500 000 美元。① 此时汽车的过桥需求全部来自 $Q>50\,000$ 时总需求曲线上，并且它的独立方程为

$$P = 11 - Q/5\,000$$

这时，垄断者就可以自由地给汽车组制定一个使利润最大化的价格了（不仅可以增加利润，而且还可以生产出比前面非价格歧视下利润最大化时更大的产量）。依照前面的推导，垄断者首先会找出汽车组的边际收益曲线，并找到使 $MR=MC=1$ 的数量点，此时边际收益曲线为

$$MR = 11 - 2Q/5\,000$$

当 $Q=25\,000$ 时，边际收益等于 1 美元。汽车组的需求曲线上与这个数量对应的价格为 6 美元，在边际成本之上，因此垄断者将从汽车组获得 125 000 美元的收益。这就意味着建桥是有利可图的：在边际成本之上，垄断者有 625 000 美元的总收益，超过了 600 000 美元的建桥成本。可见，与非价格歧视厂商"不建桥"的方案相比，实行价格歧视使汽车司机、卡车司机和桥的所有者的状况都变得更好。②

到目前为止，我们只例证了能改善效率的价格歧视，其实会损害效率的价格歧视也很容易例证，并且关于二者中谁在生活中更普遍也没有一致的结论。降低产品消费者之间的交换效率，是价格歧视损害效率的一种方式。因为，如果没有价格歧视，所有消费者的边际替代率就都是一样的；但若存在价格歧视，边际替代率通常就会不一样。③

为了对价格歧视的无效率进行经验论证，我们再用一次过桥的例子，但做一些小的变动。首先，假设起始成本仅为 450 000 美元（这样非价格歧视的、追求利润最大化的垄断者也会因有利可图而建造并经营桥）；其次，我们把卡车组和汽车组的需求分开，新的需求曲线分别为

$$P_T = 24 - \frac{Q_T}{2\,000}$$

$$P_C = 19 - \frac{Q_C}{3\,000}$$

当把这两条线性需求曲线合在一起组成市场需求曲线时，我们得到了一条折弯的需求曲线，如图 10-5 所示。之所以会这样，是因为当价格高于 19 美元时，汽车组的需求降为 0，所以市场需求曲线就等于卡车组的需求曲线。只有当价格低于 19 美元时，汽车组和卡车组才会同时有正的需求，此时必须把二者相加才能得到市场需求曲线。较低的这一部分需求曲线（通过设计）与前面用到的总需

---

① 这是一个为教学而做的特殊假设。正常情况下，当价格持续下降时（在该例中当低于 11 美元时），人们会预期到任何市场上的某个较大的消费群体（如该例中的卡车组），都会产生一些额外的消费需求。但这里我们假设卡车组的消费需求在 50 000 次时完全耗尽，即使价格降到 11 美元以下。类似地，我们还做了一个特殊的假设，即当价格超过 11 美元时，不会再有汽车司机有过桥的需求。这些假设可以使我们把市场需求曲线的一部分与卡车组相联系（$P>11$ 美元），另一部分则与汽车组的需求（$P<11$ 美元）相联系。但在正常情况下，卡车组和汽车组在每一个分割市场上都应该有需求。

② 除了让寻求利润的厂商实行价格歧视外，还有其他的组织选择，这个例子也不是用于说明允许实行价格歧视对其更好。如后面我们会考虑公营企业和向私人企业提供公共补贴的例子，这两种组织选择都可以考虑这里假设的情况。

③ 其中的一个例外是一级或完全价格歧视，因为在这种情况中每一个消费者的边际替代率都等于边际成本（当价格相同并等于边际成本时，每个消费者都购买相同单位的产品）。

求曲线相同。边际收益曲线也有两部分（如图 10-5 所示），但需求曲线与 $MC=1$ 的交点跟以前一样，在 $Q=50\,000$（卡车组 26 000 次，汽车组 24 000 次）和 $P=11$ 美元的点上。

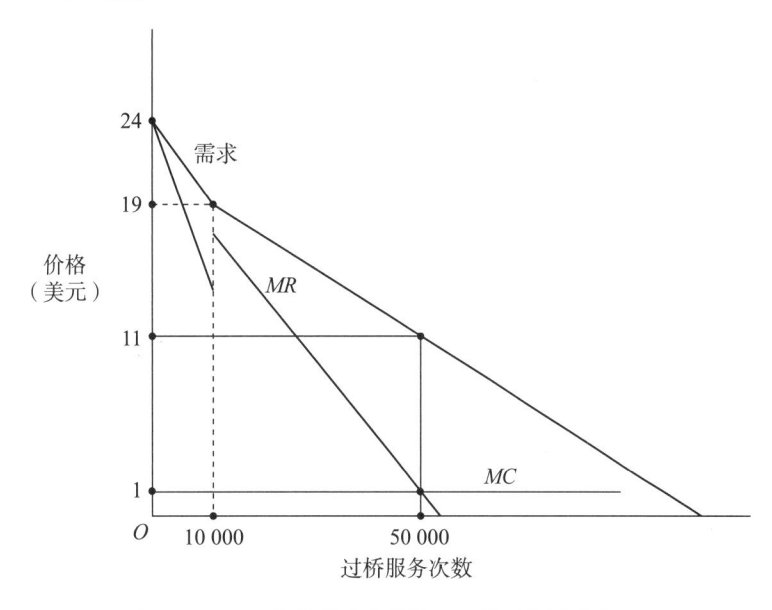

图 10-5　分段需求曲线情况下的利润最大化

现在，提供 50 000 次过桥服务的成本是 500 000 美元（50 000 美元的运作成本＋450 000 的起始成本），这样总收益变成 815 000 美元（不再是以前的 800 000 美元）。① 因此在这种非价格歧视并满足利润最大化的条件下，社会剩余（总收益减总成本）为 315 000 美元。下面我们把这种情况与存在价格歧视的情况做一下比较。

图 10-6（a）和（b）中给出了卡车组和汽车组过桥的需求曲线、它们相应的边际收益曲线（MR_T，MR_C）以及每个分割市场满足利润最大化的条件。在过桥次数等于 23 000 次时，边际收益 MR_T 等于 1 美元（边际成本），此时对卡车的收费是 12.5 美元。当汽车组的 $MR_C=MC$ 时，对汽车的收费只有 10 美元，此时汽车组的需求是 27 000 次。由于总的过桥次数依然是 50 000 次，因此总成本仍然是 500 000 美元。但此时总收益（由消费数量决定的两条需求曲线下方的区域）由从卡车组获得的 419 750 美元和从汽车组获得的 391 500 美元组成，总和为 811 250 美元。② 此时，总收益比不存在价格歧视时少了 3 750 美元，

---

① 参见图 10-5，把需求曲线下第一个 10 000 次对应的区域与 10 000～50 000 次之间的第二个分割市场对应的区域相加。这两个区域中的每一个都可以看做一个长方形加顶上的直角三角形，因此两个区域的总面积由下面的公式计算：
　　[1/2(24−19)(10 000)＋(19)(10 000)]＋[(1/2)(19−11)(40 000)＋(11)(40 000)]

② 在每一种情况中，将图 10-6（a）和（b）中的相关区域看做一个长方形加顶上的直角三角形，这些利润是这样计算出来的：
　　419 750＝1/2 (24.00−12.50)(23 000) ＋ (12.50)(23 000)
　　391 500＝1/2 (19.00−10.00)(27 000) ＋ (10.00)(27 000)

只有 311 250 美元的社会剩余。这样，实行价格歧视相对来说降低了效率。

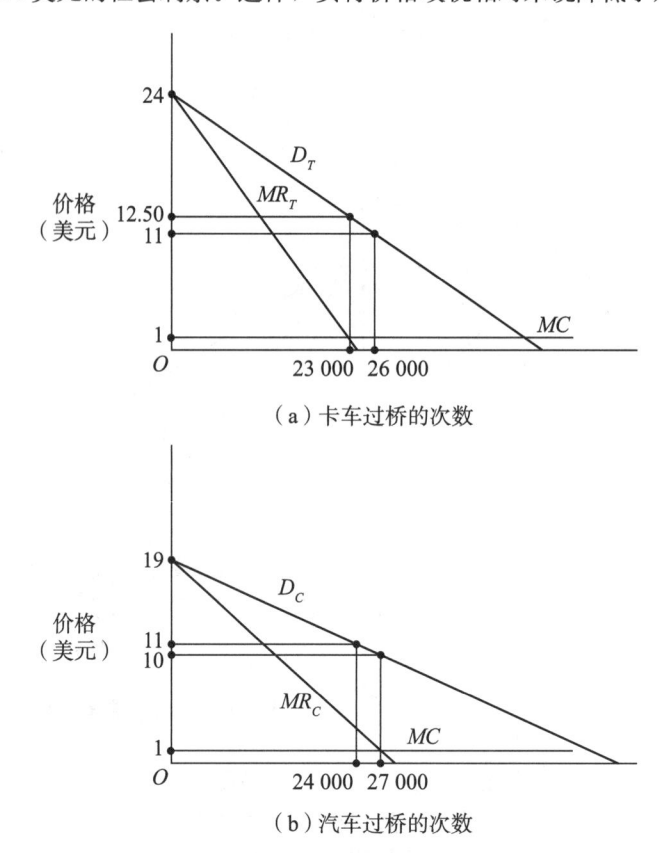

（a）卡车过桥的次数

（b）汽车过桥的次数

图 10-6　价格歧视下的利润最大化行为导致效率损失

（a）利润最大化卡车的过桥费是 12.50 美元（$MR_T = MC$）；（b）利润最大化汽车的过桥费是 10.00 美元（$MR_C = MC$）。

我们来确认一下产生这种结果的原因是否明确。在这种情况下，提供的 50 000 次过桥服务不再分配给那些最想得到这些服务的人，与非价格歧视相比，更多的汽车和更少的卡车得到了过桥服务。除了那 23 000 次外，还有 3 000 个卡车司机愿意为过桥支付至少 11 美元，但有 3 000 个得到过桥服务的汽车司机却认为对他们的过桥收费应低于 11 美元（此时存在提高交换效率的空间）。但是垄断者关心的是边际收益：把对卡车的收费从 12.50 美元降低一点时，会吸引更多的卡车司机，但是这也意味着从最初提供的 23 000 次服务中得到的收益会变少。在满足利润最大化的条件下实行价格歧视时，垄断者得到 557 500 美元的收益，此时利润是 57 500 美元。这时，与非价格歧视相比，垄断者会得到 7 500 美元的好处，尽管此时净社会收益减少了。

表 10-1 以一种稍微不同的方式总结了最后这种分析。该表中给出了每一组（卡车司机、汽车司机以及垄断者）在满足利润最大化条件下，实行和不实行价格歧视时的净收益。在实行价格歧视时最大的损失者是卡车司机。垄断者和汽车司机都可以从价格歧视中获益。社会作为一个整体也有损失，卡车司机的损失超

过了其他人的收益。

表 10-1　　价格歧视会减少效率：过桥的案例（美元）

净收益	单一价格	歧视价格
垄断者利润	50 000	57 500
卡车司机剩余	169 000	132 250
汽车司机剩余	96 000	121 500
总和	315 000	311 250

下面我们举一些实际情况中存在价格歧视的例子，以便对价格歧视的细微之处加以分析。我们要强调一下，要想预测一个组织的实际行为，即使在完全确切地知道了该组织的目标和能力以及它的市场需求曲线的情况下，也是不容易的。行为的主要差异源于在有多种选择的市场安排下信息和交易成本的变化，后者是很难预先了解或者察觉的。然而政策的效应（以及与此相关的政策设计、政策要达到的目的）却正好取决于这一点。下面我们选用了一个组织决定是否实行价格歧视的例子来解释这一点。

为了阐明信息和交易成本是垄断者实行价格歧视的决定因素，我们通过另外一个例子来说明。

在图 10-7 中，考虑某个垄断者决定是否实行一级（完全）价格歧视策略的情形，有一个地方需要注意：在每单位产出水平上，识别每个消费者估计的价格和防止他们转卖给其他消费者的成本（后面会简单地做进一步讨论）都是恒定的，这些成本使边际成本曲线上升到 MC'。只要有利可图，垄断者就会实行一级价格歧视，也就是价格歧视的利润 $P_D GH$ 超过了非价格歧视时的利润 $P_E P_M AB$，即

$$P_D GH - P_E P_M AB > 0$$

因为这两个区域都包含长方形 $P_D P_M AI$，所以我们可以把它从两个区域中都去掉，得到一个等价的表达式：

$$P_M GA + IAH - P_E P_D IB > 0$$

现在我们来比较一下每种情况下的无谓损失。我们已经知道 BAF 是非价格歧视垄断的无谓损失。假设 MC 反映了以最小成本生产产品的方法，此时实行价格歧视的垄断的无谓损失为 $P_E P_D HF$。[①] 因此，完全站在相对效率的角度考虑，如果实行价格歧视导致的无谓损失更少，则价格歧视显然更可取：

$$BAF - P_E P_D HF > 0$$

由于这两块面积都包含有 $BIHF$，所以我们可以把它同时从二者中减去，得到等价的表达式：

$$IAH - P_E P_D IB > 0$$

把这个表达式与垄断者用于判断是否实行价格歧视的表达式相比，可以看

[①] 社会原本可以从实行价格歧视的资源中获得额外的产出。这种资源使用方式非但没有给社会增加任何价值，反而是导致社会损失的主要原因。

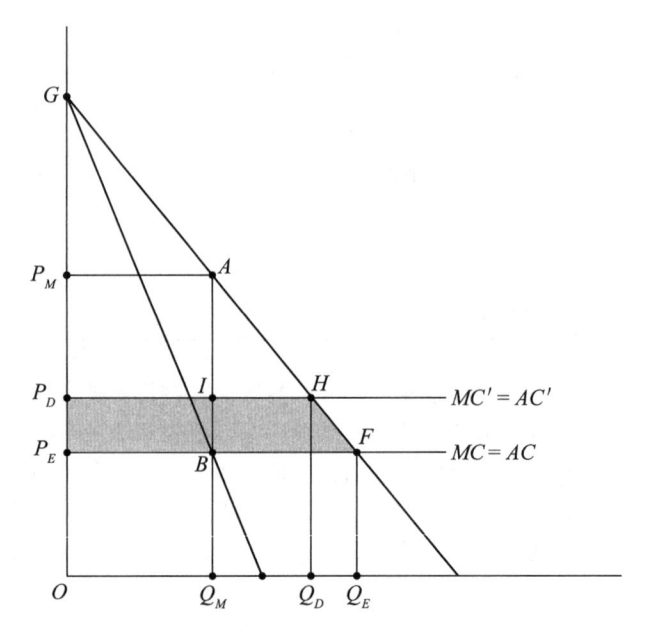

图 10-7　有成本时的价格歧视

出，二者只有一项 $P_M GA$ 不同。这样，即使资源配置在非价格歧视下更有效，垄断者也可能会选择实行价格歧视。这进一步解释了为什么价格歧视（与非价格歧视垄断者相比）对效率的影响是难以确定的。

《罗宾逊-帕特曼法案》和《谢尔曼反托拉斯法》

在了解这些理论知识和实例后，我们再来看针对价格歧视的公共政策。在第三章我们提到了1936年颁布的禁止对某些商品实行价格歧视的《罗宾逊-帕特曼法案》。该法案禁止对购买"具有相似等级和质量的商品"的买者收取不同的价格，因为这样做可能会"减少竞争"。但这一条款意味着这个法案未必适用于"自然垄断"的情形，因为在自然垄断中根本就不存在竞争：只要一个厂商满足市场需求的最小成本比由多家厂商提供时的最小成本少，自然垄断就会发生。[①] 前面我们提到了没有获得利润的自然垄断的例子，事实上存在利润的情况，如地方输送电和天然气的部门，可能更普遍。一般来说，地方上的天然气和电力企业的价格结构确实带有价格歧视的特征，虽然不受《罗宾逊-帕特曼法案》制约，但是它们必须接受其他规章制度的约束。

《罗宾逊-帕特曼法案》的颁布源于大危机时期人们对竞争效果的高度怀疑。在这一时期，大型零售连锁店不断扩张，不断开拓新的市场，并廉价出售已有的小型的、独立的店铺。这一法律的出台实际上是想保护竞争中的小厂商。当时小

---

① 这等价于在市场需求的范围内相加的成本函数。

厂商一个普遍的抱怨就是供给者会以较低的单位价格提供产品给连锁店，这使得这些连锁店可以廉价出售商品。但是，从一定程度上来说，供给者提供的较低价格是与由于承接更多或更稳定的产品订单而减少的成本相关联的，在这种情况下禁止制定较低的价格可能会降低效率。

我们来进一步澄清这一点。前面我们已经把价格歧视定义为对同样的商品或服务收取不同的价格。到目前为止，在我们使用的这些模型中，这个定义一直很恰当。但是在更复杂的现实生活中，价格歧视包括各种各样的情况，如可能出现在一家厂商对相似的单位产品收取的价格与生产产品的边际成本不相称的时候。在上面提到的连锁店例子中，根据定义，由于低成本而带来的价格降低是不构成价格歧视的。事实上，在任何给定的产出水平上，以低成本生产产品都是对效率的改善。但是，《罗宾逊-帕特曼法案》经常被用于阻止可以从竞争中获得的这些好处。①

我们来看另外一个例子。假如一家厂商因为较远顾客的运输成本比较近的顾客高，而对购买同样的产品的这两种消费者收取不同的价格。根据分析性定义，这种情况不属于价格歧视，也没有违反《罗宾逊-帕特曼法案》（后者将由于运输成本不同而导致的价格差异排除在外）。如果厂商不考虑运输成本的差异而向这两种消费者收取同样的价格，那么这才是价格歧视。但是，这样做仍然没有违反《罗宾逊-帕特曼法案》，因为在指控存在价格歧视之前，首先必须有价格差异。

另外一种情况，根据分析性定义可以认为属于价格歧视，但没有违反《罗宾逊-帕特曼法案》。这与质量差异有关。如一家厂商试图通过生产两种稍微不同的产品来分割产品市场的情形：一种是"高级品牌"（可能做过大量的广告），另一种是"一般品牌"。前面我们已经讨论过的航空服务就是一个例子（头等舱和经济舱）；还有一个例子就是同一本书的精装本和平装本。如果价格差异与生产这两种版本的边际成本差异相称，根据分析性定义，这种情况不属于价格歧视。但是如果有一种版本与另一种相比，其定价与它的边际成本不成比例，且高于它的边际成本——精装本经常受到这种质疑，出版商在这种情况中就在试图通过价格歧视寻找出分割市场之间的弹性差异。但是这也很难被看做违反了《罗宾逊-帕特曼法案》，因为这一法案只适用于"具有相似等级和质量的商品"。

反托拉斯法的条文中有时候也会出现对价格歧视的指控。如一家厂商可能被指责实行了掠夺性定价以达到垄断的目的，违反了1890年的《谢尔曼反托拉斯法》。掠夺性定价是指厂商采取的一种通过制定一个低于成本的价格，把具有同样的或更有效率的竞争者淘汰出局的策略。这种行为与价格歧视的联系表现为，被指控实行掠夺性定价的厂商经常被发现在其他区域对同样的商品收取较高的价格。

像《罗宾逊-帕特曼法案》出现的问题一样，在实际生活中，真正的掠夺性

---

① 在斯切尔（F. M. Scherer）和罗斯（Ross）引用的联邦贸易委员会的一个案例中，摩尔顿盐厂（Morton Salt Company）被发现违反了《罗宾逊-帕特曼法案》，因为该厂商对大订单食盐购买者收取较低的价格。但是该厂这样做主要是出于运输上的经济性的考虑。高级法院在判决中强调说，国会非常关心对小商人的保护。这项政策的解释在区分是对竞争者的损害还是对竞争活力的损害这一关键点上是很失败的。想了解更多这方面的讨论以及价格歧视的其他方面，参见 F. M. Scherer and Ross. Industrial Market Structure and Economic Performance, 3rd Ed.. Boston: Houghton Mifflin Company, 1990。

定价行为很难辨认，因为存在普遍的短期化现象，即通过把价格定在平均总成本之下，短期内竞争和效率都得到了改善。[1] 法院并不总能注意到这一点，一些学者也尝试解决这个问题，提出了用平均可变成本作为法律判断边界的方法（即把低于平均可变成本的定价方式看做掠夺式定价）。但是，其他学者对这种方法是否是一种改善仍然保持怀疑。

站在理论的角度，我们可以建立一个模型来说明掠夺性定价对厂商来说是一个好的策略。这些模型适用于信息不对称和战略不确定等特殊的情形，当然它们也还需要进一步的考察，如这些理论上的情况在现实环境中有多普遍仍然是一个不能回答的问题。一个厂商愿意接受与掠夺性定价相关的损失，其唯一原因只能是厂商相信这种策略可以在今后带来更多的利润，且这些利润足以补偿成本。但未来的利润看上去似乎取决于厂商对未来竞争者进入的阻止，而这是一种在当前的竞争环境中明显缺少的能力。因此，许多经济学家认为厂商实行掠夺性定价的行为很少是理性的。但是美国司法部（U. S. Justice Department）认为，微软公司（Microsoft Corporation）实行了一种掠夺性定价策略，违反了《谢尔曼反托拉斯法》。2000年4月，联邦法官托马斯·本费尔德·杰克逊（Thomas Penfield Jackson）也有同样的看法。其中一个主要的争论就涉及微软为了提高其网络浏览器相对于网景公司的份额而导致的短期损失。

对价格歧视行为的预测

我们再来看一下预测问题。价格歧视会在何时以何种方式发生呢？首先，一个生产组织必须有市场势力，这一般是指具有控制市场价格的某种能力。[2] 这也是我们在讨论这一点时把价格歧视与垄断相联系的原因。因为在完全竞争环境中（即厂商面临水平的需求曲线），一个厂商并不能控制市场价格，因此也不能实行价格歧视。勒纳（Lerner）曾经提出用下式来度量市场势力 M[3]：

$$M = \frac{P - MC}{P}$$

厂商处于完全竞争环境中时，$P=MC$ [如图 10-1 (b) 所示]，此时 $M=0$。而对于图 10-2 中的垄断者，$P>MC$。这个式子有一个上界 $M=1$，除非一些组织可以找出一种在负的边际成本上生产的方法。在厂商满足规模报酬不变，即 $MC=AC$ 的情况下，这种衡量方法只代表每销售百分之一的产品带来的利润。对于追求利润最大化的厂商，$MR=MC$，又因为 $MR=P(1+1/\varepsilon)$，所以有

---

[1] 短期是指厂商有某些必须支付的固定投入的时期（像设备的折旧）。在第十二章，我们会考察一个标准微观经济学的结论，即只要平均可变成本得到了补偿，厂商就会选择在短期内经营，即使平均总成本仍然不能得到补偿（虽然厂商有损失，但是如果不进行经营，则厂商会损失更多）。

[2] 第十八章会对市场势力做更为详细的讨论。

[3] Abba P. Lerner. The Concepts of Monopoly and the Measurement of Monopoly Power. Review of Economic Studies, 1934 (1): 157-175.

$$M=\frac{P-MC}{P}=-\frac{1}{\varepsilon}$$

这表示产品需求越不具有弹性，市场势力就越大。注意，这里的需求弹性是针对厂商面临的需求曲线而言的，未必是整个市场的需求弹性。还应该注意，若 $M\leqslant 1$，则此时 $\varepsilon<-1$，也就是说，垄断者必须选择在需求曲线上具有弹性的地方生产。这也可以从另外一个角度来看，即利润最大化的点不可能出现在不具有弹性的地方。在具有需求弹性的部分，厂商可以在减少产出和成本的同时，通过提高价格来增加收益，从而使利润增加。

除了市场势力外，还有两个条件有利于解释价格歧视何时可能发生：首先是分割市场的成本，其次是保持市场分割的成本（防止低价购买产品的消费者把产品转卖给其他愿意以更高的价格购买的消费者）。这就是我们前面提到的信息和交易成本。

服务是不容易发生转卖的商品之一，如保健、法律咨询、会计、出租服务、饭店服务、汽车加油服务等。从第七章我们对健康保险这一例子的讨论可以看出，很明显，投保的病人与其他人相比，会为同样的服务支付更多的费用。再举一例，比较一下限制进入的高速公路和郊区或都市（这两个地方都更有竞争性）的汽油价格。有时，一些有趣的政策扭曲为实行价格歧视创造了机会。政府可能会以竞争性投标的方式把在高速公路上经营服务站的权利卖掉。政府的这一举动，实际上是从供给者通过价格歧视所获得的利润中抽取了一部分。在每种方式中，消费者都是受害者。当然，这些政府安排更可能发生在汽车司机也没有其他更有吸引力的可供选择的路线的时候。

另外一类不容易转卖的商品是各种公用事业产品，如电话、电、水等。例如，大的工业用电户可能只需要支付较低的价格。这不仅是因为给它们供电的成本较低，而且还是因为它们可以使用替代能源，即它们的需求更富有弹性。这类商品一个有趣的例外可能是居民接受的当地政府提供的治安和消防服务，这些服务是通过税收支付的。税收评估人员可能会对工业用户少收税（即评估出来的财产只占其真实市场价值的较小比重），不是因为它们使用了较少的商品或服务，或者因为这符合公平征税的原则，而是因为这些使用者对服务的需求更具有弹性（即它们更有可能搬到其他地方发展）。

普通的耐用性商品则更容易转卖，因此价格歧视更可能出现在与这些商品相关的一些服务或商品上。例如，最近一些汽车制造商开始向贷款买车的消费者提供利息回扣，这就降低了由贷款买车的消费者构成的分割市场的价格。一些非常巧妙地既实行价格歧视，同时又获得消费者需求曲线信息的高明方案也出现了。如施乐复印机公司（Xerox）曾经一度以出租而不是出售的方式经营，很好地避免了转卖的问题。此外，月租费是以复印的次数为基础的（远超过复印的实际边际成本），这使得厂商可以从愿意出高价的消费者那里获得更多的消费者剩余。同样在出租的条件下，如果所有的复印纸都必须从同一厂商那里购买，那么捆绑销售也可以达到类似的结果。如宝丽来公司（Polaroid Corporation）在其照相机还非常新奇时，就可以作为其照相机唯一的胶卷供应商有效地实行价格歧视。①

到目前为止的讨论中，我们都假设组织追求并且可以使利润最大化。前面我们已经说明，关于厂商行为的一些深刻的见解都来自对模型约束条件所做的一些非常简单的变动：对一般垄断者行为的推测来自对厂商面临的需求曲线形状的改变（把竞争环境中水平的需求曲线改成垄断情况中向下倾斜的需求曲线），从而得出了垄断是无效率的结论。但是用于理解为什么厂商会存在的那些概念也表明，预测实际行为比从简单模型中得出结论要复杂得多。如果没有信息或交易成本，那么所有的垄断者都会是完全价格歧视者，而事实并非如此，这就意味着组织成本是不可忽视的。正是对这些成本的详细考察，有助于解释我们在现实生活中观察到的垄断者行为的一些变动（如价格歧视的程度）。通过对这一点的深入理解和将垄断者的行为纳入考虑，我们也就提高了制定政策的能力。下面我们进一步考察组织行为变化的另一个来源——目标。

组织目标和能力的可替代模型[s]

在前一章，我们假设厂商的目标是利润最大化。但是，我们并没有对为什么做这一假设进行任何讨论。对这一问题最简单的解释就是，企业是为了所有者的利益而运转的。所有者会尽量使自己的预算约束最大化，因为这可以使他们得到最高的效用水平。因此，所有者最应该以利润最大化的方式经营企业。

但是，这种简单的解释忽视了一些基本点，我们将在下面予以讨论：（1）由于存在交易成本和信息成本，企业的所有者可能并不能完全控制管理者和其他雇员的行为，因此厂商的行为可能会受后一群人目标的影响。（2）企业所有者的效用可能来自直接经营企业获得的成就感（比如因为第一个生产了某种产品而感到的自豪），而不是完全来自经营企业获得的利润。如果是这样的话，那么企业所有者可能会寻求以用利润来交换能直接给他们带来效用的活动这样一种方式经营企业。（3）由于组织具有有限理性，包括个人信息处理能力的局限性以及存在于企业内部由于交流和协调导致的信息和交易成本，厂商的行为可能并不会像理论上追求利润最大化的厂商那样，即使企业内部的每一个成员都努力这样做。

很少有学校的学生会怀疑厂商的动机和能力的真实性。经济学专业领域内对利润最大化假设的可接受性一直存在争论，其症结在于用该假设进行预测的范围和准确性如何（与其他模型相比）。赞成做这一假设的最强有力的一方，倾向于认为在竞争环境中该假设可以很好地预测厂商的行为。至于为什么该假设有利于预测，最好的解释是厂商要在竞争环境中生存，就必须使自己的决定与利润最大化保持一致。

但是很多生产组织并不处于非常具有竞争性的环境中，因此厂商在选择生存

---

① 捆绑销售可能会违反 1914 年《克雷顿法案》的第 3 章。例如，IBM 曾经要求那些使用它的键盘穿孔机和卡片归类设备的消费者购买 IBM 的卡片。但是 1936 年，高级法院判决它违反了《克雷顿法案》第 3 章的有关法令。

的方式上可能有很大的自由度。因此对组织意图和能力的讨论，至少可提高我们预测厂商行为的分析性技能。我们将在下一章用一些非营利性组织和公共官僚机构行为的例子来着重说明这一点。

利润最大化之外的其他目标

上面提到的第一个论点，即厂商可能选择除利润最大化之外的其他行为，这些行为往往与对组织的控制有关。组织控制问题在较大的企业中显得尤为重要，如所有者（股东）和管理者分离的企业。企业的股东通常比较分散，每一个股东可能只持有企业所有者权益的很小比重。这使得股东很难了解厂商的各种策略、表达他们对企业发展方向的建议或者建立人数足够多的所有者联盟对管理层实行有效的监督。

当然，所有者控制管理者的问题也属于委托-代理问题的一种。意识到自己只拥有关于管理者（代理人）的选择和行为的有限信息后，所有者（委托人）试图设计出一种激励管理者追求利润最大化目标的机制。因此通过利润分成和分配股票红利的方法给管理者额外的奖励是很平常的。但这只是部分缓和了这个问题，并没有解决问题；管理者仍然可以从不追求利润最大化的其他行为中获得更大的效用。

所有者还有其他试图达到自己目的的方法。如我们所熟知的，在与管理者进行的工资斗争中，持不同意见的股东，在股东大会选举董事会成员时，会采取征集代理行为。此外，股东也确实可以观察到管理者所做决定的结果（利润情况），如果不对这些决定的内在原因进行考察的话。即使某个股东不能有效地行使发言权，管理者也会感到股东过多退出的压力，也就是来自不满意的股东卖出股票的压力。股东的退出给企业的股票价格施加了下降的压力，这会使得管理者更难以募集到新的资本（比如增股发行），也使得该企业更容易被其他厂商以购买股票的方式收购。

尽管如此，股东的这些控制机制充其量是不完美的，因此管理者以牺牲一些利润为代价赢得声誉的行为并不让人奇怪。当被问及时，管理人员很自然地就承认了还有其他目标，比如收益最大、市场份额（它所生产的产品占该行业总产出的百分比）、增长率以及其他听起来合理的目标。同时使这些目标最大化在逻辑上具有不可能性，这并没有困扰这些管理者。[①] 许多学者都注意到管理人员的薪水有随着企业总收益的增长而增长的倾向，因此他们认为收益最大化（也被称为销售最大化）最符合管理人员的利益目标。针对面临向下倾斜的产品需求曲线的厂商的行为，下面我们阐述这一目标的含义及其与利润最大化目标的不一致性所在。

在图10-8（a）中，我们假设一个非价格歧视垄断者是一个追求收益最大化

---

① 对此我们做一简单的解释。另外一个在逻辑上不可能但经常使用的句子是"以最低的成本得到最大的产出"，即以最小的成本生产出给定的产品或者在给定成本时使产出最大化。不可能同时使产出最大化和成本最小化。但是另一种情况经常是可能的，即同时做到减少产出和减少成本。

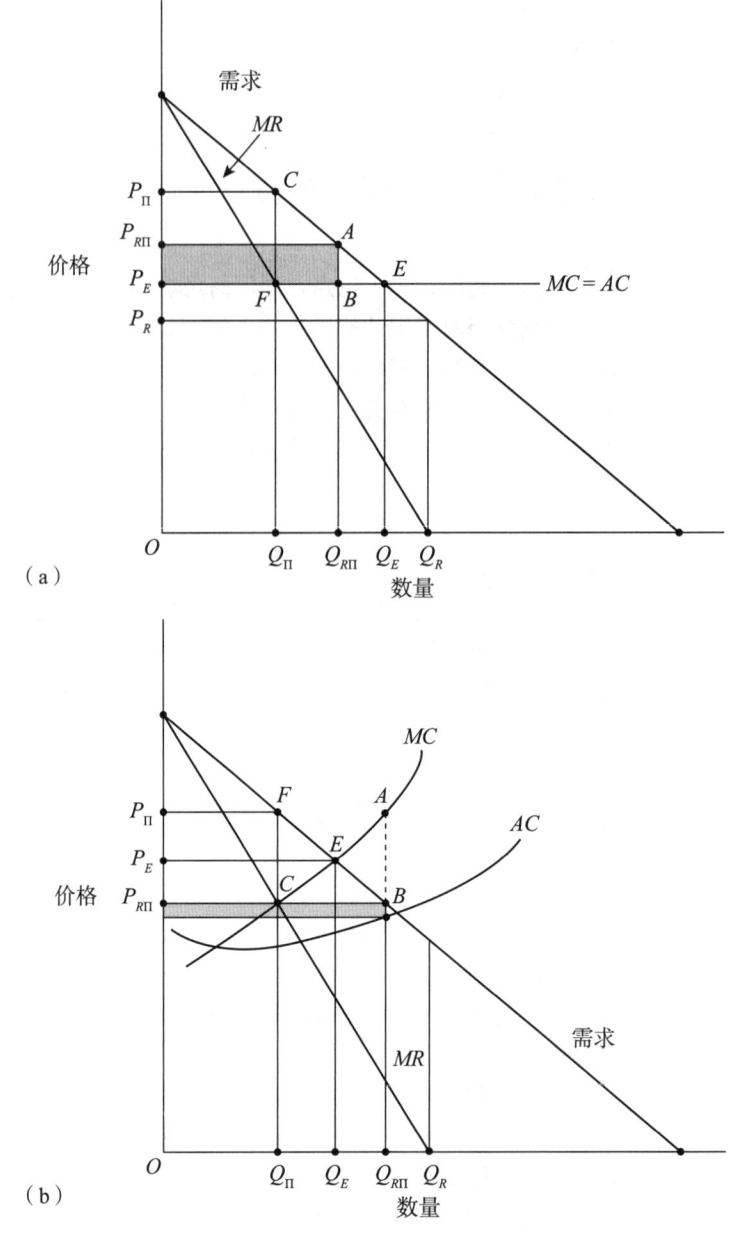

图 10-8　有最小利润约束的收益最大化

(a) 产量过低而无效率（$Q_{R\Pi}<Q_E$）；(b) 产量过高而无效率（$Q_E<Q_{R\Pi}$）。

的行为主体。如果对该厂商的行为没有任何收益约束，那么只要边际收益仍然是正数，它就会继续增加产品的生产（总收益越来越大），直到边际收益 $MR=0$，在产出 Q_R 上停止生产。很明显，这比追求利润最大化的垄断者生产的要多（图中所示的 Q_Π）。但是认为一家私人营利性厂商完全不受股东控制是不实际的，因此我们假设厂商使收益最大化时，必须满足至少最小利润的约束条件（比 Q_R 大，但比 Q_Π 小）。

考虑这些条件，厂商会生产比利润最大化者更多的产品仍然是确定无疑的。在 Q_Π 的产出水平上，边际收益仍然为正，所以总收益可以通过扩大产出而继续增加，但这会使利润从最大化水平上开始减少。为了使收益最大化，厂商会沿着边际收益曲线往下走，直到利润减少到约束水平为止。这可能发生在产出水平 Q_R 与 Q_Π 之间，如图中的 $Q_{R\Pi}$。阴影区域代表总利润，是厂商在有利润约束条件时应达到的水平。

我们怎么看待销售最大化厂商的资源配置效率呢？图中最有效的产出水平是 Q_E，在该产出水平上净社会收益达到最大（此时边际利润，即需求曲线的垂直高度，等于边际成本）。正如上面所解释的，销售最大化的垄断者比利润最大化者更有效：无谓损失更少（BAE 小于 FCE）。但是销售最大化者可能生产了过多的产出，也就是超过了产出水平 Q_E。在满足规模报酬不变的条件下，这是不可能的：在 Q_E 时，利润降为 0，所以利润约束的存在会使产出低于 Q_E。图 10 - 8（b）也给出了另一种情形①：由于销售最大化者生产了过多的产出，它的无谓损失 EAB 比利润最大化者的无谓损失 CFE 更多。因此，关于这两种行为的相对配置效率高低并没有一般性的结论。

但当我们比较这两种行为的公平性时，消费者似乎在垄断者是销售最大化者时更好。之所以这种情况会发生，是因为当销售量超过 Q_Π 时，垄断厂商需要降低价格（从 P_Π 点开始）。这样，当产量增加时，总的消费者剩余也会随之增加。当然，垄断者的状况同时也变差了。但是在所有的情况中，垄断者都获得了经济利润。

尽管除了追求销售最大化以外，经理人控制还可以体现在其他方面，但是任何偏离利润最大化的行为，与其他厂商相比，都可以从这些厂商盈利能力的降低看出来。经理人控制与所有者控制相比较，二者与厂商行为变动的关系是什么呢？尽管大部分事实都符合厂商的行为受经理人控制影响的观点，但是经验事实有些混杂，例如，波耳顿（Bolton）和斯切尔费斯坦（Scharfstein）曾在一篇评论中写道："最近的经验文献表明，内部资本市场的运转并不好"，"资本误配现象更可能在管理人员只持有所有权股份很少比重的大企业中出现"。② 与此相关，斯切尔从厂商接管的角度来看这些事实，并认为："在理论上，收购行为提供了一个重要的纠正机制，使得管理人员不偏离利润最大化的目标。但对适当证据详细研究后可以认为这一评价是值得怀疑的"。③

这与公共政策及其分析有什么联系呢？下面我们简要地举例说明四类应用。第一个是国家反托拉斯法。《谢尔曼反托拉斯法》、1914 年的《克雷顿法案》以

---

① 对于这种情形，一个必要的条件是在 MC 与需求曲线相交的点上，$MC>AC$。这又暗示着厂商是在它的平均成本曲线上升的部分（经常与规模不经济相关的部分）生产的。在这种情况中，垄断仍然可以是"自然形式的"，只要子市场的成本之和满足 $C(Q)<C(Q_1)+C(Q_2)$，此时 Q 是垄断产量，Q_1 和 Q_2 是两个独立厂商的产量，且 $Q_1+Q_2=Q$。这种情况出现于以较低产出为特征的规模经济中以及当规模经济能够补偿更高产出水平上出现的不经济时。

② Patrick Bolton, David S. Scharfstein. Corporate Finance, the Theory of the Firm, and Organizations. Journal of Economic Perspectives, 1998, 12 (4): 95-114.

③ F. M. Scherer. Corporate Takeovers: The Efficiency Arguments. Journal of Economic Perspectives, 1998, 2 (1): 69-82.

及1914年的《联邦贸易委员会法案》都制定了促进竞争、防止垄断和垄断行为发生的条例。并且每年都有相当多的条例被用于政府和企业对这些法律的贯彻执行中。在指导法律执行中应该强调的重点时,看起来把重点放在能够产生最大社会收益的地方更为明智。如果在经验证据不确定时就轻率地接受一种行为模型,那么法律执行的重点可能就被误配了。虽然法律的实施不会等到分析明确之后才进行,但是认识到法律在某个领域实施带来的社会收益可能比另一个领域(因为现实中厂商行为的不确定性)更不确定,并在对法律应该实施的重点进行排序时把这种不确定性纳入考虑是明智的。

第二个可能被这些厂商行为影响的政策是税收。图10-9通过一个简单的局部均衡的例子对此做了解释,即分析了对厂商的产出征收利润税所带来的效应。如前所述,我们用 Q_Π 和 $Q_{R\Pi}$ 分别代表(税前)利润最大化和销售最大化(存在利润约束的条件下)时的产出水平。现在我们设想对厂商的利润征收一种比例税(比如50%),税后利润曲线用 $\Pi_T(Q)$ 表示。征税并不改变利润最大时的产量,因此厂商追求利润最大化的行为并没有受到影响(下面会提到重要的一般均衡效应)。但是追求收益最大化的厂商在 $Q_{R\Pi}$ 时不再满足利润约束条件了,因为征税使得净利润减少了。因此,厂商会减少产出直到净利润重新满足约束条件,如图中所示 $Q_{R\Pi}$ 所示。

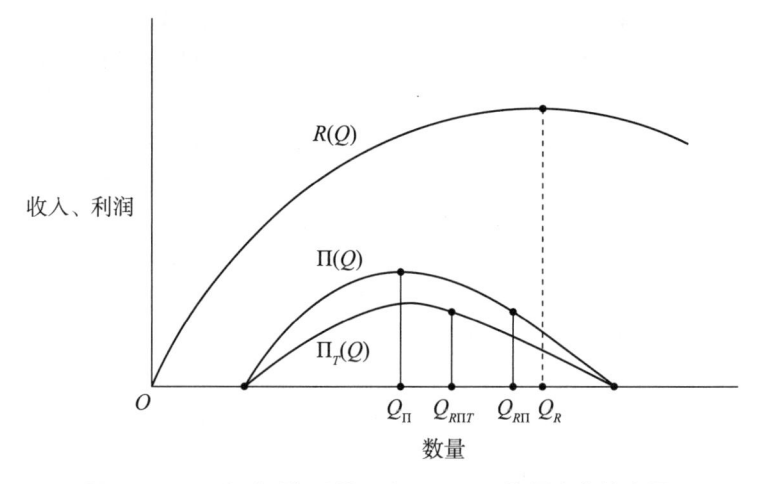

图10-9 厂商对利润税的反应(Q_Π=利润最大化的产量,$Q_{R\Pi T}$=有利润约束的收益最大化时的产量)

一般均衡分析并不是这种税收效应的最终结果,而仅仅只是开始。比如,在一般均衡分析模型中,我们还会考虑提供资金给追求利润最大化的厂商的投资者的反应。与持有企业股票相比,这些投资者可能现在更愿意持有土地,并把资本从企业部门撤离。这又会进一步增加企业的资金成本,改变其成本曲线并由此影响企业对生产技术及其产量水平的选择。但是,在这里我们并不想深入分析税收效应,只是想指出,任何特定的税收政策要达到预期的效果都取决于厂商所选择的目标。

第三个与厂商目标争论相关的公共政策的例子出现在企业收购领域。20世纪80年代，美国出现了一股收购企业的风潮。虽然没有对这一风潮的单独解释，但收购（杠杆收购）时越来越频繁使用的债务融资工具（包括所谓的后保债券即价格低但风险大的垃圾债券）的出现是原因之一。由于接管会带来很多混乱，重组的成本也很高昂，因此经常会出现商店或者工厂关闭、失业增加和企业被迫迁移的现象。为此，很多州都通过了反收购法，以使收购变得更为困难。

企业收购以及对企业收购的规制与经理人行为有什么关系呢？根据第十二章将详细考察的竞争市场标准理论，追求利润最大化的厂商之间进行完全竞争可以带来资源的有效使用。但是几乎所有的研究人员都认为，在竞争性环境中，一些企业的管理者在任何时候都不会采取利润最大化的策略，这是资源配置无效率的一个来源。收购可能是一种保证管理者采取追求利润最大化行为的重要途径：在现实的收购中，高级管理人员经常会被撤换，因此这种收购的威胁可以防止管理人员追求除利润最大化以外的其他目标。如果真是这样的话，那么在竞争性环境中使收购变得更加困难的反收购法，可能会产生没有预期到的效率降低。但是，经验研究中关于收购所带来的效率的变化的结论是混杂的，至少一些研究者对厂商收购那些追求与利润最大化目标截然不同的目标的企业的动机非常关注。[1] 换句话说，对收购进行规制的效率取决于被收购企业和收购企业中管理者的动机。

前面这三个与政策相关的领域具有潜在的巨大的重要意义。但是在分析中如何以及何时对有关厂商目标的行为不确定性进行简单的、实际的应用仍然不是很清晰。因此在这里我们还会考察第四个领域，有关规制的实际意义可以很容易地从该领域看出来。一些分析家认为在经理人控制的企业中，管理层有很强的内在动力不把企业真正的经济表现呈现给股东（以便努力把与股东之间的分歧控制在最低程度，并减少企业被其他厂商收购的可能性）。[2] 而所有者控制的企业就很少有这种动力，因为所有者完全了解企业的真实情况，他们也很少会关心（也不是完全不关心）其他厂商的想法。

一个经验验证确实在一定程度上支持了这一推理。[3] 研究者们考察了一些企业以改变利润或损失的方式在会计上做一些变动的行为。通常其动机来自企业能从这种改变中获得真正的经济上的好处，而不管企业的控制权归属如何。但是其他的变动，如决定披露一个"特别的"盈利或损失的行为，更有可能是在隐藏企业的真实表现。假设整个股票市场都知道了企业的真实情况，并在股票价格及投资者的实际收益中予以反映，研究者们就可以根据股票的实际收益和报告的收益之间的差异寻找企业控制权的归属类型。[4]

---

[1] 谢雷菲尔（Shleifer）和卫希礼（Vishny）认为非利润最大化是收购企业行为的主要方面。斯切尔在对20世纪80年代以前发生的接管风潮进行经验研究后发现，接管对于改进经营效率毫无帮助。但是詹森（Jensen）、杰瑞尔（Jarrell）、布瑞克里（Brickley）和列特尔（Netter）对接管表达了一种更加赞同的态度。

[2] M. Jensen and W. Meckling. Theory of the Firm: Managerial Behavior, Agency Costs, and Ownership Structure. Journal of Financial Economics, 1976 (10): 305-306.

[3] G. Salamon and Smith. Corporate Control and Managerial Misrepresentation of Firm Performance. Bell Journal of Economics, 1979, 10 (1): 319-328.

[4] 为了使股票市场正确地反映证券的价格，就只能让一部分投资者得到完全的信息。但是要改变企业的管理层，就需要大部分普通股股东的投票支持。

在会计政策有改变的年份，研究者们把估计的真实收益与企业报告的结果关联起来进行了比较。他们发现，与所有者控制的企业相比较，这两种度量结果在经理人控制的企业中关联度较小，这就支持了经理人控制的企业更可能扭曲企业的真实表现的推理。第二个检验考察了企业做会计政策改变的时间。他们发现，经理人控制的企业更有可能在股票的表现低于平均水平的年份做会计政策的改变，而所有者控制的企业可能在好的年份和差的年份都会做这样的改变。这也支持了经理人控制的企业信息披露有误的推理，因为在低于平均水平的年份，股东提出异议和企业被收购的可能性更高。

证据虽然有限，但是这确实与证券交易委员会在确保企业财务数据的准确性方面所做的努力有关系。它不仅告诉委员会应该在什么地方寻找管理者可能滥用了职权的证据，而且对委员会应该如何对企业的财务数据做更严格的检查提供了指导。

在这一节的起始部分，我们给出了厂商可能会偏离利润最大化目标的三个理由。我们对第一个理由的讨论，即受经理人利益的驱使，主要是通过假设厂商是销售或收益最大化者而得出的。第二个理由——所有者可能从直接经营企业中获得效用——也是运用了经理人控制的假设，所有者和管理者可能都把自己的利益看做直接受厂商行为影响的结果。

例如报社，这一行业经常都处于不完全竞争的环境中，它们可能会利用自己的市场势力，不为获得额外的利润，而是为了达到新闻报道的目标（比如分配更多的资源用于新闻调查）。在一定程度上这是真实的，并且会产生一个正的外部效应（公民可以获得更充分的信息），因此专业规范可能是针对利润动机的一种对抗力量，有利于有效配置资源。

类似地，在讨论保健问题时，我们认为预付保健服务费用比付费服务的安排能更好地控制道德风险问题。在付费服务这种安排中，经济激励和专业规范都会导致卡迪拉克质量等级保健的无效率。在预付的计划安排下，经济激励主要集中在对保健资源的影响上，而医生的专业规范仍然会使他们追求高质量的保健服务。但如果有人不相信这种提供服务过程中专业规范能起作用（比如假设厂商以利润最大化为目标），再加上消费者信息不完全，就会导致预付与按服务收费相比毫无优势可言。这些专业规范的影响是一个经验问题，但我们要解释的重点在于，这些规范可能影响厂商的行为，并且可能与公共政策的形成有关。

在上面这两个例子中，企业团队中的单个成员从坚持和提升专业规范中得到的效用可能是正的。但是在企业内部追求私人效用一般是不可能带来善意的结果的。例如，一家普通企业的经理人控制行为就会导致企业以一种对社会而言是浪费的方式使用资源。正如实行价格歧视的厂商在实施和维持价格歧视时，本身也可能是在浪费资源一样。为了得到诸如各种各样的额外津贴或者更多的休闲，一家经理人控制的企业（拥有市场势力）会选择在高于最小成本的地方生产。这一超额成本有时候也被称为 X 无效率。这个名字是雷伯斯坦（Leibenstein）给出的，他非常强调 X 无效率可能具有的重要意义。[①]

[①] Harvey Leibenstein. Beyond Economic Man. Cambridge：Harvard University Press，1976.

一些分析家认为 X 无效率是对垄断力量所造成的危害的严重低估。为了说明其中的原因，参见图 10-10。直线 LAC 代表最小平均生产成本，OAC 代表观测到的平均生产成本，假设它高于最小平均生产成本，因为管理者会利用垄断力量购买一些不必要的要素投入，这些投入不会使产出增加，但可以使工作条件更加奢华。① 与 LAC 的高度相比，我们假设 OAC 的高度受到"可见性"约束条件的限制，因为如果工作条件相对于产出过于奢侈，管理者的行为就会被观察到。② 假设管理者的兴趣在于选择对应于观测到的平均成本的产量，这一产量可以使超额收益对应的区域最大化，并假设如果没有更多的限制，则满足这一条件的产量为 Q_{MG}，此时，超额收益等于 P_ECAB。③

然而，管理者被假设像前面一样受到利润约束。由于在产量为 Q_{MG} 时所有者不能得到任何利润，因此很明显这一点不能满足利润约束条件。这样，我们假设受到利润约束的管理者实现超额收益最大化的产量为 Q_{HC}，此时管理者的收益为区域 P_ECFG。④

在这种情况中，实际社会损失是不能精确地确定的。图中有两个区域与社会损失有关。第一个是三角形区域 GHK，这就是通常被称为无谓损失的部分；第二个是长方形区域 P_ECFG，但该区域只有一部分属于社会损失。因为就消费者和企业所有者而言，产品生产中使用的这部分资源没有作出任何贡献，相当于损失了等于资源的机会成本大小的全部价值。但管理者得到的资源的价值（出于个人意愿而不是企业的预算购买的部分）抵消了一部分的损失。为了方便，我们下面进行简单计算，我们假设该区域的一半是社会损失。

现在我们考虑如果某人认为观测到的平均成本就是最小成本则会有什么结果。这时他就会错误地认为无谓损失只有三角形 HFA，这是对经验研究中得出的有关垄断的危害的批评之一。⑤ 至少如图 10-10 所示，看上去这可能是一个非常大的错误。

为了对可能的误差的大小有一个直观的感觉，我们基于经验研究中受到质疑的假设的一个计算过程来说明。但我们作了更进一步的简化，把所考察经济中的

---

① 需要指出的是，在某些管理者的额外补贴中，其中可能被认为是奢侈品的那一部分，可能仍然满足最小成本生产的条件。例如，企业的一架飞机可能因为频繁的商务活动而带来大于成本的收益。因此上面我们仅指除去那些能带来产出的必要投入之外的要素投入的成本。

② 没有这个限制条件，管理者会追求利润最大化，然后把部分利润转化为额外的津贴收入。

③ 在某些情况中，通过继续增加产出可能使这一区域的面积扩大，即使这需要管理者降低单位产出的超额收益。为了使这种情况发生，边际收益必须超过单位产出的最小平均成本，这种情况不包括在我们所画的图中。

④ 在一些情况下，管理者通过降低单位产出的超额收益和扩大产出，在利润约束时可以增加使超额收益最大化的产量。这个情形与前一个脚注中的情形相似——当边际收益超过了单位产出的最小平均成本时。并且，这也不包括在我们所画的图中。

⑤ 最初做出伟大努力的是海波杰尔（A. Harberger），参见 A. Harberger. Monopoly and Resource Allocation. American Economic Review, 1954（44）：77-87。根据他的估计，1924—1928 年 73 个制造行业中，垄断限制造成的损失都低于总销售的 0.1%。科林（Cowling）和穆勒（Mueller）在 1978 年的一篇研究文章中再次考察了这一问题，得出了一个高得多的无谓损失的数值，约为 4%。并且他们认为如果再考虑其他的因素，比如对社会而言是一种浪费的广告支出，总的浪费可能高达 13%。参见 K. Cowling and D. Muller. The Social Costs of Monopoly Power. Economic Journal, 1978（88）：727-748。斯切尔和罗斯的 Industrial Economic Structure and Market Performance 一书第 18 章很好地讨论了与这一问题相关的经验研究。

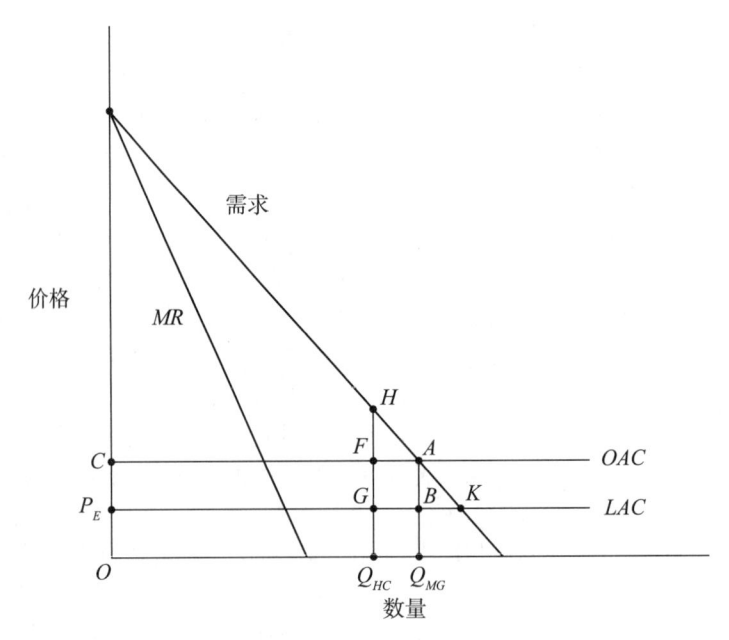

图 10-10 存在超额成本的垄断导致的社会损失
(OAC＝观测到的平均成本，LAC＝最小平均成本)

商品和服务看做一种由某个单一的、规模报酬不变的企业生产的产品。这一不切实际的简化使计算变得简单，但它真正的价值在于论证了如何利用厂商的收益和需求弹性得到实际的估计值。

美国 2000 年的 GDP 大约为 10 万亿美元。由于这其中几乎包括所有商品，因此我们可以合理地假设总的需求价格弹性为 -1。如果把 GDP 想象成已经生产的产品，且假设平均垄断价格扭曲的数量级为 10%，总体技术满足规模报酬不变，那么损失 L 可以用线性估计来估计，即三角形 HFA 的面积：

$$L = \frac{1}{2} \Delta P \Delta Q$$

或者

$$L = \frac{1}{2}(HF)(FA)$$

下面的推导对于经验工作来说尤其有用，因为只要知道最初的支出、需求弹性和价格改变量，我们就可以将 L 估计出来。由于价格扭曲 α 可以看做 $\Delta P/P$，因此有

$$\Delta P = \alpha P$$

我们把上面等式右边 ΔP 的表达式代入损失的计算式中。类似地，根据弹性的定义我们可以得到 ΔQ 的一个表达式：

$$\varepsilon = \frac{\Delta Q/Q}{\Delta P/P}$$

或者

$$\varepsilon = \frac{\Delta Q/Q}{\alpha}$$

使用 ε 的绝对值①，我们可以得到

$$\Delta Q = \alpha |\varepsilon| Q$$

因此，用等价的表达式分别替代方程中的 ΔP 和 ΔQ，代入 L，我们可以得到

$$L = \frac{1}{2}\alpha^2 \varepsilon PQ$$
$$= \frac{1}{2}(0.1)^2(1)(10 \text{ 万亿美元})$$
$$= 0.005(10 \text{ 万亿美元})$$
$$= 500 \text{ 亿美元}$$

由计算可知，我们得到了一个较低的、约为 GDP0.5% 的损失。现在我们再假设真正的浪费来自可比的数量级为 10% 的无效生产。这样，对于 GHK 三角形代表的损失部分，我们估计价格扭曲为 $2\Delta P/P = 0.2$。直接把它代入 L 的公式中，我们可以得到

$$L_T = \frac{1}{2}(0.2)^2(1)(10 \text{ 万亿美元})$$
$$= 2\,000 \text{ 亿美元}$$

即，损失为 GDP 的 2%，但这种情况中主要的损失来自长方形 P_ECFG 部分。根据我们的假设，该区域只有 50% 为损失，设为 L_R。我们可以得到

$$L_R = \frac{1}{2}(0.1)(10 \text{ 万亿美元})$$
$$= 5\,000 \text{ 亿美元}$$

因此经过粗略计算，我们估计由垄断所造成的社会损失为 7 000 亿美元，或者说为 GDP 的 7%——是我们最初错误估计的 0.5% 的 14 倍。② 把这一类假设运用于任何单一的垄断者情形，我们都可以预期到这种百分比扩大的结果。

有限的最大化能力

在讨论为什么我们会预期厂商将偏离追求利润最大化的行为的前两个原因时，我们强调了在不知道厂商行为的前提下，评价企业表现的难度。例如，如果厂商追求利润或销售最大化，那么我们所观测到的企业的成本可能是最小成本。但是在垄断势力对企业的要素投入选择有影响时，同样的观察对象就可能表现得相当无效率。如果想要精确地得出厂商行为的经济含义，对实际组织行为的研究就显得更加重要了。对个体企业有详细研究的研究者似乎达成了接近一致的认识，即厂商的决定主要是受经验法则的影响而不是根据其他人最优化计算后得出

---

① 公式中 ε 两边的竖线代表绝对值。
② 作为练习，读者可能愿意重做这一计算，通过选择不同程度的垄断扭曲使得最初的错误估计为 GDP 的 0.1% 或者 1%，并假设成本扭曲也在类似的范围内。做过这些修改后，社会损失的计算结果最低大约为 GDP 的 2.6%，最高则达 11.1%。

的结论做出的。这就是我们预期厂商会偏离利润最大化行为的第三个原因,即厂商就像个体一样,是有限理性的。

为什么说厂商是有限理性的呢?如果我们还记得对个人有限理性的讨论,就可以知道这种说法当然是没有任何侮辱成分的。这只是想说明,影响厂商做决定的环境更像是在下棋而不是玩"井字"(tic-tac-toe)游戏(至少作者更尊重赢棋的棋手,而不是"井字"游戏的赢家)。

厂商的决定一般都是在不确定的环境中做出的。如当一家厂商决定扩大企业规模,建造一座需要很多年才能完成的新厂时,它肯定认为消费者未来对其产品的需求量会足够大,可以使它的投资有利可图(更不用说最优了)。如果企业所处经济体的通货膨胀率在给定的时期内,可能从 0 变为 15%,厂商建厂就存在相当大的风险了;如果厂商把计划推迟两年,一种先进的技术就可能会变为可行技术,当然也可能没有;厂商的竞争者可能参加也可能不参加类似的投资;如果企业所处环境的可能情况有足够大的确定性,那么厂商可能会最大化自己的预期利润。但是给定有关企业的规模、所处位置和可投资的技术的所有选择,厂商可能会像棋手一样面临新的变数。在这种情况下,企业的实际反应最好就像棋手一样,步步为营。

不仅厂商的外部环境、未来的要素价格、技术进步、需求和竞争都带有不确定特征,而且厂商的内部,由于成员之间的交流和协调成本,也有相当大的不确定性。如企业销售部门,由于其收入一般与销售额挂钩,因此其自然会全力地追求销售额的最大化。当生产跟不上销售时,销售分配就会出现问题,矛盾冲突也会随之发生,企业就必须就是加快生产还是减缓销售做出决断。但现实情况中,企业很难判断到底哪一种选择才是正确的。因此为了降低这种不确定性和避免某些冲突,企业创造了存货管理。

尽管持有存货是昂贵的,但总归比厂商进行销售分配时,各部门之间协调失误和频繁的矛盾冲突所导致的损失少。企业可能有一个持有存货的最优水平,但要知道它到底是多少是非常困难的。并且对于那些承担存货管理任务的工作人员来说,他们的薪水是与平均存货量成正比的。如果存货的最优水平能在足够长的时间内保持一致,企业的其他部门就可能会注意到其损益表上出现了过多的存货成本。这时,存货管理人员可能会声称这不应该归咎于他们,而应该是货运部的责任。企业就可能会雇用其他人员定期地核查存货水平的制定过程。此时,经验法则就应运而生了,比如认为下一个阶段的存货水平应该保持在去年销售额的某个固定的百分比上。这些经验法则可能会接近企业的最优存货持有水平,但它也可能仅仅反映了避免矛盾和不确定性以使企业满意的做法而已。

我们来总结一下这一讨论的要点。并不是企业团队中的所有成员都有共同的目标。我们不能总是指望那些掌握了完全信息的人会为了企业利润的最大化而利用这些信息,这就造成了企业内部的不确定性,需要昂贵的沟通和协调费用去减少风险,这又进一步导致了标准的经验法则的建立。比如"存货应大约占去年销售额的 5%",这一标准使得进行存货管理的经理必须为例外的情况进行辩护。所有的人都倾向于按标准的操作规则办事,而不是按照把企业作为一个整体的最优化计算原则来办事,只有当企业的某个部门以某种方式跳出这一规则时,才可能使企业原先的常规处理方式得到改变。因此至少就企业的成员而言，厂商的表现要么令人满意，要么相反。利润最大化的目标过于复杂，不是厂商能够执行的可操作目标。因此大多数厂商都努力遵循的一个规则是利润应该逐年上升，这是没有人可以否认的。

从这个行为模型中可以看出企业运行的哪些特点呢？假设存在一个可以使厂商以多种行为生存的环境——具有垄断势力的企业所喜欢的环境，且这些行为是企业中各个成员的目标、各种沟通、协调以及约束每个成员行为的激励机制的产物。可想而知，企业内部的力量分布与这些约束条件的形成有一定的关系。从一定程度上来说，企业内部的成员都有一个重要的目标，而企业作为一个整体可以看成是主要为实现这一目标而行动的。随着企业规模的扩大，这一共同目标就变成各成员个人目标一个很小的组成部分，这样我们就不难预期在经理人控制的企业，生产成本可能会超过最小成本。

但是在另一种环境中，同样是有限理性的大企业可能会表现得与利润最大化厂商的行为非常相像，当然反之则不成立。下面我们通过一个简单的厂商行为模型，恰如其分地对这一观点做一介绍。假设该厂商采用一种经验定价的策略：它制定的价格只比它的平均成本高出一个固定的比率。事实上，所有较大的企业都声称是采用这种方法定价的，但它们不能确定当期的边际收益或边际成本是多少。并且即使它们知道当期的这些数据，它们也不能确定需求曲线的位置和改变定价后会造成的影响。成本加成定价法则简单得多，而且厂商似乎也很满意这种方法。[①]

我们用下式来定义涨价幅度：

$$m = \frac{P - AC}{P} \quad 0 \leqslant m < 1$$

很容易看出，改写后，价格是平均成本的一个固定比率的加成。

$$P = \frac{1}{1-m} AC$$

这个显得过于简化的厂商行为是如何与利润最大化的目标相一致的呢？回想一下，边际收益总是与价格和需求弹性存在如下关系：

$$MR = P\left(1 + \frac{1}{\varepsilon}\right)$$

由于利润最大化要求 $MR = MC$，代入上式，我们可以得到

$$MC = P\left(1 + \frac{1}{\varepsilon}\right)$$

或者改写为

$$P = \frac{MC}{1 + 1/\varepsilon}$$

如果厂商的规模收益不变，或者说如果它在平均成本曲线的最低点进行生

[①] 一篇研究文章中使用成本加成定价模型调查了澳大利亚厂商的税收转嫁的情况。见 K. Daly and N. Hart, Mark-up Pricing and the Forward Shifting of the Corporate Income Tax. Australian Economic Review, 1994 (107): 45-54.

产，那么有 $MC=AC$。① 代入上式，追求利润最大化的厂商就会得到下面的定价公式：

$$P = \frac{AC}{1 + 1/\varepsilon}$$

为了使这一价格与前面具有有限理性特征且使用加成定价的厂商相同，就要求

$$m = -\frac{1}{\varepsilon}$$

我们试着总结一下这一结论的要点。大企业实际上是一致同意在报价过程中采用成本加成定价法的。但是每种价格不管是用什么方法制定的，都是对平均成本进行一定比率加成的结果。一个追求利润最大化的厂商如果满足规模报酬不变，或者说在其平均成本最小的地方生产，就会有一个大小等于需求弹性倒数的加成比率：需求弹性越大，加成比率也越大。那么，使用加成定价法的厂商是怎样制定加成比率的呢？经验观察通常发现，任何一个单一的多产品厂商对每种产品制定的加成比率都是不同的，且随着利润最大化假设下所推导出来的结论而变化——与产品的需求弹性成反比。② 对这一情况最有可能的解释是，需求状况确实影响了加成比率，并且利润最大化模型至少在一定程度上可以预测到加成比率的大小。

我们通过对模型及其产生的效果的考察来结束这一部分。利润最大化作为一个模型的假设与厂商有这种动机的声明完全是两回事。相反，它反映了这样一种信念，即通过使用这一假设，厂商行为的某些方面根据需要，可以被充分准确地预测到。当然只有与其他模型相比较，才能显示出利润最大化假设在预测方面的充分性。

很多人支持保留利润最大化假设的最有力的论据是，在许多情况下似乎没有其他模型比它更好了。复杂的行为模型对指导单个厂商的决策可能更准确，但到目前为止，这些模型的构建似乎需要对每一种情况都做大量的分析。此外，也并不是所有的问题都需要了解与整个行业相异的特殊企业的行为。在这一章中，我们考察了在利润最大化目标通常被认为是最不可能的的情况下，也就是无竞争环境下厂商的行为问题。这其中也包括我们所考察的所有其他模型，因为对于特定的分析目的来说，它们可能是最好的。

---

① 边际成本曲线总是与平均成本曲线的最低点相交。当边际成本等于平均成本时，再增加一个单位的产品生产，既不会把平均成本曲线往上拉，也不会把平均成本曲线往下拉。但是这意味着平均成本曲线的斜率在这一点上为 0，即为最小值。

② 一个早期的例子见 A. Kaplan J. Dirham, and R. Lanzillotti. Pricing in Big Business: A Case Approach. Washington, D. C.: The Brookings Institution, 1958. 一个更近期的对使用成本加成定价行业的研究来自卡斯阿里斯（I. Kaskarelis），他使用了英国的数据，见 I. Kaskarelis. Inflation and Mark-up in UK Manufacturing Industry. Oxford Bulletin of Economics and Statistics, 1993, 55 (4): 391-407.

小结

在这一章中,我们考察了微观经济模型对于理解私人营利性供应组织行为的作用。其中讨论的所有模型都是建立在对组织的目标、能力和环境约束的假设上的。我们还强调了对厂商的目标和能力所做的其他假设,也为后面几章讨论厂商环境约束条件的决定因素(组织的外部影响因素)埋下了伏笔。由于某些环境因素对厂商的行为有很强的约束性(如完全竞争市场),因此大多数讨论都假设组织处于可以自由决定其行为的环境中,如具有一定垄断势力的私人企业。

需求方和供给方在经济体系中的组织方式存在明显不同,我们的讨论就是从注意到这一点开始的。个人的需求通常直接表现在市场上,但是他们会将生产资源提供给中介组织,如众所周知的企业,然后企业再进行生产,并把生产好的产品在市场上出售。这种决策制定权的自愿集中(从个人到企业)会发生,主要是出于处理不确定性、信息和交易成本的经济性。

我们考察的第一个厂商模型是一个标准模型,其中的厂商是一个追求利润最大化并有能力实现这一目标的组织。这一模型的两个主要结论是:厂商会使边际收益与边际成本相等,并能有效地使用资源进行生产。但是,假如厂商具有一定的垄断势力(厂商以自身的行为影响市场价格的能力),则这个模型可能并不足以对厂商的行为进行经验预测。

我们用来解释这一点的例子就是价格歧视。为了便于分析,我们将价格歧视定义为对类似单位商品收取的价格与供给这一单位产品的边际成本不相称的现象。价格歧视会极大地影响厂商对产出的选择以及消费者面临的价格。但是价格歧视能否发生,取决于厂商找出消费者需求弹性差异的信息成本以及分割消费者市场和防止消费者之间发生转卖行为的交易成本。企业选择进行价格歧视的程度以及由此带来的成本,都意味着有效生产结论的失效。此时,厂商仍然会使边际收益等于边际成本,尽管这些函数已经不同于非价格歧视的情况。

价格歧视带来的效率与公平取决于特定的环境。除了经验事实中不可能存在的情况,如完全(一级)价格歧视和无成本的价格歧视(在这种情况中,厂商占有所有的消费者剩余),价格歧视是不可能导致资源的有效配置的。但一个更相关的问题是,与非价格歧视相比,价格歧视是否有利于改善结果。如在产品和服务的生产水平处于规模收益递增的生产阶段时,进行价格歧视就可能会改善结果。因为如果没有价格歧视,有些产出就可能根本不会实现。

1936年颁布的《罗宾逊-帕特曼法案》禁止对"具有类似等级和质量的商品"实行可能会减弱竞争的价格歧视。但是,即使厂商的行为确实减少了竞争,其也很容易逃过这项法案的惩罚。因为这项法案要求存在足以引起《罗宾逊-帕特曼法案》进行详细审查的价格差异,如企业在消费者运输成本(包括在价格中)有明显差异的情况下仍对消费者收取同样价格的歧视行为。类似的歧视行为还有企业通过生产不同质量的相似产品达到分割市场的目的,并在需求弹性更小的细分市场上收取与边际成本不相称的较高价格的行为。最后，从理论分析意义上来说，没有实行价格歧视的企业很可能被认为违反了《罗宾逊-帕特曼法案》，比如，企业可能会因为提供订购产品的成本差异而对某个顾客收取更少的钱，但这种差异是不能以书面方式足够详细地向法院说明这些成本节约来源的。出于理论上同样的原因和现实中存在的困难，1890年颁布的《谢尔曼反托拉斯法》中关于"掠夺性定价"的规定，也并不总是能够提高效率。

本章的其余部分还考察了其他模型。信息成本和交易成本也很好地解释了有些分析人士认为厂商可能会把销售最大化而不是利润最大化作为目标的原因。一旦决策制定者是一个团队而非个人，团队作为一个整体所追求的目标就会变得不那么清晰。因为不同的团队成员都会追求自己的个人利益（如每个成员从企业得到的收入），并且也没有任何特定的原因可以说明，与各自为政相比较而言（管理者跟工人在传统上就是对立的），不同的个体组成一个团体后肯定会带来和谐的结果（不妨想一想一个篮球队）。

团队中的一些成员试图控制其他人的欲望很大程度上解释了企业内部激励机制（比如管理层的红利是企业利润的函数）建立的原因。而企业内部决定谁给谁制定激励机制的权力则是另外一个解释因素。那些对企业的经济利润有索取权的人往往拥有制定企业激励机制的法定权力（在美国他们通常是资本的提供者，但也并不一定是这样。如在其他国家，员工控股企业也很普遍）。但厂商会选择销售最大化的假设正是源于这样一种观点，即认为大量分散的所有者（普通股股东）不能够有效地控制企业的管理层，因为这需要高昂的信息成本和交易成本。因此，企业的大部分所有权都被有效地授权给管理层，而管理层是为了自身利益而经营企业的。由于管理者的薪酬与企业规模相关，规模（总收益）最大化（受利润约束）就成为厂商的目标。

一个与销售最大化目标紧密相关的假设是，厂商会追求某种企业成员效用加权平均最大化的目标。这是厂商追求销售最大化目标的一个更一般的情况：假设企业中仍然存在某些人企图控制其他人的问题，但此时每个成员的目标比销售额更宽泛。特别是，每一个成员可能都希望企业增加投入，以使他或她自己的工作条件更舒服，但这无疑会造成生产资源使用的无效率。同时，所有者可能会把企业看成他个人的玩偶，而管理者可能会追求更多的额外福利，比如说超大的办公室，工人们则可能会寻求更轻松的工作。这种情况下的资源浪费又被称为X无效率。

有时，厂商对效用的追求可能会增加社会收益而不是产生社会成本。如以下情况：记者的职业规范使他们通过新闻报道产生正的信息外部性；医生将病人的利益看得比医药企业的利润更重；托儿所由那些将孩子的利益而非企业的利润放在心上的职员管理。

由信息成本和交易成本导致的组织控制问题也被看成厂商具有有限理性的原因。组织控制问题可以解释为什么某家企业追求的可能不是单一目标或者始终如一的目标以及为什么企业在所有成员都认同某一目标的情况下，仍然不可能达到这一目标，因为厂商的"左手"是很难协调、沟通或者控制自己的"右手"的，厂商行为的总结果最好也不过是令人满意的，而不是最佳的。

在找到理解和预测厂商行为的所有可能性之前,最好应该记住,那些看上去过于简单的模型有时可以非常好地解释复杂的行为。前文中在假设一个具有有限理性的厂商实行成本加成定价的行为是"真实的"的前提下,我们已经说明了这种行为的结果可能与利润最大化模型所推测的结论完全一致。其原因在于,厂商所处的环境可能对它构成了足够强的约束,企业能否生存就取决于它是否像追求利润最大化的厂商那样行动。因此,我们在后面的章节中将要探讨的另一种分析方法,是基于厂商所处的环境而不是厂商本身建立模型。但是,当环境的约束不强时,我们必须把一系列的行为可能性放在脑海中。

习题

10-1 参照下面的图和表格回答下列问题。图中画出了厂商的产品需求曲线,边际收益曲线和固定的边际成本曲线 OA(=平均成本)。

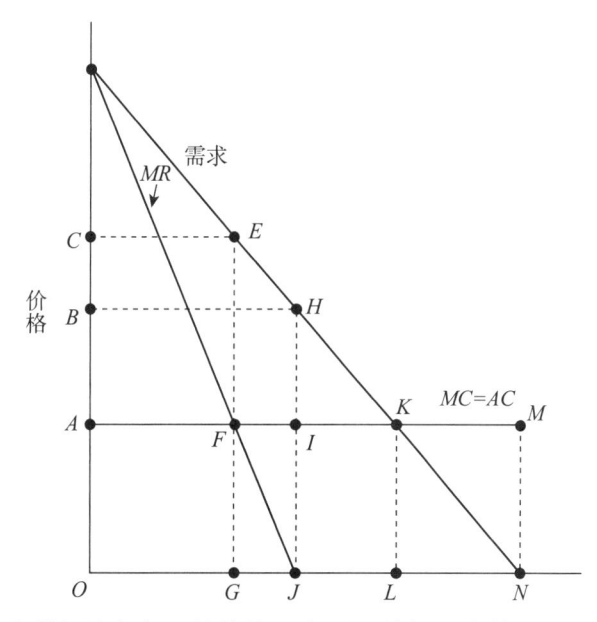

a 找出利润最大点上的价格和产量,并解释为什么在这一点利润达到最大。

b 找出收益最大点上的价格和产量,并解释为什么在这一点收益达到最大。

c 找出有效生产的产量,解释为什么在这一点生产是有效率的。

d 解释哪一点生产效率更低:是 a 中还是 b 中生产的产量?

10-2 假设两个城市之间的日飞航空服务只能由两种机型中的一种提供。机型 1 的载客量为 80 个乘客,每次单程飞行的成本是 3 600 美元。机型 2 要大一些,可以乘坐 110 名乘客,单程飞行成本为 3 900 美元。两个城市的消费者对航空服务的需求有两种——商务和度假旅行。我们假设有75名商务乘客，他们对日飞航班的需求是完全无弹性的（不管票价多高，他们都会以他们所能支付的最低票价飞行）。度假旅行的乘客对价格是敏感的，他们的需求曲线是

$$Q_L = 50 - P$$

（注意：在回答下面问题之后，希望你们可以用这个例子来思考放开航空管制的可行性。）

a 分别计算为80名乘客和为110名乘客提供服务的平均成本。当乘客从80名增加到110名时，每名新增乘客的边际成本是多少？你认为在这个范围内，规模收益是递增的，递减的，还是不变的？（答案：递增的。）

b 假设任何一家有意愿的企业都可以进入这个市场，而无须支付额外的进入成本（比如，航空企业可以把别的航线的飞机调配过来）。这意味着，在这个市场上实际提供服务的任何企业，其经济利润必须为0（否则，其他企业就会进入市场，压低价格，最终使经济利润为0）。如果每名乘客的票价一致，那么票价应为多少？应该使用哪种飞机，以及运送的乘客数量是多少？（答案：机型1。）

c 乘客从81名增加到110名时所带来的社会收益是多少？社会成本是多少？从社会效率的角度来看，这些服务是否应该被提供？（答案：是。）

d 假设企业不是必须制定单一票价而是可以对两个群体（商务和度假乘客）收取不同的票价。假设进入条件与b相同，企业能否进入市场，并给两个群体的乘客提供比b更好的服务，且仍然不亏？用一个例子加以解释。这种情况会更有效率吗？（答案：这是可能的，并且这种情况更有效率。）

e 竞争的威胁（企业进入市场）使得市场上不会只有唯一的票价结构。比如，有两种可能的结果是新进入者不能打破的：（1）使用机型1，每一次飞行时，对75个商务乘客每人收取48美元，而另外5个度假旅客免费乘坐；（2）使用机型2，每次飞行时，对商务旅客每人收取46美元，而其他35个度假旅客每人支付12.86美元。这两种情况都不会带来有效率的结果。还存在其他类似的可能的票价结构，在这些情况中，商务旅客的票价可以降到最小值43.67美元（同时相应的度假旅客的票价比上面两种情况都要高）。你可以识别可行的市场票价结构的范围吗？

f 在可行的市场票价结构范围内，只存在一种有效率的票价结构。其他结构要么会浪费过多的空间，要么乘客存在超额的度假旅行的需求，这些都会导致交易的无效率。那么哪一种是有效率的票价结构呢？（答案：商务乘客的票价＝45美元。）

第十一章 公共和非营利性机构：目标、能力与政策含义

显然，很多公共政策及其分析都涉及由政府资金支持的机构。这些机构通常是私有的，但并不以营利为目的，比如一些医院、疗养院、看护机构和教育机构。当然这些机构还包括一些提供公共服务的政府部门和企业，比如消防局、警察局、公共交通系统和高速公路管理部门。政府支出的普遍增长（我们在第一章曾谈到）是因为这些机构不断增强对资源的控制。在本章中，我们通过分析来预测公共和非营利性机构的行为，以及这些行为与效率结果之间的关联。

关于公共和非营利性机构应该如何运行的规范性分析较为常见，而关于这些机构的实际运行及其原因的实证分析则较为少见。除非这些实际行为是偶然的，否则由规范性研究所得出的建议可能不会有效果。也就是说，为了使实际行为发生一个我们想要的改变，我们需要理解政治、经济以及组织的影响力，因为这些因素决定了一个机构的目标、可觉察的生产可能性以及决策的动机。[①]

例如，作为一项政策内容，医疗保险和公共医疗补助支出是我们关注的对象。假设我们已知医院的服务是没有效率的，比如，相对于其他的必要投入而言，对医生的投入太高。如果医院的管理者意识到了这一点，他们就有动力削减医院的成本，并且有权利来管这件事，那么他们就会做出恰当的反应。但是如果

---

① 规范分析的结论也有赖于对这些影响因素的认识。例如，对民主决策的政治约束可能会导致一种产品的无效分配，但是相对于维护民主所带来的效益而言，这个无效性只是一个很小的成本。

医院控制在医生的手中，他们就会利用医院的投入最大化自身的收入，也就会对医院无效率的行为充耳不闻。为了使医院提供更有效率的服务，分析者不仅要了解这种服务存在的问题是什么，还要了解其原因。

准确理解现实经济主体的行为对公共政策有重要的含义。服务可以通过多种经济主体来提供，比如公共机构、非营利性机构以及以营利为目的的私人组织。我们对每种经济主体效率的预期会影响我们的选择。那些公共和非营利性的部门就可能通过调整其运营的环境来改进其效率（例如，改变公共资金投入的竞争性本质，改变资金获取的契约，或者改变所遵循的规则）。

例如，假设两种机构都可以提供基础教育，我们发现公共机构通常比相应的私有机构效率更低。这并不意味着这两种机构的相对优劣是固有的。或许我们可以为可能有效率的公共机构设计一套激励机制。比如，如果根据儿童居住的地理位置实行强制的入学登记，那么当地的学校可以招到非自愿的学生。而如果父母们拥有对周边很多学校的选择权的话，公立学校的运行效率就会得到显著的改进。通过对组织行为的分析我们可以学会如何改进组织的绩效。

和第十章的模型一样，本章介绍的模型关注生产机构的目标和效率（而不是机构环境的决定性因素）。我们将介绍如何从同一机构的不同模型中推导出相互矛盾而又可验证的不同含义。通过对不同的预测结果进行仔细的经验分析，我们能够了解哪个模型更为准确。经验检验还可以揭示模型在某些方面不能做出良好的预测，并且可以指出构建新模型的方法，从而弥补这些不足。正是通过对模型不断的改进，我们逐渐了解了机构是如何运行的，以及为什么如此运行。我们也可以预测它们会如何对政策变化做出反应。

我们还会涉及如何应用模型进行规范分析。考虑这样一个问题：公共和非营利性机构应该如何对其服务进行定价？这决定了服务的分配问题。公共和非营利性机构可能受到约束，使它们无法达到有效分配的状态。例如，我们在前一章已经看到，在规模报酬递增领域生产的机构可能无法弥补其成本。这类公共企业从政府获得了巨额的补贴，来补充其从消费者取得的收入。对受到补贴约束的企业，我们将给出模型来确定最有效的分配状态，以及实现这种分配状态所设定的价格。

本章首先分析非营利性的医院。我们将回顾三种不同医院行为的模型。在头两个模型中，我们主要关注医院的目标。在第三个模型中我们主要关注医院的医疗容纳能力。通过对这几种模型进行对比，我们发现它们的预测是相互矛盾的。经验研究可以验证这一点。这些研究的一个重要政策应用领域是关于医院的合并政策，比如，什么时候应该允许两个非营利性医院进行合并。我们还会讨论医保支付体系（Medicare Prospective Payment System）在未来可能发生的变化，从而揭示这些研究所产生的政策含义。

对非营利性医院进行分析之后，我们将转向公共部门和公共事业部的模型。我们将分析一个预算最大化的部门模型。然后，我们将会考虑一些经验研究。这个模型用于预测城市铁路服务事业部门的定价决策。我们会把这个模型的预测结果与另外两个模型的预测结果进行比较。另外两个模型强调的是政策的外部性影响。所有的预测结果会和实际的定价策略相比较。

最后，我们将研究一个关于铁路服务部门定价策略的规范性模型。在既定的旅客运输能力和补贴条件下，我们会推导出能使铁路运输服务资源得到最优配置的价格。补贴条件下的定价方案一般被称为拉姆齐最优定价（Ramsey optimal pricing）。它在其他政策领域，尤其是最优税收政策方面，有着重要的政策含义。关于拉姆齐价格理论的数学推导过程详见本章附录。

非营利性组织：医院资源配置模型

经济中的非营利性（和非政府）部门包括很多组织，例如慈善组织、教育组织、科研组织和社区服务组织，以及工会、游说团体、宗教组织等团体。关于非营利性机构的最常见的定义是，根据法规不能把其所获利润分配给其控制人的组织。[1] 公共政策会影响这些组织的结构、规模和绩效。比如，这些非营利性机构通常能享受联邦和其他政府机构的免税待遇。[2] 更进一步，许多非营利性机构——艺术演出团体或医院——严重依赖政府的补贴。政府的法规通常限制和约束了非营利性机构对资源的使用。比如，一所大学获得政府补贴的资格取决于其是否能够实施合适的招生计划。

我们感兴趣的是提供服务或生产的非营利性机构。也就是说，我们关注学校、医院和日间护理机构，而不是慈善基金会或同业公会。我们希望能搞清楚如下问题：这些机构使用公共资金的效率如何？怎样才能提高这些机构的效率？但是我们必须懂得它们的行为和这些行为的动机。如果它们的动机不是利润最大化，那么是什么目标在引导其做出决策？

在开始这些分析之前，我们需要指出关于非营利性组织的几个方面的数据。一个报告估计非营利性组织的生产占GDP的份额从1975年的6%上升到了1995年的12.4%[3]。有超过一百五十万个美国机构宣称其享有免税待遇。根据互联网收入服务机构（Internet Revenue Service）的数据，在1995年非营利性机构拥有高达9 000亿美元的收入和1.9兆美元的资产。不管以何种方式测算，非营利性机构都使用了相当一部分国家资源，用于生产各种物品和服务。

非营利性机构只吸引了分析家的很少注意力。非营利性行为的一个研究领域是对医院行为进行大量的建模。大多数的医院是非营利性机构，并且提供了大多数的医疗服务。比如，在1997年，58.3%的短期住院治疗是非营利性质的。根据一项研究，美国的非营利性医院处理了紧急医护医院住院病人的70%。[4] 1998年，总的医院收入为3 820亿美元，大约占了美国健康支出的33%。考虑到逐渐

---

[1] Hansmann 称之为不分配的限制。见 Hansmann. The Role of Non-Profit Enterprise. Yale Law Journal，1980（90）：835-901。

[2] 一个例外是参与党派政治游说的非营利性机构，它们不能享受联邦的免税待遇。

[3] A. Meckstroth and P. Arnsberger. A 20-year Review of the Nonprofit Sector，1975—1995. Statistics of Income of Bulletin，1998，18（2）：149-171

[4] Richard G. Frank and David S. Salkever. Nonprofit Organizations in the Health Sector. Journal of Economic Perspectives，1994，8（4）：129-144。

增加的国民健康支出所扮演的重要公共角色，这个领域吸引巨大的注意力是毫不奇怪的。①

下面我们将回顾研究者所提出的用于预测非营利性医院行为的几个理论模型。在头两个模型中，我们关注医院的目标。在第三个模型中，我们则关注医院的医疗容纳能力。我们将给出这些模型所包含的几种矛盾的可检验的含义，同时也分析它们和关于医院的政策的关系。

最早的关于非营利性医院的经济模型是由 Newhouse 创建的。② 他认为医院的决策是由院长征求该医院员工的建议后做出的。主要的决策包括提供的医疗服务的质量和数量。③ 院长更偏好更多的服务数量，因为这样可提高他（或她）的责任范围。院长也会偏好高质量的服务，因为这样会为医院赢得好的声誉。因此，我们可以假设医院试图最大化包含了数量和质量这两个因素的目标函数。我们将用这种模型来替换利润最大化假设的标准厂商模型。

这个模型包含以下约束：向下倾斜的需求曲线（因此医院拥有一定的垄断势力），以及成本约束下的技术可能性曲线。剩余的约束就涉及医院的非营利特性，即医院不允许赚取利润。如果它要弥补成本的话，则其收取的价格等于平均成本。

我们可以很容易地看出这个模型的两个含义。第一，医院将会有效使用投入的资源。在一个既定的质量水平上，医院会生产既定需求下的最大医疗服务数量，以最大化其效用函数。或者，换一种说法，它将会以最低成本提供一个数量和质量的组合。第二，医院将不会提供"有效率"的服务，而偏向于提供"经济"的服务。

如图 11-1 (a) 所示，每一条平均成本曲线和不同的质量水平相联系。更高的成本曲线代表更高的质量。同时，在既定的价格水平上，服务质量越高，其导致的需求也越大。因此，随着质量的提高，需求曲线向右上方平移。在每个既定的质量下，零利润的医疗数量由需求曲线和平均成本曲线的相交点决定（假设没有价格歧视）。假定质量有这样一个范围，在这个范围内，随着质量升高，平均成本曲线从 AC_1 移动到 AC_2，零利润的医疗数量不断增加。然而，如果超过某一个临界点，则随着质量的提高，平均成本曲线从 AC_2 移到 AC_3，需求开始减少，零利润的医疗数量开始下降。

当然，医院可以根据需求提供不同质量的服务。我们用固定的单位（比如住院天数）来计算不同质量下的医疗服务总量。医院院长知道医院有一个向后弯曲的"数量-质量"的生产组合边界，如图 11-1 (b) 所示。根据医院的目标函数画出其无差异曲线，即能够给医院带来同样满意程度的"数量-质量"组合，那么很明显，要想最大化满意度，院长将会在边界上选择这样一个点，在该点上边

---

① 在 1999 年，公共部门的医疗支出是 5 485 亿美元，占 12 107 亿美元的国民医疗费用支出的 45%。对比之下，在 1979 年，联邦的医疗支出是 680 亿美元，占到了国民医疗支出的 28%。医院的成本是医疗支出中最大的一部分。

② Joseph P. Newhouse. Toward a Theory of Nonprofit Institutions: An Economic Model of a Hospital. American Economic Review, 1970, 60 (1): 64-74.

③ 简单地说，可以把医疗的数量看成"住院天数"（patient-days），而把医疗的质量看成病房的种类，比如公用的病房，或部分专用病房，或专用病房。

界线与无差异曲线相切。这样，医院的生产是有效率的。

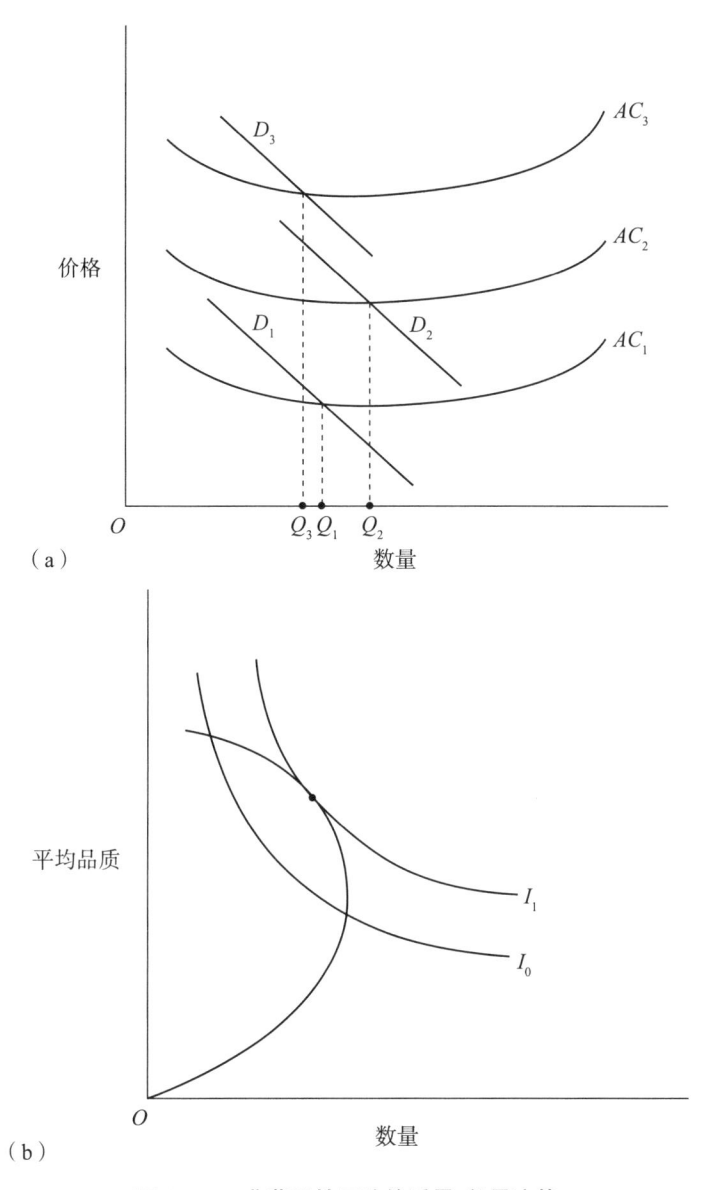

图 11-1 非营利性医院的质量-数量决策

（a）质量可变的医院服务；（b）医院的质量-数量取舍。

模型第二个含义是，医院会倾向于"经济"的服务。有效的资源分配要求医院所提供的质量处于这样一点上：对于增加一单位的质量所愿意支付的价格等于其边际成本。但是从医院的角度考虑这个问题，考虑这样一个患者，他愿意为额外一单位的"经济"服务支付边际成本。这提高了医院服务的数量，但同时降低了医院服务的平均质量。在质量连续统的某些点上，医院不认为服务数量的增加值得降低平均质量。因此，某些医院服务没有处于效率水平上，而是处于低质量水平上。第二个含义是重要的，因为它预测了非营利性医院和利润最大化医院的行为差别。利润最大化医院会提供各种质量的服务，包括低质量服务，只要能够带来利润。因此，我们可以对这个模型进行实证检验。

通过引用经验事实，Newhouse 证明了这个模型所预测的医院对质量的偏好与事实一致。比如，他指出，非营利性医院比私立医院更容易赢得公众的信任。[①] 同时，他也指出，对非营利性医院的免税待遇和慈善捐助可能会成为私立医院的进入壁垒，这些私立医院可以提供非营利性医院所不能提供的服务。如果非营利性医院允许出现赤字（由慈善捐助来补充），那么它将会在每个既定的质量水平上提供更多的服务，其对服务的定价将会低于平均成本，并且会把数量-质量的边界向右移动。这样就使那些以营利为目标的未被补贴的医院处于不利地位。

另一个关于医院的模型是由 Pauly 和 Redisch 提出的[②]，他们认为医院院长仅是名义上的医院首脑，医院的实际控制权在医生的手中。同时，医生们像普通人一样有经济动机，因此他们在医院的运作中会最大化他们自己的净收益。[③]

在图 11-2 中，我们给出了最大化每个医生净收益的医生规模。它假定医院面对一条向下倾斜的需求曲线，并且医院能够在既定价格下购买"非医生投入品"（nonphysician input）。医生们会把支付"非医生投入品"后剩余的收益分掉。

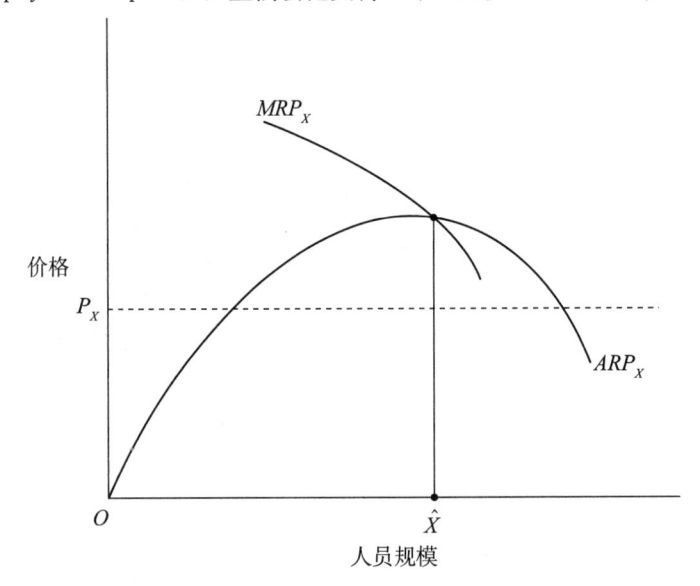

图 11-2 作为医生合作社的医院

资料来源：M. Pauly and M. Redisch. The Not-for-Profit as a Physicians' Cooperative. American Economic Review, 1973, 63 (1).

---

① 他指出，在 1965 年美国医院协会所列出的所有医院中，62% 的公立医院受到信任，相比之下，只有 34% 的私立医院受到信任。

② M. Pauly and M. Redisch. The Not-for-Profit Hospital as a Physicians' Cooperative. American Economic Review, 1973, 63 (1): 87-89.

③ 在经过这些推理之后，一个关于非营利性机构的重要的一般见解是，这些我们一般将之与慈善事业联系起来的医院，其行为并不是没有私心的行为。

在每个可能的医生数量规模上，都有一个最优的"非医生投入品"数量。每个"非医生投入品"的购买数量将达到这样一个点，即单位的边际收益产品等于其成本。否则，医生们会通过购买更多的（或更少的）"非医生投入品"来增加自己的收入。我们将在下面做出解释。

要素或投入品的边际收益产品（MRP）是多使用一单位要素所引起的边际收益的变化。要素增加导致产出增加，产出增加又带来边际收益。可用一个函数表示如下：

$$MRP_L = (MR_Q)(MP_L^Q)$$

增加一个医生可以每天增加 12 次听诊（在其他听诊设备和投入品固定的情况下），并且每次听诊带来 30 美元的收益，因而这个人每天的边际收益产品将是 $30 \times 12 = 360$ 美元。一个最大化自身利润的企业会增加要素，只要这个要素的边际收益产品超过了其边际成本（因而也增加了利润）。利润最大化的投入数量在这样一个点上，其边际收益产品等于边际成本。医院对每一种"非医生投入品"都会选择这样的数量，以便实现医生的收入最大化（同时也确保医院是非营利性组织）。

和利润最大化模型唯一的区别是医生投入数量。既然新增加的一个医生将和原来的医生共同分享这个医院的利润（即支付"非医生投入品"后的剩余收益），所以其他的医生想知道多增加一个医生后会增加还是会减少他们的收入。因此，他们都很关心增加一个医生对平均收益产品的影响。平均收益产品（ARP）是每一个投入品的边际收益产品之和除以所使用的投入品的数量。随着医生数目 X 的增加，可以想象，医院最初能够利用规模经济的优势和需求弹性的优势，所以 MRP_X 先上升后下降（图 11-2 只画出了下降部分）。随着 MRP_X 的逐渐上升，它将位于 ARP_X 曲线之上。即使 MRP_X 曲线开始下降，它还是在 ARP 曲线之上，仍然拉动 ARP_X 曲线上升。只有当 MRP_X 曲线在 ARP_X 曲线之下时，它才开始拉动 ARP_X 曲线向下弯曲。因此，最大化的 ARP_X 点出现在 $MRP_X = ARP_X$ 的时候，如图 11-2 所示。

要想知道这一点和医生投入数量选择的关系，我们必须考虑医生的供给问题。考虑在一个城市里，医生的机会成本是 P_X，并且从医院的角度看，医生供给是充足的。因此，医院能够以高于或等于 P_X 的价格吸引到足够的医生。当医生数量超过 $\hat{X}$ 时，医生的平均收入开始下降。因此，假如现在的医生们控制着医生的规模，那么他们不会让医生规模超过 $\hat{X}$。①

注意，这个组织的产出低于一般的利润最大化垄断组织（它们以医生的机会成本来雇用医生）。医生数量超过 $\hat{X}$ 时，医院的总利润会上升，因为 MRP_X 超过了 P_X。此外，"院长控制模型"预测医院的行为是在既定需求下最大化销量，

---

① 这和第九章中最大化生产能力的模型非常相似。这也是劳动者所有的工厂经常采用的一种计算方式。参见 B. Ward. The Firm in Illyria: Market Cyndicalism. American Economic Review, 1958, 48 (4): 566-589. 在很多例子中，这个模型甚至预测医院将会雇用比 $\hat{X}$ 还要少的医生。因为增加一个医生将会使每一个医生从其他投入品种得到的"利润"下降（增加一个医生所贡献的 MRP_X 必须大于等于 ARP_X 与"非医生投入品"净收益之和）。

第十一章 公共和非营利性机构：目标、能力与政策含义

它会生产比通常的垄断者更多的产品。因此,"医生控制模型"比"院长控制模型"所生产的产品数量要少。至少,以上两个模型是如此预测的。更进一步,医生控制的医院没有以最低的成本生产,因为少买一点"非医生投入品"并且利用补贴来增加对医生的投入,这样可以增加产出。因此,这个模型和 Newhouse 模型至少有两个不同之处。这些相互矛盾的预测对于这两个模型的实证检验很重要,因为这使得研究者可以通过实证检验来分析一个模型对实际行为的预测是否优于另一个。

到目前为止,这个任务被证明是很困难的。[①] 但是实证研究很重要。我们简要地举两个例子。第一个是关于政策是否允许两个医院进行合并。医院合并可能会导致医院拥有垄断势力,并且可通过减少医疗服务的数量来提高价格,从而使价格高于边际成本。[②] 近年来医院合并的案例大为增加,因为医疗机构随着财务和技术的转变自身也在进行重大变革。如果合并导致医院是非营利的,并且如 Newhouse 模型所预测的那样行事,那么它不会使用垄断权力来提高价格。然而,如果它像 Pauly-Redisch 模型预测的那样行事,那么它将提高价格。阻止合并将是明智的。

在 1996 年,密歇根州一个地方法庭的法官允许大瀑布市的两家最大医院进行合并。这两医院占有当地 73% 的市场。法官的意见是,非营利性医院的行为不同于利润最大化组织,并且非营利性组织不大可能提高价格,合并后的医院仍然是非营利性的医院。法官引用了一个分析性的经验研究,这一研究发现非营利性医院合并之后并没有提高价格,尽管营利性医院提高了价格。[③] 这些行为和 Newhouse 模型所得出的结果是一致的,但是和 Pauly-Redisch 模型矛盾。在这个判决以后,根据最新证据所做的研究表明,非营利性医院在合并后确实提高了价格。在给定的市场势力下,价格会逐渐上升。最新研究还发现,在其他条件相同的情况下,非营利性医院所收取的价格一直都低于营利性医院。[④] 这些新的研究表明,非营利性医院的行为和 Pauly-Redisch 模型有一定的相似性,虽然只是一定程度地相似。同时,这些研究还表明,对会导致市场垄断的医院合并,应该进行密切的监督,不管是哪种所有制结构。

第二个例子是估计医院生产的非效率程度,以公共医院、私立医院和非营利

---

① Gulley 和 Santerre 认为,"由于缺乏过硬的实证证据,研究者不能精确指出驱动非营利性医院的主要目标是什么"。参见 O. Gulley, and R. Santerre. The Effect of Tax Exemption on the Market Share of Nonprofit Hospitals. National Tax Journal, 1993, 46 (4): 477-486。

② 我们将在第十七章讨论这种一般情况。

③ W. Lynk. Nonprofit Hospital Mergers and the Exercise of Market Power. Journal of Law and Economics, 1995, 38 (2): 437-461。

④ 参见 G. Melnick, E. Keeler, and J. Zwanziger. The Changing Effects of Competition on Non-Profit and For-Profit Hospital Pricing Behavior. Journal of Health Econonmics, 1999, 18 (1): 69-86; G. Melnick, E. Keeler. Market Power and Hospital Pricing: Are Nonprofits Different. Health Affairs, 1999, 18 (3): 167-173。

性医院为样本。① 尽管这个研究没有搞清楚这几类医院低效率行为背后的动机，但是提出了一个很好的政策建议。目前，医疗保险使用的预期支付系统是基于患者的诊断，而不是基于医院的实际医疗成本。对医疗诊断的支付金额是基于所有医院的成本数据，尽管有的医院是无效率的。在这个研究中，所有的医院被分为两个组别，比如效率最高的75%和效率最低的25%，因此作者建议医疗保险支付应该基于医疗成本，并且剔除效率最低的医院。这样会使医院不再坚持低效率，并改进效率。②

第三个医院模型是由Harris提出的。③ 他认为，如果不考虑医院的信息和交易成本，我们就很难理解医院的行为。这就像没有考虑到这些因素就不能理解垄断企业的价格歧视行为一样。换句话说，Harris强调在既定的技术条件下医院的医疗供应能力。他得出了如下结论：医院的确是集两个组织形态于一体的组织，即"医生控制型"和"院长控制型"，这两种形态永远处在斗争中。

在解释他的推论以前，我们先提出这个分析的两个含义。第一，在求解具体问题时通常会使医院变得更大和更复杂。这种情况下，医院更像Newhouse模型而不是Pauly-Redisch模型。第二，Harris预言，限制医院的年度支出增加的政策是无效的。④ 他指出医院的支出主要是因医生们进行各种试验和医疗的短期决策而产生的。对医院总支出负责的院长无法管辖每个医生的支出决定。⑤ 因此，Harris模型认识到了医生们在分配医疗资源中的作用，从而更像Pauly-Redisch模型。

Harris模型的重点不在于医院决策者的一般性目标函数，而在于解释为什么某些标准化的决策程序会在医院出现。医院是用来解决复杂的问题的，即医疗诊断和治疗疾病。这要求组织能随着环境和信息做出迅速的变化。假设对于目前病人的情况，有最小的可接受的医疗资源投入量。如果医疗资源投入超过这个最小

---

① Zuckerman、Hasley和Iezzoni的研究工作发现那些效率不高的医院大部分属于私立医院，而不是非营利性医院。如果Newhouse模型比Pauly-Redisch模型更加精确，那么这个结论并不令人感到惊讶，因为Newhouse模型没有预测非营利性医院在生产上是无效的。Zuckerman、Hasley和Lezzoni的研究结果还表明，非营利性医院的样本中，低效率的比例在11%~12%之间，这和Pauly-Redisch模型一致。在任何一个动态行业中，都没有一个清楚的基准，把常见的短期无效性与较大的长期无效性区分开。如果有人认为部分私立医院是无效的，那么他就不能将私立医院部门作为基准（即使标准的利润最大化模型意味着生产成本最低，也不能解释这一点）。参见 S. Zuckerman, J. Hasley and L. Lezzoni. Measuring Hospital Efficiency with Frontier Cost Functions. Journal of Health Economics, 1994, 12 (3): 255-280.

② 这个政策的含义在 S. Zuckerman 和 J. Hadley 的论文中有所讨论。S. Zuckerman, J. Hadley. The Role of Efficiency Measurement in Hospital Rate Setting. Journal of Health Economics, 1994, 13 (3): 335-340.

③ Jeffrey E. Harris. The Internal Organization of Hospitals: Some Econo-mic Implications. Bell Journal of Economics, 1997, 8 (2): 467-482.

④ 比如说，卡特政府提出了一个关于医院成本控制的《医院成本控制法案》（Hospital Cost Containment Act）.

⑤ 在几乎所有的医院中，病患者会收到两张付款单：一张是医院开出的，另一张是医生开出的。一种逃避医疗支出管制的方法是在医生开出的付款单中包含更多的化验和治疗费用，这减少了（只在纸面上）医院的支出数目。医疗支出管制不像设想的那样管用的另一个原因是政治上的考虑。例如，在卡特政府豁免期间提出的一个建议中，医院雇员的压力导致卡特政府豁免了这些医生的收入。既然这些工资收入是可控的，那么这种豁免会使医疗支出管制软弱无力。参见 Henry Aaron. The Domestic Budget. in Joseph Pechman. ed.. Setting National Priorities: The 1980 Budget. Washington, D. C.: The Brookings Institution, 1979: 99-159.

数量，就会有更高质量的医疗服务。① 但是超过这个最小数量和没有达到这个最小数量不是同一个问题。在需要迅速决策的环境中，只有医生才有资格迅速决定这个最小医疗数量。这样医院才能给病人提供必要的医疗服务。

为了保证医疗投入能满足医生们的需要，医院分成不同的部门。在供给方面，院长监督手术室和供血等辅助服务。在需求方面，医生有权要求辅助部门为患者提供医疗服务。因此，对患者的医疗过程可以被看成一系列供给需求相互反应或交易的过程。这个过程中一方是作为病人代理人的医生，提出辅助服务的要求，而另一方则负责供给。

为什么会有这种分割的产生？医生们必须保持相对于医院的独立性，以便为病人的最大利益自由行动。但是医生们仍然必须和辅助设施供给方保持密切联系，以便在他们需要辅助设施时能够得到满足。因此，解决办法就是患者和医院以及医生之间都有独立的契约。医生和院长一起制定出一系列规则和程序，引导医院设备的使用和医疗资源的内部分配。这使得医院看来像"医生决定模型"和"院长决定模型"两种形态的结合。

为什么这种分割的组织安排会导致医院容纳能力持续扩张？每个医生都希望医疗资源的投入能满足患者的需要。医院的院长在医疗资源如床位、化验设备等使用到极限之前是不会进行新的医疗资源投资的。但是当医院接近最大容量时，医生对自己的投入份额持保护性态度。随着医生们提出越来越多的急诊要求，优先权（对医院设施如 X 光的急诊要求排在正常要求之前）的常规被打破。但是它又不能影响医生们的现场诊断。最简单快捷的方式就是增加医院的医疗容量。一旦有新的医疗资源可供使用，医生们就会利用它们给病人提供最好的治疗。这样就引发了医生对现有容量的保护本能，使医院的医疗容纳能力不断螺旋上升。

控制医院支出的管制条例会引发这种对医疗设备资源的占用。医院的院长必须加强管制，但对于每个医生需要一系列 X 光设备的决定却无法控制。结果是每个病人所使用的医疗资源不断增多以及对新的医院的需求不断增加，而现有设施收诊的病人数量在降低。还可能有其他的方式违反这种管制。在 Harris 模型中，我们在两种情况下都没有理由认为其能够实现目的。

我们回顾非营利性医院的模型是为了展示微观经济学的分析逻辑在非一般市场条件下的经济组织活动中的应用。它把组织行为的基本要素——目标函数、生产能力、约束条件——应用到新环境中。虽然所有的模型都有直觉上的可行之处，但这种方法可以使得模型更清晰，并且可实证检验或可证伪。相比之下，如果我们可以采访院长和医生，那么任何看似合理的故事都可能是真的。我们不知道这个故事对于其他情形的意义是什么，也不明白复杂世界的简化（比如医生收入最大化）对于预测的作用是什么。②

以上讨论的医院模型的适用范围和准确性到目前为止还没有被证实，但是，

---

① 注意，病患者的病情可能会变化。病人确实要经历若干个不同的医疗阶段，包括最初的诊断、手术过程中的治疗，以及手术后的康复过程。

② 这些评论并不是贬低通过采访获取信息的方式。事实上，采访常常是获得信息的有效方式，而这些信息是用别的方法所难以获得的。这种方式还可以带来改进经验模型的灵感。

有限的经验事实却表明了这些模型所拥有的洞察力。更进一步，在推断这些模型的含义之外，通过梳理这些模型的逻辑，我们仍然有所收获。或许这应该被称为专业的常识。这是一种对医院运行状态的了解上升到一定高度后的认识。

公共部门和公共企业

将经济决策模型应用于公共机构，比如非营利性机构，还没有得到广泛推广。有关这方面的最著名的理论是 Niskanen 的"预算最大化部门"模型。[①] 这个模型假定高层官僚的动机就像实现最大销售量的私人企业的经理一样。部门的预算越多，高层官僚的工资水平也越高。如果高层官僚关注于提高他们的工资和个人声誉，那么实现这个目的的方法就是使其部门的预算最大化。

Niskanen 以一种新颖的方式做了进一步的假定，即这一部门拥有进行完全价格歧视的能力。存在着一条对该部门产出的"公共"需求曲线，在这条曲线上任一点的高度表示消费者对该产出单位的最大支付意愿。但是，产品却不是直接卖给消费者的，这就是公共部门和公共企业的区别，因为公共企业是把产品直接销售给消费者。立法机构作为公众的"购买代理人"决定这些公共部门的预算水平。假设立法机构知道公众的需求曲线和在既定产量上公众的最大支付意愿。但是由于存在信息不对称的问题，即只有公共部门才知道最小成本生产曲线，因此，立法机构将被公共部门牵着鼻子走：立法机构将会被动接受任何预算，只要需求曲线下面的面积不低于成本。公共部门将发现它的最大产出水平——需求曲线下方的区域——恰好等于生产的最小总成本。换句话说，即 Niskanen 模型认为公共部门的行为和追求销售最大化、实行完全价格歧视并有着收支平衡约束的厂商的行为一样。

为了更清楚地说明这个问题，请看图 11-3。我们画一条呈直线状态的需求曲线和不变的边际成本曲线以简化问题。具有经济效率的产出水平被标注为 Q_E。很明显，如果收到的预算与需求曲线下的面积相等，则公共部门的产量会大于 Q_E。在 Q_E 水平上，会有一个预算盈余，即预算超过总成本的部分，其大小等于三角形 $P_E AB$ 的面积。公共部门可以获得一个更大的预算盈余，只要其扩大产品生产量并且在收支平衡约束以内。既然预算盈余随着产量上升而上升，那么公共部门就会一直膨胀到其收支平衡预算约束所允许的那一点。对于线性需求和不变的边际成本，公共部门的产量恰好是其效率产量的两倍，如 Q_M 点所示。[②]

[①] Willianm A. Niskanen, Jr.. Bureaucracy and Representative Government. Chicago: Aldine-Atherton, Inc., 1971.

[②] 这只有在需求曲线在 Q_M 范围内依然为正的情况下才是正确的。如果需求曲线在收支均衡点之前与横轴相交（在经验上很少成立），那么预算就将在那个点达到最大，公共部门也不会进一步地扩大产量。相反，公共部门可能会低效率使用这些过剩的预算资源，偏离最低成本生产。

Q_M 处的收支均衡点是 Q_E 处的 2 倍，因为 Q_E 之后的损失 $\triangle BCF$ 必须等于 Q_E 之前的剩余 $\triangle P_E AB$。在线性需求曲线中，对任何 $Q>Q_E$，都有相似的三角形。为在面积上相等，必须有 $P_E B=BC$ 或 $OQ_E=\frac{1}{2}OQ_M$。

这个模型的含义与我们之前在其他模型中所展示的一样。我们在这儿对它们做一个小结，并且考察这个模型在公共部门定价策略中的应用。一种观点认为，目标函数的潜在利己主义设想是对现实的莫大讽刺。用一种温和的形式说，即预算越大，公共部门官僚从无效率产量中得到的满足感越大。也就是说，官僚们生产 Q_E 产量的成本等于需求曲线下的面积。官僚们获利的代价是过度使用的资源 $P_E AB$。这样可能会生产出合适的产量，但是两种情形下消费者的损失是一样的。①

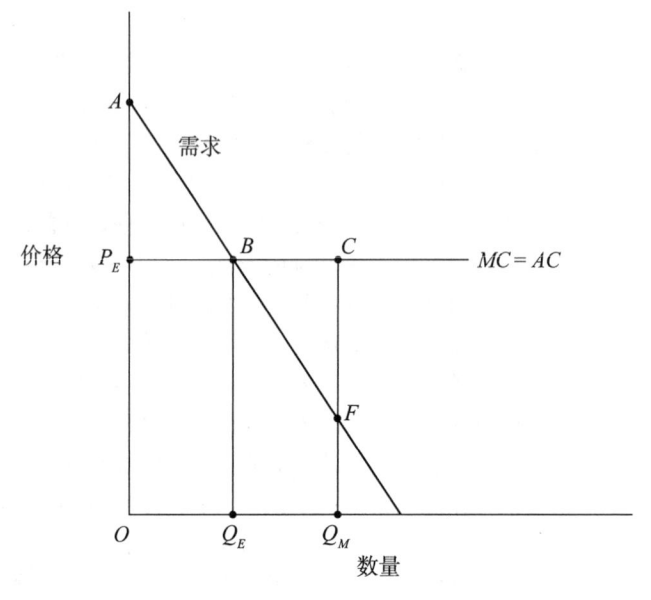

图 11-3 预算最大化的部门生产过量 (Q_M)

这种含义还有一种更有说服力的形式，即每一个消费者的效用，受诸如"做好工作""要做得专业"或"要诚实"等社会标准的影响，大于受"薪水"等简单指标的影响。② 即是说大部分人的行为都具有社会责任感，而不是采用剥削的方式，因为这样会让他们有更大的满足感。这并不否认有的人想剥削其他人，并且很多人都会有自私的剥削行为，如果他们得逞的话。但是社会力量如家庭、学校、宗教会形成对剥削冲动的巨大约束力。因此公共部门的产量可能会很接近效率产量水平 Q_E，并且会尽量最小化成本。③

这个官僚模型的第二个含义与立法机构的约束有关。一个有力的论据是立法

---

① 在 Niskanen 模型中，BCF 是消费者损失，相对于有效率的数量 Q_E 和边际成本定价 P_E 而言。在这个模型中 $P_E AB$ 是消费者损失，因为它代表剩余资源的机会成本。两个消费者损失是一样的，因为两个三角形是全等的并且有相等的边 ($P_E B = BC$)。社会的损失是消费者损失减去公共部门所得的收入。

② 比如，见 D. McFadden (1976, 1977) 的理论和经验研究。McFadden 的结论是加利福尼亚高速公路部门 (California Division of Highways) 的路径决策可以用社会净福利来解释。

③ 注意，这些力量经常被经济学家忽略掉，虽然这对于预测没有损害。这是因为，对如此之多的经济变化而言，社会力量是恒久不变的。即不管经济怎么变化，它们的影响力基本不变。另一个原因是经济约束条件通常限制了其相机决定的行为。在 Niskanen 模型中，经济约束对行为没什么影响，且预测包含了合意的均衡（而不是对于价格提高的反应），因而考虑其他社会力量的影响是很重要的。

机构对成本曲线的了解远甚于其对消费者需求曲线的理解（就人们对额外产出的真实支付意愿而言）。一般来说，由政府和联邦机构提供产品的市场机制不能显示消费者的需求。立法机构关于需求信息的主要来源是选举，这种表达需求的方式是一种粗略的加总方式。另一种来源是特殊利益团体的利益需求，这些利益集团代表了一部分特殊群体的利益，而不是公众的利益。

公共部门的支出数额和用途都必须保存下来，并且支出决定的程序经常会被检查。比如说，大多数公共部门都被要求对提供商采取竞争性招标程序。并且这些招标程序被诸如联邦管理与预算部（Federal Office of Management and Budget，简称 FOMB）和总会计部（General Accounting Office，简称 GAO）这些督察机构所监督。当然，这并不是说这些督察机构关于成本的信息跟公共部门一样多。这就像企业的存货管理人员对存货信息的了解程度和这个企业别的工作人员对存货信息的了解程度存在差别一样：公共部门知道更多的细节，但是如果成本超出正常水平太多，那么督察机构也能发现出来。

一些公共部门，比如公立学校，在很大程度上是被地方选举直接控制的。虽然州立法机构在资助公立学校方面扮演了重要角色，但地区提供了学校将近一半的收入，并且地区的居民通过选举决定学校预算。在一定程度上，在公共部门预算最大化的框架之内，这些选举人像立法机关一样，关于最小成本生产可能性是信息不充分的。如果是这样的话，那么公共部门就可以提取中位选民的剩余。蒂伯特模型表明公共生产机构（如学校）面对着来自邻近地区的竞争压力。这是阻止公共部门偏离 Niskanen 基本模型、攫取消费者剩余的另外一种方式。

关于立法机构和选举人约束的第二个含义没有牵涉到关于公共部门的动机和目标的其他假定。在极端的情形下，他们认为部门运行的环境是如此严酷，以至于部门的目标没有实际意义，部门只能如立法机构和中位选民所期望的那样行事。在不太极端的情形下，这些含义表明部门的决策自由受到了较大程度的限制，这种限制超过了预算最大化模型所描述的情形。

公共企业行为的经验预测：BART 的定价决策

为证明关于公共供给部门的理论能接受经验检验，Cooter 和 Topakian 分析了公共企业的定价决策。[①] 他们研究了海湾地区高速交通区域（Bay Area Rapid Transit District，以下简称 BART），这个机构对旧金山海湾地区提供铁路交通服务。BART 同时享受联邦的资金补助和地方销售和物业税的优惠待遇，剩下的成本就必须向乘客收费来获取补偿，这是一个收支平衡约束。

设想一条铁路线一端在城市中心，另一端在边远的郊区，并且沿途有一些供

---

① R. Cooter and G. Topakian. Political Economy of a Public Corporation: Pricing Objectives of BART. Journal of Public Economics, 1980, 13 (3): 299-318.

旅客上下车的车站。BART必须就所有可能的"出发点-终点"组合进行定价。Cooter和Topakian关注的问题是BART是否会按我们上面讨论的公共部门定价策略那样定价。和旅途成本相联系的预测（或实际）票价可揭示出哪些（车站的）旅客享受到了最大补贴。

他们用以说明预测价格的假设是关于官僚机构的：被选中的价格结构能最大化官僚的利益，这些利益的最好实现方式是最大化公共事业部门的规模。他们提供了两种测量规模的方法，票价收入（farebox revenues）和总的旅客里程（total passenger-miles）。在给定的价格需求弹性上，他们分别计算出了使规模最大的价格。

Cooter和Topakian发现BART有一个由9个BART分区的选民选举出来的9人董事会。从官僚的视角看，他们假设BART的定价策略是完全通过政治程序来下达命令。他们提出了两种政治控制的观点：（1）补贴的用途是实现选票的最大化，这意味着最大化中位投票人的利益；（2）根据各个政治利益集团的政治力量分配补贴，这些集团与BART所在地区居民的社会经济特征有关。

因为Cooter和Topakian的经验研究非常复杂，因此我们有必要用简化的数字来举例说明各种模型的不同预测。为了做到这一点，我们采用类似第十章完全价格歧视的例子。我们假设BART的消费者分为两组，这两组有如下的旅客里程需求曲线：

$$Q_1 = 10 - P_1 \quad 或 \quad P_1 = 10 - Q_1$$
$$Q_2 = 10 - P_2 \quad 或 \quad P_2 = 20 - Q_2$$

我们假定每个单位的旅客里程具有不变的边际成本——4美元，虽然BART承担了铺设铁路的大量的始初成本。

让我们首先思考两个官僚目标：最大化票价收入和最大化旅客里程。如果BART试图寻找能最大化票价收入的定价策略，它就会像一个想实现销售最大化的完全歧视厂商那样行事。即，它会寻找到一个点Q_1，使$MR_1=0$和一个点Q_2，使$MR_2=0$。

这两条需求曲线的边际收益曲线如下所示：

$$MR_1 = 10 - 2Q_1 = 0 \rightarrow Q_1 = 5$$
$$MR_2 = 20 - 2Q_2 = 0 \rightarrow Q_2 = 10$$

把$Q_1=5$和$Q_2=10$代入需求曲线，就可以得到BART所采取的价格。

$$5 = 10 - P_1 \rightarrow P_1 = 5 \text{ 美元}$$
$$10 = 20 - P_2 \rightarrow P_2 = 10 \text{ 美元}$$

因此BART要求地区1的乘客支付5美元，地区2的乘客支付10美元，从而可获得的最大票价收入为125美元＝5美元×5＋10美元×10。

以上目标和最大化旅客里程目标完全不同。如果有无限的政府补贴，则BART会把价格定为$P_1=P_2=0$，从而$Q_1=10$和$Q_2=20$，但是BART至少需要补偿其每单位旅客里程的运营成本4美元，在这样的约束下，BART将（大致地）把价格订为

$P_1=1$ 美元，$P_2=6$ 美元，从而 $Q_1=9$，$Q_2=14$，BART 会有 93 美元的收入。[①]

为了理解政治模型是如何导致不一样的结果的，设想价格组合（P_1，P_2）是由多数选民选定的。地区 1 的选举人数为 10，地区 2 的选举人数为 20，每个地区的选举人代表他们的乘客的利益。当然，所有选举者在没有补贴限制的情况下都同意 $P_1=P_2=0$（即这些补贴完全由联邦政府负担，而地区的纳税人不用承担补贴的责任）。但是假设 BART 必须补偿其运营成本，那么选举人应该同意这样一组价格 P_1 和 P_2，即它们使得总收入等于总运营成本：

$$P_1 Q_1 + P_2 Q_2 = 4(Q_1 + Q_2)$$

把 $Q_1=10-P_1$ 和 $Q_2=20-P_2$ 代入方程中，我们得到

$$P_1(10-P_1) + P_2(20-P_2) = 4(10-P_1+20-P_2)$$

简化后，我们得到

$$10P_1 - P_1^2 + 20P_2 - P_2^2 = 120 - 4P_1 - 4P_2$$

或

$$14P_1 - P_1^2 + 24P_2 - P_2^2 = 120$$

这个方程是满足约束的所有的 P_1 和 P_2 的组合，如图 11-4 所示。注意，这个方程的适用范围仅为 $P_1 \leqslant 10$ 美元和 $P_2 \leqslant 20$ 美元。对于 $P_1 > 10$ 美元，$Q_1=0$ 且约束变为 $P_2 Q_2 = 4Q_2$ 或 P_2 必须等于边际成本 4 美元。同样，对于 $P_2 > 20$ 美元，$Q_2=0$ 时，P_1 必须等于 4 美元。在圆圈上，不在以上价格范围之内的价格是无效解，并且用虚线表示出来了。图 11-4 中的实线表示满足补贴和价格范围约束的价格组合。

显然，地区 1 的选举人更喜欢最低的价格 P_1（从而一个相对高的 P_2），地区 2 的选民则相反。如果可能的话，那么地区 1 的选举人将希望 $P_1=0$，这意味着

$$24P_2 - P_2^2 = 120$$

这有两个解，并且分别有相关的产出水平和 BART 收入水平（等于运营成本）：

$P_2=16.90$ 美元　　　$Q_2=3.1$　　　$Q_1=10$　　　$TR=52.39$ 美元
$P_2=7.10$ 美元　　　$Q_2=12.9$　　　$Q_1=10$　　　$TR=91.9$ 美元

很显然，在这两个解中，地区 2 的选举人更偏好 $P_2=7.10$（BART 管理层

---

① 这个结果将导致两组消费者每单位旅客里程的边际收入相等。否则，BART 将能够在同样的旅客里程（以及相同的运营成本）下得到更多的收入。这将产生高于与运营成本相匹配的水平的收入。同时，它会补贴额外的旅客里程。

让我们通过计算来看一下这个问题。为在约束条件下最大化 Q_1+Q_2，我们建立拉格朗日函数：

$$L = Q_1 + Q_2 + \lambda[P_1 Q_1 + P_2 Q_2 - 4(Q_1 + Q_2)]$$

那么一阶条件是

$$\frac{\partial L}{\partial Q_1} = 1 + \lambda \left(P_1 + Q_1 \frac{\partial P_1}{\partial Q_1} - 4\right) = 0 \tag{i}$$

$$\frac{\partial L}{\partial Q_2} = 1 + \lambda \left(P_2 + Q_2 \frac{\partial P_2}{\partial Q_2} - 4\right) = 0 \tag{ii}$$

$$\frac{\partial L}{\partial \lambda} = P_1 Q_1 + P_2 Q_2 - 4(Q_1 + Q_2) = 0 \tag{iii}$$

我们联立解这些方程来求解 Q_1 和 Q_2，将 $P_1=10-Q_1$ 和 $P_2=20-Q_2$ 代入求 λ，并注意到 $\frac{\partial P_1}{\partial Q_1}=-1$ 和 $\frac{\partial P_2}{\partial Q_2}=-1$。我们求得 Q_1 约为 9.042，Q_2 约为 14.042。注意在（i）和（ii）中，λ 之后的表达式是 $MR-MC$。因为两个表达式都等于 $-\frac{1}{\lambda}$，所以它们彼此相等。因为两种情况下 $MC=4$，所以 $MR_1=MR_2$。

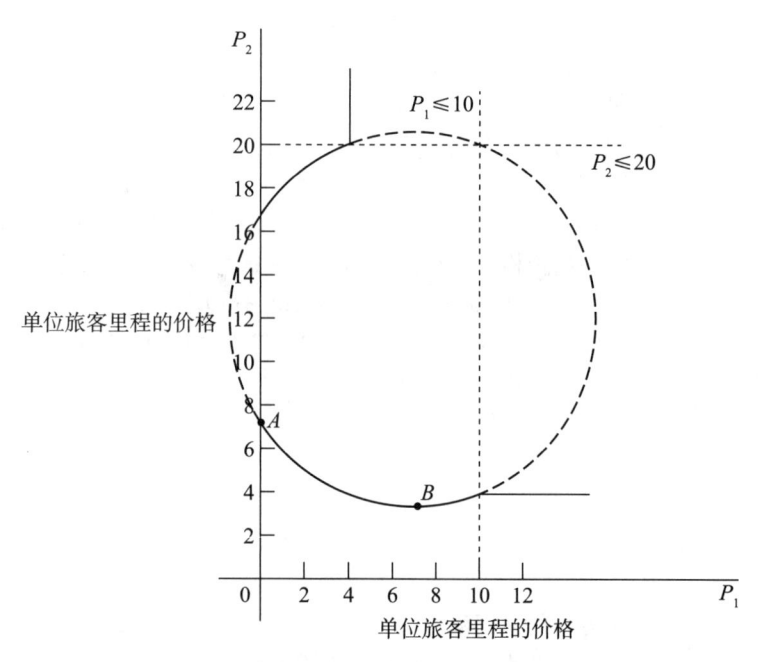

图 11-4 实线是使得收益等于运营成本的价格组合

也是如此，无论从收益视角来看，还是从旅客里程视角来看）。地区 1 的选举人希望得到最佳结果，提出 $P_1=0$，$P_2=7.10$，如图 11-4 中的 A 点所示。

当然，地区 2 的选举人更偏好 $P_2=0$，这意味着
$$14P_1-P_1^2=120$$
但这是不可能的，就像我们从图 11-4 中所看到的那样。能把收益提高到至少等于地区 1 的运营成本与向地区 2 的旅客免费提供 20 单位旅客里程的运营成本之和的水平的 P_1 是不存在的。① 因此，在地区 2 的选举人看来，最好的计划必须有 $P_2>0$。最低的价格是 $P_2=3.46$ 美元且 $Q_2=16.54$，这意味着，$P_1=7$ 美元和 $Q_1=3$。②

---

① 方程 $P_1^2-14P_1+120=0$ 有两个解。
② 在约束条件 $TR=TC$ 下，我们选择 P_1，P_2 和 λ 来最小化 P_2。我们建立拉格朗日函数：
$$L=P_2+\lambda(14P_1-P_1^2+24P_2-P_2^2-120)$$
求一阶条件偏导：
$$\frac{\partial L}{\partial P_1}=\lambda(14-2P_1)=0 \tag{i}$$
$$\frac{\partial L}{\partial P_2}=\lambda(14-2P_2)=0 \tag{ii}$$
$$\frac{\partial L}{\partial \lambda}=14P_1-P_1^2+24P_2-P_2^2-120=0 \tag{iii}$$

从等式（i）中，我们看到只要 $\lambda\neq 0$（即这个约束是有效的），就有 $P_1=7$ 美元。那么等式（iii）可以化简为
$$14(7.00)-(7.00)^2+24P_2-P_2^2-120=0$$
或者
$$P_2^2-24P_2+71=0$$
求解此二次方程，我们得到 $P_2=3.456$ 美元。

这样的定价使 BART 的收益（等于其运营成本）等于 78.23 美元。因而地区 2 的选举人更喜欢的结果是 $P_1=7$ 美元，$P_2=3.46$ 美元（图 11-4 中的 B 点）。

在这个简单的例子中，很明显，地区 2 的选举人占多数，从而可选出他们所偏好的结果，即 $P_1=7$ 美元和 $Q_1=3$，$P_2=3.46$ 美元和 $Q_2=16.54$。BART 有 78.23 美元的收益。注意，中位选民的方案与另外两种满足官僚机构目标的方案有很大差别。在没有选举人约束的情况下，BART 可以实现 125 美元的收入，提供旅客里程为 23 公里的服务。[①]

最后，一个简单的利益团体模型如下：如果地区 1 的居民很富有，有势力，并且关系密切，但地区 2 的居民不是这样，那么地区 1 的居民就能实现他们所期望的方案。他们会谨慎地支持一个候选人担任 BART 的董事会主席。同时，这个候选人所做的竞选承诺要吸引所有人。比如，BART 将更加安全、迅捷、环保卫生，以及获得更多补贴。当选后，这个候选人就会悄然实施地区 1 居民所偏好的价格策略。

这些简单的模型是要说明为什么 Cooter 和 Topakian 所考察的四个不同模型有不同的预测结果。作者解决了票价难以量化预测的难题，并且将预测结果与实际票价进行了比较。预测的票价是 BART 依据模型采取行动时所制定的价格。

为了检验这些假设，作者进行了仔细的实证检验。他们调查的数据反映的是从 BART 沿途 33 个车站出发乘客的平均车程。实际票价是众所周知的。其他独立的研究测算了乘客对 BART 的乘车需求价格弹性，作者运用这些关于价格弹性的测算来预测乘客对价格各种可能的变化的反应。[②]

为测算出每个车站平均每个乘客所获得的补贴，我们不仅要知道车票的价格，还要知道乘车服务的成本。在另一个模型中，Cooter 和 Topakian 估计了每个车站之间每英里的成本，同样，这也是建立在一定的假设条件上的。他们的模型假设每个乘客每英里的成本是一个关于到市中心距离的增函数，从而得到了一个不错的估计结果。这种情形出现的原因，主要是离市中心越近的地方，列车越拥挤，因此每个乘客所分摊的固定成本就要小些。在这样的估计下，他们计算出了每个车站平均每个旅客所接受的实际补贴。

图 11-5 是 Cooter 和 Topakian 文章中的图表。这幅图表展示了可能的补贴和观测到的补贴，以及其他模型（除了利益集团模型，后面解释）所估计出的补贴。这些补贴的可能性类似于我们简单例子中代表 P_1 和 P_2 组合的点。每一个可能的补贴表示一组价格（每个价格对应一个车站）减去相关的服务成本，并且满足 BART 收支平衡约束。

这些可能的补贴做了以下简化。从每个车站出发实际上有多种不同的票价（和相应的成本）。一个票价对应一个终点站。但是 Cooter 和 Topakian 发现票价可以用平均里程数的简单线性方程近似估算。即是说，一个从 j 站出发的旅客为

---

① 这个中位选民模型的结论有如下含义。我们可以用选民所偏好的最低价格 P_1 来表示选民的偏好（因为一个相对低的 P_1 意味着相对高的 P_2）。如果我们对那 30 个选民的偏好进行排序，那么 10 个人将会赞同 $P_1=0$ 并且剩余的 20 个将会要求 $P_1 \leqslant 7$。如果我们设想从 $P_1=0$ 开始进行投票，并且逐渐提高价格直到 16 个选民（大多数）赞同这个计划，那么，直到 $P_1=7$ 美元时计划才能通过。

② 在整个系统中，估计的价格弹性是 -0.3。作者分别估计了不同车站的价格需求弹性，平均为 -0.15。第二个弹性更小，因为这是基于 BART 和乘车者的数据的，而唯一的可以替代的交通工具是汽车。

每旅客里程支付 P_j，每旅客里程的平均成本是 C_j，因而平均每个旅客获得的每旅客里程的补贴为 S_j（$=P_j-C_j$）。他们还计算了从车站 j 出发的平均旅程 t_j，发现补贴系统（所有的 S_j，$j=1, 2, \cdots, 33$）可以用一个线性方程（含系数 a_0 和 a_1）准确估计，即

$$S_j = a_0 + a_1 t_j。$$

他们认为通过改变系数 a_0 和 a_1，可以用这个等式估计其他的补贴系统。比如说，一个正的 a_1 表示车站的乘客乘车的旅途越长，其所接受的补贴也越大。对于固定的总补贴，较大的 a_1 意味着乘车距离最远的乘客接受的补贴较大，而一个乘车旅途较短的乘客所获的补贴较小。在图 11-5 中，垂直的坐标表示 a_1，水平的坐标表示 a_0。

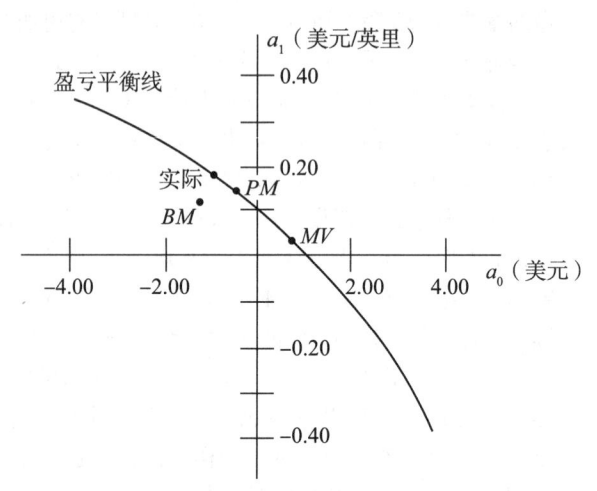

**图 11-5 BART 的补贴可能性：BM＝预算最大化，
PM＝旅客里程最大化，MV＝中位选民**

资料来源：R. Cooter and G. Topakian. Political Economy of a Public Corporation: Pricing Objectives of BART. Journal of Public Economics, 1980, 13 (3): 299-318.

图 11-5 中的实线表示所有可能的（线性）补贴方案，它们都满足 BART 收支平衡的约束条件。实际补贴被认为对乘车距离较长的乘车者较为有利。预算最大化假设意味着补贴方程的系数应该在 BM 点上。这违背了关于约束条件的假设：过多的收入会转变成某种管理费用的增加。另一种测量规模的尺度是旅客里程数。旅客里程数在 PM 点会达到最大。两种关于官僚的假设都和实际的补贴系统很接近。

中位选民模型，如 MV 点显示的，预测的补贴结构和别的模型有很大不同。虽然，随着平均旅程距离的上升，补贴会轻微地上升，但是那些短途的旅客受到更加大方的对待。原因并不复杂。选民和在他们区域内的 BART 乘客有相似的利益关系：随着补贴的增加，会有更多的人乘铁路，从而使得该区域的污染和交通堵塞变得更少。高的 a_0 和低的 a_1，有利于占少数的短途旅客但却不会使别的旅客高兴。我们可以用一个新的补贴政策取代原来的。同样，低的 a_0 和高的 a_1，有利于占少数的长途旅客但却不会使别的旅客高兴。这个补贴系统只有在中位选

民占多数的情况下才不会被否决。

然而,实际补贴系统不像中位选民模型所预测的那样。在这个情形下,不存在有效的民主投票控制方法。如果用这种方法实施控制的话,那么我们至少可以肯定,实际系统会介于图 11-5 所示的官僚偏好与选民偏好之间。然而,实际系统偏离了官僚偏好,这可以用中位选民的压力来解释。这种情况下中位选民假说遭到了否定。

另外一个政治控制理论——利益集团理论——不能用图形表示出来。这个理论认为,如果一些人比另外一些人更有影响力,那么他们所在的领域将比其他领域获得相对多的利益。没有理由认为这些领域是地理上线性的。通过回归分析,作者试图弄清楚他们是否能够解释每一站的平均补助——基于生活在那里的人的特征,如平均收入、教育情况、在一周中经常搭乘 BART 的乘客比例等。结果没有提供足够的支持假说的独立证据,这些特征对于预测补助水平没有多大帮助,除了那些与行程长度相关的特征。

因此,我们得到以下结论:中位选民模型被否定,官僚模型预测值与观察到的补贴是接近的。但是在他们模型估计的范围内,官僚模型预测值与观测值接近的程度并不足以接受(或强烈拒绝)以下假说:官僚目标可以解释真实补贴情况。而且官僚利益在很大程度上与利益集团的行程长度特征相关。因此,我们不能确定这些模型在多大程度上能够解释观察到的票价结构。

当然,总会出现这样的可能,即未测试的模型可能会比测试过的模型解释能力更强。例如,可能 BART 的目标是制定最有效率的票价。所有测试过的模型都关注那些驱动系统的不同目标和限制,而没有一个考虑到 BART 获得补贴实现给定目标的能力。例如,有限理性会使得 BART 设立能够与巴士线路竞争的票价,而没有考虑哪些乘客会得到补贴。

上面阐述了一种怎样预测公共供给组织行为的方法论。对于非营利模型,这种做法不是很容易。但是如果我们对 BART 以及相似的大型运输企业的定价策略有更好的理解,我们就能够预测补贴的变化(可能改变很多大运输系统的联邦补贴)对票价结构的影响,或者我们就能预测所需补贴将怎样根据所建议的票价设置标准进行改变,或者我们就能知道采取什么样的补贴能使 BART 有效分配资源(以及怎样与其他形式相比较)。这些系统的、可测试的、可改进的方法所产生的预测,将比那些没测试的、仅从直接观察得到的方法更值得信赖。

公共企业定价的规范性模型:有效价格结构

在 BART 案例中可能出现这样一个问题:如果 BART 的目标是社会有效,那么它应该怎样设计票价?因为价格决定着使用程度,这也相当于寻找资源的最优配置。对于这样的问题,最普遍的回答是收取一个等于边际成本的价格,但是它没有阐明 BART 为什么是一个公共企业。铁路系统、桥梁、公用设施以及经济的其他领域有着很高的固定成本或者不可分割的成本(比如铺铁轨、建桥梁)

和较低的边际成本。如果这些报酬递增行业的价格定在边际成本,那么由于平均成本比边际成本大得多,它们将没有盈利。

图 11-6 解释了这个问题。我们假定每单位服务都存在固定成本(没表示出来)和不变的边际成本,假定在某个产量范围内总收益大于总成本。如图中所示,产量在 Q_E 之前的边际收益大于边际成本 P_E,因此,效率标准要求生产 Q_E 单位的产量。但是,收取一个与边际成本相等的价格意味着企业利润为负,大小等于 $P_E P_A E$。没有私人厂商将在这种情况下提供有效的服务。在某些情况下,没有价格歧视的运转在私人角度而言将是无利可图的。(这取决于需求曲线是否高于平均成本曲线。)

在这一私人市场失灵的情况下,什么组织能提供这样的服务呢?一个建议是让一个受管制的私人企业来提供这样的服务。政府通过给每单位服务以 $P_A - P_E$ 的补贴(如图 11-6 所示)来实现这一设想,同时要求公司收取一个等于 P_E 的价格。另一个建议是创建一个公共企业,收取价格 P_E,让政府通过一般税收收入来弥补损失。组织形式取决于控制每种组织行为的难度。这里所做的思考以及前面的章节有助于我们设计和评估具体组织形式,使它适用于具体的问题。

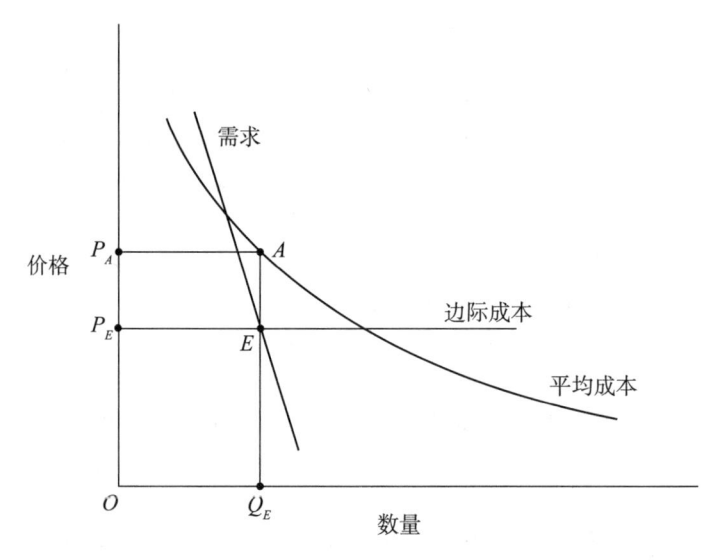

图 11-6 规模报酬递增的问题

但是为了深刻地理解定价问题,我们要引入一个新的问题。政府用以弥补赤字的收益增加了经济体系中其他方面的社会成本,因此 Q_E 产量水平不再是最优的。最优的解决方法是让所有的边际利润都为 0,但这被证明是不可能的。如果边际利润为 0 (Q_E 处),那么通过征税来提供补贴会使得利润不是零,并且资源不能得到最优配置。我们在这里不去探究这个所谓的次优问题的最优解,但是需注意的是政府决定补助水平是解决更大问题的重要步骤。

我们需要考虑的是一个小一点的问题。假定政府已经将 BART 设立为公共企业并宣布了补贴水平。假定路轨铺设完毕,设备也已购买,换句话说,在给定的时间内系统的运力是"固定"的。① 我们想知道在给定运力、收支平衡约束（收入等于成本减去政府补贴）和 BART 运输服务需求的情况下，什么样的价格才能形成资源的有效配置。这个问题常被称为拉姆齐定价问题，因为拉姆齐在 1927 年首次提出并解决了这个问题。

在附录中我们推导出了拉姆齐的结果并给出了一些其他的应用。在这里我们试图给出一个更为直观的理解，以及它们对于公共企业定价的意义。为简化问题，我们想象有一条只经过三个车站［商业区（Business District）、一里岛（One-Mile Island）、二里岛（Two-Mile Island）］的 BART 的路线［由于一次核事故，三里岛（Three-Mile Island）数年前就已经封闭］。假定需求全天都比较稳定（没有高峰问题），并且进入城市和从城市返回这两个需求一样（所有乘客均是往返的）。在不考虑每辆车的座位数量和运营表问题的情况下，我们首先讨论对于总旅客里程的日常需求问题（假定 BART 的全部车辆有足够的运输能力应付这些问题）。一个主要的限制因素是运营能力：如果 BART 一直满负荷运输的话，那么它的最大运力（即总旅客里程）是 272 英里。按运营能力算，运营这些火车的边际成本是恒定的每人每英里 1 美元。另外，我们假定政府要求 BART 拿出 800 美元作为固定成本的一部分。

为使这个模型更易懂，假定来自二里岛的 40 个人要往返，这将需要占用 160 英里（每人每条线 2 英里）。如果另外 100 个人想从一里岛往返，这将需要另外的 200 英里，那么二者相加总数为 360 英里，超过了 BART 的最大运营能力，BART 没办法提供这个服务。如果仅 50 人想从一里岛往返一次，则总需求将是 260 英里，这将在 BART 的运营能力范围之内。

在这里我们不考虑诸如每趟的轨道车数量、跑一里岛的趟数等细节性的问题。我们假定有能力制定价格的企业都能合理地安排轨道车的运营表。例如，BART 有 2 辆 25 座的火车只去一里岛，还有 1 辆 40 座的火车是从二里岛发车。这将导致 BART 剩余 12 英里的运力没得到使用，并且我们的假定意味着这可以避免 12 美元的边际运营成本（一辆车空闲一天可以节省的营运人员和清洁人员的成本）。

为了进一步简化问题，我们假定一里岛运营需求完全无弹性（可能因为没有轮船运输这样可供选择的交通方式）。假定一里岛的旅客里程需求是 Q_1，二里岛的旅客里程需求是 Q_2，它们分别为

$Q_1 = 100$

$Q_2 = 268 - 32 P_2$ $\qquad 0 \leqslant P_2 \leqslant 8.375$

在图 11-7（a）中，我们用 BART 旅客里程的市场需求 Q_M 来表示这两条需求曲线之和：

$$Q_M = \begin{cases} 368 - 32 P_M & 0 \leqslant P \leqslant 8.375 \\ 100 & 8.375 < P \end{cases}$$

在图中我们画出固定的 1 美元边际成本线。在图 11-7（b）中，我们分别画

---

① Alchian 指出没有什么是永远固定的。这意味着，在给定的时期内改变运输能力（一个大的数量）的成本太大以至于不经济。

出上述两条需求曲线。不考虑运营能力限制，边际运营成本定价意味着 $P=P_1=P_2=1$ 美元，此时 $Q_1=100$，$Q_2=236$。这也可以看成是一里岛乘客的 50 个往返（每个往返 2 英里）和二里岛乘客的 59 个往返（每个往返 4 英里）。但由于下面两个原因，我们不能这样做：(1) 在给定 BART 最大运力为 272 英里的情况下，这个方案的 336 英里是不可能实现的；(2) BART 完全没有利润，它仅仅弥补了边际运营成本，因此对于需要弥补的部分固定成本 800 美元没有帮助。这是拉姆齐问题的第二个问题。

在"最优"规则下（即边际成本定价），我们认为 BART 错误选择了运营能力，它"应该"选择的能力是，能够给所有愿意支付边际成本的人提供服务（即这个能力"应"为 336 英里）。① 引号被用来表示，由于第二个问题，采用最优规则是错误的。"最佳"运营能力不会是 336 英里，其大小取决于"次优"计算方法。该方法要平衡为提供补贴而征税造成的边际效率损失与 BART 的边际服务产生的净收益。我们避开这个复杂的问题，把 BART 现行的 272 英里的运营能力作为限制。如果希望票价是有效率的，那么 BART 应该如何制定票价来分配 272 英里的旅客里程（仍然忽略第二个问题）？

图 11-7 (a) 给出了运营能力约束的影响。一旦旅客里程接近 272 英里，在短期（运营能力固定）内提供额外的旅客里程的边际成本就变得无穷大。那就是说，短期边际成本曲线在 272 英里这一数量上是垂直的。认识到这个特征能够帮助我们解决第一个问题。

从图 11-7 (a) 中能够看到，市场需求曲线与短期边际成本曲线在其垂直部分相交于 3 美元的价格。换句话说，有效的边际成本是 3 美元，这包括 1 美元的边际运营成本以及因放弃给额外的一个乘客提供服务所产生的收益损失。在这个价格下，$Q_1=100$，$Q_2=172$，或者是一里岛乘客的 50 个往返和二里岛乘客的 43 个往返。② 一旦认识到能力限制对短期边际成本曲线的影响，这就是短期边际成本定价策略。（如果需求曲线与短期边际成本曲线在水平部分相交，则有效率的供给数量将在能力范围之内，价格也就直接等于边际运营成本。）

在这个阶段，每英里 3 美元的成本将会产生"最有效率"的分配。因为在能力范围内，所以唯一能改善分配的是存在对乘车的评价高于现有的乘车者的非乘车者。所有的乘客认为最后 1 英里的价值是 3 美元或者更多。仅有的非乘车者（在任何需求下）在二里岛上，但是他们对每英里里程的支付意愿低于 3 美元[在图 11-7 (b) 中，非乘车者的需求曲线为需求曲线 D_2 位于 $Q_2=272$ 右边的部分]。不存在达成交易的空间；资源配置在给定能力的约束下达到了最高效率。导致价格在边际运营成本之上的理由同样可以应用于其他方面，只要存在重要的能力限制的问题，例如高峰期的桥梁收费，发电厂已经到达最大发电容量时的电力定价，等等。

---

① 我们假定在这个能力水平上总收益大于总成本（包括固定成本），否则最优解决方法将不能承担固定成本，也不会提供服务。这个观点在第八章中提到过。我们假定一个很简单的成本结构，其中最高能力的长期成本和短期成本唯一的区别是决定运营能力的固定成本。

② 随着价格从 1 美元上升到 3 美元，因为其需求更有弹性，所以二里岛乘客大幅减少他们对 BART 的需求。

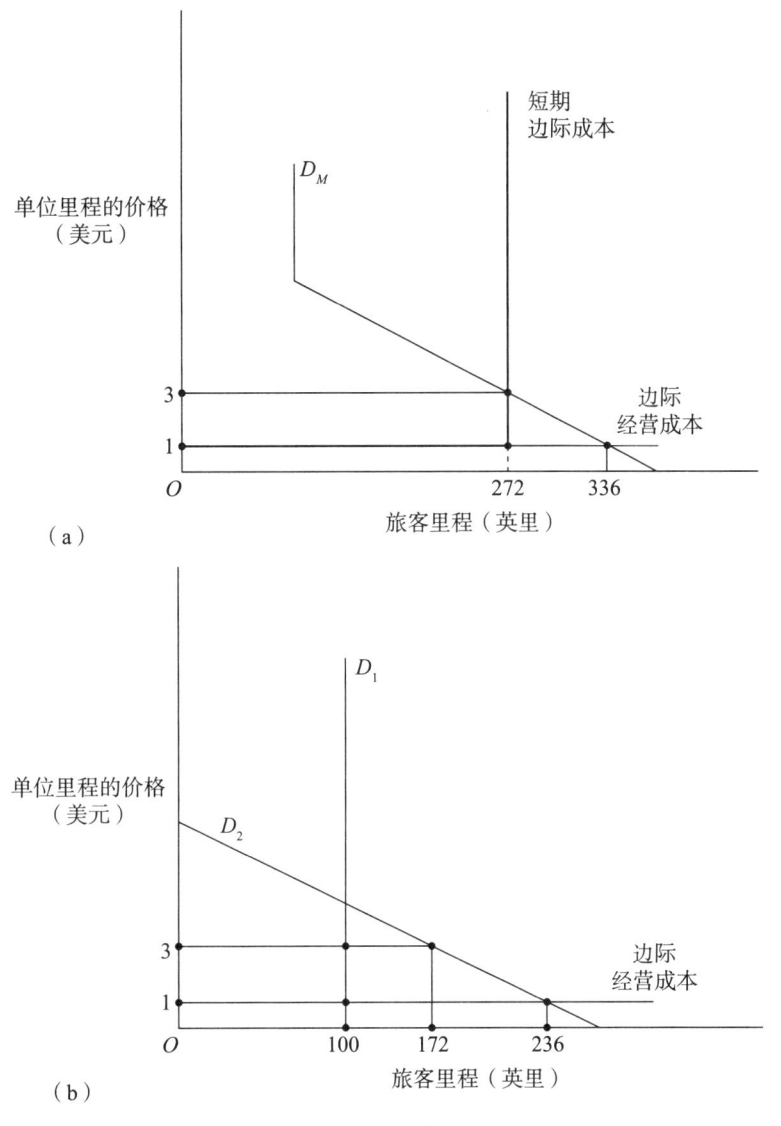

图 11-7 能力约束下的定价

(a) 在最大运力等于 272 英里时短期边际成本变为垂直,并且与市场需求 (D_M) 相交于 $P=3$ 美元;(b) 一里岛的乘客在长期 ($P=1$ 美元)和短期 ($P=3$ 美元)的需求 (D_1) 皆是 100 英里,二里岛的乘客的长期需求 (D_2) 是 236 英里,短期需求 (D_2) 是 172 英里。

但是我们仍然面临着拉姆齐问题。BART 的总收入是 816 美元,它超过了运营成本 272 美元,多出 544 美元。政府坚持认为这不足以弥补固定成本,这可能是正确的,因为纳税人弥补了这个差距,所以用于补贴的税收致使每种纳税商品的供给价与需求价之间出现了差别。例如,销售税 T 导致纳税商品对消费者的边际价值为 $P+T$,而制造它的资源的边际机会成本仅仅是 P。BART 部门"缺少效率远见"的边际成本定价导致了纳税部门的无效率。

因为传统意义上的税收造成了这些差别,所以任何造成赤字的报酬递增活动

第十一章 公共和非营利性机构:目标、能力与政策含义

必须平衡它的效率收益与它造成的税收效率损失。因此，存在一个最佳赤字水平，如果假设存在最优的次优定价。但是，解决这种普遍的"次优"问题超出了我们的经验能力。在这里，我们假定政府明智地要求 BART 交纳 800 美元。无论这对最优资源配置是否正确，BART 必须尽其所能。

参考图 11-8（a），我们能够据此推理，单位里程的价格必须提高，以保证得到的收益超过运营成本 800 美元。运营的最低价格是每英里大约 4.64 美元，这将产生 220 英里。图中矩形阴影部分代表了交给政府的 800 美元的固定成本，交叉线区域是运用这种满足预算限制要求的方法所产生的社会利益损失。这种解决方法相当于以相同的比例提高每个地点往返的票价，使得票价高于边际成本。

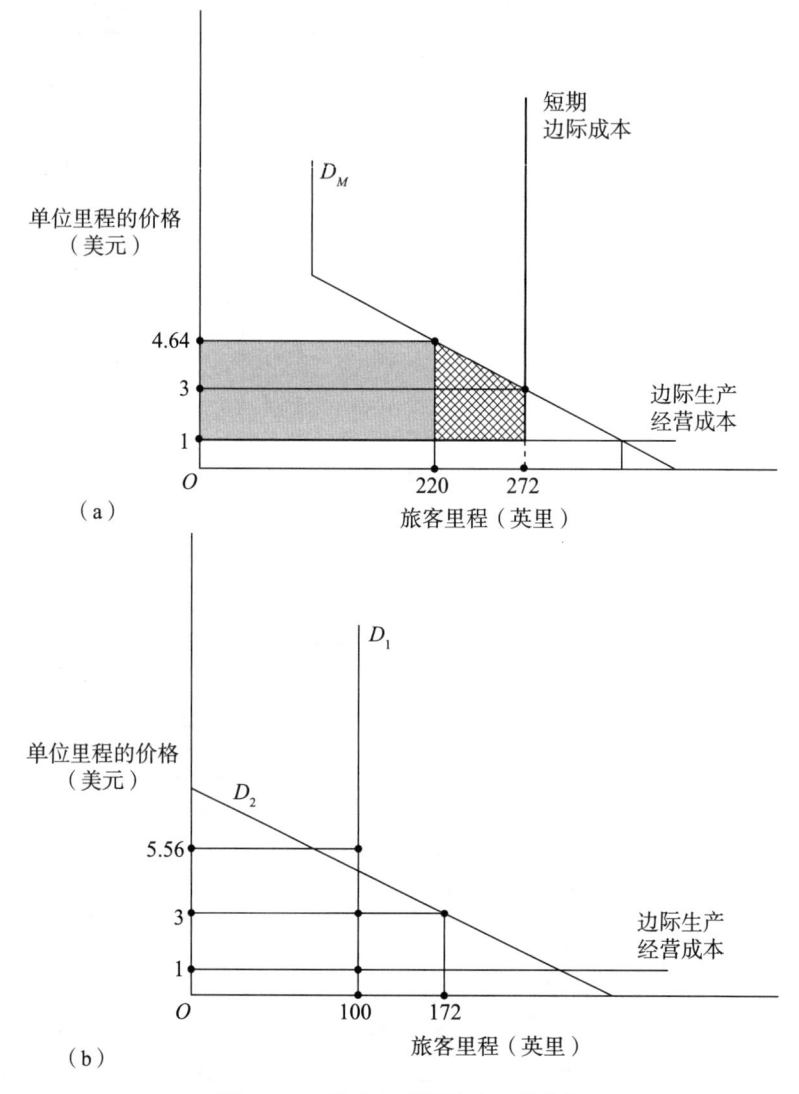

图 11-8 能力和预算约束下的定价

（a）两个岛将价格提高相同的水平（到 4.64 美元），高于边际成本，满足 800 美元的预算约束（阴影）但导致使用效率低下（交叉线阴影）；（b）P_1=5.56 美元和 P_2=3 美元的拉姆齐定价满足 800 美元的预算约束并最大化利用效率。

还有另外一种方法能够满足限制要求,而且不会导致很大的社会损失。回忆一下,一里岛和二里岛乘客的价格弹性不同,一里岛的乘客完全无弹性,而二里岛的乘客不是这样。下面讨论的拉姆齐准则建议我们提高弹性较低的商品的价格。考察图11-8(b),我们把往返二里岛的价格保持在3美元/英里或者往返一次12美元(这样居民的需求仍然是172英里或者43个往返),而对往返一里岛收取5.56美元/英里或者往返一次11.12美元的价格(在那里居民的需求仍然是100英里或者50个往返)。这样的分配和我们对每个岛的乘客每英里都收取3美元的效果完全相同,并且充分利用了现有能力,避免了任何的效率损失。二里岛乘客贡献的收益超过运营成本344美元,一里岛乘客则为456美元,二者相加为所需的800美元。

上面的例子是一个企业有两种商品出售(即从一里岛往返和从二里岛往返),需要满足一个总的预算限制(净收入800美元)的情况。任何解决方法都会导致定价偏离边际成本(考虑到能力限制,各自往返一次的边际成本分别为6美元和12美元)。这个例子刻意保持简单,所以在给定预算约束下最优效率的定价策略就很明显(两个往返分别为11.12美元和12美元)。尽管不那么简单的拉姆齐问题的解决方法很难这么明了,但是该问题的一般特征还是可以解释清楚的。

我们叙述拉姆齐定价问题如下:当一个企业面临总预算限制时,如何给产品定价才能得到最大效率?另外一个分析上等价的问题是,在给定一定数量的总收入的情况下,如果要选择商品和劳务的税率,如何使效率最大化?[①] 因此,解决最优企业定价问题,也就是解决最优税率的问题。一个适用于二者的拉姆齐解决方案被称为反弹性规则:

$$\frac{P_i - MC_i}{P_i} = \frac{k}{\varepsilon_i} \quad i = 1, 2, \cdots, n$$

在这里,k是一个负的常量(因为ε_i为负)。这意味着一种商品的价格偏离边际成本的比例应该与它的需求弹性呈反向关系。这个方法适用于预算约束下商品之间的需求交叉弹性为0的情况。[②]

拉姆齐准则的推理可以用直觉去理解。假如因为必须满足利润约束,我们不能进行最优资源配置,那么我们希望在满足约束的情况下尽可能接近最优。因此,我们提高需求价格弹性低的商品的价格,因为它们的分配最不容易受到价格上升的影响。

[①] 事实上,拉姆齐解决了税收问题。一般认为Boiteux(1971)看到了公共企业定价策略的相似之处。
[②] 当考虑交叉效应时,这一解决方案变得更复杂,但是仍然保持了和简单问题同样的价格趋势。在附录中可以看到这一点。

我们可以通过一个拉姆齐准则的等价表达式来精确地阐述这个推理①：

$$(P_i - MC_i)\frac{\Delta Q_i}{\Delta P_i} = \delta\left[(P_i - MC_i)\frac{\Delta Q_i}{\Delta P_i} + Q_i\right]$$

这里 δ 是一个常量。在等式左边，括号里的第一项是消费一单位 Q_i 得到的净收益（P_i 是需求曲线的高度，MC_i 是生产这一单位产品的机会成本）。第二项告诉我们一个小的价格上升将会导致多少单位 Q_i 减少。因此，整个等式左边被认为是每单位价格上涨所带来的收益损失。

在等式右边，暂时忽略常量 δ，我们能得到价格上涨带来的"利润"（忽略固定成本）增加。这由两部分组成。中括号中的第一项和左边的式子相同，代表单位价格增加带来的需求减少从而给企业带来的净收入损失。不过这可以通过卖出 Q_i 单位商品而增加每单位收入来弥补，因此中括号内两项之和是价格增加一单位时"利润"的净增加。

因此，整个方程的意思是每单位价格上升的净收入损失应该与每单位价格上升获得的净收益成比例，或者对企业生产的所有商品来说，一美元额外利润带来的净收益损失是一样的。这只是逻辑。如果需要承担社会成本（也是必须的），那么遵守这个规则将使之最小化。如果从企业产品中得到一美元额外利润的边际成本不同，那么可以在边际成本高的产品上"送回"一美元利润，然后在边际成本低的产品上找回利润，从而减少社会损失。

正如 Cooter 和 Topakian 所估计的，在 BART 的例子中效率使得补贴随着离中心商业区的距离越远而越大。② 当然，这个解决方法假定没有交叉效应，并且我们也没有考虑公平问题。我们可以指出几个实际的考虑因素，虽然超出了我们的讨论范围。

有充分的理由认为一里岛的乘车者比二里岛的乘车者在票价问题上更迟钝，二里岛的乘车者可能不像一里岛的乘车者那样不敏感。例如，如果从一里岛出发的车票便宜而从二里岛出发的车票贵，那么二里岛的居民可能自己开车行驶一半的路程然后再乘轨道车。进一步地，如果汽车拥堵和污染是城区的没有定价的负外部性，那么次优定价策略要求它的替代品（一里岛火车旅程）相对更便宜。如

---

① 很容易证明二者等价，从下面的式子开始：

$$(P_i - MC_i)\frac{\Delta Q_i}{\Delta P_i} = \delta\left[(P_i - MC_i)\frac{\Delta Q_i}{\Delta P_i} + Q_i\right]$$

注意，右边中括号里的式子包含与左边小括号里的式子相同的项，移项得

$$(P_i - MC_i)\frac{\Delta Q_i}{\Delta P_i}(1-\delta) = \delta Q_i$$

$$P_i - MC_i = \frac{\delta}{1-\delta}Q_i\frac{1}{\Delta Q_i/\Delta P_i}$$

两边同除以 P_i，得到

$$\frac{P_i - MC_i}{P_i} = \frac{\delta}{1-\delta}\frac{1}{(\Delta Q_i/\Delta P_i)/(P_i/Q_i)}$$

令 $k = \delta/(1-\delta)$，并将价格弹性 ε 代入得到

$$\frac{P_i - MC_i}{P_i} = \frac{k}{\varepsilon_i}$$

② 因为价格越来越接近边际成本，而远离平均成本，因此补贴增加。

果认为对低收入居民以及靠近城区的居民群体少收费是合适的,那么这也是另外一个(相对地)降低一里岛票价的论据。因为不同车站的票价弹性实际差距并不很明显,所以这些额外的考虑因素可能改变我们上述模型中提到的补贴的投入方向。

在实践中,通常很难应用拉姆齐定价准则。美国邮政服务公司进行了一个重要的尝试。这是一家在满足总预算限制的前提下,销售几种不同商品(例如特快邮件、快件和大宗邮件等)的公共企业。当邮政服务公司尝试通过拉姆齐准则定价时,法院却宣布其违法。其理由是,估计弹性所需要的知识值得怀疑,而且除了需求弹性以外,还有法律规定的制约费率厘定的因素(如教育、文化价值等)。但是,时常有人建议在诸如医院、电力公司、铁路和通信部门等其他领域应用拉姆齐准则。

一些应用将公平以及未定价外部性纳入了分析。例如,在健康保险覆盖率存在扭曲和不公平的情况下,Harris考虑了医院怎样对其产品定价的问题。他的结论是,医院定价"应该"考虑交叉补贴的重要性(一些产品高于边际成本,一些产品低于边际成本),因为这样可以增进社会福利。其他对拉姆齐准则的经验性应用包括Littlechild和Rosseau对电话公司的研究,Matsukawa等对日本电力公司的研究以及Cuthbertson和Dobbs对英国邮政公司的研究。对那些考虑到所有的复杂性的人来讲,有一些关于程序的研究,能够帮助有限理性的人找到合适的价格!下面的章节中,我们将回到公共企业和公共事业,讨论其他的解决办法。

小结

除了追求利润的厂商的非竞争性背景之外,有两个领域里的供给机构有自由决策的能力。这两个领域是非营利性部门和公共部门。我们回顾了几个用模型预测和评估这些组织行为的研究。

首先,我们检验了三个关于非营利性医院行为的模型。模型假设上的不同体现在目标(例如是医生还是行政人员控制医院的决策权)以及能力上(例如外科医生对于病人生死的快速决定揭示了为什么医院要进行组织分割,为什么行政人员不能控制医院的支出)。例如,这些模型的含义在医院大小或投入使用效率的度量方面有所不同。而这些不同正是经验研究所关注的,它们可用来测试是否一个模型比另一个模型更准确。

公共官僚机构和企业的模型被用来预测其行为。部门预算最大化假说假定行政官僚有很大的自由处置权,能像销售最大化者那样行事。其他关于官僚人员自利的设想,比如把做好本职工作等同于最大化社会利益,导致了不同的预测。我们还指出,政治环境可能严重约束行政官僚的目标,不管这些目标是什么。

Cooter和Topakian关于BART定价的经验研究工作使得官僚模型的预测与那些认为官僚机构被政治力量(或者是中位选民,或者是利益集团)所控制的模型的预测相反。作者的结论是,官僚模型预测的价格比其他模型预测的价格更接近实际观察的 BART 的价格,虽然没有接近到规模最大化假说在统计上被接受的程度。在这里,中位选民假说遭到否定。我们简要说一下其他两个能解释 BART 行为的模型:一个是有限理性模型(例如模仿巴士票价),另一个是社会效率定价模型。虽然经验模型的构建和检验还不完善,但对于设计和评估这些组织的政策变革的信心来说,建模的未来收益可能很大。

为解释上文提到的大运输企业的效率(或者说规模报酬递增),我们指出拉姆齐最优定价准则可以应用于公共企业在总利润(或最大损失)约束下的产品定价问题。我们首先回顾了能力限制对定价的影响,然后详细阐述了拉姆齐准则。这个准则最有名的是反弹性规则,即价格对企业产品边际成本的最优偏差应该与需求弹性成比例。反弹性规则没有考虑交叉需求弹性的影响,也没有考虑分配以及汽车交通中未定价的污染和堵塞的外部性。更成熟的模型应该考虑这些。附录中我们介绍了一些计算拉姆齐最优定价所必需的数学方法。

习题

11-1 下面的问题用来练习推断不同的厂商目标的含义。

一个很小的国家拥有 100 个农场,生产食物来满足人们的需要。在 1 000 个总劳动力(等于人口)的限制下,每个农场主能够以每年每人 3 000 美元的成本雇用想要雇用的任何劳动数量。每年粮食以 25 美元一蒲式耳的国际价格售卖。每人每年生存所需的最小粮食量为 100 蒲式耳。农场主是每个农场的第一个被雇用者。

对于任何一个农场,如下面表格所示,每年的粮食产量仅仅取决于其使用的劳动数量。注意,劳动投入和产出的关系不是一个简单的函数。

劳动力数量	1	2	3	4	5	6	7	8	9	10
粮食产量	125	300	500	725	925	1 105	1 225	1 275	1 175	1 000

a 如果所有的农场由利润最大化者拥有,那么整个经济体将会生产多少蒲式耳粮食?总的劳动雇佣量是多少?(若其他情况相同,农场主更偏好工人多而不是少)(答案:122 500 浦式耳。)

b 如果所有的农场由收益最大化者拥有,则总产量和总雇佣劳动力的数量是多少?和 a 相比,这种制度下,工资在总收入(工资加利润)中所占比重是更大还是更小?

c 假定农场作为一个整体由国家集体所有,政府指导每个农场经理雇用劳动力来最大化生产率(产量/工人),则总产出和总雇佣劳动力数量是多少?他们减少了 a 和 b 体制下产生的饥荒吗?(答案:饥荒增加。)

d 假定农场像公社一样运作,对工人不支付工资,但产出平均分配:
(1)如果每个公社只在对其他成员有利的情况下才吸纳新成员,则每个公社的成员是多少？（2）假定每个公社的成员只要产量分成没有跌到生存线以下就允许新成员加入，那么每个公社将有多少成员？将产生多少饥荒？（答案：没有。）

11-2 一个公用公司是能源的垄断供给者，其将产品卖给两类顾客：居民和商户。他们对能源的需求分别为

$Q_R = 90 - (1/2)P$

$Q_C = 200 - P$

能源供给的边际成本是常量，为 20 美元。但是，公用公司首先得承担 6 000 美元的固定成本。

a 一个利润最大化、实行价格歧视的公用公司将生产多少产量？定价多少？利润多少？（答案：利润为 5 300 美元。）

b 一名政府律师通知公用公司，它实行的价格歧视是非法的，该公司接受禁止令，现在它将收取多高的统一价格？这种行动的社会收益是否大于社会成本？（答案：106.67 美元，不是。）

c 公用公司服务的社区对于 a、b 情况下的价格感到不满意。其决定把公司转为公共企业。作为一个公共企业，它能对两个消费群收取不同的价格。在收支平衡的限制条件下，公共企业最大化销售收入时的价格和产量为多少？从 b 到现在变化后的社会收益是否大于社会成本呢？是其中一个群体的福利提高了还是两个群体都提高了？（答案：90 美元、100 美元，是，两者。）

d 决策层新当选的官员立誓要制定公平价格，提供有效率的服务。如果企业按拉姆齐最优价格进行定价，给定那些价格下的需求不变且仍然保持收支平衡，则价格和数量分别是多少？与 c 相比，是其中一个消费群体的福利得到改进还是两者都得到改进？（答案：约 45.21 美元，约 48.36 美元，两者。）

附录：拉姆齐定价模型的数学分析

在这一部分，我们将展示微积分常用的求最大化的拉格朗日技巧如何用来解决拉姆齐问题，并且会提供具体的经验解决方法。先来看一下文中提到的最优问题，即在 272 英里的能力约束下分配 BART 的资源。

"最大化社会效率"相当于经济活动中净收益或者收益减成本的最大化。这也相当于在问题范围内比较所有可供选择的资源分配方法的收益成本，然后选择得分最高的那个。这种计算方法有助于快速找到最优的选择。参考图 11A-1，需求曲线下面的区域表示收益，产品的边际成本曲线下面的部分代表机会成本。因此我们的问题是在 $Q_1 + Q_2 = 272$ 的能力限制下选择 Q_1 和 Q_2，使每个岛的需求曲线下的净收益之和达到最大。

我们用两个线性需求函数来解决这个问题：

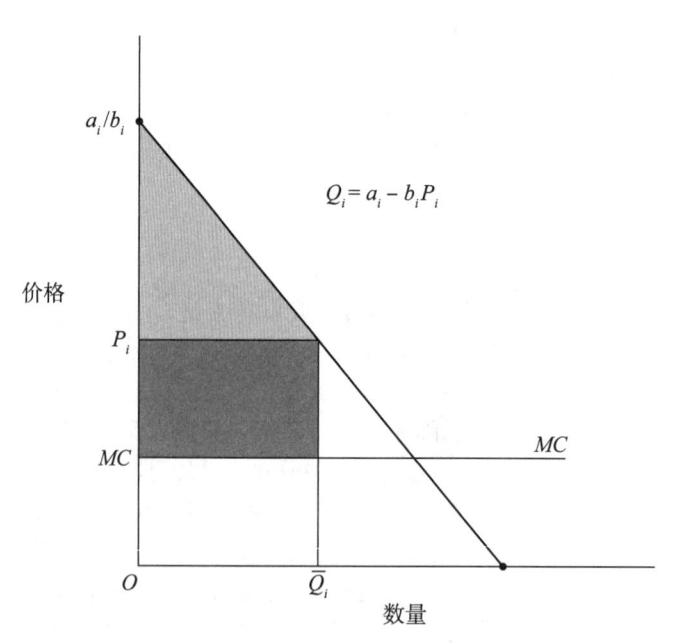

图 11A-1 生产 $\overline{Q}_i$ 单位的净收益（阴影）

$$Q_i = a_i - b_i P_i \qquad i=1, 2$$

很容易注意到上面的方程还可以写成

$$P_i = \frac{a_i}{b_i} - \frac{Q_i}{b_i}$$

其中 a_i/b_i 代表需求曲线与纵轴相交时 P_i 的值（见图11A-1）。我们保留简单化的特征，即边际成本 MC 是常量，而且两种服务的边际成本相等。因此，对于任何水平的 Q_i，净收益 NB 可以认为是消费者剩余（三角形）与BART的"利润"（矩形）之和。①

$$NB_i = \frac{1}{2}\left(\frac{a_i}{b_i} - P_i\right)Q_i + (P_i - MC)Q_i$$

这也可以被写成

$$NB_i = \frac{1}{2}Q_i\left(\frac{a_i}{b_i} + P_i\right) - MC(Q_i)$$

或者把需求方程中的 P_i 代入，得到

$$NB_i = \frac{1}{2}Q_i\left(\frac{2a_i}{b_i} - \frac{Q_i}{b_i}\right) - MC(Q_i)$$

现在我们希望在约束条件下达到净收益最大。构造拉格朗日方程：

$$L = NB_1 + NB_2 - \lambda(Q_1 + Q_2 - 272)$$

对 Q_i 求偏导（假定没有交叉需求效应）得到

$$\frac{\partial L}{\partial Q_i} = \frac{a_i}{b_i} - \frac{Q_i}{b_i} - MC - \lambda = 0$$

---

① 利润用引号是因为我们忽略了固定成本。由于本例的原因，我们把收入减去边际成本作为"利润"。

这可简化为
$$P_i - MC = \lambda$$

换句话说，最大化要求每种商品的价格减去边际成本应该等于相同的 λ。λ 也可解释为边际净收益。这个条件意味着每种商品都有相同的价格（因为在这种情况下它们都有相同的 MC）。如果这个问题中两种商品有同样的价格，则可以得到

$$P_1 = \frac{a_1}{b_1} - \frac{Q_1}{b_1} = \frac{a_2}{b_2} - \frac{Q_2}{b_2} = P_2$$

我们用两个具体的需求方程来阐述这个问题，两个方程都不是完全无弹性的（因此拉姆齐解决方法没有文中的例子那样明显。在那个例子中，所有限制都在完全无弹性的商品上）：

$$Q_1 = 112 - 4P_1$$
$$Q_2 = 268 - 32P_2$$

用上面的公式代入得到

$$\frac{112}{4} - \frac{Q_1}{4} = \frac{268}{32} - \frac{Q_2}{32}$$

简化之后，我们得到

$$Q_2 = 8Q_1 - 628$$

剩下的最优化偏导数是约束方程：

$$\frac{\partial L}{\partial \lambda} = Q_1 + Q_2 - 272 = 0$$

现在我们把问题化为含有两个未知数的两个方程，可以求解

$$Q_2 = 8Q_1 - 628 = 8(272 - Q_2) - 628$$

即

$$Q_2 = 172, \ P_2 = 3, \ Q_1 = 100, \ P_1 = 3$$

解决了这个问题之后，我们考虑拉姆齐问题。政府坚持认为 BART 有 800 美元的"利润"，并且我们希望知道在这一约束条件下如何最大化社会利益。（为简化数学处理，这个问题的设置可以确保解决方法在能力约束范围之内。）

经过短暂思考之后可以发现：这个问题看起来与上一个问题很相似，只是约束条件不同。新的约束是 BART 总收入减去运营成本等于 800 美元。换句话说，我们希望最大化

$$L = NB_1 + NB_2 - \lambda[P_1Q_1 + P_2Q_2 - MC(Q_1 + Q_2) - 800]$$

这个方程对 Q_i 求偏导（再次假定没有交叉需求效应），得到

$$\frac{\partial L}{\partial Q_i} = P_i - MC - \lambda\left(P_i + Q_i \frac{\partial P_i}{\partial Q_i} - MC\right) = 0$$

注意，括号里面前两项是因为 Q_i 增加而得到的边际收益，即边际产品的价格 P_i 加上目前的数量乘以价格下降的幅度。因此

$$P_i - MC = \lambda(MR_i - MC)$$

这可以看做拉姆齐结果的一种表现形式。注意，我们可以把左边部分解释为增加的 Q_i 带来的边际净收益，而右边括号里的部分可以解释为 BART 的边际"利

润"。因此，拉姆齐准则可以表述为：对于企业生产的每种产品来说，为增加一美元利润所放弃的净社会收益应该相等。

很容易证明准则的这种表述与我们所看到的其他表述是等价的。回忆一下

$$MR = P\left(1 + \frac{1}{\varepsilon}\right)$$

用最后一个方程替换一下：

$$P_i - MC = \lambda\left(P_i - MC + \frac{P_i}{\varepsilon}\right)$$

现在我们做一些移项：

$$(P_i - MC)(1 - \lambda) = \frac{P_i \lambda}{\varepsilon_i}$$

或者

$$\frac{P_i - MC}{P_i} = \frac{\lambda}{1-\lambda} \frac{1}{\varepsilon_i}$$

因为 $\lambda/(1-\lambda)$ 是一个数，可以令它为 k，因此

$$\frac{P_i - MC_i}{P_i} = \frac{k}{\varepsilon_i}$$

上面的方程必须对企业出售的每种产品都成立，并且对于对 λ 求偏导得到的最终预算约束也成立：

$$\frac{\partial L}{\partial \lambda} = P_1 Q_1 + P_2 Q_2 - MC(Q_1 + Q_2) - 800 = 0$$

用计算机可以很容易得到这些特定的需求曲线联立方程的解（也包括大多数经验应用的方程）。[①] 结果大约是：$P_1 = 6.95$ 美元，$Q_1 = 84$，$P_2 = 2.63$ 美元，$Q_2 = 184$。由于一里岛的乘车者弹性更小，因此其价格要比边际运营成本高一些。虽然他们的里程占比比较小，但他们对于弥补固定成本贡献了 500 美元，二里岛的乘车者只贡献了 300 美元。总旅客里程几乎充分利用了运营能力。为了证明拉姆齐准则，我们验证

$$\frac{\varepsilon_1(P_1 - MC)}{P_1} = \frac{\varepsilon_2(P_2 - MC)}{P_2} = k$$

因为 $\varepsilon_1 \equiv (\partial Q_1/\partial P_1)(P_1/Q_1) = (-4)(6.95/84) = -0.331$ 并且 $(P_1 - MC)/P_1 = (6.95 - 1)/6.95 = 0.856$，所以从一里岛的乘车方程中可以得到 $k = -0.28$。对于二里岛的乘车者，$\varepsilon_2 = (-32)(2.63/184) = -0.457$ 和 $(P_2 - MC)/P_2 = (2.63 - 1)/2.63 = 0.620$，因此正如期望的，$k$ 也等于 -0.28。

当我们考虑到商品之间的交叉影响（即它们是替代品或是互补品）时，可以得到最后一个拉姆齐结果。目标方程和约束条件完全相同，只有偏导数发生变化，而它们之所以变化是因为我们假设

$$\frac{\partial Q_j}{\partial Q_i} \neq 0$$

因此扩展的偏导（有两种商品）为零时得到了如下方程：

---

① MATHCAD 就是用来求解这些方程的。

$$(P_i - MC) + (P_j - MC)\frac{\partial Q_j}{\partial Q_i} = \lambda\left[(MR_i - MC) + (P_j - MC)\frac{\partial Q_j}{\partial Q_i}\right]$$

注意，表达式右边的最后一项和第一项不完全相似（P_j 而不是 MR_j）。原因是在对约束条件求偏导时，有一部分计算如下：

$$\frac{\partial(P_j Q_j)}{\partial Q_i} = \frac{\partial P_j}{\partial Q_i}Q_j + \frac{\partial Q_j}{\partial Q_i}P_j$$

右边的第一项 $\partial P_j/\partial Q_i$ 是零：j 市场的价格是常量；它是不断平移的需求曲线。

回到完整的表达式，我们可以将 $P_i + P_i/\varepsilon_i = MR_i$ 代入，并且如以前一样合并这些项：

$$P_i - MC + (P_j - MC)\frac{\partial Q_j}{\partial Q_i} = \lambda\left[(P_i - MC) + \frac{P_i}{\varepsilon_i} + (P_j - MC)\frac{\partial Q_j}{\partial Q_i}\right]$$

$$(P_i - MC)(1 - \lambda) = \frac{P_i \lambda}{\varepsilon_i} + (\lambda - 1)(P_j - MC)\frac{\partial Q_j}{\partial Q_i}$$

使用 $k = \lambda/(1-\lambda)$，得到

$$\frac{P_i - MC}{P_i} = \frac{k}{\varepsilon_i} - \frac{(P_j - MC)(\partial Q_j/\partial Q_i)}{P_i}$$

因此有交叉效应的拉姆齐准则与简化版的差不多。注意，$(P_j - MC)/P_i$ 总为正，因此拉姆齐准则和以前一样根据两种商品的替代和互补程度加以调整。假如商品 j 是商品 i 的替代品（$\partial Q_j/\partial Q_i < 0$），那么商品 i 的价格将比没有交叉效应时更高。

设想 BART 有部分乘客生活在一里岛和二里岛之间的船屋里，他们不太关心在哪一个站点上车。当 BART 提高一里岛的票价时，我们已经估计到了一里岛需求减少。但是现在我们必须对二里岛的需求增加这一事实给出结论：乘客的减少比我们认为的要少，收益的增加比我们认为的要多。这使我们从一里岛价格上升中得到的实惠比在没有交叉影响时更多。

第四部分
竞争市场和公共政策干预

第十二章 效率、分配和一般竞争分析：税收的代价

分析家们最普遍使用的经济治理模型是完全竞争市场模型。在本章中，我们将考察该模型并严格区分其规范性用途和预测性用途。从分析的角度来看，这类模型的预测性用途有着更加坚实的基础。

以下或许是现代微观经济学中最著名的两大原理，它强调了竞争的规范性结果，我们来回顾一下：（1）完全竞争市场资源配置的结果总是帕累托最优。（2）只要资源禀赋再分配的成本为零，每一个帕累托最优的资源配置结果就都可以通过完全竞争市场来实现。这两个原理表明通过完全竞争市场体系来组织经济活动能够得到令人满意的结果：在完全信息和无交易成本的条件下，这样的市场体系能够产生一个使经济主体实现资源配置最优化的激励机制。在本章中，由于税收的作用我们将得到一个相反的结果：在存在税收的经济里，完全竞争市场会产生一些错误的激励，导致经济主体资源配置的非最优化。

上述非最优化的结论是否意味着，对经济体而言，没有必要利用竞争性市场来进行资源配置了呢？正确的回答是要问：跟谁比？在以后的章节我们会强调，要分析这些问题必须放松对完全信息和无交易成本的假设。在这两个假设条件下，存在治理结构可以使得（那些可行的）资源实现最优配置。而在实际问题分析中，我们都应该认识到，信息的产生、交换和加工需要耗费成本，并且交易的组织和实施也需要耗费成本；必须对各种可供选择的治理结构（包括利用完全竞争市场）的资源配置效率进行评估。因此，上述著名的两个原理对于实际经济中

竞争性市场（配置资源）的可行性并没有提供多少规范性的见解。

尽管如此，我们确实希望完全竞争市场理论能够成为一个非常有用的预测性工具。有关税收，本·富莱克林曾说过："在这个世界，除了死亡和税收，没有什么是确定无疑的。"税收是各级政府实施各种行为所产生的不可避免的结果，每年税收大约占到GDP的1/3。那么税收是由谁承担的？我们将利用完全竞争市场理论来预测税负归宿，并给出局部均衡和一般均衡模型在分析这个问题时的区别。我们分析的主要税种是一种消费税，类似于电信服务税（许多人认为这种税应该被废除）。

我们的分析过程如下。首先回顾一下生产领域（交换、生产和产品组合）实现经济效率应满足的必要条件；要强调的是，这里效率的概念完全独立于经济组织类型，尽管可以通过各类组织来实现效率。正如第三章阐明的那样，存在多种效率分配，而这些分配的结果完全不同。然后我们讨论一个特定的经济组织类型，即完全竞争市场。我们会回顾单一的（完）竞争市场里资源配置的过程和特点。接下来讨论市场的一般均衡并回顾关于完全竞争和帕累托最优的两个定理。

在开始关于一般均衡的规范性思考之前，我们要考虑一下模型的使用如何能够体现出预测的意义。为此，我们给出税收归宿的有关概念，并比较局部均衡和一般均衡模型对消费税的分析。我们建议那些对经济产生重大影响的政策，比如与税收的有关政策，最好构造一般均衡的分析框架，而对只影响小范围经济的政策，使用局部均衡分析就足够了。

我们简要考察税收的效率问题，主要目的是指出实际征收的各重要税种对资源配置具有扭曲效应。这意味着一个存在着赋税的、以完全竞争市场为特征的经济体会产生错误的激励，导致无效率的资源配置。因此，尽管在一些特定情况下我们能够接受竞争性模型的预测力，但还没有得到关于竞争性市场合理性的规范性结论。要得出这一结论，我们首先要知道如何比较那些可供选择的治理结构。这一工作将留给后续的章节。

经济效率和一般竞争均衡

生产中的效率

回忆一下在一个由众多参与者和商品组成的生产经济体系里实现帕累托最优的三个基本的必要条件，即消费者的偏好、资源的可获取性以及将资源转化为商品和服务的技术可能性。因此，它们完全独立于经济的类型：无论是资本主义、社会主义还是任何其他的经济组织类型，这些条件都是实现效率所必需的。① 我们假设满足这些前提条件就足以保证实现帕累托最优。②

在第三章，我们回顾了效率或者说帕累托最优的一般定义：配置是有效率的（帕累托最优的），当且仅当没有一个人福利的改善不会导致其他人福利的减少。逻辑上可以证明一个由很多参与者和商品组成的经济体，要实现帕累托最优需要所有经济主体（个人和生产者）之间保持一定的关系。前面已经提到了某些前提，我们在这里总结一下。

第一，交换的效率。当且仅当对商品重新分配不可能使一个人的福利得到改善又不使其他人的福利减少时，这个经济的交换机制是有效的。这要求对于任意两种商品，每一个消费者都有相同的 MRS。③ 这在第三章中已经证明。

第二，生产的效率。当且仅当不可能在不减少任何其他产品产量的情况下使一种产品产量增加时，这个经济的生产机制是有效的。为了实现生产的效率，生产者必须满足四个要求④：

（1）技术的效率。每个生产者的投入都达到最大可能的产出水平。

（2）全部生产者使用任意两种生产要素都有相同的 RTS。该条件的证明与交换效率中边际替代率相等的证明是一样的。假设生产者 X 的 $RTS^X_{K,L}=3$（放弃 3 单位的劳动力同时增加 1 单位的资本可以维持原来的产出水平）。令生产者 Y 的边际技术替代率不同于 X，比如说 $RTS^Y_{K,L}=2$。当 X 释放出 3 个单位的劳动力时，其中 2 个单位被生产者 Y 吸收，同时从 Y 中拿走 1 单位的资本，则 Y 的产出水平保持不变。将那 1 单位的资本给生产者 X，则 X 也重新回到了原来的产出水平。两个生产者都实现了他们原有的产出水平，但是还余有 1 单位的劳动力并没有使用，它可以分配给任何一个生产者。这样，增加一个人产出的同时又不减少其他人的产出是可行的；也就是说，该经济体制最初并没有实现生产的效率。生产效率的实现要求所有生产者的边际技术替代率都相同。应该指出的是，该情况不考虑生产者 X 和 Y 的产出是否存在差异。

这一条件只是在研究生产效率问题时常被提起。这类似于交换效率；实际上，对于一个给定的投入，我们确实可以通过构造一个关于生产的埃奇沃思盒状图，画出两种产品的等产量线，运用切线条件去定义所谓的生产契约线。该曲线实际上就是生产的可能性边界。但是，这是建立在下述假定上的，即社会安排生产（即某一种商品）使得资源的重新分配不能增加该产业的产量。以下两个条件是实现各产业内部资源有效配置的必要条件。

（3）生产同一种商品的各个企业之间，任何一种生产要素的边际产量是相等的。其证明非常简单。假设生产者 A 的 $MP_L=2$，生产者 B（生产同一种产品）

---

① 在以下的讨论中，我们假定偏好是（资本主义）经济体制下的消费者偏好。不过，从逻辑上说，人们应该可以想象到决定偏好的其他机制，这里所描述的条件对于实现效率仍然是必要和充分的。

② 这个结论的推导很复杂。若要详细了解这个问题，可以参阅 T. Koopmans 的《经济科学中的三篇论文》（McGrawHill Book Company，1957）。

③ 假设不存在消费的相互依存，即要满足第四章讨论过的那些修改过的条件。另外，大部分的个体只消费商品和服务的一小部分。假设 Q 是一种商品，这种商品是个体 A 消费而不是个体 B 消费。假设 Z 是 A 和 B 都消费的商品，则效率的实现要求满足 $MRS^A_{Q,Z}<MRS^B_{Q,Z}$。这种角点解在第三章已论证过。

④ 假设不存在技术的外部性。技术的外部性影响类似于消费者的相互依存。我们稍后再讨论此问题。

的 $MP_L=3$。那么，将一单位的劳动从生产者 A 转移到生产者 B，我们将提高总产出水平。

（4）当多元化生产的各个供应商至少生产两种相同产品时，每一个供应商的产品的 RPT 必须相同。假设供应商 A 的 $RPT_{Q_1,Q_2}=4$，供应商 B 的 $RPT_{Q_1,Q_2}=2$。假设供应商 A 减少了 1 单位 Q_1 的生产，并用富余的资源多生产了 4 单位的 Q_2。又假设供应商 B 多生产了 1 单位的 Q_1，那么必须减少 2 单位 Q_2 的生产。每一个生产者仍然使用原来同样的资源；Q_1 的生产总量没有受到影响，但是现在 Q_2 的生产总量比原来多了两个单位。①

第二个前提条件中的上述四个要求主要是为了确保整个社会在它的生产可能性边界上运行。但是它不一定保证恰好处于该边界的最适点上。因此，我们还需要引入第三个前提条件。

第三，产品集的效率。当且仅当以下情况不可能发生时，一个经济体具有有效率的产品集：在生产可能性边界上（或者是在转换界面上）能够选择一个产品集并且重新分配该集后能够使一人的状况改善而不使其他人的状况恶化。对于任何两种商品，它要求消费者之间的 MRS 等于转换界面的 RPT。这个证明和前面的证明十分相似。假设这个条件被违反了，比如，$MRS_{X,Y}=3$ 但 $RPT_{X,Y}=2$。假设一个消费者减少 3 单位的 Y 消费，而多消费 1 单位的 X（此时保持无差异）。一个供应商，为了多生产这额外增加的 1 单位 X，只需减少 2 单位的 Y 的生产。如此，1 单位的 Y 剩余下来，我们可以将其分配给任一人，即可以在不减少其他人效用的情况下增加某一人的效用。因而，最初的产品集是没有效率的。

我们可以将上述三个前提条件用图形来表示。为此，我们假设在一个两个人、两种产品的经济体中有（固定数量的）劳动和资本两种生产要素。我们从生产效率的分析开始。在图 12-1 中，我们构造一个埃奇沃思盒状图，其中横坐标（L）的长度代表可利用的劳动数量，纵坐标（K）的高度代表可利用的资本数量。盒状图的左下角是商品 X 的产量原点。盒状图中的每一点均代表着生产某一数量的 X 所需的劳动数量 L_X 和资本数量 K_X 的组合。图中的等产量线 X_1，X_2，X_3 代表着不断增长的商品 X 的产量（$X_1<X_2<X_3$）。

与交换的埃奇沃思盒状图类似，Y 的产量原点在盒状图的右上角，由顶点出发向左方移动表示用于生产 Y 的劳动量（L_Y）在增长，向右下方移动表示用于生产 Y 的资本量（K_Y）在增长。因而，图中的每一点表示投入生产 X 和 Y 的一种生产要素的组合，满足 $L_X+L_Y=L$ 以及 $K_X+K_Y=K$。我们也可以作等产量线 Y_1，Y_2，Y_3 来表示不断增长的 Y 的产量（$Y_1<Y_2<Y_3$）。

因而，图中的任一点都有两条等产量线经过，一条代表着产品 X 的生产水平，另一条代表着产品 Y 的生产水平。大多数点像 A 点那样，有等产量线经过。在这样的点上，总是有可能通过重新分配资源来增加至少一种产品的产出而不使其他产品的产出减少。穿过 A 点的等产量线所构成的阴影区域代表着更有效率的分配结果。注意，等产量线斜率的绝对值等于 RTS，所以在最初的 A 点上，$RTS_X \neq RTS_Y$。然而，图形中也有一些点像 B 点那样，经过的两条等产量线正

---

① 这一法则在供应商为国家时就是比较优势理论，它被用来论证国际自由贸易情况下一国的专业化生产。

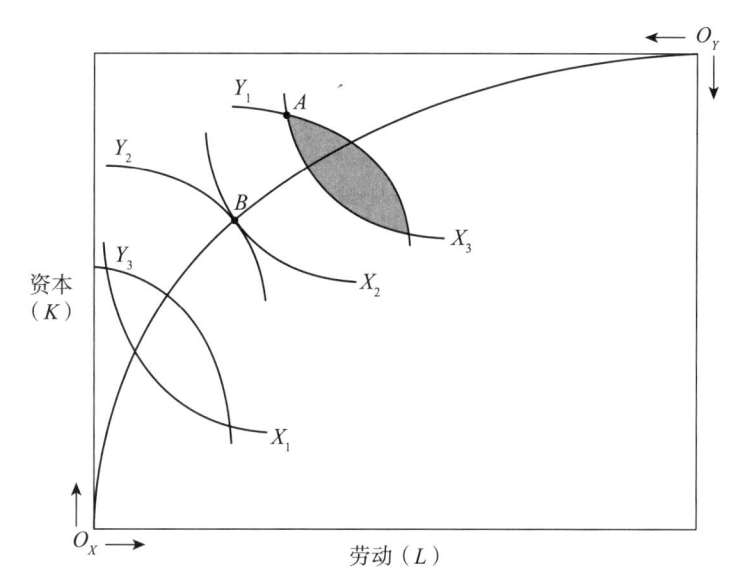

图 12-1 生产的埃奇沃思盒状图

好相切。在这些点上，通过重新分配资源来增加一种产品的产出而不减少其他产品的产出是不可能的。由于两条等产量线相切，因此意味着在 B 点上 $RTS_X = RTS_Y$。这些点代表实现了生产效率的资源投入组合。

生产效率点的轨迹就是生产契约曲线，在图中是连接两个原点的曲线。[①] 需要注意的是，当我们从原点 O_X 沿着曲线向原点 O_Y 移动时，X 的产出水平不断增长而 Y 的产出水平不断减少。在图 12-2 中，我们用产出的坐标轴表示相同生产效率的分配；也就是，我们用图 12-1 中沿着契约曲线得到的等产量线来表示 X 和 Y 的产出水平。图 12-2 中的曲线就是生产可能性边界（有时被称为转换界面）。

到这里，我们只证明了帕累托最优的三个必要条件中的一个：要实现生产效率，就要求资源分配处于生产可能性边界上的一点，而不是在生产可能性边界内的一点。假设我们可以从这些点中任意选取一点，例如 C 点。那么我们可能会问，如果这个经济体在总量上正好是 X_C 和 Y_C，那么在两个消费者间如何进行分配才能实现交换效率呢？

在图 12-2 中，矩形 $X_C C Y_C O_1$ 正好是第二章中我们分析的交换盒状图。也就是，将左下方的原点当做个人 1 的初始点，C 点为个人 2 的初始点。盒中的每一点都是 X_C 和 Y_C 的可能分配，$X_1 + X_2 = X_C$ 以及 $Y_1 + Y_2 = Y_C$。我们已经知道交换效率点位于两人无差异曲线的相切处（或者是 $MRS_1 = MRS_2$），即如图 12-2 所示的契约曲线。如果我们从 C 点出发，效用可能性水平可以用通过契约曲线每一点的无差异曲线水平来表示。

---

① 作图时，契约曲线直接从原点向盒内拓展，而不是从原点沿边界拓展。比如，它可能是这样的情况：任何一种产出都不能只由一种投入生产而得。不过，有一些生产函数能够导致部分边界成为生产契约曲线的一部分。

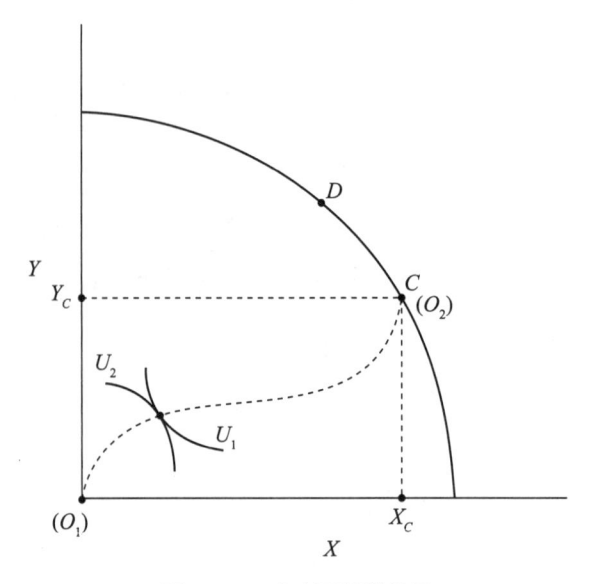

图 12-2 生产可能性边界

在图 12-3（a）中，我们用坐标轴来刻画效用水平（当然，这只是概念上的刻画，因为效用既不能测量也不能比较）。我们将这条效用可能性曲线标为 C_1C_2，表明它产生于生产可能性边界上的 C 点。如果我们处于 C_1C_2 上，那么就同时满足了两项标准：生产效率和交换效率。

但是，需要注意的是，C 点是随意选择的。假设我们在生产可能性边界上选择了另一个点，例如图 12-2 中的 D 点。我们可以采取相同的做法：构造一个新的埃奇沃思盒状图，其维度为 (X_D, Y_D)，找到与之相对应的契约曲线，再在图 12-3（a）中画出效用可能性水平 D_1D_2。D_1D_2 上的每一点也将同时满足生产和交换效率的标准。

当我们比较 C_1C_2 和 D_1D_2 时，只有两种可能性。从作图来看，两条曲线相交时，我们可以直接分析。但是存在着它们并不相交的可能性。除非两条曲线完全重叠，否则一条曲线代表的效用可能性水平就将占优于另一条曲线代表的效用可能性水平。图 12-3（b）可以说明这一点：对于个人 1 在 D 点上所获得的任意效用水平（即在 D_1D_2 上），个人 1 能够在 C 点上获得同样的效用水平（即在 C_1C_2 上），并且个人 2 的状况能够得到改善。例如，如果我们希望个人 1 的效用水平是 U_1，这可以在 D_1D_2 上实现，个人 2 在 D_1D_2 上能够取得 U_2^L；不过个人 1 同样的效用水平也可以在 C_1C_2 上获得，这时个人 2 能得到 U_2^H（$>U_2^L$）。也就是说，相比 D 点上的产品集，C 点上的产品集将必定带来更好的效用可能性。

另一种可能的情况是 C_1C_2 和 D_1D_2 相交，我们在图形 12-3（a）中加以说明。此时，每条曲线都有一部分效用可能水平占优。在它们交点的左边，C_1C_2 占优于 D_1D_2；但在交点的右边，D_1D_2 占优于 C_1C_2。如果经济体只从 C 点或 D 点上选择产品集，那么最优的效用可能性水平将由两条曲线的包络线表示，即粗线 D_1C_2。如果个人 2 想要的效用水平小于 U_2^*，那么选择产品集 D 会更好一点，因为相比起选择产品集 C，个人 1 将获得更多效用。但是如果个人 2 想要的

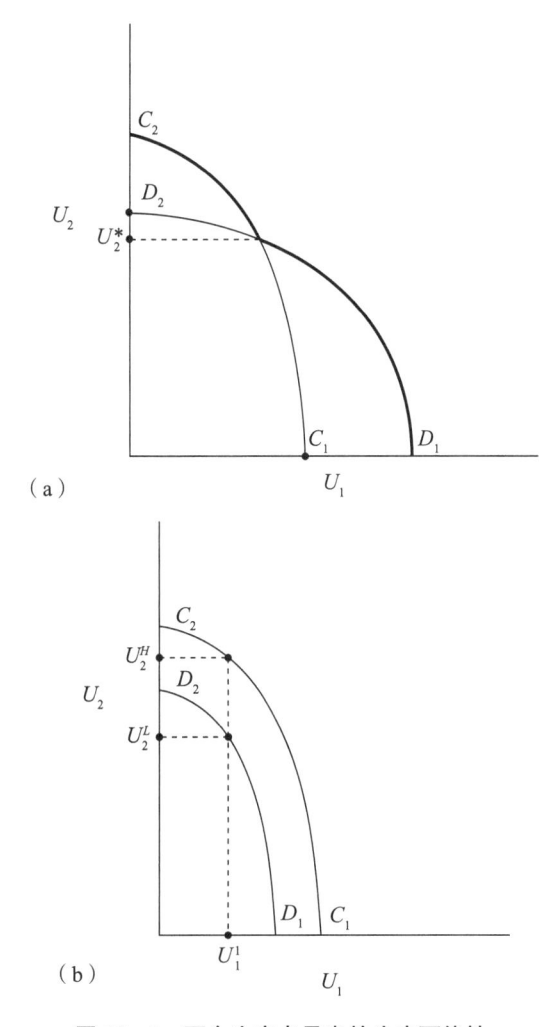

图 12-3 两个生产点导出的生产可能性
(a) 效用可能性的包络线 (C_2D_1)；(b) C 的效用可能性占优。

效用水平大于 U_2^*，则最好选择产品集 C。

当然，经济体并不局限于选择 C 点或 D 点，而是在生产可能性边界（见图 12-2）上的所有点上任意选择。考虑以下做法，即每次考虑生产可能性边界上剩下的一个点以及与之相对应的交换效率的可能性。因而，我们就能考虑所有可能的产品集，同时也实现生产和交换的效率。

我们用图形来说明，在包络线 C_1D_2 的同一图形中，画出与第一个新的点相联系的效用可能性曲线。如果有一条曲线占优，那么舍去位置低的曲线，保留更高的曲线，与下一个新的点的效用可能性曲线比较。如果新点的效用可能性曲线与我们的包络线 C_1D_2 相交，则舍去更低的部分，保留新的包络线，与下一个新点的效用可能性曲线比较。不断重复进行以上步骤，直到生产可能性边界上的每一点都被考虑到。最后的结果是图 12-4 所示的那样一条包络线，即总效用可能性边界。

U_2

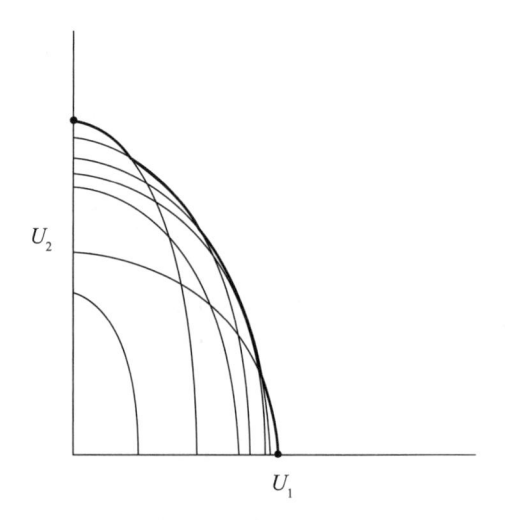

U_1

图 12 - 4　总效用可能性边界是帕累托最优效用水平的轨迹

总效用可能性边界所代表的效用水平是帕累托最优的。通过构造包络线的方法，我们可以在给定其他人效用水平的情况下，让一个人的效用最大化。我们要求分配既满足生产效率，又满足交换效率，然后考虑所有可能的产品集，并找到那些能够将包络线向外扩展的产品集。因此，与总效用可能性边界上的点相对应的产品集必然符合产品集效率的必要条件（$MRS=RPT$）。但是我们还没有证明后者。

我们是否可以用图形来解释这一点呢？我们将证明，从个人 1 的任意一个固定分配 X 和 Y 开始，要最大化个人 2 的效用必须确保同时实现生产效率和产品集效率。但这并不保证实现帕累托最优，因为许多分配是由任意可能的初始点产生的，这些分配可能是交易非效率的。但是既然帕累托最优的分配一定是这个较大集合的子集，那么这些分配就都将具有产品集效率的特征。

在图 12 - 5 中，我们重新画出从图形 12 - 2 中得到的生产可能性边界。我们知道其任一点的斜率（绝对值）就是 RPT。我们任意假设给予个人 1 由 E 点所示的特定分配（即个人 1 得到 X_E 和 Y_E），那么个人 1 获得了通过 E 点的无差异曲线所决定的效用水平 U_1^*。在个人 1 的效用限定在 E 点的情况下，现在来选取能使个人 2 的效用最大化的生产点。这一点当然会处于生产可能性边界上，而不会在生产可能性边界内（否则，我们将可以增加个人 2 的 X 和 Y，进而增加其效用）。我们可以考虑生产可能性边界上所有满足 $X \geqslant X_E$ 以及 $Y \geqslant Y_E$ 的点（我们将其标识为 FG），那么"剩余"部分（$X-X_E$，$Y-Y_E$）将是可能分配给个人 2 的部分。

从图形上来看，E 点是衡量个人 2 消费的原点（此处剩余为 $X=0$，$Y=0$），FG 代表个人 2 的潜在消费能力。那么有一件事情变得很清楚：个人 2 的最大效用发生在个人 2 的无差异曲线（记作 U_2^*）与生产可能性边界 FG 部分的切点上（记作 H 点）。在这点上，$MRS_2=RPT$，这是个人 2 实现产品集效率的条件。对于个人 1 的任意初始分配，如果个人 2 的效用最大化，那么这个性质都会成

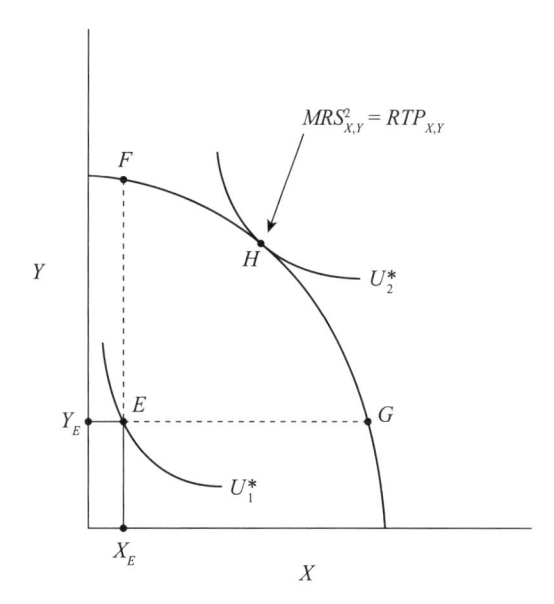

图 12-5 累托最优要求 $MRS=RPT$

立。当然，我们并没有要求由任意选择的 E 点决定的 MRS_1 满足条件 $MRS_1=MRS_2$。对于个人 1 的任意可能分配，在个人 2 效用最大化的情况下，能够解决我们问题的帕累托最优解必然满足 $MRS_1=MRS_2=RPT$ 的条件。

简化这些条件将使我们更加明确它们的重要性。它们适用于经济体的任何领域，无论是公共部门、私人部门、非营利性组织，还是其他领域。而且这些条件是必要条件，如果违反了这些条件（当然，事实上这些违反条件的情况经常发生），那么这个经济体的资源配置将是缺乏效率的。这些条件仅仅是基于技术可能性和消费者偏好得到的，我们并不需要考虑价格、工资、收入或者利润等因素。为了揭示这些条件的广泛性，让我们看看这些条件是如何在时间点上影响资源利用水平的。

如果给定经济体中的人数，那么劳动的供给就是由第四章讨论过的个人对劳动和闲暇的权衡来决定的。效率条件同样适用于此。效率条件要求闲暇与其他商品间的产品转换率等于它们之间的边际替代率。换句话说，使得闲暇数量有效率，也就相当于使得经济体中劳动的供给量有效率。如果经济体中存在着非自愿性失业，就违反了经济效率的条件。

劳动和闲暇的权衡被假设发生在确定的一个时间段里。与我们在第八章中看到的个人层面一样，社会也面临着资源在各个时期间配置的权衡。社会一开始拥有某种类似土地、矿产的自然禀赋，这些自然禀赋可以转化成消费。消费者在一种商品的即期消费和未来消费之间具有边际替代率。只要经济体没有将所有可利用的资源用于今天的消费，那就存储了一部分（资本存量）用于明天的消费。

像所有的经济活动那样，效率原则需要一定数量的储蓄，而储蓄不但取决于偏好，而且取决于将即期消费推迟并转化为未来消费的技术可能性。对于每一种商品，都有一个在当前消费和在未来消费的产品转换率（根据产品层次的不同而变化)。佛蒙特(Vermont)夏季的滑雪需求可能十分巨大,但是佛蒙特旅游胜地的经营者不会为了将冬雪保存到夏季而阻止滑雪者们冬季来滑雪。在另一方面,通过种植小树能大幅增加明天的木材供给,即使今天只有较少的木材。因而,即使我们对小树唯一的兴趣是木材,保护小树也是有经济意义的(当然,还有许多其他原因让我们不能任意伐树)。

最后再来举一个例子:新鲜蔬菜在今天和未来的转换。假设有一个劳动密集而资本短缺的经济体。我们不可能通过增加劳动或者其他资源的投入来扩大今天的蔬菜生产,但那些资源如果用于生产一辆拖拉机,则将在未来显著促进蔬菜的种植。那么,现期对未来蔬菜生产的 RPT 就非常高,我们这里假设 RPT 高于 MRS。假设我们削减现期的蔬菜生产投入,转而制造更多的拖拉机,那么以现期种植表示的边际损失就增加,以未来种植表示的边际收益就减少(因而,RPT 趋于递减,而 MRS 趋于递增)。在某一点上,现期对未来蔬菜需求的 MRS 将等于 RPT,在这一点上决定了今天生产多少拖拉机是有效率的。

最后这个例子非常重要,因为它表明我们不必为了将当前的产出转换成未来的产出而储存或者保存现在的产出。通常,我们放弃一些现期生产是为了释放出部分资源进行资本投资(如拖拉机),进而提高未来的生产能力。因而,资本存量的跨期变动也是由以下效率条件决定的:对于任何产品和任何时期,跨期 MRS 等于它们之间的 RPT。

某一行业的竞争均衡

在本节中,我们回顾一下市场体系中产生竞争均衡的条件和这种均衡的特征。首先,我们对完全竞争市场下的交易条件做一些假设。一个条件是,我们讨论的是同质产品:每一个企业生产的都是完全相同的产品。我们假设在需求和供给两方面,消费者和企业都是价格的接受者:每一个参与人都太小(相对于整个市场中参与人总数来说),不能通过自己的行为影响市场价格。(这里排除了具有规模报酬递增性质的企业。)每一个消费者都是效用最大化者,每一个企业都是收益最大化者。假设完全信息和交易无成本。这些假设实际上意味着单一价格法则成立:所有购买者和销售者按照市场价格进行贸易。(否则,所有的购买者将联合要求销售者给出最低的价格。)我们还假设企业进入或退出所在行业没有障碍。

在以上条件下,产量和价格如何决定呢?答案通常视是短期还是长期而定。其中,短期内我们假设企业数量及生产规模是固定不变的;长期内假设所有的要素是变动的,而且企业数量将随市场形势变化而变动。

短期竞争均衡

我们首先考虑短期竞争均衡。图 12-6 (a) 中,我们画出一个代表性企业的短期边际成本曲线、平均可变成本曲线和平均总成本曲线(分别记作 MC、AVC

和 ATC)。① 在第十章中我们已经知道，完全竞争市场下的企业面临的需求曲线是等于市场价格的水平线，那么收益最大化就要求企业在 $MC=P$ 处确定它的产量（因为在竞争条件下 $P=MR$）。例如，如果 $P=P_1$，则企业将供给 q_1 的产品[见图12-6（a）]。因而，企业的短期供给曲线就是 MC 曲线从 $P=AVC$ 的点开始向上倾斜的部分。②

在图12-6（b）中，我们画出了市场需求曲线（D_1）和行业供给曲线。这里再次回顾一下，市场需求是每一个价格水平下每一个个人的需求的简单加总。市场供给也是类似推导而来的，但也不完全相同。市场供给被定义为每个企业在给定价格水平下供给的总和。③ 如果行业的要素供给是完全具有弹性的，那么总供给的推导与总需求完全相同。然而，全行业的要素供给增加可能只能通过提高要素价格来实现，这将改变行业内所有企业的成本曲线。市场供给曲线在两种状况下都是向上倾斜的。但是，单靠每个企业的供给曲线推导不出市场供给曲线，还必须了解行业生产水平对要素价格的影响。

图12-6（b）显示了均衡点，它是市场需求量与市场供给量相等的一种状态。均衡点位于需求曲线与供给曲线相交处，这时价格为 P_1，产量为 Q_1。在其他任何价格-产量组合下，市场都处于不稳定状态，市场的自发力量将使市场回到均衡点。例如，价格为 $P_3>P_1$，供给量将大于需求量（$Q_3^S>Q_3^D$）。供给者会发现他们的产品卖不出去了，降低价格将是售出产品的唯一出路。随着市场价格的降低，每一个企业都将调整它们的供给，直到所有企业均实现市场均衡。

需要注意的是，短期均衡并不一定有利润。从我们所作的图中可知，代表性的企业在（P_1, q_1）处取得经济利润。然而，如果需求曲线是 D_2，与供给曲线相交于（P_2, Q_2），则每一个企业将处于均衡点（P_2, q_2），但是遭受经济损失。另一种可能性是没有代表性企业，一些企业可能由于具有自然优势而比其他企业有更低的成本曲线（比如在生产同种植物的农业中，一些企业幸运地拥有充足的肥沃土地和自然供给水源，而另一些企业只有相对贫瘠的土地且需要购买水）。因此，在既定价格水平下，一个企业可能有利润，而另外的企业可能没有利润。为了简化分析，我们将通过假设条件来排除后面这种情况，即假设所有的企业是完全相同的，不过这不是主要结论所必需的假设。④

长期竞争均衡

从长期来看，两种分配都不是均衡。在图12-7（a）和（b）中，我们画出

---

① 注意：随着产量的增加，平均可变成本曲线逐渐接近于平均总成本曲线，这是因为两者的唯一差是企业的固定成本（这在短期内是假设不变的），而随着产量的增加，固定成本对平均总成本的贡献越来越小。令 FC 代表固定成本，那么 $ATC=AVC+FC/q$。

② 如果 $P<AVC$，则企业的最优选择是不生产。作为练习，请读者解释一下，为什么企业在 P_2 的价格水平下，即使遭受着损失还会继续生产。

③ 有一些作者倾向于这样区别短期和长期市场供给曲线，即投入要素价格不变，短期供给曲线表示产量与价格之间的关系。在这种定义下，我们对待行业产出水平变化所导致的投入价格变化的方式将不同于下文。这些变化将导致供给曲线的移动而不是沿着曲线变动。这完全只是描述上的不同，实际上在任何一种情况下供给都是投入和产出价格的函数。

④ 我们将在接下来的章节中分析成本变化行业（如房产出租业）的竞争均衡。这里推导的均衡结果对于行业中的"边际"企业同样成立。

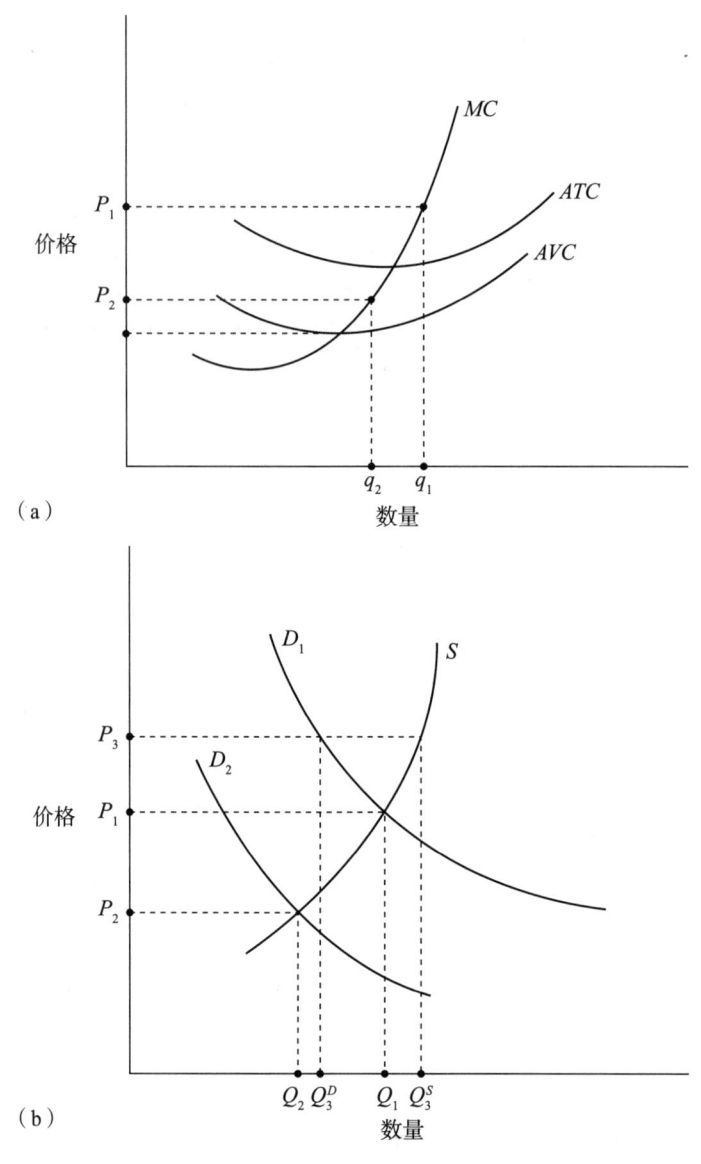

图 12-6 短期竞争均衡

（a）一个竞争性企业的短期收益最大化；（b）短期供给与需求。

了长期边际成本曲线（LMC）和长期平均成本曲线（LAC）。我们已经知道，在长期中所有的要素是自由变化的，而且企业可以自由进出任意行业。

假设我们一开始处于 (P_1, q_1)。在这一短期均衡点下，代表性企业获得经济利润，即超过"零利润"水平，也就是超过成本曲线定义下劳动和资本投入所能带来的正常市场回报。行业内每一个企业都会意识到，通过更新设备、扩大产出水平可以提高自己的收益（由于在 q_1 点上 LMC＜SMC）；由于利润的存在，其他企业将会进入该行业。这样短期供给曲线将向外移动，使市场价格下降，直到行业扩张处于无利润状态。如果代表性企业获得零利润，那么一定满足 $P =$

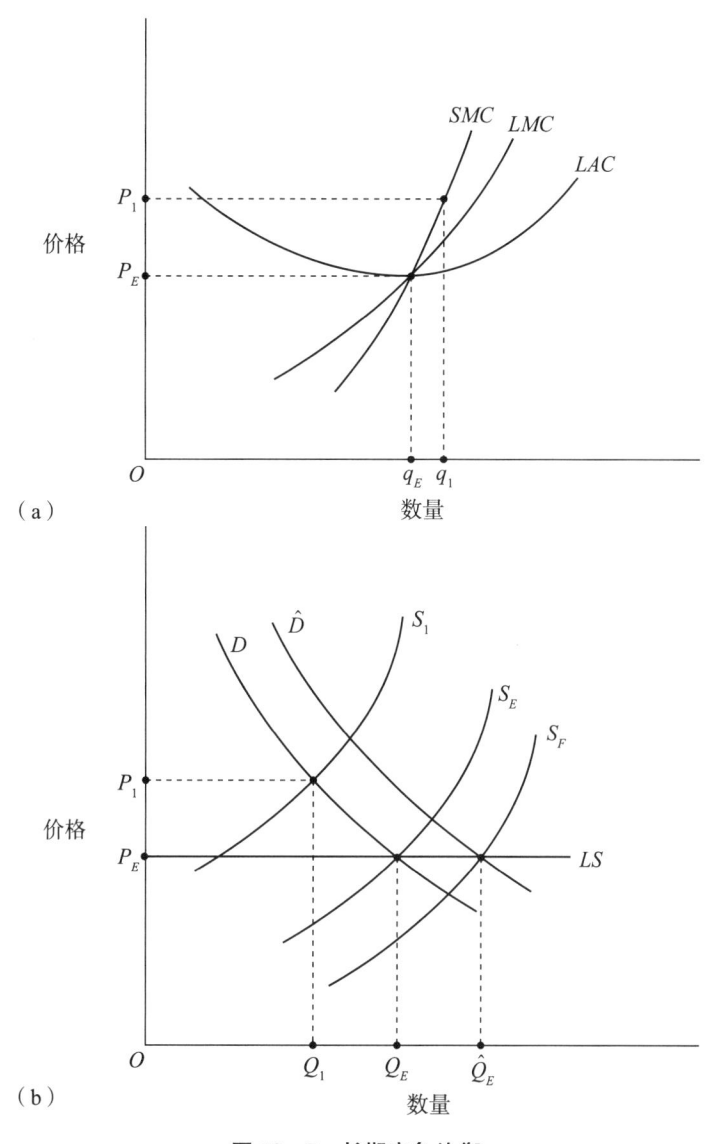

图 12-7 长期竞争均衡
(a) 竞争性企业的长期收益最大化；(b) 长期市场需求和供给（成本不变的情况下）。

LAC。由于每一个企业被假设是利润最大化者，因此一定满足 $P=LMC$。因而，$LAC=LMC$，这出现在代表性企业长期平均成本曲线的最低点。只有在图 12-7（b）中 (P_E, Q_E) 的状态下，长期均衡才能实现。此时，需求等于供给，任何消费者或企业都没有进入和退出的动机。

长期供给曲线（LS）是什么形状的呢？在要素供给完全弹性的条件下，长期供给曲线（LS）就是一条高度为 P_E 的水平线。也就是说，长期市场总供给由行业内所有完全相同的企业共同实现，每一个企业都选择处于自己 LAC 曲线的最低点。行业中的企业数量 Q_E/q_E 由市场需求曲线与价格线 P_E 的交点决定。例如，如果需求移动到 $\hat{D}$，则所有企业的总产量将调整到 Q_E。每一个企业将继续

生产 q_E，价格维持在 P_E；但是短期供给曲线 S_E 将由于新企业的进入而向外移动。这是成本不变行业的情形。

如果因为生产的规模经济效应，要素随着行业的扩张变得更便宜了，那么 LS 曲线将会向下倾斜，如图 12-8（b）所示。行业扩张代表着各个企业存在外部经济，因为每一个企业的成本曲线将低于图 12-8（a）中的成本曲线。这种情形被称为成本递减行业。个人电脑行业就是一个例子。随着市场的扩展，电脑价格不断下降，其中部分原因就在于生产电脑部件的规模经济效应。最后一种情形是成本递增行业，这种行业的 LS 曲线将向上倾斜（图中没有画出）。长期均衡的三种情况有着共同点，即零利润和利润最大化，它们共同决定了代表性企业在其 LAC 曲线的最低点进行生产。①

将竞争性分析的逻辑应用于不同的政策体系产生了一些重要的见解。举一个不常见的例子，减少非法使用海洛因的政策。尼克松政府时期，禁毒官员们知道土耳其是美国非法毒品供应的主要来源，所以美国就采取了一项措施：与土耳其官员一起禁止种植用于提炼海洛因的罂粟。

在短期中，美国的海洛因供给确实减少了，但是异常高的利润又引诱其他地方的潜在供应商进入美国市场。如果海洛因的种植需要非常独特的气候，只有很少的地方才能满足种植条件，那么这个故事可能就不同了。但是大量的国家都有适合种植罂粟的气候条件，一年内其他国家也被报告是美国海洛因的主要供给来源。当潜在的市场供给遍及世界各地时，海洛因问题的长期解决方案不再是狭隘的供给目标战略。而且，美国不可能劝服所有国家（有效地）禁止罂粟的种植。② 如果市场上存在获利的机会，那么竞争模型就表明会有新的企业进入。克莱曼（Kleiman）曾报告说，缅甸-泰国-老挝"金三角"、阿富汗-巴基斯坦-伊朗"金新月地带"、墨西哥、黎巴嫩和哥伦比亚均为非法市场提供罂粟。他总结道："海洛因，甚至可卡因问题，都应该通过国内禁毒法案来解决。"③

在本节最后，我们需要强调价格在竞争市场中的重要作用。首先，价格是由市场中需求和供给的相互关系决定的，并且是所有经济参与人做出决策的参考信息。价格将供给在消费者之间进行配给，也有作为信号指导生产者决定产出水平的作用。在短期内，生产者对价格的反应由短期供给曲线的弹性决定。在长期内，价格影响行业利润，利润又决定企业进入或退出行业、是否进行投资。由于有充分的时间进行调整，长期供给弹性大于短期供给弹性。④

---

① 当各个企业间成本存在差异时，只有边际企业（而不是那些代表性企业）才能够在均衡处实现零经济利润。所有低成本企业也将继续供应市场，但是那些成本高于边际企业的企业将不能在市场上获得利润，也不会进入此行业。

② 在某些情况下，短期干扰能够积聚成长期的解决方案。在本例子中这种战略并不有效，在土耳其政策被采用之前分析家们就已经预测到了。可参见 John Holahan 及其助手 Paul Henningsen 的著作《海洛因经济：处理毒品》（Praeger Publishers，1972）。

③ 参见克莱曼的《反对超越》（Basic Books，1992）。

④ 长期和短期的分析构架在理论上是有效的，但实际应用并不完全适用于这两种情形。更确切地说，供给弹性是行业反应时间的连续递增函数。研究者们通常会估计出一个特定的供给弹性并将其定义为短期或长期，通过判断被研究行业实际处于什么时间近似地表示两种时期的状况。有时候会描述第三种时间段，即"极短期"。在这种时期中，生产水平被假设是不变的，唯一的市场活动是制定价格使需求等于固定的供给。

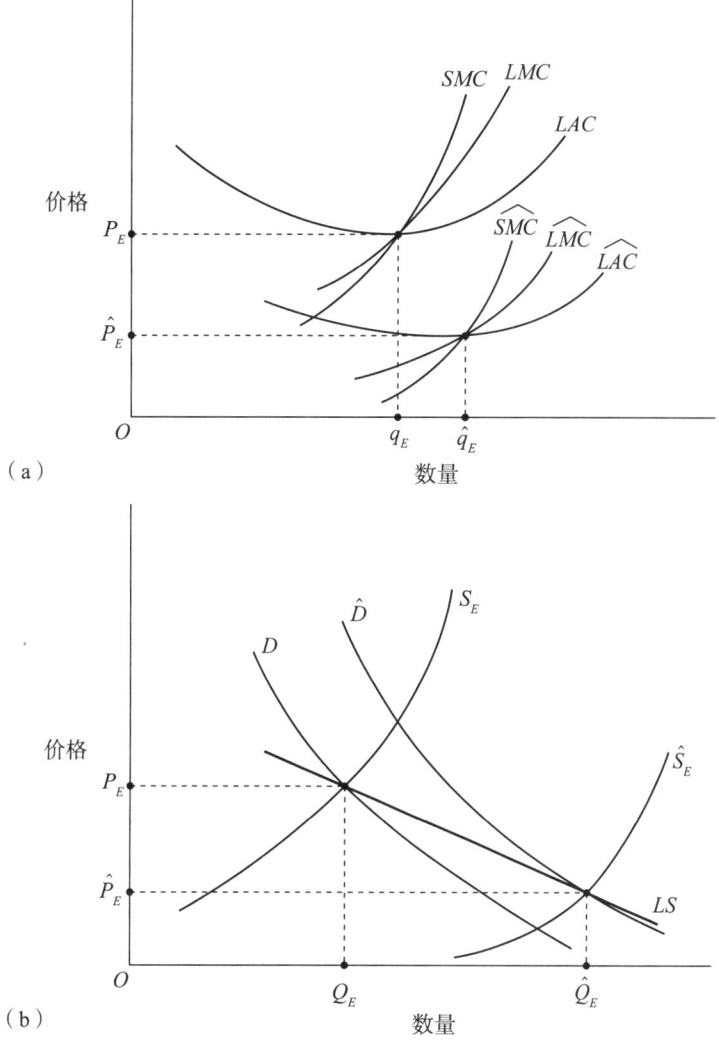

图 12-8 长期竞争均衡（成本递减的情况）
(a) 竞争性企业的长期收益最大化；(b) 长期市场需求和供给。

有关竞争和效率的两个定理

上面我们回顾了一个经济体实现经济效率的条件，因此很容易知道为什么一般竞争均衡是帕累托最优的。这也是关于效率和竞争的著名的第一定理。第二定理指出了如何进行分配：假设经济主体具有行为良好的偏好和生产技术①，只要

---

① 使用"行为良好"一词是为了排除诸如规模报酬递增等问题，满足凸性条件。要精确地回顾和证明这一定理，可以参见以前章节曾引用过的 Koopmans 的文章。

初始禀赋的交易零成本,任何帕累托最优的资源分配就都能实现一般竞争均衡。总生产可能性边界表明一个经济体中有许多可能的帕累托最优分配,只要社会从这些分配中进行选择,(结果)公平并不需要牺牲效率。

我们并不试图精确地证明这两个定理,只是简单回顾一下它们背后的逻辑。可以简单概括一下对第一个定理的证明:(1)所有交易者(包括个人和企业)在要素和产品实现竞争均衡时面临着相同的价格,这保证了所有边际率相等(在需求等于供给的情况下);(2)市场均衡时供给必定等于需求。我们下面来说明这一点。

首先,我们必须强调一下我们所称的一般市场均衡的含义:存在一个完整的市场体系(涉及所有的商品,包括未来的商品),每一个市场都具有我们所描述的竞争性行业的特征,并且每一个市场都处于长期均衡中。这表明,所有产品的供给等于需求。那么现在我们需要做的就是证明均衡价格将产生正确的边际决策。

先考虑交换效率。对于两种产品 X 和 Y,均衡价格分别为 P_X 和 P_Y,每一个消费这两种产品的消费者(为了实现效用最大化)将使 $MRS_{X,Y}$ 等于 P_X/P_Y。既然所有消费者面临着相同的价格,那么他们将具有相同的 $MRS_{X,Y}$,交换效率一定能得到满足。

生产效率包含四条原则。第一条是技术效率。企业利润最大化原则要求满足技术效率:如果相同的投入能够生产出更多的产品,那么相同的成本将能生产出更多的收入,从而企业就未处于利润最大的状态。

第二条原则要求使用相同投入要素的企业之间的技术替代率相等,即 $RTS_{K,L}^X = RTS_{K,L}^Y$。但是我们已经知道,每一个企业以最小的成本生产(利润最大化的条件)时,必然满足

$$RTS_{K,L} = P_K/P_L$$

这是一个企业的等产量线(其斜率为 $-RTS_{K,L}$)和等成本线(斜率为 $-P_K/P_L$)相切的情形,这是以最小成本生产等产量线的产出水平所需要满足的条件。① 由于所有企业面临着相同价格的同质要素,因此使用这些要素的企业面临着相同的 RTS。

生产效率的第三条原则是生产同样产品的每一个企业所使用的每一种要素具有相同的边际产量。这在竞争均衡中成立,因为它是利润最大化的结果。假定一企业多使用一单位的要素,比如说一单位的劳动,其边际成本是 P_L。企业的边际收入等于边际产量乘以产品的价格 P_X,即 $P_X MP_L^X$。利润最大化要求企业雇用一定数量的劳动,使得

$$P_L = P_X MP_L^X$$

这一等式有时被称为要素需求的边际生产率理论(此例是关于劳动),因为在每一个可能的工资率下(产品价格给定),竞争企业需要的劳动数量会使等式成立。例如,较低的市场工资率将刺激企业使用更多的劳动力,从而降低边际产量,使等式重新实现平衡。企业的需求有时被称为引致需求,因为这一需求并不来自喜

---

① 关于这一点,在第九章的附录中有图形说明。

好或者偏好，而来自追求利润最大化的行为。我们将等式写成
$$MP_L^X = P_L/P_X$$
因而，由于行业 X 中的所有企业面临着相同的价格 P_X 和 P_L，因此它们具有相同的边际产量。

第四条生产效率原则是，企业之间两种产品的转换率相同。在第九章的鲁滨逊·克鲁索模型中，我们把 $RPT_{X,Y}$ 看成 X 的边际成本，即放弃了多少单位 Y。如果我们希望用货币单位来表示边际成本，则我们只需要乘以 P_Y：
$$MC_X = RPT_{X,Y}P_Y$$
竞争性的利润最大化企业总是选择能够使得 MC＝P（＝MR）的产出水平，因而在竞争性均衡中，有
$$P_X = RPT_{X,Y}P_Y$$
或者
$$RPT_{X,Y} = P_X/P_Y$$
最后，既然所有 X 和 Y 的生产者都面临着相同的价格 P_X 和 P_Y，那么所有生产者的 $RPT_{X,Y}$ 必定相同。

至此，我们证明了在一般竞争均衡中，交换效率和生产效率得到了满足。最后一个条件产品集效率的证明并不烦琐。我们已经证明了所有消费者的 $MRS_{X,Y} = P_X/P_Y$ 以及所有生产者的 $RPT_{X,Y} = P_X/P_Y$，因而 $MRS_{X,Y} = RPT_{X,Y}$，最后这个条件也满足了。一般竞争性均衡是帕累托最优的。

第二定理指出，任一个帕累托最优都能够通过竞争性均衡来实现（假设偏好与技术表现良好）。也就是说，假设我们知道自己的最大欲望，那么问题就是竞争性系统能否使我们实现这一欲望。考虑任一最优化。由于最优状态满足了效率条件，因此我们知道每一个边际替代率，例如所有消费者必然满足 $MRS_{X,Y} = \alpha_{X,Y}$，在这里 $\alpha_{X,Y}$ 是一常数。因此，我们必须选择价格 P_X 和 P_Y 使得 $P_X/P_Y = \alpha_{X,Y}$。

需要注意的是，我们这里有一个自由度：效率条件只涉及相对价格，而不涉及每一个单独价格。因而，我们可以选取任意一种商品作为参照物来表示所有商品的相对价值，我们称之为一般等价物。例如，我们将 P_X 设定为我们希望的任意一个数。由于商品 X 与其他产品的每一个关系方程中只有一项未知，因此这就可以确定其他产品的价格。①

当然，我们还不能保证在这些价格下，需求和供给将处于均衡状态。为了实现均衡，我们要分配给每人一定的收入，并使之正好等于在上面提到的既定价格下实现他或她最优分配时的价值。给定收入和价格时，每一个消费者只有在购买了满足最初目标的商品和服务（包括闲暇）组合时，才能实现均衡。我们要求预算约束线（价格和收入水平）与每一个人的无差异曲线在合意的分配处相切。因而，只要我们可以零成本地重新分配收入，帕累托最优就可以通过一般竞争均衡来实现。

一些经济学家将第二定理解释成消除公平担忧的理由。也就是说，只要最优分配能够实现，经济学家就可以简单地认为政策制定者会以他们认为合适的方式分配

---

① 在宏观经济学中，经常将"钱"作为一般等价物，并考虑宏观经济变量如何影响它的水平。

收入（例如通过累进税或者福利系统）。经济学家可以只关注效率的状况。这能够简化针对具体问题的政策争论。[①]

关于这一点存在很多不同的观点，涉及第三章和五章提到的少数政策工具在运用过程中存在的过程公平性问题和政治局限性问题。本章还要提出另外一个重要的观点：再分配没有零成本的方式，实现效率要求政策工具以最低的成本来实现既定的资源再分配。在第十四章中，我们将详细地分析一些在特定市场下实现具体公平目标的基本政策工具。

一般竞争分析和效率

在本书中我们已经多次注意到，局部均衡模型中的具体分析效果可能会消失，也可能完全不同于一般均衡模型。在局部均衡分析中，我们只允许一个或几个市场在价格和产量上存在差异，并假设其他价格是固定不变的。但根据我们所考虑的变化的来源，其他价格不受影响的假设是站不住脚的。例如，对公司资本征税，它不仅仅通过公司直接影响价格和资本分配，还会引起经济中资本相对价格的变化，从而使其他产业的成本曲线发生移动，同时也会影响这些产业内的分配。其他价格的变化可能引起此公司内进一步的变化。

在本节中，我们试图通过税收归宿的局部和一般均衡分析来阐述这种区别的重要性。当然，我们要强调的重点并不是这个特定模型的税收归宿。更重要的是提高分析能力，理解导致两种分析方法出现差异的原因，以及在实际运用中能够判断两种模型的优缺点。

我们首先介绍局部均衡模型，并引入税收归宿和税负转移的概念。随后我们延伸到两部门的一般均衡模型分析。我们讨论一般均衡模型的每一部分，然后推导出确保所有市场同时均衡的竞争性分配（假设所有的价格都是可变的）。然后我们看看局部均衡模型下同一种税收的效果，并对比两种结果。最后我们将简要讨论定额税和实物税的效率。

局部均衡分析：消费税

在局部均衡模型下，假设我们在竞争性市场中生产产品 Q。需求曲线（为方便起见，以购买意愿曲线表示，即价格在左边）是

$$P = 200/Q$$

Q 的供给曲线是

[①] Charles Schultze 认为"公平"是一种论据，任何明智的特殊利益集团都会利用它来强化、改变或者挫败想要提高特定领域经济效率的企图，即使大多数人能够从这种变化中获得收益。可参见其著作《私人利益的公共用途》（The Brookings Institution, 1977）。涉及公平的政策分析应该能解决这种争论。

$P=2$

这种完全弹性的（水平）供给曲线意味着该行业能够以每单位2美元的不变价格生产出满足任何需求的产量。我们在图12-9（a）中画出了需求和供给曲线。均衡状态是在$P=2$的价格上$Q=100$。

只要税收的定义保持一致，那么无论我们向供给者征税还是向需求者征税，都既不影响收入分配也不影响资源配置。① 经济效应决定于税收，而税收又导致了需求者支付价格与供给者接受价格之间的差异。这种结果十分普遍，适用于任何可以用需求和供给曲线表示税收活动的情形。例如，关于改变雇主和被雇佣者对半分担12.4%的社会保险税的状况的提议曾经在美国引起了激烈的政治辩论。许多经济学家认为这是没有必要的（因为无论怎样划分都将导致同样的结果）。我们下面来解释这个观点。

假设征收0.67美元的消费税，（局部均衡下的）征税效应如图12-9（a）和（b）所示。在图12-9（a）中，我们假设是向供给者征税。对于供给者来说，这是他们提供每一单位产品时新增的不可避免的成本，因此将供给曲线提高了0.67美元，平移到S'（在$P=2.67$处）。② 对供给者征税并不会影响到消费者的支付意愿，因而需求曲线不会受到影响。从图中可以看到，新的市场均衡产量（D与S'相交处）是$Q_T=74.91$单位，此时价格为$P=2.67$美元。政府向每一单位产品征收了0.67美元作为税收收益（50.19美元，即阴影矩形部分），供给者还剩每单位2美元来支付非税收成本。

在进一步研究税收的效果之前，我们转到图12-9（b），看看向需求者征税的情形。在该图中，供给曲线不受影响，保持在价格为2美元的水平线上（$P=2$）。然而，消费者向供给者的支付意愿比以前少了0.67美元，这是因为最初支付意愿中的0.67美元要交予征税者。那么需求曲线（如供给者预料的那样）将移动到D'处，也就是$P=(200/Q)-0.67$处。如此，新的均衡点（D'与S相交处）出现在$Q_T=74.91$处，此时消费者消费一单位产品向供给者支付2美元，同时向政府支付0.67美元，总共付出2.67美元。因而无论税是向消费者征收还是向供给者征收，每一个经济参与者的最终状况不会受到影响。

理解这一结论的另一个方法是，在图12-9（a）和（b）中，新的均衡取决于初始需求和供给曲线以及税收额度。新均衡位于需求曲线D的高度超出供给曲线S高度，并且高度差刚好等于税收量的地方，在本例中是0.67美元。在这个产量下，需求曲线的高度是消费者支付的总价格（包括了税收），而供给曲线的高度只是供给者所面临的净价格（不包括税收）。我们作图12-10（a），还是用阴影矩形代表征税的总量，同时矩形右边的弧边三角形部分代表税收带来的无谓损失（大约为8美元）。③

---

① 征收和强制征收在交易成本上有明显的区别，这取决于该税种是向需求方征收还是向供给方征收，以及该税种是对何种对象征收。例如，销售税实际上总是向商家征收而不是向购买者征收，这是因为商家通常会保留销售记录而购买者不会这么做。

② 这里的税收只是经济成本，而不是社会成本；这里没有额外的资源投入生产。

③ 用积分计算，这个数字是7.60美元。把其当做一个标准的三角形进行快速估算，可以计算出0.5（25.09）（0.67）≈ 8.41美元。

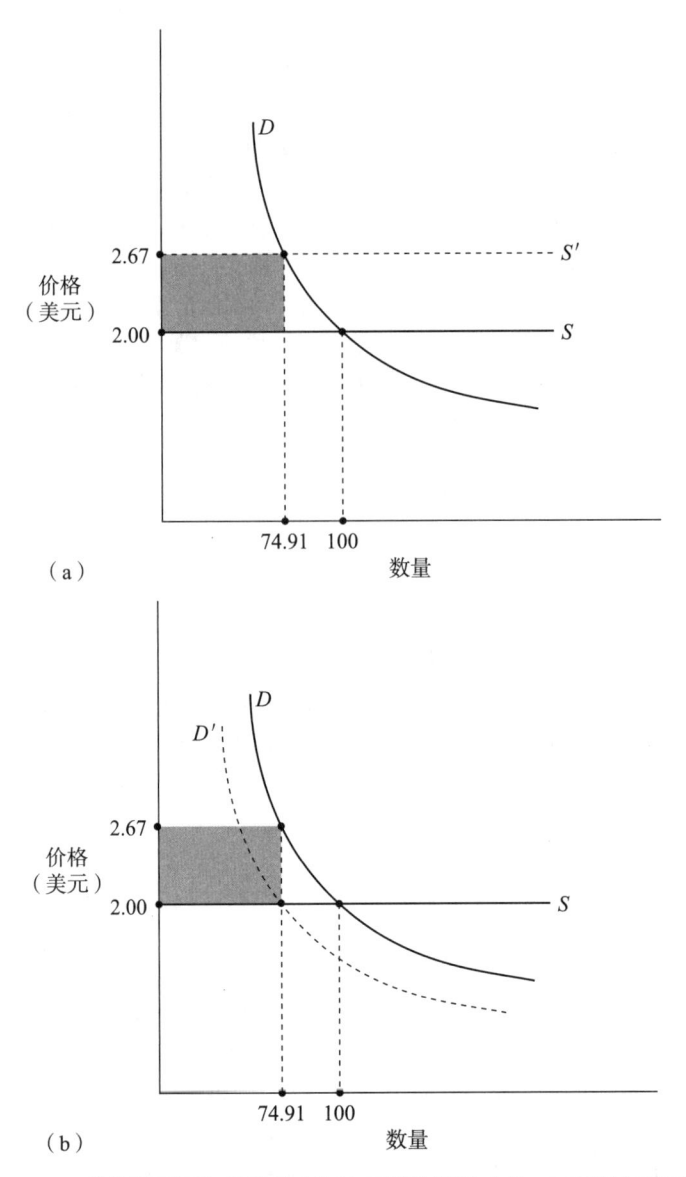

图 12-9 税收的配置和分配效应取决于税收活动本身，而不是征税对象
(a) 向供给者征税（S' 是需求者感受到的供给）；(b) 向需求者征税（D' 是供给者感受到的需求）。

在本例中，由于供给的完全弹性，消费者承担了全部税收负担。所有的税收支付（包括所有的无谓损失）都来自消费者剩余的减少。如果我们面对像图 12-10 (b) 中那样的倾斜的供给曲线，那么税收将由消费者（通过消费者剩余的损失）和供给者（通过经济租金的损失）共同承担。因而，需求曲线的弹性越大，供给曲线的弹性越小，税收就越多地由生产者来承担（其他因素保持不变)。当然,我们不能评估它的公平性,除非知道谁是消费者谁是生产者。①

研究税收归宿时经常使用的另一个概念是税负转移:合法的纳税人逃避税负的程度。正如我们前面已经提到的,纳税主体并不一定是税收的完全承担者。当他们不是完全承担者时,我们就说税负被部分转移了。在图 12-10(a)中,如

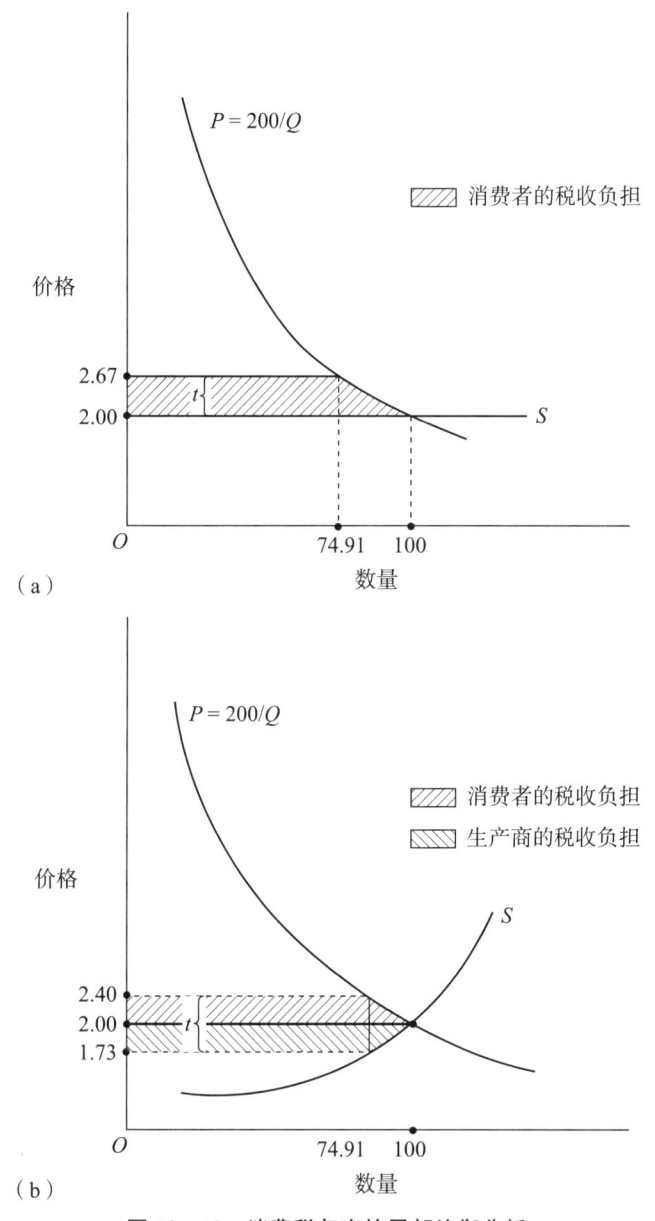

图 12-10 消费税归宿的局部均衡分析

(a) 当供给完全有弹性时;(b) 当供给曲线向上倾斜时。

---

① 这个市场可以假设为一个低租金的房屋市场,假设市场中租户没有房东那么富有,征收的是财产税。或者,也可能是昂贵的珠宝市场,这个市场中的消费者至少和珠宝供给者一样富有,征收的是消费税。即使这种差别是针对具体群体来说的,每一个群体内部的个人状况也必定存在差别。

果是向生产者征税，则局部均衡的力量将使税收完全向下转嫁给消费者。同样的税收如果一开始是向消费者征收，将有同样的归宿，但它不是税负转移。当然，这个概念是为了适用于像图 12-10（b）那样更有趣的例子：如果一开始是向生产者征税就会部分向下转移给消费者，或者是，如果一开始是向消费者征税就会部分向上转移给生产者。税负也可能向上转移给要素供给者（图中没有表示）。

一般均衡分析：完全竞争与消费税

让我们看看因只考虑局部均衡效应而在分析中存在的缺点。为此，我们介绍一个简单的一般均衡模型。我们假设经济中有四个完全竞争的市场：两个产品市场（生产商品 Q_1 和 Q_2）以及两个要素市场（提供资本 K 和劳动 L）。我们在图 12-11（a）（b）（c）和（d）中分别给出每个市场的需求和供给曲线，（用实线）表示每个市场的初始竞争性均衡。图 12-11（b）中 Q_2 的需求和供给曲线与前面［图 12-10（a）］局部均衡分析的需求和供给曲线相同。

假设我们（再次）对产品 Q_2 征收 0.67 美元的消费税，一般均衡模型将会发生什么呢？在深入研究之前，先进行一下直观的思考。首先，我们可以像上次那样考虑：在 Q_2 的市场上，新的均衡产出将会减少，减少到需求曲线超过供给曲线的高度等于 0.67 美元的地方。不过，现在我们必须考虑这样一个事实，如果 Q_2 的产出水平减少，那么 Q_2 的要素引致需求也必然会减少。

为了简化分析，我们假设生产 Q_2 只需要投入劳动，因此图 12-11（d）中的劳动引致需求曲线将向左移动到 D'_L 处。在这个特殊模型中，因为我们已经假设劳动的供给是固定的，所以在新的均衡下，工资率将比原来的均衡水平低。相反地，局部均衡模型假设曲线变动对于工资率的影响可以忽略不计（在某些情况下是合理的）。

变动的工资率带来了新的重要的复杂情况。我们知道，所有的二维需求和供给曲线都是在其他条件不变的假设下画出来的，即所有其他相关价格都保持不变。如果工资率下降，那么意味着生产成本降低了，两种产品的供给曲线都将向下移动。我们在图 12-11（a）中画出新的供给曲线 S'_1，在图 12-11（b）中画出新的供给曲线 S_2'。

用一般均衡模型来预测征收消费税的结果，这样做的作用很明显。观察图 12-11（b），我们发现这个模型的税后均衡不同于用局部均衡模型预测的均衡水平。均衡产量显示为 $Q_2=87.80$，高于局部均衡预测的 74.91。消费税的间接影响——劳动力市场的工资下降——部分抵消了对产品 Q_2 市场的直接影响。征税额（大概为 59 美元）也高于局部均衡模型预测的征税额（大概为 50 美元）。而且，税收负担还被部分地向后转嫁给了劳动者，税收导致在 Q_1 和 Q_2 行业内的劳动工资减少。

还有其他的税收效应，例如，如果劳动收入变化了，那么需求曲线也可能会变化。因此我们有必要进行更加精确的讨论，表 12-1 给出了本例子中的税前需

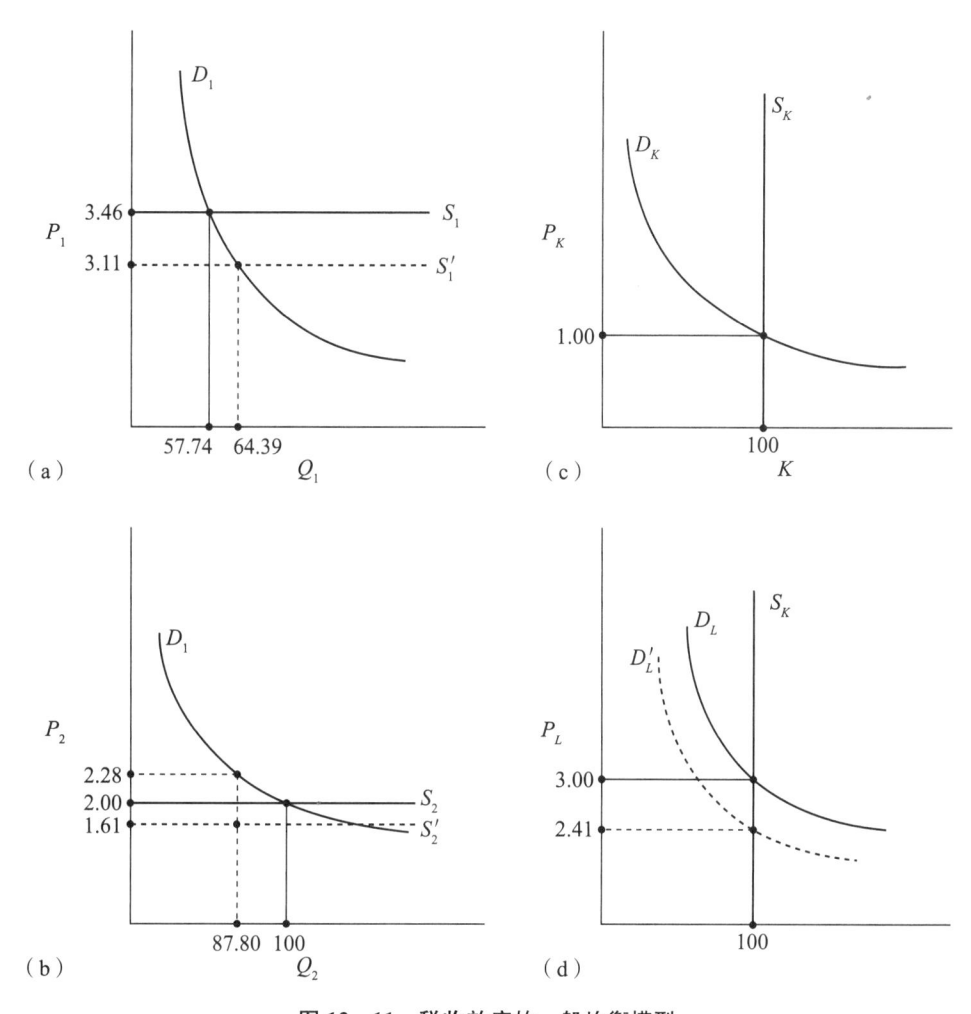

图 12-11 税收效应的一般均衡模型
(a) 商品1市场；(b) 商品2市场；(c) 资本市场；(d) 劳动市场。

求和供给曲线。本章附录对竞争理论做了进一步的证明，这些需求和供给方程依据的是关于生产技术、消费者偏好，以及资源限制的特定假设。

对于表 12-1，我们考察的是八个等式和八个未知数（包括四个未知价格和四个未知产量），然后求出能够同时满足这些方程的均衡值。[①] 仅仅使用 Q_2 市场上的需求和供给方程不能决定 (P_2, Q_2) 的均衡水平；我们必须首先知道 P_L，L，P_K，K 的值。实际上，由于同样的原因，在通常的价格产量图中我们无法确定 Q_2 的需求曲线和供给曲线。在联立求解这些方程之后，我们可以构造常见的二维需求和供给曲线，前提是其他变量保持不变。图 12-11 中画出了这些曲线（实线）

---

① 求解方程组，特别是非线性方程组的数学方法，超出了本书的范围。在实际政策制定中，一般采用计算机程序来求解。

第十二章 效率、分配和一般竞争分析：税收的代价 ▶ **409**

以及相关的税前均衡价格和产量。[1]

表 12-1　　　　　　　两种商品、两种要素的竞争性经济概要

产品市场	部门 1	需求	$Q_1 = \dfrac{1/2\ (P_L L + P_K K)}{P_1}$	(1)
		供给	$P_1 = 2P_K^{1/2} P_L^{1/2}$	(2)
	部门 2	需求	$Q_2 = \dfrac{1/2\ (P_L L + P_K K)}{P_2}$	(3)
		供给	$P_2 = 2/3 P_L$	(4)
要素市场	资本	需求	$K = K_1 + K_2 = P_K^{1/2} P_L^{1/2} Q_1$	(5)
		供给	$K = 100$	(6)
	劳动	需求	$L = L_1 + L_2 = P_K^{1/2} P_L^{-1/2} Q_1 + 2/3 Q_2$	(7)
		供给	$L = 100$	(8)

我们需要指出求解上述方程组时的一个经济特征。从理论上我们知道，起作用的只是相对价格，也就是说，我们可以任意设定一种商品的价格（一般等价物，在这个例子中 $P_K = 1$），然后衡量所有其他商品相对于这一商品的价格。这时我们仅有 7 个真正的未知数，但是有 8 个方程。这是否意味着我们的问题会有无穷多个解呢？不，因为瓦尔拉斯法则告诉我们，无论怎样，其中有一个方程是多余的。

瓦尔拉斯法则表明，无论经济是否处于均衡状态，以价格为权重的需求量之和减去供给量之和必定等于零。因而，在 n 个市场中，如果有 $n-1$ 个市场的需求等于供给，那么根据瓦尔拉斯法则，第 n 个市场的需求也必定等于供给。[2] 在我们的模型中可以确定，在表 12-1 中，假若前三个市场已经有供给与需求相等的解，那么我们不必求劳动力市场的供求相等（虽然我们需要使用劳动力市场的方程去求其他三个市场的均衡）。瓦尔拉斯法则使我们确信，前三个等式成立时市场必定实现均衡。

---

[1] 例如，部门 2 的局部均衡等式可以通过替换所有变量的均衡值来得到，但是这些变量不包括表 12-1 中方程 (3) 和 (4) 的 P_2 和 Q_2（简单讨论如下）：

$$Q_2 = \frac{1/2(300+100)}{P_2} = \frac{200}{P_2}$$

$$P_2 = 2/3(3) = 2$$

[2] 对这一点的证明可以参看范里安《微观经济分析》一书的 317-318 页。证明背后的思想比较简单。记住企业只不过是一个媒介物。每一个人都拥有产品和要素，并且可以提供给市场。来自这些资源的收入（例如工资、企业利润、车库收益）就是预算约束。为了实现效用最大化，这些收入将会全部被消费掉。因而，对于个人来说，需求的价格加权之和（包含所有商品）减去供给（包括所有商品）等于零。从所有人的总量来看也等于零，这就是瓦尔拉斯法则。

图 12-11 显示了由此得出的均衡水平，不过我们还要注意均衡的其他几个特征[①]：$L_1=33.333$——部门 1 的劳动；$L_2=66.667$——部门 2 的劳动；$P_L L=300$——总收入中的劳动所得；$P_K K=100$——总收入中的资本所得。[②]

当对商品 Q_2 征收消费税时，方程会有点变化。研究这种变化以及变化的原因会有些启发性。首先我们给出一些符号。我们用 t 来表示税收，并且用 P_2 表示供给者所面临的价格，用 P_2+t 表示需求者对商品 Q_2 的支付价格。[③] 那么税收收益将是 tQ_2。

模型必须考虑税收的用途。这些税收是用于修建桥梁、救济饥民，还是用于其他用途呢？我们下面将使用最常见的税收分析方法。它被称为差别税收归宿。这种方法分析的焦点是税收本身的纯效应，而不是综合分析使用税收的项目价值。这里有一个常见的例子：项目的资金已经获批，但是提供资金的税收来源有好几种。分析家们需要比较这几个税种的效应。为了在模型中体现这一思想，我们这里设定一个假设：税收的使用本身并不影响结果。

在这个例子中会产生疑惑的假设是在人们之间进行简单的税收再分配。在这个模型中（当然这并不普遍），需求（也包括供给）不受谁获得货币的影响。对此，我们在研究税收变化如何影响一般均衡方程时会做简要解释。

在表 12-1 中，为了使方程能够代表税收带来的新情况，需要做三种变化。首先，Q_2 的需求价格必须从 P_2 变化到 P_2+t。在这个特定模型中，只有一种情况是这样子的：方程（3）中的分母。我们并不需要改变方程（4），因为其中的 P_2 代表供给价格。

其次，我们必须考虑到，对消费者进行税收收入的再分配会产生一种新的收入来源。在这个特定模型中收入在两个地方出现：方程（1）和（3）中需求曲线的分子。表 12-1 中最初的表达式 $P_L L+P_K K$ 是经济的总收入；在构建这个简单模型的假设下（在附录中做了解释），尽管收入的分配不影响需求，但是总收入影响需求。在我们引入税收和税收收入再分配之后，产生了资本和劳动所得之外的第三种收入来源。所以总收入现在就是 $P_L L+P_K K+tQ_2$，这种情形改变了

[①] 在这种经济里很容易证明第二定理。我们的前提假设是，无论是要素的供给总量还是产品的需求总量都不受要素所有者分配行为的影响。也就是说，无论 L 和 K 的所有者如何进行分配，市场价格和产量的均衡水平都和前面的情况一样。

假设经济中只有两个人。帕累托最优分配的核心是简单地对两种产品进行任意比例的分配。也就是说，对于所有的 $0<\alpha<1$，分配 αQ_2 和 αQ_1 给个人 R，分配 $(1-\alpha)Q_2$ 和 $(1-\alpha)Q_1$ 给个人 S（产品 Q_2 和 Q_1 的市场数量分别固定为 100 和 57.74）。要实现帕累托最优分配，只要简单地对每个人的收入进行再分配，使每个人都有合适的预算规模。假设每个人一开始有 $K=50$ 以及 $L=50$，那么竞争性市场将导致每一个人获得 200 美元，并且最优化的分配位于 $\alpha=0.5$ 处。如果我们希望实现其他有效率的分配，比如说 $\alpha=0.6$，那么我们必须从 S 处拿走相当于 40 美元的资源，并将之予之 R。为了做到这一点，我们可以从 S 那里拿走 40 单位的资本，并将这些资本给 R。那么，在这个案例之中，竞争性市场将产生相同的价格和总产量，最终 R 多得了 40 美元的收入，因而能够购买更多的商品和服务。为使 R 优于初始状态（$\alpha>0.625$），我们必须在重新分配 S 的 50 单位资本的同时，给 R 一部分 S 的劳动果实。

[②] 当然，如果政府使用此基金去消费不同的商品，情况就会发生变化。由于政府经常用税收进行这种采购，因此我们有必要对假设条件进行一些解释。最普遍使用的税收归宿分析方式叫做差别税收归宿。在这种方法中，我们对两种以上不同的税收进行比较。这里有一个假设前提：政府使用此基金的目的并不因税收方法而改变。如果我们允许基金的使用能够导致我们例子中均衡的改变，这个分析就不能得到纯税收效应。实际上，我们隐含地将我们的税收与完全中性的税收相比较。这种税收不改变任何收入决策并使收入分配保持相同。

[③] 在 P_2 被定义成需求价格，P_2-t 被定义成供给价格时，我们可以用同样的方式表示。

方程（1）和（3）的初始状态。

最后，我们引入了一个新的变量 t，那么我们就再需要一个方程，才能同时求解整个方程组。在这个例子中，我们添加了方程（9），简单表示为 $t=0.67$。这就是税收 t。所有要素市场方程（5）～（8）没有受到影响，同时产品供给方程（2）和（4）也没有受到影响。因而，除了以下变化外，我们新的方程组与旧的方程组是等同的：

$$需求 \quad Q_1 = [1/2(P_L L + P_K K + tQ_2)]/P_1 \tag{1'}$$

$$需求 \quad Q_2 = [1/2(P_L L + P_K K + tQ_2)]/(P_2 + t) \tag{3'}$$

和

$$税收政策 \quad t = 0.67 \tag{9}$$

不需要进行数字的计算，我们也可以看到经济体将保持生产效率（要素供给者面临着与要素需求者相同的要素价格）。然而，经济并不处于生产可能性边界上的最优点。因为

$$对于供给者，RPT_{Q_1,Q_2} = P_1/P_2$$

$$对于需求者，MRS_{Q_1,Q_2} = P_1/(P_2 + t)$$

因而

$$RPT \neq MRS$$

征收消费税后的修正方程组的均衡解是

$P_K = 1 \quad K = 100$

$P_L = 2.41 \quad L = 100 \quad (L_1 = 41.42, L_2 = 58.58)$

$P_1 = 3.10 \quad Q_1 = 64.45$

$P_2 = 1.61 \quad Q_2 = 87.87$

税收总量 $tQ_2 = 58.58$

劳动收入 $P_L L = 241$

资本收入 $P_K K = 100$

总收入 $= 399.58 (\approx 400)$

这个结果引人注目的一点是，税收完全是由劳动者来承担。总收入不变，资本收入也没变。劳动收入减少了相当于税收总量的量。为什么会这样呢？这是由于构建这个模型的特殊假设条件：劳动的供给完全无弹性，以及我们向劳动密集型产业征税。

在放松假设但仍然假设完全竞争的情况下，我们会发现对劳动密集型产业征收消费税会使劳动者的状况恶化。[①] 资本是否会恶化并不确定。我们已经知道，在竞争的作用下要素的定价将会等于边际产品价值，即 $P_K = P_1 \times MP_K$。税收将会导致资本的边际生产率提高（因为劳动从部门 2 流动到部门 1），这会提高资本的价格，但是这也许会被 P_1 的下降所抵消。

我们还应该注意到，具有平均收入的消费者的状况比征税前恶化了，即使平均收入还是相同的。这个道理很简单：我们已经知道，在税收体制下的产品集不

[①] 关于具体税收归宿和负担的更多论述，可以参看公共财政的专业教材，例如 Joseph E. Stiglitz 的《公共部分的经济》第三版（W. W. Norton & Company, 2000）。

同于最优化的产品集。在税收体制价格下，消费者难以在预算约束下购买到有吸引力的商品组合。

经济体中的无谓损失（有时候也被称为税收的过度负担）大约是 4.20 美元，或者说相当于总收入的 1%。根据从图 12-11（a）(b)(c) 和（d）中得到的信息，无谓损失可以视为社会（消费者加上生产者）剩余的减少。资本市场上没有发生变化；劳动市场上的变化是劳动供给者收入减少（大约为 59 美元）；劳动需求者保持着同样的剩余（当需求从 D_L 下降到 D_L' 时，降低的边际收益正好被更低的劳动成本所弥补）。

然而从 12-11（b）中我们看到，劳动收入损失的 59 美元正好被税收所弥补（以纵轴 P_2 和 $Q_2=87.80$ 为边界，介于 1.6 美元和 2.8 美元之间的区域）；我们知道这是人们进行了收入再分配。商品 2 的生产者从商品那里获得的收入少了，但这正好被更低的要素价格所弥补（在初始价格和税后价格下，剩余都是零）。至于商品 2 的消费者，由于他们面临的价格提高了，丧失了以纵轴 P_2 和需求曲线为边界、介于老价格线（2 美元）和新价格线（2.28 美元）之间的消费者剩余。这个损失为 26.03 美元。①

在图 12-11（a）中，由于商品 1 的价格降低，消费者获得新老价格线之间的剩余区域（从 P_2 到需求曲线）。这个算出来是 21.82 美元。② 关于商品 2，生产者的收益减少了，但是却正好被他们要素成本的减少所弥补（他们在初始价格和税后价格下都没有剩余）。这时还没有出清的效应只有消费者在商品 2 上的损失 26.03 美元以及在商品 1 上的收益 21.82 美元。这就导致了社会剩余价值 4.21 美元的净损失，占到这个 400 美元经济总量的 1% 多一点。③

回到税收归宿问题，如果不了解要素所有权在人们之间的分配状况，我们就不能进一步地评估它。如果假设每个人拥有一单位资本和劳动，那么是劳动来承担所有的负担还是劳动和资本平均承担所有的负担就没有什么差别。此外，如果资本的所有权集中在少数富人身上，但劳动集中在大多数穷人身上，我们就说这种税在税负上是累退的。

一般均衡模型与前面的局部均衡模型的对比表明，我们在理解税收效应方面存在重大的差异。后者完全忽略了经济体中税收向后对劳动的转移作用。在估算

---

① 可以在价格轴上对此进行积分，上下限会比图 12-11 的小数点多一位：
$$\int_{2.000}^{2.278} = (200/P_2)dP_2 = 200(\ln 2.278 - \ln 2.000) = 26.03$$

② 在上下限多一位小数点时，这个区域的积分是
$$\int_{3.106}^{3.464} = (200/P_2)dP_1 = 200(\ln 3.464 - \ln 3.106) = 21.82$$

③ 我们从第六章中知道，社会剩余的变化是效率变化的一种不精确的测量，通常有两种比较正确的测量方法，叫做补偿变化法和等价变化法。根据附录中一般均衡模型的信息，这两种方法很容易测量。具体而言，用来得出需求方程的柯布-道格拉斯效用函数有一个支出函数：$B=(1/2)UP_1^{1/2}P_2^{1/2}$。初始效用水平为 $U=75.9836$，税后效用水平为 $U=75.1928$。（在这个模型中，因为这个效用函数是线性齐次的，所以我们可以假设所有总产出由一个人消费。）补偿变化是 400 美元与税后价格下达到最初效用的必要预算之间的差额。将最初的效用水平和税后价格（$P_1=3.106$ 美元，$P_2=2.278$ 美元）代入支出函数，我们得到预算支出 B 为 404.23 美元，或者 CV 为 4.23 美元。等价变化是 400 美元与初始价格下（$P_1=3.464$ 美元，$P_2=2.000$ 美元）获得税后效用的必要预算支出之间的差额。将后者代入支出函数，我们得到预算支出 B 为 395.83 美元，或者 EV 为 4.17 美元。正如预期，社会剩余的变化介于两种准确衡量结果之间。

政府税收方面，局部分析低估了 15% 的税收征收量。尽管局部均衡分析中税收损失的规模（整个收入的 1%）被过高估计（约为整个收入的 2%），但两种模型都预测到了税收带来的无谓损失。因此就存在这样的疑问：局部分析是否合适？如果要建立比简单模型复杂的模型，什么样的复杂程度又是最合理的？

对此有一些一般性的建议。首先，在许多场合，局部均衡分析非常合适。许多变化相对于经济中的其他部分是很小的，并且这些变化不会影响其他部门的价格。其次，建立可行的一般均衡模型受制于两个因素：数据的可得性和分析的约束条件。

我们可能知道劳动总供给是高度缺乏弹性的（尽管不像简单模型中那样完全缺乏弹性）。但是，如果要建立这样一个模型，并且依据不同技能把劳动市场划分成 5 至 10 个子市场（例如建筑工人、零售业者、科学家等），那么我们就不能确定每个子市场的供给弹性。换句话说，更广泛、更细分的模型意味着需要用经验数据来确定更多的参数。建立这种模型的条件取决于我们获得相关数据的可能性。

另外，回忆一下我们的一般均衡模型，它假设所有的部门都是完全竞争的。局部均衡模型是假设至少有一个部门接近完全竞争。一般均衡模型是假设整个经济体系都是完全竞争的，即使存在大量公共的、受管制的寡头部门以及劳动市场。通常具有较高非自愿性失业率的劳动市场不能满足此假设。然而，在不完全竞争的情况下，资源配置不由竞争性的需求和供给曲线相交来决定，所以可计算的一般均衡（CGE）模型不能用于确定均衡价格和数量。存在非竞争性部门时，由于缺乏计算这种均衡的可行分析方法，因此我们建立和运用一般均衡模型的能力受到了很大的限制。

在这些限制性因素被一一克服的情况下，一般均衡模型被越来越多地应用于实际问题。[1] Harberger 开创性地用两部门模型分析了税收归宿问题。[2] 他的模型并不比我们的复杂，其得出的结论是：对公司产品征收的税（资本密集型部门）将全部由资本来承担。这就是公司所得税。他的结论得到了 Shoven 和 Whalley 研究结果的进一步支持。他们俩创新性地应用了一种新的可计算一般均衡模型，该模型包含了更多部门并允许需求供给弹性有更大的变动范围。[3] 这种研究通常按收入层次对人们进行分类，因此能按收入层次以及消费者或部门类型对税负担进行估计。近年来，研究者已经拓展了这些简单的静态模型，发展了动态税收归宿分析：税收负担如何在不同时期和不同收入类别的群体间进行分配。[4]

一般均衡模型能够而且已经被应用于分析许多其他类型的经济问题。Shoven 和 Whalley（1992）多次运用可计算一般均衡模型对贸易政策的效果进行了预测。Bergman 在理解瑞典能源和环境问题对经济增长的约束时，也应用了可计算的一

---

[1] 一个常被引用的资料，见 V. Ginsburgh 和 M. Keyser 的《应用于一般均衡模型的结构》（MIT 出版社，1997）。
[2] 见 A. Harberger 1962 年发表在 *Journal of Political Economy* 第 70 期上的论文《公司税收的归宿》。
[3] 见 J. Shoven 和 J. Whalley 的《一般均衡的实际运用》（剑桥大学出版社，1992）。这本书评论了可计算的一般均衡模型的方法及其应用，包括 Harberger 模型的扩展。
[4] 例如，可以参阅 D. Fullerton 和 D. Rogers 的《谁承担税收负担时间？》（The Brookings Institution，1993）。也可参考由 A. Harberger 和 L. Kotlikoff 在《财政政策动态》（剑桥大学出版社，1987）中发展的代际计算框架。

般均衡模型。① Boyd，Doroodian 和 Power 用这种模型分析了美国的糖产品政策的效果。② 不过，我们要回到税收问题和我们可信的模型，介绍一种新的税种，并对税收的有效性进行深入的讨论。

定额税有效率，大部分实物税无效率

我们将考虑一种新的税种——雇员税。它是一种社会保障制度，所产生的收入相当于消费税。在这种制度下，生产者面临新的劳动价格 P_L+t，尽管此时劳动者仍然只能拿到 P_L 的劳动报酬。在我们的模型中，这个税种的一个很大的特点就是与没有征税时的帕累托最优状态相比，它不会造成资源配置的变动（资本税也存在同样的情况）。

回顾一下表 12-1，我们首先考虑必须发生的变动。我们用一个指令概括这些变动：将所有的 P_L 用 P_L+t 代替。③ 在这个模型中，因为劳动供给固定在 $L=100$，所以我们的模型不存在扭曲效应。如果劳动供给是变化的，则均衡时的劳动数量将因实际工资 P_L 的变动而变化，并且会因为雇主所付出的工资 P_L+t 和工人的工资 P_L 之间存在差异而扭曲。但因为在本模型中所有对劳动（或者资本）的支付都是纯租金（大于机会成本的支付），所以劳动供给的决策将不会受到税收的影响。

这个方程唯一需要进一步解释的是产品需求。新的预算约束由获得的收入加税收组成：

$$B = P_L L + P_K K + tL$$
$$= (P_L + t)L + P_K K$$

这正好符合我们上面所提到的对方程所进行的必要的变动。

因此没有必要再解一次方程，答案与原来的解本质上是一致的。唯一的改变就是用 $P_L+t=3$ 代替 $P_L=3$。t 等于多少？要使雇佣税与消费税产生相等的收入，我们要征收 58.58 美元的税金，所以有

$$tL = 58.58$$
$$t = 58.58/L = 58.58/100 = 0.585\ 8$$
$$P = 2.414\ 2 \approx 2.41$$

换句话说，这种税完全由劳动负担，而税后收入的分配与消费税的情况完全相同。然而，这种税是有效率的：资源的分配与不征税状况下的帕累托最优状态完全相同。税收造成的无谓损失为零。对此的一般解释如下：如果纳税主体不能改变其税负，那么就不存在资源配置的扭曲。既然我们已经假定劳动供给是固定的，那么劳动者对劳动和休闲的权衡也被假定是固定的。如果劳动 L 是固定的，

---

① 参见 L. Bergman 1990 年冬发表在 *Journal of Policy Modeling* 第 4 期上的论文《增长中的能源和环境限制：一个 CGE 模型的运用》。

② 这可以参见 R. Boyd，K. Doroodian 和 A. Power 1996 年发表在 *Journal of Policy Modeling* 第 2 期上的论文《废除糖配额对美国经济的影响：一个一般均衡分析》。

③ 如果在劳动供给方程中价格是 P_L，那么结论将不成立。

那么税负 tL 也就不能变动（不管税收是由企业负担还是由工人负担）。更进一步，如果税收不能改变对其他物品的需求或者供给（例如，通过收入效应来改变），那么税收归宿对税收行为的反应将是完全无弹性的。

掌握以上理论的关键是这种税是否存在。在真实世界中，社会保障税和收入税确实会影响劳动和休闲的分配状况。商品税会影响消费者的购买决策，消费税会改变消费储蓄决策，财产税会影响关于资产组合的决策。

如果一种税（或者补贴）不随纳税人的行为而改变，就称这种税为定额税（或转移支付），该税是非扭曲性的。尽管理论上的做法通常会利用定额转移支付的思想（注意第二定理的重要作用，可以无成本地实现收入再分配），但现实中没有这种税收提案，更别说经济学家认同某种实际的税是定额税并能够用来完成全部的税赋了。也许定额税存在，但很难明确地界定。两个经常举的例子是人头税和土地税，下面分别简单介绍。

如果人头税是固定的，则其征收量必须完全独立于被征收者对它的反应。假设每个人每年要支付 4 000 美元的税，则这种税必定是高度累退的。[1] 如果我们将应纳税额与收入或财产联系起来，那么个人将有极大的动力去改变他们的财产组合状况。这在实践中是一个很大的问题。

即使在接受累退的情况下，人们仍然可以在国家之间迁移，也可以控制他们后代的数目（这就是说，在对人口的一般性需求和供给之间存在扭曲）。如果这听起来有点理论化，那么可以看看从低工资的墨西哥到高工资的美国的工人迁移潮（包括合法的和不合法的）或穷人从低补贴的南部诸州迁移到高补贴的北部各州的情况。人们会效仿这样的行为，为了避开高人头税而搬到其他地方。另外，对于那些无力支付税金或者拒绝支付的人，该怎样处理呢？罚金必须不受违规者行为的影响，否则，必将会产生大量的违规者。总的来说，征收一种定额人头税不会被社会所认同。

撒切尔夫人曾经尝试过征收人头税。1992 年，她在英国开征了一种叫做"社区费用"的人头税。9 个月后，撒切尔夫人离职了。她的继任者梅杰宣布废除这种税。这种人头税最初被用于代替一种财产税，在 1993 年 4 月，当人头税被废除时，该财产税又得到恢复。在人头税短暂的存在期间内，这种税由中央政府设定，由地方政府征收。税额为一固定的量，大概为每个成年人 500 美元。征收的税金用于当地公共服务购买和基础设施建设，比如教育、垃圾收集和街道清扫。当撒切尔夫人意图通过这种税收转移最富有群体的一部分税收负担时，这使中产阶层选民的状况变坏，并引起了大量政治上和经济上的抗议。[2] 许多纳税人拒绝交纳税金，地方政府也不能强制性征收，由此造成了巨额的财政收入损失。[3]

土地税又是怎样的情况呢？其核心思想在于土地是固定的，因此土地税将不会扭曲资源的配置（当然由于收入效应，土地产出的产品组合可能会改变，但这

---

[1] 例如，通过收入效用，税收的归宿可能会发生变化。因此，累退存在一些不确定性。
[2] 见 John Gibson 的《人头税的政治学和经济学：撒切尔夫人的人头税》（EMAS，1990）。
[3] 在某些地区不服从的比例超过 60%。见 T. Besley, I. Preston 和 M. Ridge 1997 年 5 月发表于《公共经济》第 2 期上的文章《英国政府的政府财政：不服从人头税的模型》。关于人头税的更多资料，见 D. Butler, A. Adonis 和 T. Travers 的《英国政府的失败：人头税的政治学》（牛津大学出版社，1994）。

不会造成扭曲效应)。① 更进一步,状况恶化的人们一般只拥有少量的地,这时税收归宿将更多地表现为累进。② 然而,由于土地开发、复垦行为,土地的供给并不是固定的。另外,征税不能对土地的质量有任何影响,因为土地的质量不会因人类的努力而改变。如果这些障碍能被克服,那么就可能设计出一种按照土地面积征收的税,并且该税是公平的和有效率的。③

我们从以上对税收及其有效性的简单分析中可以得出如下结论:所有实际征收的税,其效应都是扭曲的。扭曲的规模大小问题仍有待于进一步研究。最常用的一个度量扭曲的指标是边际剩余负担:每多征收一单位货币的税所带来的福利损失。在学界,对于各税种的边际剩余负担的估计存在很大差别。Freebairn 指出,许多研究成果显示每额外征收 1 美元的税,边际剩余负担至少为 0.2 美元。④ 关于这种负担会对公共支出的融资造成什么影响,理论界没有共识。最具普遍性的一个观点是对于公共支出,要有一个比以往更严格的收益-成本分析(例如,如果估计值是 0.2 美元,那么 1 美元的投入至少要有 1.2 美元的产出)。⑤

从以上结论可以得到两个重要的启示。第一个启示就是要努力降低税制的扭曲效应,很多公共财政研究致力于实现这个目标。例如,许多分析家认为美国联邦政府、各州以及地方政府对电信系统征收的实际消费税是无效率和不公平的,甚至比以往更落后。这妨碍了新的电信技术在美国的发展和传播。⑥ 另一个例子是,一种非常重要的税种可以提高而不是降低效率:对经济外部性行为征税,例如对造成酸雨和全球变暖的污染征税。如果用这种税代替传统的扭曲效率的税,

---

① 因为土地税不存在扭曲效应,所以公共支出资金应该完全由土地税来筹集,这就是 Henry George 定理。详见 Henry George 的著作 *Progress and Poverty* (Doubleday, 1914)。

② Feldstein 在一篇论文中证明,除了一般的收入效应之外,土地税的转移还有别的方式。因为土地是一种储蓄的资产,所以其收益的减少必然会使人们增加对制成资本品(其他的替代性储蓄资产)的需求。制成资本品的增加提高了土地的边际产出并且因此将部分税收转移给资本拥有者。即使资本品是完全固定的,也会因为风险厌恶而使税收转移:如果土地和资本的收益不确定,那么土地的价值将会因为征税而下降。在资产组合中,土地成为一种低风险资产,从而其价格会上升至"满负荷"水平价格之上。见 M. Feldstein 1977 年 4 月发表于《政治经济杂志》第 2 期的文章《纯租金中的税收惊人负担:一个老问题的新答案》。

③ Netzer 指出了另一个障碍,即土地的价值对于很多所有者而言是一种未实现的资产收入,而对一未实现的资产收入征税是不公平的。见 Dick Netzer 1984 年 10 月发表于《美国经济和社会学》第 4 期上的文章《现代公共金融:为什么城市的财产税变革为土地价值税》。也可参考 P. Mieszkowski 和 G. Zodrow 1989 年 9 月发表在《经济文献杂志》第 3 期上的文章《税收和蒂伯特模型:人头税和土地租金税效应之间的差异》。

④ 参见 J. Freebairn 1995 年 6 月发表于《经济回顾》第 213 期上的文章《税收边际财富成本的再考虑》。

⑤ Kaplow 反对这一点,并指出增加的项目不会增强扭曲效应。而与之相反,Feldstein 则认为每征收一美元税,扭曲的金额超过 1 美元,所以他支持对税进行更严格的检验。在早期的一个重要研究中,关于税收的扭曲效应有一个较为中性的结论。参见 C. Ballard, J. Shoven 和 J. Whalley 1985 年 3 月发表于《美国经济评论》第 1 期的文章《美国税收边际财富成本的一般均衡估计》。

⑥ 根据一项研究,这些税对价格的扭曲平均达 24%。这些税不能被解释为抑制通信服务的消费,这不同于烟草消费税可以解释为抑制烟草的消费。并且这种税的税收归宿是明显累退的,最主要的一个理由就是通信服务的费用在低收入家庭中的消费比重大大高于高收入家庭。见 J. Cordes, C. Kalenkoski 和 H. Watson 2000 年 9 月发表于《国家税收》第 3 期的文章《税收讨论的竞争网:新千年的电信服务税》。

则可以带来双倍的效率改进！[①] 2001年4月，根据这种理论，英国开始征收气候改变税（对石化燃料和电力征税），与此同时，降低了该国工资税的税率。

然而，用一种非扭曲的税收系统来代替美国（或者其他国家）现有的税收系统是不现实的。在2000年，通过各种税征收到的政府收入占美国国民收入的31%。[②] 即使削减到GDP的20%（这是一个政治上不可行、社会也不愿意接受的比例），要筹集这么大额的税收收入需要一个更大比例的累积性税基。因此采用宽税基（但是扭曲）的税种是不得已的办法，比如销售税或者收入税。

我们得到的第二个重要的启示是，前述两个重要定理已经给出了竞争性市场中经济组织效率高的理由，但并不能应用于征税的经济中（即所有实际经济）。由于税收的扭曲作用，我们知道最终的配置是无效率的，但是我们不清楚用其他的经济组织理论分析时会是什么情况。经济组织理论应该依靠政府指导还是应该依靠自由竞争性市场指导来提高经济运行的效率，这仍没有公认的答案。

在随后的章节中，我们将看到在一个竞争性的有组织的经济中，除了扭曲性税收因素外，还有其他导致效率问题的因素。当我们分析和处理每一个因素时，我们将更多地将注意力集中于一些组织性特征，从而开拓分析视角，比如信息成本、交易成本和组织集中度。竞争性组织的一个重要特征是以一种分散的方式实现了经济协调。需求和供给双方各个独立主体的决策和行动决定了市场价格。对于市场主体而言，价格是一个至关重要的信息，他们据此来调整生产和消费，直至市场均衡实现。市场价格也给技术进步的创新性活动提供了重大激励。市场价格也不断地推动均衡的形成。

小结

在本章中我们讨论了一些竞争性经济的一般模型。我们首先回顾了行业内竞争过程的标准模型，然后对这个模型进行了扩展，分析了一般均衡模型的典型特征（在该模型中，所有市场同时达到均衡）。我们对微观经济学的两个最优化定理进行了总结：每一个完全竞争均衡是帕累托最优的，每一个帕累托最优配置可以在一个收入转移无成本的完全竞争经济中实现。在最分散的（单一部门的）政策分析中，作为最优化条件的边际法则（例如边际成本定价）已经被作为判断经济是否有效率的基础。

[①] 外部性税和常规税之间的一个主要不同是税前资源配置的有效性。在本章所使用的竞争性一般均衡模型中，我们假定初始税前资源配置是有效的，因此任何由税收引起的价格扭曲将降低效率。而在外部性情况下，我们假定在存在相当大的负外部性（或者很小的正外部性）时，初始税前资源配置是无效的。因此外部性税将减少这种无效性。有的一般均衡模型考虑了常规税和外部性税之间的关联，得出结论：在一般均衡模型中，外部性税增进效率的作用在局部均衡模型中不太明显。例如，Bovenberg和Goulder预计最有效的环境税率应该低于使用局部均衡分析所得出的税率，即使这些征税所得收入用于减少其他扭曲性的税收。见A. Bovenberg和L. Goulder 1996年9月发表于《美国经济评论》第4期的文章《其他税存在的情况下的最优环境税：一般均衡分析》。

[②] 税收收入是3.081万亿美元，国内生产总值（GDP）是10.039万亿美元。详见《总统经济报告2001》（美国政府印刷办公室，2001）。

然后我们进行了一些预测。竞争模型经常被用于研究税收问题。我们考察了两部门一般均衡模型的分析意义，用它来分析消费税的税收归宿，判断最终是哪些人支付了消费税。

将这些结果与局部均衡模型进行比较时，我们发现它们之间有很大的不同。一般均衡模型揭示了某种税向前或向后转移的程度。更进一步，一般均衡模型能对税收做出更准确的估计。是否使用一般均衡模型对经济进行预测取决于经济体变化的程度。因为税收对经济有重大影响，所以在进行税收分析时，使用一般均衡模型将更合适。

在分析了税收归宿后，我们考虑了税收的效率问题。定额税不依赖于纳税人行为，是非扭曲的。然而，这种观点只停留在理论层面。真实世界中的主要税种（收入税、销售税、财产税、消费税）都会改变纳税人的资源配置决策，因此产生了效率成本——无谓损失，或者叫做超额负担。

这里有一个简单的事实可以说明产生扭曲效应的税收体系：这些税收体系征收了超过30%的国民收入，意味着我们的经济不是最优配置的状态（在最优状态中，每个部门都满足帕累托最优的条件）。也就是说，在存在巨额税收的经济中市场治理的作用是产生价格信号，导致经济中的资源配置失效。与以上提到的两个定理相反，我们找不到理由支持"在一个实际经济中，竞争性市场是最佳资源配置方式"。然而，经济组织的竞争机制是非常重要的。高度分散化的有组织的经济行为与其他管制形式相比，两者谁更有效？我们将在以后的章节中讨论这个问题。

习题

12-1 下图表示公寓建筑用地的引致需求曲线和竞争性供给曲线。引致需求曲线的函数为

$$L_D = 60 - 5P_L$$

竞争性供给曲线的函数为

$$L_S = 10P_L$$

a 什么是竞争性均衡状态？在这个例子中，均衡价格和数量是多少？请加以解释。（答案：$P_L = 4$，$L = 40$。）

b 将这个图画到你的答题纸上，在均衡数量处，将代表社会边际成本的区域涂黑。解释经济租金是否包含在该区域中，为什么？

c 在长期竞争均衡中，有一个零利润条件。而这个图中存在经济租金，对此进行解释。也就是请说明，在许多供给者获得了经济利润或者经济租金的情况下，为什么该图还可以代表长期竞争性均衡。

d 假设对土地供给者征税，每单位土地征3美元的税。利用局部均衡分析确定土地供给者承担了多大比例的税。

e 假设以同样的税率对土地需求者征税，这将如何影响土地需求者的税负？请解释。

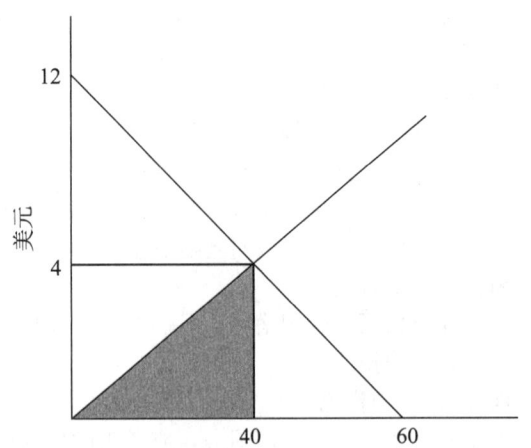

12-2 互相依赖的国家间的局部教育融资均衡：一个联邦由两个国家组成。国家 R 中的居民都是富人，拥有资产 2 000 美元，而国家 N 中的居民则不是富人，拥有资产 1 000 美元。每一个国家的居民都是同质的，并且每个国家的家庭数皆为 100 户，每户家庭有一个要上学的孩子。教育成果可以完全准确地用标准化测试的 Q 值来评估。以每个家庭的教育支出为自变量，教育成果的需求函数为

$$Q_D^R = 150 - E_R$$
$$Q_D^N = 150 - E_N$$

以每个孩子的教育支出为自变量，教育成果的供给函数为

$$Q_S^R = E_R$$
$$Q_S^N = E_N - 10$$

a 假设每个国家的决策是独立的，即存在两个局部均衡模型。每个国家的选民确定一个财产税税率 t 来筹集教育支出。在每个国家中，选民将会选择的 t 为多少？每个学生要负担多少支出？教育成果水平为多少？对于国家 N，付出比 R 国更多的努力来提供教育是否有意义？（R 国的答案：$t_R = 0.037\ 5$，$E_R = 75 = Q_R$；是有意义的。）

b 假设允许每个国家继续设置其各自的税率，但是两个国家的收入必须集中起来由联邦统一支配（资金管理成本为零），这将使得在整个联邦中每个孩子都受到公平的对待。这种情况下，每个国家的供给者和需求者将面临不同的教育价格，就如消费税一样。另外，国家间的相互依赖使得一般均衡模型变得很重要。每个国家将选择的税率 t 为多少？每个孩子的教育支出为多少？教育成果为多少？（N 国的答案：$t_N = 0.045$，$E = 65$，$Q_N = 55$。）

c 假定教育支出固定为每个学生 65 美元，并且按照 b 中所描述的方法筹集资金。联邦宣布了一个新的公开招收学生的计划。假定只有两所学校，每个国家一所。每户家庭都是高度理性的，即每户家庭都会选择能给孩子更好教育成果的学校。在一个学校中，如果注册的学生超过 100，则所有孩子的教育成果水平将会下降一个单位（由于拥挤效应）。而对于最初 25 个进入穷国学校就读的富国学生，该校所有孩子的教育成果水平将会上升一个单位（积极的单方面整合效应）。每个国家的教育水平是多

少？与 b 中的方案相比，这个新方案对教育是否有改善？所有孩子在穷国和富国学校的分配，是否存在唯一的方案？（答案：$Q_N = Q_R = 65$；是有改善的；并不是唯一的方案。）

d 假设每个国家的家庭现在可以依据 b 中的支出法则和 c 中的公开招生计划自由选择各自的税率，每个家庭的动机和能力如 c 中所假设。其将选择一个什么样的税率？支出水平会怎样？每个国家的教育成果水平如何？如何比较本题和以前各题的结果。（部分答案：$Q_N = Q_R = 62.5$；$t_R = 0.04375$。）

附录：竞争性一般均衡模型的推导

在附录中，我们将在给定消费者偏好、技术和可获得的资源的情况下，根据竞争性模型的假设来推导表 12-1 中的市场需求和方程。我们假定每个人有如下效用函数：

$$U = Q_1^{1/2} Q_2^{1/2}$$

就如第六章的附录所计算的一样，这个函数意味着对于总额为 B 的预算有如下的需求曲线：

$$D(Q_1) = (1/2B)/P_1$$
$$D(Q_2) = (1/2B)/P_2$$

因此每个人将花费一半的预算在产品 Q_1 上，这独立于预算水平。这意味着对产品 Q_1 的总支出将始终为总收入的一半，并且对每种产品的总需求不受经济中收入分配状况的影响。（更接近现实的模型将放松这些假设。）这也意味着交叉价格弹性为零，这使得消费"简单化"了。

在生产领域，我们也进行一些假设以简化分析。我们假设经济中存在固定（完全无弹性）的劳动、资本供给（$L=100$，$K=100$）。因此我们可以不考虑某些政策可能造成的总要素数量的变化。（例如针对工资的征税将减少劳动供给，本模型就不能用于这种政策效果的分析。）我们亦假设每种商品有规模报酬不变的技术：

$$Q_1 = K_1^{1/2} L_1^{1/2}$$
$$Q_2 = (3/2) L_2$$

注意，第二种技术是我们在局部均衡分析中曾用到过的。此时，确定一般均衡状态的所有必要条件已经具备：偏好、技术和要素禀赋均已知。最后要做的就是应用竞争性分析的逻辑。

我们首先根据假设得出一个简单的结论。竞争性环境和规模报酬不变意味着每个部门的产出可以被直接加总，就像所有的要素是由一个有着竞争性行为的大公司使用一样。① 这大大简化了接下来的推导过程。

我们首先推导部门 2 的竞争性供给曲线：

$$P_2 = (2/3) P_L$$

可以用第七章所描述的成本函数方法（详细的技术细节在该章的选读部分）来推导出该曲线的函数。回顾一下，一个公司的成本函数表示总成本是投入要素价格和产出水平的函数。在这个简单的例子中，唯一的投入为劳动，并且生产出一个单位的产出需要三分之二单位的劳动投入。因此每单位产出的成本维持在 $2/3\ P_L$。与部门 2 的产出函数相关联的总成本函数为

$$C_2 = (2/3) P_L Q_2$$

多生产一单位 Q_2 的边际成本为

$$MC_2 = (2/3) P_L$$

利润最大化要求公司的生产满足边际成本等于边际收益。既然竞争性的环境下有 $MR = P$，因此我们有

$$P_2 = (2/3) P_L$$

这就是公司的供给曲线，因为它是完全水平的（不随数量变化而变化），它也是整个产业的供给曲线。②

该部门中对劳动的引致需求是多少？在第九章的附录中我们证明了在成本函数中，投入要素价格的小幅变动（比如说 1 单位）造成的成本变动是最优投入量。这就是说，我们要考虑，在产出水平保持固定时，要素价格的小变动造

---

① 竞争性保证每个企业会选择同样的 $RTS_{K,L}$。规模报酬不变意味着每家公司在它们的等产量线的一点上生产，同时有一条通过原点的射线经过这个点（射线表示资本-劳动比率）。因为不存在规模经济或规模不经济，所以在这条射线上所有公司的总产出都一样。

为了说明所有竞争性公司在同一条射线上生产，需要运用齐次函数的欧拉定理。若一个形如 $Q = F(X_1, X_2, \cdots, X_n)$ 的函数是 s 阶齐次的，则对于任何正常数 m，有

$$m^s Q = F(mX_1, mX_2, \cdots, mX_n)$$

欧拉定理指出，对于任何 s 阶齐次函数，有

$$sQ = (\partial F/\partial X_1) X_1 + (\partial F/\partial x_2) X_2 \cdots + (\partial F/\partial x_n) X_n$$

更进一步，s 阶齐次函数的偏导自身是 $s-1$ 阶齐次函数：

$$[\partial F(mX_1, mX_2, \cdots, mX_n)]/\partial mX_1 = m^{s-1} [\alpha F(X_1, X_2, \cdots, X_n)]/\alpha X_1$$

所有的规模报酬不变函数都是线性齐次的（$s=1$），因此如果 $Q = F(K, L)$ 是规模报酬不变的，则有

$$Q = (\partial F/\partial K) K + (\partial F/\partial L) L$$
$$= MP_K K + MP_L L$$

因为边际产品是线性齐次函数的偏导，所以其本身是零阶齐次函数（与需求函数一样）。对 K 和 L 乘以常数 m 不会改变边际产品的值，但是对初始的 K 和 L 乘以正常数 m 会严格界定在等产量线图中从原点开始的射线轨迹。因此，在这条线上的所有点有同样的 MP_K、MP_L 和 $RTS_{K,L}$。

我们还没有说明偏离这条射线的点有不同的规模报酬（对于 K 和 L 而言），但这无关紧要。当替代弹性取值范围严格为 $0 < \sigma < \infty$ 时，每条等产量曲线的倾斜度从左到右变得不断平缓。因此不变斜率的点的轨迹必然在一条射线上。（否则，在一些等产量曲线上，将会出现两点斜率相同，我们已经排除了这种情况。对于 $\sigma = \infty$ 的特殊情况，等产量曲线的斜率在每一点都恒定不变（即等产量曲线为一条直线）。在这种情况下，要素是完全替代的，一个有效率的公司会仅使用一种生产要素，或者对任何 K/L 都不在意（等成本曲线和等产量曲线有相同的倾斜度）。对于 $\delta = 0$ 的特殊情况，只要要素的价格为正，竞争性公司就在等产量曲线的角点处生产。不变规模报酬意味着所有这些点在同一条射线上。

② 在这个例子中，我们的模型不能确定有多少家公司。尽管竞争性假设意味着"许多"公司是价格接受者，不论行业产出是由一家公司提供还是由多家公司提供，生产的成本都一样。

成的最小总成本的变动。在只有一种投入的情况下，很简单，用劳动数量乘价格变动即可，因为劳动需求量相同。要计算 1 单位价格变动情况下总成本的变动，用 1 乘最优劳动投入即可，或简单地说就是最优劳动投入量。

因此，我们可以使用成本函数来确定要素需求量。在部门 2 中，如果劳动价格发生小幅（比如说 1 单位）变动，最小总成本应该如何变化？答案是：

$$\Delta C_2 = (2/3) Q_2$$

因为它必须等于最优的劳动投入，故有

$$L_2 = (2/3) Q_2$$

这个方程是在给定的产出水平下劳动的引致需求。在这个例子中，这个表达式看起来只是生产函数的简单变化，所以有人可能会质疑为什么不直接更简便地得出结果。请不要被误导。成本函数的处理通常是一个简单化的过程。

让我们看看部门 1，此时使用成本函数的优越性更明显。将成本函数 C_1 和柯布-道格拉斯生产函数结合起来有①

$$C_1 = 2 P_K^{1/2} P_L^{1/2} Q_1$$

于是就有边际成本：

$$MC_1 = 2 P_K^{1/2} P_L^{1/2}$$

注意，从公司的视角考虑，如果将 P_K 和 P_L 看做固定的参数，那么边际成本也是一个常数。既然竞争性公司的边际成本等于产品价格，那么在均衡状态有

$$P_1 = 2 P_K^{1/2} P_L^{1/2}$$

这就是部门 1 的竞争性供给曲线。② 其对于要素价格是完全弹性的（如规模报酬不变生产中所指出的那样）。

这个部门要用到资本和劳动两种要素。在成本函数中，计算要素价格的小幅变动所产生的效应，可以得出引致需求曲线。具体如下③：

$$L_1 = P_K^{1/2} P_L^{-1/2} Q_1$$
$$K_1 = P_K^{-1/2} P_L^{1/2} Q_1$$

我们已经描述了产品市场上的需求和供给函数，并且计算了引致要素需求（各部门的总和）。它必须等于（固定的）要素供给。这距离求出均衡状态还有最后一步：在需求函数中，应该使用何种预算水平？

在这种经济中，总收入是所有要素的支付之和，即

$$B = P_K K + P_L L$$

这就是说，每个人卖出或者出租其所拥有的资本和劳动，得到竞争性的要素支付，然后用这些收入去购买两种产品。在这个简单模型中，我们已经指出收入分配状况不影响需求。然而，如何保证在模型的均衡状态下，所有收入等于所有支出呢？毕竟，在我们的模型中，要求消费者花掉两倍的收入是令人为难的。

幸运的是，关于规模报酬不变的竞争性假设意味着要素的支付加起来等于产

---

① 这由第九章的附录推出。
② 成本函数方法在推导需求曲线以及要素需求曲线时非常有效。如果你对此有疑问，那么请根据生产函数直接画出以上两种曲线。
③ 这些方程是对成本函数的每种要素价格求偏导而得到的，即 $L_1 = \partial C_1 / \partial P_L$, $K_1 = \partial C_1 / \partial P_K$。

出的价值。[①] 为证明这一点，要用到欧拉定理，就像它应用到规模报酬不变（也就是线性齐次）技术上一样。该定理表明

$$Q_i = MP_K^i K_i + MP_L^i L_i \qquad i=1,2$$

用 P_i 乘方程两边，注意到方程的右边每一项都包含有边际产品价值（$P_i MP$）：

$$P_i Q_i = (P_i MP_K^i) K_i + (P_i MP_L^i) L_i \qquad i=1,2$$

在均衡状态，每个公司雇用生产要素，直至边际产品价值（要素的边际收益）等于要素价格（要素的边际成本）。因此，我们可以用 P_K 和 P_L 改写以上方程：

$$P_i Q_i = P_K K_i + P_L L_i \qquad i=1,2$$

如果我们加总两种要素，则可得到

$$\sum P_i Q_i = P_K \sum K_i + P_L \sum L_i$$

或者

$$\sum P_i Q_i = P_K K + P_L L$$

换句话说，消费者的总支出等于总收入。根据这个结论，我们重写表 12-1 的生产需求方程：

$$Q_1 = [(1/2)(P_L L + P_K K)]/P_i \qquad i=1,2$$

由此我们完成了对表 12-1 中方程的推导。

[①] 这个结论在规模报酬递减的情况下也成立。竞争性保证了每个公司会在平均成本曲线的最低点生产，所有公司都存在局部的规模报酬不变。然而，该竞争性模型在规模报酬递增的情况下不成立。

第十三章　在某些市场中谋求公平的价格控制

出于种种原因，经济中的个体希望联合起来改变某个市场中的分配结果。在以前的章节（第三章和第五章）中，我们介绍了某些商品交易中存在的平等主义观点，即某些物品的分配，通常是必需品的分配，最好能满足某些公平原则，比如全民最低标准或绝对平均（像房屋、食品、参加陪审的义务）。还有一种情况可以被称为"有针对性的再分配"：某个市场的消费者认为他们支付给生产者的价格太高了，或者劳动者认为他们的工资太低了。我们感兴趣是为解决这些问题而实际采取的公共政策。

在本章中，我们会讨论两个例子。它们的共同点在于，市场都可以被看做完全竞争市场（除了公共行为）。就是说，这里我们不考虑由于非完全竞争市场所产生的不公平，例如由垄断公司或者劳动中的种族歧视造成的不公平。我们只想讨论公平竞争造成的不公平问题。而且，在竞争模型的框架下讨论，使我们的分析具有更深刻更广泛的意义。

这两个例子反映了当前政策中非常重要的争论。1996年，《比尔农业法》（*The Federal Agriculture Improvement and Reform*，FAIR）得以通过，它保证至少在7年之内，许多农民能够获得有力的价格支持。这使得在美国存续了65年之久的农业支持政策得以继续下去（并做了重要的修改）。1997年，自从第二次世界大战以来保护租户的租房条例到期，在焦急等待了好几个月之后，250万纽约租户盼来的是更为适度的新版保护条例。还有最近实施的另一种形式的租金控制——暴利税。1997年，一些公共事业公司刚刚完成民营化，变成竞争性企业，英联邦立法对这些公司征收85亿美元的暴利税，因为政府认为这些国有企业的出售价格太低了。我们试图弄明白，在上述政策以及其他类似的政策中，其暗含的公平性目标是什么？我们还要重点分析这些政策工具是否有效地实现了公平。

我们首先分析农业的最低限价政策。

农业的最低限价

在工业化进程中，尽管人们总体生活水平不断提高，但农业部门还是经历了痛苦的转型过程。随着农场的逐步机械化以及节省劳力的科技的发展，成本最小化所要求的生产规模越来越大。农业部门中的大企业越来越多，而小型家庭农场在逐渐减少。在1920年还有30%的美国人口以农场为生，但是到了1992年，这个数字下降到了1.8%。[①]

对那些置身其中的人们来说，这种变迁绝不仅仅是经济组织的边际变化这么简单。很多家庭（甚至持续几代人）在农场上日复一日地长时间劳作，却发现连糊口都越来越难了。这么辛苦而踏实的劳作所得到的回报却使生活如此困苦，这看起来多么不公平啊！我们能不想办法保住这些小型家庭农场吗？

在大萧条之后的"新政立法"中就包含了对农业的经济支持政策，然后一直延续至今（尽管有很多次修订）。小麦、棉花、稻米、玉米、豆角、奶制品、番茄、糖、花生以及其他很多农作物有各不相同的保护计划，虽然这些计划也有共同之处。[②] 总的来说，1999年美国政府为农作物的保护政策花费了210亿美元[③]，这还不包括那些间接成本，比如，供给约束（supply restriction）给消费者带来的损失就超过几十亿美元。

为了说明这类价格支持计划的影响，我们以花生的价格支持为例进行分析。美国的花生产量只占全世界花生产量中很小一部分（印度和中国这两个国家的产量大得多，还有很多其他国家也出产花生）。尽管如此，美国还是一个重要的花生出口国，美国的花生产量比国内的消费量大得多。为方便起见，假设美国的出口量与全球其他地区的供给相比很小，小到不能影响世界市场上花生的价格。我们主要讨论这些保护政策在国内的影响。每年，政府要预测一下全国花生的食品消费总量，在此基础上，估计全国花生生产的"配额"，然后把这个总的配额分配给各个州，各个州再分配给其境内的各个县，最终将落实到国内的每一个农户。美国的花生种植者只能按配额在国内销售，而所有富余的花生（称为"多余的"花生）榨成花生油，

---

① 参见Bruce L. Gardner 1996年春发表在 *Agriculture History* 第2期上的文章 The Federal Government In Farm Commodity Markets: Recent Reform Efforts In a Long-Term Context。

② 相反，水果和蔬菜的种植者一直都没有任何政府支持，只能靠自己保护自己。

③ 这是农业部农业服务局计划支付给农户的总金额，数据来源于2001年的 *Agricultural Statistics*（美国政府印刷局），表11-7。

或者制成花生仁饼用于出口，或者储存起来。根据 1996 年《比尔农业法》，配额花生的支持价格为每吨 610 美元。此外还严令禁止进口花生用于国内消费。[1] 多余的花生产量不受最低限价保护，但是生产者可以获得补贴贷款。

拥有花生配额的农户既可以在市场上直接销售，也可以把他们的花生借给美国农业部。农业部会把这些借来的花生卖掉，按最低限价还给农户钱。如果农业部不能按最低限价（或者更高的价格）把这些花生在国内市场上卖掉，那么它只能把卖剩的花生压碎，以低得多的价格卖给食品油生产企业或餐饮企业。

图 13-1 说明了这类政策计划的影响，所用数据基本上和 1995 年的真实数据相对应。《比尔农业法》明确规定每吨花生的最低限价为 610 美元，而且要求农业部按这个价格预测国内花生的食用需求，并以这个需求量——130 万吨——为配额。这组价格和需求量在图中表示成一个点。假设农业部的估计是合理的，那么这个点就在需求曲线 D 上。如果没有丝毫政府的干涉，那么在完全竞争市场的情况下，花生的世界市场价格为每吨 400 美元，这个价格将决定美国国内的花生需求量，等于 140 万吨。[2]

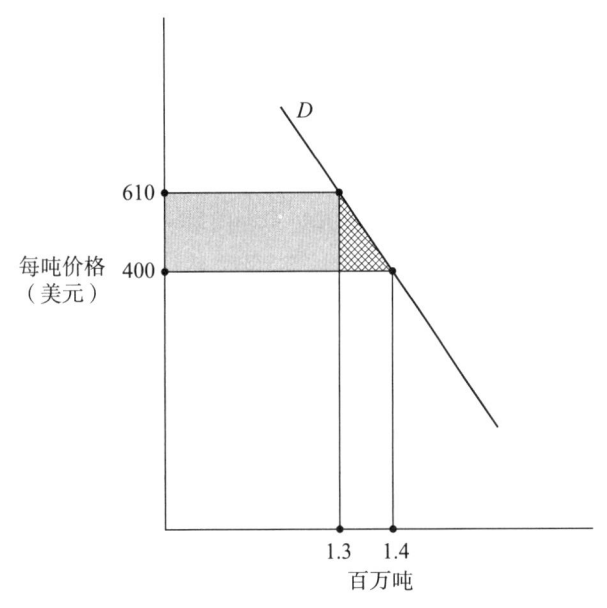

图 13-1　花生的价格支持政策向农户转移收入（阴影部分），但是导致无效性（划交叉线部分）

这项政策的实施对整个经济的福利水平有什么影响呢？国内消费减少了 10

---

[1] 国内的花生食用量超过 100 万吨。在《北美自由贸易协定》和《关贸总协定》之前，贸易限制还算宽松，进口量都限制在 1 150 吨以内。1995 年，随着贸易限制的取消，进口一下激增到 76 500 吨。

[2] 这是一个非常缺乏弹性的需求反应。对国内花生食用需求的价格弹性的研究表明，它的需求非常缺乏弹性，在 -0.14 到 -0.2 之间。参见 Peanut Program: Changes Are Needed to Make The Program Responsive to Market Forces（美国政府会计办公室报告 GAO/RCED-93-18，1993）的表 2.1 中的弹性估计值。

万吨。阴影长方形区域代表消费者剩余减少了27 300万美元①,它转移给了花生的种植户。划交叉线的三角形代表消费者的无谓损失1 050万美元②(由于限制花生的消费量,导致消费者剩余减少)。因此消费者总共损失了28 350万美元。这项政策使国内消费减少了10万吨,美国农户的产量却不受丝毫影响:花生供给只是从国内转到出口上了,总量并没有变化(该生产的花生还是在生产,只要能够接受每吨400美元或者更低的价格)。③ 图13-1还没有包括农业部行政管理的社会成本,这项成本大概是每年500万美元。

这么看来,最低限价政策似乎以较低的成本达成了预期的政策目标。仅仅以损失1 550万美元(包括行政成本)为代价就向花生种植户转移收入2.73亿美元。损失占总转移收入的6%,同样转移这么多收入,最低限价政策比传统征税手段的损失少得多(回忆一下第十二章我们讨论的税收无效性)。但是如果进一步考虑更切合实际的情况,我们就会发现其实损失要大得多。

注意,上述的例子中,政府没必要真的去收花生,或者花纳税人的钱来保护花生种植户!这就是政策制定中非常重要的具有政治性的一面:要获得同样多的收入,政府也可以对每吨花生征收210美元的税,但是采用最低限价政策,政府就不会有收入也没有支出。所有的影响都在"预算表外"。这就说明了为什么不能用政府支出估计政策成本。

在上述例子中,我们假设农业部可以准确预知在610美元的最低限价下的总需求量,并据此设定"总配额"。但是实际上,"总配额"与国内需求量不一致。④ 最近几年,配额已经大大超过了国内需求,大批配额花生不能卖给国内市场,实际上是政府在花钱消化这些花生。1995年,大约30万吨配额花生销售给政府,而处置这些花生的成本预计在1.01亿美元左右。⑤ 政府按每吨610美元的价格收购花生,然后压碎后按每吨272美元的价格卖掉,每吨的净处置成本达到338美元。这样一来,最低限价政策不仅会影响"预算表外",还会影响"预算表内"。

如果考虑到这一点,那么我们所计算的政策效果会发生什么改变呢?花生种植户增加的收入仍然是2.73亿元(他们的配额花生还是按每吨610美元而不是每吨400美元的价格卖出去的)。但是这些收入在不同的人之间发生了转移。在图13-2中,我们把13-1中的需求曲线标注成D_e,表示估计的(错误的)需求

---

① =(610-400)×1 300 000。
② =0.5(610-400)×(1 400 000-1 300 000)。
③ 美国向世界其他市场出口的农户面对的是一条近乎完全水平的需求曲线,或者说,市场需求非常有弹性,跟完全竞争市场的企业面对的需求曲线一样。Rucker和Thurman引用的两个出口产品需求弹性估计值分别是-20和-32。参见R. Rucker和W. Thurman 1990年10月发表于 *Journal of Law And Economics* 第2期的文章 The Economic Effects of Supply Controls: The Simple Analytics Of The U. S. Peanut Program。
④ 关于不一致的程度我们还不清楚,这是因为估计需求量本身的困难(比如考虑人们偏好的变化,或者消耗家里的存货),或者因为设置配额的政治压力。
⑤ 参见 Oil Crops Yearbook (美国经济研究服务局、美国农业部,1996)。1994年,总共大概有294 284吨配额花生销给政府,实际总处置成本为12 000万美元,合每吨406.39美元。假设1995年的处置成本也不相上下,那么处置这30万吨花生的成本总额将达到1.22亿元。但是,在我们的例子中计算净处置成本时,用的是《比尔农业法》规定的每吨610美元的最低限价,而不是每吨678美元的实际价格。因此,我们估计的每吨处置成本应该减少68美元(678-610),变成338美元。这意味着处置成本总额为1.01亿美元(原文为1.11亿美元,译者更正)。

曲线。真实的需求曲线 D 和 D_e 有相同的（缺乏弹性的）斜率，只是向左平移了一点。

从国内花生消费者转移出去的福利没那么多了，只有 2.1 亿元，就是图中的阴影区域，是他们购买 100 万吨配额花生所支付的每吨高于世界价格 400 美元的部分。而其余的 30 万吨，政府支付了 1.83 亿美元（如果按世界市场的价格水平计算，则多支付了 0.63 亿美元）。政府处置这些花生的时候还要扣除一些。政府卖花生每吨只卖了 272 美元，远远低于世界市场价格。纳税人的净支出为每吨 338 美元，总计 1.01 亿美元，在图 13-2 中用方格阴影部分标出来。农户收入只增加了 0.63 亿元。从纳税人的角度看，这不是一笔令人满意的交易：纳税人每支付 1 美元，农户收入只增加 0.62 美元。

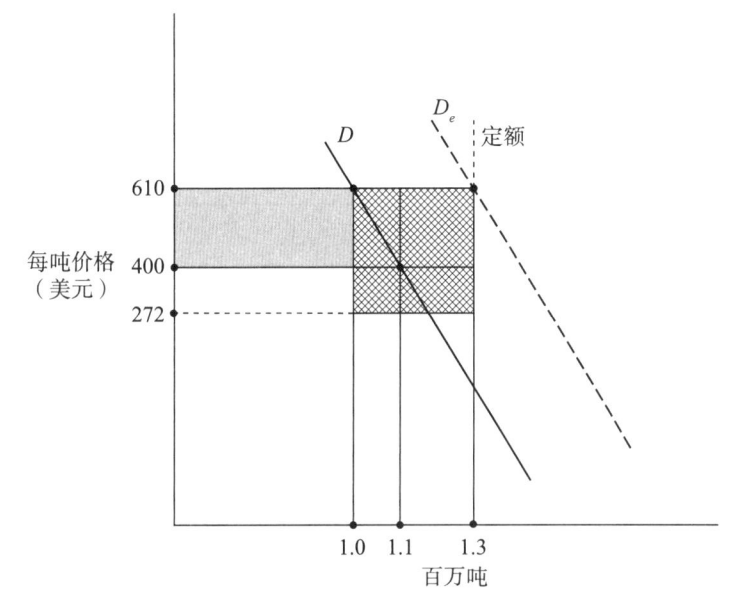

图 13-2 如果配额高于支持价格下的总需求，那么消费者的
支出会增加（阴影部分），纳税人的支出也会增加（方格部分）

福利的计算也可以帮助我们厘清这项政策的经济成本。前 100 万吨配额花生的销售都可以合理分配，但是后 30 万吨的花生配置存在分配不当。按照世界市场的价格，国内消费者本来可以多消费 10 万吨的，但是在该政策下，这 10 万吨卖给了政府。而政府对花生的配置是无效的，30 万吨花生都被压碎。如果用于出口，则它们的价值会高得多。

图 13-3 说明了上述分析结果与之前的福利计算之间的差异，重点是 100 万～130 万吨的数量（政府处理的花生数量）。交叉线区域中的三角形部分表示消费者的无谓损失，这是由减少的 10 万吨消费造成的；跟图 13-1 中计算的一样，无谓损失等于 1 050 万美元。但是，长方形部分反映的损失是由于本来可供食用的花生被压碎，变成低价的花生油和花生仁饼而导致的损失。这部分损失的差异体现为每吨的损失等于竞争价格 400 美元与 272 美元之差，而 30 万吨花生

的损失高达3 840万美元。① 如此一来，无谓损失总额，加上前面我们提到的行政管理成本500万美元，就是5 390万美元，占到向农户转移的收入的20%。

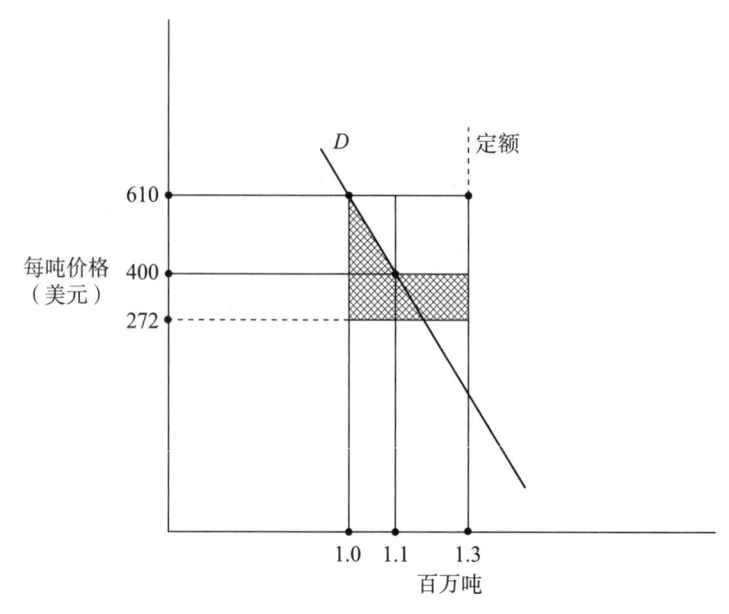

图13-3 政府处置配额花生带来的福利损失巨大（交叉线阴影部分）

我们还可以计算其他情况下的福利。② 但是，我们这个例子是实际分析中最具典型意义的情况。例如，政府会计办公室考察了现在所有的相关研究报告，其中包括它自己的那份。它发现，所有的研究都估计了社会福利损失占转移收入的比例，具体的数字从13%到29%不等。我们认为更值得探讨的是这项政策的另一个方面：最低限价政策真的能实现其最初的公平目标，保护小型家庭农场吗？就是说，我们已经看到，为了向花生种植户转移收入，这项政策付出了代价，但是他们是"真正的"花生种植户吗？

花生农场的变迁基本上反映了美国整体农场的变迁情况。根据政府会计办公室的资料，拥有配额的花生农场数量已经从1950年的172 981（最早数据）个下降到1991年的41 249个。经过这段时期，农场的平均规模已经从12英亩增加到49英亩。总种植面积（包括增加的种植面积）自从20世纪30年代以来几乎就一直没有变化，但是单位面积产量翻了五倍，每吨花生的成本也稳步下降。超过80%的配额（以及转移收入）由6 182个生产者控制，其中，最大的409个生产者控制的配额接近20%。

这期间花生农场发生的变化与没有出入壁垒的市场预期是完全一样的。即使

---

① 从美国的角度看，花生油和花生仁饼的世界市场非常大，大到美国政府的供给对世界价格不会产生什么显著影响。

② 更有趣的是农业部低估了需求量的情况，即在最低限价的水平上，还存在过度需求。这种情况下，政策的"购回"条款允许农户将持有的额外花生按照最低限价用于国内市场销售。没有"购回"的额外花生再拿去压榨。个体种植户获得的平均价格，就等于"购回"花生的价格和压榨花生的价格按其相应的比例加权的平均值。跟我们的例子类似，这种平均定价方法也导致了无效性：出口的花生太少，而压榨的花生太多。

小型家庭农场的生产是有利可图的（受益于最低限价），但如果把这种配额权卖给更大的种植户，获利则多得多。而那些大型的种植户种花生的成本比小型家庭农场低得多，它买来配额可以获得更多利润。比如，一个小型家庭农场种植花生的成本是每吨 500 美元，从而在每吨 610 美元的销售价格上每吨赚 110 美元（本来政策意图是这样的）。但是大型生产者能够以每吨 300 美元的成本生产花生，它可以付给小型家庭农场远高于每吨 110 美元的价钱——最高可以达到每年每吨 310 美元——来购买它们的配额。所以尽管有最低限价的保护，小型家庭农场很快也会被大型生产者取代。①

你可能会想，如果禁止转让配额，那么就会有更多的小型家庭农场幸存。但是在这 60 年间，生产效率获得了很大提高，如果政策为了保护小型家庭农场而放弃生产率提高的好处，那么将产生极大的效率损失。这样做的结果是许多小型农场还会被淘汰出市场，因为如果为了维持这些高成本农场的运营而把最低限价定得非常高，就会使得国内需求急剧下降，纳税人提供支持的意愿降低。

简言之，我没见过任何政策分析是支持继续保持这种保护性农业政策的，因为它对消费者和纳税人而言代价沉重，又背离了制度本身的初衷。事实上，我认为对于这个政策问题不存在分析上的分歧。这引发了另一个问题：为什么这个政策还能存在呢？既然这个政策还能存在，那么公共政策研究还有什么用？

当然，政策制定是一个复杂的政治过程，公共政策研究及其支持者只是其中很小的一部分。但是，在所有的分析报告都得出同一个结论的情况下，我们有理由相信在不久的将来，这些分析结果对政策的影响会更加显著。关于农产品价格支持政策的去留问题，政府到现在还犹豫不决。②

20 世纪 80 年代中期以前，政府对农业的支持力度一直在加大，最高达到每年超过 200 亿美元。但是从 1986 年到 1994 年，这个数字裁减了一半。尽管 1996 年《比尔农业法》出台之后一直到 2002 年，用于农业保护政策的费用又开始增加，而且消耗的成本比旧版的法律还高，但是这部法律对很多商品的保护计划还是做了一些重要的减少效率损失的修订。在有关花生的条款中，最低限价从 678 美元调整到 610 美元（降低了消费的无效性），而且配额权的转让也可以超出县域限制，在同一个州内进行转让（提高了生产效率）。而其他的农产品保护政策也有重要的修订。比如，种植谷物、棉花和稻米的农民可以自己选择种哪种作物，这样就能更灵活地根据市场供求关系调整生产。另外，根据《总统经济报告 1997》，"七年的期限一过，就不再颁布新的最低限价法律。到那时，农民们只能自己承担市场风险了"。但是，这番豪言壮语能否兑现，只有靠时间来检验了。到 20 世纪末，用于支持农业的支付已经创历史新高。2001 年秋，国会正在讨论一部新的农场条例。如果这部条例获得通过，《比尔农业法》目前取得的一点成就立刻会消失殆尽。

---

① 在 1996 年《比尔农业法》以前，只有农户和销售商在同一个县时，配额权才可以转让。《比尔农业法》放松了上述规定，允许在同一个州内买卖配额权。地理位置的约束限定了潜在获益的范围，阻止了生产成本的最小化。

② 在准备给公共政策分析和管理协会的主席致辞的时候，我做了一番调查并发现，就农业政策分析而言，政策分析开展得非常高效。

公寓租金控制

引言：经济公平和经济租

很多城市都制定了租金控制条例，这些条例的目的是将大部分房屋的租赁价格控制在市场水平以下。租金控制条例和农业价格支持的出发点是类似的，都是担心市场定价缺乏公平。读者可能发现，早在13世纪，托马斯·阿奎那（Thomas Aquina）就提到过这些问题：商品和服务应该按"公平的"价格交易。但是，到底什么是公平的价格呢？

阿奎那认为，商品和服务的价值是由神决定的。比如，他认为公平的利率水平应该为零。在讨论农业政策的时候，我们并没有引入公平定价原则。那是因为分析农业政策问题时，有效定价原则（以及该原则与完全竞争市场均衡价格的一致性）就够用了。而且，农业政策没有实现它在再分配问题上的初衷。但是，分析租金控制的问题，需要借助于公平原则。

假设公平价格就是供给的社会机会成本，那么高于社会成本的价格，或者叫经济租，就是不公平的。就是说，我们把租金控制看做买方（房客）和卖方（房东）之间对经济租的争夺。如此一来，租金控制问题就和农业政策问题不太一样，尽管两者都考虑的是竞争性市场定价问题。我们不打算首先锁定某个需要保护的人群，然后再看这项政策能不能保护他们，从结果判断是否公平。其实，我们感兴趣的是过程公平问题，即如果某种必需品的支出占大多数人收入的一大部分，那么这种必需品的市场定价从过程角度看是否公平。在下面的讨论中，有几点需要强调。为方便起见，我们将其列在这里：

（1）如果管制仅仅剥夺了卖方的经济租，那么无论从短期来看，还是从长期来看，供给方的行为都和无管制的市场供给相同。

（2）很难限制租金控制带来的影响，因为许多卖方真实的机会成本会随时变化，考虑这些成本变化非常困难。

（3）由于每个买家都利用其他资源争夺潜在的收益，因此许多潜在的收益在争夺的过程中完全被消耗掉了。

（4）我们很难确定，最终买方中哪一个获得了收益。因此，我们无法确定分配结果公平与否。

上面的讨论将为政策分析提供一种新的、应用广泛的工具。如果我们想估计市场定价过程会产生什么样的结果，就必须弄清楚两个问题：市场和公共政策的合力会给个人造成怎样的影响？个人的反应如何达到新的均衡？这些反应取决于个人掌握的信息的多少和交易费用的高低，其中交易费用包括经济主体之间制定和执行契约安排的费用。与某项政策相关的财产权利义务在法律规定上发生一点点变动,会深深影响每个人的行为,当然也会影响新的均衡和我们对结果的估计。所以,如果想设计一项政策改变市场的结果,那么设计者至少应该懂得,在预测一项政策的影响之前,一定要先弄清楚这项政策的每一个细节。在此基础上,才能套用有关的微观经济学原理进行分析。

我们分析问题的思路是这样的。我们首先研究的是,如果某个市场供给或需求突然变动,产生了"偶然性"准租金,那么政策应该如何干预。我们以租金控制为例进行说明,其实类似的问题在其他必需品市场也有,比如家庭供暖用的燃料、交通或者水。然后,我们给出标准观点,即租金控制是缺乏效率的。但是这种观点没有阐述租金控制的可能性,也没有涉及租金控制的困难,因此我们需要构建更为具体的模型讨论房屋市场的经济租问题。

这些更具体的模型表明,租金控制与受控产权的资本化价值[①]存在相关性。我们由此得出的结论是,如果想避免租金控制对房屋供给造成不良后果,就必须使得房屋产权出租时获得的资本化价值高于其他用途。房屋产权的资本化价值不仅受到管制价格的影响,而且在很大程度也受到市场交易情况的影响(即租房者与房子的匹配)。而市场交易情况反过来又是由租金控制条例的具体规定及其执行情况决定的。我们会讨论并说明为什么从租金控制中获益的是任意一部分租客。

必需品暂时短缺时市场定价不能令人满意

在这一小节中,我们考察一种特殊的情况,它会导致人们觉得市场价格是不公平的。这种情况就是,必需品的短期市场均衡价格暂时偏离了正常的长期均衡价格,比长期均衡价格高得多。这种情况可能发生在供给暂时中断的时候,比如一段罕见的少雨气候导致水的供给存在严重限制(比如2000年的肯尼亚),或者燃料供应非常少(比如1997年的尼日利亚,或者1973年OPEC对美国的石油禁运)。这种情况也可能发生在需求暂时高涨后,比如在流行病或者一场自然灾害过后对医疗服务的需求,或者第二次世界大战结束时返城士兵对纽约市公寓的需求。这时,需求方之所以会觉得不公平,是因为他们向供给方支付了准租金,这部分准租金在长期是不可能存在的。也正是出于这个原因,需要进行政策干预。

图13-4表示的正是上述这种市场状态。假设初始状态下,租房(标准化为品质无差异)的均衡数量为 Q_0,均衡价格为 P_0。[②] 长期供给曲线是水平的,因为我们假设出租房屋的长期成本不变(后面将对此进行修改)。如果人口总额总是缓慢地变动,那么均衡数量也只会随着需求的缓慢变动而逐渐调整——而对所

---

① 持久性资产——能在多个期间提供服务——都有折现值或者资本化价值。比如,房子或者公寓就能住好几年。资本化价值是租金率(使用这些资产一段时间所付的价钱)的函数,这也毫不奇怪。

② 房子的质量有好有坏。不能简单地衡量房子的面积,还必须衡量房子质量的差别。为了我们分析方便,我们假设房子都是1 000平方英尺。如果房子质量高于平均水平,那么相当于房子的面积大于1 000平方英尺(比如,1 230平方英尺)。关于租金控制对质量影响的具体分析,请参见 J. Gyourko 和 P. Linneman 1990年5月发表于 *Journal of Urban Economics* 上的文章 Rent Control and Rental Housing Quality: A Note on the Effects of New York City's Old Controls。

有的家庭而言，租金价格将保持在 P_0 不变。

但是，假定这时对租房的需求突然高涨，好像第二次世界大战结束时的纽约市一样。需求曲线向外平移到 D'。短期供给曲线 SS 则固定在 Q_0。由于更多人在寻找可租的房屋，他们一发现空房就赶紧去抢，因此市场的均衡价格被推高到 P_S。如果租约允许的话，那么房东对现在的房客也要提价，因为如果现在这个房客拒绝接受提价的话，房东就可以把房子另租他人，毕竟还有那么多人等着租。换句话说，别人都提价了，房东觉得，他不提价的机会成本增加了。

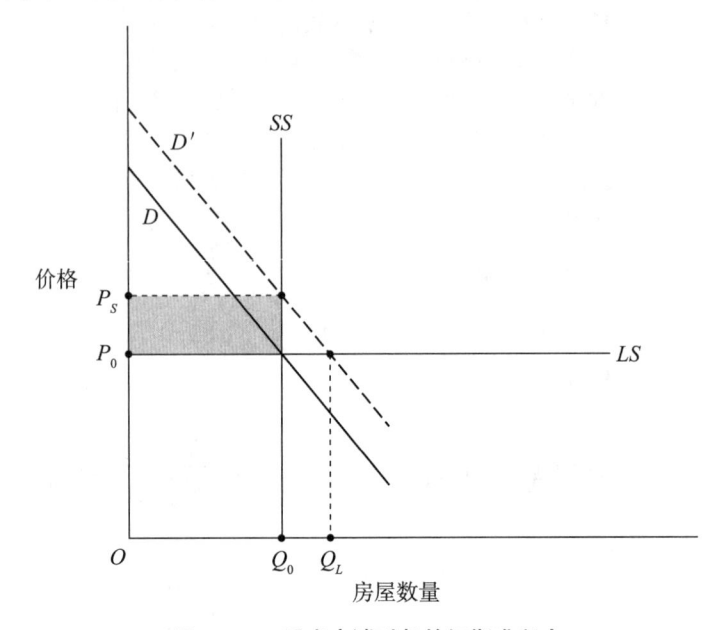

图 13-4 需求高涨引起的短期准租金

最终的短期配置结果是有效的。这个市场上不存在进一步互利共赢的交易。既然供给是固定的，那么市场又怎么能给新增的人提供住处呢？通过提高价格，每个家庭都有权决定怎么做才对自己最有利。如果某些人本来就获得了大量的消费者剩余，他们就不用做任何调整，因为他们能支付得起更高的房租。其他人就有可能要做一点调整，找小一点的公寓，还有一些人得找个室友或者把房子的一部分转租出去。两个恋人可能会觉得分开住太贵了，甚至要考虑缩短他们的订婚期。这样，每个居住单元的人口密度提高了。空置率也要下降：如果本来一间房每年平均要空置 10 天的话，现在，它只会空置 3 到 4 天。简言之，无论从时间来说还是从容纳的人口来说，每间房屋都得到了更充分的使用；当然，从长期来看，供给会增加到 Q_L，价格会回归到 P_0。

既然这套价格机制能有效地配置资源，那么为什么说它有问题呢？这个问题出在老房客身上。他们会想：既然房东的运营成本一分钱都没有增加，为什么我们必须多付钱？我们可以设想一下这给他们带来的不便。比如，一些退休工人靠固定收入生活，20 年都一直租住在同一间房里。仅仅因为市场新增住房供给需要时间，他们的生活就该受连累，被弄得天翻地覆？就没有别的办法，既能安置新增的需求，又不提高老房客的房租？毕竟，短期的房屋供给是固定不变的。如果法律把房租限定在 P_0 水平，那么可供租赁的房屋不会增加。我们只能换个角度考虑怎么安置新增的人口。

实际上，即使条例规定了房租价格，市场还是会像没有条例规定一样有效地运行；也只有在房租价格固定的情况下，老房客才能因为需求的骤增而得到实惠。会有人来请求做他们的室友，或者给他们一大笔钱，请他们搬出去。如果老房客本来的消费者剩余为 $P_S - P_0$，那么他们的生活就会大变样，因为只要他们愿意接受新的居住安排，新房客愿意支付的钱（除了向房东支付规定的房租以外）比他们现在的消费者剩余高。

人们可能通过房屋中介互相寻觅，那么老房客就在中介那里标明，他要向新房客收多少"租"，或者因为他们先找到房子（或房子就是他们自己的）而向没有房子的房客收"介绍费"。如果你怀疑老房客不能这么干，那么你只需向任何一个在纽约找房子的人打听一下就知道了。最终，短期的分配结果仍然有效，房子的分配结果与自由市场的情况几乎相同①，当然长期的供给也会增加到 Q_L②。

比较前面讨论的两种安排，选区的大部分选民肯定会赞成后者（假设在选民中，房东比房客少得多）。③ 图 13-4 说明，在这两种安排下，社会净收益都是阴影区域，就是在 LS 以上、D' 以下、数量在 Q_0 以内的部分。在自由市场中，房东获取了这部分阴影区域作为准租金。在政府规定价格的情况下，房客获得了这部分阴影区域。

上述讨论的结果就是，两种安排的效率是相同的，只是在公平性上不同。这就引出了一个重要的理论观点：既然经济租是对一种要素支付的高于机会成本的部分，那么不让他获得经济租，并不会扭曲资源分配的结果。但是一旦考虑公寓租金控制的实际情况，我们的模型描述——结论所需要的一系列基础假设——就显得过于简化了。

关于租金控制无效性的一个标准解释

很多关于租金控制的政策分析得出的结论往往和上述结论不同。研究者通常认为，租金控制缺乏效率，图 13-5 说明了这一点。这个图和前面的图唯一的区别在于长期供给曲线 LS 是向上倾斜的（成本递增行业）。

这种情况的短期分析没有变化，但是长期影响却大不同。在自由市场的政策

---

① 和前面那种情况相比，收入效应会导致最后的需求曲线略有差别。比如，本来迫于房租压力会搬家（或者把房子转租一部分出去）的房客，在租金控制下就不搬家（转租）了。但是，我们并没有在图中反映出来，还是把 D' 当做最终的需求曲线，就好像不存在收入效应一样。

② 为方便起见，假设只要生产者盈亏平衡（即获得正常的市场报酬率，或者经济利润为 0），他们就会供应商品或服务。我们可以用极限概念来理解这个假设。只要经济利润大于 0（即使非常小），就能吸引更多的资源进入这个行业。比如，价格涨一点点就足以吸引一个家庭变成房东，把房子的一部分租出去。

③ 人口骤增也会提高房价，使潜在的买房人的成本上涨。这样也存在不公平问题，即牺牲买房人的利益，使现有的房屋所有者获得暴利。但是，现有的房屋所有者比买房人多得多，而房东却比房客少得多。所以，地方政府不愿意对房价暴利进行控制。

下,长期均衡在(P_L,Q_L)这一点,价格和数量都超过初始的P_0和Q_0。供给随着需求的增加而增加,最终的资源配置实现了最优化。但是,如果政府把租金规定在初始水平,则其长期影响非常有害。虽然租房的需求在限制价格的水平上等于Q_{DC},但是供给量只有Q_0。供给量不会增加到有效水平Q_L,那么必然存在$Q_{DC}-Q_0$的房屋供给缺口。

如果这个模型抓住了租金控制的实质的话,那么和不控制租金的市场均衡相比,租金控制造成了社会净损失。长期无谓损失在图13-5中用阴影区域OAL表示。由于从房客收来的租金低了,房东损失了P_0P_LBO的面积。他们还损失OBL的经济租(或者说,生产者剩余),因为在租金控制下,他们没有供给Q_L-Q_0的部分。这样,在这个政策下,房东就是无可置疑的输家(当然,这就是这项政策的本意)。

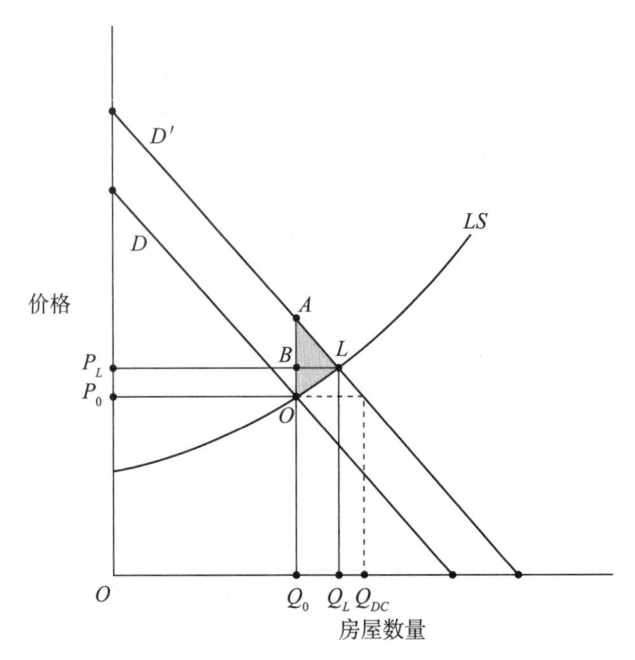

图13-5 租金控制长期无效性的标准解释
(阴影部分表示社会最小损失)

此外,房客可能是赢家,也可能是输家。如果Q_0单位的房屋在消费者中有效分配的话(像我们在短期分析中那样),房客将得到长方形P_0P_LBO的收益,但是由于市场的供给量少了Q_L-Q_0,消费者剩余将损失ABL。如果$P_0P_LBO >ABL$,房客就是赢家,但是如果相反,房客就是输家。无论P_0P_LBO和ABL大小如何,长方形P_0P_LBO是房东给房客的转移支付,而OAL是无谓损失(谁也没得到)。①

---

① 关于纽约有个较早的研究表明,由于租金控制,受该政策影响的房屋使用者的实际收入提高了3.4%,而且越穷的家庭,受益越多。但是房东的损失大概是房客收益的两倍。参见 E. Olsen 1972年11—12月发表于 *Journal of Political Economy* 的文章 An Econometric Analysis of Rent Control。

许多分析认为，租金控制政策还会产生另一个非常严重的危害：长期来看，租金控制将导致对租赁房屋的投资缩减，因为房东面临的房屋维护费不断增加，但是又不能把这部分成本转嫁给房客，所以他们就只好减少房屋的维护，这将导致房屋质量变差，进而使存量房屋报废的速度更快。这会使本来就存在的供给缺口进一步扩大。

针对纽约市的租金控制，许多实证研究都在检验这种影响是否存在。兰德公司（RAND Corporation）早期的研究表明，从1960年到1967年，质量良好的存量房屋增加了2.4%，而荒废的存量房屋增加了44%，毁坏的存量房屋增加了37%。其中从1965年到1967年的3年间，市场上减少了11.4万间的供给量。1990年哥尤科和李恩曼（Gyourko and Linneman）对这些早期数据的研究支持了上述观点，即租金控制是导致房屋迅速毁坏的重要原因。但是，1993年穆恩和斯多兹基（Moon and Stotsky）通过对20世纪80年代数据的研究，认为没有证据表明在这段时间租金控制对房屋毁坏有什么影响。[①] 如果投资缩减真的是由租金控制政策造成的，那么这种危害就算不是毁灭性的，也是一个严重的问题。

现有的文献很好地解释了上面提到的租金控制导致的投资缩减。在我们看来，这些解释都存在瑕疵，因为没有把标准的供求模型与我们所描述的租金控制政策结合起来。就是说，这些解释都对经济人的行为做了关键性假定，这些假定要么标准模型中本来没有，要么和实际的政策不符。这些解释可能从事后看都很有见地，但是不得不说，这些解释都不具有预见性。分析人员不能通过标准模型顺理成章地得出预测结果。我们要找的分析方法，是具有预见性的方法。用这种方法，在观察到实际政策结果之前，就能够对其有一个大概的估计。在此，我们列举三个关于投资缩减的最常见的解释。目的是说明为什么标准模型运用于租金控制政策时不能这样去解释。

第一种解释是，租金控制让房东不愿意维护他们的房子。房子如果不好好维护，质量就会恶化。多年以后，标准质量的房屋供给就会减少。为什么租金控制让房东不愿意维护他们的房子呢？隐含的前提假设是，就算房子质量变差了，还是可以按 P_0——法律规定的价格上限——租出去。因此房东赚一样多的钱，当然愿意花更少的成本，得到更多利润。但是通常，竞争压力会保证房子得到良好的维护（要不然房客就花同样多的钱去租一个其他条件相同但是维护过的房子），只是在租金控制下，存在过剩需求。房东就看准了潜在的房客愿意为每间房支付的价格比控制价格要高，就算不维护，房子也总能租出去。

这个论点的前提条件是不考虑房租管制委员会和其他经济人的行为。实际上，房屋控制价格会根据房屋质量进行调整。随着房屋质量的下降，相应的控制价格也要下调。这样的话，房东就没有理由不维护房子了。因此这个论点不是标准模型的结论，它的必要前提是，房租管制委员会不调整控制价格，而实际上它会调整控制价格。

---

① 他们研究发现，租金控制对低质量房屋来说，会减少修缮的次数；但是对质量不错的房屋而言，没有让它们加速毁坏，而且如果房屋已经受政策影响好几年，那么它们的质量反而更好，这是因为长期房客对房屋的维护很好。

这并不是说，这个论点完全没有见地。房租管制委员会可能没有那么多关键的信息将所有房屋的控制价格规定在合适的水平。当然，如果维护水平不够，房客就会通知房租管制委员会。但是，这是一个有趣的问题，我们将在后面的篇幅讨论信息的问题。这里非常重要的一点是，投资缩减的结论是基于一个隐性的假设条件：房租管制委员会在决策时存在信息不完全的问题。模型在其他情况下（比如，在没有租金控制的情况下）假设经济人拥有完全信息（没有交易费用）。因此，尽管房租管制委员会可能真的存在信息不完全问题，但也不能由此断定，从标准模型可以推出"租金控制导致投资缩减"的结论。

第二种解释可以用图 13-6 来说明。这种解释把房东向房客的财富再分配看成租金控制（不是需求的高涨或供给的短缺导致了控制的动机）。控制价格低于初始的均衡价格，然后很显然，供给量要减少 $Q_0 - Q_{SC}$。在我们看来，这种解释的问题在于，它建立的模型中，政策试图控制的不只是经济租（而大多数租金控制政策只是要控制经济租）。控制价格低于供给的机会成本，这和我们的标准模型不一致。

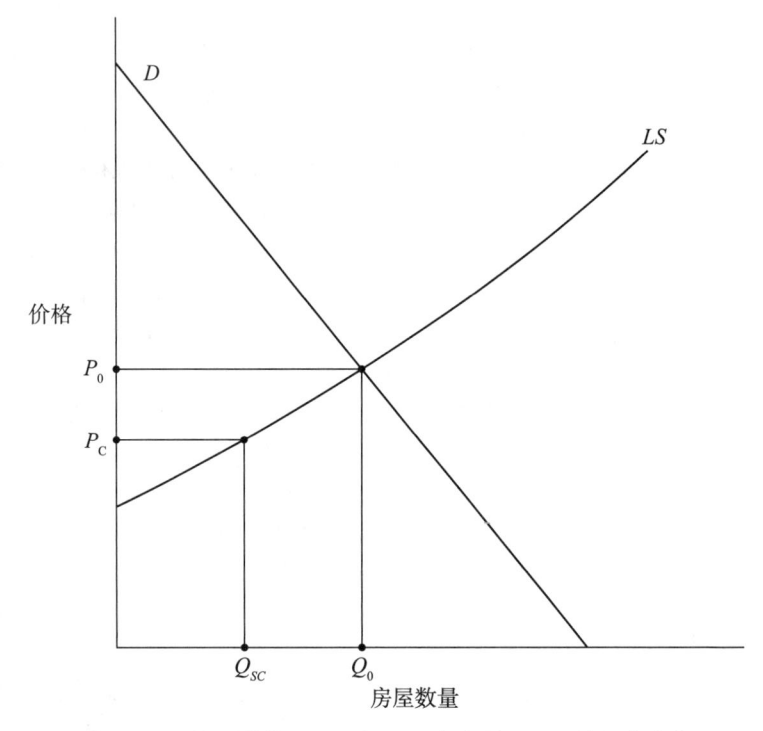

图 13-6 控制价格（P_C）低于现有房屋（Q_0）的机会成本
导致投资缩减（$Q_0 - Q_{SC}$）

从某种意义上讲，第二种解释完全是标准模型的推演过程：如果控制价格低于机会成本，那么房屋租赁市场的供给量将减少。但是，标准模型并没有解释为什么控制价格会低于现有房屋的机会成本。让我们再看看最后一种解释。

第三种解释可以用图 13-7 来说明。它和图 13-5 的模型很相似，除了长期供给曲线随着时间缓慢上移。长期供给曲线之所以上移，是因为出租房屋的单位实际机会成本是随时间逐渐提高的（比如，维护房屋所支付的实际工资逐年增加）。这样，如果控制价格 P_0 不变，那么长期来看，供给量会减少 $Q_0 - Q_{SC}$。

这种解释的缺陷和第二种解释一样：政策允许控制价格低于现有房屋的机会成本。这和我们模型中所模拟的政策不一致。它将租金控制等同于不允许租金变动，但是如果机会成本增加了，则实际的租金控制政策允许租金每隔一段时间调高一次。

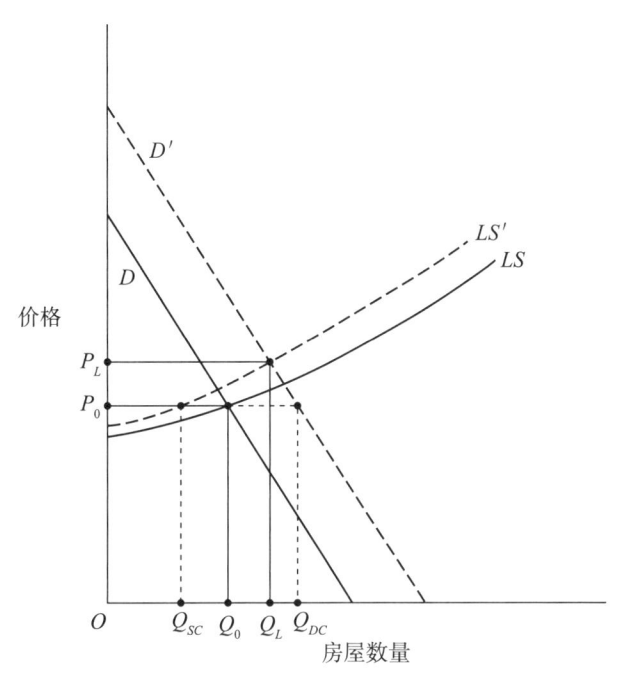

图 13-7　如果长期供给曲线向上移动，则租金冻结将导致房屋投资缩减

这些长期模型是不是比短期模型更好一些呢？如果是，那么是根据什么分析标准来衡量的？只有房屋租赁市场和租金控制管理行为的实证数据，才能决定一个模型有没有准确捕捉到政策设计的重要特征。我们的目的就是解释重要的特征。如果我们以纽约的例子为证据证明租金控制导致供给短缺和投资缩减，那么短期模型就没有吸引力。长期模型就更好一些，因为它对重要的实证问题给出了解释。长期模型还反映出政治经济特征：也许租金控制政策是为了应对短期问题而制定的，但是在纽约，这个政策会长期一直有效。该问题也应该是长期的问题。

但是，就我们的角度而言，长期模型还是太简单了。它存在两个严重的问题。第一个问题就是它和真正的租金控制政策完全不一致。第一个长期模型（只预计存在供给短缺，而不认为存在投资缩减）把租金控制与租金冻结等同起来，而且假设冻结的租金也适用于待建房屋。但是实际上，大多数租金控制政策，包括纽约的租金控制政策，都明确规定不控制新建房屋的租金，允许这些新建房屋按市场价格出租。

第十三章　在某些市场中谋求公平的价格控制 ▶439

这就是说，大多数租金控制政策都希望只控制经济租。如果这些政策成功地办到这一点，那么就不会影响机会成本，从而也不会影响供给方的决策。因此，无论是对纽约的供给短缺问题还是对投资缩减问题，目前的这些长期模型都没有给出令人满意的解释。这些模型可能预测得很对，但是它们没有识别出因果机制。如果我们想弄明白其他情况下会不会产生同样的结果，那么我们应该对实际的经济人行为做更细致的研究。

长期模型的第二个问题是，在决定资源配置和收入分配的效应时，交易机制和交易费用的作用还体现得不够。经济人之间的交易与交易对象的权利和义务有关，租金控制实际上改变了这些关系。（比如，房东对房产的收入权被削弱了。）对租金控制的分析必须厘清这些变化的影响，设计租金控制政策必须研究相关的法律规定。

在通常的市场分析中，我们把法律规定看成是外生给定的，并假设遵守这些法律规定的交易不会给交易各方带来交易成本。比如，我们假设在自由市场体制下，（在需求增加后）供求双方定位、匹配的成本可以忽略不计。在租金控制的模型中，我们也做了一个类似的假设：老房客作为供给方，找到合适的新房客的成本为零。

但是实际上，这两个交易费用都不为零，而且它们的大小也各不相同。我们必须先考虑法律规定会发生什么变化，然后再看交易各方对此会有什么反应（有租金控制或没有租金控制），才能知道收益和成本是如何分配的。我们必须认识到，考察政策问题时，一定要考虑相关法律规定的变化，比如，不允许老房客收新房客的"介绍费"，可能使得所有房客比较公平地得到好处。为了更好地理解租金控制问题，我们将在下一节给出一个简单但贴切的模型。

控制长期经济租的租金控制

在这一节中，我们先搞清楚为什么经济租是城市公寓租金总支付中不可分割的一部分。我们用一个简单的城市用地模型说明这个问题，这个城市的名字就叫公寓市。这个模型允许把租金控制看做一项长期的政策。它还让我们想起了关于房地产的一句老话："房地产最重要的三个方面就是：地段，地段，还是地段！"[①]

公寓市可以画成图 13-8 那样。市区在最左边，所有的人在市区上班。只有一条路进（出）公寓市，所有人都住在租来的房子里，所有房子沿路而建，每个房子间隔一英里，均匀分布。每个家庭都有相同的偏好和收入。这条路边也只能修建住宅。（我们在后面会放松这些假设，的确会产生不同的结果。）

---

① 地段虽然很重要，但是这句老话并没有说地段的哪些特征吸引人们，哪些特征不招人们喜欢，这句老话也没有告诉我们，随着时间的推移，特征的重要性会发生怎样的变化。房地产的价值由它的潜在用途以及这块地的吸引力决定，而它们又受到技术和人口变迁的影响。例如，网络商务的发展就使销售对物理地段的依赖减弱了，也相应地影响了特定区域房地产的地段价值。

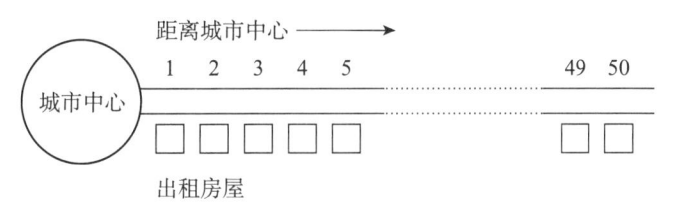

图 13 - 8 公寓市

我们暂且假设建房不耗费成本，也不需要计提折旧。房子由竞争性的供给方按长期为零的价格供给。房子的大小由所有家庭共同的餍足点决定。（超过这一点，清扫屋子的不便超过了更大的面积所带来的好处。）家庭只在乎地段（我们想先强调这个特征），除此以外偏好完全无差异。往返市区的路费为每英里 1 美元（这 1 美元包括个人时间的机会成本），每间房子都住一个工人，他每天都要去市区（公寓市全年无休）。路费多少是家庭关心地段好坏的唯一原因。总共有 50 个家庭（而且每个家庭有一个工人）。在这些特殊的假设下，每间房子的租金应该为多少？

考虑长期均衡的条件。当然供给应该等于需求（在这个模型中，50 个位置不同的房子正好满足 50 个家庭的需求）。对于供给方，出租最远那个房子的经济利润应该等于零，这样才不会有人进出这个行业。对于需求方，租金的价格应该使得每个家庭都对现在住的地方很满意。注意，如果任何地段的租金都等于竞争性价格（在这个特殊的模型中为零），那么这不是一个均衡点。它满足供给方的零经济租条件，但是不满足需求方的均衡条件。所有的家庭严格偏好于离市中心最近的房子（1 号房子），因为住在那里，路费最少。

举个例子，一个住在 2 号房子的家庭，除了支付房子的竞争性价格外，还愿意多付 2 美元搬到 1 号房子，因为这样就可以省 2 美元的路费（单程路费是每英里 1 美元）。住得更远的家庭愿意付的钱更多，因为这将省下更多路费。一个住在 50 号房子的家庭愿意多付 98 美元搬到 1 号房子，因为这样省下的路费正好也是 98 美元（单程少走 49 英里）。他也愿意多付 96 美元搬到 2 号房子（这样他上下班，单程就会少走 48 英里），为了搬到 3 号房子愿意多付 94 美元，依此类推。实际上，每个地段的房租是由住在最远的那个家庭愿意支付的价钱决定的。

图 13 - 9 标出了公寓市每个地段的均衡租金水平和相应的路费。因为有 50 个家庭，每个家庭都喜欢住得离市中心更近，最远的一间房子在离市中心 50 英里处，所以它的租金应该等于房子的竞争性价格，也就是零。[①] 49 号房子的房租就应该大于零。最远的一户要承担 100 美元的路费，这在决定租金水平的时候非常重要：在每个地段，租金（高于房子的竞争性成本的部分）加上路费，应该等于 100 美元。换句话说，对每个地段来说，让最远那一户搬去住，他愿意付出的最大值（省下的路费）决定该地段的租金。这样，从 1 号房子开始，这些房子的竞争性租金应该分别是 98 美元、96 美元、94 美元……2 美元、0 美元。

---

① 这 50 户家庭中，谁都不愿意住在 51 号房子：51 号房子的租金也不可能低于竞争性成本，而且房子质量和另外那 50 栋房子也都是一样的，但路费花得更多。

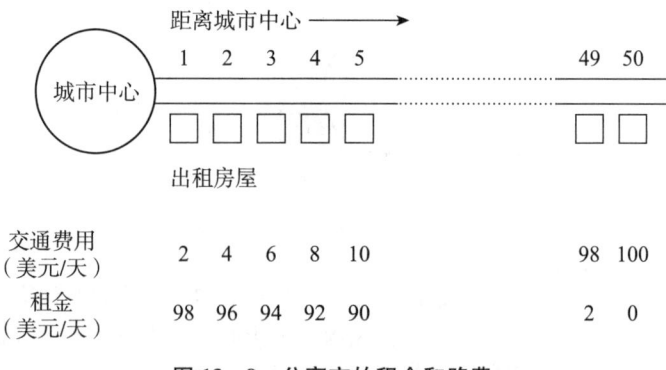

```
         距离城市中心 ──→
城市中心   1  2  3  4  5      49  50
          □ □ □ □ □       □  □
          出租房屋

交通费用
         2  4  6  8  10     98  100
(美元/天)

租金
        98 96 94 92 90       2   0
(美元/天)
```

图 13-9　公寓市的租金和路费

租房的全部支出都是纯经济租。因为房子和土地的供给成本都是零，所以它们代表的是房东得到的超出机会成本的支付。[①] 但是即使 1～49 号房子的房东都获得了经济租，也不会有新的房子供给，因为在 1～49 号房子的地段，不可能再盖新房子（根据我们前面的假定），50 号房子不能产生经济租，因此提供 51 号房子不可能获利。注意，这些租金水平不受房东的影响，而是由家庭总量以及他们对地段的偏好决定。这就说明不是经济租决定价格，而是实现均衡时最远一户的路费（每个地段相应的路费都比它低）决定经济租。

需要指出的是，房东要同时扮演两个角色：他既是房地产市场中土地的供给者，也是房屋租赁市场中房子的供给者。既然某个地段的土地供给总量是固定不变的，那么对土地的支付就是纯经济租。在所有可选的对象中，地主会把地租给报价最高的投标者，这将保证土地的使用是最有效率的。在公寓市，我们把土地的用途限制在居住上。

为了利用土地，租赁市场的供给者会按照房屋租赁行业的利润来标价（房屋租金减去房屋建造成本）。这样，竞争性房屋租赁市场本身没有经济租，经济租都被地主拿走了。虽然通常地主和房东都是同一个人（公寓的所有者通常也是地主），但是我们马上可以看到，这种区分对资源配置还是很重要的。

上面的模型说明了为什么在城市的房租中经济租会长期存在：每一个地段的房子供给量都是固定的，这些房子在地段上的"魅力"完全不受地主控制（对最远一户的"魅力"）。由于所有家庭都愿意掏钱，为住最近的房子竞相报价，加上房子的供给量是固定的，因此地主才可以获得经济租。

刚才我们假设房子的建造不花费成本，而且不会发生折旧，现在我们要放松这个假设。我们现在假设每天（为方便起见）每栋房子按 P_H 的固定成本，由竞

[①]　偏离一下我们的主题，值得指出的是，在我们的模型中，城市房产的租金体系恰好反映了实际社会成本——节省的路费。一般来说，城市房产的租金的确反映了这个地段所有特征所带来的成本和收益，这些特征包括房子本身的质量、有没有像学校这样的公共服务设施、空气质量、上班和购物方不方便、房产税税率、风景好不好等。如果其他条件相同，但是，比如说空气质量很差，则家庭愿意付的房租肯定会低一些。计量经济学的研究试图通过估计这些房产特征的内含市场价值来测算各种公共商品和服务的价值（比如，使空气净化 10% 的价值）。

争性市场建造并维护。根据我们对消费者偏好的假设，对房子和地段的需求是独立的。[①]（每个家庭都是同质的，扣除路费和"地段"费之后的净收入相同，因此对房子的需求也一样。）图 13-10 中，D_H 是家庭对租房的需求曲线（用建筑面积表示，质量是标准化的），不考虑地段因素。每天房子的供给和维护成本为 $P_H H_E$，每个家庭居住的房子面积为 H_E。如果出于某种原因，房子没有维修，那么房屋的面积会比 H_E 小一点。（具体小多少，取决于房子质量恶化的程度。）

为了能住在某一个地段，每个家庭的投标过程和前面所示的过程相同。因此 1 号房子的总租金应该为 98 美元 + $P_H H_E$，2 号房子的租金是 96 美元 + $P_H H_E$……最后一个房子的租金就是 $P_H H_E$。这种情况下，房客的支付中，只有一部分是经济租（经济租的金额还是和假设放松前一样）。经济人之间不可能再进行交易了，因为配置结果已经是帕累托有效的。这个结果也是一个均衡结果，因为在市场价格下，经济人不会再改变他们的供给或需求决策。在这个价格体系下，这些同质的家庭，无论其住在哪个地段，都获得相等的效用。

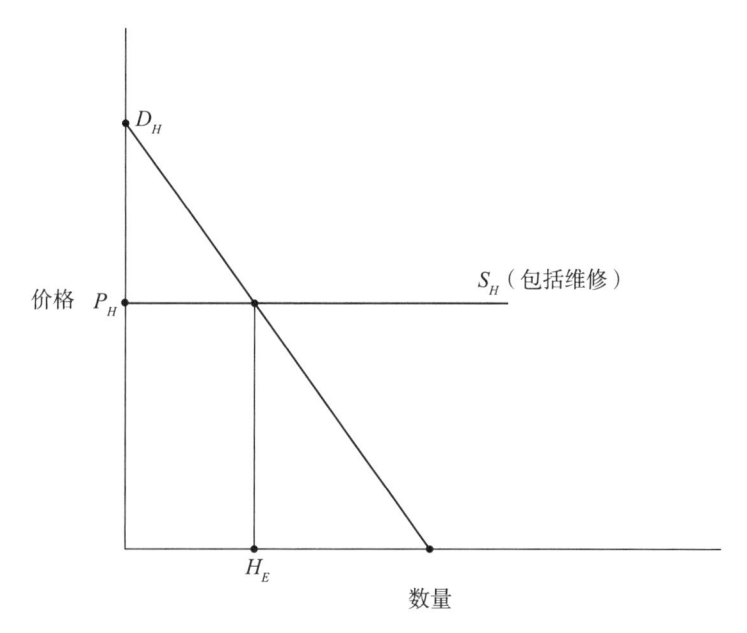

图 13-10 公寓市中家庭对每个地段的房子的需求量

现在假设对公寓市实施租金控制，并规定房东只能按房屋建造和维护的竞争性价格收取房租。那么（一开始）所有的房客都只需要支付 $P_H H_E$。我们知道，最初的配置结果是帕累托最优的。如果经济人都不采取任何行为，那么这个配置结果就和前文说的准租金模型很相似：从房东向房客的财富转移不会影响资源的有效配置。因此，重新分配的是长期租金。因为房东损失了经济租，所以政策每

[①] 一个更实际的模型可以允许家庭在面积大小与地段优势之间进行权衡（例如，离市中心越近的稀有土地，利用率更高）。但是，这种实际情况对说明租金控制的影响是不必要的，徒增烦冗。

天从房东那儿拿走 2 450 美元转移给房客。①

租金控制与资本化财产价值的关系

租金控制会影响经济人的行为。实际上，如果我们不详细了解法律的变化、执行力度以及各方的交易成本，就不可能预测经济人的行为。不过，在我们讨论这些因素之前，先看看租金控制与房东的财产价值变化之间的关系。

这个关系通常很重要，因为只要政策会影响资产的收益，这个逻辑就适用。例如，如果解除对货车运输业的管制（取消准入限制），货车运输公司营运权的价值就会受到影响；如果修建新的支路，老路沿线地产的价值就会受到影响；如果修订专利权法（或著作权法），专利权（著作权）保护对象的价值就会受到影响。这种由外生的、不受资产所有者控制的力量（像政策变化）所造成的资产价值的变化，我们称为"意外收益"或"意外损失"。

我们假设在公寓市，在租金控制政策实施之前，地主在1号地段修建房子，准备用于出租。租房（每天的）成本是 $P_H H_E$（包括维护费用），而（每天的）租金 $P_H H_E+98$ 美元定时流入房东的口袋。假设房东搬走了，愿意购买这处房产的人中，出价最高的人中标。

假设大家都不知道公寓市要实施租金控制，潜在的购房人预计未来现金流是扣除成本以后每天流入 98 美元。很显然，要是一个人报价低于这个现金流的现值（称作"财产的资本化价值"），他就不可能中标，因为竞争者发现这个小小的获利机会后就会报价更高。因此，中标者报价一定等于预计现金流的现值，未来的经济利润为零。② 为方便起见，我们假设给房产所有者的钱，是中标者从银行抵押贷款融资得到的，这样中标者不需要全款支付，而是支付每天 98 美元的抵押贷款。显然这 98 美元就是租金收入流减去每天的成本。为方便起见，假设这个收入流的现值，或者房子的资本化价值，等于 357 700 美元。③

现在对公寓市实行租金控制。最初的效应还是一样：转移给房客的金额还是一样多，但是必须注意的是，这个转移来自目前的房东。这可害惨了1号地段的新房东。如果他或她要卖房产的话，那么最高报价应该等于租金控制下的未来经

---

① 等差数列的前 n 项 $a_0, a_1, \cdots, a_n$ 之和 S_n 应该等于 $(a_0+a_n)n/2$。这样，$0+2+4+6+\cdots\cdots+98 = (0+98)50/2 = 2\ 450$。

② 我们假设房客未来支付的房租中用于弥补成本的部分正好和每天的"建造和维护"成本互相抵消，这样计算预计的未来净现金流时，可以不考虑这部分成本。我们做这样的简化，是想把土地产生的经济租提出来考虑。但是，如果假设房租中弥补成本的部分（这笔现金有其相应的机会成本）与未来的成本不是相互抵消的，模型就更加符合实际情况。这样，未来的净现金流入中应该包含这个部分，使得房产的资本化价值提高，同时也会提高房产的销售价格。之所以会这样，是因为在我们的竞争性假设下，现在的所有者已经支付了住房成本。资本价值的提高补偿了现在的所有者（在竞争性价格下）预付了但还没收到的住房服务。新的所有者（跟前任所有者一样）预付了住房成本，使他可以获得资产在未来提供的住房服务。这样，每一个所有者都预付机会成本，然后，在其拥有所有权期间获得住房服务；其结果和我们的简单模型一样。这个更符合实际的模型说明了两个问题：长期资产（提供跨期服务的资产）有资本化价值；资本化价值和经济租完全不同。

③ 如果我们假设每年这个房产都会产生 357 770 美元的经济租，这个现金流是连续的，并且年利率用单利表示（等于 10%），那么房产的现值等于 357 700 美元（年租金/利率）。这应该等于中标者的报价。

济租的现值。如果租金控制政策有效的话（后面会展开说明），那么这个报价等于零。原来的所有者拿走了所有的利润，并把这些利润变现，因为他得到了按未来经济租（租金控制前）计算的价格（租金控制前的资本化价格）。但是新的所有者为得到这些经济租，预付了价款，现在发现一分钱也赚不到。在宣布新政策的时候，所有房产的所有者，无论他是新来的还是原来的，都将遭受巨大的经济损失。①

因此，我们问的第一个问题是，把财富从房屋所有者转移给房客，这公平吗？一个人卖资产（比如房产）给另一个人（这并不一定影响资产的使用），这司空见惯。但是，资产的预期未来收益发生任何变化，都会立即资本化，影响资产的现值。这就是为什么，比如说，要是一则新闻能够影响上市公司的预期未来收益，它就会立即影响到这个公司的股票价格。当未来的变化实际发生时，资产所有者就会遭受损失，或者获得额外收益。

一开始，我们假设租金控制的实施就好像平地一声雷。实际上，对许多将要发生的变化，投资者都已经有所预计，并把它们列为一种可能性。这些都会影响投资者计算的预期现值，进而影响投资者对资产的报价。例如，假设在卖1号房子的时候，公寓市已经开始讨论实施租金控制的问题。在没有租金控制的情况下，我们前面计算房子可以按它的资本化价值357 700美元销售。但是如果有租金控制，销售价格就等于零。如果租金控制条例通过表决的可能性是一半对一半，那么房子的预期价值就为

$$EV = 0.5(357\ 700) + 0.5(0) = 178\ 850$$

由于存在不确定性，而且投资者厌恶风险，因此一个潜在投资者的最高报价应该会低于预期价值。②

资产的预期未来收益显然会受到多种因素影响，我们认为投资于这些资产的投资者应该了解他们所承担的风险。③ 你可能会说，买房人真倒霉，这时候通过了租金控制条例。但是，他或她在买房的时候就已经对这种可能性有心理准备，政府就不用操心到底交易双方（买房人和卖房人）哪个是真正的赢家。（如果租金控制条例没有通过，那么原先的所有者可能会觉得不到20万美元就把房子卖掉，真不应该。）

因此，我们得到下述结论：经济租存在得越久，对收租人来说，租金控制就越不公平。这是因为通过资产的交易，经济利润的受益人不太可能是现在的收租人。第一个所有者才是获取利润的人。④ 相反，一旦预计会产生租金，就立即考

---

① 新的所有者可能无法偿还抵押贷款的到期债务，只好宣布破产。在这种情况下，房产的所有者就是提供抵押贷款的银行（银行取消抵押品的赎回权时，结果也是一样）。但是，这不能改变资产价值跌到零的现实，这时银行变成输家。

② 可能会形成辛迪加投资者，其报价会高于某一个风险厌恶型投资者，因为对辛迪加来说，风险成本比较低。

③ 有时候，政府会采取措施，让投资方获得更多信息。比如，政府要求有意向的卖方披露某些信息，要是不披露这些信息就要承担相应的责任。政府还会提供一些投资者（还有其他人）可能关心的信息。这些信息更宏观一些，如实际通货膨胀率和预期通货膨胀率、失业率。

④ 前一个所有者不一定就是第一个所有者。这个论证过程可以无限往回倒推：前一个所有者也是从别人那儿买来的，付的价钱也应该反映了预期租金的价值。只有第一个所有者，私人收益大于私人成本。其他人都是盈亏相抵，只能得到一些意外收益，或者遭受一些意外损失。

虑控制经济租的政策，这才是最好时机。

另一个因素进一步证实了这些结论：让政府管理者或者评估师精确地估计一个房东可能收多少经济租，这就算是有可能的，也肯定非常困难。在同质的公寓市，这个工作可能还不太难。但是，在实际的城市里，所有的公寓建筑的质量千差万别，决定地段好坏的因素还有一大堆。比如，公寓有没有安全警报系统，有没有像洗衣房、游泳池这样共享的服务设施，有没有停车场，有没有像电梯这样的运送设备，这些都会影响公寓的质量。影响地段好坏的因素不光体现为开车上下班的费用，还有离公共交通工具的距离、附近的犯罪率、看到的风景，以及噪音和空气质量。还有，买房人可能拿这块地有别的用途（我们马上会讨论到），而不是用来居住。你必须能够把自由市场总价格细分成所有这些投入变量的机会成本（它们的建造成本、维护成本、改变这块地的用途所带来的价值），最后才能得出经济租是多少。

实际上，租金控制条例并不是要控制已经存在的经济租。只有当某个事件（例如，人口迅速增加）导致经济租明显大幅增加时，政治上才会需要实施租金控制。住房非常容易受到需求的冲击，因为：(1) 它占每个消费者预算支出的很大一部分；(2) 要是嫌房租太贵，不想住了，无论从金钱上来说，还是从心理上来说，搬家的成本都很大；(3) 土地是稀缺资源，存在长期租金；(4) 如果市场供给不足，房屋存量的调整很慢，那么在这个过程中，就会存在很大的准经济租。实施租金控制的通常做法是当导致经济租的事件发生时，用当时能得到的市场价格作为基准，因此租金控制只是控制了经济租的一部分。此后这个价格允许每年按固定比率自动向上浮动（为了应付运营和维护成本的正常上升）。如果房东能证明成本上涨的幅度更大，则可以提起申诉。

市场供给对租金控制的反应

到目前为止，我们还没有讨论强制实施租金控制时，房东会采取什么应对措施。我们看到，如果房东不做任何调整，他们就要遭受很大的损失。他们有没有办法挽回损失的经济租呢？特别是，如果和以前相比，出租房屋的利润突然减少，那么他们会不会减少房屋的供给量呢？我们暂时假设租金控制像我们所说的那样发挥作用：一开始，控制价格至少和租房的供给价格（机会成本）相当，允许它每年增长，增长幅度至少等于没有控制的情况下最优的维护成本。

在这些情况下，供给可能会减少。减少的原因之一是公寓转换（居住者现在变成所有者，而不是房客）。这基本上属于法律合同的变更，房屋实际供给量并没有变化；这样一来，更重要的影响是租金控制的再分配目标实现不了。

在这个简单的没有租金控制的公寓市模型中，每个家庭不在乎是拥有房子还是租房。例如，住在1号地段的家庭每天要支付 $P_H H_E + 98$ 美元的租金。如果该家庭买房，则付的钱还是一样多。（像我们前面说的买房人那样，每天用98美元偿还抵押贷款，或者以其他方式融资买房。①）因为租金控制不会改变对1号地段（或者其他任何地段）的需求，通过公寓转换，租金控制政策影响不了交易结果。如果那样，租金控制条例就完全达不到再分配的目的。所以，大多数租金控制条例都禁止公寓转换。②

对于为什么会出现供给减少（这里把公寓转换看做一个特例），更一般性的理由是：如果开发土地的其他用途（并且不受控制）价值更高，那么房东可以把房子转为他用。可以把租金控制看成一种不太完美的征收定额税的尝试（不产生扭曲效应）。每个房东都要缴税，然后这些税金再分配给这些房东的房客。但是，税收不是固定不变的，因为它是对土地的某一种用途征税，而不是对土地本身征税。土地和它所处的位置是固定的，虽然它现在用来出租，但是用途是可以改变的。

公寓市模型在假设里规定土地只能用于居住，从而排除了这个问题。如果人们认为区域法会永远有效，那么这样的假设还有点根据。但是，如果土地可以有其他合法用途，那么土地用于建公寓就有了机会成本。为了了解土地的多种用途会产生什么影响，我们把公寓市模型简单地变换一下。土地的供给还是固定不变，像原来一样。但是，我们把土地排成以市中心为圆心的圆环形。（如果你非要改名字，那么叫肥肥市好了。）如图13-11所示，圆环上的土地被平均分成大小相同的块。从土地使用者的角度看，每块地的吸引力都一样（例如，从每块地往返市中心的时间相等）。③ 这样，在均衡时，每个位置的租金都相等。

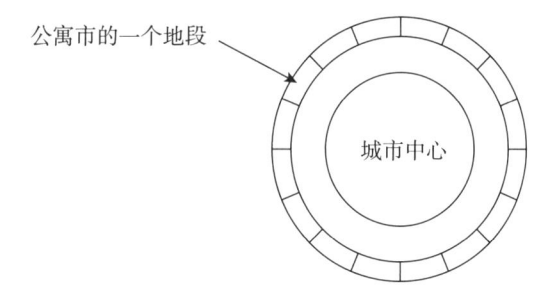

图13-11 肥肥市模型（土地位置离市中心的距离都相等）

如图13-12（a）所示，肥肥市的土地总供给固定为$\overline{T}$。假定需求曲线与固定供给曲线相交于P_L，那么这就是土地的竞争性价格，而且租住这块地的支付都是纯经济租。但是，需求曲线包含了所有潜在的土地用途，所以这个图形表示土地市场所有潜在的收益和成本。如果买地只是为了出租房屋，那么在这种情况

---

① 实际情况是，由于资本市场竞争不完全（不完全信息），暂时收入稳定的家庭更喜欢买房。（与租房合同相比，签订或终止所有权协议的交易费用要高得多。）我们要在后面的章节讨论这一点。在租金控制的情况下，无约束的公寓转换会使居住者的社会经济地位与没有租金控制的情况下完全不一样。

② 只有当一栋楼的所有者想把楼的所有权按居住单元分拆，然后分别卖掉时，这种情况才适用于公寓转换的禁令。把建筑物按原样卖给另外一个人，买方是为了占有而不是出租，在这种情况下，禁令就不管了。因此，已出租的独立屋（还有部分的双层公寓）可以规避租金控制，只要房东把房子卖给自有住户。

③ 如果我们先画半径为1英里的圈，再画半径为2英里的圈，依此类推，一直画到半径为50英里的圈，这样就得到一连串的圆圈。如果一个人从市中心1英里1英里地往外走，则租金下降的方式和我们在公寓市看到的一样。

下，实施租金控制只会剥夺地主的经济租。但是，有一些人买地是为建造公寓以外的用途（例如，开干洗店、租碟铺、牙医诊所）。

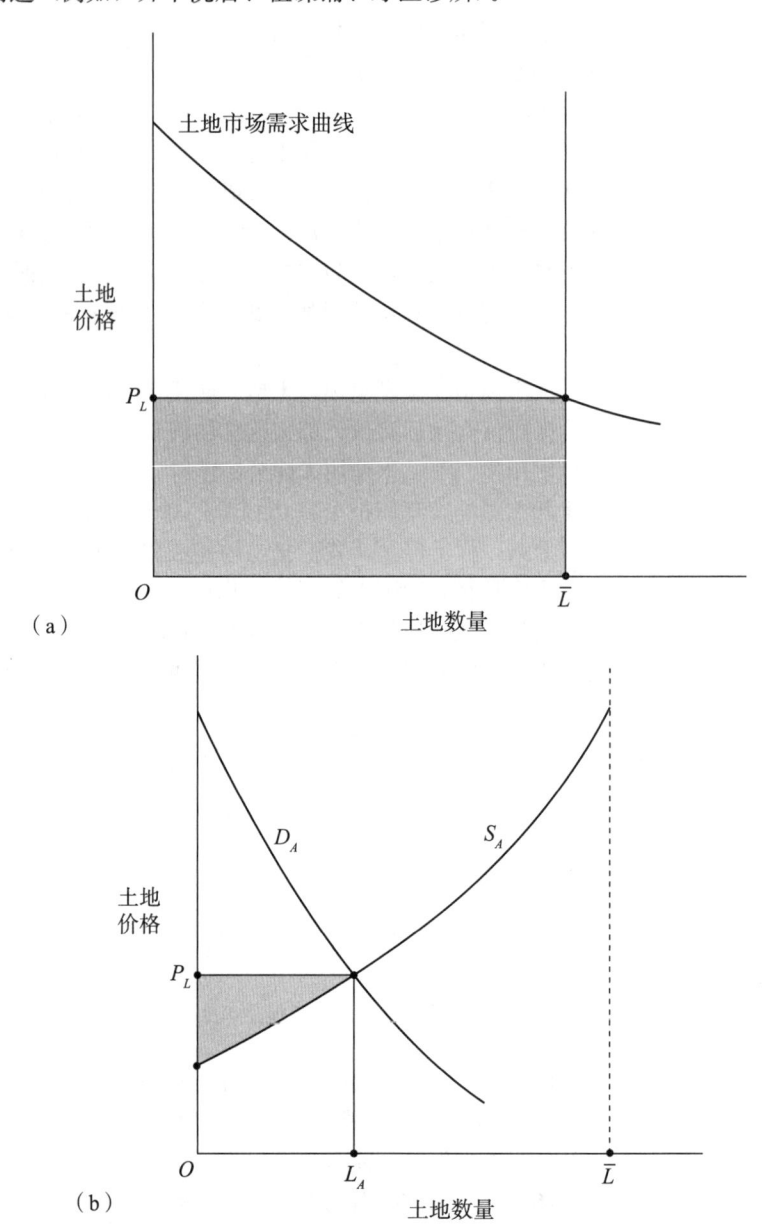

图 13-12　土地的需求和供给（阴影部分表示经济租）
(a) 用于所有的用途；(b) 只用于公寓出租产业。

图 13-12 (b) 给出的是用于租房的土地需求曲线和供给曲线。需求曲线是图 13-12 (a) 中的需求曲线向左平移的结果，因为我们剔除了其他的用地需求（所以，在每一个价格水平上，需求量减少了）。但是，其他的用途构成了把土地

用于租房的机会成本。① 即，地主愿不愿意在某块地上建公寓，取决于其他人（比如牙医或者干洗店老板）愿意付多少钱租这个地方。如图所示，所有土地都有其他用途。② 但是，L_A 单位的土地用于公寓时的价值超过其他用途。所以，L_A 单位的房子用来出租，而 $\bar{L}-L_A$ 单位的房子用在别的方面。这 L_A 单位的房子产生的经济租用阴影区域表示。

13-12（a）中的经济租等于全部支出，但是图 13-12（b）中的经济租比它小得多。为什么有这么大的差别呢？应该用哪个模型来分析租金控制问题呢？这两个模型的显著差别是，它们对市场的定义不同：图 13-12（a）包括出租房屋和其他用途获得的全部租金。但是，即使我们把其他用途收取的租金扣除，剩下的租金 $P_L L_A$ 也比图 13-12（b）中的经济租多。也就是说，图 13-12（b）中的阴影面积小于 $P_L L_A$。在不同的图形中，同一块地得到的经济租却不相等。我们怎样才能把这两幅图融合到一起呢？

图 13-12（a）表明了土地相对于其机会成本而言，在最佳的要素市场上使用的价值。而图 13-12（b）是土地相对于非公寓用途的机会成本而言，在公寓用途上最佳使用的价值。这只是对土地用途范围的简易划分。如果分析租金控制政策，则应该用第二个模型，因为它把土地的用途分成受政策影响和不受政策影响两类。为了使土地继续用于租房，那么租房所得必须大于或等于用于其他领域的所得。我们只能"控制"出租房屋得到的经济租，而不应该影响这个行业的资源分配。

把这个结论推而广之，则可以得到如下结论：经济租是一个关系性概念，指的是高于机会成本的支付。但是机会成本取决于我们如何将所有的分配方式分成两种用途的互斥的完备集合。因此，"这个"经济租也取决于划分标准。一种资源用于 X 能获得多少经济租，是相对于它的机会成本而言的，即如果用于非 X 的其他用途，其最高价值是多少。如果我们改一下 X 用途的定义，相应地也就改了非 X 的定义，这样机会成本和经济租也随之改变。使用资源的方式并没有变，只是我们看待它的角度变了。

另外举一个例子，假设如果工资不低于每小时 8 美元，那么所有人都要尽全力工作。工资中高于 8 美元的部分就是经济租，这是相对于不工作而言的。我们可以拿走这部分经济租，并不会减少劳动的总供给。但是，这有可能使从事某个职业的劳动供给出现混乱（劳动通常都有不同的工资水平，不像土地，对不同的需求者只有一个价格）。比如，该政策可能会把消防员的工资水平从 20 美元降到 8 美元。尽管每个人都愿意为了每小时 8 美元工作，但是这不表示每个人都愿意为了那 8 美元从事危险的工作。这种政策变化在劳动市场内部，使不同职业的相对工资水平发生改变，而社会对于不同职业的劳动供给并不是无差异的。

回到租房市场的价格控制，我们要回答的问题是租金控制条例会对房东的供

---

① 在每个价格上，$\bar{L}$ 减去 S_A 代表的数量，等于其他用途的需求量。即，供给曲线 S_A 与其他用途的需求曲线是一一对应的。

② 别的用途包括所有者不把房子租出去，而是自己占用一间屋子或者整个房子，同时占用相应的土地。在有些地方，这类公寓占租赁市场中很重要的部分。

给决策造成什么影响。我们刚刚讨论的关键问题是，就算管理部门允许房东将出租和维护的全部成本转嫁给房客承担，房东可能还是觉得将房子转作他用更有利可图。如果租金控制条例长期有效的话，那么这种影响情况很有可能起作用。由于我们假设在突发事件导致租金控制条例实施之前，土地的配置是最优化的，而且租金控制的基准价格等于当时自由市场中普遍的价格，因此，仅当租金控制之后的资源再分配不同于之前的情况时，土地的使用才会出现问题。

想象一下，人口的迅速增加导致对租房的长期需求增加，也使得短期租房市场出现准租金。人口增加也很容易提高人们对零售服务的支付意愿，比如公寓市1号地段的加油站。假设在人口增加之前，加油站付不起98美元的地租（现在是控制价格），所以租不到。在人口增加之后，由于生意红火，加油站可能愿意付120美元。这时如果土地用于租房，则真实价值可能更高（比如说，150美元），但是存在租金控制，房东们不能收取高于控制价格98美元的地租。那么地主就通过改变土地的用途，挽回租金控制造成的部分经济损失。这种情况下，政策就导致了资源配置失效（在这个模型中，导致居民从市中心附近搬到"郊区"）。

现在还不清楚长期的租金控制带来的后果有多严重。至少，区域法会阻止一些地方的居住用地转作他用，而区域法与租金控制政策是相互独立的。由于城市的土地使用存在强烈的外部效应，因此与自由市场相比，分区政策本身可以提高资源的配置效率。因此，租房用地可能获取丰厚的经济租。尽管如此，区域规划也是会变的，或者会有一些例外，这就给了地主投机的机会。如果某个地区日渐萧条，这时有人以振兴本地区的名义，要求重新规划用途，那么区域规划改变的可能性更大。

关于租金控制为什么导致住房投资缩减，我们可以引出另一种解释。租金控制减少了住房的资本化价值。任何所有者都想方设法提高资产的价值。如果租金控制只是减少了经济租，那么（根据定义）就算转作他用也不能提高资产的价值。租金允许的涨幅必须足以让公寓的资产价值大于其他用途。如果不是这样，地主就会想法改变土地的用途。如果租金控制条例要求租金的浮动只体现建造成本和维护成本的变化，那么从长期来看，这将导致土地配置的无效性。因为经过一段时间，土地的其他用途产生的价值即机会成本可能会提高。① 加州的伯克利从1979年到1999年实施了租金控制政策，1980年到1990年美国的普查数据表明，这些地方的租房存量下降了12%（但是在相邻的10个没有实施租金控制的社区，租房存量没有下降）。这些房屋很多都以最小成本改造成了医院、牙医诊所或者其他办公场所。

还应该注意，租金控制对新房的供应也有类似的影响。如果新房的租金水平不受控制（市场决定租金高低），那么新房的供给就取决于人们对于政府未来是否会控制租金的预测。只有新房出租的预期净资本化价值比其他用途高，

---

① 很多关于租金控制的研究都发现，管理部门往往不允许价格上限按维护费用的增长幅度向上浮动，这进一步加剧了投资不足问题。例如，我们前文引述的兰德公司对纽约租金控制的研究发现，从1945年到1968年，维护公寓每年的实际成本上升了6%，但是房租管制委员会只允许房租年均提高2%。很难说是什么导致了这样的统计结果。有些房东，就算其住房能被批准作为高级公寓出租，使资产获得更丰厚的利润，他也不愿意花钱维护（以免损失从房屋获得的"白得"的收益）。

才会有人建新房；否则，没人愿意修建住房。通常，租金控制条例不禁止新房的建设（即使其会限制现有公寓转换）。本来如果没有租金控制，就会有新房供给，但是租金控制使得相近的替代品的资本化价值更高，因此新房的供应就会减少。

在讨论房东对租金控制的反应时，我们假设政策能够减少房客支付给房东的钱。这样财产的资本化价值降低了，致使房东转向其他用途。但是理论上，"完全的"租金控制只会影响经济租，而不会导致长期供给不足。公寓市和肥肥市的模型说明，经济租可以长期存在，而且难以辨别租金中多少是经济租。实际的租金控制，像纽约市的做法，不完全符合理论的标准，因此存在投资不足的问题。紧接着，我们要考察房客这一边的情况，重新检验一下关于租金控制减少租金的假设。

租金控制对房屋交易的影响

租金控制不一定会干扰供给均衡（如果控制的只是经济租的话），但是租金控制一定会扰乱房屋交易的均衡。假设公寓市的所有土地只能用于出租房屋，而租金控制拿走了所有经济租，那么所有房客的支出都立刻下降到 $P_H H_E$。前面我们提到，在均衡情况下，所有家庭无所谓住哪个地方。而租金控制实施以后，每个家庭都严格偏好 1 号房子，其次是 2 号房子，依此类推。每个家庭都想方设法弄到离市中心更近一点的位置，为此，他们愿意付出省下的路费。

暂时假设房客没有反应，只考虑政策是不是公平的。1 号家庭现日收入增加了 98 美元，2 号增加了 96 美元，依此类推，最后一个家庭一分钱也没有增加。但是在租金控制前，这些家庭都是同质的，有相同的收入和效用水平。给房客们省下的钱并不是平均分布的，而是离市中心越近的家庭得到的越多。由于所有家庭应该是平等的，都应该获得相等的待遇，因此租金控制完全不公平。这也解释了为什么控制旧的租金是不公平的。

控制因突发事件而产生的新经济租好像更公平。为了说明这一点，假设公寓市的同质家庭从 50 个一下上升到 60 个。新增的 10 个家庭住在 51 号到 60 号（我们不讨论新房在建设过程中的短期问题），现在最远的家庭上下班路费达到 120 美元。这样，1 号家庭的房租上涨到 118 美元，2 号上涨到 116 美元，依此类推；每一户老房客都要多缴 20 美元房租。一怒之下，老房客们通过租金控制条例，规定按照人口骤增之前的水平制定房租价格（但是不控制新房的租金）。结果如图 13-13 所示。每一户老房客都省下 20 美元，新房的租金由市场决定，51 号房子的租金是 $P_H H_E + 18$ 美元，一路下降，直到 60 号房子的租金为 $P_H H_E$（图中只标明了经济租，不包括建造成本）。

在这个更合理的模型中，还是存在交易的非均衡。前 50 号家庭都满足了；他们不愿意搬到其他地方去（在控制价格下）。但是，后 10 号家庭严格偏好前 50 号房子。只要能住到前 50 号房子中的任意一个，他们愿意付比控制价格高的价格。他们愿意付的钱等于省下的路费。例如，60 号家庭为了搬到 1 号房子，愿

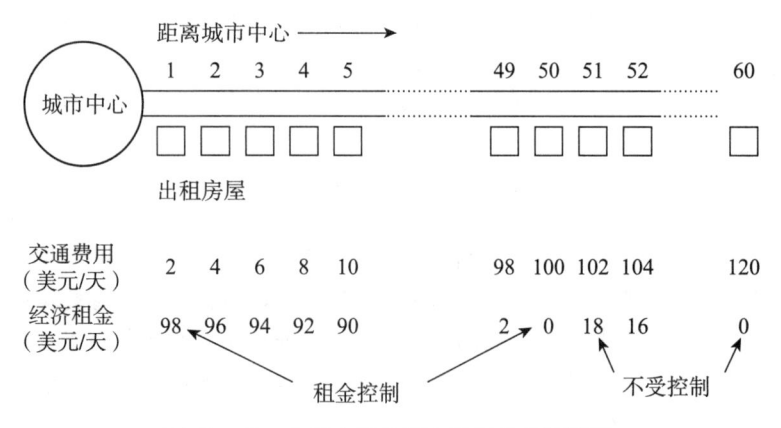

```
        距离城市中心 ——→
         1  2  3  4  5        49 50 51 52      60
城市中心  ┌─┬─┬─┬─┬─┐ ....... ┌─┬─┬─┬─┐ ...... ┌─┐
         └─┴─┴─┴─┴─┘        └─┴─┴─┴─┘        └─┘
         出租房屋

交通费用
（美元/天）  2  4  6  8  10        98 100 102 104      120

经济租金
（美元/天） 98 ← 96 94 92 90        2  0  18  16        0
                         ╲        ╱      ↑            ↑
                          租金控制       不受控制
```

图 13-13 在扩大的公寓市控制的新经济租

意付 $P_H H_E + 118$ 美元。

对于这种非均衡及其导致的收益成本再分配，人们的反应取决于租金控制条例的具体细节，以及法律的执行力度。条例削弱了房东对自己的房产收租的权利，但是我们无法断定这些权利给谁了。下面我们要描述一些在租金控制地区经常见到的行为。

如果租金控制针对的是出租房屋，而不是房客，那么需要租房的人就会排队等待老房客的报价。这样，大多数利益都让老房客得到，尽管新增家庭通过倒手，可以获得一点收益。新房客可以雇一个人替他们盯着——因此消耗一些潜在的消费者剩余。消费者剩余的消耗可能有几个原因。

例如，房东懒得花时间按排队名册找房客，他们会迅速略去"难联系"的人（比如，电话铃响第二声还不接），把机会给某个幸运儿。如果一个中介代理好多客户，他就愿意持续关注排队名册，并且保证房东的电话随时可以拨通。如果房东都不用排队名册，靠个人运气很难抢到房子，那么潜在的房客一定都愿意雇一个中介，而不是自己费时费力去找房子。这些都是租金控制的成本：如果市场决定租金水平，就没有这些资源分配给中介行业或其他帮助找房的行业。

上述行为至少还是合法的，还有一些人会搞一些非法行为，像行贿或者暗箱操作。我们在前文提过，老房客可以收一点"介绍费"，然后把房子转租给新房客。在实践中，老房客常常弄一点其实根本没用的"永久性装修"，然后把它卖给新房客。极端的情况是，未来减少的租金流的资本化价值全部由老房客获取。

当然，地主不一定非得接受任何一个新房客。这样，通过类似于老房客销售无价值的房屋修缮的手段，他们也想夺取市场租金。（如果房东缺位，则或许大楼管理员能替代他。）尽管这些支付方式大多都是违法的，但是交易双方一个愿打一个愿挨，法律就很难执行下去。老房客为了获得更多的消费者剩余，会主动阻止地主的交易。经过多方博弈，最后容易接受的结果是按某种约定的方式分享经济租。此外，许多房东和房客可能愿意做遵纪守法的良民，因此不参与这些违法的私下交易（或至少需要很大的利润驱动才会干这件事）。

当出租的房屋完全由房客控制的时候，才会出现上述行动。更温和的租金控制可能只针对租赁的房屋，有时候被称为"空房不管"：只有在租赁期间才有效，但是当新房客搬进去后，房东可以收取市场价格。显然，和前者相比，在这种租金控制下，房东可以获得更多的经济租，预期的租金流入也更多。尽管房子的价值还是取决于租赁期间的价格上限，但是跌破机会成本的可能性小多了，也不太可能导致投资缩减。

针对租赁期的租金控制也会导致交易动机有点不同。只要当前的房客不搬，他们就能获得租金控制的好处，但是他们不再拥有"占有权"的可转换价值。[①] 新来的房客既然可以只按市场价格缴租，其就不再愿意为老房客没用的装修买单。这样，房子就有可能一直"由一个房客占着"，时间一长，交易的有效性就降低了。就算这个家庭的成员和收入变了，他们还是愿意住在这个房子里。本来要是没有租金控制，他们早就搬走了。[②] 另一个变化是，房东更倾向于撵房客出去；而且，租赁期越长，这种倾向越严重。因此，颁布这种租金控制条例的时候，禁止撵房客的法律也要更加严厉。

从租金控制条例颁布一开始就住在这里而且打算住很久的房客是这类租金控制的受益人。一旦人们明白这个条例到底是怎么回事，空房出租的市场租金就会提高。为了说明这一点，我们回到公寓市模型，假设稳定的人口增长带动租金稳步提高。假设如果自由市场租金等于98美元，1号房子就会空出来。假设预计自由价格每年涨10美元，而控制价格保持不变。

一个学生来公寓市读研究生，要在该市住两年，他愿意付的房租肯定超过98元。超过的部分，体现了明年从租金控制条例中得到的收益。但是对这个学生来说，很不幸的是，一个在该市住得更久的人开价更高。因此，其实房客们为了找到房子，把他们本应该得到的收益都折在第一期支付的价格里，最终，房东的收益几乎等于自由市场的租金。但是如果实际租赁期事先是无法确定的，那么由于经济人都厌恶风险，因此最终房东的收益将低于自由市场情况下的收益。[③] 这种不确定性本身表明了交易的无效性，它是租金控制条例导致的。（房东和房客都更喜欢灵活的价格体系，每年续约，而不是像这样提前很久就付款。）

至于公平问题，很难证明从租金控制开始就在这里住的长期房客就应该是最受益的。凭什么比他们晚一年来的长期房客，和他们的收入相差无几，就应该付高得多的租金呢？（就是说，凭什么就因为来得早一些，就变成特权人群呢？）凭什么那些遭受重创的家庭，比如离异或者亲人逝世（通常导致人们搬迁的事件）反而得不到收益呢？凭什么最可怜的人反而不能受益呢？无论从过程来看，还是从结果来看，这项政策都不公平。

接下来我们总结一下前面的讨论。租金控制条例阻止了经济人从事互利互惠的交易，这些交易的利益不仅存在于短期，而且存在于长期。这导致了效率的损失。在租金控制条件下，房东收到的租金低于自由市场水平。房客从整体上讲，

---

① 有关二次租赁的条例会影响这项权利的价值。例如，无限转租的权利是一种具有转让价值的财产权。
② 自从1978年通过了第13号议案以来，加州的居民更少搬家了。根据这个议案，对当前的所有者来说，房产的评估价值低于市场价值，相应缴纳的房产税就更少。房子一卖，就要按市场价值重新评估，缴的房产税就会大幅增加。
③ 实证研究支持这个观点，参见 John Nagy 1997年7月发表于 *Journal of Urban Economics* 第1期的文章 Do Vacancy Decontrol Provisions Undo Rent Control?。他发现，同样的房子，由于纽约存在只针对租赁的租金控制，那里的新房客付的租金比在没有租金控制的地区高。

能得到一些好处（假设不存在供给不足），但是每个房客为了搬到另一所公寓，愿意付出高于限制价格的成本，这使得他们之间互相竞争，减少了房客能够得到的净收益。

房东取得收入的财产权利遭到削弱，就会带来契约问题。如果除了收租（按控制价格）之外，房子其他所有的权利都归房客，那么房客只会相互竞价，租金控制的利益只在所有的房客之间瓜分，交易是有效的。租金控制的利益就从房东转移到房客，而且是在租金控制开始生效时租房的房客。不管他以后还租不租这个房子，他都得到这些收益。但是实际上，没有哪个租金控制条例赋予房客这么大的权利。房东有权挑选房客，也有权撵走房客。[①] 因此，找房的人可能会私下付钱给老房客、房东或者大楼管理员，只要这个人有选择新房客的权利，另外，他还要承担找房的搜寻成本。综上所述，租金控制所带来的利益，一部分又回到房东那里，一部分由于搜寻成本损耗掉了，房屋配置的非有效性也是一种损失，只有一部分真正被房客得到。最终的分配比例受法律以及法律的执行力度的影响。

我们还发现，租金控制政策通常是不公平的。它不是根据收入水平判断哪些人应该受到保护；而在所有受益的房客中，也存在厚此薄彼的现象。我们曾提到过，定价"公平"是租金控制的公平目标；"新产生的"经济租对老房客不公平。但是，政策的意图能否实现还会受到诸多因素的影响。因此最终，只有一小部分房客按价格上限支付房租。

租金控制的最新进展

除了纯价格控制之外，下一章，我们要讨论其他一些更公平有效的政策。但是，我们不得不承认，一旦突发问题出现，大众选民立刻想到的应对之策仍然是租金控制政策。下面举的例子就是1978年加州对第13号议案的全民公决。这个议案把所有的财产税税率削减到1%，税基为当地1975—1976年对财产的评估值。而且，法律规定这个税基每年按极小的比例上浮。

这次修正议案之所以吸引了广大选民关注，是因为很多房客以为只要财产税税率降低了，房东就会降低租金。他们之所以有这样的预期，可能是因为议案的支持者在拉票的时候反复强调这一点。其实，只要有一点点微观经济学常识都应该知道，短期内第13号议案对市场的均衡租金水平不可能产生任何影响：供给不变的情况下，需求决定价格。

房东要是不减少租金，人们就会觉得他很无赖，但是只有极少数房东按照议案的"精神"降低了房租，而绝大多数房东都没有那么做，还是按照往常一样交易。接下来发生的事就毫不奇怪了，在加州的很多城市，像洛杉矶、旧金山、圣莫尼卡、伯克利，甚至还有比华利山，愤怒的房客们通过了租金控制条例。20世纪70年代，这一幕在马萨诸塞州重演。在通过了限制财产税的议案之后，波

---

① 这决定于房客的转租权。

士顿、布鲁克林、剑桥也都通过了租金控制条例。

在我们提到的纽约、马萨诸塞和加州三个地方，20世纪90年代，为了克服租金控制的局限性，有关法律进行了重要的修订。在纽约，州立法通过新的租金控制条例，允许空房的租金以更大幅度上涨，取消了对高档公寓的租金管制。在马萨诸塞，选民投票通过了第9号议案，在实施租金控制的三个城市，从1997起终止这项政策。在加州，1995年议会通过的《科斯塔/霍金斯租房法》（The Costa/Hawkins Rental Housing Act）规定，在1996—1999年期间，空房都不受管制；单个家庭承租的房子和公寓转换都不受管制，新建房屋不受管制。

在关于租金控制的经济学文献综述中，理查德·阿尔诺特（Richard Arnott）把修订后的租金控制法律，比如纽约和加州的租金控制法，都称为第二代租金控制，以便与早期更严格的第一代区分开。通过上述分析发现，租金控制难以确定受益人到底是谁，理查德也认为，所有的文献都提出，无论第一代还是第二代租金控制都不是为了实现公平。但是，他在综述中提到，很多支持租金控制的裁决（特别是在欧洲城市）仍然是基于这个理由。

有趣的是，他发现虽然文献都认为租金控制不公平，但是出于有效性，有些文献还是支持第二代租金控制。这类观点都假设自由的租金市场不是完全竞争的，存在市场失灵，因此如果政策设计合理，则租金控制能够提高市场的有效性。[1] 但是，实证研究没有估计出这些市场非效率的存在性和程度，也没有估计出第二代租金控制对市场非效率的影响。

用暴利税进行租金控制

租金控制很难将控制的范围限定在经济租以内，因为一大堆因素影响租房的价值以及该房屋用于其他目的的价值。如果要预期这些因素在未来会发生什么变化，那就更难了。但是，有时候，经济租表现为提供某种商品或劳务的所得，而且确定这项所得可能容易一些。公司利润（公司所有资产作为一个整体获得的回报）有时是一个不错的控制目标。如果公司利润高于该公司愿意留在这个市场所需的利润水平，那么超过部分就是经济租，有时称为"经济利润"。下面简单地介绍两个关于政府试图通过征收暴利税控制经济租的案例。

纳税商品的消费者不一定是税款的受益人，因此关于公平的判断取决于谁得到了税收的好处。下面我们不再讨论谁是受益人的问题，而是讨论经济租的大小如何确定的问题。一个例子是最近发生的事：1997年，英联邦颁布法令，对刚

---

[1] 一种观点是，假设房东具有垄断地位（他销售的产品不是无差异的，因此可以看成垄断竞争市场），而合理的租金控制能够降低垄断力量所造成的无效性。另一种观点是，房东和房客之间的信息非对称性导致无效性。在房子租出去之前，房东不知道哪个房客是"好的"（例如，好好维护房子），哪个是"坏的"（例如，随便损坏房子，让房东花更多钱），但是一旦有了经验，房东会要求"坏"房客多交房租，把他们撵走（新房东如果不知道他是"坏"房客，就会遭受不可挽回的损失），导致频繁的无效率的循环。租金控制不允许提高房租，从源头阻止这种循环开始。

刚私有化的公用事业公司的"超额"利润征收"暴利税"。另一个例子是20世纪80年代早期，美国对石油公司征收"暴利税"。

20世纪80年代末和90年代初，英联邦许多公用事业公司，像电力、天然气、水和通信、铁路、航空服务等公司都通过股票转让方式实现了私有化。工党抱怨当时的执政党——保守党——贱卖了这些公司，而且威胁说，将来要对这些公司的超额利润征暴利税。这个将来就是1997年，这一年，工党领袖托尼·布莱尔当选总理。这项税收预计超过50亿英镑（即80亿美元），相当于私有化以后前四年的平均价值与公司私有化价值之差的23%。这项税是一次性总付的。

标准会计准则在一定程度上使这些公用事业公司很难隐藏实际利润。但是拿到这些公司的财务数据后，如何确定这里面含有多少经济租呢？根据英联邦税法，调整利润（私有化以后前四年的利润均值）乘以9（在英国股票市场，与这些公司类似的上市公司的市盈率等于9），相当于公司的价值。这样算出来的价值减去原始价值，即这些公司私有化的时候政府规定的价格，两者的差额适用23%的税率。

税基是历史价格，它完全先于财务报告而存在。一旦税法生效，公司就根本无法改变应缴税金。既然税额多少与未来公司的行为无关，就不可能说这项税法会产生无效性。但是，无法确定的是，工党在税收征收之前的威胁对公司行为是否有影响。

由于工党宣称以后要通过这样的法律，那么这些公司会预期，在某一段时期内的税前利润会部分成为将来的税款，只有一部分真正的税后利润由股东得到。有些公司发现，把成本"提前"是有利可图的，这样就可减少"预期"的应付暴利税，增加将来的利润（当然，也就减弱了税法的再分配作用）。此外，公司认为，除了这种一次性总付的税，还会有其他暴利税（即，征税实际上不是一次性总付的），那么预测它们的行为及其影响就更加复杂了。随着转移成本的倾向逐渐减弱，盈利的动力也减弱。所以，必须先好好研究一下最近私有化的公司的行为，才能判断这项政策是不是控制了经济租。

美国对石油征收暴利税开始于卡特政府，法律的名称是"1980年原油暴利税"（The Crude Oil Windfall Profit Tax of 1980）。该法律在里根政府期间受到了批评，并于1988年被废止。这项税收之所以会开征，是因为它取代了对石油的价格控制。当时美国国家能源的独立性引起了广泛的关注，而控制价格对此有两种负面影响。第一，控制价格实际补贴了从欧佩克（the Organization of Petroleum Exporting Countries）进口的昂贵石油。第二，它还减少了对替代性能源产品的利用，也不利于节约能源。如果允许国内石油价格涨到市场水平，这些问题就迎刃而解了，但是这么做是否影响再分配，进而对美国的消费者造成一定的痛苦呢？暴利税开征的时候，世界石油价格非常高。美国国内生产者的供给量达到全国消费总量的2/3，如果取消价格控制，他们就会获得高额暴利（估计会达到2 200亿美元）。

原油是一种几乎同质的产品。原油有不同的等级，每种等级有它自己的价格。可以合理地假设，在石油价格不高的时候油井都在工作，如果价格提高而成本没有相应提高，那么这些油井都会获得新经济租。暴利税总额大约是价格上涨时这些油井收取的价格相比基础价格（控制价格以前）高出部分的 60%～70%。但是，一个难以控制的因素是，随着油井的老化，开采石油的边际成本不断提高。法律规定的基础价格是发现油井时的价格，如果为了开采接近"底部"的石油，使用了成本更高的三级技术，则适用较低的税率。

但是，这项条款至少有两点有问题。第一，对新开采的石油征税的规定（税率为 30%，税基为收取价格高于基础价格的部分，基础价格等于每桶 16.55 美元）。显然，这会打消寻找和开发新井的积极性，违反了只控制经济租的原则。有人可能说，能减少对这种可耗竭资源的消费，也不错啊。（后面会详细谈到这一点！）但是，这项税收会人为地鼓励用其他有问题的燃料能源（像煤炭和核能）来代替石油。第二，一个有问题的规定是，国会把卡特政府建议的永久税改成暂时税，即这项税收拟持续 10 年，以后就渐渐淡出。这就意味着，石油公司可以简单地通过减少产量改变某些年份的石油产出，特别是离淡出时间比较近的时候的石油产出。这种影响却不曾被发现，因为在 1986 年，世界油价毫无预警地大幅度下挫了。从此以后，"暴利所得"几乎没有了，然后 1988 年这项税就废止了。

小结

这一章分析了竞争性市场中价格控制的影响。实施价格控制，是为了让市场的收入分配更加公平。我们分析的一个案例是花生保护政策，这是农业补贴政策的典型代表，当时社会高度关注小型家庭农场有没有维持生存的利润空间，因此启动了这样的政策。另一个案例是公寓租金控制，我们把它看做对经济租的争夺。为方便起见，我们假设这些市场除了分配不公平以外，没有其他问题。我们关注的重点是，这项政策能不能解决分配不公的问题，同时又不对市场的有效性构成威胁。

在花生保护政策中，价格支持和配额制度都不能阻止小型家庭农场退出市场，同时还对市场的有效配置构成了严重威胁。这项政策无力改变的事实是，技术进步使大农场的生产成本远远低于小型家庭农场。即使价格支持让小农场能够获得利润，竞争的力量也会鼓励由成本最小的生产者供给。要是把小农场卖给大农场，则获利比自己生产大得多，事实上也是如此。价格支持非常缺乏效率，因为花生不能实现其在国内消费市场的最高价值。如果支持价格下的需求变了，而配额不随之调整，则这种无效性会成倍扩大，导致高价值的花生被送去压碎，变成低价值的花生油或花生仁饼。

像花生保护政策这样的农业津贴计划不符合公共利益。关于这一点，分析人士达成了共识。但是政治上，这些计划仍然要持续一段时间。《比尔农业法》实施以后，纳税人用于支持农业津贴计划的花费实际上增加了。但是，同时它为了降低这项政策的无效性，引入了一些以市场为导向的改革，并考虑减少这项政策的支出。其目标是七年以后，这项政策真正走到尽头，农民自己承担市场风险。

但是，国会又开始增加支持农业的支出，并考虑通过新的农业津贴计划。因此以市场为导向的《比尔农业法》改革何去何从，我们只能拭目以待。

关于租金控制的分析则更加复杂。我们如果把它看成交易各方对经济租的争夺，就没有理由决定谁应该是这项政策的受益人。理论上，经济租会得到重新分配，而不会影响短期或长期市场的有效分配；即使资源分配有进一步的变化，也只是分配的收入效应。

当然，某项政策能不能在实现公平的同时又不影响市场效率，是一个实际的问题。用标准的供求方法分析租金控制的结论是，长期来看，由于租金控制使房东的收入低于机会成本，因此该政策是无效的。但是，这个分析其实是在分析不允许租金变动会有什么影响，它既没有讨论租金控制的目标，也没有说明为什么租金控制难以实现。

我们用公寓市和肥肥市的模型分析发现，在城市租房市场中，经济租在短期和长期都存在。当市场需求增大而供给的调整非常缓慢时，市场存在准租金，这是短期的经济租；随着价格回落到长期水平，这个经济租就不存在了。如果租房市场的长期供给缺乏弹性（可能是由于区域法的限制），那么长期租也将存在。在所有关于经济租的讨论中，要记住重要的一点，即是价格决定经济租，而不是经济租决定价格。这一点在公寓市模型中已经阐释过：最远的一户居民上下班的路费决定其他地段的经济租。

为了理解经济租对收入分配的影响，我们先考虑房东的权利以及经济租如何影响房产的资本化价值。资本化价值是基于未来预期的收益和成本确定的资产现值。如果一项政策降低了一项长期资产的回报（比如，用于出租的房屋），就会给所有者带来意外损失，同时减少资产的资本化价值。但是，如果减少的仅仅是经济租，资产在当前的用途下资本化价值最大，那么政策对资源配置结果不会有任何影响。

如果资产未来的收入中经济租占一大部分，那么经过转手以后，目前的所有者不能获得经济利润，因为他在购买的时候，价格中已经包含了经济租。因此，控制老的经济租是不公平的，控制经济租的最佳时机是导致经济租的事件发生的时候。更何况，管理部门很难准确估计老的经济租到底有多少。因此，在实践中，大多数租金控制政策只控制经济租的增加值，它是由于供求关系变化了，比如人口骤增（像纽约市）或者减免房东的财产税（像加州和马萨诸塞）。

如果租金控制政策想避免对供给产生负面影响（减少租房的供给），则房产用于出租的资本化价值必须是最大的。如果允许公寓转换，则许多房东可以通过合法的转手规避价格控制。（如果家庭收入稳定，而且可以得到贷款，那么就同样的房产而言，买房与按竞争性价格租房实际上是等价的。）换句话说，除了房客变成所有者，其他什么都没变。如果由于租金控制，房屋用于其他市场的资本化价值更高，那么房东就会转向更有利润的领域（比如，改造成写字楼，或者新建一栋公寓或者零售商店）。因此，如果租金控制政策只允许价格上限按建造和维护成本调整，那么长期来看不能阻止房屋转为他用。

租金控制对房屋资本化价值的影响不仅取决于确定的基准价格和每年上浮的幅度，还取决于它对房屋租赁市场交易的影响。既然租金控制不能影响需求，那么潜在的房客一定会想方设法牟取价格控制的利益。这些房客可能会私下贿赂老房客或房东，或贿赂他们双方。到底贿赂谁，还要考虑租金控制条例是怎么规定的，以及执行的力度如何。例如，如果租金控制只针对租赁期间（如果是空房，则新搬进来的房客就按市场价格收费），那么这会导致房租和没有价格控制的水平一样：房客为了能够住进来，会把未来的价格控制利益体现在报价中，结果得不到价格控制收益。1995年加州通过立法规定，租金控制都必须只针对租赁期间，1997年纽约的租金控制条例的修订也朝这个方向迈进了一大步。如果租金控制只控制出租的房屋，而不管房客，那么新来的房客为了住进来，会贿赂房东和老房客。

由于房东还会收到额外的支付，因此资本化价值并没有下降那么多，部分抵消了收入再分配的政策意图。而且房客为了找房子，还要承担额外的成本（如，雇房产中介），这进一步抵消了政策意图。即使价格控制利益由房客们获得，到底由哪个房客获得，也无法判定。从租金控制的过程来看，利益不可能在房客中平均分配，也不可能分给某个目标群体。一个尚待研究的问题是，租金控制，特别是放松管制的第二代政策，是否能弥补市场的缺陷——这个缺陷只是从理论上看存在，实证研究并没有给予支持。

本章的最后一节简单地介绍了控制经济租的另一种政策：暴利税。如果一个公司的利润高于它愿意留在这个市场所需的水平，高出的部分就是另一种形式的经济租。英联邦1997年对刚私有化的公用事业公司征收了80亿美元的暴利税。税基与未来的经济行为无关，只是按过去的数据进行估计，而且税收是一次性的，因此不太可能影响公司未来的行为（除非公司认为如果将来收益很高，则会引致更多的暴利税）。但是，工党在实行私有化的时候就威胁要通过该项税法，公司为了减少预期应缴税金，可能已经把成本转移到影响税基计算的期间，这会导致政策无效性。

我们还简单介绍了美国1980年的原油暴利税，这项税收直到1988年才被废止。它是为了代替对石油的价格控制而制定的，当时价格控制的负面影响很明显。这项税收的思路是，允许油价上涨到市场水平（从而鼓励能源节约，鼓励使用替代能源），同时减少国内石油生产商获得的暴利，减轻收入再分配的不平等程度。如果本来油井就在工作，产出的油按控制价格出售，这时突然提高市场价格，那么这些生产商就获得了新的经济租。理论上可以控制这些经济租而不扭曲石油供给，但是税法中关于新油和旧油的征税方式有不同的规定（因而减少新的供给），而且对旧油的征税是暂时的（鼓励生产商囤积石油库存，直到税收政策失效）。随着1986年石油的市场价格大幅下跌，这种负面作用也显现不出来了。这部分的税额很低，然后这项税收就被废止了。

习题

13-1　加州电力产业的重组失败了，日子变得很难过。发电厂原先提供电力的价格接近于它的平均成本，所以电力部门决定卖掉它们。现在这些发电厂由其他地方的公司所有。但是同样的电厂，价格却比重组之前高出好几倍。我们把上述情况高度简化以后，变成下面的习题：一共有4个发电厂，每个电厂的生产能力都是1 000兆瓦特，但是它们的短期平均成本不同。为简单起见，假设短期边际成本（$SRMC$）固定不变，等于每个电厂按最大生产能力生产的短期平均成本，分别是每兆瓦时10美元，20美元，30美元，40美元。如果超过电厂的生产能力，$SRMC$就变成无穷大（或者从图上看，垂直）

a 如果消费者在消费的时候具有完全信息，那么他们每天对电的需求量（"完全信息的"需求曲线）是$Q=4\,300-10P$。如果电力市场的供给是完全竞争的（即使只有4个供给者），则在这样的需求下，均衡价格和数量分别是多少？

b 长期来看，会有新的电厂进入市场，长期边际成本等于每兆瓦时25美元。那么在给定的需求水平下，长期均衡价格和数量分别是多少？边际成本为30美元的电厂的产量是多少？

c 不幸的是，消费者并不了解每天的价格，因此每日"无知的"需求曲线比"完全信息的"需求曲线弹性低。"无知的"需求曲线为$Q=4\,100-P$。如果供给的条件和（a）相同，那么均衡价格和数量是多少？（提示：$P=100$美元。）画出这种情况下的需求和供给曲线，把由于缺乏信息，消费者剩余的损失用阴影标示出来（具体的金额不用计算）。

d 从（c）的答案中我们看到，由于消费者的无知，发电厂获得了一大笔准租金。根据政策的公平性和有效性，比较下列两种可能的应对措施：(1) 联邦能源管制委员会设置该地区的价格上限为每兆瓦时70美元（即，每个发电厂最多能按每兆瓦时70美元收费）。(2) 加州征收"暴利税"，税率等于80%，税基为发电厂的收入高出其平均成本的部分。

13-2 某个城市租金控制管理部门的领导希望制定的基准价格使房东一点经济租都得不到。两个房东来登记注册。他们俩都按市场水平收取租金，每年抵押贷款的还款额都相同，每年的维护费用也相等。这是不是意味着两个房东应该适用于相同的控制价格？为什么？

13-3 在存在外部性和完全信息的情况下，计算土地的价值，这里的情况和公寓市一样。有100个同质的家庭，每家两口人，住在租的房子里。房子在进出城市的道路边，每隔1英里有一个。所有的房子除了两点，其他条件都相同：离市中心的距离和受到的污染。每天，每个家庭有一个成员要离开家去市中心上班，晚上的时候回来。另一个成员待在家里。工人的工资都是公寓市的竞争性水平，每小时6美元。每个工人都开家里的车上班，每分钟行驶2英里。每辆车释放的污染气体是每英里1个单位。假设上下班的成本是路途时间的价值，另一个实际成本来自污染的外部性。（房子的建造成本为零，也不需要维护。）

a 如果没有污染，则你认为每个房子的租金分别是多少？假设路途时间的边际价值固定不变，等于工资水平。（为什么路途时间的价值会和工资水平有关呢?)

b 假设当一个家庭成员平均每天受到的污染水平增加一个单位时,边际伤害固定不变,公寓市的租金和污染水平如下表所示。为什么房子的租金是这样的次序?为什么1号房子的租金等于0美元,而第100号房子的租金等于4.95美元?如果能消除全部空气污染,那么房子的租金将是多少?假设去市中心的人受到市里的污染侵害。无论在市里,还是在家,每单位的污染水平造成的伤害都是一样的。

公寓市的租金和污染水平

	市里	1号房子	2号房子	3号房子	99号房子	100号房子
来回一趟的时间（分钟）		1	2	3	99	100
平均每天受到的污染水平	100	100	99	98	2	1
每天的租金（美元）		0.00	0.05	0.10	4.90	4.95

注意：数列1,2,3,…,n之和等于$(n+1)n/2$（提示：消除空气污染的价值是2 257.70/天）。

c 有人建议,禁止使用小汽车,人们上下班搭乘一种无污染的大公汽。公汽的速度只有小汽车的一半。公寓市的人们作为一个整体,会认为这个改革是有效的吗?有没有家庭的处境因此恶化了呢?（提示：这个改革是有效的。）

第十四章　通过配给和代金券进行分配控制

在第十三章中,我们考察的是如何在竞争性市场中运用价格控制工具实现再分配。这些工具除了很难避免低效率的结果外,还有一个弱点:它缺乏对收益分配的控制。本章将考察另外几种可以实现更明确的分配控制的方法(配给券和代金券)。[①] 我们比较这些方法在服役配给和短缺期汽油配给方面的应用,并简单提一下它们在捕捞鲑鱼、停车场以及电力服务等方面的应用。同时,这些方法也与诸如污染控制、交通阻塞、器官移植以及水污染等现代问题有关。我们仍然在完全竞争市场条件下理解这些问题(在以后的章节中再讨论这些政策工具在其他情境下的运用)。

在阐述新的分配方法的同时,我们也把以前的分析技巧与解决问题的方法结合在一起。如何设计备选方案并评估它们的作用取决于对我们已经阐述过的各种概念的理解和应用,比如交易及其成本、均衡、效率和公平标准等。在考虑可供选择的战略时我们都会用到这些技巧。

本章的内容组织如下:首先,我们引入配给券作为一种政策工具来实现特定的公平目标,并考虑这一方法是如何影响市场运行的;接着,我们再讨论另外一种备选工具代金券的应用。我们还会讨论这两种方法的混合,即配给-代金券。

在一般性讨论之后,我们转向讨论配给兵役和汽油短缺的问题。在配给兵役

[①] 本章在很大程度上参考了詹姆斯·托宾(James Tobin, 1970)关于可供选择的工具的一般讨论。

的例子中，我们比较征兵制和全志愿兵役制，着重讨论这两种配给制度是如何影响机会成本和分配效应的。汽油配给的例子对各种备选的政策进行了分析比较。接着我们评价1973年欧佩克石油禁运后的价格冻结方法：不可转让配给券计划、可转让配给、有回扣的消费税计划或代金券。我们也讨论政策设计方面的政治压力，并解释为什么这些政治压力会影响分析结果。最后一部分简单地阐述其他的政策领域，在这些政策领域中，理解不同的配给方法对政策设计很重要。

配给券

配给券可用于分配短缺的商品和供给缺乏弹性的商品，如短缺的水、战争期间的食物，或者是拥挤的城市中的停车场（比如，需要居民许可证）。在这些情况下，确保一部分人或所有人都能得到最低数量的唯一途径就是防止那些有更大购买力的消费者大量购买。配给券有一个重要特征：购买商品必须出示配给券。政府通过对消费者初次分配配给券来实现公平。配给券在消费者之间可以允许转让也可以禁止转让。

我们不能只从字面上理解配给券。在有些情况下，现实中使用的券是印刷的，而在其他情况下，则可以通过其他方式了解个人对配额的使用情况。例如，水表可以记录家庭和企业对水的消费情况，因此可以清楚地知道消费者是否在配额内使用。配给商品的购买情况可以通过一个中心计算机系统来加以控制，以了解消费者是否在配额内购买。任何配给计划的可行性和有效性都取决于该计划管理和实施的难易程度，而这又取决于配给券的设计。

一般说来，人们要获得配给商品就必须支付货币价格。如果配给完全有效，则货币价格（商品供给是竞争性的）就会比没有配给时的价格低。首先考虑配给不可转让的情况。由于一些想购买配给商品的消费者没有必需的配给券，所以在既定价格下的需求较低。例如，某人想以每单位2美元的价格购买8个单位的商品，而他的配给券只允许他购买5个单位，因此，此人在价格为2美元时的需求就从8个单位（配给前）下降到5个单位（当购买商品需要配给券时）。

图14-1（a）举例说明了这种情况。随着配给券总量Q_C及其分配方式的改变，有效需求曲线向左下方移动（从D到D_{NT}）。[①] 如图所示，需求从Q_0减少到Q_C，价格从P_0下降到P_R，此时，配给券全部被使用。

图14-1（b）描述了一些配给券没有被用完的例子。在这种情况下，沿着配给券不可转让需求曲线D_{NT}移动，直到D_{NT}与供给曲线相交之后，才达到配给券的总限量Q_C。价格仍然降低了（$P_{NT}<P_0$），而且均衡量Q_R小于配给券的总量。未使用的配给券量Q_C-Q_R被那些对其来说配给商品的边际价值小于P_{NT}的人持有。

---

① D表示一般需求曲线，D_{NT}表示配给券不可转让的情况下的需求曲线，D_T表示配给券可转让的情况下的需求曲线。

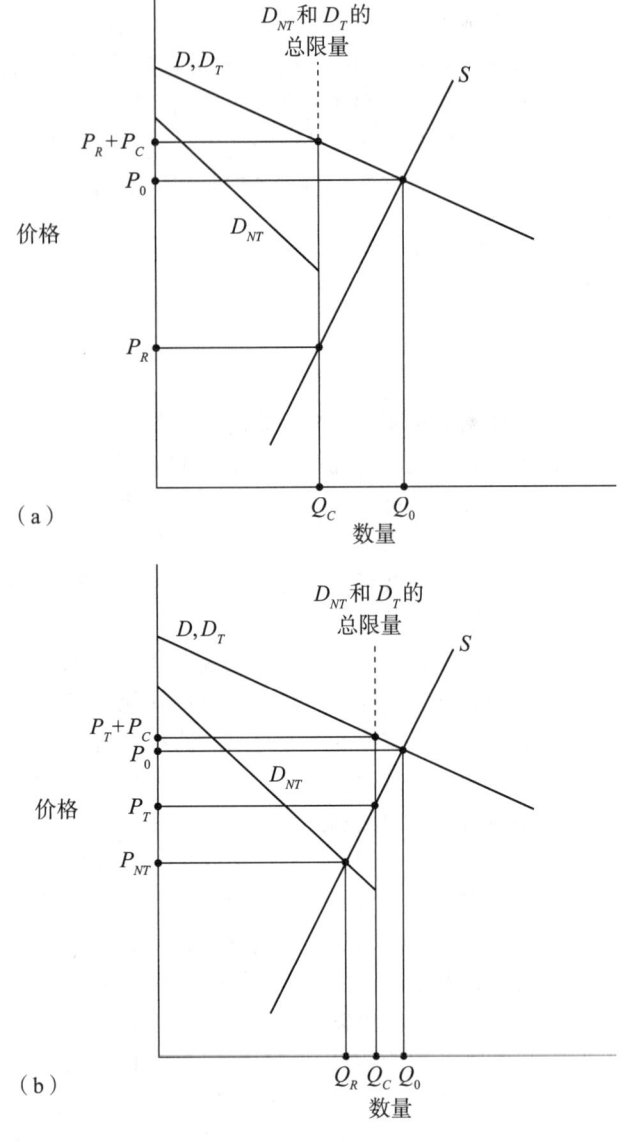

图 14－1　配给券的效应

(a) 具有约束力的限制；(b) 没有约束力的限制。

配给券不可转让通常会导致交换的无效率：没有把定量的供给分配给那些愿意支付最高价格的消费者。假设 P_0 等于 2 美元，有个人（如果允许的话）想购买 8 个单位的商品，但他的配给券只能买 5 个单位。而另一个人有 5 个单位的券，在定量配给的情况下，当能够以更低的价格 P_R（比如 1 美元）购买时会用完他的券，但是当价格是 2 美元时他只能买 3 个单位的商品。如果允许这两个人自由交易，那么就存在交易的空间。高需求者能够以每单位至少 2 美元的价格从低需求者那里购买 3 个单位的商品，而且低需求者也愿意卖掉至少 2 个单位的商品，结果是两人的状况都变好而没有人变坏。但是，配给券的不可转让性使得这种交易不合法。反过来，如果配给券是可转让的，那么分配的结果将是有效率的。高需求消费者可以从愿意放弃配给券的人那里买到配给券。使用可转让配给券时，配给商品的单位总价格等于该商品的货币价格加上使用（而不是卖出）配给券的机会成本。

在图 14-1（a）中，配给券可转让情况下的需求曲线 D_T 在达到总限量 Q_C 之前，和一般需求曲线都是一致的。① 商品的货币价格 P_R 不受配给券是否能转让的影响，但是该商品的总价格 P_R+P_C 包含了配给券的价格 P_C。② 注意，这和征收消费税的定价方式相似。为了使供给和需求都等于 Q_C，相互竞争的供给者接受的价格就必须是 P_R，且需求者支付的价格也必须是 P_R+P_C，配给券的价格 P_C 就起了消费税的作用。

在图 14-1（b）中，配给券可转让的效应有点不同。此时不再有任何未用完的配给券，而且商品的货币价格从配给券不可转让时的 P_{NT} 提高到使供给刚好等于 Q_C 的价格 P_T。因此，在不可转让的配给券的总限量不受约束（即有未用完的配给券）时，向配给券可转让方式转换会导致在较高货币价格下对配给商品的需求增加。

由配给券引起的个人消费的变化非常大（与没有配给券的情况相比），认识到这一点也很重要。即使在配给券可转让的情况下这一点也成立。能突然中断石油进口的供给吗？这可以很容易地导致美国的石油价格翻一番。③ 这又是如何影响低收入家庭的呢？

尽管纯价格效应是高度缺乏弹性的，但是由配给券引起的个人消费变化的纯收入效应还是很大的，如图 14-2 所示。初始预算约束线为 B_0，价格翻一番以后，在配给及预算约束都不变的情况下，该家庭的预算约束线为 B_M，并且会大量减少对汽油的消费。假设满足最低生活所需的食物和住房费用不变。汽油的总量从 Q_0 到减少 Q_M 这一变化包括收入效应和替代效应。

我们按如下的方式（大致地）消除收入效应：假定有一项可转让配给计划，该计划分配给某家庭的配给券额等于其过去的消费量。令市场出清的实际石油价格（包括配给券的市场价格）也翻一番，但是让加油站汽油的货币价格等于供给减少前的价格。这时家庭的预算约束线为 B_{TR}，与 B_M 平行并且经过表示原消费束的一点（刚好负担得起）。如图所示，在预算约束线 B_{TR} 上，该家庭能够而且

---

① 这忽略了收入效应。实际上，接受配给券从总体上来说会产生正的收入效应：得到配给商品只需花费较少的货币收入。因此，配给券可转让的情况下的需求曲线实际上位于一般需求曲线稍微上方一点（直到达到配给券的限量）。

② 这些例子都是假定商品的供给是竞争性的。供给配给商品的垄断者可以把价格定为 P_R+P_C，也可以偏离这一价格。因为配给券的供给是确定的，所以配给券的价格就取决于商品的需求和边际供给价格。配给券的价格在竞争性供给的情况下是 P_C，而在垄断供给的情况下为零。

③ 通常认为汽油的短期（1 年）需求价格弹性介于 -0.2 和 -0.4 之间。例如，凯塞（Kayser）估计其弹性是 -0.23。选取更有弹性的数值 -0.3，假定短缺导致汽油供给减少 30%，我们可以做如下推算：

$$\varepsilon = (\Delta G/G)/(\Delta P/P)$$
$$-0.3 = (-0.3)/(\Delta P/P)$$
$$1 = P/\Delta P$$

因此

$$\Delta P = P$$

愿意消费和过去几乎相同数量的汽油，这是因为其纯价格弹性被认为是很低的。因此，高价格所引起的汽油消费量的减少大部分是由于收入效应所致，而可转让配给计划则可以减少这些效应，同时还保持降低总需求所必需的高价格。

下面的方法也可以证明这一点：如果可转让配给券的收入效应为零，则每个人的消费将会和自由市场条件下的消费完全相同。配给券只影响收入再分配。个人消费的实际变化是由收入再分配的收入效应引起的（与自由市场相比）。个人收入的变化取决于初次分配时得到的配给券数量及其市场价值。对低收入家庭来说，如果配给商品是必需品，则需求的收入效应将会很大。

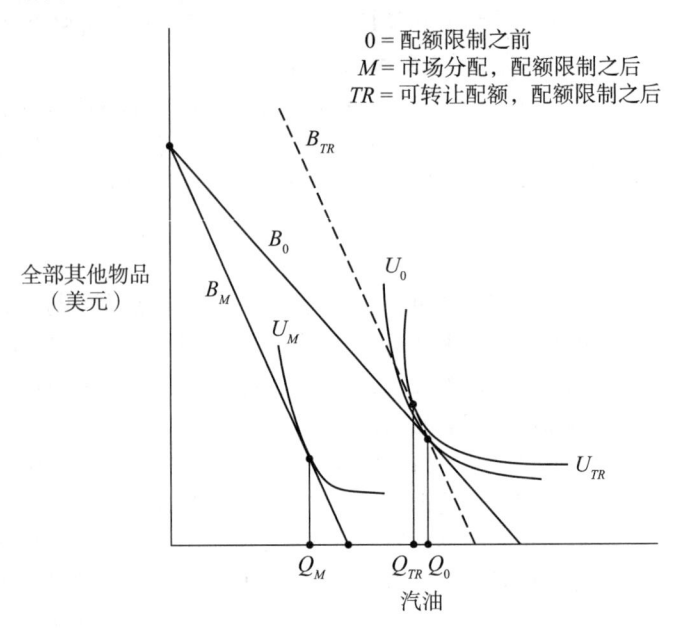

图 14-2　可转让配给对低收入家庭的影响（得到 Q_0 的配给券）

当允许个人消费具有多样性而且很难监控时，可转让配给在管理上就有优势。由于不知道消费者的需求情况，管理者可能会发行过多的不可转让配给券，导致配给需求曲线与供给曲线在价格较高处相交。但是，使用可转让配给券时，管理者就只需发行和有效供给相同数量的配给券，此时，配给商品的货币价格就等于供给价格。

为了阐明这一优势，我们先看一下汽油配给的情况。在这种情况下，消费者的需求具有多样性，而且管理者也喜欢能考虑到这种多样性的制度。但是，管理者并不知道车主（比如所有登记在册的客车的车主）的需求情况，因此，发行的配给券数量等于车主的总数，至少包含各种类型的车主。如果配给券是不可转让的，管理者就必须发行很高数量的配给券，才能使那些需求高度无弹性的消费者得到合理的配额。但这样又会导致有效需求接近普通需求，结果是价格较高。

其他商品也会有多样性需求的特征，但是很容易监控。比如，用仪表可以记录居民使用暖气和水的情况，也可以获得居民过去的消费记录。在这些情况下，按个人过去消费量的某一固定比例（可能高于某一最小值）来发行不可转让配给券会更具可行性。可转让配给券也有交换效率优势，但不像用于汽油配给时那么明显，因为初次分配已经使个人的消费比较接近最优量。是否使用可转让配给取决于建立和经营配给券市场的交易成本的大小。

最后，在配给的情况下，供给可能是稀缺的，以至于不得不忽略市场需求的多样性。如果每个人都只能得到维持生存的食物和水，那么使用不可转让配给与使用可转让配给的结果是一样的。（假定没有人愿意卖出其配额）禁止转让可以更好地保护消费者的无知（"我卖掉我的配额是因为我想我总会得到"）。基于医疗需要，把心脏、肾脏移植分配给特殊病人的制度，可以被认为是一种不可转让配给。

既然可转让配给更有效率，而且通常也有管理上的优势，那么人们就会疑惑：使用不可转让配给的原因是什么，除了资源稀缺的原因？第一个原因是外部效应。[①] 比如，专门的医疗检查（配给商品）只是针对那些可能感染了传染病的人（配给券的接受者），而不是针对那些过分担心自己健康的邻居。也就是说，配给券的接受者和过分担心自己健康的邻居之间的自愿交易就没有考虑社会利益，即确保配给券接受者接受专门的检查。再比如，在英国的海军中，如果海员得到一小杯酒的话，就必须立即喝掉，这是防止转让的一个好方法，因为这种转让可能会导致醉酒（负外部性）。

使用不可转让配给的第二个原因与关于公平的评价问题有关，这可以说是外部效应的一种特殊情况。在有些情况下，比如选举权、陪审团职责或者其他的公民权利和义务，我们认为最重要的是对这些权利与义务的分配的公平性或者说机会的均等性。换句话说，即使有人愿意把他（她）的选举权卖给另外一个人（他们之间有交易空间），我们也会觉得状况变糟了（外部性），因为这种配给商品的分配具有更大的不公平性。有时候，即使这些权利和义务是可转让的，配给券初次分配方式的问题也会产生公平问题：看得见的交易导致政府对配给券的分配具有任意性（即不根据需要分配），而且也会给配给券的接受者带来不应得的意外之财。

第三个原因是配给券交易存在着大量的交易成本。我们上面提到的自来水公司很容易监测到安装了水表的用户的消费情况，从而知道消费者是否在配额内用水。但是，相对于潜在的交换收益来说，潜在受益者之间分配权交易的监督成本非常高。因此，对配给水进行政策分析，关键就是要设计出一种简单实用的方法来实现这种转让。

值得一提的是，我们一直都在集中讨论需求配给，事实上配给券也可以用于供给配给。在这种情况下，我们通常称配给券为许可证（它是提供服务时所必需的），要求许可证的持有者要具备某些资格。但是通常情况下，发行的许可证数量会低于合格申请者的数量（例如，在许多城市提供出租车服务的许可证、在沿海地区开采石油或天然气的许可证、允许销售含酒精的饮料的许可证等）。当发行的许可证数量低于合格申请者的数量时，定量配给就限制了供给，因此（当需求既定时）这种情况下的价格要比没有配给情况下的价格高。[②]

[①] 这将在第十五章和第十七章中进行论述。
[②] 当供给受到配给时，对社会利益的评价通常都很模糊。的确，许多经济学家都在怀疑，很多时候根本就不是出于公众利益的考虑，而是供给者试图通过许可要求形成垄断，以限制其他供给者自由进入。

这些例子表明，在判断配给券的配给状况是否有效时，不应当有短视行为。类似地，人们应当对配给券限制市场购买力的情况有长远的认识。例如，像公司的停车位这类商品通常都是按照"先到先得"的原则分配。特定的停车权只会分配给那些有特权的极少数人。他们即使来得很晚也会有一个预留的而且很称心的停车位。有很多方法可以用来识别预留的停车位（如漆上特殊的颜色、设置专用通道等）和特权的享受者（如专有许可证、执照牌）。另外，我们也可以看到，这种配给并没有使用实实在在的配给券。在此例中，一般的停车者是以时间的形式来行使购买力的。也就说，为了得到更好的停车位，他们在上班之前必须提前到达，并且承担浪费时间的成本（或非最优化的支出）。因此，配给券改变了时间分配程序的结果。

回想一下我们讲过的内容：从需求来看，当供给比较缺乏弹性时使用配给券。这样，配给商品就从一些消费者那里被再分配给其他持有配给券的消费者。由于这种再分配降低了商品的价格，所以生产者可能得不到正确的信号来扩大供给。如果供给是富有弹性的，那么代金券可能是更合适的配给工具。

代金券和配给-代金券

代金券是仅在购买特定商品时才有价值的一种授予权；在购买商品时不一定要用代金券。再次说明，政府是通过对消费者的初次分配来控制公平的；代金券可以是可转让的，也可以是不可转让的。代金券对个人的影响，就是我们在第四章和第五章分析过的各种补贴效应，这取决于获得和使用代金券的规则。它们至少可以通过纯收入效应，更多地是通过替代效应或选择限制，来增加商品的消费。食品券和医疗救助项目就是使用代金券的例子。

一项有意思的提案就是在初等和中等教育中使用代金券。当前，在公共教育垄断制度下，虽然有最低标准的要求，但是每个学生还是都成了就读学校的牺牲品。[1] 因为，似乎没有某种较强的动机促使学校提高教学质量，尤其是做到因材施教。反之，如果国家向每个孩子发行某一固定金额的代金券（或通过家庭力量制衡，允许购买教育券，这类似于第五章讨论过的地方力量制衡），并允许每个家庭选择其想去的任何学校，那么就会在学校之间形成激烈的竞争，从而激励学校提高教学质量。[2]

---

[1] 人们只能通过昂贵的途径逃离：读私立学校或更换居住区。

[2] 代金券议案存在争议，并有充分的理由。首先，它们可能并不是按照人们所期望的那样发挥作用。因为在学校系统中，有组织的利益集团不允许那样做；早期在加利福尼亚的阿鲁姆洛克所做的代金券试验失败就是因为这个原因。这个组织中，不同的利益群体（如教师、校长等）成功地维护了他们的传统权利，抑制了一些重要的有竞争力的机构的运行。比如，教师们坚持认为在代金券计划下不应当有解雇威胁，这使学校很难提高生产效率。另一个关于代金券的争议是学校领导和教师在学生发展方面是否会受到其职业兴趣更好的激励。在财政激励制度下（非常有局限性，因为在政治上不可能容忍高收益），可能会利用消费者的无知创造教育的表面成绩，而很少关注真正的成效。还有一个争议是公立学校能否产生一种重要的社区（地区、州、国家）感——这是代金券制度下所没有的。在克利夫兰、印第安纳波利斯、密尔沃基、纽约和圣安东尼奥这些地方也有过有趣的代金券试验。分析家关于这些早期研究没有达成一致意见。

代金券的另一个应用是采取住房津贴的形式对低收入家庭进行补贴,这种津贴一直都是全国范围内社会试验的焦点。这些试验中有一点很有意思:代金券只发给那些生活水平很低的居民。如果有效的话,那么这种限制对住房消费的影响不同于同等规模下的单纯现金转移支付。数据分析表明,这一限制对住房仅有很小的影响:在匹兹堡和凤凰城,在该限制下,每美元的补助带来的住房开支平均分别是9美分和27美分。相比之下,在没有限制的情况下,每美元的补助带来的住房开支分别是平均6美分和9美分。[①] 这表明这些项目的住房补助计划基本上与收入补贴起同样的作用。[②]

向某一市场增发代金券的总体影响是提高了均衡数量,而且还可能提高价格(在成本固定的行业里,价格不变)。如图14-3所示,我们对比了不可转让配给券R和代金券V的总效应。不可转让配给券减少需求(D_R^{NT}),而代金券增加需求。与等量的不可转让配给券D_V^{NT}相比,可转让的代金券D_V^T使需求增加:人们

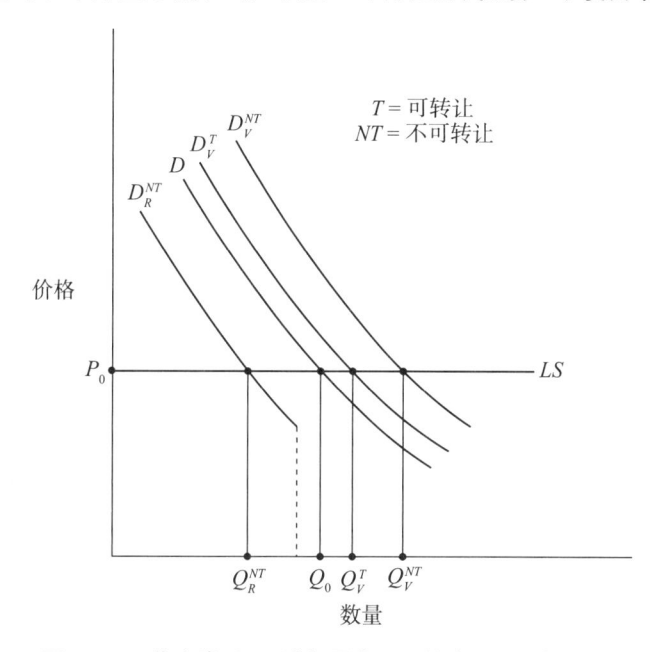

图 14-3 代金券(V)增加需求而配给券(R)减少需求

---

① 由历史资料和部分试验可以得出一个令人吃惊但又相当明显的结论:居民的需求价格弹性和需求收入弹性要比以前想象的低得多(在绝对值上)。早期的研究认为合理的价格弹性和收入弹性分别为-1和1。但是,根据试验数据,收入弹性在短期仅为0.2,在长期为0.4;类似地,价格弹性在短期仅为-0.2,在长期介于-0.5和-0.6之间。因此,价格津贴和收入津贴都不会对住房消费产生很大影响,基本上可作为租金救济来运用。

② 住房代金券也可以被看成对租金控制的替代。从效率方面看,这个议案对交易的一方有利:它不会像租金控制那样削弱房主获得租金的合法权益,也不会在市场参与者之间因为索要(或要求归还)权利而引发非效率的混乱。但是,住房代金券也会产生交易无效率,如同食品券的非法市场一样。在长期住房供给方面,代金券是否更好取决于筹资的方法。例如,通过财产税(很可能是基于公平原因)来筹资会导致住房数量减少,减少的量可能大于也可能小于租金控制导致的减少量,后者取决于行政管理的完善程度。这两个提议的相对好坏在很大程度上是由公平目标决定的。例如,如果公平目标是有选择地对低收入家庭进行帮助,那么由现有的福利机构来分配的住房代金券可能比较容易确保目标受益者就是实际受益者。但是,如果目标是在短期内防止房客支付和房东得到准租金,那么住房代金券就可能是反生产的。(短期供给既定时,增加需求会提高价格。)

总会转让代金券，直到每个人只受纯收入效应的影响为止，就像第四章中的食品券一样。

必须清楚的是，当使用代金券来实现最低保障时，超额的商品都来源于扩大的供给。当使用配给券时，一些消费者的超额消费是通过剥夺其他消费者对同等数量商品的消费来实现的。在第五章中，我们论证过，当供给具有弹性时，代金券才更有效率。正如托宾所指出的那样，在这种情况下，也可以认为使用代金券会更公平。

在长期供给富有弹性时，我们考察一下向穷人提供医疗救助的情况。可以证明的是，如果使用定量配给，则其结果将会减少内科医生的数量，因为为了增加医生的总数，这些内科医生成了外科整形医生。但是，从其他地方也可以获得手术需要的资源。当富有的消费者可以轻易帮助穷人时，为什么还要让渴望做整形手术的消费者（如面部整容、做眼部手术）来承担相关成本呢？

有时候，这两种工具可以综合使用，形成一种混合的配给-代金券，该券是购买商品所必需的，也代表一定的购买力。该券对均衡的影响取决于发行数量、分配方式以及购买力大小。这是因为配给因素的作用限制了需求，而代金券则扩大了需求。

使用配给-代金券的政策通常都与公民的权利和义务有关。例如，选举权是一种分配给18岁及以上的公民的不可转让的配给-代金券，这保证了选举权分配的完全平等，并且可防止自主出售选票的行为，从而确保总体政治利益。再比如，把配给-代金券分配给学龄儿童，以使他们在其所在地能就读公立学校。

一个有趣的例子是：陪审团的责任是配给给公民的义务。法庭制度决定了对陪审员的需求。在理论上，法院可以先公布一个工资率，看看对供给的影响。通常情况下是不允许有志愿者的，而是从合格的公民中任意挑选，要求他们履行陪审团的义务。从效率上讲，这就类似向那些被选中者（仅限于那些能提供服务的人）发行不可转让配给券。

如果陪审工作不是义务的，并且需要引诱被选中者来做陪审工作，那么这就会导致陪审团的工资高于自由市场上的工资（因为供给是受限制的）。但是陪审义务基本上是负的（像税收一样）代金券。它减少了接受者的购买力，在数量上相当于提供服务时被选中者的时间机会成本（陪审员服务的报酬都很低，通常只是一个象征量）。因此，陪审服务是由不可转让的配给-代金券提供的。

托宾提到的使用混合配给-代金券的另一个类似的例子是关于征兵制度的，下面我们通过举例把征兵制与全志愿兵役制加以比较。

配给兵役

在美国，现在所有的兵役都是志愿参加的。为了招募到国防所需要的140万主动参军的军人，工资（及其他的边际收益）水平必须足以调动这些人的积极性。在其他很多国家里，军队是靠征兵募集的。这种制度通常争议较大，而且这些国家也经常对其进行改动或修订。例如，比利时和荷兰最近都终止了征兵制。据1994年的一项调查，在被调查的78个国家中有35个已不再使用征兵制，当然还有43个国家仍在沿用。

有时候，征兵采用"普遍"服役的形式，即所有合格的人都要参军（例如朝鲜、新西兰以及叙利亚的男子，以色列的男子和未婚女子）。有些情况下会实施"有选择"的征兵制。例如，越南战争期间，美国采用抽奖的办法征募部分合格人员。在内战期间也是如此，但是那时的服役义务是可以转让的，即允许被选中者支付报酬给其他人，让其他人来代替他服役。类似地，直到现在，埃及和约旦还允许应征服役的人以付费的方式来代替服役。

应征入伍的人履行服役义务或公民责任的成本很高昂（像陪审责任一样）。那些被征召的人收到配给券，就要履行服役义务。此外，这种配给券也是一种代金券，通常是负数，它要求人们在规定的期限内服役，在得到（微薄的）服役报酬的同时放弃不入伍时所拥有的收入和闲暇（即机会成本）。代金券的净额（机会成本和服役报酬的差额）在被征召者之间存在很大的差异。

工作的效用价值

下面我们解释一下效用价值在服役机会成本中的差异。劳动能带来货币收入（对生产商品和提供服务的回报）。[①] 但是劳动也会带来"心理收入"或者说是直接效用（例如，从顺利完成工作中得到的满足）。有些人能从工作中获得大量的心理收益，而有些人只能得到较少的效用，还有一些人会觉得工作直接减少了自身的效用。因此，就业机会的吸引力就取决于其所带来的货币总收入与心理补偿之和（后者可能是正的也可能是负的）。

由于偏好不同，同一工作对不同的人来说产生的心理收益也有很大的差异。对有些人来说，服役是一项很高的荣誉，高到能够诱使他们愿意免费服役（即使这意味着要放弃从非兵役工作中获得的可观收入）；而对另一些人来说，服役可能是一种令人厌恶而又危险的工作，厌恶得无论工资多高都不愿意服役（即使放弃非兵役的工作也没什么损失）。

对人们既定的偏好而言，某种职业（如军人）的劳动总供给曲线仍是常规的形状，即向右上方倾斜：更高的报酬（包括提供食物或住房等好处）会吸引更多的劳动供给。对任一既定的供给量来说，供给曲线的高度有时被称为"保留工资"——刚好能够引诱新参与者进入市场的货币工资。它也是补偿放弃其他选择所必需的货币量，因此也叫社会机会成本。在确定保留工资的过程中，人们会考虑其他工作的货币报酬和心理收益。我们可以借助非正规的但容易理解的数学方法来解释一下。

对某个人来说，我们假设他做任何工作的货币报酬价值为 Y^W，工作的心理收益（用美元表示的直接效用）为 Y^U，则总价值为 Y^W+Y^U。如果我们要考察军

[①] 通常这是现期收入，但是，如果个人的目的是晋升或者学习新的工作技能的话，那么劳动也可以带来预期收入。

队工作（M）相对于其他的最佳选择（A）的价值，那么我们就看一下收益（M 的总价值）是否大于成本（A 的总价值），即下式是否成立：

$$Y_M^W + Y_M^U > Y_A^W + Y_A^U$$

由于观察不到两者的心理因素，因此我们也就不知道它们对个人的影响。在市场上我们能观察到的就是该不等式的两边都减去 Y_M^U：

$$Y_M^W > Y_A^W + (Y_A^U - Y_M^U)$$

左边是服役的货币报酬（如年薪），右边是能看得见的供给曲线的高度（无论这个人位于曲线上的哪一点）——我们称之为保留工资，这是可以看得到的，即使我们看不到他的心理反应。① 上面两个不等式的左边和右边的差是一样的，都等于 M 相对于 A 的净收益。只是第二个不等式用了稍微有点不同的计算方法：在第二个式子中，M 的心理收益不是作为一种正的收益而是作为负的成本来计算的。②

例如，假定马克对报酬为 10 000 美元（他的保留工资）的在军队服役和报酬为 50 000 美元的最佳非兵役工作是无差异的，这就意味着如果马克在非兵役岗位上工作，他就会损失 40 000 美元的心理收益。马克可能认为服役是一项至高的荣誉，也可能认为服役是令人厌恶的，但非兵役工作更令人讨厌。我们不知道他的具体偏好，但我们知道社会成本。那么，他服役的社会成本是多少呢？服役就放弃了两种东西：首先，社会损失了 50 000 美元，这是马克在其他工作中为雇主所创造的价值；其次，服役也避免了马克 40 000 美元的心理收益的损失。因此，净机会成本为 50 000 美元－40 000 美元＝10 000 美元。

认清工作的效用价值是理解工资会因工作不同而不同的一个关键，虽然有些工作对雇主来说具有相同的价值（即劳动需求相同），技术要求也一样。相对于其他的工作来说（根据大多数人的评价），如果要在一种不满意的或者危险的环境中做一份工作，这一不满意的或危险的工作的劳动供给曲线要更高，高出的距离是每个劳动者对负的心理收益的估价。因此，均衡工资也比其他工作高。准确地说，这种工资差别叫"补偿性工资差别"，因为它是用来补偿那些在较差的环境中工作的人的。

征兵与志愿兵的对比

现在，我们比较提供兵役的征兵法和全志愿方法，并解释政治成本与经济

---

① 保留工资也可以由个人的效用函数来界定。假设这个人的最佳非兵役工作（A）的效用为 $U(X_A, Y_A)$，X_A 表示从事 A 工作劳动的非货币特征，Y_A 表示从事 A 工作的货币报酬（把它看做每年的工资或收入）。因此，该效用函数不仅可以衡量从事 A 工作的直接心理收益，而且可以衡量购买其他商品和服务所获得的间接收益。因此，补偿这个人服役所必需的保留工资 Y_R 刚好使下面的方程成立：$U(X_A, Y_A) = U(X_M, Y_R)$，这里 X_M 表示在军队中服役的非货币特征。如果左边不变，则从服役中获得正效用的人（$\partial U/\partial X_M > 0$）的保留工资要比那些厌恶服役的人的保留工资低（$\partial U/\partial X_M < 0$）。

② 注意，计算方法的区别和前面的心理收益可以为正也可以为负没有关系。由于负的心理收益更普遍些，因此从方程的"成本"（右边）而不是从"收益"（左边）来计算更合理些。

成本之间的一种有趣的关系。当然,选择一种制度除了成本因素外还有其他的原因。例如,有些人认为(可能在战时会有更多的人这样认为)兵役是所有合格公民都应当平等履行的义务。[1] 有趣的是,在选择性(而不是全体)服役的情况下,我们就不得不取消全志愿方法,以确保每个人都有同等的服役机会。否则,机会成本低的人(基本上是那些其他经济机会少的人)有更大的可能服役。

但是,选择一种制度时也面临着大量的政治和经济成本。由于征兵制是强制服役,所以征兵的报酬通常都定在较低水平。从政治上来讲,征兵制有很大的吸引力,因为这样政府的预算成本低(与同等规模的志愿军相比),并且减少了对纳税人的需求。但是,劳动的社会成本却是相反的情况:征来的军队比志愿军队的机会成本大。

如图 14-4 所示,我们画了一条简单的志愿者线性供给曲线,其弹性为 1。[2] 假设有 800 000 名合格的人,而只需要 200 000 人服役。如果必须诱使 200 000 新兵成为志愿者,则年薪必须定为 20 000 美元。此时,服役的社会成本就是供给曲线以下阴影部分的面积(即前面 20 000 人的总"高度"或总保留工资),等于 20 亿美元。根据志愿供给曲线的性质,这是既定数量下机会成本最小的劳动。但是满足薪资总数的预算成本更多了——40 亿美元。

反之,假设这 200 000 名新兵是从 800 000 个符合条件的人中通过公平抽奖的形式抽中入伍的(不允许志愿服役),这就意味着很可能平等地征召到第 800 000 个人(社会成本是 80 000 美元),第 200 000 个人(社会成本是 20 000 美元),或者是第一个人(社会成本是 0)。每个合格者的预期社会成本等于 0.25 乘以被选中时的社会成本,预期社会总成本就等于 0.25 乘以 800 000 人的社会成本的总和。[3] 但是这只等于 0.25 乘以供给曲线下方至 800 000 的三角形的面积:

$$预期社会成本 = (0.25)(0.5)(800\ 000)(80\ 000\ 美元) = 80\ 亿美元$$

因此,征兵的社会成本是志愿兵社会成本的四倍,那么预算成本呢?既然供给不取决于为新兵设定的工资额,那么就可以任意制定工资,也就没有必要像诱使志愿兵那样必须支付 20 000 美元的社会成本了。现在我们任意假定每名士兵的预算工资为 10 000 美元,这样预算总成本就为 20 亿美元(比志愿兵的预算总成本少得多)。[4]

---

[1] "合适的"这个条件是以个人要服从征兵作为前提进行讨论的。在第五章引入的术语中,有一个典型的"例外特性"就要求对有些人区别对待。很多国家只征召一定年龄范围内的人,比如 18~35 岁,而且大多数国家只征召男子。实际上,所有的国家都会免除那些有残疾的或者是身体欠佳的人的兵役。

[2] 根据一项研究的结论,美国军人的供给弹性为 0.5~1.8。这一估计结果很好地解释了我们实际面临的在一定数量范围内志愿者供给的情况。但是,它不可能应用于包括所有潜在征召士兵的总量范围内,其中有些人可能几乎完全缺乏弹性(即使薪水很高也没有志愿者)。我们简单地假设弹性等于 1(大致位于所估计的范围内),毫无疑问,这低估了全部供给曲线右边末尾处的机会成本。

[3] 它忽略了彩票制度给合格者带来的具有不确定性的纯风险成本。

[4] 作为一个练习,请证明如果允许有志愿者,并且使用抽奖法从剩余的人中进行选择,那么社会成本就会降到 50 亿美元。

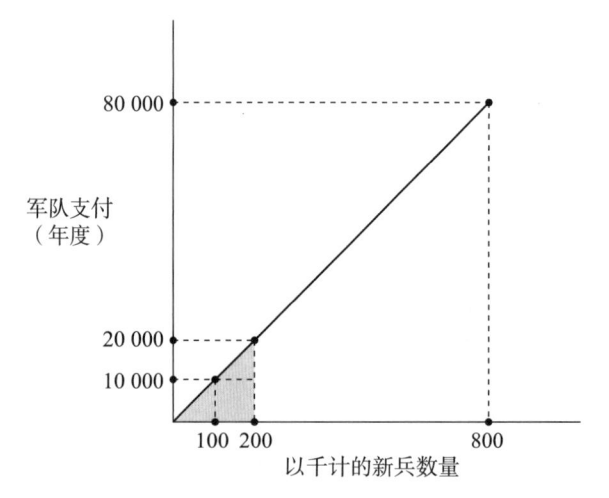

图 14-4 志愿兵役最小化劳动的社会成本（阴影部分）

在这个例子中，征兵制在效率和公平目标（及相关的政治利益）之间存在着巨大的冲突。① 如果我们运用抽奖制度，但是像内战一样服役义务是可转让的，那么又会发生什么情况呢？我们要阐述一下可转让配给券市场是如何运行的。假设这个市场大致满足竞争性以及价格接受者的假设条件，其特征是有很多买者和卖者，并且每个人都不会对市场造成影响。

如图 14-5（a）所示，我们把新兵供给分为三组：第一组有 100 000 人，报酬为 10 000 美元时会志愿服役；第二组也有 100 000 人，报酬为 10 000 美元时不会志愿服役，但报酬为 20 000 美元时愿意在全志愿军队服役；第三组是余下的 600 000 名合格者，报酬为 20 000 美元也不会志愿服役。使用公平抽奖法，让每个合格者都有 0.25 的概率被选中，假设要从第一组征 25 000 人；第二组征 25 000 人；第三组征 150 000 人。

下面我们考察一下被征召者愿意向其他人支付报酬让其代替自己服役的情况（换句话说，就是转让配给券让别人履行服役义务），这就要画出替代者需求曲线了。为了简便起见，我们不考虑收入效应，这就意味着每个人的预期工资［如图 14-5（a）中的供给曲线所示］不受征召与否的影响。每个被征召者都愿意支付预期工资和服役工资之间的差额来逃避服役。最简单的情况就是一个人对于是否服役没有心理收入。如果不服役的报酬是 40 000 美元的话，他就愿意支付高达 30 000 美元的报酬给其他人，说服他人接受他的配给券，从而逃避只有 10 000 美

---

① 针对这一比较有一个有趣的说明：在这两种制度下，我们并没有考虑用于支付军人工资的税收所引起的净损失。因为，志愿兵的报酬较高，征税会导致更多的净损失。此例中，志愿兵需要 20 亿美元的税收，根据第十二章的估计，由这种规模的税收引起的额外净损失很可能为 40 亿~60 亿美元。解释这个原因并不影响我们举例的目的，即证明与志愿兵役制相比，征兵制的社会成本更高。关于税收对这种计算的重要性，最先进行论述的是 D. 李（D. Lee）和 R. 麦肯齐（R. McKenzie）的文章《征兵和志愿兵比较效率再研究》。他们还指出，随着军人的规模趋近于合格人口数，税收扭曲在计算中也越来越重要。J. 沃纳（J. Warner）和 B. 阿施（B. Asch）的文章《再议军事征兵的经济学理论》拓展了这个分析，包含了生产力因素。

元工资的服役义务。①

当然了，那些为了逃避服役而愿意支付最多的人是机会成本最大的被征召者，即从第三组中任意挑选的那150 000人。在这组中，最愿意付钱给替代者的人就是最接近供给曲线右上方的被征召者，其支付意愿大约为70 000美元（=80 000美元的机会成本—10 000美元的服役报酬）。然后付钱的意愿沿直线下降直到最低点。支付意愿最小的是最靠近第三组的供给曲线左下方的被征召者，其支付意愿大约为10 000美元（=20 000美元的机会成本—10 000美元的服役报酬）。在图14-5（b）中我们画出了这150 000名被征召者的替代者需求曲线。

同理，在第二组的25 000名被征召者中，我们可以看出，支付意愿最大的大约为10 000美元，并沿着直线下降至最低点0［图14-5（a）中第二组的供给曲线的左下方，机会成本为10 000美元，刚好等于服役报酬］。我们把这25 000人的替代者需求加到图14-5（a）中的需求曲线上。由于第一组中被征召者不愿意支付报酬来逃避服役，因此也就没有替代者需求（他们都愿意服役，接受那10 000美元的服役工资，也就是说，他们自己使用配给券）。

那么，那600 000个没有被征召的人的替代者（愿意接受配给券代替被征召者服役）供给曲线是什么样的呢？最容易被吸引的就是第一组中的75 000人（他们的机会成本最低）。实际上，这些人都愿意以10 000美元的工资服役，也即，这些人都愿意从被征召者那里获得"配给券"，即使被征召者不给他们任何报酬。所以，在图14-5（b）中，替代者供给曲线的第一部分在图形上与横轴上从0到75 000相对应。

再考察第二组中的75 000名非征召者。在图14-5（a）中，在供给曲线最左下方的人，要求的报酬最低。其机会成本大约为10 000美元，服役报酬大约为10 000美元，刚好相等，所以，被征召者再支付报酬就没有必要了。

但是在这组中，随着曲线上的点向右移动，机会成本呈线性上升，服役报酬本身已不再具有足够的吸引力诱使这些人服役。右端机会成本为20 000美元，非征召者从被征召者那里得到10 000美元才会同意以10 000美元的报酬服役。所以，在图14-5（b）中，替代者供给曲线的第二部分是以价格为0、供给量为75 000人为起点，沿直线上升至价格为10 000美元、供给量为150 000人这一点。第三组中的450 000名非征召者，其供给的最后一部分从刚才那个点沿直线上升，一直到价格为70 000美元、供给量为600 000人这一端点（向最高机会成本约为80 000美元的人索要70 000美元才代替被征召者，接受只有10 000美元的服役报酬）。

正如图14-5（b）所显示的，"配给券"供求平衡的均衡点在价格为10 000美元、转让量为150 000人处，第三组中的被征召者都会支付给第一、二组中每一个非征召者这一数额来代替他们服役，结果是200 000张券（服役义务）全部被第一、二组中的200 000人所持有；在每组中，一开始就有券的25 000人和另外75 000人都会同意成为第三组中被征召者的替代者。在均衡点不存在劳动分

---

① 如果他不得不支付31 000美元的话，他最后就只剩9 000美元，所以，对他来说，以10 000美元的报酬在军队服役会更好。

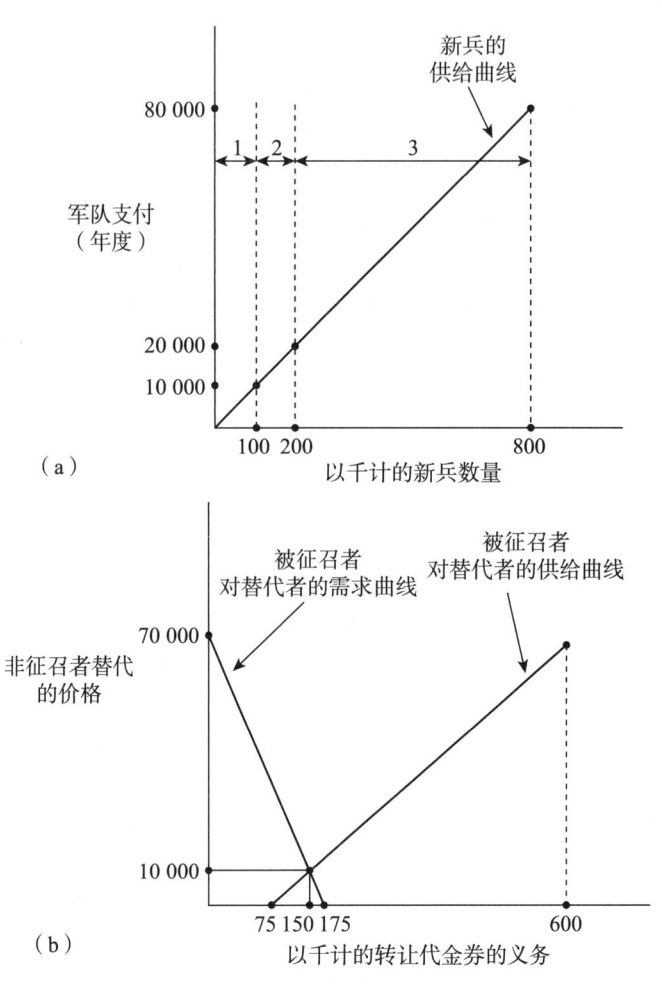

图 14-5　可转让征召义务的竞争性市场
(a) 低机会成本（第一组）、中等机会成本（第二组）、高机会成本（第三组）情况下新兵的供给曲线；(b) 履行服役义务的替代者的供求曲线。

配失灵所引起的效率损失，并且志愿转让消除了所有存在交易空间的可能性。如果进一步假设没有收入效应，结果就会有与全志愿服役方法下一样多的人参与服役。

微妙但很重要的一点是，所有的合格者无论是否被征召都面临着 20 000 美元的服役激励，总激励额等于服役工资总额加上持有券的报酬。对于所有的合格者来说，服役工资为 10 000 美元，不易理解的是对所有的合格者来说，持有券的报酬也是 10 000 美元。这种报酬的获得有两种截然不同的途径，具体取决于合格者是否是被征召者。

被征召者是配给券（服役义务）的最初持有者，为了诱使其他人持有该券就必须支付 10 000 美元的费用。服役的好处就是被征召者不用支付该费用。非征召者的报酬就是成为该券的持有者之后所得到的 10 000 美元。两个人都得到了持有券的 10 000 美元的报酬，因此服役的总激励是 20 000 美元，这就证明了关于可转让配给券的总结论：配给商品的总价格等于一般货币价格（10 000 美元的服役工资）加上配给券的价格（服役的被征召者不用支付的 10 000 美元，或者说服役的替代者从被征召者那里得到的 10 000 美元）。

这 20 000 美元的价格也可以用来解释为什么第二组所有的人最后都参加服役，不论他们是否被征召。被征召者愿意服役，不愿意向替代者支付 10 000 美元，也不愿意放弃 10 000 美元的服役工资；那些没有被征召的人愿意成为替代者，不愿放弃从被征召者那里得到的 10 000 美元和 10 000 美元的服役工资。当然了，最后每个人的收入差异是很大的。

下面考虑与全志愿方法相比，可转让配给计划的收入分配效应。国会和纳税人都很容易逃脱责任——只支付相当于全志愿预算费用的一半，服役的替代者只得到和全志愿方法下相同数额的报酬。国会支付一半的费用，那么另一半就由那些选择转让服役义务的人支付。在全志愿服役方法下，那些决定退出的人没有任何报酬，可转让券也许有助于实现公平。让国会承担军队使用劳动力的社会成本有很多优点，会使得国会不会过度使用。

其他的收入分配效应也很重要，尤其是被征召者（不管是否选择退出）要比全志愿制度下的志愿军少 10 000 美元的收入。① 我们之前已经提到过，实际退出的被征召者要支付给替代者每人 10 000 美元，这一费用在全志愿服役的情况下就不需要负担了。另外，选择服役的被征召者也只能得到 10 000 美元的服役报酬（而不是全志愿情况下的 20 000 美元）。我们在表 14-1 中加以比较。

表 14-1　　　如果选择不服役，则所有人都会放弃 20 000 美元，
但是被征召者要比其他人少 10 000 美元

	个人收入	
	服役	不服役[a]
被征召者	10 000	$Y_A - 10\,000$
非征召者	20 000	Y_A
全志愿者	20 000	Y_A

注：[a] Y_A 是最佳非兵役工作的个人收入。

到目前为止，我们讨论的可转让彩券制度的负担主要由被征召服役的人承担。但是，假设这些人的服役义务和那些有资格但未被选中的人一样多，那么，能否设计出一种彩券制度让所有有资格的人（无论他们是否真正履行服役义务）都能平等地承担这些责任呢？

政策设计者通过界定和分配配给券来安排相关的负担。假定彩券在征召前是可转让的，也就是说，人们要在选定中奖数字前出钱放弃彩券，而不是在其后。我们会遇到这样的问题：那些持有多重彩券的人可能会不止一次被选中，却不能同时履行多重服役义务。我们可以这样解决这一问题：让多重彩券的持有者将他

---

① 在选择被征召者之前，所有合格者都面临着彩券的不确定性。在这期间，每个人的预期收入都为（0.25）（10 000 美元）＝2 500 美元，低于全志愿制度下的预期收入。

们各自独立的彩券换成一张券，这张券的概率是各自独立的彩券的概率之和。如果一张彩券代表 0.25 的服役机会，那么两张就有 0.5 的机会，四张就一定要服役，而且这是一个人持有的最大彩券量。[①] 这一制度会如何运行呢？

还像前面一样，对同一供给曲线做出最简单的假设（没有收入效应且风险中性），我们很快就能找到交易的均衡点。从政府的角度看，在政府确定的任一工资水平下（仍假定为 10 000 美元），最后仍会有 200 000 名被迫服役的人。彩券分配的均衡基本上和前面的一样：现在，第一组和第二组持有全部的 800 000 张彩券，每人四张，保证每个人都能服役（实际上就不需要彩券了）；第三组放弃了全部的 600 000 张彩券。此时，彩券的均衡价格就为 2 500 美元。

现在不再像以前一样，并非由第三组的被征召者承担全部的退出负担，而是由该组所有人员平等分担。另外，第一组和第二组的所有成员都是一样的了（不再有被征召者和替代者之分）。最后，在总人口中，每个合格者的收入都要比在全志愿制度下减少 2 500 美元。所以，从某种程度上说，他们平等地分担了退出负担。

配给方法的收入效应[S]

在上个例子中，没有收入效应这一假设起到了什么作用呢？它不影响"征兵的社会成本大于全志愿方法下的机会成本"这一普通观点，也不影响"可转让配给（像全志愿方法）可形成军人的有效供给"这一结论，但它影响"在可转让配给和全志愿方法下，两者最后参加服役的人数相同"这一结论。

记住，收入效应和源于个人偏好的倾向有关，人们会随着收入水平的变化而购买不同的商品和服务。我们这里讨论的收入变化是由可转让配给券的初次分配引起的。如果配给券的价值只是个人收入的一小部分，就不会产生很大的收入效应。但是，在我们所举的例子中，10 000 美元的配给券会引起接受者收入的巨大变化（注意：在这种情况下，政府的服役工资对配给券的价值影响很大，因为两者之和必须等于市场出清工资）。所以，我们有必要考察一下这种变化是否会改变个人关于服役的决策。

即使工作只是货币收入的一个来源，收入效应也可以决定劳动-闲暇的选择。对于不得不出钱放弃服役的被征召者来说，其最佳非兵役选择和非征召者的最佳非兵役选择必然不同，支付退出费使得被征召者变穷。如果闲暇是正常商品，那么，在面临同样的非兵役选择时，被征召者愿意比非征召者工作更长的时间（即减少闲暇）。因此，被征召者的预期工资和非征召者的预期工资也必然不同，而且，在某种情况下（比如被征召），有些人会认为服役是最好的选择，而在另一种情况下则不这么认为（比如未被征召）。

---

① 从管理上来说，我们把每张彩券看做最初接受者承担的社会保障量。买方在表格的后面签字，提供他的社会保障量并证明资格的真实性，由卖方递交政府。然后，政府再把买方的社会保障量的可能性增加 0.25，把卖方的降到零。任何提供假证明的买方都要受到刑事处罚。

另外，收入效应会对工作报酬的心理感受产生影响。比如，对个人来说，在具有满意特质的既定工作中，个人为它们（我们的方程中的变量 Y^U）支付的意愿取决于他（她）的货币财富的多寡。假定你认为货币报酬为 17 000 美元的一份满意的工作相当于 20 000 美元的现金（即把这个"满意"估价为 3 000 美元）。如果其他条件不变，同样的工作只支付 7000 美元的工资，则现在你可能认为它只相当于 9 000 美元的现金（而不是 10 000 美元）。也就是说，减少的货币收入影响了你购买这些满意特质（以及所有的其他好处）的意愿。如果这些特质是正常的经济商品，那么你的购买意愿就会更小（在此例中，就是 2 000 美元，而不是 3 000 美元）。

收入效应是怎样影响我们比较可转让征兵法和全志愿方法的呢？不管选择什么样的工作，由于存在配给券价格，被征召者都要比非征召者贫穷一些（在全志愿制度下，所有人都是非征召者）。因此，这就会影响到他们购买满意工作特质和回避不满意工作特质的意愿。然而，只有当收入效应对一种工作产生强烈影响，而对另一种工作的影响并不大时，因收入效应而选择好工作的情况才会发生。在大多数情况（即心理感受是正常商品的情况）下，被征召会使得那些心理影响比较大的工作出现相对价值的下降。有趣的是，被征召者的收入效应会使一些人更可能服役，而使其他的人不太可能服役。

被征召情况下更可能服役的人是那些非兵役工作报酬较少并且比较讨厌服役的人。① 如果这些人非兵役工作的收入能够满足他们对必需品的需求，他们就不会服役。② 但是，如果被征召的话，他们就会发现购买一个替代者并非能力所及。也就是说，他们只要能买得起必需品，就愿意为了逃避服役放弃可观的收入。被征召使他们陷于必需品不足的境地，即使他们攒够了付给替代者的钱。③

相反地，被征召情况下比未被征召情况下更不太可能去服役的人是那些喜欢服役但（相对来说）面临着报酬比较丰厚的工作的人。如果没有被征召，则这些人对志愿服役的心理收益估价很高。但是，被征召就意味着无论做出怎样的决定都会减少 10 000 美元的货币收入。他们就会感到，从非兵役工作中获得的额外收入要大于服役的心理收益。

总之，与全志愿制度相比，可转让配给制度的收入效应使一些被征召者对服役会作出不同的决策。在配给券价格或退出价格只是收入的一小部分的情况下，我们认为收入效应非常小。随着配给券价值占收入的比重不断上升，收入效应就越来越明显。但是，这些效应并不总是同方向的。一般说来，我们认为比较厌恶服役的被征召者比非征召者更可能选择服役，而比较喜欢服役的被征召者服役的可能性则更小一些。

---

① 比较讨厌的意思就是服役比非兵役工作有更多的负心理效应或更少的正心理效应。
② 如果非兵役工作的报酬不足以购买必需品，则大多数人都会愿意服役，即使服役是令人讨厌的。
③ 与收入效应无关还有另外一种解释。很多人可能当前没有现金来购买一个替代者，但是他们有挣钱的能力，以后能够支付得起。在大多数情况下，他们先借钱然后再还，但是这样做也有不行的时候，借贷市场的不完全性导致一些人还是要服役。

短缺期间的汽油配给

现在我们转而讨论短期供给突然大量减少时的汽油配给问题。1973年确实发生了这种情况，当时欧佩克下令禁运石油。大约十年以后，美国国会授权总统制定一项配给计划。我们的目的是阐述针对同一种情形采取不同措施的效应。我们先介绍一个标准，然后讨论几种可选择战略，包括当时实际采取的应对政策，并根据这一标准分析这些政策。

为评价各种选择，我们需要确定一个标准。我们把效率分解成互斥且完备的五个种类：交换效率、生产效率、产品组合效率、市场交易成本、行政交易成本。在常见的三种分配效率中，我们把交换效率作为重点（即把商品分配给那些最愿意购买的人），其次是产品组合效率。我们忽略生产效率只是因为所讨论的备选方案不会偏离最低成本生产。产品组合效率（即消费者对多增加的一单位汽油的估价是它的边际成本）比交换效率受到较少的重视是因为短期供给缺乏弹性，只允许产品组合发生小的变化。

市场交易成本和行政交易成本涵盖了其他的资源分配，不宜简单地归入上面三种常见的效率中。市场交易成本是指不包含在价格中的参与者的成本（如购买汽油排队等待的时间、销售时间的便利性）。有效的市场交易成本是那些不能再低并且根据其他标准仍然有效的成本。如果没有这些成本也能实现同样的公平和分配效率，则很长的排队时间或者是严格限制销售时间都是无效率的。行政交易成本是指政府管理和实施政策的成本（如印刷和分配配给券以及落实配给券的使用）。有效的行政成本也是指那些不能再低的并且根据其他标准仍然有效的成本。

关于公平的考虑包括汽油分配的公平和购买汽油以后个人收入的公平。既然政府授权总统制定一项配给计划，我们就做个假设：对供给者来说，准租金不会通过高价格而归于供给者。关于这方面的公平问题，有一个简单而又灵活的总结：当价格等于长期边际成本而不是短期边际成本（取消供给者的准租金）时，每个人都能购买到最低份额的汽油。

这种灵活性在于确定理想的最低份额。在严重短缺的情况下，有一种可能是所有人都有相同的最低份额；另一种就是根据过去的消耗量，按照固定比例来确定每个人的最低份额。但也可能是两者的综合。例如，1/4的供给可以作为"生命线"平均分配给每一个人，剩下的按过去消耗量的固定比例进行分配；或者联邦政府按过去消耗量的某一比例对各州进行分配，然后各州自主决定本州内的分配（有的可能会选择平均分配）。

还有很多其他的关于公平的问题我们没有提到，但是在更全面的分析中就会涉及这些问题。一个是对潜在接受者的界定：登记在册的机动交通工具，有执照的司机或是其他。比如有两辆轿车的家庭得到的份额应当是仅有一辆车的家庭的两倍吗？还有一种特殊情况就是交通工具是救护车、警车、消防车之类。即使这些问题都很重要，但是为了简化分析，我们只注重制定的计划能否满足上述广义公平的要求。

另外两种标准也可能会被认为是实施计划要考虑的补充因素。一个是计划付诸实施的速度,如果印刷、分配配给券要用一年时间的话,那将非常不利。第二个就是计划在可以承受的或令人满意的水平上运行的可能性。可以这样理解:我们可以设置相应的参数,使得最后的结果是公平和有效的。例如,如果发行配给券,我们就要确定这一数字:以接近供给价格的货币价格,把需求限制在大约等于有效供给的数量上。这就避免了在理论上很完美但在实施过程中却需要难以获取的经验知识的情形。

有时也会有关于其他标准的讨论,如政治上和组织上的可行性等,但这些少数的想法不能被看做在全面分析中需要重视的标准。下面我们讨论可供选择的方案。

美国最初为应对石油禁运采取的措施是冻结汽油价格。如图 14-6 所示,我们假设国内石油的供给在较低数量下是有弹性的,但是超过当前国内产量后就变得非常缺乏弹性。禁运前的均衡状态是价格等于 P_0,供给量等于 Q_0;禁运后,宣布冻结价格,需求仍为 Q_0,但供给量下降至 Q_F,因而消费者觉察到了石油短缺。

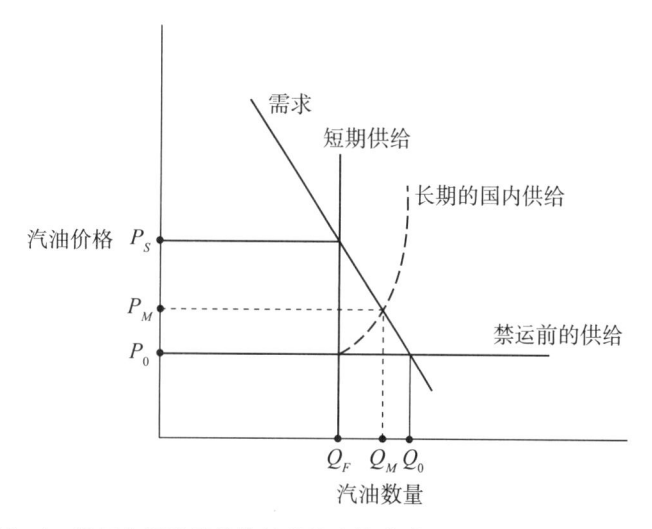

图 14-6　低于市场出清价格的价格冻结造成了 Q_0-Q_F 的短缺

如果加油站排成了长队,可获得的供给最初通过时间来配给,那么对时间估价较低的汽油消费者就有优势了。对其他人来说,大量的潜在消费者剩余(货币价格以上)在等待中损失了。为了维护除时间以外的优先权,政府通过了各种规章。例如,为了减少不必要的娱乐性驾驶,严格限制加油站的周末服务时间。同样,为了提高每个人得到最低份额的概率,规定每个人只能购买 10 加仑汽油。但是,这些规章增加了社会成本,因为它们降低了消费者的购买灵活性。例如,消费者不仅要等待,而且对有些人来说,在工作日等要比在周末等成本更高(根据时间的机会成本)。那些愿意多花钱而少费时间的人就会雇人买汽油,因此在一定程度上潜在地规避了时间配给制度。

我们可以简单地将它与假定的自由放任政策相比较。短期市场出清价格为P_S，并且汽油分配是有效的。① 在Q_F产量下每单位汽油带给供给者的生产者剩余为P_S-P_0。我们已经说过，在时间配给的情况下，这种纯粹的转移都变成了净成本：由于等待的时间成本和对何时等待的限制，消费者支付的价格高于P_0，但生产者接受的价格只有P_0，我们把这称为市场交易无效率。

实际政策还有一个效率劣势。在时间配给且价格冻结的情况下，需求曲线上Q_F和Q_0之间的部分需求可以得到满足，而其他"较高的"需求（0和Q_F之间）则不能得到满足。因此，价格冻结导致交换无效率。在价格冻结的情况下，得不到"足够"汽油的消费者（如繁忙的管理人员）在理论上会从那些有"太多"汽油的消费者（如低收入的退休人员）手里购买汽油。这样，双方都认为状况会变好。当然，自由放任政策没有这样的互补：繁忙的管理人员的较高的支付意愿使加油站有利可图，而退休人员既得不到汽油也得不到补偿。

除了失灵外，时间配给且价格冻结一般有利于低收入人口。作为一种对没有预料到的紧急情况的迅速而短暂的回应，我们不能草率地评价价格冻结。但是，如果政府已经充分准备好了预防临时事故的计划，并准备在危机发生时实施，那么冻结价格就不能说是一项最优政策。我们来评述一下另外几种短期政策。②

一种策略是发行不可转让配给券，把它们发给有执照的已注册的车主。初次分配可以从多种方法中选择一种。比如，平均分配，商用车比客车多一些，交通负荷大的州分配的多一些（即同比例配给券），等等。

这种政策相对于价格冻结有一个很大的优势，就是它可以消除导致排长队和服务交易失灵的过度需求，也可以消除得到汽油却任意消费的情况。③ 另外，它也能使价格保持在较低水平，但是不一定像冻结价格那样低。这可以从图14-7中看出，其中Q_C是发行的配给券数量，P_{NT}是不可转让配给下汽油的价格。

但是，这种政策也有很多缺点。一个是管理成本高，因为它涉及印刷和分配配给券的政府部门。但从其本身来说，与价格冻结导致的排队成本相比，这只是交易成本的一小部分。另一个缺点是仍然存在交换失灵。没有得到足够配给券的消费者想买更多的商品，而使用配给券的其他消费者想卖掉他们的份额。可以从图14-7看出，在Q_F点，对配给券的边际使用者来说，汽油的价格是P_{NT}，但是其他消费者对汽油的最低估价为P_S（一般需求曲线的高度在Q_F点）。

第三个缺点，也是重要的一点，就是不知道总共应该发行多少配给券。如

---

① 有时也存在这样的争论：短期支付意愿并不是衡量社会价值的可靠指标。比如，小型企业在长期内可能是盈利的，但是由于暂时的高价格，导致企业在短期不能弥补亏损。可能确实如此，但除了把资源再分配给那些最优短期使用者的交易成本外，关闭企业不会增加社会成本。如果企业主不得不承担这些成本的话，那么企业是否倒闭的决策仍然是有效率的。但是，企业不会承担因倒闭而产生的失业社会成本。为了避免失业，工人也会愿意为短期内较低的工资而工作。但是，在做出这种预料不到的短期性安排时，我们并不清楚劳动力市场是否运行良好。

② 在所有情况下，我们不能特别关注长期效应，因为政策只是暂时的，短期供给也缺乏弹性。但是对政策分析者来说，了解政策对长期供给的影响是很重要的。长期的价格冻结，比如公寓出租，会引起与市场出清价格相比更严重的恶性供给缩减。从历史上看，与公寓出租不同的是，政府不允许汽油价格管制无限期地持续下去（这是政治经济上一个有趣的区别）。

③ 管理者需要把不同的人归入有限的种类中分配配给券，这就不可避免地会偏离公平标准，我们在可转让配给的情况下讨论这一问题。

图14-7所示，如果发行过多，需求曲线在 Q_F 前就与 P_0 相交，如 D_F，这就意味着有效供给有剩余，但是公众是不太可能容许政府这样做的。如果发行过多的配给券，价格和分配就会达到自由市场水平，因此也就达不到政策要实现的分配目标。除了发行比 Q_F 更多的配给券，没有其他的方法（除了不能忽视的试错学习过程）能确定恰当的配给券数量。

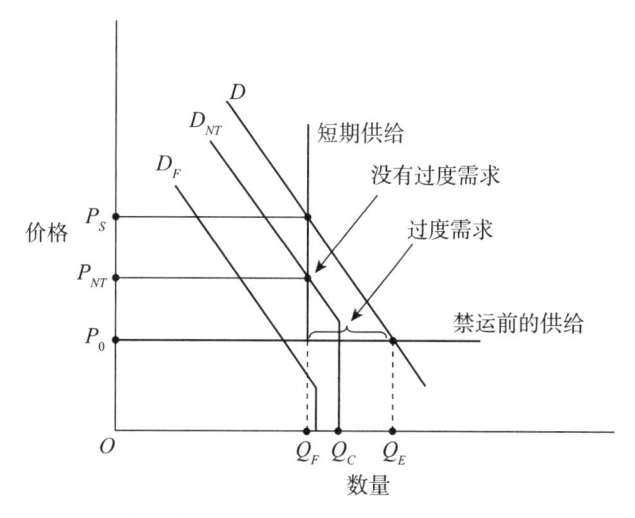

图 14-7　不可转让券的配给消除了价格冻结下的无效率排队

注意，平均分配的配给券越少，汽油分配的结果就越公平。最终的结果通常位于完全市场化的边界（配给券过多）和完全公平边界之间，价格不断降低并倾向于公平边界。为什么呢？应当明白的是，配给券数量的减少限制了需求，导致价格降低。如图 14-8 所示，可以证明，在任一既定的价格下，较少的配给券使配给商品的消费更趋于公平化。

在图 14-8 中，横轴衡量对配给商品的消费情况，纵轴衡量对所有其他商品的消费（以美元计算），我们画出了两条预算约束线，分别是富人的预算约束线 B_R 和流浪汉的预算约束线 B_W。没有配给的情况下，两人的最优选择分别为 R 点和 W 点。当向每人发行大量的配给券 C_H 时，两人能够而且确实可以消费这一不受约束的最优量（完全市场化条件下的结果）。

如果发行中等数量的配给券 C_M，富人就达不到 R 点了，有效预算约束线在 A 点垂直下降。预算约束线的弯折点 A 要比其他可行的点产生更多的效用。也就是说 A 点比它左边的原预算约束线的任何一点的效用都多，因为离开最优点 R 不断移动时，效用沿着预算线逐级递减（我们已画出一些无差异曲线来证明这一点）。A 点的效用水平也高于垂直向下的其他点的效用，因为越多越好。因此，配给券为 C_M 时富人会选择 A 点，由于流浪汉仍然选择 W 点，所以消费的不公平程度降低了。

现在，使配给券的总限量 C_L 降到足以限制两个人的水平。与上面同理，两个人都会选择 C_L 与各自预算约束线的交点，即流浪汉选择 D 点，富人选择 E 点，各自用完他们的配给券 C_L，对配给商品有着同样的消费水平。因此随着分

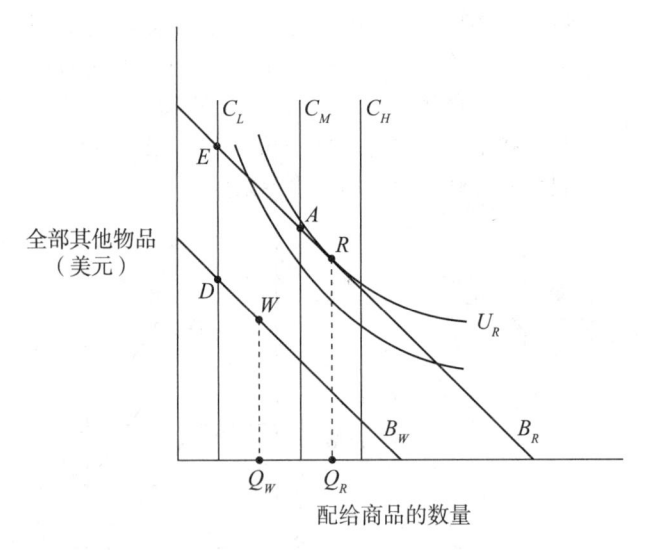

图 14-8　分配较少的配给券产生更加公平的消费

配给每个人的配给券数量的减少，可以得到两种效应：价格下降，而消费更加公平。①

对于同样数量的配给券，如果个人需求的分配不同（即使总需求相同）或者是配给券分配在人们之间发生了变化，则结果也会发生变化，认识到这一点非常重要。如果人们的需求是同质的，那么具体配给计划的影响就没那么多不确定性。但是配给券的结果就和自由市场一样，此时该政策除了造成管理浪费外不产生任何作用。②确切地说，这是因为人们的收入不同，关注配给产生方式的偏好也不同。这些不同导致了不可转让配给计划中均衡的内在不确定性。

总之，我们已经说过，与价格冻结相比，不可转让配给计划有如下优势：较少的交易无效率和使用汽油时较少的任意性。虽然两种计划都会导致交换无效率，但是不可转让配给计划涉及大量的不确定性，包括发行的配给券的数量和由此决定的价格两方面的不确定性。应当指出的是，实施不可转让配给券计划要持续的时间更长。

政策干预导致交换无效率的另外一个问题是潜在非法市场。在价格冻结计划下，由于建立非法市场的交易成本很高，所以问题并不严重。尽管消费者愿意把汽油卖给想购买更多汽油的其他消费者，但是如果不存在排队等待加油的情况、不要求按规定的限量加油以及不允许转让汽油，那么两个人还是什么好处都得不到。

然而，在配给券的定量配给下，人们不得不通过非法交易从别人那里购买配给券，这虽是非法的但很难阻止，因为印刷针对个人的配给券（例如，印上车牌号）成本太高昂了。政府可以向每个消费者发一本配给薄，并要求每次都出示整

---

①　我们所举的例子都是对正常品来说的，但也适用于劣等品。唯一的区别是一开始流浪汉比富人消费更多的商品，而且会首先觉察到配给券数量的减少所带来的影响。

②　这适用于配给券的数量高于有效供给的情况。如果配给券的数量低于有效供给，该政策也就自然地会降低消费。

本配给薄，但是加油站的经营者仍会放松要求。由于经营者没有特殊激励和顾客争辩配给券的有效性，因此很难阻止配给券的非法交易。

当然，这种讨论使我们不禁要问：阻止人们做他们想做的事情，我们的目标是什么呢？为什么不允许配给券转让呢？如果这样的话，交换无效率就会消失，而且汽油的价格还很低。每个消费者面临的实际价格（包括放弃转卖配给券的机会成本）会为其储存汽油提供适当的激励。或许最重要的是，发行配给券的数量和由此导致的价格水平的不确定性也会消失。

政府可以只发行等于有效供给的数量的配给券，此时配给券能用完。配给券的初次分配在比例上与不可转让的情况相似。实际上，在我们的讨论中，选择不可转让配给券的三个原因——外部性、转让的交易成本以及人们对以实物支付的再分配的公平感——在这里似乎一个也没有出现。可转让配给计划的完美之处在于政策制定者能够在初次分配中把配给券以公平的份额分配给每个人，而且市场也可以通过补偿那些偏好储油（多于他们可支配的公平份额）的人自动修正交换无效率。

在得出可转让配给计划是理想计划这一结论之前，需要提醒一下，这一计划需要一个管理机构，而且在配给券的分配上要达成协议也并不是那么简单。① 另外一个可以达到同样效果的议案就是消费税计划。为了解释这一计划，我们把图14-1（a）的一部分复制过来作为图14-9。该图是在可转让配给下发行Q_C的配给券时汽油的供给与需求。供给为Q_C，加油站汽油的价格就必须为P_R；需求为Q_C，消费者支付的价格就必须等于P_R+P_C（汽油的价格加上使用配给券的机会成本）。前面我们提到了配给券价格的作用与消费税类似，现在我们再深入研究一下。

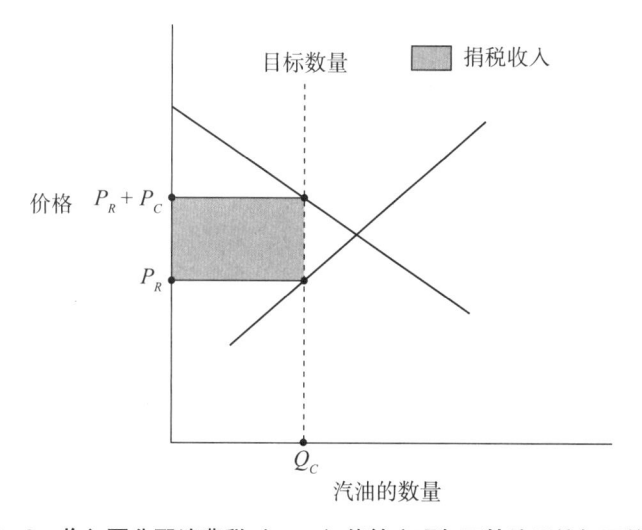

图 14-9 收入再分配消费税（$=P_C$）能够实现与可转让配给相同的均衡

假定不使用可转让配给，在市场上只征收在数量上等于P_C的消费税。如果

---

① 在不可转让配给下达到协议可能会更难，因为国会要对增加的限制承担责任（例如，当配给券不可转让时，每个游说团体对分配的关注会更多）。

此时忽略收入效应（这样需求曲线就不受影响），那么很明显，供给者得到了和可转让配给条件下同样多的收入（$P_R Q_C$），税收收入等于$P_C Q_C$。那么如何处理这些收入呢？假设按照和配给券的初次分配相同的计划进行再分配，也就是说，每张配给券是个人在可转让配给下得到的，我们就把P_C看做一种税收再分配。

这就使每个人的预算约束线与可转让配给条件下相同（因为得到的退税等于定量配给下得到的配给券的价值），但是不存在产生任何收入效应的收入变化。由于在这两种计划下，消费者支付的汽油价格相等，预算约束线相同，所以每个消费者在任一计划下都会选择相同数量的汽油（和相同数量的其他商品）。这两种方法资源配置和收入分配的结果都相同。在通常情况下，要设计出两种有相同均衡的计划还是有可能的。

有退税的消费税计划相对于可转让配给有一个明显的优势：我们不需要一个管理机构来监管配给券的印刷、发行以及在加油站强制使用配给券。可以确定的是，消费税计划会带来额外的行政管理成本，但其只是现行管理成本中的一小部分。比如，如果已经有了联邦汽油消费税，那么无论我们是否增加对汽油的征税，收税机构都在运行。

两种计划的另外一个区别与每种计划的净再分配有关：尽管制定相同的计划是可能的，但是政治压力可能会造成再分配方面的不同。简单地说，在决定再分配时，可转让计划更注重汽油的"必需"性或者过去的使用情况，而退税计划则更强调支付能力。然而，这很难预料谁是获益者谁是受损者，需要进一步的解释。

若配给券是可转让的，再分配就不明显，但是它和收到的配给券数量成比例。决定初次分配的所有政治压力是基于可觉察到的汽油需求或是过去的使用情况的。商业性的消费者期望得到较多的配给券，客车可能会得到同样的配给券，而不论车主的收入如何。交通负荷更重的州会得到比其他州更多的配给券。

可转让配给涉及一种重要的不公平：配给券在广义的阶层中进行分配，而在每一阶层中，通常那些消耗少量汽油的人将获得不应得的意外之财。靠开车送牛奶维持生计的人是高消费者，而乘车上下班的有钱人是低消费者。低消费者不论贫富，最后所处的状况都会比配给前更好。因此，可转让配给计划的又一缺点是再分配的好处归于那些不该得到的人。这些人是因为汽油用量高或支付能力强而得到好处的。

消费退税迫使政策制定者重新分配现金，而且此处所说的政治压力更注重支付能力而不是汽油的使用量。① 商业使用者不可能得到退税，尽管某些税收减免可能会计入公司所得税中，而个人可能会通过所得税的减少得到退税。这可以采取很多形式，因此除了知道汽油使用少的人获得好处之外，我们不可能预测收益是如何分配的。减免税对富人的益处最大，其值为减免额×较高的边际税率。每个纳税人（不管是否是司机）都得到同样多的退款。另一种可能就是通过福利制

---

① 注意，准确地说，根据用量退回消费税的政策和价格冻结是一样的，在可转让配给的情况下，人们收到的现金是按未使用的配给券的比例发放的。

度给予特定的燃料救助款，或者采用这些议案的某种混合形式。① 根据对固定总量的再分配，很难看到每个计划明显的公平优势，因为这都取决于人们怎样权衡汽油的使用量和支付能力。

可转让配给计划与退税的消费税计划相比有一个优势。由于消费者对逃避支付准租金有更大的把握，因此为了有效管理准租金计划，政策制定者必须制定恰当的消费税税率。但是，因为总需求大量减少，所以很难确定恰当的税率。甚至对需求弹性的最佳估计也只有在可观测的需求附近才是可靠的。尽管总价格将是自由市场的价格，但是税收可能只是准租金的一小部分。使税费下降的政治压力会强化这种可能性。而使用可转让配给券时，政策制定者只需知道适当的配给券数量，市场就会自主决定其价格。这是一个很重要的优点。②

表14-2总结了我们对每种计划的评价。在现实中，卡特政府的计划是一种可转让配给计划。当国家遇到20%或更大的供给短缺时，这项计划就会生效。最初的设计是为了给全国每一辆注册的交通工具分配同样的基础配额，但遭到了国会的反对。这种可转让配给计划可以以最小的管理失误和最快的速度得到实施。

表14-2　　　　　　　五种汽油配给战略的（主观）评论总结

标准	备选战略				
	自由市场	价格冻结	不可转让配给	可转让配给	消费退税
交换效率[a]	好	差	差	好	好
长期产品组合效率激励（产出水平）	好	差	从公平到差	差	从公平到差
生产效率（成本最低化生产）	好	好	好	好	好
市场交易效率	好	差	从好到公平	好	好
政府交易效率	好	从好到公平	差	从公平到差	公平
公平（无租金的最低额）	差	公平	从好到公平	好	从好到公平
实施速度	好	好	公平	公平	从好到公平
满意度	差	从公平到差	从公平到差	好	从好到公平

注：[a] 在很大程度上以满意度为权重。

为了争得议会的同意，该计划不得不根据各州交通负荷的情况重新设计，把额外的配额分给农民和能源企业。而白宫要求更多的特殊利益，结果扼杀了议员赞成的计划。为了争得整个国会的同意，最终的计划不得不根据过去的汽油用量对出租车、汽车出租公司以及其他特定企业增加配额。而且每个州配额的5%要

---

① 注意，燃料救助款也可以代金券的形式发放。如果代金券是按使用量的一定比例发放的，那就是在试图抵消税收引起的价格变化。
② 关于什么情况导致数量配给而不是价格配给，更多理论阅读材料请参见 M. 维兹曼（M. Weitzman）1974年10月发表在《经济研究评论》上的一篇有趣的文章《价格与数量》。其他人也讨论过市场上出现非价格配给的情况，例如，R. 吉尔波特（R. Gilbert）和 P. 克莱姆波勒（P. Klemperer）2000年春发表在《兰德经济学杂志》第1期上的文章《配给均衡理论》。

由政府决定，以便处理某些"特殊"情况（如残障司机）。

这些例外情况会引起资源短缺的时间延长，一直到计划能够运行。而且每种例外情况都会在分配配给券的过程中导致更多的错误、抱怨和困惑。由于配给券是可转让的，因此国会要求的给予企业的额外分配是意外之财，资源配置功能很小。这些配给反映了国会对公平的看法，也可能代表了特殊利益群体在政治决策过程中的影响。

20世纪80年代，一次严重的能源危机和一次政治氛围的转变使人们对配给计划有了新的看法。由于反对保存已准备投入使用的配给券，里根总统宣布说自由市场就是他的分配计划，并且命令销毁配给券。从那以后，能源价格保持相对稳定甚至平稳下滑，这个问题也没有再被讨论过。

这种情况又一次证明了政治可行性对政策分析的重要性。政策设计者应当能够预见在获取法律许可时可能产生的压力，并且要考虑一下承受这些压力是否值得，然后拿出最佳的现实方案。在政治上最可行的可转让配给计划应当和其他政治上最可行的方案加以比较。因此，如果想寻到有效的政策变化，那么源于微观经济学的基础设计技能必须和政策分析的其他技能相结合。

其他的定量配给政策

在公共政策的许多其他领域里，基本的配给知识对政策设计是很重要的。在这部分，我们简单地介绍几种。在后面的有关外部性经济的章节中，我们会对空气和水污染的管制这一重要领域进行详细的阐述。1990年出台的《清洁空气法修正案》制定了一项可转让许可制度，允许美国的电力事业单位释放SO_2气体。有一项类似的制度经常被大家讨论，就是关于全球变暖的碳排放问题的国际管制。

运用配给政策的另外一个重要领域是物种保护。不幸的是，最近几年发现，对稀有野生生物的严重威胁已变得相当普遍。例如，在美国的西海岸，奇努克鲑已经越来越少了。美国国家海洋渔业局已经要求大量减少在开放海洋中的商业性和娱乐性捕鲑行为。像这样的裁减政策最常见的是缩短允许捕鱼的季节。不论采用哪一种方法，商业性捕鱼公司的经济收入都会受到严重威胁。大多数商业性捕鱼公司是小型家庭经营的，在配给的情况下雇主可能要遭遇严重的经济困难。

让我们接受大量减少捕鱼这一决策，并把重点放在效率上。当然，大幅缩短捕鱼季节，也存在配给无效率。如果对捕鱼本身不施加实际限制，那么捕鱼者就有很大的激励在允许的捕捞季节中捕捞更多的鱼。无论消费者的购买意愿多高，他们仍然会在每年的大部分时间里买不到新鲜的鱼。如果同时规定一个允许的捕捞总量，就会减弱"早期"的捕鱼激励，因为这样每条渔船都会争取捕捞尽可能多的鱼，直到达到总限。如果在规定的季节里捕鱼较少，那么每天就只有较少的渔船、劳动力和其他资源。这样，释放出来的资源就有更长的时间用于其他用途。这比缩短季节后再释放船队更有价值。

诺贝尔经济学家加里·贝克尔建议说，应当用征收物种税来代替缩短捕鱼季节。当然，其基本的观点是税收可以使捕鱼的边际成本与社会价值相关联，其他的由竞争市场来决定。税额要随重量和大小而改变，以禁止捕捞小鱼和幼鱼。但是，高税收只会减少但不能阻止每天捕鱼。效率最低的捕捞者就不会被征税。效率最差的公司和有更好的其他选择的公司会离开这个行业，而更有效率的公司会留下来。在较长的时间里，消费者可以买到新鲜的鱼，并且更符合他们的偏好。

税收计划的一个缺点是对适当的税率没有把握。另外一个计划是使用可转让配给，同样可以实现目标。在捕鱼业，通常这是指 ITQ，即本人可转让配额。欧洲的部分地区和新西兰都在使用这种制度，由此可知它是可行的。ITQ 总量等于允许捕捞的总量。选择一种方法分配份额（包括拍卖），然后接受者再以他们认为合适的方式进行交易。野生动物保护组织可能会购买，但会有意识地不去使用。当没有哪一个配额的所有者是被迫交易的时候，效率最高的捕鱼公司的出价能使低效率的持有者获利最大。就像税收制度一样，继续生产的公司就是最有效率的。

ITQ 计划有一个优势：以有效的方式保护更多的小型家庭式企业，尽管这一优势取决于 ITQ 的分配方式以及对税收收益的处置。在 ITQ 计划下，小企业工人能从工作中得到大量的心理收益，并且小企业不会被迫卖掉初次得到的配额，它会选择持续经营。但是在税收计划下，这种经营可能负担不起额外的税收开支。原则上，把税收收益再分配给小型家庭式企业，其数量应当等于（或高于）可转让计划下配额的价值。但是，由于政治压力，二者不可能产生相同的分配结果。

尽管看起来每条捕捞船必须受到相同的监控（征收合适的税或确定配额数量），但是这两种计划在执行上有所不同。此外，发行和追踪配额的成本与制定和运行税收制度的成本，也有管理上的区别。但是在这种情况下，最大的不同就是：（1）相比决定发行的配额总量来说很难确定合适的税率；（2）ITQ 初次分配的可行方案在政治和管理上难以达成一致。

配给经济学的应用还存在许多其他的政策问题。不可转让的停车许可通常发给当地居民，赋予他们无限期停车的权利，而外地居民可能只允许停 1～2 小时。这是无效率的，因为有些外地居民愿意购买这种权利，价格高至足以使一些当地居民卖掉他们的许可证——如果允许的话。此外，批量的停车时间也会导致无效率。有些外地居民可能有较高的需求，比如希望每天允许多停一个小时，而有些当地居民会很轻易地放弃每天停车时间中的一小时。如果不存在测量成本（对消费者和管理机构来说），最有效率的配给方法就是以市场价格按停车的时间进行收费。因此，设计一种有效率的停车制度取决于需求、供给以及停车交易的成本如何随时间（天、小时、分钟）的变化而改变。

在供电服务中，有很多时候电的需求暂时超过供给，有些服务不足或被中断。有些电力公司对消费者任意断电（2001 年加利福尼亚的断电风波），这有点像服役例子中的征召现象。而有些电力公司提供定制中断率服务。那些希望在短期断电中受到影响最小的消费者可以主动要求降低中断率。其中一种方法就是允许电厂控制消费者的空调量。如果某一地区的需求超过供给，电厂就减少对空调的供电（导致室温比通常情况高一些）。中断率是断电分配比较有效的方法，潜在的效率取决于科技进步（如空调）能在多大程度上减少断电给消费者带来的麻烦。

和停车的例子相似，用较少的时间批量促成电力交易也会带来潜在收益。在限量范围内，电的价格随时都会发生变化以实现供求平衡（从而不需要中断定价）。但是允许价格在较短时间内变化时，其产生的收益一定要大于制定和实施供求决策所增加的交易成本。例如，大多数现有的家用电表都不能记录用电时间，而且大多数居民也不愿每隔几分钟就核定费用，计算是否以及怎样调整其消费。

最后，我们简单介绍一下器官移植问题。很多人的肾、心脏、眼睛等重要身体器官丧失了部分功能。这是很不幸的，但又是生活中的事实。随着医疗技术的进步，用捐赠者（通常是刚过世的人，但有时也有捐献了器官还能正常生活的人）提供的功能正常的器官来代替患者功能失灵的器官成为可能。问题是：运用什么样的制度来使需求和供给相匹配呢？

对于很多人来说，最自然的制度是根据医疗需求配给有效供给。这必然是一种不可转让配给制度，强调把医疗客体作为分配配给券的基本标准。在很大限度上，供给取决于道德劝说和捐赠者的意愿。这一制度忽略了需求者（患者）的支付意愿和供给者（器官捐赠者）的供给意愿。然而毫无疑问，这一问题会产生很难解决的道德问题，而且事实上对捐赠者较高的补偿能够增加供给。也就是说，深层次的道德问题就是加大对配给价格的依赖，会使得更多的病人得到所需的移植器官，尽管这可能引起某些人的反感。

小结

在特定的市场中，为了实现再分配的目标，配给券、代金券或是二者的结合是比较适用的政策工具。初次分配控制着这些政策工具结果的公平性，相比像租金控制这样的直接控制市场价格的政策，其任意性要小。

当使用配给券时，它们在购买商品时是必需的。必需品短缺且供给缺乏弹性时最可能使用配给券。保证一些人或所有人都得到一个最低数量的唯一途径是禁止行使过多的购买力。不可转让配给券把个人需求限制在配额内，使市场需求向内移动，价格降低。这也使得持券的消费者可以接近供给价格的价格买到商品。

可转让配给券也允许持券者以接近供给价格的货币价格买到商品，但是，在这种情况下使用配给券必然会产生不能出售这种权力的机会成本。由于个人能卖掉所有的配给券，因此初次所得相当于收入补贴。对于低收入家庭来说，这种补贴在购买配给的必需品时有很大的正收入效应。商品的分配结果在交易上也是有效率的，并且不同于自由市场仅有收入效应时的分配。与自由市场另一个主要的区别是供给者只有一点或没有准租金。大部分租金按照初次分配的比例给了配给券的接受者。

如果正外部效应和配给券接受者的消费有关，如果存在可观的转让配给券的（外部）交易成本，或是如果重新分配时必须考虑公平评价标准，且有效供给只能向每个人提供最低必需的量，那么不可转让配给要优于可转让配给。如果管理者不知道个人需求的多样性，而供给又能够满足多样化的要求，那么可转让配给是件好事情。

在很多市场上供给是有弹性的，重要的是确保所有人都得到最低消费。这会成为食物、教育和医疗等领域的特征。这些领域可能就要使用代金券。这种个人补贴仅对特定的商品具有购买力，但并不是购买商品所必需的。它们对个人的影响已经在第三章和第四章中分析过了，其市场效应就是增加了均衡量。如果供给不是完全富有弹性的，则可能会提高价格。当供给有弹性时，使用代金券而不是配给券，不仅更有效率而且更公平。

有时候，配给券和代金券这两种工具可以结合在一起，即配给-代金券。它不仅具有购买力而且也是购买商品所必需的。公民所享有的权利和义务（如选举权和陪审职责）可以看成用这种方式配给的商品。一个有意思的例子就是服役。许多国家靠征召来的人服役，而有些国家是靠志愿军。征召服役的预算成本比相同数量的志愿军的预算成本低得多，但是前者的社会机会成本要比后者高得多。

如果服役义务是可转让的，则征召服役的社会机会成本可以降到有效水平。没有收入效应的简单模型表明：无论被征召的是谁，最终服役的人和志愿服役的人相同，主要的区别在于分配（而且这种区别在收入效应下会得到加强）。在全志愿制度下，纳税人承担了税负，而那些非志愿服役的人没有承担。在可转让的征召制度下，纳税人只承担较低的预算成本，而剩下的都由被征召服役的人（无论其是否实际服役）承担。我们也提到过一种不同的形式，即在具备征召资格的人口中平均分担。

在可转让配给下，由于供给是确定的，政府运用行政权力把官方服役工资定在低水平。这就决定了由纳税人承担的份额。全志愿制度有一个优点，即无论人们怎样评价它的公平性，它都会使政府决策者在考虑征兵人数时面临招兵的全部社会成本。

一旦官方工资确定，我们就可以搞清楚竞争性的配给价格是如何形成的。我们可以确定被征召者的替代者需求曲线和非征召者的替代者供给曲线。配给券价格由替代者的需求等于供给来确定，服役的有效工资等于官方服役工资加上配给券的价格。不管个人是被征召还是不被征召，都是如此。服役的非征召者得到的报酬包括实际服役工资和作为替代者收到的配给券价格。服役的被征召者得到了实际服役工资，不需要向替代者支付配给券价格。

换个例子，通过考察计划配给短缺期的汽油，我们引入了一种解决问题的方法。这种方法要考虑到效率、公平以及其他的实施问题。自由市场可以作为标杆，但是在上一次短缺期间，国会下令寻找更公平的方法时并没有认真考虑自由市场。除了实施的速度外，价格冻结在各方面都是失败的：可能快速回应比无所作为好，因为这样比自由市场情况下更公平些。不可转让配给会满足基本的公平目标，但是很迟钝，会导致严重的交换无效率。

最能满足政策目标的两种计划是可转让配给和有退税的消费税。在理论上，这两种计划可以达到相同的均衡。两者之间的区别体现在管理上和政治上。因为配给券的缘故，可转让配给券的管理成本较高。而消费税计划在管理上有着严重的不确定性：只有当管理者确切地知道恰当的税率时，才能够把全部的租金都分配给消费者。

可转让配给先把人们进行广泛的分类，然后再进行分配。政治压力会对这些归类的界定施加影响，像卡特政府的计划一样。消费税税率服从政治压力而保持低水平，而且返还的费用会根据专门的税收规定进行分配。准确预测政治压力需要一个全面的政治分析，这也说明了为什么经济技能只是政策分析者工作所需技能的一部分。

在最后一部分，我们简单介绍了另外几种主要的配给政策的应用领域，这些领域可以从我们前面的分析中获益。这些领域包括与捕捞鲑鱼相关的物种保护、停车场、短暂的短缺期间的电力服务以及外科器官移植。由于配给券在应用中可能会采用多种形式，所以有时候，一项分析的关键始于理论工具与现实形势之间的联系。

习题

14-1 发生了一场干旱，哈德逊-奥兰多水区（H_2O）已经决定：今年只能消费水库里50%的水，另外的50%储存起来以备明年使用。总消费将比正常年份少75%，尽管政府允许每个家庭的平均消费量超过基本生活水平，但是形势严峻，重要的是不能超出目标消费水平。

a 理论上，通过收取恰当的价格，既定数量的水能在消费者之间有效地配给，但是在这种形势下，这种方法会产生更严重的问题。不考虑公平问题，在这种情况下，配给价格的问题在哪里？

b 有一项提议，H_2O 为每户设定一个严格的限量（如每户每日20加仑）。任何超出这一限度的家庭在其主水管上安装一个水流限制器。作为一种达到总目标和确保水有效分配的方法，你如何评价这一方法？

c 另一个提议是使用问题 b 中所提出的方法，但做一个重要的改动：每户配额的权利可转让（例如，每户每天收到20加仑的配给券，可以自由交易，而且必须交换足够的配给券以满足实际消费）。在这种计划下，一加仑水的价格比付给 H_2O 的货币价格更高。试加以解释。回答 b 中所提出的同样问题。如果这种配给计划没有收入效应，水的均衡价格就等于计划 a 中的均衡价格。试加以解释。对比一下 a 的答案，计划 c 有比较优势吗？

14-2 去年春天，某大学遇到了严重的车位短缺问题。该大学有50个停车位，每个10美元。但学生 S 需要40个，办公室 F 需要20个，怎么办呢？仔细分析了每组的需要后，该大学决定学生应该有34个，办公室有16个。该大学认识到了需求的多样性，因为一项研究表明不同群体有不同的价格弹性：$\varepsilon_S = -0.5$，$\varepsilon_F = 0.25$。

a 尽管在每组中，停车许可证分配给了那些评价最高的人，但是分配仍然是无效率的。试证明之。[提示：$\varepsilon \equiv (\Delta Q/Q)/(\Delta P/P)$。]

b 求最大开支的最小预算，这一最大开支能改变这种情况并且是有效的。

14-3 查理·凯恩沃克的停车需求曲线为

$$Q = 20 - 2P$$

Q 是每月上班停车的天数；

P 是每天停车的价格。

假设一个（工作）月有 20 天，唯一可用的停车场是市政府的一片地，查理只有一辆车。

a 支付意愿。停车位是按月销售的（要么你买 20 天的停车位，要么一天也不买）。查理购买月许可证最多愿意支付多少钱？

b 配给。假定通过一项市级法令，实行车牌的奇偶限行制度（如果你的牌照的末尾数是偶数，则你可以在第 1，3，…，19 天停车；反之，则在第 2，4，…，20 天停车），限制每辆车只能停 10 天。估计一下这项法令导致查理在停车价值上的损失，解释你的原因。

c 任意停车。取消这项法令，月许可证售 60 美元，每个工作日提供停车位的实际社会成本是 3 美元，那么由月许可证（任意停车）所引起的净损失是多少？

d 市政府的动机。给出市政府只按月提供停车场的两个原因。一个必须是出于市政府自身利益的考虑，另一个必须是出于公共利益的效率方面的考虑。

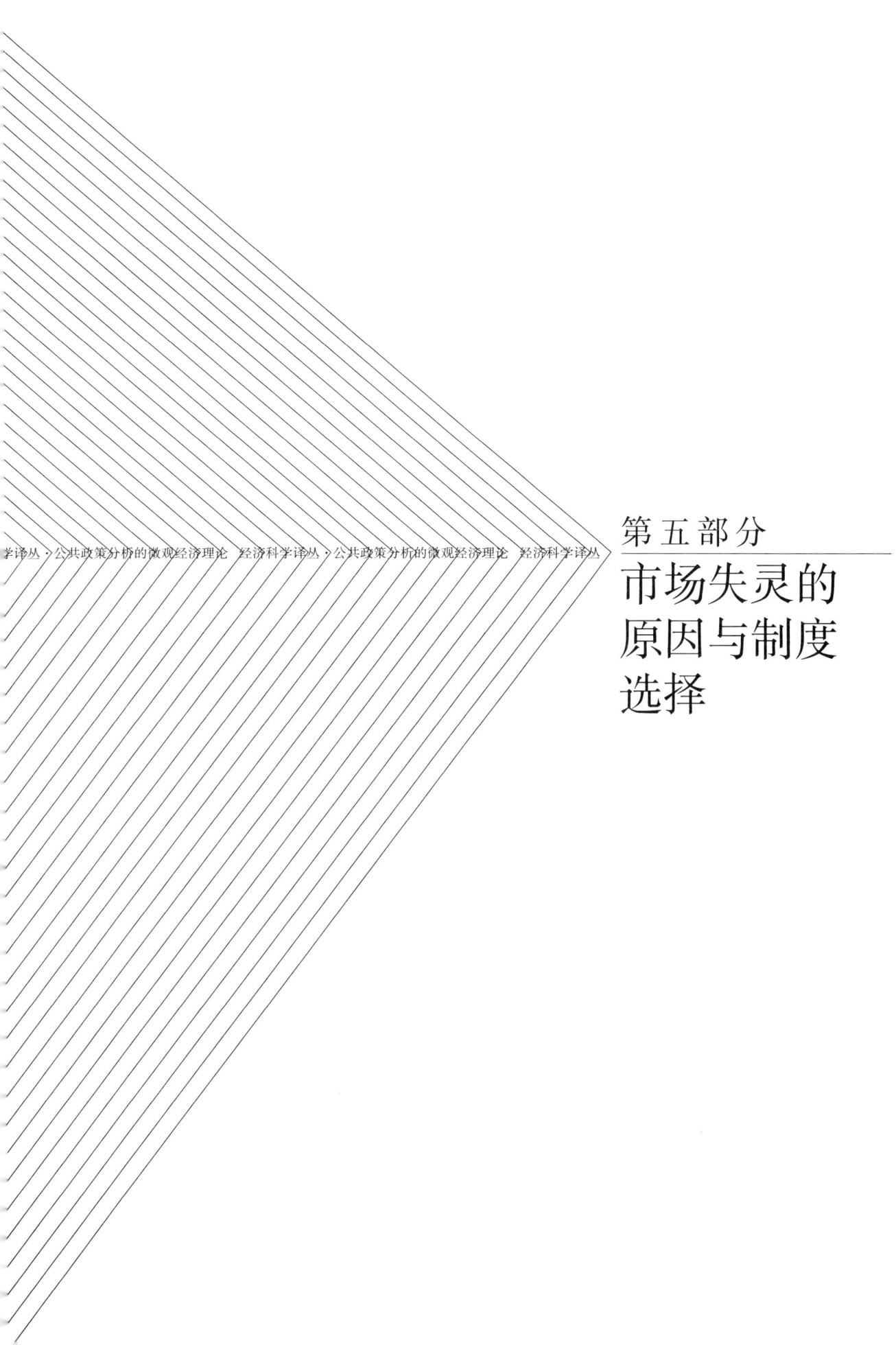

第五部分
市场失灵的原因与制度选择

第十五章 市场与政府配置的困难

在第四部分我们集中讨论了完全竞争市场模型。在本章中，我们将主要介绍那些导致市场偏离完全竞争模型的问题以及由此产生的分配效率问题，并在后面的章节里对此类问题做更加深入的研究。

仔细考虑这些问题我们可以得出如下结论：几乎在每个市场中都或多或少存在这些问题。在考虑这些问题时，我们很容易忽略市场经济体制的经济成就。对市场经济体制而言，撇开其在竞争均衡中的作用不说，市场经济体系中实际人均GDP在过去的几个世纪已经增长了好几倍。可以说，现实中的市场在世界经济发展中扮演了主要的角色。

但是，很多"以市场为导向"的经济的成功少不了重要政府部门的作用。这些政府部门在某些情况下以特别的方式限制或指导资源配置。例如，技术进步是成功市场的一大特点。然而，这些进步的很大一部分应归功于诸如专利法、版权法之类的公共政策。正是这些政策激发了公司革新的动力。技术进步的另一大部分应归功于政府投资的基础研究。由基础研究产生的许多构想和突破使得技术进步在市场经济中成为可能。可以说政府管理和市场决策的结合才是经济进步的真正原因。我们还要进一步理解政府管理和市场决策何时以及如何才能够富有成效地结合起来。

在本章中，我们将识别不同市场的不足，并将政府调控视为特定的领域中协调经济主体的手段。以我们前面讨论过的公平问题为例，尽管对这种问题的解决方案的分析与协调相关（例如，如何设计可转让配给券，以使所有权的交易和追踪更加便利），但是其本身并不是个协调问题。下面，我们将分析市场失灵问题——一般的市场调节不能带来有效（完全竞争的）均衡的情况。

在完全竞争模型中不存在市场失灵的情况。我们从来没有为了追求效率而向任何人发号施令。没有任何指令规定人们应该买什么、在何时何地买、怎样生产、生产什么或是谁应该生产。个人的行为完全受其个人利益（例如效用最大化）的驱使。此时的个人行为受市场的协调而不是人为的控制。通过竞争，生产成本实现了最小化，市场需求保证了现有资源条件下产品的最优产出。如果经济中的所有部门都能达到完全竞争模式的要求，那么政府的作用就可能仅限于实现再分配的目标。

很显然，上述描述并没有考虑到经济生活中的很多现实问题，而这些现实问题正是政府理应解决的。之前我们已经提到了许多此类问题（例如垄断、外部性），后面我们将对这些问题做个总结。尽管我们发现所有的问题都存在，但不可否认的是市场作为一种协调机制是非常有效的。这也是为什么这些问题的"解决方法"经常涉及市场机制的部分减少和公共政策的增加，并把余下任务交给客观的市场力量来完成的原因之一。① 关于市场失灵问题有一套有效的分类法。通过此分类法，我们可以更深入地洞察政府的经济功能。然而，这种分类法并没有指出政府应如何有效地对市场失灵做出回应。市场机制不可能在任何条件下都完美地运作，政府的调节和操作也同样不可能。因此在"市场失灵"部分之后，我们将讨论政府失灵问题。

真正的问题不在于找出与理想模式相背离的地方。这种背离仅仅代表我们进一步研究的方向。真正的问题是从众多可行方法中找出能在特定情况下协调经济主体的最佳组织方案。这些组织方案有时被称为体制结构——经济主体生产、购买产品或服务的交易框架或规则。体制结构包括适用于财产、合同的法律法规或规章，有关政府或非营利性机构生产或消费的规则以及社会中的文化规范。上述每个方面都具有约束和影响经济主体的作用，其中许多方面也可被视为公共政策的问题。要设计一种用于指导某一部门资源配置的体制结构，就需要了解市场调节和政府管理的优缺点。通过对这些问题的分析，我们可以提高分析具体制度问题的能力。

---

① 这对于"较少"资本主义导向的经济同样适用。关于谁是适当的资本所有者（与其他所有制相比，有些社会更倾向于资本的公有制）以及应该选择什么样的资源配置机制的不同观点之间有很大的差别。举个例子，尽管养老基金依靠金融市场对基金的分配进行分散决策，但它们拥有美国经济中大量的资本。人们可以想象政府控制的养老基金拥有大部分的资本，并且用相同的方式做出配置决定。事实上，一个关于美国社会保障体系改革的构想是：让政府像对养老基金一样对社会保障进行投资。

市场失灵

为了更好地理解作为协调机制的市场出现失灵的原因，我们详细讨论市场失灵的分类。对于每一种市场失灵，我们都指出为什么市场会偏离最佳效率。

规模经济和范围经济所导致的有限竞争

我们通常讨论两种类型的有限竞争①：垄断（仅有一个供应者）和寡头垄断（只有少数供应者）。在此我们只讨论由于公司成本而引起的自然有限竞争。在这种情况下，一家公司（垄断情况下）或几家公司（寡头垄断情况下）提供产品比许多公司提供产品价格要更便宜。② 这些不完全竞争有许多变化形式，在本书的范围内不可能对它们全部进行讨论。③ 尽管我们也要研究某些寡头垄断的情形，但重点还是放在自然垄断方面。一般来说，公共政策对自然垄断的干预比对寡头垄断要普遍和广泛得多。

我们已经看到，尽管垄断条件下提供产品的效率有所提高，但规模经济所导致的自然垄断仍是没有利润的（见第十一章）。因为在这种情况下，边际成本低于平均成本，公司不愿选择无法带来利润的边际成本定价。如果面向消费者的市场价格不等于提供产品的边际成本，那么此产品相对其他产品的边际替代率就不可能等于相应的产品转换率，这就违背了帕累托最优的一个必要条件。通常的解决方法是补贴此类企业。这些企业有可能本身就是公立的（例如邮政部、美国铁路客运公司和绝大多数地铁公司），也有可能是私立的（例如某些市区公交公司）。

此问题的第二种情况源于营利性自然垄断，例如公用事业公司。④ 在这种情况下，垄断者不太可能"正确地"配置资源。（为了追求利润最大化，$P > MR = MC$，所以此产品相对另一种产品的边际替代率不会等于相应的产品转换率。）此外，通过利用其垄断权力，垄断者可能会向消费者索取远高于其边际成本的价格。我们将在后面的章节深入讨论此类问题的通用解决办法——回报率管制。

由于存在各种变异的情况，因此我们很难对寡头垄断的情况做出归纳总结。尽管如此，在寡头垄断的条件下，当一家或者多家寡头公司拥有市场支配

---

① 限制条件把我们的注意力限制在那些产品净收益为正的情况。
② 因而我们根据这一定义排除那些由竞争性公司之间共谋而产生的垄断或寡头垄断，也可以排除由政府特许权而产生的垄断或寡头垄断。
③ 不完全竞争一般是产业组织课程的重点。它可能发生在产品市场和要素市场，也可能发生在市场的买方或卖方（例如，如果仅有一家公司雇用当地的所有居民）。
④ 在第九章讨论货运管制时简要提及了这一点。

能力，即收取高于边际成本的价格的能力时，就会导致效率低下。我们在提及这类生产者时将之视为价格制定者而非价格接受者。这种市场支配力的存在说明此类产品的需求曲线具有向下倾斜的性质（不同于在竞争性市场中作为价格接受者的公司面临的水平需求曲线），所以 $P>MR$。如果公司为了追求利润最大化使 $MR=MC$，则消费者对此产品相对于其他产品的边际替代率将不等于相应的产品边际转换率。就公共政策而言，若公司的合并会导致"过多"的市场权力，那么联邦商务委员会和司法部的反托拉斯部门可能会拒绝批准这些公司的合并。合并也会有提高效率的作用，例如研发新产品、营销和分配所带来的经济性。我们通常很难判断效率的提高和降低两方面作用中哪一个居于主导地位。

公共物品

到目前为止，我们一般假定一种产品仅为一人消费。然而，有些产品是由"所有人"共同消费的，国防就是个典型的例子。更普通的是由"某地区的所有人"共同消费的地方公共物品，例如路灯、灯塔、巡警、天气预报、防洪工程、公园和公共健康活动。有些公共物品，例如街区犯罪的威胁，实际上是公共"坏产品"。

公共物品至少拥有以下两种特征之一，或者两者兼备。第一，对此类产品的消费是非竞争性的。我对天气预报的消费并会不导致你的消费量减少。第二，此类产品是非排他性的。一旦将此类产品提供给一个人，我们就无法阻止其他人从这种产品中获益（至少不用大量支出）。如果我为自己所在的街道安了路灯，那么我很难排除在此街道的其他人使用路灯。那些可以免费从中受益的人常被称为"搭便车者"，这是市场无法有效提供公共物品的一个重要原因。

纯公共物品同时具有非竞争性和非排他性两种特征。为了简便起见，我们主要讨论纯公共物品。准公共物品是指仅具有以上两个特征之一的产品。准公共物品，例如动物园（至少在达到某个拥挤程度之前是非竞争性的），并不会导致与纯公共物品完全一样的问题，因为市民会因未买票而被挡在大门之外；在达到剧场最大容量之前，电影可以说是公共物品，但剧院也可以将不买票的人排除在外。这与海洋的问题不同，因为尽管鱼类消费是有竞争的，但不让渔民打鱼是很困难的。

一般地，效率要求我们在提供纯公共物品时确保边际收益超过边际成本。然而，由于每个人都从公共物品中获益，所以我们得把这些个人收益加总以确定它们是否高于成本。当然，并非每个人得到的单位产品的边际收益都是相同的。严格来说，帕雷托最优配置要求，对于任何私人产品 X，提供给 m 个消费者的公

共物品 G 需满足①
$$\sum_{i=1}^{m} MRS_{G,X}^{i} = RTP_{G,X}$$

如果将公共物品供给全权交由市场来决定，那么公共物品将会无法分配。因为每个人在消费时都有低估自己偏好的动机，其目的是为了逃避付费或者在他人付费的时候做一个"搭便车者"。因此，公共物品引发了对政府干预市场最有力的论证：市场不仅会失灵，而且会很严重。

甚至是对有排他性的公共物品，比如动物园，市场也无法做到恰当分配。当门票收入等于或超过总成本时企业家才会开设动物园。②但是，由于每增加一名顾客的边际成本是零，所以通过收取门票的方式控制进入的方法是无效的。（这与收益递增情况下的价格问题是一样的。）

尽管如此，但政府决定公共物品配置时也没有一套完美的机制。收益-成本分析的重要作用之一是评估公共物品的合适数量。但是，政府不可能根据纳税人的真实产品偏好对其进行征税（基于同样的原因，市场也无法显示经济主体的真实偏好），选民可能会因为税收归宿（而不是配置）而反对最优配置。

让我们考虑一种简单的公共物品供给，例如消防。从原则上来说，一定数量的消防以及相应的税收可以让每个人的情况都得到改善。但是，一般的税收体制，例如根据财产价值按比例收税，可能使某些人（尽管并非大多数）认为相对

---

① 回想我们在第九章的讨论，$MRS_{G,X}$ 可以被看做用若干单位的 X 来表示的消费额外一单位 G 所得的边际收益。这一技术条件可以通过一个微分的简单模型加以证明。设想有一个两人参与的经济，我们试图在保持一个人的效用 $\bar{U}_2$ 不变的情况下使另一个人的效用 U_1 最大化。（因此这将成为帕累托最优配置之一。）假设经济中只有两种物品，一种是公共物品 G，另一种是私人物品 P。像往常一样，我们受制于生产可能性边界，记为 $F(G)$，它等于公共物品 G 的数量给定时能够生产的私人物品的最大量。那么负的导数（它本身是负的）$-\partial F/\partial G$ 就是为了获得额外一单位 G 所必须放弃的私人物品的量，或是 $RPT_{G,P}$。注意，对两人之间的任何配置都有
$$P = P_1 + P_2 \quad G = G_1 = G_2 \quad (公共物品是共享的)$$
现在的问题是求出拉格朗日表达式的最优值：
$$L = U_1(P_1, G) + \lambda_1[U_2(P_2, G) - \bar{U}_2] + \lambda_2[F(G) - P_1 - P_2]$$
考虑 P_1，P_2 和 G 的一阶条件，可简化为
$$\frac{\partial U_1}{\partial P_1} = \lambda_2 \tag{i}$$
$$\lambda_1 \frac{\partial U_2}{\partial P_2} = \lambda_2 \tag{ii}$$
$$\frac{\partial U_1}{\partial G} + \lambda_1 \frac{\partial U_2}{\partial G} = -\lambda_2 \frac{\partial F}{\partial G} \tag{iii}$$
等式（iii）两边同时除以 λ_2，可得
$$\frac{\partial U_1/\partial G}{\lambda_2} + \frac{\lambda_1(\partial U_2/\partial G)}{\lambda_2} = -\frac{\partial F}{\partial G}$$
把等式（i）代入上式左边第一项中的 λ_2，把等式（ii）代入上式左边第二项中的 λ_2，可得
$$\frac{\partial U_1/\partial G}{\partial U_1/\partial P_1} + \frac{\partial U_2/\partial G}{\partial U_2/\partial P_2} = -\frac{\partial F}{\partial G}$$
然后通过定义，可得
$$MRS_{G,P}^1 + MRS_{G,P}^2 = RPT_{G,P}$$

② 企业可能从食物特许权以及其他与公共物品"打包"的活动中获利，从而不收取门票费。然而，特许权的非边际成本定价是无效率的。

于受到的保护，分配给他们的税额过高。这也许是因为他们住得离车站较远，或是因为他们的住宅材料特别防火，或仅仅是因为他们并不那么怕火。此问题的唯一解决办法就是依据每个人的真正意愿确定其应缴税额，但此种意愿一般都是不为人知的，而且一般人都有少说少报的倾向，因此讨价还价永无止境。

公共政策研究的一个重要领域就是设计一种发现人们的真正偏好的"激励相容"的系统机制。那些在公共广播服务部（PBS）上播出的节目是一个经典又实用的例子。在全国各地有许多PBS的分台，一旦某个分台制作了某个节目，它就可以在所有分台免费播出。因此，地方台对这些节目的消费是非竞争性的。

最初是由华盛顿特区的中央PBS决定制作哪些节目，但其经常在选择节目方面面临政治压力。为了避免受这种压力的影响，PBS设计了一种分散竞标系统。每个分台都被赋予一定的预算权力，并由它们自己决定怎样在数百个节目中分配预算资金。每个节目在各个分台的费用进行加总，并通过各分台的几轮竞标，从而确定哪个节目的出价超过其成本。

例如，第一轮，共有十个台对A节目投标，每个分台出价5 000美元，但A节目总的投资应该是100 000美元。此时总台会告知各子台，需要每个台出价10 000美元，然后各子台会依据新的信息重新在所有节目中分配它们自己的预算。对此投标系统的研究发现，其结果虽不是"最佳"却非常接近于"最佳"。这种相对有效的机制的发现是一个政治花招的意外结果。然而当产生这种制度的政治需要不复存在时，它也就悄悄地被抛弃了（详细分析见第十六章）。

外部性

我们在第四章引入了外部性的概念：某一个经济主体通过价格以外的方式影响了至少一个其他经济主体的福利。外部性在消费者和生产者之间产生。在第三章我们提到了相互依存的偏好，即仅由某人对他人行为的"关注"而引发的一种消费外部性。在许多情况下，外部性是强加的，例如邻居家的草坪变成了垃圾场或者邻居家的房子失火导致我家房子着火。消费外部性可能是正的也可能是负的，也就是说，外部因素的影响对其承受者来说可以是净收益也可能是纯粹的成本。

生产中的外部性也很常见。化工厂对附近水域的污染使得当地渔业受损；如果化工厂排出的恰好是鱼食，就有可能给当地渔业带来积极的外部性。如果一家散发恶臭的黏合剂厂位于住宅区旁边，那么在这个生产者和众多消费者之间就产生了外部性；同样的例子还有建筑公司建造的十层大楼阻挡了其他住户的视野。

还有很多有关外部性的例子。我们在第七章讨论过的贫民区房东困境就是源于外部性。所有的污染都具有外部性：空气污染、水污染、噪声污染以及视觉污染。高峰时刻的汽车出故障会给其他人带来拥堵的外部性，因为这会使每个人的速度都受到影响。最重要的生产外部性来自基础研究：当新的技术被发现时，它通常会有成千上万种实际用途。

市场无法针对那些具有外部性的活动进行适当的配置资源。原因在于个人收益与社会收益以及个人成本与社会成本不一致。当房地产开发商打算建造一幢可能遮挡风景的建筑物时，他会衡量土地和建筑材料的成本与房屋建成后的售价，但是遮挡他人视线的成本并不会被计入开发商的成本，为什么会这样呢？

除非公共政策中规定了相应的权利，否则那些被遮挡住视线的居民没有权利阻止房屋的建造（这也正是区域法出台的原因之一）。周围的居民也不可能"贿赂"开发商以使建筑物"矮一点"。即使居民作为一个整体有提供这种"贿赂"的意愿，在筹集"贿赂金"时也会发生"搭便车"的问题（想一想其他可能涉及此贿赂业务的潜在开发商）。市场很少能够产生正的外部性（例如基础研究），但却能引发大量负的外部性（例如污染）。

对具有外部性的活动进行有效配置的原则与公共物品的情况类似。（后者可以被视为外部性的一个特例。）对于受这些规则影响的经济主体，应保证其所获得的收益超过成本。以下我们将分析生产外部性情况下的市场失灵。①

当生产存在外部性时（在产品 X 和 Y 中），竞争性市场将导致低效的产出水平，这时 $RPT_{X,Y} \neq P_X P_Y$。其中 $RPT_{X,Y}$ 代表生产可能性曲线的斜率，即以放弃的 Y 表示增加 X 生产的社会边际成本。这可以被视为以货币单位表示的生产 X 和 Y 的社会边际成本比率：

$$RPT_{X,Y} = \frac{SMC_X}{SMC_Y} = \frac{每单位 X 所需的美元}{每单位 Y 所需的美元} = 每单位 X 所需的 Y$$

当社会边际成本等于每个企业的边际成本时，竞争市场将导致 $RPT_{X,Y} = P_X/P_Y$。然而，当存在生产外部性时，社会边际成本并不等于私人边际成本。假设产品 X（化工产品）的生产对产品 Y（鱼类）的生产具有外部性。也就是说，Y 的生产函数可表示为

$$Y = F(K, L, X)$$

换言之，Y（鱼类）的产量不仅是企业投入的资本和劳动数量（船和船员）的函数，而且受 X 数量的影响（因为生产化工产品的残留物流入鱼类生活的水域）。如果外部性是正的（残留物恰好是鱼食），则 $MP_X^Y > 0$。若外部性是负的（残留物污染了鱼的天然食物），则 $MP_X^Y < 0$。此时，每增加一单位 X 的社会边际成本就是

$$SMC_X = MC_X - P_Y MP_X^Y$$

公式右边第一项代表 X 的生产者所理解的一般边际成本，第二项代表每单位 Y 的价格乘以由额外一单位 X 引起的 Y 的边际变化量（因此，外部性是正的时候，社会成本少于私人成本，外部性是负的时候则相反）。此时产品转换率为

$$RPT_{X,Y} = \frac{MC_X - P_Y MP_X^Y}{MC_Y}$$

由于竞争条件下的企业会根据私人边际成本等于市场价格来决定生产数量，

---

① 当消费外部性存在时，交换效率就受到限制。这里我们简要说明与商品 X 相关的消费外部性的效率。在购买商品 X 和 Y 的 m 个消费者中，对于每一对消费者 i 和 j，有

$$\sum_{k=1}^{m} MRS_{X,Y}^k = \sum_{k=1}^{m} MRS_{X_j,Y}^k = RPT_{X,Y}$$

在一般市场上，每一消费者的交易可实现 $MRS_{X,Y} = P_X/P_Y$，但是以上条件无法得到满足。

因此
$$RPT_{X,Y} = \frac{P_X - P_Y MP_X^Y}{P_Y} = \frac{P_X}{P_Y} - MP_X^Y \neq \frac{P_X}{P_Y}$$

对于每一个消费者来说都有 $MRS_{X,Y} = P_X/P_Y$，我们可以看到，当存在生产外部性的时候，有

$$RPT_{X,Y} \neq MRS_{X,Y}$$

我们将考察以上分析的某些应用，并在后面章节中把重点放在如何设计解决方案上。有关外部性的解决方法有很多，这里我们仅归纳解决外部性方法的种类。对于交通堵塞的负外部性，可以通过收取交通税来提高价格。对那些因为驾驶技术差而造成车祸从而给别的车辆带来外部成本的情况，规定汽车的保险杠高度标准可能是有效的。对有些污染（例如工厂造成的空气污染），可以在环境允许的总量范围内设定一定的污染权，然后由各经济主体在市场上进行交易。如果外部性仅包含几个经济主体，如贫民窟房东困境中的情形，则可以让一个所有者拥有全部所有权（合并）来解决这个问题。

以上解决方案都是把外在的收益或成本内在化。其效果通常主要取决于解决方案的交易成本。根据汽车交通拥挤的影响征税可能比较容易，但衡量一辆汽车每次行驶的污染程度就比较困难了。相比之下制定污染标准的政策更可行。

我们要注意完全竞争市场上零交易成本假设与上面提及的好的解决方案的交易成本之间的差异。关于这一点，我们从第十章的讨论中可以得知。在市场上，交易成本会影响公司的成立和公司内部进行决策的集中性。外部性正是因不同经济主体之间高额的"内部化"成本而导致市场失灵的。

不完全信息

竞争模型中完全信息的假定在一般情况下是难以成立的。正如我们在第七章中强调的那样，这是因为对大部分决策而言，往往存在着明显的不确定性，这往往导致决策及行为的改变。不确定性本身并不意味着市场失灵。设想一下我们将不确定性视为饥饿而将知识视为满足胃口的食物，根据我们的偏好和生产能力去生产食物和知识，那么也许就不再有问题了。

尽管如此，我们还是有理由相信市场失灵不仅出现在知识的生产过程中，而且也出现在不确定性配置过程中。例如，在不了解一种商品质量的情况下，这种商品的价格对消费者就没有太多意义。市场的确会发出一些有关质量的信息，但是信息市场却会失灵，因为信息具有公共物品的特征：同一个信息可以同时被很多人"消费"而并不会减少其供应量。然而市场提供的信息量往往偏少，这也是政府经常作为信息提供者来提供信息的一个原因，例如披露产品需求以及有关产品的官方检测信息。

更多的问题是由未来价格信息的不完全导致的。对资源进行跨期配置是社会最重要的任务之一。有效的市场配置需要建立期货市场体系，以确定所有商品的相对价格体系。例如，要选定石油相对于电力或其他能源的现期使用量，不仅要

考虑它们现在的相对价格水平，还要考虑其未来的相对价格水平。也许现在石油相对于电力较便宜，但如果未来石油价格上涨的话，那么现在储备石油就会是理性的选择。

由于交易成本的存在，期货市场并不适用于所有的商品。期货市场受商品种类和时间跨度的限制。即使有些领域存在不完全的期货市场，也面临一个难题：人们无法现在就清晰地表达出他们的未来需求。① 因此，长期的期货市场存在市场失灵。这就要求政府保护某些重要资源（例如石油、黄石国家公园），同时影响总的储蓄-消费均衡。我们将在第十九章集中讨论有关跨期配置的政策问题。

还有一些信息不完全是由信息不对称所导致的，例如劳动力雇佣问题。雇主并不知道两个潜在的被雇佣者谁的边际生产率更高，但给他们相同的工资。其中能力较强的工人也许会通过一些信号，例如获得大学学历，作为自己"更好"的初步证明。（我们在这个例子里排除了教育的消费价值。）但是，如果学历本身并不意味着较高的生产力，那么社会就遭受了损失。他们为教育支付了额外的费用却并没有得到相应的额外收益；收入的分配因而也就变得更加不平等。

我们已经在第七章讨论了许多旨在减少不确定性风险的机制。其中最重要的机制之一——保险——可能会因为道德风险以及逆向选择问题而失灵。逆向选择也涉及信息不对称。当保险公司无法区分好坏投保人时会发生逆向选择。低风险承担者会认为平均保险金额相对于其预期成本而言太高，因而退出保险市场，这就使其他人的保险金额上升。相应地，这会导致剩余的风险承担者中风险较小的也会退出保险市场，从而进一步抬高保险金额。如此下去，最终谁都不愿意投保。

有些不完全信息是因为有限理性，但如果要深究其中的含义就会发现很多复杂的问题。例如，尼尔森（Nelson）和温特（Winter）就认为，有时竞争机制在确保以最低成本生产产品时是一个非常脆弱的工具。如果我们认识到经济活动不是静止的而是动态演化的，这个问题就能被充分理解了。

如果一个公司是有限理性的，它就会花费时间寻找市场中的获利机会，进而花更多的时间去反复试验如何利用这些机会。对那些需要很长时间的复杂技术，比如飞机制造业，其更新的速度可能比公司追赶的速度更快。可能存在技术进步，但也可能不会有哪个公司生产出成本最低的产品。技术的改变中蕴含着重大的错误，而且没有竞争者会时刻做好准备，一旦发现谁的技术改进中有重大缺陷就将它踢出局。竞争导致的知识不完全性（公司通常会保护其知识产权）与缺乏竞争、信息共享的制度相比，可能会使公司付出更大的成本。消费者的有限理性也会导致市场失灵。我们在第七章曾提及"不安全"的产品可能会被错误地购买，而政府强加的安全标准在一定程度上能使市场减少此类错误发生的机会。

以上例证说明不同的不完全信息在很大程度上会导致市场失灵，而针对每一种市场失灵提出有效对策是一项艰难的任务。我们在后面的章节要讨论的问题基本上是关于信息不完全的政策解决方案的（例如高校学生的助学贷款问题、钟点工问题）。这些分析将使我们深入了解解决此类问题的不同制度结构的效率意义。

---

① 在某种程度上，家庭可能试图代表其后代的愿望（虽然其关于后代偏好的信息肯定是不完全的）。

次优的失灵

市场失灵有一个根本原因,我们将在下面提及。只有在经济领域中存在其他的偏离帕雷托最优的情况时才会出现这个问题。比如说,这些偏离可能是因为以二次分配为目的的扭曲性税制(例如为了建构社会安全网络)或其他的政府活动。还有一些未确定的市场失灵也可能导致背离情况的发生。倘若某些部门背离了帕雷托最优的必要条件,竞争性市场定价就会导致所有部门发生新的失灵。这是因为市场定价满足其他部门的帕雷托最优条件(也就是第十二章中提及的情况),但是这些最优条件已经不再适用于效率。考虑到经济制度中存在某些阻碍最优条件的状况,次优状况就上升为最佳选择。这一论证被称为"次优理论";次优解决方案,例如我们在第十一章中讨论过的拉姆齐定价法则,取决于扭曲的性质。这是我们必须接受的约束。

在图15-1中,我们解释了市场定价的次优问题。实线表示对货运服务的需求和供给曲线。假定运输费率不是由市场竞争决定的,而是由于管制而制定得比较高,即P_T^{Reg}。依据通常的最优观点来看,这将会导致服务供给水平的不足(Q_T^{Reg}而非Q_T^C),并且效率较低。由于货运行业竞争激烈,废除管制就成为解决此问题的方法之一,此时价格降至P_T^C而供应量将上升至Q_T^C。

我们在图15-1(b)中引入了次优方案。该图给出铁路货物运输——货车运输的近似替代物(通常用于长途运输)——的需求和供给曲线。铁路运输费率也因为管制而定得过高,也缺乏效率。但这种情况意味着人们可以从货车运输废除管制的办法中得到启示。

在图15-1(a)中,以实线表示的货车运输需求曲线假设铁路运输价格固定在(过高的)管制水平上。此时真正的最优方案应该是将两种管制都废除。① 如图所示,两种服务的需求曲线会向内降至虚线的位置D_T'和D_R'(其替代品价格已经下降)。对货车和铁路运输来说,其最有效配置运输量分别是Q_T^E和Q_R^E。

让我们重新考虑取消货车运输管制的情况。由于货车和铁路受管制时的供应量都很"接近"最优量,因此在这种情况下,一种运输方式受管制的影响会被另一种运输方式的类似管制所抵消。如果货物运输管制被取消而铁路仍受管制,则会导致两者配置都更远地背离真正的最优配置。如图所示,较之维持原状,货车运输量将大大增加(Q_T^C)并且更远地偏离没有改变时的最优水平。受管制的铁路运输服务(D_R')将大幅度减少并且进一步偏离没有改变时的最优水平。在这种情况下,不取消对货车运输的管制反而更为有效率。

为了更清楚地了解次优选择问题下的市场失灵问题的本质,让我们重述一下这个例子。假定铁路运输管制继续存在(在这个例子中主要是因为从政治上考虑

---

① 这个例子为了阐述方便做了简化。"自然垄断"解释了为什么某些航空路线解除管制却不能实现效率,而"管制改革"是一个比解除管制更合适的术语。然而,管制货运率费可能是举这个例子的动机,而管制货运费率经常大大高于边际成本。

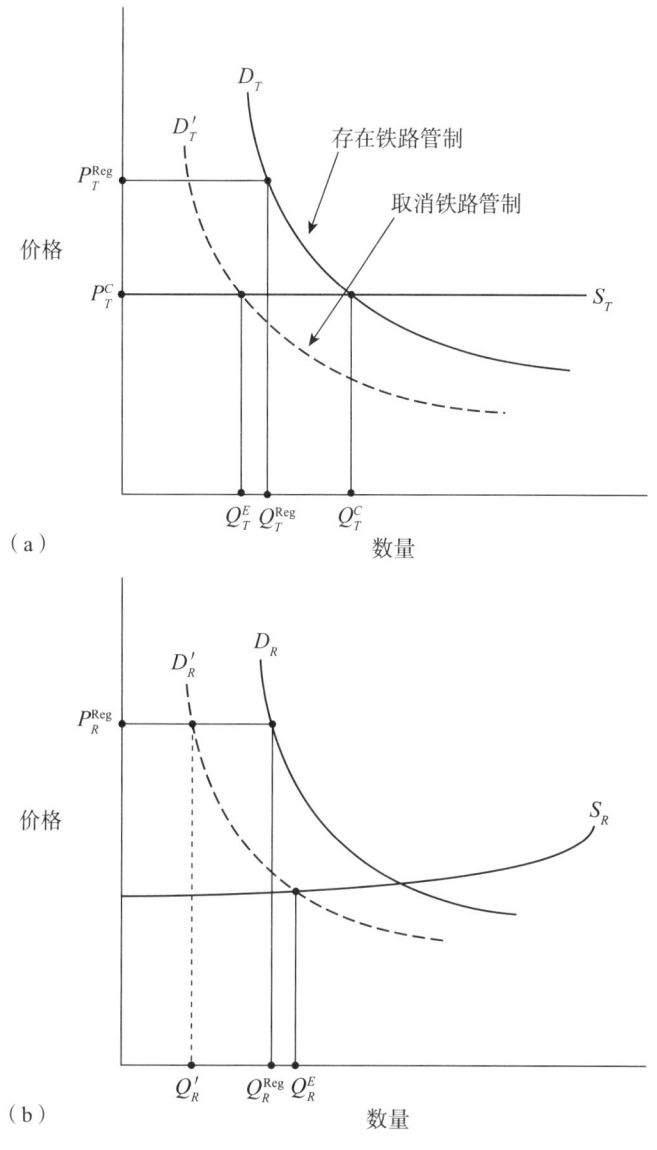

图 15-1 次优状态下的市场失灵

（a）货车运输产业解除管制时的费率（Q_T^C 的效率低于 Q_T^{Reg}）；（b）近似替代产业铁路运输产业的管制费率。

取消管制是根本不可行的），这意味着这个部门有效率的最优规则被破坏了（价格高于边际成本）。此时在能够实现最优规则的部门，我们遵循边际成本定价最优规则，也就是说取消货车运输管制。我们的境况就会有所改善吗？在这个例子中我们做不到。此时允许货车运输管制继续存在更为有效，因为它可以大体上抵消铁路运输管制所带来的不利影响，而这种不利影响是我们无法直接改变的。

怎样才能知道何时使用次优方案来影响我们的分析呢？遗憾的是对此一直没有明确的答案。因为在现实经济中，许多部门都存在着背离帕雷托最优规则的情况。我们都知道，依据一般均衡理论，一个部门的不均衡会影响其他部门的配置，因此不能肯定地说某个部门对最优配置原则的遵守就一定意味着效率的提高。尽管如此，正如我们不会因为找不到最佳策略就退出国际象棋比赛一样，我们必须尽己所能想出最好的解决办法。

生活在次优世界里充满了不确定性。考虑次优问题也会使我们的价格高于或者低于边际成本。最可行的建议，我相信也是所有分析家可能得出的结论，就是除非知道相关部门（例如替代部门或者互补部门）的扭曲状况，否则边际成本定价实际上就都是最有效的。正如我们在货车和铁路运输的例子中所谈到的，必须考虑相关部门偏离最优水平的情况。[①] 这个例子源于实例分析，读者对此可以进行更深入的探讨。也许很难确定"其他"偏离最优水平的情况是否会长期存在（例如，铁路运输费率是否会改变），但是分析家们让我们注意到了这些问题的重要性。

政府失灵

尽管市场作为一种协调机制会出现某些问题，但依靠政府机制解决这些问题又会产生新的问题。我们将从直接民主、代议民主、公共物品供给这三方面讨论导致"政府失灵"的一些原因。前两个问题涉及通过公共部门表达需求愿望的问题，最后一个问题涉及供给方面的问题。前面的章节对这些问题已经有了一些探讨，不过把这个问题和市场失灵放在一起分析颇有益处。[②]

与完全竞争模式一样，没有一种被广泛接受的标准政府模式认为理想的政府能够实现（或尽可能达到）资源的最优配置。尽管如此，经济学家们在提出市场失灵理论时，也就意味着政府应对市场进行干预以弥补市场失灵的缺陷。近来，又形成了一种更为谨慎的观点：不是一概地反对政府行为，而是更为深入地分析政府在改善效率方面的能力。政府系统中的体制压力有时会阻碍资源最优配置的实现。分析家在衡量政策措施的可行性的时候认识这些体制压力，能更好地理解其结果，因而也就能更好地提出并设计有吸引力的方案。以下分析中我们将提及这种压力。

直接民主

我们在考虑一种可能的资源配置制度时，其实可以完全不考虑市场。毫无疑问，我们可以设想通过公民投票来民主地决定各种资源的配置。当然，如果这

[①] 此外，对于某些次优问题，第九章提到的拉姆齐定价法则同样适用。
[②] 有关这一主题的一本有趣的参考书是查尔斯·沃尔夫（Charles Wolf, Jr.）的《市场或政府：在不完美的方案中选择》（麻省理工学院出版社，1993）。

样,我们在设计投票机制时就会面临大量问题。这些问题包括哪些公民有资格就哪些资源配置决定具有投票权?什么将激励他们行使自己的投票权?谁来决定对哪些问题进行投票?如何告知投票者各种候选方案及其后果?做出最终决定应遵循怎样的规则?

对一个人口众多的经济体,让全体公民投票以决定各种资源的配置是不明智的。有些决定仅仅影响一定地域内的小部分公民,所以可以通过选区划分(例如联邦、州、地区)的分权化来解决这一问题。在划分地区时,应考虑到公共物品的"公共性"是否与地区的范围相匹配。[①] 由于在这种情况下投票者也就是那些受自己决定影响(从中受益并支付成本)的人,所以在一定程度上有利于配置效率的提高。除此之外,偏好相近的人也可以选择定居在相同的地区。例如,倾向于积极、可见的巡警服务的社区的人可以选择它,而临近的社区则可以选择较安静的、"隐蔽"的警务服务。更进一步地说,对社区不满意的公民可以搬到自己更喜欢的社区,或者说是"用脚投票"。公民的以上权利反过来又会保证社区根据自己居民的意愿采取相应措施。[②]

然而,任何分权化都会引发新的问题。面对待配置的各类产品,一种产品对一个公民的"界限"(即公民受此类产品影响的范围)同另外一个公民不可能完全重合。由于每种产品都有自己的影响范围,因此相应地,划分的选区的数量是惊人的。这样,在有限的选区划分的条件下,每一个问题的"决定者"并非一定就是"受益者"或"付费人"。有些决策可能给选区以外的人带来额外负担或者带来额外收益,这样的决策必然难以达到最优配置资源的目的。例如,现有一块土地,用做足球场或棒球场之类的公共体育运动场所将发挥其最大效用,但如果这种需求主要来自非所有权者而且他们不承担任何费用,那么毫无疑问,这项提议就不可能得到当地人的投票支持。在有些决策中,纳税选民或许无法从与投票有关的公共服务项目中受益,但仍需为此支付一定税额(例如,在城镇的另一头新建消防站)。在这种情况下,让社会总体受益的服务将在供给方面受到限制。换言之,现实中任何政府分权都不会导致资源配置的最优。和市场失灵一样,这种政府失灵也应该根据可行的备选方案进行评估。

在上面提到的划区投票方案中,如何促使每个人行使投票权呢?在涉及大量选民的传统选举中,一个预期效用最大化者会做出如下推理:"我的选票对选举结果的影响近似于零。即使我投了票改变了选举结果,对我也没有什么实质的利益。因此,我从投票中获得的预期收益也几乎等于零。如果同投票的预期成本相比,包括了解投票事宜和参加投票耗费的时间,就会发现根本不值得去投票。因此我不会去了解投票事宜,也不会去投票。"据此逻辑,公民不会关心投票,也不会行使投票权。

当然,并非人人如此。有些人喜欢了解投票事宜(或许还会向他人宣传)并以投票的方式参与选举。还有人视投票为公民责任,尽管他们不一定会花大量时

---

① 极端的情况下,我们可以彻底从个人层面上来考虑分权化。这可能适用于私人物品的有效决策,但违背了我们所关注的公共决策精神。

② 我们在第五章讨论有关地方学校财政决策的中位投票者定理时引入了这些思想。

间详尽地了解有关投票的所有情况。尽管公民中存在着不同程度的民主参与，但不可否认的是，很多人根本不行使自己的选举权。而那些确实投了票的人，其中很多也并不是十分了解投票的相关内容。对每名投票者来说，投票的结果都是一种公共物品，而且大家都希望做"免费搭车者"。因此，参与人数"太少"，参与人了解的相关知识"太少"。这成为政府决策不完善，或者说政府失灵的另一个原因。

假定现在有一个选区和一些了解相关信息的选民，让我们分析一下下面这个由大多数人投票决策的事例。为了阐述得更清楚，假定仅有三个选民：Kline，Lopez 和 Williams。他们将通过投票从三个候选地点中选出一个作为车站。表 15-1 列出了他们各自的偏好。若是先从 A、B 中选择，那么因为 Lopez 和 Williams 都更喜欢 B，所以 B 胜出。接着我们在 B、C 中选择。此时 Kline 和 Lopez 更喜欢 C，这样地点就被选定为 C。

表 15-1　多数投票是不可传递的：B 胜于 A，A 胜于 C，但 C 胜于 B

（1 表示最喜欢，3 表示最不喜欢）

地点	偏好		
	Kline	Lopez	Williams
A	1	3	2
B	3	2	1
C	2	1	3

但是，如果我们首先从 A、C 中选择，那么因为 Kline 和 Williams 更喜欢 A，所以 C 就会在第一轮中被淘汰。当我们决定是选择 A 还是 B 时，基于同样原因，B 将胜出。这样，在这种投票程序下，B 将最终被定为车站！

从这个例子中我们可以得到很多启示。首先，像公众选举这种普通的投票规则并不一定能够识别出唯一的社会偏好。从表 15-1 中可以看出，在公众偏好方面，B 超过 A，而 A 超过 C。人们可能希望任何社会决策规则都是可传递的，即与 C 相比，应选择 B。但我们已经看到，公众选举不具有可传递性：最终 C 胜过 B。其次，无论由谁来决定具体的投票程序，最终结果都不可避免地会受到政治力量的影响。比方说，如果由 Lopez 来决定投票顺序，他就会首先安排在 A 和 B 中选以确保最终胜出的是 C。[①]

最后，这种投票程序并不一定意味着结果是最具有效率的方案。在"一人一票制"以及多数表决制度下，偏好强度被忽视了。假设表 15-1 中的每个人都愿意为三个候选地点支付一定费用：除了 Williams 愿意为 B 支付 50 美元以外，其余每人为每个地点愿意支付的费用都低于 10 美元。这样，最具有效率的选择就是 B，但没有理由相信在多数表决中会出现这样的结果。如果我们对以上的例子稍加改动，使得 Kline 和 Lopez 的喜好相同，那么多数表决的结果就肯定是

[①] 孔多塞（Condorcet）在 200 多年前首次提出了"投票悖论"。

C——尽管在这种情况下最具有效率的地点仍是 B。由于不能期望普通的选举程序一定能产生最佳结果，因此政府失灵就出现了。①

以上分析都是从确定的候选项中做出选择。如果我们退后一步，在选举前讨论怎样确定候选的项目，那么问题将变得更加复杂。任何低效的候选项都会被符合帕雷托改进的候选项击败，如此循环，直到最有效的配置结果出现。在上面的例子中，Williams 可以提出新的包括 B 的备选方案，并单边支付给 Kline 和 Lopez 每人 10 美元或更多（为了确保获得多数支持）。

由于每人都有提出候选地点的自由，人们可能期望最终选择都是有效率的。这样，投票程序的主要功能在于从众多可能高效的候选项中做出分配选择（在我们的例子中，是备选方案单边支付的多少以及由谁来支付）。我们还应注意，在多数表决中，无法防止一部分选民联合起来损害另一部分选民的利益（例如，Kline 和 Williams 一起迫使 Lopez 进行单方面支付）。也就是说，我们可以直接实现帕累托最优配置，而不必从存在帕雷托改进的备选方案中进行选择。然而，仍然存在无法决定的选择，因为针对现有的帕雷托最优选项，一个新的多数选民联合可能要求在现有的选项基础上按照他们的偏好做出改进。

选出唯一有效方案的困难在于，很难估算发现有效方案并形成多数联盟所需的交易成本。也许在我们三人参选的例子中，交易成本的问题较易克服，但是当存在大量来自不同环境的选民时，任何提供备选方案的个人或组织很难预知是否还存在更好的方案（即可以使某些人受益但不会让任何人受损的方案）。找到一种使大多数人受益的方案难度就已经很大了，更何况完美的解决之道。所以在实践中，呈现在选民面前的与其说是一整套处于帕雷托边界上的配置方案，倒不如说更像是上面例子中的 A、B、C。因此让我们还是回到最初的结论上来：不要理所当然地认为多数表决的结果就意味着最有效率的资源配置。

当然，多数表决并非唯一的选择方式。然而，阿罗早已指出不存在同时满足那些简单却具备合意特性的社会决策规则（Social Decision Rules）。② 这些合意的特性具有明确的二维价值观特征：(1) 这种社会决策规则是非独裁的（某一人的个人偏好原则上不如其他所有人的偏好重要）；(2) 这种社会决策规则对每个个体偏好的反应都是积极的（某人对某特定结果的偏好不应导致其被选中的概率的减小）；(3) 此规则适用于任何个人偏好；(4) 此规则对候选项的排序是可传递的；(5) 候选项中任何两者的排序不会受到第三（不相关）候选项的影响。

为了避免阿罗所指出的不利结果，学者们做了大量研究，规定的条件略微不同于社会决策的合意性质。结果是相当显著的。也就是说，避免这些不利结果需要放弃过多的合意特性。当然，并非所有投票方式都容易受到前面这些问题的影响。例如，要求三分之二选民同意的多数表决就限制了最终胜出的候选项数目。实际上，如果要求采用一致通过规则，那么就只有符合帕雷托最优的结果能够被通过，并且这个有效率的结果一旦被通过，任何进一步的改变都不会获得批准

---

① 回想我们讨论过的在其他情境下的多数表决程序。在第五章，我们讨论了多数表决制度下中位投票者如何决定公共学校开支的水平。在第十一章，我们讨论了为什么公共运输补贴能够改善配置，以最大化中位投票者的利益。

② 虽然它通常被称为"阿罗不可能定理"，但阿罗却称之为"一般可能定理"。

（不像多数表决）。

一致通过规则能解决这个问题吗？让我们对前面车站路线的例子稍加改动，使三个候选地点都符合帕累托最优原则并处于帕累托边界上。也就是说，三者平分秋色，不分伯仲，没有任何一条公交路线能使三者的境况都改善，单边支付不可能存在，每个人都严格偏好一条路线，而且此外没有优于这三者的其他替代方案。此时就不可能出现全体一致的情况，因为每个人偏好的路线都是不同的。他们可能无休止地讨论这三个备选方案，而每个人都不愿意放弃自己喜欢的路线。实际上，选民们可能更愿意以多数表决的方式做出决定，因为它总比无法做出决定要好。布坎南（Buchanan）和塔洛克（Tullock）认为存在"最佳法则"（不需全体一致通过的选举规则），可以在配置效率和交易成本之间达到平衡。也就是说，一个人可以在放弃全体一致通过所导致的低效率与社会决策的高额交易成本两者中找到平衡。

当然，除了效率之外，对选举规则的满意度还取决于其他考虑。我们在前面的讨论中提到过，政策的改变不可避免地会优化或是恶化某些人的境况。我们依赖集体决策的方式除了效率方面的原因外，也考虑到了合理的再分配。全体一致规则下，不可能出现对某人进行再分配的情况，除非取得那个人的同意。因此，我们在很大程度上依靠投票规则，把它作为一种社会再分配问题的裁决机制——不是单纯的再分配，而是能明确地定义财产权利或者选择帕累托最优方案，与一致通过规则相比，多数通过方式更可取。对不同的选择可采用不同的原则，但实践中对"效率"和"再分配"的考虑并没有明确的界限。

总之，在"直接民主"的前提下，我们没有理由认为存在可行而且保证效率的方法。实际的投票可能导致一些无效率，因为选区划分不可能完美。还会因为有人无法投票或盲目投票导致一定程度上的"搭便车"的行为。即使所有人都详尽地了解了投票事宜并参与投票，也没有一个适用的投票规则来确保效率。所以说，现实中的投票制度，如同现实中的市场，都是不完善的。

代议制民主

由于公民在一个问题上进行直接选举存在高额成本，因此我们通过委托选民代表来节约成本就毫不令人奇怪了。也就是说，并非事无巨细都由公民决定，而是选出代表，期望他们作为公共事务方面的专家，按照选民的意愿处理事务。

毫无疑问，从资源配置的效率来说，代表们也仅仅是不完美的代理人。直接民主讨论中的一些问题在此同样存在。例如，即使某位市长确实完美地代表了城市市民的偏好，他或她也没有动力去考虑给其他地区带来的溢出效应。又例如，当立法者或代表们通过多数或绝大多数的投票方式做出决定时，即使所有的代表们都完美地表达了他们选民的偏好，仍免不了受到不完善的候选项和候选项外其他因素的影响。对代议制民主的研究还涉及代表方式、选民行为和结果的性质。

大多数代议制民主模式都假定代表们希望最大化自己连任的机会，进而认为他们有尽力代表自己的选民的意愿的激励。如果确实如此，那么对那些由于任期限制而不可能再连任的代表,我们就不清楚相同的动机是否仍然适用。即使没有任期上的限制,我们也不清楚代表们是否会谋求自己的利益。有时候出于某些特殊的利益,代表们会发现某项遭到大多数选民反对的行动能给自己带来比连任更好的机遇。

当我们在代议体制下考虑选民行为时,更突出的因素之一是选民监督代表的高额成本。我们在前面提到过,选择代表的动机之一就是规避让所有选民了解公共事务信息所必须付出的高额成本。同样的原因会导致选民很难对其代表的工作加以评价。事实上,这也从另一方面说明了为什么许多选民希望他们的代表成为"领袖"——选民们相信其能做到"最好",而就大多数问题而言连选民自身也不知道到底什么是"最好"。基于同样的原因,代表们被赋予广泛的裁量权,尽管这可能导致他或她考虑特殊利益多于普遍利益(解释见下面)。

选民在许多议题上的信息不对称经常会导致代议制出现政府失灵。小部分选民可能对某一未决事项十分关注,而对绝大部分选民来说,这对他们没有太多影响。这一小部分十分关心的选民可能会利用自身地位积极游说各位代表,比如提供物质资助,提供活动捐赠或是代表们关注的其他报偿。而分散的大多数选民会认为不值得花太多时间和精力去了解选举事宜或组织起来游说代表。当大众受到负面影响并且影响比较大时,问题就产生了。

例如寻租。产业协会或联盟之类的游说集团希望通过那些有可能增加自身收入并超过竞争水平的立法。最常见的一个例子就是叫车服务仅限于金牌司机的条例。现有的出租车所有者、司机可能从中获益。但相比之下,给出租车消费者带来的损失比较大。此逻辑不仅对立法部门适用,而且对管制委员会也同样适用。在委员会中,由选出或指定的委员们制定相关规章,以规范相关企业(有时有寻租情况)对(通常是分散的)消费者提供的服务。另一个例子是分肥立法(pork-barrel legislation)。在这种情况下,代表们将会寻求那些由州或联邦提供资金的地方建设项目,尽管此时的社会利益不一定高于社会成本。这些代表相互联合,以保证相关立法的通过。虽然这仍然使联盟获利,但大部分成本是由其反对者承担的。

简言之,我们无法保证代议制政府的决定一定是有效率的。代议制政府"失灵"的原因与直接民主条件下的失灵原因大致相同,因为公民对代表的监督是不完善的,也因为代表们有很强的动机关注特殊利益而不是普遍利益。需要再次重申的是我们并非要诋毁民主体制。也许存在更好的制度,但我们还没有发现。当然,类似于市场失灵理论,我们所做的只是指出现行体制在有效配置资源方面失败的原因。

公共物品的供给者

在第十一章我们回顾了有关官僚行为的理论。从中可以了解到,有时政府并不能以最有效或成本最低的方式提供产品和服务,其原因是多方面的。例如,许多政府提供的产品和服务并不在市场上出售,也很难评估其价值,如国防、警察。公共物品的供给者通常又是垄断者，不会受类似产品或服务的竞争的影响。以上原因为代理机构提供了一定的活动空间。如果公共物品提供者对这种环境非常熟悉并且比公共监督者更了解有关的信息，他们就能成功地为自己争取更多预算，而不必考虑效率方面的原因。因此，政府就不能够有效地提供公共物品。

小结

本章主要分析了市场和政府在配置资源时失灵的原因。我们的目的是更好地理解不同环境下政府和市场机制在资源配置方面的优势和不足。这有助于我们更好地进行制度设计，更好地制定各经济主体交易的框架和规则。

在本章开头，我们介绍了市场失灵的主要原因：在（不同于完全竞争市场的）特定环境下，市场配置无法实现最优目标。这主要是因为规模经济和范围经济、公共物品、外部性、信息不完全和次优的失灵导致竞争有限。有限竞争有多种存在形式（例如垄断或寡头）。我们着重分析了产品需求曲线向下倾斜的情况。这意味着产品价格将高于公司的边际收入，因而在利润最大化的情况下高于边际成本。这样的分配违背了我们在第十章提到的帕雷托最优的要求。也就是说，相对于其他产品，消费者的 MRS（等于其价格比）无法等于产品的 RPT（等于其边际成本比）。在垄断情况下，通常的解决方式是实施管制或通过公共企业提供产品。在寡头市场的情况下，一般是通过反托拉斯法来限制单个私人企业的市场控制力（例如，禁止合并）。

公共物品是指在消费上具有非竞争性和非排他性的产品，例如国防、广播。"非竞争性"意味着某人对此产品的消费不会减少其他消费者对此产品的消费量。"非排他性"是指该产品一经提供，任何人都可以免费消费。效率目标要求在任何时候，额外提供一单位公共物品给所有消费者带来的收益大于其成本。但是由于缺少阻止"搭便车"的机制（迫使其他可能从中受益的人诚实地披露自己的偏好并支付相应份额的费用），市场上经常出现公共物品供应量偏低的现象。典型的政策是政府通过投票、政治或官僚决策的方式（无论哪一种方式都需要进行收益-成本分析）来决定公共物品的供应量。

外部性是指经济主体的行为直接影响到那些没有参与交易的主体的效用或生产。它可能是正的，也可能是负的。养蜂的邻居能让你的果园受利，你的耳朵可能受邻居吵闹音响的折磨，汽车尾气或化工厂污染空气可能影响你的健康。由于此类行为并未考虑到可能受其影响的主体是否愿意有偿地接受（如果是正的）或抵制（如果是负的）相关影响，因而市场无法有效地解决外部性问题。这些问题的解决之道是将其外部性内部化。解决方法包括合并、对外部效应征税或是给予补贴、赋予相应财产权、颁布政府标准。对特定的外部性来说，哪一种解决方法是最有效率的主要取决于需要付出的交易成本。

信息不完全也会在许多方面导致市场失灵。比如，信息本身也是一种公共物品（你对信息的消费并不会影响到他人得到信息），因此市场对其的供应量偏低。

解决的政策办法包括强制信息披露制度和政府对产品进行检测。需要注意的是，有关预期价格的不完全信息可能导致市场对资源的配置长期失灵，例如代际资源配置。买卖双方信息不对称也是原因之一，它可能导致投资决策的无效率。道德风险和逆向选择也会引起失灵。为了减少道德风险和逆向选择给保险业带来的影响，主要的对策是制定相应的管制制度。

在市场失灵的原因方面，我们最后讨论了次优的失灵。一旦在经济体制中有一个部门达不到帕雷托最优的要求，所有其他部门的市场定价就无法实现效益最大化的目标。例如，如果仅仅考虑货车运输，就可以通过取消管制实现市场定价的目的。但是，由于与货车运输密切相关的火车运输业的存在，管制的取消实际上会降低货车运输业的效益。现实的经济很复杂，存在着大量不符合帕雷托最优要求的情况，所以很难找到合适的次优价格，并且这个次优价格可能高于也可能低于产品的边际成本。事实上，几乎所有的分析家都认为，除非知道相关部门的扭曲是什么，否则边际成本定价仍是最有效率的。

通过对市场失灵原因的分析能够得出一个结论，即政府干预能提高市场配置资源的能力，但是也存在很多导致政府失灵的原因。我们从直接民主、代议制民主和公共物品提供者三个方面进行了分析。

由于选区的划分与选区内选民的利益不能充分地匹配，因此我们难以保证选民充分了解相关事宜并行使投票权。选举程序并不能确保结果的有效性，因而直接的民主选举难以达到预期目的。同样地，代议制民主制度也无法彻底地解决政府失灵的问题，因为公民无法有效监督自己选出的代表，代表们又常常受到普遍利益之外的特殊利益的影响。公共物品生产也经常是低效率的，因为产品价值难以衡量，生产者又大多是缺乏有效监督的垄断者，生产部门的管理者常常在允许的范围内成功地争取到大笔预算，导致生产水平低，生产成本过高，违反了效率准则。

当然，以上事实并不说明"一切"都失灵了，也不能因此忽略"不完全"的市场和政府的巨大成就。我们要做的是了解市场和政府的缺点，更好地指导体制改革，以求进步。在接下来的章节中，我们将继续通过对特定问题的考察来提高对制度的分析能力。

习题

15-1 假设任何以 380 美元作为启动成本的公司都能提供 $MC=4$ 美元的服务。

  a 当存在两个消费者
$$Q_A = 40 - 2P$$
$$Q_B = 20 - P$$
时，试用最优化规则求此服务的最佳供应量。

（答案：48。）

  b 当需求为

$$Q_A = 30 - 2P$$
$$Q_B = 25 - P$$

时，求出最佳供应量。
(答案：0。)

c 在 a 的需求条件下，提供最佳供应量的公司能否遏制价格歧视？为什么？理论上，要以最低社会成本生产最优产量，需要多少家公司？（答案：不能；一家。）

d 假设此服务是纯粹的公共物品，需求情况同 a，而且不考虑次优情况。此时的最优供应量应该是多少？当需求情况同 b 时呢？
(答案：32；24。)

e 当考虑次优问题时，在条件 a 下不应提供任何公共物品，在条件 b 下不应提供任何私人产品，试说明其原因。

f 假设为公共物品 Q 筹措生产资金的唯一途径是对私人产品征收销售税。以 X 表示私人产品的集合，假设私人产品 X 的平均边际成本是每单位 1 美元。对产品 X 的需求为

$$X = 3\,000 - 1\,000 P_X$$

为了简化起见，假定税收不会对两种产品的需求曲线产生任何影响。在条件 a 下，产品 Q 的最优供应量是多少？相应税率应该是多少？注意：此问题的精确答案需要利用拉格朗日技术求解三次方程。以下补充有助于得到一个近似答案：（1）税收收入必须等于提供公共物品的成本；（2）由于生产 1 单位的 Q 需要牺牲 4 单位的 X，所以 Q 的净利润应基本等于 X 的边际净利润的四倍。（答案：$Q \approx 30$；$t \approx 0.29$。）

15-2 根据表 15-1，试设计一套多数通过的投票方案，以保证最终地点 A 入选。

第十六章 公共物品的问题

本章主要讨论公共物品。公共物品是指在消费时具有非竞争性和非排他性的产品,比如国防、灯塔和街灯。我们要分析的是由于消费者缺乏诚实表明他们对这些物品的偏好的激励而出现的配置问题,以及减少(如果不能解决)这些问题的方法。尽管有些时候私人市场也有反应,但我们主要集中于政府行为。

我们首先用图来揭示公共物品的有效水平,然后解释市场需求显示不足的问题。我们考虑多种解决该问题的方法。先回顾两个实际应用案例:一个是瑞典决定是否应该对公共住房进行一次调查;另一个是美国公共电视台应该制作和播放什么样的节目。分析家们面临的挑战是使理论上有意义的程序能用于实际分析。

公共物品的有效水平

在图 16-1 (a) 中,我们画出两条需求曲线用于表示两个不同消费者对商品 X 的需求。我们之前提到,需求曲线上任一点的高度可以解释为消费者为多消费一单位该产品所愿意给出的最大支付量,或者等于复合商品——"用于购买其他商品的美元"——对 X 的边际替代率(MRS)。为方便起见,我们把这两条曲线分别记为 MRS_1(对更为累赘的记号 $MRS^1_{X,\$}$ 的简写)和 MRS_2。

现在，我们假设 X 是纯公共物品，所提供的每一单位 X 都将为消费者 1 和消费者 2 所共享（为简单起见，不存在其他人）。在图 16－1（b）中，我们画出了提供该产品的边际成本曲线 MC，假设它固定在每单位 6 美元。公共物品有效的供给量是多少呢？因为每单位物品都能为两个消费者带来收益，所以只要他们的联合支付意愿超过产品的边际成本，它就是有效的。他们的联合支付意愿在图 16－1（b）中以纵轴表示，它等于两条需求曲线上的纵坐标之和，记作 $\sum MRS$。

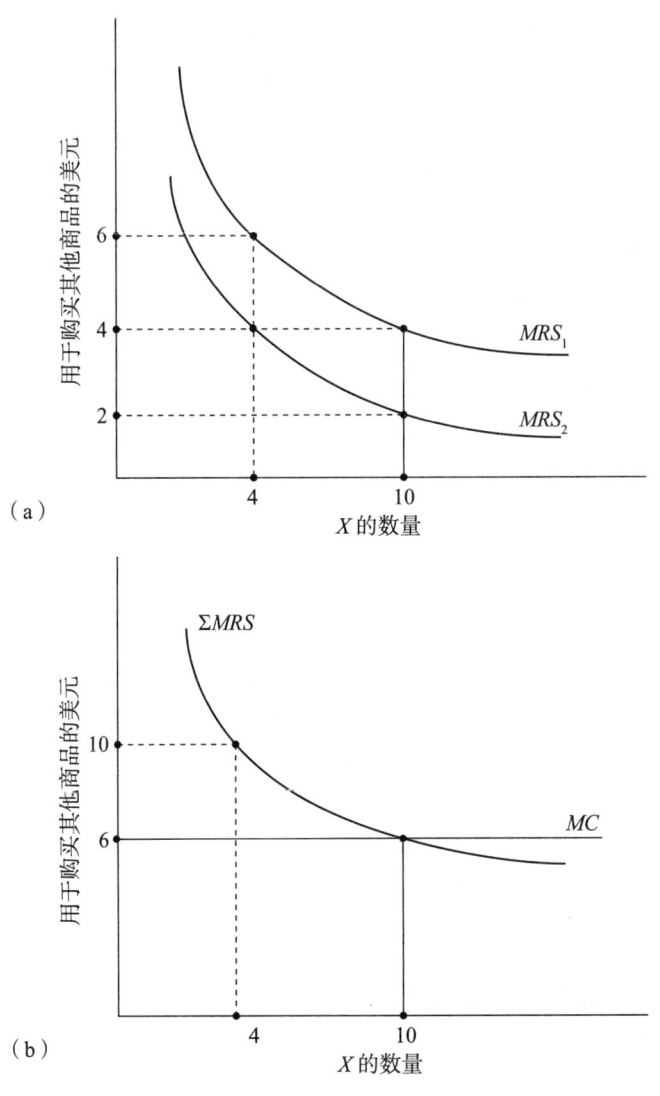

图 16－1　公共物品（X）的有效数量

(a) 两个消费者对 X 的需求曲线；(b) 有效配置位于消费者需求曲线（$\sum MRS$）与边际成本曲线（MC）相交之处。

例如，如图 16－1（a）所示，在公共物品的第四单位，MRS_1 是 6 美元，

MRS_2 是 4 美元。因而在图 16-1（b）中，$\sum MRS$ 曲线在第四单位的高度是 10 美元。因为它大于 6 美元的边际成本，所以至少提供 4 单位是有效率的。有效的配置数量就是 $\sum MRS$ 曲线和 MC 曲线交点所决定的数量。若高于这一点，则边际成本将超过两人的联合支付意愿。MC 曲线也能被认为是产品 X 相对于复合商品——"用于购买其他商品的美元"——的产品转换率（RPT）。因此当一种产品是公共物品时，在有效配置状态时满足帕累托最优条件：$\sum MRS = RPT$。

如图 16-1（a）所示，我们注意到在有效供给量 10 处，MRS_1 等于 4 美元，MRS_2 等于 2 美元。如果消费者 1 面临的价格是每单位 4 美元，则他（她）希望恰好购买 10 单位；如果消费者 2 面临的价格是每单位 2 美元，则他（她）也希望恰好购买 10 单位。这阐明了一个重要的具有普遍意义的结论：假设向公共物品的每一消费者 i 收取与其有效配置时 MRS_i 相等的价格 P_i，则所有消费者将就公共物品的供给量达成一致意见，这一数量将是有效数量。该特殊价格 P_i 通称为林达尔价格，它是以首先说明这一现象的瑞典经济学家林达尔的名字命名的。

林达尔价格不仅能保证公共物品的有效配置，而且在成本不变的情况下，它还能为消费者提供与成本对等的收益。如果某一政府使用了该价格，那么它将成为按照收益原则而非支付能力原则筹集财政收入或征税的一个范例。然而，林达尔价格却从未被使用过，部分原因是在实际应用中没有人能确定它到底是多少。同时我们也应注意到，公共物品的数量一经确定，那么在不影响配置效率的情况下政府会以某个价格为它筹集资金。

需求显示的问题

人们如何得知林达尔价格？要想知道这个价格，就需要了解消费者在公共物品有效供给水平上的 MRS（对新增的每一单位公共物品的支付意愿）。假设我们要求消费者向政府提供他们的 MRS 曲线，人们将对这一要求做何反应呢？我们假设目前消费者确实已经思考过他们对这些产品的需求而且能够提供这一信息。

人们对这一信息要求做何反应有赖于政府如何为公共物品筹措资金。假设政府表明，通过对 $\sum MRS$ 曲线进行推算并找出它与 MC 曲线的交点，政府将向每个消费者收取与其边际价值等同的费用。如此一来将给予消费者强烈的激励低估他们的真实偏好。也就是说，对于大多数人来讲，识别出的有效数量将在本质上独立于任何一个消费者的反应（就是说，他只能改变一个非常小的数量）。个体的反应的主要结果是影响他（她）自己的成本份额，很显然人们期望它尽可能地低（即他们希望成为"免费搭车者"）。但如果多数人都这样考虑，则公共物品总的支付意愿将被大大低估，并且只有极少量的产品能被供给。

假定政府索取信息时未提及资金筹集的问题，抑或政府表明用现有的税款来负担其成本，那么消费者的反应和他的税负就没有任何联系了。这就像问如下问题："为你家附近每天增加一次警察巡逻，你对此评价有多高？增加两次以及三次又怎样?"在这种情况下,消费者就有动力去高估其真实的支付意愿。

博文(Bowen,1943)考虑了第三种选择。政府宣布每人承担一定比例的成本,公共物品的供给数量由多数表决来决定。这样,每个消费者对公共物品的需求都有个最优量,在这个需求量上消费者的边际效益等于其分摊的成本。因此,每个投票者在投票时都有一个其偏好的数量,而且不同消费者的偏好水平不同,有的高,有的低。但是,大多数人将投票支持中位投票者所偏好的水平,并且为支持这一中间水平,其他的偏好水平都将被否决掉。[①] 在此情况下,消费者没有理由进行错误的投票,因为无论你的真实偏好怎么低于这一中间水平,你也不能改变投票的结果。此外,如果你的偏好水平高于中间水平,那么结果将更加糟糕,因为那样的话,投票结果将在一个更高的水平上。有时我们把这种投票的均衡称为博文均衡。

除非在特殊情形下,否则博文均衡的结果是没有效率的。可举一个简单的例子说明这个问题。首先我们假定公共物品有一个不变的边际成本(MC),那么 n 个投票者中每个人承担的边际成本为 MC/n,第 i 个投票者偏好的水平为

$$MRS_i = MC/n$$

假设中位投票者偏好的边际收益就是所有投票人在这一水平上的边际收益的平均数,即

$$MRS_{\text{med}} = \sum MRS/n$$

当且仅当这个时候,投票结果是有效率的。因为中位投票人与所有其他的投票人是一样的,边际收益(MRS)等于其承担的成本。上面的两个关系式意味着

$$\sum MRS/n = MC/n$$

将两边同时乘以 n,得到

$$\sum MRS = MC$$

同时考虑到,MC 可能被看做公共物品相对于私人产品——"用于购买其他商品的美元"——的产品转换率,这样我们可以得到帕累托最优条件:

$$\sum MRS = RPT$$

如果中间投票人的边际收益正好与投票人口的平均边际收益相等,那么我们就得到了有效配置。也就是说,如果偏好的配置正好呈正态分布,有效配置就将出现。然而偏好常常是偏态分布的,例如,如果那些处于中位数以下的偏好接近于中位偏好,而那些在中位偏好以上的偏好也更高一些,那么平均数将高于中位数。

在实践中,大部分政府做出关于公共物品的决定时,很少尝试与消费者偏好的数量相联系。取而代之的是使用当选的官员及其下属的决定。例如,巡警的种类是由警界的长官决定的,长官要跟他(她)的参谋人员或其他官员以及不同社会团体商议。这一决定又受警察部门预算的约束,预算是根据市长或市议会对警

---

① 假设公共物品起初位于较低的产量水平,然后随着先前的增量消失而通过投票决定连续的增量。达到中间水平后,这些增量都将消失,此后大部分人将不赞成它们。

察部门的要求来决定的。社区的惯例也可能要被考虑进来。有些情况下，作为这一过程的一部分，分析家们要求对各种巡逻进行成本-收益研究。成本和收益不能直接估计，要依赖其他因素间接估计，比如增加巡逻能够减少的犯罪数量、减少犯罪的经济价值。

解决公共物品问题的常规程序可能运行得相当好，而制度上的问题是"与什么相比较"。是否存在诚实地显示消费者偏好从而改进常规程序的方法？

住房调查的例子

在一些有趣的实践研究中，Peter Bohm（1984）在让人们透露他们的偏好时利用了已知的偏差。其考虑的政策问题是在瑞典是否值得实施一项住房调查计划。这是一次全国性的普查，将搜集所有居住单位的详细信息。因为这个提议是在固定成本下提出的，所以该决定是离散的而不是连续的（是"做"或"不做"，而不是"做多少"）。政府想要知道这项计划的收益能否大过成本。

如果住房调查得以实施，那么调查数据的主要使用者将会是瑞典的 279 个地方政府。如此，它们将能够让中央政府按照它们的要求处理数据并提供数据简报（这是在 20 世纪 80 年代早期个人计算机广泛应用之前）。中央政府想确定这些地方政府对该计划的估价是否高于其成本。这与询问普通市民如何估价是不同的。将地方政府当做其市民的代理机构也许是一种好方式。这些代理机构有相关的专业知识进行估价，虽然唯一的不完美之处可能是要受其负责人的控制。

我们注意到，该物品是非竞争性的，但却有可能具有排他性：中央政府没有必要为所有地方机构提供数据。因此这是准公共物品，只有非竞争性这一个特点。[1] 像这样的例子包括公园和棒球场，它们也是非竞争性的（至少在达到拥挤之前是这样），但是消费者却可能被篱笆或院墙排斥在外。对具有排他性但是非竞争性的公共物品，效率的条件与纯公共物品相同，虽然前者依靠排他来提供经费的方法是可行的。[2] 然而，对于非竞争性产品来讲，当将某人包括进来的边际成本为零时，将其排斥出去是无效率的。

Bohm 询问了每一个地方政府其愿意为调查（在一本小册子上记下来）支付多少钱，并且仔细解释了为什么要询问这个问题以及诚实回答的重要性。他也说明了只有当总的支付意愿（$\sum WTP$）超过成本时才有可能进行调查。然而，

---

[1] 回想其他类型的具有竞争性与非排他性的准公共物品，比如海洋捕鱼。无力排斥消费者意味着他们可能不用面对他们消费的边际成本。有效配置要求消费者面对他们包括对未来供给的当前消费在内的所有消费的边际成本。后者是海洋捕鱼的一个主要成本，因为过量捕捞可能危及物种的自我繁殖能力。

[2] 特别地，市场在特定的情形下可能是适当的。一种排他性物品在达到拥挤结果之前可以是非竞争性的，比如在电影院里看一场电影。就是说，在电影院变得拥挤之前，后来的观众能够与先到的观众一样地欣赏电影而不用花费额外的成本。因为能够以非竞争方式享用这一物品的人数相对于某一地区观看电影的需求较少，并且因为排他性使收取门票费用成为可能，从而很多供应商能够提供电影。竞争迫使每一供应商收取与正常成本相近的入场费用，并鼓励每一供应商提供各具特色的影院以迎合不同的消费者的偏好。

询问的内容会因为受访者不同而存在差异。Bohm 大致将这些地方政府分成同样大小的两组。第一组被告知如果进行调查，则将按照其所说的支付意愿（WTP）的一定百分比收取费用用于负担成本。这一方法将使受访者低估其真实 WTP。第二组被告知如果进行调查，则将收取少量固定费用。只要真实 WTP 高于这一少量费用，那么这个方法就将使受访者高估真实情况。

值得一提的是这两组所报告的平均 WTP 是相近的。第一组报告的平均 WTP 是 827 瑞典克朗，而第二组的平均数是 889 瑞典克朗。因此低估程度（第一组）和高估程度（第二组）都很小，至少在此例中是这样的。根据研究设计，真实的平均 WTP 很可能就介于这两个数之间。因为每个地区的调查成本平均只有 717 瑞典克朗，所以政府最终决定实施住房调查。我们知道，如果高估或者低估的程度很大，那么两个估计值可能就会相差很远，并且我们所研究的问题可能就无法得到确定的答案（收益是否高于成本）。[1]

由于第二组的地区只付少量的费用，Bohm 的方法并未（一般情况下不会）筹集到足够的收入支付成本。不过，使用此方法将从中央政府的税收里减少必要的收入。将此方法应用到市民直接享用的公共物品中，将引起其他问题。例如，为减少采访成本，明智的做法可能是只询问受影响市民的一小部分。但是假定所有的市民都应该为其所享用的公共物品付费，而每个人所付的费用不必一样，例如，假设事先确定了那些被采访者的收入等级，WTP 与收入间存在相关性，那么对所有市民来说，根据不同收入水平进行征收可能就是一种公平。

需求显示的机制

Bohm 这个聪明的办法对不连续的公共物品决定（做还是不做）是有效的。在这些情况下，如果这两组高估或者低估自己的偏好的程度较严重，那么都将使分析变得不确定。在公共物品是连续变量的情况下，必须确定一个明确的数量，但该方法可能会得出一个让人无法接受的不确定的数量。

为了尝试去发现一种方法鼓励人们诚实地透露他们的偏好，研究者做了大量的研究。一些存在这一性质的机制被发现，而且能够应用于连续变量情况。有时它们被称为 Groves-Loeb 机制，或者 Clarke 税收，它们都是以发现者的名字命名的。然而，现实的阻碍对它们的实际应用提出了巨大的挑战。

这些显示需求的机制虽然不完全一样，但也是非常相似的。它们有这样一些关键的特点：就每一单位公共物品对消费者征收的费用等于公共物品的边际成本，且小于所有其他使用者的边际收益之和。我们知道，这些费用对个人来讲是外生的，它并不取决于个人的自身行为。同时我们要注意，当个人想要一个单位（自己的收益≥费用）时，它的供给必须是有效率的才行（所有人的收益≥边际成本）。

---

[1] 很难归纳出有意不显示偏好的程度。更深入的讨论见 D. Myles 所著的《公共经济学》（剑桥大学出版社，1995）一书的第 306－311 页。

图 16-2（a）对此用几何图形进行了描述。为了简化起见，再次使用一种能在不变的边际成本（MC）下生产的公共物品。图中描绘了两条支付意愿曲线。其中，下面的一条标记为 MRS_j，反映第 j 个消费者报告的支付意愿；另一条是反映其他所有人（除了第 j 个人）的情况，标记为 $\sum MRS_{i \neq j}$。Q_0 的含义是如果没有第 j 个人，那么数量 Q_0 将是有效率的。现在设想对公共物品存在高于数量 Q_0 的增量需求，按照上述的规则，第 j 个人将支付 MC 和 $\sum MRS_{i \neq j}$ 之间的差额以说服其他人允许这一增量需求。这个差额是两条曲线的垂直距离。所以在几何上，我们把 MRS_j 曲线的高度（j 的收益）与这个垂直距离（j 的费用）进行比较。

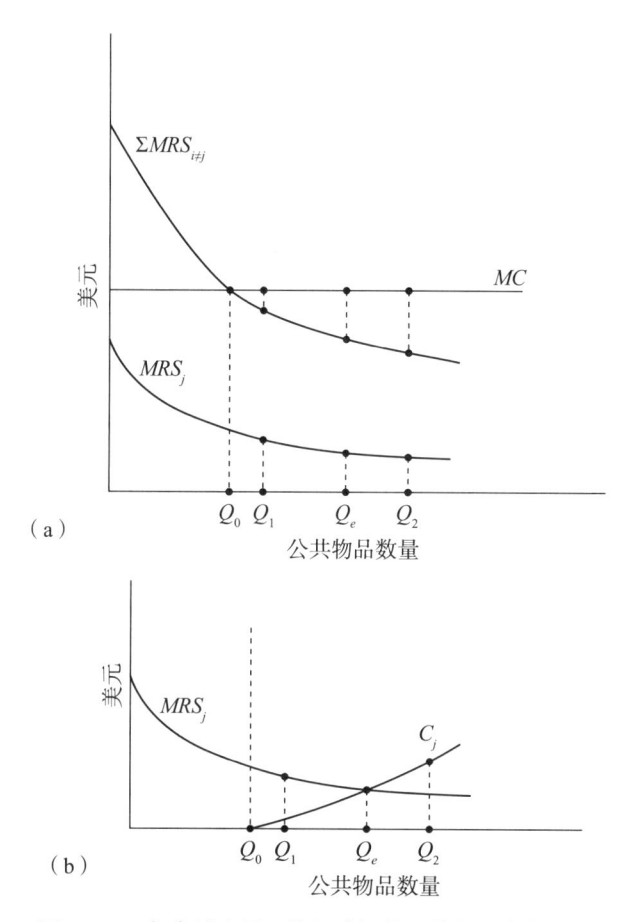

图 16-2 包含诚实显示偏好动机的公共物品收费体系

（a）对第 j 个人的收费等于其边际成本（MC）减去其他所有人报告的收益（$\sum MRS_{i \neq j}$）；
（b）在给定的收费（C_j）下，只有报告自己的真实偏好（MRS_j），才能得到第 j 个人最想要的数量（Q_e）。

首先，如虚线上所标的 Q_1 点所示，该费用很少。在 Q_1 点，第 j 个人的 MRS_j 明显大大超过其费用，因而增量能被提供，并且将一直持续到达 Q_e 点。在 Q_e 点，费用正好等于 MRS_j。在这个数量之外，比如说在 Q_2 点，第 j 个人并不愿意为了说服他人接受更多的增量而支付一个必需的数量。图 16-2（b）显示了同一例子的另一表现形式。在图 16-2（b）中，我们用 MC 和 $\sum MRS_{i\neq j}$ 曲线（正的）二者之差取代二者自身。在大于 Q_0 的点，该差别等于对每单位产品向 j 收取的费用（C_j）。我们再次看见第 j 个人将会支付，使产出扩大到 Q_e。

给定这个系统，第 j 个人拥有诚实显示他的偏好的动机吗？答案是肯定的。保守的偏好报告只能达到一个低于 Q_e 的数量，高估的偏好报告将达到一个高于 Q_e 的数量。因为 Q_e 是第 j 个人在给定的费用结构（由所有其他人的偏好报告及边际成本决定）下最想要的数量，所以得到它的唯一策略就是诚实显示自己的偏好。如果同样的系统适用于每一个人，那么所有人都会诚实显示自己的偏好。[①]

这些机制的一个共同的问题就是收益和成本存在很大的差别。举例来说，我们上面所讨论的收费只适用于超出 Q_0 数量的公共物品。这些"增加的"单位产生的收益不一定能超过其成本，那谁将为"基础的"单位付费？赤字可能用总税收来弥补（或者用盈余来降低总的税收），但是需要考虑改变税收带来的效率结果。或者，我们可以从两部分对每一消费者进行估计：已知的费用加上一个固定数量（比如每人一个相等的份额）。在公平的基础上根据收入水平的不同来确定固定数量可能是令人满意的。随着不断地试错，所筹集的总固定费用能够接近于总成本与从每单位费用中所得收益之间的差额。

即使预算平衡问题解决了，也依然存在个人是否愿意花时间去参加的问题。为使该方法起作用，个人对于从不同数量的公共物品中获得的经济收益应该有一个清醒的认识。大部分人不愿意花过多时间去想清楚这个问题，并且报告自己的偏好。Bohm 的方法更加实际一些的考虑是，采用人口抽样技术，或者类似选民授权代理人的方法。我们考虑关于后者的一个应用。

公共电视台的例子

常规的无线电通信和电视广播是公共物品非常有趣的例子。之所以称电视广播为公共物品，是因为一个人接收广播不会影响留给他人的广播。一个人也不能排斥他人接收广播。尽管它有公共物品的特征但是却是市场所提供的。当然，公共物品理论表明有极少的公共物品会被市场提供，而不是说一种也没有。电视台和无线电广播的供给量太少了吗？

在美国，广播台和电视台从联邦政府获得许可证，以便在一特定频率播放节目。常规的频谱空间是有限的，所以政府在每个影像和声音领域只颁发相对较少的许可证。过去这些许可证是免费发放的，尽管政府已经开始拍卖使用未被常规技术所使用过的部分频谱空间的权利。[②] 所有的常规电视播放许可证在大部分播

[①] 这里假设每一个人都是独立行事的。如果不能阻止共谋，那么参与者的子系统就可能为了他们自身的利益而操纵整个系统。

[②] "拍卖"的设计是一个重要的制度问题，而且经济政策分析家在其中扮演了一个重要的角色。

放领域都已经被充分利用，所以很难说常规电视的供给很少（在既定的许可证约束下），然而广播公司如何出售这些公共物品呢？

当然，大部分读者知道这个问题的答案：广播公司并非由它们节目的消费者付费，而是由那些在广播期间插播广告的公司来支付大量的费用，这就是我们称之为"商业电视"的原因。这些公司利用某个节目"俘获观众"并且播放一定时长的"展示"它们自己的广告，它们相信这将增加观众对其产品的需求。观看节目的观众越多，就会有越多的公司在节目期间为播放广告而付钱。通过将节目和广告捆绑为一体，这些广播公司就利用市场提供了一项公共物品。

尽管这么安排是很聪明的，但是仍然有一个问题。没有理由认为众多观众所需要的节目就是实际制作和播放的节目。如果广播公司是利润最大化者，那么它们将制作播放能产生最大商业价值的节目，也就是广告商价值最大化的节目。假设一个喜爱啤酒的人极易受广告的影响，而这些广告鼓励他消费某一特定品牌的啤酒。因为这是一个大市场，所以啤酒生产商就将花大钱赞助一个对喝啤酒的人有吸引力的节目（比如说，足球赛）。它们也可能对相同的（易受影响的）观众进行一星期又一星期的引诱。这并不意味着每周一次的足球节目的总WTP要大于在同一时间播放不同的节目（例如一系列著名的戏剧演出，或者是针对每一个不同观众的不相关的节目）的总WTP。潜在观众的WTP并未进入广播者的利润计算公式，因为广播者得不到它。它们只考虑赞助商的WTP。

因此我们需要讨论公共电视领域。关于公共电视的讨论与上述推理过程非常一致：有些有很高社会价值的节目反而没有被制作。有些人可能在此更进一步争论说有些节目应该播放，它们是有价值的物品，只是因为消费者不能理解其对他们的价值，所以未被市场足量提供。公共电视领域典型的例子是儿童教育类节目。《芝麻街》节目可能有很高的社会价值，但是很多儿童和他们的家长可能对此有所低估。公共电视能够通过提供这种节目来弥补这一缺口。当然，所有这些争论的困难在于如何辨别确实有很高价值的节目与那些强权集团企图强加给我们的节目。

这将我们带入该领域的中心问题。假设我们同意以下观点，即公共电视要么播放高价值的节目，要么什么都不播放，那么我们依靠什么程序挑选节目呢？

公共广播服务部（PBS）是近250个地方公共电视台节目的国家分配者。从1974年开始，它用众所周知的国家节目合作社（SPC）这个机构来挑选近半数的节目，然后制作并在全国进行分配。其一半资金来自公司捐赠、基金会或者公共广播公司（CPB）提供的政府补助金。电视台也可以从PBS以外的渠道得到节目，主要是当地新闻报道。这里我们主要关注来自PBS的节目。从各个地方电视台的角度来看，它们是有价值的公共物品（节目制作出来后，它可以在一个台播放而不会减少其他台播放的数目）。

PBS本可以使用类似于英国广播公司的中央集权方法来挑选节目，但是有两点原因使它更倾向于分权化的系统。一个是纯政治的原因：PBS担心中央集权式的挑选可能为政治审查委员招惹麻烦，或者对有争论的节目施加压力。如果使用分权式方法，那么当政治家不喜欢挑选的节目时就没有哪一个人或机构受到责怪。另一个原因是让150个电视台经理（有些人负责不止一家地方台）所反映的本地喜好成为选择节目的主要决定因素。

SPC所进行的是一个分两个阶段、历时6个月的过程。在第一阶段，一份有200个节目的目录被送到每一个地方电视台。地方台给每一个节目按1~5分划分等级，得分最高的一半进入第二阶段。在第二阶段，一个反复的相互影响的拍卖机制在电脑上运行，以从100个剩余节目中挑选近30个出来用于制作并进行分配。通常情况下，需要3个月的时间约12轮反复去运行并完成第二阶段。

在第二阶段中，地方台的经理们将被询问是否愿意为获得播放权而对这些特定节目付款。要注意，这些节目是准公共物品：它们是非竞争性的，但是电视台在播放时却有排他性。如果没有排他性这一特点，SPC就无法运行。电视台为特定节目支付的钱是节目总成本中的一个可变的比例。这个比例取决于该电视台的"规模"相对于所有其他想要购买节目的电视台的"规模"。支付函数通过每个台在公共服务许可中所占的份额（一种与电视台的观众数及其全部预算高度相关的计量方法）来定义规模。[①] 为解释这一函数，我们先介绍几个符号，假设

P_{ij} = 电视台 i 购买节目 j 时用美元表示的价格，

C_j = 制作节目 j 的总成本，

G_i = 电视台 i 收到的公共服务拨款的规模，

S_j = 希望购买节目 j 的电视台的集合，

那么，支付函数可写为[②]

$$P_{ij} = \frac{G_i}{\sum_{k \in S_j} G_k} - C_j$$

带有 G 的项表示每一电视台的得分数或权重，其和为1，并且肯定有

$$\sum_{i \in S_j} P_{ij} = C_j$$

因此各电视台的贡献的总和正好等于节目的成本。如果一家电视台与另一家两倍于其规模的电视台共同购买一个节目，那么它将支付节目成本的1/3。如果一家电视台与另一家规模只有其一半的电视台共同购买一个节目，那么它将支付节目成本的2/3。实际操作中，一个节目被很多家电视台分享。一家电视台在确认其他购买该节目的电视台之前是不知道它的成本份额的。认识到这种不确定性的一个方法就是重写上面的公式：

$$P_{ij} = C_j - \sum_{k \neq i} P_{kj}$$

那么电视台 i 为节目 j 所支付的价格可以被认为是节目成本和其他台的贡献（最初不知道）的函数，因为电视台的 WTP 没有进入这个公式，这可视为鼓励诚实显示偏好。公式中没有任何电视台的 WTP，这表明除了有效率的配置（那些在更低节目成本下最大化所有电视台的 WTP 之和的节目），其他配置也可能满足这一等式。

尽管支付函数必须保持平衡，但并非说任何一个过程都能将参与者带入平衡中。这个过程实际上是反复的，并且大致如下运行：最初5次反复试验的过程被称为叫价环节。在最初的叫价环节中，假定80%的电视台将选择购买每一个节

---

① 授权委员会将公共广播事业的联邦拨款的一部分（大约一半）直接分配到地方电视台。
② 符号∈表示"包含于"，因此公式中的总数是所有愿意购买节目的电视台的数量。

目。然后电视台提出它们愿按照最初的价格（这时不需要承诺）购买哪些节目。

然后 SPC 将基于愿意购买每个节目的电视台数目重新估价。对于那些只有少数购买者的节目，估价在下一轮将上升（那些有很多购买者的节目则相反）。叫价环节并不涉及电视台的实际承诺。然而，这样可以排除那些没有购买者的节目，并且通常至少有 50% 的节目在这个环节中被排除。[①]

在叫价环节之后，进入排除环节。在该环节中，一家电视台将致力于购买某个节目，只要在接下来的回合中其价格不再上升并且有一定比例的电视台想要购买它。可能有新的购买者加入从而降低购买者的成本。对于其他没有达到这些条件的节目，在接下来的回合中目标客户会减少。一些节目因失去了它们暂定的客户而被排除。最后，SPC 进入它的第三个环节，称为购买环节。在这个环节中，当一个节目的价格在进入下一回合后没有升高时，它将被买走。通常，在这个回合中会有一些新的电视台作为这些节目的购买者加入进来。当价格在两个连续的回合中不再变化时，整个过程就结束了。

人们如何评价这个复杂的机制的效率呢？理论洞察力是有用的（例如，没有歪曲偏好的明显动机），但是在这个例子中它并不能解决问题。一个有吸引力的方法是进行一次正式的实验室实验。在这一方法中，分析家们试图在可控的环境下复制他们所相信的制度"本质"。

Ferejohn、Noll 和 Forsythe 为 SPC 准确地做了这一实验。他们用加利福尼亚技术所的大学本科生作为实验者。他们通过一个表格确定了这些学生的偏好。如果他或她加入 5 个建议节目中的任何一个的购买组，那么他们就根据该表格承诺给其一定的经济回报。实验者们不知道其他人所选定的偏好。每个实验者也选定一个预算以及以百分数计算的成本份额，并被告知购买每个节目的总成本，以及购买节目的总成本将由一个类似于 SPC 的公式决定。然后，就像反复的 SPC 过程一样，每一个成员都被给予一个起始价格，做出试探性的购买决定，并且由实验中心计算新的价格，然后继续各个连续的回合直到价格稳定。

将所有实验者表中的节目成本和支付加总之后，也就确定了购买组要购买的最有效率的节目。然后实际结果可与上述结果相比较。在 SPC 实验中，实验者有 5 个可以参与的组，这些组获得的回报等于最大可能值的 79%。他们也给 SPC 提出了一个备选方案：实验者在每一回合被告知试探组的购买决定并且询问他们愿意为各种节目支付多少钱。8 个不同的组只是在不同的程序下进行操作，而没有深入细节。8 个备选组获得的回报等于最大可能值的 76%。就趋同的速度而言，SPC 程序要更好一些（它在所有 5 组中经过 10 轮达到一致，而备选程序在经过 10 轮之后，8 组中的任何一组都没有实现趋同）。

我们观察发现，这一例子中重要的一点就是，通过"实验室"去评价和比较不同的制度设计是可能的。当然这个方法也存在一些弊端——学生实验者并不具备电视台管理者所拥有的专业技能和动机，"实验室"环境可能也复制不了电视台经理做决定的现实考虑。不管怎样，我们可以考虑一下新思想是如何被企业所

[①] 为简化起见，在此省略了过程的一些细节。其中之一是生产商可以在任何时候撤销其所提议的节目，并且其在认为收回成本的机会等于零时会这么做。

检验的。比如说，飞机新的部件在被安装到飞机上（或者同样重要的是，被拒绝在真飞机上使用）之前要经历各种"实验室"检测。对于经济制度来讲，对一个有前途的新设计做初始的测试也是一个重要的、相对低成本的策略。

这个例子有个后续，对于制度设计来讲也是相当重要的。SPC 不再被 PBS 用做挑选节目的方法。对于 SPC 运行的这些年，一个主要的批判是，新的、未尝试过的节目很少被挑选出来；相反，同样的节目在多年前已被制作过，现在重新来制作。1990 年，PBS 放弃了分权决策，而将决策权交给国家节目制作执行副主席。这在整个 20 世纪 90 年代被称为"节目沙皇主义"。具有讽刺意味的是，尽管这个改变的动因是要去激发更为创新的节目，但可得的资金却很少能弥补公共电视台中大部分流行剧的成本。因此，增加创新节目这一愿望并没有实现。

这个后续情况的教训并非特殊的结果。它作为经济制度的重要评估指标，有助于逐渐认清经济绩效。即使 SPC 成功地实现了每年 100% 的"稳定的"效率（从所提供的节目中挑选出最有效率的），但如果"节目单"在很长一段时间都没有跟上观众需求改变的步伐，那么它就缺少"动态的"效率。然而，我们没有理由抱怨分权决策机制。比如说，要求 SPC 的参与者分配一点预算给创新类节目并不困难。评价长期表现是一个复杂的问题，我们将在后面的章节中再谈。

小结

本章回顾了公共物品理论，解释了为什么公共物品难以实现有效配置，给出了一些用于减轻这些困难的方法。纯公共物品是那些在消费中既具有非竞争性又具有排他性的物品（例如，街灯、巡警、灯塔和国防）。也有准公共物品，我们讨论了具有非竞争性但排除其他消费者的准公共物品（例如动物园）。在这两种情况中，有效配置的条件是公共物品能被一直提供，直到其最后一单位的边际收益等于其边际成本。边际收益取决于非竞争性的消费者人数，而跟公共物品提供者的人为排斥机制无关。

我们很难给予消费者合适的激励以使他们诚实地显示关于公共物品的偏好。在一般的市场中，公共物品供给偏低。一些消费者可能自己购买或者与他人一起购买一定的公共物品。但是其他消费者可能希望成为公共物品的"免费搭车者"（当不可能排斥时）或者保守地表达他们的真实支付愿望，目的是减少他们的成本。通过政府购买公共物品的一个好处是政府能要求所有消费者付款。然而，除非政府拥有确定消费者真实偏好的办法，否则它也不能解决效率的问题。

有一个被称为林达尔价格的价格集合，它能使每一个消费者需要的公共物品位于一个有效率的水平上。这要求在边际上每一个消费者支付的价格等于他的收益。如果这么定价是可行的（一个按收益原则进行公众集资的例子），那么该方法在公平方面是合意的。不同的消费者可能愿意为同一物品支付不同的价格，而那些支付高价的人可能并非就是那些有更高支付能力的人。一旦公共物品的有效数量已知，就可能以任何价格来为其集资，同时不会改变分配状况（不像市场中的普通物品)。但是这依然有赖于个人如何确定有效水平（或者说林达尔价格）。[①]

政府可能仅仅让它的公民在一定的公共物品供给下写出他们的 WTP（当人数很多时则可能要依靠代表性的调查）。然而，答案依赖于个人自利的程度。如果政府表示将准确地按照人们所透露的偏好来收取费用，那么消费者就有保守地显示偏好的动机。如果不对回答者收取额外的费用，那么他们将有高估真实 WTP 的动机。

Bohm 利用这两种方法及其在不同方向上的偏向来帮助瑞典政府做出关于公共物品的决定。问题是中央政府是否应该实施一项住房调查（需要记住，信息本身是非竞争的）。瑞典政府决定：如果地方的住房机构都愿意支付比调查成本略高的费用，那么政府将进行调查。Bohm 将这些地方政府机构分成两组，给予其中一组激励以使其保守地报告它们的 WTP，对另一组则给予激励以使其夸张地报告它们的 WTP。值得一提的是，这两组都报告了近似的 WTP，说明各组中不尽职的代表都是很少的。由于每组的平均 WTP 都超过了调查的平均成本，中央政府决定进行住房调查。我们应该记住，较大的差异有可能使这种方法变得不确定，小的区别是没有影响的。

其他研究也创建了一些能够激励人们诚实显示偏好从而确定公共物品供给水平的方法。这些方法有时候是指 Groves-Loeb 机制，或者 Clarkes 税收，它们都是以它们的发现者的名字命名的。它们都可使每个消费者的支付额等于公共物品的边际成本与所有其他消费者边际收益之差。然而，用它们做实际决定时，现实的问题是难以克服的障碍。这些问题包括成本和收益相分离的可能性的上升，以及从个人角度来看参与成本可能比收益要高。

与以上方法最相近的例子是公共电视台决定应该制作什么节目。电视节目是非竞争性的，一旦制作出来就将在很多地方台播放而不会减少提供给其他人的节目数量。大多数美国电视节目由商业电视网制作，这些节目主要用于满足广告赞助商的需求而不是直接满足观众的偏好。有些节目可能会得到消费者的高度评价。然而，没有理由认为这一系列商业电视节目与可能会被观众高度评价的节目相一致。公共电视台应该提供被观众高度评价的节目。进一步说，像少儿教育节目这样的特殊电视节目，可能是有价值的物品，其因为消费者不了解它的价值所在而在市场上的供给过低。公共电视台也可能会提供这样的节目。

如果电视台有提供这些有价值的商品的可能性，那么这种可能性会实现吗？由公共广播服务部运作的国家节目合作社有过这种尝试。每年有一个长达 6 个月的挑选过程。由全国所有的公共电视台的近 150 个经理"独立"投票，从最初的 200 个节目中共同挑选出 30 个节目来制作。SPC 运用一种反复的方法来计算每个台里节目的成本份额并且让电视台经理们决定他们愿意购买哪些节目。最初的尝试性购买决定（"投票"）被用于重新计算成本份额，而且允许新的尝试性购买决定。如此这般，一直到实现一个稳定的均衡，此时成本份额不再变化。

实际上 SPC 遵循的是一个复杂的制度。为了研究它的效率并且与另一个同

[①] 例如，SPC 可能要求每个电视台将它们预算的 10% 分配给创新类节目并且要求节目中有 10% 是创新类节目。这种集权原则将导致每年购买的 30 个节目中能选出两到四个创新类节目。

样也是分散决策的制度相比较,Ferejohn、Noll 和 Fordythe 在实验室里用学生作为挑选者模拟了一个实验。他们发现两种制度的运行效率在同一个水平上,在挑选那些节目时达到了最大可能利润的 75%～80%。这种在实验室做实验的方法对于评价那些不能直接评价或者那些有前景但实际不存在的制度选择非常有用。

SPC 的运行从 1974 年开始一直延续了整个 20 世纪 80 年代。然而在 1990 年,它被一种更传统的集权式方法("节目沙皇主义")所取代。关于 SPC 的主要抱怨是它在选择创新类节目上是失败的。即使是电视台经理们自己也提出了这种批评。与在节目单中许多创新类节目相比,SPC 的独立投票方法更可能支持"尝试和真实"。在"节目沙皇主义"之下的整个 20 世纪 90 年代很少有节目创新,至少部分是这样的。因为预算只能有效地为 PBS 节目中最为流行的部分提供资金。这里的教训是经济制度的表现同时取决于静态和动态的效率。为挑选公共物品寻找更好的实用方法依然是政策分析工作的重要目标。

习题

16-1 基本公共物品。
   a 对于非竞争性公共物品,其效率的必要条件与普通物品的生产集效率原则区别何在?
   b 你能期望一个私人市场提供高效率的公共物品吗?解释为什么能或者不能?
   c 你想知道人们是怎么评价《黄石公园》的。你正在考虑实施一项调查去询问人们愿意为它支付多少钱,你是否为此方法的可信度心存担忧?解释之。

16-2 两群毗邻而居的人分别住在一条河的两岸,而且都喜欢 7 月 4 日的焰火表演。他们有同样的人口规模和相同的经济实力。他们都有同样完美的视野来观看河流上燃放的焰火。冲天火箭能以 20 美元燃放一次,在这个价格下可以购买到任意数量。7 月 4 日,A 群人举行焰火表演有如下的需求曲线:

$$Q = 120 - P_A$$

B 群人的需求曲线为

$$Q = 160 - P_B$$

   a 为何两群人有不同的需求曲线?假设他们的人口规模、贫富水平以及看河上焰火表演的视野都相同。
   b 7 月 4 日燃放的冲天火箭应为多少才是有效数目?
   c 什么样的成本份额才能使两群人在冲天火箭的有效数目上达成一致?
   d 什么问题可能阻碍这两群人实现有效解?

第十七章 外部影响及使其内部化的政策

本章考虑一些将外部影响内部化方法。回想一下,外部影响是一种附带效应,它是一种交易之外的效应,亦即一个经济行为对其他人的效用或产出的附带影响。在第十五章里,我们提到了各种通过公共政策使外部影响内部化的方法。在本章里我们进一步讨论这些方法:税收、补贴、监管标准以及可以进行交易的私有产权。

我们的分析将围绕如何管理空气污染的负外部影响展开。比如1990年出台的《清洁空气法修正案》的酸雨条款、减少洛杉矶烟雾的问题以及世界范围的全球变暖等问题。同样的分析也可以用于其他外部影响问题,比如那些与工作场所健康和安全相关的问题。我们的部分分析框架在许多问题上也是有用的,比如在政策体制的设计中难以决定分权或集权的程度时。

在本章的第一部分,我们首先回顾环境管制的主要形式——控制污染的技术性管理标准的制定和执行——以及许多经济学家认为其无效的原因。通过标准模型,我们可以发现有些可供选择的管制方法是有效的。我们回顾了科斯的产权定理,发现从理论上看,环境污染税或污染减少补贴(这更加令人惊奇)能够导致问题的有效解决。尽管这部分分析提供了一些好的见解,但是其在分析实际问题时忽略了一个重要的方面,即信息和交易成本。

空气污染政策的一个主要问题是管制结构的集权程度或分权程度。宽泛地讲,分权程度指的是管制当局给予实际生产者的自由度和选择的范围。我们采用的分析框架主要研究信息和交易成本在制度设计中扮演的角色。这个组织设计框架能够被运用于许多问题。因此，在把它运用于空气污染政策之前先做一个简要的介绍。

尽管没有一个理论框架被认为是合适的分析方法，可以分析管制机构设计中的问题，但阿罗提出的组织设计方案提供了很好的视角，其阐明了治理结构选择与由此产生的信息和交易成本之间的某种联系。阿罗的分析框架根据组织发布的运行指令（"命令"）和执行规则（"控制"）来划分组织的种类。这种"命令"可以给也可以不给执行代理人自由裁量权。执行代理人拥有的权限越多，机构就越分权化。事实上，自由市场的组织或治理可以被看做特殊的决策分权化的结构。

在完全信息和零交易成本的假设下，完全集中的结构和完全分散的结构能够导致资源的帕雷托最优分配。这就是为什么这些假设会低估不确定性（信息缺乏）的重要性及其对组织设计的巨大影响。由于经济人会遇到成本高昂的不确定性，于是他们需要一种可有效地降低这些成本的组织方法。但是这又依赖于不确定性的具体来源、降低不确定性的能力（如通过信息的创造、传送和使用）或转移不确定性的能力（给那些最有能力承受的人）。因而在许多情况下，集权规则更有效；而在另一些情况下，分散规则也有它自己的优势。

在解释了阿罗的组织设计方案以后，我们用它来考虑控制空气污染的方法。和更早的标准分析相比，我们揭示了污染税（一种高度分散的方法）相对于现行技术管理标准（一种高度集中的方法）的优缺点。根据阿罗框架的推理，我们放松集中程度，探究除了技术标准以外的其他管理方法。我们讨论了与颁布绩效标准相关的温和放松，以及更具有实质性的放松——可交易的污染许可权。分析表明，在这样的背景下，可交易的许可权大大优于绩效标准方法和税收的方法。

基于这种分析，最有前景的方向就是污染许可权的市场化。它的优越性的大小取决于污染源的种类和多样性，当然，这些污染是包括在许可权中的。相对于技术标准，监督排放的高成本是某些污染源不被包含在许可范围的主要原因。这一章结尾讨论了一些其他的与许可权运作相关的实际问题，并回顾了两个现行的许可证交易计划：电力设施中的国家 SO_2（二氧化硫）许可权交易市场和洛杉矶地区为降低氮硫化合物的 RECLAIM（区域清洁空气激励市场）计划。

对控制空气污染的标准批评

空气污染是负外部影响的典型案例，其中许多经济主体相互依赖，并且政府是设计某种内部化这种外部影响的政策的核心。美国使用的主要控制方式是设立污染控制管制标准。例如，根据联邦政府的要求，厂商必须用"可以获得的最好的技术"来最小化污染。环境保护局（EPA）负责执行该规定，具体确定厂商所应采用的技术，监督并确保其使用该技术。

许多经济学家攻击此项管制标准，主要基于两个原因：(1) 该标准要求运用"可以获得的最好的技术"，意味着边际污染的损害总是大于减少污染的有限成本

（即使很高）；(2) 减少总污染所需的成本没有被最小化。第一个批评是公正的，尽管关于污染的最优水平究竟是怎样的（例如，长期损害可能来自那些没有短期毒害效应的污染）有着很大的不确定性，但是对于任何污染水平，"可以获得的最好的技术"可能使去除更多污染变得可行，但这样做的成本可能大大地超过了收益。

然而，恰恰是第二个批评更具有争议性并且直接与本章的分析相关。其背后的推理通常是这样的：假如某一个大气限域中总的空气污染减少已经有效地实现，那么对于每个厂商而言，减少最后一单位污染的边际成本一定是相同的。否则，就有可供交易的空间，并且保持总污染水平不变。假设对于厂商 A，减少最后一吨污染所需的边际成本为 300 美元，但减少同样的污染对于厂商 B 而言边际成本仅为 200 美元。于是厂商 A 就可以多污染一吨省下 300 美元，但同时以支付给其 250 美元为条件劝说厂商 B 多减少一吨污染。对于全社会而言，不受影响，因为大气中的总的污染没有变化，但厂商 A 和 B 的所有者每人都多得了 50 美元。

常规推理的下一步通常是认为管理标准没有实现边际成本均等化。就像管制当局解释的，一个公司的可以获得的最好的技术和另一个公司没有必然的联系。例如，一个公司可能被要求安装和使用除烟器，这可能使得它和前述厂商 B 处于相同的境地。而且管制机构所不知道的是，这个公司可能以一种更加昂贵的化学物质投入代替目前使用的技术来进一步降低污染。同样境况下的第二个公司可能排放同样的污染物，但是因为它是一个不同类型的公司，它被要求使用一种喷洒装置来降低污染。它可能被置于与前述厂商 A 相同的境地，因而这两个公司之间也就存在交易的空间。①

标准批评的最后指出有个简单的市场机制可以自动解决这种问题。不是依靠标准，而是征收污染税。换句话说，公司可以购买其所希望的污染权利，只要其支付税金。下面我们解释这个问题：想象一下，在任何某一大气限域中，都会有一些污染型的公司，而且随着污染总量的不断减少，污染减少所需的边际成本不断上升。假想一下，将清洁空气视为一种原料，公司生产过程中需要并用尽这种清洁空气。我们可以测出排放的全部污染（如 SO_2 等）所耗费的清洁空气总量。

清洁空气消耗的要素需求曲线，如图 17-1 所示，依赖于公司污染治理的边际成本。曲线是正常形状的，表明避免少量污染的成本相对较低，但是随着治理污染的量增加，成本会持续增长。

如果在非管制的供给价格下用完清洁空气的话，那么公司将排放 Q_0 数量的污染进入空气。为了达到减少污染的要求，我们需要做的是设定一个和要素需求

---

① 在这个例子中，我们假设管制标准是技术性标准。另一个规定是绩效性的标准，例如污染每分钟不超过 500 个颗粒。绩效性标准和技术性标准都有相同的缺点，至少可以从目前我们所使用的推理中得出这个结论。假设公司在污染减少方面有着不同的成本函数，并且执行标准时没有完全考虑这一事实，那么实现总污染减少的成本就不会最小化。然而基于同样的原因，绩效性标准相对于技术性标准拥有一个关键的优势：其无效性相对较低。证明这一点是很简单的。想象一下，针对每个企业的要求是绩效性标准而不是技术性标准，并且减少的污染还是一样。企业肯定能够以更低的成本完成任务。但是它如果用别的技术，则也许能够以更低的成本达到绩效（比如化学替代品而不是清除器）。在鼓励研发低成本达标方法方面，绩效性标准具有动态优势。

曲线相关的税率。例如，假如我们要求污染从 Q_0 减少到 Q_1，则我们需要对每单位污染征税 t_1。当减少污染的边际成本小于 t_1 时，每个公司都尽量减少污染（否则，它们将不得不支付税），于是每个公司污染减少的边际成本相同（t_1）。它们之间没有任何交易的空间。我们得到一个推论，即相对于管制标准而言，税收是减少污染的更加有效的方法，因为这样可以以最低的社会成本减少污染。

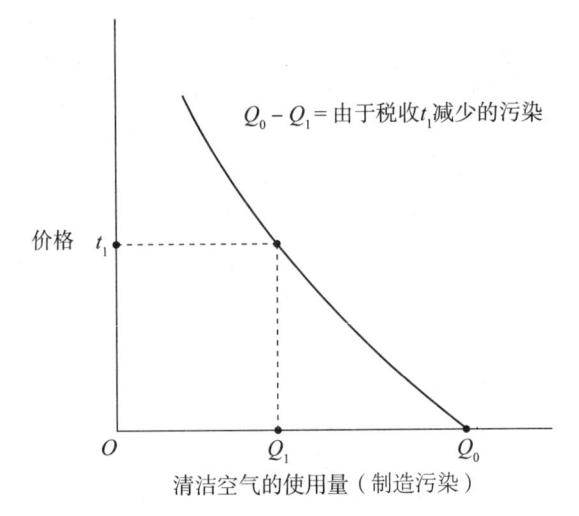

图 17-1 税收对清洁空气需求的影响

科斯定理

这个推理有一个相当重要而且有趣的延伸。对减少污染的行为进行补贴（因此任何新的污染无法获得该补贴）有着与税收同样的资源配置效果。也就是说，给每个公司每单位的污染减少提供 t_1 单位的补贴，只要污染减少的边际成本小于提供的补贴，公司就会选择减少污染来增加利润。这适用于 Q_0 到 Q_1 之间的空气，结果仍然是将污染减少到 Q_1。① 在这两个案例中，污染的机会成本都是相同的：公司如果增加一单位的污染，那么要么放弃补贴，要么支付等额税款。

税收和补贴政策的配置等效是科斯定理的一个特殊情况：在完全信息、交易成本为零、没有收入影响和产权界定清晰的情况下，市场配置的效果都是一样的，无论哪个经济主体拥有交易物品的最初产权。在上面的例子中，交易的物品是清洁空气。在征税的情况下，政府（作为污染受害者的代理人）被认为对空气拥有产权。假如公司希望使用空气，那么它们必须向所有者（政府）付费以获得使用空气的权利。在补贴的例子中，污染者被认为对空气拥有所有权，假如其他人（政府再次作为代理人）希望拥有更多的清洁空气，他们就必须付费给公司来

---

① 假设减少污染的总需求没有收入效应。这里的等效与第十二章中各种配给计划的等效是相似的。

获得清洁空气。

科斯定理的潜在逻辑是（在假设前提下）产权的分配并不影响任何具体配置的净收益。每个经济主体对于消耗一定数量物品拥有相同的内在价值，并且这样做要么支付一定的价格（从产权拥有者手中购买），要么付出同样的机会成本（自己拥有初始产权并出售给他人）。在这两种情况下，由于每单位消费的真实价格都是相同的，所有经济主体都购买相同的数量（再次假设没有收入影响）。

科斯定理的另一个启示是最终配置是有效率的（即使存在收入影响）。只要产权界定清楚，就没有外部影响，所有的相互影响都被内部化。这个推理的关键依赖零交易成本的假设。在某些外部成本效应的例子中，比如一个公司仅仅对另一个公司产生外部影响，问题可以通过自愿合并来解决。合并后的公司由于在整体收益的基础上考虑外部影响，因而外部影响就被内部化了。假如组织合并的交易成本相对于合并收益而言是低的，那么双方自然愿意进行合并。在后面这种情况当中，模型的零交易成本的假设是大致与实际情况相符合的。但是在空气污染的例子中，主要由于存在高额的交易成本，外部影响难以进行内部化。交易成本居高不下与产权的制度界定（权威）和多个经济主体之间达成一致的谈判成本有关。下面对这些因素进行解释。

从历史上来看，空气被合法地认为是共有产权，这意味着没有人能独家地控制该项资源的使用权。任何人，包括污染空气的人，都能免费使用空气，因而其被过度使用也就不可避免。由于经济主体没有权利设定一个绝对的（其他人必须支付的）价格，所以每个用户对他人的外部影响也就没法内部化。

想象一下，那些不喜欢污染的人零成本地团结在一起，并提供补贴给污染者以减少污染排放。免费使用这种"公共品"的权利将被新的污染源破坏，只要这种污染是有利可图的（制造污染的边际成本小于提供的补贴）。这将导致资源的无效配置（增加污染所使用的资源没有社会价值）。这将意味着这一团体提供补贴将是不可行的，对补贴的要求将是无限的。

人们可能想通过改变产品所有权的界定来降低交易成本——使其私有而不再是公有。假如每个土地所有者被赋予对土地上的空气的所有权，违反的人将对自己所造成的损害做出赔偿，那么任何污染者都必须向独立的土地所有者购买空气使用许可，但是单个土地所有者可能会战略性地为了争取更高的卖价而不让步，这种讨价还价的成本将阻碍协议的达成。假如有些人想通过购买所有的土地（因而授予其全部的空气所有权）而降低交易成本，则同样的问题也会产生：许多土地所有者也具有同样的不合作动机，从而使得交易无法进行。

如果从一开始土地私有产权就被给予了污染企业，那么交易成本将以另一种方式出现。基于真实的偏好，许多单个污染受害者可能愿意付出代价促使污染企业降低排放。但是，在组织联合支付时会存在免费搭车的问题，因为每个污染受害者都会否认或者低估他或她的支付愿意，以较低的代价或免费享受集体购买的清洁空气。

因此，相对于可获得的配置收益，高的交易成本说明了为什么空气污染的外部影响不能通过主动市场交易内部化。自然下一个要问到的问题是是否存在其他制度架构能够获得配置效益，并且效益大于该制度架构运作产生的组织成本。我们先前研究的税收解决方法所缺乏的正是这种逻辑。标准推理的主要缺陷在于：解决方法没有详细考虑信息和交易成本，以及如何克服它们。

有效的组织设计和集中决策程度

在这一节里，我们将展示组织设计构思的一种方法。资源有效配置通常被认为是投资问题——产生最大社会净收益的经济活动。然而，越关注如何进行选择和如何评估相关的困难，就越应更多地注意扩大问题的视野，将组织性和投资性问题都包含在内。

由于决策信息的产生和传播是有成本的，所以我们通常把决策问题分成多个部分，让具体部门（下级团队）负责各个部分。例如，一个厂商可能面临着下一步干什么可以实现利润最大化的问题。大公司典型的做法是把利润最大化决策问题细分，并设立独立的市场、销售、生产和计划等部门。每个部门负责发挥自己的特长和决定自身资源的配置，对公司总体目标做出贡献。但是，在利用专业化分工决策带来经济效益的同时，又产生了组织控制问题：如何激励各部门决策者为了整体利益而行动？

为分析组织设计问题，我们引入团队的概念。团队是指拥有共同的一个或几个目标的组织。除了团队目标以外，单个团队成员可以有其自身利益，其自身利益甚至或多或少地与团队目标相冲突。为了达到总体目标，团队必须解决整个组织所存在的控制问题，选择运行规则和指令来命令和指导个体的行为，并选择一个执行机制（某种激励机制，奖励或惩罚）来控制或引导个体遵守运行规则。

团队的定义是非常宽泛的，例如一支运动队、一个学区、一支舰队或一个汽车生产部门都可以被视为一个团队。我们可以把一个大公司看做一个团队，并研究它的组织。一个特别重要的设想就是把整个经济看做一个有共同目标的团队，共同实现公平而有效的资源配置。政府于是可被看做该团队的特别分部（大团队中的小团队）。在介绍了关于团队组织所特有的几种运行规则和执行机制之后，我们将解释和运用这个设想。

我们要特别强调组织设计的集权化程度。集中程度指的是组织任务执行者决策的自由程度。例如，像"扣紧流水线上的每个螺帽和螺栓"这样的"以这种方式完成这种任务"形式的指令，就是一个集权式的指令。指令的接受者没有选择的余地，或者有很少的选择余地。另一种是"尽一切可能实现最大化目标"形式的指令，如"组装汽车的成本最小化"，这是分权式的指令，因为它把关于如何组织流水线的具体决定权授予了指令的接受者。

当然，可能也有一些介于两者之间，例如如下规则："决定我们处在什么样的环境，执行那种环境下的具体程序"。这时接受者有一定的自由去解释哪一种环境是相关的："假如地板是肮脏的，清扫它"。因此，个体接受的指令可能或多或少是集权式的，这就是我们提到集权化程度的原因。

我们将讨论与运行规则所要求的集权化程度相关的问题。其中之一是哪个个体拥有最佳信息（或者说获取并处理相关信息最为容易）——是执行任务者还是任务分配者。在制定规则的同时还要考虑它的执行。

一旦指令下达，组织就必须能够确定其是否服从。一个集权化的运作规则，例如"做这个特定任务"可能是相对容易监督的，因为服从是"是或否"的决定。非集权化的服从，例如"最大化这种功能"，是个体做得更多或更少的问题。推动分权化原则应用的因素（如总部或指令制定者需要相对更大的成本了解如何实现最大化）也表明总部会有一个更困难的监督任务：如何知晓被观测的结果接近最大化？因此分权化原则的运用，通常需要奖惩机制——因为最大化而奖励团队成员或因为没有最大化而惩罚他们。

现在，让我们研究外部环境，解释让经济行为得以有效实施的集权化程度。某种意义上，正是经济主体之间的相互影响表明了某种程度的集权化是有效的。下面我们以一个简单的团队模型来展示这一点。但是，有必要提醒，相互依赖仅是有效集权化的必要而非充分条件。下面我也将解释这个提醒。

我们从一个简单的两人团队模型开始，他们共同的目标是最大化团队利益，每个成员有责任做投资决策，并且了解该投资决策。每个人都努力地做出决策以最大限度地增加团队利润。然而，如果没有进行有成本的交流或合作，那么每个人对于他人的信息一无所知。

因此，我们假想存在信息的分割，没有人知道所有的事情。由掌握信息最多的人负责决策。我们以一种简单的方式来设定个体的选择和可能的结果。每个成员都必须决定是否采取行动，即是投资还是中止。如果甲决定投资，则我们表示为 $d_1=1$；如果甲决定不投资，则表示为 $d_1=0$。同样地，$d_2=1$ 表示乙决定投资；$d_2=0$ 表示乙决定不投资。

假设每个个体决定是否投资时，对投资是否影响团队利润仅拥有不完全信息（除非进行成本高昂的交流和合作）。信息不完全是因为它忽略了可能的相互依赖。为简化起见，我们假设不完全信息表现为存在以下三种估值（Π_1 代表甲的投资，Π_2 代表乙的投资）：10 美元表示投资是好的，0 美元表示投资是中性的，-10 美元表示投资是坏的。甲知道 Π_1 的价值，如果他选择 d_1 的话，但不知道 d_2 或 Π_2。同样，乙知道 Π_2 的价值，如果他选择 d_2 的话，但不知道 d_1 或 Π_1。

团队决策中的相互依赖可以用团队收益方程 Π 的形式展示。考虑下面三种可能性：

$$\Pi = d_1\Pi_1 + d_2\Pi_2 \tag{1}$$

$$\Pi = (d_1 + d_2)(\Pi_1 + \Pi_2) \tag{2}$$

$$\Pi = (d_1 - 1/2)(d_2 - 1/2)(\Pi_1 + \Pi_2) \tag{3}$$

假如收益方程是（1）式那就没有必要交流或合作去最大化团队利润了。每个人有足够的信息来决定哪个投资对团队而言是有利可图的（如，若 $\Pi_1=10$，那么甲知道选择 $d_1=1$）和哪个投资是无利可图的（如，若 $\Pi_2=-10$，那么乙知道选择 $d_2=0$）。事实上，在这个案例中，两个经济主体没有理由作为一个团队而不是独自进行生产。方程（1）将实现最大化，如果甲最大化 $d_1\Pi_1$，并且乙也独立实现最大化 $d_2\Pi_2$。这就是同一公司的两种产品在不同地区的投资决策。①

（2）式和（3）式所表示的利润函数包含了团队所必须考虑的相互依赖。如果利润函数是（2）式，那么经济人之间的交流是有价值的。假定 $\Pi_1=0$ 并且 $\Pi_2=10$。为了取得最大团队利润，那么甲应该选择 $d_1=1$。最大利润是 20 美元＝(1+1)(0+10)。但假如甲不知道 Π_2 的价值，并在仅知道 $\Pi_1=0$ 的基础上行动，他或她可能选择 $d_1=0$，则团队最终取得的利润将仅为 10 美元＝(0+1)(0+10)。这种情况就像电力企业建设一个发电厂和相应的输电线路。公司的不同部门负责不同的部分。输电部门如果不知道新的发电厂，也就不会建设新的输电线路。

像（3）式那样的收益方程赋予了交流和合作的价值。交流是有价值的，原因与（2）式的情况一样。其中一个经济主体需要知道 Π_1 和 Π_2 的和是正的、负的还是0。知道了以后，他们必须协调他们的行为。例如，如果总和为正，那么最大化团队利润需要两者采取同样的行动（要么两者全投资，要么全不投资）。如果 Π_1 和 Π_2 之和为负数，那么两人必须确定采取不同的行动（一个投资，另一个则不投资）。

为了实现团队利润最大化，双方必须进行交流，以便一方能知道 Π_1 和 Π_2 的和以及另一方所采取的行动。知道了信息的一方则必然会采取合适的行动协调团队。这种情形就像电视台合作制作节目一样，我们将在下一章进行分析。每个电视台的经理决定是否投资节目，从全社会看，我们希望他们合作和交流，使得他们可以投资那些具有最高共同价值的节目。

作为一个不同的解释范例，汽车发动机的大规模生产必须适合汽车车身和满足既定的性能标准。发动机和车身两者具有成千上万的特征，但又必须设计得相互和谐运转。不仅发动机生产需要车身设计的信息（反之亦然），而且设计与设计之间必须相互适合（协调）。另外，假如团队正确地做了自身的工作，那么最终产品一定既满足既定的性能标准，又是成本最低的。

假如汽车发动机和车身生产的活动被组织在同一个企业里进行，那么交流和合作问题则可以通过某种决策集权化加以解决。回想一下，第十章指出企业内活动（相对于跨企业经营活动）代表了决策的集权化。一个公司里会有一些"具体做这个"类型的指令。那么交流和合作问题就能够简单地通过指导一个雇员和另一个雇员合作或交流加以解决。

此外，交流和合作的相互依赖也并不一定要用企业的决策集权化加以解决。以汽车发动机和车身为例，把公司分开独自生产单个部件也是可能的，也就是说可以通过市场契约进行信息交流和合作。这种方法是分权化的市场交易：一个定好价格的交易在两个单位（unit）之间发生了，因为每个单位自身都认为这种交换有利于目标的实现。

关于哪些东西被交换，这需要具体描述交易的各个方面，例如交货时间、交货物流、所有连接部分的尺寸和各个部件的强度。所有的这些情况在被告知或达

---

① 我们可以在收益方程中加入常数项，代表从连锁店中获取的"知名度"价值。

成一致以前都需要在生产过程中进行调试和纠错。所以预先达成价格一致似乎是不可能的，关于生产结果有着太多的不确定因素。但是，潜在的交易方可能拒绝没有订立合同而发生的成本。在这种情况下，公司内集中生产可能是一个更适合也更有效的方法。假如团队的一组难以监督或知道另一组的最低生产成本的话，那么竞争性的契约可能具有优势。

回想一下，组织的一个主要问题是参加的各方没有相同的目标函数。每个个体是效用最大化者，这个标准假设本质上意味着团队成员的行为和团队目标并不一致。无论什么操作指令发出，团队必须能确保那些指令得到执行。在公司内部，监督和衡量每一个下属的贡献并不是很容易。这就使得设计一套分权化的自我监督激励计划变得非常困难。该计划希望在下属对公司的贡献和下属所得到的奖励之间建立一种适当的联系。在汽车的例子中，激励每个下属努力靠向团队目标的困难可能超过了集权化生产的适应性优势。

一个解决方案是以合同的形式在公司（团队）外部分权化。竞争性的合同竞标把监督功能从买方移交给了竞争方，后者更加了解什么是最低成本的生产。也就是说使得"最小化生产成本"的指令可以得到最佳执行的是完全信息竞争者的分权化监督，而不是同一公司内部的另一部分的集中监督。

现在让我们拓宽我们的视野，让经济团队包含更多的企业。重要的是把整个市场经济看做一个更大的团队，其中包含着像企业这样的下级小团队。在作为一个组织的市场中，操作规则及执行机制是以一种特殊的方式分权化的。每个消费者被"要求"最大化自身效用，每个公司被"要求"最大化利润。消费者需求和竞争共同"控制公司行为（决定奖励或惩罚）"。

假如竞争性执行是完美的，那么大公司内部的决策集权化就一定是有效的（和合同安排一样）。一个公司的无效集权化将导致产量高于最低成本下的水平，公司将被更有效率的竞争者取代。换句话说，当相互依赖被限定在大市场的小部分主体中时，完全竞争可有效地将它们内部化。

然而，竞争作为一种执行机制一样不是完美的。它主要依赖于信息，而信息是难以获得的。我们已经看了许多由于信息缺乏而导致不完全消费者控制的例子。竞争企业也可能存在不完全信息，尤其是当情况会随时间改变，而企业必须了解新的情况时。

例如，在一个竞争性的市场里，单个企业很少主动揭示新技术的确切（非专利）信息。但信息是非竞争性的公共物品，其一旦生产出来，就不会因为被其他人使用而用完。技术革新的渗透速度比理想的要慢。因此，竞争性执行的效率依赖于"执行者"收到相关信息有多快。集权化新知识的传播，可能如同美国农业部希望农民知晓提高生产率的方法一样，可以完善各个部门的组织。然而，这些努力的有效性随着经济活动的不同而大不相同。无论是计算机技术还是农场技术都可能很快改变，但竞争者有可能发现鉴别和模仿计算机进步是容易的（如通过购买一台计算机并研究它的部件），而对于农业种植则相反（如研究另一个农场的土豆可能不会揭示其是如何生产的，这就是美国农业部的信息是有价值的的原因）。

另一个问题是兰格和哈耶克关于分权式的社会主义优点的争论。① 下面将以简化的形式陈述其观点。首先我们假设所有的经济主体都有完全的信息,一个完全集权的当局能取得与完全竞争相一致的资源配置效率(中央当局只要通过完全的信息分配资源到完全竞争条件下该去的地方)。兰格和勒纳对中央政府提出的要求比较少,但是正是他们的信息假设引起了哈耶克的反对。

在社会主义背景下,生产资本的产权属于国家,而不像资本主义国家属于"资本家"个人。这就自然而然产生了能否和如何在社会主义条件下实现资源的有效配置的问题。兰格和勒纳证明,通过中央计划制定者设定价格并发出集中性的指令给企业管理者是能够做到的。企业按照最低生产成本进行生产,在价格等于生产成本的产量上生产。它们可以以国家规定的价格,租用它们希望的任何劳动力和资本。国家的银行贷出资本给需要资本的企业。个人消费产品并且提供劳动力。

假如在某种经济活动中,需求超过供给,则中央计划当局只要提高它的相对价格(供给超过需求则情况相反)均衡便会再次形成。当中央计划当局设计的价格体系使得所有市场供给与需求都相等时,资源配置即为帕累托最优。因此兰格和勒纳得出结论,分权式的社会主义完全能够和竞争性资本主义一样具有效率。他们认为存在一个价格调整机制能够用来达到均衡。

兰格-勒纳模型的逻辑完全支持他们的结论,而且其逻辑本质上和证明完全竞争的优越性是没有区别的。但是这是否就表明了两个体系具有同等的效率?哈耶克的不同意见主要是围绕每个体系的信息展开的。他认为竞争的资本主义可以迅速而灵活地进行价格调整。这可有效地传递必要的信息,以使经济主体能及时地适应变化了的外部环境。接着他又认为,社会主义的中央计划当局的价格调整存在滞后,等中央计划当局推断出今年的合适价格时,已经是第二年了。

我们早期的讨论表明哈耶克对信息的关注是合理的,尽管他的回答可能低估了一些重要的相互依赖。我们并没有真正建立一套理论来评价市场和其他机制的相对信息效率。② 对于我们感兴趣的一些具体的经济活动,中央集权机制通常比分权机制更具有效率,然而兰格和勒纳与哈耶克的争论再次强调了合作过程的重要性,这与引导资源配置的机制设计相关。组织的方式明显地影响着短期和长期信息的需求和供给。我们将在下一节举例说明这一点以及它对于政策分析的重要性。

---

① 举例详见 Oskar Lange, Fred Taylor. On the Economics Theory of Socialism. New York: McGraw-Hill Book Company, 1964。

② 国际经验比较也很困难。关于偏计划导向的国家(即政府对经济具有相当大控制权的国家)是否比偏市场导向的国家做得更好并没有明显的规律。1999年人均收入为 34 200 美元的卢森堡是唯一一个超过美国(33 900 美元)的国家,而且其政府对经济具有很大的控制权。大量的研究试图控制除了政府之外其他影响人均收入差别的因素,并分析政府规模在不同国家以及不同时间的独立效果,但结论都是不确定的。相关观点的综述,详见 Joel Slemrod. What Do Cross - Country Studies Teach about Government Involvement, Prosperity, and Economic Growth?. Brookings Papers on Economic Activity, 1995 (2): 373-431。

重新考虑控制空气污染的办法

让我们重新考虑空气污染问题及以税收或补贴为手段的解决办法。我们考虑的是操作规则和执行机制,尽管也需要考虑不完全信息和高昂的交易成本等其他方面。首先需要提到的是,这两种解决方案和管制标准方法一样,也都要把政府"任命"为一个集权化的代表污染治理利益的谈判主体。这就需要一种权衡:为了获得交易效率可能会造成资源配置效率的损失(谈判主体不知道个体对于清洁空气的确切喜好)。[1]

我们没有任何理由偏爱税收超过补贴或偏爱补贴超过税收。依据标准的逻辑,两者在配置资源方面是等效的。当然,两个计划的配置效果似乎是不一样的。公众可能偏爱税收计划(污染者支付)超过补贴计划(尽管事实上的配置结果并不支持这一立场[2])。另外,两种计划的运行对信息的要求并不相同。为了执行税收,估税员必须知道现行的污染状况;为了执行正确的补贴,政府必须知道污染现在的水平和以前的(或基准)水平(为了了解污染降低的实情)。

确定每个污染者准确的基准水平,确实是一种额外的负担,尤其是当该基准水平被连续多年使用时(因此,基准水平的高低就对企业财务具有重要的作用)。例如,当企业意识到减少污染可获得补贴时,一些企业就会增加污染以提高它们的基准水平。不可避免地,另一些企业也将发现,与政府授予它们的基准水平抗争是符合它们自己的利益的。问题并不会由于随后几年内通过修改基准水平而得到缓和,因为那时争吵仅会转变为在新基准上的争论。[3] 因此尽管两个计划都包含着关于如何衡量当前污染水平的争论,但是只有补贴计划会引起有关基准水平的争论并产生管理费用。

相较税收计划,补贴计划还有另外一个劣势。两个计划资源配置等效的条件是,经济环境不变,公司的污染需求曲线保持稳定。但是现实世界的环境会变化,公司的污染需求曲线也随着时间而改变。假定一个公司的污染需求曲线是图 17-2 中的 d,两个计划被启用。假如 q_0 是污染不受管制的量(补贴计划的基准),那么税收或补贴率 t_1 将导致污染量减少到 q_1。但是假如公司的污染需求曲线向外移动到 d',那么在税收计划下,公司将选择污染 q_1'。

污染比以前更多了,但比没有税收时减少了。然而在补贴计划下,污染从 q_0' 减少到 q_0,公司没有资格获得补贴。如果公司为那些排放(AEF 区域)支付代价的意愿超过了可获得的补贴(ABC 区域),那么公司将不会减少污染排放。它

---

[1] 这是一个非常有趣的案例,因为普通个体可能不知道自己的偏好,因此共同效率的损失可能很小。这一领域的科学家之间存在很多争论,但是他们要比那些门外汉更加了解暴露于空气污染中的真正风险。但是,他们并没有关于普通个体如何对这些风险做出回应的专业知识。因此,让立法者在听取专家、相关利益群体的意见之后做出污染减少目标的决策,是非常合理的。

[2] 例如,假设污染税一般会被转嫁到劳动者,而污染补贴一般会转移给劳动者(提高其收入)。

[3] 为了确保两个案例中均衡相同,与恒定的税率相比较的应该是不变的基数和补贴率。

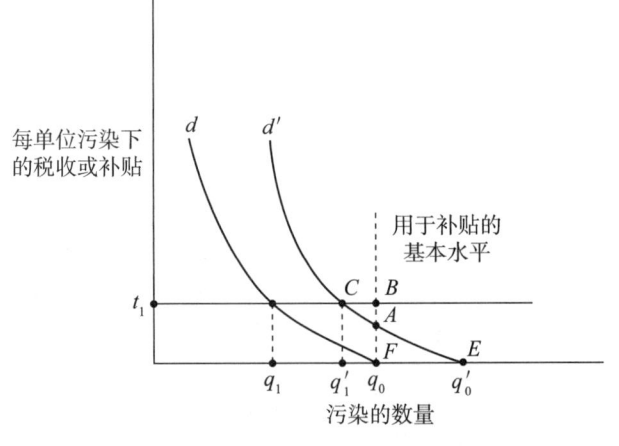

图 17-2 随着需求的增加（d'），在税收计划下公司污染 q'_1
但在补贴计划下污染 q'_0（由于 AEF 的面积大于 ABC）

将排放 q'_0，比在税收计划下要多。

有很多方法可以解决这个问题，例如，政府可能将基准水平从 q_0 提高到 q'_0，作为对需求曲线变化的反应。[①] 当然，由于情况的变化，政府可能希望改变税收和补贴率。在此我强调的是，在条件改变的情况下，税收计划会自动地阻止某些污染而没有必要改变整个政策；而补贴计划则未必如此，这是因为税收计划适用于所有的污染，而不仅仅是那些基准水平之下的污染。另一个有趣的解决问题的计划是提供补贴给基准水平以下的污染减排，但是对基准水平以上的污染实行收税。只要税率和补贴率是相等的，就同样会使得每单位污染的价格不变！然而，这个方法还是会遇到其他的问题，主要是要界定相应的基准水平。[②] 考虑到税收计划相对于补贴计划的政治和信息优势，我们将着重比较税收计划与其他方案。

与管制标准方法比较，税收（补贴）方法的最有趣的方面在于它对公司采用分权化运行指令："最大化利润，弥补你所产生的污染的成本（或补贴）。"这恰恰与管制标准方法相反，管制标准方法运用的是集权化的运作规则，例如"在你的烟囱里安装洗涤器"。

一个需要考虑的问题是谁有更好的信息。公司是否比政府当局更具有信息优势，更清楚如何控制它们自己的污染？我们必须问这个问题，这不仅是基于静态意义（当前信息），而且是基于动态意义（新技术开发和应用的速度）。由于特定技术的使用在集权和分权的选择下是不同的，所以很显然，改进技术的努力也是不同的。我们已经提到了新技术扩散的速度在不同管制体系下是不同的。

[①] 当环境确实发生变化时，这可能是合适的。但是这也有可能让这些企业在环境没有变化的情况下宣称环境已经变化了。如果企业和管制当局之间存在信息不对称，那么这种情况便会发生。

[②] 比如针对汽车等交通工具的消费税或年度注册费。在这两种情况中，政府收费被设定为固定的。但是，如果这些交通工具的污染排放量超过一般水平，就将会被处以比正常消费税或者年度注册费更多的罚款。详见 L. Levenson, D. Gordon. Drive+: Promoting Cleaner and More Fuel Efficient Motor Vehicles through a Self-Financing System of State Tax Incentives. Journal of Policy Analysis and Management, 1990, 9 (3): 409-415。

关于技术信息的各方面都存在争论。例如，在减少污染的限制下，企业通常更清楚使用什么减排技术是最有效率的。对于污染大户而言，尤其如此，因为任何一种控制污染的方法（例如，火力发电企业有 SO_2 的排放）都会产生巨大的经济利益。几乎所有的污染公司都会得到供应商的帮助。供应商销售减排技术并促销它们的产品。中央政府必须成为每种产品的专家以便拥有同等的信息。

如果是许多规模相对较小的同类企业，产生的污染数量相对也较小，那么它们可能更喜欢让 EPA 告诉它们该如何做。否则，它们中的每一个就必须自己面对交易成本，并且交易成本和污染控制成本可能比集权化方法下更高。另外，在分权的情况下，减少污染的特殊技术可能是其他公司看不到的，从而致使技术传播缓慢。也就是说，发明技术的公司可能会隐藏它们的知识（如果不是私人市场化）以取得竞争优势，而集权的当局可以实现更快的技术传播。

人们可能会仁慈地认为，在税收（或津贴）建议的背后暗含着一个共识，就是总的来说，生产者拥有在获取降低污染技术方面的优势。在税收体制下，这种优势能够促进创新性污染控制方法的开发，因为公司能够通过创新技术直接获利（在技术标准下，公司必须说服 EPA 修正其使用的标准）。但是这些因素仅与操作规则相关，执行方面又如何呢？是否能够建立一套奖惩机制，以最低的成本改善总体空气质量？下面将分析该建议的主要困难。

相比电力或天然气，特定污染源排放的污染量不是按常规方式计算的，可是常规投入（或产出）的税收是相对容易估计的，只要用税率乘上已知的数量即可。在这个例子中，人们必须解决的问题是什么样的税率是合适的（也就是说，必须给予公司足够的激励使它们减少要求的污染量）。但是对于污染而言，这可能需要大量的尝试和差错，这在政治上是禁止的。

另外，在污染的例子中，税收的计算必须单独进行。我们很难以一个合理的成本计算同种污染物的所有不同来源；污染并不像家里用电和用气一样容易计量。固定的工业烟囱的污染气体排放量是相对容易监测的，然而，汽车的尾气（并不总是在测量区排放）可能是难以或不可能监测的。污染量的精确测定对于税收非常重要，税收支付的多少几乎取决于具体的数量。[1]

对某些企业的测量可能是持续的，然而另一些则不是。在后一情况下，可行的做法是随机地采用某个公司的污染水平作为样本，但是必须考虑到这个公司每天改变污染量的能力。在评估企业在纳税期的平均税收时，抽样的方法缺乏充分的法律依据。即使可以用抽样法，在生产者和污染监督者之间也容易诱发腐败的动机：假如评估结果比事实上的污染水平低，又有谁知道呢？[2] 因此，污染量计

---

[1] 其所要求的精确度要比绩效标准更严格。后者包含的是关于污染水平比标准值高或低的"是或否"的问题，而不是程度问题。

[2] 在管制标准的执行过程中治理腐败问题是比较容易的。例如，如果检查任务是确保洗涤器正常运作，则这对检查员而言很简单。腐败现象受针对检查员的监督体系的影响。例如，检查会员因为找到每处污染物的来源而获得奖励，或者我们随机抽查检查员的报告。但是，这些执行体系的成本可能非常高。关于这个课题的更多内容，详见 Susan Rose‐Ackerman. Corruption: A Study in Political Economy. New York: Academic Press, 1978. 有一个关于管制标准如何模拟税收的有趣例子，详见 John Mendeloff. Regulating Safety: A Political and Economic Analysis of OSHA. Cambridge: The MIT Press, 1979.

算的困难是税收和补贴方法的严重缺陷。

相反,执行技术管制标准则是一个容易得多的任务。要服从的命令是"是或否"而不是"多或少"。如果公司被要求运用特定的技术,如烟囱除烟器,那么随机检查将是确保规则执行的高度可行方法。我们可以要求把催化转化器安装在所有汽车上,偶尔监督以确定它们运行良好。实际上,标准的执行也可能是不完全的,例如公司可能并不会提供合适的污染控制设备维护服务。然而随机的实地检查可以很容易发现问题,不遵守标准的惩罚也很容易确定。① 检查是否遵守规则变得容易,这使得对监督者进行抽查变得容易,并且减少了与税收和补贴计划相关的腐败的可能性。②

事实上,正是执行问题使得人们很容易理解在美国一直没有使用税收的方法来控制大气污染。即使在《清洁空气法》(1963年)通过之后20年,这也是不可能的。根据议会预算办公室提供的数据,到1985年为止,全国13 000家主要的空气污染源中仅4%受到"烟囱检测"监督,该监督是评估税收时必需的;60%检查的不是污染的排放,而是是否安装了特殊设备;剩余36%则是自我评测是否遵守了规则(公司会向EPA致函说明自己遵守规则)。假如只能在税收系统和中央集权的技术标准之间选择的话,那么后者将是更有效率的,因为前者甚至是不可行的。

其他方法又如何呢?就像我们先前所提到的,管制标准也没有必要非得采用高度集权化的技术标准形式。原则上可以采取集权绩效标准的形式:要求公司的污染排放量在一定时期内限制在既定的数量内,如每年100吨SO_2。这是一个更加分权化的方法,它给予污染排放者以更多的自由(尽管所允许的排放量仍然是集权化规定的)。我们先前提到的标准观点是,在允许同样的排污量时,绩效标准总是比技术标准更有效率:公司总要使用符合技术标准的技术,但有些技术更容易达到排放限制。

我们之前也提到了当考虑信息和交易成本的时候标准观点可能是错误的。一个高烧华氏103度的病人想要恢复到健康状况,同时又不想让大夫说"做一切必要的措施把你的温度降到华氏98.6度"。病人想得到的是一个集权化的指令,如"每4小时服用这种药物一次,直到你的温度恢复正常"。在这种情况下,相对于病人而言,医生拥有更多的信息。谈到控制污染,我们先前提到了一些小的机构,如干洗店,希望EPA为它们设定一个技术标准,而不是要求它们自己决定解决方法。一个稍微不同的例子也能说明认为越分权越好的观点存在缺陷:汽车主人可能更加喜欢政府设定的排污标准针对的是厂商而不是他们自己(总体而言,厂商比汽车消费者更加知道如何选择一个控制排放的方法)。

然而,我们在信息方面的假设前提是,绝大多数污染者比EPA更加了解其应该如何以最低成本达到排放标准。假如操作规则的绩效标准已经确定,那么执

---

① 注意,如果罚款额度与违反的严重程度成比例,那么这就像税收了。意识到这一点是管制安全中的关键。

② 回顾一下前文我们关于技术标准与绩效标准的区分,现在我们可以看到,这种结论与一般的污染税有同样的缺陷:关于信息和交易成本的假设在某些情况下是错误的。尤其是绩效标准的执行(尽管这是一个"是或否"的问题)可能要比技术性标准更加困难;测量特定的污染物要比检查洗涤器的安装困难得多。

行起来有多难或多么容易呢？执行绩效标准需要回答一个"是或否"的问题：公司是否在污染限制线内？这是一个比技术标准更加难的"是或否"的问题，因为它需要某种实地排放测试。但相对于税收系统考虑的"多或少"，它又相对简单了不少：随机实地检查在这种情况下是可以接受的。① 很难知道绩效标准带来的控制污染的灵活性收益是否超过了它所带来的额外的执行费用。

我们不需要进一步探讨该问题，重要的是指出可能还有比集权化绩效标准更好的选择。注意，集权化绩效标准等价于发行不可交易污染排放息票。为什么不让这种息票可流通呢？分权化绩效标准就等价于发行可交易的污染排放息票，于是每个污染者拥有自由来选择绩效水平和排放控制方法。管制当局的任务大部分与集权化绩效标准下相同，除了追踪息票交易的额外成本。② 然而这种方法的一个主要优势是它使得（事实上鼓励）拥有不同边际控制成本的污染源可以互相交易从而减少控制成本。

交易排放许可系统和理想税收系统提供同样的效率激励（不同污染源之间污染边际成本相等）。③ 它依赖市场设定许可权价格，因而和管制当局共同承担设定合适的税率的艰巨任务。由于存在细微差别，它的执行比税收系统更加容易。根据精确的"更多或更少"衡量标准，它用容易确定的息票数量代替难以测量的排放数量。一旦息票数量得到确定，第二步就是判断是否实际排放量处于息票限制范围内。对于一些污染源而言，第二步可能仍然是困难的（或不可行的），但是总体而言，该方法比税收估价监测更简单和更加可行。

利用阿罗经济组织框架，我们考察空气污染管理的两个选择：广泛使用的技术标准，以及可交易的排放许可权系统。我们并没有解决是否或在什么环境下，可交易的许可权系统的效率优势超过它的执行成本。当然在实际运用中，没有规定说仅能使用一种系统。实际上我们可能对那些无法监督排放量的污染源实行技术标准，而对于其他的则使用交易许可权方法。通过许可证系统获取的效率取决于污染源的数量和种类。

可交易的许可权系统的其他实际问题也必须要解决。一个就是初始分布方法。初始许可权是否应该在最好的控制技术下根据 EPA 测定的排放数据进行发放？就像我们在上面的讨论中假设的那样？或者是否许可权应该与现行污染水平成比例发放给污染源？政府是否应该将它们卖给高价竞标者（如果这样的话，那么拍卖如何设计）？

另一个问题与许可证的期限相关。是否应该永久性地授权一个给定的年污染数量，使得政府为了减少总的污染水平必须买回许可权？或者许可权是否应该按

---

① 在关于外部管制的另外一个案例中，Weil (1996) 认为即使执行过程中包含少数的随机访问，安全标准的遵守率依然惊人地高。

② 为确保阐释清楚，假设许可证的初始配置同集权化绩效标准的安排一致。在没有交易的情况下，两个体系的执行成本是相似的。唯一的不同是交易改变了每个污染者的绩效水平，管制者必须知道交易之后的息票数量，从而确认息票限制内的排污量。

③ 在经济学家庇古首次提出用税的方式解决外部性难题之后，税收（或补贴）方案有时被看做庇古税。类似地，在经济学家科斯首次提出通过建立明晰、市场化的产权制度来解决外部性难题之后，发放可交易的污染排放息票被看做科斯方法。

照预先决定的价格在任何时候被"召回"？或者它们仅在一个固定的时期内有效，比如一年？

第三个问题和交易市场工作相关。只要相对同质并很好定义的产品拥有大量的买主和卖主，不用政府作为，市场就可以良好运行。然而，假如考虑到其他情况，如监督成本，就会大大限制参与者的数量。于是市场就会被"瘦化"——要么有很少的买主，要么有很少的卖主。政府可能希望弱化没有管制的市场所期待的市场力量。这么做的方式之一是要求各方参与政府的拍卖。例如，要求所有的许可证持有者必须在拍卖会上上缴许可权，而所有的竞标者必须提交购买计划，说明他们想购买的许可权。然后把竞价排序，宣布拍卖价格是使得供给与需求相等的竞标价格，然后把许可权卖给出价最高的竞标者（拍卖所得补偿给卖主）。

管理和执行的实际问题有助于解释为什么美国实际的政策如此严重地依赖技术标准。然而政策分析者一直试图创造出可行的政策，让市场力量来降低成本。EPA 的"补偿"政策就是其中之一。在政策引入之前，没有达到污染减少目标的地区禁止新的污染源进入，因此没有达标的地区采取不增长的政策。这可能是个代价高昂的政策，因为新的污染源的净收益通常比（同等数量的）老的污染源的净收益大得多。在补偿政策下，新的污染源可以进入，只要它能（通过市场）让老的污染源减少污染，且减少的量足以弥补新污染源产生的污染。这就等价于把污染权利分配给所有现存的污染源并允许其交易给新的污染源。

现在至少有两个管制系统可以让可交易的排放许可权的使用更加广泛。事实上，1990 年出台的《清洁空气法修正案》在这个国家 263 家最大的发电厂中创建了一个 SO_2 排放市场，并在 2000 年涵盖了所有化石燃料电厂。事实上，创建这个市场的目的在于从 1980 年开始每年减少 SO_2 排放量 1 000 万吨。另一个例子是加利福尼亚南海岸空气质量管理区的 RECLAIM 计划。目前为止，这是实施得最为全面的排放交易计划。

根据各种报道，国家 SO_2 市场运行相当成功。许可权也被称为津贴，给予所有者排放 SO_2 的权利。每个许可权注明了发行的年份。它可以用于当年或未来年份的排污（但是以前的年份不可以）。津贴每年按照一个复杂的公式分发给各个污染源。那些历史上污染排放越多的污染源得到的津贴越多。这些污染源都有监测设备，以便测量和报告事实上的 SO_2 排放量。

在每年的 EPA 拍卖会上，都会有一定的津贴被转让。在市场运作的第一年（1992—1993 年）大约 280 000 个津贴被卖出（其中 150 000 个是通过 EPA 拍卖会卖出的）。到第五年（1996—1997 年），5 400 000 个津贴被交易（其中 300 000 个是通过 EPA 拍卖会卖出的）。随着第三方许可权经纪人的发展，该市场不断发展壮大。根据统计，可交易 SO_2 津贴（与不可交易的津贴比较）已经减少了 25%～34% 的成本。交易市场一个有趣的方面是当初的计划者估计市场价格时出现了严重错误，其估计每个津贴价格是 500 美元左右（波动范围是 300～700 美元），然而实际上的津贴价格在 100 美元到 150 美元之间。这些估价中最好的是更接近于标价的，但在一开始就分出哪些估计可信却是件不容易的工作。假如考虑排放税收系统的执行问题，记住这些估价错误就是必要的。该系统需要事先设定必要的税率以实现减少污染的目标。

RECLAIM 计划在南加利福尼亚的空气限域内实行,包括洛杉矶地区。可交易的许可权主要是针对硫化物和氮化物的排放,受到管制的 329 家污染源每种污染物每天的排放量都在 4 吨以上。该计划试图在前 10 年(1994—2003 年)减少排放 75% 的 NOx 和 58% 的 SOx。在该计划中,许可权也叫 RECLAIM 交易信用证,起初是免费发放的,主要以每个污染源过去三年的高峰排放量为基础。这些许可权会根据固定的时间表减少,以便确保到 2003 年达到污染减少目标。

该系统的创新特色在于它允许固定的污染源争取污染排放减少交易信用证,付出的代价是减少某些高污染的汽车的产量。与技术标准相比较,RECLAIM 最初的估计是它将以低 40% 的成本实现污染减少目标。到 1998 年,持续的排放监测器也被安装在 84% 的 NOx 和 98% 的 SOx 污染源上。剩余的污染源则通过燃烧流计算(一种间接的方法)来监测。到目前,有 403 个许可证交易,包含 28 662 吨 NOx(平均价格为 837 美元/吨),13 305 吨 SOx(平均价格为 1 428 美元/吨)。①

这两个计划都在实施,类似的管制其他污染问题的系统也在考虑之中。可能最重要的是限制全球碳排放的交易系统。该系统投入运行需要高度的国际合作。

小结

资源配置决策的信息和交易成本对于鉴别治理结构有效与否是重要的。这些成本依赖于经济活动的性质和指导经济主体决策的治理结构。这些成本的显著性解释了为什么假定它们为零的简单模型不能令人满意。在完全信息和零交易成本的情况下,集权化的资源配置至少和竞争市场的分散组织一样好。这样的模型隐藏了治理结构需要解决的问题。

我们的做法是建立一个理论框架,利用该理论框架能很快地了解信息和交易困难的本质,并能提供解决方法使其维持合适的配置激励。阿罗提出了一个方法,把组织方法定义为一套操作指令和执行规则。每一个方法都存在或多或少的集权化,问题在于负责该项任务的经济主体选择范围的大小。

我们在空气污染外部影响管制的背景下考虑如何选择集权程度。实际上,美国的政策主要依赖技术管制标准。这些技术标准是相对集权的操作形式,因为单个污染者对于污染水平或控制方法没有自由裁量权。许多经济学家认为污染税——一个更加分权化的方法——是一个有效地内部化外部影响的方法。

为了进一步讨论,我们首先为外部性问题的分析设置了一个基本背景。通过一个完全信息经济主体和零交易成本的经济行为标准模型,我们证明了"污染

---

① 这些平均价格隐藏了一个重要的事实:每吨污染物的价格在不断上升,并且随着污染物排放总量逐渐降低到目标水平,每吨污染物的价格会有一个显著的增长。同时,也没有必要为达到目标要求南海岸空气价格同国家二氧化碳津贴价格相关联。在南海岸,通过购买空气质量管理区之外的污染减排不能满足 RECLAIM 的要求。

税"的"效率"。运用同样的假设，我们也展示了科斯定理所说的每单位污染减少得到的补贴可以取得同样的效果（除了收入效应以外，一个产品的市场配置与所有权无关）。但要使这些解决方案比善意的管制标准方案好，那必定是因为这些标准严重缺乏信息或可行性。

关于给予污染源操作规则或指令的分析是不完全令人信服的。我们通常用关于税收方案的观点来说明污染源自己最知道如何减少其污染和减少多少。如果各种产品的原料选择存在代替的可能性，污染控制设备供货商就具有传播新的污染控制技术的积极性，从而这种判断就是合理的。

在可行性方面，税收或补贴方法的弱点表现得更为明显。应征税收数量是个"多或少"的问题，需要精确地衡量每个污染源的污染量。必须清楚什么样的税收（或补贴）将导致总体污染水平的下降。两者都给税收当局带来了非常大的信息负担。绝大多数污染源都没有衡量实际污染排放量。事实上，监督众多污染源的成本（满足税收上的最低法律要求）可能令人望而却步，以至于让人认为税率是随意制定的。

此外，技术管制标准的执行是一个"是或否"的问题。污染减少目标更加确定，因为数量可以直接衡量，不遵从可以罚款。尽管标准自身是不完善的，但至少是合理可行的。

阿罗提出的框架也帮助我们设计出比技术标准和税收补贴更好的污染控制方法。我们考虑了绩效标准，它允许污染源自由选择减少污染的方法，从而提高了分权程度。此种方式的执行需要回答一个"是或否"的问题：污染是否在排放限度以内？比较而言，这比技术标准更加难以执行（因为需要某些排放衡量方法），但比执行排放税更容易（在某些情况下，随机实地检查是可以接受的，而且比持续监督的成本低）。

在绝大多数情况下，更好的方法是可交易的排放许可权。它很像绩效标准，但是它的进一步分权化允许每个企业选择自己的排放水平（通过购买或销售排放许可证）和减少污染的方法。追踪许可权交易的执行成本较低，使得能以低成本控制污染排放的公司可以为那些控制成本高昂的污染源减少污染。这个系统和理想的税收系统有着同样的配置效率优势，但是它更加容易执行，也不需要一个非常难以估计的税率。

南加利福尼亚的 RECLAIM 计划是一个氮和硫化物排放许可权交易计划，比技术标准减少了 40% 的成本。RECLAIM 计划和国家计划只占各自空气限域内的一部分。这些领域越大越能证明它的监督成本比技术标准更合理。在交易计划中，包含的污染源越多越能够导致效率收益增加，只要这些收益不被监督成本抵消。最后讨论的排放交易计划是缓解全球温室效应的限制全球碳排放的交易系统，需要有深度的国际合作才能使它变为现实。

习题

17-1 一个大城市希望减少城市内企业的污染排放，可以采取两种方法：一种是针对每单位的空气污染征收定额的污染税；另一种是配额系统，即授予每个企业特定的配额。假如要求所有的企业减少污染10%。对于上述两种选择，市长有如下一些疑问：

a 经济学家们认为征收污染税的方法是有效的解决方案。管制当局不知如何处理，请说明污染税的方法如何提高辖区的生产效率。

b 企业的游说者赞同通过税收来治理污染，但他们坚持认为公正的做法应该是给每个企业的污染减少以税收奖励。管制当局又一次不明就里，这种方案是比税收方案更加有效还是相反？

c 该城市想迅速地把污染水平降低到一个可以接受的水平。即使在完全执行的情况下，这是否也可能是税收策略的缺点？

d 假如像 c 中所示关注的是污染减少的速度，并且仍然假设完全执行，是否有理由说在这方面配额的做法更加优越？

e 从生产效率的角度来看，为什么配额的做法是不受欢迎的？

第十八章 产业管制

在本章，我们将考虑那些具有显著的规模经济或者范围经济特点的产业，我们通常称之为寡头（少数企业）垄断产业或自然垄断（一个企业）产业。公共政策的目的在于阻止这些产业中的市场势力的滥用。对寡头垄断的管制，通常是在必要时用反托拉斯法来实现；而对自然垄断的管制，则通常以某些持续的公共监督的方式来进行。我们会简单地讨论一个有趣的例子——加州电力危机中市场势力的行为。我们首先来回顾一下寡头垄断，然后集中讨论自然垄断监督。

我们会回顾针对自然垄断应用得最广泛的管制方法，即回报率管制，以及对它的一些批评。我们亦会回顾其他一些可选择的管制方法，包括特许经营招投标、绩效合同、激励管制、部分放松管制。我们还将介绍交易成本经济学的框架，交易成本经济学已被证实对理解经济组织十分有帮助。同时，还会介绍不同的管制方法可能带来的影响。奥利弗·威廉姆森指出，某种管制结构，比如普通的回报率管制，是管制当局和被管制企业之间的一种特殊的合同形式。我们还会对比政府与企业之间的不同合同条款和内容，从而获得对某种形式的治理的深入了解。

我们从一般的寡头行为模型即古诺模型开始。我们用这个模型说明市场势力的大小与产业集中度之间的联系，并讨论一些集中产业中可以观察到的企业行为，包括加州电力市场的例子。本章其余部分将聚焦自然垄断以及对它的管制。

我们会阐释回报率管制，并将其与主张用就服务某一区域消费者的排他性特许权进行竞争性招投标这样一个市场化过程代替回报率管制的建议进行比较。后者旨在部分地解决管制俘获问题，即管制机构不再过度同情产业原有的有利地位。分析表明，普通管制的许多特点同样会出现在特许合同中。这些特点源于管制方法存在信息成本及交易成本，这些特点对于解释管制俘获具有重要意义。因此，尽管在一些特殊情况下它可能更先进，但是没有理由认为特许方法优于普通管制。

关于加州奥克兰市社区有线电视服务（CATV）特许竞标的案例研究，为以上的观点提供了强有力的论据。有关这种分析的其他两个例子涉及绩效合同，我们将简要讨论。这两个例子一个是涉及铁路服务的全美铁路客运公司（Amtrak）合同，另一个与小学教育有关。之后我们讨论激励管制（被称为价格上限管制）的形式以及针对通信公司的应用。最后，我们略述另一种重要的战略性管制——部分放松管制。

寡头垄断与自然垄断

在这一节，我们考虑介于完全竞争与纯粹垄断之间的市场结构。我们已经知道完全竞争会引导资源的有效配置（第十二章），以及以利润最大化为目的的垄断会导致低效率的产出（第十章）。当然，实际的市场通常不会接近这两种极端情况。处于这两个极端之间的"中间状况"一般被描述为寡头垄断市场：一种企业数目相对较少、相互竞争的市场结构。区分寡头与完全竞争的关键特征是一个或多个竞争企业具有某种形式的市场势力（改变价格使其高于边际成本的能力）。换言之，在寡头垄断市场，一个或者多个企业是价格制定者而非价格接受者。

一个产业可能由于其产品存在规模经济而成为寡头产业。亦即，在一定程度上，大企业可以比小企业更有效率。在这种情况下，竞争的自然结果是大企业排挤小企业，这些少数坚持下来的企业是那些可以用最低成本生产整个产业所需产出的企业。由于我们的兴趣在于公共政策的含义，因此"有效竞争"的概念或许有帮助。广泛而言，美国的反托拉斯法试图禁止滥用市场势力。如果在一个寡头市场，没有重要的进入壁垒，另外企业的定价没有显著高于边际成本，那么这种情况可以认为是"有效的"[①]。然而，行业中一些定价显著高于边际成本的企业会被司法部、联邦贸易委员会或者州反托拉斯部门细查。这些机构调查企业的行为是否违反了反托拉斯法（例如，兼并减少竞争、合谋抑制贸易、掠夺性定价、价格歧视，以及虚假广告）。

---

① 这是一个复杂概念的简化定义，目前还没有获得广泛的认可，更加细化的定义通常从产业的结构、行为和绩效去讨论。例如，结构方面可能是与规模经济相适应的企业的数量；行为方面包括是否存在价格歧视；绩效方面则与利润水平以及产业的技术进步有关。

近些年的一些例子，包括对微软（由美国司法部受理并联合 19 个州）和英特尔的调查，更加广为人知。微软几乎垄断了个人电脑的操作系统（尽管有 Apple、Unix、Linux 及其他的操作系统）。成为垄断并不违背法律，但是诉讼发起方宣称微软重复使用其市场势力抑制竞争（例如，将 IE 浏览器整合到操作系统中以削弱其竞争者 Netscape 的导航者浏览器）。针对英特尔的案例比较少。该公司几乎垄断了个人电脑的中央处理器芯片市场（尽管 Motorola, American Micro Devices, 以及 Cyrix 同样在这个市场上提供一些部件）。联邦贸易委员会宣称英特尔非法对三家计算机制造商保留技术信息（以使它们在个人电脑市场上处于不利地位）。这是它为解决专利权争端所采取的策略。1999 年 3 月双方在庭外和解。

然而，并不是所有的案例都是明显可见的。1999 年，加州的首席大法官指出，他在考虑是否拒绝奥克兰地区两家非营利性医院的合并申请（森美医疗中心、Alta Bates 医学中心）。控方指出它们的合并违背了州反托拉斯法，该合并会提高价格、减少服务。[①] 在成功的起诉案件中，例如这个案件以及上面提到的那些案件，一个关键的因素是确定市场势力的存在（一个公司不能滥用它的权力）。在这一小节剩下的部分，我们对微观经济政策的一个分支"产业组织"做一个简介。

微观经济学已经建立了大量关于不同寡头结构及行为的模型。不幸的是，没有一个基本模型抓住了寡头市场的本质。[②] 然而，我们还是介绍一个寡头模型，我们称之为古诺模型[③]。它展示了一个产业中集中程度与单个企业市场势力之间的自然联系。这有助于解释为什么我们要计算产业集中度指数，比如我们将介绍的赫芬达尔-赫希曼指数。反托拉斯机构经常用它来衡量产业集中程度，把它作为调查的一部分。

古诺模型假设产业中的每一个企业会选择利润最大化的产出水平，并假定产业中其余公司的产出保持不变。我们用一个简单的两企业情况来阐释这种行为，即两家卖主垄断市场，如图 18-1 所示。假定公司 1 一直保持边际成本为每单位 10 美元，同时市场总需求曲线是

$$P = 100 - Q$$

假定公司 1 认为公司 2 的产量为零，那么只有公司 1 面对市场需求，我们用 D_0 表示，其需求曲线即整个市场的需求曲线。因此，公司 1 会选择边际收益等于边际成本（$MR_0 = MC$）的产出水平，即如图 18-1（a）所示的 45 个单位。[④] 换言之，如果公司 2 的产量为零，则公司 1 将生产 45 个单位。

然而，假设公司 1 认为公司 2 会生产 50 个单位。在这种情况下，公司 1 面对的市场需求将减少 50 个单位，此时其需求曲线为 D_{50}，即

---

① 这一情况与我们在第十一章讨论过的 1996 年密歇根案例很类似。
② 许多模型都可以用博弈论来构建和解释。
③ 这一模型在 1838 年被古诺（Augustin Courrot）首次提出。
④ 在第十章中，我们展示了任何线性需求曲线 $P = a - bQ$ 都有边际收益曲线 $MR = a - 2bQ$，对于 D_0 来说，边际收益曲线是 $MR_0 = 100 - 2Q_1$。

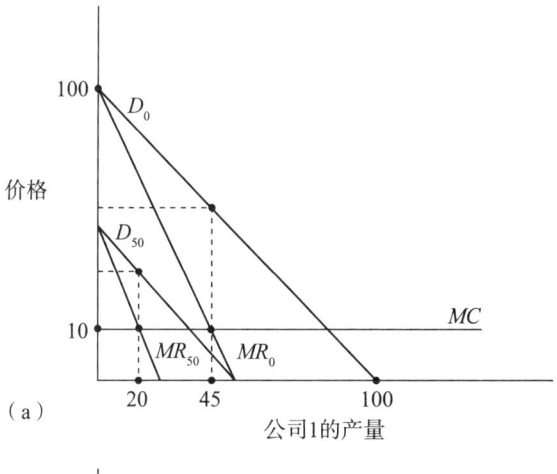

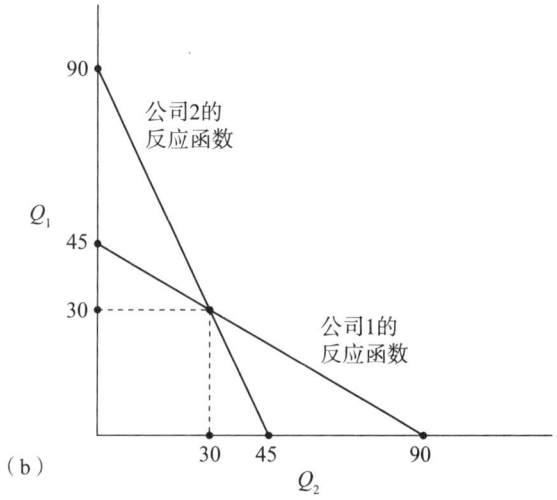

图 18-1 寡头行为的古诺模型

(a) 公司 1 的利润最大化取决于公司 2 的产出水平（$Q_2=0 \to Q_1=45$；$Q_2=50 \to Q_1=20$）；
(b) 公司的反应函数和古诺均衡 $Q_1=Q_2=30$。

$$P = 50 - Q_1$$

那么，边际收益曲线 MR_{50} 为

$$MR_{50} = 50 - 2Q_1$$

这些曲线如图 18-1 (a) 所示。在这种情况下，MR_{50} 与 MC 的交点在 $Q_1=20$ 处。亦即，如果公司 2 生产 50 个单位，则公司 1 利润最大化的选择是生产 20 个单位。

可以看到，公司 1 将根据它认为的公司 2 选择的产出水平来选择自己的产出量。反应函数显示了在行业内其他公司可以提供的每一种可能的产出水平下，一个公司实现利润最大化的产量。公司 1 的反应函数是，在公司 2 可能选择的每一

个产出水平下它的最佳选择,如 18-1(b)所示。① 为了简便,我们假设公司 2 与公司 1 拥有相同的边际成本曲线。因此在同一幅图中,前面的反应函数应当与后面的是对称的。古诺均衡位于反应函数的交点($Q_1=Q_2=30$)。这是唯一的一个纳什均衡点,意味着在这一点没有企业有单独的激励去改变其行为。② 从另一种角度看,这是每个企业唯一不会引发其他企业行为变动的产出水平。

可以从图 18-1(a)中看到,行业产出水平 60(=30+30)高于单个垄断者利润最大时的产量($MR=MC$ 时,$Q=50$),但是低于效率产量($Q=90$,即 MC 与需求曲线的交点)。

古诺模型为分析政策问题提供了深刻的见解,其中一个有趣的例子,是加州 2000—2001 年的电力危机。加州于 20 世纪 90 年代末改革了其电力市场,目的在于用一个竞争性的发电市场局部地取代垄断管制。为了达到此目的,政府鼓励其三大公用事业公司剥离它们发电厂的核心部分,并且阻止它们签订任何长期合同。大约 50%的发电能力,主要是火力发电厂,被剥离给了五家不同的公司(州外的公用事业公司,对经营这些电厂具有相当丰富的经验)。这些电厂生产的电力被当做必需品在每日现货市场上消费,因为加州的消费者仍然通过公用事业公司获得电力,因此这些公用事业公司被迫在没有签订合同的条件下提供能源。完全禁止签约可能是这次危机最重要的原因。③

因为五家公司的每一家都控制着加州电力的相当大的份额,所以每一个都拥有一定的市场势力。图 18-2 描述的是在这种背景下追求利润最大化的公司的典型行为。图 18-2(a)假设在短期只有四家公司,每一家公司都可以生产 1 000 兆瓦电力。每家公司以固定的边际成本生产,但是每家公司的边际成本不同,分别为 10 美元/兆瓦、20 美元/兆瓦、30 美元/兆瓦、40 美元/兆瓦。如图 18-2(a)所示,供给曲线 S 呈阶梯形,在 4 000 兆瓦时变为垂直曲线(在任何价格下不再供给更多数量的产品)。

电力总需求曲线 D 如图 18-2(a)所示,并假设遵循以下方程:

$$Q=4\ 100-P$$

如果这个市场在短期内以完全竞争的方式经营,那么价格将为 100 美元/兆瓦,且所供给的 4 000 兆瓦电力得到充分使用。④ 注意,这种情况将触怒消费者,因为他们了解到生产者为获得利润向他们收取了远高于生产成本的价格。

关键在于公司不会以完全竞争的方式生产经营,如图 18-2(b)所示。考虑

---

① 在企业 2 的任何一个产出水平下,令企业 1 的边际成本曲线与边际收益曲线相等,即可得出反应函数的方程表达式。例子中的边际成本为常数 10,且企业 1 在企业 2 任意产出水平下的边际收益曲线是 $100-Q_2-2Q_1$,这样,反应函数的方程为

$$100-Q_2-2Q_1=10$$

简化并整理得

$$Q_1=45-Q_2/2$$

② 我们在第七章的注释中介绍了纳什均衡的概念。

③ 禁止长期合同的原因在于担心新被剥离的公用事业公司可能会通过安排长期合同让被剥离的工厂提供充足的能源供给,从而阻止其他服务供给商的进入。这是一个合理的担心,但解决它并不需要完全禁止合同。

④ 真正的使用者的现货电力需求是不确定且无弹性的,在家和办公室使用灯和空调的人并不知道现货价格是什么,而且对其变化反应迟钝。这个例子并不试图解决这一问题,但提升需求方的反应敏感度对电力市场而言很重要。

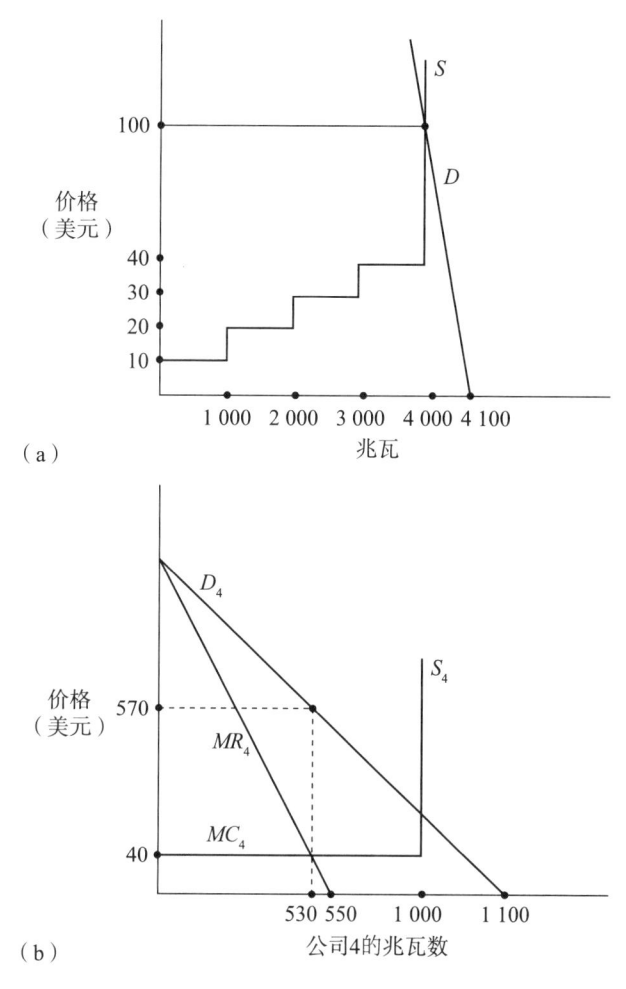

图 18-2 电力市场上的市场势力

(a) 电力市场的短期竞争均衡;(b) $MC=40$ 美元的古诺企业的市场势力。

到第四个公司处于 40 美元的边际成本位置,假定它使用古诺推理并假设其他三个公司继续供给 3 000 兆瓦电力。那么它面对的剩余需求 (Q_4) 将取决于市场定价 (P):

$$Q_4 = (4\,100 - P) - 3\,000 = 1\,100 - P$$

或等价于 $P = 1\,100 - Q_4$,即如图 18-2 (b) 所示的 D_4。企业利润最大化的价格和数量位于什么位置呢? 在 $MR_4 = MC_4$ 的点。对应的边际收益是①

$$MR_4 = 1\,100 - 2Q_4$$

因为我们知道 $MC_4 = 40$,所以

$$Q_4 = 530, \quad P = 570$$

换言之,公司 4 的寡头行为表明,它会限制其产量以提高市场价格,从而实

---

① 我们用了前文注释中 MR 的表达式。

现市场势力。这时的利润不是 60 000 美元，而是更高的 490 000 美元。[1] 有意思的是，这个例子中，在完全竞争的价格水平（100 美元）上施以公共政策的价格上限，将会增加短期供给。这是由于它限制供给，从而减弱了实施市场势力的利润激励。有证据表明我们刚刚描述的行为与 2000 年夏季加州那些剥离企业的行为极其相似，即它们的发电厂在现货市场价格较高的时段，只利用了 72% 的发电能力。价格管制在短期可以很有成效，而长期内的最佳解决方式是确保新的更有效率的企业进入。这不但可以在过渡时期削弱发电厂的市场势力，而且可以降低并延长短期供给曲线。

我们注意到古诺模型总体来说没有对均衡的调整过程做出任何直观的解释。进一步来说，它显然对每个公司而言是短期最优。从我们阐述的第一个例子可以看到，单独垄断生产的产品比双头垄断更少，以赚取更多的利润。[2] 因此，后者有动力去串通并限制产出（以表现为绝对垄断者并共享扩大的总利润）

有时，寡头试图形成一个卡特尔：一些独立的生产者同意协调行动以便获取垄断力量。最为人熟知的卡特尔是石油输出国组织（OPEC），OPEC 中的成员是国家而非生产者。自 20 世纪 70 年代中期起至 20 世纪 80 年代中期，这个卡特尔组织成功地协调了每个成员国石油的关税，提高了世界油价。然而，卡特尔面临的问题是每个成员的市场份额（以及对应的利润）。单个成员可以通过欺骗卡特尔组织提高利润：微幅降价（或降低出口关税），并且出售在卡特尔限额之外的产品。但是如果所有的成员都如此做的话，那么产出将扩大，价格将下跌，竞争将取代卡特尔。从 20 世纪 80 年代中期起至 20 世纪 90 年代末期，OPEC 无法确保其有足够的成员愿意合作，来维持它们曾经实施的垄断势力。

卡特尔在美国法律中是不合法的。它们违反了《谢尔曼反托拉斯法》中的第一部分，该法案禁止"所有限制贸易或商业的合约，联合……或同谋……"近些年，美国联邦司法部已经指控国际卡特尔违反了该法律。例如在 1999 年，它证实了一家瑞士制造商和五位美国高管有意"共谋"，来固定价格并且分配维生素 B3 和 B4 的销售。瑞士公司同意支付 10 500 000 美元的罚款。个人违法者除了会被罚款之外还会被处以最多监禁 3 年的处罚。由于公司合谋限制交易的行为是违法的，所以可能有人希望找到其他方法来达到相同的结果。许多寡头博弈理论旨在探索更合适的战略和方法，以获得比独立决策的古诺模型更大的利润。

尽管如此，古诺模型可以用来揭示一个产业的集中程度（最大企业的产出所占的市场份额）与寡头企业市场势力之间的关系。首先，回顾第十章可知，一个厂商的边际收入可以表示为价格以及价格需求弹性的函数，即

$$MR = P(1 + 1/\varepsilon)$$

这里 ε 表示该公司产品的价格需求弹性。一方面，对于一个真正的垄断者，其价格需求弹性就是整个市场的价格需求弹性；另一方面，对于一个处于完全竞争市场的企业而言，其需求弹性接近于 $-\infty$（即水平的需求曲线）。所以基于以上条

---

[1] 注意，我们没有假设其他公司的类似行为，因此我们没有计算古诺均衡。这里我们只希望展示出市场势力的情况。

[2] 自然垄断会生产 45 个单位的产品，价格为 55 美元，从而获得 2 025 美元的利润，古诺双头垄断则会有 60 单位的总产出，以市场出清价格 40 美元卖出，每个垄断商挣得 900 美元的利润。

件，表达式可以简化为 $MR=P$。

由于利润最大化的条件是 $MR=MC$，所以我们可以写出
$$MC=P(1+1/\varepsilon)$$
整理方程，我们可以发现一个用来衡量垄断势力的有趣方法。

我们分两步进行。首先
$$P-MC=-P/\varepsilon$$
第二步，两边同除以 P：
$$(P-MC)/P=-1/\varepsilon$$
那么，方程左边就是一个公司垄断势力的勒纳条件。[1] 对于一个完全竞争的企业来说，勒纳条件为 0（$P=MC$）。当价格越来越大于边际成本时，它接近于 1。方程右边表明一个公司的市场势力与其产品的需求价格弹性成反比：弹性越低，市场势力越大。[2]

回顾弹性的定义：
$$\varepsilon=(\Delta q/q)/(\Delta P/P)$$
这里 q 表示公司的产出水平。在古诺模型的假设条件下，我们可以将一个寡头企业的需求弹性与整个市场的需求弹性相关联。考虑在古诺模型中，一个公司调整其产量。在其他公司没有反应的假设条件下，市场产量的变动 ΔQ 等于 Δq，这时，寡头公司产量的微小变化，如何影响市场价格？

市场价格的变化取决于市场需求弹性 ε_M：
$$\varepsilon_M=(\Delta Q/Q)/(\Delta P/P)$$
因为 $\Delta Q=\Delta q$，所以我们可以用 Δq 代替 ΔQ，从而公式变为
$$\varepsilon_M=(\Delta q/Q)/(\Delta P/P)$$
方程两边同除以 Q/q，将方程右边转化为单个企业的需求弹性：
$$\varepsilon_M(Q/q)=\varepsilon$$
如果我们临时假设每个企业都具有相同的规模，那么 Q/q 就等于此产业中的企业数量。我们就可以看到单个寡头公司的需求弹性与其所在的整个市场的需求弹性之间的简单关系：
$$n\varepsilon_M=\varepsilon$$
就是说，单个寡头企业的价格弹性等于整个市场的价格弹性乘以整个产业中企业的数量。如果在寡头产业中有四个相同的竞争者，它们面临着价格弹性为 -0.9 的市场需求，那么每个竞争者面对的价格弹性为 -3.6。如果有十个竞争者，那么每个竞争者面临的价格弹性为 -9.0。随着 n 增大，企业的价格弹性趋于完全竞争时的水平 $-\infty$。

让我们仍使用上述表达式来替代市场势力方程中的 ε：
$$(P-MC)/P=-1/n\varepsilon_M$$
产品的市场需求越缺乏弹性，竞争者的数量越小，单个企业的市场势力就越大。对于任何水平的市场价格弹性，如果有大量的竞争者，则市场势力趋于 0。

---

[1] 这是以经济学家 Abba P. Lerner 的名字命名的，他首先提出了这一条件。
[2] 回顾第十章，一个利润最大化的公司一定处在其需求曲线的弹性点上，如果上式中 $-1<\varepsilon<0$，那么 MR 就是负数。

让我们放松"竞争寡头势力相等"的假设条件,并定义一个企业的市场份额为 $s \equiv q/Q$。这时,在单个寡头企业面临的价格弹性与整个市场的价格弹性之间仍然存在简单的关系。在上面关于企业价格弹性与市场价格弹性的方程中,以 $1/s$ 替代 Q/q,得

$$\varepsilon = \varepsilon_M / s$$

企业的市场份额越小,它所面临的市场需求曲线越富有弹性。由市场势力方程我们可以得到

$$(P - MC)/P = -s/\varepsilon_M$$

所以,寡头企业市场份额的增长直接导致其市场势力变大。

我们可以进一步拓展这种关系,将市场势力集中度与市场势力的平均程度联系起来。集中度一般指市场中较大企业的产品占总市场的份额。有时集中度是用(有点随意)4 或 8 家最大企业的市场份额来衡量的。一种包含市场所有企业的方法是赫芬达尔-赫希曼指数(H),其定义如下:

$$H \equiv \sum_{i=1}^{n} s_i^2$$

即,如果一家企业拥有 100% 的市场份额,则指数为 1。如果每家企业只拥有整个市场的很小份额,则指数趋近于 0。[①] 那么这个指数如何使用呢?回顾一下美国司法部的反托拉斯报告,该报告说反托拉斯法很可能审查那些产业中 $H > 0.18$ 的申请兼并的企业,因为兼并可能导致 H 增加 0.1 甚至更多。例如,一个产业中有 6 个同等规模的企业,$H = 0.17$。然而任何两个企业兼并后,将使得 $H = 0.22$(因此,很可能受到反托拉斯法的审查)。

通常使用这个指数评估时,最难的部分是界定相关市场。它应当包括所有生产近似产品的企业,不包括生产同一产品但处于不同地理位置的市场的企业。以一个生产玻璃容器的企业为例,它可能面临那些生产塑料容器或轻金属容器如铝盒的企业的重要竞争。洛杉矶的水泥企业并不面临芝加哥的水泥企业的竞争。因此,尽管这个指数报告给了美国制造业调查局,但是调查局并不打算界定经济市场,它只是给予所有企业相同的标准工业分类代码(不包括非美国竞争者)。

设想我们处于完美界定的古诺寡头市场。该市场拥有 n 个不同规模和边际成本的企业。以第 i 个公司市场势力的公式为例,我们首先将方程两边同乘以市场份额 s_i:

$$s_i (P - MC_i)/P = -s_i^2/\varepsilon_M$$

之后,将市场中 n 个企业的表达式相加:

$$\sum_{i=1}^{n} s_i \frac{(P - MC_i)}{P} = \sum_{i=1}^{n} -s_i^2/\varepsilon_M$$

在加总时,各项外面的因子保持不变:

$$1/P (P \sum s_i - \sum s_i MC_i) = -1/\varepsilon_M \sum s_i^2$$

注意,因为 $\sum s_i = 1$,故括号中的第一项化简后为 P,括号中的第二项是每个企业边际成本的简单加权平均数,记为 $\overline{MC}$,同样注意到右边的最后一项是我

[①] 采用 0 到 100 的数来计算市场份额的方法很常见,因此市场份额为 100 时,$H = (100)^2 = 10\,000$,例如美国司法部就采用这种方式计算。

们定义的 H，因此整个表达式化简为

$$\frac{P-\overline{MC}}{P}=\frac{H}{-\varepsilon_M}$$

换言之，产业垄断势力的平均数是赫芬达尔-赫希曼指数除以产业产品的市场价格弹性。产业越集中，企业所拥有的平均市场势力就越大。

回报率管制

我们现在讨论更极端的垄断案例。我们在第九章已经介绍了自然垄断成本结构的相关理论。由于规模经济，竞争使得市场上仅存在一个企业。我们在图 18-3 中说明了这样一种情形。

产品的均衡产出数量是 Q_E，即边际成本曲线与需求曲线的交点。但是对于一个垄断企业来说，它不会选择这种产出水平。一个追求利润最大化的企业，可能在 Q_M 点上组织生产。① 在这个产量上，价格 P_M 显著高于边际成本。因此，消费者被"剥夺"了消费者剩余（高于边际成本的那部分数量），并且产出数量低于最优水平。②

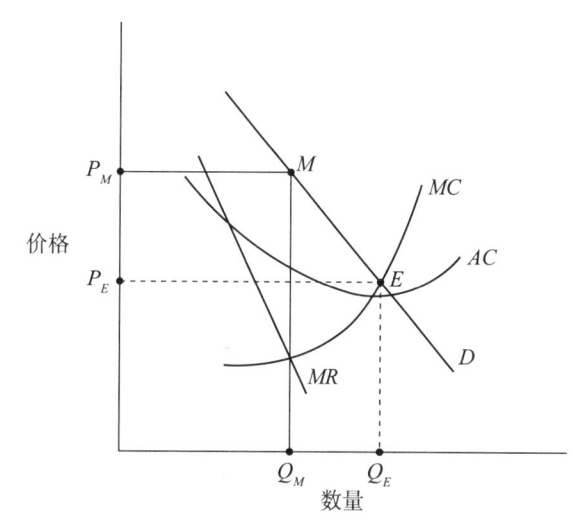

图 18-3 可盈利的自然垄断

历史上，这种市场结构被用来描述诸如电力、天然气、通信服务等产业。举个例子，如果有一套电话线杆就足够了的话，设两套就没有效率了。对自然垄断

---

① 禁止价格歧视。
② 注意，非营利的自然垄断问题可能会在需求曲线向左移动很多时出现。在第九章我们已经讨论过，这一问题的通常解决办法有两种：引入一个公共企业或补贴私人企业。当然，如果需求曲线太靠左侧，则有可能没有一个正的产出使得收益大于成本。

第十八章　产业管制

的最优反应是实行回报率管制。在这种管制下，一个专门的管制机构决定公司净资本 K 的"公平"回报率。在支付非资本支出（我们简单表示为工资支出 wL）后，服务 Q 的每单位价格 P 受到限制：

$$\frac{PQ-wL}{K} \leqslant f$$

关于这种形式的管制，通常有两种截然不同的观点。一种观点被称为阿弗奇-约翰逊定理。它的证明建立在追求利润最大化的企业的一般模型之上。一个追求利润最大化的垄断企业，如果受制于回报率管制，则会使用低效率的要素组合来生产。具体而言，在任何产出水平上，资本投入都会相对比较大。

这个定理的完整证明多少有一点沉闷，我们只简单描述一个简化的情景。首先假设公司发现了管制的约束（否则就能选择普遍的利润最大化）。在凸生产函数下，在约束没有充分使用的生产点上，利润水平严格小于最大值。仍然假定允许的回报率 f 大于单位资本的竞争价格。（即，存在一些经济利润，例如图 18-3 中在 E 点的有效解）。下面，我们将展示在这些条件下，企业不能在拥有有效率的要素组合的同时达到均衡（即受约束下的利润最大化），但是总能找到使用更多资本投入的其他约束点。

为了方便起见，我们假定单位资本的价格与单位劳动力的价格相等。如果企业使用的是一个有效率的投入组合，则 $MP_L = MP_K$。如果这是一个企业的均衡，则管制有约束力。但我们为大家展示一个矛盾：企业可以不受约束而得到相同的利润（即管制没有约束力），因此利润不是最大化的。

设想一下，在这个假设的有效率的均衡下，我们减少一单位劳动力同时增加一单位资本，以保持在原来的等产量线上。这种边际变动不影响产出及总成本，因此利润不变。然而企业的回报率现在严格小于 f：

$$\frac{PQ-w(L-1)}{K+1} < \frac{PQ-wL}{K} = f$$

我们怎么知道的呢？我们在不等式两边同乘以 $K(K+1)$，合并整理，得到 $Kw < PQ - wL$ 或 $0 < PQ - w(L+K)$。不等式右边是企业的利润。由我们最初的假设可知，利润大于零。这表明，企业可以在不受限制的条件下达到如假设一样"最大化"的利润水平，所以这个利润水平不可能是最大值。[①]

注意，不能通过沿等产量线反向移动，即通过增加劳动力并减少资本的方法

---

① 对此可以做一个非正式的微分求导计算，整理等式

$$d\theta = MP_K dK + MP_L dK = 0$$

因为在等产量线上的效率点上有 $MP_K = MP_L$（给出我们选择的数量），所以斜率为 -1，或 $-dK = dL$。

从这一点沿等产量曲线移动，将会对回报率有以下影响：

$$df = \frac{\partial f}{\partial K} dK + \frac{\partial f}{\partial L} dL = \left(-\frac{\partial f}{\partial K} + \frac{\partial f}{\partial L}\right) dL$$

因此 df 小于 0（$dL < 0$）等价于 $0 < \frac{\partial f}{\partial L} - \frac{\partial f}{\partial K}$。由 f 的定义是 $f = \frac{PQ-wL}{K}$，求偏导数，$\frac{\partial f}{\partial L} = -\frac{w}{k}$，$\frac{\partial f}{\partial K} = \frac{-PQ-wL}{k^2}$，用它们替代上面的不等式，得到 $0 < -\frac{w}{k} - 1\left(\frac{-PQ-wL}{k^2}\right)$。两边同乘 k^2，整理得 $0 < PQ - w(L+k)$。因此，f 递减等价于企业利润为正。根据前面的假设我们知道后者成立。证明完毕。

得到同样的论证。这将严重违反回报率管制的约束。这种资本倾向的直观解释如下：考虑通过使用一单位资本或一单位劳动力增加产出，这两种方法产生的利润相同。未受限制的公司对要素的选择是无差异的。但是在给定回报率的情况下，受管制的公司必须要考虑是否允许额外的利润。额外的劳动力并不能改变回报率，但额外的资本支出则会获得更多的利润。因此，被管制的公司有偏好资本的倾向。换句话说，当追求边际收入时，公司既考虑一般边际成本也考虑较少受约束的边际成本。

很重要的一点是，阿弗奇-约翰逊定理证明了与市场失灵类似的政府失灵。这说明以具体方式管制具体行动（自然垄断）是不完美的。但是这个理论并未对不完美的程度进行阐述；实际上，不完美的程度取决于管制委员会的实际行动（例如，回报率管制是宽松还是严格？）。另外，这个理论也没有将回报率管制方法与其他方法进行比较（例如，不受管制的垄断、公共企业及其他形式的管制）。

实际上，关于回报率管制的最大的异议来自那些相信"俘获理论"的人，他们认为管制委员会可根据受管制企业的利益行动。[①]

如果管制委员会成员认为公共利益与未受管制的产业利润最大化相冲突，则此种行为就会产生（或许因为政府领导已经选择了他们，能从中得到期望的竞选支持）。另一种方法是对那些肯合作的委员们，在其离开公共服务岗位后给予有吸引力工作（或合同，或其他个人奖励）。复杂的情形使得具有公平理念的管制委员会成员严重受制于信息渠道的不畅通，容易导致他们的决策看起来如同管制委员会被俘获了似的。

与假设一致的最后一种情形是这些产业拥有较大的信息优势。行业知道自身的成本结构及其产品的需求状况。而其他人，包括管制委员会，必须依靠企业来获得产业的基本信息。然而，企业具有强烈的激励提供那些最有利于自身的信息。因此，即使管制委员会成员极力想找出公平合理的回报率，这些信息也会导致决策发生偏向。

在后者看来，管制委员会听证会，正如法庭审案子一样，只有一方陈述其辩词（或者更实际一些，只有一方进行充分的陈述）。例如，在给定的真实资本的基础上，产业会投资足够多的而且被管制委员会接受的（允许获得公平"利益"）资源以最大其价值。因此，具有公平理念的管制委员会成员，出于对有偏信息的反应，做出的决策往往对垄断者有利。

图18-4以一种简洁的方式总结了关于回报率管制的讨论。我们提及的回报率管制包含被管制企业在其权限内提供服务的法律义务。这意味着对于任何实际制定的价格，企业会在那个价格提供产品。换言之，决策点是处在需求曲线 D 上的一点。此外，我们假定资本的"公平"回报率是一般市场的回报率，因此最后的解将是处在平均成本曲线 AC 上的一点。同时满足这两个条件的点只有一个，即需求曲线与平均成本曲线的交点，亦即图18-4（a）中的 R 点（价格为 P_R 和产量为 Q_R 的点）。在这幅图中，管制决策点意味着一个略微低于有效产出

[①] 典型的情形是一个管制委员会管制几个自然垄断组织。一个公共事业委员会通常管制向一个州不同地区供电的许多电力公司。

Q_E 的低效率状态。

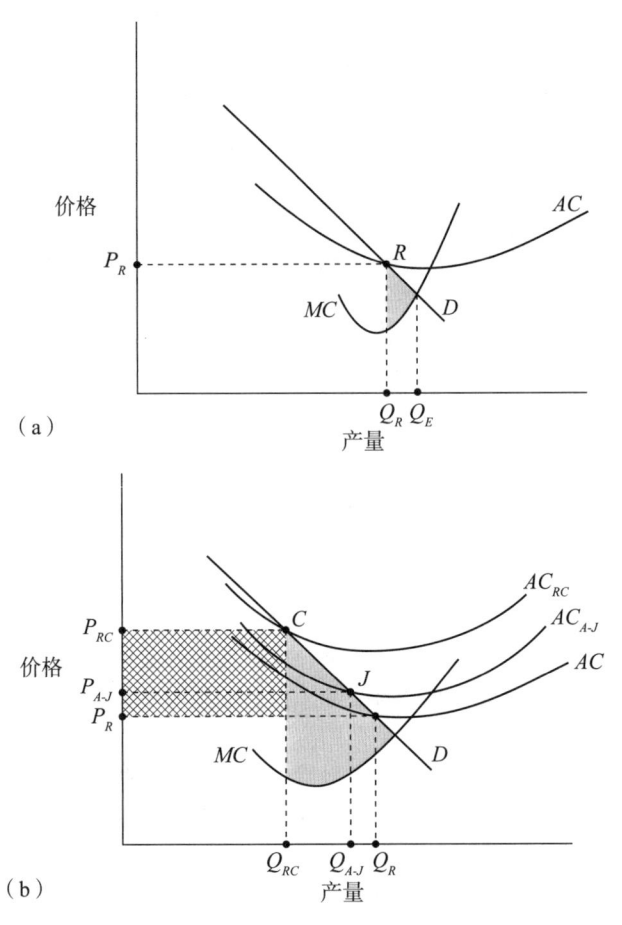

图 18-4　回报率管制的结果
(a) "义务提供"与"正常"回报率的结合意味着需求曲线与边际成本曲线的交点是最终结果；
(b) 阿弗奇-约翰逊定理（AC_{A-J}）与管制俘获（AC_{RC}）的影响实际上增加了无效率。

图 18-4 (b) 展示了阿弗奇-约翰逊定理以及管制俘获带来的影响。首先，阿弗奇-约翰逊定理表明，由于企业选择了低效投入组合（相对于劳动力，资本投入过多）来生产，平均成本曲线 AC_{A-J} 上每一点都比最低平均成本曲线 AC 高。

这是唯一的影响吗？结果落在 J 点（价格为 P_{A-J} 和数量为 Q_{A-J} 的点）上，出现了非效率（生产成本高且产出进一步低于有效水平）。

但是，这还没有包含管制俘获的影响。为了包含其影响，我们添加一条由管制委员会事先认可的平均成本曲线 AC_{RC}。这条曲线明显高于 AC_{A-J}。管制委员会已经确定其所知的成本是"合理和适度的"，并且做出了"谨慎"决策（即使我们其余大部分人没有这样的运气，拥有大而且配备了良好设备的办公室，充裕的经费账户，并且有很多同事帮助我们完成工作）。结果位于 C 点，低效率部分为交叉阴影部分与阴影部分之和。在这种情况下的无效率部分远大于图 18-4 (a) 中"理想"回报率管制下的无效率部分。

特许经营投标：有线电视案例

一个旨在完全废除管制的提案建议政府将经营垄断企业的特权通过一种竞争性的投标过程卖给企业。[①] 投标过程通常被认为是一种市场安排：为交易定价，而且价格是通过竞争决定的。管制委员会是一个集权的价格决定机构，定期召开听证会进行调节，以保证回报率维持在其均衡（公平）水平上。

关于投标的一个简单例子是联邦政府每周的国库券拍卖，所得收入的一部分用来为政府融资，并对旧债再融资。国库券是对持有者在未来一个具体时间支付一定资金的承诺，例如发行 6 个月后支付 10 000 美元。设想政府希望售出这些债券，而个人在发行时愿意支付低于 10 000 美元的价格（因为名义利率是正的）。如果价格靠猜测来决定，那么需求往往不会等于供给，要么政府无法筹集到它期望得到的收入（供给大于需求），要么政府放弃它本来可以筹集到的收入（需求大于供给）。这两种发生偏差的情况，其成本都是很大的。由于利率始终在变动，因此不能苛求政府在几个试验周后制定正确的价格。

竞争投标的方法解决了寻找均衡价格的问题。每一个潜在购买者以他愿意支付的最高价格进行投标，以此支付自己所期望获得的债券。政府将投标从高到低排序，并将国库券售给出价高的竞标者。截止点由总数量决定，并且每个竞标赢家仅支付截止点的价格。由于不存在价格歧视，每个竞标者具有提供真实的最大支付意愿的激励（诚实并不需付出成本；坚持真实的支付意愿，购买国库券并不冒险）。

关于投标的第二个例子可以让我们进一步了解阻止垄断剥削的过程。联邦政府周期性地允许将其土地的一小部分租给煤矿企业。任何土地的价值在出租时都是不确定的，但是政府无论如何都希望得到接近土地使用真实价值的收入。更进一步，政府希望土地能以有效率的顺序开发——首先开发最便宜的煤炭资源。问题在于如何实现这个出租过程，以达到预期的结果。[②]

解决这个问题的一种集权的方式是让美国地理调查局（USGS）的地理专家以私人矿业公司地理专家的方式来勘探土地。USGS 日常收集一些与评估土地价值有关的基本信息（如国内煤层的平均厚度），但是也不得不收集大量的其他信息（如土地中煤炭的含硫量），重复私人企业的工作。如果 USGS 这样做的话，则 USGS 分析师会评估将要出租的每块土地的公平市场价值，同时政府会直接利用这个评估设定出租价格，并且确定用于出租的有效地块（即那些具有最高价值的土地）。

这个程序的问题在于，由于有太多的土地和矿业企业，并且 USGS 评估成员

[①] 参见 H. Demsetz. Why Regulate Utilities?. Journal of Law and Economics, 1968 (11): 55-56。

[②] 关于这一问题的描述和可能的解决方案在 C. B McGuire 的文章 *Intertract Competition and the Design of Lease Sales for Western Coal Land* 中可以找到。

的规模具有现实约束,因此 USGS 掌握的信息总是会少于一些企业拥有的关于具体土地的信息。一些土地的出租价格设定得太高,从而无人租用。而对于其他土地,出租价格又太低,政府收入将下降,矿业企业将获得经济利润。

到此为止,这个故事听起来与国库券差别不大。但是这里有很充分的理由使人相信,就每一块土地进行竞争性投标将不能解决问题。这是因为具体土地的真实价值会因不同企业而发生变化,取决于谁拥有邻接的土地,谁经营附近的煤矿,谁拥有相关土地的地面所有权。换句话说,已经在那个地区的企业是唯一一个可以利用规模经济的企业。其他企业认识到此点后就不会在这些土地上浪费它们的时间和资源了。因此,竞价中就不会存在有效率的竞争,并且具有优势的企业可以以低于真实价值的价格取胜。

解决这个问题的独创性方法是采取地块之间(intertract)竞争性投标。例如,政府宣布其会考虑在 6 个月内收到的关于 100 块指定土地的标书。政府基于 USGS 的有限信息,挑选 100 块"同质的"土地,用来公开竞标。进一步,政府宣布只有十块土地可以用来出租——出价最高的十块土地。

由此,每一个具有土地优势地位的企业就有动力按照完全的土地价值竞标。也就是说,每个企业意识到它现在是在和众多与其情况相似的企业竞争。地理上临近第 12 号土地的企业,或许是唯一可以在该土地上实现规模经济的企业,但它必须比具有相似优势而竞标第 37 号土地的企业出更高的价格。任何实际低于真实价值的竞标都会使得企业承担失去机会的风险,企业会考虑是否值得。

这个过程最重要的方面是它高效率的信息结构。包括集权机构在内的经济主体不再需要掌握它们不知道的信息。政府不仅实现了其财政收入目标,而且还可以让最有效的煤炭资源最先利用。

知道这些关于竞标过程的例子后,让我们考虑一下竞争性投标如何管制自然垄断。一种可能是将经营权拍卖给出价最高者。这样做的好处是政府拿走所有的垄断利润。(如果过程是竞争性的,那么任何出价低于预期垄断利润现值的竞标者,都将被其他看到机会并力图获得这个机会的企业淘汰。)这个过程会迫使中标者如利润最大化垄断企业一样生产和定价。这种分配并不尽如人意,而且容易被认为是不公平的。

另一个建议是把特许经营权授予那些愿意以最低价格对消费者收费的企业。即,向那些以一定价格为消费者提供服务的企业发标,价格低者中标。如果供给者必须以投标价服务所有的需求者,那么中标价格大致是需求曲线与平均成本曲线交点处的价格。尽管这种方式维持了低价格水平,但是它仍然不是有效率的分配(实际上,只要需求曲线与平均成本曲线最低点的右边相交,价格就低于效率价格)。

由于所有这些竞标都不是完全有效的,因此上述解决方法较之回报率管制并没有明显的优势。然而,威廉姆森认为以上分析不能准确推导出这种竞争性投标的结果。[1] 他的分析方法——现在称为交易成本经济学——突出强调了不完全信

---

[1] Oliver E. Williamson. Franchise Bidding for Natural Monopolies: In General and with Respect to CATV. Bell Journal of Economics,1976 (7): 73-104.

息和交易成本的影响,以及设计一个可以激发高效率信息结构的自然垄断解决方案的重要性。为了论证这些理论观点,他通过加利福尼亚奥克兰的例子,进行了竞争性投标的案例研究。这个案例是关于在这个城市中提供有线电视服务的专有特许经营权的。

在阐述特许经营权投标的思想时,我们假定有一个拍卖,其中每一个标价是一个简单的单位价格,同时每个单位是界定良好的,所有生产者生产的都是同质的产品。这个阐述忽略了一些现实的问题,例如特许经营权的期限、实施的条款。这种简化的前提是问题的复杂性不会影响模型含义的根本有效性。但是,威廉姆森也做了相反的分析。他考虑的是如何设定合同来吸引潜在的竞标者。合同必须详细列出包括时间、价格、质量在内的内容。但是交易通常会给合同的每一方带来高度不确定性,而这种不确定性只能通过昂贵的实施机制来降低。通过协商、仲裁、调查条款可以实现此结果。这些条款如果冠以其他称谓,则一定会被管制。

简言之,解决自然垄断问题的特许经营权竞标,与污染税提案同样在分析上存在不足。进一步认真地考虑交易成本的问题时,威廉姆森认为管制很可能成为特许经营的一部分。因此,"市场"解决方式和"管制"并不是完全可替代的。实际上,传统的管制无非是一种特殊形式的合同(无论是否以竞争性投标的形式出现)。[1]

为了得出这些结论,威廉姆森考虑了应该采取永久合同,还是长期合同,抑或是一系列短期合同。在每种情况下,合同可以是完整的(如果它规定了对所有未来意外的应对措施)或不完整的(如果它规定了解决合同各方出现意外等问题的机制)。例如,完整的永久合同必须细化现在和将来每种可能情况下服务的价格。由于企业不知道在不确定的将来影响它们价格的因素如何变动,因此它们一定不会同意将价格维持在永久一致的水平上。更进一步,由于世界可能的状态是无限的,因此合同各方达成一致的价格是十分困难的。所以,供给不确定的服务不采用完整的永久合同。

威廉姆森认为不完整的永久合同与不完整的长期合同具有根本上一致的缺陷。在这两种合同以及完整的长期合同中,最初的判定标准不明。如何比较代表不同价格-质量组合的投标?更不必说如何规定一个公司可能提供的多种服务的价格和质量了。例如,一个地方电话公司,可能有月租费、传统电话业务费、安装费以及不受限制的地方呼叫的特殊费用。更进一步,服务的质量存在差异,例如安装速度、维修线路的频率,以及接收到忙音信号的可能性。即使不同的公司通过投标细化它们的价格和服务,我们也很难将这些公司进行对比。逻辑上,当局应当采纳可以最大化社会福利的提案,但是这个任务与拍卖者决策的简单性相去甚远。

第二个问题与合同的执行有关。例如,在不完整的合同下,合同各方或许同意用某种形式的价格-成本关系来取代单独的价格(基于未来状况的不确定性)。

---

[1] 这一基本观点是由 Victor Goldberg 提出的。参见 Victor Goldberg. Regulation and Administered Contracts. Bell Journal of Economics,1976(7):426-448。

这时的激励问题与国防合同相似。[1] 例如，成本加成合同的方式可以给供给者最大化其成本的激励。在任何价格-成本安排中，政府要以严厉的审计裁定特许经营。还要注意，普通的管制可以被看做引入了审计程序的价格-成本关系的特殊形式。

合同执行中出现的另一个问题是质量标准的实施。即使合同中已经明确规定了应当使用的标准，供给者也可能达不到标准。当然，定期调查的价值取决于开展服务所使用的技术和持续保持产出质量达到合同水平的必要性。

同样需要注意的是，一旦长期合同达成，就几乎等同于不可能严格实施合同条款。存在这种局限的原因在于对于政府和因为经销商违约而取消合同的公众而言存在机会成本。这与国防合同相似，即"再协商"几乎是标准的。政府官员要对合同负责，他们担心承担供给者失败的责任。因此，他们并不担心唤起公众对违约的注意力。类似地，官员并不担心在服务实施中引发任何中断。因此，通常比较简便易行的是就合同进行协商，并且使得其条款更有利于供给者。

实际上，将管制行为的俘获理论应用于签约过程会有更大的作用。拥有签约专长但是绩效低的企业，往往是在这种情况下做得最好的企业。也就是说，合同会被授予以不切实际的低价格中标的企业。该类企业具有政治技巧，能在未来的重新协商中获取有利的条款，并且具有规避合法义务的能力。因此，其在合同的全部阶段俘获了政府合同监督者。

如果我们以短期定期合同来取代长期合同，那么这些问题或许可以避免。这种短期定期合同鼓励灵活的连续决策，而非复杂的偶然计划。它会更好地适应理性约束。在短期合同下，不再需要用价格-成本的关系来处理未来各种可能的状态。潜在供给者在下次签约期间会根据实际情况的变化来投标。同样，政府会处在更有利于实施质量标准的位置：违反标准的企业不得参与下一个合同的订立。

取得这些优势，关键在于合同更新时竞标者之间的平等。然而，有两个很好的原因解释为何难以实现平等。第一个是帮助将资本项目从以前的合同者手中转移到新合同者手中的程序。第二个在提供服务的过程中形成的独特的人力资本技能。解释如下。

在许多自然垄断企业中，有效率的服务往往需要对指定区域里用途有限的耐用资本品进行大规模投资，如管道和大型发电厂。这些资产的使用具有很强的特殊性，威廉姆森将这个特征称为资产专用性。为了说服合同企业承担这些投资，假设合同期短于那些资产的有用期限，那么必须保证更换合同者时，它可以以目前的价值卖出那些资产。但是，这出现了本质上与受管制企业年回报率的确定相同的问题。

最初赢得合同的企业拥有为赢得下一轮竞标而扩大其资本项目规模的激励。这样做有两个原因：(1) 其他公司不得不支付更多的资金来接受其固定资产，它们提出的索价会更高，原合同者会有更多机会赢取竞标。(2) 如果原来的合同者输掉第二轮，那么其自然会寻求得到可能的最高的补偿金。因此，其他企业与政府特许经营者将会雇用自己的专家来调查物资设备并且检查原来的成本和折旧的

---

[1] 参见 Merton J. Peck and Frederic M. Scherer. The Weapon Acquisition Process. Cambridge: Harvard University Press, 1962。

记录。各方将分散地评估转移的价值，而一些程序需要这几方达成一致。

由于评估这些资产的价值是十分不确定的工作（不同于市场上普遍并且高频率交易的商品的估值），所以无法确信哪个评估过程可以得到准确价值。但是，对企业有风险的过程（因为它可能低估了资产价值）将妨碍第一批的投资。更严重的是，如果这个过程倾向于在高估价值方向上出错，那么它与回报率管制就几乎没有什么区别了。此外，这样的估值过程在重新竞标中将会对原先的合同者有利（其他企业因必须购买价格上涨的资产而具有更高的成本）。

人力资源同样可以导致合同重新竞标时缺乏平等。虽然我们通常认为劳动是可以交换的，但是这个概念忽略了人力资本在特定工作场所的发展。在一个企业里，生产有许多特殊性，例如机器的维护、不同部门的非正式人际关系网络，以及与供应商的关系。一个新企业由于不具有这些资产，因此可能会处于劣势。

如果一个新企业从起跑线开始发展特殊的人力资本，那么这将是低效率的。如果这是新企业面对的唯一选择，那么新竞标者将无法适应中标的条件（成本太高了）。或者，它们可以像原先的合同者转移物资设备一样，尝试从原先的合同者转移人员。

在雇员转移的情况下，雇员与原先的企业或者其潜在的竞争者谈判，哪一种情况的成本更高？与熟人谈判的成本通常要低于与陌生人谈判的成本。在熟悉的确定的环境下才能对工资、晋升、工作条件形成通俗的理解。在潜在的雇主那里，雇员更不容易被信任，很难讨价还价，并且需要更多的正式保证。因此由于存在这些关于人力资本与转移耐用生产设备的问题，潜在进入者处于劣势。

总而言之，对自然垄断企业实行竞争性特许经营投标比普通管制拥有低价格、低成本的优点这种观念是错误的。支持竞标性投标的分析存在的问题与关于污染税标准的争议相同。由于这些问题是由信息和交易方面固有的困难造成的，因此不能用忽略信息和交易成本的模型来考察它们。

对契约形式的进一步分析表明，在长期合同和短期合同下，获得初始特许经营权的企业比政府和潜在竞争者拥有更多的信息和讨价还价优势。为了消除这种优势，仲裁、协商、调查以及审计程序是必要的。但是这样的话，竞标安排看起来更像普通管制了。进一步，某些领域直接管制失灵是因为管制者处于信息劣势，而且竞争性特许经营也可能因为同样的原因而失灵。因此，特许经营竞标方式能否改善自然垄断企业的供给状况，取决于具体服务的领域。如果企业的耐用资产更容易估值和转移，并且企业中特殊人力资本的数量不高，那么在这种情况下，有可能发生改观。

威廉姆森的所有这些问题都在加州奥克兰通过竞争性特许经营投标提供CATV服务的案例研究中表现出来了。在与有兴趣的潜在供给者举行了初步的讨论后，市政府提出通过投标提供两种电视服务：服务A包括地方广播电台和FM广播的电缆，服务B包括供给者可选择的特别节目服务。市政府假定服务A是最普遍的服务，那么授予标准就是最低竞标者提供服务。结果显示90%的顾客选择服务B。为服务B定价的要求是公司在某一天提出的，第二天得到了通过。

系统并未在计划期限内完成。它进展得比预期慢，需要更高的成本，预订的用户少于预期。公司向市政府恳求重新协商已经执行的条款。修订后的协议允许公司降低其承诺的频道数量，允许电缆铺设从两条降为单条，以及允许对后来的住户收取更高的价格。

开始运营后，很多抱怨其质量不好的顾客要求市政府雇用专家顾问检查企业的服务是否符合合同标准。在重新协商双电缆需求时，修订的条款带有管制色彩：在企业边际收入超过企业总投资成本的10%后要求企业铺设第二条电缆。为了应对公司的这些困难，市政府确实考虑过终止合同，但是还是最终接受了更差的条款。威廉姆森证明了城市委员会不喜欢任何服务失败，并且担心昂贵的诉讼。

简言之，这个案例研究不能说明特许经营投标比直接管制更优越。这个结论是威廉姆森通过调查被管制的交易的具体性质得出的：资产的专用性使得很难重新订立合同；不确定性使得价格调整机制与直接管制相似；取消合同成本高昂，从而比较困难，诱发投机动机。我们学到了两个主要经验：(1)大部分普通管制是特许经营管制关系的一部分；(2)支持管制俘获理论的信息和交易问题，在特许经营投标例子中同样很明显。因此，特许经营竞标与直接管制之间的区别只是程度问题，而非类别问题。自从威廉姆森未发现特许经营与管制之间存在巨大差异以来，人们做了许多实证研究。[①]

在总结这一节之前，我们注意到这种分析方法也可以运用到绩效合同中。另一种试图以低价格维持供给质量的做法，就是建立一个价格-业绩（而非价格-成本）契约关系。根据最近的一些文献，政府针对私人和非营利供给者使用绩效合同的案例激增。[②] 早期的一些相关的经验是具有建设性的。一个已经尝试使用绩效合同的自然垄断的例子是全美铁路客运公司的乘客线路服务。另一个例子是关于儿童教育的业绩合同试验，尽管它不符合自然垄断的条件。我们对此做一下评论。

全美铁路客运公司是政府企业，向乘客售票，与私人铁路达成合同来经营列车，同时从联邦政府得到弥补差价的补贴。[③] 全美铁路客运公司与私人铁路传统的合同方式是固定收费，费用等于估计的服务成本加一个公平的回报率。一旦合同签订了，供给者就失去了关注乘客数量与服务质量的动机。

在20世纪70年代中期，绩效合同试验大量增加。这使得附加的回报率变成可升可降的，具体取决于实际服务（列车准时、温度适宜、清洁等）的质量等级，以及经济性（供给者可以从成本节约中积累资金）。随之而来的困难源于合理的奖励和惩罚难以确定，这很有可能导致低效率激励。最初的合同强调以舒适性为代价保证准点。这或许符合社会价值，但是它的发生是因为关于火车准时的历史信息的可得性使得合同各方在决定合理的奖励结构时具有更多信心。然而全美铁路

---

① 从更宏大的视角研究这一问题的文献综述可参见 K. Crocker, S. Masten. Lessons from Transaction Cost Economics for Public Utility Regulation. Journal of Regulatory Economics, 1996, 9 (1): 5-39。

② 例如可以参见 R. Behn and P. Kant. Strategies for Avoiding the Pitfalls of Performance Contracting. Public Productivity & Management Review, 1999, 22 (4): 470-489。

③ 在全美铁路客运公司成立之前，私人供给者迫于管制机构的强制命令不得不经营一些不营利的线路，这些线路的成本由这些供给者更为营利的货运线路进行交叉补贴。这非常低效（这些服务的营利小于成本）且供给不充足（交叉补贴来源于货运的使用者提供的利润而不是广泛的公众）。全美铁路客运公司的成立则是为了解决这一不公正问题。

客运公司很快决定放弃这个实验,并且回归到传统的合同形式中。放弃的原因并不清楚,可能是由于这种绩效合同固有的不足,也可能是制定和实施奖励结构有困难。①。

关于教育绩效合同也有一个简略的试验。这个试验的动因在一定程度上来自以下考虑:普通的公立学校没有足够的激励去提高教育质量。在这种情境下,绩效合同的优点在于创造了提高教育质量的利润激励。为了验证它,经济机会局(OEO)与6个公司签了6年期的绩效合同。奖励是学生测试分数的函数。平均而言,如果被试的孩子的测试分数(与控制组比较)没有提高,则试验中止。②

这个实验没有测试这种组织的长期关系,而长期关系能代表最合理的结果。与铁路不同,学校没有明显的短期成效。学校的教师和校长拥有的激励与铁路企业不同。后者很了解一些社会效率优化的途径,并且不难看到固定费用合同是如何导致私人的垄断行为背离有效率的生产的。改进铁路的激励可以真实地在短期导致显著改观。

但是教师不可能故意选择差的教学方法,因为他们即使这样做也不会得到明显的利益,并且有悖于职业行为准则。如果教学的努力程度可以影响学习,而在现行制度下不能激励老师付出努力,那么低效率就会出现。至少在短期,如果观察到执行绩效合同平均而言获得了比平常更好的效果,那么这将是非常令人惊讶的。

然而,长期是另一回事。即使能够保证普通教师和校长受到良好的激励,也不等于公共教育体制能以最好的方式促进教育目标的实现。教学方法的改进大部分是不明显的。私人企业如果可以使它们在市场上免于被模仿,那么它们就拥有改进教学方法的激励。但是正规公立学校的制度禁止这种市场营销:一旦将这种方法教给某地区的教师,就将不能阻止其他教师的自由模仿。进一步,公立学校的制度欠缺高效率的甄别机制去排除坏的思想;迅速传播但后来被摒弃的"新数学教学"就是一例。③

在长期,绩效合同提供了组织改进的动力。它可以鼓励供给者不断学习,不断试错,扩散成功的经验,摒弃失败的做法。如果OEO只给六个签约公司一个学年的时间,那么这些有利因素不太可能体现出来。平均结果可能看起来不那么令人兴奋,但是如果制度允许广泛传播成功经验,那么1/6的成功率可以被视为有着重要意义。至少这是人们对绩效合同的期望,但是由于试验停止了,所以寻

---

① 更多相关信息可见 W. Baumol. Payment by Performance in Rail Passenger Transportation: An Innovation in Amtrak's Operations. Bell Journal of Economics,1975(6):281-298。

② 对这一试验的解释和分析参见 E. Gramlich and P. Koshel. Educational Performance Contracting. Washington,D. C.:The Brookings Institution,1975。

③ 在公共机构的刑事部门,我曾经研究过全国事先审查服务代理机构的程序,这些代理机构并没有特殊的绩效激励。我曾重点研究了两个能让代理机构更有效率的程序。然后我又研究了这些代理机构不同时间段的行为,探索许多能让它们变得更有效率的程序和方法,虽然有些程序后来逐渐无效。效率总体上随时间而提升。效率的提升主要通过两种方式:一是更多有效率企业的成长和扩张(包括新进入的企业),二是无效率企业的收缩(包括一些企业的倒闭)。我并没有在这些代理机构成功或失败的管制环境中发现明显的契约差异。参见 Lee S. Friedman. Pubic Sector Innovations and Their Diffusion:Economic Tools and Managerial Tasks. in Alan Altshuler and Robert Bern. eds.. Innovations in American Government:Opportunities Chellenges and Dilemmas. Washington,D. C.:The Brookings Institution,1997:332-359。

找这种结果的机会没有了。

其他绩效合同仍在尝试。例如缅因州目前公布了与私人机构之间的绩效合同。州政府雇用这些机构为滥用药物的管教对象提供服务。对这个制度的早期研究表明，绩效合同是比较有效率的处理方式。[1] 另一个有趣的例子是美国住房和城市发展部（HUD）鼓励公共住房能源高效利用的计划。1995年，HUD10%以上的预算用于支付公共住房的公共设施以及辅助性住房建设（每年超过20亿美元）。HUD现在允许地方住房当局（LHA）和私人能源服务公司签订能源绩效合同。LHA与能源服务公司的合同涉及安装诸如新的锅炉、自动温度调节器，以及新窗户等，目的在于改进设备以节约能源。绩效激励来自于HUD，LHA可以通过投资盈利。[2] 在本节我们试图用合同形式的选择问题来说明治理结构的设计的重要性。这里提供了另一种方式来看待信息和交易成本，不同于外部性那一章关于运营规则和实施方法的框架。

激励管制

许多州立公共设施委员用以代替回报率管制的另一种选择是价格上限管制。尤其是在通信服务行业，价格上限管制有点类似绩效合同，它们都根据设施的表现来确定奖励和惩罚。因为没有实际合同发生，所以它又类似于传统的管制。这一系列的管制方法被称为激励管制。

激励管制的思想可以用一个简单的例子来说明。[3] 假设企业被允许根据两个因素来确定价格 P_t：预估的平均成本 C_e（提前设定）和发生服务时的实际平均成本 C_t。将预估成本看做是由回报率管制决定的，包含展现公平的资本回报率。价格的公式如下：

$$P_t = C_e + s(C_t - C_e)$$

其中，s 是介于0和1之间的常数。

假设 $s=1/2$。对于任意的预估成本 C_e，企业根据既定产量下成本最小化来安排生产，从而使利润最大化。如果企业的实际成本低于预估成本，那么企业将获得它的一半作为"额外"利润（高于回报率）。如果企业的实际成本超过预估成本的话，则企业只能冲销其中的一半（所得低于预定的回报率，包含亏损的可能性）。不管是哪一种情况，它在实际成本尽可能低的原则下是最好的。不同于回报率管制，企业有动机去最小化生产成本。企业同样会尽量提高公式中的预估

---

[1] 参见 M. Commons T. McGuire, and M. Riordan. Performance Contracting for Substance Abuse Treatment. Health Services Research, 1997, 32 (5): 332-359.

[2] 参见 S. Morgan. Energy Performance Contracting: Financing Capital Improvements with Private Funds. Journal of Housing and Community Development, 1995, 52 (3): 25-27.

[3] 关于激励管制理论的更多详细的内容参见 J. Laffont and J. Tirole. Using Cost Observations to Regulate Firms. Journal of Political Economy, 1986 (94): 614-641.

成本 C_e，因为对于任何实际成本 C_t，利润随着预估成本 C_e 的增加而增加。①

常数 s 有时候被称为"分享参数"。它决定了企业和消费者承担风险（实际成本偏离预估成本）的比例。在上述例子中，消费者或者由于实际成本低于预估成本而获利（通过低价格），或者由于实际成本高于预估成本而受损（通过高价格）。如果 s 等于 1 的话，则消费者承担了所有的风险。从企业的角度来看，这类似于管制俘获。也就是说，企业不能从任何的实际成本中得到额外的利润，它被允许制定足以收回成本的价格，即使这些成本并不是最小成本。由于企业具有最小化成本的动机，因此 s 必须小于 1，s 越小对企业的激励越大。在另一种极端情况（$s=0$）下，企业承担了所有的风险。这种极端情况有些类似固定价格合同。如果实际成本低于预估成本，则企业占有所有的额外利润，但是在实际成本高于预估成本的情况下，则不能补偿损失。

考虑最初的预估成本的产生过程。如果成本被高估的话，则企业获得收益；如果成本被低估的话，则消费者受益。我们假设导致管制俘获的因素同样导致管制委员会对高估成本的不自觉的认同。在图 18-5 中，我们给出了需求曲线 D、预估平均成本曲线 AC_e、义务供给数量 Q_e 下的预估价格 P_e。同样，我们给出了管制者知道最低成本时的最低平均成本曲线 AC，价格 P_R 以及数量 Q_R。这些曲线的相对位置与图 18-4（b）一致。

这种情况与管制俘获之间存在很重要的区别。第一个重要的区别是，由于激励管制下的利润激励，企业将更愿意以最低的成本生产。因此对于数量 Q_e，生产是有效率的（与存在俘获的回报率管制相比，节约了整个长方形 $P_R P_e AB$ 的面积）。这是一个很大的收获，在分配效率上同样也有所得。实际消费价格 P_t 将从 P_e 向下调整，调整量取决于分享参数 s 的值。若如前所述，$s=1/2$，那么 P_t 将处于 P_R 和 P_e 之间，并且实际消费的数量 $Q_t > Q_e$。分配无效率的水平如图中阴影部分所示，并且低于 Q_e 处的水平。

第二个重要的区别是随时间而发生的变化。在存在俘获的回报率管制下，没有理由认为"俘获"均衡在未来会有所不同。然而在激励管制下，企业发现它可以沿着曲线 AC 生产。因此，虽然企业为了获得利润有理由认为未来成本比较高，但是管制委员会有充分的证据将未来的价格维持在"接近"AC 的水平上。因此随时间推移，我们可以期望消费者将支付接近最低平均成本的费用，并且企业努力寻找创新的方法（如采用新技术）不断降低成本以获得额外的利润。

激励管制的具体形式是被管制的电信业正普遍使用的价格上限管制。其最简单的描述形式如下：

$$P_t = P_{t-1}(1 + \Delta CPI - X)$$

其中，ΔCPI 为消费物价指数的年度变动（百分比），X 是代表预期年生产力变化的因素（以百分比计）。X 的值不太会发生变化，并且上述公式若干年内保持固定不变（通常是 4～5 年）。例如，如果 X 设定为 3%，ΔCPI 为 4%，那么这个企业在下一年最多提升价格 1%。因此，企业将会继续提高生产力，保证至少获得正常回报率。在此前提下，上述公式逐渐降低了消费者的真实价格。

---

① 当然，企业收取的价格不会高于利润最大化时的价格，即使它们被允许这样做。

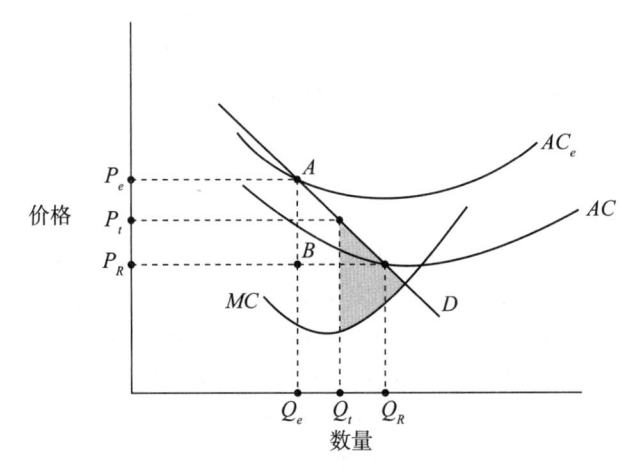

图 18-5 激励管制可以提高生产效率

注意，这个公式只是一般激励方法的一种特殊情况。在这种情况下，价格上限公式规定了预估成本是多少，分享参数设为 0。企业可以获得成本低于收入时的全部好处，承担成本超过收入时的全部风险。企业根据这个公式，以最低成本生产，来最大化利润。如果开始时"基年"价格等于（以前）存在俘获的回报率管制过程中的（最终）价格，那么消费者支付的价格需要经过很长一段时间才会接近最低平均成本。与旧形式的管制相比，消费者确实会一直受益。

Mathios 和 Rojers（1999）对加州长途电话服务进行的有趣的研究给出了价格上限管制的结果。[①] 在美国，电话业务被分为 161 个管辖区，它们被称为地方通路和运输区域（LATAs）。在 1983—1987 年，地方电话公司禁止提供 LATA 中间服务。AT&T 是各州 LATA 中间服务的主要提供者，并且每个州可以自行选择如何管制长途服务。在 39 个拥有 LATA 中间服务的州中，有 28 个选择了价格上限管制形式，而另外 11 个州选择了传统的回报率管制。在控制了这种管制方法之外的众多因素后，他们估计价格上限管制会导致回报率比传统管制情况下低 7~11 个百分点。由于 AT&T 也支持这种管制方法，看来这属于双赢局面。另一项分析 1988—1993 年期间的数据的研究，也发现了价格上限管制具有很强的正面影响。[②]

在其效果令人鼓舞的同时，它也有重要的局限之处：它会不断影响其实际表现以及它在其他服务领域的适用性。我们将讨论三点。[③] 第一个是外生成本问题。第二个是多种服务多种价格的问题。第三个是 X 调整的频率，它受企业回

---

① 参见 A. D. Mathios and R. P. Rogers. The Impact of Alternative Forms of State Regulation of AT&T on Direct-Dial, long-Distance Telephone Rates. BAND Journal of Economics，1989，20（2）：437-453。

② 参见 S. Majumdar. Incentive Regulation and Productive Efficiency in the U. S. Telecommunications Industry. Journal of Business，1997，70（4）：547-576。

③ 这三点在一些专业论著中有所介绍，更多的讨论内容参见 M. E. Beesley and S. C. Littlechild. The Regulation of Privatized Monopolies in the United Kingdom. BAND Journal of Economics，1989，20（2）：454-472；John E. Kwoka, Jr.. implementing Price Caps in Telecommunications. Journal of Policy Analysis and Management，1993，12（4）：726-752；P. L. Joscow and Richard Schmalensee. Incentive Regulation for Electric Utilities. Yale Journal on Regulation，1986（4）：1-49。

报率的影响。

许多投入要素的价格实际上波动很大，且不在企业控制之内。例如在生产电力时，许多生产者需要石油作为燃料。但是如果企业的利润主要决定于它们不能控制的外在因素，那么很难让企业管理者承担这个责任。例如，油价波动会影响电力企业的利润。面对这种情况，企业试图将成本分为"外生的"与"可控的"，并在管制公式中区别处理。简化的价格上限公式将成本变动转嫁给消费者，并且将激励限制在企业可控的成本上。这样公式变得更复杂了。

很难将"外生成本"添加到机制中同时又不影响激励。例如，在电力生产使用石油的案例中，我们希望企业能够在提供服务时，有内在的激励最小化短期和长期成本。在一定程度上，州政府会通过混合长期和短期的燃料购买合同，以及使用替代燃料来达到这种效果。但是，如果以石油为基础的发电机使用"昂贵"的石油，但可以通过成本转嫁机制收回成本，那么它就没有激励去使用（或投资于）最低成本的发电机。因此，调整燃料价格的方法必须建立在一些关于燃料价格的外生性指标（而不是企业的实际支出）上，并且在给定的燃料价格指数水平下，以预先决定的函数确定一个合适的（最低成本的）燃料数量。这是可行的，但是，它也使得管制工作比"简化的"价格上限机制要难多了。

多种服务多种价格是第二个问题，它类似于特许经营权竞标中多种价格使得奖励标准不清晰的问题。因为公共设施有许多服务和价格，价格上限通常适用于激励合同包含的一篮子服务。即使是受管制的自然垄断，它的某些服务也存在竞争。由于长期以来长途电信市场中的竞争与日俱增，管制长途回报率的诉求也就降低了。所以这些回报率在一些地区是不受管制的，并且不在篮子之内，反而地方呼叫、直接服务以及连接付费的回报率包含在价格上限篮子中。

比如，为了让5%的总价格上限适用于整个上限篮子，管制者必须给每个价格设定固定的权重。这是去年每种具体服务贡献的收入所占的百分比。如果项目存在竞争，那么企业会尝试进行掠夺式的定价，并在非竞争项目中弥补这些损失。在受到这种方法管制并且首次遇到水星通讯的长途业务的竞争时，英国电信就是这样做的。管制委员会的反应是对总上限增加新的约束，例如对特定价格增加"波段"。简而言之，服务、价格的多重性，以及企业的竞争程度使得管制工作复杂化了，包括篮子的定义和总上限的新约束。

我们提到的最后一个问题是价格上限公式重新设定的频率。假设企业和管制当局都同意未来允许平均水平为10%的回报率。如果企业意识到在第一年回报率低于10%，那么企业就会认为这个公式错了，并且公式必须调整 X 至更小。相反，超过10%的实际回报率会使得管制当局相信太宽松的 X 是错误的，其将试图提高它。在每一种情况下，屈从于调整的要求，似乎给出了管制将会保证回报率目标的信号。但是，如果企业相信这些信号，那么企业将会失去最小化成本的激励。为了使激励成为现实，管制者必须允许企业的回报率脱离每一年的目标，并且不太频繁地调整这个公式（每4～5年）。

评估这些激励管制机制的表现需要花时间。至少在最初看起来，还算比较成功。与此同时，随着这些机制变得更为有用，管制委员会也进行了部分放松管制的试验。即，管制委员会允许并鼓励新企业进入传统上只有一家自然垄断企业的地区。例如，电信的竞争越来越多（一开始，降低对手机销售的管制，之后是长途服务，现在是地方服务，包括提供互联网使用和服务的竞争）。最有趣的实验之一是放松电力服务的管制，消费者现在可以从地方（垄断）分配体系的电力公司来购电。这个体系在英国和宾夕法尼亚州成效显著。相反，加州在使其新体系实现竞争性运转方面有一定困难。

在所有这些放松管制的案例中，技术进步已经成为刺激政策改变的部分因素。[①] 例如，更长距离传送电力且更少损失能量的能力已经增强了生产者之间的竞争。大容量的用来传送声音、数据及影像的光纤已经使得传统公司和有线电视之间出现了更大的竞争。当然同样真实的是，政策改变足以影响技术进步的速度。例如，手机在传统回报率管制占主导的上个世纪的大部分时期里改变甚少，但是在手机被放松管制后，电话的广泛而多样的新特征迅速变为现实。由于企业的成本通常被选定为管制对象，部分放松管制同样为管制当局带来了新的困难。在激励管制下，对放松管制的效果的评估仍需要更多实践。[②]

小结

一个产业中至少有一家企业拥有市场势力，或者高于边际成本定价的能力，这样的市场通常被划分为寡头市场（如果只有少数竞争企业）和完全垄断市场（如果只有一家企业）。某种程度上，当相对于全部市场需求，存在明显的规模经济时，竞争的自然结果就是这种情况（即提供市场产出的最低成本的方式是只有几家公司进行生产）。这时公共政策的定位是阻止市场势力被滥用。寡头产业中监督并不是连续的，而是用反托拉斯法处理各个案子。在自然垄断下，监督通常是通过管制委员会连续进行的（例如，一个州的公共设施委员会）。

许多经济模型被用来解释寡头企业的行为。目前，还没有一个模型可以被视为代表了"典型"寡头的情况。然而，市场势力显然与一个产业的集中程度有关。集中程度涉及市场中最大的企业占整个市场产出的份额。我们介绍并使用了一个寡头模型即古诺模型，并用其证明了这种关系背后的直觉。

古诺模型假设寡头企业认为其他企业产出不变，然后采取利润最大化行动。我们首先用这个模型说明了 2000—2001 年加州电力危机中企业是如何发挥市场势力的。

危机发生在加州从受管制的自然垄断结构转向竞争供电的过渡期。在这个过渡中，原先垄断企业 50% 的发电量被分给五个公司。每个公司在新的市场上具

[①] 这里也应该提到，在 20 世纪 80 年代到 90 年代，出于政治方面的考虑，联邦在州之间的运输和航空服务方面放松了管制，允许自由进入并且实现市场定价。这一努力为那时的放松管制的大环境作出了突出贡献。然而，这两个行业都不是经济学家所认为的自然垄断行业（尽管在一些情况下，市场力量以及未预料到的空运系统的发展使得它们不断成长为垄断行业）。

[②] 进一步的思考，可以参见 R. G. Harris and C. Jeffrey Kraft. Meddling Through: Regulating Local Telephone Competition in the United States. Journal of Economic Perspectives, 1997, 11 (4): 93-112.

有市场势力。市场势力是通过降低供给提高价格的形式实现的。价格是遏制市场势力并增加供给的最有效的短期策略。但是我们仍然需要长期策略：引入新的更有效率的生产者以增加供给、降低成本，同时消除过渡时期的市场势力。

使用勒纳指数，我们发现在古诺均衡中，随着产业中（相同规模）企业的数量下降，市场势力不断增强。我们引入了表征产业集中度的赫芬达尔-赫希曼指数（H），它允许各企业的规模存在差异。H 在分散化的产业中趋于 0，而在纯垄断情况下达到 1。我们发现在古诺均衡下，集中度越大，市场势力就越大。这为美国司法部的兼并指导方针提供了一些灵感：对于一个 $H>0.18$ 的行业，如果一项兼并会使 H 增加 0.1，那么这种兼并极有可能受到调查。

寡头试图形成一个卡特尔以协调它们各自的行为，使得这个集团可以成为一个利润最大化的垄断者。卡特尔在许多国家是不合法的。即使在合法的情况下，卡特尔也并不是一个稳定的经济团体。这是因为每个成员拥有违反卡特尔协议的动机。尽管不合法不稳定，一些企业仍试图尝试不同形式的卡特尔。作为案例，我们提到了石油输出国组织（OPEC）以及一些跨国生产公司被指控违反了美国反垄断法。

自然垄断传统上会受到回报率管制。这种管制方法受到了一些批评。其中之一是，在任何给定的产出水平下，过度使用资本会导致生产无效率。第二种批评涉及管制的俘获理论，即这种方法过度保护了产业，而损害了消费者的利益。解决"俘获"问题的建议是，以竞争投标特许经营权替代管制方法。这个观点认为，在市场上通过竞标过程，确实有助于消除被管制制度俘获的现象。竞争性投标在很多领域已经得到成功应用，包括美国政府用它来出售国库券，以及分配涉及石油、煤矿的合同。

威廉姆森指出并非竞标本身而是竞标的对象——合同——替代了管制。然而需要以合同形式提供服务的大部分自然垄断企业远比购买国库券的情况复杂得多。他所关注的信息要求和交易细节现在被称为交易费用经济学。如果合同是长期的，那么它将包括仲裁、协商、审计以及调查条款。这使得合同开始看起来像管制。当供给者在被管制情况下仍能保持信息优势时，俘获理论也同样适用。从国防合同的实践中得到的经验支持了这种观点，即成本过高并且再协商有利于供给者这种情况很普遍。

在短期重复签约的情况下，特许经营与回报率管制非常相似。在这种情况下，需要以公平的价格转移耐用的固定资产，以保证合同更新时双方的平等地位。但是在特许经营机制下，评估这些具体资产的价值与在回报率管制下一样困难。在这种情形下，供给者会利用信息不对称来夸大这些资产的价值，正如在普通管制下供给者试图夸大费率基础一样。因此不论在长期还是短期的特许经营机制下，使用固定资产生产复杂产品的供给者，将保持信息和交易优势。

威廉姆森关于奥克兰有线电视的案例研究支持以下结论：管制俘获的许多困难反映出了特许经营合同的特征。我们简单地考虑了两种绩效合同（客运服务和教育），阐述了这种分析在其他领域的应用。绩效合同以价格-绩效关系替代价格-成本关系。上述两个案例说明了这个思想同样存在信息困境，但是考虑这些困境之后，它仍然是一个有希望的契约方法。这导致我们在本章最后部分考虑了另一种改善自然垄断管制的方法，它是绩效方法的延伸，被称为激励管制。

激励管制与绩效合同相似，因为它按照绩效的好坏决定公共设施的奖惩，尽管激励管制没有实际合同的签订。公共设施委员会事先确定一个用于决定企业价格（或收入）的公式。这个公式的关键特质在于它对高成本的企业不利，鼓励低成本的企业。这个公式有一个分享参数，将一定比例的盈亏分配给消费者。许多州在电信管制中采用了该公式的简化形式，称为价格上限管制：在向上调整的国内价格指数的基础上，当前时期价格等于上期价格减去一个固定的因子，因为预期生产效率会提高。由于价格不依赖企业的实际成本，因此企业将以最低成本最大化其利润。在简单的模型中没有分享参数（所有利润或损失都由企业获得或承担）。

价格上限管制的结果是鼓舞人心的，虽然关于它存在一些告诫。一个重要的研究发现电话费率在价格上限管制下比在传统的回报率管制下低7%到11%（其他条件不变）。在价格上限管制下，管制者必须克服的问题包括：(1) 价格上限通常适用于一篮子服务，而且被管制企业可以在篮子中实施市场势力；(2) 通过转嫁机制，分离一个企业不能控制的成本，会导致未预料到的生产无效率；(3) 公式中变量的频繁变动削弱了企业最小化成本的激励。近些年来，越来越普遍的另一种管制策略是部分放松管制。这种策略认为可以放开垄断企业的某些业务，促进竞争，尽管这个企业的其他业务可能仍处于自然垄断状态。例如电力行业，尽管地区分配上仍为自然垄断，但是电力生产却可以用竞争的方式进行。在电信、电力、天然气行业中，许多管制者放松了管制，引入了竞争，但同时对其他服务仍以垄断看待，并进行管制。由于要将一个企业的成本划分为管制和放松管制两部分，因此这产生了额外的复杂性。在未来的新领域中，激励管制和部分放松管制等策略究竟成效如何，还有待观察。

习题

18-1 两个相互竞争的城镇在夏季分别经营临近的海滩。提供海滩的边际成本为0。对于消费者（来自各地）来说，两个海滩是无差异的，因此，这两个城镇收取相同的海滩费用。每个城镇都希望最大化经营海滩的收入，因为它们可以用该收入来降低本地居民的财产税。其他条件不变，每个城镇都倾向于保持海滩不拥挤。

海滩的总市场需求由以下函数给出：

$P = 20 - 1/4Q$

其中 P 为海滩费用，$Q = Q_1 + Q_2$ 并且 Q_i 是海滩 i 的人数：

a 求城镇1的边际收入函数？

b 如果城镇1希望收入最大化，那么请以 Q_1 作为 Q_2 的函数描述供给量 Q_1（这是它的反应函数）。城镇2的反应函数是什么？

c 竞争性产出水平是多少（两个海滩的总人数）？

d 如果每个城镇采取与其反应函数一致的行为,那么均衡供给数量是多少?每一个城镇的总收入是多少?

e 如果两个城镇合谋以最大化共同收入(最终将收入分开),那么收入和产出分别是多少?

f 为什么 d 和 e 的结果不同?利用反应函数说明 e 的解为什么是不稳定的?

g 从哪个角度来看反应曲线所描述的行为是短视的?是否与囚徒困境相似?

第十九章　跨期资源分配的政策问题

跨期资源分配市场存在着重大的失灵。这些失灵会阻碍市场发展，并且会过度消耗自然资源，从而阻碍要素市场效率的提高。在这一章，我们回顾这方面的失灵，并提出一些政策建议。

劳动市场的失灵关系着高等教育投入带来的人力资本增长。个人对当期教育投入的决策，将对其预期收入、生活质量、社会地位等方面产生重要的影响。但如果单一依靠市场，那么这种投入将会很少，尤其是对那些不那么富有的家庭而言。

枯竭型资源市场的失灵则关系着那些我们原本应为后代保留的资源。当期的石油消耗决定着未来的剩余量，然而后代的代表不会在这里向我们提出石油的所有权要求。这种失灵助长了资源消耗加速的趋势，这是短视的一方面；同时使用石油作为工业燃料也带来了全球温室效应，威胁着生态环境。很显然，经济系统的重要任务之一，就是合理地利用这些稀缺资源。

这两个例子所反映的问题都可以归结于一点：一个完善的市场体系应该如何运行，才能达到跨期的有效分配？我们在本章的第一部分做简要的评述，探讨完善的资本市场（包括储蓄、借贷和投资实际资源）应如何运行，才能使得经济达到一种资源能在当期消耗与未来消耗之间更有效分配的状态。一种主要的观点是，利率作为一种价格，使投资需求与储蓄供给之间达到均衡。在这种均衡中，总储蓄等于总投资，并且完善的资本市场将保证所有投资的净现值大于零（在当期市场利率水平下）。

经济学家们达成了广泛共识：私人资本市场是不完善的。由于各种原因，它们不能以有效率的方式协调经济主体之间的关系。当我们把单个消费品两期模型扩展到多个消费品无限期模型时，其中一部分原因将变得清晰。完全竞争下的后一模型需要用到很多价格：从每一商品在每一期的价格一直扩展到无限多期，而实际的市场还远不如这么理想。这种失灵也许可以理解为"市场缺陷"。因此，通过精心设计公共政策来改进资源分配，可能对"市场缺陷"会有所弥补。

问题的困难之处在于，如何在成本-收益分析中选择一个恰当的贴现率，而导致困难的原因是在投资回报（或者资本的机会成本）和跨期边际替代率之间存在着偏离。本章强调的是两个不同的应用领域，并且这两个应用领域中的实际资本市场被认为存在重大"缺失"。政策问题的提出正是为了弥补这种"缺陷"。

我们考虑的私人资本市场的第一个不完善之处是，私人市场导致潜在大学生对高等教育的投入偏低。接受高等教育的机会原本是提高个人潜能或人力资本的重要途径之一。有两种不同的原因导致了这种投资偏低状况：（1）社会可以从个人的大学教育中得到正的外部收益；（2）由于不能确保收回投资，所以向私人提供贷款的市场会"缺失"，而这种贷款对于教育投资是有利的。

一般地，对人力资本投资而言，由于资金的回报率存在极大的不确定性，以及保险契约机制的失灵，市场提供的贷款总是很少，否则会多一些贷款。这第二种失灵包含了信息不对称方面的失灵，这是下面的章节讨论的重点。总的来说，上述这种贷款无法保证的问题，的确是一个足够重大的"市场缺陷"。这种高等教育领域的市场失灵正是公共政策制定的依据，包括设立学费补助制度和政府担保的学生助学贷款机制。我们考察的一些问题已经涉及现行的政策，比如随收入调整型还款计划已经在美国和澳大利亚推行实施。

我们考虑的第二个不完善之处具有代际性：让后代消费者呼吁加强对非再生资源的保存，显然是不可能的。我们将结合石油分配来进行说明，因为它是一种不可再生资源，至少就现在的科学技术发展水平而言是这样的。当一种资源在一个跨度相当长的时期内在多代之间进行配给时，今天的市场决策显然不能充分代表后代的利益。然而，市场可以促成一些有价值的技术进步，节约使用那些越来越稀缺的资源。

我们首先考察一种可再生资源——木材，了解自然资源的分配情况。然后我们研究不可再生的资源石油。我们将回顾完全竞争市场如何分配石油，并用模拟模型帮助设计现行能源政策。在当前，比石油更受关注的不可再生资源是全球生态系统。温室效应正威胁着生态系统，而这正是石油和其他化石燃料大量燃烧产生的负外部效应。因此，这也是石油分配问题的一个重要方面。

完全竞争与实际资本市场

回顾一下，在第八章我们已经介绍了投资资源的引致需求和满足该需求的储蓄供给。这种对资源的投资性需求来源于个人（或作为代理人的厂商）站在"投资机会"立场上所做的决定:是持有或转换今天的资源以备未来之需,还是将它们作为当期消费之用?一般而言,利率越低,资源的投资性需求就越大。

投资的主要社会成本,在于它减少了当期的消费量,那些同意通过节约减少消费的人称为储蓄者。用于投资的储蓄资源,来自权衡当期消费与未来消费之后做出的效用最大化决策。通常我们认为利率越高,储蓄的供给量也越大,因为这降低了未来消费相对于当期消费的价格。总资源减去当期的消费量,等于用于投资的供给量。这种供求曲线见图 19-1。

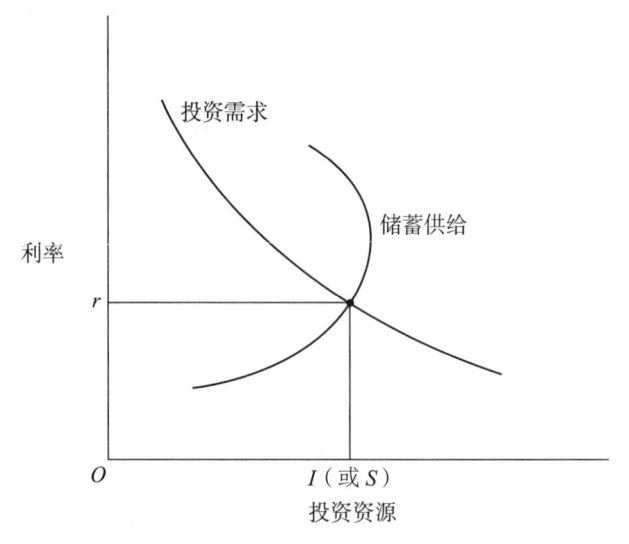

图 19-1 资本市场的跨期均衡（利率＝r）

注意在两期模型中,有一个唯一的利率 r 可以使供求均衡。我们从基本的两期模型可以扩展到多期模型(在没有通胀与不确定性的情况下)。只要资本市场是完全竞争的,选择投资项目的规则就可以像两期的情况一样适用(在多期投资可能性曲面上):所有投资的现值为正。每一项单独的投资可以表示为成本收益流 D_i（即每期净收入）:

$$PDV = D_0 + \frac{D_1}{1+r_1} + \frac{D_2}{(1+r_1)(1+r_2)} + \cdots + \frac{D_n}{(1+r_1)(1+r_2)\cdots(1+r_n)}$$

在这个一般化的公式中,我们允许市场利率随时变动。[①] 完全资本市场理论不要求 j 期到 $j+1$ 期的价格等于 $j+1$ 期到 $j+2$ 期的价格(或者,同样的情况发生在 $j+k$ 期和 $j+k+1$ 期中)。价格仅仅取决于每期资源的需求和供给。例如,如果美国的利率会随着庞大的老龄人群的生命周期变化而变化,那么这并不奇怪。他们是储蓄者,会导致实际利率(r_{2002})相对偏低;而 20 年之后,他们成为消耗者(储蓄的总需求向内移动),而这又会导致实际利率 r_{2020} 上升。

在多期模型中,市场出清利率的决定与静态模型一般均衡的决定极其相似。这里我们赋予商品 C_0, C_1, $\cdots$, C_n 当期价格 P_0, P_1, $\cdots$, P_n。比如,相对价格 $\frac{P_0}{P_1}$,

---

① 我们采纳把 r_i 视为第 $i-1$ 期与第 i 期之间的利率这一惯例。

是指一个单位的商品 C_0 可以换得的商品 C_1 的数量，或者等于我们前面所说的 $1+r_1$。而相对价格 $\dfrac{P_i}{P_j}$ $(j>i)$，则等于 $(1+r_{i+1})(1+r_{i+2})\cdots(1+r_j)$。

在每一期都存在一个投资需求函数（某一时期内对投资的需求）。个人根据其投资可能性边界做出最佳投资决策。通常的投资需求计划只允许当期价格（利率）变动，而所有其他价格（其他时期的利率）保持在均衡水平上。而在一般均衡中，我们允许所有的价格同步变动。

每一期的投资（或储蓄）供给函数可以被认为是消费决策中的剩余变量，而消费决策对应于每期的可能利率。也就是说，给定跨期价格和投资后收益流决定的个人预算约束，每个人选择消费来最大化跨期效用函数 $U(C_0, C_1, \cdots, C_n)$。在每个可能的利率下，将每个人投资后的收益与最优消费之差加总，就得到了当期的储蓄供给。通常的储蓄计划只允许当期价格变动，所有其他价格保持在均衡水平上。在一般均衡中，储蓄函数的 n 个价格允许同时变动。

我们将一个时期内可获得的真实商品区分出来，建立一个更一般的模型。那么，我们有 m 种商品（$X_1, X_2, \cdots, X_m$），而不是只有一种叫做"消费品"的物品。如果存在 n 个时期，则每种商品必须根据其消费的时期加以标明，比如 X_{15} 就是指第 1 种商品在第 5 期消费的数量。个人会使其跨期效用函数最大化：

$$\max U[X_{10}, X_{20}, \cdots, X_{m0}; X_{11}, X_{21}, \cdots, X_{m1}; \cdots; X_{1n}, X_{2n}, \cdots, X_{mn}]$$

在这个模型中，任何一个时期内不存在"特定"利率。所有商品拥有自己的跨期价格和跟其他物品的跨期交叉价格。保持其自身的利率在众多商品中相对不变，在理论上并无依据。但在技术上，所有跨期价格的存在可以使经济达到资源分配的帕累托最优。进一步的争论是，什么决定了资源在分配过程中的时间长短（期数）。

毋庸置疑，也许经济学家并不认为实际的跨期市场能接近完全竞争市场在无限期界进行分配的要求。我们已经在第八章中知道，很多个人的跨期决定往往因短视而无法实现效用最大化。我们同样知道，实际期货市场受到短视的限制，极少有资源能在未来的 20 年持续供给，进而这些市场仅仅存在相当稀少的商品。所以我们有理由关注如下问题：在一个完全竞争市场所需要的组成部分存在着如此之多的"缺失"的情况下，实际跨期市场应如何有效运行？

社会贴现率

实际资本市场中存在大量不完善之处，使得我们在成本-收益分析中遇到了如何选择贴现率这一重大问题。如果市场是完善的，那么投资的边际收益率等于当期消费与未来消费之间的边际替代率，同时市场均衡下的利率就是较为合适的社会贴现率。但是，由于市场不完善，尽管经过了大量研究，使用何种贴现率这一问题在职业经济学家中仍未达成共识。这是一个极其复杂的课题，关于选择贴现率的方法有很多种，并且都有详细的分析和充分的理由。这里我们运用一种高度简化的观点来解释争议的焦点。

图19-2所示的罗宾逊曲线给出了争论之所在：如果没有问题的话，社会将会选择 A 点，此处的利率（和贴现率）是 r。但社会的选择实际上处于 A 点右边的某个点上，比如 B 点。该处投资可能性轨迹的斜率为 $1+r_i$，超过了当期消费与未来消费之间的边际消费替代率（$1+r_c$）。我们将 r_i 称为投资收益率（也可称为资本的机会成本），称 r_c 为时间偏好的边际消费率，同时 $r_i > r_c$。在这一点上，存在着投资过少的情况（或者说留给未来子孙的资源过少）。

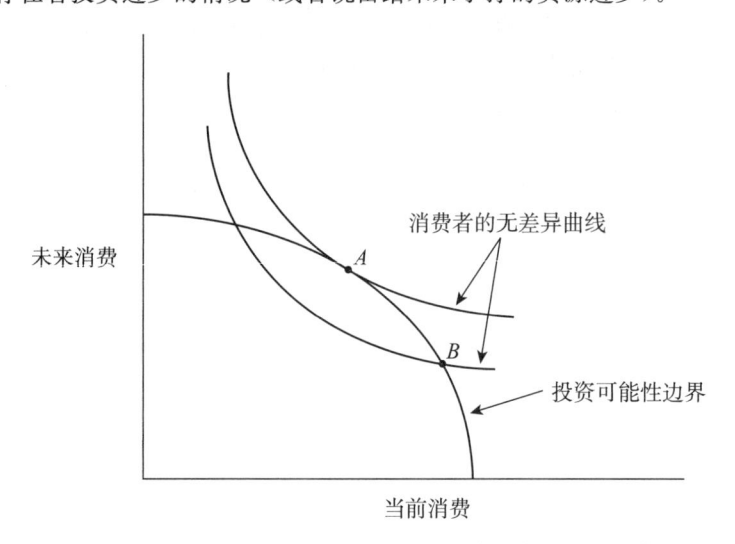

图 19-2　在实际资本市场上，投资回报（B 点）超过延迟消费的成本

我们之所以选择 B 点，部分是因为税收和交易成本产生的效应。假如 $r_c=0.03$，那么这意味着一个人购买面值 1 000 美元的安全的公司债券，可以净赚 30 美元。假如这家公司面临的利率 $r_i=0.10$，或者说每 1 000 美元能赚到 100 美元利润，但必须为其利润支付 35% 的公司所得税，所以它只能将剩余的 65 美元分给债券持有人。而债券持有人必须为其利息收入支付州和个人所得税（假设税率是 50%），所以就只能剩下 32.50 美元。我们同时假设其中 2.5 美元是对债券持有人购买债券的交易成本和征收更为复杂的收入税的补偿。所谓的底线就是由于税收和交易成本导致的不完善，使得 0.10 的 r_i 给消费者带来 0.03 的 r_c。

如果这种情况粗略地描述了实际资本市场，那么何种贴现率是政府应该采用的呢？如果所有的成本和收益可以以消费量盈亏的方式来测算，那么时期偏好的边际利率（marginal rate of time preference）就是合适的；如果所有的成本和收益以投资成本与回报的方式来测算，那么适合用投资回报率。困难之处在于，即使我们知道量化的成本与收益，通常也还是不清楚这能在多大程度上代表消费或投资的变化。对此人们提出了各种不同的测量方法，例如对资本的影子价格的测算，并逐渐产生了对以上两种利率进行加权平均的方法。

我们在这里还要提到进一步的难题：如何处理具有长期影响的项目，例如缓解全球温室效应或其他长期环境问题的项目？有些文献主张贴现率跨期递减的观点。其中一篇著作提到，有证据表明实际私人行为表现出双曲线的贴现率：在短期内贴现率较高,而在长期内相对较低。另一篇著作关注的则是未来的子孙,因为他们并不会如其所需要的那样,在这里对资源提出所有权的主张。为了子孙后代采取更低的贴现率有两方面的原因:第一,是对未来资本收益率上升的补偿,在这种情况下由于边际效用递减,每一单位的消费价值将会下降。第二,虽然更有争议性,但它是折现的一般逻辑,即对于两个处于不同时期的个人来说,更接近当期的人获得的价值更高。

联邦政府要求采用7%的贴现率,这反映了其更着重于投资回报率(机会成本)的视角,而不是当期偏好边际利率的视角。但是,指导性意见是允许拥有一定的调整余地,跨度长的项目可以采用一个较低的贴现率。

作为资本投资的教育

让我们来关注跨期配置中与重要政策紧密相关的一个特殊领域:高等教育对人的发展潜能的影响。几乎所有的人都赞同公共政策应为高等教育提供财政援助——尽管在具体的援助数量和形式上存在分歧。

教育在一定程度上类似于对住房的改善措施。它导致了一系列的跨期消费收益。受过教育的个人能从诸如阅读、滑雪、与朋友讨论租金控制政策以及大量的社会活动中得到更多乐趣。正如住房的改善可以对其邻居产生正外部影响一样,一个受过更多教育的公民可以改善社区环境。此外,教育还是一项能产生收益的投资:当一个人不再沉溺于休闲或满足于当前的就业,而将时间分配到上课学习中去时,他未来的收入将会增长。换句话说,人,就像住房一样,可以视为某种形式的可投资的耐用品。而教育通过对人力资本的发展,增加了其消费和收入,这正是人力资本的一种形成机制。[1]

人力资本与其他形式的资本存在着重大的差别。公共政策普遍都禁止买卖人力资本(如奴隶制)。这在一定程度上导致资本市场缺乏效率,虽然即便在合法的情况下,有知识的成年人也不会选择出卖自己。而更重要的问题存在于人力资本投资的融资方面,因为投资的资产不能作为担保品。

高等教育融资的市场失灵

我们回顾一下,完善的资本市场将根据一个人未来(投资导致的)收益流的现值向其贷款。但是贷款方对于任何一笔贷款是否能收回存在不确定性,甚至在法律规定支持其收回的情况下,借款方也可能由于没有有形资产而不能保证偿还。如果一方贷款购房,那么在其违约的情况下,贷款方可以主张对房屋的所有

---

[1] 有关这种观点的经典阐述,参见 G. Becker. Human Capital, National Bureau of Economic Research. New York: Columbia University Press, 1964。

权；但是如果一方贷款投资教育，然后接下来的五年在欧洲做一名兼职滑雪教练，那么贷款方对此也只能束手无策。

我们来考虑这个问题所涉及的公平。借款还需要用于支付与投资相关的其他服务费用（如向学校教职工、助教等支付的学费），并满足合理的当期消费。富人当然没有必要贷款，他们当期的收入足以承担高等教育的费用。即使当期收入不高，他们也会有其他资产（如信托账户）作为担保。但是那些来自不富裕家庭又头脑聪明的人该怎么办呢？个人教育的投资价值也许很高，但不完善的资本市场却不能为其提供必要的当期资源。（注意，一笔等于学费的贷款也许不足以同时支付当期的消费需求。）

直接的政策补救是向学生提供各种贷款或鼓励社会力量针对学生设立各种贷款（我们将在下面讨论）。但这并不是高等教育市场唯一的缺陷，很多观点认为社会各方面都能从高等（大学）教育中得到大量的正外部效应。[1] 如果是这样，那么这一部分可以通过津贴的形式加以内部化，其外部效应加上私人投资等于教育的边际成本。这种外部效应很难量化（这常常被描述为社区的领导地位、社会流动性等）。因此，主要的政策问题之一就是决定学费补助的范围，并将剩下的问题作为一个潜在资本市场问题加以处理。

高等教育融资随收入调整型还款计划

克林顿总统在1992年的竞选活动中提出了一项全国性的随收入调整型贷款，旨在资助学生进入高等院校接受教育。在1993年，国会通过了《学生贷款改革法案》，这个克林顿计划的修正案一直沿用至今。在澳大利亚，1989年制定的随收入调整型还款计划也仍然在其公立大学中实行。这种计划要实现怎样的目标？其效果又如何呢？

不管如何统计大学的入学人数，还是有很大一部分青年不能跨入大学的校门。2000年，美国处于18～21岁年龄段的高中毕业生有43.5%不能进入大学。[2] 但是对那些有入学资格的人来说，进入大学带来的经济回报远大于成本。例如，Kane和Rouse计算得出那些接受过一年大学教育的学生税后收入现值在15 600至25 000美元之间，而他们的教育成本（主要是机会成本）仅仅为9 500美元。[3] 在另一项研究中，Kane说明了家庭经济状况的影响：将同样取得入学资格的青年按收入水平分成五个等级，其中最低收入等级的入学率低于最高收入等级12～

---

[1] 例如，Bowen和Bok认为少数民族大学毕业生通常承担社区领导角色，并能鼓励其他少数民族人士走类似的发展路线，从而产生正外部性。参见 William G. Bowen, Derek Bok. The Shape of the River: Long-Term Consequences of Considering Race in College and University Admissions. Princeton, N. J: Princeton University Press, 1998.

[2] 当时的1 197.5万名高中毕业生中只有676.8万名能够进入大学。

[3] 详见 Thomas Kane, Cecilia Rouse. The Community College: Educating Students at the Margin Between College and Work. Journal of Economic Perspectives, 1999, 13 (1): 63-84.

27个百分点。① 由此可见,设立助学贷款进行教育投资是极其重要的。

随收入调整型贷款被认为是两种产品组合而成的:通过贷款将学生未来不确定的收入转变为当前的现金收入,同时保险政策又帮其抵御未来收入相对较低的风险。这个项目以制定年度偿还计划的方式实施。除了贷款额度,这个计划还依据贷款者未来收入的实际增长情况进行调整。这项计划的意义在于,通过降低贷款者不能还款而陷于违约的风险,鼓励学生承担投资教育所必需的债务。

作为一项真正的随收入调整型还款计划,简单将还款作为收入的函数是不够的。在里根执政时期,一项针对收入波动特征的试验性计划首先在10所高等教育机构开展。那些年收入较低者仍要支付其贷款的全部现值:他们每年偿还较小数额的还款,但必须支付更长的年限。而在一项真实的随收入调整型还款计划中,偿还的现值随收入反向变化。这就是说,对于低收入还款者,在其能偿还贷款的全部现值之前,可以免除其继续还款的责任。

举个例子,根据联邦政府的现行计划,一个贷款者的偿还限额为其可自由支配收入的20%,而且最长的偿还时期为25年。由于可自由支配收入的定义为(大体上)日常收入减去与其家庭规模(人数)相关的最低生活线水平,因此低于或者等于这个水平的个人将免于支付还款。② 当然,如果其收入有显著上升,则其将再次被要求承担还款责任。如果全部债务在25年期限届满前不能免除,那么在25年之后债务将被视为完全解除。③

原则上,这项计划很可能被设计成为自我财政平衡机制(全部还款额的现值等于全部贷款额现值)。低收入贷款者的偿还额低于其贷款现值的缺口,由高收入贷款者高于贷款现值的还款额弥补。④ 而此举是否恰当,取决于环境。这对于一家私营机构也许是有必要的(如果没有其他资源对这个项目进行补贴)。⑤ 作为建立在国家标准上的政府项目,它是公平的。如果有些学生作为一个群体最终不能全额偿还他们的贷款,那么将由纳税人来弥补这个差额。⑥ 这项更慷慨的计

---

① 参见 Thomas Kane. The Price of Admission. Washington, D. C.: The Brookings Institution and Russell Sage Foundation, 1999: 100。

② 例如,一个在美国大陆的两人家庭其最低生活线水平是10 610美元,年收入低于此的借款者不需要支付还款。

③ 为便于确定所得税征收范围,家庭必须报告其未免除的债务余额。

④ 事实上很难确定实现二者平衡的相应比率。这需要预测偿还者的数量及其收入分布状况,同时还需预测违约状况和利率变化带来的影响。对于这一问题,一个较早但有思想的分析参见 Marc Nerlove. Some Problems in the Use of Income-Contingent Loans for the Finance of Higher Education. Journal of Political Economy, 1975, 83 (1): 157-183。相关的计算参见 Alan B. Krueger 和 William G. Bowen. Policy Watch: Income-Contingent College Loans. Journal of Economic Perspectives, 1993, 7 (3): 193-201。

⑤ 在20世纪70年代,耶鲁大学制定了一个计划,旨在进行一个自筹资金的试验。根据 Hauptman 的研究,随着70年代后期联邦学生贷款的普及,这个计划被放弃了。详见 Arthur Hauptman. The Tuition Dilemma. Washington, D. C.: The Brookings Institution 1990: 49。

⑥ 这与让纳税人直接支付一部分高等教育外部性的成本是不同的。它只是补偿考虑外部性后剩余的那部分成本(由学生的学费和其他费用筹集)。例如,在澳大利亚,Chopman 指出1996年学生收费大约是全部成本的23%。详见 Bruce Chopman. Conceptual Issues and the Australian Experience with Income Contingent Changes for Higher Education. Economic Journal, 1997, 107 (442): 738-751。对比而言,在美国,考虑到公立和私人学校的极大差别,总体而言1995年的这一比例是32%。详见 Gordon C. Whinston. Subsidies, Hierarchy and Peers. The Awkward Economics of Higher Education. Journal of Economic Perspectives, 1999, 13 (1): 13-36。

划可能会吸引更多的学生，尤其对那些经历了长时期相对较低收入的大学生来说，也许更容易受惠于这项补贴计划。

美国的这项计划的意图并非实现自我财政平衡。其操作特征如下：一个拥有 40 000 美元收入和一笔中等规模贷款的人，如支付正常的数额，将在 12 年之内被免除还款责任。那些更低收入者支付更少的还款，但需要支付更长时期（直至被免除还款责任或达到 25 年的期限）；而那些更高收入者支付更大数额，且还款期更短。例如，一个拥有 70 000 美元收入的人比一个拥有 40 000 美元收入的人每月多交 25.77% 的还款。但是，不是把这些"额外"的数额作为低收入贷款者的补贴，而是用其冲销欠账以及缩短还款期限。换句话说，在美国的计划中没有贷款者的偿还额会超过其贷款额的现值，相反，有些人会偿还不足。

澳大利亚的计划同样不能从贷款者身上征收超过其贷款额现值的数量。在澳大利亚，工资低于平均可征税收入水平的个人免于还款，同时由于澳大利亚政策对贷款实行实际零利率，因此在一定程度上所有参与者都接受了补贴。但是这项计划在澳大利亚实施的同时，学费的支付方法进行了调整。这样做的净效应是毕业生承担了更大比例的高等教育成本。Chopman 的报告指出没有证据可以表明这一新的收费阻止了那些弱势群体进入这个系统，而他将这种结果归因于随收入调整型还款计划。

对于任何一项自我财政平衡的随收入调整型还款计划，一个主要的关注点是"逆向选择"。如果个人贷款者可以对未来收入进行一定程度的预期，而且有较多的常规贷款项目，那么预期有较高未来收入的人将不会参加进来。他们一旦选择退出，这项计划的自我财政平衡机制就将要求在剩余的人中重新设计费率，而有次高收入预期的群体将会意识到，他们同样能从更多常规贷款中受益，于是也决定退出。这种情况一直持续直至所有能从常规贷款中受益的人群都选择退出，仅留下那些收入预期最低的人。而这一群体不能实现自身财政平衡，但是满足其需求又是设计该系统的首要动机。

如果所有贷款者被强制参加或没有那么多的常规贷款计划，那么逆向选择这个问题就可以迎刃而解了。当然，实际上由于美国和澳大利亚的计划都不打算对高收入者征收超过其贷款现值的数额，因此逆向选择的诱因并不存在。但是，如果认为需要的话，澳大利亚的系统更易向自我财政平衡方向发展：仅存在唯一一个全国性的系统，所有的还款通过税收体系实施。

在美国，有很多种学生贷款项目。在 1996 财年中，学生贷款总额为 300 亿美元，大多数贷款（大约 2/3）由私人机构承办，并在个人违约的情况下由政府担保还款（其中最普遍的是 Stafford 贷款）。随收入调整型还款计划选择在全国 20% 的高等教育机构中实行，而这些机构是联邦政府直接贷款项目的参与者。

甚至在执行联邦政府直接贷款计划的机构中，也仅有 9% 的贷款者能获得随收入调整型贷款。纳入该计划的大约 40% 的学生在私人机构的贷款项目中陷于了违约的境地。因此，该项目 5% 的违约率略微高于其他直接贷款项目，这一情况并不令人感到奇怪。事实上，这一计划在收回还款方面，可能取得了成功，否则国家将一无所获。而关于其他贷款者不参与这项计划的原因尚不清楚，尽管这的确是难以理解的,而且有报告说财务资助顾问们并不推荐这一计划。①

回顾一下,随收入调整型还款计划最初的目标是对资本市场的不完善进行纠正和弥补。这是由于在不完善的情况下,人们对未来收入的不确定性和对常规性学生贷款偿还能力的考虑会影响其对高等教育的投资。联邦政府的这项计划在如何推广方面仍有着大量问题亟待解决,很显然,该计划必须对那些应接受经济援助的学生提供足够慷慨的补贴,并在一个合理的纳税人支付水平上抵制逆向选择。

我们已经对教育投资中存在的两种市场失灵进行了区分:贷款机会的不充分和投资的正外部影响。我们之所以将讨论集中在第一点上,并不是因为它更重要,而是因为其更接近本部分关于资本市场不完善的讨论这个中心。但是,高等教育的供应还会涉及很多其他的问题和政策。我们没有探讨公私混合体系、高等教育机构的重要研究角色或者市场供给的其他方面的问题。本部分的要点在于通过考察教育政策问题,理解资本形成以及资本市场。在下一节,我们将转入一个全然不同的政策领域,以深化对这个基本主题的认识。

自然资源的分配

在完善的资本市场中,投资决策将使得收入现值最大化。在这一节,我们将这种逻辑运用至跨期自然资源分配的市场分析中。比如说,全球存在着有限数量的石油,我们致力于研究私人市场如何对石油进行分配。为何至今仍未被耗尽?我们还能期望供应多久?以何种价格供给?世界在面临石油被耗尽而且仍无替代品的时候,是否存在着陷入绝境的能源危机?尽管回答这些问题并考虑与之相关的政策涉及方方面面,错综复杂,但我们的分析可以作为理解的基础。

托马斯·马尔萨斯在其19世纪早期的著作中就预言,全球人口增长将会很快超出地球维持人口生存的粮食产量极限。以这个观点看来,人口增长速度的加快加速了地球稀缺资源的消耗,从而导致人们生活水平的急剧下降。马尔萨斯在预言中没有预料到的关键因素是技术进步:随着时间推移,技术的发展促使每一单位产出只需消耗更少的稀缺资源。比如他没有预见到,在美国或者其他地方,虽然发生了人口大量增长和农业用地面积削减的情况,但农业生产率的极大提高使得资本投入能带来比以前多得多的粮食产量。

对当前的经济学家而言,科技进步和稀缺资源的节约是在功能完善的价格机制下产生的自然结果。当一种资源变得稀缺时,它在市场上的价格就会上升,而价格上升又会导致替代品的使用,并激发促进节能技术进步的动力。这并不意味着人口增长不再受任何限制,但至少情况不像一些作者想象的那般严重。在今天

---

① 据我所知,这方面尚未有研究。然而,《高等教育纪事报》中的一个报告指出:"在直接贷款计划中,给予财政支持的政府,已经接受随收入调整型还款计划作为'最后的补救办法',面向那些有巨额负债的贫困学生。"教育部出版的一本名叫 All about Direct Loans 的书提供了很多关于随收入调整型还款计划的信息,这导致潜在贷款者很难理解不同环境下的现值与其他贷款有何区别。

的时代背景下，我们关注得更多的不再是石油之类的重要传统投入要素的消耗，而是全球环境对长期经济增长的可持续支持。经济活动是否会导致毁灭性的全球变暖，或者导致维护生态平衡的多种物种灭绝？本节引入的经济模型将帮助我们理解市场如何进行跨期资源分配，其中的优势和缺陷各是什么，以及政策如何对其功能进行完善。

我们从一个关于可再生资源的简单模型入手：何时砍树可使得供给的木材现值最大化？这个模型强化两个一般性观点：(1)资本创造所涉及的一个因素是延迟消费的时间成本；(2)这些用来创造资本的时间长短随利率变化。没有一个追求利润的供应者在进行投资时不考虑对时间成本的补偿，而这种补偿并不应该被看成经济租金。

可再生资源：木材模型

设想这样一种情形：运用少量的劳动种下一棵树，然后伐取木材。木材的价格长期保持不变。树木种下之后，应该何时采伐呢？令每板尺的价格为 P，木材量（随树木生长而增加）为 $Q(t)$。暂时将采伐木材的成本视为零，那么在任何一个时期 t，木材的净值可以由以下公式表示：

$$F(t) = PQ(t)$$

从某一期到下一期，木材价值的增量为

$$\Delta F(t) = P\Delta Q(t)$$

考虑何时采伐木材（也可以说，需要创造多少资本）的一个方法是做双向的比较选择。一种选择就是简单让它继续生长。我们从这一策略可以得出净值增长为 $\Delta F(t)$；另一种选择是采伐木材出售，将得到的收入存入银行。在当时市场利率为 r 的情况下，其价值增长为 $rF(t)$。当树木正处于快速生长期 $[\Delta F(t)$ 很大$]$ 时，让其生长是更优的投资（有时称之为资本深化）。但超过一定点后，树木生长变缓，自然的增量将低于"伐树存钱"策略下的增值量。因此，为了使种树投资的价值达到最大化，应该让其生长到这样一个临界点，在该点上有①

$$\Delta F(t) = rF(t)$$

或者说

$$r = \frac{\Delta F(t)}{F(t)}$$

换句话说，一旦树木种下，当其生长的价值增长率 $\frac{\Delta F(t)}{F(t)}$ 等于市场利率时，

---

① 通过微积分的方法，同样的结果也很容易用公式表示出来。首先，在任一时间 t，种植树木这项投资的现值为 $PV = F(t)e^{-rt} - C_0$，此处 C_0 是初始种植成本。为了求 PV 的最大值，我们求其关于 t 的导数，并令导数为 0：

$$\frac{\partial PV}{\partial t} = \left(\frac{\partial F}{\partial t}\right)e^{-rt} - re^{-rt}F(t) = 0$$

两边同时除以 e^{-rt}，重新整理，得到

$$r = \frac{\partial F/\partial t}{F(t)}$$

其现值达到最大化。最初的种植成本并不是与这一决定毫不相关，考虑这个因素，最大化现值可能是一个负值（假设树木刚被种植）。因此，这个结论是存在限制条件的：仅当至少存在一个时期 $t(t>0)$，使得现值为正时，树木才会被种植。在种植条件被满足的情况下，其投资时期由相对应的价值增长率决定。

很容易将这个模型扩展至如下情况：采伐成本 C 为正，为简单起见，将其看成常数。① 那么任一时期的树木净值为

$$F(t)=PQ(t)-C$$

从某一时期到另一时期的树木价值增量与采伐和种植成本无关，与前面的情形一致：

$$\Delta F(t)=P\Delta Q(t)$$

但这里的"伐树存钱"策略不如前面有利可图。除去其采伐成本，只有 $F(t)-C$ 的钱能存入银行，那么该决策能产生的收益为 $r[F(t)-C]$。只要 $\Delta F(t)>r[F(t)-C]$，让树木继续生长就比伐树卖钱存银行更有利可图。为了使树木的价值最大化，人们将会保持树木生长直到临界点：

$$\Delta F(t)=r[F(t)-C]$$

如果我们将等式两边同除以 $F(t)$，则可以得出

$$\frac{\Delta F(t)}{F(t)}=\frac{r[F(t)-C]}{F(t)}$$

因为 $[F(t)-C]/F(t)<1$，故有

$$\frac{\Delta F(t)}{F(t)}<r$$

这就是说，当采伐成本保持不变，且树木自身价值增长率小于利率时，其价值达到最大化：对应于采伐成本的增加，人们应该让树木再长一段时间。②

---

① 对于采伐成本与树木价值成比例的情况，也很好理解。在这种情况下，利润最大化原则同样要求在树木价值增长率等于市场利率时采伐木材。将正文中的 C 用 $kF(t)$ 代替，其中 k 是小于 1 的常数。扣除采伐成本后的木材净值为 $(1-k)F(t)$，如果存入银行，则收益为 $r(1-k)F(t)$。如果让其继续生长，则收益为 $(1-k)\Delta F(t)$。只有当 $\Delta F(t)=rF(t)$ 时，两种策略的收益才是相同的。

② 通过该模型的数学计算，能够更清晰地看出这一结论。在任一时间 t，树木的现值为

$$PV=F(t)\mathrm{e}^{-rt}-C\mathrm{e}^{-rt}-C_0$$

为了求 PV 的最大值，我们求上式关于 t 的偏导数并令其为 0，从而得出均衡条件：

$$\frac{\partial PV}{\partial t}=\left(\frac{\partial F}{\partial t}\right)\mathrm{e}^{-rt}-rF(t)\mathrm{e}^{-rt}+rC\mathrm{e}^{-rt}=0$$

两边同时除以 e^{-rt}，简化整理，得到

$$\partial F/\partial t=r[F(t)-C]$$

为了解最优的 t 是如何随着 C 的提高而变化的，我们对该均衡条件求导：

$$\frac{\partial^2 F}{\partial t^2}\partial t/\partial C=r(\partial F/\partial t\ \partial t/\partial C-1)$$

求解 $\partial t/\partial C$，得到

$$\frac{\partial t}{\partial C}=\frac{-r}{(\partial^2 F/\partial t^2)-r(\partial F/\partial t)}$$

$r>0$，因此分子为负。同时，只要树木是不断生长的（$\partial F/\partial t>0$），并且树木的生长速度随着时间推移而逐渐减慢（$\partial^2 F/\partial t^2<0$），分母就同样也为负。因此，上述整个式子为正；随着采伐成本的提高，让树木继续生长的最优时间也随之增加。

最后我们注意到，到目前为止我们忽略了树木的再种植。我们对种植与采伐树木的讨论仅在土地并非稀缺的条件下才正确。如果土地稀缺，效率要求我们对其的使用达到跨越所有时期利润现值的最大化。这将减少每棵树所允许的生长期限。直觉上，最初的解决方案忽略了时间成本，而重新种植是需要时间才能获得利润积累的。当考虑到这种成本时，我们将提前些时间进行采伐。①

这个木材模型作为一个特殊的投资例子，有时被称为点投入、点产出。这些学术概念指的是一个技术上的客观事实：存在一项初始的资源支出，最后获得一次性的产出（因此取得收入回报）。在这个模型中，时间与利润率之间存在着重要关系：在投资中点投入、点产出的最佳时间随利润的增加而相应缩短。② 而这也与投资随利率上升而减少的一般规律相一致。

---

① 这一观点及其解答最早是由 Martin Faustmann 于 1849 年提出的。在这里，我们用一个简化模型展示一下 Faustmann 的解答。在简化模型中，我们令 $G(t)$ 为 t 时期的树木净值（也就是扣除采伐成本后的价值）。然后，我们希望木材生产的净现值达到最大化：

$$PV = G(t)[e^{-rt} + (e^{-rt})^2 + \cdots + (e^{-rt})^n + \cdots]$$

对于正的 r 和 t，括号中的展开式是一个无穷序列，其和是有限的，等于 $e^{-rt}/(1-e^{-rt})$。因此，我们可以将上式简化为

$$PV = \frac{G(t)e^{-rt}}{1-e^{-rt}}$$

为获得 PV 的最大值，我们对上式求关于 t 的偏导并令其为零：

$$\frac{\partial PV}{\partial t} = \frac{[(\partial G/\partial t)e^{-rt} - re^{-rt}G(t)](1-e^{-rt}) - re^{-rt}[G(t)e^{-rt}]}{(1-e^{-rt})^2} = 0$$

由于分母不为 0，故分子必须为 0。将 e^{-rt} 从分母的每一项剔除出去，得到

$$\left[\frac{\partial G}{\partial t} - rG(t)\right](1-e^{-rt}) - rG(t)e^{-rt} = 0$$

将带 $G(t)$ 的项移至等式右侧，得到

$$\frac{\partial G}{\partial t}(1-e^{-rt}) = rG(t)$$

最终得到

$$\frac{\partial G/\partial t}{G(t)} = \frac{r}{1-e^{-rt}}$$

上式中，等式右侧的分母为正但小于 1，故

$$\frac{\partial G/\partial t}{G(t)} > r$$

该式表明，当考虑再种植时，采伐树木的最优时间发生在树木的价值增长率大于市场利率的时候（或者，发生在不考虑再种植时的最优采伐时间之前）。

② 我们假设在市场利率 r 下，技术满足一阶和二阶最大化条件。考虑最简单的木材模型。在一阶条件下，投资的价值增长率等于市场利率是必要条件。二阶条件则必须满足投资以递减的速度增长。将 $s(t)$ 定义为 t 时期的价值增长率：

$$s(t) = \frac{F'(t)}{F(t)}$$

那么二阶条件就要求 $s'(t) < 0$。否则，投资者就只能处在最小值（或转折点），而不是最大值。因此，在最大值的两侧，价值增长率会随时间而下降。这意味着，如果一阶条件满足，那么随着市场利率 r 的微小下降（提高），持有投资的时间必须增加（减少）。

投资时间与利率——策略转换与再转换

没有人能对投资时间长度和利率之间的关系做出一般性归纳。在某些情况下，随着利率的上升，长期投资可能被短期投资所代替。这些看似理性的结果的原因在于：时间成本取决于当期消费中剩余出来的资源数量，而这个数量会随着投资的"生命周期"而改变。

为了更好地理解这一点，除了点投入、点产出的概念之外，我们还需要了解其他的投资概念。一些农作物在生长过程中需要不间断地投入，然后一次性收获产出（连续投入、点产出）。一个油井可能会有较高的初始钻井支出，然后在长时期内取得石油产出（点投入、连续产出）。很多投资项目，例如制造飞机或者建造一座新的现代化工厂，可能需要长达数年的建设周期，同样能提供多年的产品供给（连续投入、连续产出）。生产一种未来产品，可以有很多种投资方式。我们将现值最大化作为辨别一种投资方式是否最具经济性的标准。[1]

例如，我们有两种酿陈酒的快速加工方式。第一种加工方式是榨取之后的酒经过两年的存放，然后出售；第二种加工方式是在榨取之后的两年内使其自然发酵（没有加工成本），经过一年的存放后再出售。消费者、酒业行家和美国食品药品监督管理局（FDA）都认为这两种加工方式下的产品相同。假设每种加工方式的成本如表 19-1 所示。哪种加工方式所需成本更小呢？我们知道成本（每单位产出）计算如下：

表 19-1　　两种酿酒的技术（酒在 t 时期卖出）

酿造年份	每期酿造成本		
	$t-3$	$t-2$	$t-1$
加工方式 1	0	100	0
加工方式 2	43	0	58

$$C(1) = 100(1+r)^2$$
$$C(2) = 43(1+r)^3 + 58(1+r)$$

如果 $r=0.05$，那么 $C(1)$ 等于 110.25 美元，$C(2)$ 等于 110.68 美元，第一种加工方式成本较小。但是如果 $r=0.15$，那么 $C(1)$ 等于 132.25 美元，$C(2)$ 等于 132.10 美元，则第二种加工方式成本较小。这意味着当利率上升至

---

[1] 当资本市场不完善时，运用这一标准将会有点困难或者不合适。例如，假设一个企业不能以市场利率进行无限的贷款，同时能配给的资本金也是有限的。用于某项投资的资本的机会成本取决于可供选择的其他内部投资机会，而合适的贴现率必须同时由最优投资决定。这可以通过整数规划法求解。关于这一内容的讨论，参见 William J. Baumol. Economic Theory and Operations Analysis. Englewood Cliffs, N. J.: Prentice-Hall Inc., 1977。还有一些其他的情形，例如，当个体面临不同的借贷利率时，分离特性不能维持。像鲁滨逊一样的人必须重新考虑约束条件下的效用最大化。这方面的例子，参见 P. R. G Layard, A. A. Waters. Microeconomic Theory. New York: McGraw-Hill Book Company, 1978。

10.58%以上时，追求成本最小化的投资商将会转变其加工方式。[1] 更有意思的是，当利率继续攀升至21.98%之上时，他们又将进行重新选择。比如，当 $r=0.23$ 时，$C(1)=151.28$，$C(2)=151.36$，那么第一种加工方式的成本又更低！

在这个例子中，第二种加工方式是相对长期的投资，其意义在于用了三年来制造产品，而第一种仅用了两年。在这个时间问题上，我们省略了具体资源的数量以及两种加工方式中投资时期差异这些因素。即使每种加工方式使用的实物资源数量固定，在没有用利率解释时间差异的情况下，我们仍不能判断哪种更"消耗"资源。此外，我们看到其判断结果会随利率而变化，最终我们得出：对于投资者如何随着利率变动而改变其投资时期的问题，不存在一个简单的一般性结论。

不可再生资源的配置：以石油为例

我们将木材模型扩展至石油等不可再生资源，从而建立一个关于石油的最优价格模型。首先我们要考虑的是，一个完善的市场如何跨多个时期定价以有效配置石油。[2] 然后我们考虑市场中的一些不完善之处。

将石油在任一时期 t 的未知价格标为 $P(t)$，我们首先讨论一个极其简单的模型：开采石油没有附加成本，给定石油在地下的总储备，市场利率为 r。我们假设石油在一个固定时期内是通过配给制来供应的，固定期限为 T 年。在此期间每年石油的消费需求曲线为 $D^t(P_t)$。[3]

完全竞争条件下的供给者将会在 T 年内分配其石油储备，以实现石油现值最大化决策。在均衡条件下，供给者在当期开采一单位和未来某一期开采一单位是无差异的（对现值的每一单位的增量贡献必须相同）。我们在木材模型中得出的结论同样适用于这里的边际单位：

$$\frac{\Delta P(t)}{P(t)} = r$$

或者

$$\Delta P(t) = rP(t),$$

注意第二个等式，其右边可以看成供给者当期多开采和出售一个单位石油，然后将收入储蓄至下一期所赚得的利息收入；而其左边是供给者通过保留石油储备使其价格增值而赢得的资本收益。假设这个等式出现了失衡，比如说，"卖油存钱"策略能产生更多的收益回报，则供给者会在当期出售更多的石油。如果所有的供给者做出一致的决策，则将会导致石油市场当期价格相对低于下一期价

---

[1] 令 $C(1)-C(2)=0$，求得 $r_1=10.58\%$，$r_2=21.98\%$。该式可通过一元二次方程求解。
[2] 这种分析是 William D. Nordhaus 所提出的版本的高度简化。详见 William D. Nordhaus. Lethal Model 2: The Limits to Growth Revisited. Brookings Papers on Economic Activity, 1992 (2): 1-43; William D. Nordhaus. The Allocation of Energy Resource. Brookings Papers on Economic Activity, 1973 (3): 529-570.
[3] 该需求曲线会因年份 t 的不同而不同。

格，因而增加了 $\Delta P(t)$，直至等式两边重新达到平衡条件。每一供给者将会满足于其在各个时期内的石油供给量。

以上条件意味着（各个时期的）价格变动是一个呈几何级数增加的过程。这就是说，它必然存在着如下形式：
$$P(t) = P_0(1+r)^t$$
这里的 P_0 为任一大于零的常数。如果这样的话，则
$$\begin{aligned}\Delta P(t) &= P_0(1+r)^{t+1} - P_0(1+r)^t \\ &= (1+r)P(t) - P(t) \\ &= rP(t)\end{aligned}$$

换句话说，几何级数的价格变动（P_0 为任一正的常数）满足我们得出的结论。[①]

满足长期供给均衡的条件是保证竞争性均衡或分配有效率的必要非充分条件。图 19-3 对此进行了说明。图 19-3（a）显示了两种不同的几何级数增长的价格路径，一条价格曲线绝对地高于另一条（$P_H^t > P_L^t$），两者同样满足长期供给均衡的特征。但是我们还需考虑消费需求因素。图 19-3（b）和（c）给出了两条需求曲线 D^1 和 D^2，阐明了两个时期消费者的需求数量，而这同样取决于两条价格曲线。较低的价格曲线导致更大的石油需求（$Q_L^t > Q_H^t$）。在竞争均衡中，我们将会发现一条处于适当水平的价格轨迹曲线，保证跨期石油总需求等于总储备供给量。

如果价格轨迹中常数 P_0 太低，则会导致初始时期对石油需求过大，其储备在 T 年之前就被耗尽。如果 P_0 太高，则 T 年之后仍有存留。因此，P_0 仅有一个唯一值满足 T 个时期加总的石油需求等于初始的石油总供给。这一水平同样等于每年愿意为边际消费（边际收益）所支付的现值。我们这两个条件决定了有效价格轨迹，所有满足它们的分配是"帕累托最优"的：通过对石油重新进行跨期分配，无法使得在不让其他人的境况变得更坏的情况下至少有一个人的境况变好。

让我们用一个简单的例子加以说明。假设存在着两个时期，利率都为 10%。在零抽取成本的前提下，可获得 100 个单位石油的竞争性供给。每一个时期对石油的需求是
$$Q(1) = 115 - P(1)$$
$$Q(0) = 90 - P(0)$$

有效分配的第一个条件是，其价格曲线使得供给者在初始时期供给与保存一个单位石油的边际收益无差异：
$$P(1) - P(0) = rP(0)$$
因为 $r = 0.10$，所以

[①] 在连续时间下，价格轨迹呈指数型：$P(t) = P_0 e^{rt}$，其中 P_0 是常数。其微分形式为
$$P'(t) = rP_0 e^{rt}$$
因此
$$\frac{P'(t)}{P(t)} = r$$

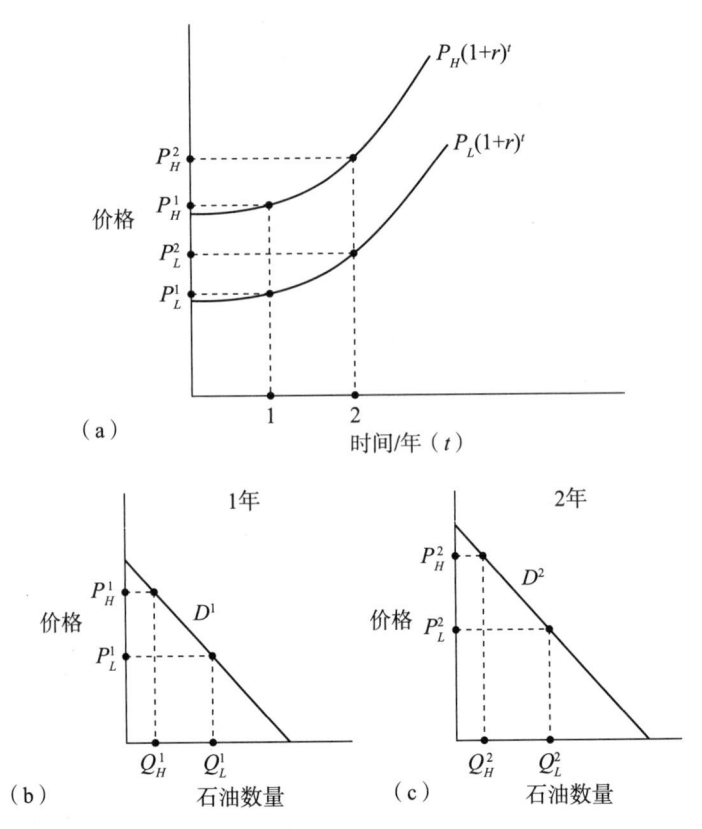

图 19-3 跨期石油总需求取决于价格轨迹的绝对水平

(a) 两种几何级数增长的价格路径，其价格绝对水平是不同的（$P_H^t > P_L^t$）；(b) 和（c）较低价格路径上的石油需求更大（$Q_L^t > Q_H^t$）。

$$P(1) = 1.1 P(0) \tag{i}$$

第二个条件或者说最终条件，是跨时期总需求量等于总供给：

$$Q(1) + Q(0) = 100$$

将其代入需求方程得到

$$205 - P(1) - P(0) = 100 \tag{ii}$$

再将（i）代入（ii）中，我们得到

$$2.1 P(0) = 105$$

$$P(0) = 50 \rightarrow Q(0) = 40$$

$$P(1) = 55 \rightarrow Q(1) = 60$$

这一模型中的价格有时称为"开采特许权费"，因为它源于石油资源的稀缺价值。这个例子中所有价格的上涨反映了对其社会机会成本（石油拥有者保存资源，从而形成未来收入增加的机会）的支付。价格轨迹 P_0 是在配给固定供给以满足总需求这一过程中产生的经济租金（在 $P_0 > 0$ 的情况下，产生的跨期供给曲线）。①

现在我们对这一简单模型添加小难题，允许其抽取成本为正。考虑到价格 $P(t)$ 由两部分组成，即一个固定的边际抽取成本 Z 和一个稀缺性价值或开采特许权费 $y(t)$，那么

$$P(t) = y(t) + Z$$

类似于木材模型，均衡要求满足如下条件，即跨期价格增量等于从"卖油存钱"决策中所得的利息收入：

$$\Delta P(t) = r[P(t) - Z]$$

或者

$$\Delta P(t) = ry(t)$$

将等式两边同除以 $P(t)$，我们得到

$$\frac{\Delta P(t)}{P(t)} = \frac{ry(t)}{P(t)} < r$$

该不等式源自 $y(t) < P(t)$。用平实的语言来描述，即不可再生资源的价格中包括抽取成本的时候，其有效价格轨迹要求其价格增长率低于同期市场利率。

现在将这一模型加以扩展。考虑这一点：我们前面只是简单假设石油配置在任意的 T 期内进行，而如何确定 T 呢？当石油宣告耗尽时世界又该如何？如果诸如石油（煤炭、天然气以及类似燃料）等不可再生资源是提供能源的唯一途径，那么我们将不得不为其有限的 T 表示忧虑。但是如果一项促使能源消耗更少的技术问世，那么情况又会如何？Nordhaus 称之为"支持性技术"，如太阳能、地热能、核能等技术，虽然生产每单位安全能源的资金成本相对更高，但其相比一般的燃料资源实际上是无限量和免费的（例如太阳）。

正如在第一个模型中假设的那样，石油没有生产成本但数量有限。而"支持性技术"被认为在每热量单位（Btu）上有一个高昂的边际成本 P_B，却可以用来生产无限数量的能源。在给定消费需求的情况下，能源资源如何进行社会配置呢？当然，免费品将首先被使用。于是到一定时期石油将耗尽，然后我们转向较为昂贵的"支持性技术"。将石油耗尽同时新技术投入使用这一转折时点表示为 T_S。在这一临界点上存在这样一种效率均衡：使用石油产出的每热量单位的价格与使用新技术产出的每热量单位的价格相等（否则还会存在一定的交易空间）：

$$P(T_S) = P_B$$

由于我们知道某一时期的石油价格为 T_S，因此同样可以得知每一时期的价格（根据长期供给的均衡条件）：只要将新技术的边际成本（转换价格）贴现至各个相应时期：

$$P(t) = P(T_S)(1+r)^{-(T_S-t)}$$

或者

$$P(t) = P_B(1+r)^{-(T_S-t)}$$

但其自身并没有回答何时发生技术转换这一根本问题。

---

① 这仅是在忽略初期勘探和开采成本的简单模型下的结论。即便没有勘测上的不确定性，P_0 也必须足够大，使石油现值减去开采成本后仍为正数。并且，除非勘探成本能够被石油价值所补偿，否则是不会进行勘探的。

这个转换时期类似于第一个模型中对常数 P_0 的选择：它必须平衡跨期总需求与可获取的总石油储量之间的关系。如果转换发生得太早，那么长期供给均衡的价格轨迹（从假定转换时点向后贴现）将会导致当期价格过高，当期石油需求过少，从而在转换时点上存在剩余量。这体现了非效率。如果转换时点来得过迟，那么（在其到来之前）石油将被过快耗尽。所以，石油的长期有效配置要求，在愿意为最后一单位石油支付的边际成本等于采取新技术的边际成本之时，石油正好被耗尽。

对以上分析做一总结：一种可耗竭资源当期的有效价格，由其边际生产成本和开采特许权费组成。而开采特许权费这部分的大小取决于"支持性技术"的成本、市场利率和技术转换时间（保证总供给与总需求平衡）。新技术越昂贵，转换发生得越早，当期价格中的开采特许权费越大。[1]

当然，实际情况比单一可耗竭资源和单一"支持性技术"的组合更复杂。我们将这个模型扩展至两种以上资源，可以发现其他能源资源如天然气、煤炭在其中所扮演的角色。同时我们也发现，对于任何一种可耗竭资源，其储备的边际开采成本是上升的，这是由于其一定比例的储备开采起来更困难（例如，边远地区和荒无人烟区域的资源，或者诸如油井中最后一桶石油之类接近某个矿井底部的资源）。

假设我们将所有可耗竭资源所提供的能源热量加总，构造成一条供给曲线，那么，当然是从最低的边际成本开始，一直上升至最高。价格曲线上任一点表示在一个特定时段上提供一个热量单位的价格。其长期供给均衡的条件仍然如前所述：每一供给者对每一种资源在时期 i 或者 j 上的边际供给无差异（任何一种选择都给供给者带来相同的净现值）。在这里，我们必须使跨期单位热量的需求与所有资源的供给相对应。选择新技术的转换时间，从而选择单位热量价格曲线，使得最后的可耗竭资源正好在转换点上被耗尽。[2] 这个拓展模型表明一个有效率的分配系统会生产和使用不同的可耗竭资源。

现实的情况包含了远远高于这一简单模型所能涉及的不确定性。"支持性技术"的成本至今仍不甚明了。世界各国都在对资源保护技术进行探索，比如风能、太阳能、地热能和核能等，但我们并不知道何时能取得突破性进展。政府的一项重要责任就是针对这一领域的基础性研究建立公共基金（在一种新的基础理念下，个人消费不再会减少他人的消费）。新的基础性理论可以导致私人致力于能源市场革新。

---

[1] 利率变动对价格的影响不确定，取决于"支持性技术"的特征。为了理解这一点，假定"支持性技术"仅需要资本这项高成本的投入即可生产（太阳能接近于此，因为太阳本身的投入是免费的）。然后我们记 $P_B=(r+\delta)K$，其中，K 是生产一热量单位的能源所需要的资本数量，δ 是资本贬值时的利率（通常在 5% 和 20% 之间）。此处使用连续时间下的有效价格轨迹 $P(t)=(r+\delta)Ke^{-r(T_s-t)}$，其微分为

$$\frac{\partial P(0)}{\partial r}=Ke^{-rT_s}-T_s(r+\delta)Ke^{-rT_s}[1-T_s(r+\delta)]$$

由于 K 和指数项是正的，因此当 $T_s(r+\delta)<1$ 时，整个式子为正；而当 $T_s(r+\delta)>1$ 时，整个式子为负。例如，当 $r+\delta=0.2$ 时，若转换点在 5 年以内，则价格逐年提高；若转换点超过 5 年，则价格逐年下降。

[2] 此处假定最后的可耗竭资源的边际成本小于或等于使用新技术的边际成本。否则，这种资源从一开始就不会被使用。

此外，我们不清楚可耗竭燃料等方面的技术进步的可能性究竟有多大。也许在一个相当长的时期之后（可能一个世纪或者更长），会出现许多有价值的进步，使得资源的使用速度减缓，并为我们寻找切实可行的新技术争取有效时间。事实上，20世纪的石油产品的真实价格并没有上升，反而出现了下降。这是其稀缺性并未增强的一个有效信号。实际也是如此，在整个世纪里，可耗竭能源燃料、矿产和农业用地的真实价格都出现了这种情况。我们知道现在的石油储备远远超出了一个世纪以前的量。以1973年为例，已探明的世界储备测算为6 000亿桶。但到了1998年年末，尽管经历了25年的持续高速消耗，这个数字却超过了10 000亿桶。这主要是由于技术进步导致勘测、开采成本降低，从而更多的石油资源被发现了。

仍然没有人知道，未来技术进步带来的对石油资源稀缺性的减弱能持续多久。但是我们要认清技术进步作为一种强大的资源保护动力，其意义是非常重大的。这是因为商品价格的上升都会激发市场促进技术进步的努力。在这种情况下，如果消费者更积极地寻找石油的廉价替代品，那么市场提供这种努力的水平就会更高。这并不意味着市场能够阻止其耗竭的发生，但是其的确可以极大地推延其发生的时间。这就解释了曾经关于资源耗竭情形的可怕预言至今仍未发生的原因。

尽管迄今为止市场表现良好，但没有理由认为我们能仅仅依靠市场寻找到一条有效利用资源的道路。市场失灵的部分原因在于，其未来市场的缺位和经济参与者的短视。没有一个今天的经济参与者能深谋远虑地代表未来子孙对于石油资源的需求。同样，没有任何一种机制可以充当全球规划者的角色，将实际价格轨迹中的一组预期需求曲线加总起来，使其在某个理性预期的转换点上，正好等于总供给（在技术进步条件下）。我们所能观察到的，是市场参与人运用其对于不远的将来能源价格的最佳估计做出投资决策的结果。

如果存在一定的短期风险，那么其就是我们还没意识到可耗竭资源的使用会对全球生态环境产生多大影响。就是说，如果我们继续以当前的速度燃烧燃料，那么在多大程度上会导致地球变暖，而其结果又将是什么呢？同样的道理，能极大提高农业产量的杀虫剂在多大程度上导致了生物种类的减少和地下水的污染？只要存在着可耗竭燃料，市场就不会对生态系统进行保护，因为生态系统的消耗是一个无法定价的外部影响问题。

我们对这些重要问题无法给出答案，但并不意味着我们可以袖手旁观。例如，Nordhaus已经将其理论分析扩展，建立了一个世界能源市场与全球气候变化的模拟模型。在20世纪70年代，他对所有环境达标的燃料进行了边际成本的测算。他测算出核反应堆作为一项"支持性技术"在150至200年内是不经济的（达到技术转换点）。他的著作中隐含着对美国公共政策的某种暗示，即在20世纪后期所进行的大量核能生产也许是不明智之举（凑巧的是，这一研究的发表正值美国遭受欧佩克石油禁令打击并寻求替代品之际）。在他20世纪90年代对气候变化的研究中，他得出的结论是，对碳化物排放征收全球性税是一项重大的积极的政策进步，但是适当的税率应在5~10美元/吨之间，而当时欧共体所建议的100美元/吨的税率还不如不征收任何费用。

当然，这方面的研究有其固有的复杂性和困难之处，没有一项研究可以作为制定政策的基础。由于可耗竭资源的使用在结果上存在着较大的不确定性，因此跨时期市场分配也存在着不可靠性。继续对该领域进行研究，以帮助政策制定者做出明智的近期决策，是非常有必要的。通过在精确制定计划方面对科学极限的突破，我们也能对现行政策的制定基础加以改进。

小结

本章我们探讨了资源跨期分配的政策问题。首先简要地回顾了完善的资本市场理论。其市场利率取决于均衡条件下的投资总需求和储蓄总供给。这在一种消费品的两期模型中看似简单，但完善的资本市场必须将这一模型扩展至多种消费品的无限期模型。而实际市场缺乏许多必要的构成要素，因而与理想模型相去甚远。

本章着重描述了两种具体的长期决策，而市场似乎都在与之相关的公共政策制定上出现了重大的"缺失"。本章所揭示的第一种不完善是私人市场在促进人的潜能发展上的过低投资，尤其是高等教育。市场失灵的原因是这些投资存在着正的外部收益溢出效应，以及财政支持性贷款额度不足（由于法律担保的缺乏和贷款者未来偿还的不确定性）。这导致了学费补助和担保型贷款政策的出台，尽管两者的结合问题尚未解决，甚至在分析中尚存在着无法解决的困难。而这一失灵中所隐含的公平问题显得尤为重要，那些来自低收入家庭的人无法承受当期投资的重担，尽管其未来收入可能足以对此进行补偿。

助学贷款中一种特别引人注意的形式是随收入调整型还款计划，它与常规性贷款的不同之处在于，其还款期限被极大地延长（长达25年，而不是12年或者更短），而其还款额是个人实际未来收入的增函数（有一定界限）。因此，这项贷款也是贷款人抵御未来低收入风险的一种保险政策。在理论上，这种保险的特征和延长的还款期限应该使得该计划对学生产生吸引力。这种计划在澳大利亚和美国都已付诸实践，当然，两国的方案都没有收取超过原先贷款额的还款额。在澳大利亚，这一计划在实施时首先将学费设为正数，并取得了一定成效。在美国，这一计划在那些原本在别的贷款项目中难以还款的学生身上收取了更多的还款，这一点无疑是成功的。但是该计划并没有吸引太多的学生，部分原因在于其期限不明确，部分原因则在于有Stafford贷款之类更多的常规性贷款可供选择。

市场中的第二种不完善在于，跨期资源分配是一个代际交替的过程，未来子孙对当期资源的需求缺乏足够的表达权。我们在研究石油的长期分配情形时揭示了这一点。首先，我们对财富最大化与自然资源供给两者的关系建立了一种理解框架。以木材作为可再生资源的一个例子，我们看到树木砍伐和再生的时间（实际现值最大化），取决于树木的价值增长率、种植砍伐成本和市场利率。我们发现，在石油等可耗竭资源中存在着同样的关系。

石油等可耗竭资源的有效价格曲线将随时间而上升，这是由于其稀缺性价值的增长（或者说由于对资源储存的补偿，价格将会随着储存时期的延长而增加）。价格中的特许经营权费会随着资源的成本增加而增加，随着转换点的临近而增加。它同样也受到利率变动的影响（利率的上升通常会降低当期的特许经营权费，但是随着转换时点的临近，其又会出现上升）。

在实际石油市场上，并不存在这样的机制（如一个全球规划者）保证价格轨迹能在长期需求和石油储备供给之间维系平衡。由于市场并不能代表未来子孙的利益，因此可耗竭资源的过度消耗是可以理解的。但是，即便是在不完善的市场上，技术进步仍然会不断地降低资源稀缺性。比如说，现在的石油储备量大大高于上一个世纪，甚至是25年之前的储备量。

但这并不意味着资源的耗竭进程可被技术进步阻止，而仅仅说明在技术进步的前提下，其发生的时间将会大大延迟。由于市场并不能自发地推动这种进步，因此政府对该领域的基础性研究投入资金就显得尤为重要。

关于可耗竭能源资源的利用问题，在现行政策的关注点中，最主要的一个是对我们的生态产生的压力（导致酸雨、全球变暖以及其他环境问题）。在充分了解资源储备、未来需求、环境外部影响和能源成本的基础上，模拟模型可以用于对最优价格曲线的测算。当前价格以及政策对其的影响，都可以在这个模型中加以考虑。例如，Nordhaus在其著作中指出，对煤炭设定5~10美元/吨的税率将能有效遏制环境恶化，但是像一些国家所设定的100美元/吨的税率却会比不征税产生更糟糕的结果。仅仅依靠单一模型所得出的研究结果有着太多的不确定性，但是基于合理的研究所做出的理性考虑，可能使我们更接近一个全球规划者的角色，同时充分代表当代与子孙后代的利益。

习题

19-1 假设有1 000个单位的石油在三个时期内被完全分配，石油开采无成本，每一时期的石油需求量为

$Q_0 = 900 - P_0$

$Q_1 = 1\,000 - P_1$

$Q_2 = 1\,100 - P_2$

a 如果利率为8%，那么完全竞争均衡下的价格和数量各是什么？（部分答案：$Q_2 = 381.42$。）

b 假设政府在石油消耗时期对石油征收200美元/单位的超额利润税，请计算新的消费均衡价格和数量。这一税收下的效率成本（以现值方式）是多少？（部分答案：效率成本为219.21美元。）

c 假设当期的附加利润税为200美元/单位，以8%的比例在接下来的两个时期内递增。均衡价格和数量以及税收的效率成本又各是多少？（部分答案：$P_0 = 616.07$美元。）

19-2 假设一棵树种植成本为 300 美元，在它生长了 t 年之后木材的净值如以下公式所示：
$$V = 60t - t^2 \qquad 0 \leqslant t \leqslant 30$$

a 连续贴现率为 5%，你将如何促成现值最大化？（答案：$t=0$；$PV=19.80$ 美元。）

b 当连续贴现率为 10%，你的决策将如何变化？（答案：$t=0$，$PV=0$。）

第二十章 不完全信息与制度性选择

我们可以看到，信息与交易成本通常在解释市场问题以及评估其补救措施中发挥着重要的影响。在这最后一章中，我们介绍另外一些方法来描述其在特殊情形下的重要性。所有问题产生的根源都在于信息不对称，这一点我们在第七章就有初步介绍。本章第一部分先回顾由信息不对称引起的两个一般性问题，即逆向选择和道德风险。

我们描述逆向选择，讨论参与者在市场中试图回避逆向选择时发出的信号，并证明逆向选择可能导致劳动力市场歧视（受种族和性别等因素影响）。我们回顾道德风险问题，并解释在普通经理人合同的情形中，如何运用委托-代理模型分析来降低道德风险。我们简要回顾了这样一种认识：非营利性机构作为供给者在涉及道德风险的情形下具有效率优势。然后我们对道德风险问题进行进一步的分析，考虑各种不同的供给方（营利性组织、非营利性组织、公共和合作组织）提供效率服务的潜力。

这一分析的一个具体应用是日托服务。道德风险存在于这项服务的供给中，因为父母不可能观察其服务质量。在1996年实行联邦福利改革之后，新的工作要求和对福利休假制度的限制相结合，导致了儿童日托需求的增加。许多州向那些承担孩子照料责任的职业妇女提供某种新形式的津贴，而问题也随之产生了：何种日托服务有资格获得津贴？

除了那些先前讨论的，这里运用两种一般的分析方法来判断特定政府结构的优势和劣势。一种是简单地将其放在经济历史中考虑，这样能从需求方和供给方得出影响服务效率的原因。另一种是赫什曼（Hirschman）准则，这可以用来理解在质量较为重要的情况下，市场提供商品和服务的结构性响应。我们简要地阐述这一准则如何对工会作为垄断性劳动供给方这一旧观点进行补充，从而形成了工会可对经济效率产生积极贡献的新认识。

根据这些观点，我们提出了一条可行的解决思路：建立非营利性社会机构为低收入家庭提供日托比许多合作机构、市场营利性企业或公共日托中心更好。这一问题的关键在于，父母对日托服务的质量不确定，而能有效降低这种不确定性的途径在于，由父母所信任的人员来提供服务。我们认为，非营利性社会机构在诚信度方面具有其相对优势。但是经验表明，在对日托这一行业各种形式的机构进行比较后发现，其所提供的质量并没有显示出大的差异。这也许可以用（这些部门之间的）交叉竞争效应来解释，而这是一个值得研究的角度。这项分析的寓意在于，在追求效率的基础上，非营利性日托中心作为具有资格的机构，应该接受更多公共日托津贴。

信息不对称

前面已经介绍了信息不对称的两个不同问题：逆向选择和道德风险。我们澄清了每一个问题产生的重大市场失灵，证明了市场自发产生的某些机制能有效缓解这些问题。市场失灵的程度是一个经验性的问题，正如某种政策干预究竟能在多大程度上降低失灵风险一样。劳动力市场歧视这个问题的产生正是市场参与者企图规避逆向选择的结果。在经理人薪酬的情形中，我们可以说明在委托-代理框架下的合同条款能减少道德风险的发生。同时，在某些情况下，非营利性供给者可能成为缓解道德风险的一种有效方式。

逆向选择、市场信号和劳动力市场歧视

当一个市场所提供的商品或服务存在重大的质量差异时，逆向选择可能产生。这时，交易中的一方较另一方掌握着关于实际质量的更多的信息。虽然逆向选择和道德风险两者都涉及信息不对称，但其不同之处在于，逆向选择问题中不存在隐藏行为。合同签订之后的信息不对称会产生道德风险，而在合同签订之前存在着逆向选择。逆向选择问题在保险例子中可以看到，一个试图参保的人比保险公司更清楚自己的风险，这有时被称为隐藏信息。在这样的背景下，市场能否有效发挥功能取决于总体的风险分布。

我们假设存在两种个体类型，即低风险者或者高风险者。但这仅为个体自身所知，并且每种类型在人群中所占的比例大致相同，均适度规避风险。假设一个低风险者的预期成本为200美元，而一个高风险者则为400美元。一家保险公司

就可以以 300 美元的平均预期成本推出一个险种。但是由于个人知道自身的类型，因此那些低风险者将不会购买保险（除非他们极度渴望规避风险）。于是，每家保险公司最后发现"逆向选择"使得它们的顾客都为高风险者，它们就会提高保费至 400 美元，在这一点上市场将达到新的均衡。① 而这将导致非效率，因为所有的低风险客户都没有获得保险，虽然他们都愿意支付稍微高于 200 美元这个社会成本的费用。

我们可以调整上述风险概率分布，从而改变市场失灵的程度。例如，假设我们加进一个占 1/3 比例的极高风险组，其预期成本为 600 美元。如果最初的保险费率定在平均 400 美元，那么高风险组和极高风险组都会参保。但这时保险公司将会发现其此时的平均成本是 500 美元，而非之前的 400 美元，于是它们将被迫再次提高保费以避免损失。当保费上升至 500 美元时，高风险组不再愿意购买保险，于是在 600 美元的水平上才会产生均衡，而这时仅仅覆盖了 1/3 的人口。而在极端的例子中，人口存在一个连续的风险概率分布，保险市场会完全被淘汰，无一人参保（连续型的最高风险人找不到跟他风险一样大的人）。

如果人口在风险方面表现出相当大的同质性，那么市场将会覆盖所有人口，尽管仍存在一定的差异。假设在最初的两种风险例子中，高风险组仅占总人口的 10%，那么平均预期成本是 220 美元（$0.9 \times 200 + 0.1 \times 400$）。而低风险组可能会认为这一政策总比不参保好（由于他们是适度风险规避者），于是所有人购买保险，实现了结果的有效性。每个人都比在没有保险的情况下更好，即便高风险组更好一些，这也没有更进一步的改善空间。

逆向选择问题并不仅仅局限于保险领域，这里还有两个例子。首先是由阿克洛夫阐述的二手车市场。② 其中有些车为次品，而另一些为正常品，但仅有出售者清楚。次品具有一定的价值，但远远低于正常汽车。购买者愿意对所有二手车支付相同的平均预期价格，这可能将无法激励正常品卖主的出售行为，而仅有次品会在市场上出卖，且这些次品的预期价值又会持续下降。

另一个例子发生在劳动力市场上。假设存在着两种类型的工人，即高技术组和低技术组。但雇主们并不知道应聘者究竟属于哪种类型。如果雇主根据整个应聘者人群的预期技术水平支付工资，那么其结果就取决于劳动者的性质。一种简单的可能性是工人如不接受这一工资，那么除了失业之外其别无选择，所以所有人都会选择接受工作。这会是一个有效均衡，尽管高技术工人接受了低于其真实边际生产率的工资，而低技术工人则恰恰相反。

让我们在逆向选择问题中引入一个新的维度。一般都是引入市场信号：市场参与者愿意为获得关于质量不确定的商品或服务的有价值的信号付出一定的代价。③ 人寿保险的低风险申请人为了向保险公司递交健康检查报告，可能要先进

---

① 保险公司提供 200 美元的保单给剩下的市场，它会吸引一些想要节省保费的"高"风险的消费者。这时公司无法盈利。

② 参见 George Akerlof. The Market for Lemons: Quality Uncertainty and the Market Mechanism. Quarterly Journal of Economics, 1970 (89): 488-500。

③ 参见 M. Spence. Job Market Signaling. Quarterly Journal of Economics, 1973 (87): 355-374。

行一项有代价的医疗检查。正常品二手车的拥有者会让一家独立机构对其汽车进行有偿检验,以证明其各个部件的性能和质量良好。虽然以投资方式获得的信号不能消除产品质量的全部不确定性,但信号所带来的市场价值足以使投资行为物有所值。

在我们前文最初的一个保险案例中,假设人们先要花费40美元进行一次体检,体检报告的结果让保险公司认为申请人有95%的可能为低风险者,然后保险公司可以将这项个人保险的预期成本定为210美元（$0.95 \times 200 + 0.05 \times 400$）。尤其当信息成本仅为一次性发生,保费在数年内保证不调时,低风险个人可能会认为其收益（年度消费减去保费后的跨期贴现总额）超过取得信号的成本。[1]

一般来说,信号的获取是一种消耗社会成本的活动（如汽车质量认证机构的服务、体检的医疗资源）。但是,信号本身并不直接带来生产效率（汽车的安全性能没有增强,接受体检的个人的风险类型并没有改变）,因此它们仅仅在由其所产生的分配变化能够带来大于信息成本的价值时,才能促进效率的增长。这个保险案例显示了信号可以改进市场效率（最终所有个体均被覆盖）,但是也仍然存在着市场信号降低效率的情况。

考虑劳动力市场中的情况：高技术与低技术两种类型工人均被雇用并接受同一个水平的工资。假设高技术工人可以上学,通过取得文凭的方式证明其拥有高技术（但学校并不能影响其实际生产率）,高技术工人将发现自身可能从中受益。这时新的劳动均衡将会产生两种工资：那些被证明拥有高技术的工人接受高工资,而低技术工人接受低工资。只要学习成本低于工资增长的现值收入,取得资格证就能满足自我利益。但考虑到学习过程中消耗的资源,其劳动产量与之前相比并无变化,甚至有所下降。

我们将简单的劳动力市场案例加以扩展,来说明一个真实且相当重要的问题。在这个例子中,假如处于劳动力供给方的个人根据其生产能力被区分为多个不同等级。这些生产能力部分是通过长期人力资本投资获得的,并能有效影响生产效率,正如在第十七章中所讨论的那样（如取得大学学历）。

雇主对其岗位应聘者的真实生产率并不清楚,而雇主和雇员均会寻找最廉价的方式获取和传递关于雇员的价值的信号。一个受过培训的文字处理员可能会有一张学校的证书或者前雇主的推荐信。未来的雇主可能要求岗位应聘者就其文字处理技术进行一项简短的测试（10分钟）。甚至在这种情况下,关于真实生产率的不确定性依然存在。未来的雇主可能会轻视来自他们所不认识的人的推荐信,或者质疑他们的动机。而文字处理测试并不能表明,在应聘者被雇用的情况下,其是否能表现出每天上班、努力工作、与同事和谐共事或者经常性请假、短期内离职之类的特征。

换句话说,在对上面提及的信号进行检测之后,关于真实生产率的大量不确定性仍然存在。进一步讲,虽然一个雇主可能最终通过对其工作表现的观察来判断其生产能力,但我们仍然持这样的保留观点：这样做的代价非常大。我们现在

---

[1] 注意,在这个例子中,哪一方为体检付费无关紧要。如果保险公司支付初始的成本,那么它会提高每年的保费来弥补它的现值。

所面临的问题是：是否存在另外的指标能帮助雇主降低这种不确定性？

在前文描述的情形中，雇主在面试中可以参照的指标有种族、性别、年龄、衣着、言谈以及其他个人特征。未来的雇主可能会依靠其对群体类型的陈旧观念做出判断。虽然一般不会明说，但雇主还是可能认为女性较男性在公司留任的时期更短，这是由于她们存在跟随丈夫调换工作或因为怀孕而辞职的可能性。秘书职务的男性应聘者，可能会被认为在与其他秘书（主要是女性）和谐相处以及在诸如端茶倒水之类杂事的愿意程度上存在着风险。在这样的例子中，未来雇主在并不了解应聘个体真实情况的条件下，用主观的墨守成规的判断作为一种降低生产率不确定性的手段。有时这被称为"统计性歧视"。

这些信号的使用，理所当然会打击一部分应聘者。虽然大多数情况下，明目张胆地使用这种信号是不合法的（反歧视法律），但对其不公开的运用却是难以被证实的。而且，雇主对歧视性信号的使用产生的影响远远超出了雇佣决策本身，也影响了个人为取得其希望的特征所付出的努力水平。举个例子，假设女性知道自身相比同等能力的男性，从一项商务教育课程中能获取的预期回报更低（这里存在着一个"玻璃天花板"）。其自然的反应是女性更少地投资于这项教育。由此可见，将歧视作为规避逆向选择的一种手段，可以导致极其有害的非效率状态。

在雇用具有不确定质量的劳动力时试图规避逆向选择这个问题有助于解释为什么竞争性市场中存在歧视。[①] 各级政府都出台了阻止此类歧视的公共政策。主要法律依据为1964年的《公民权利法案》第七部分。它禁止就业性歧视，由公平就业委员会以及法庭中的私人行动来推动。尽管这项机制尚不完善（由于在获取必要证据方面存在困难，正如上面提及的那样），但一项详尽的研究得出了如下结论："联邦的公民权利政策正是黑人的经济地位自1965年以来持续改善的主导因素"。[②] 这项法律在缩小性别差异方面也值得称赞。[③] 此外还有一些州和地区性的反歧视政策，尽管其效果明显不如前者。

道德风险与合同订立

现在让我们回顾一种可以导致市场失灵的信息不对称问题——道德风险。我们在第七章描述了这样一种情形，即合同订立的结果取决于合同一方对另一方采取的隐匿或隐藏行为。这暗示着隐藏行为之外的其他因素影响着结果，否则的话，人们能从结果中推测出行为本身。道德风险值得讨论的例子包括，第三方付

---

① 如果不存在信息不对称问题，竞争力就会阻止歧视的发生。假定一些企业，甚至大部分企业，是由想要进行歧视的人经营的。如果劳动者得到的报酬低于边际产品价值，那么他可以去非歧视性的企业工作并获得更高的报酬。唯一的稳态均衡是正常竞争的企业获得所有的工人（不论种族、性别或者其他与生产效率无关的因素），工人得到他们的边际产品价值。

② 参见 J. Donohue III and J. Heckman. Continuous Versus Episodic Change: The Impact of Civil Rights Policy on the Economic Status of Blacks. Journal of Economic Literature, 1991, 29 (4): 1603-1643。

③ 参见 M. Gunderson. Male-Female Wage Differentials and Policy Responses. Journal of Economic Literature, 1989, 27 (1): 46-72。

费医疗保险下的医患关系，放松管制的银行凭借储户委托管理的联邦保证金基金做出的贷款决策，以及雇员在接受雇主的工资后付出的努力水平。在下列情况下存在着隐藏行为：医疗保险公司不知道一笔巨额支出在多大程度上是由医疗需要或医患关系中的过度消费造成的；联邦保证金储蓄者不知道一项违约贷款在多大程度上取决于运气不佳或是不谨慎借贷；雇主不知道雇员的工作成果占公司总产出的比例究竟是多少。

第七章分析了医疗保险中道德风险所产生的结果。我们知道道德风险产生的结果是一个类似于"平民困境"的纳什均衡。[①] 如果每一个人都能采取"约束消费"策略（意味着与其在没有保险的情况下同等消费），那么每个人均能受益于较低的保费。但每个人在单独行动中会发现"非约束消费"是一个占优策略。于是在均衡的条件下，医疗服务的额外消费导致了额外的护理保费。由于这个市场均衡并非帕累托最优分配，因此我们认为存在市场失灵。

一个有着大量竞争性保险公司的市场可能也会比单一的全额保险型保险市场的情况好得多。通过用免赔条款和共同保险条款取代全额保险，这些保险公司有利于缓解（但不能消除）道德风险问题。因此，明智合理的合同设计同样能减少其他情形下道德风险所带来的非效率。第七章介绍的委托-代理模型已经在很多场合下被用做应对道德风险的重要方法。在这个框架下，委托方引导代理方采取某些行动。这些行动会让代理方付出成本，但是可以让委托方获得好处。这一问题的有趣之处在于，委托人并不能直接观察到代理人的行为，但可以观察到部分而非全部的结果。

一个普通的例子是连锁店的经营。连锁店经营者（简称连锁人）希望每一位分店店主都能达到利润最大化。连锁人可以观察其利润水平，却不能具体观察每一位店主在这一利润水平下做出的相应行为（隐藏行为）。他不知道超出店主控制范围的哪些因素会对利润的提高或下降产生实际影响。他也不知道他所观察到的利润水平是否是店主所能达到的最高水平。此外，不是所有的连锁店都能产出相等的利润，因为地域的影响因素也是连锁人所不清楚的。考虑到地区因素和最大化利润的关系，店主也可能选择不付出全部的努力。

导致这个问题更复杂的另一个因素是隐藏信息：连锁人只能通过估计获得店主所知道的信息。举例来说，连锁人可以将产品分配到每个分店，并需要每一位店主估计出预期销售量，据此做出生产决策。那么连锁人是否能够通过合同的形式激励店主达到利润最大化，并披露出其希望获取的信息？

为简单起见，我们假设预期销售与预期利润高度相关，因此要估计每一位店主的预期利润，只需对其销售量进行测算。假设店主被要求给出一个预期利润的估计值，那么为了促使其提高经营业绩，可以承诺他们将会获取超过目标后的利润的40%作为奖励。这将促使每一个分店提高其最大利润水平，但也可能产生令每一位店主低报其目标利润的动机。

在双方都可以提供正确的激励的情况下，考虑收益（B）计划。它是目标利润（Π_T）和实际利润（Π）的函数：

[①] 回忆一下，纳什均衡的情形是没有人可以采取单独行动来改善自己的状况。因此，市场均衡也是纳什均衡。

$$B = 0.1\Pi_T + 0.3\Pi \qquad (\Pi \geqslant \Pi_T)$$
$$B = -0.1\Pi_T + 0.5\Pi \qquad (\Pi \leqslant \Pi_T)$$

当利润超过目标利润时适用上面的公式，反之则适用下面的公式。如果实际利润正好等于目标水平，则任一公式都会产生40%的收益。不管运用哪个公式，收益总会随着实际利润的增长而增长。因此存在着最大化其自身收益的动机。

而目标利润的真实性又能产生什么影响呢？假设真实利润为100 000美元，却被低报为70 000美元，那么运用第一个公式得出的收益为37 000美元（少于在如实确定目标利润的情况下的40 000美元！）。只要其目标利润低于实际水平，收益就会低于40%（低估的程度越高，其收益越少）。虽然第一个公式的第二项等于实际利润的30%，但是第一项总是低于10%的实际利润（由于$\Pi_T<\Pi$），而且其数量随着呈报的目标利润的增加而减少。

当目标被高估为120 000美元时，情况又会如何呢？运用第二个公式得出的收益为38 000美元。只要目标高于实际利润，收益就总是低于40 000美元（高估的幅度越大，其收益也越少）。虽然第二个公式的第二项等于实际利润的50%，但是第一项总是高于10%的实际利润（由于$\Pi_T>\Pi$），而且其减少的数量随着呈报的目标利润的增大而增加。简而言之，无论是高估或者低估连锁店的目标利润，店主都不能从中受益，因而促使其必须提供一个精确的数字。

以上公式的作用取决于参数的选择。这个例子说明了收益的最大百分比为40%（即每一等式中前后两个系数之和）。虽然这也可以固定在一个更低或更高的水平上（当然必须低于100%），但这个系数的选择反映了对连锁店利润最大化的激励程度。

给定两个系数的总和，对估计失误的罚金则取决于每一公式中的第二个系数。为了尽量让店主说真话，第一个公式（低估目标利润）的第二个系数必须为正值，并且低于收益的最大百分比。同样，第二个公式（高估目标利润）的第二个系数必须超过收益的最大百分比。对估计失误的惩罚程度取决于这些系数与最大百分比的差值。这两个数字越接近于最大百分比，估计失误的影响就越小。如果第一个等式中的系数为0.01（对于Π_T）和0.39（对于Π），那么在100 000美元真实目标利润和70 000美元呈报目标利润的情况下，收益为39 700美元（估计的失误几乎不产生惩罚）。如果改变这些系数，收益就可能仅为28 300美元（一种严厉的估计失误惩罚）。

以上分析说明了经理人合同设计可以同时提供两种激励：对道德风险的抵消（提高经营者最大化其利润的努力水平）和消除（经营者在公司的其他决策上所需的）隐藏信息（其目标利润与销售相关联，并运用于生产决策）。由于应用委托-代理模型研究的情形日益增多，因此其理论应用范围也随之扩大。将来这一方法可能被应用于公共部门问题的分析中，例如第十八章中讨论的那些激励条款，或者对公立学校教师、校长或地方邮政局长等人的收益分配。[①] 然而，我们希望讨论道德风险的另一个维度，即能提供最有效应对措施的供给方。

---

① Baker研究了雇员的绩效度量问题。参见 G. Baker. The Use of Performance Measures in Incentive Contracting. American Economic Review, 2000, 90 (2): 415-420。

道德风险的应对：非营利性供给方

在 Hansmann 的一篇重要的文章中，委托-代理问题的基本逻辑可以运用于很多情形，其中非营利性机构作为代理人更具有优势。[①] 这些情形中大多存在着道德风险：委托人希望得到产出并评估质量，但他既不能直接观察也不能直接测定质量，因此营利性质的代理人在任一给定的价格上，都会产生提供低于委托人所需质量的动机（隐藏行为）。

有一种情形发生在购买者和接受者互相分离的时候。一个例子是像 CARE 之类的捐赠性质的非营利性机构，这些机构向海外运送和分配食物给需要的人。为何捐赠者不交由营利性公司负责呢？其原因在于捐赠者不能够监测食物的运输，营利性机构存在着逃避或者根本不进行食物分配的动机。而非营利性机构，由于被禁止任何利润的分配，不存在相同的动机。

另一种情形发生于产品为一项复杂的个人服务时，例如家庭医护、住院照料或者教育。在这种情况下，委托人很难得知服务质量是否适当，营利性企业可能利用这一点而忽视质量。[②] 这些服务更多的是由非营利性商业机构提供（提供收费服务），而不是由公益性机构来提供。普通的例子包括医院和高校。当委托人同时成为服务的接受者时，这个问题会有一定的缓解，因而有营利性公司提供此类服务也不足为奇。

也存在由营利性企业提供复杂的个人服务的情形。医生、律师和汽车维修人员就是例子。这些服务经常是小型的和互不关联的，并且转换至另一供给方相当容易。而许可证颁发委员会等社会机构的产生推动了这种服务的发展。在这些例子中，隐藏行为体现为过高要价，而不是提供不充分的服务。这就明显不同于诸如家庭医护之类的问题——这时营利性组织更倾向于提供比购买者所需更少的服务。

Hansmann 并不认为非营利性机构能完全解决由道德风险所产生的市场失灵问题。他也发现，由于各种各样的原因，非营利性机构的运营也可能缺乏效率。正如在第十一章中所讨论的那样，它们可能存在着其他的目标，而这将导致一定的效率损失。它们在筹集资金方面存在弱势，这是由于其不能保证在其余的成本得到清偿之后，资本拥有者会得到盈余（即利润）。但是在道德风险的某些情况下，我们观察到消费者还是会选择非营利性机构。这说明尽管其有着不完善之处，但从购买者的角度来看，这些问题的严重性低于追求利润的供给方的问题。

[①] Henry Hansmann. The Role of Nonprofit Enterprise. in Susan Rose-Ackerman. ed.. Economics of Nonprofit Institutions. New York：Oxford University Press，1986：57-84.

[②] Weisbrod 比较了私人护理与非营利性疗养院。使用镇静剂的病人得到私人护理的时间是非营利性疗养院的四倍。超量使用镇静剂是一种低成本的控制病人的方法，但是人们认为这是一种隐蔽地降低护理质量的行为。类似地，控制住价格、设施以及其他因素后，Weisbrod 发现与私人护理相比，教会下属的疗养院会将较多的劳动力用于直接的病人护理（较高的质量），同时将较少的劳动力用于行政管理（不太追求"利润"）。参见 Burton Weisbrod. The Nonprofit Economy. Cambridge：Harvard University Press，1988：149-151.

Hansmann 对此进行了阐述，认为至少在某些环境中，非营利性机构在缓解道德风险问题上还是具有相对优势的。

我们可能会问这样一个问题：对提供公共服务或公共性辅助服务的各种供给方的分析，究竟能在多大程度上确定其优势与弱势？在下面的章节中，我们将在日托服务的供给中考虑这个问题。该问题的背景是，在近期的福利改革下，对于日托服务的预期需求（进而预期供给）增长较快。我们考虑四种不同的供给者类型：营利性、非营利性、公共机构和父母间合作组织。在权衡每一类供给者在服务上存在的优势和缺点的基础上，我们考虑其是否应该被赋予获得国家补贴的资格。

非营利性组织与日托服务的提供

考虑某种类型的机构是否适合从事某种具体的经济活动时，分析者不应该受到太多局限。我们通常主要关注私人营利性公司及其治理，而我们也应该看到公共部门和非营利组织同样可以成为生产机构。在这一节中，我们对这些机构进行分析。

这一节实际上有着双重目的。首先我们希望能详细阐述在一定情况下非营利性机构较其他供给机构更具优势。[①] 其次，我们希望借助其他的分析方法来评估这些机构的相对优势。我们在一个具体案例中做到这两点：与幼儿日托相关的公共政策。

很多理由表明日托至少一定程度上是一个公共政策问题。一个理由是，其服务供应上存在着道德风险。一个缺乏管制的市场可能存在着大量的效率缺失现象。根据定义，日托是一种父母（作为孩子的消费代理人）并不在场时提供的服务，而其质量水平又被认为相当重要。另一个理由在于，类似于公共教育，对孩子的良好照料可能会给社会带来一定的外部收益。第三个理由则建立于公平的原则之上，人们大多希望那些最贫困的社会成员的子女也能享受充分的日托。最后一个原因由不同的方面组成：（1）出于对孩子的考虑；（2）上班的父母享受福利待遇。

我们介绍另两种分析方法，可以帮助说明这个特定的问题。第一种可以简单描述为从经济学的视角对这一服务的供给做历史性回顾。经济理论本身并不能说明历史的重要性，但我们经常可以看到，理论的恰当运用需要仔细考虑具体问题的细节。为了更好地运用理论，必须先将相关的细节辨认清楚。一个好方法就是回顾这种行为的经济历史，并关注其形成原因。

第二种分析方法是赫什曼提出的原则。他的"退出-声音-忠诚"原则在商品

[①] 我们并不是说没有其他的经济原理可以解释非营利性机构。实际上，在不同的背景下，还有非常有趣的其他原理。参见 Burton Weisbrod, Joel Handler and Neil Komesar, Public Interest Law: An Economic and Institutional Analysis. Berkeley, Calif.: University of California Press, 1978。

和服务质量重要的情况下，提出了一种关于机构响应的观点。经济理论本身并不着重关注产品的维度和服务的质量，但是它们对消费者来说相当重要。比如说，在竞争性环境中，理论只要证明竞争能够导致产出消费者需要的质量结果。但是，这将会给那些负责产品质量的人员带来疑惑：如何知道产品的哪种质量对于消费者而言是重要的，从而保证其供给？我们将赫什曼的原则简要地描述为一种如何了解质量的观点，然后运用于日托中。

赫什曼提出了这样的问题：供应方在事后如何发觉做了一个错误决策？在绝大部分情况下，我们假设消费者不会购买一种质量相对低劣的产品。如果一家汽车公司生产的新型号为消费者所不欢迎，那么该公司的销售量便会下降，消费者就会从该公司的客户群体中"退出"。但是当其产品呈现出多维度的质量特征时，对供应方来说，将会出现一种"干扰性"信号。消费者的"退出决策"可以是多种因素导致的，而供给方获取的信息并不能直接指明问题的关键。该公司能够并且确实可以通过市场调查了解更多信息，但如果消费者可以发出自己的"声音"向其反映问题所在并直接提出改进意见，而不是选择默然"退出"，那么将更有利于该公司的目标定位。

在多数情况下，单靠"退出"或"声音"并不能产生太大的效率。如果无法"退出"，则公司将没有理由对"声音"做出必要的回应；如果不存在"声音"，则这种回应就可能是极其盲目的。极端的例子便是双寡头垄断，在这个模型中 A 公司的顾客退出而进入了 B 公司，而 B 公司的顾客正好相反；所有的顾客都不满，但每一家公司却因为保持着固定的销售量而没有接收到任何信号。在有着更多供给方的产业中，在没有任何一家公司存在着信号改变的情况下，消费者可以持续从一家公司转移到另一家。最终消费者可能从整个产业中"退出"（取决于商品的需求弹性），但这并不意味着会有潜在的新公司进入并对此问题进行"纠正"。某些公司可能最终会寻找到一条制止"退出"的道路，但我们仍没有理由相信这一过程是一种有效率的调整。

因此赫什曼认为，在多数情况下，"退出"和"声音"之间存在着某种最优组合。但这一目标如何实现呢？某种程度的企业"忠诚"可能是一种值得一提的最终手段。也就是说，"忠诚"的顾客暂时会接受一种较低劣的产品（不会为寻找更优质的产品而马上选择"退出"），同时他们发出"声音"并等待公司的回应。大体上说，公司可以培养一定程度的"客户忠诚"（比如，通过差异化营销和较好的服务）。而忠诚度较低的客户的"退出"也强化了"声音"信号。这两种效应的组合告诉供给方应该做出某些改变，并指明如何改变。在大多数公司采取这种策略的情况下，其净效应必然是整个产业更有效率地进行调整。

运用这一原则对具体而有意思的案例进行简要的分析，或许具有启发意义。弗里曼（Freeman）和梅多夫（Medoff）曾针对劳动力联盟（工会）的经济功能提出了一种非传统的见解。[1] 传统的经济观点认为，工会试图扮演劳动力垄断供给者的角色，例如将工资提高到竞争性工资水平之上，其非效率降低了劳动力的使用量（工会成员受益，而消费者和原本应该就业的人的利益受到打击）。然而

---

[1] Richard B. Freeman and James L. Medoff. What Do Union Do?. New York：Basic Books，1984.

弗里曼和梅多夫也指出，在这样的企业内部存在着向劳动力联盟提供公共物品的特征，比如安全生产规定、照明条件规定以及各种附加福利（如健康计划、解雇条款和职位晋升等）。

正如任何一种公共物品一样，激励问题导致这些公共物品供给不足。雇员个人可能知道自身的偏好，但并不知道其他雇员的偏好，并且缺乏动力去（可能面临被解雇的风险）对此加以测定。新雇员通常不关心这些公共物品的潜在价值。当他们在工作中认识到这些公共物品的价值时，便可能开始不满。公司将会认识到，其可以通过提供有效率的公共物品而获利（工人将会接受工资的减少以换得企业提供的公共物品）。但是由于存在着与诚信度相关的动机问题，因此其效率水平的确定有困难。[①] 然而，一旦工会作为集体的"声音"并代表工人，它就将为其成员争取最合适的工资组合以及企业公共物品。

因此我们现在对工会持有两种截然不同的观点。传统的观点视工会为垄断的劳动力供给方，通过工资扭曲、供给限制、限产超雇和其他形式导致效率缺失。而新的观点认为工会也可以增进效率，其作为一种"声音"机制有助于克服企业公共物品中的"搭便车"问题。对这两种观点的权衡是一个复杂的经验性问题。弗里曼和梅多夫得出了这样的结论：其促进效率的力量超过了损害的力量。工会更重要的优势是，在一定程度上有助于以工会的"声音"为目标调整管理层的"耳朵"，从而促进更具效率的生产活动。

让我们转入对日托服务的分析。首先，了解有关儿童日托的历史背景是有用的。在美国 200 多年的服务供给史上，Nelson 和 Krashinsky 对其两个特征提出了见解：（1）在父母就业的情况下，大多数的儿童日托由其他家庭成员提供。（2）对家庭外的儿童日托需求呈现出显著增长。

他们对这一经济史的解释表明，对儿童日托的显性社会偏好是由类似于家庭的机构来承担的。最关键的经济学原因在于，这种情况对于代理人的信任要求相当高，而信任作为一种有效机制可以减少代理人可能产生的不确定性成本。我们将在下面专门对此进行解释。然后我们考虑在公共政策激励下，可以提供不断增长的日托服务的几种机构。我们简单概括了这样一个观点：非营利性的代理机构应该有资格接受公共补贴。这是因为它们较其他机构而言具有较高的诚信度，是许多家长喜欢的儿童日托服务提供者。来源于"退出-声音-忠诚"原则的某些观点支持了其理由的逻辑性。

在美国 200 多年的经济史中，过去通常由家庭承担的经济功能，正逐渐向诸如公司之类的专门化机构转移。越来越少的家庭自种粮食、自做衣服或者自制生产工具。这是由更大的经济领域的技术进步产生的极其自然的影响（大生产），但是其对儿童日托的影响并不太大。在 1999 年，大约有 36% 的 6 岁以下儿童的母亲不属于劳动力，同时在劳动力人口之中大概有 26% 的人选择在自己家或者亲戚家进行儿童日托。对于这种与大趋势相反的经济现象，应该做何解释呢？

Nelson 和 Krashinsky 认为其中存在着若干因素。最明显的是，儿童日托不

---

① 单个工人会夸大这些公共物品的价值，如果仅被问这些公共物品的价值多大的话；其也会少报它们的价值，如果被问愿意降低多少工资来交换这些公共物品的话。

只是一件日常琐事,至少在某种程度上,这种活动给父母或祖父母之类关系亲密的家庭成员带来了乐趣。这是一项充满了亲情的劳动,即使需要一定的付出。因此愿意与孩子保持接触这样一种偏好,可以解释这种抵制现象。

家庭照料同时存在一定的"规模经济"。儿童日托需要一个成人全日制陪伴但并不需要全日制的劳动投入。在一定程度上,这种劳动投入随着孩子的状况以及年龄发生变化,而且成人同时可以从事做饭、清洗、学习或其他活动。因此,家庭儿童日托的时间成本相对于许多需要外出的工作来说还是较低的。类似地,家庭儿童日托的空间成本也相对更低:即便在放弃家庭照料的情况下,家庭住房一般也会占用相同的住宅面积。

除了这些偏好和经济因素,家长会关心其子女受照料的方式。儿童日托并不需要照料者拥有高等专业知识,其所需要的有时仅仅是一双眼睛,来保证孩子处于舒适的环境中,保障其参加适当的游戏而不存在任何危险因素。[①] 一个人在不在场的情况下并不知道发生的事情,因此在儿童的照料过程中,最有效的莫过于服务本身能产生真实的信任和信心。因而,以上这三种因素(偏好、经济性、信心)有助于解释在如此之多的经济活动发生在家门之外的同时,为何儿童日托仍然保留着家庭供给的模式。

尽管存在着保留家庭儿童日托的因素,但非家庭照料方式还是有着一定的增长。这种增长表现为规模更大、更正规的日托中心的增加。直到1977年,在母亲就业的5岁以下儿童中,仅有13%在机构性质的儿童日托中心,但到了1997年,这一数字已经上升到了32%。出现这一趋势的原因可以用人口上的变化加以解释,而近年来增长的公共补助进一步导致了需求的攀升。我们简要地逐一加以评述。

相对于1800年的家庭,今天的家庭向着小型化发展。当然,在每个家庭需要照顾的儿童较少的情况下,家庭外的日托也相对轻松。但是,与家庭规模缩小相伴而来的变化产生了对日托的更大需求。婴儿死亡率也大幅度下降。这两方面因素的结合有助于解释为何在妇女的最后生育年龄的中位数从三十多岁下降至二十多岁的同时妇女中位最初生育年龄却有所上升。因此,集中抚养孩子的年限缩短了,而预期寿命却是增加的。这使得对职业生涯发展进行投资比以往更具有吸引力。与一般情况下的家庭自制商品丧失竞争力相似,这些因素同样可以解释日托需求的大量增长。此外,在过去的三十年中,单亲家庭的数量也出现了大幅增长。

认识到这一点非常重要。处于不同社会经济环境中的家庭所做出的关于日托的决策也不同。对于有一两个孩子的中上等收入的双亲家庭来说,其做出的选择不存在严重的经济压力,而问题的要害仅涉及自身职业生涯价值和关于什么培养方式对孩子最有益的观念。然而,对仅拥有低收入的单亲或双亲家庭来说,其面临的却是严峻的经济困境。获得更多的货币收入是极其重要的,而挤出时间增加就业的唯一途径便是购买日托服务。而这一成本可能会显著超出工作的潜在收

---

① 在1998年对消费者产品安全委员会批准的200家儿童日托中心进行调查时发现,三分之二的儿童日托中心至少有一个安全隐患。比如,19%的儿童日托中心的婴儿床使用了软床垫(可能导致窒息)。

入。于是,便产生了补贴性日托服务的问题。

津贴的增长是解释日托需求增加的又一因素。长期以来,日托补贴曾以向贫困家庭儿童提供街坊文教馆的形式出现,尤其是对那些移民家庭的孩子来说,这可以培养孩子的文化认同感。从20世纪60年代开始日托津贴迅速增加,对此可以做类似的解释:贫穷的少数族裔获得外部收益并产生外部收益,如果他们的日托中心能够在经济和社会方面实现平等。

另一个正当理由基于职业道德:享受福利的父母应该就业。① 这一价值观凸显在1988年的《家庭支持性法案》中。它批准了更多的面向福利家庭或处于福利体系之外的家庭的儿童日托补助。而在1996年的《个人责任和工作机会调解法案》中,更明显地突出了这一点。这个法案对一个家庭所能享受的福利休假期限加以了严格的限制,并进一步提高了日托基金的数额。

当然,对于日托津贴是否应该向所有抚养幼儿的家庭提供这个问题仍然存在着争议。一种简单的思路认为,日托正如基础教育,存在着社会收益,儿童教育发展所带来的收益会超过私人投资所能取得的利益。另一种不同的观点是,可以向其孩子提供更方便、更廉价的照料场所,从而鼓励女性就业。

事实上,有一种面向大多数家庭的儿童日托的一般性津贴,即由联邦收入所得税提供的看护税收信贷。这是一种非偿还性贷款,其价值取决于儿童日托的实际支出和家庭收入。② 2000年对一个儿童的最大贷款额在480~720美元之间,这适用于那些对孩子照料服务的年均支付大约为4 000美元的家庭。③ 当然,这项贷款对那些最贫困的家庭所起的作用很小或根本为零,因为其并没有足够的税收对这一贷款进行充分的抵消。④ 在1998年,大约有6 100万美国家庭申请了这一信贷项目,其平均申请额为433美元,总价值为26.5亿美元。我们可以将这一贷款额视为对儿童日托所产生的一般外部性问题的回应。

然而,即便在非家庭照料需求不断增长的情况下,在儿童日托方面占主导地位的仍是家庭形式。在20世纪90年代中期,大约有50%的母亲(大多没有工作)选择在家照料学龄前儿童,而9%的父母选择在亲戚家,另外有14%的父母在就业的同时选择自己照顾孩子。还有9%的父母选择非亲属的家庭照顾(所谓的"家庭化"日托,其中80%~90%的组织并无许可资格也不受管制)。还剩下18%的父母选择机构化的日托场所。⑤ 由此可见,非正式的方式仍然在非父母照料的情况下占了主导地位。由于它不使用职业雇员,也不需要新的设施,所以通

---

① 注意,如果家庭规模大,那么这可能会非常贵。
② 一个小孩的看护费用中,前面的2 400美元(或两个以上小孩的4 800美元)有20%~30%可以向联邦税借贷。具体比例取决于家庭收入(收入低于10 000美元的,比例比较高;收入高于28 000美元的,比例比较低)。
③ 根据1998年的绿皮书(U. S. Government Printing Office, 1998),1993年的家庭每周为一个小孩的平均支出是66美元。2000的绿皮书报告1995年的平均每周支出是82.74美元,但是是对全部小孩。我用的是66美元这个数字,我根据通货膨胀做了调整,并四舍五入。
④ 高收入家庭可以利用雇主援助计划得到更大的税收抵贷款的优惠,最多可以从应税收入中免除5 000美元的儿童日托费用。对于适用30%的税率的家庭而言,这可以节省1 500美元的联邦税(另外还可以节省500美元的州所得税)。不过,加入这些计划还是存在一定的风险。他们必须提前说明一年的预期费用,然后雇主预提这笔费用,而他们只能按照实际费用来报销。有些人预计儿童日托费用是5 000美元,但是只支出了3 000美元,从而损失了2 000美元的收入。
⑤ Weisbrod指出,非营利性机构占日托行业的40%。

常比较便宜。

当然,家庭提供的日托并不包括由那些更大规模的日托中心提供的正规教育项目。但是有必要指出,大型的日托中心在照料类型上有着相当大的差异。这些机构的全日制照料可能每年需要少则3 500美元,多则10 000多美元,这取决于其场地设施的完善程度以及机构职员的培训质量和数量。一般来说,更贵的机构也更完善。它们有很多教育程度高、薪酬高的教员,包括一名或者多名资深的心理专家、专业教师,同时为儿童的游戏活动提供大量的资源。一些研究表明,这些被认为是在拨款体制下发展而来的机构的平均水平高于儿童日托服务行业的平均水平。

对质量的关注以及对如何提高质量的考虑,在今天仍然是持续争议的主要焦点。一位专家(John M. Love, 1998)认为:"在过去的十五年中,针对儿童的行为与发展的研究得出了这样的结论,即在服务项目质量与其对儿童产生的影响之间存在着重要的相关性。与服务质量相关的影响包括游戏协作、社会交往、创造能力、解决社会冲突的能力、自我控制和语言与认知发展。"但这位专家同时认为"仅有8%的婴儿课堂和24%的学龄前课堂能保证良好或优秀的质量"[1]。类似地,经济学家詹姆斯·海克曼(James Heckman)提倡对高质量的学前教育项目增加投入,并引用了佩里(Perry)学前项目中高达8.7的成本收益比。这个项目比传统的启蒙性教育付出了更多的资源和人力。

因此,这是一个增加资源提高儿童日托质量的有力证明,尤其对于那些在没有任何资助下根本无法承担这种费用的家庭。我们也许都会认同这种照料实际是一种良好的投资,然而至少在短时期内,即使其补贴性资源能极大地增长,其平均支出水平也不能达到最高档次服务的水平。而且,对于"何种资源是提供高质量的照料所必需的"这个问题尚无明确答案。一项研究表明,在有效率的生产条件下,10%的资源增长的效果将胜过其平均质量由中等上升至高等所产生的效果。[2] 但是我们又如何能保证生产效率呢?也就是说,给定儿童日托能获得一定的资源,何种机制会使得资源的使用效率最大化?

换句话说,所有组织结构的问题依然存在。如果向儿童日托增加津贴,那么谁将对其做出决策?何种组织机制有利于保证这些资金得到明智的使用,而不是加剧道德风险问题?哪种类型的供给者有资格接受资金?家长选择某个供给者时津贴能够给家长带来多大的帮助?政府是否应该直接选择若干供给方发放津贴,从而使得父母只能选择这些指定的机构?对此政府管理机构又应该如何运作?

我们考虑这样一个组织机构方面的问题:什么类型的供给方拥有获取津贴的资格?正式的日托中心可以由多种机构来运营,比如私人营利性公司、公共代理机构以及非营利性的私人代理机构(宗教组织的一些下属机构)。现在主要的联邦津贴项目——儿童发展性照料固定拨款项目——每年大概向地方分配资金35

---

[1] 参见 John M. Love. Quality in Child Care Centers. Education Digest, 1998(3): 51-53。

[2] Mocan研究了400家日托机构,估计了儿童日托服务的短期超越对数函数。在他的样本中,每个儿童平均每小时的可变成本是1.65美元。他的结论是,只要增加0.12~0.16美元/儿童小时,就可以将质量指数从中等水平的4.01提到5.0。这是儿童教育专家设定的系数,高质量指数是7分。由于它只占短期成本的10%,所以它低于10%的总成本。

亿美元。① 此外，各州利用各自的福利性拨款提供免费的儿童日托服务，而且很多地方建立了额外的基金以补充联邦资源。② 当前，公共代理机构是这种津贴的主要接受者，虽然也有部分是流向了非营利性代理机构。

我们回顾了日托供给模式选择的历史，并用"退出-声音-忠诚"框架进行了分析。最普遍的问题是，在给定资源约束的条件下，如何控制和管理一个日托体系使其最大限度地满足公共利益。"管理"一词在这里涉及需求和供给两方面——由消费者（父母）、专业人员和政府共同组成，它们共同控制资源的分配，决定哪些供给机构获得资源。我们将会讨论四种类型的日托供给方（合作组织、私营机构、公共服务组织和非营利性服务中心）以及对每种类型的管理对策。

一种服务质量可靠却廉价的日托机构是合作组织。一个例子就是由五个家庭共同分担日托，每个家庭派出一位家长每周轮流照料所有的孩子一天。这种群体是自发形成的，通常由相互熟悉的街坊邻居组成。这种形式的优点除了成本低廉之外，相对较高的父母间信任也促成了这种广泛的家庭联盟。而公共部门对此的干涉是微不足道的，仅仅局限于各种组织性帮助，如提供关于如何建立合作交流中心的信息，以便于同一街区的家庭与另一街区的家庭联络。

由于作为服务供给者的家长一般能从孩子的最大利益出发做出相应行为，所以不太需要"退出"或"声音"机制。但是，这两种机制都可以发挥作用：对存在的少数问题发出"声音"，同时如果一个家庭在照料计划上与另外的家庭存在着严重的分歧，那么也可以选择"退出"。

将合作组织作为家庭之外日托的主要方式，存在着两个明显的不足之处。首先，它需要家庭成员从事可以协调时间安排的工作（这正是为什么合作组织在大学社区内相对盛行的原因）。在当前的职业习惯下，这将严重地限制其发展。其次，合作组织经常是不稳定和不可靠的。一旦其中一个家庭遇到了突发事件，使其不能按计划表轮流执行任务，那么其他家庭的某个成员必须出来代替或者干脆雇用他人。类似地，一个家庭退出了合作组织后，必须寻找另一个家庭取代这个位置。一般来说，这些问题并不能立刻得以解决，因而使得合作组织面临着一定程度的不可靠性。虽然在稳定的合作组织内，其所提供的照料是周到的，但是对可靠性照料的要求却使得有较大比例的家庭首先会选择更可靠的受雇方。

让我们考虑另一种供给模式——私营机构。正如我们在别处能做的那样，可以借助追求自我利益的机构来提供服务。假设在这种情况下，我们向有资格获得儿童日托补贴的家庭发放资格证，使其可以在父母期望的地方使用。然而，这时会面临两个问题。第一个已经被提到过，就是父母并不在现场从而无法保证服务质量；第二个问题，将在下面简要讨论，父母并不总是保护其子女利益的最佳代理人。

提出这样一个问题十分重要，那就是要对日托服务的消费者进行更明确的区分。在大部分情况下，我们并不对父母与孩子进行区分，但是日托中的确存在着

---

① 其中有10亿美元的自由支配基金。另外还有一笔津贴基金，它要求接受者达到和保持一定的努力程度。在2000财年它是24亿美元，2002财年涨到了27亿美元。

② 在1998财年，州政府贡献了17亿美元，占联邦政府贡献的50%。

双方各自的收益与成本。只要父母的行为能从两者结合的利益出发，这第二个问题也许就不会产生。但是经常能见到的是，许多父母不能充分关注或了解其子女的福利状况。在一定程度上，这可能是由于不关心或疏忽造成的，但这也可能是由于缺乏了解。不管哪种理由，在非家庭日托中，都存在着关于专业影响和父母影响的争议。

市场将如何应对这些问题呢？暂时将专业人员的角色放在一旁，我们发现正是父母的"天然缺失"导致了服务质量的不确定性。由于公司本身并不能改变这一点，所以需要在服务质量与父母之间创建信任关系。而非政府管制的私人公司要做到这一点，需要经历一段艰难的时期。然而消费者发现，只要自己不知晓具体情况，公司就可以通过不完全履行服务承诺的方式增加利润。在这样的信息结构下，利润动机本身成为阻隔父母信任的一道障碍。

我们观察到，这里的"退出"和"声音"两方面都存在着某些机会。然而，由于消费者（父母）并不能接收到信息来触发信任效应，因此这两种效应都不能成为有效率的机制。这就是说，消费者通常并不知道服务是否如预期那样被提供，因此其缺乏做出"退出"或"声音"决策的基础。

为了应对这种质量的不确定性，市场会在企业的营利动机与其雇员的行为之间设置障碍。其通常的形式是职业专业化，正如法律和医疗领域所做的那样。这种观点认为，专业人员可以代表儿童的最大利益，甚至在短期利益有所损害的情况下亦如此。这一结论对我们提及的两个问题（父母的有限信息和对服务质量的关注动机）给出了更优的解决之道。事实上，当前可以获取的日托中较为昂贵的类型正是以这种专业化的形式提供的，例如，机构成员中包括了具有资格证明的教师和儿童心理专家。但是在这种情况下一个切实的问题是费用昂贵。现在的情形是，津贴并不能达到向所有儿童提供"奢侈性"的日托服务的水平。

我们考虑第三种供给选择的情况，即直接的公共供给。这是一种便宜但不完全依靠专业人员的模式。然而在比较高级的决策中，专业人员还是非常有影响力的，比如为政府的日托中心设定最低标准。这种类型所遇到的问题是，难以取得足够的消费者控制权，父母不太可能对其子女所接受的日托服务类型拥有足够的选择权力。

这并不是说父母没有控制的权力。他们可以在每一家日托中心的意见留言板上发出自己的"声音"，或者可以通过家长投票的形式做出某些决定，如果这种公共服务类似于其他的公共服务，那么"退出"的可能性将会被严格限制。正如我们之前看到的，他们将选择用"沉默"来代替有效率的"声音"。

注意，公共代理机构与私人非营利性机构相似，同样面临着物资分配的约束。Hansmann主张非营利性机构可以建立信任。那么，在公共代理机构中能否实现这一目标？这是一个未解决的问题。实事求是地讲，对利润的追求并不是这里考虑的原因。这两种实体在动机和约束（除了分配问题）上都存在差异。第十一章所讨论的非营利性机构和公共代理机构的行为模型反映了行为假定上的差异。非营利性机构更可能由某位能够提供优质服务的人来运作。当然许多的公共决策者同样会力求提供优质服务，但是公共部门代理机构也会承受更大的政治压力。并非所有的组织都能与顾客利益保持一致（回顾第十五章所讨论的政府失灵）。尤其在"退出"的可能性受限制的情况下，公共雇员努力水平方面的道德风险仍是一个问题。

我们可以考虑一种对公共日托中心加以限制的担保体系（如开放登记注册或者特许学校制度）。这种计划的重要优势在于，可以适应父母这一大众群体的差异化选择，即公共日托中心所提供的服务可以发生相应的变动。它们可以对服务的时间、专业化水平、父母参与特征以及其他变量进行特征性归纳和差异化，使其满足或超出所要求的最低标准。为了更好地做到这一点，需要对公共决策机制实行大刀阔斧的权力分散改革：每一个中心必须建立一个权威机构实行自我决策。进一步讲，这项计划的效率取决于在没有任何利润增量的情况下，中心产生吸引更多儿童进入的动机。

然而，我们所描述的这一机制可能是公共服务供给中的一个特例。虽然政府提供的服务在不同的司法管辖范围内可能发生极大的变化，但任一司法条款都有其强大的约束力来促使政府向所有人提供统一的服务。在一定程度上，父母与专业人员之间就服务质量会产生冲突，这意味着专业人员可能在传统的官僚一致性行为中更有优势。于是产生了这样的问题：恰当的服务供给是否能在这种组织机构中成功运行？

最后，我们讨论由各种社区组织发起的私人非营利性日托服务。原则上来说，我们之前所看到的多种严重缺陷在这种情况下是可以避免的。父母很可能对这种类型的中心抱有更高程度的信任，因为与那些营利性中心和官僚机构相比，其组织目标更可能与儿童的利益相符合。如情况属实，则这种中心将能运用其可得的资源，致力于实现服务质量最优化。

应该说，多样化的日托服务还是存在的，这是由于各种社会组织在不同区域之间是相互独立的。因而可能存在着相对有效率的"退出"决策，同时大多数社会组织在决策时可以倾听其成员的声音。在部分依靠父母和社会志愿人员，部分依靠接受报酬的雇员的情况下，父母的预算成本可以保持在一个低水平上。

依靠社会机构网络也并不是毫无问题的。其中的一个疑问在于，那些由宗教支持的机构是否会被排除在可以合法获取公共津贴的对象之外，从而保持教会与州政府的相对独立。而且，在机构中间存在着资源分配问题：为了维持总供给与总需求的平衡，何种运作程序可以保证取得成功的机构规模的扩张和失败机构的规模的收缩？如果父母拥有选择权，补贴必定会以担保的形式出现，那么父母将会获得每一家日托中心的可靠信息。因此对于我们已经讨论过的任何一种体系来说，某种管制机制必须成为制度结构的一部分。

不过，关于这一做法的观点应该是明确的。至少大家喜欢通过增强对非营利性社会机构的信赖来接受有补贴的家庭外日托。其重要的原因是日托的特殊的信息结构普遍地阻止了消费者、代理人（父母）对服务质量的了解。而由于质量对于父母显得尤为重要，因此信任就成为了信息的最佳替代品。

在一般市场上，专业化可以成为提高信任水平的一种手段，但这同样也是代价昂贵的。我们可以通过依靠邻居合作组织相当廉价地取得信任，但这种形式又是难以安排和不稳定的。公共服务可能优于前两种选择，但由于形式过于统一以及过于缺乏家长自主性控制而不能产生较高的消费者满意度。因而，加大对非营性利社会机构的支持力度是一条具有前景的道路。它可以提供相同的经济收益和更高信任水平的公共利益保证,进而带来更高的消费者满意度。当公共机构和非营利性供给者的竞争导致了更多的消费选择时,可以通过津贴来鼓励两者混合的体系,这样会比只依靠其中一种机构更有效率。而对于这种混合型竞争体系可能产生的问题,当前的理论基本上都尚无说法。

总之,经验性研究可能在一定程度上加强了对这一混合体系的评估。某些有价值的研究试图在存在道德风险的情况下,对非营利性供给者提供的服务质量进行评估。我们直接引用其研究结果:在其他条件相同的前提下,与私营护理机构相比,非营利性机构提供的服务质量更高。另一项研究比较了非营利性机构和营利性机构所提供的服务质量,得出结论:非营利性机构中的病人接受了更好的照顾。然而,对有组织的日托中心的研究本身并没有得出多少结论性的东西,而且也没有发现各类代理机构存在着较大的质量差异(在资源控制的条件下)。可能是现行的管制措施和公共机构、非营利性机构和私营机构之间的竞争两方面的结合,使得在公共机构和私营机构中的道德风险都降到了最低点。[①] 这些研究没有发现非营利性代理机构较其他机构存在着低效率,因而我们得出这样的结论:非营利性机构应该进入这个日益扩张的津贴体系。

信任的价值

作为本书结论的一个恰当的注解,我们转向对公共利益的价值这一问题的研究。我们进行微观经济政策分析的时候,简要地关注诸如自由、民主、社区自治之类的重要社会价值理念。然后我们强调的要点是,本书对效率和公平价值的强调并不意味着社会上其他方面的重要性的降低。正是具有相对优势的政策分析对效率和公平进行了有意义的评估,否则这一点将可能被忽视或错误理解。这解释了我们关注的问题。

在大多数情况下,我们在具体的政策背景下展示微观经济模型的作用。但是我们也强调,随着技术的发展以及对具体模型理解的加深,对于推动社会运行的力量以及促进社会发展的可能性,需要进一步深入理解。因此本人希望本书的读者能对市场体系的优缺点以及利用市场力量服务于公共利益的可能性,有一个相当精准的理解。

本人最后想回到广义的价值问题并给出两种简单的关系。这两种关系在价值重要性的理由中加入了经济理由。第一种关系存在于个人自由与效率之间。大量个人自由理念的出现促进了市场运行,提高了其运行效率。如果你我都不能做出自身的消费选择和职业生涯决策,那么很难想象我们将如何做出代表自身利益最

---

① 例如,Mocan的研究结论是:"营利性中心在质量方面具有信息不对称的优势这种假设是不准确的。"该研究非常严谨,值得推荐。不幸的是,它比较的是私人护理与包含公共机构、公共支持机构和私人非营利性机构的群体。这不是本书的初衷。

大化的行动决策。自由，作为一种固有的与民主政府有关的价值理念，也与利用市场实现效率的价值理念密切相关。支持和鼓励其中一种价值理念的政府一般都会同样支持另一种。如果仔细观察，那么这可能是十分明显的。

第二种关系相对来说并不明显，而且需要进一步发展。对本人来说，这种想法是在日托服务的背景下，在思考道德风险问题的过程中激发出来的。日托服务中信任的重要性促使我开始考虑在更一般的情况下的信任。

非营利性代理机构中可提供的信用是一种稀缺资源。我们说，不能简单认为鼓励建立新的非营利性机构就可以创造出更多的信任。非营利性代理机构的合理形式——非分配约束——本身并不能产生信任。信任并不是由社区内群体的感情发展而来的。我们一般称非营利性组织为社会性机构，而信任是社会内部其他的组织形式中培养而来的，例如家庭、学校班集体、社会俱乐部。信任是一种至少部分产生于家园意识的稀缺资源。

信任在许多交易中是一种有价值的经济资源，并不仅仅存在于涉及道德风险的情况。考虑到诸多法律合同的复杂性以及设置成本，如果我们与家长一方保持着更高程度的信任，那么将会在何种程度上降低交易成本呢？如果我们能简单地相信管理组织能够如实披露事实，那么又可以在何种程度上降低管理成本（而不需要昂贵的检查或权威证明）？如果我们的交易建立在一个更高水平的共同信任上，那么我们又将在何种程度上改善自己的经济生活？如果信任的缺乏使得当今的发展受到了阻碍，那么将会出现哪种程度的新贸易和新经济活动？因此，信任是有价值的，它减少了经济交易的成本，进而提高了交易的数量与质量。

最后，我们将这些观点综合起来认识第二种关系。一般认为，社会意识代表着其成员或许多社会机构参与者的利益，包括政府部门。我们可以在这些机构中加入任何一种自愿交易的经济组织，因为信任可以使得社会组织的交易变得更为容易。社会繁荣的价值与自由交易促进经济效率的功能密不可分。在市场经济中，如果我们更加信赖彼此，就将有可能提高所有人的生活水平。

那些选择微观经济政策分析来进行研究的人，部分原因是对所生活的这个世界的关注。他们力图改善的不仅仅是其自身的状况，还包括各种各样的大众商品和服务。他们也关注社会能够大力弘扬的价值观。本人希望，本书的研究能在很大的程度上帮助读者发现这些有价值的社会目标并且实现这些目标。

小结

这一章着重于信息不对称的市场问题。我们首先讨论的问题是逆向选择。当一个市场的商品或服务存在着重大的质量差异，以及交易中的一方比另一方掌握更多信息时，这个问题就会随之产生。在这种背景下，市场能否发挥良好的功能取决于市场中质量差异的程度（进而是信息不对称带来的不确定性）。

我们以保险、二手车和劳动力市场为例说明了逆向选择。我们说明了关于次品的担忧如何导致正品市场消失，甚至所有市场都消失。逆向选择意味着高质量的商品被驱逐出市场，而仅剩下较低质量的商品。这是低效率的结果，或者说是市场失灵，因为被市场忽视的潜在购买者对于商品或服务的支付意愿一般都超过了当前的价值。

然后针对逆向选择的威胁，我们讨论了一种普遍的市场反应，即所谓的市场信号。这种情况是市场参与者需要付出成本来获得关于商品或服务质量的信号，例如雇用一名具有独立资格的机械师来检验其二手车的性能。这并不会带来汽车本身性能的任何改变（没有创造任何社会价值），但却足以影响购买者的预期价值和交易，否则其可能错失购买机会。因此，信号经常起到缓解市场失灵的作用。

但是，也存在信号加剧市场失灵这样的例子。一种情况是信号影响了分类而不是分配，比如当高技术工人接受平均工资时，为了让他们得到更高的工资，就产生了信号的社会成本。这不会影响就业水平，但会使得不具有信号的人面临更低的工资。社会并没有增加新的产出，但损失了产量，这是将信号模型运用于稀缺资源的结果。

由于信号而导致更坏结果的一个典型例子发生在劳动力市场上。未来的雇主总会试图降低岗位应聘者生产效率的不确定性。一些雇主会在低成本和"可视"信号的基础上做出传统的判断，如应聘者的种族、性别或年龄。这种不适当的（通常也是非法的）做法称为统计性歧视。有两个人进行了同样的生产性投资，比如说接受商务培训教育，但可能由于雇主认为其中的女性在公司留任的时期很可能短于男性，因而女性会得到一个相对不重要的职位（较低的薪酬水平）。这产生的严重非效率是，其对于个人职业前景存在负面影响。如果个人得知在相同的生产性投资（教育）下将会收到低于其他人的回报，那么这将可能会影响其最初的投资决策。旨在减少这种歧视的政策是1964年《公民权利法案》的第七部分，该法案明文禁止了就业中存在的歧视。

信息不对称的第二个问题是道德风险。这种不对称发生在合同签订之后，由于一方采取了隐藏行为而对另一方的行为结果产生了影响。由于选择隐藏行为的个人并不会面临一定的社会成本和选择收益，因此便产生了市场失灵。对此详尽的阐述在第七章有所涉及，它说明了全面覆盖的医疗保险如何导致了医疗服务的过度消费；另一例子是选择不努力工作的雇员，原因是雇主并不能观察到或者从可观察到的结果中推断出其做出的选择。

在第七章，我们看到某些市场机制能够缓解（但并不是消除）道德风险问题。对此，我们以医疗保险合同中包含的抵免条款以及对联合保险原则的限定为例加以说明。在本章，我们回顾了如何运用委托-代理理论分析大规模连锁经营中的分店店主的动机问题。其问题主要在于，如何既使得他们付出必要的努力（隐藏行为）从而达到每一分店利润的最大化，又提供连锁经营生产决策所需要的真实信息。我们描述了能达到这种目标的一种激励性合同形式。

我们也回顾了这种思想，即在道德风险的某些案例中，一种有效率的应对之策是由非营利性代理机构而不是追求利益的机构来提供服务。对于复杂的个人服务，诸如家庭医疗护理或固定费用报销下的医院护理，营利性机构有着降低实际护理服务数量和质量的动机。当这种情况难以观察到或者购买者缺乏对这种隐藏行为的识别经验时，购买者就会被瞒骗。同时，因为非营利性代理机构被禁止分配任何利润（利润分配约束），因此其不存在着同样的动机。虽然非营利性机构在供给方面可能存在着其他的不完善之处，但在一些情况下，在防范道德风险方面其还是具有相当的优势的。

我们介绍了另外两种方法来辨别各种组织的优势与不足之处：对于特定环境下实践活动的经济史回顾和对赫什曼"退出-声音-忠诚"框架的分析。这些方法被运用于对另一种道德风险问题的分析中——面向幼儿提供的日托服务。

日托服务的历史回顾，强调了家庭、联合家庭以及邻居组织在其中扮演的角色。信任是父母考虑的关键因素，一般来说，他们会极其关心服务质量（例如对孩子的关心程度），但通常却不能围在孩子身旁亲自验证服务质量。历史回顾的第二个要点在于，家庭结构发生的变动有助于解释为何对于日托中心的需求在不断增长。然后我们考虑这样的问题：值得信赖的服务中心能否具有较低的成本？

我们借用了赫什曼的理论框架。在市场的商品和服务质量尤为重要的时候，这种理论是理解组织反应的一种方法。他认为有效的应对途径通常包括"退出"和"声音"。后者指的是一种直接的情况反应，能直接促进公司改进质量。企业忠诚度可以促进"声音"的利用以及给自身争取到充足的适应时间。比起企业在这种情况下只能退出破产而消费者等待新企业进来，这种应对方法可以让行业的绩效更好。

弗里曼和梅多夫在劳动力市场中应用了这个理论框架。大多数对工会的分析认为，工会作为劳动力供给垄断组织，通过扭曲工资和供给约束导致了非效率状态。弗里曼和梅多夫从效率提高的角度分析工会，进一步补充了这一观点。他们认为工会发挥了一种集体"声音"的作用，有助于克服诸如安全生产设施、附加福利条件等企业公共物品供给中存在的"搭便车"问题。

然后，我们转到对日托行业的分析。我们考虑父母，或者更小范围的日托专业人员，会怎样对服务机构的行为产生影响。作为对儿童利益的保障，专业人员在需求一方扮演了发出"声音"的角色，这是因为父母可能不能充分了解孩子的成长需要，有时并不能做出保证孩子最大利益的行为。

在这样的公共政策背景下，即有限的补贴资金的增长主要是为了帮助提高低收入家庭孩子的日托服务质量，我们考虑了几种日托服务的供给模式。自愿的合作组织并不适用于大多数家庭，因为其经常是不稳定的，因而也不可靠。廉价的私人营利性机构由于缺乏消费者信任而陷入了困境。父母知道从机构的利益出发，其会对所承诺的服务大打折扣，尤其是在这种克扣难以被发现的情况下。因而父母不能掌握真实的信息去触发"退出"和"声音"机制，这两种机制都会失效。

市场可以通过机构雇员的专业化来解决这一问题。它在企业的短期利润和雇员任何不符合孩子利益的行为之间设置了障碍。但是在补贴资金有限的背景下，这种调节机制的缺点在于价格昂贵。问题随之产生了，是否还存在着更为经济的方式，能够提供对于质量来说至关重要的信任因素。

直接的公共服务大致可以实现廉价的目的，同时在政府性日托中心最低标准的设定上，也遵从专业人员的意见。然而，消费者所能发挥的主导性是非常低的。这意味着"退出"机制并不能有效运行,而且其本身也使有效率的"声音"趋于沉默。尽管公共机构同私人非营利性机构相似,受制于非分配约束,但是存在其他方面的动机和约束(比如司法范围下的统一服务)。研究公共代理机构行为的学者并不认为这些机构中的消费者信任预期不能达到社会非营利性机构的水平。可以想象,一个针对公共机构设立的补贴体系,在原则上可以激励多样化的供给以满足家长的多元化需求,而司法范围内的统一服务又为此提供了实践标准。

最后,日托服务也可以由私人非营利性的社会机构来承担。这种方式与营利性机构和官僚组织相比,具有比较大的消费者信任方面的优势。这里的消费者"声音"也相对更有效,同时父母在各种选择中被赋予了"退出"的权力。日托专业人员通过对有资格获取公共津贴的机构设定最低标准而施加影响;他们也可以为每一家机构提供咨询建议从而影响其服务类型。这些机构中父母的预算成本应该是偏低的,因为就像合作组织一样,其运营是部分依靠家长的自愿服务,部分依靠非专业的付薪雇员。

由于道德风险的不同应对策略,测量非营利性供给者与营利性供给者之间的服务质量差异的经验性研究有时会得出这样的结论:在给定资源的条件下,非营利性机构提供的服务质量更高。但在日托服务中,并没有发现大的质量差异。也许是跨部门竞争和现行的管理机制拉平了绩效的差异。举个例子,被认为值得信任的非营利性供给者的行为,成为其他(营利性和公共)机构发生道德风险的一种限制性约束。尽管对于混合性竞争机制的研究还需要进一步深入,但现行的理论和经验研究支持这样一种观点:日托服务中任何一种津贴体系,都有必要将非营利性代理机构包括进来。

我们最后提到,公共政策可以培育多元的社会价值。微观经济政策的分析,既强调效率和质量的重要性,也有着其他广泛的价值含义。特别地,它重申了社会应该被赋予自由民主之类的价值定位,允许自由选择,强调消费者至上,而这对于在市场经济中实现效率状态是至关重要的。同时,促进社会民主是增加个人稀缺资源——信任——的首要途径。信任非常重要的原因有很多,其中包含这样一个事实:在任何一种经济体系中,信任将会极大地促成各种形式的自由贸易。

习题

20-1 买方垄断和工会。取决于工资率(W)的劳动力需求曲线如下:

$$L_D = 120 - W$$

取决于工资率(W)的劳动力供给曲线如下:

$$L_S = W$$

a 买方垄断。假设一个追求利润最大化的垄断方(唯一需求方)面临着以上的供给曲线,请根据以上的需求曲线确定劳动力价值。它向所有的雇佣工人支付统一的工资:(1)画图说明垄断方利润最大化的理性决策。

（提示：考虑如果希望吸引更多的工人，那么其总工资支付将如何变动。）
（2）计算将会雇用的劳动力数量，以及所支付的工资率。（答案：40美元。）

b 最低工资。如果在 a 这种情况的基础上增加一个 50 美元/天的最低工资率，那么这一部门的效率将会增加还是降低？请加以解释。

c 工会（垄断的角度）。假设需求曲线仍然如上所示，但却是来自多家厂商需求的加总。工会控制了劳动力的供给，只要总工资额的增加大于等于边际成员的机会成本，其目标即为扩大成员（就业）。（1）画图阐明实现这种目标的理性决策。（提示：工会类似于追求销售最大化的厂商。）（2）计算有多少劳动力将被雇用，其接受的工资又是多少？

d 工会（"声音"或回应的角度）。举例说明工会将如何通过纠正市场失灵而增进效率，否则这种失灵会继续存在于车间的竞争环境中。

20-2 在某些经济活动中，营利性厂商和政府官僚机构都不是市场的最优的制度安排。以医院为例，我们是否可以认为非营利、非政府的制度能够成为引领医疗资源配置的最佳安排？

后　记

　　翻译图书是个艰苦的过程，一本几十万字甚至上百万字的英文书译成中文到出版需要很长的时间，需要许多人的不懈努力才能完成，不管是教材还是学术著作，其翻译都是一个艰难的过程，也是对一个人意志的磨炼。许多译者感叹，之所以还愿意默默无闻地在翻译的田野里耕耘，是因为喜欢这图书。这应该是大多数译者的境界。《公共政策分析的微观经济理论》由张伟、王新荣、杨密芬、李秋淮、张齐南、李卫华、刘兴坤等翻译，许光建、王新荣校。

The Microeconomics of Public Policy Analysis
By Lee S. Friedman
Copyright © 2002 by Princeton University Press
Simplified Chinese version © 2019 by China Renmin University Press.
All Rights Reserved. No part of this book may be reproduced or transmitted in any form or by any means, electronic or mechanical, including photocopying, recording or by any information storage and retrieval system, without permission in writing from the Publisher.

图书在版编目（CIP）数据

公共政策分析的微观经济理论/（）弗里德曼著；张伟等译. —北京：中国人民大学出版社，2016.7
（经济科学译丛）
书名原文：The Microeconomics of Public Policy Analysis
ISBN 978-7-300-22898-3

Ⅰ.①公… Ⅱ.①弗… ②张… Ⅲ.①微观经济-经济理论 Ⅳ.①F016

中国版本图书馆CIP数据核字（2016）第103902号

"十三五"国家重点出版物出版规划项目
经济科学译丛
公共政策分析的微观经济理论
李·S. 弗里德曼（Lee S. Friedman） 著
张 伟　王新荣　杨密芬
李秋淮　张齐南　　　　等译
许光建　王新荣　校
Gonggong Zhengce Fenxi de Weiguan Jingji Lilun

出版发行	中国人民大学出版社	
社　　址	北京中关村大街31号	邮政编码　100080
电　　话	010-62511242（总编室）	010-62511770（质管部）
	010-82501766（邮购部）	010-62514148（门市部）
	010-62515195（发行公司）	010-62515275（盗版举报）
网　　址	http://www.crup.com.cn	
经　　销	新华书店	
印　　刷	涿州市星河印刷有限公司	
规　　格	185mm×260mm　16开本	版　次　2019年10月第1版
印　　张	40　插页2	印　次　2019年10月第1次印刷
字　　数	876 000	定　价　89.00元

版权所有　侵权必究　印装差错　负责调换